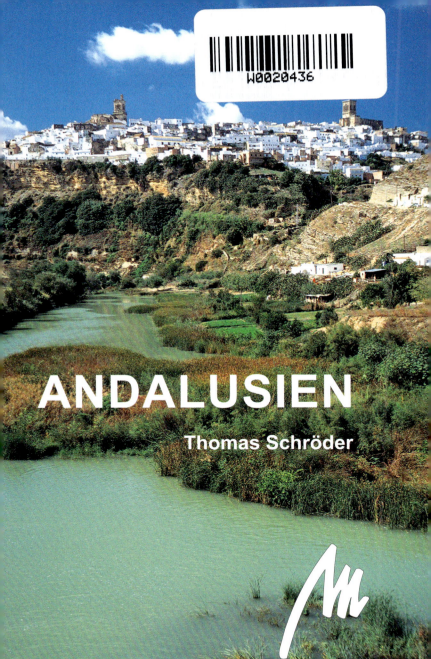

ANDALUSIEN

Thomas Schröder

INHALT

Andalusien – Allgemeines und Reisepraktisches   12

Ein erster Überblick 14

Andalusien erleben 21
Landschaft und Geographie 22
Das Klima Andalusiens 25
Natur und Umwelt 27
Flora und Fauna 35
Andalusiens Wirtschaft 40

Strukturen im Umbruch:
Gesellschaft und Familie 44
Traditionen, Brauchtum und
Alltagskultur 47

Geschichte 61
Vor- und Frühgeschichte 61
Römische Provinz Andalusien 62
Westgoten in Andalusien 63
Andalusien unter dem Halbmond:
Die Mauren 64
Die Omaijaden 65
Almoraviden und Almohaden 67
Die Nasriden – letzte maurische
Blüte 68
Die Reconquista 69
Andalusien nach der Reconquista ... 73

Aufstieg und Fall der Weltmacht
Spanien 73
Wurzeln des Bürgerkriegs 78
Katastrophen: Bürgerkrieg und
Franco-Diktatur 79
Endlich: Die Demokratie 80
Blickpunkt 1992: Spanien boomt 80
Skandale, Skandale 81
1996–2004: Die Ära Aznar 82
Regierung Zapatero und die
politische Situation heute 82

Kunstgeschichte 84
Vor- und Frühgeschichte 84
Römer und Westgoten 85
Islamische Kunst 85
Gotik und Renaissance 88

Barock und Churrigueresco 89
Andalusische Malerei im
„Goldenen Jahrhundert" 90
Architektur des 20. Jahrhunderts 91

Anreise 94
Anreise mit dem Flugzeug 94
Anreise mit Auto und Motorrad 95

Anreise mit der Bahn 98
Anreise mit dem Bus 98

Unterwegs in Andalusien 99
Unterwegs mit Auto
und Motorrad 99
Mietfahrzeuge 104
Unterwegs mit der Eisenbahn 105

Unterwegs mit dem Bus 108
Stadtverkehr 109
Fahrradfahren in Andalusien 110
Wandern in Andalusien 112

Übernachten 114
Hotel-Klassifizierung 115
Ferienhäuser und Apartments 118
Ländliche Unterkünfte 118

Jugendherbergen 119
Privatzimmer & „Workaway" 119
Camping 120

Küche und Keller 122
Der kulinarische Tagesablauf 122
Essen gehen 123
Lokale 124

Spanische und andalusische
Spezialitäten 126
Getränke 130

Wissenswertes von A bis Z 134

Adressen	134	Kriminalität	143
Aids	134	Landkarten	144
Ärztliche Versorgung	135	Literatur	144
Baden	135	Öffnungszeiten	146
Drogen	138	Polizei	146
Einkaufen	138	Post	147
Estancos	139	Rauchverbote	147
Feiertage	139	Reisedokumente	148
Geld	139	Siesta	148
Haustiere	140	Sport	148
Information	140	Sprachkurse	150
Internet	141	Telefonieren	150
Kinder	142	Toiletten	151
Kleidung	143	Zeit	151
Konsulate	143	Zoll	151

Provinz Almería   152

Vélez Rubio/Vélez Blanco	155	Cabo de Gata	178
Costa de Almería (östlicher Bereich)	157	Richtung Kap Cabo de Gata	179
		Níjar	180
Vera	157	**Almería**	181
Garrucha	157	Im Hinterland von Almería	193
Mojácar	158	Die Westerndörfer von Almería	193
Parque Natural Cabo de Gata-Níjar	161	Oasys	194
		In die Sierra de los Filabres	195
Agua Amarga	164	Sorbas	195
Las Negras	166	**La Alpujarra almeriense**	196
Rodalquilar	170	Necrópolis de los Millares	196
La Isleta del Moro	172	Canjáyar	198
Los Escullos	173	Laujar de Andarax	199
San José	174	**Costa de Almería (westlicher Teil)**	200
Strände bei San José	176		
El Pozo de los Frailes	177		

Provinz Granada   202

Costa Tropical	205	In die Alpujarra Alta	271
Castell de Ferro	205	Lanjarón	271
Calahonda	206	Órgiva	272
Salobreña	208	Carataunas	273
Almuñécar	211	Pampaneira	273
La Herradura	215	Bubión	274
Granada	217	Capileira	275
Umgebung von Granada	260	Pitres	281
Alhama de Granada	262	Pórtugos	282
Loja	263	Busquístar	282
Parque Nacional de la Sierra Nevada	264	Trevélez	283
		Bérchules	285
Von Granada hinauf in die Sierra	265	Cádiar	285
La Alpujarra granadina	268	Mecina Bombarón	286

Yegen	286
Válor	286
Ugíjar	287
Guadix	288

Provinz Jaén 294

La Carolina	300
Bailén	301
Andújar	301
Jaén	302
Alcalá la Real	307
Baeza	308
Úbeda	311

Provinz Córdoba 328

Córdoba	331
Umgebung von Córdoba	353
Medina Azahara	353
Von Córdoba Richtung Sevilla	354
Almodóvar del Río	355
Von Córdoba Richtung Málaga	356
Montilla	356
Aguilar de la Frontera	357

Provinz Málaga 366

Costa del Sol (östlich von Málaga)	370
Nerja	370
Umgebung von Nerja	380
Maro	380
Cuevas de Nerja	380
Frigiliana	381
Die Küste zwischen Nerja und Málaga	383
Das Bergland der Axarquía	383
Vélez-Málaga	385
Parque Natural Montes de Málaga	385
Málaga	387
Das Hinterland von Málaga	406
Paraje Natural El Torcal	406
Antequera	408
Umgebung von Antequera	412
Archidona	412
Laguna de Fuente Piedra	413
An den Stauseen des Río Guadalhorce	414
Álora	414
Garganta del Chorro	414
El Chorro	415

Der Nordosten der Provinz Granada	292
Baza	292
Galera	293

Parque Natural Sierras de Cazorla, Segura y Las Villas	317
Cazorla	319
Von Cazorla in den Naturpark	323
Entlang der Carretera del Tranco nach Norden	323
Weiter an der Carretera del Tranco	326

Lucena	357
Umgebung von Lucena	357
Von Córdoba Richtung Granada	358
Castro del Río	358
Baena	359
Luque	360
Zuheros	360
Priego de Córdoba	363

Embalses del Conde y del Guadalhorce	416
Ardales	417
Abstecher von Ardales und den Seen	418
Costa del Sol (südwestlich von Málaga)	420
Torremolinos	420
Benalmádena	422
Fuengirola	424
Mijas	427
Marbella	428
Umgebung von Marbella	439
Sierra Blanca	439
Puerto Banús	440
San Pedro Alcántara	441
Estepona	441
Richtung Gibraltar und Algeciras	444
Casares	445
Rund um Ronda	445
Ronda	445
Umgebung von Ronda	459
Parque Natural Sierra de las Nieves	459
Cueva de la Pileta	460

Gibraltar 464

Provinz Cádiz 472

La Línea de la Concepción 475	El Puerto de Santa María 543
Zwischen Gibraltar und Ronda 477	Rota 549
Castellar de la Frontera 477	Von Rota Richtung Chipiona 551
Jimena de la Frontera 478	Costa Ballena 551
Algeciras 479	Chipiona 552
Abstecher nach Marokko 481	Sanlúcar de Barrameda 555
Tanger 483	**Das Binnenland der**
Ceuta 483	**Provinz Cádiz** 560
Costa de la Luz (Provinz Cádiz) 485	Jerez de la Frontera 560
Tarifa 485	Arcos de la Frontera 571
Bolonia 494	Von Arcos Richtung Küste 576
Zahara de los Atunes 496	Medina Sidonia 576
Barbate 498	Alcalá de los Gazules 578
Parque Natural de la Breña y	Von Arcos Richtung Ronda 579
Marismas de Barbate 500	Villamartín 579
Los Caños de Meca 501	Prado del Rey 580
Zahora 506	Parque Natural de la Sierra de
El Palmar de Vejer 507	Grazalema 581
Vejer de la Frontera 507	El Bosque 582
Conil de la Frontera 512	Benamahoma 584
Novo Sancti Petri 521	Grazalema 585
La Barrosa 524	Pueblos Blancos um Grazalema 590
Sancti Petri 525	Ubrique 591
Chiclana de la Frontera 526	Zahara de la Sierra 591
Richtung Cádiz 528	Algodonales 592
San Fernando 528	Olvera 592
Cádiz 530	Setenil 593

Provinz Sevilla 594

Sevilla 597	Carmona 633
Umgebung von Sevilla 631	Écija 636
Itálica 631	Von Sevilla Richtung Málaga 638
Parque Natural de la Sierra Norte 631	Osuna 638
Cazalla de la Sierra 632	Von Sevilla Richtung Cádiz 640
Von Sevilla Richtung Córdoba 633	

Provinz Huelva 642

Niebla 645	Zwischen Matalascañas
Bollullos Par del Condado 648	und Huelva 658
Almonte 649	Mazagón 659
El Rocío 649	La Ruta Colombina 661
Parque Nacional Coto de Doñana 652	Monasterio de la Rábida 661
Costa de la Luz (Provinz Huelva) 656	Palos de la Frontera 662
Matalascañas 656	Moguer 663

Huelva	664	Ayamonte	675
Paraje Nat. Marismas del Odiel	667	Umgebung von Ayamonte	676
Punta Umbría	667	**Der Norden der Provinz Huelva**	677
El Rompido	669	La Comarca Minera de Riotinto	677
Lepe	669	Minas de Riotinto	678
La Antilla	670	Sierra Morena	680
Islantilla	671	Aracena	681
Isla Cristina	672	Westlich von Aracena	682

Etwas Spanisch	684
Register	691

Alles im Kasten

Kostbares Wasser	31	Ronda, Wiege des modernen Stierkampfs	458
Waldbrände mit Meerblick	34	Der Fels als Sprungbrett nach Spanien – Gibraltar und die Schmuggler	465
El Toro de Osborne	52		
Dramaturgie des Stierkampfs	55		
Al-Andalus leuchtet	66	Heiratsparadies Gibraltar	469
Granadas melancholischer Glanz	68	Fluchtziel Spanien	484
El Cid, Nationalheld Spaniens	71	La Almadraba – die Schlacht um den Thun	497
Kurzes Resümee der Reconquista	72		
Universalist Karl V., letztlich gescheitert	74	Camarón de la Isla	529
El Siglo de Oro	75	Cuartetos, Chiringuitos, Comparsas und Coros: Karneval in Cádiz	539
Erste Gehversuche der Demokratie	77		
Francisco Franco Bahamonde	80		
Das Geheimnis des Sherry	131	Schlemmen am „Ufer der Meeresfrüchte"	543
Lorcas „Bluthochzeit" – und die wahre Geschichte	171	Spanische Pferde: Pura Raza, Cartujanos und Andalusier	568
Die traurige Geschichte der Maurin und des Christen	192	Der Priester, sein Bischof und der Bandit	575
Plasticultura	201	Pinsapos in der Sierra de Grazalema	581
Feliz navidad, Granada!	218		
„El Botellón", Massenbesäufnis der Jugend	234	Semana Santa und Feria de Abril	616/617
Federico García Lorca	261	Rätsel um das Grab des Kolumbus	620
Volkstümliche Architektur in der Alpujarra granadina	270	Der „Gegenpapst" von El Palmar de Troya	641
Einmal ein Höhlenmensch sein ...	288	Die Weinregion Condado de Huelva	648
Die Neuen Siedlungen: Aufklärung versus Inquisition	300		
Pedro Ximénez alias Peter Siemens: Die Weine von Montilla-Moriles	356	La Romería del Rocío	651
		Der Dammbruch am Río Guadiamar	653
Málagas großer Sohn: Pablo Picasso	403	Gib niemals auf: Die Fahrten des Christoph Kolumbus	660
Bedrohte Tierwelt	414		
Eine gefährliche Rennstrecke	420	Pata Negra: Schwarzhufer-Schinken aus Jabugo	682
Räuberhochburg Ronda	456		

Verzeichnis der Karten

Almería	184/185	Naturparks in Andalusien	29
Almería – Alcazaba	190/191	Nerja	374/375
Almería – Provinz	156	Ronda	449
Antequera	409	Sevilla	vorderer Umschlag
Arcos de la Frontera	572/573	Sevilla – Catedral Santa María	621
Bahnlinien in Andalusien	106/107	Sevilla – Übersicht	601
Cádiz – Altstadt	534/535	Sevilla – Provinz	598/599
Cádiz – Provinz	476	Tarifa	488/489
Conil de la Frontera	515	Úbeda	312/313
Córdoba	336/337		
Córdoba – Mezquita	346	Wanderung 1: Von Las Negras nach Agua Amarga	168
Córdoba – Provinz	333	Wanderung 2: Im Valle del Poqueira	278
Gibraltar	467	Wanderung 3: Auf den Mulhacén	281
Granada – Albaicín und Umgebung	250/251	Wanderung 4: Entlang des Río Borosa	325
Granada – Alhambra	240/241	Wanderung 5: Durch die Schlucht des Río Bailón	362
Granada – Innenstadt	226/227	Wanderung 6: Entlang des Río Chillar	379
Granada – Übersicht	221	Wanderung 7: Von Marbella nach Ojén	437
Granada – Provinz	206/207	Wanderung 8: Von Caños de Meca nach Barbate	504/505
Huelva	664/665	Wanderung 9: Von El Bosque nach Benamahoma	584
Huelva – Provinz	647	Wanderung 10: Zum Salto del Cabrero	589
Jaén	304/305		
Jaén – Provinz	298/299		
Jerez de la Frontera	563		
Málaga	392/393		
Málaga – Alcazaba	400		
Málaga – Provinz	370/371		
Marbella	432		

Zeichenerklärung für die Karten und Pläne

- Autobahn
- mehrspurige Straße
- Asphaltstraße
- Piste
- Fußweg
- Bahnlinie
- Strand
- Gewässer
- Grünanlage
- Naturpark
- Kluft
- Wanderung
- Aussichtspunkt
- Berggipfel
- Höhle
- Felsen
- Wasserfall
- Quelle
- Leuchtturm
- Turm
- Campingplatz
- Badestrand
- Seilbahn
- Sehenswürdigkeit
- Museum
- Burg
- Kirche, Kapelle
- Moschee
- Ruine
- Tor
- Information
- Post
- Bushaltestelle
- Flughafen
- Parkplatz

Nur wer Spanien kennt, kann sich ein Bild von der sirenenhaften Anziehung machen, die in diesem Land liegt; ihr kommt selbst Italiens zauberhafte Fülle nicht gleich, und man würde sie außer im fernen Orient sonst überall vergebens suchen.

(Erzherzog Ludwig Salvator, 1868)

Liebe Leserin, lieber Leser,

Andalusien ist sicherlich die reizvollste Reiseregion ganz Spaniens. Wer hier unterwegs ist, wird wesentlich mehr entdecken als nur die folkloristischen Klischees von Stierkampf und Flamenco.

Der Süden Spaniens hat viele Gesichter: Großstadttrubel und ländliche Einsamkeit, Badestrände und Skipisten, Wüsten und Wälder liegen in fast unmittelbarer Nachbarschaft. Den Besucher erwarten mehr als 800 Kilometer Küstenlinie an gleich zwei Meeren, die farbigsten Feste Spaniens, Dutzende von Naturreservaten und eine überwältigende Fülle an Kulturdenkmälern. Phönizier und Griechen, Karthager und Römer, Westgoten und Mauren lebten in Andalusien und prägten die Region nachhaltig. Vor allem die Mauren, die hier fast acht Jahrhunderte lang herrschten, hinterließen Monumente von märchenhafter Schönheit: Granadas Palastanlage Alhambra und Córdobas Moschee Mezquita sind einmalig auf der Welt.

Doch ist Andalusien nicht nur Vergangenheit. Es gibt das moderne, das Andalusien der Gegenwart. Seine aufstrebende Metropole Sevilla kann sich an Vitalität ohne weiteres mit Madrid oder Barcelona messen und hat dabei ihren berühmten Charme nicht verloren.

Andalusiens Städte und Dörfer, seine vielfältigen Landschaften und Küsten verführen zu Entdeckungen. Dieses Reisehandbuch möchte Ihnen mit vielen praktischen Tipps und mit Hintergrundinformationen zu Geschichte, Sehenswürdigkeiten und Alltag dabei helfen. Doch ändert sich gerade in Andalusien vieles fast über Nacht: Neue Hotels eröffnen, Bahnhöfe werden verlegt, Museen renoviert. Meine Bitte deshalb: Schreiben Sie mir, wenn Sie Ungewöhnliches und Interessantes entdecken oder aktuelle Änderungen feststellen sollten – Ihr Tipp kommt der nächsten Auflage zugute. In diesem Zusammenhang ein herzliches "muchas gracias!" an die vielen Leserinnen und Leser, deren Zuschriften zu den ersten acht Ausgaben nun diese neunte Auflage bereichern.

Viel Spaß in Andalusien – buenas vacaciones en Andalucía!

Thomas Schröder

Was haben Sie entdeckt?

Haben Sie eine Bar mit prima Tapas gefunden,
ein freundliches Hostal oder Hotel,
einen schönen Wanderweg?
Wo haben Sie sich besonders wohl gefühlt?
Und welcher Tipp war nicht mehr so toll?
Wenn Sie Ergänzungen, Verbesserungen
oder neue Infos zum Andalusien-Buch
haben, lassen Sie es mich bitte wissen!
Ich freue mich über jede Zuschrift!

Thomas Schröder
c/o Michael Müller Verlag GmbH
– Stichwort Andalusien –
Gerberei 19
91054 Erlangen
E-Mail: thomas.schroeder@
michael-mueller-verlag.de

▲ Einladend: Strandbucht östlich von Maro (Provinz Málaga)

Andalusien

Ein erster Überblick 14	Flora und Fauna 35
Andalusien-Highlights 16	Andalusiens Wirtschaft 40
Andalusien erleben 21	Gesellschaft und Familie 44
Landschaft und Geographie .. 22	Traditionen, Brauchtum und
Das Klima Andalusiens 25	Alltagskultur 47
Natur und Umwelt 27	Geschichte 61
	Kunstgeschichte 84

Aussichtsposten: Mirador de San Nicolás in Granada ...

Ein erster Überblick

Lebendige Städte, bezaubernde Bauten, endlose Strände und wildschöne Sierras: Andalusiens vielfältige Attraktionen sind kaum in einer „Standard-Route" unterzubringen, auf der in einem Rutsch alles Interessante und Sehenswerte abgehakt wird. Mancher kommt deshalb Jahr für Jahr wieder ...

Die folgende Kurzübersicht will nur ein erstes Bild dieser größten Region Spaniens vermitteln, daneben auch einige Highlights herausstellen. Je nach Urlaubsdauer und persönlichen Vorlieben lassen sie sich zu einer individuellen Tour kombinieren, auf der ein paar schöne Strandtage nicht fehlen sollten.

- **Die „Großen Drei":** Granada, Córdoba, Sevilla ... Klangvolle Namen, fast schon ein Inbegriff Andalusiens. Die drei Städte, sicher die schönsten der gesamten Region, darf man auf einer Rundfahrt einfach nicht auslassen. Hier präsentieren sich die Höhepunkte maurischer Kunst: Der Märchenpalast der *Alhambra* von Granada, der Säulenwald der Moschee *Mezquita* von Córdoba und die orientalisch inspirierte Residenz des *Alcázar* von Sevilla sind einzigartig. Auch die ebenfalls maurisch geprägten Altstadtviertel der großen Drei sind jedes für sich einen Besuch wert. Granadas *Albaicín*, von dem sich der schönste Blick auf die Alhambra bietet, Córdobas *Judería* und Sevillas *Barrio de Santa Cruz* verzaubern mit ihrem Schmuck aus Blumen, Gitterbalkonen und blendend weiß gekalkten Fassaden jeden Romantiker.

... und der Blick vom Balcón de Europa in Nerja (Provinz Málaga)

▶ **Die Küsten:** Andalusiens Küstenlinie misst über 830 Kilometer, ist damit nach der des kühlen Galicien die zweitlängste aller spanischen Festlandsregionen. Einzigartig dagegen, dass Andalusiens Küste sich auf gleich zwei Meere verteilt und damit eine enorme Vielfalt bietet. Am milden Mittelmeer lässt es sich fast rund ums Jahr baden. Hier erstrecken sich von Ost nach West die besonders warme *Costa de Almería*, die kleine, üppig grüne *Costa Tropical* und die berühmt-berüchtigte *Costa del Sol*. An der andalusischen Atlantikküste, der *Costa le da Luz*, herrscht ein ähnlich angenehmes Klima wie am Mittelmeer, und auch die Wassertemperaturen liegen nur unwesentlich tiefer. Die weiten Ebenen und ausgedehnten Sandstrände dieser „Küste des Lichts" bieten noch viel Platz für Sonnenanbeter und Strandläufer.

▶ **Das Binnenland:** Abseits der Küsten liegt das eigentliche Herz der Region, zeigt es sich, wie facettenreich Andalusien wirklich ist. Dort erstreckt sich die weite Ebene des großen Stroms *Rió Guadalquivir*, in der im Spätsommer die Baumwollfelder blühen, erheben sich in der schneebedeckten *Sierra Nevada* aber auch die höchsten Berge der Iberischen Halbinsel. Hier liegt sowohl die trockenste als auch eine der niederschlagsreichsten Zonen Spaniens, gibt es echte Wüsten, ausgedehnte Stauseen und Salzwasserlagunen, in denen Flamingos brüten. Im Hinterland der Küsten wachsen die Trauben für Sherry und Brandy, grasen Kampfstiere auf riesigen Weideflächen, kreisen Adler und Geier über wilden Schluchten. Vorgeschichtliche Ausgrabungsstätten, römische Amphitheater, maurische Burgen, ruhige Provinzstädtchen und die malerischen „Weißen Dörfer" warten auf ihre Entdecker.

Gigantisch: die Kathedrale von Sevilla

Andalusien-Highlights ...

... für kunstgeschichtlich Interessierte

Liebhaber der Kunst und Architektur vergangener Epochen erwartet in Andalusien eine wahre Fülle von Sehenswürdigkeiten. Höhepunkte jeder diesbezüglich ausgerichteten Andalusien-Tour sind natürlich Granada, Córdoba und Sevilla, doch warten auch viele andere andalusische Städte und Städtchen mit herausragenden Kunstschätzen auf. Eine kleine Auswahl:

Granada: Außer mit der Alhambra und der nahen Gartenanlage Generalife glänzt Granada auch mit zwei beachtlichen Bauten der Renaissance, nämlich dem mitten in der einstigen maurischen Residenz angelegten Palast Carlos V. und der Kathedrale Santa María samt der Capilla Real, der Grabstätte der beiden „Katholischen Könige" Isabella und Ferdinand.

Baeza und Úbeda: Die beiden Kleinstädte in der Inlandsprovinz Jaén erlebten ihre Blütezeit im 16. Jahrhundert. Der Wohlstand jener Jahre manifestierte sich im Bau zahlreicher Renaissancepaläste, die bis heute das harmonische Ortsbild der beiden Städtchen prägen.

Córdoba: Gegenüber der Moschee Mezquita fallen die übrigen Bauten etwas ab. Sehr interessant sind jedoch die Einblicke in maurische Kunst und Kultur, die das „lebendige Museum" Museo vivo de Al-Andalus gewährt. Auch die Ruinen der nahen, schon kurz nach ihrer Errichtung wieder zerstörten Palaststadt Medina Azahara erinnern an die einstige Größe Córdobas.

Ronda: In erster Linie ist es zwar die fantastische Lage beiderseits einer über 100 Meter tiefen Schlucht, die Ronda zu einem viel besuchten Ziel hat werden lassen, doch lohnt auch die gesamte Altstadt La Ciudad mit ihren maurischen Reminiszen-

Andalusien-Highlights

zen und prächtigen Palästen sehr wohl einen Streifzug. Die schöne Stierkampfarena von Ronda ist die älteste Spaniens und besitzt ein interessantes Museum.

Sevilla: Noch vor dem Palast Alcázar zieht die Kathedrale Sevillas alle Blicke auf sich – immerhin stellt sie die größte Kirche Spaniens dar, weltweit die drittgrößte. Das ehemalige Minarett der Hauptmoschee bildet ihren Glockenturm La Giralda. Sevillas Museum der Schönen Künste ist sicherlich das am besten ausgestattete Gemäldemuseum Andalusiens. Weitere Glanzlichter sind der zur Ibero-Amerikanischen Ausstellung 1929 errichtete Parque María Luisa, der in maurischem Stil errichtete Palast Casa de Pilatos und die Ruinen der nahen Römersiedlung Itálica.

Carmona: Das ruhige Landstädtchen in der Provinz Sevilla rühmt sich, Bauten fast aller architektonischen Stilrichtungen zu besitzen. Die hiesige Hauptsehenswürdigkeit ist jedoch die römische Totenstadt Necrópolis Romana mit ihren etwa tausend Gräbern.

Neben diesen Höhepunkten besitzt Andalusien ein so überwältigendes Angebot weiterer kulturgeschichtlicher und architektonischer Leckerbissen, dass eine komplette Aufzählung an dieser Stelle den Rahmen bei weitem sprengen

Luftig: Blick von der Torre de Poniente de la Catedral in Cádiz

würde. Hingewiesen sei nur noch auf die maurischen Burgen von *Almería* und *Málaga*, auf das Barockstädtchen *Priego de Córdoba*, die uralten Gräber von *Antequera* und auf das gut ausgestattete Stadtmuseum von *Cádiz*.

... für Liebhaber schöner Strände und Badeorte

Kaum jemand wird sich Andalusien als Ziel für einen reinen Strandurlaub aussuchen, denn dafür gibt es hier einfach zu viel zu sehen und zu erleben. Dennoch lässt es sich an den insgesamt über 570 andalusischen Strandkilometern natürlich auch bestens baden. Die folgende, selbstverständlich subjektive Kurzauswahl gründet sich nicht nur auf die Qualität der einzelnen Strände, sondern bezieht auch das Umfeld mit ein, das für einige entspannte Strandtage ja ebenfalls nicht ganz unwichtig ist.

Mojácar: Die grobsandigen Strände des Ferienortes im Osten der Costa de Almería zählen zwar nicht unbedingt zu den schönsten Andalusiens, doch sind sie immerhin hygienisch einwandfrei und deshalb teilweise auch mit der „Blauen Flagge"

Reichlich Platz: Strand von Bolonia (Provinz Cádiz)

ausgezeichnet. Mojácar selbst ist zudem einer der reizvolleren Küstenorte des andalusischen Mittelmeers.

Cabo de Gata: Außerordentlich attraktiv sind die Strände dieser unter Naturschutz gestellten, wildschönen und wüstenähnlichen Region östlich der Provinzhauptstadt Almería. Sie bieten reichlich Platz und eine schöne Umgebung ohne Bettenburgen, die auch zu Wanderungen einlädt. Zur Hochsaison sind Unterkünfte allerdings sehr knapp, Camper dann im Vorteil.

Nerja: Die östliche Costa del Sol ist etwas weniger verbaut als ihr westliches Pendant. Zwar erstrecken sich auch um Nerja ausgedehnte Apartmentanlagen, der wirklich hübsche Ortskern hat sich seinen Reiz jedoch bewahrt. Landschaftlich traumhaft ist die Kette kleiner Buchten östlich des Zentrums. Im Sommer herrscht reichlich Trubel, schöner ist Nerja zur Nebensaison.

Marbella: Trotz seines Rufs als Treff der High Society zählt Marbella zu den erfreulicheren Ferienorten der dicht besiedelten westlichen Costa del Sol, besitzt eigenen Charakter und eine intakte Altstadt, die mit ihren engen Gassen und weißen Häusern durchaus Charme hat.

Conil de la Frontera: Strand satt bietet dieses freundliche Städtchen, das am Atlantik südlich der Provinzhauptstadt Cádiz liegt. Der feine Sandstrand, der vom Ort viele Kilometer weit bis über das Kap Cabo Trafalgar hinaus reicht, wird auch im Hochsommer nie voll. Conil selbst erfreut mit einem gut erhaltenen Ortskern und angenehm lässiger Stimmung.

Matalascañas: Der größte Badeort der Provinz Huelva wurde komplett am Reißbrett geplant und ist deshalb naturgemäß keine Schönheit. Wer aber nur einige Meter läuft, hat – wie so oft an der Costa de la Luz – auch hier den riesigen Atlantikstrand zumindest zur Nebensaison fast für sich. Abwechslung zum Strandleben bietet der Nationalpark Coto de Doñana.

... für Landschafts- und Naturgenießer

Abseits der Küsten und der städtischen Agglomerationen bewahrt Andalusien ein unglaublich reiches Erbe an wenig erschlossener Natur – alpines Hochgebirge, olivenbestandene Hügelketten und ausgedehnte Feuchtgebiete. Eine Beschreibung aller Natur- und Nationalparks, die überwiegend in den Gebirgsregionen der Sierras („Säge", nach der gezackten Form mancher Bergzüge) liegen und auch landschaftlich fast immer ein Hochgenuss sind, finden Sie im Kapitel „Natur und Umwelt". Im Folgenden deshalb nur eine kurze Übersicht einiger reizvoller, aber nicht eigens als Naturpark ausgewiesener Ziele.

Die Wüsten Almerías: Die Gebirgsketten der Sierras im Osten der Provinz Almería sind das regenärmste Gebiet Europas. Als Folge trifft man hier auf echte Wüstenlandschaften von sprödem, wildromantischen Reiz. Nur im Frühjahr überziehen da und dort große bunte Blumenteppiche den in dieser Gegend sonst stets völlig ausgedörrten Boden.

Las Alpujarras: Die Region an den Südhängen der unter Naturschutz gestellten Sierra Nevada teilt sich in die Provinzen Almería und Granada. Lange Jahrhunderte ein völlig entlegenes Gebiet, weist sie ganz eigene Charakteristika auf. Die typische Architektur der hiesigen Bergdörfer und die ausgeklügelten Bewässerungssysteme gehen noch auf die Mauren zurück, die sich nach der Rückeroberung Granadas hierhin zurückgezogen hatten.

El Torcal: Die kuriose Landschaft in der Provinz Málaga ist aufgrund ihrer geringen Fläche nicht als Naturpark, sondern nur als Naturreservat ausgewiesen. Die bizarren Formen und das System von Wegen, Naturbrücken und Dolinen („torcas"), das die Erosion in den weichen Kalkstein gegraben hat, sind ein ganz besonderes Erlebnis.

Embalses del Conde y del Guadalhorce: Im reizvollen Hinterland von Málaga findet sich auch dieser Komplex von Stauseen, der harmonisch in der landwirtschaftlich genutzten, nur wenig besiedelten Umgebung liegt und ein schönes Badeziel abgibt. Der „Königspfad" Caminito del Rey in der nahen Schlucht El Chorro steht vor der Restaurierung.

„Weiße Dörfer": Durchaus auch ein Fall für diese Rubrik sind die berühmten „Weißen Dörfer" (pueblos blancos), die sich fast immer wundervoll in die umgebende Landschaft einpassen. Meist an

Treffend benannt: der „Ägypter" von El Torcal (Provinz Málaga)

20   Ein erster Überblick

Südhängen erbaut und oft von einer maurischen Burgruine überragt, konzentrieren sie sich vor allem im Osten der Provinz Cádiz nicht weit vom Städtchen Ronda, doch schmücken sie auch viele andere ländliche Regionen Andalusiens.

... für die Fans von Ungewöhnlichem und Kuriosem

Ein landschaftlich so vielseitiges und von ganz verschiedenen Kulturen geprägtes Gebiet wie Andalusien besitzt schon fast zwangsläufig eine Reihe lokaler Kuriositäten und ungewöhnlicher Attraktionen.

Westernstädte in der Provinz Almería: Die ausgetrockneten Flussbetten, wilden Schluchten und kahlen Gipfel der Wüsten um Tabernas dienten als Hintergrund für zahlreiche Westernfilme. Dort finden sich deshalb einige Kulissendörfer, deren Anblick aus Filmen wie „Für eine Handvoll Dollar" vertraut ist. Manche sind heute weitgehend verfallen, andere wurden als Touristenziel, aber auch für weitere Dreharbeiten bewahrt.

Höhlenwohnungen: Die „Casas Cueva" sind besonders in den Provinzen Almería und Granada anzutreffen. Aus dem wasserundurchlässigen und festen, aber dennoch leicht zu bearbeitenden Boden gegraben, isolieren sie sehr gut gegen Hitze und Kälte und sind innen oft erstaunlich komfortabel ausgestattet. Besonders bekannt für ihre Höhlenwohnungen sind das Sacromonte-Viertel von Granada und das Barrio de las Cuevas von Guadix. Wer selbst einmal eine solche „Casa Cueva" mieten möchte, hat dazu in mehreren Orten der Provinz Granada Gelegenheit.

Tropfsteinhöhlen: Eine Vielzahl von Höhlensystemen durchzieht die Sierras Andalusiens. Oft sind sie nur Spezialisten zugänglich, manche Höhlen wurden aber auch besuchertauglich hergerichtet. Die schönste und größte dieser Tropfsteinhöhlen ist sicher die Gruta de las Maravillas von Aracena in der Provinz Huelva, gefolgt von der ebenfalls viel besuchten Höhle von Nerja in der Provinz Málaga. Urwüchsiger ist ein Gang durch die Cueva de las Pisetas bei Ronda, in der auch steinzeitliche Tierzeichnungen zu sehen sind.

Gibraltar: Die britische Kronkolonie auf dem markanten Felsen ist schon eine Kuriosität für sich: Duty-Free-Shops im Dutzend, Bobbys als Verkehrswächter, rote Telefonzellen und an jeder Ecke Buden, die Fish&Chips verkaufen. Und dann sind da natürlich noch die berühmten Affen auf dem Apes Den ...

Torre Tavira: In einem der vielen Türme der Provinzhauptstadt Cádiz wurde eine „Camera Obscura" eingerichtet. Dieses alte Projektionsverfahren liefert in einer dunklen Kammer (daher der Name) ein scharfes, vor allem aber „lebendiges" Bild der Außenwelt – der Effekt ist wirklich verblüffend. Mittlerweile gibt es auch in Jerez de la Frontera und in Écija solche Einrichtungen.

Der „Tempel des Gegenpapstes": Südlich von Sevilla hat sich beim winzigen Ort El Palmar de Troya ein selbsternannter „Papst" seinen eigenen „Vatikan" bauen lassen, zur „Rettung der Katholischen Kirche", wie er wissen ließ. Das erstaunlich große, mit zahlreichen Kuppeln und Türmen im Minarettstil versehene Gebäude steht in überraschendem Kontrast zur ländlich-friedvollen Landschaft der Umgebung.

Minas de Riotinto: In dem kleinen Städtchen im Norden der Provinz Huelva dreht sich alles um die hiesigen Bergwerke. Besucher können einen Rundgang durch das bestens bestückte Minenmuseum machen oder mit einem ehemaligen Erztransportzug den rot gefärbten Fluss Río Tinto entlangfahren. Zu bewundern ist auch eine typisch britische Siedlung, die von einer englischen Minengesellschaft angelegt wurde.

Gesang, Gitarre, Tanz: die drei Elemente des Flamenco

Andalusien erleben

+++ Die höchsten Berge und zwei Meere +++ Stierkampf und Flamenco +++ Movida, Marcha und Paseo +++

Kein anderes Gebiet Spaniens ist so reich an Kontrasten wie Andalusien. Küstensonne und ewiger Schnee liegen gerade eine Autostunde voneinander entfernt, steinreich und bitterarm oft nur ein paar Schritte. Abwechslung ist in der sicher reizvollsten Reiseregion des Landes auf jeden Fall garantiert.

Die *Comunidad Autónoma Andalucía* (Autonome Gemeinschaft Andalusien) ist nach Kastilien-León die zweitgrößte der insgesamt 17 politischen Regionen Spaniens. Von der Bevölkerungszahl her nimmt Andalusien mit mehr als acht Millionen Einwohnern sogar den spanienweit ersten Rang ein.

Andalusien hat das Spanienbild im Ausland geprägt. Vieles, das als „typisch spanisch" angesehen wurde und wird, ist tatsächlich „typisch andalusisch", und auch das nicht mehr unbedingt. Andalusien ist die Heimat des Flamenco, des Sherry und des modernen Stierkampfs. Carmen und Don Juan sind Andalusier. Andalusien, um nur einige der gängigen Vorstellungen aufzugreifen, bedeutet alte Männer auf Mauleseln, heißblütige Zigeuner und bitterarme Tagelöhner, bedeutet den Klang von Gitarren und Kastagnetten, den Anblick blumengeschmückter Innenhöfe und wilder Kampfstiere auf hitzeflirrenden Feldern.

Klischees, gewiss. Doch so oft sie auch bemüht werden, teilweise treffen sie immer noch zu. Allerdings, denn das haben Klischees so an sich, sagen sie nicht einmal die halbe Wahrheit. Andalusien ist in sich so gegensätzlich, wie eine Region nur sein kann. Dass die Sierras der Provinz Almeria die trockenste Region Europas sind, passt ins gängige Bild. Dass aber gleichzeitig in der Sierra de Grazalema, keine 50 Kilometer von der Costa del Sol entfernt, alljährlich eine der höchsten Niederschlagsmengen Spaniens gemessen wird, scheint kaum glaublich. Wenn an der Küste noch oder schon wieder gebadet werden kann, wedeln Skiläufer die Hänge der Sierra Nevada hinunter. Verschlafene „Weiße Dörfer" hier, Touristenmoloch Torremolinos da – alles Andalusien. Und dann sind da noch die wundervolle Moschee Mezquita in Córdoba und der herrliche Palast Alhambra in Granada ...

Andalusien auf einen Blick

Fläche: 87.260 Quadratkilometer, größer als z. B. Österreich

Bevölkerung: rund 8,3 Mio. Einwohner

Bevölkerungsdichte: Etwa 95 Einwohner pro Quadratkilometer, knapp über dem spanischen Durchschnittswert. Siedlungszentren bilden die Küsten und das Tal des Guadalquivir. Viele Bergregionen sind dagegen geradezu menschenleer.

Verwaltung: Seit 1981 ist Andalusien als *Comunidad Autónoma Andalucía* eine der 17 teilautonomen Regionen Spaniens. Traditionell gilt die Autonome Gemeinschaft Andalusien als ausgesprochene Hochburg der Sozialisten. Sie besitzt ein eigenes Parlament und eine eigene Regionalregierung, die *Junta de Andalucía*. Die teilweise Selbstverwal-

tung betrifft unter anderem die Bereiche Kultur, Soziales, Polizei, Tourismus und Umwelt.

Landesflagge: grün-weiß-grün

Hauptstadt: Sevilla (ca. 700.000 Ew.)

Weitere große Städte: Málaga (ca. 570.000 Ew.); Córdoba (330.000 Ew.); Granada (235.000 Ew.), Jerez de la Frontera (210.000 Ew.)

Provinzen: Andalusien ist in acht Provinzen eingeteilt, die nach ihren Hauptstädten benannt sind. Von Ost nach West: Almería, Granada, Jaén, Málaga, Córdoba, Sevilla, Cádiz, Huelva. Jede wird von einem gewählten Rat und einem ernannten Gouverneur regiert.

Website: www.andalucia.org

Landschaft und Geographie

Andalusien ist die südlichste Region des europäischen Festlands und gleichzeitig auch diejenige, die Afrika am nächsten liegt: Die Stadt Tarifa, fast exakt auf dem 36. Breitengrad gelegen, ist von Marokko gerade mal 14 Kilometer entfernt.

Von Nord nach Süd erstreckt sich Andalusien über mehr als zwei Breitengrade, reicht von 38°44' bis 36°00' nördlicher Breite. Von Ost nach West sind es zwischen 1°37' und 7°31' westlicher Länge etwa sechs Längengrade, was immerhin rund 500 Kilometern Entfernung entspricht. Mit einer Fläche von 87.268 Quadratkilometern, das entspricht 17,3 Prozent der Landesfläche Spaniens, ist Andalusien die zweitgrößte der spanischen Regionen, größer zum Beispiel als die Niederlande und fast so groß wie Portugal.

Geographisch gliedert sich Andalusien in zwei Gebirgszüge und das zwischen ihnen liegende Tal des Río Guadalquivir, das im Westen als ebenes Marschland zum Atlantik hin ausläuft. Spanische Nachbarregionen sind die Autonomen Gemeinschaften Murcia im Osten sowie Kastilien-La Mancha und die Extremadura im Norden. Im Westen grenzt Andalusien an Portugal und im Süden an Mittelmeer und Atlantik.

Landschaft und Geographie 23

Wüstenhaft: Cabo de Gata (Provinz Almería)

Sierra Morena: Der nördliche und sanftere der beiden Gebirgszüge Andalusiens verläuft von der Provinz Jaén im Osten über die Provinzen Córdoba und Sevilla bis zur Provinz Huelva im Westen. Sie bildet den Rand der Kastilischen Hochebene Meseta und fällt steil zum Tal des Río Guadalquivir hin ab, durchzogen von Nebenflüssen des breiten Stroms. Obwohl ihre größte Höhe nur 1323 Meter erreicht, markiert die Sierra Morena die natürliche nördliche Grenze Andalusiens. Der Gebirgszug der Sierra Morena gliedert sich in den einzelnen Provinzen in mehrere Abschnitte wie die Sierra de Andújar, die Sierra de Cardeña, die Sierra Norte und die Sierra de Aracena. Alle sind sie sehr dünn besiedelt und überwiegend mit Kork- und Steineichenwäldern bestanden, werden nur extensiv landwirtschaftlich genutzt.

Tal des Río Guadalquivir: Das Tal des großen Stroms und seiner Seitenflüsse, von den Winterregen bewässert und mit äußerst fruchtbaren Sand- und Lehmböden gesegnet, ist die Lebensader Andalusiens. Hier lebt ein großer Teil der Bevölkerung, werden die höchsten landwirtschaftlichen Erträge eingefahren, erstrecken sich ausgedehnte Olivenhaine und riesige Baumwoll-, Reis- und Getreidefelder. Das etwa dreiecksförmige Gebiet besteht im östlichen Bereich um Córdoba aus flachem Hügelland, westlich von Sevilla dagegen aus völlig ebenem, teils sumpfigem Tiefland. Rund 670 Kilometer misst der „Große Fluss" der Mauren zwischen seiner Quelle in der Sierra de Cazorla und der Mündung in den Atlantik. Bis Sevilla ist der Guadalquivir schiffbar.

Cordillera Bética: Die Betische Kordillere bildet den südlichen, deutlich ausgedehnteren und weit höheren der beiden Hauptgebirgszüge Andalusiens. Das landschaftlich wie kulturell sehr vielfältige Gebiet reicht von der Grenze zur Autonomen Gemeinschaft Murcia bis Gibraltar. Die Ausläufer des Gebirgszugs fallen bis dicht vor die Küste ab. Ihre größte Höhe erreicht die betische Kordillere südlich von Granada im „Schneegebirge" der *Sierra Nevada*: Mulhacén (3481 m) und Pico de Veleta (3392 m) sind die höchsten Berge der Iberischen Halbinsel. Um dieses größte Bergmassiv Andalusiens schart sich eine Reihe weiterer, mit

Andalusien erleben

Schier endlose Sandstrände prägen die Atlantikküste

ihr verbundener, aber deutlich eigenständiger Gebirgszüge wie die Sierras de Cazorla y Segura im Nordosten, die Sierra de los Filabres im Osten und die Serranía de Ronda im Südwesten.

Die Küsten: Sie machen zwar nur etwa zehn Prozent der Gesamtfläche Andalusiens aus, doch lebt hier fast ein Drittel der Bevölkerung. Von Andalusiens Fremdenverkehr konzentrieren sich gar drei Viertel an den Küsten. Andalusien ist die einzige Region Spaniens, deren Küsten an gleich zwei Meeren liegen.

Am **Mittelmeer** zeigt sich der Küstenstreifen vorwiegend steil und klippenartig, unterbrochen von Stränden an Flussmündungen und trockenen Flussbetten. Da die Ausläufer der Betischen Kordillere bis ans Meer reichen, sind Küstenebenen selten und, wo vorhanden, nur klein. Das Wasser des Mittelmeers ist salzhaltiger, klarer und nährstoffärmer als das des Atlantiks, der Unterschied zwischen Ebbe und Flut ist geringer, und auch die Wellen sind hier niedriger. Die *Costa de Almería* bildet die östlichste Küste Andalusiens. An ihr liegt mit dem Cabo de Gata zwar ein landschaftlicher Leckerbissen ersten Ranges, doch erstrecken sich westlich der Provinzhauptstadt auch großflächige Feriensiedlungen, beschönigend Urbanisationen genannt. Weiter westlich folgt die *Costa Tropical* der Provinz Granada, ein nur kurzer, üppig bewachsener Küstenstreifen. Die *Costa del Sol*, die sich am Mittelmeer in der Provinz Málaga bis hinunter nach Gibraltar zieht, ist weithin bekannt. Ein mittlerweile eher unrühmlicher Bekanntheitsgrad: Die „Sonnenküste" gilt als Paradebeispiel für die rücksichtslose Übererschließung eines Urlaubsgebiets. Die späte (1987) Erkenntnis des damaligen Bürgermeisters von Málaga, „wir müssen bremsen, bremsen und nochmals bremsen", kam da wohl *zu* spät. Einige seiner Kollegen haben dagegen sogar bis heute noch nichts begriffen. Etwas weniger verbaut als der westliche Abschnitt präsentiert sich das östliche Teilstück um Nerja.

Die **Atlantikküste** wird gekennzeichnet durch weite Küstenebenen mit langen Sandstränden und vielen Dünen, und durch ausgedehnte Salzmarschen, die so genannten „Marismas", die Heimat zahlreicher selten gewordener Tierarten sind. *Costa de la Luz* („Küste des Lichts") genannt, ist sie auf weiten Strecken bislang von der Urbanisierung verschont geblieben. Ein paar Apartmentkomplexe hier, die eine oder andere Hotelanlage da, die großflächige Feriensiedlung Matalascañas dort, das ist bislang fast schon alles. Die endlosen Sandstrände wecken jedoch Begehrlichkeiten – so mancher Bürgermeister kann der Verlockung, durch zusätzlich ausgewiesenes Bauland das Stadtsäckel zu füllen, nicht widerstehen. Vor allem in der Provinz Huelva, aber auch in Atlanterra bei Zahara de los Atunes (Gemeinde Tarifa) entstanden deshalb mehrere isolierte Hotelsiedlungen, im Norden der Provinz Cádiz wuchs die neue Urbanisation „Costa Ballena". Unerquicklich zeigen sich auch die industriellen Großräume um die Provinzhauptstädte Cádiz und Huelva.

Trockene Erde: In den Sommermonaten regnet es fast nie

Das Klima Andalusiens

So vielfältig die Landschaft der Region, so unterschiedlich präsentieren sich auch die klimatischen Bedingungen. Ein einheitliches andalusisches Klima gibt es deshalb eigentlich nicht.

So liegen im Südwesten Andalusiens, beeinflusst durch die atlantischen Regenfronten, sehr niederschlagsreiche Zonen, während im Südosten wüstenähnliche Verhältnisse vorherrschen. Auf den Gipfeln der Sierra Nevada schließlich finden sich gar hochalpine Bedingungen. Überwiegend zählt Andalusien jedoch zur Zone des gemäßigt warmen Mittelmeerklimas, das durch heiße und trockene Sommer und relativ milde Winter geprägt wird.

Verantwortlich für das andalusische Klima zeichnen im Sommer die beliebten Azorenhochs im Zusammenspiel mit Tiefdruckgebieten über der Sahara, während im Winter atlantische Schlechtwetterfronten für Regenfälle sorgen. Auf das ganze Jahr bezogen, stimmt das Bild vom sonnigen Süden jedoch durchaus: Zusammen mit Südportugal zählt Andalusien die höchste Sonnenscheindauer der Iberischen Halbinsel – jede der Provinzen darf sich mehr als 2800 jährlicher Sonnenstunden rühmen; das Guadalquivirtal, die Atlantikküste und die Küsten von Almería und Granada genießen sogar über 3000 Sonnenstunden im Jahr. Auch die Vorstellungen vom mediterranen, ewig warmen Andalusien treffen zumindest auf die Küsten sicher zu: Eine durchschnittliche Tageshöchsttemperatur im Januar von 16,5 Grad in Málaga spricht für sich. Am Atlantik herrschen ähnlich traumhafte Verhältnisse. Nicht zuletzt ist auch der Ruf des Tieflands als Hitzeloch Spaniens berechtigt. In Sevilla sind sommerliche Tagestemperaturen um die 40 Grad keine Seltenheit. Im Sommer 1946 wurden gar 47,0 Grad gemessen, bis heute der höchste Wert seit

26   Andalusien erleben

Beginn der Wetteraufzeichnungen, die 1922 begonnen wurden. Noch im September sind hier Temperaturen von 28 Grad um zwei Uhr nachts durchaus normal.

Anders sieht es in den Gebirgen aus. Granada, auf immerhin knapp 700 Meter Höhe gelegen, kennt frostige Winternächte durchaus, und die Sierra Nevada trägt ihrem Namen gemäß bis in den Juni und bereits wieder ab September, spätestens ab Anfang Oktober ein weißes Kleid.

Sehr ungleich verteilen sich die jährlichen Niederschläge. Während die Sommer überall sehr trocken sind, erleben die westlichen Bereiche Andalusiens etwa in der Zeit zwischen Ende September und April eine Regenperiode: Die von West nach Ost durchziehenden Schlechtwetterfronten regnen sich an den Gebirgszügen der Cordillera Bética und der Sierra Morena ab, mit der erstaunlichen Folge, dass die Sierra de Grazalema eine der an Niederschlägen reichsten Regionen Spaniens ist. Völlig anders, nämlich fast ganzjährig staubtrocken, präsentiert sich der Osten, besonders die Halbwüsten der Provinz Almería, deren extrem arides Klima innerhalb Europas seinesgleichen sucht. Angenehm trocken zeigt sich auch die ebenfalls im Windschatten der Gebirge gelegene „Sonnenküste" Costa del Sol.

Eine Besonderheit im Reich der Winde, die über Andalusien von atlantischen, mediterranen und kontinentalafrikanischen Strömungen bestimmt werden, sind die Ostwinde („Levante") und Westwinde („Poniente"), die an über 300 Tagen mit durchschnittlich mehr als 30 Stundenkilometern durch die Meerenge von Gibraltar pfeifen und das Städtchen Tarifa zu einem der beliebtesten Surfspots der Welt gemacht haben.

Klimadaten am Beispiel Málaga
(Durchschnittswerte in Grad Celsius bzw. Tagen)

Monat	Lufttemperatur		Wasser	Regentage
	max.	min.		
Januar	16,6	7,3	15	6
Februar	17,7	7,9	14	5
März	19,1	9,0	14	4
April	20,9	10,4	15	5
Mai	23,8	13,4	17	3
Juni	27,3	17,1	18	2
Juli	29,9	19,7	21	0
August	30,3	20,5	22	0
September	27,9	18,2	21	2
Oktober	23,7	14,3	19	4
November	19,9	10,8	17	5
Dezember	17,4	8,4	16	6
Jahresmittel	22,9	13,1	17,4	43

(Regentage: Tage mit mindestens 0,1 mm Niederschlag)

Günstige Reisezeiten sind vom Klima her das Frühjahr, in dem alles blüht und auch die größten Fiestas stattfinden, und der Herbst. Kenner, die aufs Baden verzichten können oder sehr abgehärtet sind, kommen auch gern im Winter. Im Sommer bleibt es an den Küsten dank eines dort meist wehenden Lüftchens noch erträglich, das Tiefland allerdings gleicht einem Backofen – zum Schlafen wickelt sich mancher Nordländer da schon mal in ein nasses Handtuch. Die Sommermonate sind auch der Zeitraum mit dem stärksten Run auf Küstenorte, Restaurants und Strände. „Kulturziele" wie Granada allerdings werden das ganze Jahr über mehr als gut besucht, der Hochsommer ist dort eher Nebensaison.

Natur und Umwelt

Umweltschutz stand lange Zeit nicht allzu hoch im Kurs in Spanien. Zwar hat sich dies gebessert, und auch das Bewusstsein in der Bevölkerung ist gewachsen. Doch hat Spanien immer noch mächtige Probleme.

▸ **Erosion:** Sie zu stoppen, wird wohl die wichtigste Aufgabe der Zukunft werden: Mehr als ein Drittel Spaniens, in Andalusien gar zwei Drittel, ist von Versteppung und dem Verlust jeder Vegetation bedroht. Hauptursachen sind das Absinken des Grundwasserspiegels, Fehler in der Landwirtschaft und die Zehntausende von jährlichen Waldbränden, letztere oft auf Brandstiftung zur Gewinnung von Bauland zurückzuführen. Wenn aufgeforstet wird, was bislang viel zu wenig der Fall ist, dann meist mit schnell wachsenden Eukalyptusbäumen: billiges Industrieholz, ökologisch ohne besonderen Wert und selbst wiederum äußerst leicht entflammbar.

▸ **Industrialisierung:** Zwar zählt Andalusien nicht zu den großen Industriegebieten Spaniens, doch sind die Industriegürtel besonders der Großräume Algeciras, Cádiz, Sevilla und Huelva nicht zu übersehen. Vor allem die petrochemischen Anlagen um Huelva verschmutzen weiträumig Luft und Wasser.

▸ **Schadstoffeinleitung in Flüsse und das Meer:** Immer noch gehen die Abwässer eines guten Teils der spanischen Bevölkerung ungeklärt in Flüsse und damit letztlich auch ins Meer. Als besondere Dreckschleudern gelten der Río Odiel und der Río Tinto in der Provinz Huelva, doch empfiehlt es sich beim Baden generell, von Flussmündungen Abstand zu halten.

▸ **Berge von Müll:** Mehrwegsysteme für Verpackung und Transport von Konsumgütern sind immer noch eine Rarität. „Ex-und-Hopp" heißt die Devise. Schlimm sind

Energiegewinnung: Solaranlage bei La Calahorra (Provinz Granada)

28   Andalusien erleben

die praktisch nicht verrottenden PET-Flaschen, die den Müllberg ins Unermessliche wachsen lassen. Immerhin existiert ein Gesetz, das Gemeinden über 5000 Einwohner zur Abfalltrennung verpflichtet.

▸ **Lärm:** Auch Lärmbelästigung fällt unter das Stichwort „Umweltverschmutzung", kann sogar Krankheiten verursachen. Spanien gilt nach Japan als das zweitlauteste Land der Welt. In Andalusien wird, wie ja oft im Süden, mit dem Problem besonders lässig umgegangen. An Baustellen dröhnt der Betonmischer von frühmorgens bis in die Nacht, Wasserpumpen rattern rund um die Uhr, Discotheken beschallen benachbarte Campingplätze und Hotels mit ohrenbetäubender Musik. Wer Andalusien bereist, wird mit diesem Lärm leben müssen – die Einheimischen scheinen sich daran nur selten zu stören. Ein Lärmschutzgesetz, das Bußgelder bis zu einer Höhe von 60.000 € vorsieht, hat wenig Abhilfe gebracht.

▸ **Tourismus und Bodenspekulation:** Der Fremdenverkehr bringt, auch wenn mancher dies nicht so gern hören wird, ebenfalls massive Umweltschädigungen mit sich. Am auffälligsten wird dies in den Küstenbereichen, die vielerorts bis zur Unkenntlichkeit entstellt sind durch den Bau von hoch aufragenden Hotelkästen und den sogenannten Urbanisationen, landschaftsfressenden Feriensiedlungen, die in erster Linie dem einheimischen Tourismus dienen und zehn Monate im Jahr fast leerstehen. Von den 155 Küstenkilometern der Provinz Málaga sind nur noch wenige Kilometer unverbaut. Andalusienweit gelten laut dem jährlich erscheinenden Greenpeace-Bericht mit dem doppeldeutigen Titel „Destrucción a toda costa" („Zerstörung der gesamten Küste" bzw. „Zerstörung um jeden Preis") rund 50 Prozent der Küsten als urbanisiert, und jedes Jahr werden es mehr und ausgedehntere Siedlungen. Die andalusische Küste sei die am stärksten von Bauvorhaben bedrohte Zone in ganz Spanien, so die Organisation weiter. Hinzu kommen der verstärkte Verkehr, ein größeres Müllaufkommen und natürlich auch ein erhöhter Verbrauch des kostbaren Trinkwassers. Mittlerweile warnen selbst Tourismusverbände, Andalusien gefährde durch den anhaltenden Bauboom an den Küsten seine Zukunft im Fremdenverkehr. Lokale Bürgermeister sind da bislang meist kurzsichtiger, und leider ist auch Korruption in diesem Zusammenhang immer wieder ein Thema – die Verhaftung fast des gesamten Stadtrats von Marbella (siehe auch dort) war nur der spektakulärste Fall.

Naturschutzgebiete

Erfreulich: In Bezug auf den Naturschutz nimmt Andalusien innerhalb Spaniens eine echte Vorreiterrolle ein. Immerhin gut 17 Prozent der Fläche sind aufgrund ihres hohen ökologischen und landschaftlichen Wertes auf die eine oder andere Art unter Schutz gestellt – bis 1982 waren es gerade mal 0,6 Prozent. Die Abstufung der Schutzzonen reicht vom schlichten Landschaftsschutzgebiet über das Naturreservat *(Paraje Natural, Reserva Natural)* zum Naturpark *(Parque Natural)* und schließlich zum Nationalpark *(Parque Nacional)*. Im Folgenden eine kurze Vorstellung des Coto de Doñana, der Sierra Nevada und aller Naturparks – auf eine ganze Reihe dieser Schutzgebiete wird in diesem Führer noch näher eingegangen.

Parque Nacional Coto de Doñana: Überwiegend zur Provinz Huelva zählend. Die mehr als 50.000 Hektar große Zone im Mündungsgebiet des Río Guadalquivir in den Atlantik war lange Jahrhunderte königliches Jagdreservat und blieb deshalb nahezu unbebaut. Seit 1969 ist der Coto de Doñana als Nationalpark ausgewiesen, von der Unesco zum „Reservat der Biosphäre" erklärt. Um den Nationalpark selbst

Naturschutzgebiete

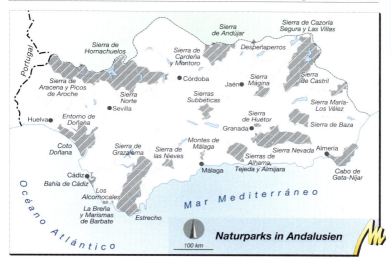

Naturparks in Andalusien

erstreckt sich eine weitere Schutzzone, der *Parque Natural Entorno de Doñana*. Weltweite Bedeutung kommt dem Nationalpark insbesondere aufgrund seiner Funktion als Rückzugsgebiet und Raststation zahlreicher Vogelarten zu, darunter einiger sonst nur in Afrika heimischer Spezies. Akut bedroht ist er jedoch durch die umgebende Landwirtschaft und auch durch den Tourismus, insbesondere durch den hohen Wasserverbrauch der Erdbeerfelder im Hinterland und auch der nahen Feriensiedlung Matalascañas. Die große Umweltkatastrophe im Vorpark, als im Frühjahr 1998 das Rückhaltebecken eines Bergwerks barst und sich eine giftige Schlammflut 40 Kilometer weit den Río Guadiamar hinabwälzte, wird sich hoffentlich nicht wiederholen.

Schutzbestimmungen in Naturparks

- Camping und offenes Feuer sind außerhalb der dafür eigens gekennzeichneten Zonen strikt verboten.
- Das Entfernen von Tieren und und Pflanzen ist verboten.
- In der Regel ebenfalls verboten oder zumindest gar nicht gern gesehen ist das Mitbringen von Hunden. Wo zugelassen, müssen sie unbedingt an der Leine geführt werden.
- Die Wege dürfen nicht verlassen werden. Keine „Abkürzungen": Das Unterholz ist ein wichtiger Rückzugsraum für viele Jungtiere.
- Fahrzeuge dürfen nur auf den zugelassenen Straßen fahren: Naturparks sind kein Spielgelände für Off-Roader.
- Laute Musik, Radios etc. sind verboten.
- Keine Abfälle zu hinterlassen, ist wohl selbstverständlich.

Parque Nacional de la Sierra Nevada: Seit 1999 ist die Kernzone der Sierra Nevada auf einer Fläche von mehr als 86.000 Hektar in den Status eines Nationalparks aufgerückt. Er ist der spanienweit größte seiner Art und von einem Naturpark umgeben, der die Funktion einer zusätzlichen Pufferzone erfüllt. Beide zusammen erstrecken sich über 170.000 Hektar und umfassen ein landschaftlich und bioklimatisch sehr vielfältiges Areal, in dem allein über 60 endemische Pflanzenarten wachsen und zahlreiche seltene Tiere leben. Zum Parkgebiet, das zu den Provinzen Granada und Almería gehört, zählt neben dem eigentlichen, in 14 Gipfeln bis weit über dreitausend Meter Höhe ansteigenden Hochgebirge auch die Region der Alpujarras, der sonnigen Südhänge der Sierra Nevada.

Größter Nationalpark Spaniens: Parque Nacional de la Sierra Nevada

Parque Natural Cabo de Gata – Níjar: In der Provinz Almería liegt einer der wenigen spanischen Meeres-Naturparks. Eine wahrhaft großartige Landschaft, die sich mit Felsabstürzen und weiten Sandstränden bis ans Meer erstreckt und, man kann sich gar nicht genug freuen, seit Dezember 1987 unter Naturschutz steht und dadurch gerade noch vor der schlimmsten Bauspekulation gerettet wurde. Vom Erscheinungsbild her ist das Gebiet mit Teilen der Kanarischen Inseln vergleichbar, eine Mischung aus Vulkanformationen, Halbwüste und herrlichen Stränden.

Parque Natural Sierra de María – Los Vélez: Ebenfalls in der Provinz Almería. Der Gebirgspark nahe der Stadt Vélez Blanco wird durch seine ausgedehnten Wälder charakterisiert, die in deutlichem Kontrast zur trockenen, wüstenhaften Umgebung stehen. Hier gedeihen vor allem verschiedene Pinienarten, Schwarzfichten und Steineichen, in den höheren Lagen auch Wacholdersträucher und Ginster.

Parque Natural Sierra de Baza: In der Provinz Granada, etwa südlich der Stadt Baza. Bis zu 2271 Meter Höhe erreicht diese Klimainsel, die sich mit ihrem relativ hohen Niederschlagsniveau deutlich von der umgebenden, trockenen Landschaft abhebt. Aufgrund der großen Höhe existiert in der Sierra de Baza eine Vielzahl von Vegetationsstufen. Neben Kiefernwäldern wachsen hier auch Steineichen, in den kühleren Regionen Bergeichen, Ahorn- und Vogelbeerbäume. Zur vielfältigen Tierwelt zählen neben einer Reihe von Greifvogelarten auch Wild- und Ginsterkatze sowie der Dachs.

Wasserschutz anno 1870: „Wäsche waschen verboten, Strafe eine Peseta"

Kostbares Wasser

Im Sommer 1995 erlebte Andalusien die größte Dürreperiode seit mehr als einem Jahrhundert. Fast fünf Jahre lang hatte es nicht mehr richtig geregnet. Der Guadalquivir war zum Rinnsal geworden, in Marbella gab es nur zwischen 6 und 14 Uhr Wasser. Tankschiffe mussten die überwiegend spanischen Urlauber an der Bucht von Cádiz versorgen. Die Ernten fielen vielerorts völlig aus, die Rinder fanden auf ihren Weiden kaum noch etwas zu fressen. Ein Land auf dem Weg zur Wüste. Die Golfplätze der Costa del Sol allerdings wurden nach wie vor bewässert, strotzten vor üppigem Grün.

Derzeit zeigt sich die Lage zwar wieder etwas entspannter. Dennoch ist Wasser ein kostbares Gut geblieben in Andalusien, einer Region, die sich seit der Zeit der Mauren hervorragender Bewässerungsanlagen erfreute. Heute muss mehr als die Hälfte des Trinkwassers vor dem Verbrauch chemisch behandelt werden. Und die nächste große Dürre ist vielleicht nicht mehr fern ...

Schuld am Wassermangel ist, neben den klimatischen Bedingungen, vor allem der allzu sorglose Umgang mit dem kostbaren Nass, das seiner Knappheit zum Trotz in Spanien nur einen Bruchteil des deutschen Preises kostet. Der Pro-Kopf-Verbrauch des Landes ist der höchste Europas und der dritthöchste der Welt. Dabei wird nur ein kleiner Teil von den privaten Haushalten genutzt, das meiste Wasser hingegen von den veralteteten Bewässerungsmethoden der Landwirtschaft vergeudet. Rund 80 Prozent des gesamten Verbrauchs Spaniens ergießen sich auf Äcker und Felder und verdunsten dort oft völlig ineffizient in der Sonne. Auch das marode Leitungsnetz trägt seinen Teil zum Wasserverlust bei: In manchen Städten Andalusiens versickert so mehr als die Hälfte des Wassers im Boden. Doch auch wenn das Problem zumindest teilweise hausgemacht ist, bleibt dennoch jeder Besucher zum Wassersparen aufgerufen. Duschen statt Baden ist angesagt, Verzicht statt Verschwendung – eine Devise, der man sich gerade als Gast in Andalusien anschließen sollte.

32 Andalusien erleben

Vor den Toren der Provinzhauptstadt: Parque Natural Montes de Málaga

Parque Natural Sierra de Castril: Der Park in der Provinz Granada schließt sich östlich direkt an den Naturpark der Sierras von Cazorla, Segura und Las Villas an. Das durch Klippen und tiefe Schluchten gekennzeichnete Gebiet ist vor allem aufgrund seiner ausgedehnten Wälder aus Schwarzkiefern und Wacholderbäumen von Bedeutung, gleichzeitig Heimat von Bergziege, Gänsegeier und Steinadler.

Parque Natural Sierra de Huétor: Ebenfalls in der Provinz Granada, nordöstlich unweit der Provinzhauptstadt gelegen. Ein kleiner Park beiderseits der A 92, in dem ausgedehnte Pinienwälder wachsen und Dachse, Wiesel, Bergziegen, Ginsterkatzen und zahlreiche Greifvogelarten leben. Der Park ist ein beliebtes Ausflugsziel der Granadiner, bekannt besonders durch den Aussichtspunkt „Mirador de Sierra Nevada" auf 1233 Meter Höhe.

Parque Natural Sierras de Cazorla, Segura y las Villas: In der Provinz Jaén. Mit einer Fläche von über 214.000 Hektar ist er der größte Naturpark Spaniens, erstreckt sich in Höhenlagen zwischen 600 und über 2100 Meter. Die Lebensader des Gebiets bildet der obere Río Guadalquivir, der im Park entspringt und hier zu einem See aufgestaut wird. In der reich bewaldeten Karstregion leben Hirsche, Wildschweine, Steinböcke, Mufflonschafe und zahlreiche Vogelarten, darunter viele Greifvögel. Der Park ist, auch mit zahlreichen Campingplätzen, gut erschlossen.

Parque Natural Despeñaperros: In der Provinz Jaén. Der kleine Park liegt in der Sierra Morena, beiderseits der Schnellstraße A 4 von Madrid, und wird geprägt von zerklüfteten Felsbergen sowie Kiefern- und Eichenwäldern, in denen neben Wildschweinen und Hirschen gelegentlich auch noch Luchse und Wölfe auftauchen.

Parque Natural Sierra Mágina: Ebenfalls in der Provinz Jaén, im Gebiet östlich der Provinzhauptstadt gelegen. Ein mit knapp 20.000 Hektar recht kleiner Park, der jedoch mit bis zu 2167 Metern das höchste Massiv der Provinz beinhaltet. Die schroffen Felsen der Region bestehen aus Kalkstein. Zur hiesigen Fauna zählen unter anderem Wildschweine und Steinböcke.

Parque Natural Sierra de Andújar, Parque Natural Sierra de Cardena y Montoro: In den Provinzen Jaén und Córdoba. Zwei aneinander anschließende Naturparks der Sierra Morena, die durch Steineichenwälder, Olivenhaine und eine Fülle selte-

Naturschutzgebiete 33

ner Pflanzenarten gekennzeichnet sind. Neben einer ganzen Reihe von Greifvogelarten leben hier noch vereinzelt Luchse und Wölfe.

Parque Natural Sierras Subbéticas: In der Provinz Córdoba, im Gebiet westlich der Kleinstadt Priego de Córdoba. Der Mittelgebirgspark umfasst enge Täler, interessante Karstformationen wie Dolinen und Höhlen und schroffe Höhenzüge. Bewaldet ist der Park mit Steineichen, Bergeichen, Silberpappeln und ausgedehnten Olivenhainen, in Höhen über 1500 Metern wachsen Ginstersträucher.

Parque Natural Sierras de Tejeda, Almijara y Alhama: In den Provinzen Granada und Málaga. Erst 1999 ausgewiesen wurde dieser Naturpark, der sich beiderseits der bis auf mehr als 2000 Meter Höhe ansteigenden Sierra de Almijara erstreckt und im Südosten bei Nerja bis fast ans Mittelmeer reicht. Als Bindeglied zwischen der Sierra Nevada und den Sierras von Málaga besitzt der Park eine wichtige Korridorfunktion; zur Tierwelt zählen Greifvögel wie Steinadler und Wanderfalke ebenso wie der Steinbock, der hier eines seiner wichtigsten Rückzugsgebiete in ganz Spanien besitzt.

Parque Natural Montes de Málaga: In der Provinz Málaga, im Hinterland der Hauptstadt. Ein Park der runden Hügelkuppen und mit aufgeforsteten Schwarzkiefern bewaldeten Hänge. In den Resten der ursprünglichen, mediterranen Gebirgsvegetation aus Stein- und Korkeichen und Johannisbrotbäumen leben neben zahlreichen Kleinsäugern viele verschiedene Reptilien- und Amphibienarten, darunter auch das seltene Chamäleon.

Parque Natural Sierra de las Nieves: In der Provinz Málaga. Bekannt ist der von steilen Hängen und tiefen Schluchten geprägte Park durch seine dichten Vorkommen an urweltlichen Pinsapo-Tannen, die außer im Gebiet um Ronda nur noch an wenigen Stellen Marokkos wachsen. Zahlreich ist der Bestand an Bergziegen, Mufflons und Damhirschen, doch leben hier auch Fischotter, Wildkatzen und Steinadler.

Parque Natural de la Sierra de Grazalema: In den Provinzen Málaga und Cádiz. Der über 47.000 Hektar große Gebirgspark liegt in der niederschlagsreichsten Region Spaniens und zählt zu den ökologisch wertvollsten Landschaften des Landes. Ein zerklüftetes Kalksteingebiet der Klippen, Schluchten, Höhlen, seltenen Pflanzen und dichten Wälder, in dem auch noch die aus dem Tertiär stammende Pinsapo-Tanne wächst. Unter den zahlreichen Arten von Greifvögeln gibt es große Bestände an Gänsegeiern.

Spektakulär: Steilküste im Naturpark Breña y Marismas de Barbate

34 Andalusien erleben

Parque Natural Los Alcornocales: Provinzen Málaga und Cádiz. Los Alcornocales schließt sich direkt südlich an den Park von Grazalema an, ist aber in der Durchschnittshöhe deutlich niedriger; eine teilweise aus Sandstein bestehende Mittelgebirgslandschaft der sehr ausgedehnten Korkeichenforste, die zusammen mit den Beständen an Eichen und Bergeichen einen Begriff davon geben, wie Spaniens einst riesige Wälder vor dem Einsetzen der Zivilisation einmal ausgesehen haben mögen. Hier leben Fischotter, Wildschwein, Königs- und Steinadler und auch der Uhu.

Parque Natural del Estrecho: Der jüngste Naturpark Andalusiens wurde erst im März 2003 ausgewiesen. Er erstreckt sich entlang der Meerenge zwischen Spanien und Afrika, reicht im Nordosten bis kurz vor Algeciras und im Nordwesten über Bolonia hinaus bis kurz vor die Urbanisation Atlanterra; ausgeklammert bleibt das Stadtgebiet von Tarifa. Besonders zahlreich im Park vertreten sind Vögel wie der Wanderfalke oder der Schwarze Milan; für Zugvögel bildet das Gebiet eine wichtige Raststation. Unter den Schutz des Naturparks gestellt ist auch die vorgelagerte, artenreiche Meereswelt sowohl des Atlantiks als auch des Mittelmeers.

Parque Natural de la Breña y Marismas de Barbate: Provinz Cádiz. Ein nur kleiner Naturpark beiderseits der Stadt Barbate, der sich auf zwei Gebiete verteilt. Die westliche Zone reicht von den steil abstürzenden, teils bis zu 100 Meter hohen Küstenfelsen bei Caños de Meca bis ins hügelige, bewaldete Hinterland und beherbergt zahlreiche Vogelarten, darunter Silbermöwen und Reiher, die östliche umfasst das Sumpfland der Marismas des Río Barbate.

Parque Natural Bahía de Cádiz: Provinz Cádiz. Von Industrie und Zersiedelung bedroht, bewahrt der Naturpark doch ausgedehnte Feuchtgebiete mit Marschen, Dünen und Salinen, die von einem System von Flutungs- und Abzugskanälen durchzogen werden und auch der Fischzucht dienen. Der Park ist Heimat einer Vielfalt an Pflanzen- und Tierarten, darunter Kormorane, Säbelschnäbler und auch Chamäleons.

Parques Naturales Sierra de Hornachuelos, Sierra de Norte, Sierra de Aracena y Picos de Aroche: Provinzen Córdoba, Sevilla und Huelva. Die drei Naturparks, die sich von Ost nach West aneinander anschließen, zählen alle zur Gebirgsregion der dünn besiedelten Sierra Morena. Der Park der Sierra de Hornachuelos ist insbesondere durch seine große Kolonie von Schwarzgeiern und das Vorkommen von Schwarzstörchen bekannt, während die Sierra de Norte mit Galeriewäldern aus Eschen, Ulmen und Weiden glänzt, die hier ein eigenes Mikroklima schaffen. Der Naturpark Sierra de Aracena y Picos de Aroche schließlich wird von ausgedehnten Korkeichenwäldern und großen Weide- und Koppelflächen geprägt.

Waldbrände mit Meerblick

Ein spanisches, kein spezifisch andalusisches Problem war lange Zeit die hohe Zahl der Waldbrände. Auffällig dabei, dass die meisten Brände sich in Küstennähe und anderen touristisch interessanten Gebieten ereigneten. Diese „Waldbrände mit Meerblick" betrafen meist Zonen, die als Schutzgebiete für die Bebauung gesperrt waren. Nach dem Abfackeln des Baumbestands war das Gebiet nicht mehr schutzwürdig, es konnte gebaut werden. Eine Reduzierung der Brände brachte erst ein Gesetz, das die Bebauung von Waldbrandflächen auf die Dauer von 30 Jahren verbietet – manchmal kann Politik so einfach sein ...

Oft als Hecken gepflanzt: Feigenkakteen

Flora und Fauna

Die Flora und Fauna Andalusiens wird von der südlichen Lage bestimmt, ebenso von den sehr unterschiedlichen Höhenlagen innerhalb der Region, nicht zuletzt auch vom Einfluss des Menschen.

Pflanzenwelt

Dank der vielen unterschiedlichen Klimazonen zeigt sich die Flora Andalusiens äußerst artenreich. Besonders im Frühjahr, wenn sich selbst die kargsten Hänge in ein Blumenmeer verwandeln, wird dieser Schatz deutlich. In der Sonnenglut des Sommers sind viele Blüten dann schon verdorrt.

Über 4000 Pflanzenarten sollen in Andalusien wachsen, mehr als die Hälfte aller Spezies, die die Iberische Halbinsel zählt. Rund 150 von ihnen sind endemisch, d. h., es gibt sie nur in Andalusien – ein enormer Reichtum. Doch stammen längst nicht alle Gewächse, die uns heute als so charakteristisch für Andalusien erscheinen, wirklich von hier: Viele Nutzpflanzen, aber auch Blumen und Ziersträucher, wurden eingeführt. Vermutlich brachten schon die Phönizier den Ölbaum nach Spanien. Den Mauren dankt Andalusien unter anderem Zitronen-, Orangen- und Maulbeerbäume, Baumwolle, Zuckerrohr und Dattelpalme. Die nahezu allgegenwärtigen Feigenkakteen und Agaven stammen vom amerikanischen Kontinent.

Bäume und Wälder

Einst galt Spanien als das Land, in dem ein Eichhörnchen von Baum zu Baum von den Pyrenäen bis nach Gibraltar springen konnte. Auch Andalusien bestand früher fast völlig aus dichtem Wald. Heute bedecken Wälder nur mehr ein Viertel der

36　Andalusien erleben

Landesfläche: Schon zu den Zeiten der Römer und auch in den Jahrhunderten nach ihnen wurden die Waldgebiete für den Bau von Schiffen und für die Gewinnung von Ackerland abgeholzt.

Monte mediterráneo: Der mediterrane Wald ist charakteristisch für Andalusien. Er besteht überwiegend aus immergrünen Kork- und vor allem Steineichenbäumen, die von niedrigerem Gebüsch aus Mastixsträuchern, Ginster, Wacholder, Zistrosen und Kermeseichen umgeben sind. Zwischen den Büschen wachsen aromatische Kräuter wie Lavendel, Thymian und Rosmarin.

Las Dehesas: Die ausgedehnten, von Menschenhand geschaffenen Viehweiden der Dehesas sind ebenfalls typisch für Andalusien und vor allem in der Sierra Morena und der Provinz Cádiz anzutreffen. Es handelt sich um Stein- und Korkeichenwälder, die vom Unterholz gesäubert wurden und der Viehzucht, der Forstwirtschaft, aber auch der Gewinnung von Kork, Holzkohle und Honig dienen. Da sich menschliche Eingriffe in den nur extensiv bewirtschafteten Gebieten in engen Grenzen halten, sind sie Heimat einer artenreichen Tierwelt.

Weitere typische Bäume Andalusiens

Pinien/Aleppokiefern: zwei der vielen andalusischen Kiefernarten. Beide wachsen vor allem in Küstennähe und stehen oft in Gruppen oder ganzen Wäldern. Pinienbäume, die große Zapfen mit essbaren Samen bilden, sind an ihrer schirmförmigen Krone zu erkennen; die der Aleppokiefer wirkt dagegen oft etwas zerzaust.

Pinsapo-Tannen: eine Besonderheit der Sierras um Ronda. Nur hier sowie in einigen Gebieten im nördlichen Marokko gedeihen die streng geschützten Wälder dieser uralten, auch „Igeltanne" genannten Koniferenart. Die bedeutendsten dieser Wälder sind nur auf Führungen zugänglich, die in den Dörfern im Naturpark Grazalema in der Provinz Cádiz gebucht werden können.

Eukalyptusbäume: Kenntlich an der abblätternden Rinde, stammen sie eigentlich von der südlichen Halbkugel. Als schnell- und hochwüchsige Laubbäume, die mit hohem Wasserverbrauch Sumpfgebiete trockenlegen können, werden sie aber in vielen Mittelmeerländern gepflanzt. Gefährlich dabei: Die stark ölhaltigen Bäume brennen besonders leicht.

Johannisbrotbäume (Karoben): immergrüne Bäume mit ledrigen Blättern, die an ihren länglichen, erst grünen, im Reifezustand dann schwarzen Schoten erkennbar sind. Sie wachsen meist wild an äußerst trockenen Standorten, die kaum andere Vegetation zulassen. Die Schoten sind essbar, werden normalerweise jedoch nur als Tierfutter verwendet.

Laubbäume, wie Erlen, Eschen, Pappeln, Ulmen und Weiden wachsen in Andalusien vornehmlich an den Uferböschungen der Bäche, Flüsse und Lagunen, spielen bei der Regulierung der Wasserläufe eine wichtige Rolle.

Olivenbäume: Teilweise wild wachsend, in der Regel aber kultiviert, überziehen Olivenbäume mit ihren silbrig glänzenden Blättern einen guten Teil Andalusiens. Spanien ist der weltgrößte Exporteur der Ölfrucht, Andalusien wiederum der Spitzenreiter unter Spaniens Regionen. Weitergehende Informationen rund um den Ölbaum finden Sie im Kapitel zur Provinz Jaén, die fast völlig von der Olivenproduktion lebt.

Vegetation an trockenen Standorten

In den Wüsten und Halbwüsten der Provinz Almería, z. T. aber auch an sehr trockenen Standorten anderer Gebiete Andalusiens, gedeiht eine Reihe von Pflanzen, die besonders gut an die widrigen Bedingungen angepasst sind.

Agaven: eine Sukkulentenart, die ursprünglich vom amerikanischen Kontinent stammt. Ihre auffälligen, meterhohen Blütenstände blühen im Juni. Nach der Blüte stirbt die Pflanze ab.

Feigenkakteen (Opuntien): große, fleischige Kakteen, die oft regelrechte Hecken bilden oder als Zäune gepflanzt wurden. Die herrlich süßen Früchte werden von winzigen, aber sehr lästigen Stacheln geschützt

– nicht anfassen! Wer ans Fruchtfleisch möchte, bearbeitet sie am besten unter fließendem Wasser mit einer Wurzelbürste, schützt dabei die Finger durch Handschuhe oder benutzt eine Gabel.

Zwergpalmen: Die „Palma Enana", einzige einheimische Palme Europas, ist eine typische Pflanze der küstennahen Halbwüsten, besonders häufig im Gebiet des Naturparks Cabo de Gata. An geschützten Stellen erreicht die sonst buschartige Palme über zwei Meter Höhe. Ihre Blätter wurden früher zu Körben, Seilen und Matten geflochten.

Espartogras: ein trockenes, zähes Gras, dessen Halme und Blätter ebenfalls als Rohstoff für Flechtarbeiten dienen.

Kulturpflanzen

Ein großer Teil der fruchtbaren Gebiete Andalusiens wird landwirtschaftlich genutzt, die Fülle an Kulturpflanzen ist deshalb besonders augenfällig. Üppig wachsen Paprika, Auberginen, Melonen, Tomaten, Artischocken, Pfirsiche, Aprikosen und anderes Obst, in dem schmalen Küstenstreifen der Provinz Granada um Motril sogar Zuckerrohr, Avocados und Mangos. Auch Zitronen- und Orangenbäume gedeihen bestens, und im Guadalquivir-Tal gibt es ausgedehnte Baumwollfelder.

Auffällige Kulturpflanzen Andalusiens

Feigenbäume: wie der Ölbaum eine uralte Kulturpflanze; sie trägt zwei- bis dreimal jährlich Früchte. Meist stehen die weit ausladenden Bäume allein oder in kleinen Gruppen.

Granatapfelbäume: krummästige, manchmal dornige Bäume, die rot, gelb oder weiß blühen. Im Inneren der Früchte, nach denen übrigens die Stadt Granada benannt ist, umgibt geleeartiges, süßes Fruchtfleisch die Samenkerne.

Dattelpalmen: Wie viele andere Kulturpflanzen wurden sie von den Mauren ins Land gebracht. In Andalusien zieren die hochstämmigen Palmen viele Boulevards und Plätze.

Orangenbäume: Auch die Orangenbäume, deren Duft viele andalusische Plätze umschmeichelt, sind ein Erbe der Mauren.

Sie blüht nur einmal: Agave

Süße Früchte: Granatäpfel

Warum die leuchtenden Früchte nicht gepflückt werden? Ganz einfach – es handelt sich um Bitterorangen, die höchstens zu Marmelade verarbeitet werden könnten.

Bananen: Mit allerdings recht kleinen Früchten wachsen sie an geschützten, bewässerten Stellen der Costa Tropical, der immens fruchtbaren Küste Granadas.

Pferdeland: Andalusien ist bekannt für seine rassigen Rösser

Tierwelt

Nur in den geschützten Gebieten bewahrt Andalusien noch seine erstaunlich artenreiche Tierwelt. Besonders wichtige Rückzugsräume sind die Sierras und die küstennahen Feuchtgebiete.

Die hohe Zahl der hier heimischen Tierarten verdankt Andalusien nicht nur den vielen verschiedenen, klimatisch sehr unterschiedlichen Lebensräumen, sondern auch seiner Nähe zum afrikanischen Kontinent und der Grenzlage zwischen Mittelmeer und Atlantik.

▸ **Säugetiere:** Große Säugetiere wird man nur selten in freier Wildbahn beobachten können, nicht zuletzt deshalb, weil viele Arten nachtaktiv sind. Zu erwähnen sind Steinbock, Hirsch, Wildschwein, Mufflon, Ginsterkatze, Manguste und, in Einzelfällen in der Sierra Morena beobachtet, auch der Wolf. Der in Europa sehr seltene Luchs findet in Andalusien eines seiner wichtigsten Rückzugsgebiete. Weit häufiger trifft man auf die mehr oder weniger domestizierten „Freunde des Menschen", von denen in Andalusien oft eigene Rassen erhalten sind: Kampfstier, das Iberische Schwein, Kartäuserpferd und Merinoschaf, außerdem natürlich Esel und Maulesel. Ein besonderes Kuriosum stellen schließlich die frei lebenden Affen von Gibraltar dar, eine Makakenart.

▸ **Vögel:** Vögel sind in Andalusien in besonderem Artenreichtum vertreten. In den Gebirgen kreisen noch andernorts selten gewordene Adlerarten wie Kaiser-, Schlangen, Habichts- und Zwergadler. Auch Geier sind vergleichsweise häufig zu beobachten, darunter Gänse-, Schmutz- und sogar Mönchsgeier. Die Feuchtgebiete der Küsten bilden nicht nur eine Raststation für Zugvögel auf dem Weg nach Afrika, sondern auch ein wichtiges Refugium für Wasser- und Watvögel wie Reiher, Störche, Flamingos, Löffler und natürlich zahlreiche Entenarten. An erster Stelle steht hier der Nationalpark Coto de Doñana, doch gibt es daneben noch andere, kleinere Feuchtgebiete wie die Bahía de Cádiz, die Salinen am Cabo de Gata und

Tierwelt 39

die Marismas de Odiel. Im Hinterland von Málaga bildet die Lagune Fuente de Piedra die einzige regelmäßige Brutstätte für Flamingos in Spanien.

▸ **Reptilien und Amphibien:** Schlangen begegnet man eventuell auf Wanderungen, aber auch bei der Besichtigung archäologischer Stätten. Die meisten Arten sind ungiftig, es gibt jedoch auch Vipern, deren Biss gefährlich sein kann. Dass eine Schlange, von der man gebissen wurde, giftig ist, erkennt man daran, dass sich an der Bissstelle eine Schwellung entwickelt – dann einen festen Druckverband anlegen und sofort zum Arzt. Beste Vermeidungsstrategien sind in unübersichtlichem Gelände aber knöchelhohes Schuhwerk und lange, dicht gewebte Hosen, dazu ein fester Schritt: Schlangen flüchten, wenn man ihnen die Chance lässt. Vorsicht bei Steinhaufen und Ruinen! Dort leben auch Skorpione, deren Stich schmerzhaft, jedoch in der Regel nicht lebensbedrohlich ist. Freundlicher geben sich die possierlichen Geckos, die mit ihren Saugfüßchen oft an Wänden zu kleben scheinen und in der Nähe von Lichtquellen auf nächtliche Insektenjagd gehen. Heimisch sind außerdem verschiedene Eidechsenarten, selten auch Chamäleons. Mit etwas Glück sieht man auch Wasser- und Landschildkröten und große Salamander.

Nur noch selten in freier Wildbahn zu sehen: der Wolf

▸ **Insekten:** Mit Stechmücken muss man leben, ein Mücken abweisendes Mittel sollte deshalb im Gepäck sein. Zikaden sind kaum zu überhören, denn die unscheinbaren, nur wenige Zentimeter großen Pflanzensauger machen mit gewaltigem Getöne auf sich aufmerksam. Recht häufig lassen sich Gottesanbeterinnen beobachten: Die kurios geformten, räuberischen Fangheuschrecken sind etwa 4–7,5 Zentimeter lang, grasgrün, beige oder braun. Sie bewegen sich meist nur ganz langsam, fast unsichtbar, können mit ihren gefalteten, dornenbewehrten Raubbeinen (etwa in Gebetsstellung gehalten, daher der Name) aber blitzschnell zupacken und kleinere Tiere greifen. Schmetterlinge, obwohl durch den Chemieeinsatz in der Landwirtschaft bedroht, leben in Andalusien noch in recht großer Zahl, vor allem in der Sierra Nevada.

▸ **Meerestiere:** Ein Unterwasserparadies ist insbesondere der Naturpark Cabo de Gata, in dem auch die maritime Flora und Fauna geschützt ist. Doch auch außerhalb dieses Schutzgebietes existieren trotz der Bedrohung durch Fangflotten und Schleppnetze noch zahlreiche Fischarten; am besten mit ihnen vertraut macht ein Streifzug über einen der Fischmärkte. Haie gibt es natürlich, doch braucht man vor ihnen keine Angst zu haben – Haiangriffe sind in spanischen Gewässern eine absolute Seltenheit. Außer Fischen leben in den hiesigen Gewässern noch Weichtiere wie Tintenfische etc., seltener auch Korallen und Schwämme. Auf den „Whale-Watching"-Touren ab Tarifa sieht man mit etwas Glück Wale und Delfine.

Hort der Tradition: Rinderzucht in Andalusien

Andalusiens Wirtschaft

Andalusien zählt zu den ärmeren Gebieten Spaniens: Das Pro-Kopf-Einkommen erreicht hier gerade mal drei Viertel des landesweiten Durchschnitts. Stützen der Ökonomie sind die Landwirtschaft und der Dienstleistungssektor, zu dem auch der Tourismus zählt.

Bis heute gilt die Region, zusammen mit dem nordwestlichen Nachbarn Extremadura, als das Armenhaus des Landes. Natürlich sind hier, wie ja z. B. auch in Italien, gewisse Abstriche zu machen, schließlich hat die Schattenwirtschaft Tradition. Rosig sieht die Situation aber beileibe nicht aus. Vergleichsweise gut geht es einzig den Bewohnern der Küsten, die im Schnitt ein deutliches höheres Pro-Kopf-Einkommen erzielen als die Einwohner des Binnenlands.

Problem Arbeitslosigkeit: Ist schon die landesweite Arbeitslosigkeit ein erhebliches Problem, so liegen die Zahlen in Andalusien noch erheblich höher, insbesondere bei Jugendlichen und in einigen besonders betroffenen Regionen. Mit verantwortlich für die Misere ist das extensive System der Landwirtschaft insbesondere der Provinzen Sevilla und Cádiz. Andalusien zählt zwar fast 300.000 ländliche Betriebe, doch ist mehr als die Hälfte der gesamten Weide- und Anbaufläche in den Händen von nicht einmal zehntausend Großgrundbesitzern, den so genannten *señoritos* („Kleine Herren"). Diese Besitzverhältnisse gehen noch auf die Zeit der christlichen Rückeroberungskämpfe zurück, als Landgeschenke an Adelige eine häufig praktizierte Form der Bezahlung durch den König waren. Bestellt werden die Felder von abhängig beschäftigten Landarbeitern, den *peones*. Schon seit jeher konnten es sich die Grundbesitzer leisten, einen Teil der Peones nur für die arbeitsintensiven Zeiten der Aussaat und der Ernte einzustellen – an Arbeitskräften herrschte noch nie Mangel. Den Rest des Jahres sind diese *jornaleros* genannten

Andalusiens Wirtschaft 41

Tagelöhner ohne Beschäftigung und auf staatliche Unterstützung angewiesen, deren Höhe jedoch keinesfalls unseren Standards entspricht. Mit der international wohl notwendigen, fortschreitenden Mechanisierung der Landwirtschaft geraten aber auch bisher ganzjährig angestellte Peones in die Arbeitslosigkeit. Dort treffen sie auf ein Heer beschäftigungsloser Jugendlicher und junger Erwachsener, die oft noch nie in ihrem Leben einen festen Arbeitsplatz besessen haben und von der Familie irgendwie durchgebracht werden: Für Andalusien sicher eins der drängendsten Probleme der Gegenwart und Zukunft. Eine grundlegende Änderung dieser Entwicklung ist nicht in Sicht. Auch in Andalusien scheinen die Armen ärmer und die Reichen reicher zu werden. Nobelautos und feudale Villen kontrastieren mit Jugendlichen, die sich durch den Verkauf geschmuggelter Zigaretten oder das Putzen von Autoscheiben vor roten Ampeln durchschlagen. Auffällig ist auch die große Zahl der Bettler, die sich nur teilweise aus Drogensüchtigen und Profis rekrutieren. Besonders bei älteren Menschen steckt oft wirklich blanke Not dahinter: Wer sich da ab und zu von einem kleinen Bruchteil seines Urlaubsbudgets trennt, handelt sicher nicht falsch. Auch viele Spanier haben für diesen Zweck immer einige Münzen einstecken.

Struktur der andalusischen Wirtschaft

▸ **Landwirtschaft, Viehzucht und Fischfang:** Der primäre Sektor bildet traditionell die Basis der andalusischen Wirtschaft, gibt etwa einem Siebtel der Bevölkerung Arbeit. Wenn auch seine Bedeutung langsam zurückgeht, so ist sie im spanienweiten Vergleich immer noch sehr hoch. Die *Landwirtschaft* besitzt den mit Abstand größten Anteil am primären Sektor, trotz der Gefährdung durch Wassermangel, Erosion und vor allem die Budgetkürzungen der EU-Agrarpolitik. An deren Subventionstropf hängt nämlich ein guter Teil der Landwirte. Fatal daran: Auch die millionenschweren Großgrundbesitzer werden alimentiert – je größer die Anbaufläche, desto höher die Subventionen. Weizen, Oliven und Wein bilden die bei wei-

Harte Arbeit: Fischer beim Netzeflicken

Andalusien erleben

Zeitloses Bild: Ziegenherde in der Provinz Cádiz

tem wichtigsten Produkte. Beachtlichen Umfang erreicht auch der Anbau von Obst und Gemüse, wobei den ökologisch fragwürdigen Treibhauskulturen in El Ejido und anderen Orten der Provinz Almería hohe Bedeutung zukommt. Ebenfalls nicht unumstritten ist der Reisanbau, der in den Feuchtgebieten des westlichen Guadalquivirtals in großem Stil betrieben wird und sehr viel Wasser verbraucht. Die *Viehzucht* spielt eine vergleichsweise geringe Rolle, sorgt jedoch für den Erhalt der eigenständigen Rassen des Iberischen Schweins, des Kampfstiers und des Andalusischen Pferdes. Der Schwerpunkt liegt bei der Schweinezucht, die Zahl der Schaf- und Ziegenherden ist dagegen eher klein. Die *Fischerei* bildet traditionell einen wichtigen Wirtschaftszweig Andalusiens. Führend sind hier die Atlantikprovinzen Cádiz und Huelva, die zusammen rund drei Viertel der Fänge für sich verbuchen können. Allerdings sind auch die andalusischen Fangflotten von der Überfischung der Meere betroffen. Obwohl die Schiffe in immer weiter entfernte Fanggebiete ausweichen, gehen die Erträge deshalb zurück. Der Zucht von Fischen und Meeresfrüchten, wie sie in den Kanälen und Salzwasserteichen der Sumpfgebiete am Atlantik betrieben wird, dürfte deshalb künftig eine gesteigerte Bedeutung zukommen.

▶ **Industrie, Bauwirtschaft und Bergbau:** Der sekundäre Sektor ist das Problemkind der andalusischen Wirtschaft. In einer besonders schweren Krise steckt der Bergbau, der vor allem im Norden der Provinzen Córdoba und Huelva betrieben wird. Die Bauwirtschaft wiederum weist eine sehr unregelmäßige Konjunktur auf (wie sich in der gegenwärtigen „Crisis" wieder einmal zeigt) und verursacht in wirtschaftlich schwierigen Zeiten hohe Arbeitslosenzahlen. Die größten Gewerbegebiete Andalusiens liegen in den Großräumen Sevilla, Cádiz, Málaga, Córdoba, Granada, Huelva, Algeciras, Linares und Jerez. Schwerpunkte sind der Schiffsbau in der Provinz Cádiz, die chemische und petrochemische Industrie der Provinz Huelva sowie die Automobilproduktion und die Verarbeitung von Spezialstahl, also überwiegend nicht gerade die zukunftsträchtigsten Branchen. Kein Wunder deshalb,

Andalusiens Wirtschaft 43

dass die Industrie auch heute noch weit weniger Arbeitsplätze bereitstellt als die andalusische Landwirtschaft. Der Versuch des Sprungs ins High-Tech-Zeitalter war bislang nur mäßig erfolgreich. Zwar gibt es seit einigen Jahren in Málaga einen Technologiepark; Sevillas Hoffnung jedoch, mit der Expo die Elektronikindustrie zur Ansiedlung zu locken, erfüllte sich kaum.

▶ **Dienstleistungsgewerbe und Tourismus:** Der tertiäre Sektor, zu dem neben Verwaltung, Handel, Transport, Bankwesen, Erziehung, Telekommunikation und Gesundheitswesen auch der Fremdenverkehr gezählt wird, erwirtschaftet etwa zwei Drittel des Bruttoinlandsprodukts, übertrifft damit sogar den gesamtspanischen Durchschnittswert. Die Tendenz ist, wie in allen modernen Gesellschaften, weiterhin steigend.

Der **Tourismus** bildet dabei die wichtigste Stütze, beeinflusst fast alle Bereiche der andalusischen Wirtschaft und gilt daher als bedeutendster Wirtschaftsfaktor Andalusiens. Fast jeder fünfte Andalusier, so schätzt man, lebt direkt oder indirekt vom Fremdenverkehr. Seine Anfänge nahm der Tourismus nach Andalusien in den Fünfzigerjahren, erreichte in den Sechzigern

Rationalisierung auf dem Land: Mandelschälmaschine

und Anfang der Siebziger einen Höhepunkt. Eine hässliche Folge dieser Boomjahre ist die Zersiedelung vieler Küsten durch schnell hochgezogene Hotelkästen, die immer noch die Landschaft verschandeln. Das Hauptziel jener Jahre, die Costa del Sol, verbucht heute noch rund die Hälfte aller Übernachtungen für sich. Nach einer längeren Flaute folgte in den Achtzigern ein neuer Aufschwung. Während der Neunziger erlebte Andalusien zunächst einen leichten Rückgang, ab der Mitte des Jahrzehnts jedoch eine deutliche Steigerung der Besucherzahlen, bei denen nahezu ein Rekordjahr das nächste ablöste.

Mittlerweile übertrifft die Zahl der jährlichen Besucher die der Einwohner bei weitem. Ein wichtiges Anliegen der Tourismusbehörden ist die verstärkte Förderung des Fremdenverkehrs im andalusischen Hinterland, insbesondere in den strukturschwachen Gebieten – mit seiner vielfältigen Landschaft und dem reichen kulturellen Erbe hat Andalusien dafür sicher auch beste Voraussetzungen. Gleichzeitig möchte man sich vom Massentourismus ab- und einem qualitativ höherwertigen, individueller geprägten Fremdenverkehr zuwenden: Löbliche Vorsätze, die jedoch in der Erschließung bislang kaum berührter Bereiche der atlantischen Küsten wieder konterkariert werden.

Jungvolk: Fast jeder zweite Andalusier ist unter Dreißig

Strukturen im Umbruch: Gesellschaft und Familie

Wie manch andere Mittelmeerregion steht auch Andalusien im Zwiespalt zwischen den überlieferten Sichtweisen eines bäuerlich geprägten Landes und den internationalisierten Lebensformen der modernen Gesellschaften Europas.

Vieles ist deshalb im Wandel begriffen. Alte Bräuche kommen auf den Prüfstand, neue Weltanschauungen erobern Terrain. Wertvorstellungen, die jahrhundertelang Gültigkeit hatten, geraten plötzlich ins Wanken. Sex vor der Ehe? Einst undenkbar, heute zumindest bei der städtischen Jugend kein Diskussionsthema mehr. Katholisch ist immer noch die absolute Mehrheit, als wirklich gläubig bezeichnen mögen sich schon deutlich weniger, und zum sonntäglichen Gottesdienst geht nur mehr eine Minderheit. Auf der anderen Seite erleben manche alten Traditionen derzeit eine Art Revival: Rockgruppen spielen Flamenco-Adaptionen, zu den religiösen Festen strömen die Massen. Andalusien pendelt zwischen Vergangenheit und Zukunft, zwischen Fiesta und Fernseher, zwischen Kirche und Konsum.

Bevölkerung

Mit mehr als acht Millionen Einwohnern stellt Andalusien die bevölkerungsreichste der Autonomen Gemeinschaften des Landes. Etwa jeder sechste Spanier ist Andalusier.

Die **Bevölkerungsentwicklung** verlief im 20. Jh. rasant nach oben. Zwischen dem Jahr 1900 und dem Jahr 2000 hat sich Andalusiens Einwohnerzahl mehr als verdoppelt. Zurückzuführen ist dies auf eine besonders hohe Geburtenrate, die in früheren Jahrzehnten auch den Bevölkerungsschwund durch die starke Auswanderung

Bevölkerung   45

auszugleichen vermochte: Vor allem in den Sechzigerjahren hatten schlechte Lebensbedingungen Hunderttausende von Andalusiern in die Emigration getrieben. Ab Mitte der Siebziger, verstärkt in den Achtzigern, kehrte ein guter Teil der Auswanderer jedoch wieder zurück, angezogen von der Erholung der andalusischen Wirtschaft. Seit Anfang der Achtziger ließ sich auch ein deutlicher Rückgang der Geburtenrate beobachten, durch den sich die Bevölkerungsstruktur Andalusiens der der meisten anderen europäischen Regionen anglich. Dennoch besitzt Andalusien immer noch eine der durchschnittlich jüngsten Bevölkerungen der Iberischen Halbinsel: Etwa 40 % der Andalusier sind unter 30 Jahre alt.

Die **Siedlungsdichte** Andalusiens entspricht zwar ungefähr dem spanischen Durchschnitt, doch ist sie von starken Kontrasten geprägt. Dicht besiedelten Ballungsräumen stehen weite Gebiete gegenüber, die fast menschenleer sind. Landflucht bestimmt das Bild. Immer mehr Menschen siedeln sich in Städten, an der Küste oder im Guadalquivirtal an, eine Entwicklung, die schon vor Hunderten von Jahren begann. Etwa ein Drittel der Bevölkerung lebt heute an der Küste. Zu den größten Ballungsräumen zählen Sevilla, das mit den umgebenden Städten auf rund 1,4 Millionen Einwohner kommt, der Großraum Málaga mit etwa einer Million Einwohnern und die Bucht von Cádiz mit etwa 650.000 Einwohnern. Auch in ländlichen Regionen geht der Trend zur Verstädterung. Dort wohnt ein Großteil der Bevölkerung in sogenannten „Bauernstädten" von etwa zehn- bis fünfzehntausend Einwohnern. Landesweit betrachtet, sind etwa zwei von drei Andalusiern Städter, d. h., sie leben in Ortschaften mit mehr als zehntausend Einwohnern.

Außenseiter der Gesellschaft: Hierzu zählen insbesondere die *gitanos*, Zigeuner, die rund ein Prozent der Bevölkerung ausmachen. Ihre jahrhundertelange Odyssee im Osten brachte im 15. Jh. erstmals eine Reihe von Gitanos nach Spanien, wo sie zunächst freundlich aufgenommen, bald jedoch ebenso verfolgt wurden wie anderswo. Zwar gilt Andalusien immer noch als die den Gitanos gegenüber aufgeschlossenste Region Spaniens, doch kommt es auch hier immer wieder zu rassisti-

Landflucht – für ihn kein Thema

46   Andalusien erleben

schen Übergriffen auf die vielköpfigen Familien, die oft in Elendsvierteln oder eigens errichteten Billigwohnungen am Rand der Großstädte leben. Auch sonst haben es Gitanos, die nur selten eine abgeschlossene Ausbildung in einem zeitgemäßen Beruf besitzen, in der von Arbeitslosigkeit gebeutelten Region nicht leicht. Das Misstrauen der *payos*, wie die Gitanos die „Nicht-Zigeuner" nennen, ist ebenso groß wie ihr Unverständnis für die ohnehin im Schwinden begriffenen Traditionen der unterprivilegierten Volksgruppe. Die Suche nach einem Arbeitsplatz ist für einen Gitano deshalb ein fast aussichtsloses Unterfangen. So schlagen sich viele mit Kleinhandel und Drogenverkauf gerade mal so durch. In Städten wie Granada oder Sevilla sieht man oft Gitanas, die mit Wahrsagerei oder dem Verkauf von Nelken an Touristen ein paar Euro zu verdienen versuchen.

Afrikanische Immigranten, die *„Nassrücken"*, wie sie von manchen Spaniern aufgrund ihrer gefährlichen Flucht über die Meerenge hämisch genannt werden, bilden eine weitere Bevölkerungsgruppe, die besonderer Diskriminierung ausgesetzt ist. Ohne gültige Aufenthaltspapiere, erst recht ohne Arbeitserlaubnis, bleiben ihnen nur miserabel bezahlte, oft genug noch gesundheitsgefährdende Aushilfsjobs auf dem illegalen Arbeitsmarkt; freiwillig nach Hause zurück möchte dennoch kaum einer, haben ihre Familien doch meist jahrelang gespart, um ihnen die Chance auf ein besseres Leben im wohlhabenden Europa zu ermöglichen. Da Spaniens Sozialkassen diese Zuwanderer wegen der niedrigen Geburtenrate auch dringend benötigen, gibt es gelegentliche Legalisierungserlasse für Immigranten, die eine feste Arbeitsstelle und eine Meldebescheinigung nachweisen können.

Familie im Wandel

Seit jeher war es in den mediterranen Ländern die Großfamilie, die für sozialen Schutz sorgte. Ihr absolutes Oberhaupt ist der Vater, der über Frau und Kinder nach Patriarchenart gebietet. Auf den ersten Blick scheint dieses uralte Gefüge auch heute noch ungebrochen.

So lebt der junge Spanier der Statistik zufolge bis zum Alter von 28 Jahren noch bei seinen Eltern. Doch ist es nicht unbedingt ausschließlich Anhänglichkeit, die ihn dazu treibt: Wohneigentum ist für Normalverdiener teuer geworden. Mietwohnungen sind relativ selten, die Preise hoch. Tatsächlich hat der durch Kino, Fernsehen und andere Medien ausgeübte Einfluss der modernen Zeiten auch vor Andalusien nicht Halt gemacht. Auf dem Land mag die Großfamilie tatsächlich noch ihre alte Rolle spielen, in der Mittelschicht der großen Städte ist ihre Bedeutung jedoch geschwunden – der Stellenwert der Familie ist gesunken, die Geburtenrate liegt niedrig. Die Politik der Sozialisten hat auf diesen Wandel frühzeitig reagiert und schon 1981 nichteheliche Lebensgemeinschaften der Ehe gleichgestellt.

Die *Stellung der Frau* hat sich in den letzten Jahrzehnten zumindest auf dem Papier deutlich gebessert. Seit dem Inkrafttreten der Verfassung von 1978 sind Frauen gleichberechtigt, 1981 wurde die Scheidung erlaubt, 1985 auch die Abtreibung unter allerdings restriktiven Voraussetzungen. Der Anteil der Studentinnen an den Universitäten ist einer der höchsten in Europa. Auf dem Arbeitsmarkt schlägt dies allerdings bislang nicht durch: Die Arbeitslosenrate bei Frauen liegt immer noch höher als bei Männern. Und ob der *machismo*, der angeblich aus Andalusien stammen soll, wirklich auf dem Rückzug ist, scheint auch nicht sicher. Zumindest nach außen hin haben im Zweifelsfall immer noch die Männer das Sagen in der Familie.

Überschäumende Stimmung: Andalusiens Fiestas

Traditionen, Brauchtum und Alltagskultur

Auch in Andalusien sind alte Sitten und Gebräuche von den „modernen Zeiten" bedroht oder sterben durch Landflucht einfach aus. Trotz aller Einflüsse bleiben viele Traditionen jedoch lebendig.

Manches allerdings wird auf dem touristischen Markt verfälscht feilgeboten. So haben die so genannten „Flamencoabende" in den Hotels der Costa del Sol mit echtem Flamenco sicher nicht mehr viel gemein. Authentisch erleben lassen sich alte Bräuche dagegen dort, wo sich die Andalusier selbst gerne auf sie zurückbesinnen. Das gilt besonders für die Feste.

Andalusiens Feste

Spanien, und hier wieder ganz besonders Andalusien, ist das Land der Ferias und Fiestas – eine Reise ohne Teilnahme an einem dieser vor Lebensfreude überschäumenden Feste wäre nicht komplett. Ihre Zahl geht in die Tausende, feiert doch schon jedes Dorf einmal jährlich seinen Schutzpatron, und je nach Region und Anlass zeigen sie sich völlig unterschiedlich. Wein, Tanz, Musik und viel, viel Spaß fehlen jedoch nie.

▸ **Ferias** entwickelten sich aus traditionellen Jahrmärkten zu allgemeinen Volksfesten, die nur teilweise noch einen Bezug zur Vergangenheit haben, aber immer ein erlebenswertes Ereignis sind. Oft sind sogenannte *casetas* aufgebaut: Zelte oder Boxen, die Vereinen gehören oder von Familien gemietet sind, im ersten Fall meist frei zugänglich – der Verkauf von Essen und Getränken bessert die Vereinskasse auf. Die bekannteste und größte Feria Andalusiens ist die *Feria de Abril* von Sevilla.

Andalusische Hauptfeste

Carnaval (Karneval, Fasching), unter Franco wegen antikonservativer Gesinnung der Feiernden verboten, heute wieder bunt und ausgelassen wie eh und je. Mit die peppigsten Umzüge Spaniens finden in Cádiz statt.

Prozession in Sevilla

Semana Santa, die Karwoche, zählt zu den buntesten Festen Andalusiens; wichtigste Nacht ist die von Gründonnerstag auf Karfreitag. Viel gepriesen wird die Semana Santa von Sevilla, zu der man sogar per Pauschalarrangement anreisen kann. Herausragend sind aber auch die Feiern in Alhaurín el Grande (Provinz Almería), Baeza, Coín (Málaga), Riogordo (Málaga), Arcos de la Frontera (Cádiz) und Baena (Córdoba), wo beim Trommelwettbewerb „Tamborada" alle Ohren aufs äußerste strapaziert werden. *Termine der Semana Santa*: 2011 vom 17. bis 24. April, 2012 vom 1. bis 8. April, 2013 vom 24. bis 31. März, 2014 vom 13. bis 20. April.

Feria de Abril, in Sevilla. Sie beginnt zu wechselnden Terminen in der Regel Mitte, Ende April. Ein einwöchiges Frühlingsfest mit Hektolitern von Sherry, festlich gewandeten Reitern und üppig geschmückten Familienzelten. *Termine der Feria de Abril*: 2011 vom 3. bis 8. Mai (ungewöhnlich spät); 2012 vom 24. bis 29. April; 2013 vom 16. bis 21. April, 2014 vom 29. April bis 4. Mai.

Cruces de Mayo und **Fiesta de Patios**, erste Maihälfte in Córdoba. Aufeinanderfolgende Wettbewerbe der schönsten Blumenkreuze und der schönsten Innenhöfe; bei letzterem sind die Patios ausnahmsweise öffentlich zugänglich.

Feria del Caballo, Fest des Pferdes, Anfang, Mitte Mai in Jerez de la Frontera. Für Pferdefreunde ein „Muss"; mit üppigem Beiprogramm jedoch auch für diejenigen interessant, die Pferden eigentlich nichts abgewinnen können.

Feria de Mayo, in der letzten Maiwoche in Córdoba, das etwas kleinere Pendant zur Aprilferia von Sevilla.

Romería del Rocío, an Pfingsten. Neben der Semana Santa und der Feria de Abril von Sevilla das berühmteste Fest Andalusiens, eine mehrtägige Wallfahrt zum Örtchen El Rocío in der Mündungsebene des Guadalquivir. *Pfingstmontag* liegt 2011 am 13. Juni, 2012 am 28. Mai, 2013 am 20. Mai und 2014 am 9. Juni.

Corpus Cristi, Fronleichnam. Der zweite Höhepunkt im kirchlichen Festkalender. Jedes kleine Dorf feiert, Zentren der Prozessionen sind jedoch Granada, Córdoba und Sevilla.

Día de San Juan, vom 23. auf den 24. Juni, in vielen Orten. Ein Mittsommernachtsfest, das wirklich die ganze Nacht hindurch geht, große Feuerwerke.

Virgen del Carmen, am 16. Juli. Das Fest der Schutzheiligen der Fischer und Seeleute, in vielen Hafenorten mit einer Meeresprozession begangen.

La Virgen de la Asunción, Mariä Himmelfahrt am 15. August, in ganz Andalusien ebenso gefeiert wie im Rest Spaniens.

Fiestas de Pedro Romero, Anfang September in Ronda. Ein Fest in und um die älteste Arena Spaniens, zu Ehren des größten Stierkämpfers aller Zeiten, wie sie zumindest die Einwohner sicher sind. Corridas in historischen Kostümen, bedeutendes Flamencofestival.

Flamenco **49**

▶ **Fiestas** sind religiösen Ursprungs, doch spielt das weltliche, lustbetonte Element immer auch eine Rolle: Spätestens nach der Prozession oder der Messe quellen die Bars über, wird gefeiert bis in den Morgen. So auch in der eigentlich als eher düster zu vermutenden Karwoche *Semana Santa* („Heilige Woche"). Die bekanntesten Feierlichkeiten zur Semana Santa finden in Sevilla statt, doch feiern alle andalusischen Städte die Karwoche aufs prächtigste. Damit nicht genug: Neben der Semana Santa existieren noch eine ganze Reihe ebenso reizvoller Großereignisse und zahllose unbekanntere und deshalb zumindest ursprünglichere Festivitäten.

▶ **Romerías** nennen sich in Spanien die Wallfahrten zu einer oder einem Schutzheiligen. Die größte Wallfahrt Europas findet zu Pfingsten statt und führt zu dem winzigen Dörfchen *El Rocío* in der Provinz Huelva: Bis zu einer Million Menschen, angereist aus ganz Andalusien, nehmen an dieser farbenprächtigen und ausgelassenen Romería teil.

▶ **Moros y Cristianos** sind eine besondere Art von Festspielen, die in Form stilisierter Kämpfe zwischen Mauren („moros") und Christen („cristianos") an die Zeit der christlichen Rückeroberung Reconquista erinnern. Aufführungen von „Moros y Cristianos" finden in vielen Regionen Südspaniens statt, besonders aufwendig im Gebiet von Murcia und Valencia. In Andalusien sind sie eher selten. Die besten Chancen, eine solche Aufführung zu erleben, bieten noch die Dörfer der Alpujarra in der Provinz Granada.

Auf die schier unzähligen Feste der einzelnen Städte und Dörfer wird in diesem Handbuch in den jeweiligen Ortskapiteln noch näher eingegangen. Im Kasten deshalb nur eine Aufstellung der bedeutendsten Festivitäten – sowohl als Appetithäppchen wie auch als Anregung, sie bei der Urlaubsplanung zu berücksichtigen. Es lohnt sich!

▶ **Wichtig** anlässlich lokaler Feste: Unterkünfte sind in aller Regel lange vorher ausgebucht. Ratsam deshalb, entweder rechtzeitig zu reservieren oder wenigstens schon einige Tage vorher auf die Suche zu gehen.

Flamenco

Eine Spezialität Andalusiens, doch zu einem der spanischen Klischees schlechthin geworden. Dabei ist längst nicht alles Flamenco, was sich der Ausländer unter diesem Namen vorstellen mag.

So gibt es eine ganze Reihe andalusischer Volkstänze wie die Sevillanas oder die Malagueñas, die häufig mit dem eigentlichen Flamenco verwechselt werden. Seine Ursprünge hat der Flamenco, der „Blues Europas", wohl in der von der restlichen Bevölkerung Spaniens lange völlig abgeschottet lebenden Volksgruppe der Gitanos. Die regionalen Anfänge liegen etwa im „Flamenco-Dreieck" zwischen Cádiz, Sevilla und Ronda. Nachgewiesen sind jedoch auch vielfältige andere Einflüsse, unter anderem aus Nordafrika, aber auch aus Pakistan und Indien. Heute besitzt der Flamenco drei Hauptelemente, den Gesang (cante), Tanz (baile) und das Gitarrenspiel (toque), doch war dem nicht immer so: Lange Zeit galt Flamenco als reine Gesangskunst des *cante jondo,* zu übersetzen etwa mit „tief empfundener Gesang", dessen Texte, getragen vom *duende* (dem „Geist" oder „Dämon" des Flamenco), sich um Trauer, Einsamkeit und Leidenschaft drehen. Erst im 19. Jh. folgte die Begleitung durch die Gitarre und dann auch erst der Tanz, den viele fälschlicherweise für den Kern des Flamenco halten; Kastagnetten übrigens gehören überhaupt nicht dazu.

50   Andalusien erleben

Einen mächtigen Aufschwung erlebte der Flamenco ab Mitte des 19. Jh. in den „Gesangscafés" *Cafés cantantes*, die Profis eine Heimstatt und ein Auskommen gaben – eine Epoche, die häufig als „Goldenes Zeitalter" des Flamenco bezeichnet wird. Zu Beginn des 20. Jh. folgte eine Phase der Dekadenz, als ins folkloristische verfälschter, süßlicher Flamenco insbesondere auf den Theaterbühnen großen kommerziellen Erfolg genoss. Es war nicht zuletzt diese Erfahrung, die in den 20er-Jahren den Komponisten Manuel de Falla und den Dichter Federico García Lorca bewog, mit einem Festival des klassischen Flamenco die alte Kunst wieder zu beleben. Eine echte Wiedergeburt auf hohem Niveau erlebte der Flamenco jedoch erst in den 50er-Jahren. Ab den 80ern öffnete sich der Flamenco, nicht immer zur Freude der Puristen, dabei jedoch sehr erfolgreich, als *Nuevo Flamenco* neuen Stilrichtungen. Vorreiter dieser Bewegung und im Gegensatz zu manchen ihrer Epigonen auch von Verfechtern des „reinen" Flamenco hoch geschätzt waren der charismatische Sänger Camarón de la Isla und der geniale Gitarrist Paco de Lucía, der Flamenco mit Jazz, Blues und Salsa mischte, gefolgt von Gruppen wie Pata Negra und Ketama, die Einflüsse der Rockmusik einbrachten. Aktuelle Interpreten des klassischen Flamenco sind beispielsweise Mayte Martín, Diego El Cigala oder José Mercé. 2010 wurde der Flamenco (wie schon 2009 der Tango) von der Unesco in die Liste des immateriellen Welterbes aufgenommen.

Spanische Tänzerin

Wie in der Hand ein Schwefelzündholz, weiß,
eh es zur Flamme kommt, nach allen Seiten
zuckende Zungen streckt-: beginnt im Kreis
naher Beschauer hastig, hell und heiß
ihr runder Tanz sich zuckend auszubreiten.

Und plötzlich ist er Flamme, ganz und gar.

Mit einem Blick entzündet sie ihr Haar
und dreht auf einmal mit gewagter Kunst
ihr ganzes Kleid in diese Feuersbrunst,
aus welcher sich, wie Schlangen die erschrecken,
die nackten Arme wach und klappernd strecken.

Und dann: als würde ihr das Feuer knapp,
nimmt sie es ganz zusamm und wirft es ab
sehr herrisch, mit hochmütiger Gebärde
und schaut: da liegt es rasend auf der Erde
und flammt noch immer und ergibt sich nicht –.

Doch sieghaft, sicher und mit einem süßen
grüßenden Lächeln hebt sie ihr Gesicht
und stampft es aus mit kleinen festen Füßen.

Rainer Maria Rilke

Guten Flamenco zu erleben ist gar nicht so leicht. Was in den *tablaos* in Andalusien und dem Rest Spaniens vorgeführt wird, ist häufig auf Touristen zugeschnitten. Allzu schlimm muss das, je nach Können und Engagement der Akteure, nicht unbedingt sein: Nur wenige können ernsthaft behaupten, den „guten, wahren, echten" Flamenco auch zu erkennen. Ganz passable Chancen, ihn zu erleben, hat der-

Im Kachelbild verewigt: Flamenco-Gesellschaft

jenige, der auf Plakatankündigungen und Anzeigen in den Tageszeitungen achtet – wirklich gute Gruppen treten eben nur selten Abend für Abend im gleichen Tablao auf. Auch bei den verschiedenen Festen ist häufig guter Flamenco zu sehen, z. B. an Corpus Cristi (Fronleichnam) in Granada, bei der Fiesta de la Bulería in Jerez de la Frontera oder beim Festival de Cante Grande, das während der Fiestas de Pedro Romero von Ronda stattfindet. An Wochenenden bieten die *peñas*, meist recht urige Lokale örtlicher Flamencovereine, oft kostenlose Aufführungen.

• *Infos* **Centro Andaluz de Flamenco**, in Jerez de la Frontera, siehe dort; eine Adresse insbesondere für wissenschaftlich Interessierte, die sich mit dem Thema näher auseinandersetzen wollen. www.centro andaluzdeflamenco.es.

• *Flamenco im Internet* **www.deflamenco.com**, mit zahlreichen Artikeln und Veranstaltungshinweisen. Spanisch und Englisch.

• *Buchtipp* **Flamenco**, von Bernard Leblon, Palmyra-Verlag. Bereits ein Standardwerk zum Thema ist diese umfassende, auch auf Deutsch erschienene Darstellung, die Wurzeln und Hintergründe des Flamenco beschreibt, aktuelle Trends aufzeigt und in Kurzporträts die wichtigsten Flamencokünstler vorstellt. Dank der beiliegenden CD lassen sich verschiedene Flamencostile miteinander vergleichen. Zuletzt nur im Antiquariat, Neuauflage geplant.

• *Flamenco-Festivals* Die Homepage des Centro Andaluz de Flamenco verzeichnet praktisch alle Festivals von Bedeutung.

Concurso Nacional de Flamenco, bedeutender Flamencowettbewerb der besten Künstler, der jedoch nur alle drei Jahre stattfindet; das nächste Mal 2013. www.flamencocordoba.com.

Bienal de Flamenco, großes Flamencofestival in Sevilla, das in geraden Jahren (2012, 2014) jeweils von Anfang September bis Anfang Oktober gefeiert wird. www.bienalflamenco.org.

Movida, Marcha und Paseo

Movida („Bewegung") meinte ursprünglich den Aufbruch in Kunst und Kultur nach dem Tod Francos. Befreit von staatlicher „Fürsorge", die Kreativität meist im Keim erstickte, machte sich die Avantgarde vor allem Madrids auf zu neuen Ufern.

Bald jedoch wurde „Movida" auch zu einem Begriff für den Wechsel von einer Bar in die nächste und so zu einem Synonym für ausgeprägtes Nachtleben. Lange galt die wahre, die kulturelle Movida als mausetot, doch erlebt Spanien auf diesem Gebiet gerade ein gewaltiges Revival – spanische Modemacher wie die Brüder Custo, Regisseure wie Alejandro Amenabár, Architekten wie Santiago Calatrava und Köche wie Ferran Adrià setzen seit Jahren internationale Trends. Und die nächtliche Movida lebt ohnehin.

Paseo („Spaziergang") hängt ebenfalls mit Bewegung zusammen und ist die Entsprechung zur italienischen Passegiata. Nach Dienstschluss, etwa gegen acht, neun Uhr abends werden die Flanierzonen der Städte plötzlich schwarz vor Menschen: Familien, jugendliche Grüppchen, Manager und Sekretärinnen beim Bummel, alle topmodisch gekleidet und mit flinken Augen.

El Toro de Osborne

Seit mehr als fünf Jahrzehnten ist er ein vertrauter Anblick, längst schon ein Symbol Spaniens geworden. Knapp hundert der riesigen schwarzen Stiere stehen über das ganze Land verteilt. Aufgestellt wurden sie, wie jeder Spanier auch ohne Firmenschrift weiß, von der renommierten Brandy-Brennerei Osborne in El Puerto de Santa María. Konzipiert wurden die etwa 14 Meter hohen und mitsamt der Verankerung 50 Tonnen schweren Kolosse 1956 von Manuel Prieto. Die ersten Bullen waren noch aus Holz, 1961 folgte die metallene Version, die aus 70 einzelnen Blechplatten mit einer Fläche von 90x190 cm zusammengesetzt ist. In den Neunzigerjahren scheiterte der Versuch, die Stiere als (an Fernstraßen nicht gestattete) Werbung zu verbieten, kläglich vor dem Obersten Gerichtshof. Die 21 Blechbullen auf dem Gebiet von Andalusien sind seitdem sogar in den „Katalog des historischen Erbes" der Region aufgenommen. Eine Karte der exakten Standorte lässt sich unter www.osborne.es herunterladen, Stichworte „El Toro de Osborne" und „Mapa del Toro". Übrigens gibt es nicht nur in Spanien, sondern mittlerweile auch in Mexiko eine Osborne-Herde.

Stierkampf **53**

Marcha („Marsch") ist ein eindeutiger Begriff, der sich auf reine Vergnügungsaspekte beschränkt: auf die Piste gehen. Wichtig zu wissen für diejenigen, die am andalusischen Nachtleben teilnehmen wollen: In fast allen Städten gibt es je nach Uhrzeit verschiedene „In"-Zonen. So sind beispielsweise zwischen 22 und 24 Uhr die Bars der dann angesagten Straße bis auf den letzten Stehplatz belegt, während die Kneipen einer anderen Zone sich erst nach Mitternacht richtig füllen. Wer zur richtigen Zeit am falschen Platz ist, kann andalusische Städte leicht fälschlich für „tote Hose" halten. Generell beginnt das Nachtleben sehr spät und dauert dann bis in den Morgen; vor ein, zwei Uhr nachts ist in kaum einer Disco etwas los.

Lotterien und andere Glücksspiele

Spanier gelten als das spielfreudigste Volk Europas. Gleichgültig ob es sich um Bingo, Fußballwetten, Glücksspielautomaten oder Lotterien handelt, die Kassen klingeln. Besonders begehrt ist der Hauptgewinn der Weihnachtslotterie, „El Gordo" (Der Fette) genannt. Ausgeschüttet werden dabei Summen, die unsere Lottogesellschaften vor Neid erblassen ließen, schließlich ist die „Lotería de la Navidad" nicht nur die mutmaßlich älteste, sondern auch die Verlosung mit den höchsten Prämien der Welt: Die Rekord-Gewinnsumme insgesamt liegt bisher bei weit über zwei Milliarden Euro.

O.N.C.E.: Im Straßenbild auffällig sind die blinden oder stark sehbehinderten Losverkäufer der Blindenlotterie O.N.C.E., die mit Rufen wie „Tengo el viaje" („Ich habe die Reise") Kunden anzulocken versuchen. Die O.N.C.E., heute einer der größten Konzerne Spaniens, wurde nach dem Bürgerkrieg gegründet, um die Sozialhilfe zu entlasten. In den Neunzigern geriet das durchgängig blinde Management unter Beschuss, zum einen durch Vorwürfe verschiedener Organisationen, Blinde würden großzügig unterstützt, während andere Behinderte leer ausgingen. Zum anderen durch den Verdacht der Korruption: Um der Regierung gefällig zu sein, soll der O.N.C.E.-Konzern die kritische Zeitung „Independiente" aufgekauft haben, um sie bald darauf einzustellen. Trotz dieser (ja auch schon etwas zurückliegenden) negativen Schlagzeilen gilt der Verband aber als weltweit herausragende Selbsthilfeorganisation. Er unterstützt Reha-Zentren, bildet Blindenhunde aus – und sorgt für Arbeitsplätze: Die Arbeitslosenrate der Blinden liegt weit unter dem Landesdurchschnitt.

Stierkampf

In der Zuschauergunst wurde er zwar längst vom Fußball überholt, blieb aber dennoch populär. Die Corrida de Toros („Lauf der Stiere" = Stierkampf) ist Gegenstand zahlreicher Diskussionen.

In Katalonien wurde der Stierkampf 2010 sogar verboten, was freilich auch eine politische, gegen die Zentralmacht in Madrid gerichtete Aktion war; manch konservative Regionalregierung sieht die Corrida dagegen sogar als schützenswertes Kulturgut und würde sie am liebsten zum Unesco-Welterbe anmelden. Auch in Andalusien ist der Stierkampf nicht mehr unumstritten. Wie er dazu steht, muss jeder für sich selbst entscheiden. Tierschützer – die sich ja hoffentlich auch als Naturschützer verstehen – sollten dennoch wissen, dass die Abschaffung des Stierkampfs gerade für Andalusien einige negative ökologische Folgen nach sich ziehen würde: „Zum einen handelt es sich beim Kampfstier um eine sehr ursprüngliche Rinderrasse, die ohne Stierkampf schnell aussterben würde, und zum anderen weiden

54 Andalusien erleben

Umstrittene Tradition: El Toro in der Arena

diese Rinder bis zu ihrem Tod mehrere Jahre in ausgedehnten Dehesas und auf Weiden, die auch Lebensraum für seltene Tiere und Pflanzen sind und ihren wirtschaftlichen Wert eben durch diese Kampfstiere erhalten. Ohne diesen würden viele Weideflächen zu intensiven Landwirtschaftskulturen degradiert werden" (Roberto Cabo, Reiseführer Natur). Lebten dort nicht die wertvollen Kampfstiere, deren Züchter nach vier bis fünf Jahren oft gut 6000 Euro, in Einzelfällen bis zu 9000 Euro pro Tier erhalten können, hätten wohl schon viele der andalusischen Stein- und Korkeichenwälder Industriegebieten oder landwirtschaftlichen Monokulturen weichen müssen.

Spanien und der Stier – schon immer eine besondere Beziehung. Vielleicht waren es bereits die Iberer, die den Stierkult begründeten. Griechen und Römer dürften auf jeden Fall ihr Teil beigetragen haben; letztere waren es auch, die als erste die Form der Iberischen Halbinsel mit einer ausgebreiteten Stierhaut verglichen. Ab etwa dem 15. Jh. bildete der Kampf mit den wilden Stieren, der damals ausschließlich vom Pferd aus stattfand, eine Art Vorbereitung der Adeligen auf den Krieg. Erst Anfang des 18. Jh. entwickelte sich in Ronda (siehe auch dort) die moderne Form des Stierkampfs. Weit älter ist die Ahnenreihe der Kampfstiere selbst, einer Rinderrasse, die direkt vom wilden „Urstier" abstammt. Mit den eher gemütlichen Fleischlieferanten unserer Breiten haben sie sowenig gemeinsam wie der Wolf mit dem Haushund. Sie sind blitzgefährlich, aus dem Stand schneller als ein Pferd, extrem wendig und können rund eine halbe Tonne wiegen. Bis zu ihrem Auftritt in der Arena wird jeder Kontakt mit dem Menschen auf ein Minimum beschränkt.

Die Saison dauert von April bis September, wobei längst nicht in jeder Stadt und an jedem Wochenende Kämpfe stattfinden – meist sind sie mit einer Fiesta verbunden. Landesweit soll es etwa 2000 Corridas pro Jahr geben, bei denen jeweils sechs Stiere getötet werden. Die berühmtesten Kämpfe Andalusiens finden in der Regel zur Feria de Abril in Sevilla statt, gefolgt von denen der Feria de Caballo von Jerez und den Kämpfen zu Corpus Cristi in Granada, doch gibt es in den meisten wichtigen

Dramaturgie des Stierkampfs

Als ausgesprochenes Ritual verläuft ein Stierkampf immer gleich. Wer zuschaut, sollte zumindest die Grundabläufe kennen.

Paseo: Einmarsch der Teilnehmer, begleitet von einer Musikkapelle. Den beiden voranreitenden Dienern des *presidente,* der die Oberaufsicht hat, folgen die drei *matadores* („Töter", auch: espadas); der älteste links, der jüngste in der Mitte und der zweitälteste auf der rechten Seite. Sie werden jeder zwei Stiere töten und entsprechen dem, was man sich bei uns unter „Torero" vorstellt. Doch Toreros sind alle, die mit dem Stier arbeiten, also auch die Mannschaft *(cuadrilla)* der Matadore, nämlich die *banderilleros* und die *picadores* zu Pferd, die jenen folgen. Den Schluss des Zuges bilden die Helfer, die mit Maultieren die toten Stiere aus der Arena schleifen. Nachdem der Präsident den Schlüssel für das Stiertor in die Arena geworfen hat, geht es los.

Suerte de varas (auch: Suerte de la pica): Das erste Drittel (Tercio) des Kampfes. Zunächst „testet" der Matador den Stier mit der *capa,* einem schweren Tuch; er will damit Eigenheiten des Stiers und dessen Verfassung kennenlernen. Auf den Matador folgt der Picador auf einem gepanzerten Pferd. Seine Lanze soll den Stier genau in den Nackenmuskel treffen, um diesen zu schwächen und den Stier so dazu zu bringen, den Kopf unten zu halten. Oft übertreibt der ja in den Diensten des Matadors stehende Picador vorsichtshalber seine Aufgabe, obwohl er damit den Unmut des Publikums herausfordert.

Suerte de banderillas: Die Banderilleros sollen dem Stier die zwei *banderillas,* mit Widerhaken versehene Spieße, in den Nackenmuskel stoßen, und zwar so, dass sie dort steckenbleiben. Es gibt rund ein Dutzend Varianten, diese etwa 65 cm langen Spieße (je kürzer, desto gefährlicher für den Banderillero) zu setzen. Zweck der Übung ist es, den Nackenmuskel des Stiers weiter zu schwächen und gleichzeitig seine Angriffslust zu reizen. Damit sich der Stier jedoch nicht zu sehr an den Menschen gewöhnt, dauert dieses Drittel meist nur etwa fünf Minuten.

Suerte de matar: Das „Drittel des Tötens". Erneuter Auftritt des Matadors, diesmal mit dem roten Tuch *muleta.* Verschiedene Manöver mit der Muleta sollen den Stier für den tödlichen Degenstich vorbereiten; ist es soweit, folgt der Todesstoß *estocada.* Dabei versucht der Matador den Kopf des Stieres durch Reizen mit der Muleta zu senken, um den Degen möglichst tief – zwischen die Schulterblätter und nach Möglichkeit bis in die Aorta – zu versenken. Trifft er die richtige Stelle, ist das Tier auf der Stelle tot. Er kann sich aber auch so lächerlich machen, dass es Pfiffe oder gar Sitzkissen hagelt. Ein tödlich verwundeter Stier, der nicht mehr angreifen kann, darf auch mit einem Dolch den Gnadenstoß *„Descabello"* erhalten. Getötet wurde der Stier früher in jedem Fall, denn für die Arena wäre er nicht mehr brauchbar: Gegen einen solchermaßen „erfahrenen" Stier hätte kein Torero eine Chance – er würde den Mann suchen, sich nicht von Capa oder Muleta irritieren lassen. Seit 1992 ist es jedoch auch erlaubt, besonders „tapfere" Stiere zu begnadigen: Der Todesstoß erfolgt dann nur symbolisch, und der Stier darf fortan sein „Gnadengras" auf der Weide seines Züchters fressen. Diese Praxis ist jedoch sehr selten. Häufiger geschieht es, dass der Matador geehrt wird: Je nach seiner Leistung kann der Presidente ihm als Ehrung ein Ohr des Stiers, zwei Ohren oder, höchste Lobpreisung, zwei Ohren und den Schwanz verleihen.

56   Andalusien erleben

Städten mindestens einmal im Jahr große Corridas. Was allerdings in den Ferienorten der Küste den Touristen geboten wird, ist für den echten *aficionado,* wie der Liebhaber des Stierkampfs genannt wird, oft nichts weiter als vergeudete Zeit.

Die Preisspanne bei Eintrittskarten ist recht weit und hängt nicht zuletzt auch vom Renommee der Arena und des Matadors ab. Ein wichtiges Kriterium unter vielen ist die Frage, inwieweit die Plätze der Sonne ausgesetzt sind, da die Matadore es vorziehen, im Schatten zu arbeiten: *sol* (Sonne), *sol y sombra* (teils-teils, nur manchmal angeboten) und *sombra* (Schatten) sind die Kategorien. Die Zuschauerränge nennen sich *gradas,* im Unterschied z. B. zu den viel teureren Logen. Wer möglichst preiswert davonkommen will, wählt mithin *gradas sol* – von dort sieht er absolut alles, jedoch aus einem gewissen, fürs erste Mal sicher empfehlenswerten Abstand. Am günstigsten sind Tickets für die *novilladas,* bei denen hoffnungsvolle Nachwuchsmatadore ihr Debüt gegen Jungtiere ableisten. Allerdings können solche Veranstaltungen auch leicht zu einer üblen Schlächterei ausarten, wenn nämlich ein noch unerfahrener Matador den Stier beim Todesstoß wieder und wieder nicht richtig trifft. *Videoaufnahmen* zu machen, ist bei fast allen Corridas verboten und mit Strafen bedroht – die Veranstalter wissen warum, und die Ordner sind da sehr empfindlich und genau! Fotografieren wird dagegen geduldet.

• *Literatur zum Stierkampf* **Tod am Nachmittag**, Ernest Hemingway. Der „Papa" war begeisterter Liebhaber Spaniens und echter Kenner des Stierkampfs. Seine auch mit Fotografien versehene Stierkampf-Fibel zählt – wie jeder spanische Aficionado bestätigen wird – zum Besten, was jemals über die Corrida geschrieben wurde und ist zudem interessant zu lesen. Ebenso kenntnisreich, wenn auch bezüglich des modernen Stierkampfs deutlich desillusionierter, ist Hemingways Jahrzehnte später geschriebener **Gefährlicher Sommer**, ein aus dem Nachlass veröffentlichter Bericht über die Stierkampfsaison 1959.

• *Internet-Infos* **www.portaltaurino.com**, ein Stierkampfportal, das unter anderen Themen auch eine Vorschau auf künftige Kämpfe bietet. Bislang nur auf Spanisch.

www.tauromaquia.de, sehr umfangreiche deutsche Site mit vielen Hintergrund-Informationen, Links und aktuellen Beiträgen zum Thema. Auch kritische Töne fehlen nicht. Sehr lesenswert unter „Kommentare" ist der Text von Horst Stern. Ebenso informativ und mit vielen begleitenden Fotos: **www.taurosidona.de**.

www.ctol.org, die Site des „Club Taurino of London", größter Stierkampfclub der Welt. Riesige und qualifizierte Linkliste.

www.anti-corrida.de, die Gegenseite: eine Webpage deutscher Stierkampfgegner mit weiterführenden Links. Hier auch Infos zu den tierquälerischen „Vergnügungen" auf manchen spanischen Festen, die mit der eigentlichen Corrida nichts zu tun haben.

Volkstümliche Architektur: Patios und Weiße Dörfer

Die volkstümliche Architektur ist immer ein Spiegel der örtlichen Ressourcen, der klimatischen Gegebenheiten und überlieferten Traditionen. So trifft man in den verschiedenen andalusischen Regionen auf oft ganz unterschiedliche architektonische Lösungen.

In den Provinzen Almería und Granada sind dies die Höhlenwohnungen *casas cueva,* die aus dem nur dort vorhandenen, weichen und wasserundurchlässigen Gestein getrieben wurden. Für die Bergregion der Alpujarras sind übereinander gestaffelte Häuser mit Flachdach typisch, das dem jeweils nächsthöheren Haus als Terrasse dient. Im fruchtbaren Tiefland der Guadalquivir-Ebene der Provinzen Córdoba und Sevilla sieht man immer wieder einzeln stehende große Gutshöfe, die mit ihren hohen Mauern und kleinen Wachtürmen wehrhaft und abweisend wirken; im Wein- und Olivenland werden sie *haciendas* genannt, im Gebiet der großen Getrei-

Volkstümliche Architektur 57

Charmantes „Weißes Dorf": Grazalema in der Provinz Cádiz

defelder dagegen *cortijos*. Das Sumpfland des Coto Doñana ist Heimat einer uralten Art von Hütten, der *ranchos,* die aus Holz und Binsengeflecht errichtet sind.

Von regionalen Unterschieden abgesehen, gibt es aber doch einige Charakteristika, die für die volkstümliche andalusische Architektur als typisch gelten dürfen. Dazu zählen die maurisch geprägte Anlage vieler Dörfer ebenso wie die schmiedeeisernen Gitter vor den Fenstern und die Verwendung von Ziegeln als Dachmaterial. Holz wird nur sparsam benutzt, dient in erster Linie der Konstruktion von Fachwerk und Decken. Umso auffallender ist der großzügige Gebrauch von Kalkfarbe, die nicht nur desinfizierend wirkt, sondern auch die Sonnenstrahlen reflektiert und dadurch die Innentemperaturen gemäßigt hält. Nicht zuletzt ist es auch die ganz offensichtliche Lust an der Dekoration, die zu den Markenzeichen der andalusischen Architektur zählt.

Patios: Als Erbe der Mauren, die schon seit jeher reiche Innenausstattung einem prächtigen Äußeren vorzogen, vereinen sie die Vorteile eines privaten Refugiums mit denen des Aufenthalts im Freien, bieten Kühle an heißen Tagen und Schutz vor neugierigen Blicken. Untereinander scheinen die Besitzer von Patios in einem steten Konkurrenzkampf zu liegen, wer denn den schönsten vorzuweisen habe (in Córdoba ist dieser Wettstreit gar zum Fest erhoben), und so werden die Innenhöfe in liebevoller Kleinarbeit mit bunten *azulejo*-Kacheln, üppigen Blumenkübeln, Kunsthandwerk, ein paar Vogelkäfigen oder gar einem Brunnen geschmückt. Glücklich, wer als Reisender ein Hotel oder eine Pension mit einem solchen Patio erwischt, in dem sich wunderbar die Nachmittage verträumen lassen – am besten stehen die Chancen dafür in Sevilla und Córdoba.

Pueblos Blancos: Die „Weißen Dörfer" sind eine weitere Spezialität Andalusiens. Auch sie sind in ihrer Anlage maurisch beeinflusst, eng und gekrümmt die Gassen, oft von Bögen überspannt, blumengeschmückt und von schwarzen Eisengittern

58   Andalusien erleben

beschützt die Fenster der gekalkten Fassaden. Aus der Ferne wie aus der Nähe leuchten die Dörfer, die oft wie eine Burg auf einem Bergrücken kauern, strahlend weiß – ein Fest für Ästheten. Die Mehrzahl findet sich in den Bergregionen der Provinzen Málaga und Cádiz, im ehemaligen Grenzgebiet („de la frontera") zwischen Mauren und Christen, doch gibt es Dörfer mit diesen Charakteristika in vielen Regionen Andalusiens. Zwar preist die Tourismuszentrale Andalusiens die Weißen Dörfer kräftig an, hat auch eine „Route der Weißen Dörfer" ausgeschildert; wo sie aber mehr als ein, zwei Dutzend Kilometer von der Küste entfernt liegen, ist in den Pueblos Blancos von Andrang nicht viel zu spüren.

Andalusisches Kunsthandwerk

Andalusiens Kunsthandwerk wird durch die Mischung von Stilen und Techniken sehr unterschiedlicher Kulturen geprägt. Der jahrhundertealte Erfahrungsschatz ist jedoch durch Massenanfertigung und den Gebrauch neuer Materialien bedroht.

Eine gewisse Wiederbelebung der Handwerkskunst hat der Tourismus mit sich gebracht, parallel dazu allerdings oft auch eine Industrialisierung der Produktion. Die Restaurierung alter Baudenkmäler, die in Andalusien sicher noch jahrzehntelang für Arbeitsplätze sorgen wird, fordert dagegen stilgerechtere Verfahren.

▸ **Keramik:** Dekorative Töpferei ist in ganz Andalusien verbreitet. Natürlich findet man hier auch viel Kitsch, doch gibt es ebenfalls sehr traditionelle Stücke. Granada ist für seine glasierte Fajalauza-Keramik ebenso bekannt wie Málaga durch die metallisch glänzenden Majolika-Arbeiten. In der Provinz Jaén liegen die Produktionszentren in Bailén, Andújar und Úbeda; in Sevilla ist Tönernes eine Spezialität des Viertels Triana. Gebrauchsartikel aus Ton wie Henkelkrüge, Kasserollen, Trinkgefäße, Kühlkrüge und Blumentöpfe haben es gegen die Konkurrenz moderner Materialien zwar schwerer, werden aber dennoch immer noch in großer Zahl hergestellt, unter anderem in Níjar und Sorbas (Provinz Almería), Guadix und Purullena (Granada), Lucena und Baena (Córdoba) und in Carmona (Sevilla).

▸ **Weberei:** Handwebstühle sind selten geworden. In einigen abgeschiedeneren Gegenden rattern sie jedoch noch: In Grazalema in der Provinz Cádiz werden schöne, „Mantas" genannte Decken aus Schafswolle hergestellt, in der Alpujarra der Provinz Granada fertigt man Teppiche. Spitzen, die traditionellen Umhängetücher „Mantillas" und Seidenstickereien kommen überwiegend aus Sevilla.

▸ **Metallverarbeitung:** Handgeschmiedete Gegenstände aus Eisen sind geradezu eine andalusische Spezialität, werden die Fenster- und Balkongitter, Tore und Wandlampen doch in der gesamten Region verwendet. Der Herstellung zahlreicher Gebrauchsgegenstände dienen auch Messing, Bronze, Kupfer und Blech; Lucena in der Provinz Córdoba ist auf diesem Gebiet eine der bedeutendsten Produktionsstätten ganz Spaniens. Aus Granada und Úbeda stammen sehr schöne Laternen aus Messing und Weißblech, Sevillas Spezialität ist der Kunstguss. Schmuck aus Gold und vor allem aus Silber ist eine Domäne Córdobas, dessen über zweitausend Werkstätten mehr als die Hälfte der spanischen Produktion liefern.

▸ **Korbwaren:** Besonders bekannt für Flechtarbeiten aus Weide ist Los Villares in der Provinz Jaén. In Jódar, ebenfalls in der Provinz Jaén, wird Espartogras verarbeitet, ein heutzutage kaum noch genutztes Material, das sonst nur noch im Gebiet von Tabernas und Almería verwendet wird. Möbelstücke, Körbe und andere kleinere

Andalusisches Kunsthandwerk

Traditionell: Teppiche aus der Alpujarra Granadina

Erzeugnisse aus Bastrohr, Bambus, Korbweide und Schilfrohr sind dagegen in vielen Regionen Andalusiens zu finden.

▶ **Lederwaren:** Ubrique, ein Städtchen in der Provinz Cádiz, bildet das Zentrum der spanischen Lederwarenindustrie, beliefert auch große internationale Marken mit Accessoires aus Saffianleder. Córdoba ist berühmt für seine fein gefertigten Arbeiten aus noblem Korduanleder. Im Pferdeland Andalusien spielt daneben auch die Herstellung von Reitlederwaren immer noch eine Rolle. Sättel, Zaumzeug und Lederstickerei findet man in Sevilla und in Jerez de la Frontera, außerdem auch in Alcalá de los Gazules (Cádiz), Baena und Almodóvar del Río (Córdoba). Feste Stiefel für Reitsport, Landarbeit und Jagd, die sogenannten „Botos", kommen vor allem aus Valverde del Camino in der Provinz Huelva.

▶ **Musikinstrumente:** Pfeifen aus Schilf und Ton werden in Andújar in der Provinz Córdoba gefertigt, Trommeln in Córdoba, Kastagnetten („Castañuelas") in Córdoba und Sevilla. Berühmt sind die Gitarren aus Almería, Córdoba und Sevilla, vor allem aber aus Granada. Ihre bekannt gute Qualität verdanken sie der ausschließlichen Verwendung von Edelhölzern, die allerdings auch entsprechende Preise mit sich bringt.

▶ **Tischlerei und Möbelhandwerk:** Die großen Bodegas in Jerez und Umgebung benötigten nicht nur riesige Fässer. Ihre früher meist englischen Besitzer verlangten auch nach der gewohnten Einrichtung, weshalb in Orten wie Sanlúcar und San Fernando die Kunst der Herstellung von Mahagonimöbeln noch gewisse Tradition besitzt. El Bosque und Benamahoma, beide ebenfalls in der Provinz Cádiz, sind für die Herstellung von Stühlen bekannt. Ronda gilt als eines der wichtigsten Produktionszentren klassischen Mobiliars im andalusischen Stil. Aus Granada stammen maurisch beeinflusste Intarsienarbeiten, „Taracea" genannt, die die Verwendung verschiedener Holzarten mit der Einlage von edlen Materialien wie Marmor und Schmucksteinen verbindet.

Burg aus maurischer Zeit: Granadas Alhambra, „die Rote"

Geschichte

Die Vergangenheit als wichtiger Schlüssel zur Gegenwart: Andalusiens Geschichte hat die Region nachhaltig geprägt.

Bis heute nicht zu übersehen ist der Einfluss der Mauren, die fast acht Jahrhunderte Andalusien beherrschten: Jeder Orangenbaum, jede Palme erinnert ebenso an die Söhne Allahs wie die wunderbaren Bauten in Granada, Córdoba und Sevilla. Doch hatten schon vor den Mauren die Phönizier und Römer ihre Spuren hinterlassen. Und nachdem erst einmal das letzte arabische Reich in Andalusien gefallen war, machte sich die kastilische Herrschaftsschicht des nunmehr vereinigten Spanien daran, Andalusien nach ihren Vorstellungen zu gestalten. Gleichzeitig mit dem Fall Granadas war Amerika entdeckt worden. Galeonen, überbordend von Reichtümern, die dem neuen Kontinent entrissen worden waren, landeten in Cádiz und Sevilla, machten die Hafenstadt am Guadalquivir zur reichsten Metropole des Landes. Doch die politische Macht lag weiterhin bei Kastilien, und so sollte es auch bleiben. Andalusien folgte fortan den von Madrid aus gesteuerten Geschicken Spaniens, erlebte den Glanz des Weltreichs mit und bald darauf seinen Jahrhunderte währenden Niedergang. Geblieben ist die Struktur des Großgrundbesitzes, die noch auf die großzügige Landverteilung während der christlichen Rückeroberung zurückgeht und der Andalusien einen guten Teil seiner sozialen Probleme verdankt.

Vor- und Frühgeschichte

Ab der Jungsteinzeit ist die Ansiedelung des Menschen in Andalusien belegt, unter anderem durch die megalithischen Steingräber von *Antequera* und die Felszeichnungen in den Höhlen von *Nerja* und *Pileta*. Als erste Bevölkerungsgruppe erwähnen antike Geschichtsschreiber die *Iberer*, aus Afrika eingewanderte Berber, die

Prähistorisches Höhlengrab: Cueva de Viera bei Antequera (Provinz Málaga)

62   Geschichte

dennoch als die „Urbevölkerung" Spaniens gelten. Auf sie geht vielleicht auch die sagenumwobene, bis heute verschollene Stadt *Tartessos* zurück, die vermutlich an der Mündung des Río Guadalquivir lag und ihren Reichtum der Bronzeherstellung verdankte. Manche Spekulation vermutet in Tartessos, dem biblischen Tarsis, gar das legendäre Atlantis, hatte doch Platon dieses zu seiner Zeit bereits untergegangene Reich in die Nähe der *Säulen des Herkules* platziert: So wurden im Altertum der Fels von Gibraltar und sein afrikanisches Pendant Abila, der heutige Djebel Musa, bezeichnet. Die beiden Landmarken galten damals als die mythische Grenze der Welt, waren gleichzeitig aber auch Brückenköpfe für rege Bevölkerungswanderungen zwischen Afrika und Europa.

Möglicherweise war Tartessos auch eine Gründung der *Phönizier,* zumindest jedoch fand ein Handelsaustausch zwischen der Stadt am Guadalquivir und den weit gereisten Kaufleuten aus der Region des heutigen Syrien statt. Ab etwa 1100 v. Chr. hatte die Seefahrernation im Gebiet um die Meerenge von Gibraltar Niederlassungen angelegt. Eine dieser frühen Siedlungen, die dem Handel mit den reichen Erzvorkommen des Hinterlands dienten, war *Gadir,* das heutige Cádiz, älteste Stadt Spaniens und ganz Westeuropas. Weitere Gründungen, diesmal am Mittelmeer, folgten: Malaca (Málaga), Sexi (Almuñecar) und Abdera (Adra). Etwa zeitgleich errichteten auch die *Griechen,* ebenfalls von den reichen Metallvorkommen angelockt, einige Handelsstützpunkte an der Mittelmeerküste, doch blieben sie eine geschichtliche Episode.

Verdrängt wurden Phönizier und Griechen ausgerechnet von der phönizischen Tochterkolonie *Karthago,* deren gleichnamige Hauptstadt in der Nähe des heutigen Tunis lag. Nach dem Ersten Punischen Krieg, den die Karthager (auch: Punier) vor Sizilien gegen Rom verloren hatten, begannen sie in Südspanien mit der Errichtung eines neuen Reichs. Gadir wurde ihr Ausgangspunkt zur Eroberung der spanischen Küsten bis hinauf in die Region Alicante. Das Hinterland ließen die Nordafrikaner den dort heimischen Stämmen; allzuweit wagte sich die Seemacht lieber nicht von ihren Kriegsschiffen weg. Die karthagischen Anführer trugen berühmte Namen: Hamilkar hatte mit der Besetzung Südspaniens begonnen, sein Sohn Hannibal setzte das Werk des Vaters fort und geriet dabei, fast zwangsläufig, wieder in Konflikt mit den Römern.

Römische Provinz Andalusien

Der beiden Seiten willkommene Anlass, einen Krieg vom Zaun zu brechen, war der Streit um die Stadt Sagunt nahe Valencia, eine mit Rom verbündete iberische Siedlung, die von den Karthagern angegriffen worden war. Hannibal überquerte mit seinen Elefanten die Alpen, Scipio marschierte im Gegenzug gen Spanien: Auf der Iberischen Halbinsel entbrannte der *Zweite Punische Krieg,* der von 218 bis 201 v. Chr. währte. Mit kluger Taktik errang Scipio schließlich den Sieg gegen die an Zahl weit überlegenen Karthager, die 201 v. Chr. ganz Spanien den Römern zugestehen mussten. Andalusien wurde romanisiert, zunächst als Teil der Provinz Hispania Ulterior. Die Römer gründeten neue Städte wie Hispalis (Sevilla) und Itálica, bauten bestehende Siedlungen wie Gades (Cádiz) und Corduba (Córdoba) aus. Sie errichteten Wasserleitungen, Handels- und Heeresstraßen und führten ihr grundlegendes Rechtssystem ein.

Hatten sich die iberischen Stämme anfangs noch gegen die neuen Herren gewehrt, so erlahmte der Widerstand allmählich. Wie viele Völker, die unter römische Herr-

Relikt aus der Römerzeit: Mosaik in Córdobas Alcázar

schaft gerieten, nahmen auch sie römische Kultur und Sprache an. Als die Machtverhältnisse erst einmal gesichert waren, erwiesen sich die Römer zudem als klug genug, führende einheimische Familien in die Politik zu integrieren.

27 v. Chr. entstand, als Folge einer Neuordnung der spanischen Gebiete, die römische *Provinz Baetica*, benannt nach dem Fluss Betis, dem heutigen Río Guadalquivir. Ihre Grenzen entsprachen schon ungefähr denen des heutigen Andalusien. Aus Baetica stammten berühmte Kaiser wie Trajan und Hadrian, in Córdoba wurde der Gelehrte, Philosoph und Politiker Seneca geboren.

Westgoten in Andalusien

Über Jahrhunderte hinweg hatte sich Andalusien im römischen Frieden, der Pax Romana, gesonnt, hatte mit Rom das Christentum angenommen und den langsamen Niedergang geteilt. Jetzt, Anfang des 5. Jh., standen neue, hungrige Erobererscharen bereit: Die Zeit der *Völkerwanderung* war gekommen.

In nur wenigen Jahrzehnten zogen die *Alanen*, die *Sueben*, *Vandalen* und *Westgoten* eine Spur der Verwüstung von den Pyrenäen bis zum Felsen von Gibraltar, lieferten sich auch untereinander heftige Gefechte. Als militärisch stärkstes der rivalisierenden Germanenvölker erwiesen sich die Westgoten, die schließlich das spanische Erbe Roms antraten. Ihr Königreich sollte bis ins 8. Jh. Bestand haben. Ursprünglich arianischen Glaubens, also Anhänger der Gottähnlichkeit Christi, wahrten sie zunächst deutliche Distanz zur einheimischen, hispano-romanischen und christlichen Bevölkerung, die an die Gottgleichheit Christi glaubte. Die Folge waren häufige Aufstände, die von den einzelnen, untereinander verfeindeten westgotischen Familien noch geschürt wurden. Die Aufhebung des Verbots der Mischehen und der Übertritt des Königs Rekkared zum katholischen Glauben, der auf dem III. Konzil von Toledo im Jahre 589 zur Reichsreligion erklärt wurde, sorgten dann doch für eine allmähliche Verschmelzung der Völker, in deren Verlauf die Goten romanisiert wurden und die lateinische Sprache annahmen.

Von einem befriedeten, in sich geschlossenen Reich war das westgotische Spanien dennoch weit entfernt. Die Adelsfamilien der westgotischen Führungsschicht bekämpften sich gegenseitig. So mancher König fiel einem Meuchelmord zum Opfer, die Machtverhältnisse unterlagen häufigen Wechseln. Zwistigkeiten als Folge eines Thronstreits waren es auch, die das Ende der westgotischen Herrschaft brachten. Anfang des 8. Jh., nach dem Tod des Königs Witiza, drängte sich statt dessen ältestem Sohn Achila der Herzog Roderich auf den Königsthron, unterstützt von Teilen des Adels. Doch auch Achila hatte seine Anhänger – und die riefen die Araber zu Hilfe.

Andalusien unter dem Halbmond: Die Mauren

Erster Auslöser dieser Bitte um Beistand soll, glaubt man den farbigen Geschichtserzählungen, eine Frau gewesen sein. Florinda, die Tochter eines Grafen Julian, der wohl Statthalter in der westgotischen Exklave Ceuta in Afrika war, wurde am Königshof zu Toledo vom neuen König Roderich vergewaltigt. Vater Julian, ohnehin eher auf der Seite des Witiza-Clans, wandte sich an den Araberfürsten *Musa*, die Beleidigung zu rächen und König Roderich zu stürzen. Zwar hatten die Araber schon länger auf eine solche Möglichkeit gelauert, auch einzelne Überfälle über die Meerenge unternommen, doch zögerte Musa zunächst dennoch – schließlich waren die Goten als ausgesprochen kriegerisches Volk bekannt. Zwei erfolgreiche Raubzüge in den Jahren 709 und 710 wie auch die steten Nachrichten von der inneren Zerrissenheit des Gotenreichs ließen Musa das Abenteuer dann doch wagen.

Im Frühjahr 711 setzten Berbertruppen unter arabischem Befehl über die Meerenge und gingen in der Bucht von Algeciras an Land. Die Berber, ein von den Arabern erobertes Bergvolk, waren als „moros" bekannt, als *Mauren* – der Name blieb, auch wenn die Führungsschicht der Spanien beherrschenden Moslems zunächst vorwiegend aus Arabern bestand.

Am 19. Juli 711 kam es im Gebiet von Jerez de la Frontera zur Entscheidungsschlacht. Das Heer des maurischen Führers *Tarik* war an Zahl der Streitmacht des Königs Roderich weit unterlegen, der gotische Sieg schien klar.

Hohe maurische Kunst: Vorraum des Mihrab in Córdobas Mezquita

Die Omaijaden   **65**

Geschichte

Doch die Brüder Witiza, die die Flügel des gotischen Heeres befehligten, ließen den Rivalen Roderich im Stich. Roderich fiel, Tarik siegte. Dank der Zerstrittenheit der Westgoten lag Spanien nun offen vor den maurischen Armeen.

Schnell stießen nun die Berber unter Tarik und dem Grafen Julian über Córdoba bis nach Toledo vor, der Hauptstadt der Goten. Wenig später machte sich ein zweites, diesmal arabisches Heer unter Musa selbst an die Eroberung Sevillas und zog dann ebenfalls weiter gen Norden. In kaum drei Jahren war der größte Teil Spaniens in maurischer Hand. Die heutige Weltreligion Islam war damals gerade mal ein Jahrhundert alt. Der Ansturm der Nordafrikaner nahm nur die unwegsamen Bergregionen Asturiens, Galiciens und des Baskenlandes aus.

Das Volk, bei dem die Westgoten keine übermäßige Sympathie genossen hatten, zeigte sich den neuen Eroberern gegenüber zunächst gelassen, zumal die Mauren Religionsfreiheit garantierten. Die spanischen Juden, seit Einführung des Katholizismus immer stärkeren Repressalien ausgesetzt, standen ohnehin auf Seiten der islamischen Angreifer und sorgten für die rasche Einrichtung einer funktionsfähigen Verwaltung der eroberten Gebiete. Auch wenn Berber und Araber bald anfingen, sich untereinander zu befehden, gedieh das neue Reich des Propheten doch sehr zufrieden stellend. Genannt wurde es *Al-Andalus,* nach Meinung einiger (weniger) Historiker abgeleitet aus „Land der Vandalen", in jedem Fall aber der Vorläufer des heutigen Namens Andalusien.

Das maurische Al-Andalus im Überblick

711–756:	Eroberung Spaniens, erste Niederlassungen
756–929:	Herrschaft des Omaijaden-Emirats von Córdoba
929–1031:	Herrschaft des Omaijaden-Kalifats von Córdoba
1031–1089:	Periode der Teilkönigreiche, der „Taifas"
1089–1148:	Herrschaft des Berbervolks der Almoraviden
1148–1230:	Herrschaft der Berbersekte der Almohaden
1238–1492:	Letzte Blüte: Das Nasridenreich von Granada

Die Omaijaden

Al-Andalus war zunächst dem Kalifat der Omaijaden aus Damaskus unterstellt. Ein blutiger Glaubenskrieg mit den Abbasiden aus Bagdad brachte 749/50 das Ende der Dynastie und den Abbasiden die Kalifatswürde. Einzig der Omaijade *Abd ar-Rahman I.* konnte vor den abbasidischen Mordschwadronen flüchten und erreichte über das Berbergebiet im Atlas schließlich Spanien. Die dortigen Berberheere, die gerade mit der arabischen Oberschicht im Clinch lagen, unterstellten sich der Führung des hoch geborenen Flüchtlings, nicht zuletzt auch deshalb, weil er der Sohn einer Berberin war.

Nach einer gewonnen Entscheidungsschlacht im Mai 756 zog Abd ar-Rahman in Córdoba ein. In seiner über dreißigjährigen Herrschaft gelang es dem neuen Emir, mit Weisheit und Härte die maurischen Gebiete Spaniens, mithin den größten Teil des Landes, einigermaßen zu befrieden, Berber und Araber auszusöhnen. Auch eine Invasionsarmee der Abbasiden musste sich ihm geschlagen geben. Vor seinem

66   Geschichte

Tod ließ er 785 noch mit dem Bau der *Mezquita*-Moschee beginnen, die unter seinen Nachfolgern vergrößert wurde und bis heute Zeugnis ablegt vom Kunstsinn der Araber.

Seine Nachfolger setzten Abd ar-Rahmans Erbe fort und führten Al-Andalus, durch alle internen Konflikte, durch gewonnene und verlorene Schlachten gegen Aufständische, gegen die Christen im Norden und gegen andere Mittelmeerstaaten, auf den Höhepunkt seines Glanzes. Während der fast ein halbes Jahrhundert dauernden Regierungszeit von *Abd ar-Rahman III.* (912–961), der sich 929 gar zum Kalifen und damit zum Nachfolger Mohammeds erhob, war Córdoba die bedeutendste Metropole Europas. Vor ihren Toren entstand mit der wundersamen, später leider untergegangenen Palaststadt *Medina Azahara* eine Siedlung unglaublicher Pracht, von deren wahrem Glanz uns nur noch die Schriftsteller jener Zeit erzählen können – verglichen mit deren Berichten blieben die Ergebnisse der Ausgrabungen bislang leider mehr als blass.

Freilich darf man auch das maurische Al-Andalus nicht als das reine Paradies ansehen. Den Stempel der Toleranz und Weisheit verdienten sich die Araber nur im Vergleich zum Abendland, das damals, im tiefen Mittelalter, noch um einiges schlechter dran war; besonders aber im Vergleich zum Religionsterror, der nach der Rückeroberung Andalusiens folgte.

Al-Andalus leuchtet

Unter den Omaijaden erlebte Andalusien seine maurische Blütezeit. Die maurischen Herren, die ja auf dem afrikanischen Kontinent in kurzer Zeit so viele Völker zu beherrschen gelernt hatten (und auch von allen etwas zu lernen wussten), regierten überwiegend weise und tolerant. Sie garantierten Glaubensfreiheit für Juden und Christen, ließen den Andersgläubigen sogar deren Rechtssprechung; sie förderten Künste und Wissenschaften. Berühmte Gelehrte und Dichter des Orients und des Abendlandes wurden an die omaijadischen Königshöfe geholt, Schulen und Krankenhäuser erbaut, Bewässerungsanlagen und Wasserräder installiert. Den Mauren verdankt Spanien eine Fülle von Nutzpflanzen wie Orange, Zitrone, Aprikose, Aubergine, Artischocke, Feige, Zuckerrohr, Baumwolle und Reis. Der Bergbau blühte. Man wusste um die Herstellung von Papier und Porzellan. Die arabischen Ärzte genossen Weltruf. Córdoba, die damals wohl größte und zivilisierteste Stadt Europas, besaß über eine halbe Million, vielleicht gar eine Million Einwohner; mehr als 80.000 Werkstätten und Läden wurden hier gezählt. Es gab Dutzende von Hochschulen und Bibliotheken, Hunderte öffentlicher Bäder, sogar Straßenbeleuchtung. Die Lebensart der islamischen Herrscher manifestierte sich in wundervollen Palästen und in Moscheen, von deren Pracht heute nur noch die Mezquita zeugt.

Doch auch die maurischen Herrscher waren keine Waisenknaben, hatten sie doch viel Mühe, an der Macht zu bleiben. Immer wieder mussten sie sich Aufständischer aus den verschiedensten Lagern erwehren, wobei sie nicht gerade zimperlich agierten – da rollten in Córdoba oder Toledo schon mal in einer Nacht ein paar hundert Köpfe. Mancher König, der wegen seiner Liebe zur Dichtung und Musik vom Volk gepriesen wurde, ließ Getreue oder Sklaven eines falschen Wortes wegen hinrichten. Religionsfreiheit war nur durch Zahlung von Sondersteuern gesichert und fand ihre tödlichen Grenzen, wo es darum ging, bei Moslems für das Christen- oder Judentum zu werben. Mit dem christlichen Norden Spaniens, der allmählich begann, sich in das Machtvakuum in der Mitte des Landes auszubreiten, kam es regelmäßig zu Kriegen und Scharmützeln, bei denen sich ebenso oft maurische Abtrünnige mit christlichen Herrschern verbündeten wie umgekehrt christliche Aufständische mit den jeweiligen maurischen Kalifen.

Einen letzten Höhepunkt seiner militärischen Macht erreichte das Omaijadenreich unter *Almansor* (978–1002), der gar kein echter Omaijade war, sondern der Günstling einer Kalifenwitwe, der es bis auf den Thron geschafft hatte: Er eroberte Barcelona, das seit fast zwei Jahrhunderten wieder christlich war, zerstörte

Ornamentik: typisch für maurische Bauten

das kastilische León und marschierte 997 sogar im galicischen Santiago de Compostela ein, die der Christenheit heiligste Stadt Spaniens. Glocken aus Santiago, auf den Schultern christlicher Sklaven nach Córdoba getragen, schmückten nun die Mezquita.

Nach dem Tod Almansors folgte ein rascher Abstieg des Reichs. Die Nachfolgekämpfe rissen nicht ab. 1031 war das große Kalifat der Omaijaden in etwa 30 kleinere Einzelreiche, die sogenannten *Taifas*, zerfallen.

Almoraviden und Almohaden

Mittlerweile ging die *Reconquista*, die christliche Rückeroberung Spaniens, mit großen Schritten voran. 1085 fiel die ungemein wichtige Festungsstadt Toledo in die Hände der Christen. In ihrer Not wandten sich die Emire an die *Almoraviden*, ein sehr religiös eingestelltes, kriegerisches Berbervolk. In blutigen Schlachten gegen die christlichen Heere konnten sie die maurischen Besitzungen noch einmal festigen und statt der Taifas eine Zentralregierung etablieren. Mit der Toleranz gegenüber Andersgläubigen war es nun vorbei; die *Mozaraber*, unter maurischer Herrschaft lebende Christen, mussten jetzt ebenso um Besitz und Leben fürchten wie die Juden.

Noch schlimmer wurden die Zeiten für andalusische Juden und Christen unter dem fundamentalistisch orientierten Regime der *Almohaden*, einer Berbersekte, die in der ersten Hälfte des 12. Jh. das nordafrikanische Almoravidenreich erobert hatte und sich ab 1148 auch Al-Andalus einverleibte. Sie traten ein schweres Erbe an, denn mittlerweile hatte der christliche Widerstand eine neue Qualität erreicht: Die rivalisierenden Einzelkönigreiche im Norden und der Mitte Spaniens hatten sich im Zeichen des Kreuzes zusammengeschlossen. Die für die Mauren verheerende *Schlacht bei Navas de Tolosa* (Provinz Jaén) am 16. Juli 1212 markierte den Durchbruch der Reconquista. In der Folge zerbrach auch der Almohadenstaat in Teilkönigreiche, die eines nach dem anderen untergingen: 1236 fiel Córdoba, 1248 Sevilla und 1263 Cádiz in die Hände der Christen.

68   Geschichte

Fast ganz Al-Andalus war nun in den Händen der Christen. Nur das 1238 gegründete Emirat der *Nasriden,* das in etwa die Region der Hauptstadt Granada samt Málaga und Almería umfasste, sollte noch für immerhin über zweihundertfünfzig Jahre Bestand haben.

Die Nasriden – letzte maurische Blüte

Taktisches Geschick vor allem, weniger militärische Stärke, sicherte den letzten maurischen Herrschern das Überleben auf spanischem Boden. Bereits 1246 erklärte sich der Emir von Granada bereit, dem König von Kastilien Tribut zu zahlen. 1248 beteiligte er sich gar an der Eroberung Sevillas. Ein sehr hoher Preis war es gewiss, den Ungläubigen bei der Erstürmung einer Stadt der Glaubensbrüder zu helfen, um sich selbst zu retten. Vielleicht jedoch nicht zu hoch, denn das Königreich Granada entfaltete fortan noch einmal, ein letztes Mal, alle Eleganz arabischer Hochkultur.

Doch die glückliche Zeit ging zu Ende, und Granadas Bewohner wussten das. Die „Stadt des Granatapfels" (*Garnata* nannten sie die Mauren) war in ihren letzten Jahrhunderten zum Fluchtpunkt vieler vertriebener Mauren geworden. Nun, gegen Ende des 15. Jh., hatte es das Königspaar *Isabella von Kastilien* und *Ferdinand von Aragón* auch auf Granada selbst abgesehen, angetrieben von den beiden eifernden Kardinälen Cisnero und Mendoza.

Schon 1482 war die strategisch wichtige Festungssiedlung Alhama de Granada erobert worden, 1485 das nicht minder bedeutende Málaga. Eilig hatten es die „Katholischen Könige" nicht, und so errichteten sie vor den Toren Granadas eine regelrechte Belagerungsstadt: *Santa Fé* (bezeichnend: „Heiliger Glaube"). Doch kam es nicht zum Kampf. *Boabdil,* der letzte maurische König, kapitulierte nach langen Verhandlungen, in denen er ansehnliche Bedingungen für die Übergabe erreichte: Glaubensfreiheit für die verbleibenden Mauren und Juden, eine eigene Rechtssprechung für die Anhänger des Islam, Abzug mit aller Habe für diejenigen, die es wünschten und die Erlaubnis, in den Alpujarras zu siedeln, den fruchtbaren Tälern jenseits der Sierra Nevada.

Am 2. Januar 1492 war die Kapitulation perfekt; Boabdil zog mit den Seinen ab. Als er den letzten Blick auf die Alhambra tat, soll er geweint haben, worauf seine Mutter mit folgendem Satz reagierte: „Was weinst du wie ein Weib über das, was du verlorst, statt es zu verteidigen wie ein Mann!" Dabei handelte Boabdil aus heutiger Sicht durchaus weise. Chancenlos, wie er war, hatte er durch die kampflose Übergabe immerhin die Alhambra vor der Zerstörung bewahrt – und damit das wohl wundervollste Zeugnis maurischer Kultur in Spanien.

Granadas melancholischer Glanz

Das reiche Granada, die Stadt am Fuß des „Schneegebirges" Sierra Nevada, durchzogen von zwei Flüssen, von denen einer Gold, der andere Silber mit sich führte, erreichte eine Bedeutung, wie sie nur Córdoba zu seiner besten Zeit innehatte. Erneut feierten Kunst und Dichtung Höhepunkte, erneut ergänzten sich die drei Kulturen der Mauren, Juden und Christen, erneut blühten die Übersetzerschulen. Mit dem maurischen Märchenschloss der Alhambra schufen sich die Araber nach der Mezquita und nach der leider verlorenen Palaststadt Medina Azahara einen letzten orientalischen Traum der Schönheit auf spanischem Boden. Granadas Glanz leuchtete so weit und so stark, dass arabische Dichter die Stadt mit dem prächtigen Damaskus verglichen.

Relief in Úbeda: Spaniens Nationalheiliger Santiago besiegt die Mauren

Die Reconquista

Schon bald nach dem Eindringen der Mauren hatte sich der Widerstand formiert. Der Norden und der Osten Spaniens wurden zum Ausgangspunkt der christlichen Rückeroberung, der Reconquista. Sie war kein geschlossener und zielgerichteter Vorgang – zu sehr verwickelten sich die einzelnen Königreiche in Rivalitäten und Erbstreitigkeiten untereinander. Die gängige Praxis, zurückeroberte Gebiete dem jeweils siegreichen Königreich zuzuschlagen, förderte die Konkurrenz noch. Auch deshalb benötigten die christlichen Heere gut ein halbes Jahrtausend, bis die entscheidende Schlacht geschlagen war. Ausschlaggebend für den endgültigen Sieg war die Idee des „Kreuzzugs gegen die Ungläubigen", die die bestehenden Differenzen überlagerte.

Die Anfänge der Rückeroberung

Die Reconquista begann mit der siegreichen *Schlacht von Covadonga* (eigentlich eher ein Scharmützel) 722 in Asturien unter dem dadurch zum Nationalhelden avancierten westgotischen Fürsten *Don Pelayo*. Das kleine, unwegsame Asturien, ein Bergland, an dem die Mauren ohnehin kein besonderes Interesse hatten, entwickelte sich in der Folge zunächst zu einem eigenständigen Königreich; Kantabrien, Galicien und das Gebiet von Altkastilien gesellten sich bald hinzu. *Alfons III.* (866–909), ein mächtiger, siegesgewohnter Feldherr, erweiterte das Reich bis über den Duero und machte León zur Hauptstadt. 930 entstand aus dem östlichen Teil des Reichs von León die Großgrafschaft Kastilien, Keimzelle der zukünftigen Hauptmacht Zentralspaniens. In den folgenden Jahrhunderten veränderten Kriege, Rückeroberungen, Erbteilungen und Zusammenführungen die politische Landkarte, doch wurde das *Königreich Kastilien* seit seiner Errichtung 1035 zur beherrschenden Region Zentralspaniens. Christliche Hauptkonkurrenten im Osten waren die gleichzeitig geschaffenen Reiche *Navarra* und *Aragón*.

Bisher hatten die Mauren noch wenig Grund, sich ernsthaft bedroht zu fühlen: Die Führer des Omaijadenreichs waren stark, die Gegner häufig genug untereinander zerstritten. Sicher, den Norden und die Pyrenäenregion samt Vorland hatte man wieder abgeben müssen, doch hielt man sich mit Kriegszügen gegen die neuen Könige dafür schadlos. An Andalusien, das Zentrum der maurischen Macht, hatte sich bislang ohnehin keiner der christlichen Herren gewagt. Doch nun änderte sich die Situation – das Omaijadenreich zerfiel, während sich die christlichen Königreiche zu einigen begannen.

Erfolge – die Reconquista schreitet voran

1072 gelang *Alfons VI.* von Kastilien die Vereinigung mit dem zwischenzeitlich abgespaltenen Reich von León; mit gestärkter Macht wagte er sich über das Kastilische Scheidegebirge und eroberte 1085 Neukastilien mit Toledo – ein wichtiger Erfolg, der die Könige der maurischen Taifas so aufschreckte, dass sie sich die fanatischen Almoraviden ins Land holten. Alfons' berühmtester Feldherr Rodrigo Díaz, der spanische Nationalheld *El Cid*, konnte 1094 Valencia erkämpfen, das jedoch nach seinem Tod wieder von den Mauren eingenommen wurde. Damit erschöpfte sich die kastilische Reconquista fürs erste; die aus Afrika zu Hilfe gerufene, kampferprobte Dynastie der Almoraviden und später die der Almohaden machten den christlichen Herren das weitere Vordringen zunächst unmöglich.

1294: Guzman El Bueno verteidigt Tarifa gegen die Mauren

Im Osten war in der Zwischenzeit ein weiteres Großreich im Entstehen begriffen. Die *Könige von Aragón* drangen Zug um Zug Richtung Süden vor und sicherten sich 1118 mit der Einnahme von Zaragoza die Herrschaft über große Teile des Ebro-Tals. 1137 wurde Aragón durch Heirat mit der Grafschaft Katalonien vereinigt; das neue Reich eroberte sich die islamisch verbliebenen südlichen Regionen Kataloniens zurück und machte sich an die Belagerung von Valencia.

Christen in Al-Andalus

Aufgeschreckt durch die kriegerische Stärke der Almohaden konnten sich die christlichen Königreiche schließlich zu einem militärischen Bündnis durchringen, das seine Wirkung nicht verfehlte: 1212 wurden die Mauren bei *Navas de Tolosa* durch die vereinigten Heere Kastiliens, Aragóns, Navarras und Portugals entscheidend geschlagen. Fortan ging die Reconquista im Eiltempo vonstatten. Bis 1250 er-

Die Reconquista 71

oberte das Heer des später heilig gesprochenen Ferdinand III. von Kastilien ganz Andalusien mit Ausnahme des Königreichs Granada; Jaime I. von Aragón/Katalonien errang die Herrschaft über die Balearen und die Region Valencia.

El Cid, Nationalheld Spaniens

Eine der schillerndsten Figuren der Geschichte Spaniens wurde 1043 in der Nähe des kastilischen Burgos geboren. Rodrigo Díaz de Vivar, genannt *El Cid* (abgeleitet aus dem arabischen: „Der Herr") verdiente sich unter zwei kastilischen Königen große Kampfesmeriten, was ihn nicht davon abhielt, nach einem Nachfolgestreit mit König Alfons flink zur maurischen Seite zu wechseln. Militärische Erfolge gegen die Christen – gegen die Heere des Königs selbst kämpfte er ehrenhalber allerdings nicht – brachten ihm den Beinamen *El Campeador* ein, „Der Kämpfer". König Alfons, klug genug, auf einen solchen Feldherrn nicht zu verzichten, reichte ihm die Hand der Versöhnung; El Cid, ganz wendiger Taktiker, schlug erfreut ein. 1094 eroberte er Valencia von seinen einstigen Freunden und hielt die Stadt trotz wütender Angriffe bis zu seinem Ende 1099. Noch als Toter soll er siegreich einen Ausfall angeführt haben: Der bloße Anblick seines auf ein Pferd gebundenen Leichnams habe die Mauren so verschreckt, dass sie entsetzt das Weite gesucht hätten – so berichtet es zumindest die Sage.

Das wechselvolle Leben des Cid ist Thema des ältesten in Spanien überlieferten Heldenepos, des *Cantar de mio Cid,* das etwa aus dem 13./14. Jh. stammt.

Los Reyes Católicos: Der Glaubenskrieg eskaliert

Die nunmehr fast abgeschlossene Rückeroberung hatte zwei Großreiche zur Folge, die fortan für die Geschicke Spaniens bestimmend waren: Kastilien in Zentralspanien und die vereinten Reiche Aragón, Katalonien und Valencia am Mittelmeer.

1469 heirateten *Isabella* von Kastilien und *Ferdinand II.* von Aragón; eine Hochzeit, die das ganze Land in ein neues Zeitalter katapultierte. Das so entstandene Doppelreich war in Wahrheit vor allem durch die Personen der beiden Herrscher verbunden; dennoch konnte von nun an erstmals mit Recht von einem Land „Spanien" gesprochen werden. Gewinner der Vereinigung war vor allem Kastilien, das zum absoluten Machtzentrum des Landes aufstieg.

Los Reyes Católicos, die „Katholischen Könige", wie Isabella und Ferdinand genannt wurden, machten sich schnell daran, ihren Einfluss auf den bislang rebellischen Adel und das wohlhabende und ebenfalls aufmüpfige Bürgertum zu sichern. Hilfreich in solchen Fällen ist immer das Errichten eines gemeinsamen Feindbildes, und wie so oft in der Geschichte mussten auch diesmal wieder Andersgläubige dafür herhalten. Der katholische Glaube wurde als Instrument zur Einigung des spanischen Volks eingesetzt, eine Idee, die über Jahrhunderte die Politik des Landes bestimmen sollte. Zunächst traf es die meist wohlhabenden Juden, die unter Zwangstaufen und der Wut der Inquisition litten. Ab 1481 dann begannen die Katholischen Könige mit dem endgültigen Abschluss der Reconquista.

1492 wurde zu einem der entscheidenden Jahre der spanischen Geschichte. Mit Granada fiel nach zehnjährigem Ringen die letzte islamische Bastion in Spanien.

72   Geschichte

Wenige Monate später setzte die systematische Vertreibung der Juden ein, die vor die Alternativen Taufe oder Auswanderung gestellt wurden. Die sogenanten *conversos*, die sich für die Taufe entschieden hatten, durften fortan der konzentrierten Aufmerksamkeit der Inquisition sicher sein. Hunderttausende Juden jedoch verließen Spanien, eine Schwächung der wirtschaftlichen Leistungskraft des Landes, die fatale Folgen hätte haben müssen. Dazu kam es jedoch nicht ganz: Während der Belagerung Granadas hatte ein Genueser in kastilischen Diensten von den Katholischen Königen nach langer Wartezeit die Erlaubnis erhalten, den Seeweg nach Indien zu suchen – am 12. Oktober 1492 entdeckte Christoph Kolumbus, in Spanien *Cristóbal Colón* genannt, Amerika. Er öffnete Spanien die Tür zu den Schätzen des neuen Kontinents.

Der Krieg gegen die „Ungläubigen" ging weiter. 1502 wurden die verbliebenen Mauren vor die gleiche Wahl wie vor ihnen die Juden gestellt. Die Mehrheit entschied sich für die Taufe. Als *moriscos* (Morisken) boten sie der Inquisition ein weiteres reiches Betätigungsfeld.

Erscheinen auch die Mittel aus heutiger Sicht mehr als fragwürdig, so erreichten die Katholischen Könige das angepeilte Ziel damit durchaus. Ganz Spanien war, erstmals in seiner Geschichte, durch den Glauben geeint. Auch außenpolitisch erwiesen die Katholischen Könige sich als ebenso machtbewusste und erfolgreiche Regenten wie im Inneren ihres Reichs.

Kurzes Resümee der Reconquista

Während der Jahrhunderte der Rückeroberung Spaniens ergaben sich Veränderungen, die die Zukunft des Landes mitbestimmen sollten. Von Anfang an war den Königen eine adelige Kriegerkaste zur Seite gestanden, die natürlich belohnt werden wollte. Zu Beginn der Reconquista fielen die Landgewinne eher mäßig aus, viel war also nicht zu verteilen. Das änderte sich mit den raschen Fortschritten des 13. Jh., als riesige Gebiete erobert wurden. Die Könige konnten den Hochadel nun mit ausgedehnten Ländereien bedienen: Ursprung der vielfach bis heute bestehenden Großgrundbesitze Andalusiens, die immer noch große soziale Probleme aufwerfen.

Auch die katholische Amtskirche errang in den Jahrhunderten der Reconquista als religiöse Stütze der Kriegszüge einen beherrschenden Einfluss, der ja bis in unsere Zeit reicht, und auch sie bekam ihren reichlichen Anteil an den neuen Ländereien. Fraglich, ob ohne die Reconquista und den damit verbundenen kirchlichen Machtzuwachs die ab 1478 in furchtbarem Ausmaß erneuerte Inquisition überhaupt möglich gewesen wäre – Opfer für die „peinliche Befragung", also die Folter, boten die zunächst im Land verbliebenen konvertierten Juden und Mauren genug. Doch auch Christen konnten schnell in die Fänge der Inquisition geraten: Wer eine Abneigung gegen Schweinefleisch hatte, Alkohol mied oder sich gar häufig badete, wie es die Mauren zu tun pflegten, stand schnell im Ruch, heimlicher Moslem zu sein. Gelehrsamkeit und Wissensdurst galten als jüdische Untugenden. Schlechte Voraussetzungen für die Verwaltung eines riesigen Weltreichs wie auch für den Anschluss an die Moderne – die Zeit der Inquisition reichte nämlich, man glaubt es kaum, bis ins 19. Jh.

Gasthaus des 14. Jh.: Posada del Potro in Córdoba

Andalusien nach der Reconquista

Nunmehr zur Gänze dem spanischen Doppelkönigreich angegliedert, erlebte Andalusien gleichzeitig Glanz und Elend. Die Vertreibung der Juden, die eine große Stütze der Wirtschaft und Verwaltung gewesen waren, hatte das Land geschwächt. Auch die geflüchteten Mauren hinterließen ein Vakuum. Weite Ländereien, großzügig unter Adel und Klerus verteilt, lagen mangels Arbeitskräften brach oder waren in Viehweiden verwandelt worden. Als Folge überzogen Hungersnöte die Region.

Sevilla dagegen nahm durch die Entdeckung Amerikas einen ungeheuren Aufschwung. 1503 wurde hier die *Casa de la Contratación* eingerichtet, das staatliche Handelskontor, das den Warenverkehr aus den Kolonien regelte; Karavelle um Karavelle kam den Río Guadalquivir hinauf und leerte hier ihre Fracht aus Gold und Silber. Ähnlich golden zeigten sich die Zeiten für Cádiz, den zweiten großen Hafen, in dem die amerikanischen Reichtümer angelandet wurden.

Aufstieg und Fall der Weltmacht Spanien

Seit dem Tod Isabellas regierte Ferdinand als Vormund der gemeinsamen Tochter *Johanna der Wahnsinnigen* auch Kastilien. Die Herrschaft ihres Gemahls *Philipp des Schönen*, eines Habsburgers, blieb durch dessen frühen Tod eine Episode. Als Ferdinand 1516 starb, ging die Krone beider Reiche auf Johannas Sohn *Karl* über: Für Spanien und damit auch für Andalusien begann wieder eine neue Epoche.

Die Habsburger regieren

Als der in Gent geborene Karl als *Carlos I. von Spanien* 1516 die Thronfolge antrat, war er gerade 16 Jahre alt, nie vorher in Spanien gewesen und Erbe des „Reichs, in

74 Geschichte

dem die Sonne nicht untergeht". Zusätzlich zu Spanien, dessen gewaltigen Kolonien in Amerika und Besitzungen im Mittelmeerraum, brachte ihm seine habsburgische Herkunft die Herrschaft über Burgund, die Niederlande und Österreich. 1519 wurde Karl zum deutschen König gewählt, 1530 vom Papst zum Kaiser Karl V. gekrönt. Seine vielfältigen Verpflichtungen ließen ihm nur wenig Zeit, Spanien zu regieren, das jedoch bei seiner Frau Isabella von Portugal und dem effizienten Verwaltungssystem der Rätekammern *consejos* in guten Händen war.

In die Regierungszeit Karls V. – oder, weniger gebräuchlich, Karl I., je nach Sichtweise – fällt die weitere Ausdehnung der überseeischen Kolonien, aus denen sich unvorstellbare Reichtümer über das Land ergossen. Obwohl sich Gold und Silber aus den Kolonien auf Karls riesiges Reich verteilten und es teilweise alimentieren mussten, blieb mehr als genug für Spanien übrig. Eine negative Folge war die zunehmende Inflation, doch erwies sich die Wirtschaft des Landes noch als kräftig genug, dies aufzufangen. Der Grundstein des späteren Niedergangs aber war gelegt. Auf einem ganz anderen Blatt stehen die Grausamkeiten und Morde, die die Konquistadoren begingen, deren offizieller Auftrag ja auch die Missionierung war: Millionen Menschen aus der amerikanischen Urbevölkerung bezahlten ihre Begegnung mit dem Christentum mit dem Leben.

Universalist Karl V., letztlich gescheitert

Die Verwaltung eines so riesigen Reiches mit seinen vielfältigen diplomatischen und militärischen Verwicklungen war auch für einen politisch begabten Mann, wie Karl es zweifellos war, kaum zu bewältigen. Sein Traum vom Universalreich zerbrach. Den Ausschlag für seinen Rückzug aus der Politik gab schließlich der gescheiterte Kampf für die einheitliche Reichsreligion des Katholizismus: Nach dem Augsburger Religionsfrieden (1555), in dem die Reichsfürsten den Protestantismus als gleichberechtigte Religion durchsetzten, dankte Karl 1556 verbittert ab und zog sich ins Kloster San Jerónimo de Yuste in der Extremadura zurück, wo er 1558 starb.

Andalusien verdankt Karl V. zwei Bauten von ungewöhnlicher Instinktlosigkeit. In den Säulenwald der Mezquita-Moschee von Córdoba ließ er, auf Drängen der Kirchenfürsten, eine Kathedrale setzen. Granadas Alhambra verunzierte er mit einem Renaissancepalast, der in seiner Ausführung zwar ansehnlich, in einem maurischen Schloss aber völlig deplatziert ist.

Die Regierungszeit (1556–1598) von Karls Sohn und Nachfolger *Philipp (Felipe) II.*, eher pflichtbewusster Politikarbeiter als glänzender Staatsmann, sah sowohl den absoluten Höhepunkt als auch den Beginn des rasanten Falls des spanischen Weltreichs. Philipp regierte, anders als sein Vater, das Reich von Spanien aus; unter ihm stieg Madrid endgültig zur Hauptstadt auf. Philipps Augenmerk galt vor allem dem Erhalt der Macht der katholischen Kirche; in den Zeiten des sich verbreitenden Protestantismus ein problematischer Wunsch. Ein teurer dazu: Schon die Kriege Karls hatten mehr Geld verschlungen, als die Kolonien liefern konnten, unter Philipp stieg die Staatsverschuldung nochmals, gleichzeitig die Inflation; die Zeche zahlten die Bürger und Bauern in Form stetig höher getriebener Steuern. Zwar stand Spanien auf der Höhe seiner Macht, hatte sich 1580 auch noch Portugal mitsamt dessen überseeischen Besitzungen sichern können, doch war es eine unsichtbar bereits im Bröckeln begriffene Macht.

Aufstieg und Fall der Weltmacht Spanien

Alter Wachtturm: Erinnerung an die Piratengefahr im Mittelalter

Eine der vielen Fronten, an denen sich Philipp letztlich verzettelte, waren die protestantischen Niederlande, deren Befreiungskampf später in die Selbständigkeit mündete. Eine weitere war England. Das gleichfalls protestantische Königreich unterstützte die aufständischen Niederlande offen. Philipps Antwort sollte ein vernichtender Schlag werden, entwickelte sich aber zum Fiasko: Die *„Unbesiegbare Armada"*, Spaniens gewaltige Flotte, wurde 1588 im Ärmelkanal von den wendigeren englischen Schiffen verheerend geschlagen – Spaniens Niedergang als Seemacht hatte begonnen, der Protestantismus letztlich doch triumphiert. Zehn Jahre und einen verlorenen Krieg gegen Frankreich später starb Philipp II.

El Siglo de Oro

So sehr Spanien auch militärisch, wirtschaftlich und politisch absank, seine kulturelle Blüte dauerte an und erreichte im 16. und 17. Jh. ihren Höhepunkt. Das „Goldene Jahrhundert" Spaniens wurde geprägt durch Mystiker wie die heilige Theresa von Avila und Ignatius von Loyola, den Gründer des Jesuitenordens, durch Literaten wie Miguel de Cervantes („Don Quijote", erdacht im Gefängnis von Sevilla) und den Bühnenautor Calderón de la Barca, durch Maler wie El Greco und Velázquez. Letzterer, Hofmaler des Königs und mit vollem Namen Diego Velázquez de Silva (1599–1660) geheißen, war der berühmteste Vertreter der Malerschule von Sevilla, der wohl herausragendsten Künstlergruppierung Spaniens in jener Epoche, auf die im Kapitel zur Kunstgeschichte noch näher eingegangen wird.

Seine Nachfolger zeigten sich als Abfolge unfähiger und schwacher Regenten, die die Regierungsgeschäfte Günstlingen überließen. Das 17. Jh. geriet der spanischen

76   Geschichte

Politik zu einer Häufung von Katastrophen. 1609 wurden unter *Philipp III.* Hunderttausende bisher verbliebener Mauren ausgewiesen, ein schwerer Aderlass für das ohnehin durch Auswanderung und Pest von Bevölkerungsrückgang betroffene Land. In einer Folge unnötiger Kriege wurden nacheinander die Niederlande, das Roussillon und auch Portugal verloren. Die Kette der Niederlagen setzte sich fort in Kriegen gegen das aufstrebende Frankreich, die mit weiteren Territorialverlusten endeten. Mit dem Tod des schwachen Königs Karl II. endete 1700 die habsburgische Linie. Das einst so glanzvolle Spanien lag am Boden.

Die Bourbonenherrschaft

Der letzte Habsburger Karl II. war kinderlos gestorben, hatte aber den französischen Bourbonen *Philipp von Anjou* als Nachfolger bestimmt. Die österreichische Habsburg-Linie sah das jedoch anders. In der Folge setzte ab 1701 der *Spanische Erbfolgekrieg* ein, in den halb Europa verwickelt war und der sich in Spanien zusätzlich als Bürgerkrieg manifestierte. Zu jener Zeit griff sich England im Jahr 1704 im Auftrag des Habsburger den Felsen Gibraltar, den es bis heute nicht wieder herausgerückt hat. Erst der *Frieden von Utrecht* ließ 1713 den Bourbonen als Philipp V. den Thron besteigen; Spanien musste jedoch die italienischen und verbliebenen niederländischen Besitzungen abtreten. Die nächsten Jahrzehnte sahen Spanien als Verbündeten Frankreichs und unter reformfreudigen Herrschern, die ihre Nähe zum aufgeklärten Absolutismus des Nachbarn nicht verleugneten.

Die Französische Revolution jedoch brachte wieder Unruhe, vor allem in den Kolonien. Ab 1788 ließ einer der Nachfolger Philipps, der unfähige *Karl IV.*, Spanien von seinem Günstling *Manuel de Godoy* regieren, der das Land prompt erneut in verschiedene Kriege manövrierte. Der Höhepunkt des Desasters wurde 1805 mit der verheerenden Niederlage gegen England in der *Seeschlacht von Trafalgar* am gleichnamigen Kap in der Provinz Cádiz erreicht.

Unabhängigkeitskampf und Karlistenkriege – Demokratie in Cádiz

Einen Volksaufstand gegen Godoy nahm 1808 *Napoleon I.* zum Anlass, in Spanien einzumarschieren und Karl und dessen Sohn und Nachfolger Ferdinand VII. zum Herrschaftsverzicht zu zwingen. Ziel der Übung war die Inthronisierung seines Bruders Joseph Bonaparte und damit die völlige Unterwerfung Spaniens unter Frankreich. Der dem Einmarsch folgende *Volksaufstand von Madrid* wurde mit Waffengewalt niedergeschlagen. Es war der 2. Mai 1808, ein Datum, das in den vielen Straßennamen *Dos de Mayo* weiterlebt, ebenso im Titel eines ungemein eindringlichen Gemäldes des großen Goya, das die Erschießung von Aufständischen zeigt. Die bitteren Zeiten entbehrten jedoch nicht einer gewissen kuriosen Note: Joseph Bonaparte war ein überaus trinkfreudiger Herrscher, den das spanische Volk deshalb als „Rey del Copas" („König der Becher") verspottete.

Trotz oder vielleicht gerade wegen der Grausamkeit der Okkupatoren bewiesen die Spanier, für die Franzosen wohl eine überraschende Entdeckung, Sinn für nationale Identität: Der Volksaufstand weitete sich zum *Spanischen Unabhängigkeitskrieg* aus, der mangels militärischen Potenzials in Guerillamanier geführt wurde.

In der Endphase von England unterstützt, konnten sich die Spanier nach sechs Jahren Besatzung durch die Franzosen befreien. Es half ihnen wenig; die Folgezeit brachte nur weitere Kriege und innenpolitisches Chaos.

Aufstieg und Fall der Weltmacht Spanien   77

Erste Gehversuche der Demokratie

Cádiz, die kosmopolitische Handelsstadt auf der kaum einnehmbaren Halbinsel, bildete damals das einzige von den Franzosen nicht eroberte spanische Territorium. Während die französischen Kriegsschiffe Cádiz beschossen, wurde hier von der Ständeversammlung der Cortes, nach zweijähriger Beratungszeit unter permanentem Kanonendonner, 1812 die erste spanische Verfassung („La Pepa") überhaupt verabschiedet. Angelehnt an die Französische Revolution, war sie für die damalige Zeit geradezu wegweisend, auch wenn sie kaum zur praktischen Anwendung gelangte – immerhin wurde damals von der freiheitlichen Seite der politische Begriff „liberal" geprägt.

1814 kehrte Ferdinand VII. aus dem Exil auf den Thron zurück. Er zeigte sich wenig dankbar für die Unterstützung seines Volkes und hob die 1812 von den Cortes in Cádiz ausgearbeitete Verfassung sofort auf. Zuvor noch „El Deseado" („Der Ersehnte") geheißen, regierte Ferdinand totalitär, unterstützt von der wieder eingesetzten Inquisition und reaktionären Gefolgsleuten. Es folgten Aufstände, die nur mit Hilfe französischer Truppen unterdrückt werden konnten – eine Zeit, die die südamerikanischen Kolonien nützten, sich unter *Simón Bolívar* 1824 die Unabhängigkeit zu erkämpfen.

Nach Ferdinands Tod begannen Jahrzehnte noch größerer Unruhen und Nachfolgekämpfe rivalisierender Gruppierungen, die Spanien in verheerende Schlachten stürzten. Sieben Jahre (1833–1840) dauerte der *Erste Karlistenkrieg,* der in eine Militärherrschaft mündete. In der Folge wechselten sich über dreißig Regierungen ab. Verständlich, dass sich in jener Zeit viele der andalusischen Landarbeiter der Idee des Anarchismus öffneten. Zu einer geschlossenen politischen Linie reichte es jedoch nie.

Auch die *Erste Republik* 1873/74 scheiterte binnen kurzer Zeit an innerer Zerrissenheit. Der folgende *Zweite Karlistenkrieg* (1873–75) erschütterte das Land von neuem.

Die Restauration

Als Restauration gilt die Zeit von 1875 bis 1917, wobei der Name etwas irreführend ist: Restauriert, im Sinne der Wiederherstellung staatlicher Einheit und Geschlossenheit, wurde bestenfalls in der Anfangsphase. Schon bald darauf häuften sich die politischen Krisen erneut.

Alfons XII., 1875 zum König ausgerufen, gelang es, die Karlistenkriege zu beenden und Spanien eine relativ ruhige Zeit zu bescheren, wobei seine Mittel politisch ungewöhnlicher Natur waren: Unter ihm und ab 1885 unter seiner Witwe María Cristina wechselten sich die konservative und die liberale Partei nach festgelegten Phasen ab. Die Katastrophen des *Kuba-Aufstands* (1895) und besonders des folgenden *Amerikanisch-Spanischen Kriegs* (1898) konnten dennoch nicht verhindert werden. Als der Krieg mit Amerika beendet war, hatte Spanien nicht nur seine Flotte, sondern auch die Philippinen, Kuba und Puerto Rico verloren und damit den Traum vom Weltreich endgültig eingebüßt – ein Verlust, den die kritischen Literaten der sogenannten *Generation von 98* zum Anlass nahmen, die Abkehr von alten Leitbildern und den Anschluss Spaniens an modernere, humane Zeiten zu fordern. Ein vergeblicher Wunsch, wie sich zeigen sollte.

78 Geschichte

Erbaut zur Ibero-Amerikanischen Ausstellung 1929: Plaza España in Sevilla

Alfons XIII., der Sohn und Nachfolger María Cristinas, suchte sein Heil in der Expansion und griff Marokko an. Das militärische Abenteuer führte mit der zwangsweisen Rekrutierung von Soldaten 1909 zum Volksaufstand der *Semana Trágica* („Tragische Woche") von Barcelona: Linke Arbeiterverbände revoltierten und zerstörten Kirchen und Klöster. Bald darauf formierte sich die anarchistisch gefärbte Gewerkschaft Confederación Nacional de Trabajo (CNT), eine radikalere Gegenspielerin der schon 1882 gegründeten sozialistischen UGT.

In Spanien ging es nun drunter und drüber, auch wenn die Neutralität im *Ersten Weltkrieg* einen gewissen wirtschaftlichen Aufschwung ermöglichte. Die Ansiedlung von Industrie verlief parallel zu einer Stärkung der Arbeiterbewegungen. Unruhe in den immer noch kastilisch geprägten Zentralstaat brachten auch regionale Unabhängigkeitsbewegungen der Katalanen und Basken.

Soziale Verschärfungen durch die junge Industrie und militärische Misserfolge in Marokko führten 1917 zu einer Staatskrise, die auch eine immer schnellere Abfolge von Kabinetten nicht zu lösen vermochte. Die Rufe konservativer Kreise nach dem „starken Mann" wurden lauter – und sie verhallten nicht ungehört: 1923 putschte General *Primo de Rivera* mit Einverständnis von König Alfons XIII. und errichtete eine Militärdiktatur. Zwar gelang es ihm, den Krieg mit Marokko zu beenden, doch stolperte auch er über innenpolitische Schwierigkeiten. Seine zaghaften Reformansätze scheiterten schnell am Widerstand linker wie auch rechter Kreise. Als die Weltwirtschaftskrise die Probleme des Landes nochmals verschärfte, trat er im Januar 1930 freiwillig ab.

Wurzeln des Bürgerkriegs

Die *Zweite Republik,* im April 1931 ausgerufen, versuchte mit einer Politik weit reichender Reformen die Probleme Spaniens zu lösen, scheiterte jedoch am Wider-

Bürgerkrieg und Franco-Diktatur   79

stand konservativer Kreise in Wirtschaft, Militär und Kirche. Gleichzeitig kam es zu antiklerikalen Ausschreitungen der Linken, denen wieder einmal Kirchen und Klöster zum Opfer fielen. 1933 gründete *José Antonio Primo de Rivera,* Sohn des Ex-Diktators, die *Falange Española,* eine rechtsextreme Partei, deren Programm während und nach dem Bürgerkrieg eine prägende Rolle spielen sollte. Gleichzeitig musste sich die Regierung zahlreicher Aufstände anarchistisch gefärbter Gewerkschaften erwehren.

Zwischen 1934 und 1936 schlitterte Spanien von einer politischen Krise in die nächste. Den Rechtsruck nach den Parlamentswahlen vom Oktober '34 quittierten die Gewerkschaften mit Generalstreiks. Auch nach dem Wahlsieg der Volksfront im Mai '36 beruhigte sich die Lage nicht, verschärfte sich sogar noch. Streiks überfluteten das Land, die Rechte antwortete mit Mord, die Linke gab mit gleicher Münze zurück – Spanien im Chaos. Die Ermordung des rechten Abgeordneten *Calvo Sotelo* am 13. Juli 1936 wurde zum Auslöser eines Militärputsches, der in den *Spanischen Bürgerkrieg* mündete.

Katastrophen: Bürgerkrieg und Franco-Diktatur

Bis heute ist der Spanische Bürgerkrieg (1936–39), dem über eine halbe Million Menschen zum Opfer fielen, ein Trauma für das Land geblieben, zumindest für ältere Menschen. „Bürgerkrieg" ist eigentlich nicht der richtige Ausdruck für diesen dreijährigen Kampf: Auf der einen, der letztlich siegreichen Seite der „Nationalen", stand eine Clique von gut ausgerüsteten, antidemokratischen Militärs, auf der anderen, der der „Republikaner", der Großteil der Bevölkerung.

Ab dem 28. Juli flogen Truppenverbände aus Spanisch-Marokko nach Andalusien ein; den Oberbefehl hatte General Franco, die Flugzeuge wurden teilweise aus Hitler-Deutschland ausgeliehen. Italien, Portugal und Deutschland unterstützten den Putsch; die berüchtigte deutsche Flugzeugstaffel „Legion Condor" bombte unter anderen das baskische Städtchen *Guernica* in Schutt und Asche, ein Verbrechen, das von Pablo Picasso im gleichnamigen Gemälde verewigt wurde. Die Republikaner erhielten dagegen nur sehr bescheidene Hilfen von Russland, Frankreich und Mexiko.

Eine andere Ursachen für die Niederlage der linken Kräfte war wohl, dass sie sich selbst befehdeten: Trotzkisten misstrauten den Anarchisten, Sozialisten den Kommunisten. Auch die Freiwilligen der *Internationalen Brigaden,* junge Männer und Frauen aus dem Ausland, konnten Spanien nicht retten. Die „Schlacht am Ebro", die vom 25. Juli bis zum 16. November 1938 dauerte und Zehntausende von Toten forderte, markierte den endgültigen Sieg der Nationalisten. Am 26. Januar 1939 schließlich nahmen Francos Truppen Barcelona ein.

Andalusien hatte im Bürgerkrieg noch relatives Glück im Unglück und war gleich zu Beginn fast völlig in die Hände der Franco-Truppen geraten, weshalb die Region von schwereren Verwüstungen verschont blieb. Einzig in Málaga und Almería konnten die Republikaner noch einige Zeit Widerstand leisten. Einen herben Verlust erlitt jedoch die andalusische Kunst, und nicht nur sie: Bereits 1936 erschossen Franco-Anhänger, vermutlich aus der Guardia Civil, bei Granada den Dichter und Theaterautor *Federico Garcia Lorca,* den wohl bedeutendsten spanischen Lyriker des letzten Jahrhunderts.

80   Geschichte

Francisco Franco Bahamonde

Geboren am 4. 12. 1892 im galicischen El Ferrol, wurde der „Caudillo" und „Generalísimo" Franco zum spanischen Alptraum des 20. Jahrhunderts. Grundprinzipien seines diktatorischen Regimes waren die Unterstützung durch Militär, Kirche und die Falange, die absolute Autorität des Staates und die Unterdrückung aller abweichenden Auffassungen. Demokratische Ansätze wurden durch passende Gesetze nur vorgetäuscht, nie verwirklicht; Staatsform war eine „Monarchie ohne König", die allein dem Staatsführer Franco das Recht zugestand, seinen – dann königlichen – Nachfolger zu ernennen.

Während des Zweiten Weltkriegs blieb Spanien neutral. Versuchsweise Annäherungen an Hitler-Deutschland erstickte der wirtschaftliche Druck der Alliierten. Nach dem Krieg zunächst politisch isoliert, wurde Spanien im diplomatischen Verkehr bald wieder halbwegs salonfähig; 1959 befürwortete Adenauer vergeblich die Aufnahme in die NATO. Innenpolitisch hielt die harte Linie an. Ab den Sechzigern mehrten sich Proteste, Unruhen und Terroranschläge der baskischen Befreiungsbewegung ETA. Am 20. November 1975 starb Franco – und in Spanien knallten die Sektkorken.

Endlich: Die Demokratie

Francos Nachfolger wurde der vom „Caudillo" selbst erwählte und heute noch amtierende König *Juan Carlos I.,* ein Bourbone. Zunächst zaghaft, dann aber tatkräftig mit Hilfe des von ihm ernannten Ministerpräsidenten *Adolfo Suárez González,* bereitete Juan Carlos die Demokratie vor. 1977 fanden die ersten demokratischen Wahlen seit über 40 Jahren statt. Die von Suárez geführte und später aufgelöste Mitte-Rechts-Partei UCD ging als Sieger hervor. 1978 erhielt das Land eine demokratische Verfassung mit der Regierungsform der parlamentarischen Demokratie.

Am 23. Februar 1981 hielt Spanien nochmals den Atem an: Ein gewisser *Colonel Tejero* versuchte im Parlament mit gezogener Pistole einen Militärputsch durchzusetzen. Doch König Juan Carlos reagierte mustergültig, lehnte jede Unterstützung ab. Da sich die Armee königstreu verhielt, war Spaniens junge Demokratie gerettet, diesmal wohl endgültig.

Blickpunkt 1992: Spanien boomt

1981 erhielt Andalusien als *Comunidad Autónoma* teilautonome Rechte. 1982 wurde Spanien Mitglied der NATO. Im selben Jahr übernahm erstmals die sozialistische *Partido Socialista del Obrero Español* (PSOE) das parlamentarische Ruder, geführt von dem Andalusier *Felipe González.* Anfang 1986 trat Spanien der EG bei, die Parlamentswahlen im Juni sahen erneut die PSOE als strahlenden Sieger. Es waren Jahre der lustvollen Befreiung von Moralvorstellungen, die eine unheilige Allianz von Kirche und Staatsgewalt über mehr als vierzig Jahre hinweg diktiert hatte. Und es waren Jahre des Booms, in denen Spaniens Wirtschaft jährlich um fast fünf Prozent wuchs. Unter der Führung des allseits verehrten „Felipe" errichtete die PSOE einen Sozialstaat moderner Prägung mit Arbeitslosenunterstützung und staatlichem Gesundheits- und Rentensystem. Umsonst waren diese Erfolge nicht zu haben, drastische Einschnitte nötig. Vor allem die Stahlindustrien und die Werften mussten abgebaut werden. Zehntausende Arbeitsplätze verschwanden. Die der PSOE eng verbundene Gewerkschaft UGT warf der Regierungspartei Abkehr von den sozialistischen Idealen vor. Ende 1988 eskalierte der Konflikt in einem Generalstreik. Das Vertrauen in die PSOE sank, doch reichte es bei den Wahlen von 1989 noch einmal knapp zur Mehrheit.

1992 sollte Spaniens großes Jahr werden: die 500-Jahr-Feier der Entdeckung Amerikas, die Olympischen Spiele in Barcelona, die Weltausstellung Expo in Sevilla, Madrid die Kulturhauptstadt Europas. Die Preise stiegen in schwindelnde Höhen, die Staatsschulden auch. Der großen Feier folgten Ernüchterung und Stagnation. In der Euphorie hatte mancher vergessen, dass die Arbeitslosigkeit mit landesweit über 20 Prozent den europäischen Spitzenwert darstellte und das Defizit im Staatshaushalt Rekordhöhe erreicht hatte.

1978: Das Volk bestätigt die Demokratie

Trotz aller Schwierigkeiten gelang es der PSOE bei den Wahlen von 1993 noch einmal, stärkste Partei zu werden, doch verfügte sie über keine absolute Mehrheit mehr. Zweitstärkste Macht in Spanien wurde die konservative Volkspartei *Partido Popular* (PP). Die Vereinigte Linke *Izquierda Unida* (IU), eine bunte Gemeinschaft von Ex-Kommunisten, Grünen und mit der PSOE unzufriedenen Sozialisten, spielte keine große Rolle. Unterstützung erhielt Felipe González von der Baskischen Nationalistischen Partei und der konservativen katalanischen Convergencia i Unio, die ihn als Ministerpräsident mitwählten.

Skandale, Skandale ...

Schon bald nach den Wahlen von 1993 erschütterte eine Krise nach der anderen die labile Regierung. Harte Eingriffe ins soziale Netz und das Einfrieren der Löhne der Staatsbediensteten führten Anfang 1994 zu einem weiteren Generalstreik. Wesentlich schlimmer noch war eine Serie nach und nach ruchbar gewordener Skandale. Weite Teile der PSOE-Regierung hatten die öffentlichen Kassen anscheinend als Selbstbedienungsladen betrachtet. Ans Licht kam auch, dass die geheimen „Antiterroristischen Befreiungstruppen" (GAL), die während der Achtzigerjahre vermeintliche ETA-Mitglieder in Südfrankreich überfielen und ermordeten, von höchsten Regierungsstellen gelenkt worden waren. Noch schockierender für die Spanier: Von 1984 bis 1991 hatte der Geheimdienst CESID ohne richterliche Verfügung Privatgespräche von Prominenten und Politikern abgehört; nicht einmal der im Volk äußerst beliebte König Juan Carlos blieb verschont. Um die Zulassung vorgezogener Neuwahlen, wie sie schon seit langem gefordert worden waren, kam die spanische Regierung jetzt nicht mehr herum.

82 Geschichte

1996–2004: Die Ära Aznar

Die vorgezogenen Parlamentswahlen im März 1996 brachten der Partido Popular unter ihrem stets etwas blass wirkenden Führer *José María Aznar* nur einen dünnen Vorsprung. Aznars Volkspartei, die die Einheit Spaniens auf ihre Fahnen geschrieben hat, war deshalb auf eine Koalition mit den separatistisch eingestellten Basken und Katalanen angewiesen, die – zur Verblüffung vieler politischer Beobachter – über die gesamte Legislaturperiode hinweg hielt. Aznar gelang es, die Wirtschaft zu stabilisieren. Die Hürden zur Teilnahme am Euro wurden ohne größere Probleme gemeistert, die Neuverschuldung deutlich gesenkt, die Inflation erheblich gebremst. So konnte Aznar durchaus zu Recht und voller Selbstbewusstsein seinen Lieblingssatz verkünden: „España va bien", Spanien geht es gut. Die Belohnung folgte an der Urne: Bei den Parlamentswahlen 2000 errang die PP überraschend deutliche 44,5 Prozent der Stimmen, war auf keinerlei Unterstützung durch andere Parteien mehr angewiesen. Doch vielleicht machte gerade dieser Erfolg Aznar allzu überheblich. Und so boxte er, ganz gegen den Willen einer breiten Mehrheit im Land, die Entsendung spanischer Truppen in den Irak durch.

Regierung Zapatero und die politische Situation heute

Bei den Parlamentswahlen im März 2004 geschah, was noch eine Woche vorher kaum ein politischer Beobachter vermutet hätte – die PP wurde abgewählt. Ursächlich dafür war sicher auch der Versuch Aznars, das verheerende Al-Qaida-Attentat von Madrid (11. März 2004, für Spanier nur noch „11 M") in den Tagen vor der Wahl wider besseren Wissens der ETA anzulasten. Der Premier hatte offensichtlich befürchtet, das Volk würde einen Zusammenhang zwischen dem Massaker und der von Aznar durchgesetzten Teilnahme am Irak-Krieg sehen, und die PP dafür verantwortlich machen. Der Schuss ging jedoch nach hinten los: Viele Spanier fühlten sich von ihrer Regierung aus taktischen Gründen belogen und wählten erst recht die Opposition. Mit fast 43 Prozent der Stimmen gewann die PSOE unter José Luis Rodríguez Zapatero die Parlamentswahl, die PP erreichte nicht einmal 38 Prozent. In Andalusien, seit jeher eine Hochburg der Sozialisten, fiel die Wahl noch deutlicher aus, hier errang die PSOE mehr als 50 Prozent. Spaniens Umwelt konnte der Regierungswechsel nur nützen, ebenso der Gleichstellung der Geschlechter. Insbesondere auf letzterem Gebiet setzte der neue Regierungschef schon bald deutliche Akzente. Sein Regierungsteam bestand zur Hälfte aus Frauen, zählte sieben Ministerinnen und stellte mit María Teresa Fernández de la Vega sogar die erste Vize-Ministerpräsidentin der spanischen Geschichte. 2006 erhielten Homosexuelle fast die gleichen Rechte wie andere Paare, 2007 wurde ein Gleichstellungsgesetz verabschiedet, das unter anderem die Parteien verpflichtet, auf ihren Wahllisten mindestens 40 Prozent Frauen aufzustellen. Ein Novum war auch das umstrittene Gesetz „Ley de Memoria Histórica". Dreißig Jahre nach dem Ende der Franco-Ära wurde mit ihm die gesetzliche Basis für die Anerkennung von durch das Franco-Regime Verfolgten geschaffen, ebenso für die nachträgliche Korrektur von Unrechtsurteilen des Bürgerkriegs und letztlich auch für ein Verbot der Verherrlichung des Franco-Faschismus. In der Frage der Autonomie der Regionen erwies sich Zapatero als deutlich konzilianter als die PP, gestattete es den Katalanen beispielsweise, sich in der Präambel ihres mit deutlich mehr Rechten versehenen neuen Autonomiestatuts als „Nation" zu definieren – der Aufschrei konservativer spanischer Kreise war

Die politische Situation heute

programmiert. Weniger Schwierigkeiten gab es erwartungsgemäß mit dem Autonomiestatut Andalusiens, das bei einem Referendum im Februar 2007 mit großer Mehrheit (bei allerdings geringer Wahlbeteiligung) angenommen wurde: Andalusier fühlen sich eher „gesamtspanisch" und haben in der Regel kein Problem damit, sich als Teil der spanischen Nation zu sehen. Die Präambel des Statuts sagt es denn auch: „Andalusien (...) konstituiert sich als Autonome Gemeinschaft im Rahmen der Einheit der Spanischen Nation."

Bei den Parlamentswahlen von 2008 konnte die PSOE noch einmal etwas zulegen. Knapp 44 Prozent der Stimmen und 169 der insgesamt 350 Sitze im Parlament ermöglichten es Zapatero, seine Minderheitsregierung (in Spanien nichts Ungewöhnliches) fortzuführen. In Andalusien fiel die PSOE hingegen ein wenig ab und erreichte „nur" knapp über 48 Prozent.

Zapateros zweite Amtsperiode wurde erheblich härter als die erste, hat das Land doch immense Herausforderungen zu bewältigen. Die Stimmung aufhellen konnte einzig der Gewinn der Fußballweltmeisterschaft 2010. Wirtschaftlich jedoch steckt Spanien in einer tiefen Krise, „La Crisis" ist geradezu zum geflügelten Wort geworden. Der Immobilienmarkt brach nach langen Jahren des kreditfinanzierten Booms und geradezu absurder Preissteigerungsraten auf breiter Front ein. Unternehmen und private Haushalte sind tief verschuldet. Das Haushaltsdefizit lag zuletzt bei über zehn Prozent (Obergrenze laut Stabilitätspakt: drei Prozent); nur Irland und Griechenland hatten in der EU schlechtere Werte. Die Arbeitslosigkeit stieg drastisch auf rund 20 Prozent; bei Jugendlichen und jungen Erwachsenen (wegen ihrer Perspektivlosigkeit die „Generation-Weder-Noch" genannt) sind es bis zu 40 Prozent. Die Produktion ging ebenso zurück wie die private Nachfrage, letztere eingebremst auch durch die Erhöhung des Mehrwertsteuersatzes von 16 auf 18 Prozent. Dabei ist der spanische Staat dringend auf höhere Einnahmen angewiesen, muss er doch für künftige Anleihen erheblich höhere Zinsen einkalkulieren, als dies bislang der Fall war. Den harten Sparkurs der Regierung beantworteten die Gewerkschaften im September 2010 mit einem (milde verlaufenden) Generalstreik. Nur wenige Wochen später versuchte Zapatero sein erheblich gesunkenes Ansehen mit einer Kabinettsumbildung aufzupolieren. Ob ihm dies längerfristig hilft und ob er bei den regulären Wahlen im April 2012 (sofern es nicht zu vorgezogenen Neuwahlen kommen sollte) noch einmal antritt, bleibt ebenso abzuwarten wie die künftige wirtschaftlichen Entwicklung des Landes.

Europäische Kulturhauptstadt? Córdoba hofft noch

Kunstvoll: Kuppel in der Mezquita von Córdoba

Kunstgeschichte

Vor- und Frühgeschichte

▶ **Spanische Steinzeit:** Die auch in Andalusien anzutreffenden Höhlenmalereien der *Megalithkultur* bilden die ersten Beispiele künstlerischen Ausdrucks auf der Iberischen Halbinsel. Als Angehörige von Kulturen der Jäger und Sammler stellten die Künstler meist Tiere dar; ob es sich dabei um Beschwörungen des Jagdglücks, Anrufungen von Schutzgeistern oder andere Motivationen handelt, muss wohl Spekulation bleiben. Auffällig jedenfalls die Geschicklichkeit, mit der Felsformationen genutzt wurden, um den Eindruck plastischer Tiefe zu erwecken.

Sehenswertes

Megalithkultur: Mehrere Höhlen mit Felszeichnungen können besucht werden, z. B. die *Cueva de la Pileta* in der Provinz Málaga, deren Tierzeichnungen sogar älter sind als die der berühmten Höhlen von Altamira in Kantabrien. Die bedeutendsten megalithischen *Höhlengräber* (Dolmen) Spaniens liegen bei Antequera, ebenfalls in der Provinz Málaga. Die Siedlung *Los Millares* im Hinterland von Almería stammt aus der Kupferzeit; angesichts der eher spärlichen Überreste benötigen Laien hier allerdings eine lebendige Phantasie, um die sich die damaligen Lebensverhältnisse vorzustellen.

Iberer und Phönizier: Die schönsten Grabbeigaben der Ibererzeit sind ins Nationalmuseum in Madrid gewandert, doch finden sich eine Reihe von Exponaten auch in den archäologischen Museen fast aller andalusischer Provinzhauptstädte. Ähnliches gilt für phönizische Funde, wobei hier der Schwerpunkt auf dem Städtischen Museum von Cádiz liegt.

Kunstgeschichte 85

▶ **Iberer und Phönizier:** Bei Cádiz wurde eine Nekropole der Phönizier entdeckt. Von der Iberer-Kultur der Mittelmeerküste und des Hinterlands sind eine Reihe von Grabbeigaben erhalten, die ganz überwiegend griechischen Einfluss aufweisen. Die Griechen selbst hinterließen dagegen kaum Spuren.

Römer und Westgoten

▶ **Römer:** Die Römer zählen zu den Kulturen, die Spanien bis heute prägen. Auch in Andalusien sind römische Relikte erhalten, jedoch nicht in solchem Ausmaß wie in manch anderer Region, z. B. in Mérida oder Tarragona. Vor allem Amphitheater und andere nützliche Bauwerke gemahnen hier an ihre Herrschaft, daneben auch Totenstädte wie die Nekropole von Carmona. Was an Grabbeigaben auftauchte, ist solide Arbeit, aber ohne den ganz großen künstlerischen Wert – oftmals handelt es sich um Kopien von Kunstwerken aus anderen Regionen des römischen Reichs. In künstlerischer Hinsicht war Andalusien also wohl eher Provinz.

▶ **Westgoten:** Sie verwendeten zumeist die römischen Bauwerke weiter und traten so kunstgeschichtlich wenig in Erscheinung. In Andalusien blieben zudem kaum westgotische Relikte erhalten.

Sehenswertes

Die Ausgrabungsstätte *Itálica* bei Sevilla war einst eine der bedeutendsten römischen Siedlungen Andalusiens; gut erhalten blieben unter anderem das große Amphitheater, Thermen und Wohnhäuser. Ein Museum ist angeschlossen; Funde aus Itálica sind außerdem im archäologischen Museum von Sevilla zu sehen. *Baelo Claudia* an der Bucht von Bolonia bei Tarifa (Provinz Cádiz) war ein kleineres Städtchen, das sich der Thunfischverarbeitung widmete; bei einem Rundgang trifft man unter anderem auch auf die Ruinen der ehemaligen Fischfabrik. Bei Carmona in der Provinz Sevilla liegt mit der *Necrópolis Romana* die bedeutendste Gräberstadt ganz Spaniens. In der Umgebung von Ronda schließlich sind in den *Ruinas de Acinipo* noch die Reste eines Amphitheaters erkennbar.

Islamische Kunst

In Andalusien, das ja weit länger als andere Regionen Spaniens unter arabischer Herrschaft stand, findet sich eine ganze Reihe von Zeugnissen der hier zu höchster Blüte gelangten maurischen Kunst.

Die maurischen Paläste: Von außen waren sie, mit Ausnahme allenfalls des Haupttors, schmucklos schlicht anzusehen. Aber welche Pracht im Inneren! Von schlanken Säulen umgebene Innenhöfe, plätschernde Brunnen, reich dekorierte Hufeisenbögen und geschnitzte, vergoldete Stalaktitendecken wecken Träume aus tausendundeiner Nacht. Erstaunlich: Gebaut waren diese Prunkstücke überwiegend aus leicht vergänglichen Materialien wie Lehm und Ziegel. So zeigten sie bei aller Rafinesse und Prachtentfaltung, dass außer Allah nichts auf der Welt von Dauer ist.

Die Moscheen: Meist mit einem Vorhof versehen, in dem Bäume und Brunnen Kühle spendeten, bestanden sie in der Regel aus einer Folge gleicher Schiffe, waren nur selten mit einem breiteren Mittelschiff versehen. Auch sie zeigten sich nach außen hin bescheiden, im Inneren dagegen aufs prächtigste dekoriert. Den Höhe-

86   Kunstgeschichte

punkt des Glanzes bildete der nach Mekka ausgerichtete *mihrab*, die Gebetsnische. Über der Moschee erhob sich das Minarett, der Turm, von dem aus der Muezzin die Gläubigen zum Gebet rief. Traditionell musste der Mann blind sein, da er sonst in die Innenhöfe der Umgebung hineinschauen hätte können: Die Privatsphäre war den Mauren heilig.

Die Gärten: Auch die lieblichen maurischen Gartenanlagen sind in ihrer märchenhaften Verbindung aus Blumen, Bäumen und dem allerorten sprudelnden Wasser zweifellos zum Kapitel „Kunst" zu rechnen: Wer das Lustschlösschen Generalife in Granada oder die Gärten des Alcázar von Sevilla gesehen hat, wird da nicht widersprechen. Wie die maurische Baukunst zeigen auch die Gärten eine Perfektion bis ins kleinste Detail; Architektur, Dekor und Flora verschmelzen zu einer harmonischen Einheit. Dabei wirken die maurischen Gärten trotz ihrer detaillierten Planung niemals streng, sondern immer fröhlich und verspielt.

Die Dekoration: Da der Islam figürliche Abbildungen verbietet, also weder Mensch noch Tier, streng genommen nicht einmal ein Baum oder eine Landschaft dargestellt werden durften, schmückten die Baumeister ihre Wände und Friese mit arabischen Koransuren und Ornamenten, den *Arabesken*. Ihre Grundformen entstammen der Geometrie oder sind aus der Pflanzenwelt stilisiert. *Azulejos*, mit Ornamenten bunt bemalte Kacheln, sind ein weiteres Dekorationselement, das in Andalusien bis heute weiterlebt und sich auch in andere Teile Spaniens und nach Portugal verbreitet hat. Typisch sind auch die Stalaktitendecken *muquarnas*. Meist aus Holz geformt und oft vergoldet, erinnern sie manchmal tatsächlich an eine Tropfsteinhöhle.

Sehenswertes

An vielen Orten in Andalusien stehen noch Kastelle, die von den Mauren errichtet wurden. Die mit Abstand schönsten Bauten beherbergen jedoch die andalusischen „großen Drei" Granada, Córdoba und Sevilla. Interessanterweise sind in Andalusien Gebäude fast aller Dynastien zu finden, die hier geherrscht haben. Die Altersspanne ist somit recht weit: Zwischen dem Baubeginn der Mezquita und der Schaffung des Löwenhofs in der Alhambra liegen immerhin sechshundert Jahre. Hier nur eine Kurzbeschreibung der Hauptsehenswürdigkeiten. In den Ortskapiteln werden diese Höhepunkte maurischen Schaffens wie auch andere islamische Kunstwerke ausführlich vorgestellt.

Córdobas *Mezquita* ist die einzige noch verbliebene Moschee Andalusiens. Zu Baubeginn war das fantastische Werk der Omaijadendynastie die größte Moschee der Welt. In ihrem Inneren steht ein wahrer Wald von Säulen.

In Sevilla erinnern der „Goldene Turm" *Torre de Oro* und die *Giralda*, ehemaliges Minarett und heutiger Glockenturm der Kathedrale, an die Zeit der Almohaden. Ihre Vorgänger, die Almoraviden, haben dagegen nur wenige Spuren hinterlassen. Der Palast *Alcázar*, im christlichen Sevilla des 14. Jh. errichtet, ist ein besonders beeindruckendes Beispiel des Mudéjarstils.

Granadas Palastburg *Alhambra* schließlich ist, Freunde kirchlicher Kunst mögen verzeihen, vielleicht sogar das schönste Gebäude Spaniens, gleichzeitig das besterhaltene Beispiel eines orientalischen Palasts überhaupt. Sie stammt aus der Zeit der Nasridendynastie.

Maurische Kunst für den christlichen Herrscher: in Sevillas Reales Alcázares

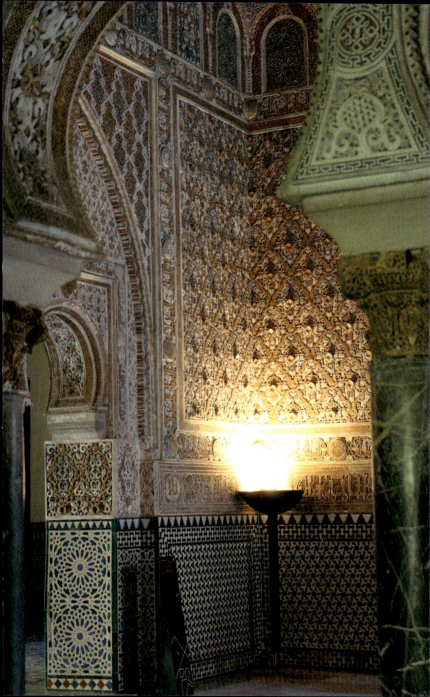

88   Kunstgeschichte

Mischformen islamisch-christlicher Kunst: Beide Stile entstanden während der langen Jahrhunderte des Mit- und Gegeneinanders. Der *mozarabische Stil* wurde von Christen entwickelt, die unter maurischer Herrschaft lebten und mit dieser Stilform z. B. ihre Kirchen ausschmückten. Der *Mudéjar-Stil* ist die umgekehrte Version: Hier übernahmen maurische Baumeister nach der Reconquista architektonische Formen der Christen und kombinierten sie mit islamischen Stilelementen. Auftraggeber waren oft christliche Herrscher, die die Vorzüge islamischer Gestaltung wohl erkannten.

Gotik und Renaissance

Die **Romanik** (11.–12. Jh.), die erste länderübergreifende Kunst des christlichen Europa, fiel in Andalusien aufgrund der maurischen Besetzung während jener Jahrhunderte praktisch völlig aus.

Die **Gotik** (13.–15. Jh.) stand in Spanien im Zeichen des Triumphs und der Dankbarkeit über die Rückeroberung der islamisch besetzten Gebiete. Sie war gleichzeitig sicher auch ein Manifest kirchlicher Macht. Im Gegensatz zu den gedrungenen Formen der Romanik wirken die Kirchen und Kathedralen der Gotik weit schlanker; der elegantere Spitzbogen löste den Rundbogen ab. Die Bauten wuchsen zwar auch in die Breite, vor allem aber in die Höhe, das Gefühl des Raums wurde verstärkt als Stilmittel eingesetzt. Auffällig im Inneren spanischer Kirchen ist die Platzierung des Chors („Coro") in die Mitte der Kirche, was die Sicht auf den Altar einschränkt.

Sehenswertes

Gotik: Andalusiens Gotik wird, anders als die Renaissance, vorwiegend durch christliche Kunst repräsentiert. Bedeutende gotische Profanbauten sind kaum zu finden. Die *Kathedrale von Sevilla* zeigt von allen andalusischen Gotteshäusern wohl am deutlichsten den Wunsch nach triumphaler Monumentalität: Sie ist die drittgrößte Kirche der Welt und die größte Kathedrale Spaniens, fast zum Bersten angefüllt mit Kunstschätzen.

Renaissance: *Granadas Kathedrale,* obwohl teilweise bereits in der Spätgotik begonnen, gilt als bedeutendster Vertreter der kirchlichen Renaissancebauten Andalusiens. Ihr weltliches Pendant ist der *Palast von Carlos V.* in der Alhambra. Weitere große Renaissancekathedralen stehen in Cádiz, Málaga und Jaén. Die kleinen Städtchen *Úbeda* und *Baeza,* beide in der Provinz Jaén gelegen, besitzen eine so ungewöhnliche Konzentration profaner Renaissancebauten, dass die beiden Orte fast ein wenig an die Toskana erinnern – zwei echte Schatzkästlein voller Adelspaläste, die oft auch Details des platuresken und des isabellinischen Stils aufweisen.

Der **Plateruskstil** („Plateresco"), eine spezifisch spanische Stilrichtung, fällt in die Spätphase der Gotik im Übergang zur Renaissance. Im Namen wie auch im Ausdruck lehnt er sich an die Kunst der Silberschmiede an und übernimmt teilweise mudéjare Formen. Platuresk geschmückte Kirchenfassaden sind geprägt von Detailverliebtheit und oft übersteigertem Schmuck.

Der **Isabellinische Stil,** benannt nach der „Katholischen Königin" Isabella (1474–1504), deren Lieblingsstil er war, entstand ebenfalls im Übergang von der Gotik zur

Schmucke Fassade: Kirche San Francisco in Baeza (Provinz Jaén)

Renaissance. Wie auch der Platereskstil, ist er überreich an Formen und Dekoration, die oft ornamentalen Charakter hat.

Die **Renaissance** (16. Jh.), an der Antike orientiert, wurde in Spanien von ausländischen Vorbildern besonders aus Italien geprägt. In Andalusien, das gerade einen wirtschaftlichen Aufschwung erlebte, fiel sie auf reichen Boden und äußerte sich sowohl im Bau von Kirchen als auch von Palästen. An Finanzmitteln fehlte es Klerus und Adelsschicht ja nicht gerade, brachten doch die aus der neuen Welt kommenden Galeeren Gold und Silber genug ins Land. Zu den wichtigsten Renaissancebaumeistern Andalusiens zählen *Diego de Siloé* und *Andrés de Vandelvira*. Mit der Zeit schwand die anfangs ausgeprägte Lust am Schmuck und machte einem kühleren, klareren Stil Platz, dessen bekanntester Vertreter in Spanien der monumentale Escorial-Palast bei Madrid ist.

Barock und Churrigueresco

Barock: Eine der für Spanien wichtigsten Stilrichtungen ist der Barock (17./18. Jh.), dessen überbordende Dekorationslust sich besonders an sakralen Kunstwerken zeigt, vor allem an der goldglänzenden Innenausstattung der Kirchen. Führende andalusische Vertreter der Bildhauerei des Barocks sind der aus Sevilla stammende *Martínez Montáñez* und sein Nachfolger *Alonso Cano*, der gleichzeitig Maler war.

Churrigueresco: Die schwelgerischen Formen der Barockarchitektur erfuhren in Spanien noch eine Steigerung. Der Stil des so genannten Churrigueresco quillt vor Dekoration geradezu über, und die ungemein üppig verwendete Ornamentik und Plastik scheint aus heutiger Sicht, gelinde gesagt, etwas dick aufgetragen. Benannt ist diese spezifisch spanische Form des Barocks nach *José de Churriguera* (1665–1725), einem Mitglied der angesehenen Bildhauerfamilie aus Madrid.

90 Kunstgeschichte

> **Sehenswertes**
> **Barock:** Barocke Kirchen oder auch ältere Gotteshäuser, die innen barock ausgeschmückt sind, finden sich in ganz Andalusien. Werke von Montáñez und Cano sind in vielen Kirchen zu sehen, besonders in und um Sevilla. Ein reizendes kleines Barockstädtchen ist Priego de Córdoba (Provinz Córdoba), das auch einen besonders großen und schönen Barockbrunnen aufzuweisen hat.
> **Churrigueresco:** Die von außen eher schlichte, innen jedoch unglaublich prachtvolle Sakristei des Klosters *La Cartuja* in Granada repräsentiert am deutlichsten diesen überladenen, häufig als extravagant bezeichneten Stil.

Andalusische Malerei im „Goldenen Jahrhundert"

El Siglo de Oro, das „Goldene Jahrhundert" spanischer Künste, sah besonders in Sevilla eine Reihe von Meistern internationalen Formats – die andalusische Malerei des 17. Jh. erreichte wahrhaft Großartiges. An erster Stelle zu nennen ist sicher *Diego Velázquez* (1599–1660), der gemeinhin als bedeutendster spanischer Maler überhaupt angesehen wird (das ungemein vielschichtige Werk Goyas scheint da allerdings unterschätzt zu werden). Von religiösen Motiven hielt Velázquez wenig; umso bemerkenswerter sind seine alles andere als geschönten Porträts von Mitgliedern des Hofes, die offensichtlich z. T. rechte Schreckensgestalten waren.

Francisco Pacheco (1564–1654), ein Schüler Raffaels, war Schwiegervater und Förderer von Velázquez, gleichzeitig auch Lehrer von Francisco de Herrera und Alonso Cano.

Francisco de Herrera (1576–1656), genannt „El Viejo" (Der Ältere), war auch Kupferstecher und fiel als Maler besonders durch den farbigen Naturalismus seiner Werke auf.

Alonso Cano aus Granada (1601–1667), ein weiterer Schüler Pachecos, arbeitete ebenfalls nicht nur als Maler, sondern auch als Bildhauer und Architekt. Ein vielseitig begabter Mann, der einer der Baumeister der Kathedrale von Granada war.

Francisco de Zurbarán (1598–1664), kein gebürtiger Andalusier, aber in Sevilla tätig, hielt sich dagegen völlig an

Dynamische Form:
Puente Barqueta in Sevilla

Architektur des 20. Jahrhunderts **91**

die Malerei religiöser Sujets. Seine Bilder zeigen vornehmlich Mönche, in charakteristischer Hell-Dunkel-Manier entrückt, oft regelrecht asketisch.

Bartolomé Esteban Murillo (1618–1682) malte nicht nur sakrale Bilder, die nach manchem Geschmack vielleicht gelegentlich etwas süßlich ausfielen. Er verlegte sich auch auf Genregemälde, die spielende Gassenjungen und Ähnliches darstellen und gilt auf diesem Gebiet für Spanien als wegweisend.

Juan de Valdés Leal (1622–1690), wie viele Kollegen gleichzeitig Bildhauer, war von ganz anderer Geisteshaltung. Aus seinem vielfältigen Werk ragen besonders die Gemälde heraus, die mehr als drastisch die Schrecken des Todes und der Vergänglichkeit des Menschen entwerfen.

Sehenswertes

Die Gemälde der Schule von Sevilla, so sie nicht in den Prado nach Madrid gewandert sind, lassen sich in einer ganzen Reihe von Kirchen und Klöstern Andalusiens bewundern.

Sevillas Museum der Schönen Künste (Museo de Bellas Artes), eine der bedeutendsten Sammlungen Spaniens, bewahrt naturgemäß besonders viele der Werke der hier tätigen Maler.

Cádiz besitzt mit seinem Stadtmuseum eine ebenfalls ansehnliche Sammlung der Sevillaner Schule, wobei der Schwerpunkt hier auf den Werken von Zurbarán liegt.

Auch wenn sie nicht aus Andalusien stammen, sollten der Manierist *El Greco* und der geniale Wegbereiter der modernen Kunst, *Francisco José de Goya,* nicht vergessen werden. Ihre Arbeiten sind in vielen Kirchen und Museen anzutreffen.

Pablo Picasso, der größte spanische Maler des 20. Jahrhunderts, ist in Andalusien leider nur wenig vertreten, arbeitete er doch vorwiegend in Barcelona und Frankreich. In seiner Heimatstadt Málaga sind jedoch ein Picasso-Museum sowie das Geburtshaus des Meisters zu sehen.

Architektur des 20. Jahrhunderts

Einher mit dem Zerbröckeln des spanischen Weltreichs ging ein Niedergang der Kunst und Architektur. Einzige echte architektonische Neuerung war der *Modernisme,* eine in Katalonien entwickelte Variante des Jugendstils, die in Andalusien nur selten anzutreffen ist. Wie beliebt dagegen der Mischmasch historisierender Stile war, zeigt die Plaza de España von Sevilla, die zur Ibero-Amerikanischen Ausstellung 1929 errichtet wurde.

Die Bauten der zweiten Hälfte des 20. Jh. verleiten eher zum Wegsehen als zu näherer Betrachtung, ob es sich nun um die Verwaltungsklötze der Städte oder die ganz überwiegend scheußlichen Feriensiedlungen der Küste handelt. Erst die jüngste Zeit brachte wieder einen gewissen Schub an Innovation. Beispiele neuer spanischer Architektur sind besonders in Sevilla zu beobachten, das zur Weltausstellung 1992 einige neue Bauten erhielt, darunter den Bahnhof Santa Justa und die 214 Meter lange Stabbogenbrücke Puente Barqueta, eine von mehreren modernen Brücken über den Guadalquivir.

▲ Kuben über Kuben: die Altstadt von Vejer de la Frontera

Reisepraktisches

Anreise 94	Küche und Keller 122
Unterwegs in Andalusien 99	Essen gehen 123
Übernachten 114	Getränke 130
	Wissenswertes von A bis Z ... 134

Der Weg ist das Ziel: Dünenpark „Parque Dunar" in Matalascañas

Anreise

Von Frankfurt bis nach Málaga sind mehr als 2300 Kilometer zurückzulegen, ab Berlin sogar deutlich über 2800 Kilometer.

Weit genug, um über die Art der Anreise nachzudenken. Kriterien der Entscheidung sind die Kosten, die Bequemlichkeit und Dauer der Anreise, nicht zuletzt auch die Frage, inwieweit Mobilität vor Ort gewünscht wird.

Anreise mit dem Flugzeug

An Bequemlichkeit und Schnelligkeit nicht zu überbieten. Alles in allem ist der Flug wegen der langen Distanz der wohl vernünftigste Weg und oft sogar preisgünstiger als die übrigen Anreisevarianten.

Die reine Flugzeit nach Málaga beträgt z. B. ab München bei einem Direktflug keine drei Stunden: ein kurzer Imbiss, etwas Bordlektüre, schon ist man da. Die preisgünstigen Low-Cost-Flüge und die Spar-Tarife der Liniengesellschaften sind allerdings für die Hauptsaison schnell ausgebucht. Man sollte sich also rechtzeitig um das Ticket bemühen.

● *Low-Cost-Flüge*: In der Regel die günstigste Form der Anreise per Flugzeug; wichtigste Flughäfen innerhalb Andalusiens sind Almería, Málaga, Jerez de la Frontera und Sevilla. Falls partout kein Flug mehr zu bekommen ist, bleiben als Variante noch die Flughäfen im südspanischen Alicante oder im portugiesischen Faro: Von beiden Orten ist Andalusien nicht mehr weit.

● *Linienflüge* Reguläre Flüge von Linienfluggesellschaften wie Lufthansa (www.lufthansa.de) oder Iberia (www.iberia.de), buchbar bei jedem IATA-Reisebüro oder direkt bei den Fluggesellschaften, sind zwar im Normaltarif relativ teuer, doch hilft eine Reihe von Sondertarifen, den Preis auf ein erträgliches Maß zu senken. Haupt-Zielflughäfen in Andalusien sind Sevilla und Málaga; mit Umsteigen innerhalb Spaniens können aber auch Almería, Granada und Jerez de la Frontera angeflogen werden.

• *Preisvergleiche* **www.traveljungle.de**, **www.billigflieger.de** und **www.billig-flieger-vergleich.de** vergleichen die Angebote zahlreicher Airlines, ähnlich z.B. wie die noch recht junge, flexibel suchende Site **www.qfly.de** oder die Zeitschriftenwebseite **www.reise-preise.de**.

• *Transport von Fahrrad und Sportgepäck* Prinzipiell bei jeder Airline möglich. Der Transport von Fahrrädern und Sportartikeln ist bei vielen Low-Cost-Carriern relativ preisgünstig. Für ein Fahrrad oder ein Surfbrett sind meist um die 25 € zu rechnen, Golf- und Tauchgepäck reist oft sogar gratis. Bei Linienfliegern sind die Regelungen unterschiedlich, die Iberia rechnet z. B. mit etwas Pech das Fahrrad trotz Extrazahlung auch noch aufs Freigepäck an. In jedem Fall ist es sehr ratsam, Sondergepäck schon vor der Buchung anzumelden. Gute Verpackung ist vorgeschrieben und zu empfehlen: ausgediente Fahrradkartons z. B. gibt es oft gratis beim Fahrradhändler; Pedale nach innen, Lenker verdrehen etc. Eine Transporttasche für das Rad ist nicht explizit Pflicht, aber äußerst sinnvoll, zumal sie evtl. vor Ort beim Bustransport (→ dort) nützlich ist.

• *Klimabewusst reisen* Bekanntermaßen trägt jeder Flug zur globalen Klimaerwärmung bei. Auf der Website von Atmosfair lässt sich mithilfe eines Emissionsrechners die Kohlendioxid-Belastung seines Flugs (z. B. München–Jerez und zurück: 960 kg) berechnen kann. Gleichzeitig besteht die Möglichkeit, für Klimaschutzprojekte zu spenden, die das durch den Flug verursachte Aufkommen an Treibhausgasen wieder einsparen; nach Rechnung der Organisation wäre dies im genannten Fall durch eine Spende von 23 Euro möglich. Näheres unter www.atmosfair.de.

Anreise mit Auto und Motorrad

Der Vorteil der Mobilität ist eindeutig. Erkauft wird er mit einer langen Anreise sowie ziemlich hohen Fahrtkosten. Und, selten einkalkuliert: Parkplätze sind in spanischen Städten eine Rarität, Tiefgaragen teuer.

Rechnet man die Kosten genau durch, kommt die Anreise per Pkw teurer, als vielleicht zu erwarten wäre. Allein die Benzinkosten und Autobahngebühren schlagen für Hin- und Rückfahrt leicht mit 700–800 € zu Buche. Der bei solchen Rechnungen gern vergessene Verschleiß am Fahrzeug ist dabei noch nicht einmal mit einbezogen. Hinzu kommt die lange Dauer der Anreise – drei Tage sind schon einzukalkulieren, soll die Fahrt nicht zur Tortur werden. Vor Ort bringt das Auto in Großstädten nur Nachteile. Wer Sevilla oder Málaga noch nie besucht hat, kann sich kaum vorstellen, wie schwer es ist, dem Vehikel einen Platz für die Nacht zu sichern. Im Freien, so man tatsächlich einen Parkplatz gefunden hat, ist der Wagen extrem einbruchgefährdet. Parkgaragen nehmen abschreckende Gebühren von häufig über 20 € pro Tag. Fazit: Wer in erster Linie Städte besuchen will, vielleicht noch einige Strandtage an den mit öffentlichen Verkehrsmitteln gut zu erreichenden Küsten plant, sollte sich mit anderen Anreisevarianten anzufreunden versuchen, für Ausflüge eventuell noch ein paar Mietwagentage einplanen. Für Wohnmobilisten, begeisterte Motorradfahrer, Schlauchbootkapitäne und zeltende Großfamilien bleibt das eigene Gefährt aber wohl die erste Wahl.

• *Vor dem Start* An **Dokumenten** werden Pass/Personalausweis sowie der nationale Führerschein und der Fahrzeugschein benötigt. Die Grüne Versicherungskarte ist nicht mehr Pflicht, wird bei Verkehrskontrollen aber dennoch häufig verlangt und ist deshalb dringend empfohlen. Eine nützliche Sprachhilfe im Fall des Falles bietet der „Europäische Unfallbericht", gratis erhältlich bei den Autoversicherern oder, meist gegen kleine Gebühr, den Automobilclubs.

Gas-Tankstellen: Internationales Verzeichnis unter www.gas-tankstellen.de.

Versicherung: Eine Kurzzeit-Vollkaskoversicherung kann bei teuren Autos nützlich sein, falls die Deckungssumme der „gegnerischen" Versicherung nicht ausreicht oder das spanische Fahrzeug (illegalerweise) überhaupt keinen Versicherungsschutz besitzt, denn auch das gibt es noch.

96 Anreise

• *Alternative Autoreisezug* Besonders für Familien mit Kindern eine feine, wenn auch nicht sonderlich preisgünstige Sache – abends in den Schlafwagen, morgens fast schon in Spanien. Die Züge fahren zwar nur bis Narbonne in Südfrankreich; die folgende Distanz zur spanischen Grenze ist jedoch kurz. Motorräder können so ebenfalls transportiert werden, die Fahrer dem nördlichen Klima entfliehen.

Information: In Deutschland ist bei größeren Bahnhöfen und den Büros des DER die Broschüre „Autoreisezüge" erhältlich, die alle nötigen Daten aufschlüsselt. Info-Telefon: 01805/996633, Internet: www.autozug.de.

Anreiserouten

Prinzipiell stehen zwei Hauptrouten zur Wahl: über die Rhônetalautobahn und entlang der Mittelmeerküste oder über Paris und Bordeaux zur nordspanischen Atlantikküste und weiter über Madrid.

Beide Strecken unterscheiden sich von der Länge her kaum. Welche Route im Einzelfall vorzuziehen ist, ist deshalb nicht nur eine Frage des Abfahrts- und Zielortes, sondern gewissermaßen auch des persönlichen Geschmacks.

▸ **Entlang der Mittelmeerküste:** Für den Großteil Deutschlands und für die meisten Ziele in Andalusien die Standardstrecke. Weiteres Argument für diese Variante ist die bis weit nach Spanien hinein durchgehende Autobahn: Von den deutschen Grenzübergängen bis zum südspanischen Murcia braucht man die Autobahnen nicht zu verlassen und kann die Fahrt ab dort über autobahnähnlich ausgebaute Nationalstraßen bis Andalusien fortsetzen. In der Schweiz, in Frankreich und Spanien sind Autobahnen jedoch mautpflichtig. Wer entlang der Küste auf die Nationalstraßen ausweichen will, muss mit häufigen Staus rechnen.

• *Route* Gleichgültig, ob von Hamburg, Berlin oder München – die kürzeste Anreise zum Mittelmeer erfolgt auf der Rhônetalautobahn über Valence, Nîmes, Montpellier und Perpignan zur spanischen Grenze. Bis Lyon, eventuell auch Valence, scheiden sich jedoch die Geister. Bayern und Österreicher fahren am kürzesten über die Schweiz (Vignettenpflicht!), der Westen der Republik am besten via Luxemburg beziehungsweise Saarbrücken und Metz. Für die meisten anderen Abfahrtsorte ist die Strecke über die Rheintalautobahn zum Grenzübergang Mulhouse (Mühlhausen) die günstigste Wahl.

Ab Lyon verläuft die Route über Orange und Narbonne zur französisch-spanischen Grenze bei Le Perthus/La Jonquera, etwa 460 Kilometer hinter Lyon gelegen. Barcelona wird auf der AP 7 umfahren, dann geht es weiter via Valencia nach Murcia (ab Lyon gut 1200 km) und über die autobahnähnliche A 7 nach Puerto Lumbreras, ab dort wahlweise weiterhin auf der Schnellstraße Richtung Almería oder auf der ebenfalls vierspurigen A 92 N Richtung Granada.

Vorsicht Radarkontrolle

Anreiserouten 97

Verkehrstipps Frankreich

- *Geschwindigkeitsbegrenzungen* Innerorts 50 km/h; auf Landstraßen 90 km/h, bei Nässe 80 km/h; vierspurige Landstraßen mit Mittelstreifen 110 km/h, bei Nässe 100 km/h; Autobahnen 130 km/h, bei Nässe 110 km/h. Wer den Führerschein seit weniger als zwei Jahren besitzt, darf außerorts generell nur 80 km/h fahren, auf Schnellstraßen 100 km/h, Autobahnen nur 110 km/h. Die Kontrollen wurden verschärft, die Geldbußen liegen bei bis zu 1500 €.
Promillegrenze: 0,5 Promille. Bei Übertretung hohe Geldstrafen!
Mautberechnung: Auf der Seite der französischen Autobahnen ganz leicht möglich, man gibt Quell- und Zielort an und voilà: www.autoroutes.fr. Die deutschen Orte können in Deutsch eingegeben werden.
- *Benzin* Bleifrei Super mit 95 Oktan (essence sans plomb) und Super Plus mit 98 Oktan; Diesel (gazole).

- *Unfall/Panne* **Polizeinotruf** und **Rettungsdienst** ☎ 112; Pannendienst an Autobahnen über die Notrufsäulen.
ADAC-Notruf: ☎ 0825 800 822, Handy 0033 825 800 822.
- *Mistral* Ein vor allem im Rhônetal auftretender, kalter und trockener Nordwind, dessen Böen Gespannkapitänen, Wohnmobil-Lenkern und Motorradfahrern schwer zu schaffen machen können.
- *Kriminalität* Fast alljährlich in den Schlagzeilen sind Banden in Südfrankreich und vor allem an der Autobahn von der spanischen Grenze nach Tarragona, die Urlauber mit Tricks und seltener auch nackter Gewalt ausplündern. Lassen Sie sich nicht durch simulierte Pannen am eigenen oder fremden Fahrzeug zum Anhalten verleiten, auch nicht durch Steinwürfe (die neueste Masche). Fahren Sie möglichst immer weiter bis zur nächsten Raststätte. Nie das beladene Auto aus den Augen lassen!

▸ **Über Madrid:** Auf dieser Route bewegt man sich innerhalb Spaniens überwiegend auf Fernstraßen, die als „Autovías" autobahnähnlich ausgebaut wurden, jedoch nicht mautpflichtig sind – für manchen vielleicht ein Grund, die Variante über Madrid zu wählen, obwohl die Mittelmeerroute eventuell geringfügig kürzer wäre. Sofern ab dem Norden Deutschlands jedoch der Norden oder Westen Andalusiens angepeilt wird, ist die Strecke über Madrid auch von der zurückzulegenden Distanz her etwas günstiger.

- *Route* Bis Paris sind je nach Abfahrtsort zwei Hauptstrecken möglich. Vom Raum Düsseldorf und damit auch vom Norden und Osten Deutschlands aus ist vor allem die Route über Aachen und Belgien zu empfehlen. Ab Südwestdeutschland ist dagegen die Strecke über Metz und Reims vorzuziehen. Von Paris geht es über Tours nach Bordeaux und zum französisch-spanischen Grenzübergang Hendaye/Irún, der etwa 790 Kilometer hinter Paris liegt. Weiter auf der AP 8 zum Autobahnkreuz bei Bilbao (Bilbo), dann über die AP 68 zum Kreuz bei Miranda de Ebro, nun auf der AP 1 bis Burgos, wo

die Autobahn nach Umgehung der Stadt in die gebührenfreie A 1 übergeht, die schließlich vor Madrid in eine Ringautobahn (mautfrei) mündet. Von der Hauptstadt nimmt man die gebührenfreie A 4 nach Süden. Der Engpass Desfiladero de Despeñaperros markiert die Grenze zu Andalusien. Etwa 15 Kilometer weiter folgt ein Abzweig zu dem Denkmalstädtchen Ubeda in der Provinz Jaén. Wer auf der A 4 bleibt, erreicht bald den Verkehrsknotenpunkt Bailén, rund 1600 Kilometer hinter Paris gelegen: Richtung Süden geht es hier nach Jaén und Granada, Richtung Westen nach Córdoba und Sevilla.

▸ **Kombination beider Routen:** Diese ist vor allem für Süddeutsche interessant, die zunächst in den Norden oder Westen Andalusiens wollen. Bis Barcelona folgt man der Mittelmeerroute, dann geht es über Zaragoza und Madrid nach Andalusien, mit den Provinzen Jaén oder Córdoba als Einstieg – eine innerhalb Spaniens weitgehend gebührenfrei und flott zu befahrende Strecke. Nach Sevilla z. B. ist diese Route von der Entfernung her praktisch identisch mit der Anfahrt entlang der spanischen Mittelmeerküste.

98   Anreise

Anreise mit der Bahn

Zwischen 22 und mehr als 40 Stunden im Zug sind keine Kleinigkeit. Ein Preisvorteil gegenüber dem Flugzeug besteht zudem in der Regel nicht, von Sondertarifen für Gruppen etc. einmal abgesehen.

Neben der großen Distanz nach Andalusien sind auch die nötigen Umsteigeaufenthalte für die lange Dauer der Anreise verantwortlich. In vielen Fällen wird an der spanischen Grenze wegen der unterschiedlichen Spurweiten ein Zugwechsel fällig. Doch auch vorher ist in der Regel schon Umsteigen angesagt: Direktzüge von Deutschland nach Spanien sind bislang eine Rarität. Glücklich in Spanien angekommen, ist dann häufig noch mindestens ein weiterer Umsteigeaufenthalt nötig, je nach Route meist in Barcelona und/oder Madrid. Ein Vorteil gegenüber dem Bus sind die möglichen Zwischenstopps auf der Strecke.

• *Info-Telefone der DB* ✆ **01805 996633** („Mensch zu Mensch", gebührenpflichtig) und **0800 1507090** (Computeransagen, gebührenfrei).

• *Internet* **www.bahn.de**

• *Ticket-Agenturen* **www.gleisnost.de**, **www.ibero.com**

• *Fahrradtransport*: Das Rad per Bahn nach Spanien als Reisegepäck aufzugeben oder direkt bis Spanien mitzunehmen, ist nicht möglich. Einzige Ausnahme ist die wenig praktikable „häppchenweise" Fahrt durch Frankreich, eine Alternative die Versendung per Post auf dem Land- oder Luftweg. Informationen, auch zu möglichen aktuellen Änderungen, bei der DB oder auf den Internet-Serviceseiten des Allgemeinen Deutschen Fahrradclubs ADFC.

DB: www.bahn.de/bahnundbike

ADFC: Hauptgeschäftsstelle Bremen, ✆ 0421/346290, ✆ 0421/3462950, www.adfc.de.

• *Hauptrouten nach Andalusien* Je nach Termin, Abfahrts- und Zielort sind verschiedene Streckenführungen möglich, zum Beispiel via Straßbourg, Genf oder Paris. Die Einreise nach Spanien kann deshalb entweder in Port Bou bzw. Figueres (am bzw. nahe Mittelmeer) oder in Irún am Atlantik erfolgen.

Ab Port Bou oder Figueres geht es weiter nach Barcelona. Von dort je nach Anschluss (oft lange Wartezeiten) und Ziel entweder über Madrid oder entlang der Mittelmeerküste bis Valencia, dann mit einem Schwenk ins Landesinnere bis zum andalusischen Knotenpunkt Linares-Baeza, wo die Züge auf die verschiedenen andalusischen Linien verteilt werden.

Ab Irún führt die Andalusienfahrt grundsätzlich über Madrid. Wer an der Grenze nicht einen der seltenen Direktzüge erwischt, wird in der spanischen Landeshauptstadt umsteigen müssen.

Anreise mit dem Bus

Rund ums Jahr ist Andalusien auch per Linienbus zu erreichen. Zwar sind die Busse durchaus komfortabel ausgestattet, eine Erholung ist die Fahrt von etwa 34 Stunden aufwärts jedoch nicht.

Die Busse der „Europäischen Fernlinienverkehre" (Eurolines, Europabus) verbinden Spanien mit vielen Städten Deutschlands. Ansprechpartner in der Heimat ist meist die *Deutsche Touring*. Unmöglich, hier alle Zielorte aufzuführen: Generell ist fast jede größere Stadt Spaniens auf diese Weise zu erreichen.

• *Modalitäten* Zwei Gepäckstücke sind frei, Übergepäck gegen Aufpreis und nur, falls genug Platz ist.

• *Information, Buchungen* **Service-Center Frankfurt**, Deutsche Touring GmbH, Am Römerhof 17, 60486 Frankfurt/Main. **Servicehotline** ✆ 069 7903501. Büros in vielen Städten, zu finden über die Website **www.touring.de**.

Spanien: Hier ist die Buchung in praktisch jeder größeren Stadt möglich, Büros meist im dortigen Busbahnhof.

• *Fahrradtransport* In den Linienbussen nicht möglich. Über mögliche Spezialveranstalter für Fahrradreisen nach Spanien informiert der ADFC, siehe „Anreise mit der Bahn".

Spanien – ein Land der großen Entfernungen

Unterwegs in Andalusien

Andalusiens Straßennetz kann sich durchaus sehen lassen und wird ständig weiter verbessert. Die Bahn baut seit Jahren aus, das wichtigste öffentliche Verkehrsmittel bleibt jedoch der Bus.

Unterwegs mit Auto und Motorrad

Das eigene Fahrzeug ermöglicht schnelle Ortswechsel und das Erreichen entlegener Regionen, bringt jedoch auch Nachteile mit sich.

In Großstädten nämlich stellt der Pkw nur eine Last dar. Die Orientierung dort ist oft schwierig, der Verkehr zu den Stoßzeiten erheblich, das Fahrzeug aufbruchgefährdet und ohne realistische Chance auf einen legalen und kostenlosen Parkplatz. Tiefgaragen sind teuer.

▸ **Straßennetz:** Überwiegend in gutem Zustand. Schon in den 90er-Jahren wurde vieles gebaut und ausgebessert, neue Autobahnen entstanden, Ortsumgehungen wurden angelegt; mittlerweile sind jedoch einige der neueren Fernstraßen fast schon wieder sanierungsbedürftig. In abgelegeneren Gebieten und auf kleinen Straßen ist ebenfalls mit Schlaglöchern zu rechnen.

• *Nummerierung der Straßen* „AP" mit einer oder zwei Ziffern steht für gebührenpflichtige Autobahnen, „A" für gebührenfreie Autobahnen sowie gebührenfreie Schnellstraßen (die ehemaligen vierspurigen N-Nationalstraßen wie z. B. die N IV, die jetzt A 4 heißt), „N" für zweispurige Nationalstraßen und ein „A" mit drei Ziffern für regionale Landstraßen – in diesem Fall bedeutet das „A" Andalusien. Nebenstrecken werden oft mit vier Ziffern nach dem „A" oder mit dem Provinzkürzel gekennzeichnet, z. B. „CA" für Cádiz oder „AL" für Almería.

Autopistas: Autobahnen, die überwiegend gebührenpflichtig und mit die teuersten Europas sind. Andalusien selbst besitzt nur

100 Unterwegs

	Almeria	Cádiz	Córdoba	Granada	Huelva	Jaén	Málaga	Sevilla
Almeria		479	337	183	526	233	218	421
Cádiz	479		252	389	243	356	261	149
Córdoba	337	252		168	234	104	182	140
Granada	183	389	168		344	97	128	250
Huelva	526	243	234	344		338	308	94
Jaén	233	356	104	97	338		207	244
Málaga	218	261	182	128	308	207		214
Sevilla	421	149	140	250	94	244	214	

Entfernungen zwischen den andalusischen Provinzhauptstädten in Kilometern

wenige Autobahnen, nämlich die gebührenfreie A 49 Sevilla–Huelva, die AP 4 von Sevilla nach Cádiz, für deren etwa 95 Kilometer etwa 6 € zu berappen sind, sowie die privat finanzierte „Autopista del Sol" entlang der Costa del Sol, die zwischen Málaga und Estepona zur Hochsaison über 10 € kostet. Die Bezahlung mit Kreditkarte ist möglich.

Autovías: Im Gegensatz zu den Autobahnen sind die Schnellstraßen Autovías gebührenfrei befahrbar. Zu diesen vierspurig ausgebauten Fernstraßen zählt z. B. auch die A 4 (Ex-N IV) von Madrid über Córdoba nach Sevilla. Tank- und Raststätten sind vergleichsweise selten und liegen oft abseits der Route.

▶ **Fahrweise:** Entgegen dem Image vom „heißblütigen Südländer" erstaunlich unaufgeregt. Man fährt zwar durchaus flott, aber in aller Regel fair und dringt nicht so stark auf sein Recht, wie wir es aus der Heimat kennen.

● *Besonderheiten* **Kreisverkehre** sind in Spanien viel häufiger als bei uns. Der Kreisverkehr hat immer Vorfahrt.

Linksabbiegen von Fernstraßen: Auf Überlandstraßen muss zum Linksabbiegen oft erst nach rechts abgebogen und die gerade verlassene Straße dann hinter einem Stoppschild auf direktem Weg überquert werden.

Linkseinbiegen in Fernstraßen: Ebenso ungewohnt – vielfach gibt es nach dem Links-

einbiegen zunächst eine Beschleunigungsspur, die links (!) von der eigentlichen Fahrspur verläuft. Durchgezogene Linien nicht überfahren!

● *Tanken* Die Benzinpreise sind bislang deutlich günstiger als bei uns. Diesel nennt sich „gasoleo", Bleifrei mit 95 Oktan „gasolina sin plomo" und ist natürlich flächendeckend verfügbar.

▶ **Orientierung in Städten:** Wegen des starken Verkehrs, der vielen Einbahnstraßen und Abbiegeverbote sowie der häufig fehlenden Wegweisung ist die Orientierung in andalusischen Städten oft recht schwierig – an der Spitze der unrühmlichen Hitliste steht sicher Granada, gefolgt von Sevilla. Navis sind grundsätzlich hilfreich, aber wegen der häufigen Änderungen bei Einbahnstraßenregelungen, neu angelegten Fußgängerzonen etc. gerade in Innenstädten schon mal überfordert. Ein guter Stadtplan (den die Pläne in diesem Handbuch aufgrund ihres Formats zwar ergänzen, aber nicht ersetzen können) leistet zusätzlich wertvolle Dienste. Die örtlichen Fremdenverkehrsämter der Junta de Andalucía haben in der Regel auch Pläne anderer andalusischer Städte vorrätig. Auf der Suche nach einem bestimmten Hotel

Unterwegs mit Auto und Motorrad · 101

ist es oft einfacher, das Fahrzeug zunächst in einer Tiefgarage abzustellen und sich erst einmal zu Fuß auf den Weg zu machen. Der Hotelier oder Portier kennt die günstigste Anfahrt und weiß oft auch über Parkmöglichkeiten in der Umgebung Bescheid. **Tipp:** Relativ stressfrei ist die Fahrt in eine fremde Stadt zur Siesta am Nachmittag oder an Sonn- und Feiertagen.

Abweichende Verkehrsbestimmungen in Spanien

● *Verkehrsverstöße/Strafen* Wichtig zu wissen – die Strafen für Verkehrsvergehen liegen in Spanien weit höher als bei uns. So kostet Halten auf der Fahrbahn außerorts rund 200–400 €, eine Geschwindigkeitsüberschreitung um 20 km/h 90–300 € usw. Wird man angehalten, sind die Strafen sofort zu zahlen, andernfalls wird der Wagen sichergestellt; bei ganz extremen Überschreitungen (z. B. 110 km/h in Ortschaften, mehr als 0,6 mg/l Atemalkohol) ist mittlerweile auch Haft möglich. Achtung zudem, Bußgelder ab 70 € können nun EU-weit eingetrieben werden. Jeder Unfallbeteiligte ist verpflichtet, sich einem Alkohol- und Drogentest zu unterziehen.

● *Promillegrenze* Die „Promillegrenze" liegt bei 0,25 mg/l Atemalkohol, was ungefähr 0,5 Promille Blutalkohol entspricht (falls der Führerschein noch keine zwei Jahre alt ist: 0,15 mg/l bzw. 0,3 Promille). Die Kontrollen sind strikt, die Strafen hoch.

● *Höchstgeschwindigkeiten* Innerorts 30/50 km/h, außerorts 90 km/h (Wohnmobile 70 km/h), auf autobahnähnlichen Straßen 100 km/h (WoMo 80 km/h), Autobahnen 120 km/h, zuletzt vorrübergehend auf 110 km/h gesenkt (WoMo 90 km/h). Mit Anhänger auf Landstraßen 70 km/h, auf autobahnähnlichen Straßen und Autobahnen 80 km/h. Eine spanische Spezialität sind Ampeln in Ortsdurchfahrten, die

bei zu hoher Geschwindigkeit automatisch auf Rot springen.

● *Überholverbot* 100 m vor Kuppen und auf Straßen, die nicht mindestens auf 200 m zu überblicken sind.

● *Abschleppen* durch Privatfahrzeuge ist verboten!

● *Gurtpflicht/Helmpflicht* besteht sowohl inner- wie außerorts.

● *Reservekanister* im Auto sind verboten.

● *Warndreiecke* Ausländische Fahrzeuge benötigen nur ein Warndreieck, Autos mit einheimischen Kennzeichen jedoch zwei – das gilt auch für Mietwagen!

● *Weitere besondere Vorschriften* Das Fahren mit Kopfhörern (i-pod etc.) ist verboten, ebenso die Benutzung von Handys während der Fahrt; Ausnahme: „echte" Freisprechanlagen (keine Headsets etc.), die keine elektromagnetischen Störungen verursachen. Beim Tanken müssen Radio und Handy ausgeschaltet sein. Für Kinder unter drei Jahren sind Babysitze vorgeschrieben. Eine Warnweste (anzulegen beim Aussteigen wegen Unfall/Panne außerorts) für den Fahrer ist ebenso Pflicht wie die Sicherung überstehender Ladung durch eine rot-weiß-schraffierte Warntafel. Empfohlen wird die Mitnahme der Grünen Versicherungskarte sowie einer Box mit Reserve-Glühlampen.

▶ **Parken:** In Großstädten ist das Parken grundsätzlich ein heikles Kapitel. Auch aus Sicherheitsgründen ist es empfehlenswert, ein Parkhaus oder einen bewachten Parkplatz (aparcamiento vigilado) anzusteuern, beide durch ein weißes „P" auf blauem Grund gekennzeichnet.

Gelb markierte Bordsteine: Parkverbot, alternativ oder (gleichzeitig) auch durch die bei uns üblichen Schilder angezeigt.

Blau markierte Bordsteine: Gebührenpflichtige Parkzone. An der nächsten Ecke steht ein Automat, den man je nach vorgesehener Parkdauer mit Münzen füttert; die Quittung gehört für den Parkwächter gut

sichtbar unter die Windschutzscheibe. Auf dem Automaten stehen auch die Zeiten, in denen bezahlt werden muss; gebührenfrei parken darf man in der Regel sonntags, nachts und zur Siesta-Zeit. Wer einen Strafzettel bekommen, seine Parkzeit aber nur kurz (bis zu einer Stunde) überzogen hat, kann die Option „Anulación

Deutlich: Warnung vor Autoaufbruch

Denuncia" nutzen: Am Parkautomat den grünen Knopf „AD" drücken, ermäßigte Strafe bezahlen und das erhaltene Ticket samt der Anzeige zusammengefaltet in den Briefschlitz am Automaten werfen – die Sache ist damit erledigt.

La Grúa, der spanienweit gefürchtete Abschleppwagen, kommt schnell im Parkverbot und, bei längerer Überschreitung der Parkzeit, auch in den blauen Zonen. In Touristenorten werden Ausländer bei kleineren Parkvergehen manchmal vielleicht geschont; in Großstädten nie! Das hintergründige Faltblatt „Ratschläge für einen glücklichen Aufenthalt in Andalusien" der andalusischen Tourismuszentrale rät hierzu: „Falls Sie Ihren Wagen nicht mehr finden, schauen Sie nach, ob auf dem Bürgersteig kein Klebezettel zu finden ist, fragen Sie bei den Nachbarn oder Geschäften und der Lokalpolizei. Wahrscheinlich war er falsch geparkt und der Kranwagen hat ihn zur Gemeindegarage abgeschleppt. Die Geldstrafe, die Sie bezahlen müssen, wird schnell vergessen beim Wiederfinden des besten Freundes des Menschen, das Auto." Alternative zur Grúa ist die an einem Rad befestigte Parkkralle, die das Fahrzeug lahmlegt; befreit wird es gegen saftige Strafgebühr von der nächsten Polizeistelle.

„**Parkwächter**": Vor allem in Großstädten trifft man auf selbsternannte Parkwächter („Gorillas", darunter manchmal recht wilde Gesellen), die mit großen Gesten Autofahrer auf freie Parklücken aufmerksam machen, sie dort einweisen und auf ein Trinkgeld hoffen. Natürlich ist man zur Zahlung nicht verpflichtet. Doch auch Einheimische geben in einem solchen Fall meist einen kleinen Obulus, zumal dieser die Chance erhöht, das Fahrzeug unversehrt wiederzufinden ... In manchen Gemeinden, in denen besonders viele Autos aufgebrochen werden, sind auch uniformierte Parkwächter unterwegs, die sich ebenfalls über eine kleine Spende freuen.

▸ **Diebstahl:** Der Pkw selbst ist nicht gefährdeter als bei uns; Vorsichtige sichern ihn durch eine Zusatzsperre am Lenkrad. Autoaufbrüche dagegen sind immer noch eine Plage. Ausländische Wagen sind besonders beliebt, aber auch Mietwagen werden meist sofort erkannt. Gefährlich sind vor allem Großstädte wie Sevilla, Málaga und Granada und alle Touristenregionen. Also Vorsicht walten lassen: Nichts, aber auch gar nichts im Auto lassen; Handschuhfach und auch die Heckablage offen – die

Unterwegs mit Auto und Motorrad   103

Kleines Verkehrsschild-Glossar für Auto- und Motorradfahrer

Spanisch	Deutsch	Spanisch	Deutsch
Atención/Cuidado	Achtung/Vorsicht	Prohibido aparcar (avisamos grúa)	Parken verboten (wir rufen den Abschleppwagen)
Bandas sonoras	Holperschwellen		
Cambio de sentido	Wendemöglichkeit		
Carga y descarga	Be- und Entladen	Prohibido estacionar	Parken verboten
Carretera cortada	Straße gesperrt		
Ceda el paso	Vorfahrt gewähren	Prohibido el paso	Durchfahrt verboten
Centro Ciudad	Stadtzentrum	Respete las señales	Beschilderungen befolgen
Circunvalación	Ortsumgehung		
Curvas	Kurven	Semáforo	Ampel
Desvío	Umleitung	Salida	Ausfahrt
Garaje	Garage	Solo turismos	Nur für Pkw
Obras	Straßenbauarbeiten	Velocidad	Geschwindigkeit
Peaje	Mautgebühr	Vientos laterales	Seitenwinde
Peatones	Fußgänger	Zona peatonal	Fußgängerzone
Peligro	Gefahr		

Chancen auf eine eingeschlagene Fensterscheibe stehen sonst gut. Vorsicht auch an Ampeln, Spezialisten greifen bei offenem Fenster blitzschnell Wertsachen aus dem Wageninneren. Bei Verlassen des Fahrzeugs immer den Zündschlüssel abziehen! Ein plötzlich platter Reifen (oder ein anderer Schaden) in Verbindung mit prompten Hilfsangeboten seitens Fremder sollte immer misstrauisch stimmen – es wäre nicht das erstemal, dass der Plattfuß mit böser Absicht herbeigeführt wurde. Während des Radwechsels räumt dann ein Komplize des „freundlichen Helfers" den Wagen leer.

Unfall *(Accidente):* Bei kleineren Schäden einigt man sich in Spanien gern ohne Polizei und in bar, denn das Recht geht hier verschlungene Wege. Bei ernsthaften Beschädigungen Polizei holen, Namen und Anschrift, auch die Versicherungsnummer des Unfallgegners notieren sowie die Adressen etwaiger Zeugen; Fotos der Unfallstelle machen. Der „Europäische Unfallbericht" (siehe Anreisekapitel) ist nützlich, Mitglieder von Automobilclubs sollten unbedingt ihre Notrufstationen konsultieren. Wieder in der Heimat, geht es an die Abwicklung des Schadens. Dabei hilft der Kontakt mit dem von der eigenen Haftpflicht benannten Schadensregulierer in Spanien, der sich mit der Versicherung des Unfallgegners in Verbindung setzen muss; den jeweils zuständigen Beauftragten nennt der *Zentralruf der Autoversicherer* unter der Telefonnummer 0180 25026. Mittlerweile darf man als Geschädigter die Versicherung des Unfallgegners übrigens auch im Heimatland verklagen, wenn auch nach dem Recht des Unfall-Landes.

• *Notrufnummer:* ☎ **112**, eine einheitliche Rufnummer für Feuerwehr, Ambulanz und Polizei.

• *Pannenhilfe* **(Auxilio en carretera):** ☎ 902 300505. Ansprechpartner ist der spanische Automobilclub RACE.

• *Abschleppwagen/Werkstatt* **La Grúa** heißt der Abschleppwagen, die Werkstatt nennt sich **Taller de reparaciones**.

• *ADAC-Notrufstationen* **Deutschland**, rund um die Uhr: ☎ 0049 89 222222 (Fahrzeugschaden) bzw 767676 (Verletzung/Krankheit). **Barcelona**: ☎ 935 082828.

104   Unterwegs

▶ **Unterwegs mit dem Motorrad:** Für Andalusien das optimale Verkehrsmittel; angenehme Temperaturen, keine Parkprobleme, kurvige Sträßchen durch Gebirgsregionen ... Aber: Anders als die meisten Pkw sind Motorräder in der Regel durchaus diebstahlgefährdet – eine gute Kette in Verbindung mit einer Teilkaskopolice bringt Sicherheit. Voll bepackt allerdings sollte man das Gefährt in der Großstadt höchstens vor einer Polizeiwache abstellen.

Mietfahrzeuge

In Verbindung mit der Anreise per Flugzeug ist der Mietwagen sicher die komfortabelste Art, Andalusien zu entdecken. Im europaweiten Vergleich liegen die Preise für spanische Mietwagen günstig.

Es muss ja auch nicht immer für den gesamten Urlaub ein Fahrzeug gemietet werden, denn in den großen Städten hat ein Mietauto dieselben Nachteile wie der eigene Wagen. Autovermietungen *(Alquiler de automóviles, Alquiler de coches)* finden sich an den Flughäfen, in zahlreichen Küstenorten und Großstädten. Meist lohnt es sich, mehrere Agenturen abzuklappern und die Preise und Konditionen zu vergleichen.

Internationale Anbieter

Wer schon zuhause weiß, wann genau er den Wagen benötigt, sollte möglichst ab der Heimat buchen. Das ist meist preisgünstiger als die Miete vor Ort, zudem hat man die Garantie, dass auch wirklich das Auto der Wahl verfügbar ist – in der Hochsaison kann es sonst schon mal eng werden.

• *Konditionen* Mindestalter in der Regel 21 Jahre, Führerschein mindestens 1 Jahr alt; Mindestmietdauer 3 Tage. Die Angebote beinhalten – wichtiger Unterschied zur Anmietung in Spanien – auch alle Steuern. Daran gemessen, können sich die Preise internationaler Vermieter schon sehen lassen: Richtwert für eine Woche kleinste Kategorie zur NS ca. 150–220 €. Vollkaskoversicherung, Insassenversicherung und die Deckungssummen der Haftpflicht werden unterschiedlich gehandhabt: beim Preisvergleich auch darauf achten.

• *Vermittler* **www.billiger-mietwagen.de** vergleicht die Preise von renommierten Vermittlern wie Holidayautos und Cardelmar etc. Alle vermitteln sie vorab Mietverträge, die dann mit einem lokalen Vermieter abgeschlossen werden; die Preise liegen dabei in aller Regel deutlich unter denen einer Direktmiete. Beim Vergleich auch auf Details wie Gerichtsstand, Tankregelung (Rückgabe mit vollem Tank ist günstiger als der Ankauf einer Tankfüllung bei Anmietung und Abgabe mit leerem Tank), Selbstbehalt der Vollkaskoversicherung usw. achten. Sparsam, aber riskant: kleinste Kategorie buchen und darauf hoffen, dass sie nicht verfügbar ist und man einen Wagen höherer Klasse erhält, wie es einer Leserin schon zweimal geschehen ist.

Zum Vergleich einige weitere Internet-Vermittler: www.spanien-leihwagen.com, www.doyouspain.de, www.carjet.com, alle drei von Lesern empfohlen. Auch viele Reisebüros vermitteln Mietwagen in Spanien; ratsam, auch hier genau auf die Vertragsbedingungen zu achten.

Fahrzeugmiete in Spanien

Wichtig, immer auf das Kleingedruckte zu achten. Nur selten werden Endpreise angeboten! Die meisten Prospekte und Verträge werden zweisprachig, in Spanisch und Englisch, abgefasst.

• *Mietwagen* große Auswahl, vom Kleinstwagen über den Jeep bis zum 9-Sitzer. Reisebüros bieten teilweise günstigere Konditionen an als die Vermieter selbst.

Modalitäten: Sehr ratsam, den Vertrag genau zu prüfen und auch dem Kleingedruckten Beachtung zu schenken: Rückgabezeit, Verfahrensweise bei Reifenpannen und mit

Unterwegs mit der Eisenbahn **105**

dem Tankinhalt (siehe oben). Unbegrenzte Kilometer sind im Preis meist inbegriffen, Vollkaskoversicherung („responsabilidad por daños causados al vehículo") und die spanische Mehrwertsteuer IVA (bei Mietwagen 18 %) nicht unbedingt: Lassen Sie sich immer Inklusivpreise nennen und vergleichen Sie auch die Versicherungskonditionen (Deckungssumme der Haftpflicht, Vollkasko mit/ohne Selbstbeteiligung, Höhe derselben); im dichten Verkehr andalusischer Städte kann es schon mal Kratzer geben. Das Mindestalter beträgt in der Regel 21 Jahre, der Führerschein muss mindestens 1 Jahr alt sein. Oft wird eine Kaution oder Kreditkarte verlangt. Der ADAC rät, vor Anmietung auf Beulen, Lackkratzer etc. zu achten, um hinterher nicht für Vorschäden zur Kasse gebeten zu werden. Besonderes Augenmerk sei auch auf den Zustand der Reifen sowie auf die Versicherungspapiere zu legen. Kindersitze sollte man vorab reservieren oder von daheim mitbringen.

Dokumente: „Wir wurden mit unserem Mietwagen eines spanischen Vermieters von der Guardia Civil angehalten. Bei der Kontrolle der Papiere wurde beanstandet, dass Fahrzeugschein und Zulassung nur in Fotokopien vorhanden seien (wurde uns so vom Vermieter mitgegeben). Trotz langen Verhandelns mussten wir eine hohe Strafe bezahlen, da Kopien nicht gültig wären (kein Originalstempel). Erst nach langem Hin und Her wurde uns die Strafe vom Vermieter erstattet. Also: beim Anmieten auf Aushändigung der Originaldokumente achten" (Leserbrief von Andreas Ludwig). Andere Leser freilich hatten selbst bei einem Unfall keine Probleme mit den Fotokopien.

● *Mietmopeds und -motorräder* Schmales Angebot, zudem vergleichsweise teuer. Vermieter sind rar, die beste Auswahl besteht noch an der Costa del Sol. Mit folgenden Preisen ist bei Eintagesmiete inkl. Steuer und Haftpflichtversicherung ungefähr zu rechnen: 50er-Roller 25–30 €, 125er-Roller 30–35 €, 250er-Motorrad 50–60 €. Größere Maschinen sind selten und noch teurer. Bei längerer Mietdauer wird Rabatt gewährt. Kaution nötig, Vollkaskoversicherung geht extra.

Unterwegs mit der Eisenbahn

Die spanische Staatsbahn RENFE ist preiswert, längst nicht so unpünktlich wie ihr Ruf – und dennoch auf vielen Strecken innerhalb Andalusiens nur die zweite Wahl.

Grund ist das weitmaschige Schienennetz der RENFE (Red Nacional de los Ferrocarriles Españoles), vor allem aber das Fehlen einer Küstenlinie mit Ausnahme der Kurzstrecke Málaga–Fuengirola. Zwar sind alle wichtigen Städte an den Küsten per Bahn zu erreichen, doch handelt es sich stets um Sackbahnhöfe. In der Praxis bedeutet das, beispielsweise zwischen den relativ nah beieinanderliegenden Städten Almería und Málaga einen Zeit raubenden Umweg mit Zugwechsel durchs Inland machen zu müssen. Solche Lücken überbrückt auch der eingefleischte Bahnliebhaber besser mit dem Bus; mit ein Grund, warum sich Bahnpässe à la Interrail für Andalusien kaum lohnen. Andererseits gibt es Routen, die schon aufgrund der faszinierenden Streckenführung die Bahnfahrt lohnen; als Beispiel genannt sei hier die Nebenlinie Bobadilla–Ronda–Algeciras.

Das RENFE-System ist seit Jahren in einer Phase der Modernisierung und Umstellung. Vieles verändert sich deshalb sehr rasch. Bisheriges Zugmaterial wird ausgemustert, neue Tarifsysteme und Serviceleistungen werden eingeführt. Die „guten alten Zeiten", in denen man ohne Protest des Schaffners während der Fahrt die Türen öffnen und sich auf die Einstiegsschwellen setzen konnte, sind auch in Spanien vorbei. Damals allerdings konnte man auch noch fast neben den Zügen herlaufen ... Erfreuliches gibt es von den Preisen zu vermelden: Bahnfahren in Spanien ist weitaus preisgünstiger als in Deutschland, zumindest, solange man einen Zug der unteren Kategorie benützt: Mehr als etwa acht Euro auf hundert Kilometer Strecke muss man dann nicht rechnen.

106   Unterwegs

Bahntipps und -tricks

▶ **Zugkategorien:** Generell unterscheidet die RENFE zwischen den Kategorien *Cercanías* (Vorortverkehr), *Media Distancia* (Regionalverkehr), *Larga Distancia* (Fernverkehr) und *Alta Velocidad* (Hochgeschwindigkeitsnetz). Zugarten gibt es in einer fast schon verwirrenden Vielfalt, wobei der Trend freilich zu schnellen, edlen und leider auch teureren Zügen geht.

● *AVE* Die Hochgeschwindigkeitszüge (Alta Velocidad Española), die von Madrid über Córdoba nach Sevilla und Málaga fahren, sind vollklimatisiert und blitzschnell, aber auch sehr teuer; die Preise variieren auch nach Abfahrtszeit. Das Hochgeschwindigkeitsnetz wird gegenwärtig ausgebaut, weshalb auch andere andalusische Provinzhauptstädte ihren AVE-Anschluss erhalten werden. Es gibt noch weitere Hochgeschwindigkeitszüge, darunter der umspurbare **Alvia** und der edle **Altaria**.

● *Larga Distancia* Auf den Fernverkehrsstrecken (die ehemaligen Grandes Líneas) unterwegs sind u. a. die schnellen **Talgo**, die z. B. die Strecke Madrid-Almería bedienen, ebenso die komfortablen, aber nicht billigen Schlafwagenzüge **Trenhotel**.

● *Media Distancia* Die Mehrzahl der innerandalusischen Verbindungen fällt in diese Kategorie. Das Zugmaterial kann sehr unterschiedlich ausfallen. Eine Hochgeschwindigkeitsversion für die Mittelstrecke ist der **Avant**.

● *Cercanías* fahren im Kurzstreckenverkehr der Ballungsräume, z. B. von Málaga nach Fuengirola. Sie halten meist überall, es gibt jedoch auch einige seltene „Schnell-Cercanías", die manche Stationen auslassen.

● *Sonderzug „Al-Andalus Expreso"* Eine Art Grandhotel auf Schienen, ähnlich dem legendären Orientexpress. Zuletzt eingestellt, soll der Nostalgie-Zug künftig wieder in Betrieb genommen werden. Er fährt im Turnus die touristisch reizvollsten Städte Andalusiens an, übernachtet wird im Schlafwagen – ein exquisites, aber nicht ganz billiges Vergnügen für gut betuchte Zugfans, die Hotelkomfort auf der Schiene genießen wollen. Infos z. B. bei Ibero Tours, www.ibero.com.

▶ **Preise, Fahrkartenkauf etc.:** Die Tarifgestaltung der RENFE ist komplex, ständigen Änderungen unterworfen und deshalb selbst für die Schalterbeamten oft kaum noch durchschaubar. Die Preise variieren nicht nur je nach gewählter Abteilklasse, sondern auch nach der Zugkategorie, z. T. sogar nach der Abfahrtszeit. Klar ist jedoch: Je langsamer und unkomfortabler man reist, desto preisgünstiger.

● *Informationen* **Info-Telefon** 902 240202, eine spanienweit gültige Renfe-Nummer. **www.renfe.es** – unter anderem mit einer praktischen Suchmaschine, die neben exakten Zugverbindungen auch die zugehörigen Fahrpreise liefert. Auch über www.bahn.de lassen sich Fahrpläne (keine Preise) abfragen.

Unterwegs mit der Eisenbahn 107

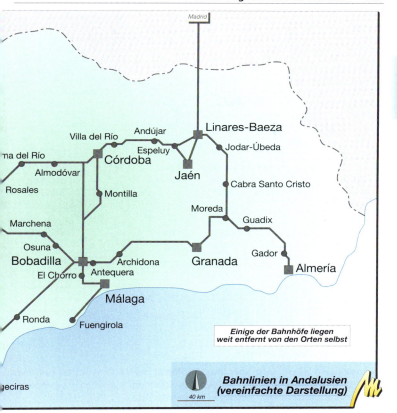

Einige der Bahnhöfe liegen weit entfernt von den Orten selbst

Bahnlinien in Andalusien (vereinfachte Darstellung)

- *Preisbeispiel* Die 140 km lange Strecke Córdoba–Sevilla kostet im Media Distancia (Fahrzeit ca. 1 Std. 20 min.) etwa 11 €, im AVE (ca. 45 min.) jedoch mindestens 33 €, jeweils in der günstigsten buchbaren Klasse. Die Frage „Hay otro tren más barato?" („Gibt es einen billigeren Zug?") kann bei Fernstrecken also schon einiges Geld sparen.

- *Sondertarife* existieren so reichhaltig, dass eine komplette Aufzählung den Rahmen sprengen würde. Nachlässe werden unter anderem für Vorab-Kartenkauf („Tarifa Estrella" im Internet oder am Schalter, „Tarifa Web" nur im Internet, leider nicht ganz unkompliziert zu buchen), für Senioren ab 65 („Tarjeta Dorada"), Inhaber von ausländischen Familienpässen, Gruppen etc. angeboten. Auch für die Buchung von Hin- und Rückfahrt („Ida y vuelta") gibt es Rabatte zwischen 10 und 25 Prozent, laut einer Leserzuschrift sogar dann, wenn man die Karten getrennt kauft – beim Erwerb der Rückreisekarte sollte man also die Karte für die Hinfahrt vorlegen.

- *Platzkarten* sind in fast allen Zügen (außer Cercanías und Regionalzügen) im Ticket enthalten. Vor allem für Langstrecken und für Fahrten an Wochenenden (heimreisende Studenten!) empfiehlt sich frühzeitiger Kartenkauf.

- *Fahrkartenkauf* Der Vorverkauf erfolgt an größeren Bahnhöfen am Schalter „Venta anticipada", alternativ im RENFE-Stadtbüro größerer Ortschaften sowie in Reisebüros mit entsprechender Lizenz – letztere sind

108 Unterwegs

mit Abstand am bequemsten, der Preis ist überall gleich. Tickets für Regionalzüge können nur am Abfahrtstag selbst erworben werden. In Deutschland werden Fahrkarten für internationale Züge und Verbindungen innerhalb Spaniens vom Reiseveranstalter Ibero Tours verkauft, ✆ 0211/8641520, www.ibero.com. Ein weiterer Anbieter ist www.gleisnost.de, ✆ 0761/383020.

● *Fahrpläne* Hängen in allen Bahnhöfen aus; Llegadas = Ankünfte, Salidas = Abfahrten.

Besondere Fahrplankürzel: Bei nicht täglich verkehrenden Zügen oder Bussen steht im Fahrplan der Anfangsbuchstabe der Wochentage, an denen gefahren wird: L für Lunes (Montag), M für Martes (Dienstag), wieder M oder auch ein X für Miércoles (Mittwoch), J für Jueves (Donnerstag), V für Viernes (Freitag), S für Sábado (Samstag), D für Domingo (Sonntag), F für Festivo (Feiertag). LXV bedeutet mithin: Abfahrten nur Montag, Mittwoch und Freitag.

Kleine Sprachfibel „öffentlich Reisen"

Spanisch	Deutsch	Spanisch	Deutsch
Diario	täglich	La estación	Bahnhof
Laborables	werktags	Estación de autobuses	Busbahnhof
Sábados	samstags		
Domingos	sonntags	Parada	Haltestelle
Verano	Sommer	Abierto	geöffnet
Invierno	Winter	Cerrado	geschlossen
Horario	Fahrplan	a qué hora?	wann?
Tren	Zug	Billete	Fahrkarte
Autobús	Bus	Ida y vuelta	hin und zurück
Metro	U-Bahn	cuánto es?	wieviel kostet es?

Unterwegs mit dem Bus

In Andalusien wie in ganz Spanien das öffentliche Verkehrsmittel Nummer eins, deutlich vor der Bahn. Ähnlich preisgünstig, zwischen den Städten häufige Frequenzen, Verbindungen in kleinste Orte.

Hundert Buskilometer kosten im Schnitt etwa acht Euro, ein durchaus akzeptabler Preis. Kein Wunder, dass der Bus – bei uns im Schattendasein – ein beliebtes Verkehrsmittel nicht nur für Kurzstrecken ist.

Eine nationale oder andalusische Busgesellschaft gibt es nicht, stattdessen teilen viele verschiedene und oft nur lokal operierende Agenturen das Geschäft unter sich auf. Nur selten noch liegen in größeren Orten die Abfahrtsstellen der einzelnen Gesellschaften verstreut, mittlerweile findet sich dort fast immer ein Busbahnhof. Hier kann man sich manchmal mit Fotokopien von Fahrplänen, mit entsprechenden Faltbroschüren oder auch mit Computerausdrucken eindecken. In kleinen Dörfern dagegen existiert meist nur eine Haltestelle, gelegentlich an einem Halteverbotszeichen mit dem Zusatz „Bus" zu erkennen; dort weiß die nächste Bar über Abfahrtszeiten garantiert Bescheid.

Sind die Verbindungen zu Städten generell und zu Ferienorten meistens sehr gut, so fahren auf dem Land oftmals nur ein bis zwei Busse pro Tag. Wer dort nicht hängenbleiben will, vielleicht noch ohne Übernachtungsmöglichkeit, sollte sich vor der Abfahrt unbedingt nach Terminen der Rückfahrt oder Weiterreise erkundigen.

Stadtverkehr 109

> **Wichtig**: An *Sonntagen* und *Feiertagen*, in geringerem Ausmaß auch an Samstagen, ist der Busverkehr stark eingeschränkt. Ausflüge in abgelegenere Regionen sollte man dann sein lassen, bzw. nur unternehmen, wenn die Rückfahrtsfrage zweifelsfrei geklärt ist! Unsere Angaben beziehen sich in der Regel auf Werktage und an den Küsten auf die Sommersaison, die etwa von Juni bis September reicht. Im „Winter", was in Spanien den Rest des Jahres meint, können die Frequenzen deutlich niedriger liegen.

Reisepraktisches

Fernstrecken werden gelegentlich von mehreren Gesellschaften parallel bedient. Die Preise können dann, je nach Fahrtroute und gebotenem Komfort, kräftig schwanken, oft lohnt sich ein Vergleich. Wichtig ist dann auch die Unterscheidung zwischen *Directo* (Nonstop) und *Ruta* – letzterer ist zwar oft etwas billiger, läuft aber eine Vielzahl von Haltestellen an, was natürlich reichlich Zeit kostet.

● *Kleine Tücken im Busverkehr* Zwar ist das System insgesamt deutlich weniger verworren als das der Staatsbahn, doch läuft auch die Fortbewegung per Bus meist nicht ganz ohne Komplikationen ab. So ist es in den meisten Fällen aussichtslos, sich bei einer Gesellschaft nach Fahrzeiten einer anderen Agentur erkundigen zu wollen. In großen Busbahnhöfen muss man oft eine Weile suchen, um den richtigen Schalter zu finden; auf den Fahrplänen dort ist manchmal nur die Telefonnummer der Busgesellschaft angegeben. Nicht immer steht das richtige Fahrtziel am Bus angeschrieben; besser, man fragt im Zweifelsfall nochmal nach. Bei Fernbussen, zu denen man unterwegs zusteigt, gibt es Fahrkarten oft erst, wenn der Bus eingetroffen ist und noch Platz hat – falls nicht, bleibt man stehen. Verspätungen nehmen Spanier gelassen. Falls Sitzplatznummern ausgegeben werden, sollte man sich auch daran halten.

● *Internet-Infos* Zwar haben einige Busgesellschaften und Busbahnhöfe Fahrpläne ins Netz gestellt, das Angebot könnte jedoch durchaus noch erweitert werden ...

www.movelia.es, ein Portal zur Suche von Busverbindungen. Funktioniert nur auf Routen, deren Gesellschaften dem Suchsystem angeschlossen sind.

www.alsa.es, der Gigant im spanischen Busverkehr und landesweit auf Fernstrecken tätig. Seit dem vor einigen Jahren erfolgten Anschluss der Regionalgesellschaft Alsina Graells (der Name ist noch als Aufschrift an manchen Bussen zu sehen) ist Alsa aber auch noch stärker als zuvor in vielen Gebieten Andalusiens aktiv.

www.ctsa-portillo.com, für den Bereich Málaga und Costa del Sol.

www.estabus.emtsam.es, die Seite des Busbahnhofs Málaga.

www.tgcomes.es, Busse in bzw. von und zur Provinz Cádiz.

www.linesur.com, Busse ab Sevilla, z. B. Richtung Jerez und Algeciras.

www.losamarillos.es, vorwiegend tätig im Bereich Sevilla und Cádiz.

www.damas-sa.es, für die Provinz Huelva.

www.consorciotransportes-sevilla.com, Portal für den Verkehr im Großraum Sevilla, etwas unübersichtlich gestaltet. Ähnliche Seiten sind **www.ctmcg.com** für den Großraum Campo de Gibraltar (Algeciras etc.) und **www.cmtbc.es** für die Bucht von Cádiz inklusive Jerez de la Frontera.

Stadtverkehr

Einmal angekommen, wird man andalusische Innenstädte ganz überwiegend zu Fuß erobern. Zur Überbrückung größerer Distanzen, etwa vom außerhalb gelegenen Busbahnhof ins Zentrum, empfiehlt sich der Bus oder das Taxi.

● *Stadtbusse* Nicht nur in Großstädten anzutreffen – auch mancher Ferienort leistet sich zur Saison oder sogar ganzjährig Linien zu nahen Urbanisationen oder außerhalb gelegenen Stränden. Die Einzelfahrt kostet in der Regel etwa einen Euro. Noch günstiger sind die häufig angebotenen Zehnertickets, meist „Bono-Bus" genannt und am Kiosk oder im Tabakgeschäft („Estanco") zu erstehen.

110   Unterwegs

• *Sightseeing-Busse* In einer Reihe von andalusischen Städten werden Stadtrundfahrten angeboten, bei denen man an den einzelnen Haltestellen nach Belieben aus- und zusteigen kann. Erläuterungen zu den Sehenswürdigkeiten an der Route gibt es per Kopfhörer, meist auch in Deutsch. Die Tickets, in der Regel 24 Stunden lang gültig, sind mit Preisen um die 15–18 € nicht unbedingt ein Sonderangebot. Vorsicht auf dem meist offenen Oberdeck der Busse: Durch den Fahrtwind spürt man die Sonneneinstrahlung kaum, schützen Sie sich unbedingt mit einer Mütze.

• *Taxis* In Städten breit vertreten. Man kann sie während der Fahrt heranwinken (grünes Dachlicht: frei) oder an einem der Taxistände einsteigen. Spanische Taxis besitzen fast immer Taxameter und sind in aller Regel günstiger als bei uns, Ausnahmen (Marbella ...) selten. Die Preise variieren von Stadt zu Stadt, Zuschläge werden u. a. für Gepäck, Hunde sowie Fahrten von und zum Bahnhof, Busbahnhof oder Flughafen erhoben. Betrug ist selten.

Fahrradfahren in Andalusien

Radfahrer genießen einen guten Kontakt zur Bevölkerung – viele Spanier sind radsportbegeistert. Zudem erlebt man die Landschaft natürlich besonders intensiv, Hitze und Wind freilich auch.

Der Blick auf eine topografische Karte zeigt schnell, was den Radler erwartet: Ein Großteil Andalusiens ist gebirgig. Ausnahmen sind das ebene bis hügelige Becken des Río Guadalquivir und die Küstenregionen, die aber besonders am Mittelmeer unter so starkem Verkehr zu leiden haben, dass hier das Radeln oft wirklich keine Freude macht. Schöner fährt es sich im Guadalquivir-Tal, das man übrigens tunlichst von der Küste aus landeinwärts in Angriff nehmen sollte, wenn man nicht permanent gegen den Wind kämpfen will. Klimatisch günstige Jahreszeiten sind Frühjahr und Herbst, an der Küste auch der Winter. Der Sommer gibt sich dagegen mit Temperaturen bis über 40 Grad eher radlerfeindlich.

Fahrradwege sind bislang eine Seltenheit und nur gelegentlich in größeren Städten sowie im Umkreis von Ferienorten anzutreffen. Spaniens Autofahrer zeigen sich jedoch meist von der rücksichtsvollen Seite. Der Asphalt ist mit normaler Reisebereifung gut zu befahren, für schmale Rennradreifen ist er teilweise etwas grob. Achtung: Vor dem Start neue Mäntel aufziehen, Ersatzschläuche einpacken – nicht alle Größen sind in Spanien erhältlich.

• *Verkehrsvorschriften* **Helmpflicht** besteht grundsätzlich, aber nur außerhalb geschlossener Ortschaften. Spanien ist damit das einzige Land in der EU, das für Radfahrer den Helm vorschreibt.

Reflektierende Kleidung ist außerhalb geschlossener Ortschaften ebenfalls vorgeschrieben.

Fahrradanhänger sind verboten, auch für den Transport von Kindern. Gestattet ist die Mitnahme von Kindern nur auf einem Kindersitz, der unsinnigerweise am Lenker befestigt sein muss.

Geschwindigkeitslimit bergab: 40 km/h.

Promillegrenze: 0,5 Promille.

• *Internet-Infos* **www.rad-forum.de**, das deutschsprachige Forum für Radreisen schlechthin.

www.transandalus.org, spanische Site zum Thema Andalusien per Mountainbike.

Fahrradverleih: Die Zahl der Verleihstationen ist insgesamt gering. Am besten stehen die Chancen noch in den touristisch ausgerichteten Bergregionen, größeren Fremdenverkehrsorten der Küsten und in manchen Städten. In letzter Zeit haben einige Städte (z.B. Sevilla) auch Verleihsysteme installiert, für die man sich allerdings registrieren und oft auch eine Kaution hinterlegen muss. Besonderer Beliebtheit erfreut sich auch in Spanien das Mountainbike, „Bicicleta todo terreno" (All-

Fahrradfahren in Andalusien

Spritztour: Unterwegs im Naturpark bei El Puerto de Sta. María (Prov. Cádiz)

Gelände-Rad) genannt und BTT abgekürzt. Für die teuren Räder sind allerdings auch entsprechende Mietpreise zu bezahlen.

Fahrradtransport im Land: Das Fahrrad mit den Zügen der Staatsbahn RENFE zu transportieren, kann je nach der gewählten Strecke ein schwieriges bis unmögliches Unterfangen sein. Problemlos funktioniert meist die Mitnahme im Regionalbus.

Zug: Normalerweise kann man das Fahrrad in Regionalzügen mit Radabteil (ohne Anmeldung) oder Gepäckwagen (dann ist frühzeitige Anmeldung am Gepäckschalter „Equipajes" nötig) kostenlos mitführen. Ein Leser transportierte sein Rad auch in einem der Nachtzüge „Estrellas", musste es dazu aber zerlegen und auf der reservierten Liege „parken" – ihm blieb dann nur noch ein Stehplatz im Gang. Das Rad zum Versand aufzugeben, ist mit gültiger Fahrkarte von größeren Bahnhöfen aus möglich, sofern es nicht mehr als 15 kg wiegt; beim Umsteigen muss es neu aufgegeben werden. Allerdings hat es mit allen Transportvarianten in der Vergangenheit auch schon Probleme gegeben. Hier hängt manches wohl von der aktuellen Laune der Bahnbediensteten ab; ratsam ist es auf jeden Fall mindestens 30 Minuten vor Abfahrt´vor Ort zu sein.

Bus: Per Regionalbus klappt der Fahrradtransport oft erstaunlich gut und dann meist sogar umsonst, rechtzeitige Anfrage bei den Agenturen vorausgesetzt. Sinnvoll allerdings, an den Ausgangspunkten einer Linie einzusteigen, bei Zwischenhaltestellen kann es eventuell problematisch werden. In der Regel muss nur das Vorderrad ausgebaut und die Kette abgedeckt, eventuell auch der Lenker verdreht werden. Für überregionale Busse ist zwar die Zerlegung und Verpackung des Rades in einer Radtasche oft bindend vorgeschrieben (zumindest laut den Geschäftsbedingungen), doch kann man sich zur Not ja auch mit aufgeschnittenen und zusammengeklebten Müllsäcken behelfen.

Weitere Infos: Allgemeiner Deutscher Fahrradclub ADFC, Hauptgeschäftsstelle Bremen, ℡ 0421/346290, www.adfc.de.

www.pedalibre.org, eine spanische Seite, u. a. mit guten Infos zum Fahrradtransport mit öffentlichen Verkehrsmitteln.

112 Unterwegs

Vías Verdes: Radfahren und Wandern auf ehemaligen Bahnstrecken

Für Radfahrer, aber auch für Langstreckenwanderer interessant sind die „grünen Wege" Vías Verdes, die in ganz Spanien auf stillgelegten Bahnlinien angelegt wurden oder es noch werden. In Andalusien, das einmal eines der größten Schienennetze Spaniens besaß, wurden bislang zwölf Vías Verdes besuchertauglich hergerichtet. Teilweise ist sogar, wie auf der 38 km langen Strecke von Olvera nach Puerto Serrano („Vía Verde de la Sierra", Provinz Cádiz), die Übernachtung in ehemaligen, zum Hotel umgebauten Bahnhöfen möglich. Fast immer verlaufen die Vías Verdes abseits der Hauptrouten durch ländliche Gebiete, durch Tunnels und über alte Brücken. Weitere Informationen, zum Teil auch auf Englisch, unter www.viasverdes.com.

Wandern in Andalusien

Dank seiner abwechlungsreichen Landschaften ist Andalusien ein fantastisches Gebiet zum Wandern. Markierte Wege jedoch sind rar.

Wandern *(Senderismo)* und Bergsteigen *(Montañismo)* finden auch unter den Spaniern immer mehr Anhänger. Dennoch wird für Wanderer bislang eher wenig getan. Noch am besten auf sie eingestellt ist man in den Naturparks wie dem Nationalpark Sierra Nevada samt den Alpujarras (Provinz Granada), dem Naturpark Sierras de Cazorla y Segura (Jaén) und dem Naturpark Sierra de Grazalema (Cádiz). Markierungen oder Wegweiser sind jedoch auch dort eine Seltenheit – zumindest an den Stellen, die sich nicht mit dem Auto anfahren lassen ... Falls es ausnahmsweise trotzdem einmal Markierungen wie Farbkleckse oder Steinpyramiden geben sollte, gehen diese meist auf die Initiative rühriger Privatpersonen zurück. Bei längeren Touren ist also ein guter Orientierungssinn vonnöten, und da viele Wanderwege kaum gepflegt werden, wuchert mancher schmalere Pfad auch schnell mal zu. Doch trotz aller Einschränkungen: Wandern in Andalusien macht immensen Spaß!

Aber – wandern Sie nie allein, und lassen Sie den Hotelier wissen, wo Sie unterwegs sind. Wanderungen in den andalusischen Gebirgen sind keine Spaziergänge. Die Höhenunterschiede sind häufig beträchtlich, zudem bewegt man sich auf vielen Touren weitab der Zivilisation. *Gehen Sie nur bei besten Wetterverhältnissen:* Gerade in den Gebirgsregionen ist das Wetter gelegentlich launisch und schlägt blitzschnell um. Wandern Sie deshalb nur bei zweifelsfrei guter Wetterlage. *Beginnen Sie Ihren Wandertag früh:* Zum einen ist dies mit die schönste Zeit des Tages; zum anderen bringt es Sicherheit, wenn mit aufkommender Mittagshitze schon ein großer Teil der Strecke geschafft ist. *Achten Sie auf die richtige Ausrüstung:* Gehen Sie nie ohne entsprechend angepasste Kleidung und Schuhwerk, ohne Sonnenschutz und ausreichenden Trinkwasservorrat auf Tour!

● *Jahreszeiten* Das Frühjahr, wenn viele Gebiete in Blüte stehen, stellt sicher die beste Wanderzeit dar; im Sommer wird die Hitzebelastung besonders im schattenlosen Gelände sehr groß. Der Herbst ist klimatisch wieder günstiger, doch ist die Vegetation dann karger und die Tage sind deutlich kürzer. Im Winter ist mit Regen zu rechnen.

● *Basisausrüstung* Viele Wegstrecken sind steinig und steil – knöchelhohe und gut eingelaufene (!) Wanderschuhe mit fester Profilsohle sind deshalb dringend zu empfehlen. Ab und an muss stacheliges Gebüsch durchquert werden, wobei eine lange Hose aus festem Stoff gute Dienste leistet. Nicht zu vergessen: Sonnenschutzmittel, -brille und

Wandern in Andalusien

eine Kopfbedeckung, ein Rucksack, für Notfälle und plötzliche Wetterwechsel eine leichte, regendichte Jacke, im Hochgebirge auch ein Kompass und eine Trillerpfeife für Notsignale.

● *Dritte informieren* Nicht nur bei Wanderungen im Hochgebirge ist es sinnvoll, den Hotelier oder Rezeptionisten von seinen Absichten zu informieren.

● *Verpflegung* Zum Essen nur das Nötigste, jedoch reichlich (!) Wasser mitnehmen. Nur selten finden sich unterwegs Quellen, die auch nicht immer Trinkwasser führen.

● *Wanderungen durch Privatbesitz* Manche Wanderungen führen durch Privatgelände, nicht immer zur Freude der Besitzer. Damit die Toleranz gegenüber Wanderern nicht abnimmt, halten Sie sich bitte an folgende Regel: Verlassen Sie Gatter immer so, wie Sie sie vorgefunden haben, also offene Gatter offen lassen und geschlossene wieder schließen. Auf diese Art schneiden Sie kein Vieh von der Tränke ab bzw. verhindern sein Ausbrechen. Dass man keinen Abfall hinterlässt, bei Begegnungen freundlich grüßt, keine Tiere verstört etc. ist ja wohl selbstverständlich.

● *Vorgestellte Touren* In diesem Buch finden Sie eine Reihe von Wanderbeschreibungen inklusive Routenskizzen, die natürlich keine Wanderkarten ersetzen können. Ebenso ist es im Rahmen eines Reiseführers schon aus Platzgründen unmöglich, jedes Detail einer Wanderung durch raues Gelände zu beschreiben. Bei einigen Wanderungen ist also etwas Orientierungssinn gefragt, doch sind schließlich eine Reihe von leichten Touren mit absolut eindeutiger Wegeführung vorgestellt. Falls Sie jedoch einmal nicht sicher sein sollten, sich auf dem richtigen Weg zu befinden, kehren Sie besser um. Gehen Sie nicht das Risiko ein, sich in weglosem Gelände zu verlaufen! Die angegebenen Wanderzeiten, die keine Pausen beinhalten, sind natürlich nur als Richtwerte zu verstehen, mancher geht eben schneller, mancher langsamer. Bereits nach kurzer Zeit jedoch werden Sie unsere Angaben in die richtige Relation zu Ihrem Wandertempo setzen können.

● *Wanderkarten* Siehe das Kapitel „Wissenswertes von A bis Z", Stichwort „Landkarten".

● *Wanderführer* „Andalusien" von Veronica Frenzel im Michael Müller Verlag, 1. Auflage 6/2011; 35 Touren, mit Karte.

● *Organisierte Wanderungen* Vor allem in den Alpujarras und der Sierra de Grazalema werden auch geführte Wandertouren angeboten, Näheres in den Ortskapiteln.

Schönes Wanderrevier: der Naturpark Sierra de Grazalema (Provinz Cádiz)

Kleine Pensionen: oft familiär und freundlich

Übernachten

Die Angebotsskala reicht von der einfachen Pension bis zum Luxushotel in der umgebauten Maurenburg. Je nach Budget und Ansprüchen finden sich Doppelzimmer zu 40 Euro ebenso wie solche zu 400 Euro.

Schwerpunkte von Andalusiens Hotellerie sind die Küsten und die Großstädte. Auch in einigen Gebirgsregionen gibt es sehr erfreuliche Unterkünfte. Schwierigkeiten bei der Quartiersuche können sich in der *Karwoche* generell (Höchstsaison!) sowie an den Küsten in den Monaten *Juli* und *August* ergeben. Vor allem im August, wenn ganz Spanien in Urlaub ist, sind viele der Hotels in den Feriengebieten am Meer bis aufs letzte Bett belegt. Wer dann Probleme hat, eine Unterkunft zu finden, wendet sich am besten an die örtliche Touristeninformation, die noch am ehesten weiß, wie und wo sich noch freie Zimmer finden. Solche Misslichkeiten können auch bei den sogenannten *Puentes* („Brücken") auftreten: Lange Wochenenden, an denen der Feiertag auf einen Donnerstag/Freitag oder Montag/Dienstag fällt, werden gerne zu Kurzreisen genutzt. Ähnliches gilt für berühmte *Fiestas* und *Großveranstaltungen*. Während des Rennens zur Motorradweltmeisterschaft, das Anfang Mai in Jerez stattfindet, ist z. B. die gesamte Provinz Cádiz samt ihrer Nachbarregionen regelmäßig fast ausgebucht.

Außerhalb der Sommersaison ist mit anderen Schwierigkeiten zu rechnen, denn dann haben manche Küstenhotels geschlossen. Wir geben bei den Hotelbeschreibungen nach Möglichkeit die Öffnungszeiten mit an. Dort, wo diesbezüglich nichts vermerkt ist, etwa in Städten, hat die Herberge in der Regel ganzjährig geöffnet.

Übernachten 115

Preisangaben: Die in diesem Handbuch genannten Preise beziehen sich auf die Übernachtung für zwei Personen im Doppelzimmer (DZ) und auf die reguläre Hochsaison (HS, an den Küsten naturgemäß im Sommer, in den Inlandsstädten überwiegend eher Frühjahr und Herbst) und Nebensaison (NS). Sie beinhalten die Mehrwertsteuer IVA und orientieren sich an den offiziellen Angaben, was nicht ausschließt, dass mancher Pensionswirt in der Nebensaison mit sich handeln lässt oder sogar von sich aus weniger fordert. Tagespreise im Internet können vor allem last minute deutlich niedriger liegen als die offiziell ausgewiesenen Preise. Doch Vorsicht: vor den „Puentes" wird's last minute deutlich teurer als im Normaltarif!

Hotel-Klassifizierung

Die Klassifizierung der spanischen Unterkünfte wird von den örtlichen Behörden vorgenommen. Die Preise dürfen von den Betrieben jährlich selbst festgelegt werden, einzig der Preisrahmen, innerhalb dessen sie schwanken können, ist den Behörden mitzuteilen. In den gehobenen Kategorien vor allem der Städte wird der Preis meist je nach erwarteter Nachfrage tageweise festgelegt, in den Feriengebieten sind nach Saison gestaffelte Preise die Regel.

Nicht unbedingt aussagekräftig ist die Zahl der Sterne, die sich vor allem an bestimmten Ausstattungsdetails wie Radio/TV im Zimmer, dem Vorhandensein eines Aufzugs und dergleichen orientiert. Ein Einsternhotel kann ohne weiteres besser möbliert und moderner sein als der Nachbar in der Dreisternklasse.

▶ **Paradores**: Paradores sind einer staatlichen Hotelkette angeschlossene Betriebe, die jeweils drei bis vier Sterne aufweisen. Kennzeichnend für Paradores ist ihre schöne Lage und/oder die Unterbringung in klassischen und stilvollen Gemäuern wie umgebauten Klöstern, Burgen etc. Daran und an der sonstigen Ausstattung gemessen, sind Paradores im europäischen Vergleich tatsächlich ihren Preis wert. Richtig günstig sind sie indes schon länger nicht mehr: Richtwert etwa 120–170 € fürs Doppelzimmer, je nach Betrieb und Saison; manche Paradores wie der in Granada kosten noch deutlich mehr. Doch auch wer unterhalb dieser Preisklasse reist, sollte sich öfter mal auf einen Kaffee oder einen Drink in die auch für Nicht-Übernachtungsgäste zugänglichen Bars der Paradores hineinwagen: Zu akzeptablen Preisen bieten sie eine oft sehr schöne Atmosphäre, manchmal auch tolle Aussicht.

● *Rabatte* gibt es in Paradores beispielsweise für über 55-Jährige („Días Dorados"), unter 35-Jährige („Escapada Joven") oder auch beim Kauf eines Pakets von mehreren Nächten (z. B. „Tarjeta 5 Noches"). Sie werden aber nicht immer und nicht in jedem Parador gewährt, was das System etwas komplizierter macht.

● *Reservierungen* Paradores sind vor allem zur Hochsaison und an Wochenenden und „Puentes" häufig ausgebucht, eine rechtzeitige Reservierung empfiehlt sich deshalb sehr. **Internet**: www.parador.es.

● *Information/Reservierung in Deutschland* Beide Firmen offerieren auch andere Hotels, Rundreisen etc. **Olimar**, ✆ 0221 20590490, www.olimar.de. **Ibero Tours**, ✆ 0211 8641520, www.ibero.com.

▶ **Hotel/Hotel-Residencia (H/HR)**: Diese Kategorie entspricht in etwa unseren Hotels, die Klassifizierungsspanne liegt zwischen einem und fünf Sternen. Hotel-Residencias sind Garni-Hotels, bieten also mangels Restaurant nur Frühstück an, doch ist diese Zusatzbezeichnung anscheinend im Aussterben begriffen: Viele Quartiere, die über kein Restaurant verfügen, nennen sich heute ebenfalls schlicht „Hotel". Ein Sonderfall sind Apartmenthotels bzw. „Hotel-Apartamentos".

Reisepraktisches

116 Übernachten

Übernachtungs-Tipps

- **„Guía de Hoteles y Apartamentos"**: Ein Verzeichnis fast aller andalusischen Hotels und Pensionen, zuletzt leider nicht mehr aufgelegt. Die telefonbuchdicke gesamtspanische Version (Guía oficial de Hoteles de España) gibt es – mit großen Lücken in den unteren Kategorien – weiterhin.
- **Kostenlose Unterkunftsverzeichnisse** („Hoteles, Campings, Apartamentos") für die jeweilige Stadt, manchmal auch Provinz, sind bei den Infostellen in Deutschland und vor Ort erhältlich. Häufig sind sie allerdings unvollständig.
- **Mehrwertsteuer**: Die Mehrwertsteuer IVA (8 %) ist besonders in den Hotels nur selten inklusive („incluido"), sondern wird oft erst beim Erstellen der Rechnung aufgeschlagen.
- **Hotelbuchungsportale** wie *www.booking.com*, *www.hotel.de*, *www.hrs.de* und (für einfachere Quartiere) *www.hostelworld.com* bieten einen guten Überblick über die aktuelle Marktsituation und teilweise auch günstigere Preise als bei Direktbuchung.
- **Beschwerden**: Jeder Beherbergungsbetrieb muss Beschwerdeformulare („Hojas de reclamación") zur Verfügung stellen; meist verhilft schon die Frage danach zur gütlichen Einigung. Falls nicht: Die Beschwerdeformulare dürfen auch auf Deutsch ausgefüllt werden. Der Wirt erhält nur den rosa Durchschlag, das weiße Original kann z. B. im Fremdenverkehrsamt abgegeben werden und den grünen Durchschlag behält der Reisende. Schon die Drohung mit dem Gang zum Fremdenverkehrsamt, z. B. bei überhöhten Preisen, zieht fast immer.
- **Singles** haben es manchmal schwer in Spanien: Nicht jeder Beherbergungsbetrieb verfügt über Einzelzimmer. Besonders in Pensionen sind sie relativ selten; eine preislich akzeptable Alternative bieten die Einsternhotels. Wo vorhanden, muss man in etwa mit 70 % des Doppelzimmerpreises rechnen. Ob DZ verbilligt als EZ („Doble uso individual") abgegeben werden, steht im Ermessen des Hoteliers, gelegentlich ist auch der volle Preis zu zahlen.
- **Doppelzimmer**: Meist sogenannte „dobles", worunter man zwei Einzelbetten zu verstehen hat. Pärchen werden „matrimonios" („Ehe-Zimmer") vorziehen, mit Doppelbett oder französischem Bett; das Zimmer selbst kann (muss nicht) dabei etwas kleiner ausfallen.
- **Außen- und Innenzimmer**: In Städten eine bedeutsame Unterscheidung. Außenzimmer (habitación exterior) besitzen Fenster zur Straße, was sie heller, luftiger und oft leider auch lauter macht. Innenzimmer (habitación interior) gehen auf einen Lichtschacht oder im günstigeren und selteneren Fall auf einen Innenhof; sie sind in aller Regel dunkler, gleichzeitig oft auch ruhiger.
- **Frühaufsteher**: Wer gewohnt ist, morgens früh aufzustehen, sollte besonders in kleineren Hotels und Pensionen sicher gehen, dass er das auch kann: Meist bleibt die Pforte nämlich bis morgens um 8.30 Uhr verschlossen. Unbedingt abends absprechen, dass man früh raus will!
- **Ein Rat für Reisende zur Hochsaison**: Überlegen Sie, besonders als Autofahrer, ob Sie sich nicht eine kleine Campingausrüstung für Notfälle (Hotels ausgebucht) mitnehmen – auf Campingplätzen findet sich meist noch ein Platz. Wer weiß, vielleicht begeistert Sie sogar das Leben „open-air" ...
- **Reisen im Winter**: Im Winter können die Nächte in manchen einfachen Pensionen ganz schön kalt werden. Ein Schlafsack leistet dann gute Dienste. Hotels und bessere Pensionen sind aber meist ausreichend geheizt.

▶ **Hostal (Hs)** und **Pensión (P)**: Hostals besitzen ein oder zwei Sterne, bei Pensionen gibt es keine Sterne. Theoretisch sollten Hostals eine geringfügig bessere Ausstattung aufweisen, in der Praxis rangieren beide Kategorien jedoch in aller Regel auf etwa demselben Niveau, das im Normalfall unter dem der Einsternhotels liegt. Es gibt jedoch ganz hervorragende Unterkünfte, die aus steuerlichen Gründen die Klassifizierung als Pension oder Hostal vorziehen. Abzuwarten bleibt, wie sich auf Pensionen und Hostals das als „Decreto Boyer" bekannte Gesetz auswirkt, das alte Mietverträge ab dem 1. Januar 2015 zur Neuverhandlung festschreibt.

▶ **Fondas (F):** Ehemals Einfachsunterkünfte auf dem Land oder in Großstädten. Eine offiziell abgeschaffte Kategorie, auch wenn die Bezeichnung „Fonda" gelegentlich als Namensbestandteil (auch von Restaurants) dient und dann meist eine gewisse Rustikalität vermitteln soll.

Komfort und Preise – was Sie erwarten dürfen

***** Hotels: Obere Luxusklasse, meist sehr geräumige Zimmer, Spitzenservice; Komfort jeder Art ist ebenso selbstverständlich wie ein Pool, Sportmöglichkeiten etc. Die Preise liegen etwa um 200–500 € pro Doppelzimmer (DZ) bzw. in diesem Fall oft pro Suite.

**** Hotels: Luxushotels; Aircondition ist natürlich Standard, Swimmingpool fast immer. Je nach Standort, Ausstattung und Saison kosten Doppelzimmer zwischen 100 und 250 €, im Schnitt aber um 120–150 €.

*** Hotels: obere Mittelklasse, in Komfort und Ausstattung sehr unterschiedlich ausfallend. Schön gelegene Strandhotels, sterile Neubauten an Fernstraßen, ehemalige Grandhotels mit verblichenem Charme – alles möglich. Preislich um 70–110 € pro DZ, mit saisonalen und örtlichen Ausreißern nach oben und unten.

** Hotels: Mittelklasse, meist immer noch sehr solide Häuser. Außer in besonders teuren Städten wie Sevilla gibt es hier DZ meist für etwa 60–80 €, besonders gut ausgestattete Hotels in Feriengebieten verlangen auch mal etwas mehr. In dieser Klasse fallen die Preise in Küstenhotels außerhalb der Saison z. T. deutlich.

* Hotels: Untere Mittelklasse, z. T. schon etwas ältere Quartiere. Es gibt aber auch sehr komfortable Hotels der Einstern-Klasse. Die meisten verlangen 50–70 € pro DZ, nach oben teilweise deutlich mehr, nach unten kaum weniger. Für Singles ist diese

Viele Quartiere bieten schöne Patios

Kategorie oft auch preislich eine erwägenswerte Alternative zu den Hostals und Pensionen, die Einzelreisenden auch schon mal den vollen DZ-Preis abknöpfen.

** Hostals: Können angenehme Häuser der Mittelklasse sein, teilweise sogar besser als Einsternhotels, aber auch sehr einfache Herbergen, die ihre zwei Sterne irgendeinem unbedeutenden Extra verdanken. Entsprechend groß ist die Preisspanne: DZ/Bad ab 40 bis 60 €; in großen Städen (Sevilla!) auch durchaus mal mehr.

* Hostals und Pensionen: In der Regel einfach in der Ausstattung, der Pflegezustand und die Atmosphäre stark abhängig vom Vermieter. Herbergen dieser Klasse sind an der Küste und in den Feriengebieten der Bergregionen meist moderner, besser in Schuss und oft teurer als in den Städten. Preisspanne ähnlich den Zweistern-Hostals, zwischen 30 € (DZ ohne Bad) und 50 € (DZ/Bad) sind die Regel; Abweichungen nach oben und unten möglich. Als Einstern-Hostal getarnte Luxushotels nehmen natürlich ganz andere Beträge.

Hotelvereinigungen

In Andalusien existiert eine Reihe von Zusammenschlüssen kleinerer, liebevoll geführter und oft sehr geschmackvoll ausgestatteter Hotels. Manche Quartiere sind auch gleich mehreren Organisationen angeschlossen. Direktbuchung ist in den meisten Fällen möglich.

AHRA, Asociación de Hoteles Rurales de Andalucía, überwiegend Zwei- und Dreisternhotels in ländlichen Gebieten Andalusiens. Bei dieser Organisation ist auch ein Gutscheinheft erhältlich, mit dem man von Hotel zu Hotel reisen kann. ℘ (0034) 952 705128, www.ahra.es.

Estancias de España, ein landesweiter Zusammenschluss von Hotels und Restau-

rants, die in historischen Gebäuden untergebracht sind, darunter wirklich feine Adressen. Buchungstelefon in Spanien 902 101159, www.estancias.com.

Rusticae, eine gleichfalls landesweite Organisation edler kleiner Hotels. Buchungstelefon in Spanien 902 103892, www.rusticae.es. In Deutschland vertreten durch Ibero Tours, www.ibero.com.

Ferienhäuser und Apartments

In vielen Küstengebieten ohnehin flächendeckend vertreten, finden sich Ferienhäuser und Apartments auch in verschiedenen touristisch interessanten Gebirgsregionen.

Insgesamt ist die Miete eines Hauses oder Apartments eine feine Sache; speziell der eigene Herd ist Goldes wert, spart er doch manchen Restaurantbesuch. Die Miete ist allerdings meist nur wochenweise, im Sommer z. T. sogar nur monatlich möglich. Generell gilt: Je mehr Personen sich zur Miete einer Einheit zusammentun, desto billiger kommt die Sache.

• *Einige Veranstalter und Vermittler* **Terraviva** bietet neben Hotels auch Ferienhäuser und Wohnungen im andalusischen Inland, an der Costa del Sol und der Costa de la Luz. ℘ 07243/30650, ✆ 07243/537677, www.terraviva.de.

Interhome vermittelt Ferienwohnungen von Privateigentümern. Breites Angebot für Andalusien. ℘ 02421/1220, ✆ 02421/122299, www.interhome.de.

www.atraveo.de und **www.fewo-direkt.de**

vermitteln online ebenfalls zahlreiche Objekte in Andalusien. Über eine nachgerade gigantische Auswahl verfügt die (auch auf Deutsch abrufbare) spanische Seite **www.niumba.es**.

Lokal tätige Agenturen haben sich auf bestimmte Gebiete spezialisiert und kennen sich dort natürlich bestens gut aus. Eine empfehlenswerte Adresse z. B. für Conil und Umgebung (Costa de la Luz) ist „Casa Andaluza", Näheres im Text zu Conil de la Frontera.

Ländliche Unterkünfte

Die RAAR (Red Andaluza de Alojamientes Rurales), eine Vereinigung von Privatvermietern, offeriert Ferienwohnungen und ganze Häuser in fast allen ländlichen Regionen Andalusiens. Das Angebot reicht vom Zimmer im Privathaus, oft mit Verpflegung und/oder Küchenbenutzung, über die Ferienwohnung bis zur komplett ausgestatteten, großzügigen Hacienda und sogar zur Wohnhöhle „Casa-Cueva". Alle liegen sie in landschaftlich reizvollen, bäuerlich strukturierten Gebieten, in kleinen Dörfern oder auch abseits aller Siedlungen. Teilweise kann man an Exkursionen zu Fuß, per Rad und mit Pferden teilnehmen oder Kunsthandwerkskurse etc. besuchen.

• *Broschüre und zentrale Buchung* **RAAR**, Telefon ab Deutschland 0034 902 442233, ✆ 0034 950 271678. Im Internet: www.raar.es, großteils auch auf Deutsch. Die Agentur offeriert auch Touren in die Schutzgebiete

des Netzes Natura 2000, zu finden unter http://n2000.raar.es.

• *Weitere Anbieter von Landunterkünften* **www.escapadarural.com**, nach Provinzen gegliedert, ebenso wie **www.toprural.com**.

Kleine Landhotels: oft sehr gemütlich eingerichtet

Jugendherbergen

Derzeit zählt Andalusien 19 Jugendherbergen, die aber leider längst nicht alle rund ums Jahr zur Verfügung stehen. Ein Teil ist nur während der Schulferien geöffnet, andere sind fast durchgängig von Gruppen belegt. Es empfiehlt sich also, die Lage rechtzeitig durch einen Anruf zu klären; Telefonnummern und allgemeine Öffnungszeiten sind im Text angegeben. In der Regel wird der Internationale Jugendherbergsausweis verlangt, einzelne JH verzichten bei schwacher Belegung aber auch schon mal darauf. Meistens – jedoch nicht immer und überall – kann man den Ausweis auch vor Ort erwerbenDie Übernachtung inkl. Frühstück kostet je nach Saison etwa 13–26 €, für Personen über 25 Jahre rund 19–32 €. Zusätzliche Verpflegung bis hin zur Vollpension ist gegen relativ geringe Aufzahlung fast überall möglich.

• *Infos* **Deutsches Jugendherbergswerk**, Bismarckstraße 8, 32756 Detmold, ✆ 05231 74010, ✉ 05231 740149. Hier gibt es auch den IYHF-Ausweis und das JH-Verzeichnis. www.jugendherberge.de.

Inturjoven verwaltet das andalusische Jugendherbergsnetz. Reservierungen bis zu einem halben Jahr im Voraus sind möglich. ✆ innerhalb Spaniens 902 510000, ✉ 955 035848; www.inturjoven.com.

Privatzimmer & „Workaway"

Vermietung von privat ist in Spanien längst nicht so verbreitet wie z. B. in Griechenland; die Informationsstellen der Fremdenverkehrsämter vermitteln auch keine Privatvermieter. Eine feine Sache für Langzeitreisende mit geringem Budget ist das Konzept von „Workaway".

Habitaciónes: „Zimmer", als Schild oder Aufschrift gelegentlich vor allem in Ferienorten zu sehen. Eher halblegal, dabei meist jedoch durchaus preiswert und sauber.

www.workaway.info vermittelt Gastfamilien, Kleinbetriebe, Bauernhöfe etc., die gegen Mithilfe von etwa 20 Stunden/Woche Unterkunft und Verpflegung bereitstellen.

Camping

Das Angebot konzentriert sich besonders auf die Küsten, doch finden sich Möglichkeiten auch in der Nähe der bedeutendsten Städte und in manchen Gebirgsregionen.

Dennoch erstaunt, verglichen mit nördlicheren Küstengefilden wie z. B. Katalonien, die verhältnismäßig geringe Anzahl der Campingplätze an den andalusischen Costas. Dort kommt der Camper trotzdem ganz gut über die Runden: Wo es interessant ist, existiert meist auch ein Platz. Schlechter stellt sich die Situation im Inland dar. Die Touristenzentren Sevilla, Granada und Córdoba sind zwar versorgt; in entlegeneren Gebieten findet sich dagegen oft weit und breit keine Campingmöglichkeit. Durch den innerspanischen Trend zum Urlaub im Binnenland hat sich die Situation in den letzten Jahren allerdings schon etwas gebessert. Tipp: Viel Platz bieten die großen, weitgehend naturbelassenen Plätze im Naturpark der Sierra de Cazorla in der Provinz Jaén und am Stausee Embalse del Conde nördlich von Málaga.

• *Infos* Eine **Karte** der Campingplätze in Andalusien ist gegen geringe Gebühr bei den Fremdenverkehrsämtern der Junta de Andalucía erhältlich. Wer mag, kann sich auch für zuletzt 11 € die **Guía oficial de Campings de España** kaufen, der alle Plätze des Landes verzeichnet.
www.guiacampingfecc.com, ein guter Online-Führer der Vereinigung spanischer Campingclubs (FECC).
www.campingsandalucia.es, Verband (nicht aller) andalusischer Campingplätze.

• *Kategorien* Klassifiziert sind alle spanischen Plätze in folgenden Kategorien: Luxus (in Andalusien nicht vorhanden); 1. Kategorie (meist auch sehr gut ausgestattet); 2. Kat. (Durchschnitt), 3. Kat. (eher selten, magere Ausstattung). Hinzu kommen die sog. „besonderen Campingformen"; die Bezeichnung „Camping Cortijo" steht beispielsweise für Camping auf dem Bauernhof, in der Regel einfache, aber manchmal mit viel Engagement betriebene Plätze, darunter einige echte Perlen. Alle Plätze müssen ein Depot zur Abgabe von Wertsachen unterhalten.

• *Öffnungszeiten* Dank des milden Klimas sind besonders an der Mittelmeerküste relativ viele Plätze rund ums Jahr in Betrieb. Die Öffnungszeiten der nur saisonal geöffneten Plätze schwanken zwar, zwischen Anfang Juni und Mitte, Ende September hält aber praktisch jeder geöffnet. Offizielle Betriebszeiten sind im Text angegeben, doch nicht immer verlässlich – bei Mangel an Kundschaft wird auch mal früher geschlossen oder später geöffnet. Ärgerlich, dass manchmal eigentlich grundlegende Versorgungseinrichtungen wie Bar, Restaurant und Einkauf nur in der Hauptsaison in Betrieb sind, von komfortablen Extras wie dem Swimmingpool zu schweigen. Am engsten wird es auf den andalusischen Plätzen, wie in den Hotels ja auch, ab etwa Mitte Juli bis Ende August, doch riskiert man nur selten, abgewiesen zu werden.

• *Preise* Den gebotenen Luxus lassen sich die besseren Plätze auch gut bezahlen, 25 € ist man zu zweit und mit Auto zur Hochsaison ganz schnell los, auf sehr guten Plätzen können es auch noch leicht ein paar Euro mehr werden. Die Preise vieler Plätze besonders der Küsten splitten sich nach Hochsaison und Nebensaison auf, die von Camping zu Camping unterschiedliche Zeiten haben können: Wer eher mit mitteleuropäischer Kundschaft rechnet, setzt die Hochsaison länger an als Plätze mit überwiegend spanischem Publikum. Die meis-

Tagsüber gestattet: Wohnmobil am Strand bei Mojácar

Camping 121

ten Campings berechnen die Preise separat nach Personen, Auto und Zelt. Unsere Preise beziehen sich auf die Hochsaison und auf kleine Zelte. Manchmal gibt es aber auch einen Einheitspreis, oder der Verwalter legt den Ausdruck „tienda individual" allzu buchstabengetreu aus: Mit „Einzelzelt" ist nämlich normalerweise ein kleines Zweimannzelt gemeint, im Gegensatz zum Hauszelt „tienda familiar". Manche der höherklassigen Plätze vermieten die Stellflächen auch pauschal beziehungsweise zu hohem Grundbetrag plus Aufschlag nach Personenzahl – unangenehm für Einzelreisende, oft auch für zwei Personen noch eine Verteuerung gegenüber dem anderen System. In der Provinz Cádiz ist dieses auf den Preislisten oft „Parcela minimo" genannte Abrechnungsverfahren zur Hochsaison leider schon fast die Regel geworden: Dort müssen dann auch Einzelreisende mit Fahrrad häufig den Preis für ein Zelt, ein Auto und zwei bis drei Personen löhnen; in der Nebensaison wird dagegen akkurat nach tatsächlicher Belegung kassiert.

Mobiles Campen: die Huckepack-Variante

- *„Áreas de Acampada Libre"* Solche „Zonen für freies Zelten" sind in vielen Regionen Andalusiens ausgewiesen, darunter in einer ganzen Reihe von Naturparks. Ihre Benutzung ist gratis oder gegen einen sehr geringen Beitrag möglich; meist sind sie auch mit einfachen Einrichtungen wie WC und Duschen versehen. Handikap ist, dass diese Plätze meist weitab aller Orte und Anschlüsse öffentlicher Verkehrsmittel liegen, also für Camper ohne eigenes Fahrzeug mühsam zu erreichen sind. Eben aufgrund dieser Abgeschiedenheit und wegen möglicher Änderungen wurde auf eine Beschreibung der Zonen in diesem Führer verzichtet. Verzeichnisse sind in der Regel bei den Fremdenverkehrsämtern vor Ort und den Verwaltungen der Naturparks erhältlich.

► **Selbstversorger** haben in Andalusien keine Schwierigkeiten, Lebensmittel sind in den Läden der Plätze selbst jedoch teurer. Bessere Einkaufsreviere bieten die in der Regel nur bis etwa 14 Uhr geöffneten Märkte und Markthallen; Obst, Gemüse, Käse und Wurstwaren sind von hervorragender Qualität, bei Obst und Gemüse auch noch zu Preisen, von denen Mitteleuropäer nur träumen können. Was es auf dem Markt nicht gibt, findet sich bestimmt im Supermercado oder einem der meist an Ausfallstraßen gelegenen großen Einkaufszentren, die zwar eine Riesenauswahl auch an Lebensmitteln bis hin zum frischen Fisch bieten, aber nicht unbedingt preisgünstiger sind. Spezieller Tipp für selbst kochende Freunde von Fisch und Meeresgetier: Wer Angst hat, dass ihm die Ware bis abends verdirbt, wende sich an spezialisierte Geschäfte, die ausschließlich sogenannte „Congelados" vertreiben: Tiefgekühltes aller Art, besonders Fisch, Muscheln, Krabben, aber auch Gemüse oder Fleisch. Für gefrierempfindliche Edelfische wohl nicht unbedingt zu empfehlen; Calamares (Tintenfisch), Gambas (Garnelen) oder Merluza („Seehecht") z. B. sind jedoch härter im Nehmen.

- *Gaskartuschen und -flaschen* Die gängigen Gaskartuschen sind auf vielen Plätzen, in Einkaufszentren und Eisenwarengeschäften problemlos erhältlich, ebenso die blauen Camping-Gas-Flaschen bis maximal 3 Kilo. Anders sieht es mit den grauen Flaschen von 5 und 11 kg aus, wie sie z. B. in Wohnmobilen verwendet werden: Seit einigen Jahren existiert eine Direktive vom spanischen Staat, solche Flaschen aus „Sicherheitsgründen" bei ausländischen Touristen weder zu tauschen noch zu füllen. Ratsam deshalb, immer mit einer vollen Flasche loszufahren.

Ein Himmel voller Schinken: Bar in Guadix (Provinz Granada)

Küche und Keller

Andalusiens Küche steht nicht gerade im Ruf, die raffinierteste Spaniens zu sein, hat aber doch einige echte Leckereien vorzuweisen. Weltberühmt und viel gepriesen sind die Weine aus Jerez.

Doch ist es eigentlich nicht ganz richtig, von einer einheitlich „andalusischen Küche" zu sprechen: Bedingt durch die Vielfalt der Region tummelt sich auf den Tellern so manches, je nachdem, in welcher andalusischen Provinz sie auf dem Tisch stehen. Gewisse Gemeinsamkeiten existieren aber durchaus. So kocht man meist eher schlicht als aufwendig und eher leicht als schwer, Resultat der sommerlichen Hitze, die kaum zu ausufernder Völlerei animiert. Und da Andalusien zu den ärmeren Gebieten Spaniens zählt, basieren die meisten Rezepte auch auf einfachen Zutaten.

Der kulinarische Tagesablauf

- **Frühstück** *(Desayuno):* Überall in Spanien ist man da mit wenig zufrieden – ein Milchkaffee und ein *Croissant* beziehungsweise *Brioche* oder auch ein Stück Süßgebäck reichen den meisten Spaniern völlig aus. Entsprechend langweilig gestaltet sich meist das Hotelfrühstück: zwei Brötchen, Butter, Marmelade, das war's. Da geht man besser in die nächste Bar, obligatorisch ist das Frühstück nämlich fast nie. Spanische Frühstücksspezialitäten sind *Tostadas,* geröstetes und gebuttertes Weißbrot vom Vortag (viel besser, als es klingt), und *Churros con chocolate,* Fettgebäck mit sehr süßer flüssiger Schokolade: besonders sonntags beliebt, kalorienreich und nichts für schwache Mägen.

- **Mittagessen** *(Comida, Almuerzo):* Zumindest an Werktagen ist das Mittagessen für Spanier die wichtigste Mahlzeit des Tages. Es beginnt keinesfalls vor 13 Uhr,

Küche und Keller 123

meist sogar erst um 14 Uhr oder noch später. Das bis dahin zwangsläufig auftretende Loch im Magen wird zwischendurch mit den leckeren Kleinigkeiten *Tapas* gestopft. Traditionell besteht das Mittagessen aus mehreren Gängen, denn zum Verdauen bietet die nachmittägliche Siesta ja Gelegenheit genug.

▶ **Abendessen** *(Cena):* Zum Abendessen braucht man nicht vor 21 Uhr anzutreten. Spanier fangen kaum vor 22 Uhr an und retten sich deshalb am späten Nachmittag gern noch mit einem Imbiss (*Merienda*, oft Kaffee und Kuchen) oder am frühen Abend mit diversen Tapas über die Runden. In den Touristenzentren am Mittelmeer hat man sich dagegen an den mitteleuropäischen Magenfahrplan angepasst. Wer dort dann tatsächlich schon um 20 Uhr an der Tafel sitzt, ist zweifelsfrei als Ausländer identifiziert.

Essen gehen

Spanien als Billigland, das ist lange vorbei. Dennoch isst man hier immer noch vergleichsweise preisgünstig und dabei erstaunlich gut.

Für 25 Euro findet man vielerorts schon recht erfreuliche Küche. Und wer rechnen will oder muss, kann zum *Menú del día* greifen: Dieses „Tagesmenü" wird – meist nur mittags und nur an Werktagen – in einfachen bis leicht gehobenen Gaststätten angeboten und liefert zu Preisen zwischen durchschnittlich etwa zehn bis zwölf Euro keine kulinarischen Höhenflüge, im Normalfall aber solide Kost inklusive (nicht mehr grundsätzlich, aber meistens) einem Viertel Wein oder einer Flasche Wasser. Dass in Touristenzentren vom Schlag Torremolinos blanke Abfütterung fast die Regel darstellt, ist wohl keine Überraschung.

● *Zahlen* Die Rechnung verlangt man mit „La cuenta, por favor", noch höflicher ist „La cuenta, cuando pueda". Der Umgang mit der spanischen Mehrwertsteuer IVA wird unterschiedlich gehandhabt: Meist sind die auf der Karte angegebenen Preise inklusive; vor allem in teureren Restaurants werden die acht Prozent jedoch manchmal auch erst beim Zahlen auf den Gesamtbetrag aufgeschlagen. In Spanien ist getrenntes Zahlen die Ausnahme. Üblicherweise begleicht einer am Tisch die Rechnung und die anderen geben ihm ihren Anteil oder übernehmen die nächste Runde. Wer mit Andalusiern in Bars unterwegs ist, wird schnell feststellen, dass er kaum selbst zum Zahlen kommt. Es ist wohl selbstverständlich, dass man sich im Turnus danach drängt, selbst einmal die Gesamtrechnung zu übernehmen; die neuen Freunde werden sich zwar zunächst dagegen wehren, es aber im stillen gut und richtig heißen.

● *Platz nehmen* In gehobenen Restaurants wird man vom Kellner platziert. Wichtig zu wissen: In Spanien ist es absolut nicht üblich, sich zu einem Fremden an den Tisch zu setzen. Auch wenn das Restaurant knallvoll und ein großer Tisch nur von einer einzelnen Person belegt ist – zu fragen, ob man Platz nehmen kann oder sehnsüchtig auf die freien Stühle zu starren, gilt als ausgesprochen unhöflich. Etwas anderes es, wenn der Ober einen zu dem Tisch geleitet oder dessen „Inhaber" seinerseits den Platz anbietet.

● *Trinkgeld* Beim Bezahlen lässt man sich zunächst genau herausgeben und dann, je nach Zufriedenheit mit der Bedienung, einen angemessenen Betrag auf dem Tellerchen liegen. Die übliche Zehn-Prozent-Regelung wird gemeinhin nicht so eng gesehen. Auf der anderen Seite wird ein wenig Trinkgeld auch dann erwartet, wenn man in der Bar nur einen Kaffee oder eine Cola trinkt; in diesem Fall kann man es natürlich erst recht bei einigen Münzen auf dem Tresen oder der Untertasse bewenden lassen.

● *Service* Ein heikles Kapitel, bei dem wohl jeder unterschiedliche Erfahrungen machen wird. „Im Service herrscht eine Zwei-Klassen-Kultur. Es gibt den spanischen Gast, der gut bedient wird, und es gibt Touristen, die fertigt man ab", so der Brief einer Leserin, die vorwiegend in sehr gehobenen Restaurants speiste. Muffelige Kellner sind allerdings kein rein spanisches Problem ...

124 Küche und Keller

Typische Bar in Sevilla: Metallstühle, Neonlicht, flinke Kellner

Lokale

Bars

Schlicht die Kneipe ums Eck. In Spanien ist sie kein Platz, an dem man ganze Abende verbringt. Hinein, etwas getrunken, vielleicht eine Kleinigkeit gegessen, und weiter in die nächste. Chromblitzende Bars mit neuzeitlicher Ausstattung sind die Regel, mit etwas Suchen findet sich auch Gemütlicheres. *Bodegas* sind urige Weinschänken auf der untersten Stufe der Preisskala, *Cervecerías* ihr etwas teureres Pendant, in dem vornehmlich Bier getrunken wird. *Tascas* und *Tabernas* sind weitere Namen für einfache Kneipen. In Küstenorten müssen alle Bezeichnungen oft für recht touristische Lokalitäten herhalten, abseits der Ferienzentren sind sie dagegen ursprünglich im Charakter.

Essen in Bars: Tapas und Bocadillos

Tapas sind herzhafte, leckere Kleinigkeiten aller Art. Verbreitet sind sie in ganz Spanien, doch ist Andalusien ihre Hochburg, sollen sie doch von hier stammen. Tapas bedeutet „Deckel"; der Name rührt wohl daher, dass irgendwann ein vor Fliegen schützender Deckel auf einem Weinglas mit eben diesen köstlichen Häppchen bestückt wurde. Oliven in tausendundeiner Variation, ein Scheibchen Schinken, frittierte Fischchen, ein Stück Tortilla – die Auswahl ist bestechend. Ein Rundgang durch mehrere Bars mit zwei Tapas hier, einer Tapa dort, ist im heißen Klima Andalusiens eine sehr beliebte und wirklich amüsante Alternative zum kompletten Essen. Oft sind Tapas in Vitrinen angeordnet, so dass man durch Deuten auch mal unbekanntere Varianten ordern kann. Am besten fragt man vorab schon mal grob, worum es sich handelt: Pescado (Fisch), Mariscos (Meeresfrüchte) oder Carne (Fleisch)? Früher wurden Tapas meist umsonst zum Getränk serviert, doch ist diese

Lokale 125

Praxis seltener geworden. Ausnahmen sind vor allem die Provinzen Almería und Granada, in denen die schöne Tradition der Gratis-Tapas noch hoch gehalten wird. Sofern bezahlt werden muss, kosten einfache Tapas wie Oliven oder Kartoffeln mit scharfer Sauce ab etwa einem Euro, Meeresfrüchte und ähnlich exklusive Ware auch schon mal deutlich mehr.

Spanisch	Deutsch	Spanisch	Deutsch
Tapas	**„Häppchen"**	Patatas („Papas") bravas	Kartoffeln scharf
Aceitunas	Oliven		
Albóndigas	„Fleischbällchen"	Bocadillos	Sandwichs
Anchoas	Sardellen	Atún	Thunfisch (meist Dose)
Boquerones	„Fischchen"	Butifarra	Schweinswurst
Callos	Kutteln	Chorizo	Dauerwurst
Caracoles	Schnecken	Jamón serrano	Schinken (roh)
Champiñones	Champignons	Jamón York	Schinken (gekocht)
Ensaladilla rusa	Russischer Salat	Lomo	warmer Kochschinken
Empanadas	gefüllte Teigtasche	Queso	Käse
Habas	Bohnen	Salchichón	Art Salami

Bocadillos sind belegte Weißbrote ohne Butter, etwa in der Art von Baguettes, ideal für den sättigenden Imbiss zwischendurch und nur in den einfacheren Bars zu haben. Mittlerweile gibt es auch schon landesweite Schnellimbiss-Ketten, die sich auf Bocadillos spezialisiert haben. Die Auswahl ist ähnlich breit wie bei Tapas, reicht von Wurst und Schinken über Käse bis hin zu Sardellen und Tortilla. Von den meist standardisierten Werbetafeln sollte man sich nicht abschrecken lassen – bislang kommen Bocadillos noch kaum aus der Plastikverpackung, sondern werden fast immer frisch belegt.

Cafeterías

Vor allem in Großstädten und Ferienorten zu finden. Optisch im Schnellimbiss- oder Mensastil, auf dem Teller vielfach die Unsitte der *Platos combinados:* oft willkürliche und fettreiche Zusammenstellungen für anspruchslose Esser, z. B. Wurst mit Spiegelei, Tomate und Pommes. Immerhin sind sie preisgünstig. Die Auswahl an Platos Combinados ist zumeist einer Sammlung von Fotokarten an der Wand zu entnehmen.

Restaurantes

Ein komplettes Essen im Restaurant besteht mindestens aus Vorspeise *(Primero)*, Hauptgericht *(Segundo)* und Nachspeise *(Postre)*, man kann es aber natürlich auch nur z.B. Salat und Hauptgericht belassen. Im Inneren von Restaurantes weist oft ein Schild auf den *Comedor* hin: Es zeigt den Weg zum Speisesaal, der manchmal im ersten Stock liegt.

Bar-Restaurantes sind ein meist recht preiswertes Mittelding zwischen beiden, als Restaurant oft nicht zu erkennen. Der Comedor versteckt sich dann irgendwo hinter einer Seitentür oder ist gar durch die Küche zu erreichen. Bar-Restaurantes sind auch der richtige Ort für *Raciones*, eine Art „Über-Tapa": eine ganze Portion vom Gleichen wie z. B. eine Schinkenplatte. Falls man am Tresen essen kann, so fällt das etwas preisgünstiger aus als am Tisch.

Chiringuitos nennen sich die Lokale am Strand, ursprünglich rustikale Kneipen mit einfachem Speiseangebot, heute manch-

Reisepraktisches

Spanisch	Deutsch
Entremeses	Vorspeisen
siehe unter „Tapas"	
Ensalada	Salat
de arroz	Reissalat
del tiempo	nach Saison
verde	grüner Salat
Salpicón de marisco	Meeresfrüchtesalat
Remojón	Orangensalat mit Stockfisch

mal aber auch veritable und trotz des schlichten Erscheinungsbilds nicht immer preisgünstige Restaurants.

Marisquerías servieren vorwiegend Fisch und Meeresfrüchte. In Andalusien sind sie, anders als die gehobenen Lokalitäten gleichen Namens in Katalonien oder auf den Balearen, meist gar nicht teuer.

Ventas heißen die Landgasthäuser. Oft liegen sie an Fernstraßen oder den Kreuzungen wichtiger Verkehrswege, und manche gehen auch wirklich noch bis in die Zeit der Postkutschen zurück.

Spanische und andalusische Spezialitäten

Für den mitteleuropäischen Magen vielleicht etwas ungewohnt ist die reichliche Verwendung von Olivenöl. Spanien ist der weltgrößte Olivenproduzent und Andalusien wiederum die spanische Hauptregion des Anbaus. Skeptikern sei gesagt, dass das kaltgepresste Olivenöl besonders gesund ist, und dass auch dem ebenfalls sehr beliebten Knoblauch gesundheitsfördernde Eigenschaften nachgesagt werden.

Vorspeisen (Entremeses), Salate (Ensaladas) und Suppen (Sopas)

Zu den beliebtesten Vorspeisen zählen in Spanien die *Entremeses variados,* eine Art gemischter Teller, auf dem sich unter anderem mehrere Wurstsorten finden – aber Achtung, einen Vergleich mit der Vielfalt z. B. italienischer oder griechischer Vorspeisenplatten halten die Entremeses nicht aus. Salate sind ebenfalls beliebt, Suppen eher eine Domäne des Nordens. Eine Ausnahme bildet der *Gazpacho,* die berühmte pürierte Suppe Andalusiens, die erfrischend kühl serviert wird.

Grundzutaten jedes Gazpacho sind Öl, Knoblauch, Salz und Essig; Tomaten sind so gut wie immer dabei, meist auch Gurken, Paprikaschoten und Weißbrotkrumen. Es existieren jedoch unzählige Variationen, vermutlich etwa so viele, wie Andalusien Köche zählt.

Eiergerichte (Huevos)

Die *Tortilla,* eine Art Eieromelett, gegessen als Vorspeise wie als Hauptmahlzeit, kann man getrost als das spanische Nationalgericht bezeichnen: Sie ist wirklich im ganzen Land zu bekommen. Die Variationen sind vielfältig: Tortilla mit Garnelen, mit Schinken, Käse, Gemüse ... Am häufigsten angeboten wird die *Tortilla de patatas,* bezeichnenderweise auch *Tortilla española* genannt und nur aus Kartoffeln, Zwiebeln und eben Eiern hergestellt. Eine andalusische, genauer gesagt sevillanische Variante sind die *Huevos a la flamenca,* in einer kleinen Kasserolle, der „Cazuelita", gebratene Eier über Tomaten, Schinken, Wurst, Spargel, Bohnen oder Erbsen und Paprika.

Reis- (Arroz) und Nudelgerichte (Pastas)

Reisgerichte haben in Andalusien nur in der Provinz Málaga eine gewisse Tradition, obwohl das Gudalquivirgebiet der Provinz Sevilla reiche Erträge liefert. Die weltbekannte *Paella,* eigentlich in Valencia beheimatet, wird natürlich auch hier angeboten. Wenn sie gut sein soll, muss sie frisch zubereitet werden und benötigt dafür etwa eine halbe Stunde aufwärts – was früher auf dem Tisch steht, hat den

Spanische und andalusische Spezialitäten   127

Namen nicht verdient. Was Nudelgerichte anbelangt, so haben sie ihren spanischen
Ursprung in Katalonien und sind für Andalusien in keiner Weise typisch.

Gemüse (Verdura) und Eintöpfe (Potajes)

Reine Gemüsegerichte sind äußerst selten. Fleisch, Schinken, Wurst oder Fisch
gehören nach spanischem Verständnis einfach zu einer kompletten Mahlzeit.
Vegetarier haben es deshalb in Andalusien nicht gerade leicht. Auch der andalusische Gemüseeintopf *Potaje andaluz*, ein Potpourri aus Kichererbsen und verschiedenen Gemüsen, enthält meistens Speck oder Wurst und basiert immer auf einer
Fleisch- oder Geflügelbrühe.

Spanisch	Deutsch	Spanisch	Deutsch
Verdura	**Gemüse**	Garbanzos	Kichererbsen
Aguacate	Avocado	Guisantes	Erbsen
Alcachofas	Artischocken	Habas	Saubohnen
Alubias	Weiße Bohnen	Lentejas	Linsen
Berenjenas	Auberginen	Patatas	Kartoffeln
Cebollas	Zwiebeln	Pimiento	Paprika
Coliflor	Blumenkohl	Tomates	Tomaten
Endibias	Endivien	Zanahorias	Möhren
Espinacas	Spinat		

Fleischgerichte (Carnes)

**An ihren Fleischgerichten sollte man die andalusische Küche vielleicht bes-
ser nicht messen, vom Schinken und den Wurstwaren abgesehen.**

Wenn es denn Fleisch sein soll, sind im Zweifel Lamm, Zicklein, Kaninchen und
Huhn dem Rindfleisch vorzuziehen, Ausnahme vielleicht der Stierschwanz *Rabo
de toro*, besonders beliebt in der Provinz Córdoba. Eine weitere bekannte
Fleischspezialität sind *Riñones al jerez*, Nierchen in Sherrysauce.

Hervorragend sind die andalusischen Bergschinken *Jamón serrano*, die zu Recht
allerbesten Ruf genießen. Mit die besten Schinken Spaniens kommen aus Jabugo
(Provinz Huelva) und Trevélez (Provinz Granada). Eine Köstlichkeit sind auch die
Wurstwaren wie *Caña de lomo*, gebeizte und luftgetrocknete Schweinelende, oder
Morcón, eine mit Paprika marinierte und ebenfalls luftgetrocknete Wurst. Aber
Achtung, die guten Qualitäten iberischer Schinken und Würste haben ihren Preis.

Spanisch	Deutsch	Spanisch	Deutsch
Carnes	**Fleisch**	Cordoniz	Wachtel
Bistec	Beefsteak	Faisán	Fasan
Chuleta	Kotelett	Hígado	Leber
Escalope	Schnitzel	Perdiz	Rebhuhn
Solomillo	Filet	Pollo	Huhn
Cabrito	Zicklein	Riñones	Nieren
Cerdo	Schwein	Ternera	Kalb
Conejo	Kaninchen	Vaca	Rind
Cordero	Lamm		

Reisepraktisches

Fisch und Meeresfrüchte (Pescados y Mariscos)

Anders als Fleischspeisen sind Fischgerichte die eigentliche Domäne der andalusischen Küche. Die Auswahl ist wahrhaft bestechend.

Folgt man der traditionellen, aber etwas vereinfachenden Einteilung Spaniens in sechs gastronomische Zonen, so bildet Andalusien die „Zona de los Fritos", das Reich der frittierten Gerichte, die nicht fettig, sondern ganz leicht ausgebacken auf den Tisch kommen. Und diese Klassifikation bezieht sich eben ganz besonders auf die so zubereiteten Fische und Meeresfrüchte, die *Pescaítos fritos,* die es auch als gemischte Platte *Fritura mixta* oder *Frito variado* gibt. Sie werden längst nicht mehr nur an der Küste angeboten, wenn auch ihre Hochburgen die Städte Cádiz und Málaga sind. Köstlich ist z. B. „Cazón en adobo", marinierter Dornhai, in dessen Würze man das maurische Erbe zu schmecken glaubt. Obwohl die Überfischung des Mittelmeers auch in Spanien spürbar ist, sind Fisch und Meeresfrüchte in Andalusien noch relativ preiswert geblieben. Besonders günstig kauft man sie in den Frittierstuben *Freidurías,* abgepackt in der Papiertüte, aber auch Restaurants oder die auf Fisch und Meeresfrüchte spezialisierten Marisquerías servieren enorme Platten. Eine leckere Spezialität der Provinz Cádiz sind die „Tortillitas de Camarones", aus Kichererbsen- und Weizenmehl gebackene Küchlein mit winzigen Sandkrabben.

Spanisch	Deutsch	Spanisch	Deutsch
Pescados	**Fisch**	Trucha	Forelle
Anguilas	Jungaal	Urta	Zahnbrasse
Atún	Thunfisch	Mariscos	Meeresfrüchte
Bacalao	Stockfisch	Almejas	Venusmuscheln
Besugo	Seebrasse	Berberechos	Herzmuscheln
Bonito	kl. Thunfisch	Bogavante	Hummer
Cazón (en adobo)	Dornhai (mariniert)	Calamares	Tintenfisch (klein)
		Chipirones	Tintenfisch (sehr klein)
Dentón	Zahnbrasse		
Dorada	Goldbrasse	Gambas	Garnelen
Lenguado	Seezunge	Langosta	Languste
Merluza	„Seehecht"	Langostino	Hummerkrabben
Mero	Zackenbarsch	Mejillones	Miesmuscheln
Rape	Seeteufel	Navajas	„Taschenmesser", lange Muscheln
Salmón	Lachs	Pulpo	Krake
Sardinas	Sardinen	Sepia/Choco	Tintenfisch (groß)

Zubereitungsarten für Fleisch und Fisch

a la brasa	vom Grill	a la marinera	nach „Seemannsart"
a la plancha	vom heißen Blech	al horno	aus dem Backofen
al ast	vom Drehspieß	cocido	gekocht
a la cazuela	aus der Kasserolle		

Spanische und andalusische Spezialitäten 129

Erbe der Mauren: andalusische Süßigkeiten

Desserts (Postres)

Hier hat die andalusische Küche einiges von den Mauren geerbt, die ja jahrhundertelang die Herrschaft über die Region innehatten. Überliefert wurden viele der Rezepte von den Nonnen der Klöster, besonders von den Schwestern in Sevilla. Von dort stammen beispielsweise die *Yemas de San Leandro*, ein sehr süßes Eierkonfekt, und die „Ölkuchen" *Tortas de aceite*. Doch ist die Liste der andalusischen Süßwaren schier endlos, wie der Blick in eine *Pastelería* genannte Konditorei schnell zeigen wird. Viele traditionelle Süßigkeiten werden besonders an einem bestimmten Festtag gegessen, sind aber meist das ganze Jahr erhältlich; so auch das Schmalzgebäck *Polvorones* und *Turrón,* dem „Türkischen Honig" vergleichbar und eigentlich eine Spezialität aus dem Raum Alicante, die aber an Weihnachten auch im Rest Spaniens in Mengen verzehrt wird.

Spanien ist, wenig bekannt, auch ein Land der hervorragenden Käse. An erster Stelle zu nennen ist der Schafskäse *Queso manchego* aus der Mancha, der wie Wein sogar durch eine eigene Herkunftsbezeichnung (D.O.) geschützt ist. Aber auch Andalusien produziert viele hervorragende, regional begrenzte Käsesorten, meist aus Schafs- oder Ziegenmilch.

Spanisch	Deutsch	Spanisch	Deutsch
Postre	**Nachtisch**	Manzana	Apfel
Arroz con leche	Milchreis	Melocotón	Pfirsich
Flan	Karamelpudding	Melón	Melone
Pastel	Gebäck	Naranja	Orange
Helado	Eis	Pera	Birne
Tarta	Torte	Piña	Ananas
Queso	Käse	Pomelo	Grapefruit
Fruta	Obst	Sandía	Wassermelone
Fresas	Erdbeeren	Uva	Trauben

In Reih und Glied: Fässer in einer Bodega

Getränke

Alkoholisches

Eines vorweg: Spanier sind beim Trinken keine Puritaner. Oft begleitet schon vormittags ein Sherry die Tapas oder ein Brandy den Kaffee. Betrunken zu sein, *borracho*, ist jedoch absolut würdelos. Für die trunkenen Horden in Torremolinos und anderswo haben Spanier nur blanke Verachtung übrig.

▶ **Wein:** Aus Andalusien stammt der berühmteste Wein Spaniens: *Sherry* aus der Stadt Jerez de la Frontera in der Provinz Cádiz muss längst nicht immer so kopfschmerzsüß sein wie die bei uns meist angebotenen Sorten. Mit dem Begriff „Sherry" kann man allerdings nur im Ausland etwas anfangen: In Spanien bestellt man einen *Jerez*, oder besser gleich einen *Fino* oder eine der anderen Sorten. Weniger bekannt, doch qualitativ ebenso hochwertig sind die dem Sherry vergleichbaren Produkte aus *Montilla* und *Moriles* (Córdoba) und die ebenfalls sherryähnlichen Weine *Manzanilla* aus Sanlúcar de Barrameda (Cádiz); will man letztere in einem Lokal bestellen, so achte man darauf, dass man nicht den gleichnamigen Kamillentee serviert bekommt ... Alle werden sie aus schlanken kleinen Gläsern und meist als Aperitif getrunken, die süßeren Sorten als Dessertwein.

Weitere andalusische Weine: Spanienweit sind mehrere Dutzend Weinbaugebiete durch die Herkunftsbezeichnung D.O. (Denominación de Origen) geschützt. In Andalusien gehören neben Montilla-Moriles und Jerez-Xérès-Sherry (schon seit 1933, noch bevor Frankreich ähnliche Bezeichnungen einführte!) noch zwei weitere Anbauregionen dazu. Weine aus der D.O. *Málaga* werden meist aus getrockneten Trauben hergestellt. Resultat ist ein meist weißer, sehr süßer Dessertwein, der mit etwa 16 Prozent Alkohol auch recht kräftig ausfällt.

Das Geheimnis des Sherry

Herstellung: Zwei Eigentümlichkeiten sind ursächlich für den besonderen Geschmack der Sherry-Weine. Zum einen die Methode der Gärung, bei der das Fass nur zu drei Vierteln gefüllt und leicht offen belassen wird. Durch die Luft bildet sich eine Hefedecke *(Flor)* auf dem Wein und schützt ihn vor Oxydation. Das zweite Charakteristikum ist das *Solera-Verfahren*, das stets gleichbleibende Qualität garantiert. Die Bezeichnung leitet sich von „Suelo" (Boden) ab. Sherry lagert in den „Andanas", langen Reihen aus Fässertreppen mit drei bis fünf Stufen – je tiefer das Fass liegt, desto älter der Wein. Vom ältesten Wein, dem so genannten „Grundwein" im untersten Fass, wird nun eine gewisse Menge für den Verbrauch abgezapft und durch Sherry des vorherigen, eine Stufe höher lagernden Jahrgangs ersetzt, die Fehlmenge dieses Fasses wieder durch einen Vorjahrgang und so fort. Sherry ist also kein Jahrgangswein.

Artistisch: Sherry-Spezialist

Sorten: *Fino* ist der trockenste und leichteste Sherry, von heller, fast blasser Farbe und einem Alkoholgehalt um 15 Prozent, beliebt als Aperitif und zu Fisch, Meeresfrüchten und mildem Käse. Er sollte gut gekühlt serviert werden, Trinktemperatur um die sieben Grad.

Amontillado wurde noch eine Weile ohne die Hefedecke gereift. Er ist ein wenig dunkler, einen Hauch süßer und mit 16–18 Prozent auch kräftiger als der Fino. Er wird ebenfalls als Aperitif getrunken, passt aber auch zu weißem Fleisch, Sardinen und gut gereiftem Käse. Beste Trinktemperatur um die 14 Grad.

Palo Cortado liegt von seinen Merkmalen her zwischen Amontillado und Oloroso, ein eher selten anzutreffender Wein. Trinktemperatur: 15 Grad.

Oloroso stammt aus schwereren Weinen, deren Hefedecke durch Zugabe von fast reinem Alkohol abgetötet wurde. Längere Lagerung macht ihn noch dunkler und schwerer: 18–20 Prozent. Ein kräftiger Wein, der gut zu Rind und Wildgerichten passt. Beste Trinktemperatur 16 Grad.

Cream (auch: *Dulce*) ist meist ein Oloroso, der mit speziellen Süßweinen wie „Moscatel" und „Pedro Ximenéz" verschnitten wird. Er ist für manchen Geschmack, besonders für den der meisten Spanier, arg süß und mit etwa 20 Prozent auch sehr kräftig, ein klassischer Dessertwein. Trinktemperatur um die 13 Grad.

Pedro Ximénez wird aus der gleichnamigen, vorher angetrockneten Traube gekeltert. Ein weiterer Dessertwein, am besten um die 17 Grad warm serviert.

Produzenten: Bekannte Namen, die gute Qualität versprechen, sind Domecq, Sandeman, Garvey, González Byass, Osborne und Terry, um nur einige zu nennen. Doch haben neben diesen großen Produzenten auch kleinere Betriebe überlebt, die vielfach ebenso exquisite Sherrys produzieren. Viele der Kellereien in Jerez de la Frontera sowie in Sanlúcar de Barrameda und El Puerto de Santa María, den beiden anderen Städten des „Sherry-Dreiecks", können besichtigt werden, nähere Informationen hierzu in den jeweiligen Ortskapiteln.

132   Küche und Keller

1840 gegründet: Bar Antigua Casa de Guardia in Málaga

Die D.O. *Condado de Huelva* in der Provinz Huelva produziert ganz unterschiedliche Weine, darunter in letzter Zeit verstärkt leichte, frische Weißweine, die jung getrunken werden. Als Begleitung zum Essen empfiehlt sich auch einer der exquisiten Weine aus dem bekannten nordostspanischen Anbaugebiet *La Rioja*. Aber auch die einfacheren „Hausweine" ohne Qualitätsbezeichnung („Vino de Mesa", „Vino de la Casa", „Vino del País") sind in aller Regel durchaus trinkbar. Spanier verstehen etwas vom Wein, und nur wenige Wirte sind so grausam, ihren Gästen miserable Qualität vorzusetzen.

Andere Alkoholika

- **Bier:** *Cerveza* hat, gemessen am Verbrauch, in Spanien dem Wein schon seit längerer Zeit den Rang abgelaufen. Mit dem Reinheitsgebot ist es zwar meist nicht weit her, am Geschmack gibt´s aber kaum was zu mäkeln. Ein Glas vom Fass bestellt man mit *„una caña"*, eine Flasche (Botella) schlicht mit *„una cerveza"*. In manchen Lokalen kommt Bier auch krugweise auf den Tisch: *un tanque*, also ein „Panzer". Ein Radler heißt in Spanien „clara".
- **Brandy:** Weinbrand, fälschlicherweise, aber geschmacklich und qualitativ relativ treffend auch als „Coñac" bezeichnet. Andalusien, besonders Jerez de la Frontera, produziert die hochwertigsten Sorten Spaniens: Sie reifen wie Sherry nach der *Solera*-Methode und in alten Sherry-Fässern, was ihnen den speziellen Geschmack und die besondere Färbung verleiht. Die meisten Sherryproduzenten stellen auch Brandy her. Brandy de Jerez gibt es in drei Güteklassen: Ein „Solera" wurde rund eineinhalb Jahre im Fass gereift, ein „Solera Reserva" drei Jahre. Wer das Beste vom Besten möchte und auch bereit ist, entsprechende Preise zu zahlen, achte auf die Bezeichnung „Solera Gran Reserva". Diese Spitzenqualitäten haben zwischen acht und 15 Jahren im Fass auf die Abfüllung gewartet.

Getränke 133

Aguardientes: „Feuerwässer", Sammelbezeichnung für alle Arten von Schnaps. Wer Pastis oder Ouzo mag, sollte mal den „Chinchón" aus der gleichnamigen Stadt bei Madrid probieren. Er wird allerdings in der Regel pur getrunken, also ohne Zusatz von Wasser.

Licores: Liköre, die aus den verschiedensten Früchten hergestellt sind, gibt es in großer Vielfalt, allerdings meist von sehr süßem Geschmack.

Cava/Champaña: Spanischer Sekt, in der Region Katalonien schon seit dem Mittelalter produziert. Die Cavas („Keller") reifen nach der Méthode Champenoise in der Flasche und stehen auch sonst dem berühmten Champagner kaum nach, sind aber deutlich preisgünstiger.

Sangría: Die angeblich so „typisch spanische" Mischung aus Rotwein, Brandy, Orangen- oder Pfirsichsaft und Zucker wird von Spaniern selbst eher selten getrunken. Sie wissen warum, der Kopfschmerz am nächsten Tag kann fürchterlich sein.

Tinto de Verano („Sommer-Rotwein") ist da schon gebräuchlicher: eine Mischung aus Rotwein und Zitronenlimonade, dem Namen gemäß besonders an heißen Tagen beliebt.

Hier noch im Rohzustand: andalusische Oliven, prima zu Bier und Wein

Alkoholfreies

▶ **Kaffee:** Meint in Spanien immer etwas in der Art von „Espresso". *Café solo* ist schwarz, *café cortado* enthält nur wenig Milch, während ein *café con leche* aus einem Tässchen Espresso mit sehr viel Milch besteht, optimal fürs Frühstück. Wer noch mehr Milch möchte, bestellt sich *leche manchado*. Ein *carajillo* ist ein Café solo mit „Schuss", wahlweise mit Brandy, Whisky oder anderen Alkoholika. Wer unbedingt die heimische Variante bevorzugt, wird nur in ganz gewissen Orten an der Costa del Sol Glück haben: „Deutscher Filterkaffee" wird z. B. in Torremolinos überall angeboten.

▶ **Tee** wird in Spanien normalerweise nicht besonders oft getrunken, meist ist er nur als Beuteltee zu erhalten. In Andalusiens Städten sind allerdings Teestuben *(Teterías)* in orientalischem Stil schwer in Mode, vor allem in Granada und Málaga findet sich eine ganze Reihe von ihnen.

Chocolate ist eine schier unglaublich dicke flüssige Schokolade. Zum Frühstück allein schon fast sättigend, wird sie meist mit dem Fettgebäck Churros serviert.

Horchata de chufa: Die süße Erdmandelmilch kommt aus der Region Valencia, ist aber in ganz Spanien erhältlich. Sie muss frisch hergestellt sein, industriell produzierte Horchata schmeckt mäßig.

Erfrischungsgetränke sind im üblichen internationalen Angebot erhältlich. Etwas besonderes sind die **Granizados**, eine Art halbflüssiges Wassereis, meist in den Geschmacksrichtungen „Limón" (Zitrone) oder „Café".

Zumos, Fruchtsäfte, sind in Cafeterías etc. frisch gepresst zu haben, kommen im Restaurant aber meist aus kleinen Dosen oder aus Tetrapaks.

Cerveza sin alcohol, alkoholfreies Bier, ist auf dem Vormarsch und fast überall in kleinen Flaschen zu erstehen. Da es eiskalt serviert wird, ist es ganz gut trinkbar.

Wissenswertes von A bis Z

Adressen	134	Kriminalität	143
Aids	134	Landkarten	144
Ärztliche Versorgung	135	Literatur	144
Baden	135	Öffnungszeiten	146
Drogen	138	Polizei	146
Einkaufen	138	Post	147
Estancos	139	Rauchverbote	147
Feiertage	139	Reisedokumente	148
Geld	139	Siesta	148
Haustiere	140	Sport	148
Information	140	Sprachkurse	150
Internet	141	Telefonieren	150
Kinder	142	Toiletten	151
Kleidung	143	Zeit	151
Konsulate	143	Zoll	151

Adressen

In immer weniger Orten erinnern noch Namen von Straßen und Plätzen an die unseligen Zeiten des Franco-Regimes. Durch das 2007 erlassene Gesetz „Ley de Memoria Histórica" werden auch diese verbliebenen Namen künftig ebenso verschwinden wie die letzten Franco-Denkmäler. Die Geschwindigkeit der Umbenennung dürfte sich auch nach dem politischen Standort der Stadtverwaltung richten. Aufmerksamkeit ist unter anderem geboten bei Adressen mit „Generalísimo", „Primo de Rivera" und so ziemlich jeder Anschrift mit „General ...". In der Bevölkerung bleibt die frühere Bezeichnung aber noch lange bekannt, so dass man sich leicht durchfragen kann.

● *Wichtige Abkürzungen* Av. oder Avda. = Avenida (Allee); C. = Calle (Straße); Ctra. = Carretera (Landstraße); Pl. = Plaza (Platz); Po. = Paseo (Promenade); s/n = sin numero (ohne Hausnummer).

● *Klingelschilder an Haustüren* weisen kaum jemals Namen auf, sondern sind entweder mit Buchstaben beschriftet oder,

häufiger, mit der Angabe des Stockwerks und der Lage der Wohnungstür. Bei letzterem steht d für derecha, rechts; c für centro, Mitte; i für izquierda, links. Die Adresse Avda. España 23, 1, d ist also unter Hausnummer 23, 1. Stock, rechte Tür zu suchen. Bajo bedeutet Erdgeschoss, 1. Piso ist der Erste Stock usw., Ático das Dachgeschoss.

Aids

Kein Thema für ein Reisehandbuch über Andalusien? Leider doch. Zusammen mit Italien steht Spanien an der Spitze der europäischen Aids-Statistik, fast jeder zweite innerhalb der EU neu diagnostizierte Fall tritt in einem dieser beiden Länder auf. Zudem sind noch etwa eine bis zwei Millionen Spanier mit dem lebensgefährlichen Hepatitis-Typ C infiziert. Genau wie anderswo gilt deshalb auch in Spanien der dringende Rat, beim Sex unbedingt Kondome („Preservativos") zu verwenden.

Wissenswertes von A bis Z **135**

Ärztliche Versorgung

Prinzipiell übernehmen die gesetzlichen Krankenkassen die Kosten ärztlicher Behandlungen im EU-Ausland. Erkundigen Sie sich jedoch vorab bei Ihrer Kasse über die aktuelle Verfahrens- und Abrechnungsweise und beantragen Sie rechtzeitig die Europäische Krankenversicherungskarte EHIC (oft schon auf der Rückseite der normalen Versicherungskarte vorhanden). Um der Bürokratie aus dem Weg zu gehen und vor unangenehmen Überraschungen sicher zu sein, ist die *Urlaubs-Krankenversicherung*, die z.B. im Gegensatz zu fast allen anderen Versicherungen auch medizinisch notwendige Krankenrücktransporte einschließt, in jedem Fall eine sinnvolle Ergänzung. Zu erhalten ist sie zu sehr günstigen Tarifen bei manchen Automobilclubs und bei fast allen Krankenversicherungen, natürlich auch für Mitglieder gesetzlicher Kassen.

> **Notruf**: ✆ *112*. Diese Notrufnummer für Polizei, Ambulanz und Feuerwehr funktioniert landesweit. Polizeinotruf ✆ 092 (Policía Local), ✆ 091 (Policía Nacional) und ✆ 062 (Guardia Civil). Ambulanz ✆ 061.
> Ärztlicher ADAC-Notruf in D: ✆ 0049 89 767676

Bester Ansprechpartner im akuten Notfall ist die Notaufnahme *Urgencias* eines Krankenhauses (Hospital); sie ist rund um die Uhr geöffnet und behandelt auf EHIC-Karte kostenlos. Bei niedergelassenen Ärzten muss man in aller Regel bar bezahlen, lässt sich dann unbedingt eine genaue Rechnung mit Diagnose und Aufstellung der ärztlichen Leistungen geben und reicht diese beim Versicherer zur Rückerstattung ein. Gesetzliche Kassen erstatten in diesem Fall nur die heimischen Gebührensätze.

Apotheken, Farmacias, können bei kleineren Problemen oftmals den Arzt ersetzen. Nacht- und Sonntagsdienste sind an jeder Apotheke angeschlagen.

Baden

Mit seinen vielen Stränden ist Andalusien natürlich geradezu ein Badeparadies. An den meisten größeren Stränden besonders der Ortschaften darf der Badegast zur Saison mit Duschen, Vermietern von Sonnenschirmen, Liegen, Paddelbooten etc. rechnen, an vielen (aber immer noch zu wenigen) auch mit Rotkreuz-Stationen.

Mittelmeer: Auch am warmen andalusischen Mittelmeer beginnt die Badesaison nur für Abgehärtete schon im Mai – eine durchschnittliche Wassertemperatur von 17 Grad ist nicht jedermanns Sache. Erst ab Mitte Juni werden akzeptable 19 Grad erreicht. Dafür bleibt das Wasser bis weit in den Herbst hinein angenehm warm, hält sich bis Mitte Oktober bei 20 Grad.

Atlantikküste: Andalusiens Atlantik erwärmt sich im Sommer zwar nicht ganz so stark wie das Mittelmeer, doch zeigen sich die Temperaturen von Juni bis in den Oktober hinein ebenfalls gut badetauglich. Störend kann allerdings der oft starke Wind werden. In punkto Strände ist die Costa de la Luz dafür ein echter Traum – am Mittelmeer findet sich mit Ausnahme des Cabo de Gata wenig Vergleichbares.

Wasserqualität: Auch Spanien ist von der Verschmutzung der Meere betroffen. Speziell die Costa del Sol genießt diesbezüglich nicht den besten Ruf. Doch hat sich hier in den letzten Jahren einiges getan: In vielen Badeorten wurde, besser spät als

136   Wissenswertes von A bis Z

nie, mittlerweile die dringend nötige Kläranlage installiert. Die Küsten des Atlantik sind generell weniger belastet, doch gibt es besonders um Cádiz und Huelva auch einige üble Schmutzecken, die von industriellen Abwässern verursacht werden.

Durchschnittliche Wassertemperaturen an den Beispielen von Málaga und San Fernando (Cádiz); Durchschnittswerte in Grad Celsius					
	Mittelmeer	Atlantik		Mittelmeer	Atlantik
Januar	15	15	Juli	21	20
Februar	14	15	August	22	21
März	14	15	September	21	21
April	15	16	Oktober	19	19
Mai	17	17	November	17	17
Juni	18	19	Dezember	16	16

Zwei Tipps, die bereits eine gewisse Einschätzung der Wasserbelastung ermöglichen: **Flussmündungen** und ihre Umgebung unbedingt meiden! In Spanien dienen viele Flüsse immer noch der „Entsorgung" kommunaler und industrieller Abwässer, d. h., sie führen oft extreme Schmutzmengen mit sich. Tests der Wasserqualität um Flussmündungen ergaben deshalb vielfach wirklich erschreckende Resultate. Aus demselben Grund sollte man auch auf das Baden in Stauseen verzichten, falls sie nicht schon am Oberlauf der dort noch saubereren Flüsse aufgestaut werden.

Die **Blaue Umweltflagge,** auch Blaue Europaflagge genannt, wird jährlich an solche Badeorte verliehen, die bestimmte Kriterien des Umweltschutzes erfüllen: So muss das Badewasser im Vorjahr den gesetzlichen Bestimmungen entsprochen haben, dürfen industrielle und kommunale Abwässer nicht direkt eingeleitet werden. Hundertprozentige Sicherheit gibt das zwar nicht, denn gesetzliche Bestimmungen beziehen sich auf Gesundheitsgefährdung und auch unterhalb dieser Schwelle kann es schon unappetitlich werden. Doch bietet die Auszeichnung immerhin einen Anhaltspunkt. Andererseits kann auch ohne Blaue Umweltflagge das Wasser hundertprozentig in Ordnung sein: Das Umweltzeichen wird nur auf Antrag verliehen und auch dann verwehrt, wenn z. B. keine Erste-Hilfe-Station am Strand besteht. Infos im Netz: www.blueflag.org.

FKK: Bestens auf FKK-Ferien eingestellt ist man am Strand von Vera in der Provinz Almería, wo es sogar ein Hotel für diese Urlaubsform gibt. Vor allem an den langen Stränden der Costa de la Luz, in geringerem Ausmaß auch am Cabo de Gata und der Costa del Sol existieren weitere, mehr oder weniger offizielle „Playas Nudistas", an denen Nacktbaden zumindest geduldet wird; Näheres in den Ortskapiteln, ein Verzeichnis findet sich auch unter www.esplaya.com. „Oben ohne" gebadet wird häufig; es gibt jedoch Familienstrände, wo auch barbusiges Baden nicht unbedingt gern gesehen ist. Im Zweifelsfall sollte man sich an der einheimischen Damenwelt orientieren, schließlich ist man Gast.

Badeunfälle vermeiden: Selbst am so harmlos erscheinenden Mittelmeer und natürlich auch am andalusischen Atlantik kommt es jedes Jahr zu vielen tödlichen Badeunfällen. Unterströmungen beispielsweise können auch bei scheinbar ruhiger See auftreten, auflandige Winde unter Wasser Verwirbelungen hervorrufen. Ablan-

Platz satt: Küste bei Conil

dige Winde wiederum sind, insbesondere für Kinder, gefährlich beim Baden mit Plastikbooten oder Luftmatratzen. Nehmen Sie die Gefahren des Meeres ernst! Schwimmen Sie möglichst nicht allein und vermeiden Sie Alkohol und das Baden mit vollem Magen. Lassen Sie Ihre Kinder am Strand nie auch nur für kurze Zeit unbeaufsichtigt, ebensowenig am Pool des Hotels oder der Feriensiedlung, denn auch dort geschehen alljährlich viele tragische Unfälle.

• *Warnflaggen* Falls an einem Strand grüne, gelbe oder rote Flaggen wehen, signalisieren sie mögliche Gefahren beim Baden: Rot – Gefahr, Badeverbot! Gelb – Vorsicht, Grün – Baden erlaubt. Bitte beachten Sie zu ihrer eigenen Sicherheit diese Flaggen unbedingt. Leider wird die Beflaggung außerhalb der Hochsaison oft eingestellt.

• *Giftige Meerestiere* **Quallen** (Medusas) können, abhängig von den Wetterverhältnissen und Strömungen, zeitweilig das Badevergnügen verleiden. Falls es einen erwischt hat, die betroffene Stelle mit warmem oder besser noch heißem Meerwasser abwaschen, keinesfalls mit Süßwasser! Sehr gut hilft auch Rasierschaum, den man nach dem Trocknen vorsichtig mit einer Kreditkarte, einem Messerrücken o. ä. abstreift und so die Nesseln entfernt. Einen mit Essig (deaktiviert das Quallengift) getränkten Wattebausch auf die Verbrennung drücken. Im Anschluss mit Eis kühlen, später helfen Kortison oder Antihistamine. Viel trinken. Bei kleinen Kindern, Verletzungen im Gesicht, großflächigen Verbrennungen oder Kreislaufbeschwerden gibt es aber nur eins: sofort zum Arzt.

Petermännchen (Arañas) sind eine Fischart mit giftigen Flossenstacheln. Sie verstecken sich strandnah in Sand und Schlick. Falls man auf ein Petermännchen tritt und sich der Stachel in den Fuß bohrt, ist dies zwar in der Regel nicht tödlich, aber sehr schmerzhaft. Als erste Hilfe vor dem Arztbesuch empfiehlt sich eine Wärmebehandlung (lässt das eiweißhaltige Gift zerfallen), indem man den betroffenen Fuß zum Beispiel in einen Eimer mit heißem Wasser hält. Um keine Verbrühungen auszulösen, empfiehlt es sich, die Temperatur (bis etwa 45 Grad) durch eine Begleitperson oder notfalls mit einer nicht betroffenen Extremität zu prüfen.

138   Wissenswertes von A bis Z

Drogen

Spanien zählt zu den europäischen Ländern mit relativ liberalen Drogengesetzen. Der Besitz kleiner Mengen zum Eigenverbrauch ist nicht strafbar, Drogenkonsum in der Öffentlichkeit hingegen sehr wohl, der Handel ohnehin. Bei der weit verbreiteten weichen Droge „Chocolate" (Haschisch) mag sich das polizeiliche Interesse je nach Sachlage in Grenzen halten. Verlassen sollte man sich darauf besser nicht. Wer als Ausländer mit harten Drogen erwischt wird oder gar mit Drogen handelt, bekommt in jedem Fall gewaltigen Ärger.

Einkaufen

- **Märkte:** Markthallen und Marktplätze sind die beste Adresse für Selbstverpfleger. Fleisch, Fisch, Brot, Käse, Wurst und Schinken gibt es hier in reicher Auswahl, ebenso saisonales Obst und Gemüse zu teilweise fantastisch niedrigen Preisen. Geöffnet sind die meisten Märkte von Montag bis Samstag, im Gegensatz zu anderen Geschäften aber in der Regel nur bis etwa 13.30 oder 14 Uhr. Ausnahmen finden sich in manchen Großstädten, in denen auch schon mal nach der Siesta eine erneute Verkaufsrunde beginnt.
- **Kaufhäuser/Einkaufszentren:** Spaniens dominierende, fast konkurrenzlose Kaufhauskette ist *El Corte Inglés*. Sie bietet gehobene Preise, große Auswahl und meist gute Qualität, verfügt in fast allen Filialen auch über eine Lebensmittelabteilung. Im Umfeld großer Städte finden sich, meist an den Ausfallstraßen, zudem gigantische *Einkaufszentren* („Hipermercados"), die vom Frischfisch bis zum Wagenheber nahezu alles unter einem Dach anbieten.
- **Souvenirs:** Andalusisches Kunsthandwerk hat eine lange und reiche Tradition, sich aber vielerorts dem angepasst, was die Händler der Ferienorte unter dem allgemei-

Bunt gewebt: Teppiche in Pampaneira (Granada)

Geld   139

nen Touristengeschmack zu verstehen scheinen. Dennoch findet man mit etwas Suchen oft schöne Stücke. Außer Kunsthandwerk empfehlen sich natürlich auch kulinarische Souvenirs: Wie wär's z. B. mit einem ganzen Schinken *jamón serrano* oder ein paar Flaschen Sherry? Und noch ein Tipp: Zigarren gehobener Kategorie, insbesondere Havannas, sind in Spanien immer noch viel preisgünstiger als bei uns – Estancos in größeren Städten bieten eine oft hervorragende Auswahl.

Estancos

Die Tabakläden, kenntlich an dem braunen Schild mit der orangen Aufschrift „tabacos", sind immer noch eine Institution in Spanien, obwohl Zigarettenautomaten und auch die Verkäufer von Schmuggelware ihnen arg zu schaffen machen. Doch gibt es in den Estancos nicht nur Zigaretten, Zigarren und Tabak in breiter Auswahl, Feuerzeuge und anderes Raucherzubehör: Hier sind ebenso Postkarten und Briefmarken erhältlich, oft auch Telefonkarten und Zehnertickets für Stadtbusse.

Feiertage

Zu den Höhepunkten des andalusischen Festkalenders siehe vorne im Kapitel „Andalusien erleben", hier nur die gesetzlichen Feiertage. Manche Feiertage (z.B. 15. August), die auf einen Sonntag fallen, werden am Montag nachgeholt.

1. Januar, Año Nuevo, Neujahr, wie bei uns.

6. Januar, Reyes Magos, Heilige Drei Könige. In Spanien Tag der Weihnachtsbescherung für die Kinder.

28. Februar, Día de Andalucía, der „Tag Andalusiens", regionaler Feiertag.

Jueves Santo, **Viernes Santo**, Gründonnerstag und Karfreitag. Ostermontag ist Arbeitstag.

1. Mai, Día del Trabajo, Tag der Arbeit.

15. August, Asunción, Mariä Himmelfahrt.

12. Oktober, Día de la Hispanidad, Tag der Entdeckung Amerikas. Spanischer Nationalfeiertag.

1. November, Todos los Santos, unser Allerheiligen.

6. Dezember, Día de la Constitución Española, Tag der Verfassung.

8. Dezember, Inmaculada Concepción, Mariä unbefleckte Empfängnis.

25. Dezember, Navidad, Weihnachten.

28. Dezember, kein Feiertag, aber vorsichtshalber erwähnt: Der „Tag der unschuldigen Kinder" entspricht unserem 1. April – also aufgepasst ...

Geld

Auf der Rückseite der spanischen Ein- und Zwei-Euro-Münzen ist König Juan Carlos abgebildet, die Münzen im Wert von 50, 20 und 10 Cent („Céntimo") ziert Miguel de Cervantes, der Schöpfer von Don Quijote. Die Fünf-, Zwei- und Ein-Cent-Münzen zeigen die Kathedrale von Santiago de Compostela, die die Reliquien des spanischen Nationalheiligen Santiago birgt.

Geldautomaten („Bancomat"): Die bequemste Lösung, Bedienungsanleitung auch auf Deutsch. Geldabheben kostet Gebühren, zumindest sofern man nicht eine Filiale seiner heimischen Bank findet.

Sperrnummer für Bank- und Kreditkarten: ☏ 0049 116116. Diese einheitliche Sperrnummer gilt mittlerweile für die Mehrzahl der deutschen Bankkunden. Aus dem Ausland ist sie zusätzlich unter ☏ 0049 30 4050 4050 anwählbar. Die Polizei empfiehlt, auch dann die Karte sofort sperren zu lassen, wenn der Automat sie einbehalten hat, da Bancomaten gelegentlich von Betrügern manipuliert werden. www.sperr-notruf.de.

Reisepraktisches

140   Wissenswertes von A bis Z

Kreditkarten: Die gängigen Karten (Master-card und Visa sind verbreiteter als Ameri-can Express) werden von fast allen größeren Hotels, teureren Restaurants, Tankstellen etc. akzeptiert. Auch Geldabheben vom Auto-maten ist möglich, bei vielen (nicht allen) Karten aber nicht unbedingt preisgünstig.

Reiseschecks: Beim Kauf von Reise-schecks wird eine Gebühr fällig, in der auch eine Versicherungsprämie enthalten ist. Är-gerlich, dass in Spanien auch von der ein-wechselnden Bank noch Gebühren ein-behalten werden – vor dem Einwechseln nach der Höhe der „comisión" fragen!

Postsparbuch: Mit der „Postbank Spar-Card 3000 plus" sind zehn Abhebungen an Visa-Plus-Automaten im Jahr kostenlos. Wei-tere Details in den Filialen der Postbank.

Schnelles Geld: Bei finanziellen Nöten ist die Geldüberweisung mit Western Union die flotteste Methode. Der Betrag wird auf dem heimischen Postamt eingezahlt und trifft maximal wenige Stunden später auf der spanischen Post ein. Wegen der safti-gen Gebühren ist dieses Verfahren nur für den Notfall geeignet.

Haustiere

Ein ernst gemeinter Rat: Lassen Sie Ihren Hund oder Ihre Katze nach Möglichkeit zuhause bei Freunden oder einem Tiersitter. Zum einen ist die Anreise per Flug-zeug vor allem für größere Hunde traumatisch, da sie in einer Transportbox im lauten und dunklen Frachtraum untergebracht werden müssen. Zum anderen ist das Reisen mit den vierbeinigen Freunden immer noch großen Beschränkungen unterworfen, und dies, obwohl sich immer mehr Spanier selber „Gesellschaftstiere" (animales de compañía) zulegen. Die Mehrzahl der Hotels und auch manche der Campingplätze akzeptieren keine Hunde. An vielen Türen von Restaurants ist ebenfalls das Schild „Perros No!" zu lesen. Fast alle Strände sind für Hunde ge-sperrt, ebenso die öffentlichen Verkehrsmittel.

● *Einreisevorschriften für Haustiere* **EU-Pass,** ein für Hunde, Katzen und Frettchen (Tatsache!) obligatorischer „Reisepass" samt implantiertem Mikrochip (alternativ eine spezielle Tätowierung), durch den die Identität des Tiers nachgewiesen und attestiert wird, dass es gegen Tollwut ge-impft ist. Über Details informiert der Tier-arzt, der auch die Prozedur durchführt.

Information

Oficinas de Turismo: Diese Fremdenverkehrsämter vor Ort sind fast immer eine wertvolle Hilfe. Nur selten wird man auf mürrisches Personal treffen, das den Kun-den lieber gehen als kommen sieht. An der Costa del Sol spricht man vielfach Deutsch, in den übrigen Gebieten kommt man mit Englisch oder Französisch fast überall einigermaßen zurecht. Erwarten kann man allgemeine Tipps, Hinweise zu Bussen und Bahnen, aktuelle Öffnungszeiten der Sehenswürdigkeiten, Stadtpläne und Unterkunftsverzeichnisse.

Zu unterscheiden sind zwei Arten von Fremdenverkehrsämtern, städtische (*Ofi-cina municipal*) und regionale (*Oficina de la Junta de Andalucía*) Büros. Erstere sind nur für die jeweilige Stadt oder Gemeinde zuständig, letztere auch für den Rest Andalusiens und vor allem in den Großstädten vertreten. Während die städtischen Informationsstellen ihr Material bislang noch kostenlos verteilen, finanzieren sich die Büros der Junta de Andalucía selbst, weshalb dort für manche Publikationen bezahlt werden muss. Die Preise liegen allerdings relativ niedrig. Zudem hat sich die Auswahl an Broschüren durch dieses System vervielfacht: Mittlerweile gibt es in den Büros der Junta de Andalucía gut gemachte Büchlein zu Themen wie Wan-dern oder Mountainbiking sowie eine Vielzahl von Faltblättern zu Naturparks, Küstenregionen, verschiedenen Routen, Sportmöglichkeiten etc.

Spanische Fremdenverkehrsämter: Die Auslandsbüros des spanischen Fremdenverkehrsamts Turespaña sind Ansprechpartner für die Reiseplanung vorab. Es gibt sie in mehreren Städten Deutschlands, in Österreich und der Schweiz. Oft kommt man allerdings nur schlecht durch. Um die Büros zu entlasten, wurde deshalb für die Bestellung von Prospekten eine separate, für ganz Deutschland zuständige Serviceleitung geschaffen.

• *Deutschland* **Serviceleitung**: ✆ 01803 002647 (gebührenpflichtig). Die richtige Telefonnummer für die Anforderung von Broschüren, Hotelverzeichnissen, Festkalendern etc.

Fremdenverkehrsämter: 10707 **Berlin**, Kurfürstendamm 63, ✆ (030) 8826661. berlin@tourspain.es.

40237 **Düsseldorf**, Grafenberger Allee 100; ✆ (0211) 6803985. dusseldorf@tourspain.es.

60323 **Frankfurt/Main**, Myliusstraße 14; ✆ (069) 725313. frankfurt@tourspain.es.

80051 **München**, Postfach 151940/Schubertstr. 10, ✆ (089) 53074620. munich@tourspain.es.

• *Österreich* 1010 **Wien**, Walfischgasse 8, ✆ 0810 101818, ✆ (01) 5129581. viena@tourspain.es.

• *Schweiz* 8008 **Zürich**, Seefeldstraße 19; ✆ (044)2536050, ✆ (044) 2526204. zurich@tourspain.es.

Internet

Auch das Internet bietet gute Möglichkeiten, sich vorab über Andalusien zu informieren, Quartiere zu buchen, aktuelle Bahnverbindungen abzurufen etc. Wer über das Netz Kontakt mit der Heimat aufnehmen will, findet Cyber-Cafés in einer ganzen Reihe von Orten, einige Adressen (die sich allerdings leider häufig ändern) jeweils im Text. Immer mehr Hotels und Cafés offerieren ihren Gästen kostenfreies W-LAN (meist WiFi genannt), in der Regel muss dazu der Code (Código) beim Personal erfragt werden.

Im Folgenden einige interessante Sites, weitere Adressen sind im Text unter den jeweiligen Themenbereichen aufgeführt. Und dann gibt es – für aktuelle Infos nach Redaktionsschluss, aber auch für das schnelle Senden stets gern gesehener Lesertipps – natürlich noch die Seite unseres Verlags ...

142 Wissenswertes von A bis Z

• *Allgemeine touristische Sites*

www.spain.info, die offizielle Site von Turespaña, dem Spanischen Fremdenverkehrsamt. Breites Infoangebot.

www.andalucia.org: die Site des Andalusischen Fremdenverkehrsamts Turismo Andaluz. Auch hier reichlich Infos.

www.andalucia.com, sehr breit angelegte Site mit viel Service; Naturparks, Sportangebote etc. Englisch.

www.juntadeandalucia.es, die Site der Regionalregierung. Spanisch.

• *Spezialisierte Sites* **www.festivales.com**, Suchmaschine für Feste, Kulturereignisse, Flamencoaufführungen etc. Super, aber leider nur auf Spanisch.

www.legadoandalusi.es: Infos über kulturhistorisch bedeutsame Routen, auf denen maurische und christliche Traditionen erfahrbar werden. Nur Spanisch.

www.aered.net, „Andalusien im Netz", mit sehr vielen Links zu (spanischsprachigen) Sites mit Bezug zu Andalusien.

www.mcu.es, die Site des spanischen Kulturministeriums, mit Links zu staatlichen Museen, Theatern etc. Natürlich nur in der Landessprache.

www.marm.es, die Site des spanischen Umweltministeriums Medio Ambiente.

www.egmasa.es, die Umweltseite der andalusischen Regierung, mit Infos zu Naturparks etc.

www.ecologistasenaccion.org, Site einer sehr bissigen spanischen Umweltorganisation. Direkter Link zur Andalusien-Gruppe, alles nur auf Spanisch.

www.csn-malaga.com, die Website der deutschsprachigen „Costa del Sol Nachrichten", eine prima Adresse für aktuelle In-

formationen zur Küste.

www.deutsche-in-spanien.de, sehr umfangreiche Seite mit Forum, Kleinanzeigenmarkt und einer Suchmaschine.

www.spanienforum.de, breite kommerzielle Forums-Seite mit eigener Andalusien-Abteilung (Ex-Tina-Sommer).

www.espanien.de, gute deutsche Seite mit Berichten über aktuelle Entwicklungen im ganzen Land.

www.elpais.com: Die große spanische Zeitung im Netz. Unter der Web-Adresse **www.elpais.com/misc/herald/herald.pdf** lässt sie sich (in Zusammenarbeit mit der International Herald Tribune) auch auf Englisch abrufen.

www.tapas.de, mehr als nur Rezepte – mit einer „Tapalogie", Tipps zu Kochbüchern und vielem mehr.

www.realescuela.org: „Tanz der Andalusischen Pferde" – Site der Königlichen Reitschule in Jerez de la Frontera.

www.sherry.org, die offizielle Seite zum berühmtesten Wein Andalusiens. Englisch.

www.sherry-info.de, ähnliches, sehr informatives Angebot auf Deutsch.

www.aena.es, die Site der spanischen Flughäfen, mit vielen Infos zur An- bzw. Abreise, Telefonnummern etc.

www.esplaya.com, eine Seite zu allen spanischen Stränden. Unter „Playas Nudistas" kann man z. B. auf der Karte nach Nacktbadeständen suchen. Kurioses Deutsch.

www.michael-mueller-verlag.de: Unsere Site, auch mit Links sowie aktuellen Informationen zu Andalusien (siehe dort unter „Reiseinfos/Reise-News"), die sich erst nach Redaktionsschluss ergeben haben – schauen Sie doch mal rein!

Kinder

Spanier gelten als sehr kinderfreundlich, die Andalusier machen da keine Ausnahme. Die lieben Kleinen dürfen fast alles und müssen anscheinend nie ins Bett, schreiende Rabauken im Restaurant quittiert der Kellner nur mit nachsichtigem Lächeln. Das Problem der relativ späten Essenszeiten lässt sich am besten mit Hilfe der Tapa-Bars lösen. Den üblichen „Kinderbedarf" gibt es natürlich auch in Andalusien, im Zweifel bieten die großen Einkaufszentren „Hipermercados" die breiteste Auswahl. Wer einen Leihwagen mieten möchte, sollte schon vor Vertragsabschluss klarstellen, dass er Kindersitze benötigt. Ein Buggy mit großen, luftbereiften Rädern rollt auf Kopfsteinpflaster und unebenem Untergrund besser als ein Wagen mit kleinen Rädern. Für kleine und größere Kinder besitzt Andalusien eine ganze Reihe von Attraktionen, angefangen von den vielen Themenparks, die besonders an der Costa del Sol zwischen Torremolinos und Estepona angesiedelt sind, bis hin zu den zahlreichen Tropfsteinhöhlen wie z. B. den Cuevas de Sorbas in der Provinz Almería und der Gruta de las Maravillas in der Provinz Huelva.

Kleidung

„In dieser Hinsicht gibt es in Spanien keine bestimmten Normen", behauptete einmal eine Broschüre des Spanischen Generalsekretariats für Tourismus. So ganz richtig ist das nicht. Der aufmerksame Beobachter wird schnell feststellen, dass sich die Mehrheit der Spanier eleganter und modischer kleidet, als wir es aus unseren Breiten gewohnt sind. Ein gepflegtes Äußeres ist deshalb wichtig, falls man ernst genommen werden will. Zwar stößt man hie und da auch schon auf Spanier, die in Polyestershorts oder Jogginghosen durch die Stadt bummeln; auf die meisten wirkt diese Freizeituniform aber immer noch eher lächerlich. In Kirchen sind Shorts und blanke Schultern traditionell verpönt, eine Regel, die für beide Geschlechter gilt, aber allmählich ebenfalls im Aufweichen begriffen ist – als Gast im Land sollte man dennoch Rücksicht nehmen.

Hippie-Touch: Geschäft in Granada

Konsulate

Sie sind Ansprechpartner im akuten Notfall. Allzuviel praktische Hilfestellung sollte man sich allerdings nicht erwarten. Immerhin gibt es bei Diebstahl oder Verlust aller Geldmittel meist die Bahnfahrkarte nach Hause plus Verpflegungsgeld für unterwegs. Selbstverständlich sind alle Auslagen zurückzuzahlen. Konsulate sind meist nur Mo–Fr bis jeweils 12/12.30 Uhr geöffnet.

Deutsche Konsulate: Generalkonsulat Málaga, Calle Mauricio Moro Pareto 2, Edificio Eurocom, nördlich des Busbahnhofs, ✆ 952 363591.
Honorarkonsulat Jerez de la Frontera, Avenida de Méjico 10, Portal 1, 2°D; Mobil-✆ 692 555951, ✆ 956 821739.
Honorarkonsulat Almería, in Aguadulce bei Almería, Centro Comercial Neptuno, Avenida Carlos III. 401; Local 18 bajo; ✆ 950 340555.

Österreichische Konsulate: Málaga, Alameda Colón 26/2 Izqu., ✆ 952 600267.
Sevilla, Calle Cardenal Ilundáin 18, Portal 1-5 F; ✆/✆ 954 987476.
Schweizer Konsulate: Málaga, Apartado de Correos 7, 29080 Malaga (reine Postanschrift), Mobil-✆ 645 010303.
Botschaft Madrid, C. Núñez de Balboa 35 A–7°; ✆ 914 363960, ✆ 914 363980.

Kriminalität

Spanien genießt in Sachen Kleinkriminalität keinen besonders guten Ruf, auch wenn sich die Situation in den letzten Jahren gebessert hat und die allgemeine Kriminalitätsrate sogar deutlich unter der Deutschlands liegt. Tatsächlich sind in

144   Wissenswertes von A bis Z

Andalusien Autoaufbrüche und andere Eigentumsdelikte in Großstädten und den Touristenzentren keine Seltenheit. Drogensucht, Jugendarbeitslosigkeit und mangelnde Zukunftsperspektiven zählen zu den Hauptursachen.

Panik und Misstrauen gegen jedermann sind dennoch nicht angebracht, stattdessen die üblichen Vorsichtsregeln: Achtung bei Ablenkungsmanövern aller Art, geparktes Auto immer offensichtlich leer lassen (Handschuhfach offen!), Geld und Pass am Körper tragen, Fotoapparate lieber im abgewetzten Rucksack als in der protzigen Fototasche transportieren. Ein einfacher Trick gegen motorisierte Räuber ist es, die Handtasche in den Straßen immer zur Hausseite hin zu tragen. Die finsteren Ecken der Großstädte sind während der Siesta, also etwa von 14 bis 17 Uhr, wenn kaum ein Mensch auf der Straße ist, genauso ungemütlich wie in tiefer Nacht. Vorsicht bei einer unvermuteten Autopanne, womöglich noch kurz nach Übernahme des Mietwagens: Gut möglich, dass der Autoreifen angestochen wurde; während dann ein „freundlicher Helfer" beim Reifenwechsel zur Hand geht, räumt der Komplize den Kofferraum oder das Wageninnere aus.

Landkarten

Hundertprozentig genau ist keine Karte, trotzdem gibt es einige sehr brauchbare Exemplare. Angesichts der zahlreichen Ausbaumaßnahmen und Umbenennungen von Straßen ist das jeweilige Erscheinungsjahr ein sehr wichtiges Kriterium.

• *Straßenkarten* In aller Bescheidenheit – ob es sich wirklich lohnt, zusätzlich zu der diesem Führer beigelegten Karte eine weitere zu erwerben?

Michelin 1: 400.000, Blatt 578 Südspanien, eine zuverlässige und jährlich aktualisierte Regionalkarte des bekannten Verlags.

Generalkarte 1:200.000, Andalusien. Sehr detaillierter Maßstab, allerdings wird keineswegs ganz Andalusien abgedeckt – im Osten und im Westen fehlt nicht wenig. Eine Neuauflage wäre wünschenswert.

• *Wanderkarten* **Topographische IGN-Karten** (Instituto Geográfico Nacional), sind im Maßstab 1: 50.000 oder 1: 25.000 erhältlich, meist nicht mehr die jüngsten und aktuellsten, aber oft mangels Alternativen die besten. Für bestimmte Gebiete wie z. B.

die Sierra Nevada, die Sierra de Grazalema oder den Nationalpark Doñana gibt es vom IGN auch touristische Karten („mapas turísticos") im Maßstab 1: 50.000, eine ganz Spanien abdeckende Ausgabe für touristische Zwecke ist im Aufbau. Teilweise erhältlich im spezialisierten Buchhandel, über die komplette Auswahl verfügen jedoch nur die regionalen Hauptvertretungen in Granada und Sevilla.

Editorial Alpina und **Editorial Penibética** haben empfehlenswerte Karten mit Wanderführer zur Sierra Nevada/Alpujarras, zur Sierra de Cazorla und zu anderen Naturparks aufgelegt. Erhältlich sind sie oft vor Ort, aber auch in Geo-Buchhandlungen, wie es sie in Andalusien z. B. in Málaga und Sevilla gibt, Adressen in den Ortskapiteln.

Literatur

Die Liste der Bücher zum Thema Andalusien ist lang. Im Folgenden deshalb nur eine kurze (und sicher subjektive) Auswahl.

Belletristik und Reportagen

• *Verlag Winfried Jenior* Ein auf Spanien spezialisierter Verlag, der viele interessante Bücher zur Geschichte und Gegenwart Spaniens herausgibt; www.jenior.de.

• *Gerald Brenan* **Südlich von Granada**. Der Engländer Brenan lebte von 1920–34 im Alpujarra-Dorf Yegen und reflektiert über

Feste wie Alltagsleben, aufgelockert durch Essays wie „Granada in den Zwanzigern" oder „Almería und seine Bordelle".

Das Gesicht Spaniens, Bericht von einer Reise durch den Süden, vom selben Autor. Beide Bücher im Verlag Winfried Jenior.

• *Théophile Gautier* **Reise in Andalusien**.

Literatur   145

Die ironisch beschriebenen Abenteuer, Beobachtungen und Frustrationen des französischen Romançiers bei seiner Andalusienreise im 19. Jh. Köstlich! Herausgegeben und übersetzt von Ulrich C. A. Krebs; dtv klassik. Zuletzt leider nicht mehr verfügbar, wird aber hoffentlich wieder aufgelegt.

● *Peter Hilgard* **Granada. Eine Spurensuche**: ein Jahr in Granada, beschrieben in Tagebuchform und mit vielen Details zur Stadtgeschichte. Verlag Winfried Jenior.

● *Juan Goytisolo* **Spanien und die Spanier**, hochinteressante Auseinandersetzung mit dem Mythos Spanien und der Realität, gute Fotos; Suhrkamp.

La Chanca, Berichte aus dem Höhlenviertel von Almería. Verlag Winfried Jenior.

Sommer in Torremolinos (antiquarisch), Bericht über die Ferien-Vergnügungen einer internationalen Clique in Torremolinos.

● *Ernest Hemingway* berühmtester aller ausländischen Spanienfans. Leider nichts Spezielles zum Thema Andalusien.

Tod am Nachmittag und **Gefährlicher Sommer**: Zwei Bücher über den Stierkampf, „Tod am Nachmittag" ist bis heute das Standardwerk zum Thema geblieben – allein das Glossar der Fachbegriffe umfasst mehr als 60 Seiten. Zahlreiche Fotos, herrliche Bildunterschriften.

Wem die Stunde schlägt, ein exzellenter Roman zum spanischen Bürgerkrieg – vier Tage im Leben des Amerikaners Robert Jordan, der sich dem Kampf der Republikaner angeschlossen hat. Weiteres Buch von Hemingway zu diesem Thema: **Der Abend vor der Schlacht. Stories aus dem spanischen Bürgerkrieg**.

Fiesta: Angeln und Trinken anlässlich des Festes San Fermín in Pamplona, Liebesleid eines Kriegsgeschädigten. Wie immer bei Hemingway von tiefer Spanienkenntnis geprägt und im exquisiten Papa-Stil.

● *Washington Irving* **Geschichten von der Alhambra**, Erzählungen des Wiederentdeckers der Alhambra. Editorial Sánchez, in vielen Souvenirgeschäften Granadas vorrätig, in Deutschland über den Verlag RoseNoire, München, www.rosenoire.de.

● *Juan Ramón Jimenez* **Platero und ich**. Philosophisches Gespräch mit einem Esel, vom andalusischen Literaturnobelpreisträger von 1956. Erzählungen, Insel-Buch.

● *Federico García Lorca* Wohl der bekannteste Lyriker Andalusiens, gleichzeitig Theaterautor, 1936 von Franco-Anhängern ermordet. **Yerma**, die Tragödie einer unglücklich verheirateten und in den strengen Normen der archaischen, ländlichen Dorfgemeinschaft gefangenen Frau. Antiquariat

Bernarda Albas Haus. Tragödie von den Frauen in den Dörfern Spaniens: Die Geschichte einer Mutter, die ihre fünf Töchter despotisch ihrer zwanghaften, vom Patriarchat geprägten Moralvorstellung unterwirft. Reclam Verlag.

Bluthochzeit. Tragödie in drei Akten und sieben Bildern: Das Drama einer unglücklichen Liebe, erzählt nach einem wahren Vorfall, der sich unweit von Rodalquilar (siehe auch dort) am Cabo de Gata zugetragen hat. Reclam Verlag.

● *Robert Wilson* **Der Blinde von Sevilla**, der erste Band (erschienen 2003) einer Reihe von spannenden, raffiniert aufgebauten Sevilla-Krimis um den Chefinspektor Javier Falcón. Weitere Titel: „Die Toten von Santa Clara", „Die Maske des Bösen", „Andalusisches Requiem", alle im Goldmann Verlag.

● *Rafael Chirbes* **Krematorium**, brillant geschriebener, bitterböser Roman, dessen Hauptfigur der Bauunternehmer Ruben Bartomeu ist, einer der Verantwortlichen für die Zubetonierung der spanischen Mittelmeerküste. Antje Kunstmann Verlag. Weiterhin lesenswert von Chirbes z. B. „Der lange Marsch" und „Der Fall von Madrid".

● *Verschiedene Autoren* **Andalusische Ansichten**, ein Lesebuch voller Essays zum Thema Andalusien; Verlag Winfried Jenior.

Diverses

● *Naturführer* **Reiseführer Natur**, *Spanien*, Roberto Cabo, Tecklenborg-Verlag. Auf Gesamtspanien bezogen, mit Andalusien befasst sich folglich jeweils nur ein Teil der Texte. Karten, Fotos und viel Hintergrund.

Wege in die Wildnis: *Spanien*, Frederic v. Grunfeld, Westermann-Verlag. Ebenso empfehlenswert, leider nur noch im Antiquariat zu finden.

● *Feste* **Fiestas – Spanien im Festrausch**, von Rolf Neuhaus. Viel Hintergrund, Festkalender mit über 800 Terminen in ganz Spanien. Verlag Winfried Jenior.

● *Kochen* **Spanische Fischküche**, Johannes Schmid. Detaillierte Beschreibung der verschiedenen Fisch-, Krebs- und Muschelarten samt Illustrationen, natürlich mit Rezepten. Perfekt für Fischfans, die es genau wissen wollen. Verlag Winfried Jenior.

Reisepraktisches

146   Wissenswertes von A bis Z

• *Reise* **Spaniens Paradores**, von Wolfgang Abel, Oase Verlag. Von einem Landeskenner geschrieben und ein prima Begleiter für eine Rundreise, auf der hauptsächlich oder ausschließlich in Paradores genächtigt werden soll – auch die Schwächen der einzelnen Häuser werden nicht verschwiegen.

Öffnungszeiten

Vorgegeben sind sie von der Hitze: Die Nachmittagsruhe *siesta*, die etwa von zwei bis fünf Uhr dauert, ist heilig. Abends bleibt dafür länger geöffnet, als in unseren Breiten üblich. Wenn Öffnungszeiten saisonal verschieden sind, wird nur in Sommer und Winter getrennt – Spanien kennt da nur zwei Jahreszeiten. Was sie genau bedeuten, kann im Einzelfall höchst unterschiedlich sein; lokale Busfahrpläne meinen mit „Sommer" oft die Badesaison, die für Spanier frühestens Mitte Juni beginnt und spätestens Mitte September endet.

▶ **Läden:** Im allgemeinen sind sie Mo–Sa ab 9 Uhr bis 13.30 Uhr geöffnet, am Nachmittag wieder von 17 bis 19.30 Uhr, mit jeweils einer halben Stunde Spielraum. Supermärkte und Kaufhäuser sind teilweise am Samstagnachmittag geschlossen. Kleine Lebensmittelgeschäfte hingegen können in Ferienorten auch bis in die Nacht hinein geöffnet sein.

▶ **Museen:** Hier gibt es unterschiedliche Regelungen. Die einzelnen Öffnungszeiten sind im Text jeweils angegeben, können sich aber schnell ändern. Es gibt jedoch zwei Faustregeln: Fast überall ist Montag geschlossen; wer dagegen dienstags bis freitags vormittags kommt, geht fast nie fehl. Übrigens ist in den meisten staatlichen Museen der Eintritt für Besucher aus den Mitgliedsländern der EU (span.: CEE) mittlerweile kostenlos.

▶ **Kirchen:** Offen sind sie theoretisch meist von etwa 7 bis 12 Uhr, nachmittags von 17 bis 20 Uhr. Die Öffnungszeiten liegen allerdings völlig im Ermessen des Zuständigen. Die besten Chancen bestehen vormittags.

Polizei

Es gibt drei verschiedene Polizeiorganisationen, was auf den ersten Blick etwas verwirrend sein kann. Prinzipiell kann man sich im Notfall (dann am besten Tel. 112 wählen) natürlich an jede wenden, doch ist es sinnvoll, die Unterschiede zu kennen. Die paramilitärische *Guardia Civil* hat ihren schlechten Ruf aus Franco-Zeiten heute weitgehend abgelegt. Ihre Beamten tragen grüne Uniformen und sind gleichzeitig dem Innen- wie dem Verteidigungsministerium unterstellt. Ihr Arbeitsgebiet sind Überlandstraßen (wo sie als Guardia Civil Tráfico auch den Verkehr überwacht) und kleinere Ortschaften, weshalb sie auch „Landpolizei" genannt wird; zuständig ist sie für dort begangene Delikte, daneben für Schmuggel, Sprengstoff- und Waffenbesitz, die Überwachung der Grenzen, Häfen und Küsten etc. Gewisse Kompetenzüberschneidungen gibt es mit der *Policía Nacional*, die blaue Uniformen trägt, dem Innenministerium unterstellt ist und in größeren Orten die Guardia Civil ersetzt. In ihren Aufgabenbereich fallen z.B. die Fahndung nach Verbrechern, der Drogenhandel und illegales Glücksspiel, ebenso Ausländer- und Passangelegenheiten. Die *Policía Local* (oder *Municipal*) ist der Gemeinde unterstellt, kümmert sich u. a. um die lokale Verkehrsüberwachung und ist Ansprechpartner bei kleineren Schwierigkeiten, z.B. dem abgeschleppten Fahrzeug, verlorenen Gegenständen etc. Als „Botschafter" ihrer Gemeinde reagieren diese Beamten meist auch am freundlichsten, wenn sie beispielsweise nach dem Weg gefragt werden.

Kunstvoller Briefkasten: Der freundliche Löwe frisst Ihre Post

Post

Die einzelnen Schalter des Postamtes (*correos*) halten je nach den angebotenen Diensten unterschiedlich geöffnet. Um Briefmarken (*sellos*) zu kaufen, muss man sich ohnehin nicht auf die Post bemühen, zu erhalten sind sie auch im Tabakladen. Die Gebühren für Briefe und Postkarten ändern sich fast jährlich. Lang sind die Laufzeiten bis in die Heimat. Briefe werden schneller befördert als Postkarten – steckt man letztere in einen Umschlag, erreichen sie die Lieben daheim früher.

www.correos.es, Internet-Verzeichnis der spanischen Post, mit Angabe der Postleitzahlen, Gebühren, der Adressen der einzelnen Postämter etc.
Lista de Correos: Die Möglichkeit, sich Briefe aufs spanische Postamt schicken zu lassen. Zu adressieren nach folgendem Muster: Name, Vorname/Lista de Correos/ PLZ, Ort/Spanien. **Tipp**: Falls der Beamte nicht fündig wird, auch mal unter dem Vornamen nachschauen lassen! Nicht „Herr" oder „Frau" vor den Namen setzen – der Brief wird sonst vielleicht unter „H" oder „F" abgelegt.

Rauchverbote

Seit dem 2. Januar 2011 ist in Spanien eines der schärfsten Anti-Tabak-Gesetze der EU in Kraft. War der Konsum von Zigarette, Zigarre oder Pfeife bereits vorher am Arbeitsplatz und in öffentlichen Gebäuden verboten, so gilt das Verbot nun – allen Protesten der Wirte zum Trotz – auch in der gesamten Gastronomie. Sogar unter freiem Himmel greift das Gesetz teilweise, auf Kinderspielplätzen etwa. Stierkampfarenen und Stadien sind vom Verbot ausgenommen. Hotelzimmer werden als vorübergehender Privatraum angesehen, Hotels dürfen deshalb einen bestimmten Prozentsatz ihrer Zimmer als Raucherzimmer ausweisen, wobei es sich natürlich immer um dieselben Zimmer handeln muss. Tabakwaren (eine Erhöhung der

Tabaksteuer wurde übrigens angekündigt) gibt es schon seit Jahren nur noch im Estanco oder am Zigarettenautomaten in der Kneipe, der aus Jugendschutzgründen per Fernbedienung kontrolliert wird, nicht mehr am Kiosk.

Reisedokumente

Trotz des Schengener Abkommens braucht man weiterhin Personalausweis oder Reisepass, und sei es nur zum Einchecken im Hotel. Autofahrer benötigen zusätzlich Führer- und Fahrzeugschein; die Grüne Versicherungskarte wird dringend empfohlen. In jedem Fall ist es günstig, Pass *und* Personalausweis mitzuführen. Anzuraten ist auch, von allen wichtigen Papieren Fotokopien anzufertigen. Dies beschleunigt bei Verlust die Ausstellung von Ersatz erheblich, Ansprechpartner ist dann die örtliche Polizei oder das heimische Konsulat.

Siesta

Zwischen etwa zwei Uhr und fünf Uhr nachmittags hat Spanien geschlossen, Andalusien erst recht. Zwar fordern die modernen Zeiten auch hier ihren Tribut, weshalb sich Angestellte im öffentlichen Dienst seit 2006 die Siesta verkneifen müssen. Wem es möglich ist, der hält jedoch immer noch daheim im abgedunkelten Zimmer ein Nachmittagschläfchen oder ruht sich zumindest aus. Die Nächte sind dafür oft lang ... Wichtig zu wissen ist, dass es als ausgesprochen unhöflich gilt, während der Siesta zu stören; das wäre etwa vergleichbar dem Menschen, der bei uns daheim um fünf Uhr morgens vorbeischaut.

Sport

Das breiteste Angebot findet sich natürlich in den Ferienzentren an den Küsten, wo man vom Surfbrett bis zur Segelyacht alles ausleihen kann. Viele Sportanbieter wechseln jedoch von Saison zu Saison, aktuelle Listen sind bei den touristischen Informationsstellen vor Ort erhältlich.

Abenteuersportarten wie Parasailing, Drachenfliegen, Bungee-Jumping, Rafting etc. sind auch in Spanien stark verbreitet, zusammengefasst unter dem Stichwort *Turismo activo*. Naturgemäß konzentriert sich das Angebot auf die vom Fremdenverkehr schon recht gut erschlossenen Bereiche der Sierras, und scheinbar ebenso naturgemäß wechseln auch hier die Anbieter recht schnell.

Zuschauersport: *Fútbol*, Fußball, ist die bei weitem populärste Sportart Spaniens – fast jeden Tag läuft ein wichtiges Spiel im Fernsehen, sehr zum Ärger der Wirte, deren Bars dann oft leer sind. Ein Besuch in einem der großen Stadien ist ein beeindruckendes Erlebnis, zumal die Atmosphäre dort zwar leidenschaftlich, aber nie verbissen ist. Zu den Zuschauern zählen auch erstaunlich viele Frauen. Große andalusische Vereine mit Tradition kommen aus Cádiz und vor allem aus Sevilla, das mit gleich zwei Vereinen in der höchsten Liga Primera División vertreten ist.

• *Angeln* im Meer bringt nicht viel ein, aussichtsreicher fischt man im Süßwasser der Stauseen und der Forellenflüsse in den Gebirgsregionen. Nötig ist in allen Fällen eine Erlaubnis der Behörden; Informationen über die lokale Lage in den Tourismus-Büros.

• *Golf* Andalusien ist die europäische Hochburg des Golfsports: Viele Dutzend Plätze hat die Region anzubieten, die Mehrzahl an der Costa del Sol – und von Jahr zu Jahr werden es mehr. Durch den Ryder-Cup berühmt geworden ist der (sündhaft teure) Platz Valderrama bei Sotogrande, vor allem bei deutschen Golfern beliebt ist auch der Platz bei Novo Sancti Petri. Die Fremdenverkehrsämter halten einen entsprechenden Prospekt bereit.

Sport

Kiten: Hochburg ist Tarifa (Provinz Cádiz)

• *Mountainbiking* Von der Hitze abgesehen, bietet Andalusien eigentlich beste Bedingungen. Verleihstationen für Mountainbikes (bicicleta de todo terreno, kurz BTT genannt) sind allerdings noch relativ selten, überwiegend auf touristisch gut erschlossene Gebirgsregionen beschränkt. Viele Tourentipps mit Höhendiagrammen finden sich im englischsprachigen Büchlein „Mountain Bike", das bei den Infostellen der Junta de Andalucía erhältlich ist.

• *Reiten* Für Reiter ist Andalusien innerhalb Spaniens die bevorzugte Region. Gute Möglichkeiten bieten sich besonders in denjenigen Sierras, die schon auf den Fremdenverkehr eingestellt sind, daneben aber auch an den Küsten, z. B. im bestens ausgestatteten Reitzentrum Escuela de Arte Ecuestre (siehe unter Estepona). Pferdefreunde sollten sich auch die Königliche Reitschule in Jerez nicht entgehen lassen. Vorausbuchen ab Deutschland: Ein renommierter deutscher Veranstalter ist „Pegasus" in Hamburg.

• *Segeln* Reichlich Sporthäfen sind vor allem an der Costa del Sol vorhanden; als besonders anspruchsvolles Revier für Segler gilt die Bucht von Cádiz.

• *Skifahren* Es passt kaum in die gängigen Vorstellungen vom heißen Andalusien: In der Sierra Nevada liegt das südlichste Skigebiet Europas, im März/April Wedeln im T-Shirt! Ausrüstungsmiete vor Ort ist möglich, niemand muss also sein Equipment nach Andalusien schleppen. Außerhalb der HS über Weihnachten und Ostern ist unter der Woche viel Platz auf den Pisten; an den Wochenenden wird es, wie überall, voller.

• *Tauchen und Schnorcheln* Hier bietet Andalusien nicht unbedingt die besten Reviere. Eine Ausnahme bildet der Meeres-Naturpark Parque Natural Cabo de Gata, in dem die Unterwasserwelt noch in Ordnung ist.

• *Tennis* Plätze, in der Regel auch für Nicht-Gäste zu mieten, finden sich reichlich bei vielen Hotels und manchen höherklassigen Campingplätzen. Ein besonderer Schwerpunkt ist auch hier die Costa del Sol.

• *Windsurfen/Kiten* Weltbekannt, aber nichts für Anfänger ist das atlantische Starkwindrevier Tarifa an der Costa de la Luz. Verleihstationen und Schulen für Windsurfer gibt es auch in vielen Fremdenverkehrsorten am Mittelmeer.

Sprachkurse

Sprachferien in Spanien sind ausgesprochen gefragt, und Andalusien ist mit einem Marktanteil von fast 30 Prozent auf diesem Gebiet die wichtigste Region des Landes, noch vor Kastilien-León. Anbieter sind zum einen Universitäten und andere öffentliche Einrichtungen, zum anderen private Veranstalter.

Málaga, Granada und Sevilla (Universitätsadressen für Sprachkurse siehe jeweils im dortigen Text) zählen zu den beliebtesten Städten, doch haben auch die Sprachschulen in kleineren Orten wie Conil de la Frontera ihre festen Fans. In aller Regel sorgen die privaten Anbieter auch für Unterkunft, sei es im Apartment oder bei einer Gastfamilie, ebensowenig fehlt natürlich ein Beiprogramm in Form von Ausflügen und anderen Aktivitäten. Einzelne Adressen privater Schulen sind bei den jeweiligen Orten angegeben, hier einige Webpages mit weiterführenden Informationen.

• *Internet-Infos* **www.cervantes.es**: Die Website des spanischen Sprach- und Kulturinstituts Cervantes verzeichnet zahlreiche Sprachschulen, auf „Aprender español en España" klicken. Wer lieber in der Heimat lernen möchte, findet Kurse (und einen Direktlink zum Sprachprogramm von cervantes.es) unter **www.cervantes.de**.

www.fdsv.de, die Homepage des Fachverbands Deutscher Sprachreise-Veranstalter FDSV e.V., mit vertiefenden Informationen zum Thema und Details zu den Angeboten der Mitglieder des Verbands.

www.sprachkurse-weltweit.de, unter anderem mit einer Datenbank, die mehr als 30 Sprachschulen in Andalusien umfasst. Ähnlich ist **www.language-finder.com**.

Telefonieren

Spanien hat die Ortsvorwahlen de facto abgeschafft beziehungsweise den jeweiligen, seitdem neunstelligen Teilnehmernummern zugeschlagen. Aus dem Ausland wird nach der Landesvorwahl 0034 die komplette neunstellige Teilnehmernummer gewählt. In der Gegenrichtung wurde die früher als Einwahl ins internationale Netz verwendete 07 durch die auch in anderen Ländern übliche 00 ersetzt.

Vorwahlen

Nach Deutschland (00)49, nach **Österreich** (00)43, in die **Schweiz** (00)41.
Immer gilt: die Null der Ortsvorwahl weglassen.

Nach Spanien ab Deutschland, Österreich und der Schweiz: Ländervorwahl 0034, dann die komplette Teilnehmernummer.

Gebühren: Von Calling Cards etc. abgesehen, ist es im Normalfall billiger, sich von der Heimat aus anrufen zu lassen – die spanischen Normaltarife für Auslandsgespräche sind höher als bei uns.

Telefongesellschaften: Der Telekommunikationsmarkt ist viel zu schnelllebig, um hier Informationen über die günstigsten Anbieter für Gespräche Richtung Spanien zu geben. Das gilt auch in der Gegenrichtung.

Telefonzellen werden immer seltener. Sie akzeptieren nicht nur Münzen, sondern meist auch Telefon- und sogar Kreditkarten.

Telefonkarten: Die „Tarjetas telefónicas", in praktisch jeder Telefonzelle anwendbar,

bedeuten bei Ferngesprächen großen Komfortgewinn. Es gibt sie im Tabakgeschäft (Estanco) oder bei der Post.

Calling Cards: Eigentlich nur eine Merkhilfe für eine Netzzugangsnummer, mit der man sich zu einem meist sehr günstigen Tarif bei der jeweiligen Telefongesellschaft einwählt. Abgerechnet wird über das Girokonto oder prepaid, also per Vorauszahlung.

Handys: Der Datenabruf über internetfähige Handys kann ganz erheblich ins Geld gehen; Flatrates sind in aller Regel nicht gültig. Seit 1. Juli 2010 gilt deshalb eine automatische Kostensperre, die die Verbindung bei einem Betrag von 50 € (plus Mwst., wahlweise ein

Zoll **151**

anderer, mit dem Mobilfunkanbieter ausgehandelter Betrag) automatisch trennt. Sind 80 % der Summe verbraucht, informiert der Betreiber den Kunden z. B. per SMS; der entscheidet dann, ob er das Limit ändern möchte. Beim reinen Telefonieren ist die ganz große Abzocke dagegen vorbei: Durch eine EU-Verordnung wurden die Minutenpreise bei Auslandsanrufen auf maximal 35 Cent (2011), bei angenommenen Gesprächen auf 11 Cent gedeckelt, jeweils zzgl. Mehrwertsteuer. Das ist erheblich weniger als früher. Für Vieltelefonierer geht es aber noch günstiger, beispielsweise durch die Buchung eines speziellen Auslandstarifs oder der Anschaffung einer internationalen oder spanischen Prepaid-Karte. Letztere gibt es in jedem spanischen Telefonladen,

in Einkaufszentren etc. oder bereits vorab z. B. bei www.gsm-webshop.com.

www.teltarif.de/reise: Nützliche Seite mit aktuellen Infos und Tipps zum Thema „Telefonieren im Ausland".

Telefonieren ohne Geld: Das sog. „R-Gespräch" ist ein Service der Telekom, nützlich z. B., um nach Verlust der Barschaft von zuhause telegrafischen Nachschub (siehe „Geld") anzufordern – die Gebühr zahlt der Angerufene.

Telefonnummer ab Spanien, ohne jede Vorwahl: **900 99 0049.**

Ein Computersystem verbindet weiter. Die Tarife liegen in erträglichem Rahmen: pro Verbindung 3,99 €, zusätzlich pro Minute 0,50 €. Der Service funktioniert nur zu Festnetzanschlüssen der Telekom.

Toiletten

Die an sich sehr hygienischen Stehtoiletten sind in Andalusien nur mehr in entlegenen Gebieten und vereinzelt auf Campingplätzen anzutreffen. Bezeichnet sind Toiletten meistens mit „Baños", „Servicios" oder „Lavabos", nur selten noch mit dem altertümlichen „Aseos". Um nicht ins falsche Abteil zu geraten, folgen Herren der Aufschrift „Señores" oder „Caballeros" (oft schlicht „C"), Damen suchen „Señoras" (oder „S").

Zeit

Auch in Spanien gilt die Mitteleuropäische Zeit (MEZ), wie bei uns werden die Uhren auf Sommer- und Winterzeit umgestellt. Da jedoch Andalusien innerhalb unserer Zeitzone sehr weit westlich liegt, geht die Sonne dort, abhängig von der Jahreszeit, etwa eine Stunde später auf und unter.

Zoll

Waren zum eigenen Verbrauch dürfen im privaten Reiseverkehr der EU, also auch zwischen Deutschland, Frankreich und Spanien, unbegrenzt mitgeführt werden.

• *Richtmengen zur Unterscheidung zwischen privater und gewerblicher Verwendung* 800 Zigaretten, 400 Zigarillos, 200 Zigarren, 1 kg Rauchtabak. 10 Liter Spirituosen, 20 Liter sogenannte Zwischenerzeugnisse, 90 Liter Wein, davon maximal 60 Liter

Sekt, und 110 Liter Bier. Auch die Mitnahme höherer Mengen ist möglich, sofern sie dem eigenen Verbrauch dienen, was bei eventuellen Kontrollen dem Zoll allerdings glaubhaft zu machen wäre.

Anders ist die Regelung weiterhin beim Transit durch das Nicht-EU-Land Schweiz. Hier wurde Folgendes vereinbart: Sofern die vierfache Freimenge der jeweiligen Ware nicht überschritten wird, gibt es keine Probleme; Nicht-EU-Freimengen sind unter anderem 200 Zigaretten, 2 Liter Wein, 1 Liter Spirituosen. Bei Mitnahme höherer Mengen muss der Zöllner ungefragt (!) darüber in Kenntnis gesetzt werden. Er entscheidet dann, ob für die Waren eine Transitkaution zu stellen ist, die bei der Ausfuhr wieder erstattet wird. Besonders für Freunde des spanischen Schinkens ist es darüber hinaus wichtig zu wissen, dass beim Transit durch die Schweiz schon kleinere Mengen von Fleisch- und Wurstwaren Ärger bescheren können.

▲ Vulkanischer Charakter: Playa de Mónsul am Cabo de Gata

Provinz Almería

Costa de Almería
  (östlicher Bereich) 157
Parque Natural Cabo
  de Gata-Níjar 161
Almería 181

Im Hinterland von Almería 193
La Alpujarra almeriense 196
Costa de Almería
  (westlicher Teil) 200

Provinz Almería

Wer entlang der Mittelmeerküste nach Andalusien einreist, trifft hier auf die trockenste Region nicht nur Spaniens, sondern gleich ganz Europas. In den wüstenhaften Sierras im Osten der Provinz Almería liegt die jährliche Niederschlagsmenge bei etwa 180 Millimetern. Zum Vergleich: im Allgäu sind es bis zu 2600 Millimeter.

Dieser spärliche Regen fällt meist innerhalb nur weniger Wintertage, mit bis zu 40 Prozent der Jahresmenge an einem Tag. Die jährlichen Durchschnittstemperaturen erreichen dabei fast die 20-Grad-Grenze. Resultat dieses extremen Klimas sind regelrechte Halbwüsten, nur vereinzelt bewachsen von widerstandsfähigen Pflanzenarten wie Agave oder Zwergpalme. Gelbe, braune, rote und graue Sand- und Erdtöne prägen die unwirtliche Landschaft ebenso wie die *Ramblas*, trockene Flussbetten, die sich bei den seltenen, aber heftigen Regenfällen binnen kurzer Zeit in reißende Ströme verwandeln. Nicht umsonst ist Zelten in Flusstälern verboten: Der Regen kann völlig unbemerkt in weit entfernten Gebieten niedergehen.

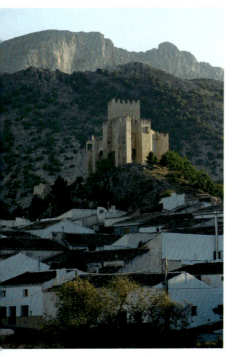

Renaissanceburg: Castillo Fajardos in Vélez Blanco

Die lebensfeindlichen, für die Astronomie aber idealen Bedingungen nutzt eine große Sternwarte auf dem 2168 Meter hohen *Calar Alto* in der Sierra de los Filabres; bei guter Sicht sind die weißen Kugelbauten schon aus knapp 50 Kilometer Entfernung zu erkennen. Fast 3000 Sonnenstunden pro Jahr rufen zudem geradezu nach einem Solarkraftwerk: Die „Plataforma Solar" liegt bei Tabernas.

Schon in den 60er-Jahren wurden die Sierras östlich von Almería von Sergio Leone („Spiel mir das Lied vom Tod") und anderen Regisseuren für einen ganz unterschiedlichen Zweck entdeckt. Die Canyons, Schotterhänge und Agavenfelder boten die perfekte Kulisse für zahllose „Spaghetti-Western", die eigentlich eher „Gazpacho-Western" heißen sollten. In der Gegend von Tabernas finden sich deshalb mehrere Westernstädte, teils halb verfallen, teils als Publikumsattraktion bewahrt. Ein beliebter Drehort war auch der heutige Naturpark Cabo de Gata: In der staubtrockenen Landschaft entstanden unter anderem Teile des Historienschinkens „El Cid", außerdem „Der letzte Mohikaner" und sogar Sequenzen des opulen-

Provinz Almería 155

ten Wüstenfilms „Lawrence von Arabien". 1988 drehte hier Terry Gilliam seine „Abenteuer des Barons von Münchhausen". Auch Michael „Bully" Herbig setzte die Sierras von Almería in Szene: Hier entstand „Der Schuh des Manitu".

In Kürze: Provinz Almería

Fläche: 8774 Quadratkilometer
Bevölkerung: etwa 680.000 Einwohner, das entspricht einer Bevölkerungsdichte von 78 Einwohnern pro Quadratkilometer
Reizvolle Landschaften: Naturpark Cabo de Gata, Sierra de los Filabres, La Alpujarra almeriense
Schöne Orte: Vélez Blanco; Mojácar zur Nebensaison

Geschmackssache: die Feriensiedlungen Aguadulce, Roquetas de Mar und Almerimar
Kurios: die Westernstädte bei Tabernas im Hinterland von Almería
Keinesfalls versäumen: ein Bad an den fantastischen Stränden des Naturparks Cabo de Gata zu nehmen
Internet-Info: www.almeria-turismo.org

Vélez Rubio/Vélez Blanco

Zwei kleine Städtchen im Nordosten der Provinz Almería, das eine fast direkt an der A 92 N von Murcia nach Granada gelegen, das andere etwa sechs Kilometer abseits.

Zur Gesamtgemeinde Los Vélez zählt auch der waldreiche Naturpark Sierra de María-Los Vélez, auf dessen 25.000 Hektar Fläche unter anderen seltenen Arten auch Steinadler, Uhus und Gänsegeier leben. Seit 1990 ist er in der bislang einzigen deutsch-spanischen Naturpark-Partnerschaft mit dem bayerischen Naturpark Altmühltal verbunden.

Wegen ihrer zahlreichen Baudenkmäler wurden sowohl Vélez Rubio als auch Vélez Blanco unter besonderen Schutz gestellt. Schmückt sich Vélez Rubio schon mit einer Reihe hübscher Adelshäuser und Kirchen, so zeigt sich das kleinere, auf gut tausend Meter Höhe gelegene Vélez Blanco noch eine ganze Ecke reizvoller. Der etwas verschlafen wirkende Ort mit seinen schmucken weißen Häusern besetzt einen Ausläufer der Sierra María und besitzt noch sein altes Maurenviertel, die *Morería*. Prächtigster Bau von Vélez Blanco ist jedoch das beherrschende *Castillo de los Fajardos* (geöffnet Mi–So, von April bis September 10–14, 17–20 Uhr, im restlichen Jahr 10–14, 16–18 Uhr; Infos unter Mobiltel. 607 415055), eine frisch teilrestaurierte Renaissance-Schlossburg des 16. Jh., deren Baumeister aus Italien kam. Ganz neu ist das Interpretationszentrum *Centro de Interpretación de la Cultura del Agua*, das (auch in englischer Sprache) über die traditionelle Bewässerungskultur der Region informiert; morgens um neun Uhr treffen sich hier nach uralter Sitte die Eigentümer der Bewässerungsrechte zur Abklärung der Bewässerungszeiten. Die endgültigen Öffnungszeiten des Zentrums standen bis zuletzt noch nicht fest, sollten sich künftig aber unter der Gemeindewebsite www.ayuntamientodevelezblanco.org finden lassen.

● *Übernachten* ***** Hotel Casa de los Arcos**, im historischen Ortskern von Vélez Blanco, an der Hauptstraße im hinteren Ortsbereich. Reizvolles, 1998 eröffnetes Quartier in einem vorbildlich restaurierten Stadtpalast des 18. Jh. Gemütlich-hübsche, gut ausgestattete Zimmer mit Mobiliar im landestypischen Stil, deutsche Leitung. DZ kommen auf etwa 60 €, Suiten auf rund 75–85 €.

Calle San Francisco 2, ☎ 950 614805, ☏ 950 614947, www.hotelcasadelosarcos.com.
Pensión Hostal Sociedad, im Zentrum von Vélez Blanco. Familiäre Atmosphäre, preiswerte Zimmer. DZ/Bad kosten hier um die 30 €. Calle Corredera 16, Infos in der Bar Sociedad gegenüber, ☎ 950 415027.
Weitere Übernachtungsmöglichkeiten bestehen in Vélez Rubio, dort unter anderem meh-

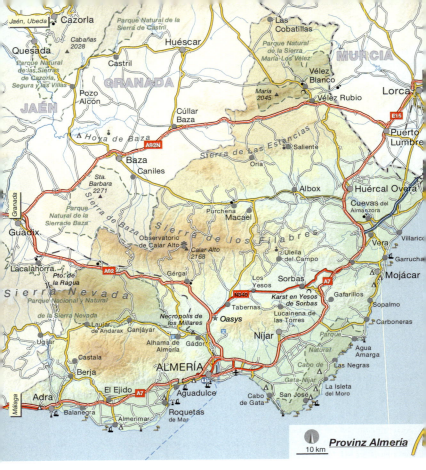

Provinz Almería

rere Quartiere an der Durchgangsstraße.
- *Feste* Ausgesprochen reiches Programm. Höhepunkte sind besonders die Weihnachtszeit mit einem Festival der Volksmusikgruppen, der Karneval und die Prozessionen der Karwoche.

Fiesta del Santo Cristo de la Yedra, in der zweiten Augustwoche, das Patronatsfest von Vélez Blanco.

Fiesta de la Primavera, Frühlingsfest in Vélez Blanco, das sich über mehrere Tage in der ersten Juniwoche erstreckt.

Fiesta del Verano, Sommerfest, ebenfalls über mehrere Tage in der ersten Augustwoche; in Vélez Rubio.

Ferias del Otoño, herbstliche Jahrmärkte: Ende September in Vélez Blanco, etwa Mitte Oktober in Vélez Rubio.

Cueva de los Letreros: In der Umgebung von Vélez Blanco befindet sich diese Höhle, die von der Unesco zum „Kulturerbe der Menschheit" erklärt wurde. Sie birgt eine Reihe jungsteinzeitlicher Felszeichnungen, darunter das Strichmännchen „Indalo", das sich die Region Almería zu ihrem Symbol erwählt hat. Besichtigungen erfolgen im Normalfall täglich um 12.30 Uhr; Näheres im Besucherzentrum Almacen del Trigo (Di–Do, So 10–14 Uhr, Fr/Sa 10–14, 16–18 Uhr; ✆ 950 415651), das in Vélez Blanco unweit der Hauptstraße liegt.

Costa de Almería (östlicher Bereich)

Die hohe Sonnenscheindauer mit einem Jahresdurchschnitt von 322 wolkenlosen Tagen und 3035 jährlichen Sonnenstunden stellt das große touristische Kapital der Küste von Almería dar. Verwunderlich deshalb, dass die Region von den Marketingstrategen der Fremdenverkehrsbranche erst relativ spät entdeckt wurde. Heute allerdings ist der westliche Abschnitt der Costa de Almería um Aguadulce und Roquetas mit ausgedehnten Urbanisationen und Hotelanlagen mehr als gut erschlossen. Derzeit setzt sich die Urbanisierung im östlichen Teil der Küste fort. Dennoch bewahrt dieses Gebiet noch noch ein echtes Sahnestück Andalusiens: die großartigen, unverbauten Strände im Gebiet um das Cabo de Gata, das als Naturpark geschützt ist.

Vera

Das recht große Dorf, einige Kilometer landeinwärts des Meeres gelegen, lebt von der Landwirtschaft und ist bekannt für seine Töpferwaren. Veras Küstensiedlung Puerto Rey wiederum genießt gewissen Ruf als Nudisten-Kolonie. Damit gab man sich jedoch nicht zufrieden, und so verkündete schon vor einigen Jahren ein Handbuch der Regionalregierung, bei Vera sei „eines der größten Tourismuszentren Europas" geplant. Tatsächlich entsteht an der Küste hier momentan eine Urbanisation nach der anderen, manche explizit für FKK-Anhänger vorgesehen. Weiter nördlich ist wieder mehr Platz, doch sind auch dort bereits einige Feriensiedlungen gewachsen.

● *Übernachten* **Hotel Vera Playa Club**, strandnah gelegen. „Erstes Nudistenhotel Europas" und die einzige derartige Anlage in Spanien, ein großer Ferienkomplex mit zahlreichen Sportmöglichkeiten. Zuletzt geöffnet Anfang Mai bis Anfang/Mitte Oktober. Überwiegend pauschal gebucht, Individualgäste zahlen fürs DZ/F je nach Saison etwa 70–170 €; diverse Verpflegungsprogramme bis hin zu All Inclusive sind möglich. Mindestaufenthalt in der Regel fünf Tage. Carretera de Garucha-Villaricos, ☎ 950 467475, ✆ 950 467476, www.veraplayaclubhotel.com.

Hotel Terraza Carmona, traditionsreicher Familienbetrieb im Ort selbst. Durchaus komfortabel, ein gutes Restaurant ist angeschlossen. Ganzjährig geöffnet. DZ nach Saison etwa 75–85 €. Calle Manuel Jimenez 1, ☎ 950 390760, ✆ 950 391314, www.terrazacarmona.com.

Garrucha

Mit seinem schachbrettartigen Aufbau aus Apartmentblocks zählt das langgestreckte Küstenstädtchen nicht gerade zu den schönsten Siedlungen Andalusiens, ist auch alles andere als ein Ferienort. Dafür darf sich Garrucha eines großen und betriebsamen Fischerhafens rühmen. Kosten kann man die hier angelandete Beute, darunter viele Muscheln und Garnelen, in den darauf spezialisierten Restaurants der palmengesäumten Uferpromenade.

● *Essen* **Rest. El Almejero**, unterhalb der Promenade, direkt im Hafen. Eine der ersten Adressen für Meeresgetier; falls es keine frische Ware gibt, wird gar nicht erst geöffnet. Wie oft in Garrucha, werden auch die Gerichte vorwiegend nach Gewicht berechnet – nicht unbedingt ein ganz billiges Vergnügen. Explanada del Puerto s/n.

● *Feste* **Noche de San Juan**, Mittsommernachtsfest in der Nacht vom 23. auf den 24. Juni.

Fiesta de la Virgen del Carmen, 16. Juli. Fest der Schutzheiligen der Fischer, mit Meeresprozession.

Mojácar

Unter den Touristenhochburgen der Costa de Almería zählt Mojácar zur angenehmeren Sorte. Die überwiegende Zahl der Besucher und der Residenten, die sich auf Dauer hier niedergelassen haben, sind Briten, doch hat auch mancher deutsche Reiseveranstalter den Ort im Angebot.

Mojácar gliedert sich in den alten Ortskern, etwa zwei Kilometer landeinwärts hoch über dem Meer gelegen, und die zugehörige Küstensiedlung Mojácar-Playa. Dort unten fragt man sich zunächst etwas ratlos, was wohl die Attraktivität Mojácars ausmachen soll. Der Strand selbst ist zwar recht hübsch, und im Sommer bietet eine Reihe von Strandbars hier nette Schattenplätzchen. Die kilometerlange, etwas öde „Uferpromenade" allerdings lädt höchstens zum Auto-Cruising ein, und die Hotels, Boutiquen oder Restaurants wirken ziemlich planlos in eine Reihe gepflanzt. Hat man sich jedoch durch die weit ausgedehnten Hügelurbanisationen erst einmal hinauf in den Altort durchgekämpft, wird die Anziehungskraft Mojácars klar: Das Städtchen ist ein zur Ferienbühne umgewandeltes ehemaliges „Weißes Dorf", voll kleiner Häuser, romantischer Winkel, Treppengassen und Blumenschmuck – und voll von „English Pubs" und Souvenirgeschäften. Immer wieder stößt man hier auf den *Indalo*, eine Felszeichnung, die in der Höhle Los Letreros bei Vélez Blanco entdeckt wurde. Das Strichmännchen, zwischen dessen erhobenen Händen ein Halbkreis verläuft und das deshalb romantisch als „der Mann, der einen Regenbogen in den Händen hält" interpretiert wird, ist das Wahrzeichen Mojácars und mittlerweile auch der gesamten Provinz Almería. In vergangenen Zeiten sollen die Einwohner von Mojácar das Symbol an ihre Häuser gemalt haben, um sie vor Stürmen und dem Bösen Blick zu schützen.

Verglichen mit den meisten Siedlungen der Costa del Sol ist Mojácar-Ort ästhetisch immer noch eine Freude – ein Genuss, den man sich im Hochsommer allerdings mit Heerscharen teilen muss. Im Frühjahr und Herbst dagegen geht es manchem hier vielleicht sogar schon zu ruhig zu. Bleibt noch eine kleine Kuriosität am Rande anzumerken: Der Gemeinderat des Städtchens ist der festen Überzeugung, Walt Disney (nach offizieller Lesart Sohn eines kanadisch-irischen Zimmermanns und einer deutschstämmigen Hausfrau) sei in Wahrheit der uneheliche Sohn einer Wäscherin aus Mojácar gewesen.

Information/Verbindungen/Diverses

• *Information* **Oficina Municipal de Turismo**, Plaza Frontón s/n, im Altort hinter der Kirche; Umzug möglich. ✆ 950 615025. Öffnungszeiten (Sommer): Mo–Fr 9–14, 17.30–19.30 Uhr, Sa 10–14 Uhr, 17.30–19.30 Uhr, zur HS auch So 10.30-13.30 Uhr. www.mojacar.es.

• *Verbindungen* **Auto**: Im Ortskern sind Parkplätze Mangelware. Sehr ratsam, sich gar nicht erst in das Gassengewirr zu wagen, sondern an der Zufahrt oder weiter nordwestlich beim Stadion zu parken. **Bus**: Haltestellen in der Avenida Andalucía unterhalb des Altorts. Busse von/nach Garrucha und Vera etwa stündlich, Almería 4- bis 5-mal und Murcia 5-mal täglich. Strandbusse verkehren zur Saison etwa halbstündlich.

• *Internet-Zugang* **Bar Pavana**, Avda. de Paris, am Hauptzugang zum Altort.

• *Feste* **Moros y Cristianos**, an einem langen Wochenende (Fr–So) in der ersten Junihälfte. Ein sehr farbenprächtiges Spektakel: Mojácar zelebriert die Erinnerung an die Kämpfe zwischen Mauren und Christen, die seinerzeit um den Ort tobten. **Fiesta de San Agustín**, 28. August, das Fest des örtlichen Schutzpatrons.

Mojácar 159

Übernachten/Essen

• *Übernachten* In der Strandsiedlung gibt es zahlreiche Unterkünften aller Kategorien, oben im Ort ist die Auswahl bescheidener.

**** **Parador de Mojácar**, in der Strandsiedlung, 2008 nach umfangreicher Renovierung wiedereröffnet. Modernes Gebäude, Garten, Swimmingpool, Tennisplätze und Wassersportmöglichkeiten; Restaurant mit guter Küche. DZ nach Saison etwa 90–140 €. Playa s/n, ℡ 950 478250, ℡ 950 478183, www.parador.es.

** **Hotel Mamabel´s**, ein echter Tipp in Mojácar. Traumhafte Lage mit weitem Blick am Rand des Altorts, nette Eigentümerin, die die eigentliche Leitung mittlerweile an ihren Sohn übertragen hat. Nur neun Zimmer, freundlich mit Antiquitäten und diversem Nippes dekoriert, die meisten mit eigener Aussichtsterrasse. Auch das viel gelobte Restaurant ist wieder in Betrieb. Ganzjährig geöffnet, zur Saison Reservierung sehr ratsam. Standard-DZ/Bad etwa 60–75 €. Calle Embajadores 3, von der Zufahrtsstraße Richtung Hauptplatz und dann sofort hart links ab, ℡/℡ 950 472448, www.mamabels.com.

* **Hotel Río Abajo**, unten in der Strandsiedlung, bereits hart an der Ortsgrenze zu Garucha; ohne Fahrzeug wird man hier wohl nicht glücklich, Parken ist dafür normalerweise kein Problem. In seiner Klasse eine Empfehlung: Gute und ruhige Lage direkt am Strand, großer Garten, kleiner Pool; freundliche Führung durch Manolo, der etwas Deutsch spricht. Zimmer schlicht, aber in Ordnung. Tauchschule angeschlossen. Geöffnet April bis September. DZ nach Saison und Lage 50–70 €. ℡ 950 478928, www.rioabajomojacar.com.

* **Hostal Arco Plaza**, im Altort nahe der Hauptplaza, Eingang hinter dem Tor. Sehr ordentliches, 1997 eröffnetes Quartier mit hotelähnlichem Komfort; hübsche Zimmer mit TV, Telefon, Heizung und Aircondition. Die Zimmer zum Platz sind im Sommer nicht ganz leise, bieten dafür aber zum Teil Terrassen mit Fernblick. DZ/Bad etwa 35 €, im August 45 €. Edificio Plaza, Plaza Nueva s/n, ℡ 950 472777, ℡ 950 472717.

Pensión El Torreón, hübsches Haus aus den Anfängen des 20. Jh.; ganze fünf Zimmer, die alle auf eine luftige, hohe Halle hinausgehen, davor eine blumengeschmückte, große Terrasse mit Superblick, auf der man auch frühstücken kann, maurische Anklänge in der Innenarchitektur – da lässt es sich schon mal verkraften, dass die Zimmer kein eigenes Bad haben. Etwas schwierig zu finden, da im Gassengewirr des Altorts; Parkplätze vorhanden, die Lage aber besser erst zu Fuß erkunden, im Juli/August unbedingt reservieren. DZ kosten etwa 50 €, bei längerem Aufenthalt auch mal darunter. Calle Jazmín s/n, ℡ 950 475259.

• *Camping* **Cantal de Mojácar**, 2. Kat, in der Strandsiedlung. In mehreren Etagen angelegtes, durch Bäume gut schattiges Gelände. Bei viel Betrieb können die ansonsten brauchbaren Sanitärs schon mal überfordert sein. Zum Strand über die Küstenstraße. Einkauf, Bar, Restaurant nur zur Hochsaison. Ganzjährig geöffnet. P.P. etwa 5 €, Auto und Zelt je etwa 5,50 €. Avenida Mediterráneo 299, ℡ 950 478204, ℡ 950 472393, campingelcantal@hotmail.com.

Provinz Almería Karte S. 156

Café mit Blick: im Ortskern von Mojácar

160 Provinz Almería

El Quinto, 2. Kat, kleiner Platz etwa 1,5 km landeinwärts des Altorts in Richtung der N 340. Von Lesern gelobt, deutsche Leitung, Bushaltestelle Richtung Strand in der Nähe. Schattendächer allerdings nur teilweise. Ganzjährig geöffnet. Preise p.P., Auto, Zelt je etwa 5,50 €. Carrtera Mojácar-Turre, ☎/≋ 950 478704, campingelquinto@hotmail.com.

● *Essen* Viele Restaurants sowohl im Ortskern als auch am Strand sind überteuert und zudem häufigen Besitzerwechseln unterworfen. In der Nebensaison ist vieles geschlossen.

Rest.-Pizzeria Pulcinella, direkt oberhalb vom Hauptplatz; ein Plus ist die große Terrasse mit Fernblick. Nicht direkt billig (Pizza & Pasta 10 € und mehr), aber mit ordentlicher Küche; beliebt und oft gut besucht. Calle Cuesta del Sol s/n.

Rest. Elizabeth, um die Ecke vom Hauptplatz. Schöne Terrasse mit weiter Aussicht, aufgeführt jedoch schon deshalb, weil es als eines von ganz wenigen Lokalen im Ortskern auch außerhalb der Reisesaison einigermaßen zuverlässig geöffnet hat. Preise, Küche und Service liegen im Durchschnitt. Calle Aire s/n.

Rest. L'Arlecchino, nahe der Pensión El Torreón und vor allem wegen der schönen nicht „aufpreispflichtigen" Aussichtsterrasse erwähnt. Breite Speiseauswahl, Hauptgerichte überwiegend um die 10–12 €. Spezialität Fleisch vom Grill, es gibt jedoch z.B. auch vegetarische Optionen. Plaza Flores s/n.

Café-Bar Rincón de Embrujo, nahe Hauptplatz. Einfache, gemütliche Speisestätte, einige Tische auf dem Kirchplatz, preisgünstige Raciones, auch Platos Combinados etc. Plaza Iglesia s/n.

Restaurant L'Incanto, unten in der Strandsiedllung, ein Lesertipp von Dr. Marianne Müller und Georg Hille: „Am Strand gelegen, sehr freundliche Atmosphäre, hervorragende italienische Küche. Paseo del Mediterráneo 14."

Baden: Der kilometerlange Strand von Mojácar-Playa gliedert sich in mehrere Abschnitte. Überwiegend zeigt er sich eher schmal und grobsandig, ist aber insgesamt so übel nicht. Die Wasserqualität sollte ebenfalls in Ordnung sein, da einzelne Bereiche mit der Blauen Flagge ausgezeichnet sind. Im Sommer sind eine ganze Reihe von Strandbars in Betrieb, die teilweise recht originell sind; „El Patio" z. B. vermittelt fast schon karibisches Flair.

▸ **Weiterreise:** Richtung Almería führt der schnellste Weg über das Inlandsdorf Turre und weiter auf der autobahnähnlich ausgebauten A 7. Es wäre jedoch schade, den wunderschönen Naturpark Cabo de Gata auszulassen. Eine ebenfalls reizvolle Variante bildet die N 370: Vorbei an den Karsthöhlen von Sorbas und den Westernstädten bei Tabernas durchquert sie die wildromantischen Sierras der Provinz; Details hierzu im Kapitel „Im Hinterland von Almería".

Südlich von Mojácar

Hinter Mojácar folgen zunächst weitere Sandstrände. Etwas abgelegenere (FKK)-Bademöglichkeiten sind über eine allerdings ziemlich schlechte Piste zu erreichen, die wenige Kilometer südlich der Strandsiedlung bei einem alten Wehrturm am Meer abzweigt. Die Hauptstraße wendet sich an dieser Stelle landeinwärts und kurvt auf einer teilweise geradezu spektakulären Trasse durch einen wilden Bergzug, auf dessen Rückseite noch eine schöne Bucht wartet. Wenige Kilometer weiter liegt Carboneras, das an allen Seiten vom Naturpark Cabo de Gata umschlossen ist. Nur der Ort und seine unmittelbare Umgebung wurden vom Parkgebiet ausgenommen – mit gutem Grund.

Carboneras: Ein Badeort, der vor allem bei spanischen Besuchern beliebt ist. Unterkünfte und Restaurants sind ein ganzes Stück preisgünstiger als in Mojácar, der Strand ist breiter und feinsandiger. Der Haken? Ganz einfach: Richtung Süden, nur ein kleines Stück hinter dem Ortsausgang, verschandelt eine gigantische Kraftwerks- und Hafenanlage Strand und Landschaft. Kein Wunder, dass dort auch das Meer zumindest optisch nicht immer einen sauberen Eindruck macht.

Schwungvoll: Felsformation an der Cala de Enmedio

Parque Natural Cabo de Gata-Níjar

Fast ein letztes Stück Paradies an der spanischen Mittelmeerküste. Wunderschöne Strände, herbe Felsabstürze ins Meer, im Landesinneren Halbwüste, an der Küste kleine Dörfer. 1987 wurde das Gebiet gerade noch rechtzeitig zum Naturpark erklärt. Relativ wenige Unterkünfte.

Die Spekulanten hatten schon die Messer gewetzt. Bis zum Beginn der Achtziger lag das Cabo de Gata praktisch am Ende der Welt. Kaum Straßen, die wenigen Bewohner nährten sich vom Fischfang oder schürften in Minen nach Erz. Dann, freier Raum am Mittelmeer wurde knapp, ersetzte langsam Asphalt die bisherigen Staubpisten. Von Almería schoben sich erste Urbanisationen vor. Gerettet hat das Gebiet damals wohl, dass es so weit abseits aller Fernstraßen liegt und dass die Erschließung, auch wegen des offensichtlichen Wassermangels, recht teuer ausgefallen wäre. Dennoch rissen Gerüchte über eine riesige Apartmentstadt nicht ab und hätten sich vielleicht auch bewahrheitet, wenn es der Naturschutzbehörde nicht gelungen wäre, sich gegen die Interessen der Baumultis durchzusetzen.

Gestattet ist das Bauen in dem 34.000 Hektar großen Schutzgebiet nur mehr in den Ortsgrenzen der Siedlungen. In einer Reihe von Orten, allen voran San José, wird schnell augenfällig, dass auch dies besser hätte eingeschränkt werden sollen. Ein Teil der Bevölkerung ist da freilich anderer Ansicht: Viele Einheimische fühlen sich durch die Schutzgesetze, insbesondere durch den Baustopp, gegängelt und finanziell benachteiligt. Diese Fraktion empfindet wahrscheinlich auch die Anlage von Treibhäusern durch die mächtige Agrarlobby als legitim: Dutzende nahezu unkontrolliert gewachsene, die Landschaft verschandelnde „Invernaderos" haben Naturschützer im Park gezählt, und fast jährlich werden es mehr. Bleibt zu hoffen, dass

Abgeschieden: Cala del Plomo

nicht auch an den Rändern des Schutzgebiets Schlimmes entsteht. Eine Pufferzone wäre dringend vonnöten. Vor einigen Jahren musste die andalusische Regionalregierung einschreiten, um den Bau einer knapp außerhalb des Naturparks geplanten und bereits von der Gemeinde Níjar genehmigten Urbanisation mit 700 Wohnungen und einem großen Hotel zu stoppen. Eine schier endlose Geschichte ist auch der Skandal um ein (natürlich illegal) im Gebiet von Carboneras direkt an den Strand Playa Algarrobico geklotztes Großhotel, das nie in Betrieb genommen wurde und laut Gerichtsurteil eigentlich schon längst hätte abgerissen sein sollen, bis zuletzt aber immer noch stand.

Immerhin wurde eine Reihe von Arealen im Naturpark als besonders schützenswert ausgewiesen – wer hier gegen die Schutzbestimmungen verstößt, hat mit hohen Strafen zu rechnen. Und mit etwas Glück darf sich der Park vielleicht eines Tages mit einer hoch begehrten, äußerst prestigeträchtigen Auszeichnung schmücken: Eine Kandidatur für die Unesco-Liste des Weltnaturerbes ist, freilich bereits seit Jahren, im Gespräch. Der Parque Natural Cabo de Gata-Nijar stünde damit in einer Reihe z. B. mit den Galapagosinseln und dem Grand Canyon. Zum Biosphären-Reservat der Unesco wurde der Park bereits 1997 erklärt.

Die rund 30 Kilometer lange *Sierra de Cabo de Gata* ist, man sieht es manchen Felsformationen der Küste deutlich an, vulkanischen Ursprungs. Sie bildet das größte Vulkangebiet Spaniens. Die Vulkanausbrüche begannen vor etwa 15 Millionen und endeten vor etwa sieben Millionen Jahren. Vulkane waren es auch, die Metalle wie Blei und Silber aus tieferen Erdschichten nach oben drückten – bis vor einigen Jahrzehnten wurde in den Stollen um den Weiler Rodalquilar noch nach Eisenerz und sogar Gold geschürft. Seine höchste Höhe von knapp 500 Metern erreicht der Gebirgszug im Vulkankegel des Cerro del Fraile zwischen San José und Los Escullos. Von tiefen Trockentälern durchzogen, reichen die Ausläufer der Sier-

Parque Natural Cabo de Gata-Níjar 163

ra bis an die Küste. Wo sie nicht steil ins Meer abstürzen, umrahmen sie Sandstrände, die zu den schönsten Spaniens zählen und ihren besonderen Schmuck durch bizarr verwitterte Kalksteinfelsen erhalten.

Pflanzen gedeihen bei jährlichen Niederschlägen von durchschnittlich 130 Millimetern nur spärlich. Die Halbwüstenflora des Cabo de Gata besitzt starke Ähnlichkeiten mit den Pflanzengesellschaften der Sahara-Randzone. Auffallend in der graubraunen, nur nach den seltenen Sturzregen ergrünenden Steppe sind die aus Amerika eingeführten Feigenkakteen und Agaven, die mit ihren meterhohen Fruchtständen in ganzen Kolonien wachsen, ebenso die kaum bis zum Knie reichende Zwergpalme *palma enana* – diese einzige einheimische Palmenart Europas wird hier liebevoll auch *palmito* („Pälmchen") genannt. An Plätzen, an denen genügend Grundwasser vorhanden ist, finden sich kleine Kolonien von Dattelpalmen, die die Illusion von Afrika perfekt machen. Unter den achtzig Vogelarten, die ständig oder zeitweilig hier leben, kann man in den Salinen beim Cabo de Gata auch Flamingos beobachten. Die ebenfalls geschützte, artenreiche Unterwasserwelt zeigt sich als ein Paradies für Schnorchler, ausgedehnte Bestände von Neptungras (Posidonia) überziehen den Boden. Eines Tages wird man am Cabo de Gata vielleicht auch wieder Mönchsrobben sehen können: Diese seit 1974 hier nicht mehr heimische Art soll im Rahmen eines Projektes wieder angesiedelt werden. Derzeit mangelt es allerdings noch an den finanziellen Voraussetzungen für das ehrgeizige Unterfangen.

Touristische Infrastruktur: Eher bescheiden – gut so, denn dadurch wird der Zustrom einigermaßen wirkungsvoll abgebremst. Öffentliche Verkehrsmittel fahren eher selten und nur zu wenigen Ortschaften. Unterkünfte sind nicht billig und (das gilt oft sogar für die Campingplätze) zur spanischen Saison häufig voll belegt. Dann kommen auch die Ausflügler aus Almería und den dortigen Urbanisationen. Außerhalb der Saison wird es dagegen ruhig am Cabo de Gata, für manchen vielleicht zu ruhig.

Eine Bitte: Verhalten Sie sich rücksichtsvoll, das Gebiet wird schon genug belastet. Enduro- und Geländewagenfahrer sollten wissen, dass das Verlassen der Wege für Fahrzeuge verboten ist. An interessanten Pisten herrscht dafür kein Mangel.

• *Information* **Centro de Visitantes Las Amoladeras**, Dokumentationszentrum an der Straße von Almería zum Ort Cabo de Gata und nach San José, noch vor der Kreuzung beim Dörfchen Ruescas; ✆ 950 160435. Sehr schön gestaltete Ausstellungsräume, die Erklärungen leider nur in Spanisch; Verkauf von Übersichtskarten des Parks. Öffnungszeiten: Juli bis September täglich 10–14, 18–20 Uhr, restliche Zeit täglich 10–15 Uhr.

Infokioske sind an mehreren Stellen im Park eingerichtet worden, allerdings nur im Sommer in Betrieb. Zusätzlich gibt es in San José eine kleine, „halbprivate" Auskunftsstelle, Näheres siehe dort.

• *Internet* **www.parquenatural.com**, ganz überwiegend nur auf Spanisch.

www.degata.com, ein noch junges, aber schon recht umfangreiches Portal, zum Teil auch auf Englisch.

www.cabodegata.net, ökologisch orientiertes Portal der „Vereinigung der Freunde des Naturparks", die z. B. auch geführte Wanderungen (gratis) offeriert. Leider nur auf Spanisch.

www.indalodeoz.com, die Seite eines lokalen Führers für Birdwatching, Naturbeobachtung etc. Englisch.

• *Verbindungen* Ein Fahrzeug ist in dem weitläufigen Gebiet sehr nützlich. Zuletzt gab es im Park kein Mietwagenbüro mehr, reichlich Anbieter jedoch in Almería, siehe dort.

Bus: Alle Wege ab Almería. Ganzjährig von/ nach Cabo de Gata 6-mal täglich, zur HS noch häufiger. Nach Rodalquilar/Las Negras 1-mal, San José 3-mal täglich, La Isleta nur 2-mal pro Woche; im Sommer z. T. häufigere Verbindungen.

• *Übernachten* In fast allen Ortschaften gibt es Unterkünfte, die (wie erwähnt) im Sommer jedoch häufig ausgebucht sind;

Provinz Almería
Karte S. 156

164   Provinz Almería

zur spanischen Saison empfiehlt sich deshalb Reservierung sehr.
• *Camping* „Wildes Camping" ist verboten.
Dafür existiert eine ganze Reihe von Campingplätzen. Neben dem Platz in San José

gibt es auch bei Cabo de Gata, Los Escul-
los und Las Negras recht gut ausgestattete
Plätze, ein eher rudimentärer Platz liegt bei
Rodalquilar.

Agua Amarga

**Lange ein abgeschiedenes Fischerdörfchen, hat sich Agua Amarga mittler-
weile zu einem beliebten Ferienort von freilich immer noch ziemlich bescheidenen Dimensionen entwickelt.**

Das Dorf im nordöstlichen Bereich des Parks ist eine der größeren Siedlungen am
Cabo de Gata. Bis Ende der Achtzigerjahre war Agua Amarga nur über Staubpisten
zu erreichen. Heute führt von Carboneras eine breite Asphaltstraße in den Ort,
vorbei am Fußweg zum schönen Strand Playa de los Muertos und an der Abzweigung zum Leuchtturm Faro de Roldán (siehe jeweils unten). Wie viele Küstensiedlungen der Region liegt das „bittere Wasser", so die Übersetzung von Agua Amarga,
in der Mündung eines Trockentals ins Meer. Im Ortsbereich stehen eine Reihe von
Apartmenthäusern, die allerdings nicht allzu störend wirken. Direkt bei der Siedlung erstreckt sich ein hübscher Sandstrand; es gibt Einkaufsmöglichkeiten, einige
Restaurants und Strandbars sowie eine bescheidene Zahl von Hotels, Pensionen
und Apartments. In der Nebensaison ist das dann eher stille Dorf ein netter Platz
für Ruhesuchende. Die Umgebung lädt zu Wanderungen ein, beispielsweise auf
dem etwas landeinwärts parallel zur Küste verlaufenden Fußweg, der zum südwestlich gelegenen Dorf Las Negras führt – siehe dort unter Wanderung 1. Unterwegs
liegen mehrere schöne und nur wenig besuchte Strände, an denen z. T. Nacktbaden
toleriert wird.

• *Übernachten/Essen* *** **Hotel El Tío Kiko**,
in schöner Aussichtslage am Rand einer
neueren Feriensiedlung westlich hoch über
dem Ort. 2001 eröffnet, sehr komfortabel
ausgestattete Zimmer mit Blick; schön gelegener Pool. Im Dezember geschlossen.
DZ/F kosten etwa 120–170 €, auch zwei Suiten. Calle Embarque s/n, ✆ 950 138080,
📠 950 138067, www.eltiokiko.com.
** **Hotel Las Calas**, am südwestlichen Ende
der Siedlung, fast direkt am Strand. Ebenfalls noch recht junges Hotel (Eröffnung
1999); zehn ordentlich ausgestattete Zimmer
mit großen Balkonen bzw. Terrassen, teilweise Richtung Meer. DZ nach Saison und Lage etwa 75–130 €. Calle Desagüe s/n, ✆ 950
138016, 📠 950 138132, www.hotellascalas.es.
* **Hostal Mikasa Suites & Spa**, an der
Durchgangsstraße im Ort. Die Kategorie
untertreibt gewaltig: Das 1994 eröffnete
Haus fällt eindeutig in die Rubrik „Nobelher-
berge". Sehr schön dekorierte und höchst
komfortable Zimmer, zwei kleine Pools
nebst Jacuzzi, Tennisplätze, Spa. In einer
weiteren, außerhalb gelegenen Anlage stehen zusätzliche Suiten zur Verfügung. Vom

6. Januar bis etwa Mitte März geschlossen.
Reservierung ratsam. Weite Preisspanne:
DZ bzw. Suiten etwa 120–320 €. Ctra. Carboneras s/n, ✆ 950 138073, 📠 950 138219, http://
mikasasuites.com.
Hostal La Palmera, in erster Reihe direkt
am Ortsstrand von Agua Amarga. Ordentliche Zimmer, am schönsten natürlich zum
Meer. Ganzjährig geöffnet außer zu Renovierungsarbeiten oder den wechselnden,
etwa einmonatigen Betriebsferien. DZ/Bad
rund 60–100 €. C. Aguada s/n, ✆ 950 138208.
Pensión El Family, zugleich ein lauschiges
Restaurant, französisches Menü (von Lesern
gelobt) rund 23 €. Das umgebaute Landhaus
mit seinem hübschen Garten steht etwa
300 Meter vom Strand entfernt und besitzt
auch ein kleines Schwimmbecken. Geführt
wird die Anlage von einem französischen
Paar. Zur HS Reservierung dringend geraten. DZ/F nach Lage und Saison etwa 45–
85 €, im August bis 125 €. Calle La Lomilla,
Apartado 23; aus Richtung Carboneras am
hinteren Ortsrand über das Flussbett
abbiegen, ✆ 950 138014, 📠 950 138070, www.
hotelfamily.es.

Von Agua Amarga Richtung Las Negras 165

Rest. La Villa, gleich neben der Pension Mikasa, selbe Besitzer. Mit Pool. Kreative, mediterrane Küche in sehr ordentlichen Portionen, das Preisniveau ist allerdings ziemlich gehoben – 30 bis 40 € sind für ein Menü durchaus zu rechnen. Nur abends, Mi Ruhetag. ☎ 950 138090

Bar Playa, direkt am Ortsstrand und eine der wenigen Bars, die auch zur Nebensaison geöffnet haben. Gute Bocadillo-Auswahl, auch nett fürs Frühstück.

● *Feste* **Fiesta de Santiago Apóstol**, vom 24. bis 26. Juli, gewidmet dem bei uns Jakobus genannten Apostel.

Baden: Der Strand von Agua Amarga ist gut 500 Meter lang, im Durchschnitt 30 Meter breit und besteht aus feinem, grauem Sand. Duschen sind vorhanden. Der Hügel am Südwestende des Strandes lohnt eine nähere Inspektion: In sein Gestein sind Höhlen gegraben, über deren Entstehung es unterschiedliche Meinungen gibt – manche glauben, es handle sich um alte Piratenschlupflöcher, andere wollen wissen, dass hier im 19. Jh. Einwohner des Dorfes gelebt hätten.

Cala de Enmedio: Nur zu Fuß zu erreichen ist diese schöne Bucht südwestlich von Agua Amarga, die von skurril erodierten, überhängenden Kalkfelsen begrenzt wird. Die Bucht selbst ist rund 130 Meter lang und völlig unbebaut. Nacktbaden scheint zumindest zur Nebensaison üblich zu sein, im Umfeld der Bucht lässt es sich gut schnorcheln. Der Fußweg zur Cala de Enmedio dauert rund eine halbe Stunde. Er beginnt nahe einem großen Eukalyptusbaum an der Hauptstraße beim westlichen Ortsrand, führt auf Asphalt über die Calle Deposito genannte Straße zunächst steil bergauf, in einer Linkskurve des Sträßchens dann als Feldweg geradeaus und vorbei an einem Sendemasten und einem Pumpenhäuschen, später von einer Art Grat nach links abwärts zur Bucht, siehe auch Wanderung 1.

Mesa de Roldán/Playa de los Muertos: Wenige Kilometer nordöstlich von Agua Amarga zweigt bei der letzten Anhöhe in Richtung Carboneras ein Sträßchen meerwärts ab. Es endet auf dem Tafelberg Mesa Roldán bei einem Leuchtturm, in dessen Umgebung sich eine weite Aussicht über die Küste bietet – nicht umsonst steht gleich nebenan ein Wachtturm des 17. Jh. Zurück an der Hauptstraße, lohnt sich wenige Meter weiter erneut ein Stopp. Dort führt von einem Parkplatz (nichts im Wagen lassen!) ein Fußweg sowohl zu einem schönen Aussichtspunkt als auch hinab zur ausgedehnten, reizvollen Playa de los Muertos. Seinen düsteren Namen trägt der „Strand der Toten" nach den unglücklichen Opfern der zahlreichen Schiffsunglücke früherer Tage, die aufgrund der Strömungsverhältnisse auch von weiter entfernten Regionen der Küste hier angeschwemmt wurden.

Von Agua Amarga Richtung Las Negras

Lange Zeit bildete der weite Inlandsbogen via N 344/A7 und das Dörfchen Campohermoso die kürzeste Straßenverbindung zwischen Las Negras und Agua Amarga. Mit der Asphaltierung der ehemaligen Waschbrettpiste, die knapp fünf Kilometer hinter Agua Amarga linker Hand zum Dörfchen Fernán Pérez abzweigt, hat sich das geändert. Wer aus der Gegenrichtung kommt, muss in Fernán Pérez bei einer Art Brücke mit Bushaltestelle auf das Asphaltsträßchen Richtung Osten abbiegen.

Cala del Plomo: Eine schöne, entlegene Bucht (siehe auch Wanderung 1), die auf einer allerdings schlechten Piste auch mit dem Fahrzeug zu erreichen ist. Sie liegt am Ende des Trockentals *Rambla del Plomo* in einer für hiesige Verhältnisse ungewöhnlich fruchtbaren Gegend, in der Brunnen und Bewässerungsanlagen bescheidene Landwirtschaft ermöglichen und auch Dattelpalmen gedeihen. Im Umfeld stehen einige verstreute Bauernhöfe, ansonsten ist das Gebiet völlig unbebaut. Die

Provinz Almería

Karte S. 156

Bucht selbst ist rund 250 Meter lang und besteht aus einer Mischung aus Sand und großen Kieseln.

• *Anfahrt zur Cala del Plomo* Etwa 700 Meter nach Beginn des oben erwähnten Asphaltsträßchens Richtung Fernán Perez zweigt links eine beschilderte, mit normalen Pkw gerade noch befahrbare Seitenpiste ab, die nach rund 6,5 Kilometern und zwanzig Minuten Fahrt die schöne Bucht erreicht. Anfangs verzweigt sich die Piste im Bereich eines Minengebiets mehrfach; hier immer auf dem Hauptweg bleiben.

Las Negras

Das kleine Dorf entstand erst gegen Ende des 19. Jh. Seit einigen Jahren dehnt es sich mit Apartmentanlagen weiter und weiter ins Hinterland aus. Insgesamt ist Las Negras aber immer noch ein sehr ruhiger Ort geblieben, bis heute zumindest zum Teil von Fischern und Gemüsebauern bewohnt.

Seinen Namen „Die Schwarzen" soll der Ort der dunklen Anhöhe Cerro Negro verdanken, die sich nordöstlich von Las Negras erhebt. Möglicherweise verweist der Ausdruck aber auch auf den fast schwarzen Kieselstrand direkt am Ort, zwar nicht unbedingt der reizvollste der Region, für einen kurzen Sprung ins Wasser aber allemal ausreichend. In den küstennahen Gebieten beiderseits von Las Negras bietet sich Gelegenheit zu schönen Wanderungen und Spaziergängen, sei es im Nordosten Richtung Agua Amarga (siehe Wanderung 1) oder, Richtung Süden und vorbei am Campingplatz, zum kaum drei Kilometer entfernten, großen Strand El Playazo bei Rodalquilar, siehe unten.

Wie in den meisten anderen Küstensiedlungen am Cabo de Gata wuchs in den letzten Jahren auch in Las Negras eine Reihe von Apartmenthäusern für den innerspanischen Sommertourismus. Zumindest in der Nebensaison bekommt man deshalb oft genug eine Ferienwohnung zur Miete angeboten; im Zweifelsfall wissen die Besitzer von Bars und Geschäften sicher eine Möglichkeit.

Weiße Kuben: Hotel Cala Grande

Wanderung 1: Von Las Negras nach Agua Amarga 167

• *Verbindungen* **Busse** der ALSA von/nach Almería via Rodalquilar 1-mal täglich.

• *Übernachten/Essen* ****** Cala Grande**, erst 2010 eröffnetes Hotel am Rand eines neuen, bislang nicht sehr großen Siedlungsgebiets, ein Schwesterhotel des Hotels Cala Chica. Ortsübliche weiße Kubenbauweise, helle, stylische Zimmer mit guter Ausstattung und Balkon, viele zum Meer; Spa und großer Pool. Gehobenes Restaurant „La Mandragora". Ganzjährig. DZ/F 110–190 €. ✆ 950 388228, www.calagrande.es.

** Hotel Cala Chica, beim Kreisverkehr vor dem Ortskern, 2004 eröffnet. Moderne Architektur, Saal für Ausstellungen, kleiner Pool. Geöffnet Ende Mai bis Mitte Oktober, 26 Zimmer mit Klimaanlage, Heizung, TV etc. DZ/F nach Saison 85–150 €. C. Hélice s/n, ✆ 950 388181, ✆ 950 388173, www.calachica.com.

Pension Hostal Arrecife, an der Hauptstraße. Ordentliche Zimmer und Bäder, eines der Zimmer ist rollstuhlgerecht ausgestattet. Nur im Sommer geöffnet, zur NS eventuell am Wochenende. DZ/Bad nach Saison etwa 40–55 €. Calle Bahía 6, ✆/✆ 950 388140.

• *Camping* **Náutico La Caleta**, 2. Kat., wohl der landschaftlich am schönsten gelegene Platz im Park, am Ende eines Trockentals bei der Bucht Cala del Cuervo, der er seinen Namen verdankt. Schattendächer ersetzen Bäume, denn die Vegetation sprießt hier trotz steten Wässerns nur dürftig. Gute Wassersportmöglichkeiten, im Sommer Tauchschule und Kajakverleih. Einkauf und Pool vorhanden, Bar/Restaurant nur zur Saison in Betrieb. Ganzjährig geöffnet. Preise pro Person und Auto etwa 6,50 €, Zelt rund 7,50 €. Etwa 800 Meter südlich des Dorfes, zu erreichen über ein kurz vor dem Ortskern rechts abzweigendes Sträßchen, ✆ 950 525237, ✆ 950 165116, www.camping lacaleta.com.

• *Feste* **Virgen de la Asunción**, 14. bis 16. August, das Hauptfest des Ortes. Vor allem in der Nacht des 14. auf den 15. August herrscht reichlich Trubel.

Wanderung 1: Von Las Negras nach Agua Amarga

Route: Las Negras – Cala de San Pedro – Cala del Plomo – Cala Enmedio – Agua Amarga. **Reine Wanderzeit:** ca. 4 Stunden einfach, hin und zurück 8 Stunden. **Einkehr:** nur an den Anfangs- und Endpunkten; Sonnenschutz, Proviant und Trinkwasser (!) nicht vergessen.

Charakteristik: Diese anspruchsvolle, nicht ganz einfache Wanderung erschließt den sehr schönen, nur schwer zugänglichen Küstenstrich zwischen Las Negras und Agua Amarga und führt zu insgesamt drei reizvollen und entlegenen Badebuchten. Für die heißen Sommermonate eignet sich die praktisch schattenlose Route nur sehr bedingt. Da zwischen Las Negras und Agua Amarga keine Verkehrsverbindungen bestehen, muss man den gesamten Weg zurückgehen oder sich am Ziel abholen lassen; ein Taxi kann man sich z. B. unter Mobil-✆ 637 406407 (www.taxidegata.com) bestellen. Alternativ könnte man natürlich auch nur Teilstrecken gehen, z. B. zur Cala de San Pedro (einfache Strecke: ca. 1¼ Stunden) oder der Cala del Plomo (einfache Strecke: 2¾ Stunden). In jedem Fall empfiehlt es sich, der Hitze wegen bereits früh am Morgen aufzubrechen. Obwohl an einigen entscheidenden Punkten mittlerweile Holzpfähle die Orientierung erleichtern, empfiehlt es sich auch, etwas Wandererfahrung mitzubringen, da der Wegverlauf vor allem zwischen der Cala de San Pedro und der Cala del Plomo nicht immer eindeutig ist.

Route: Vom Ortskern von Las Negras folgt man der parallel zum Meer verlaufenden Straße Calle Las Agüillas (beschildert: „Cala San Pedro") in nördlicher Richtung aus dem Dorf heraus, vorbei an einer mit „El Ventorrillo" beschilderten Abzweigung. Nach wenigen Minuten macht die Straße einen Rechtsbogen und überquert ein sommertrockenes Flussbett. Wenige Meter weiter hält man sich rechts auf die

Piste, vorbei an einer Wandertafel, auf der die Distanz nach Agua Amarga mit zwölf Kilometern angegeben ist. Die breite, mit einer Kette nebst Verbotsschild gesperrte (und ohnehin höchstens von Jeeps befahrbare) Piste steigt rasch an, gewährt im Aufstieg einen schönen Blick auf Agua Amarga und wendet sich dann bald landeinwärts. Eine Abzweigung nach hart rechts, die man etwa eine Viertelstunde hinter der Wandertafel passiert, bleibt unberücksichtigt. Kurz darauf senkt sich die Piste wieder leicht, der weitere Verlauf des nun nahezu ebenen Wegs lässt sich hier gut erkennen. Etwa 20 Minuten weiter (und vorbei an zwei Abzweigungen linker Hand) verwandelt sich die Piste in einen schmalen Fußweg. Wenige Minuten später kommt bereits das erste Zwischenziel in Sicht: Nach einem etwas steilen, geröllingen Abstieg und insgesamt etwa 1¼ Stunden nach Beginn der Wanderung wird die schöne Strandbucht *Cala de San Pedro* erreicht. Ihr Wahrzeichen ist das Castillo de San Pedro, eine weitgehend zerstörte Burg, die in ihren Grundzügen noch von

Wanderung 1: Von Las Negras nach Agua Amarga

Ursprünglich maurisch: Castillo de San Pedro

maurischen Nasriden des 13. Jh. errichtet worden sein soll, jedoch im 18. Jh. umgebaut wurde.

Die Cala de San Pedro verfügt als einzige Bucht des Naturparks über Süßwasserquellen, weshalb die Vegetation hier relativ üppig sprießt. Eben wegen dieser Quellen, und natürlich auch wegen der abgeschiedenen Lage, hat sich hier eine Art Hippiekolonie etabliert. Im Winter sind es nur wenige, doch im Sommer campieren – trotz gelegentlicher Interventionen der Guardia Civil – bis zu zweihundert Leute am Strand und in den halb verfallenen Gebäuden der Bucht.

Der Weiterweg beginnt am hinteren, kleineren Turm der Bucht, einem ehemaligen Wasserturm, der etwas landeinwärts liegt. Hier geht es steil im Zickzack den Hang hinauf; der Pfad ist anfangs etwas undeutlich, wird dann aber klarer und ist mit Steinpyramiden markiert. Nach etwa einer Viertelstunde gerät die Bucht außer Sicht und der Anstieg wird kommoder. Bald führt der Pfad nun über eine wellige, nur spärlich bewachsene Hochebene, die Rellana de San Pedro. Der Wegverlauf ist heute klarer erkennbar als noch vor einigen Jahren; dennoch registriert man dankbar die eine oder andere wegweisende Steinpyramide. Etwa 35–40 Minuten hinter der Cala de San Pedro gelangt man am Rand der Hochebene zu einem Felsabbruch, von dem sich ein weites Panorama bis über Agua Amarga hinaus bietet. Der Pfad folgt nun diesem Felssturz und beginnt, sich allmählich wieder zu senken. Nach einer weiteren knappen halben Stunde ist das Ende der Hochfläche erreicht. Der Weg führt jetzt deutlich abwärts und erreicht, knapp 1½ Stunden hinter der Cala de San Pedro, die *Cala del Plomo,* die über eine schlechte Piste (siehe oben unter „Von Agua Amarga Richtung Las Negras") auch mit dem Fahrzeug angefahren werden kann.

Von der Cala del Plomo folgt man zunächst dieser landeinwärts führenden Piste, biegt aber nach kaum fünf Minuten hinter einer Linkskurve (linker Hand liegt eine Zisterne) bei einem Hinweispflock rechts auf einen felsigen

Provinz Almería
Karte S. 156

Fußpfad ab. Der Pfad, ebenfalls gelegentlich mit Steinpyramiden markiert, führt auf einen Sattel zwischen zwei Hügelkuppen zu. Nach knapp zehn Minuten muss man sich an einer Art Gabelung rechts halten bzw. auf dem Hauptweg bleiben, der bald in Form einer Piste entlang eines Trockentals verläuft. Immer dieser Rambla und der Piste folgend und vorbei an einer breiten Abzweigung nach links gelangt man in einer weiteren Viertelstunde zur schönen Cala de Enmedio (siehe oben unter Agua Amarga, „Baden") mit ihren bizarren Felsformationen, die insgesamt rund 30 Minuten hinter der Cala del Plomo erreicht ist.

Auf dem Weiterweg nach Agua Amarga geht man zunächst etwa 100 Meter weit die Piste zurück. Bei dem meist mit einem Müllberg verzierten Schild „Cala Enmedio" hält man sich rechts, nach kaum zehn Metern wieder links und dann schräg rechts aufwärts, auf einen Hügel zu, den man aber zum Glück nicht erklimmen muss. Nach wenigen Minuten verwandelt sich der bislang überwiegend sandige Weg in einen steiler ansteigenden Felspfad, der einen großen Rechtsbogen beschreibt und etwa eine Viertelstunde hinter der Bucht bei einer großen Steinpyramide eine Art Grat erreicht; hier hält man sich rechts. In leichtem Auf und Ab dauert es jetzt nur noch gut fünf Minuten, bis Agua Amarga in Sicht kommt. Immer geradeaus, vorbei an einem Pumpenhäuschen und einem Sendemasten, sind es noch etwa zehn Minuten bis *Agua Amarga;* der gesamte Weg von der Cala de Enmedio hat rund 30 Minuten in Anspruch genommen.

Rodalquilar

Die kleine Bergbausiedlung liegt etwas abseits der Küste und wirkt nur im Sommer halbwegs belebt. Der zugehörige, einige Kilometer entfernte Strand allerdings hat Klasse.

Lange Zeit partizipierte Rodalquilar kaum am Fremdenverkehr im Naturpark. Mittlerweile sorgt eine Reihe von zugezogenen Ausländern jedoch für etwas frischen Wind im Dorf, neue Quartiere und Bars wurden eröffnet. Außerhalb der spanischen Hochsaison wirkt das Örtchen dennoch ausgesprochen ruhig.

Schon die Römer hatten bei Rodalquilar Gold gefördert. Unter zunächst britischer Leitung wurde der Abbau in den Zwanzigerjahren wieder aufgenommen; der englische Einfluss ist manchen architektonischen Details des Dorfes, das zu seiner Blütezeit immerhin über tausend Einwohner zählte, noch anzusehen. Ein Teil der alten Gebäude wurde restauriert und beherbergt heute Einrichtungen des Naturparks. Anfang der Sechzigerjahre stellte man die unrentabel gewordene Förderung ein. Bis heute ist die Umgebung von zahlreichen Stollen wahrlich „unterminiert"; von Erkundungen sollte man jedoch besser Abstand nehmen, da in den seit Jahrzehnten stillgelegten Bergwerken überall Einsturzgefahr besteht.

Mirador de la Amatista: Auf der Weiterfahrt von Rodalquilar in Richtung La Isleta lohnt sich ein Stopp bei diesem Aussichtspunkt, der einen wirklich weiten Blick über die Küste bietet. Im Sommer ist hier ein Infokiosk in Betrieb.

● *Information* **Punto de Información**, im hinteren Ortsbereich unweit der Kirche, ✆ 950 389820. Von Juni bis September täglich 10–14, 18–20 Uhr geöffnet, sonst nur am Wochenende (Fr–So).

● *Verbindungen* **Busse** der ALSA von/nach Almería und Las Negras 1-mal täglich.

● *Übernachten* ****** Hotel de Naturaleza Rodalquilar**, außerhalb des Ortes in Richtung Las Negras. 2002 eröffnetes, komfortabel ausgestattetes Quartier in ambitionierter Architektur, mit Pool, Sauna etc. Mancher mag sich trotzdem fragen, was das Ganze mit „Naturaleza" zu tun hat (und vielleicht

Schauplatz einer Tragödie: Cortijo del Fraile

Lorcas „Bluthochzeit" – und die wahre Geschichte

Im Gebiet nordöstlich von Rodalquilar, ausschließlich über Pisten zu erreichen, liegt der alte, wie auch die zugehörige Kapelle fast verfallene und dringend renovierungsbedürftige Cortijo del Fraile. Das Gehöft bildete den Ausgangspunkt jener Tragödie, die Federico García Lorca zu einem seiner berühmtesten Dramen inspirierte.

Alles geschah in einer heißen Julinacht des Jahres 1928. Im Cortijo del Fraile hatte sich eine Hochzeitsgesellschaft versammelt. In der nächsten Morgendämmerung – so war es damals in dieser Gegend üblich – sollte die 20-Jährige Francisca Cañada Morales auf Drängen ihrer Familie den ungeliebten Casimiro Pérez Pino heiraten, Schwager ihrer älteren Schwester Carmen. Zwei Schwestern und zwei Brüder ... Doch Francisca, die hinkte und deshalb auch „Paca la Coja" genannt wurde, liebte einen anderen, ihren Cousin Francisco Montes Cañada, auch er auf der Gesellschaft anwesend. Die beiden beschlossen zu fliehen. Sie kamen nur acht Kilometer weit. An einer Wegekreuzung wurden sie von Franciscas Schwester und deren Mann gestellt. José Perez Pino, der Bruder des Bräutigams, tötete Francisco mit drei Schüssen, Carmen erdrosselte ihre eigene Schwester. Die Familienehre war wiederhergestellt ...

Doch Francisca hatte den Mordanschlag wie durch ein Wunder überlebt und kehrte nach Hause zurück. Von der Polizei befragt, verriet sie ihre Schwester und deren Mann nicht, erklärte stattdessen, Francisco und sie seien von einem maskierten Unbekannten überfallen worden. Wenig später stellten sich José Perez und seine Frau selbst. Er wurde zu sieben Jahren Haft verurteilt, von denen er drei Jahre verbüßte. Auch Carmen Cañada musste ins Gefängnis, kam aber bald wieder frei. Und Francisca? Sie lebte weiterhin in der Gegend, vergrub sich in dem Bauernhaus, das ihr Vater ihr als Mitgift hatte geben wollen. Geheiratet hat sie nie.

Federico García Lorca erfuhr bei einem seiner sommerlichen Aufenthalte in Granada aus der Zeitung von der Tragödie. Vier Jahre später schrieb er innerhalb weniger Wochen „Bodas de Sangre" (Bluthochzeit). Die Uraufführung des Stücks am 8. März 1933 im Teatro Beatriz von Madrid wurde ein überwältigender Erfolg.

Anfahrt In Rodalquilar der Straße (später eine breite Piste) vorbei an der Infostelle und dem Camping bergwärts geradeaus folgen. Nach etwa 4,5 Kilometern geht es an einer Kreuzung rechts in einen von Agaven gesäumten, schnurgeraden Fahrweg, der nach 1,5 Kilometern den Cortijo erreicht.

172   Provinz Almería

auch, wie es an dieser Stelle zu einer Baugenehmigung kam). DZ/F nach Saison etwa 100–170 €. Paraje de los Albacetes, ✆ 950 389838, 📠 950 389839, www.hotel rodalquilar.com.

El Jardín de los Sueños, In ortsnaher Lage etwas meerwärts der Umgehungsstraße. Der „Garten der Träume" ist ein umgebauter alter Bauernhof; der kreisrunde Dreschplatz dient heute zum Frühstücken. Gut und komfortabel ausgestattete Zimmer mit Fußbodenheizung und uneinsehbaren Terrassen; mittlerweile gibt es auch Suiten. Raucher müssen innerhalb der Räume auf ihr Laster verzichten können. Großer Pool, schöner Garten, Fahrradverleih und Gästekühlschrank. Deutsche Leitung, guter Service. Oft belegt, Reservierung mindestens vier Wochen im voraus sehr ratsam. DZ mit üppigem Frühstück nach Saison etwa 75–100 €, Suiten 95–140 €. ✆ 950 525214, 📠 950 389843, www.eljardindelossuenos.es.

Casa Biank, in herrlich ruhiger, etwas weiter vom Ort entfernter Lage. Die angenehme, an den Hang gebaute kleine Apartmentanlage steht unter der freundlichen Führung des Berliner Goldschmieds Biank und seiner Frau Andrea. Insgesamt sechs solide und zweckmäßig eingerichtete Studios sowie zwei Apartments liegen um den mit Kakteengarten und Schildkrötenteich geschmückten Innenhof; es gibt viele Sitzecken, Hängematten und mehrere Terrassen. Aufgrund der Baustruktur ist das Haus für Behinderte leider nicht geeignet, für Kinder unter zwölf Jahren ebensowenig, „Raucher werden um Rücksicht gebeten". Ganzjährig geöffnet (Zentralheizung) außer von etwa dem 10. Januar bis 10. März. Mindestaufenthalt drei Nächte. Zweier-Studio ab Nacht 50–70 €. La Polacra 1, Zufahrt von der Straße Rodalquilar-Las Negras ein Stück vor der Abzweigung zum Playazo-Strand, den „Polacra"-Schildern folgen; noch 300 Meter Asphalt, dann links in die Piste, noch 200 Meter, ✆/📠 950 389722, www.casabiank.com.

● *Camping* **Área de Acampada Rodalquilar**, sehr kleiner und einfacher Platz, Schatten durch Mattendächer; Getränkeautomat. Nur Juli bis September, falls die Rezeption nicht geöffnet ist, bei der Parkverwaltung in der „Aula de Naturaleza El Bujo" fragen, vom Platz zehn Meter die Straße hoch, dann links. Preis p.P., Zelt, Auto je 3 €. Im Ort oberhalb der Infostelle, ✆ 950 389836, mobil 625 138847, www.ecoalmeria.com.

El Playazo, der „Riesenstrand", nennt sich der hübsche Hausstrand von Rodalquilar, zu erreichen über eine zwei Kilometer lange, ganz ordentliche Piste, die etwa einen Kilometer außerhalb des Ortes von der Straße Richtung Las Negras abzweigt. Mit einer Länge von 400 Metern und einer Breite von durchschnittlich 30 Metern macht er seinem Namen alle Ehre. Zur Hochsaison ist hier eine Strandbar in Betrieb. An der Felsküste nördlich des Strands führt ein Weg zur wuchtigen Burg Castillo de San Ramón (18. Jh.) und weiter bis zur Bucht Cala Cuervo und nach Las Negras.

La Isleta del Moro

Ihren Beinamen soll La Isleta dem Maurenherrscher Mohammed Arraez verdanken, einem der vielen Mauren und Piraten, die in früheren Zeiten häufig hier ankerten. Obwohl vor einigen Jahren eine neue Wohnanlage errichtet wurde, zählt der winzige Küstenweiler nur wenige Dutzend ständige Einwohner. Wer hier übernachtet, der kennt am nächsten Morgen den halben Ort, am folgenden Abend auch den Rest der Bevölkerung. Mittelpunkt des Dorflebens ist immer noch der Waschplatz; am Meer, das kaum einhundert Meter entfernt ist, liegen die Fischerboote. Nordöstlich erstreckt sich ein kleiner, felsumkränzter Sandstrand, ein Stück weiter steht ein bildhübscher Palmenwald.

● *Verbindungen* **Busse** der Gesellschaft BERNARDO von/nach Almería 2-mal wöchentlich (zuletzt Mo und Sa).

● *Übernachten* **Casa Café La Loma**, altes Bauernhaus in traumhafter Aussichtslage oberhalb des Ortes. Ausgedehntes Anwesen mit nur sechs rustikalen Zimmern und alternativem Touch; gelegentlich Workshops, im Sommer manchmal Konzerte (z. B. Jazz, Flamenco) und Kunstausstellungen. Deutsche Leitung. Das Café-Rest. ist nur im Sommer in Betrieb. Als Quartier ganzjährig geöffnet, eine Gästeküche ist vorhanden. Oft belegt, Reservierung rat-

Los Escullos 173

Anklänge an Afrika: Palmenwald bei La Isleta

sam; Buchung auch über den Eltern-Kind-Reiseveranstalter „Vamos". DZ/Bad etwa 55–60 €. Zufahrt von der Hauptstraße etwa 300 Meter nördlich der Abzweigung nach La Isleta, Cortijo de la Loma, ℅ 950 389831, www.casacafelaloma.com.
Pensión Isleta del Moro, mit Balkonen, Blick und Bar-Restaurant, das auf lokale Küche und Fischgerichte spezialisiert ist. Ganzjährig geöffnet. DZ/Bad etwa 50 €, in der NS ist manchmal das Frühstück dabei. La Isleta s/n, küstennah im Ort, ℅ 950 389713.
• *Feste* **Fiesta de la Virgen del Carmen**, das Fest der Schutzheiligen der Fischer, vom 14. bis 16. Juli.

Cala Toros: Eine versteckte kleine Bucht nördlich von La Isleta. Der Strand aus dunklem Sand ist mit Steinen durchsetzt, das Hinterland präsentiert sich ungewöhnlich grün; Nacktbaden ist üblich. Der Fußweg zur Cala Toros beginnt an einem unscheinbaren kleinen Parkplatz an der Straße Richtung Las Negras, etwa einen halben Kilometer vor dem Mirador de la Amatista. Der Abstieg dauert etwa zehn Minuten, der Rückweg wird etwas anstrengend.

Los Escullos

Nur etwa zwei Kilometer südwestlich von La Isleta gelegen, besteht Los Escullos („Die Klippen") gerade mal aus einigen Häusern, einer verfallenen Station der Guardia Civil und der restaurierten, im 18. Jh. errichteten Festung Castillo de San Fernando, die eines Tages eventuell ein Meeres-Forschungszentrum beherbergen soll. Wegen der Möglichkeit, mit dem Auto praktisch direkt an den Sand- und Kieselstrand Playa del Arco zu fahren, herrscht in Los Escullos vor allem an Sommerwochenenden einiger Betrieb. Dann kommt auch die Jugend der Umgebung zum Besuch der Disco „El Chamán", die gleich bei der Pension Casa Emilio liegt. In der Nebensaison zeigt sich das Örtchen dagegen von der sehr ruhigen Seite.

• *Übernachten* *** Hotel Los Escullos**, praktisch direkt am Strand gelegen. Relativ große Anlage mit ebensolchem Restaurant, in dem gelegentlich auch Hochzeiten etc. stattfinden. Solide ausgestattete Zimmer, freundliche Besitzerin. Von Lesern gelobt.

174   Provinz Almería

DZ/F etwa 100 €, zur NS geht´s oft auch deutlich günstiger. Los Escullos s/n, ✆/📠 950 389733, www.hotelescullos.es.
* Hostal Casa Emilio, gleich nebenan und ebenfalls mit großem Restaurant. Gepflegtes Haus, acht schlichte, aber ordentliche Zimmer. Ganzjährig geöffnet. DZ/Bad nach Saison etwa 50–60 €. Los Escullos s/n, ✆ 950 389761, 📠 950 389732.
Cortijo del Aire, ein Lesertipp von Ingeborg Fulde: „Hübsch und mit freundlicher Atmosphäre, vor allem im Frühsommer und Herbst rundum empfehlenswert sowohl für Gruppen als auch für Einzelreisende und Paare." Platz für insgesamt 20 Personen,

Einzel- bis Viererzimmer mit Bad sowie Studios mit Küche und Bad; gemeinsamer Wohnraum. Reservierung ist ratsam. DZ rund 55–60 €, Zweipersonen-Studio 65–70 €. ✆ 950 389401, www.cortijodelaire.com.
● *Camping* **Complejo Turístico Los Escullos**, 1. Kat, etwa einen Kilometer vom Strand entfernt. Großer, freundlich eingegrünter Platz mit Bungalows, Swimmingpool, Bar-Restaurant, Einkaufsmöglichkeit, erstklassigen Sanitärs etc. gut ausgestattet. Angeschlossen eine kleine Tauchbasis. Ganzjährig geöffnet. Parzelle je nach Größe ab 11,50 €, pro Person 7,50 €. ✆ 950 389811, www.losescullossanjose.com.

San José

Anfang der Achtzigerjahre noch eine winzige Fischersiedlung, ist San José heute zum „Hauptort" am Cabo de Gata avanciert. Hotels und Pensionen, Immobilienbüros, Fahrradverleih, Infostelle – alles da.

Der kleine Yachthafen verleiht San José im Sommer sogar einen Hauch von Exklusivität, und auch in der Nebensaison herrscht hier immer noch etwas mehr Betrieb als in den anderen Orten des Naturparks. Die Kehrseite ist die rege, seit Jahren anhaltende Bautätigkeit innerhalb der Siedlungsgrenzen, die den Ort nicht gerade verschönt hat – an wirklich jeder denkbaren Ecke wurden oder werden Apartmentanlagen hochgezogen. Dennoch ist San José, verglichen mit anderen Ferienorten des Mittelmeers, immer noch relativ klein und überschaubar geblieben. Mit ihrer guten Infrastruktur bildet die Siedlung eine angenehme, abwechslungsreiche Basis zur Erkundung des Naturparks.

San Josés großes Plus sind die ausgedehnten Traumstrände, die sich im Südwesten außerhalb des Orts erstrecken. Nach Nordosten, also in der entgegengesetzten Richtung, türmen sich hinter der Bucht mit Ortsstrand und Hafen Vulkanfelsen auf. Zunächst über die am Camping Tau vorbeiführende Piste, dann an der Abzweigung zur kleinen Siedlung Cala Higuera (Strandbar) geradeaus und sich rechts unterhalb des weithin sichtbaren Wachtturms haltend, kann man hier auf einem guten Weg hoch über der Küste in etwa drei Stunden bis Los Escullos laufen.

Information/Verbindungen/Übernachten

● *Information* **Oficina de Información**, an der Hauptstraße Av. de San José, ✆ 950 380299, 📠 950 611055. Halbprivate Park-Infostelle der „Grupo J 126", die auch Landrovertouren, geführte Wanderungen und Radtouren, Infos über Tauchen und Bootsfahrten etc. offeriert. In der Regel keine Fremdsprachen, aber eine gute Auswahl an Karten und Büchern über den Naturpark. Öffnungszeiten im Sommer täglich 10–14, 18–22 Uhr, im Winter 10–14, 17-20 Uhr, So-Nachmittag dann geschlossen. Hier auch **Internetzugang**. www.cabodegata-nijar.com.
● *Verbindungen* **Busse** der Gesellschaft BERNARDO nach Almería 4-mal, in der Ge

genrichtung 3-mal täglich.
● *Übernachten* Obwohl relativ zahlreich, sind die hiesigen Quartiere, wie überall in der Umgebung, zur Hochsaison fast durch die Bank belegt. Das Preisniveau liegt ausgesprochen hoch. Vermieter von Apartments lassen sich in Bars, Läden, der Infostelle und natürlich bei den verschiedenen Immobilienbüros erfragen.
**** Hotel Doña Pakyta, im südwestlichen Ortsbereich. Das ehemalige Hotel San José, ein viel gelobtes Quartier der Marke „klein, aber fein und nicht ganz billig", 2002 komplett umgebaut. Direktzugang zum Strand, edles Restaurant angeschlossen.

Auch als Filmkulisse beliebt: Fels an der Playa del Mónsul

Nur 13 Zimmer. DZ/F 75–175 €, auch Junior Suiten und Suiten. Calle del Correo s/n, ℡ 950 611175, ℻ 950 611062, www.hotelpakyta.es.

**** Hotel MC San José, ein Lesertipp von Martina Wiest: „Das Hotel liegt ca. einen Kilometer weg vom Meer, ist aber schön in die Landschaft eingefügt. Die Zimmer liegen in kleinen Bungalows am Hang im Hotelgarten. Der Service ist prima, ein Ort zum Entspannen und Wohlfühlen." DZ 120–215 €. Calle El Faro 2, ℡ 950 611111, ℻ 950 611112, www.hotelesmcsanjose.com.

**** Hotel Don Ignacio, ein relativ großer, zweigeschossiger Bau, quer zum Ortsstrand gelegen. Die Eröffnung im Jahr 2000 wurde von Protestplakaten begleitet. Auch pauschal zu buchen. Ganzjährig geöffnet. Komfortable DZ/F nach Saison 80–175 €. Paseo Marítimo s/n, ℡ 950 611080, ℻ 950 380683, www.donignacio.com.

**** Hotel Cortijo El Sotillo, vom Zentrum etwa 1,5 Kilometer entfernt, an der Zufahrt beim Ortsschild linker Hand. Im selben Besitz wie das Hotel Doña Pakyta, ein umgebauter alter Gutshof des 18. Jh. mit rustikaler Dekoration und geschmackvollen, gut ausgestatteten Zimmern; Pool. Ein großes Reitzentrum ist angeschlossen, ebenso ein gutes Restaurant. Ganzjährig geöffnet. DZ/F etwa 75–150 €. Ctra. San José s/n, ℡ 950 611100, ℻ 950 611105, www.cortijoelsotillo.es.

** Hostal Las Gaviotas, an der Hauptstraße beim Ortseingang. Die Lage ist wirklich nicht die beste, sonst jedoch ein recht komfortables, hotelähnliches Quartier mit ordentlichem Preis-Leistungs-Verhältnis. DZ/Bad nach Saison und Ausstattung 50–70, im August bis 85 €. C. Entrada 8, ℡ 950 380010, ℻ 950 380014, www.hlasgaviotas.com.

* Hostal Bahia, im „Ortszentrum" an der Hauptstraße, gelegentlich auch „Sol Bahía" genannt. Die Klassifizierung stapelt mal wieder etwas tief: Architektonisch recht ansprechender Bau, Zimmer mit hotelähnlichem Komfort (Aircondition, Heizung, TV). Zugehörig ist das nahe „Bahía Plaza". DZ/Bad nach Saison etwa 40–70 €. Calle Correo s/n, ℡ 950 380306, ℻ 950 380307, www.solbahiasanjose.es.

Pensión Hostal Aloha, mit überwiegend sehr geräumigen Zimmern und einem Garten mit großem Pool. Von Lesern gelobt. Geöffnet März bis Mitte Oktober. DZ/Bad nach Saison und Ausstattung etwa 35–65 €, im August 75 €. Calle Cala Higuera s/n, von Almería kommend an der Hauptstraße bei der Infostelle links ab, ℡ 950 611 050, www.hostalaloha.com.

Pensión El Paraíso II, laut Aussage des Besitzers „die günstigste Pension in San José". Könnte stimmen. Geöffnet Ostern bis Ende September, auf Nachfrage eventuell auch länger, aber: „Ab Ende Oktober ist

176   Provinz Almería

San José ohnehin tot." DZ/Bad nach Saison und Ausstattung etwa 30–45 €, ohne Bad noch günstiger. Calle Sevilla, nahe dem Hostal Las Gaviotas, ✆ 950 380380.

Albergue Juvenil de San José, gemeinde-eigene Jugendherberge, bisher keine Ausweispflicht. Ansprechender, moderner Bau in ruhiger, aber nicht allzu abgeschiedener Lage. Den Schildern Richtung „Camping" bzw. „Albergue" folgen. Zimmer mit Etagenbetten für 2–8 Personen, Gemeinschaftsraum mit TV etc. Geöffnet April bis September sowie über Weihnachten, Ostern und an langen Wochenenden. Manchmal von Jugendgruppen belegt, besser vorher anrufen. Übernachtung pro Person et-

wa 12–14 €. Cerro Enmedio s/n, ✆ 950 380353, www.alberguesanjose.com.

● *Camping* **Tau**, 3. Kat., im östlichen Ortsbereich, jenseits des trockenen Flussbettes, der Ortsstrand liegt in lässiger Fußentfernung. Mittlerer Schatten durch Eukalyptusbäume, Bar/Restaurant, ansonsten relativ einfach ausgestattet. Geöffnet Ostern bis Ende September, im August meist bis auf den letzten Platz belegt; für Neuankömmlinge wird dann morgens ab 8 Uhr eine Warteliste angelegt. Buntes Publikum, vorwiegend kleine Zelte, gemütliche, aber nicht ganz billige Bar. Preise p.P. 6,50 €, Auto 6 €, Zelt ab 7 €. ✆/☏ 950 380166, www.campingtau.com.

Essen/Ausflüge & Sport/Feste

● *Essen* Die Saison ist kurz, die Mieten sind hoch. Entsprechend gestalten sich die Preise ... Beim Sporthafen gibt es eine regelrechte Restaurantzeile; die einzelnen Lokale hier vergeben sich nicht viel, von Lesern gelobt wurde das Rest. Mediterráneo. Eine weitere Häufung von Lokalen liegt an der Hauptstraße bei der Infostelle.

Rest. Taberna del Puerto, ganz hinten im Sporthafen. Etwas teurer als die Lokale in der Restaurantzeile, aber das Preis-Leistungsverhältnis stimmt. Fischgerichte gibt es ab etwa 16 € aufwärts, Paellas für zwei Personen ab 20 €.

Pizzeria Paolino, zehn Meter „stadtwärts" der Infostelle. Wegen der verführerischen Preise und der wirklich üppigen Portionen ausgesprochen beliebt; Pizza und Pasta jeweils um die 8–10 €. Die laute Musik kann nerven. Calle Correo s/n.

Pizzeria Il Brigantino, im Sporthafen und mit einer Filiale mittlerweile auch in der „Lokalmeile" bei der Infostelle vertreten. Durchaus eine Konkurrenz zu Paolino – die Pizzas sind hier ebenso gut, die Preise liegen noch etwas niedriger.

Rest. La Floripondio, nahe Pizzeria Paolino, ein Lesertipp von Kerstin Palm: „Moderne spanische Küche mit deutlich maghrebinischem Einschlag, nette junge Crew, nicht teuer." In der Nähe und ebenfalls gelobt,

beliebt auch bei Einheimischen: **Restaurante El Emigrante**.

Café La Luna, fast neben der Pizzeria Paolino und direkt neben der Infostelle. Ein guter und günstiger Platz fürs Frühstück nach spanischer Art mit Tostadas und Café. Calle Correos s/n.

● *Ausflüge & Sport* In der Regel beschränken sich die Angebote auf die Saison.

Geführte Touren durch den Park, u. a. per Jeep, veranstaltet die „Grupo J 126", die auch die Infostelle betreibt; z. B. Halbtagesausflug (4,5 Std.) p.P. 35 €.

Schiffsausflüge: Eigentlich eine feine Sache, Anbieter und Routen wechseln jedoch häufig; den aktuellen Stand verrät die Infostelle.

Kajaktouren: Happy Kayak, am Ortsstrand. Anfängertour z. B. 25 € p. P., Kajakverleih ab 35 € pro Tag. Mobil-✆ 609 644722, www.happykayak.com

Tauchzentrum: Centro de Buceo Alpha, im Sporthafen, ✆ 950 380321 oder mobil 609 912641. www.alphabuceo.com.

Mountainbikes vermietet Deportes Medialuna, östlich der Hauptstraße. Preis pro Tag 13 €, Mehrtagesmiete günstiger.

Reiten im Reitzentrum des Hotels Cortijo el Sotillo, siehe oben.

● *Feste* **Fiesta del Turista**, am ersten Wochenende im August. Wie der Name schon sagt: ein Fest zu Ehren des Urlaubers ...

Strände bei San José

Der Ortsstrand **Playa de San José** ist durchaus passabel und war zuletzt mit der „Blauen Flagge" prämiert. Wer aber schon mal in San José ist, sollte unbedingt die fantastischen Strände im Westen besuchen. Zu erreichen sind sie über die schon vor dem „Ortskern" abzweigende Rüttelpiste in Richtung Leuchtturm am Kap Cabo de Gata – langsam fahren. Zur HS im Juli und August kann es bei Überlastung passieren, dass die Zufahrt für Privatfahrzeuge gesperrt wird; dann verkehrt ein Buspendeldienst (3 € hin und zurück). Die Piste ist übrigens, was nicht auf allen Karten zu erkennen ist, eine Sackgasse: Die Durchfahrt zum Leuchtturm und damit die Weiterfahrt zum Ort Cabo de Gata wurde vor vielen Jahren gesperrt.

Playa de los Genoveses: Der erste und größte Strand der Kette, eine schöne, weit geschwungene Strandbucht von rund 1,2 Kilometer Länge und durchschnittlich 40 Meter Breite. Der Sand ist hell und fein. An der San José zugewandten Seite bietet ein Wäldchen willkommenen Schatten, eine Seltenheit in diesem Gebiet.

Calas de Barronal: Nur zu Fuß zu erreichen sind diese kleinen Buchten südwestlich der Playa de los Genoveses. Ein Teil von ihnen kann über schmale Pfade von der Playa Genoveses aus angesteuert werden, am leichtesten ist jedoch der Zugang zur *Playa Barronal*, der ein paar hundert Meter vor der Playa Mónsul direkt von der Piste abzweigt. Nacktbaden ist üblich.

Playa de Mónsul: Einer der schönsten Strände des Parks, beliebte Filmkulisse. Rund 300 Meter dunkler, feiner Sand, mit überhängenden Vulkanfelsen geschmückt und im Osten von einer riesigen Düne begrenzt. Wegen seiner landschaftlichen Reize – und auch wegen des großen, sehr nah gelegenen Parkplatzes – relativ gut besucht.

Playa de Media Luna: Nur ein kleines Stück hinter der Playa Mónsul und mindestens ebenso hübsch wie diese. Auch dieser knapp 200 Meter lange „Strand des Halbmonds" besteht aus feinem, dunklem Sand, und auch er wird von bizarr verwitterten Vulkanfelsen begrenzt. Zufahrt ein paar hundert Meter hinter der Playa Mónsul.

Cala Carbón: Die „Kohlenbucht" ist über einen Weg zu erreichen, der genau bei der Sperrung der Hauptpiste meerwärts führt; Abenteuerlustige können sich auch von der Playa de Media Luna einen Weg über den Hügel im Westen suchen. Diese Bucht ist nur klein, die Umgebung jedoch auch hier ungemein reizvoll.

El Pozo de los Frailes

Das kleine Dorf im Hinterland, für die meisten nur eine Durchgangsstation auf dem Weg nach San José, besitzt eine ungewöhnliche Attraktion: Hiesige Handwer-

Perfekt rekonstruiert: Wasserrad „Noria" in El Pozo de los Frailes

178   Provinz Almería

ker haben sehr sorgfältig ein Wasserrad *(noria)* wieder aufgebaut, wie es früher in der ganzen Region benützt wurde. In Spanien eingeführt wurden diese Wasserräder bereits im 8. Jh. von den Mauren, die sie sich wiederum wohl von den Persern abgeschaut hatten. Das Prinzip einer solchen Noria ist recht einfach: Ein horizontales Holzrad, bewegt von einem Esel, treibt über eine zahnradartige Zapfenkonstruktion das vertikal stehende Schöpfrad an. Das Wasserrad von El Pozo („Brunnen") war bis 1983 in Betrieb, bevor es abgebaut und durch eine Motorpumpe abgelöst wurde. Bei der Rekonstruktion verwendeten die Handwerker, wo immer es möglich war, die traditionellen Materialien.

● *Übernachten* **Pensión Hostal Diego´s**, für Autofahrer eventuell eine Alternative zu den Pensionen von San José. Freundlicher Familienbetrieb, 1996 eröffnet. 24 geräumige, moderne Zimmer, komplett ausgestattet mit TV und Klimaanlage. Ganzjährig geöffnet außer über Weihnachten. Eine Bar ist angeschlossen. DZ/Bad nach Saison etwa 35–60 €. Carretera de San José s/n, aus Richtung San José am Orteingang rechter Hand, ✆ 950 380454, ✆ 950 380455, www.hostaldiegos.es.

● *Essen* **Rest. La Gallineta**, an der Hauptstraße. Die Küche dieses Lokals, das in einem wunderschönen, liebevoll restaurierten alten Haus untergebracht ist, genießt besten Ruf. Für ein Menü à la carte legt man etwa 35 € an. Geöffnet März bis Oktober, ✆ 950 380501.

Cabo de Gata

Eigentlich heißt das Dorf, das von allen Siedlungen im Park Almería am nächsten liegt, offiziell ja *San Miguel de Cabo de Gata*, doch hat sich die Kurzform längst eingebürgert. Aufgrund der Nähe zur Provinzhauptstadt hatte der kleine Ort unter dem Bauboom der letzten Jahre besonders zu leiden, doch fiel die Erschließung mit Apartmenthäusern immer noch relativ moderat aus. Schade, dass man in diesem Zusammenhang die alte, staubige Uferstraße gleich durch eine neue, aber recht steril wirkende Promenade ersetzt hat. Im Kern ist Cabo de Gata dennoch geblieben, was es immer war: ein freundliches, unaufgeregtes Fischerdorf, in dem die Boote noch per Handwinde auf den Strand gezogen werden. Im Ort gibt es eine kleine Markthalle, mittlerweile auch schon einen „Disco-Pub". In der Nebensaison geht es in San Miguel, wie in allen anderen kleinen Ortschaften am Kap, allerdings sehr ruhig zu. Der fantastische Strand besitzt im Siedlungsbereich Duschen und reicht kilometerlang, feinsandig und mit kristallklarem Wasser bis zur kleinen Siedlung *La Almadraba* vor dem Leuchtturm am Kap.

● *Verbindungen* **Busse** der ALSA von/nach Almeria 6- bis 7-mal täglich, zur HS erweitert.

● *Übernachten* Im August sind die hiesigen Unterkünfte in der Regel ausgebucht, in der Nebensaison verläuft die Quartiersuche dagegen problemlos. Dann fällt es auch nicht schwer, zu recht günstigen Preisen eine Ferienwohnung zu finden – manchmal wird man sogar schon im Bus von Almería von Vermietern angesprochen.

** **Hotel Blanca Brisa**, neben der Hauptstraße, fast direkt am Ortseingang. Nicht die beste Lage also, sonst jedoch in Ordnung. 33 solide und geräumige Zimmer, alle mit Balkon. Ein Restaurant ist angeschlossen. DZ/Bad nach Ausstattung und Saison rund 55–80 €. Las Joricas 49, ✆/✆ 950 370001, www.blancabrisa.com.

Pensión Hostal Las Dunas, ein Schachtelbau in der Apartmentsiedlung im nördlichen Ortsbereich. Elf recht ordentliche Zimmer, eigene Parkplätze vor der Tür. DZ/Bad etwa 55 €. Barrionuevo 58, ✆ 950 370072, www.lasdunas.net.

● *Camping* **Cabo de Gata**, 2. Kat., nicht beim Ort selbst, sondern in einer landwirtschaftlich genutzten Zone in der Nähe des Dörfchen Pujaire und Ruescas, von Almería kommend also vor Cabo de Gata. Zum Strand ist es etwa ein Kilometer, nach Cabo de Gata auf der Straße etwa sechs Kilometer, über Fußwege oder den Strand entlang deutlich kürzer. Ein guter Platz mit Swimmingpool und gepflegten Sanitärs. Schatten nur durch Mattendächer. Ganzjährig geöffnet. Parzelle inkl. Auto, Zelt je nach

Der kargen Umgebung angepasst: typische Flora im Naturpark

Größe ab etwa 12 €, p.P. etwa 6 €, Minimaltarif 20 €. Cortijo Ferrón, ✆ 950 160443, ✉ 950 520003, www.campingcabodegata.com.

• *Feste* **Fiesta de la Virgen del Mar**, 14.–16. August; so freundlich-bescheiden wie der Ort selbst.

• *Baden* Die **Playa de Cabo de Gata**, ein wunderbarer, fast fünf Kilometer langer Sandstrand, ist mit der „Blauen Flagge" ausgezeichnet, das Wasser also so sauber, wie es auch optisch wirkt. Einer Leserzuschrift zufolge soll es vor Jahren eine Quallenplage gegeben haben, möglicherweise eine Einzelerscheinung.

Richtung Kap Cabo de Gata

Vom Ort Cabo de Gata erstreckt sich der Dünenstrand, der auch an Ausflugswochenenden nie voll wird, vorbei an den Salinentümpeln bis zur kleinen Salzsiedlung La Almadraba.

Salinas de Acosta: Die Salinen, in denen bis heute Salz abgebaut wird, liegen knapp unter dem Meeresspiegel und reichen von Cabo de Gata bis La Almadraba. Als wichtiges Rückzugsgebiet für zahlreiche Vogelarten sind sie unter besonderen Schutz gestellt worden. Vor allem die fragil wirkenden Flamingos sieht man oft in ganzen Schwärmen in den Salztümpeln stehen; über 2000 Exemplare sollen an manchen Sommertagen hier schon gezählt worden sein. Etwa auf halbem Weg nach La Almadraba wurde ein Beobachtungspfad eingerichtet; ein Fernglas ist nützlich, Gruppen über zwölf Personen benötigen eine Genehmigung. Im Sommer ist hier auch eine Infostelle in Betrieb.

La Almadraba de Monteleva: Noch Anfang der Neunzigerjahre fast ausschließlich von Fischern und Salinenarbeitern bewohnt, regt sich jetzt auch in La Almadraba allmählich ein bescheidener Tourismus, gibt es neben einigen Apartments sogar schon ein Hotel. Die Salzverarbeitung wird dennoch weiterbetrieben, das Gelände ist mittlerweile jedoch leider eingezäunt. Rund 25.000 Tonnen Salz werden hier

180   **Provinz Almería**

jährlich produziert, Rohstoff für die feinen andalusischen Schinken. Angeblich sollen die hiesigen Salinen bis auf die Zeiten der Phönizier zurückgehen, auf jeden Fall haben sie lange Tradition – sogar die kleine hiesige Kirche heißt „Iglesia de las Salinas". Der Name „Almadraba" wiederum erinnert an den Thunfischfang nach traditioneller Art, wie er früher hier ausgeübt wurde und heute noch in vielen Orten der Provinz Cádiz stattfindet.

● *Übernachten/Essen* **Hotel Las Salinas del Cabo de Gata**, Familienbetrieb an der Uferstraße. Neubau mit komfortablen, sehr hübsch möblierten Zimmern, z. T. mit Meerblick. Das angeschlossene Restaurant existiert schon mehrere Jahrzehnte; die hiesigen Spezialitäten, Fisch und lokale Gerichte, haben allerdings ihren Preis. Ganzjährig geöffnet. DZ/Bad nach Saison und Lage etwa 80–130 €. La Almadraba de Monteleva 20, ☎ 950 370103, ☏ 950 371239, www.lasalinascabodegata.com.

Hinter La Almadraba steigt die Straße zum etwa vier Kilometer entfernten Leuchtturm *Faro* steil und vor allem schmal an – Achtung auf Gegenverkehr! Kurz vor dem Kap liegt noch eine kleinere Feriensiedlung, dann ist man am Leuchtturm hoch über dem Meer. Der Blick reicht weit. Besonders ins Auge fallen die legendenumwobenen Felsformationen unterhalb, die „Arrecife de las Sirenas" genannt werden. Vom Leuchtturm setzt sich eine verwegene, aber auch sehr schöne Straße noch einige Kilometer in Richtung San José fort. An der Sperre unweit des in schöner Aussichtslage stehenden Turms Torre de Vela Blanca ist allerdings für Fahrzeuge Schluss. Für Wanderer steht der Weg zu den schönen Stränden Richtung San José (Cala Carbón ab Sperre etwa 1,5 km) und weiter zum Ort selbst dagegen offen.

Níjar

Im Hinterland des Cabo de Gata erstreckt sich das „Weiße Dorf" Níjar an den Ausläufern der Sierra de Alhamilla. Bekannt ist der 10.000-Seelen-Ort vor allem durch seine zahlreichen Keramikwerkstätten und die Teppichwebereien, deren Produkte besonders in Mojácar so begeistert gekauft werden. Mittlerweile findet auch schon der eine oder andere Reisebus seinen Weg zu den Geschäften an der hiesigen Hauptstraße; Enduro-Fahrer werden sich am Bergsträßchen hinüber zur N 340 begeistern können.

Lucainena de las Torres: Ein hübsches Dorf am oben erwähnten Bergsträßchen A 1102, knapp zwanzig kurvige Straßenkilometer nördlich von Níjar gelegen. In der kaum 600 Einwohner zählenden Siedlung wurde früher Eisenerz abgebaut, geschmolzen und mit Hilfe einer Eisenbahn zur Verschiffung nach Agua Amarga gebracht. Acht der einstigen Schmelzöfen sind heute noch zu sehen.

● *Übernachten/Essen* **Hotel Venta El Museo**, deutschsprachig geführt und von mehreren Lesern gelobt: „Gediegenes Kleinhotel auf 4-Stern-Niveau," so Klaus Erzer. Seit 2010 stehen Hotel und Restaurant unter Leitung des renommierten deutschen Chefkochs und Tantris-Schülers Stephan Streifinger, früher bekannt aus den Restaurants La Chumbera bei Agua Amarga und Torreluz Mediterráneo in Almería; an der Qualität der Küche dürfte es damit wohl keine Zweifel geben. DZ/F je nach Saison und Ausstattung zuletzt 50–70 €; es gibt auch Junior-Suiten. C. Maestro Paco 6, ☎ 950 364200, ☏ 950 364732, www.ventaelmuseo.com.

Hoch über der Stadt: die Maurenburg Alcazaba

Almería (190.000 Einwohner)

Die vorwiegend modern geprägte Provinzhauptstadt zählt nicht unbedingt zu den städtebaulichen Höhepunkten Andalusiens. Folgerichtig wird Almería relativ selten besucht. Eigentlich schade …

Almería ist nämlich sehr lebendig und bei aller Modernität ausgesprochen spanisch (oder besser gesagt ausgesprochen andalusisch) geblieben. Seine Glanzzeit erlebte *Al-Mariya*, der „Spiegel des Meeres", unter den Mauren, an die noch die mächtige und aufwändig restaurierte Festung Alcazaba hoch über dem Zentrum erinnert. Neben der festungsartigen Kathedrale ist sie auch die Hauptsehenswürdigkeit der an Monumenten eher armen, aber mit einer regen Kneipenkultur gesegneten Stadt.

Dem heutigen Almería sichern vor allem die ausgedehnten Treibhauskulturen des Umlands Bedeutung. In erster Linie ist es ihnen zu verdanken, dass die einst bitterarme Region einen kräftigen wirtschaftlichen Aufschwung erfuhr, der freilich nicht alle Bevölkerungsteile erfasste. Verschifft werden die landwirtschaftlichen Erzeugnisse und die z. T. immer noch im Hinterland geförderten Erze vom großen Hafen Almerías. Wichtig ist ebenso der Flughafen, der im Liniendienst zwar nur eher schwach, im Charterverkehr jedoch recht häufig bedient wird.

Orientierung: Bis zum Hafengebiet reicht das im Sommer trockene Flussbett der *Rambla de Belén*, das in den Neunzigerjahren parkähnlich umgestaltet wurde und jetzt durchaus repräsentativ wirkt. Diese Rambla teilt Almería in zwei Bereiche: westlich liegt das Zentrum, östlich neuere Viertel mit dem Bahnhof und dem Busbahnhof. Ein paar Blocks landeinwärts der Küste zweigt von der Rambla der *Paseo de Almería* ab, die geschäftige Hauptstraße der Stadt. An ihrem oberen Ende markiert die große Kreuzung *Puerta de Purchena* das Zentrum Almerías. Westlich und südwestlich, Richtung Alcazaba, erstreckt sich die verwinkelte Altstadt.

Stadtgeschichte

Der Golf von Almería war schon in der Vorgeschichte besiedelt. Später gaben sich hier Handel treibende Phönizier, Griechen und Römer die Klinke in die Hand. Ein großer Anziehungspunkt für alle diese Völker waren die reichen Erzvorkommen im Hinterland. Allmählich verlor die Siedlung jedoch wieder an Bedeutung, war zu Zeiten der Westgoten sogar völlig untergegangen. Der Aufschwung zu einer der mächtigsten Städte Spaniens kam erst mit den Mauren: Abd ar-Rahman III., der selbsternannte Kalif von Córdoba, erkannte die günstige Lage, ließ 955 den Hafen neu anlegen und die Festung Alcazaba errichten. Die neue, alte Siedlung hieß *Al-Mariya*, „Spiegel des Meeres", ein schönes Beispiel für die blumige und poetische Namensgebung der Mauren. Im 11. Jh., nach der Zersplitterung des Kalifats, errang Almería als eines der „Taifas" genannten Teilkönigreiche noch vor Sevilla eine absolute Ausnahmestellung: Sein Machtbereich umfasste das gesamte heutige Gebiet von Murcia, Jaén und Córdoba sowie Teile der Region um Granada: „Cuando Almería era Almería, Granada era su alquería" (Als Almería schon Almería war, war Granada nichts weiter als sein Bauernhof). Für eine kurze Blütezeit war Almería die reichste Handelsstadt Spaniens. Der Niedergang kam noch im selben Jahrhundert mit der Eroberung durch die Almoraviden 1091. Zwar folgte ein neuerlicher Aufschwung, den alten Glanz erreichte Almería jedoch auch als Teil des Nasriden-Reichs von Granada nicht mehr. Während der Reconquista wechselte die Stadt mehrfach die Herren, wurde jedoch erst 1489 endgültig von den „Katholischen Königen" erobert. 1522 zerstörte ein verheerendes Erdbeben die Stadt nahezu völlig, Erklärung für die geringe Zahl von Sehenswürdigkeiten.

Information/Verbindungen

● *Information* **Oficina de Turismo de la Junta de Andalucía**, Parque Nicolás Salmerón, Ecke Calle Martínez Campos, an der hafennahen Promenade; ✆ 950 175220, 📠 950 175221, otalmeria@andalucia.org. Freundliches Personal, z. T. sogar deutschsprachig. Öffnungszeiten: Mo–Fr 9–19.30 Uhr, Sa/So 9.30–15 Uhr.
Oficina Municipal de Turismo, Plaza Constitución bzw. Plaza Vieja 1, in der Altstadt, ✆ 950 210538. Geöffnet täglich 9–17 Uhr, im Juli/August Mo–Fr 9–14, 16–19 Uhr, Sa/So 9–14 Uhr. Hier auch Infos zu Stadtführungen, die (leider nur auf Spanisch) jedes Wochenende stattfinden.

● *Verbindungen* **Flug**: Flughafen Aeropuerto Alquian (✆ 950 213700) etwa acht Kilometer östlich der Stadt, nahe am AL 12 Richtung Nijar. Halbstündliche Busverbindung mit Bussen der Linie 20, Haltestelle unter anderem an der Avenida Estación, Endhaltestelle an der Calle del Dr. Gregorio Marañon, Ecke Rambla. Ein Taxi vom oder ins Zentrum sollte tagsüber nicht mehr als 17 € kosten.

Bahn: Almerías alter (erbaut 1893) und schöner, aber nur spärlich bedienter Bahnhof amüsiert durch sein herrliches Stilgemisch mit Schwerpunkt auf Neo-Mudéjar. Er liegt östlich der Rambla Belén, in Fußgängerentfernung zur Innenstadt. Züge (Renfe-Info: ✆ 902 240202) nach Granada 4-mal, nach Sevilla ebenfalls 4-mal täglich; 2- bis 3-mal täglich zur Umsteigestation Linares-Baeza mit Anschlüssen nach Córdoba, Sevilla und Cádiz. Busse zu diesen Zielen sind in aller Regel direkter und schneller. Keine Küstenverbindung, nach Málaga nur über Granada.
Bus: Busbahnhof (Info: ✆ 950 262098) im „Intermodal"-Gebäude, mit dem Bahnhof verbunden. Zu Großstädten innerhalb Andalusiens ist vor allem die Gesellschaft ALSA zuständig: Granada „Directo" 7-mal, „Ruta" (mit Zwischenstopps: langsamer und teurer) 4-mal täglich. Málaga 8-mal, Sevilla 2-mal, Cádiz und Córdoba je 1-mal täglich. Zum Cabo de Gata siehe dort; nach Mojácar 6-mal, Murcia 7-mal, Madrid 4- bis 5-mal, Barcelona 4-mal täglich. Auch Fernbusse nach Mitteleuropa; Abfahrts-

Almería **183**

zeiten etc. bei den Touristeninformationen erhältlich.

Schiff: Fähren zur spanischen Exklave Melilla (Marokko) im Sommer täglich, im Winter etwas sparsamer; weitere Verbindungen bestehen nach Oran und Ghazaouet (Algerien) sowie nach Nador (Marokko). Acciona-Trasmediterránea-Büro im Fährhafen Estación Marítima, Info-℡ 902 454645.

Mietwagen: Mehrere Reservierungsstellen am Flughafen (z. B. EUROPCAR, ℡ 950 292934), die größere Auswahl jedoch in der Stadt. Hier zwei zentrale Vermieter, eine komplette Liste gibt es bei der Infostelle. ALVA, Rambla Alfareros 22, ℡ 950 235688, Nähe Plaza Echegaray/Puerta de Purchena. ALMERIA RENT A CAR, Avenida de la Estación 20, ℡ 950 261533, nicht weit von den Bahnhöfen.

*A*dressen

Deutsches Honorarkonsulat: Centro Comercial Neptuno, Avenida Carlos III. 401, Local 18 bajo; in der westlich außerhalb gelegenen Strandsiedlung Aguadulce; ℡ 950 340555, ℻ 950 341813.

Post: Plaza del Educador, am Paseo de Almería, Öffnungszeiten: Mo–Fr 8.30–20.30 Uhr, Sa 9.30–14 Uhr.

Internet-Zugang: Cyber-Café Heladería La India, groß und gut ausgestattet, jedoch etwas abgelegen: Carretera de Granada 304, etwa eine Viertelstunde nordöstlich der Puerta

de Purchena; ℡ 950 274861. ww.laindia.com. Ciber Locutorio Argentino, C. Pintor Díaz Molino s/n, im Gebiet meerwärts der Kathedrale, neben dem Fotomuseum.

Baños Árabes, eine Badeanlage im arabischen Stil, wie sie in immer mehr Großstädten Andalusiens entstehen. Ein Bad von 90 Minuten kostet mit Aromatherapie 16 €, mit zusätzlicher Massage 24 €. Teestube angeschlossen. Einlass um 16, 18, 20 und 22 Uhr. C. Perea 9, westlich der Plaza Flores, ℡ 950 231010, www.alhammamalmeraya.com.

Provinz Almería

Karte S. 156

*Ü*bernachten (siehe *K*arte *S*. 184/185)

Leider ist die Hotelsituation insgesamt wenig erfreulich. Die Übernachtungspreise in Almería liegen ziemlich hoch, in den unteren Klassen ist es zudem nicht leicht, passable Qualität zu finden. Einige einfache, halbwegs preiswerte Quartiere liegen um die Puerta de Purchena.

**** Citymar Gran Hotel Almería (16), wie schon der Name sagt. Moderner Bau, Garage, Swimmingpool etc., eben fast alles, was das Herz in dieser Preisklasse begehrt. Über die Architektur allerdings ließe sich streiten. DZ etwa 75–115 €. Avda. Reina Regente 8, am westlichen Rand der Rambla de Belén, ℡ 950 238011, ℻ 950 270691, www.citymar.com.

**** Hotel Catedral (14), ein „Boutiquehotel" mit nur zwanzig Zimmern, untergebracht in einem Stadtpalast von 1850, der gleich neben der Kathedrale steht. Komfortable Ausstattung, hübsche Zimmer mit modernem Touch, Restaurant in einem alten Gewölbe. DZ etwa 90 €, „Spezial"-DZ 120 €; Aufpreise zu lokalen Festen etc. Plaza de la Catedral 8, ℡ 950 278178, ℻ 950 278117, www.hotelcatedral.net.

**** AC Almería (6), an einem kleinen zentralen Platz. Das ehemalige, renovierte Hotel Torreluz IV, vorwiegend von Geschäftsreisenden aufgesucht; Parkmöglichkeit. Elegantes Interieur, komfortable Zimmer, der Pool auf dem Dach ist leider nur im Sommer in Betrieb. DZ etwa 60–140 €. Plaza

Flores 5, westlich unweit des Paseo de Almería, ℡ 950 234999, ℻ 950 234709, www.ac-hotels.com.

*** Hotel Torreluz III (7) und **** Hotel Torreluz II (8)**, gleich nebenan, zwei zusammengehörige Hotels, beide mit für ihre Klasse jeweils sehr ordentlichem Komfort – nach Anspruch und Geldbeutel auswählen. Preise fürs DZ/Bad im Torreluz III etwa 50–100 €, im Torreluz II 45–80 €. Garage. Plaza Flores 3 bzw. 6, ℡ 950 234399, www.torreluz.com.

* Hotel Sevilla (1), nordöstlich der Puerta de Purchena. In seiner Kategorie ganz ordentlich, brauchbar möblierte und gut ausgestattete Zimmer, zur Straße nicht ganz leise, nach hinten deutlich ruhiger. Fremdgarage einige hundert Meter entfernt. DZ etwa 50–65 €. Calle Granada 25, ℡ 950 230009, ℻ 950 230209.

** Hostal Delfín Verde (17), direkt an der Strandpromenade von Almería, vom Zentrum etwa 25 Minuten Fußweg entfernt. Zu Recht empfohlen von Leser Josef Lütkehaus: Zimmer guter Qualität mit Klimaanlage, besonders begehrt natürlich die vier Räume mit Meerblick. Cafeteria-Restaurant

184 Provinz Almería

Essen & Trinken
- 2 Kioscos Amalia & Oasis
- 3 Freiduría Alcázar
- 5 Bar Bodega Las Botas
- 9 Taberna Vasca Añorga
- 10 Bar El Ajoli
- 12 Bar-Restaurante Casa Puga
- 13 Bar La Sacristía de Calle Mayor
- 15 Casa Joaquin
- 18 Rest. Club de Mar

Übernachten
- 1 Hotel Sevilla
- 4 Pensión Americano
- 6 Hotel AC Almeria
- 7 Hotel Torreluz III
- 8 Hotel Torreluz II
- 11 Jugendherberge Albergue Juvenil
- 14 Hotel Catedral
- 16 Citymar Gran Hotel Almería
- 17 Hostal Delfín Verde

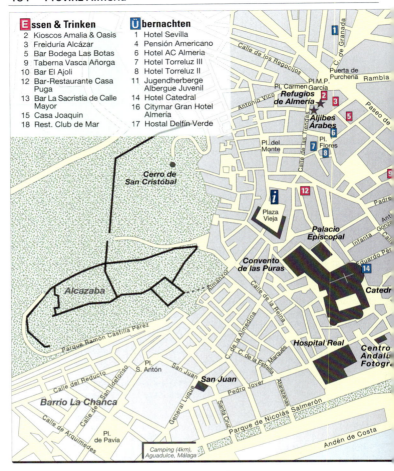

angeschlossen. DZ/Bad etwa 50–70 €. C. García Cañas 2, ☏ 950 267927.

Pensión Americano (4), in einem neueren Mietshaus nahe Bahnhof und Busbahnhof, deshalb recht günstig für eine Zwischenübernachtung gelegen. DZ/Bad nach Saison etwa 40–45 €. Avenida de la Estación 4, ☏ 950 258011.

Jugendherberge Albergue Juvenil (11), etwa 15 Fußminuten jenseits des Bahnhofs, hinter dem Stadion, private Herberge, allerdings recht teuer und weit abgelegen im Osten der Stadt. Calle Isla Fuerteventura, ☏ 950 175136, ✆ 950 175140.

● *Camping* **La Garrofa**, 2. Kat., etwa vier Kilometer westlich, unterhalb der Küstenstraße nach Aguadulce, ein kleiner, schön begrünter Platz, Einkaufsmöglichkeit, Baden am hübschen Kiesstrand. Sanitäres recht gut, freundliches Bar-Restaurant. Viele Dauercamper; insgesamt dennoch ein empfehlenswerter Platz. „Öffentlich" zu erreichen mit den recht häufigen Bussen nach Aguadulce; dem Fahrer Bescheid sagen, wo man aussteigen will. Offiziell ganzjährig geöffnet (zur NS Anruf ratsam). Preise p. P., Auto je 5,50 €, Zelt 6 €. ☏ 950 235770, www.lagarrofa.com.

Almería 185

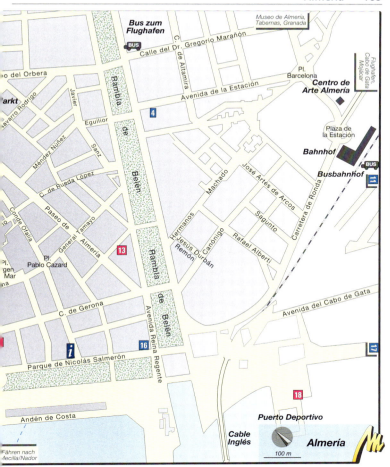

Essen

Club de Mar (18), im Sporthafen östlich der Rambla gelegen. Ein geräumiges, traditionsreiches Nobelrestaurant, das in Ambiente und Küche seinem Namen alle Ehre macht und exquisite Fischgerichte fangfrisch serviert. Etwa 35 € aufwärts muss man für ein Menü à la carte schon anlegen, das Mittagsmenü fällt deutlich günstiger aus. Di Ruhetag. Muelle de las Almadrabillas, ✆ 950 235048.

Bar La Sacristía de Calle Mayor (13), eine Bar mit breiter Auswahl an Tapas, aber auch an ganzen Raciones; auch das Weinangebot kann sich sehen lassen. Das Mittagsmenü kommt auf etwa 13 €, Raciones kosten um die 10–12 €. Calle General Segura 17, iim Gebiet zwischen Rambla und Paseo de Almería.

Bar-Restaurante Casa Puga (12), unser Tipp in Almeria. Über hundertjährige Tradition, schönes Interieur, als Tapa-Bar wohl die beste Adresse der Stadt: mehr als 70 verschiedene Tapas, die in einer separaten Tapa-Karte aufgeführt sind; gute Auswahl

186　Provinz Almería

> **Die schöne Sitte der Gratis-Tapas**: Abends ist man in Almería mit einem Tapa-Bummel oft besser bedient als mit einem Restaurantbesuch – in fast jeder Bar wird zum Glas Wein oder Bier eine Gratis-Tapa angeboten. Hier in Almería darf man sie sich (im Gegensatz zur Provinz Granada, die ebenfalls diesen Brauch pflegt) in der Regel sogar aussuchen. Welche der leckeren Häppchen es gerade gibt, lässt sich beim Kellner erfragen oder einer separaten Tapa-Karte entnehmen. Eine typische Tapa-Spezialität Almerías sind die „Chericans" genannten Toastbrote, belegt beispielsweise mit Schinken, Käse oder Thunfisch.

auch an Weinen, Sherry etc. Im hinteren Bereich liegt der Comedor des Restaurants. Sowohl vom Publikum als auch von den Preisen her zeigt die Casa Puga eine deutliche Tendenz in Richtung „gehoben". Calle Jovellanos 7, meerwärts der Calle de las Tiendas.

Freiduría Alcázar (3), nicht weit von der Casa Puga. Das traditionsreichste mehrerer vergleichbarer Lokale im Umfeld, die vor allem frittierten Fisch und ebensolche Meeresfrüchte anbieten. Nicht ganz billig. Calle Tenor Iribarne, eine Seitenstraße des Paseo de Almería.

Bar Bodega Las Botas (5), um die Ecke. Stimmungsvolle Tapa-Bar mit reicher Auswahl an Schinken und anderen Häppchen, gutes Weinsortiment. Calle Fructuoso Pérez, eine winzige Parallelstraße zum Paseo de Almería.

Casa Joaquin (15), am meerseitigen Rand des Zentrums, Nähe Parque de Nicolás Salmerón; ebenfalls ein langjähriger Klassiker in Sachen Tapas. Calle Real 118.

Bar El Ajoli (10), eine von mehreren Bars in dieser kleinen Gasse. Hübsch sitzt man hier besonders im Freien, Tapa-Spezialität sind Ofenkartoffeln. Calle Pedro Alonso Torres, ein Stück westlich des Paseo de Almería. Weitere gute und lebendige Bars liegen unweit meerwärts von hier in der Calle Trajano.

Taberna Vasca Añorga (9), in derselben Gasse wie die Bar El Ajoli. Im Angebot baskische „Designer-Tapas", die aber – Achtung! – ungewöhnlicherweise bezahlt werden müssen. Lecker, aber nicht billig, weshalb hier auch immer etwas weniger los ist als nebenan.

Kisocos Amalia und **El Oasis (2)**, zwei witzige, typisch spanische Freilufttränken, nett für einen schnellen Schluck zwischendurch. Der Kiosco Oasis hat nach langer Renovierung ein frisches, jugendliches Ambiente verpasst bekommen, der Kiosco Amalia hält dafür oft sogar die ganze Nacht durch geöffnet. Beide liegen nebeneinander an der Plaza Manuel Perez García, ums Eck von der Puerta de Purchena.

Diverses

• *Nachtleben* Im Sommer pilgern Nachtschwärmer gerne bis zum Sporthafen **Puerto Deportivo** in der nahen Feriensiedlung Aguadulce oder gleich nach **Roquetas**.

Innerhalb der Stadt ist das Gebiet der sog. „Cuatro Calles" um die Post, begrenzt etwa durch den Paseo de Almería, die Calles Padre Luque und Trajano sowie die Plaza de la Catedral, der beliebteste Treffpunkt. Für die ganz späte Nacht und den letzten Schluck empfiehlt sich das unweit westlich der Rambla gelegene „Premium Club Gran Café" (Calle General Tamayo, Ecke Calle Marqués de Comillas), das bis sechs Uhr morgens von einem sehr gemischten Publikum besucht wird.

• *Geführte Touren* **Almería Bike Tours** offeriert Kletterkurse, Exkursionen sowie geführte Touren per Mountainbike oder zu Fuß, alles (nicht nur) im Hinterland von Almería. Nähere Infos bei Christel Steinhauser, Calle Conde Villamonte 36, ✆ 950 317300, www.almeria-bike-tours.de.

• *Baden* Almerías Stadtstrand liegt südöstlich des Zentrums, ein Stück stadtauswärts des Sporthafens. Begleitet von einer Promenade ist er zum Sonnen natürlich o. k., das Baden im Stadtbereich dürfte allerdings mit etwas Vorsicht zu genießen sein.

• *Märkte* Der **Mercado Central** von Almería bietet ein riesiges Angebot. Er steht im Dreieck zwischen Rambla del Obispo Obrera und Paseo de Almería und ist von letzterem über die Calle Aguilar del Campo zu erreichen.

Almería 187

Straßenmärkte: Dienstags großer Markt um das Estadio Mediterráneo weit im Osten der Stadt, freitags rund um die Stierkampfarena Plaza de Toros, die von der Calle Granada über die Avda. de Vilchés zu erreichen ist, samstags im unteren Bereich der Avenida Mediterráneo.

• *Feste* **Romería de la Santísima Virgen del Mar**, am ersten Sonntag im Januar; Wallfahrt mit der Statue der Stadtheiligen zum Strand Torre Garcia.

Fiesta de San Antonio de Padova, das Patronatsfest am 15. Juni.

Fiesta de San Juan, in der Nacht vom 23. zum 24. Juni, mit großem Feuerwerk.

Feria de la Virgen del Mar, das Hauptfest der Stadt. Es beginnt an einem Freitag eine Woche vor dem letzten Samstag im August und endet am Sonntag danach. Ein sehr intensives Fest, zu dem Gruppen und Vereine aus vielen Regionen Spaniens kommen – einst wurde die Durchgangsstraße am Hafen dafür einfach zum Festgelände erklärt und gesperrt. Heute ist die „nächtliche" **Feria de la Noche** weit nach Osten auf den Recinto Ferial beim Stadion abgewandert. Immer wichtiger wird die „Tagesferia" **Feria de Mediodía**, die sich im selben Zeitraum tagsüber im historischen Zentrum abspielt. Zum Beiprogramm der Feria gehören neben einer Reihe von Konzerten auch Stierkämpfe sowie dreitägige Flamencoaufführungen auf der Alcazaba, die etwa in der Mitte der Festzeit stattfinden.

Fiesta del Invierno, Winterfest vom 29. Dezember bis 9. Januar; am 26. Dezember ist Tag der Reconquista.

Sehenswertes

Das bereits 2006 begonnene Projekt, den in einem Vorort einige Kilometer nordöstlich der Stadt am Camino Romero gelegenen Cortijo Romero zu einem Kinomuseum („Casa del Cine de Almería") umzubauen, stockt leider seit Jahren.

Cerro de San Cristóbal: Der Mirador (Aussichtspunkt) mit der 1928 errichteten Jesusstatue liegt auf einem Hügel westlich oberhalb der Altstadt. Zusammen mit der Alcazaba bietet er eigentlich den besten Blick über Almería. Da der Cerro jedoch als Zentrum der Prostitution und Drogenszene und mithin als nicht ganz ungefähr-

In unschöner Nachbarschaft: Cerro de San Cristóbal

188   Provinz Almería

lich gilt, sollte man das Gebiet auch tagsüber besser meiden, insbesondere in der menschenleeren Siesta-Zeit.

Refugios de Almería: In den Anfängen des Spanischen Bürgerkriegs war Almería in Händen der Republikaner und wurde 1937 als „Vergeltungsmaßnahme" auch von der deutschen Reichsflotte beschossen. Zum Schutz vor den Bombardierungen ließ die Stadtverwaltung rund 4,5 Kilometer unterirdische Gänge anlegen, die Platz für gut 40.000 Personen boten und damit fast die gesamte Bevölkerung jener Zeit aufnehmen konnten. 1944 wurden die mehr als sechzig Zugänge des Luftschutzsystems geschlossen und, quasi als Camouflage, über einen Teil von ihnen Kioske gebaut – so auch der Kiosco Oasis an der Plaza Manuel Peréz García, in dessen Gebäudestruktur der Eingang zu den erst 2007 wieder der Öffentlichkeit zugänglich gemachten Galerien integriert wurde. Wer unter Klaustrophobie leitet, sollte auf den Ausflug in die Unterwelt, der über fast einen Kilometer vom Kiosco Oasis bis zum Ausgang an der Plaza Pablo Cazard unweit des Paseo de Almería führt, natürlich besser verzichten; für alle anderen wird die Tour jedoch zu einem spannenden und lehrreichen Ausflug in ein dunkles Kapitel der Landesgeschichte.

Führungen Di–Sa 9.30–13 Uhr, Fr auch 17.30 und 18.30 Uhr, So 11–14 Uhr. Reservierung nötig; man spricht etwas Englisch. Eintritt 2 €, ✆ 950 268696.

Aljibes Árabes: Ganz in der Nähe des Eingangs zu den Refugios liegen an der Calle Tenor Iribarne die Reste arabischer Zisternen aus dem 12. Jh., geöffnet Mo–Fr 9–13.30 Uhr; der Eintritt ist frei.

Um die Plaza Vieja: Der Hauptplatz der Altstadt ist von der Puerta de Purchena aus über die *Calle de las Tiendas* zu erreichen. Die „Straße der Geschäfte" gilt als die älteste Straße der Stadt. Einst machte sie mit noblen Läden und eleganter Atmosphäre ihrem Namen alle Ehre. Da sich das Stadtzentrum nach Osten verlagert hat, wirkt das Gebiet heute jedoch weniger belebt als früher. Auch die sehr reizvolle Plaza Vieja selbst, offiziell *Plaza de la Constitución* genannt und zuletzt in Renovierung, steht mittlerweile etwas im Abseits. Am Abend, wenn anderswo in der Stadt reichlich Betrieb herrscht, bildet der in sich geschlossene Platz mit seinen Arkadengängen und dem Rathaus eine nostalgische Oase der Ruhe.

Catedral: Die Kathedrale Almerías ist von der Plaza Vieja über die Calle Cervantes zu erreichen, vorbei am Erzbischöflichen Palast *Palacio Episcopal* und am *Convento de las Puras,* einem im 17. Jh. erbauten Kloster. Das mächtige, kurz nach dem Erdbeben von 1522 an Stelle einer Moschee errichtete Gebäude ist ein Werk des berühmten Baumeisters Diego de Siloé, der zusammen mit Alonso Cano auch für die Kathedrale von Granada verantwortlich zeichnete. Almerías Kathedrale sieht nicht nur aus wie eine Festung, sie war wirklich als solche geplant, um der Bedrohung durch Piratenüberfälle zu begegnen. Auch ihr Name signalisiert Wehrhaftigkeit: *Catedral Fortaleza.* Von außen beeindrucken besonders das reich geschmückte Hauptportal im Süden und die vier wuchtigen Türme, die einst Kanonen beherbergten. Künstlerische Höhepunkte des spätgotischen, fast schon spielerisch wirkenden Inneren sind der aus Walnussholz geschnitzte Chor mit detaillierten Heiligenszenen, der Altaraufsatz und der edle Sarkophag des Architekten der Kathedrale, der in der Christuskapelle im Chorumgang steht.

Ganz im Gegensatz zum kriegerischen Erscheinungsbild der Kathedrale steht der Anblick, der sich hier am 14. Februar bietet: Dann strömen reichlich junge Menschen in die Kirche, um einem ganz besonderen Heiligen zu huldigen: Hier liegt der Hl. Valentin begraben, Schutzpatron aller Liebenden ...

Öffnungszeiten Mo–Fr 10–14, 16–17.30 Uhr, Sa 10–14 Uhr. Eintrittsgebühr (Führungen) 3 €.

Imposantes Industriedenkmal: El Cable Inglés

Centro Andaluz de la Fotografía (CAF): Das „Andalusische Zentrum der Fotografie" belegt einen hübschen Säulenbau an der Calle Pintor Díaz Molino, ein Stück meerwärts der Kathedrale. 1992 eröffnet, zeigt das Zentrum wechselnde, teilweise durchaus hochkarätige Fotoausstellungen.
Öffnungszeiten Täglich 11–14, 17.30–21.30 Uhr; Eintritt frei.

Hospital Real: Etwas westlich des Zentrums der Fotografie liegt das unter Denkmalschutz stehende „Königliche Krankenhaus". Beachtenswert an dem Bau, der bis heute tatsächlich noch als Hospital dient, ist besonders die neoklassizistische Fassade aus dem 18. Jahrhundert.

San Juan: Die im 17. Jh. errichtete Kirche steht noch ein Stück westlich des Hospital Real, von dort zu erreichen über die Calle Pedro Jover und die rechts abzweigende Calle San Juan. Sie erhebt sich an der Stelle einer früheren Moschee des 10. Jh., von der noch Grundmauern und die Gebetsnische Mihrab erhalten blieben; geöffnet ist sie jedoch leider nur während der Messen.

Barrio de la Chanca: Das Viertel westlich der Kirche San Juan scheint sich seit Jahrhunderten kaum verändert zu haben. Es ist das ärmste Gebiet der Stadt, der Verfall vieler Häuser unübersehbar. Nicht unbedingt ein Areal, das zum Herumstreifen einlädt: Die leidgeprüfte Bevölkerung dort, die teilweise noch in miserabel ausgestatteten Höhlenwohnungen lebt, fühlt sich zu Recht nicht als Sightseeing-Objekt und sieht Touristen gar nicht gern. Das Fremdenverkehrsamt warnt gar vor Überfällen und rät, das Barrio Chanca, wenn überhaupt, dann nur tagsüber und in der Gruppe zu besuchen.

Museo de Almería: Das frühere Archäologische Museum Almerías musste schon 1990 wegen Baufälligkeit abgebrochen werden. Vor wenigen Jahren wurde nun der Nachfolger an der Carretera de Ronda eröffnet, nördlich unweit der Bahnhöfe. Nicht nur architektonisch ist der mehrstöckige Bau ein wahres Schmuckstück geworden. Highlight der reichhaltigen und gut konzipierten Ausstellung, die Exponate von der Vorgeschichte bis zur Zeit der Mauren enthält, sind die im ersten Stock des Gebäudes untergebrachten Funde aus der Necrópolis de los Millares in der Alpujarra almeriense.

Öffnungszeiten Di 14.30–20.30 Uhr, Mi–Sa 9–20.30 Uhr, So 9–14.30 Uhr; Eintritt für EU-Bürger frei, für alle anderen 1,50 €.

Centro de Arte Almería: Diese Kunstgalerie unweit der Bahnhöfe beherbergt wechselnde Ausstellungen. Geöffnet nur zu den Ausstellungen, Mo 18–21 Uhr, Di–Sa 11–14, 18–21 Uhr, So 11–14 Uhr, der Eintritt ist in der Regel frei.

El Cable Inglés: Die imposante, auch „Puente Inglés" (Englische Brücke) oder „El Alquife" genannte Eisenkonstruktion steht unweit des Sporthafens am Stadtstrand Playa Almadrabillas. 1902 von einem britischen Unternehmen errichtet und 1904 in Betrieb genommen, war sie per Schienen mit dem Bahnhof verbunden und diente dem Verladen von Eisenerz auf Schiffe. Der 1970 stillgelegte Bau gilt heute als ein Wahrzeichen Almerías.

La Alcazaba

Die über tausend Jahre alte Hauptsehenswürdigkeit Almerías, eine der eindrucksvollsten maurischen Burgen überhaupt, besetzt ein Felsplateau knapp hundert Meter über der Stadt.

Erster Bauherr der Alcazaba war Kalif Abd Ar-Rahman III. Seine Nachfolger, ab 1489 auch die christlichen Herrscher, ließen die Anlage noch erweitern. Nach der Alhambra von Granada ist sie das zweitgrößte maurische Bauwerk in Europa; ihre mächtigen Mauern mit einer Gesamtlänge von über 1400 Metern messen bis zu drei Meter Stärke und fünf Meter Höhe. Sie schützten ein Gebiet, das auf einer Fläche von mehr als 35.000 Quadratmetern bis zu 20.000 Menschen aufnehmen konnte. Doch war die maurische Alcazaba nicht nur eine Festung, sondern auch kunstvoll konstruierte Wohnstatt der Herrscher von Almería. Die Pracht ihrer Gärten und Paläste verglichen zeitgenössische Dichter sogar mit dem Glanz der Alhambra.

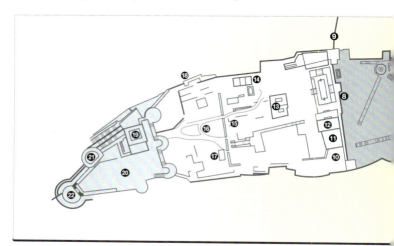

Almería/La Alcazaba 191

Im Laufe der Jahrhunderte immer wieder zerstört, ist nach jahrelanger Restaurierung die einstige Schönheit heute zumindest teilweise zurückgekehrt.

•*Zugang und Öffnungszeiten* Am besten steuert man die Alcazaba von der Calle Almanzor aus an, die nahe der Plaza Vieja beginnt; der Zugang ist gut beschildert. Der Aufstieg von der Meerseite durch das Viertel Barrio de la Chanca ist aus den erwähnten Gründen weniger ratsam. Geöffnet ist April bis Oktober Di–Sa 9–20.30 Uhr, in der übrigen Zeit bis 18.30 Uhr, So 9–15 Uhr. Eintritt für EU-Bürger (Ausweis) frei, sonst 1,50 €.

Die Alcazaba besitzt nur einen Eingang, der im Süden der Anlage liegt. Durch die *Puerta exterior* (1), das äußere Tor, gelangt man über ein komplexes Verteidigungssystem, zu dem auch die zickzackförmige Zugangsrampe gehört, hinauf zum eigentlichen Eingang. Die Rampe führt vorbei am „Spiegelturm" *Torre de los Espejos* (3), der vermutlich aus der zweiten Hälfte des 13. Jh. stammt; wie es heißt, verdankt er seinen Namen einem heute fehlenden Arrangement von Spiegeln, durch das den Schiffen im Hafen Signale vermittelt werden konnten. Durch die *Puerta de la Justicia* (2), einen Torbau der Nasridenzeit des 15. Jh., gelangt man in den ersten der drei Bereiche innerhalb der Festung.

Erster Bereich (Primer Recinto): Dieser erste der drei durch Mauern voneinander getrennten Abschnitte der Alcazaba ist auch der größte. Ursprünglich diente er als Militärlager und als Zufluchtsort für die Bevölkerung in Kriegszeiten. In den Vierzigerjahren legte man hier Gärten an, die ein wenig an die von Granada erinnern, wurden sie doch von einem leitenden Architekten des Erhaltungsprogramms der Alhambra geplant. Etwa in der Mitte des Geländes liegt das einzige Bauwerk innerhalb dieses Abschnitts, ein gemauerter Brunnen *(Aljibe)* (6), dessen Wasserrad einst das kostbare Nass aus einer Tiefe von 70 Metern zutage förderte. Im äußersten Osten erhebt sich der *Baluarte del Saliente* (5), ein Anbau der christlichen Zeit, der einen alten maurischen Turm als Basis nutzt; das treffend benannte „Vorspringende Bollwerk" bildet hoch über der Stadt einen fantastischen Beobachtungsposten. An der Nordseite des Mauerrings zieht sich die so genannte *Muralla de Jairán* (9) den Festungshügel hinab und wieder hinauf zum Cerro de San Cristóbal. Diese Mauer, die

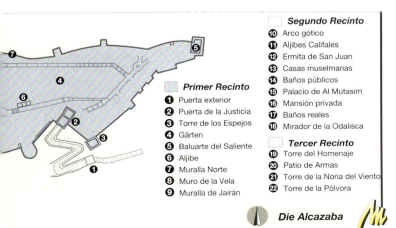

Primer Recinto
1. Puerta exterior
2. Puerta de la Justicia
3. Torre de los Espejos
4. Gärten
5. Baluarte del Saliente
6. Aljibe
7. Muralla Norte
8. Muro de la Vela
9. Muralla de Jairán

Segundo Recinto
10. Arco gótico
11. Aljibes Califales
12. Ermita de San Juan
13. Casas muselmanas
14. Baños públicos
15. Palacio de Al Mutasim
16. Mansión privada
17. Baños reales
18. Mirador de la Odalisca

Tercer Recinto
19. Torre del Homenaje
20. Patio de Armas
21. Torre de la Noria del Viento
22. Torre de la Pólvora

Die Alcazaba

192 Provinz Almería

auf die Regierungszeit des Königs Jairán I. (1012–1028) zurückgeht, bildet den letzten Rest der weit größeren Verteidigungsanlage, die einst die maurische Siedlung umgab.

Zweiter Bereich (Segundo Recinto): Er ist der älteste Abschnitt und gleichzeitig das Herz der Alcazaba. Hier residierten die maurischen Herrscher, umgeben von ihrem Hofstaat und den Wachen. Es muss eine richtige Palaststadt gewesen sein, mit Moschee, Badeanlagen, Brunnen und kleinen Gärten. Leider lässt sich die einstige Pracht heute nur mehr erahnen, für Archäologen ist das Gelände dagegen immer noch eine Fundgrube.

Man betritt den zweiten Abschnitt durch den *Arco gótico* (10), errichtet im 16. Jh. und möglicherweise ein Rest des Palastes von Gutiérrez de Cárdenas, des ersten christlichen Herrschers über die Stadt. Vorbei an der Brunnenanlage *Aljibes Califales* (11) gelangt man zu einer kleinen Kapelle im Mudéjarstil. Der Ziegelbau der *Ermita de San Juan* (12) soll von den „Katholischen Königen" gleich nach der Eroberung in Auftrag gegeben worden sein; sehr wahrscheinlich deshalb, dass das Kirchlein demonstrativ auf die Fundamente der früheren Moschee gestellt wurde. Nahe der Kapelle sind die *Casas muselmanas* (13) zu sehen, zwei maurische Häuser, die Ende der Sechzigerjahre rekonstruiert wurden und wohl als Wohnungen von Bediensteten oder Wachen dienten. Ein Stück nordwestlich, nahe der Mauer, liegen die öffentlichen Bäder *Baños públicos* (14). Zu einer Zeit, als sich Christenmenschen nur höchst ungern der Unbill unterzogen, sich ausführlich zu waschen, solches Tun später sogar der Inquisition als Verdachtsmoment diente, hatten diese Bäder für die Mauren hohe Bedeutung. Sie dienten nicht nur der Reinigung, sondern auch als Treffpunkt, waren Kommunikationszentrum und wohl auch Ort konspirativer Gespräche. Die hiesigen Badeanlagen stammen aus der Zeit des 13.–15. Jh. und sind nach dem damals üblichen System errichtet: Ein Vorbau diente als Umkleideraum, gefolgt von drei Badehallen. In der ersten Halle wurde kalt gebadet, die zweite und größte besaß lauwarmes Wasser, die dritte und der Heizungsanlage am nächsten gelegene Halle fungierte als Heiß- und Dampfbad.

Die traurige Geschichte der Maurin und des Christen

Der *Mirador de la Odalisca* (18), ein Aussichtsfenster in der Nordmauer, ist der lokalen Legende zufolge stummer Zeuge einer tragischen Liebesgeschichte. Eines Tages zu Zeiten Al Mutasims hatten maurische Soldaten einen Christen gefangen genommen. Die Odaliske Galiana, Lieblingssklavin des Herrschers, war von der Schönheit des jungen Mannes so verzaubert, dass sie sich in ihn verliebte und beschloss, zusammen mit ihm zu fliehen. Beim Versuch, sich aus dem Fenster abzuseilen, wurden die beiden jedoch von Wachen entdeckt. Der unglückliche Christ, der lieber starb, als erneut eingekerkert zu werden, stürzte sich aus dem Fenster in den Tod. Galiana wurde einige Tage später tot aufgefunden, gestorben an gebrochenem Herzen.

Der *Palacio de Al Mutasim* (15) nimmt einen großen Teil des zweiten Bereichs in Anspruch. Die Pracht dieses Palasts, der in der zweiten Hälfte des 11. Jh. dem Taifa-Herrscher Al Mutasim als Residenz diente, wurde von den Zeitgenossen in den höchsten Tönen gepriesen. Leider liegt der Prunkbau heute in Trümmern. Der unübersichtliche, da keineswegs symmetrisch angelegte Grundriss gliedert sich in drei Abschnitte. Im Osten lagen die Wirtschaftsgebäude, die teilweise rekonstruierten Wohnhäuser der Dienerschaft und die Moschee. Weiter westlich gelangt man zum

Die Westerndörfer von Almería   193

Regierungspalast mit einem gut 30 Meter langen Innenhof, dem Empfangssaal an dessen Nordseite und einem „Königlichen Pavillon" im Süden. Auf der dem Eingang zum Patio entgegengesetzten Seite bewachten zwei kleine Türme den Eingang zur *Mansión privada* (16), dem Wohnbereich, der nur dem Herrscher und seiner Familie vorbehalten war. Die sicherlich verschwenderisch dekorierten Privatgemächer gruppierten sich um einen weiteren Innenhof, besaßen eine Zisterne, üppige Gartenanlagen und ein eigenes Badehaus *(Baños reales)* (17), dessen unterirdisches Dampfheizungssystem noch gut zu erkennen ist.

Dritter Bereich (Tercer Recinto): Der dritte und am höchsten gelegene Abschnitt der Alcazaba entstand erst nach der Einnahme Almerías durch die „Katholischen Könige". Angesichts der Schäden, die ein Erdbeben von 1487 an der Festung hinterlassen hatte, beauftragten Isabel und Ferdinand ihre Baumeister mit dem Bau einer neuen Verteidigungsanlage. 1492 begannen die Arbeiten, und schon zwei Jahre später sollen sie nahezu beendet gewesen sein. Auffallend ist der Unterschied der maurischen zur christlichen Architektur, die nicht nur die hohe Erdbebengefahr in der Region, sondern auch den zunehmenden Einsatz von Artillerie in der Kriegsführung berücksichtigte. Die Mauern erhielten eine größere Dicke, die Türme wurden in runder statt viereckiger Form errichtet, gestampfter Lehm wich solidem Stein. Das Ergebnis dieser Bauweise war immerhin so dauerhaft, dass dieser Bereich der Alcazaba bis ins die Anfänge des 20. Jh. als Militäranlage genutzt wurde.

Gleich hinter dem Eingang trifft man auf den Platz *Patio de Armas* (20), der das Zentrum der Verteidigungsanlage bildet; der Silo etwa in seiner Mitte diente einst wohl der Lagerung von Getreide. Rechter Hand steht der Turm *Torre del Homenaje* (19), das einzige viereckige Exemplar seiner Gattung in diesem Bereich der Festung; am Portal ist ein schon recht verwittertes Wappen der „Katholischen Könige" zu sehen. Ein Stück weiter birgt der Turm *Torre de la Noria del Viento* (21) einen über 70 Meter tiefen Brunnen; der Name des Turms lässt darauf schließen, dass das Wasser mittels eines Windrades nach oben geschöpft wurde. Im äußersten Westen der Alcazaba schließlich bietet der „Pulverturm" *Torre de la Pólvora* (22) eine bestechende Aussicht über den Hafen und das Chanca-Viertel.

Im Hinterland von Almería

Die große Attraktion im Hinterland von Almería ist die wildromantische, wüstenähnliche Landschaft, die anfangs monoton erscheinen mag, bei näherer Bekanntschaft aber einen ganz besonderen Reiz enthüllt.

Besonders schön zeigt sich das Gebiet im Frühjahr, wenn an manchen Stellen inmitten sonst nackter, sonnenverbrannter Hänge unerwartet Blumenteppiche auftauchen. Zu den Besuchermagneten im Hinterland der Hauptstadt zählen die verschiedenen Westernstädte. Die vorgeschichtliche Ausgrabungsstätte Los Millares und die Karsthöhlen von Sorbas sind dagegen kaum bekannt. Auch in der Alpujarra der Provinz Almería sieht man, anders als in ihrem westlichen Pendant in der Provinz Granada, nur wenige ausländische Reisende.

Die Westerndörfer von Almería

Die Zahl der Western, die im Hinterland der Provinzhauptstadt gedreht wurden, geht in die Dutzende, wenn nicht in die Hunderte. Für die Dreharbeiten entstand eine ganze Reihe von Kulissendörfchen, komplett mit Brunnenattrappe und „mexi-

194   Provinz Almería

In der Wüste von Almería: Westerndorf Oasys

kanischer" Kirche, die heute leider weitgehend verfallen sind. Einige dieser ehemaligen Filmkulissen freilich rüstete man zur Touristenattraktion auf. Manchmal werden sie auch immer noch zu ihrem ursprünglichen Zweck benutzt; 1992 z. B. drehte George Lucas hier einen Teil der Serie „Der junge Indiana Jones". Für Kinder sind diese Westerndörfer sicher ein Erlebnis. So manchem Erwachsenen wird der Rummel, zu dem Scharen von Reisebussen anfahren, allerdings schnell zu viel werden …

Oasys

Das ehemalige „Mini-Hollywood", auch bekannt als „Parque Temático del Desierto de Tabernas", liegt an der A 340 unweit der Kreuzung mit der A 92, von Almería kommend etwa sechs Kilometer vor Tabernas. In diesem Westerndorf entstand unter anderem „Für eine Handvoll Dollar" mit Clint Eastwood. Ein Whisky im Saloon, ein Pferderitt? Für eine Handvoll Euro ist der Spaß allerdings nicht zu haben, die Preise fallen ziemlich deftig aus. Dafür wird zur Saison auch einmal täglich ein Banküberfall inklusive Schießerei inszeniert, schwingen Can-Can-Tänzerinnen die Beine … Vor einigen Jahren wurde das Angebot erweitert: Jetzt ist hier auch ein Tierpark zu besuchen.

• *Öffnungszeiten*   Im Sommer täglich 10 Uhr bis etwa Sonnenuntergang, im Winter nur am Wochenende. Die Preise sind stets gleich hoch, für viele zu hoch: „Das Ganze kam mir vor wie ein schlechter Scherz" (Leser Jan Drewitz über das ehemalige Mini-Hollywood).   Eintrittsgebühr rund 19 €, Kinder bis 11 J. 9 €. ✆ 950 365236.

Lesertipp von Holger Zeißler: „Parken geht extra. Fährt man jedoch einfach am Gelände den Berg hinauf, so findet man einen kleinen gebührenfreien Abstellplatz. Dort endet der Lattenzaun, und wer sich den Eintritt sparen will, kann einen recht guten Blick auf das Westerndorf gewinnen."

Fort Bravo: Ein Stück hinter Oasys gelegen, in der Nähe von Tabernas. In seiner Broschüre schmückt sich Fort Bravo, bis vor wenigen Jahren „Texas Hollywood" genannt, unter anderem mit den Klassikern „Zwei glorreiche Halunken" und „Die glorreichen Sieben". Allerdings ist Fort Bravo doch ein ganzes Stück kleiner als Oasys, was sich in gewissem Umfang auch auf die Eintrittspreise (hier: p. P. etwa 16,50 €, Kinder bis 14 J. 9,50 €) auswirkt.

Tabernas: Wer schon im Gebiet ist, sollte nicht versäumen, dem Dorf Tabernas einen Besuch abzustatten. Die etwa 3000 Einwohner zählende Siedlung selbst bietet zwar außer einigen Bars nicht allzuviel. Der Aufstieg zu dem eindrucksvollen, wenn auch verfallenen maurischen Kastell (11. Jh.) oberhalb des Ortes wird jedoch mit einer weiten Aussicht belohnt.

Plataforma Solar: Im Hinterland von Tabernas, Zufahrt in nördlicher Richtung über die A 349 Richtung Tahal, liegt eine riesige Solaranlage, die nach telefonischer Voranmeldung (✆ 950 387900, Mo–Fr 8.30–16.30 Uhr, Eintrittsgebühr 4,50 €; www.psa.es) besichtigt werden kann.

In die Sierra de los Filabres

Bis auf über 2000 Meter Höhe führt die Reise in eine einsame und wild zerklüftete Mondlandschaft. Die Anfahrt zur Sternwarte „Observatorio Astronómico del Calar Alto" erfolgt auf der A 92, vorbei an Gérgal. Noch recht neu ist eine zweite Zufahrt, die bereits vor Gérgal von der A 92 abzweigt und letztlich hinüber auf die andere Seite der Sierra führt. Die Sternwarte, übrigens die größte Europas, liegt auf dem Calar Alto, mit 2168 Meter der höchste Gipfel der Sierra de los Filabres. Die Aussicht auf die gefältelten, kahlen Hänge, die sich bis zum Horizont erstrecken, ist besonders bei Sonnenaufgang einfach traumhaft. Von innen zu besichtigen ist die Anlage allerdings nur auf Voranmeldung (Anfragen unter ✆ 950 632500, www.caha.es). Wagemutige Enduro-Fahrer können sich von hier Abfahrten nach Norden oder Osten suchen, alle anderen werden die Rückfahrt wohl besser auf Asphalt antreten.

Sorbas

Das hübsche Dorf an der A 340, gut 25 Kilometer östlich von Tabernas, liegt spektakulär auf einem Felsplateau über dem Fluss Río Aguas und ist vor allem für seine Karsthöhlen berühmt.

Zwar gilt der kleine Ort mit bescheidener Infrastruktur dank einiger Werkstätten auch als Töpferdorf, seine wahre Attraktion liegt jedoch ein paar Kilometer östlich außerhalb und einige Etagen tiefer: *Karst en Yesos de Sorbas* heißt der über Jahrmillionen aus dem Gips gewaschene Höhlenkomplex, der mit Hunderten von Grotten, die teilweise von Wasserläufen durchzogen sind, für Hobby-Höhlenforscher geradezu ein Paradies darstellt. Dank eines rührigen Privatveranstalters sind solche unterirdischen Abenteuer in den Cuevas de Sorbas, wie die Höhlen auch genannt werden, sogar für völlige Laien möglich.

● *Höhlentouren* **Natur Sport Sorbas**, Paraje Barranco del Infierno. Öffnungszeiten des Büros im Sommer 10–20 Uhr, im Winter 10–13, 15–18 Uhr. Die Firma offeriert verschiedene geführte Streifzüge durch die bizarre Unterwelt des Karsts. Dauer der „Basisroute" etwa eineinhalb bis zwei Stunden, Preis etwa 13 € pro Person, Kinder 9 €. Das nötige Equipment inklusive Helm und Stirnlampe wird gestellt. Festes Schuhwerk ist ratsam, ausladende Rucksäcke etc. sind hinderlich. Prinzipiell finden die Führungen im Sommer stündlich von 10–20 Uhr (nicht: 14 Uhr) statt, im Winter um 11, 12, 13, 16, 17 und 18 Uhr; in der Hochsaison und am Wochenende ist jedoch eher mit geregeltem Betrieb zu rechnen als an einem Montag im Februar. Reservierung dringend geboten: ✆ 950 364704. www.cuevasdesorbas.com.

Provinz Almería
Karte S. 156

La Alpujarra almeriense

Eine faszinierende Landschaft an den Südhängen der Sierra Nevada. Die Alpujarra Almerías ist dünner besiedelt, rauer und trockener als die weitaus häufiger besuchte Alpujarra der Provinz Granada.

Die Gebirgslandschaft der Alpujarras teilt sich in die Provinzen Almería und Granada. Nach der christlichen Rückeroberung Granadas waren die Alpujarras das letzte Refugium der Mauren, später jahrhundertelang ein fast vergessenes Gebiet. Seit einer Reihe von Jahren jedoch ist die Alpujarra der Provinz Granada zum gern besuchten Ziel einer sanften Form des Fremdenverkehrs geworden. Anders die Alpujarrara almeriense, in der Unterkünfte immer noch recht rar und Busverbindungen spärlich bis inexistent sind, die Landschaft auf ihre eigene Weise aber ebenso großartig ist wie weiter westlich. Die beschriebene Reiseroute, die in der Alpujarra der Provinz Granada endet, verläuft zunächst von Almería Richtung Granada, biegt dann links ab nach Gádor und zum Städtchen Alhama de Almería, das seinen Namen seit maurischen Zeiten den Thermalquellen verdankt, die hier entspringen: Al-Hamma bedeutet auf arabisch „heiße Quellen". Von Alhama folgt die A 348 dem Flusstal des *Rio Andarax*, teils im Tal selbst, meist aber oberhalb.

> **Achtung:** Wer auf dieser Route, einer der landschaftlich schönsten Strecken Andalusiens, an einem Tag bis hinüber nach Granada fahren will, sollte sehr früh am Morgen starten, denn die kurvenreichen Straßen senken die gewohnte Reisegeschwindigkeit erheblich. Besser jedoch, man plant gleich eine Zwischenübernachtung in der Alpujarra granadina ein.

Die Alpujarra almeriense erhält wesentlich weniger Niederschläge als die Nachbarregion der Provinz Granada. Entsprechend lebensfeindlich wirken die kahlen, graubraunen und sandfarbenen, durch Erosion tief eingeschnittenen Lößhügel der hiesigen Sierras. Besonders reizvoll ist der Kontrast zu den fruchtbaren Landstrichen am Fluss und den bewässerten Terrassen, die mühsam den Hängen abgerungen wurden: Hier wachsen Wein, Orangen, Walnussbäume und Feigen – Oasen in der Wüste.

Necrópolis de los Millares

Noch östlich der eigentlichen Alpujarra-Region, kurz hinter dem Städtchen Gádor, liegt eine der bedeutendsten vorgeschichtlichen Ausgrabungsstätten ganz Europas.

Wer das karge, windumtoste Gelände heute besucht, kann sich nur schwer vorstellen, was die Menschen der Kupferzeit bewogen haben mag, ausgerechnet hier eine befestigte Siedlung zu errichten. Doch war der Hügelrücken zwischen den beiden Flusstälern sicher leicht zu verteidigen, das hiesige Klima vor fünftausend Jahren zudem wesentlich feuchter, das Gebiet deshalb deutlich fruchtbarer. Um die Siedlung erstreckten sich weite Wälder aus Kiefern, Steineichen, Pappeln und sogar Birken, in denen Wildschweine und Rehe lebten.

Archäologen schätzen, dass die Siedlung Los Millares etwa von 2700 bis 1800 vor Christus bewohnt war. Die Herkunft ihrer Einwohner ist unklar; möglicherweise kamen sie aus dem östlichen Mittelmeerraum. Auf jeden Fall zählte ihre Kultur in-

Necrópolis de los Millares 197

Nekropole der Kupferzeit: Sammelgrab in der Siedlung Los Millares

nerhalb Europas zu den fortgeschrittensten der damaligen Zeit. Die etwa tausend bis fünfzehnhundert Einwohner nährten sich nicht nur von der Jagd, sie bauten Getreide und Gemüse an, hielten Schweine, Schafe und Ziegen, stellten sogar Käse her. Mit kleinen Booten schafften sie auf dem damals schiffbaren Río Andarax Erze aus den Kupferminen der nahen Sierra de Gádor heran, verarbeiteten sie und verfrachteten die Erzeugnisse möglicherweise sogar zum Handel an die Küste. Ihre Keramik war reich an Formen; die sogenannten „Glockenbecher" gaben sogar einer ganzen Kultur ihren Namen. Das soziale Leben stand auf einer hohen Stufe. Die Menschen von Los Millares lebten in steinernen Rundhütten, etwa vier bis sieben Meter im Durchmesser und wahrscheinlich von Strohdächern bedeckt. Mit Ausnahme eines viereckigen Gebäudes, das von manchen Wissenschaftlern als Herrscherpalast interpretiert wird, unterschieden sich die einzelnen Häuser so wenig, dass man davon ausgeht, die Einwohner seien sozial gleichgestellt gewesen. Auch die rund hundert Sammelgräber der Nekropolis, die wegen ihrer Ähnlichkeit mit bestimmten griechischen Grabformen „Tholos" genannt werden, sind von gleichem Aufbau.

In ihrer Entwicklung scheint die Siedlung drei verschiedene Stufen durchlaufen zu haben. Die erste Stufe dauerte etwa von 2700 bis 2400 v. Chr.; bereits aus dieser Zeit wurden Spuren der Verarbeitung von Metallen gefunden. Das Dorf war damals noch sehr klein, besaß aber schon drei Mauerringe. Von 2400 bis 1900 v. Chr. erreichte Los Millares den Höhepunkt seiner Entwicklung. Die Siedlung maß nun etwa fünf Hektar Fläche, geschützt von einem vierten Verteidigungsring; seine heutigen Reste bilden mit einer Länge von 310 Metern die größte bekannte Mauer des Europas der Kupferzeit. Das System der Arbeitsteilung wurde perfektioniert, man wusste um die Herstellung reinen Kupfers. Die letzte Stufe, etwa 1900 bis 1800

198   Provinz Almería

v. Chr., markiert den Niedergang. Die Einwohnerzahl ging zurück, nur noch der Kern der Siedlung war bewohnt, die Verteidigungsanlagen zerfielen. Ausgelöst hat diesen Niedergang wohl der Aufschwung der Kultur von El Argár, die bereits die Bronze kannte und ebenfalls in der Provinz Almería beheimatet war.

Besichtigung: Dem Laien bietet das Gelände außer Grundmauern leider nicht allzuviele Anknüpfungspunkte. Man müsste wohl schon Archäologe sein, um die Feinheiten richtig würdigen zu können. Mit etwas Phantasie lässt sich dennoch ahnen, wie die Menschen hier einst gelebt haben.

Man betritt das Gelände durch den äußersten und größten der vier Mauerringe, der in unregelmäßigen Abständen mit halbrunden Türmen versehen war. Das *Haupttor*, dessen komplexe Konstruktion anhand der Grundmauern noch zu erkennen ist, wurde ebenfalls von Türmen flankiert. In der Nähe des dritten Mauerrings sind die Grundmauern einiger *Rundhütten* zu sehen, von denen eine in Teilen restauriert wurde. Richtung Osten erreicht man die Reste einer einfachen *Metallwerkstatt*; mit Feuer und Blasebalg wurde hier das Kupfererz erhitzt, bevor es in Form gehämmert wurde (Gießformen kannte man erst in der Bronzezeit). Weiter nördlich liegt nahe der Ruinen des zweiten Mauerrings ein tiefer Silo zur Lagerung von Getreide. Rechter Hand stößt man auf eines der großen Rätsel von Los Millares, die Grundmauern eines *Rechteckbaus* von rund 32 Meter Länge – vielleicht ein Herrscherpalast oder „Gemeindehaus".

Die *Nekropolis* liegt überwiegend westlich außerhalb des vierten Mauerrings. Das Gelände ist längst noch nicht völlig untersucht, man sollte sich also sehr vorsichtig bewegen, will man nicht Unersetzliches zerstören. Auf dem Weg dorthin trifft man auf ein rekonstruiertes Sammelgrab, das gut den Aufbau dieser „Tholos" veranschaulicht: Ein Gang unterschiedlicher Länge, mit Schiefertafeln unterteilt, führte in die eigentliche Grabkammer; Nischen an seiner Seite dienten der Bestattung von Kindern. Die runde Grabkammer selbst, mit einem Durchmesser von drei bis vier Metern und einem Unterbau aus Schiefer, bildete eine sogenannte falsche Kuppel, deren „Schlussstein" von einer Holzsäule gestützt wurde. Bedeckt wurde diese Konstruktion schließlich mit einer Schicht aus Erde. In den Gräber wurden Beigaben gefunden, die vermutlich z. T. einen Bezug zum Beruf des Toten aufwiesen: Pfeilspitzen, Messer, Stecheisen, aber auch Trinkgefäße, Schmuck und Figurinen; eine Reihe dieser Funde ist im Besitz des Archäologischen Museums in Almería, ein Teil aber auch im entsprechenden Museum in Madrid.

● *Lage und Öffnungszeiten* Aus Richtung Almería kommend, liegt Los Millares noch vor der Abzweigung Richtung Alhama de Almería. Die Zufahrt zum Gelände zweigt etwa 200 Meter vor der Kreuzung nach Santa Fé von der A 348 ab; bei Santa Fé gibt es auch einen Bahnhof der Linie nach Granada, an dem aber nur wenige Züge halten. Bevor man auf das Gelände darf, muss man bei einem Wächter den Pass als Pfand abgeben; von der Sperre bis zur Ausgrabungsstätte ist noch etwa ein Kilometer Schotterpiste zurückzulegen. Öffnungszeiten Mi–So 10–14 Uhr, wegen gelegentlicher Unregelmäßigkeiten empfiehlt sich vorab ein Telefonanruf auf dem Gelände: Mobil- ✆ 677 903404. Eintritt frei. Ratsam, den Besuch auf den Morgen zu legen, denn Schatten gibt es hier nirgends.

Canjáyar

Nach einer Fahrt durch die kleinen Dörfer und die erodierte, staubtrockene Landschaft der östlichen Alpujarra findet das Auge in Canjáyar wieder etwas Erholung. Zwar ist auch dieses Dorf, das malerisch unterhalb eines kirchengekrönten Hügels

Scharf: Getrockneter Wintervorrat in den Alpujarras

liegt, von gefältelten, graubraunen Wüstenbergen umgeben. Die terrassierten Hänge, die rund um den Ort ansteigen, sind dagegen jeder für sich wahre Oasen, strotzen besonders im Frühjahr vor Grün. Weitergehende Attraktionen allerdings hat das bescheidene, von seiner Landwirtschaft geprägte Örtchen nicht zu bieten.

Laujar de Andarax

„Hauptstadt der Alpujarra" nennt sich Laujar de Andarax stolz, meint damit aber wohl nur die Alpujarra der Provinz Almería. Reizvoll zeigt sich die Plaza Mayor des kleinen Landstädtchens, dem man seine maurischen Wurzeln da und dort noch anzusehen meint. Besonders angezogen wurden die Mauren wohl vom Wasserreichtum des Städtchens: Laujar zählt insgesamt 15 Quellen. Etwas außerhalb entspringt der Río Andarax; seine Quelle ist als *nacimiento* ausgeschildert und ein wirklich lauschiges Plätzchen.

• *Information* **Centro de Visitantes Laujar**, etwa einen Kilometer außerhalb des Städtchens in Richtung Ugíjar, ✆ 950 513548. Variable Öffnungszeiten, in der Regel nur Do–So geöffnet; eine kleine Ausstellung zu den Alpujarras ist angeschlossen, ebenso eine Verkaufsstelle örtlicher Produkte.

• *Übernachten* Die „Villa Turística de Laujar de Andarax", ein ehemaliger Hotelbetrieb der Andalusischen Generaldirektion für Tourismus, ist seit geraumer Zeit geschlossen, sollte aber (wie alle andalusischen Villas Turísticas) in den nächsten Jahren unter privater Leitung wieder eröffnen.

** **Hotel Almirez**, kleineres Hotel mit zwanzig schlicht möblierten, insgesamt aber ordentlich ausgestatteten Zimmern mit Terrasse oder Balkon, Restaurant angeschlossen. DZ/Bad etwa 50–55 €. Carretera Laujar-Berja, etwa 1,5 Kilometer außerhalb von Laujar in Richtung Ugíjar, ✆ 950 513514, ✉ 950 513561, www.hotelalmirez.es.

• *Camping* **Municipal Puente Colgante**, 2. Kat., gepflegter gemeindeeigener Platz, der leider fast völlig mit Dauercampern belegt ist; Besitzer kleiner Zelte finden immerhin Unterschlupf in einem Wäldchen. Bar-Restaurant und ein öffentlicher, aber nur im Hochsommer gepflegter Pool sind angeschlossen. Nachts wird´s kühl. Ganzjährig geöffnet. P.P. und Zelt je rund 3,50 €, Auto 5 €. Bei Fondón, aus Richtung Almería

200   Provinz Almería

kommend etwa fünf Kilometer vor Laujár, ℡ 950 514291.
Camping Cortijo La Molineta, ein „Bauernhofcamping", eher für Gruppen gedacht und manchmal nur am Wochenende geöff-

net. Vorheriger Anruf deshalb ratsam. P.P., Auto, Zelt je etwa 3 €. Am Ortseingang von Laujar aus Richtung Almería ausgeschildert, ℡ 950 514315, www.campinglamolineta.es.

Weiterreise: Neun Kilometer hinter Laujar geht es rechts ab nach Ugíjar in der Alpujarra der Provinz Granada. Eine Alternativstrecke nach Granada bildet die schmale A 347, die sowohl über eine Abzweigung am westlichen Ortsrand von Laujar de Andarax (via Paterna del Río) als auch über ein etwa sechs Kilometer östlich von Ugíjar beginnendes Sträßchen (via Laroles) zu erreichen ist. Als enge und nicht gerade komfortable, landschaftlich aber großartige Passstraße führt sie über den 2000 Meter hohen *Puerta de la Ragua* und trifft in der Nachbarprovinz unweit des Städtchens La Calahorra auf die schnelle A 92 nach Granada.

Costa de Almería (westlicher Teil)

Westlich der Provinzhauptstadt zeigt sich die Küste von der urbanisierten Seite. Ästhetisch empfindsame Naturen bleiben besser auf der schnurgeraden A 7 und ersparen sich so optisches Ungemach.

Aguadulce ist die Almería am nächsten gelegene der Strandsiedlungen. Aus der Stadt kommend, bietet das gnadenlos an den Hang geklotzte Großhotel „Playaluz" einen Vorgeschmack auf die dem Küstenverlauf folgende, kilometerlange Skyline. Der Yachthafen von Aguadulce ist wohl das „Zentrum" dieser Hochhaussiedlung am Meer. Im Sommer sind die hiesigen Bars und Discos bevorzugter Treff der Jugend Almerías.

Roquetas de Mar, ein kilometerweit ausgedehntes Siedlungsgebiet, besteht aus dem eigentlichen Ort, der sich vom Fischerhafen zur Badeanstalt entwickelt hat, und den dazugehörigen, noch um einiges ausgedehnteren Urbanisationen. Sie sind das Hauptziel des mitteleuropäischen Sonnentourismus zur Costa de Almería: gepflegte, täglich gesäuberte Sandstrände und schnurgerade, mit dem Lineal angelegte Hochhausalleen, im Parterre das „Speiselokal Alhambra" oder das „Wiener Kellerstüberl". Doch ist Roquetas nicht nur ein Ferienort, sondern mit seinen am Siedlungsrand gelegenen Einwandlervierteln wie dem „200 Viviendas" auch Schlaf- und Wohnstadt für zahlreiche Immigranten vorwiegend aus Afrika, deren Bevölkerungsanteil bei mittlerweile über 30 Prozent liegt. Angezogen werden sie von der Hoffnung auf Arbeit in den Treibhäusern und Industrie- und Gewerbegebieten des flachen Hinterlands. Durch den starken Zuzug ist die Einwohnerzahl von Roquetas in kurzer Zeit auf inzwischen über 80.000 Personen angeschwollen.

Almerimar: Die autobahnähnliche Zufahrt ab der A 7 führt durch von Müllhalden „aufgelockertes" Ödland, bis urplötzlich eine Palmenallee nebst Wärterhäuschen und Schlagbaum auftaucht: Zur Saison darf nicht jeder hinein nach Almerimar. Ausschließlich als Urlaubsstadt geplant, soll die aus einer vertrockneten Wüstenei aufragende Anlage doch Golfer anziehen, ein Sport, der seine Faszination doch eigentlich aus dem Landschaftserlebnis bezieht ... Knapp westlich der bleichen Hochhäuser von Almerimar liegen Salinen, die ökologisch wertvoll und daher seit einigen Jahren als Naturreservat ausgewiesen sind – nur einer der vielen Kontraste Andalusiens.

Westlich der Feriensiedlung erstrecken sich bis weit hinter *Balanegra* lange Sand- und Kiesstrände, die leider nicht nur durch Picknickmüll verdreckt sind: In die mo-

Costa de Almería (westlicher Teil)   201

notone, mit Gewächshäusern gepflasterte Landschaft wurde auch eine gute Portion Bauschutt gekippt.

Adra, etwas abseits der A 7 gelegen, ist in erster Linie eine Fischerei- und Hafenstadt. Als attraktiv mag man weder die überwiegend aus Mietskasernen bestehende Siedlung selbst bezeichnen noch die schmalen und von Schilf und Gewächshäusern hart bedrängten Strände. Adra ist denn trotz einiger Campingplätze in der Umgebung auch nicht gerade ein reiner Ferienort. Für manchen vielleicht gerade ein Grund für eine Stippvisite – eine „unverfälscht spanische" Stadt ist es allemal.

Westlich von Adra verläuft die A 7 bzw. N 340 küstennah durch eine schnelle Abfolge kleinerer Siedlungen. Tourismus findet mangels Übernachtungsmöglichkeiten wie auch attraktiver Strände kaum statt. Die Bevölkerung lebt vornehmlich von den Erträgen der stets präsenten Treibhauskulturen.

Plasticultura

In der weiten, flachen Landschaft des Campo de Dalías westlich von Almería sind sie nicht zu übersehen: flächendeckend aufgestellte, durchsichtige bis grünlich schimmernde Plastik-Treibhäuser, die so genannten „Invernaderos". In der klimatisch begünstigten Region wird seit den 60er-Jahren ein Großteil der bei uns angebotenen Frühgemüse gezogen. Was den südländisch inspirierten Koch freuen mag – Auberginen, Zucchini, Paprika zu jeder Jahreszeit – ist, vom Landschaftsverbrauch (die Gewächshäuser erstrecken sich über 25.000 Hektar, mehr als in Holland und Belgien zusammen) ganz abgesehen, nicht ohne ökologische Probleme. Die intensiv bewirtschafteten Monokulturen sind besonders stark auf den Einsatz von Dünge- und Schädlingsbekämpfungsmitteln angewiesen. Mit der Giftspritze wird denn auch großzügig umgegangen, Motto „viel hilft viel". So mancher Arbeiter hat sich dabei schon selbst vergiftet. Zudem laugt die künstliche Bewässerung der Treibhäuser die Grundwasservorräte aus, deren Spiegel von Jahr zu Jahr alarmierender sinkt. Kennt man diese Zusammenhänge, dann schmeckt die Aubergine im Januar etwas bitter ... Anschaulich dargestellt wird die Problematik im österreichischen Dokumentarfilm „We feed the World" (2005) von Erwin Wagenhofer.

El Ejido ist das Zentrum der Plasticultura, ein planlos gewachsenes Gemeinwesen, das sich in nur wenigen Jahren zur zweitgrößten Stadt der Provinz Almería entwickelt hat und fast 85.000 Einwohner zählt. Angelockt von der Hoffnung auf schnelles Geld zog es Scharen von Kleininvestoren aus anderen Regionen Andalusiens in den Campo de Dalías. Viele von ihnen stammen aus der Alpujarra Granadas und sind berühmt-berüchtigt für ihren großzügigen Lebenswandel: heute eingenommen, morgen ausgegeben. Das funktioniert natürlich nur, solange auch Einnahmen fließen. Und das tun sie ganz offensichtlich. Arbeitslosigkeit scheint in dieser Region ein eher geringes Problem zu sein: Für simple, schlecht bezahlte Tätigkeiten wie die Arbeit in den Invernaderos oder auch das Ausliefern von Pizzas findet sich jedenfalls längst kein Einheimischer mehr. Solche Jobs gehen nur noch an Zuwanderer aus Marokko (Tageslohn: 10 bis 30 €), die nach Schätzungen der Zeitung „El País" inzwischen etwa 30 Prozent der Bevölkerung stellen.

Provinz Almería
Karte S. 156

▲ Maurisches Märchenschloss: die Alhambra von Granada

Provinz Granada

Costa Tropical 205	La Alpujarra granadina 268
Granada 217	Valle del Poqueira 273
Umgebung von Granada 260	Von Granada Richtung Guadix ... 287
Parque Nacional de	Der Nordosten der
la Sierra Nevada 264	Provinz Granada 292

Wehrhaft: die Burg von La Calahorra

Provinz Granada

Länger als in irgendeiner anderen Region Andalusiens konnten sich die Mauren im Gebiet von Granada halten. Die Dynastie der Nasriden führte ihr Königreich erst zu höchster Blüte, als der Rest Spaniens schon lange von den christlichen Heeren zurückerobert war – und hinterließ ein wahres Märchenschloss, die Alhambra.

Erst 1492, im „magischen Jahr" der Entdeckung Amerikas, zogen die Nasriden aus Granada ab, mehr als zwei Jahrhunderte nach dem Ende der maurischen Herrschaft in Córdoba und Sevilla. Wunderbares Zeugnis jener späten maurischen Hochkultur ist der Palast Alhambra in Granada, gleichzeitig das bedeutendste islamische Bauwerk in Europa überhaupt. Zu einem Reiseziel erster Güte machen die Provinz aber nicht nur die Alhambra und die schöne Stadt Granada selbst, „Granada, dessen bloßer Name den behäbigsten Bürger in Begeisterung ausbrechen und auf einem Bein tanzen lässt" (Théophile Gautier). Auch die herrliche Landschaft trägt ihren Teil dazu bei. Das Gebirge der *Sierra Nevada* ist in weiten Gebieten als Naturpark ausgewiesen und ermöglicht fantastische Ausflüge. Lieblicher als diese rauen Höhen gibt sich *La Alpujarra granadina*, eine fruchtbare Tälerlandschaft an den südlichen Ausläufern der Sierra, die zur letzten Zuflucht der aus Granada vertriebenen Mauren wurde.

Die Küste kann da an Attraktivität nicht ganz mithalten. Dennoch zählt der zur Provinz Granada gehörende, seit einiger Zeit als *„Costa Tropical"* benannte Bereich noch zu den erfreulicheren Abschnitten der Costa del Sol. Zwar wurde auch hier schon zuviel gebaut. Für ein paar Badetage liegt man aber dennoch nicht falsch – weiter im Westen hat der Stahlbeton längst die Alleinherrschaft übernommen.

In Kürze: Provinz Granada

Fläche: 12.531 Quadratkilometer

Bevölkerung: 907.000 Einwohner, das entspricht einer Bevölkerungsdichte von 72 Einwohnern pro Quadratkilometer

Reizvolle Landschaften: Sierra Nevada, La Alpujarra granadina

Schöne Orte: Granada, Salobreña, die Dörfer der Alpujarra

Kurios: Die Höhlenwohnungen von Guadix, Galera und anderen Orten der Provinz

Keinesfalls versäumen: Die Alhambra (rechtzeitig Karten reservieren!), die Gärten des Generalife und das Stadtviertel Albaicín, alles in Granada

Internet-Info:
www.turismodegranada.org

Costa Tropical

Der Wunsch spanischer Regionen nach einer „eigenen" Küste führt immer wieder zur Abspaltung und Umbenennung einzelner Bereiche. So heißt der vorher zur Costa del Sol gezählte Küstenabschnitt der Provinz Granada seit einer Reihe von Jahren nun Costa Tropical.

Zugegebenermaßen ist der Name treffend: Das Klima und die üppige Vegetation dieses kurzen Küstenstrichs besitzen tatsächlich tropischen Charakter. In großen Plantagen wachsen hier Bananen, Mangos, Papayas, Avocados, Chirimoyas und andere exotische Früchte, preiswert angeboten von Verkaufsständen entlang der Straßen. Bedeutendstes Produkt der hiesigen Landwirtschaft ist das Zuckerrohr, das sich in ausgedehnten Feldern oft bis ans Meer erstreckt. Eingeführt wurde die Pflanze vor über einem Jahrtausend von den Mauren, heute dient sie vor allem der Destillation von Rum. Einzig in Salobreña ist auch noch eine Fabrik für Rohrzucker in Betrieb, die letzte ihrer Art in Europa.

Die Costa Tropical beginnt, wie die Costa de Almería endet: küstennahe Durchgangsstraße, schnell aufeinanderfolgende kleine Ortschaften, viele Treibhäuser. Bei *La Rabita* drängeln sich die Plastikfelder bis ans Meer. Der schnell gewachsene Ort selbst würde sich wohl gern das Attribut „aufstrebend" verleihen, hat aber nichts Besonderes zu bieten. Immerhin beginnt hier mit der A 345 eine landschaftlich reizvolle Anfahrtsvariante in die Alpujarra-Region und weiter nach Granada; sie führt über Albuñol und den Pass Puerto Camacho (1219 Meter) nach *Orjiva,* einem der Hauptorte der Alpujarra.

Auch entlang der Küste wird es hinter La Rabita landschaftlich interessanter. In weiten Bögen schwingt die Straße über die Küstenausläufer der Bergwelt des Inneren, steil ins leuchtende Meer abstürzende Felsen sorgen für atemberaubende Panoramen. Gelegentlich finden sich Wege oder Schotterpisten hinab zu kleinen Stränden, die außerhalb der Höchstsaison praktisch menschenleer sind.

Castell de Ferro

Eine langgezogene Siedlung der angenehmeren Sorte, umgeben von Treibhauskulturen und überragt von der kleinen Burgruine, die ihr den Namen gab. Sieht man von der etwas außerhalb gelegenen Urbanisation im Nordosten einmal ab, dann besteht Castell de Ferro aus zwei Ortsteilen. Das winzige „Zentrum" liegt um die Plaza de España, südwestlich erstreckt sich die zugehörige Strandsiedlung. Hier flankiert eine Promenade mit Restaurants und Geschäften einen schmalen Kies-

und Sandstrand, der weiter westlich etwas breiter wird. Der Reiz von Castell de Ferro liegt in erster Linie wohl in den immer noch bescheidenen Dimensionen des Ortes, der von Großhotels und Apartmentkomplexen weitgehend verschont blieb.

• *Übernachten* **Pensión Costa del Sol**, am bescheidenen „Hauptplatz" der eigentlichen Siedlung. Freundliche Führung. Vor einigen Jahren ausgebaut und erweitert, von Lesern gelobt. Ganzjährig geöffnet, 38 Zimmer, Restaurant mit günstigem Tagesmenü angeschlossen. DZ/Bad rund 40 €, mit Klimaanlage 50 €. Plaza de España 2, ☏ 958 656054.

• *Camping* **Huerta Romero**, 2. Kat., relativ schattig und strandnah gelegen. Viele Dauercamper. Offiziell ganzjährig geöffnet. P.P. 4 €, Auto 4,50 €, Zelt etwa 5 €. Paseo Marítimo 18, ☏ 958 656001, www.castelldeferro.org.

• *Feste* **Fiesta de la Nuestra Señora del Carmen**, das Hauptfest vom 15.–18. Juli.

• *Baden* Der Ortsstrand (offiziell eigentlich eine Abfolge von drei Stränden) besteht aus grauem Kies und ist gut gepflegt.

Playa de la Rijana, in der Steilküste einige Kilometer außerhalb in Richtung Calahonda, ein Lesertipp von Heiko Weigelt: „Oben an der Küstenstraße nur ca. 40 Parkplätze, dadurch nicht überlaufen. Glasklare Bucht mit mittelalterlichem Wachtturm und Fischschwärmen direkt am Strand. Strandbar (Anmerkung: nur zur HS) mit bestem Couscous als Tapas. Kein Müll! Hundeverbot. Keine Duschen, keine Toilette."

Calahonda

Der Kern des Ortes, eingezwängt zwischen Felsen, lässt das einstige Fischerdörfchen noch erahnen. In der Umgebung, die von großflächigen Treibhäusern geprägt wird, sind allerdings hohe Apartmentanlagen gewachsen. Außerhalb der Hochsaison ist die Atmosphäre dennoch entspannt, von Trubel keine Spur. Calahondas Hauptattraktion sind ohnehin die langen Sand- und Kiesstrände, die zu jeder Jahreszeit genügend Platz bieten.

Don Cactus Camping, 1. Kat., am breiten Sandstrand, landeinwärts der Küstenstraße. Ebenes, recht schattiges Gelände, von Treib-

208   Provinz Granada

häusern umgeben. Gut ausgestattet, Tennisplatz, schöner Pool. Ganzjährig geöffnet. Stellplatz inkl. Auto, Zelt 15 €, p. P. 7 €. Drei

Kilometer westlich des Ortskerns, etwa auf Höhe des Dörfchens Carchuna, ☎ 958 623109, 🖂 958 624294, www.doncactus.com.

Westlich von Calahonda erstreckt sich ein langer Strand aus Sand und Kies, an den sich ausgedehnte Treibhauskolonien anschließen.

▶ **Torrenueva** besteht überwiegend aus Hochhausbauten. Beliebt als Ferienort ist das nicht gerade attraktive Städtchen vor allem bei spanischen Familien, die nahezu ausschließlich in Apartments wohnen; Hotels oder Pensionen sind demzufolge rar.

▶ **Motril** ist eine Inlandsstadt von jener Sorte, die man nicht unbedingt gesehen haben muss. In ihrer Umgebung erstreckt sich bis ans Meer und zum dortigen Hafen *Puerto de Motril* eine weite, fruchtbare Ebene voller Zuckerrohrfelder, in die sich allerdings auch Kleinindustrie mischt.

Wenige Kilometer hinter der Zufahrt nach Motril zweigt die flott zu befahrende, inzwischen komplett ausgebaute A 44 nach Granada ab – wer eine kaum frequentierte und landschaftlich mindestens genauso reizvolle Alternative sucht, der sei auf die erheblich zeitaufwändigere Variante ab Almuñecar via Otívar hingewiesen, die allerdings streckenweise nicht in allerbestem Zustand ist.

Salobreña

Das hübsche Städtchen ist der beliebteste Badeort der Einwohner Granadas. An Wochenenden und im Hochsommer herrscht dementsprechender Andrang.

Zu anderen Zeiten kann man in dem nett gelegenen Städtchen einige recht angenehme Tage am Meer verbringen. Auf nichtspanische Urlauber ist man hier wenig eingestellt, das Aufkommen an Souvenirläden und Ähnlichem tendiert deshalb erfreulich gegen Null. Entdeckt wurde Salobreña dagegen von einigen Mitteleuropäern, die sich in den Häusern im hoch gelegenen Altort einquartiert haben. Manche der ehemaligen Einwohner dort oben scheinen dagegen des mühevollen Aufstiegs müde geworden und hinab in die Neustadt gezogen zu sein – an vielen Häusern hängen Schilder mit der Aufschrift „Zu verkaufen".

Umgeben von ungemein fruchtbarer Landschaft, in der ausgedehnte Zuckerrohrfelder das Bild bestimmen, ist Salobreña gewissermaßen dreigeteilt. Die weiß gekalkten Häuser des Ortskerns gruppieren sich auf einem etwa einen Kilometer landeinwärts liegenden Felsklotz, der von einem maurischen Kastell gekrönt wird. Der älteste Bereich erstreckt sich im Osten um die Kirche; in das Gewirr engster Gässchen und verwinkelter Treppenwege wagt man sich besser nur zu Fuß, Parkplätze sind nicht so leicht zu finden. Unterhalb des Kastellhügels ist aus Wohnblocks eine Art Neustadt entstanden, die naturgemäß keine Schönheit darstellt. Gleiches gilt für die Urbanisation am Strand, die inmitten saftig grüner Felder liegt und sich immer weiter ausdehnt. Da sie etwas abseits liegt, beeinträchtigt sie das Gesamtbild dennoch nicht allzusehr – fraglich, was die Zukunft bringt ...

Information/Verbindungen/Internet

● *Information* **Oficina Municipal de Turismo**, Plaza de Goya s/n, zu erreichen über die nördliche Zufahrt von der Fernstraße; Öffnungszeiten Di–Sa 9.30–13.30, 16.30–

19 Uhr (Winter 15–18 Uhr). Kleines Häuschen mitten auf dem Platz, vielsprachig, freundlich und engagiert geleitet. Hier auch Anmeldung zu kostenlosen Führungen (z.T.

Salobreña 209

Gekrönt von einem maurischen Kastell: die Altstadt von Salobreña

auch auf Deutsch) sowie Verkauf eines Wanderführers in Englisch und Spanisch. ℅/✆ 958 610314, www.ayto-salobrena.org.
• *Verbindungen* **Bus**: Haltestelle der Agentur ALSA an der Avenida Garcia Lorca, unweit der Infostelle. Busse nach Almería 2-mal, Granada 9-mal, Málaga 6-mal täglich, nach Almuñecar etwa stündlich.

Ortsbusse: Erstaunlich, dass sich das kleine Städtchen diesen Luxus leisten kann. Mo–Sa (Sa-Nachmittag nur im Sommer) stündlich außer zur Siesta dreht der Ortsbus auf zwei Linien seine Runden, verbindet so auch den Altort mit dem Strand – eine gute Möglichkeit, einen ersten Überblick über Salobreña zu erhalten. Abfahrt unter anderem an der Plaza de la Pontanilla, ums Eck von der Infostelle.

• *Internet-Zugang* **Maui Informática**, C. Diego Ramírez 1, an der Plaza Ramirez de Madrid, ein Stück meerwärts der Bushaltestelle linker Hand in einem Wohngebiet; ✆ 958 610907.

Übernachten/Essen/Feste

• *Übernachten* Vorwiegend preiswerte kleine Pensionen, die großteils am östlichen Fuß des Hügels liegen, unweit der Antigua Carretera de la Playa. Zur spanischen Urlaubssaison kann es allerdings schwierig werden, eine Bleibe zu finden.

*** Hotel Best Western Salobreña, in toller Aussichtslage etwas außerhalb, zu erreichen über die Umgehungsstraße. Üblicher Dreisterne-Komfort nebst Parkplätzen, Schwimmbad, Tennis. Ganzjährig geöffnet. DZ nach Saison und Ausstattung etwa 65–105 €. Carretera N 340, km 323, ✆ 958 610261, ✉ 958 610101, www.bestwesternhotelsalobrena.com.

** Hotel Avenida, unweit des Zentrums an der Straße zum Strand, die Zimmer dorthin zumindest zur Saison sicher nicht ganz leise. Ein noch relativ junges Quartier mit ordentlicher Ausstattung. DZ etwa 60–95 €. Avenida del Mediterráneo 35, ✆ 958 611544, ✉ 958 611555, www.hotelavenidatropical.com.

** Hostal Jayma, im Gebiet westlich der Infostelle, mit etwas Glück finden sich Parkplätze vor der Tür. Sehr gut geführtes, freundliches Haus, das für die Kategorie hohen Komfort bietet; Zimmer mit Klimaanlage und TV, Dachterrasse. DZ nach Saison etwa 50–60 €, es gibt auch Dreibett- bzw. Familienzimmer. C. Cristo 24, ℅/✆ 958 610231, www.hostaljayma.com.

* Hostal Mary Tere, 2001 eröffnetes Hostal am östlichen Fuß des Ortshügels. Solide Zimmer mit Sat-TV und Klimaanlage; eine

Provinz Granada
Karte S. 206/207

210   Provinz Granada

Bar ist angeschlossen. DZ/Bad etwa 45–60 €. Calle Fábrica Nueva 7, ☎/🖷 958 610126, www.hostalmarytere.com.

Pensión Hostal San Juan, ein Lesertipp von Clarissa Kopfinger und Peter Helldobler: „Nahe der Touristeninformation, geführt von einem netten, hilfsbereiten Ehepaar (spanisch/französisch). Dachterrasse. Man kann das Auto genau vor der Haustüre abstellen." DZ etwa 45–60 €, es gibt auch Familienzimmer und Apartments. Calle Jardines 1, ☎ 958 611729, 🖷 958 610917, www.hostalsanjuan.com.

Pensión Mari Carmen, in einer Gasse am Osthang des Altorts. Angenehmes Quartier, familiäre und freundliche Atmosphäre; moderne Zimmer im Stil zwischen altdeutsch und neuschwedisch. Ganzjährig geöffnet. DZ ohne Bad kosten je nach Saison etwa 25–35 €, DZ mit Bad und Terrasse mit Aussicht à etwa 30–45 €. Calle Nueva 30, ☎ 958 610906, www.pensionmaricarmen.com.

Pensión Castellmar, ganz in der Nähe. Kleine, aber saubere Zimmer ganz überwiegend ohne Bad, dafür z. T. mit Terrasse oder Balkon und schönem Blick auf Meer und Berge. Ganzjährig geöffnet. DZ ohne Bad 30–35 €. Calle Nueva 21, ☎ 958 610227.

● *Essen* Am Strand finden sich eine Reihe netter Bar-Restaurants und Chiringuitos, die außerhalb der Saison allerdings oft fast menschenleer oder geschlossen sind. **Rest. El Peñón**, beim gleichnamigen Felsen am Meer, ein schön gelegenes Strandrestaurant mit Blick. Spezialität ist natürlich Fisch, Menü à la carte ab etwa 20–25 €.

Bar-Restaurante Pesetas, oben im Altort. Dachterrasse und ein karg dekorierter Speiseraum, der dank der Höhenlage und der großflächigen Verglasung jedoch einen sehr schönen Blick auf die Zuckerrohrrebene gewährt. Mittlere Preise, Hausspezialitäten sind auch hier Fischgerichte und Meeresgetier. Calle Albayzin baja 11a, vom alten Rathausplatz (Ayuntamiento) durch den „Bóveda" genannten Tunnel.

Mesón de la Villa, an einem hübschen kleinen Palmenplatz in einem Wohngebiet, linker Hand der Hauptstraße zum Strand. Fleisch- und Fischgerichte kosten um die 12 €, es gibt auch Raciones etc. Plaza Ramirez de Madrid s/n.

Bar-Rest. Porteria, an einem kleinen Platz unweit der Infostelle, Tische auch im Freien. Mittags eine beliebte Adresse – kein Wunder, das Tagesmenü ist ausgesprochen preisgünstig und bietet dafür wirklich soliden Gegenwert. Plaza Pontanilla s/n.

● *Einkaufen* **Wochenmarkt** jeden Di und Fr vormittags, beim Marktgebäude, zwischen etwa Juli und September auch abends ab 20 Uhr; im Sommer findet am Fr-Abend ein weiterer Markt beim Fußballplatz Campo de Futbol statt. **Antiquitäten- und Flohmarkt** jeden ersten Samstag im Monat im Parque de la Fuente.

● *Feste* **Día de la Cruz**, am 3. Mai, das Fest der schön geschmückten Maikreuze.

Fiesta de la Virgen del Carmen, 16. Juli; das Fest der Schutzheiligen der Fischer und damit der Patronin des Ortsteils La Caleta.

Fiesta de San Juan y San Pedro, zu Ehren der beiden Heiligen, vom 24. bis 29. Juni.

Fiesta de la Virgen del Rosario, mehrere Tage um den 7. Oktober. Fest der Schutzpatronin Salobreñas, mit Handwerksmesse und traditioneller Wallfahrt zum Strand.

Baden: Vom Ortskern zum Strand sind es etwa eineinhalb Kilometer. Der Felsen „El Peñón" trennt zwei Strände; an Wochenenden und im August wird es an beiden ziemlich voll, zur Nebensaison kann man über Mangel an Platz jedoch nicht klagen. Östlich des Felsens erstreckt sich der Hauptstrand von Salobreña, die *Playa de la Charca*, ein rund zwei Kilometer langer und ausgesprochen breiter Strand aus Sand und Kies, in dessen Hinterland die Urbanisationen aufragen. Der Bach, der hier mündet, soll dank einer Kläranlage sauber sein, etwas Abstand kann wohl dennoch nicht schaden. Nordwestlich des Peñón-Felsens liegt mit der *Playa de la Guardia* ein gut einen Kilometer langer, aber relativ schmaler Kiesstrand, der landeinwärts von Zuckerrohrplantagen begrenzt wird.

Sehenswertes

Viel Spaß bereitet ein Bummel durch die Oberstadt. Oft öffnen sich dabei reizvolle Ausblicke, wie bei der Kirche Nuestra Señora del Rosario oder im südlich gelegenen Viertel Albayzin.

Castillo Árabe: Die Burg oberhalb des Ortskerns ist seit dem 10. Jh. urkundlich belegt. Kern der in drei Teile gegliederten Anlage ist die maurische Alcazaba mit dem Turm Torre del Homenaje, die den Nasridenkönigen zeitweilig als Sommerresidenz diente, jedoch auch als Gefängnis für entmachtete Herrscher genutzt wurde. Die übrigen beiden Bereiche entstanden erst im 15. Jh. unter christlicher Herrschaft. Die Wälle, Mauergänge und Türme des Kastells machen einen sehr wehrhaften Eindruck, eine gepflegte Parkanlage im Inneren lädt zu schattiger Rast. Am schönsten hier oben ist jedoch der weite Blick in alle Richtungen, über Zuckerrohrfelder aufs Meer und in der Gegenrichtung bis zur Sierra Nevada. Der Zugang ist am leichtesten zu finden, wenn man sich an der Kirche orientiert.
Öffnungszeiten Täglich 10–13, 18–21 Uhr (Sommer) bzw. 16–19 Uhr (Winter), Eintrittsgebühr etwa 2,50 €, ein Kombiticket mit dem Museo Histórico kostet etwa 3 €.

Museo Histórico: Am ehemaligen Rathausplatz Plaza del Antiguo Ayuntamiento präsentiert das Geschichtsmuseum (Öffnungszeiten wie Castillo Árabe, Eintritt etwa 1,50 €) vielfältige Funde aus der langen Geschichte der Stadt und ihrer Umgebung. Der zeitliche Rahmen reicht vom Neolithikum bis ins Mittelalter; eine Fotoausstellung ist angeschlossen. Ebenfalls zu besichtigen ist der alte Kerker Antigua Cárcel. Unweit des Museums verbindet das tunnelartige, wahrscheinlich im 16. Jh. entstandene Gewölbe *La Bóveda* die Altstadt La Villa mit dem vorgelagerten Viertel Albayzin.

Almuñécar

Ein uralter, schon von den Phöniziern gegründeter Ort, heute das wichtigste und größte Fremdenverkehrszentrum der Costa Tropical.

Vor ein paar Jahrzehnten muss Almuñécar noch einen sehr erfreulichen Anblick geboten haben – ein von engen Treppengassen durchzogener Altstadthügel inmitten fruchtbarer Obstgärten, das wuchtige Kastell und die langen Kiesstrände, die von dem weit ins Meer reichenden, markanten Felsklotz *Peñón del Santo* getrennt werden. Das alles ist auch noch vorhanden, doch wurde in und um das Städtchen so hemmungslos gebaut, dass der enge Ortskern von Hochhäusern regelrecht umzingelt ist und die Landschaft auf weite Strecken unter Apartmentanlagen verschwindet.

Almuñécar zeigt jedoch auch positive Seiten, die den Ort bei näherer Bekanntschaft durchaus sympathisch erscheinen lassen. So muss man dem Städtchen zugute halten, dass viele Fußgängerzonen und Grünanlagen für eine optische Auflockerung sorgen, und auch, dass Almuñécar gewissen Eigencharakter besitzt. Die Siedlung wirkt erheblich lebendiger und städtischer als beispielsweise der nahe Nachbar Salobreña. Almuñécar ernährt sich nicht nur vom Tourismus, sondern immer noch auch von der Fischerei und der Landwirtschaft der Umgebung, ist vom „Schickimicki" der westlichen Costa del Sol meilenweit entfernt und deshalb „spanisch" geblieben – eine Tatsache, die sich auch in den Preisen bemerkbar macht. Die Segler, die etwas außerhalb am dezenten Yachthafen Marina del Este anlegen, wissen dies ebenso zu schätzen wie die Gleitschirmflieger, für die Almuñécar dank der günstigen Bedingungen in der Umgebung eine Art Mekka geworden ist.

Das Stadtgebiet soll übrigens der Ort gewesen sein, an dem der verfolgte Omaijade *Abd ar-Rahman* zum ersten Mal spanischen Boden betrat; eine Statue in der Nähe des Peñón zeigt den Mauren in heroischer Pose. Überhaupt scheinen die Stadtväter eine Vorliebe für geschichtsträchtige Monumente zu haben: Am Strand Puerta del Mar ließen sie ein weiteres Denkmal aufstellen, diesmal zur Erinnerung an die Phönizier, die Gründer von Almuñécar.

212 Provinz Granada

Information/Verbindungen/Internet

• *Information* **Oficina Municipal de Turismo**, Palacete la Najarra, Avenida de Europa s/n; ℡ 958 631125. Untergebracht in einem sehr schönen „neomaurischen" Palast in einer Neubaugegend westlich der Altstadt und des Peñón, nahe des Strands Playa San Cristóbal. Täglich geöffnet, von April bis Juni und von Mitte September bis Ende Oktober 10–14, 17–20 Uhr, zur HS 10–14, 18–21 Uhr, im Winter 10–14, 16.30–19 Uhr. www.almunecar.info.

• *Verbindungen* **Bus**: Busbahnhof nordöstlich der Altstadt an der Avenida Juan Carlos I., unweit der Staatsstraße N 340. ALSA fährt von/nach Almería 5-mal, Granada 9-mal, Málaga 8-mal, Nerja 14-mal täglich, nach Salobreña etwa stündlich.

• *Internet-Zugang* **Zen II Net**, Calle Alta del Mar 14, im Zentrum bei der Placeta de la Rosa.

Übernachten/Essen/Feste

• *Übernachten* Einige kleine Pensionen konzentrieren sich am östlichen Rand der Altstadt; Hotels liegen überwiegend in den Neubauvierteln im Westen.

** Hotel Casablanca, im Neubauviertel unweit westlich des Peñón, mit Garage. Komfortables, in der Architektur orientalisch angehauchtes Haus, zum ausgedehnten Strand über die Straße. Ganzjährig geöffnet. DZ rund 50–65 €. Plaza San Cristóbal 4, ℡ 958 635575, ℻ 958 635589, www.hotelcasablancaalmunecar.com.

* Hotel Playa San Cristóbal, direkt nebenan und preiswerter, aber älter und auch optisch weniger ansprechend. Geöffnet April bis September. DZ/Bad nach Saison etwa 40–60 €. Plaza San Cristóbal 5, ℡/℻ 958 633612, hotelplayasancristobal@hotmail.com.

** Hostal Altamar, mitten in der Altstadt, nur ein kleines Stück landeinwärts der zentralen Uferpromenade. Geöffnet von Ostern bis Mitte Oktober, 16 ordentliche Zimmer mit Klimaanlage und TV. DZ/Bad etwa 40–60 €. C. Alta del Mar 13, ℡ 958 630346, ℻ 958 635387, www.hostalaltamar.com.

Pensión Hostal Plaza Damasco, nicht weit entfernt, ein Bau im orientalischen Stil, in den man hier verliebt zu sein scheint. 21 geräumige, gut und zweckmäßig eingerichtete Zimmer mit Klimaanlage, am komfortabelsten diejenigen im zweiten Stock. DZ/Bad nach Saison und Ausstattung etwa 35–60 €. Plaza Damasco, ℡ 958 630165.

• *Camping* Stadtnächster Platz in La Herradura, siehe unten.

• *Essen* **Restaurante-Escuela Horno de Cándida**, mal etwas anderes ist dieses Schul-Restaurant, in dem angehende Touristikfachleute ihre Ausbildung ergänzen.

Reizvolles Ambiente in einer ehemaligen, großen Bäckerei, Hauptgerichte überwiegend um 12–15 €, Degustationsmenü 26 €; es gibt auch Tapas. Calle Orovia 3, im nördlichen Altstadtbereich. Reservierungen unter ℡ 958 883284.

Restaurante La Última Ola, in zentraler Lage an der östlichen Promenade, Tische auch im Freien. Spezialität sind Fischgerichte, Portion um die 12–16 €; es gibt auch ein relativ günstiges Tagesmenü (11 €). Paseo Puerta del Mar 4. Im Umfeld weitere Restaurants.

Restaurante Pepe „Dígame", Beispiel für die Handvoll Strandrestaurants an der Playa de San Cristóbal, in denen man ganz hübsch sitzen kann. Von Lesern gelobt; spezialisiert auf Fisch- und Reisgerichte, Portion etwa 12–15 €.

• *Nachtleben* Besonders zur spanischen Urlaubssaison zeigt sich Almuñecar nachts erstaunlich lebendig. Eine Reihe beliebter Bierkneipen und Tapabars gibt es an der Plaza Kelibia, die nicht weit hinter der Uferfront liegt. Weitere Bars und Discos finden sich am Paseo del Altillo beim zentralen Hauptstrand.

• *Einkaufen/Feste* **Wochenmarkt** jeden Freitag am Paseo Blas Infante, nahe der N 340 in Richtung Salobreña.

Día de la Cruz, am 3. Mai, das Fest der aufwändig geschmückten Maikreuze.

Jazz en la Costa, knapp zwei Wochen um Mitte Juli. Bereits seit Ende der Achtziger abgehaltenes Jazzfestival, Infos unter www.jazzgranada.com.

Fiesta de la Virgen de la Antigua, zweiwöchiges Fest der Stadtpatronin, im August. Wichtigster Tag ist der 15. August, wenn ein Viehmarkt und Prozessionen zu Fuß und mit dem Boot stattfinden.

Almuñécar 213

Speisen am Strand: die Restaurants an der Playa San Cristóbal

Baden: An Strand herrscht um Almuñecar kein Mangel. Gleich links und rechts des Peñón erstrecken sich saubere, gut gepflegte Kiesstrände, die mit allen nötigen Einrichtungen versehen sind. Die *Playa Puerta del Mar,* im Osten der Altstadt vorgelagert, misst gut 800 Meter Länge und fast 40 Meter Breite. Westlich des Peñón verläuft die noch längere und breitere *Playa San Cristóbal.*

Sehenswertes

Castillo de San Miguel: Vielleicht schon unter den Phöniziern, sicher aber bereits unter den Römern gab es auf dem Altstadthügel eine Burg. Die Grundzüge des heutigen Kastells gehen jedoch auf die Mauren zurück, unter denen es – ähnlich wie die Festung von Salobreña – auch als Gefängnis für in Ungnade gefallene Politiker und Militärs diente. 1489 von den Katholischen Königen eingenommen, erhielt die Burg ihre heutige Form in der Zeit Karls V. Im Inneren der Anlage fällt, neben einem in den Fels geschlagenen Verließ („Mazmorra") und den eher unscheinbaren Resten eines Nasridenpalastes sowie eines maurischen Bades, vor allem der sogenannte *Pabellon Militar* ins Auge. Das langgestreckte Gebäude stammt ursprünglich wohl aus dem 18. Jh. und beherbergt heute das Stadtmuseum.

Öffnungszeiten Di–Sa 10–13.30, nachmittags variabel je nach Saison 16/18.30–18.30/21 Uhr, So 10.30–14 Uhr. Eintritt 2,50 €, Ticket auch gültig zum Besuch des Museo Arqueológico.

Parque Ornitológico Loro Sexi: Eine viel beworbene örtliche Attraktion, die etwa zwischen Peñón und Kastell liegt. Vogelfreunde finden hier rund 120 gefiederte Arten, weniger ornithologisch interessierte Begleiter können sich vielleicht am gut eingegrünten Gelände selbst begeistern.

Öffnungszeiten Täglich 11–14, 16–18 Uhr bzw. im Sommer bis 21 Uhr, Eintritt 4 €.

Parque del Majuelo: An der Avda. de Europa, nicht weit vom Vogelpark, liegt dieser schöne Botanische Garten, der Hunderte von Pflanzenarten beherbergt, darunter viele Bäume und Sträucher aus Mittel- und Südamerika. Zum Gelände gehört auch die sogenannte *Fábrica de Salazón,* eine römische Fischfabrik des 5. Jh.

214   Provinz Granada

Landmarke: Peñon del Santo

v. Chr., in deren rechteckigen Salzgruben neben Pökelfisch auch die begehrte Fischpaste „Garum" produziert wurde.

Museo Arqueológico: Im Zentrum der Altstadt gelegen. Das archäologische Museum (Öffnungszeiten wie Castillo, Sammelticket) ist in der reizvollen „Cueva de los Siete Palacios" untergebracht, dem gewölbeartigen Unterbau eines großen, längst verschwundenen römischen Gebäudes, vielleicht eines Tempels. Es zeigt Funde aus der langen Vergangenheit Almuñécars, speziell aus der phönizischen und römischen Epoche. Highlight ist eine ägyptische Vase aus dem 17. Jh. v. Chr.

Centro de Interpretación Claves de Almuñecar: Noch ein Stück landeinwärts, oberhalb der Plaza de la Constitución, beherbergt die Casa de la Cultura seit Dezember 2009 dieses modern konzipierte, interaktive Museum, das sich in spanischer und englischer Sprache und mit vielen verschiedenen Bildschirmen mit der Geschichte Almuñécars auseinandersetzt. Eins von mehreren Glanzlichtern hier ist das dreidimensionale „Zeitmodell" im Untergeschoss.

Öffnungszeiten   Di–Sa 10.30–13.30, 18–21 Uhr, So 10–14 Uhr, Eintritt 2,50 €.

Acuario de Almuñecar: Auf dem Platz vor der Markthalle des Mercado Municipal versteckt sich das 2008 eröffnete Aquarium von Almuñecar; es ist auf den ersten Blick kaum zu erkennen, da die gesamte Anlage bis auf den Eingangsbereich in den Untergrund verlegt wurde. Mit rund 1,5 Millionen Liter Meerwasser gilt es (noch vor dem Parque Submarino Sea Life von Benalmádena) als das größte Aquarium Andalusiens. Gewidmet ist es den mediterranen Ökosystemen, der Großteil der hiesigen Fauna stammt denn auch aus dem Mittelmeer. Die Hauptattraktion des Aquariums bildet ein auch von Haien bewohntes Großbecken samt begehbarem Glastunnel.

Öffnungszeiten Von etwa Mitte Juni bis Mitte September täglich 10.30–22 Uhr, sonst je nach Jahreszeit von 10 Uhr bis 18.30/19.30/21 Uhr; im Winter ist Mo geschlossen. Eintrittsgebühr 12 €, Senioren und Kinder von 4–12 J. 9 €.

Umgebung von Almuñecar

Parque de la Naturaleza Peña Escrita: Im bergigen Hinterland, etwa eine knappe Stunde Fahrt von Almuñecar, erstreckt sich dieser private, auf etwa 1100 Meter Höhe gelegene Naturpark, in dem einheimische und exotische Tiere bis hin zu Löwen, Zebras und Bären zu sehen sind. Es gibt zwei Restaurants (eines mit hübschem Schwimmbad) sowie Unterkünfte in gut ausgestatteten Holzhütten für bis zu vier Personen.

La Herradura 215

- *Information/Öffnungszeiten* **Infobüro** strandnah an der Av. Mar del Plata (von der Strandstraße an der Playa San Cristóbal jenseits der Flussbrücke die erste Straße landeinwärts, dann gleich linker Hand); falls dort geschlossen ist, hilft die Infostelle von Almuñecar weiter. Geöffnet ist der Park im Sommer 10–20 Uhr, sonst 10–18 Uhr, Eintrittsgebühr pro Pkw 5 €. Es werden auch organisierte Ausflüge mit Minibussen angeboten, p. P. 25 €, Reservierung im Büro oder unter Mobil-☎ 615 321462. www.pescrita.es.

Richtung Granada bildet das kurvenreiche Gebirgssträßchen A 4050 über Otívar eine Alternative zur viel befahrenen N 323. Der Zeitaufwand ist zwar höher, wird jedoch durch grandiose Landschaftsbilder vergolten.

Richtung Málaga zeigt sich die Küste landschaftlich weiterhin schön, mit tiefgrünen Obstplantagen und vielen Aussichtspunkten von den bis ans Meer reichenden Gebirgsausläufern. Zur Costa del Sol siehe im Kapitel über die Provinz Málaga.

La Herradura

La Herradura liegt etwa vier Kilometer westlich von Almuñecar an einer weiten Bucht, die an beiden Seiten durch bergige Ausläufer geschützt wird. Die Siedlung selbst ist mit ihren hoch aufragenden Apartmentblocks zwar keine Schönheit, der langgestreckte, breite Strand hingegen vermag schon zu gefallen. Das Wasser hier ist besonders klar, weshalb sich gleich mehrer Tauchschulen in La Herradura niedergelassen haben.

- *Übernachten* **Avocadofinca**, ein Lesertipp von Heidi Grönke: „Wunderschöne Finca etwa acht Autominuten oberhalb von La Herradura, von einem deutschen Paar geleitet. Nette kleine Häuschen, mit viel Liebe ausgestattet." Zusätzlich erwähnenswert: steiles Gelände, ebenso steile Zufahrt über einen teilweise nicht asphaltierten Feldweg. Pool. Zwei Personen zahlen je nach Saison und Unterkunft 45–80 €. Camino de Guerra s/n, ☎ 670 965755 (mobil), www.avocadofinca.de.

- *Camping* **Nuevo Camping La Herradura**, 2. Kat., kleiner Platz ganz im Westen der Bucht, besser und weniger dicht gedrängt als der mit Dauercampern vollgestellte andere Platz des Ortes. Einfache Sanitärs, jedoch strandnah gelegen und sehr schön und vielfältig eingegrünt. Ganzjährig geöffnet. P. P. 7 €, Zelt etwa 6 €, Auto 5,50 €. Bitter für Einzelreisende: Der „Mindestumsatz" pro Tag beträgt satte 22 €. Paseo Andrés Segovia, ☎ 958 640634, www.nuevo camping.com.

- *Essen* **Rest. La Gaviota**, ein Lesertipp von Andrea Haupt und Benno Eichner: „Direkt am Strand, schräg gegenüber vom Nuevo Camping La Herradura. Sehr gute Küche, große und preiswerte Portionen. Mutter und Großmutter sind in der Küche, die Kinder bedienen. Paseo Marítimo Andrés Segovia s/n." Auch von anderen Lesern gelobt.

Richtung Nerja und Málaga: Durch den Bau der Autobahn A 7 wurde die parallel verlaufende N 340 ganz erheblich vom Verkehr entlastet. Im Gebiet westlich von La Herradura durchquert die alte Bundesstraße ein landschaftlich besonders reizvolles Stückchen Küste. Der als Naturpark ausgewiesene „Fette Hügel" Cerro Gordo trägt den alten Wachtturm **Torre de Cerro Gordo**, von dem sich ein weiter Blick über die Küste bietet; der kurze Fußweg (gutes Schuhwerk!) zum Turm beginnt bei dem von Lesern empfohlenen Restaurant „Mirador de Cerro Gordo" (www.miradorcerro gordo.com), das über ein Seitensträßchen der N 340 anzufahren ist.

Playa de Cantarriján: Der bildschöne, mehr als 300 Meter lange Nacktbadestrand Playa de Cantarriján liegt etwas westlich des Vorgebirges Cerro Gordo und ist von der N 340 über eine schmale, steile Betonstraße zu erreichen; zwei hübsche Strandrestaurants sind vorhanden. Ein ähnlich reizvoller Strand (der erste einer ganzen Reihe mal mehr, mal weniger abgeschiedener Strände, die alle bereits zur Gemeinde Nerja in der Provinz Málaga zählen) findet sich noch ein Stück weiter westlich, freilich einen deftigen halbstündigen Fußmarsch (oben nichts im Auto lassen!) unterhalb der Küstenstraße: die rund 400 Meter lange **Playa del Cañuelo**.

Provinz Granada
Karte S. 206/207

Granada

(235.000 Einwohner)

Granada ist eine Stadt der Muße, eine Stadt der Betrachtung und Phantasie, eine Stadt, in welcher der Verliebte besser als in irgendeiner anderen den Namen seiner Liebe in den Sand schreibt (...) Granada ist gemacht für Traum und Träumerei.

Federico García Lorca (aus: „Spanische Geisteswelt", Fritz Schalk).

Viel besungen von Dichtern, völlig zu Recht in eine Reihe mit Florenz oder Venedig gestellt – Granada, sicherlich eine der berühmtesten Städte Spaniens, vielleicht die schönste. Schon die Lage der Stadt ist einzigartig: Am Rand der fruchtbaren Flussebene Vega erstreckt sich Granada auf gut 700 Metern Seehöhe zu Füßen der fast immer schneebedeckten Sierra Nevada.

Vor dieser gewaltigen Kulisse erheben sich zwei Hügel. Der südliche von beiden trägt die unvergleichliche *Alhambra,* einen Märchentraum aus tausendundeiner Nacht, die einzige komplett erhaltene islamische Palastanlage der Welt. Auf dem nördlichen Hügel staffelt sich der *Albaicín,* das älteste Viertel der Stadt, ein Labyrinth weiß verputzter Häuser, von Blumen überquellender Gärtchen und engster Treppengassen. Bei Sonnenuntergang auf dem Albaicín zu stehen, im Angesicht der Alhambra und der Sierra Nevada, das ist ein Fest für die Sinne, ein „Anblick, von dem Menschen aus dem Norden sich keine Vorstellung machen können" (Théophile Gautier).

Alle Lobpreisungen, alle Erwartungen werden grausam in Frage gestellt, kommt man zum ersten Mal in Granada an. Von Schönheit zunächst keine Spur. Die Unterstadt, in der sich das Alltagsleben abspielt, scheint auf den ersten Blick ein Hexenkessel. Dröhnender Verkehr und Hektik sind allgegenwärtig. Mehrere Millionen Touristen hat die Stadt jährlich zu verkraften, an Sommertagen über 20.000 Besucher. Mit der Zeit lernt man jedoch auch die Reize des Granada der Gegenwart zu schätzen. So finden sich, mit etwas Spürsinn, romantische Winkel und elegante Plätze auch in der Unterstadt. Zudem besitzt die Stadt mit der drittgrößten Universität Spaniens – jeder sechste Einwohner ist Student – eine ausgesprochen rege Kneipenszene, und das Kulturangebot ist überwältigend. Doch was sind all diese Annehmlichkeiten gegen einen einzigen Nachmittag in den schattigen, wasserkühlen Gärten des *Generalife* über der Alhambra ...

Stadtaufbau/Orientierung: Das Zentrum Granadas erstreckt sich nahe der Kathedrale um die Kreuzung der Hauptstraßen *Gran Vía de Colón* und *Calle Reyes Católicos.* Im Südwesten endet die C. Reyes Católicos am Verkehrsknotenpunkt *Puerta Real* und im Nordosten an der *Plaza Nueva.* Letztere, ein beliebter Treffpunkt, ist gewissermaßen die Ouvertüre zu Alhambra und Albaicín, die beide von hier aus angesteuert werden können. Zwischen den beiden Hügeln folgt die *Carrera del Darro* dem Lauf des gleichnamigen Bächleins bergwärts.

Geschichte

Der Albaicín war schon zu Zeiten der Iberer besiedelt, denen Römer und Westgoten folgten. Besondere Bedeutung hatte die Siedlung damals nicht. Das änderte sich mit der Eroberung durch die Araber im Jahre 711. Mächtige Verteidigungsanlagen

Paradiesisch: die Gärten der Alhambra

218   Provinz Granada

entstanden, noch von den Römern stammende Bewässerungsanlagen wurden ausgebaut und verbessert, Paläste, Schulen und Moscheen errichtet. Zwar stand die arabische Stadt *Garnata* („Granatapfel") noch im Schatten von Córdoba, doch galt sie damals schon als Sammelbecken von Gelehrten und Dichtern, die ihre Schönheit zu preisen nicht müde wurden. Mit dem Zerfall des Kalifats von Córdoba 1031 rief dessen Statthalter Granada zur eigenständigen *Taifa* (Teilkönigreich) aus. Ab 1090 gelangte die Dynastie der *Almoraviden*, später die der *Almohaden* an die Macht. Währenddessen nahm die Reconquista ihren Gang; 1236 fiel das gleichfalls von den Almohaden regierte Córdoba an die christlichen Heere.

Mohammed al-Ahmar, ein echtes Schlitzohr, nutzte die Probleme der Almohaden auf seine Weise, erhob sich 1238 zum König Granadas und gründete so die Dynastie der *Nasriden*. Als gewiefter Taktiker, der die militärische Überlegenheit der christlichen Heere erkannt hatte, verbündete er sich mit den Spaniern, beteiligte sich auf Seiten Kastiliens sogar aktiv an der Eroberung Sevillas 1248. Seine Nachfolger agierten politisch nicht weniger geschickt, zahlten Tribut an Kastilien und hielten so Granada als letzte maurische Bastion bis ins Jahr 1492. Unter der zweieinhalb Jahrhunderte währenden Herrschaft der Nasriden erlebte Granada seine Blüte, eine Zeit verfeinerter Kunst und Kultur, deren kostbarstes Zeugnis die Alhambra ist.

Die Vereinigung der Königreiche Kastilien und Aragón durch die Heirat der Reyes Católicos Isabella und Ferdinand II. sollte das Ende der Maurenherrschaft bedeuten. Die strategischen Befestigungen Alhama de Granada und Málaga wurden 1482/85 erobert, dem letzten König *Boabdil „el Chico"* („der Knabe") blieb nur mehr seine Hauptstadt. Am 2. Januar 1492 musste er auch sie aufgeben. Boabdil tat es kampflos, um die Alhambra nicht der Zerstörung preiszugeben. Auf seinem Abzug in die Alpujarras soll er sich ein letztes Mal umgesehen und den Verlust tief beklagt haben – der Ort des Abschieds, ein Pass nahe der heutigen A 44, heißt seitdem *Suspiro del Moro:* „Seufzer des Mauren".

Die christlichen Herrscher zeigten sich den Mauren gegenüber anfangs vergleichsweise tolerant und gewährten ihnen Aufenthaltsrecht. Mit der Vertreibung der *Morisken* (zwangsgetaufte Mauren) 1570 und 1609 begann für Granada ein rascher Niedergang; die einst so glanzvolle Königsstadt verkam zum Provinznest. Erst Anfang des 20. Jahrhunderts setzte, ausgelöst zunächst durch die Landwirtschaft, dann durch den Tourismus, ein neuer Aufschwung ein.

Feliz navidad, Granada!

Kurz vor Weihnachten 1997. Ganz Spanien ist im Lotteriefieber – „El Gordo" wartet, der Fette: Umgerechnet rund 230 Millionen Euro wird der Jackpot der Weihnachtslotterie bringen. Angeblich 96 Prozent der Spanier nehmen an der Auslosung, die es bereits seit über zweihundert Jahren gibt, teil. And the winner is ... Granada. Fast der gesamte Gewinn entfällt auf 130 Losnummern, die alle in Granada verkauft wurden. Das sind immerhin etwa 1,75 Millionen Euro pro 200-Euro-Los, zu dessen Kauf sich oft Familien, Freunde oder Bürogemeinschaften zusammengetan haben. Von einem Tag auf den anderen zählt die Stadt hunderte von Millionären mehr. Fröhliche Weihnachten, Granada!

Granada 219

Granadas orientalische Ecke: Calleria Vieja

Information

• *Fremdenverkehrsämter* **Oficina de Turismo de la Junta de Andalucía** (Turismo Andaluz), Plaza Santa Ana s/n, unweit der großen Plaza Nueva und etwas oberhalb der Plaza Santa Ana selbst. Neben dem üblichen Material gibt es auch eine Veranstaltungsliste „Cultura en Granada". Öffnungszeiten: Mo–Fr 9–19.30 Uhr, Sa/So 9.30–15 Uhr ✆ 958 575202, ✉ 958 575203, otgranada@andalucia.org.

Oficina de Turismo del Patronato Provincial, Plaza de Mariana Pineda 10. Zuständig für die Stadt und Provinz Granada, bestens organisiert. Zur Hochsaison herrscht hier meist weniger Betrieb als im zentraler gelegenen Büro der Junta. Zu erreichen von der Puerta Real über die Calle Angel Ganivet, vorbei an der Post. Öffnungszeiten: Mo–Fr 9–20 Uhr (im Winter bis 19 Uhr); Sa 10–19 Uhr, So 10–15 Uhr. ✆ 958 247128, ✉ 958 247127, www.turismodegranada.org.

Oficina de Turismo Municipal, städisches Büro im Rathaus Ayuntamiento, Plaza del Carmen 5. Geöffnet Mo–Sa 10–19 Uhr, So 10–14 Uhr. ✆ 958 288280, www.granada.org.

• *Internet-Info* **www.granadatur.com**, die touristische Site der Stadt. Auch auf Englisch und Französisch.

www.turgranada.es, die Internet-Site der Provinz Granada, natürlich auch mit zahlreichen Infos zur Stadt selbst.

www.granadainfo.com, sehr nützliches Portal zu 1001 Themen rund um Granada. Flamenco-Shows, Tapa-Bars, Sprachschulen – alles da. Spanisch und Englisch.

www.alhambra-patronato.es, viele Infos zur Alhambra, auch zum leidigen Dauerthema „Ticketkauf". Spanisch und Englisch.

Verbindungen

Flug: Granadas Flughafen Federico García Lorca (✆ 958 245200) liegt 17 km westlich der Stadt, nahe der A 92 Richtung Málaga. Busverbindung besteht etwa stündlich mit der Gesellschaft GONZALEZ, Haltestellen unter anderem an der Gran Vía de Colón, nahe Bahnhof und beim Busbahnhof. Ein Taxi ins Zentrum kostet etwa 18–20 €.

Zug: Der nicht sehr bedeutende Bahnhof (Renfe-Info: ✆ 902 240202) liegt nordwestlich der Innenstadt an der Avda. Andaluces, einer Seitenstraße der Avenida Constitución. Ins Zentrum ein sehr gestreckter Fußmarsch oder ab der Avda. Constitución per Bus z. B. mit den Nummern 3, 4, 6, 9 und 11. Züge nach Madrid fahren 2-mal (häufiger

Provinz Granada Karte S. 206/207

220 Provinz Granada

zum Umsteigebahnhof Moreda), Barcelona 1- bis 2-mal täglich. Nach Algeciras 3-mal, Almería 4-mal, Guadix 4-mal, Ronda 3-mal, Sevilla 4-mal täglich.

Bus: Granadas moderner Busbahnhof (℡ 958 185480) liegt im Norden der Stadt an der Straße N 323 nach Jaén und Madrid, praktisch in der Nachbarschaft des Campings Sierra Nevada und mithin ein ganzes Stück von der Innenstadt entfernt; ins Zentrum mit Stadtbus Nr. 3 und 33. ALSA bietet gute Verbindungen zu fast allen Städten Andalusiens, zur Küste und in die Alpujarra granadina. Anschlüsse u. a. nach Algeciras 6-mal, Almería 11-mal, Cádiz 4-mal, Córdoba 9-mal, Jaén stündlich, Sevilla 10-mal täglich und Málaga tagsüber stündlich; im Fernverkehr nach Alicante, Valencia und Barcelona 4-mal täglich. AUTEDIA bedient Baza 8-mal, Guadix 14-mal, Mojácar 2-mal täglich. BONAL fährt in die Sierra Nevada zur Skistation Pradollano, je nach Wetterverhältnissen auch bis zum Albergue Universitario unweit der Sperrung an der Straße zum Veleta. Abfahrten zur Sommersaison 1-mal täglich um 9 Uhr, Rückfahrt gegen 16.30/17 Uhr, Preis 8,50 € hin und zurück; zur Skisaison etwas häufigere Verbindungen.

Stadtverkehr: Dichtes Busnetz, eine Übersichtskarte ist bei den Infostellen erhältlich. Nützlich sind insbesondere die diversen Kleinbuslinien, z.B. von der Plaza Nueva zum Albaicín (Nr. 31) sowie zum Sacromonte (Nr. 35). Kleinbus Nr. 30 fährt ab der Calle Pavaneras (nahe Plaza Isabel la Católica) zur Alhambra. Praktisch ist auch Kleinbus Nr. 32, der die Alhambra mit dem Albaicín verbindet, umgekehrt verbindet, Richtung Albaicín fährt er via Plaza Nueva, Richtung Alhambra via Gran Vía und Calle Pavaneras. – Die in Bau befindliche U-Bahn wird für den Touristen wenig interessant sein.

Stadtrundfahrten per Bus: „City Sightseeing Granada" offeriert Stadtrundfahrten mit Doppeldeckerbussen. Informationen unterwegs gibt es per Kopfhörer auch in Deutsch, an den Haltestellen kann nach Belieben ein- und ausgestiegen werden. Ein Kreuzungspunkt beider Linien ist die Kathedrale. Tickets im Bus, Preis p. P. etwa 18 €, das Ticket ist 48 Stunden gültig.

Taxis: Funktaxis unter ℡ 958 280654. Ein zentraler Standplatz liegt an der Plaza Nueva.

Auto: Für Autofahrer ist Granada ein echter Alptraum – zahllose Einbahnstraßen und die Sperrung weiter Teile der Innenstadt können Ortsunkundige zur Verzweiflung treiben. Wer nur einen Tagesbesuch plant, folgt am besten der Autobahnumgehung Circunvalación und der abzweigenden Ronda Sur zur gut ausgeschilderten Alhambra und lässt seinen Wagen dort auf dem gebührenpflichtigen Großparkplatz. Von der Alhambra zur Plaza Nueva und zum Albaicín besteht Kleinbusverbindung (Nr. 32); zur Innenstadt kann man auch Nr. 30 nehmen. In der Stadt sind freie Parkplätze Mangelware. Wer Glück hatte: Auf keinen Fall irgendetwas im Auto lassen! Granada ist zwar noch nicht ganz so schlimm betroffen wie Sevilla oder Málaga, von der Seuche der Autoeinbrüche aber dennoch nicht verschont geblieben. Gebührenpflichtige Parkgaragen im Zentrum sind unter anderem an der Gran Vía Nähe Kathedrale (Parking San Agustín, nur von Norden anzufahren), an der Puerta Real, der Calle de Recogidas (die Verlängerung der Calle Reyes Católicos) und der Carrera del Genil zu finden.

Autovermietung: Reizvoll besonders für Ausflüge in die Sierra Nevada und die Alpujarra. Zwei zentral gelegene Vermieter: ATA S.A., Plaza de Cuchilleros 1 Bajo, bei der Plaza Nueva, ℡ 958 224004; relativ preiswert. AVIS, Avenida Andaluces (Renfe-Bhf.), ℡ 958 252358. Komplette Liste bei den Infostellen.

Adressen

Post: Puerta Real, Ecke Calle Angel Ganivet; Öffnungszeiten: Mo–Fr 8.30–20.30 Uhr, Sa 9.30–14 Uhr.

Internet-Zugang: Breite Auswahl, jedoch häufige Wechsel. *Free Memory Internet* liegt an der Calle San Jeronimo 14, nicht weit von der Kathedrale. Geöffnet Mo–Fr 10–22, Sa 17–22 Uhr; günstige Preise.

Infos zu Bergtouren, Reservierung von Berghütten: *Federación Andaluza de Mon-*tañismo, Camino de Ronda 101, Edificio Atalaya; ℡/℡ 958 291340. Nur in Spanisch. www.fedamon.com.

Infos zu Sprachkursen: Granada ist, zusammen mit Málaga, die andalusische Stadt, in der die meisten Spanischkurse angeboten werden. Die Infostellen besitzen eine Liste der Schulen, die meist auch Unterkünfte vermitteln.

Granada 221

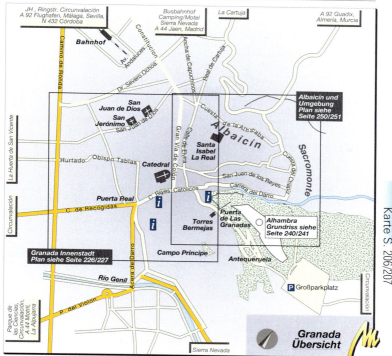

Centro de Lenguas Modernas de la Universidad de Granada, die Sprachschule der hiesigen Uni. Placeta Hospicio Viejo, 18010 Granada; ✆ 958 215660, ✆ 958 220844, www.ugr.es/~clm.

Carmen de las Cuevas, eine private Sprachschule, die auch durch ihr reiches sonstiges Programm auffällt: Angeboten werden u. a. Kunst-, Geschichts- und Literaturkurse, Wanderungen und Flamencokurse. Cuesta de los Chinos 15 (Albaicín), 18010 Granada, ✆ 958 221062, www.carmencuevas.com.

Escuela Montalbán, dem renommierten internationalen „Tandem"-Sprachschulenverbund angeschlossen. Im Beiprogramm Vorträge, Filmreihen, Besichtigungen, Kochkurse und mehrtägige Ausflüge, auf Wunsch auch Kletter- und Flamencokurse. C. Conde Cifuentes 11, 18005 Granada, ✆ 958 256875, www.escuela-montalban.com.

Don Quijote, ebenfalls eine renommierte Schule, die auch Filialen unter anderem in Madrid, Málaga, Sevilla, Salamanca und Barcelona betreibt. Calle Azhuma 5, 18005 Granada, ✆ 958 254212, www.donquijote.org.

Arabische Bäder: *Hammam*, eine stilvolle Badeanlage im arabischen Stil, jedoch kein Dampfbad. Das Bad in den unterschiedlich temperierten Becken ist ein wirklich wunderbar entspannendes Erlebnis – und eine ausgesprochen erfolgreiche Geschäftsidee, weshalb eine Filiale u. a. in Córdoba eröffnet hat; Nachahmer gibt es auch in vielen anderen Städten. Geöffnet ist täglich ab 10 Uhr, Einlass im Zweistunden-Turnus bis 24 Uhr. Zwei Stunden kosten etwa 21 €, mit einer zehnminütigen Massage mit Aromatherapie 30 €. Badekleidung ist erforderlich, Handtücher müssen nicht mitgebracht werden. Angeschlossen eine Tetería (Teestube) mit breiter Teeauswahl. Calle Santa Ana 16, nahe Pl. Nueva und Cuesta de Gomérez. Reservierung ratsam, ✆ 958 229978, www.hammamspain.com.

Aljibe Baños Árabes, in der Unterstadt,

222   Provinz Granada

weitläufiger und mit größerer Kapazität, sonst in Angebot, Preisen und Öffnungszeiten vergleichbar. Auch hier ist Reservierung dringend geraten. Calle San Miguel Alta 41, ✆ 958 522867, www.aljibesanmiguel.es.

Baños de Elvira, eine weitere Badeanlage mit ähnlichem Angebot. C. Arteaga 3, zwischen Gran Via und Calle Elvira, Eingang durch das Hostal Arteaga, ✆ 958 208841, www.banosdeelvira.com.

Übernachten

Viele Besucher, viele Möglichkeiten – außer zur Karwoche sollte es in der Regel keine Unterkunftsprobleme geben. Wie in vielen andalusischen Inlandsstädten läuft der Hochsommer (Wochenendtermine ausgenommen) häufig eher als Nebensaison, das Hauptgeschäft wird im Frühjahr und Herbst gemacht.

● *Auf der Alhambrahöhe (Karte S. 240/241)* Natürlich die schönste Wohngegend, wenn auch abends etwas weitab vom Schuss. Ein gut gefüllter Geldbeutel ist Voraussetzung. Anfahrt über die Ronda Sur der autobahnähnlichen Umgehungsstraße Circunvalación, beschildert.

*** **Parador de Granada (2)**, in der Alhambra, in dem ehemaligen Kloster des 15. Jahrhunderts, ausgestattet mit zahlreichen Kunstwerken. Natürlich traumhaft, die ellenlangen Reservierungslisten und die Preise sind freilich eher ein Alptraum. DZ ganzjährig rund 320 €. Real de la Alhambra, ✆ 958 221440, ✆ 958 222264, www.parador.es.

*** **Hotel Guadalupe (3)**, unweit vom Großparkplatz und leicht zu finden, ein gepflegtes Quartier mit komfortablen Zimmern. DZ nach Saison etwa 60–100 €, gegen Aufpreis auch „Spezial"-DZ. Paseo de la Sabica s/n, ✆ 958 223424, ✆ 958 223798, www.hotelguadalupe.es.

*** **Hotel Los Alixares (4)**, Nähe Haupteingang und Großparkplatz. Großes Hotel mit rund 200 gut ausgestatteten Zimmern; Swimmingpool. DZ im Schnitt etwa 80–110 €, bei Direktbuchung je nach Termin evtl. auch mal günstiger. Paseo de la Sabica 27, ✆ 958 225506, ✆ 958 224102, www.hotelesporcel.com.

* **Hotel América (1)**, direkt in der Alhambra, für Gäste Zufahrt zum Be- und Entladen möglich. Mit Antiquitäten und Nippes eingerichtete Gesellschaftsräume, die Zimmer geschmackvoll-nüchtern und eher schlicht. Nur März bis Anfang November geöffnet; Reservierung sehr ratsam. DZ rund 85–120 €, Superiorzimmer bis 145 €. Real de la Alhambra, ✆ 958 227471, ✆ 958 227470, www.hotelamericagranada.com.

● *Cuesta de Gomérez/Plaza Nueva (Karte S. 226/227)* Die Cuesta de Gomérez ist die ehemalige, heute für den Verkehr gesperrte Zufahrtsstraße von der Plaza Nueva zur Alhambra. Mithin eine für Fußgänger (nicht für Autofahrer!) recht günstige Lage. Viele preiswerte Pensionen.

** **Hotel Maciá Plaza (24)**, direkt an der Plaza Nueva gelegen. Solide, komfortabel eingerichtete Zimmer mit TV und Klimaanlage, von Lesern gelobt. DZ je nach Saison etwa 50–120 €. Plaza Nueva 4, ✆ 958 227536, ✆ 958 227535, www.maciahoteles.com.

Pensión Britz (28), ein ebenfalls recht angenehmes Quartier an der Plaza Nueva. Geräumige Zimmer. DZ/Bad etwa 50 €. Cuesta de Gomérez 1, ✆ 958 223652.

Pensión Landázuri (34), ein Stück hügelwärts. Nach hinten eine Sonnenterrasse mit Blick ins Grüne. Einige Leser waren angetan, andere bemängelten jedoch gewisse Nachlässigkeiten im Führungsstil. DZ/Bad etwa 45–50 €, im Winter günstiger. Cuesta de Gomérez 24, ✆ 958 221406.

Pensión Navarro Ramos (33), vor allem wegen des exzellenten Preis-Leistungs-Verhältnisses sehr empfehlenswert. Große, helle und gut eingerichtete Zimmer mit Kachelboden, viele davon weit nach hinten und deshalb ruhiger. Nächtlicher Zugang laut einer Leserzuschrift nur bis drei Uhr morgens möglich. DZ/Bad rund 40 €, ohne Bad deutlich günstiger. Cuesta de Gomérez 21, ✆ 958 250555.

● *Zwischen Plaza del Carmen und Plaza Campos (Karte S. 226/227)* Ein ruhigeres, recht ursprüngliches und zentrales Viertel mit vielen interessanten Bars, unweit der zweiten Infostelle. An der Plaza Campos eine Parkgarage.

*** **Hotel Best Western Dauro II (41)**, ein Lesertipp von Petra Verrer und Claus Roth: „Zentrale Lage, durch Schallschutzfenster dennoch ruhig. Garage. Wir waren sehr zufrieden." DZ etwa 60–120 €. Calle Navas 5, ✆ 958 221581, ✆ 958 222732, www.bestwestern dauro2.com.

Granada 223

* Hotel Niza (39), in derselben Straße. Eher einfaches Hotel, aber freundliche Vermieter. DZ/Bad etwa 50 €, zur NS evtl. auch mal günstiger. Es gibt auch Mehrbettzimmer für drei bis fünf Personen. Calle Las Navas 16, ☎ 958 225430, ✆ 958 225427, www.hniza.com.

● *Um die Plaza Bib-Rambla und die Plaza Trinidad (Karte S. 226/227)* Das Viertel südwestlich der Kathedrale, ein angenehmes Wohnquartier: tagsüber lebhaft, nachts ruhig; gute Auswahl preisgünstiger Pensionen besonders um die Plaza Trinidad. Große Teile des Gebiets sind Fußgängerzone, Autofahrer sollten das Viertel möglichst von Südwesten anfahren: entweder vom Camino de Ronda über die Calles Socrates, Carril del Picón und Tablas, oder von der Umgehungsstraße Circunvalación über Ausfahrt 128 und die Straßen Mendéz Núñez, Melchor Almagro, Carril del Picón und Tablas; am Ende des Carril del Picón weist ein Schild zum Parking La Paz, der mit einigen Pensionen des Viertels (vorher abklären) assoziiert ist. Die Calle Tablas selbst ist zu den meisten Zeiten prinzipiell gesperrt und wird per Kamera überwacht. Hotel- und Pensiongäste dürfen jedoch passieren, wichtig nur, dass der Wirt später das Nummernschild der Polizei durchgibt, andernfalls droht eine Anzeige. Hilfreich bei der Kommunikation: Viele Pensionsbesitzer gerade dieses Viertels haben früher in Deutschland gearbeitet (oder dort als Kind einige Jahre verbracht) und oft erstaunlich gut die Sprache gelernt.

*** Hotel Sacromonte (29), mitten in der Einkaufszone. Von außen keine Schönheit, die Zimmer sind jedoch angenehm und komfortabel. Kein Restaurant. Weite Preisspanne: DZ je nach Nachfrage etwa 55–110 €. Plaza del Lino 1, Ecke C. Alhóndiga, ☎ 958 266411, ✆ 958 266707, www.hotelsacromonte.com.

*** Hotel Las Nieves (32), fast um die Ecke. 2010 renovierter Familienbetrieb mit hübsch gestalteten, überwiegend recht geräumigen Zimmern und freundlicher Leitung. Moderne Cafetería. Eigene Garage 200 Meter entfernt. DZ kosten im Normalfall etwa 60–80 €, zu Spitzenzeiten setzt es es allerdings einen Zuschlag. Calle Alhóndiga 8, ☎ 958 265311, ✆ 958 523195, www.hotellasnieves.com.

** Hotel Los Tilos (30), Mittelklassehotel in optimaler Lage direkt an der Plaza Bib-Rambla. Nicht direkt mit dem Auto anzufahren, ohne die letzten hundert Meter Fuß-

weg geht es nicht. Ein Teil der ordentlich eingerichteten Zimmer besitzt Balkone auf den Platz. Insgesamt ein sehr empfehlenswertes Quartier. DZ/Bad je nach Lage und Saison etwa 55–80 €. Plaza Bib-Rambla 4, ☎ 958 266712, ✆ 958 266801, www.hotellostilos.com.

** Hostal Lima (7), in einer parallel verlaufenden Seitengasse der Plaza Trinidad, dem familiären kleinen „Rodri"-Imperium zugehörig. Der Hausherr spricht fließend Deutsch. Garage vorhanden. Gepflegte Zimmer mit Balkon. Gleich nebenan gibt es die Dependance Lima II mit weiteren sehr komfortablen, aufwändig und etwas eigenwillig dekorierten „Suiten". DZ/Bad 45 €, die „Suiten" im Lima II 65 €. Calle Laurel de las Tablas 17, ☎ 958 295029, www.hostallimagranada.com.

*** Hostal Rodri (11), in der Nähe. Der ehemalige Besitzer Manolo ist leider verstorben, heute führt sein jüngster Sohn (englischsprachig) das Geschäft. Nach einer Komplettrenovierung erstrahlt das Haus seit 2009 in neuem Glanz; als zusätzliches Plus auch hier eine Garage zu moderatem Preis. DZ/Bad 40–45 €. Calle Laurel de las Tablas 9, ☎ 958 288043, www.hostalrodri.com.

* Hostal Zurita (14), von einem weiteren Mitglied der „Rodri"-Familie geleitet und von Lesern gelobt. Der nette Besitzer spricht Deutsch. Auch hier gibt es eine Parkmöglichkeit. Hübsches Haus; freundliche Zimmer mit Schallschutzfenstern. DZ/Bad 45 €, ohne Bad 35 €. Plaza Trinidad 7, ☎ 958 275020, www.pensionzurita.com.

Pensión Mesones (21), in einer ruhigen Fußgängerzone nicht weit von der Plaza Trinidad. Die familiäre kleine Pension wurde erst 2007 teilrenoviert und besitzt zehn nicht gerade große, aber freundliche und mit Klimaanlage ausgestattete Zimmer, die Mehrzahl davon mit Bad. Der nette, hilfsbereite Besitzer Rafael und seine Frau sprechen gut Deutsch; in der Parkgarage La Paz gibt es für Gäste Ermäßigung. DZ/Bad 40 €, ohne Bad 35 €; wer diesen Führer vorzeigt, erhält 10 % Prozent Rabatt. Calle Mesones 44, ☎/✆ 958 263244, www.hostalmesones.com.

Pensión Hostal Meridiano (8), ebenfalls ganz in der Nähe der Plaza Trinidad. Die freundlichen Vermieter Vicente und Regina sprechen perfekt Deutsch und halten ihr Haus engagiert in Schuss. 17 geschmackvolle Zimmer mit guten Betten und Klimaanlage, kleiner Patio. Kostenfreier Internet-

Provinz Granada
Karte S. 206/207

224   Provinz Granada

Zugang, gute Infos zur Stadt, relativ preisgünstige Parkmöglichkeit in der Nähe. DZ/Bad 40 €, ohne Bad 35 €; auch hier gibt es für Leser 10 % Rabatt. Calle Angulo 9, ☎ 958 250544, www.hostalpensionmeridiano.com.

Pensión Hostal Sevilla (9), ebenfalls in diesem Gebiet. Familiäres Quartier mit funktionalen Zimmern, die netten Besitzer sprechen etwas Englisch. Parkgarage assoziiert. DZ/Bad 40 €, ohne Bad 35 €. Calle Fábrica Vieja 18, ☎ 958 278513, hostalsevilla@telefonica.net.

Pensión Zacatín (27), direkt in der Alcaicería, dem ehemaligen maurischen Seidenmarkt. Etwas schwer zu finden, weshalb hier auch zur Hochsaison Chancen auf ein freies Bett bestehen. Vor wenigen Jahren in arabisch inspiriertem Stil renoviert. Achtung, manche Räume besitzen nur Fenster auf den Patio. DZ/Bad 45 €, ohne Bad 35 €, auch Drei- und Vierbettzimmer. Zu suchen in der Calle Ermita 11, einem der schmalen Durchgänge von der Plaza Bib-Rambla, ☎ 958 221155, www.hostalzacatin.es.

• *Auf dem Albaicín und dem Sacromonte (Karte S. 250/251)* Bis in die späten Neunziger gab es auf dem Albaicín und dem Sacromonte überhaupt keine Quartiere. Heute wohnt man hier sehr schön und originell (wenn auch nicht billig), sofern man darauf verzichten kann, mit dem Auto vorzufahren. Tipp: Taxi.

*** Hotel Room Mate Migueletes (21), unweit der Plaza Santa Ana gelegen, 2003 eröffnet und zwischenzeitlich zur kleinen „Room-Mate"-Kette gewechselt. Untergebracht in einem Haus des 17. Jh. mit schönem Patio. 25 Zimmer unterschiedlicher Komfortabstufungen bis hin zur Suite, allesamt Nichtraucherräume. Standard-DZ etwa 85–165 €, die „Alhambra-Suite" kommt auf rund 210–310 €. Calle Benalúa 11, ☎ 958 210700, ☏ 958 210702, www.room-mate hotels.com.

*** Hotel Casa Morisca (25), im unteren Bereich des Albaicín. Der Stadtpalast des späten 15. Jh. wurde liebevoll restauriert und beherbergt neben Patio und kleiner Gartenterrasse jetzt 14 Zimmer, eine Suite und ein Turmzimmer (Torreón) mit schönem Blick. DZ je nach Lage 130–160 €, „Torreón" oder Suite 215 €. Cuesta de la Victoria 9, ☎ 958 221100, ☏ 958 215796, www.hotelcasa morisca.com.

*** Hotel Palacio de Santa Inés (23), in einer Seitenstraße der Carrera del Darro. 1512

erbauter Palast mit vielen reizvollen Details, darunter ein schöner Patio, eine herrliche Mudéjar-Decke und Reste von Fresken. Reservierung ratsam. Individuell eingerichtete DZ etwa 60–120 €, für höhere Ansprüche Superior-DZ à etwa 70–175 €; es gibt auch eine Suite. Cuesta de Santa Inés 9, ☎ 958 222362, ☏ 958 222465, www.palacio santaines.com.

*** Hotel Carmen de Santa Inés (19), etwas hügelwärts gelegener Schwesterbetrieb in einem ehemals maurischen Haus, das im 16. und 17. Jh. ausgebaut wurde. Ebenfalls ein feines Ambiente also, kleiner Garten, Privatkapelle. Reservierung geraten. Nicht allzu geräumige DZ für 60–120 €, schöne Superior-, Salon- und Deluxe-DZ à etwa 70–290 €. Placeta de Porras 7, bei der Calle San Juan de los Reyes, ☎ 958 226380, ☏ 958 224404, www.carmensantaines.com.

*** Hotel El Ladrón de Agua (22), direkt an der Straße entlang des Río Darro gelegen. 2004 in einem alten Palacio des 16. Jh. eröffnet, mischt das Interieur des „Wasserdiebs" (benannt nach einem Roman von Juan Ramón Jimenez) auf raffinierte Weise Klassik und Moderne. DZ nach Saison, Ausstattung und Lage (ohne/mit Aussicht) etwa 90–180 €, das „Generalife" genannte Turmzimmer bis zu 240 €. Carrera del Darro 13, ☎ 958 215040, ☏ 958 224345, www.ladron deagua.com.

*** Hotel Casa del Capitel Nazarí (20), ganz in der Nähe, in einem im Zeichen der Renaissance errichteten Stadtpalast des 16. Jh. Die 17 komfortabel ausgestatteten Zimmer sind vielleicht nicht besonders groß, die Preise erscheinen angesichts des Ambientes aber recht günstig. DZ nach Saison und Lage (ohne/mit Blick) etwa 65–135 €. Cuesta Aceituneros 6, ☎ 958 215260, ☏ 958 215806, www.hotelcasacapitel.com.

*** Hotel Zaguan (24), ebenfalls nicht weit entfernt, wieder an der Flussuferstraße. Auch in diesem Quartier liegen die Preise –gemessen insbesondere an der Lage -- vergleichsweise niedrig. DZ 65–100 €, Suite 110–130 €. Carrera del Darro 23, ☎ 958 215730, ☏ 958 215731, www.hotelzaguan.com.

** Pensión Casa del Aljarife (17), 1998 eröffnetes Quartier mit viel Flair. Die restaurierte Villa stammt aus dem 17. Jh., im großen Innenhof sitzt es sich sehr hübsch. Spanischdeutsche Leitung, die beste Tipps auf Lager hat. Nur vier Zimmer, sehr geräumig und schön möbliert. Zwei Parkplätze in Fußentfernung (Besitzer lotst persönlich).

Reservierung ratsam. DZ/Bad 105 €, von November bis Februar (außer an Festtagen) 25% Rabatt. Placeta de la Cruz Verde 2, von der Calle Caldereria Nueva bergwärts über die Cuesta de San Gregorio; die Besitzer holen aber auch gerne ab, ✆/✉ 958 222425, www.casadelaljarife.com.

Casas-Cueva El Abanico (18), etwas ganz Besonderes: Höhlenwohnungen auf dem Sacromonte, komplett als Apartments eingerichtet – ein Konzept, das mit dem Touristikpreis der Stadt Granada ausgezeichnet wurde. Angenehmes Raumklima. Die Anfahrt sollte man sich vorab am Telefon (Englisch, Französisch, Spanisch) erklären lassen. Ganzjährig geöffnet, Heizung vorhanden. Mindestaufenthalt zwei Nächte, über Ostern und Weihnachten eine Woche. Die vier gemütlichen Apartments mit einem Schlafraum kosten für zwei Personen je etwa 70 €, das Apartment mit zwei Schlafräumen für 4 Personen etwa 110 €, wochenweise günstiger. Barranco de los Naranjos, ✆ 958 226199, mobil 608 848497, ✉ 958 226199, www.el-abanico.com.

Oasis Backpackers Hostel (16), nicht weit von der Caldereria Nueva. Nettes, privat geführtes Hostel mit Dachterrasse und freiem Internetzugang. Oft belegt, Reservierung sehr ratsam. Schlafplatz im Mehrbettzimmer 15–24 €, Frühstück inklusive. Placeta Correo Viejo 3, ✆ 958 215848, www.oasisgranada.com.

• *Sonstige Stadtbereiche (Karte S. 226/227)*

***** Hotel Palacio de los Patos (36), knapp abseits der belebten Calle de Recogidas. 2005 eröffnetes Luxushotel, das sich auf zwei Gebäude verteilt: Prunkstück ist ein renovierter Palast des 19. Jh., den Kontrast bildet eine moderne Dependance. Nur 20 Zimmer, mit der entsprechenden Ausstattung dieser Klasse. Spa. Standard-DZ etwa 175–260 €, es gibt natürlich auch Superiorzimmer und Suiten. C. Solarillo de Granada 1, ✆ 958 535790, ✉ 958 536968, www.hospes.es.

**** Villa Oniria (43), etwas weiter südöstlich, aber immer noch zentral gelegen. Ein weiteres Boutiquehotel, untergebracht in einem Stadtpalast des 19. Jahrhunderts. 31 elegante und gut ausgestattete Zimmer, gutes Restaurant, Spa. DZ etwa im Bereich 120–250 €. C. San Antón 28, ✆ 958 535358, ✉ 958 535517, www.villaoniria.com.

*** Hotel Inglaterra (20), in zentraler Lage unweit der Gran Vía und der Kathedrale. Komfortables, architektonisch recht ansprechendes Hotel der Kette „NH"; Garage vorhanden. DZ rund 60–120 €. Calle Cetti Marien 4, ✆ 958 221559, ✉ 958 227100, www.nh-hoteles.es.

*** Hotel Anacapri (26), ein paar Schritte weiter, ein Lesertipp von Bärbel Frommann: „Gepflegtes Dreisterne-Hotel in zentraler Lage, Zimmer mit TV und Telefon, Parkmöglichkeit in der nahen Tiefgarage San Agustín." DZ etwa 65–100 €, zu den Festen 120 €. Calle Joaquin Costa 7, ✆ 958 227447, ✉ 958 228909, www.hotelanacapri.com.

** Motel Sierra Nevada, für Autofahrer eine Überlegung wert. Etwas außerhalb des Zentrums beim gleichnamigen Campingplatz. Genügend Parkplätze, Busverbindung in die Stadt. DZ/Bad etwa 60 €. Avenida Madrid 79, an der N 323, ✆ 958 150062, ✉ 958 150954,
www.campingsierranevada.com.

Top-Adresse in der Alhambra: der Parador

226 Provinz Granada

Ü bernachten
1 Pensión Eurosol
2 Jugendherberge
5 Pensión Hostal Londres
7 Pensión Lima
8 Pensión Hostal Meridiano
9 Pensión Hostal Sevilla
11 Pensión Rodri
14 Pensión Zurita
20 Hotel Inglaterra
21 Pensión Mesones
24 Hotel Maciá
26 Hotel Anacapri
27 Pensión Zacatín
28 Pensión Britz
29 Hotel Sacromonte
30 Hotel Los Tilos
32 Hotel Las Nieves
33 Pensión Navarro Ramos
34 Pensión Landázuri
36 Hotel Hospes Palacio de los Patos
39 Hotel Niza
41 Hotel Best Western Dauro II
43 Hotel Villa Oniria
48 Pensión Hostal La Ninfa
50 Apartamentos Casería de Comares

E ssen & Trinken
3 Rest. Páprica
4 Bodega Puerta de la Alpujarra
6 Bar de Enrique
10 Bar Mesón La Romana
12 Bodega Jabugo
13 Café-Bar Sancho
15 Bar Reca
16 Restaurante Arrayanes
17 Rest. Cepillo
18 Restaurante Cunini
19 Restaurante Samarkanda
22 Bodega de Antonio
23 Bodegas La Mancha
25 Bodegas Castañeda
31 La Gran Taberna
35 Rest. Las Tinajas
37 Bar Los Diamantes
38 Casa Enrique
40 Café-Rest. Hicuri
42 Rest. Albahaca
44 Cantina Mejicana
45 Café-Bar Damasqueros
46 Bar Los Diamantes II
47 Restaurante Chikito
49 Rest. La Ninfa

Granada Innenstadt

100 m

228 Provinz Granada

Heute sind Granadas Hotelzimmer komfortabler: nachgestellte Höhlenwohnung im Museum Cuevas del Sacromonte

Apartamentos Casería de Comares (50), am südlichen Stadtrand nahe Ronda Sur und Stadion Los Cármenes, ein Lesertipp von Nicole Prause: „Äußerst gepflegte Wohnungen mit Komplettausstattung und Garten mit Pool; zwar etwas außerhalb gelegen, dafür sehr ruhig. Busse in die Innenstadt (Fahrtdauer ca. 20 Minuten) verkehren alle zehn Minuten, Haltestelle 100 m entfernt." Eine Tiefgarage zu moderater Gebühr ist vorhanden. Apartment für zwei Personen 70–80 €. Calle José Manuel Jiménez Díez 1, Anfahrt über die Ausfahrt 2 der Ronda Sur, dann stadtwärts, ✆ 958 183488, ✉ 958 183200, www.caseriadecomares.com.

** Pensión Hostal La Ninfa (48), ums Eck vom Campo del Principe, abends deshalb schon mal etwas lauter. Sehr hübsches Haus; freundliches Café angeschlossen. Die Zimmer sind nicht allzu groß, auf originelle Weise rustikal dekoriert und allesamt gut ausgestattet (Klimaanlage, Heizung, TV etc.), haben allerdings auch ihren Preis. DZ/Bad mit Doppelbett etwa 45–50 €, mit zwei Betten 55 €. Plaza Campo del Principe s/n, ✆ 958 227985, ✉ 958 222661, www.hostallaninfa.net.

Pensión Eurosol (1), südwestlich des Zentrums am breiten Camino de Ronda, ein Lesertipp von Marie-Luise und Erik Geisler: „Ca. 15 Gehminuten von der Kathedrale, leicht mit dem Pkw zu finden. Unser Zimmer war sauber und lag zu einer Seitenstraße hinaus. Sehr gute, kostenlose Parkmöglichkeiten hinter dem Hostal in einer Parallelstraße zum Camino de Ronda". DZ nach Ausstattung etwa 50–60 €. Paseo de Ronda 166 (Zentrumsseite), ✆ 958 279900, ✉ 958 207226.

Pensión Hostal Londres (5), direkt an der zentralen Gran Vía, dennoch nicht besonders laut, da hoch über der Straße. Von mehreren Lesern empfohlen – zu Recht: alle Zimmer in fröhlichen Farben und mit Klimaanlage; Aussichtsterrasse; freundliche Leitung, die auch bei der Parkplatzsuche hilft. Die Dame des Hauses spricht Deutsch. DZ/Bad etwa 40–45 €, ohne Bad 30–40 €. Auch Vierbettzimmer. Gran Vía de Colón 29, Anfahrt nur von Süden, dann via Calle Elvira und Calle Marqués de Falces „wenden", ✆ 958 278034, www.pensionlondres.com.

Jugendherberge Granada (2), Residencia Juvenil (IYHF), in ziemlich dezentraler Lage südwestlich des Bahnhofs unweit des, in der Nähe des Camino de Ronda, ab Busbahnhof mit Stadtbus Nr. 10, ab der Gran Via mit Nr. 11. Renovierter Bau, oft belegt, Reservierung ratsam. Calle Ramón y Cajal 2, ✆ 958 002900, ✉ 958 002908.

Camping

An Plätzen besteht im Umfeld von Granada wirklich kein Mangel. Im Frühjahr und Herbst kann es aufgrund der relativ hohen Lage fast 740 Metern nachts unerwartet frisch werden.

Sierra Nevada, 1. Kat., stadtnächster Platz, durch den nahen Busbahnhof auch für Busreisende besonders günstig gelegen. Ebenes Gelände, durch Mauern unterteilt. Gut gepflegte Sanitäranlagen, Bar-Restaurant, im Sommer Swimmingpool (Extrazahlung; laut Leserzuschrift nicht immer geöffnet) und Fahrradverleih. Direkt gegenüber ein riesiges Einkaufszentrum. Geöffnet März bis Oktober. P.P. und Zelt je 6 €, Parzelle inkl. Auto und Zelt 14 €. An der N 323 nach Jaén/Madrid, etwa drei Kilometer vom Zentrum, von der Circunvalación über Ausfahrt 123. Busverbindung ab Zentrum mit

Granada 229

Nr. 3 und 33, ☎ 958 150062, 🖷 958 150954, www.campingsierranevada.com.

Granada, 1. Kat., gut ausgestatteter Platz auf einem Hügel beim Ort Peligros. Schöne, ruhige Lage inmitten von Olivenhainen, tolle Aussicht auf die Stadt (nachts ein Traum), sehr gute Sanitärs, nettes Restaurant, Swimmingpool; freundliches, englischsprachiges Management. Halbstündlich Busverbindung nach Granada, Haltestelle etwa einen Kilometer entfernt. Geöffnet ab Ostern sowie Juli bis September. P. P. 6 €, Stellplatz 13,50 €. Etwa sechs Kilometer nördlich des Zentrums, Anfahrt über die N 323 nach Jaén/Madrid, Ausfahrt 121, ☎/🖷 958 340548, www.campinggranada.es.

María Eugenia, 2. Kat., kleinerer Platz, Schwimmbad, Bar/Rest. Einkauf. Nicht ganz leise Lage. Ganzjährig geöffnet. Pro Person, Auto, Zelt je etwa 5 €. Westlich von Granada neben der Autovía aus Richtung Málaga/Sevilla; vom Bahnhof mit den Bussen nach Santa Fé, dem Fahrer Bescheid sagen, ☎ 958 200606, 🖷 958 958616, www.campingmariaeugenia.com.

Reina Isabel, 2. Kat., etwa vier Kilometer südlich, vom Zentrum über die Avda. Cervantes in Richtung Sierra Nevada, sonst auch über die Ronda Sur (Ausfahrt 2) der Umgehungsstraße Circunvalación. Kleinerer Platz, gut begrünt, mit Schatten, Swimmingpool, von Lesern gelobtem Restaurant und Einkauf; Sanitäres ganz gut in Schuss, Busverbindung nach Granada. Ganzjährig geöffnet. Pro Person, Auto, Zelt je etwa 5 €. Ctra. Granada-La Zubia, km 4, ☎ 958 590041, 🖷 958 591191, www.reinaisabelcamping.com.

Suspiro de Moro, 2. Kat., etwa zwölf Kilometer in Richtung Küste, ein Lesertipp von Hanswerner Kruse und Hannah Wölfel: „Gute Autobahnanbindung, sehr sauber und gepflegt; viele grüne, große Parzellen, wenig besucht, liebevolle Betreuung, sehr ruhig, preiswert. Bus nach Granada." Parzelle inkl. Auto und Zelt 10,50 €, p.P. 6 €. Puerto del Suspiro del Moro; Autovia A 44, Salida 139. Ausfahrt Otura, dann noch ca. 1,5 km nach Süden Richtung Almuñécar, ☎ 958 555411, www.campingsuspirodelmoro.com.

Essen

Erfreulich: In Granada ist die alte Tradition noch lebendig, zum Glas Wein oder Bier eine Gratis-Tapa zu reichen – ein Bummel durch die zahlreichen Bars kann deshalb oder weiteres ein komplettes Mahl ersetzen. Wer nicht ständig Alkohol trinken mag, kann „cerveza sin alcohol" bestellen, denn auch zum alkoholfreien Bier gibt es eine Tapa. Zu Granadas Spezialitäten zählen *choto al ajillo*, Zicklein mit Knoblauchsoße, *habas con jamón*, Saubohnen mit Schinken, nicht zuletzt auch die *tortilla sacromonte* mit viel Gemüse und, so sie original ist, auch mit Innereien vom Lamm.

● *Restaurants im Zentrum (Karte S. 226/227)*
Um die Kathedrale liegen viele folkloristisch aufgeputzte Lokale, die vorwiegend auf Tagesbesucher abzielen.

Restaurante Las Tinajas (35), wohl eines der besten Restaurants der Stadt. Traditionelle Küche mit modernen Anklängen, superbe Weinauswahl. Verschiedene Degustationsmenüs ab etwa 40 €, Menü à la carte ab etwa 35 €. Calle Martínez Campos 17, von Mitte Juli bis Mitte August geschlossen. Reservierung: ☎ 958 254393.

Restaurante Chikito (47), ebenfalls ein Klassiker Granadas, seinerzeit als „Café Alameda" schon von Federico García Lorca und seinem Freund Manuel de Falla besucht. Feine andalusische Küche mit dem gewissen Extra, auch sehr gute warme Tapas. Tagesmenü 25 €, mehrere Degustationsmenüs zwischen 40 und 50 €. Plaza del

Campillo 9, um die Ecke von der Provinz-Touristinformation, Mi Ruhetag. Reservierung ratsam: ☎ 958 223364.

Restaurante Cunini (18), zwischen den Plazas Bib-Rambla und Trinidad. Traditionsreicher Spezialist für Fisch und Meeresgetier, beliebt bei der High Society Granadas. Recht exklusive Preisgestaltung: 30 € pro Kopf sind das Minimum. Calle Pescadería 9, So-Abend und Mo geschlossen. Reservierung ratsam: ☎ 958 250777.

Restaurante Albahaca (42), nicht weit von der Infostelle der Provinz Granada. Kleines Restaurant mit sehr ordentlicher, frischer Küche (der Chef kocht selbst) und einer Auswahl auch vegetarischer Gerichte. Menü um die 25 €. C. Varela 17.

Restaurante Cepillo (17), besonders mittags beliebtes und auch von Lesern gelobtes Nachbarschaftslokal nahe der Plaza Bib-

230 Provinz Granada

Rambla. Solide Hausmannskost, das Tagesmenü für etwa 10 € ist sein Geld wert. Calle Pescadería 18, neben dem Restaurant Cunini.

Restaurante Samarkanda (19), libanesisches Restaurant in der „multikulturellen Zone" Granadas, nahe der Calderería Nueva. Gute Küche, Falafel, Couscous und andere Spezialitäten, Menü ab etwa 18–20 €. Die Leser Jochen A. Stein und Martina Kuperjans empfehlen besonders die „Mese Samarkanda" für zwei Personen. Calderería Vieja 3.

Restaurante Arrayanes (16), um die Ecke, in einem Seitengässchen der Calderería Nueva. Marokkanisch sowohl in der Ausrichtung der Küche als auch im gemütlichen, sehr gepflegten Ambiente. Spezialität sind diverse Couscous-Gerichte, es gibt sowohl Fleisch und Fisch als auch vegetarische Speisen; feine Desserts. Menü ab etwa 20 €. Kein Ausschank von Alkohol, gute selbstgemachte Limonade und Minztee.

Rest. Páprika (3), ein ganzes Stück weiter nördlich, fast am Ende der Calle Elvira. Mal etwas anderes ist die hier servierte fantasievolle Fusion-Küche, die Preise (komplettes Menü etwa 25 €) halten sich im Rahmen. Nettes Ambiente. Auch von Lesern gelobt. Cuesta de Abarqueros 3.

Café-Rest. Hicuri (40), ebenfalls etwas abseits der Rennstrecken, aber einen kleinen Abstecher wert. Hübsches Interieur, freundlicher Service, günstige Preise: Das auch abends servierte Menü (etwa 12 €) bietet eine dreigängige Auswahl aus der regulären Karte, die auch Vegetarier glücklich macht. Hausgemachte Desserts. Calle Santa Escolástica, Ecke Plaza Girones.

Cantina Mejicana (44), auch in diesem Gebiet. Wie „der Mexikaner" bei uns. Entspannte Atmosphäre; Burritos, Fajitas etc., Dos-Equis-Bier und Margaritas ... Hauptgerichte um die 12 €. Cuesta del Realejo 1. Gleich gegenüber, von Lesern wegen der Tapas gelobt und auch fürs Frühstück empfohlen: **Café-Bar Damasqueros (45)**.

Rest. La Ninfa (49), nicht weit entfernt, am sonst von Tapa-Bars geprägten Campo del Principe. Ein Ableger des gleichnamigen nahen Hostals (wie an den Fassaden leicht ersichtlich), empfohlen von Bernhard Hummel: „Sehr gutes, preiswertes Essen und riesige Portionen." Holzofengrill, empfehlenswert besonders die Fleisch- und Fischgerichte. Auch gute und günstige Weine. Trotz der guten Qualität leider oft nur schwach besucht. Di Ruhetag. Campo del Principe 14.

● *Tapabars im Zentrum (Karte S. 226/227)*
Bodegas Castañeda (25), nahe Plaza Nueva. Die urige, uralte Bodega wurde in den Neunzigern geteilt und in zwei verschiedene Lokale verwandelt. In der hinteren der beiden Bars (Bodegas Castañeda, Eingang Calle Almireceros 1 u. 3) hat jedoch die Dekoration und Atmosphäre einer der bekanntesten Bars der Stadt überlebt: dichtes Gedränge, fixe Kellner, gute Tapas (Gratis-Tapas gibt es freilich nur nach Laune der Bedienungen) und Bocadillos, außerdem das interessante Hausgetränk Calicasas ... Ganz anders das vordere Lokal, die Antigua Bodega Castañeda in der Calle Elvira 5, das seit dem Umbau viel Flair verloren hat.

Bodegas La Mancha (23), in der Nähe. Auch dieser früher düstere, gewölbeartige Raum mit seinen gigantischen Weinfässern wurde einer zum Glück nicht allzu heftigen Modernisierung unterzogen. Die Riesenauswahl an Tapas (leider nicht gratis) und Bocadillos lohnt den Abstecher dennoch. Calle Joaquín Costa 10–12.

La Gran Taberna (31), Lesertipp von Margot Gerhard: „Unten Bar, oben Restaurant, nicht ganz billig, aber gut. Schräg gegenüber sehr gutes Frühstückscafé, auch nicht ganz billig, doch hervorragende Bocadillos und Kuchen." Die Tapas im Gran Taberna sind in der Tat exzellent, die Montaditos geradezu berühmt. Direkt an der Pl. Nueva, Ecke Cuesta de Gomérez.

Bar Los Diamantes (37), in der auch sonst mit Tapa-Bars gut bestückten Calle Navas. Spezialität sind Fisch-Tapas, die in guter Qualität und ordentlichen Portionen auf den Tresen kommen – ist der Fisch verkauft, wird die Bar geschlossen. Calle Navas 28. Eine jüngere (und nach Meinung Einheimischer inzwischen besser funktionierende, auch von Lesern sehr gelobte) Filiale liegt in der Calle Rosario 12, der Verlängerung der Calle Navas: **Los Diamantes II (46)**.

Casa Enrique (38), unweit der Puerta Real gelegen, eine kleine und feine Bar, die besonders durch ihre guten Schinken und Würste besticht. Acera del Darro 8.

Bar Mesón La Romana (10), nahe der Plaza Trinidad, direkt neben der Pensión Meridiano. Gemischtes Publikum, fast immer gestopft voll. Tapas zum Auswählen, pro Besuchergruppe allerdings maximal zwei Sorten. Calle Angulo 11.

Granada 231

Bar Reca (15), direkt an der Plaza Trinidad. Äußerst beliebte Bar, die ihre Dekoration fast im Monatsturnus wechselt. Das junge Publikum drängt sich innen und außen; auch die Gay-Community trifft sich hier gerne – schwer, überhaupt einen Stehplatz zu bekommen ...

Café-Bar Sancho (13), ein Stück weiter. Modernes, helles Lokal mit sehr guten Tapas und einer prima Weinauswahl; im hinteren Bereich ein Restaurant, das auch ordentliche Mittagsmenüs anbietet. Calle Tablas 15.

Bodega Puerta de la Alpujarra (4), großes Lokal, dessen Spezialitäten Schinken und Wurstwaren sind, auch im Direktverkauf zu erstehen. Es gibt auch Plätze im Freien. C. Carril del Picón 26, nahe Plaza Gran Capitán.

Bar de Enrique (6), ebenfalls in dieser Ecke. Bekannt insbesondere für seine guten Weine; weiterhin im Angebot sind Tapas und hausgemachte Eintöpfe. Nicht ganz billig. C. Socrates 4.

Bodega Jabugo (12), in derselben Straße. Eine kleine Bar, Ziel vor allem für Liebhaber exquisiter Wurstwaren. Der Name ist Programm, denn aus Jabugo stammt der vielleicht beste Schinken Spaniens. Tipp: Mal Lomo de Orza probieren, Schweinelende im Ölkrug gelagert – nicht ganz billig, aber hauchzart. So Ruhetag. Calle Trajano, Ecke Calle Sócrates

Bodega de Antonio (22), ein Stück südlich der Plaza Trinidad. Hauptsächlich von Einheimischen besucht, die die hervorragenden Tapas (es gibt aber auch komplette Gerichte, insbes. Fisch) zu schätzen wissen. Freundlicher Service, recht günstige Preise; kein Wunder, dass es hier zu den spanischen Essenszeiten mehr als eng wird. C. Jardines 4.

• *Albaicín* Ein oft unterschätzter und gar nicht so „touristischer" Tipp. Zur Lage der einzelnen Restaurants siehe den Übersichtsplan des Albaicín auf Seite 250/251.

Rest. Estrellas de San Nicolás (11), eines der gehobenen Restaurants auf dem Albaicín, gleich beim Aussichtspunkt Mirador de San Nicolás. Vielgelobte Küche, ein Teil der Tische mit feinem Alhambra-Blick. Etwa 40 € pro Kopf sind alllerdings zu rechnen, schon das Mittagsmenü kommt auf 25 €. Reservierung sehr ratsam: 958 288739. Direkt unterhalb, mit ähnlichem Preisniveau und fatastischer Open-Air-Aussicht auf die Alhambra: **El Huerto de Juan Ranas (12)**.

Rest. Mirador de Aixa (14), nicht weit entfernt und untergebracht in einem der typi-

Nettes Ambiente: Restaurant Páprika

schen Landhäuser „Cármenes". Sehr romantische Atmosphäre, toller Alhambra-Blick und gehobene Preise. Carril de San Agustín 2, am Eingang klingeln. So/Mo Ruhetage. Direkt daneben und im Charakter recht ähnlich sowie So/Mo ebenfalls geschlossen: **Rest. Las Tomasas (15)**.

Rest. Ruta del Azafrán (26), unten an der Flussuferstraße. Erst wenige Jahre alt, aber schon mit gutem Ruf; schlicht-elegantes und dabei doch nicht ungemütliches Interieur, guter Service, moderne und variantenreiche Küche, Terrasse mit Alhambrablick. Menü ab ca. 30 €, Mittagsmenü 15 €. Paseo del Padre Manjón 1, Ecke C. Monte de Piedad.

Rest. El Trillo del Reca (13), in einem Granadiner Carmen mit Garten. Baskische Küche (die beste Spaniens!), alles frisch zubereitet. Hausgemachtes Eis. Von Lesern gelobt, prima Preis-Leistungs-Verhältnis: kom-

232 Provinz Granada

plettes Menü ab etwa 25–30 €. Callejón Aljibe de Trillo 3, unterhalb der Cuesta Aljibe de Trillo. Nur abends, Di Ruhetag.

Mesón Casa Blas La Romería (8), an einem romantischen kleinen Platz auf etwa halber Höhe des Albaicín, unterhalb des Klosters Santa Isabel la Real. Nicht teuer, es gibt z. B. gute Lammgerichte oder Auberginengratin. Placeta de San Miguel Bajo 3, Mo/Di Ruhetag. Benachbart und ebenfalls recht ordentlich: **Mesón Yunque (5)**.

Bar El Rincon de la Aurora (7), ein paar Häuser weiter. Eine Leserin empfahl das Lokal wegen des freundlichen, humorvollen Wirts und der großen Portionen. Oft gut besucht.

Bar-Rest. La Porrona (4), urwüchsige Kneipe an der baumbestandenen Plaza Larga im Zentrum des Albaicín, die entgegen ihres Namens „Langer Platz" eher klein und sehr gemütlich ausfällt. Sonntagmittag treffen sich hier die Großfamilien der Umgebung. Günstiges Mittagsmenü; auch einige vegetarische Gerichte.

Bar Torcuato (1), etwa am westlichen Rand des Albaicín und fast ausschließlich von Einheimischen besucht. Großer, nüchterner und mittags oft voll besetzter Speisesaal, im Sommer auch Plätze im Freien. Gute Küche, preisgünstige Menüs. Nach einer Restaurierung wieder am alten Standort in der Calle Carniceros 4.

Bar Freiduría El Ladrillo (2), ein traditionsreiches, mehrere Jahrzehnte altes Lokal. Tische nur im Freien auf einem kleinen Platz, serviert werden ausschließlich frittierter Fisch und Meeresfrüchte. Im Angebot sind die gemischten Platten „Canoa" (1–2 Personen, 7,50 €), „Barco" (2–3 Personen, 12 €) und „Transatlantico" (Großfamilie, 22 €). Dazu empfiehlt sich Salat. Leider scheint der „Ziegelstein" jedoch nicht immer Glück mit dem Personal zu haben. Mehrere Leser übten Kritik an Essen und Service, und auch die Rechnung sollte man sich genau ansehen. Placeta Fátima, am besten zu finden von der Plaza Nueva/Plaza Santa Ana über die Carrera del Darro, am Ende dem Knick bergauf und der Cuesta del Chapiz folgen, bis oben linker Hand der kleine Platz mit dem winzigen Brunnen auftaucht.

Bar-Rest. El Ladrillo II (9), eine später eröffnete Filiale und vielleicht die bessere Adresse. Zunächst auf dem gleichen Weg zu erreichen, jedoch noch vor der Anhöhe links abbiegen, beschildert. Im Charakter etwas anders als der Ur-Ladrillo; umfangreichere Karte, neben frittiertem Fisch auch diverse Fleischgerichte und Menüs. Mehrere Leser waren zufrieden. Innen nett eingerichtet, sehr solide Portionen, relativ günstige Preise. Calle Panaderos 13.

Bar Aliatar (10), an der gleichnamigen Plaza. Tische auch im Freien, Spezialität sind Schnecken (caracoles) als Tapa oder als Ración. Plaza Aliatar, an der Cuesta del Chapiz, ein paar hundert Meter vor der Bar Ladrillo.

Café-Bar Pañero (6), etwas weiter hinten an derselben Plaza, ein Lesertipp von Dominique Kühn: „Netter, zuvorkommender Service, schmackhafte und gut präsentierte Portionen. Die halben Raciones wären anderswo ganze, man bekommt also viel fürs Geld." Auch von anderen Lesern gelobt.

Rest. Casa Rafa (3), ein Lesertipp von Yvonne Fox und Thomas Volz: „Von außen unscheinbares Lokal mit hervorragendem Mittagsmenü (günstig!), besonders von Spaniern des Viertels besucht. Calle Pages 15."

*T*reffpunkte/*K*neipen/*N*achtleben

Während des Semesters herrscht Highlife, zur Ferienzeit geht es etwas ruhiger zu. Am meisten Betrieb ist zwischen Mittwoch und Samstag, freitags ist praktisch die ganze Stadt auf der Piste. Generell sind Kneipen in Granada beliebter als Discos. Eine gute Informationsquelle zum Thema Ausgehen und Nachtleben ist das Heftchen „Guía del Ocio", für wenig Geld an jedem Kiosk erhältlich.

● *Zonen* **Paseo del Padre Manjon**, auch bekannt als „Paseo de los Tristes", an der Verlängerung der Carrera del Darro. Tagsüber und am frühen Abend vor allem der Lage wegen interessant, angenehme Rast. Man sitzt im Freien auf einem langgezogenen Platz über dem Fluss und mit Blick auf die oberhalb liegende Alhambra. Gute Auswahl unter mehreren Lokalen.

Plaza Nueva und Umgebung, zusammen mit den benachbarten Straßen Carrera del Darro und Calle Elvira derzeit die Nummer eins unter den Nachtzonen Granadas. An Bars wie der beliebten „Bar El Espejo"

Granada 233

(Calle Elvira 40) herrscht kein Mangel; wo es zu voll wird, drängt man sich bis auf die Straße.

Campo del Príncipe, östlich des Zentrums und südlich unterhalb der Alhambra. Großer Platz mit einer ganzen Reihe von Terrassenbars, Treffpunkt für Tapas und ein, zwei, drei Gläschen ... Allerdings etwas touristisch geworden.

Calle Pedro Antonio de Alarcón, in der Neustadt nahe Camino de Ronda, mit vielen Kneipen, Music-Bars und Discos auch in den Seitenstraßen die „Studentenecke" von Granada.

> **Calle Calderería Nueva**, eine Seitenstraße bergwärts der Calle Elvira. Hier ist der Treffpunkt der „Müslis" und „Ethno-Freaks" von Granada. Viele arabische Restaurants. Besonders reizvoll sind die „Teterías" genannten Teestuben; alle sind sie eng, oft voll und sehr gemütlich. Einzelne Teterías herauszuheben, macht angesichts der Fülle des hiesigen Angebots wenig Sinn.

Plaza de Toros, die Stierkampfarena. Die ehemaligen Geschäfte und Handwerksläden in den Gewölben der Arena, die 1928 im Stil des Neo-Mudéjar errichtet wurde, beherbergen seit Ende der Neunziger eine Reihe von Tapabars, aber auch Music-Pubs. Leider liegt die Arena weit im Norden der Stadt.

• *Bars, Discos und Cafés* **Bar La Tertulia**, Intellektuellen-Treff mit ruhiger Atmosphäre und gelegentlicher Tangomusik. Calle Pintor López Mezquita 3, eine Seitenstraße der Calle Pedro Antonio de Alarcón in der Neustadt.

Granada 10, konventioneller, aber sehr gut besuchter Disco-Klassiker in einem umgebauten alten Kino. Bis Mitternacht gibt es Kinovorführungen, im Anschluss öffnet die Disco. Vor zwei Uhr ist zwar nichts los, dafür geht´s dann bis weit in den Morgen. Gemäßigte Eintrittsgebühr, Drink inklusive. Carcel Baja 10, nahe der Kathedrale, zwischen Gran Vía und Calle Elvira.

Planta Baja, eine ebenfalls recht beliebte Disco mit Schwerpunkt auf elektronischer Musik. Zu suchen in der Calle Horno de Abad 15, nahe der Plaza Trinidad.

Bohemia Jazz Café, gemütliche Jazzkneipe, voll mit Büchern, Fotos und allerlei Nippes. Gute Getränkeauswahl, Fr und Sa Live-

Gemütlich: die „Teterías"

Musik. Plaza Lobos 11, unweit der Plaza Trinidad.

Mae West, im Einkaufszentrum Centro Comercial Neptuno, jenseits des Camino de Ronda. Zwei Dancefloors, musikalisch und auch vom Publikum her sehr gemischt.

El Granero, nicht wirklich ein ehemaliger Getreidespeicher, aber eine hübsche und gemütliche, dabei recht große Musicbar in angenehm zentraler Lage an der Plaza Poeta Luis Rosales, um die Ecke von der Plaza Isabel la Católica.

El Camborio, auf dem Sacromonte. Verwinkelter Club, der sich auf mehrere Höhlen verteilt, Garten mit Alhambrablick. Musikalisch eher Mainstream. Betrieb herrscht erst spät in der Nacht und insbesondere am Wochenende (Sa) während des Semesters. Camino de Sacromonte 47, Taxi empfohlen.

Café Futbol, gegründet 1922 und ein beliebter Treffpunkt auch für Nachtschwärmer:

234 Provinz Granada

Das Café an der Plaza Mariana Pineda, unweit der Infostelle, schließt seine Pforten selbst an Werktagen nur von 3–6 Uhr morgens. Spezialist für Churros con Chocolate, hübsche Terrasse auf dem Platz.

„El Botellón", Massenbesäufnis der Jugend

Psychologen debattieren, Stadtverwaltungen verzweifeln, Anwohner laufen Amok. Ein Phänomen hat Spaniens Städte erobert. Vor allem in Wochenendnächten versammeln sich zahlreiche junge Leute, die meisten kaum zwanzig Jahre alt, auf Straßen und Plätzen zum Botellón, der „Großen Flasche". Im Gepäck: billig erstandener Alkohol aus Supermärkten, z. T. Wein oder „Litronas" (Bier in Literflaschen), häufig aber auch ein ganzes Paket zum Mixen von Longdrinks. Manch cleverer Geschäftsmann hat sich längst auf den Verkauf entsprechender Sortimente spezialisiert – fünf Plastikbecher, ein Beutel Eiswürfel, eine große Flasche Cola sowie eine Flasche Wodka, Rum oder Whisky zum Gesamtpreis von neun bis zwölf Euro.

Soweit eigentlich nichts Besonderes. Frappierend ist jedoch die Dimension des Ganzen: Die Gruppen zählen meist Hunderte, oft gar Tausende von Personen. Entsprechend lautstark geht es zur Sache, und entsprechend umfangreich ist der hinterlassene Müllberg. Wenn die letzten „Botelleros" im Morgengrauen nach Hause schwanken, gleichen die Plazas wahren Schlachtfeldern. Für die Anwohner der betroffenen Gebiete sind die Botellones natürlich die Hölle auf Erden, und für die Stadtverwaltungen haben sie sich zu einem echten Problem entwickelt. Die Stadt Granada kalkuliert mit Kosten von fast einer halben Million Euro pro Jahr für zusätzliche Müllabfuhr und verstärkte Polizeipräsenz. Erlaubt ist der Botellón seit einer Gesetzesänderung eigentlich nicht mehr (ebensowenig übrigens der nächtliche Verkauf alkoholischer Getränke), doch werden die Versammlungen in vielen Städten oft trotzdem geduldet. In Granada hat man an der Calle Méndez Núñez etwas außerhalb der Innenstadt sogar ein „Botellodromo" errichtet und hofft, dort die Jugend einigermaßen unter Kontrolle zu haben.

*F*lamenco

Ein eher trauriges Kapitel: In Granada, ehemals berühmt für Flamenco, ist dieser heute oft zur Touristenattraktion degeneriert, wird nur im privaten Kreis noch richtig gefeiert.

Sala Albaicín, an der Straße nach Múrcia. Hierher kann man sich, zum Beispiel vom Hotel, auch per Bus bringen lassen. Shows um 22 Uhr, Preis mit Transport und einem Getränk knapp 30 €, ohne Bus 25 €. Carretera Múrcia s/n, Mirador San Cristóbal, ✆ 958 804646.

Cuevas del Sacromonte: Auch in einer Reihe von Höhlen auf dem Sacromonte-Hügel oberhalb des Albaicín finden Flamenco-Aufführungen statt. Die Mehrzahl liegt entlang des Camino del Sacromonte, oberhalb der Cuesta del Chapiz. Allerdings kann man beim Besuch mancher dieser Höhlen auch ganz schön geneppt werden. In den letzten Jahren hat sich das Image jedoch wieder etwas gebessert. Einen recht guten Ruf genießen z. B. die „Venta El Gallo" (Shows um 21.30 und 22.45 Uhr; Barranco de los Negros 5, ✆ 958 228476) und die Tänzer der „Cueva Los Tarantos" (Shows um 21.30 und 23 Uhr; Camino del Sacromonte 9, ✆ 958 224525); Preisniveau jeweils etwas niedriger als oben, Bustransport ist ebenfalls möglich.

Sala Vimaambi, auf dem Albaicín. Noch recht neu und mit bislang gutem Ruf. Nur Fr/Sa abends um 21.30 und 23 Uhr, 15 €. Cuesta de San Gregorio 30–38, zu erreichen über die Calderería Nueva; ✆ 958 227931, www.vimaambi.com.

Einkaufen

Das Kunsthandwerk von Granada zeigt auf vielen Gebieten noch deutlich den maurischen Einfluss. Typisch sind die glasierte *fajalauza*-Keramik, in der blaue und grüne Töne vorherrschen, *taracea*-Einlegearbeiten aus Holz, Silber und Perlmutt, die handgewebten Teppiche *alfombras*, auch aus der Alpujarra granadina und dann *jarapas* genannt, Laternen *(faroles)* aus Messing und Weißblech und verschiedene Artikel aus Kupfer *(cobre)*. Im Folgenden nur einige Anregungen; bei speziellen Interessen helfen die Infostellen weiter.

Albaicín: Eine gute Adresse für authentisches Kunsthandwerk. Eines der bedeutendsten Geschäfte für Keramik ist hier „Cerámica Fajalauza" an der Calle Fajalauza 2 (Westrand des Albaicíns). Laternen und Glas gibt es bei „Hermanos López", Plaza de las Castillas 7, Arbeiten aus Kupfer bei Manuel Maretín Alvarez in der Calle Pardo 4.

Cuesta de Gomérez: Am Aufstieg zur Alhambra finden sich unter anderem mehrere Gitarrenbauer (Luthiers), ein weiteres traditionelles Handwerk Granadas. Seit vielen Jahren tätig ist José López Bellido auf Nr. 36. An der guten Qualität gemessen, sind die Preise okay, echte „Schnäppchen" darf man nicht erwarten. Schöne Einlegearbeiten (taracea) gibt es z. B. bei Castillo auf Nummer 8.

Alcaicería: Im ehemaligen maurischen Seidenmarkt unweit der Kathedrale dominieren zwar Souvenirgeschäfte mit Marokko-Importware, mit Suchen und etwas Glück finden sich jedoch auch hier schöne Stücke.

Plaza Bib-Rambla und Umgebung: Neben anderen Handwerksläden finden sich hier noch einige wenige „cuchillerías", traditionelle Haushaltswarengeschäfte, in denen man Messer, Scheren und Besteck zu sehr günstigen Preisen findet. Sie schleifen auch gerne Messer und Scheren.

Lebensmittel gibt es im Mercado de San Agustín an der gleichnamigen Plaza, nordwestlich nahe der Kathedrale, geöffnet Mo–Sa vormittags. Ein Delikatessengeschäft empfahl Leser Manfred Baumann: La Oliva, C. Rosando 9.

Süßigkeiten sind eine Spezialität der Klöster, zu erstehen z. B. im Convento de la Encarnación an der gleichnamigen Plaza oder den Comendadoras de Santiago, Calle Santiago 20 – einfach himmlisch ...

Kaufhäuser: El Corte Inglés an der Acera del Darro, nicht weit von der Puerta Real.

Mode: Das Haupt-Jagdgebiet liegt in den Straßen zwischen der Kathedrale, der Puerta Real und der Plaza Trinidad, weitere Shops finden sich an der Calle de Recogidas und der Calle Pedro Antonio de Alarcón.

Landkarten: IGN, Instituto Geográfico Nacional, Detailkarten 1:25.000 und 1:50.000. Avda. Divina Pastora 7, eine Seitenstraße der Avda. Constitución, ✆ 958 290411; die Treppe in der Passage hoch, als Kennzeichen eine Flagge. Achtung: Nur Mo–Fr von 9–14 Uhr geöffnet, nicht jede Karte ist aktuell. Karten von der Sierra Nevada und der Alpujarra (gut: die Karten von Editorial Penibética und Editorial Alpina) gibt es auch in manchen Buchhandlungen.

Cartográfica del Sur, auf Bergsport, Kletterei, Höhlenforschung etc. spezialisierte Buchhandlung mit ebenfalls guter Kartenauswahl. Calle Valle Inclán 2, eine Seitenstraße des oberen Camino de Ronda.

*Kunstvoll:
die „Taracea"- Einlegearbeiten*

Provinz Granada

Feste und Veranstaltungen

Geboten ist rund ums Jahr eine ganze Menge. Hier nur ein Auszug aus dem umfangreichen Veranstaltungskalender; Informationen über das komplette Programm bei den Fremdenverkehrsämtern.

Día de la Toma, 2. Januar, zur Erinnerung an die christliche Rückeroberung 1492; auch am 1. Januar wird bereits gefeiert.

Romería Popular de San Cecil, am 1. Februar; eine volkstümliche Wallfahrt auf den Sacromonte zu Ehren des Stadtpatrons von Granada.

Semana Santa, die Karwoche. Zwar nicht so berühmt wie die von Sevilla, dennoch ein Riesenfest. An der Plaza del Carmen stehen Tribünen, von denen man die besten Ausblicke auf die Prozessionen genießt. In der Nacht auf Gründonnerstag findet eine wahrhaft feurige Wallfahrt auf den Sacromonte statt, bei der der „Cristo de los Gitanos" geehrt wird.

Festival Internacional de Tango, Ende April. Mittlerweile über zehnjährige Tradition hat dieses Tangofestival, das weltweit zu den wichtigsten seiner Art zählt und die berühmtesten Namen anzieht.

Cruces de Mayo, am 3. Mai, Fest der geschmückten Maikreuze. Den größten Ehrgeiz in der Dekoration entwickeln die Bewohner des Albaicín. Nachts wird getanzt.

Festival Internacional de Teatro, internationales Theaterfestival, das an wechselnden Terminen im Mai stattfindet.

Feria del Corpus, Fronleichnam. Das größte Fest Granadas dauert eine Woche. Zum Programm zählen das älteste Flamencofestival Andalusiens, diverse andere Musikveranstaltungen und tägliche Corridas, die zu den besten Andalusiens zählen. Zentrum der weltlichen Aktivitäten ist das leider etwas außerhalb im Süden gelegene Festgelände Recinto Ferial.

Festival Internacional de Música y Danza, etwa Mitte Juni bis erste Juliwoche. Internationales Musik- und Tanzspektakel; bedeutendste der zahlreichen Kulturveranstaltungen Granadas – 2001 wurde das 50. Jubiläum gefeiert. – Aufführungen an verschiedenen Orten, auch im Freilichttheater des Generalife und im Parque de las Ciencias. Reservierungen mit Kreditkarte unter ✆ 958 221844, www.granadafestival.org.

Nuestra Señora de las Angustias, am letzten Sonntag im September, das Fest der Schutzpatronin Granadas.

Verbena de Albaicín, etwa in der letzten Septemberwoche. Volksfest des Viertels rund um die Plaza Larga; mit guten Chancen, authentischen Flamenco zu sehen. Am 29. September eine Romería popular zur Wallfahrtskapelle San Miguel de Alto; der volkstümliche Pilgerzug führt dabei direkt durch den Albaicín.

Festival Internacional de Jazz, großes Jazzfestival im November. Infos unter ✆ 958 215980, www.jazzgranada.net.

● *Corridas* Stierkämpfe: Höhepunkte der Saison sind die Kämpfe anlässlich der Feria del Corpus (Fronleichnam) und der Romería de San Miguel gegen Ende September. Die 1928 errichtete Arena Plaza de Toros liegt im Nordwesten der Stadt, an der Calle Dr. Mesa Moles, unweit des Bahnhofs.

Der Granatapfel ist der Namenspatron Granadas

Sehenswertes

Gib ihm ein Almosen, Frau,
denn nichts in der Welt,
nichts, ist schlimmer als
blind zu sein in Granada.

Sprichwort –
gemeint ist ein blinder Bettler

Klar, dass die Alhambra mit weitem Abstand an erster Stelle steht. Auch der zweite Rang ist unstrittig: Die Kathedrale mit der Capilla Mayor und den Gräbern der Katholischen Könige wäre in vielen anderen Städten die Hauptattraktion.

Unbedingt erlebenswert sind auch die prachtvollen Gärten des *Generalife* oberhalb der Alhambra und das malerische ehemalige Maurenviertel *Albaicín*. Seine einzigartigen Monumente und die fantastische Lage machen Granada zu einem der bedeutendsten Besichtigungsziele Spaniens. Das gibt Selbstbewusstsein. Auf den berühmten Spruch der Einwohner Sevillas, „Wer Sevilla nicht gesehen hat, hat keine Wunder gesehen", kontert man in Granada ganz locker: „Quien no ha visto Granada, no ha visto nada" – „Wer Granada nicht gesehen hat, hat gar nichts gesehen".

Sehenswertes im Überblick

Albaicín	S. 249	Mirador de San Nicolás	S. 252
Alcaicería	S. 257	Monasterio de la Cartuja	S. 258
Alcazaba	S. 244	Monasterio Santa	
Alhambra	S. 237	Isabel la Real	S. 254
Capilla Real	S. 256	Monasterio de San Jerónimo	S. 257
Carmen-Museo Max Moreau	S. 253	Monasterio de	
Casa de los Tiros	S. 258	San Juan de Dios	S. 257
Catedral Santa María		Museo Arqueológico	S. 252
de la Encarnación	S. 255	Museo Casa de los Pisa	S. 252
Corral de Carbón	S. 258	Museo de la Alhambra	S. 248
El Bañuelo	S. 252	Palacio Carlos V.	S. 246
El Serrallo	S. 245	Palacio de la Madraza	S. 257
Generalife	S. 248	Palacio Real	S. 244
Harem	S. 245	Parque de las Ciencias	S. 258
Iglesia de San Salvador	S. 252	Plaza Bib-Rambla	S. 257
Jardines de Partal	S. 246	Plaza Larga	S. 250
La Antequeruela	S. 248	San Juan de los Reyes	S. 252
La Huerta de San Vicente	S. 259	Santa Ana	S. 252
Mexuar	S. 244	Sacromonte	S. 254
Mezquita Mayor	S. 253	Torre de la Vela	S. 244

Alhambra

Die „Rote Festung" Qal'at al-Hamra ist das Meisterwerk islamischer Architektur in Spanien und wurde mit gutem Grund bereits 1984 zum Weltkulturerbe der Menschheit ernannt. Von außen mag sie vergleichsweise unscheinbar wirken, das Innere jedoch ist von unerreichter Raffinesse.

238   Provinz Granada

Zunächst jedoch eine Bemerkung, um Enttäuschungen zu vermeiden: Die Alhambra *ist* wunderschön, manchmal fällt es jedoch vor lauter Menschen nicht leicht, dies auch zu würdigen. Immerhin handelt es sich um das meistbesuchte Monument Spaniens. Aufgrund des starken Andrangs und durch die Beschränkung der täglichen Besucherzahl ist es zudem gar nicht leicht, überhaupt an Eintrittskarten zu kommen – lesen Sie dazu bitte unbedingt die Abschnitte „Öffnungszeiten/Ticketkauf" und „Zugang" weiter unten.

Lage und Baugeschichte: Die bevorzugte Lage der Alhambra macht sich sofort hinter der Puerta de las Granadas bemerkbar. Man taucht in einen schattigen Park alter Bäume ein, in dem es gleich merklich kühler wird. Überall plätschert und gurgelt Wasser; Wasser in einem Reichtum, der den Söhnen der Wüste als großmütiges Geschenk Allahs erscheinen musste. „Je heißer es ist, desto reichlicher sprudeln die Quellen, denn sie werden vom Schnee gespeist. Diese Mischung von Wasser, Schnee und Feuer macht Granada zu einem Paradies auf Erden mit einem Klima, das in der ganzen Welt seinesgleichen nicht hat" (Théophile Gautier).

Der langgestreckte, von den Mauren *al-Sabikah* (heute: La Sabica) genannte Hügelrücken bildet zwar nicht die höchste Erhebung Granadas, er ließ sich jedoch gut verteidigen und bietet den besten Blick über die Stadt und die Ebene. Deshalb bestand hier auch bereits im 9. Jh. eine Festung, die jedoch nie als Residenz diente – die Ziriden, die als erste maurische Könige Granadas die Stadt ab dem 11. Jh. beherrschten, hatten ihre Paläste auf dem Albaicín. 1238 ließ Mohammed Al-Ahmar, der Gründer der Nasridendynastie, die inzwischen wohl weitgehend verfallene Festung wieder aufbauen und zur Palaststadt erweitern. Sein Sohn Mohammed II. und dessen Nachfolger setzten sein Werk fort. Das Glanzstück der Alhambra, der königliche Palast, entstand vor allem im 14. Jh. unter den Herrschern Yusuf I. und Mohammed V. Zu jener Zeit bestand die Alhambra nicht nur aus dem Königspalast und der eigentlichen Festung, die von einer 40.000 Mann starken Truppe gehalten wurde; an sie grenzte auch eine eigene kleine Medina (Stadt), deren Moscheen, Verwaltungsgebäude, Bäder, Wohnhäuser, Werkstätten und Stallungen die Zeiten jedoch nicht überstanden haben. Die Katholischen Könige, die 1492 Granada eroberten, zerstörten die Alhambra wohlweislich nicht, ließen sogar Teile des Königspalasts restaurieren. Es blieb der – schon vorher auch in Córdobas Mezquita bewiesenen – Ignoranz Karl V. vorbehalten, im 16. Jh. einen ganzen Renaissance-Palast in die maurischen Mauern zu stellen. In späteren Jahrhunderten diente die Alhambra als Kaserne und verfiel dann allmählich, wurde von Dieben und anderen lichtscheuen Elementen als Unterkunft genutzt. 1812 wäre sie um ein Haar von den Truppen Napoleons in die Luft gesprengt worden. Erst durch die enthusiastischen Beschreibungen von Reiseschriftstellern wie Washington Irving, der 1829 für eine Weile in der heruntergekommenen Anlage wohnte und hier seine „Erzählungen von der Alhambra" verfasste, rückte die immense Bedeutung des Gebäudes wieder ins Bewusstsein. 1870 schließlich wurde die Alhambra in die Liste der spanischen Nationalmonumente aufgenommen und in der Folge gründlich restauriert, 1984 von der Unesco zum „Kulturerbe der Menschheit" ernannt.

Aufbau: Der mauerumgürtete Komplex erstreckt sich über eine Länge von 720 Metern und eine Breite von 220 Metern. Er lässt sich, etwas vereinfacht, in folgende Bereiche gliedern: die Verteidigungsanlage *Alcazaba* im Westen, der wundervolle Nasridenpalast *Palacio Real* (auch *Palacios Nazaries* genannt, das eigentliche Glanzstück der Alhambra) im Osten und der *Palacio Carlos V.*, der der arabischen

Granada/Alhambra

Anlage durch den christlichen König Karl V. aufgezwungen wurde. Die Sommerresidenz *Generalife* liegt mit prachtvollen Gärten oberhalb der Alhambra und ist über einen eigenen Zugang zu erreichen.

• *Öffnungszeiten* Vom 15. März bis 14. Oktober täglich 8.30–20 Uhr; Di–Sa auch 22–23.30 Uhr. Im restlichen Jahr täglich 8.30–18 Uhr, Fr/Sa auch 20–21.30 Uhr. Die Nachttermine (in der beleuchteten Alhambra besonders märchenhaft) sollen künftig verlängert werden. Am 25. Dezember und am 1. Januar ist geschlossen. Reguläre Eintrittsgebühr für Alcazaba, Nasridenpalast und Generalife 12 €. Wer kein Komplett-Ticket ergattert, wird sich mit der „Visita Jardines" begnügen müssen, die neben den verschiedenen Gartenanlagen auch die Alcazaba und den Generalife umfasst; Eintrittsgebühr 6 €. Nachtbesuche, wahlweise im Nasridenpalast oder im Generalife und seinen Gärten (nicht möglich von Juni bis August), kosten jeweils 12 €.

Übrigens darf man die Alhambra auch völlig ohne Ticket betreten, z.B. um schon mal die Atmosphäre innerhalb der Mauern zu schnuppern oder in aller Ruhe vorab einen Gesamteindruck zu gewinnen: Der Zugang durch das Tor Puerta de la Justicia (siehe „Besichtigung") ist zu den Öffnungszeiten jederzeit und gratis möglich; sogar der Palacio Carlos V. samt seinen Museen kann so besucht werden. Die schönsten und bedeutendsten Bereiche der Alhambra (Alcazaba, der Nasridenpalast Palacio Real, Gärten und Generalife) freilich bleiben ohne Ticket gesperrt.

Achtung: Die Eintrittskarten sind entweder für den Morgen ab 8.30 Uhr oder für den Nachmittag (ab 14 Uhr) gültig. Auf den Karten ist ein im Halbstundentakt wechselnder, bei den meisten Verkaufsformen je nach Verfügbarkeit frei wählbarer Zeitpunkt (z. B. 10.30 Uhr) aufgedruckt, zu dem der Eingang zum Kern der Anlage, dem Nasridenpalast Palacio Real, unbedingt passiert werden muss (!), andernfalls verfällt die Karte; besser also, man plant vorab ein gewisses Zeitpolster ein und stellt sich dann rechtzeitig in die Warteschlange vor dem Palasteingang. Für den Rest der Alhambra inklusive Alcazaba und Generalife gilt diese strenge Zeitvorgabe nicht, weshalb es sich bei Wartezeiten eventuell empfiehlt, diese vorher zu besuchen; an die Zeitenregelung des jeweiligen Morgen- oder Nachmittagstickets muss man sich jedoch auch dabei halten.

Wie ein Gemälde: die Alhambra im Abendlicht

240 Provinz Granada

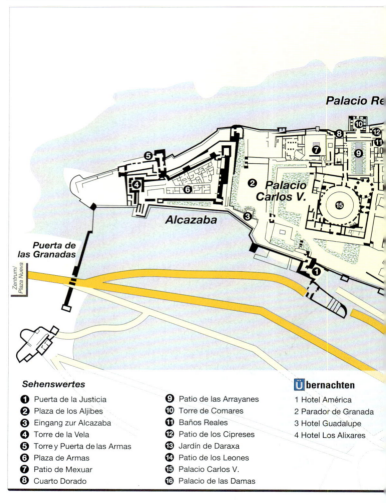

Sehenswertes

① Puerta de la Justicia
② Plaza de los Aljibes
③ Eingang zur Alcazaba
④ Torre de la Vela
⑤ Torre y Puerta de las Armas
⑥ Plaza de Armas
⑦ Patio de Mexuar
⑧ Cuarto Dorado
⑨ Patio de las Arrayanes
⑩ Torre de Comares
⑪ Baños Reales
⑫ Patio de los Cipreses
⑬ Jardín de Daraxa
⑭ Patio de los Leones
⑮ Palacio Carlos V.
⑯ Palacio de las Damas

Übernachten

1 Hotel América
2 Parador de Granada
3 Hotel Guadalupe
4 Hotel Los Alixares

Übrigens ist die Alhambra mittlerweile fast rund ums Jahr so gut gebucht, dass es „gute" oder „schlechte" Zeiten für einen Besuch kaum noch gibt – dadurch, dass die Tickets im Kontingentsystem vergeben werden, ist die Zahl der Besucher zu jeder Tageszeit und an jedem Wochentag praktisch gleich. Manche Leser fanden es praktisch, sich bei einem Tagesbesuch vormittags das reservierte Ticket abzuholen, einen Stadtbummel anzuschließen und nachmittags die Alhambra zu besuchen.

• *Ticketkauf* Die Zahl der täglichen Eintrittskarten ist auf 7700 im Sommer und auf 6300 im Winter begrenzt, eine Zahl, die längst nicht immer für alle Interessenten ausreicht. Mittlerweile wird der weit überwiegende Teil der Eintrittskarten bereits im Vorverkauf abgegeben, auf Tickets an der Kasse zu hoffen ist deshalb – erst recht im Sommer, an Ostern und anderen Festen sowie an langen Wochenenden – ein

Granada/Alhambra 241

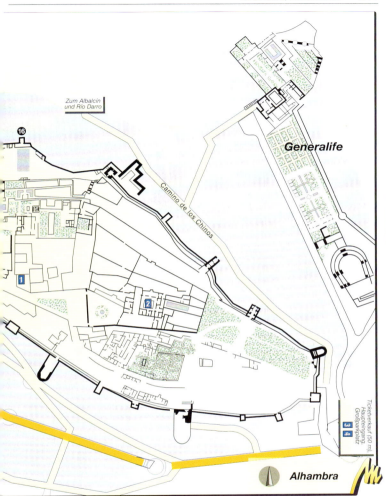

Provinz Granada
Karte S. 206/207

riskantes Unterfangen. **Wir raten dringend zum Vorverkauf bzw. zur Reservierung!** Siehe hierzu weiter unten. Die genauen Modalitäten der Reservierung haben sich in den letzten Jahren übrigens mehrfach verändert, es kann deshalb nicht schaden, sich rechtzeitig vor Ort zu erkundigen – alle andalusischen Infostellen sollten über das aktuelle Procedere Bescheid wissen.

Ticketkauf an der Kasse: Tagestickets gibt es nur an der Kasse beim Großparkplatz – wer zu Fuß aus der Stadt kommt, muss deshalb erst am gesamten Komplex vorbeimarschieren oder den Bus nehmen, siehe hierzu weiter unten. Außer eventuell (!) im tiefsten Winter steht an der rechten, für den Direktverkauf zuständigen rechten Schalterseite im „Pabellón de Acceso" meist eine lange Schlange an, die sich zur Saison sogar oft schon weit vor der eigentlichen Öffnungszeit bildet (Tipp: Im Gebiet rechts dieses Zugangspavillons gibt

242   Provinz Granada

es ein kleineres Gebäude mit gelben Ticket-automaten der Servicaixa, beschildert „Pago con Tarjeta", das eventuell nicht ganz so stark frequentiert ist; man braucht natürlich eine Kreditkarte). Um realistische Chancen auf ein Ticket zu haben, raten die Fremdenverkehrsämter beispielsweise für den Monat September, morgens um 7.30 Uhr da zu sein... Nach langer Wartezeit glücklich an ein Ticket gelangt, stellt man dann vielleicht fest, dass der einzig verfügbare Zeitpunkt für den Besuch des Nasridenpalasts sechs Stunden später liegt ... Sobald die Eintrittskarten für den jeweiligen Tag verkauft sind, schließt die Kasse – wer später kommt, hat Pech gehabt, auch wenn er (vielleicht sogar stundenlang) in der Schlange gewartet hat. Vorverkauf ist hier nicht möglich.

Reservierung und Ticketkauf per Servicaixa: Für den Vorverkauf bzw. die Reservierung zuständig ist das Unternehmen Servicaixa, eine Tochter der (in Andalusien wenig beliebten, da katalanischen) La Caixa. Problematisch dabei: Ohne Kreditkarte geht nichts. Der Aufpreis zum Normalticket beträgt 1 €.

Reservierung per Telefon: Telefonische Reservierung bei der Servicaixa ist innerhalb Spaniens unter ✆ 902 888001 möglich, aus dem Ausland unter ✆ 0034 934923750. Man erhält eine Reservierungsnummer, mit der die Eintrittskarten am Reservierungsschalter (linke Schalterseite) der Alhambra-Kasse abgeholt werden können. Eine weitere Option, um die Reservierung in ein Ticket zu verwandeln, sind die gelben Servicaixa-Automaten (direkt an der Alhambra: siehe oben unter „Ticketkauf an der Kasse"; in der Innenstadt von Granada: siehe unten); hier die Kreditkarte einstecken, mit der auch die Reservierung getätigt wurde. Zu Hochsaisonterminen ist es ratsam, die Reservierung bereits mindestens eine Woche vorab fest zu machen.

Reservierung im Internet: www.alhambra-tickets.es. Ablauf prinzipiell wie oben, auch hier ist die Servicaixa zuständig. Das Reservierungsformular gibt es auch auf Englisch. Je nach Verfügbarkeit kann man auch hier zwischen Vor- und Nachmittagsticket wählen sowie den Zeitpunkt für den Zugang zum Nasridenpalast wählen. Am besten per Internet Explorer reservieren (Popup-Blocker aus), mit anderen Browsern soll es gelegentlich Schwierigkeiten geben; unbedingt alle Felder ausfüllen. Um die Reservierung in ein Ticket zu verwandeln, kann

man wie bei der telefonischen Reservierung wahlweise zum Reservierungsschalter der Alhambra-Kasse gehen oder die Servicaixa-Automaten an der Alhamabra oder in der Innenstadt nutzen.

Ticket-Direktkauf: An den gelben Servicaixa-Automaten kann man in ganz Spanien nicht nur reservierte Tickets ausdrucken, sondern auch Tickets direkt erwerben, und das nicht nur mit Kreditkarte, sondern auch mit einer Bank-Karte („EC-Karte"). Leider funktioniert dies jedoch nur auf Spanisch: „Entradas" wählen, dann „Espectaculos" und schließlich „Alhambra" sowie „General Diurno" für den normalen Tagesbesuch.

Servicaixa-Automaten in der Innenstadt
Tienda Librería de la Alhambra, eine Innenstadtfiliale der Alhambra-Buchhandlung und die mit Abstand komfortabelste Möglichkeit, die Servicaixa-Automaten zum Ausdruck reservierter Tickets oder zum direkten Ticketkauf zu nutzen – hier gibt es nämlich freundliche Assistenz in Form eines mehrsprachigen, extra dafür abgestellten Mitarbeiters. Calle Reyes Católicos 40, sehr zentral zwischen Plaza Isabel la Católica und Plaza Nueva, ✆ 958 227886, reyescatolicos@laie.es. Weitere zentrale Standorte von Servicaixa-Automaten sind z.B. die Gran Via de Colón 16, die Calle Pavaneras 3 und die Calle Acera del Darro 54.

Ticketbestellung auf Deutsch: www.alhambra-tickets.de leitet weiter zur Seite der Agentur Granada-Reisen in Eppelheim, die eine Kartenreservierung zum gewünschten Termin auch ohne Kreditkarte (Bezahlung z.B. per Banküberweisung) ermöglicht. Preis pro Normalticket zuletzt 18 €, der Komfort und die Sicherheit müssen einem also einen gewissen Aufpreis wert sein. Infos auch unter ✆ 06221 758798.

Bono Turístico Granada: Da auch für die Besitzer des rund 25–30 € teuren Sammeltickets (siehe dazu den Kasten weiter unten im Anschluss an den Alhambra-Text) ein gewisses Kontingent bereitgehalten wird, könnte sich dieses im Notfall eigentlich als Rettungsanker erweisen, doch noch in den Nasridenpalast zu kommen. Leider war der Bono genau hier an der Alhambra jedoch zuletzt nicht mehr erhältlich, man muss

Granada/Alhambra

sich also vorher entscheiden oder hinab in die Stadt bemühen.

Internet-Info: www.alhambra-patronato.es, aktuelle Information über Öffnungszeiten, Eintrittspreise etc. Spanisch und Englisch.

• *Zugang* Im Südosten des Komplexes liegt unweit des Generalife der große, gebührenpflichtige Besucherparkplatz, an den sich die Ticketschalter „Pabellón de Acceso" (hier auch Vermietung von Audioguides, mit denen Leser recht zufrieden waren) und der Haupteingang anschließen. Wer bereits ein Ticket (nicht nur eine Reservierungsbestätigung) besitzt, kann auch den für Fußgänger wesentlich stadtnäheren Eingang durch die Puerta de la Justicia benutzen.

Auto: Anfahrt über die Ronda Sur der Umgehungsstraße Circunvalación, gut beschildert.

Bus: Von der Calle Pavaneras (nahe Plaza Isabel la Católica) verkehren häufige Kleinbusse (1,20 €) der Nr. 30 zum Haupteingang, mit Nr. 32 besteht auch eine Verbindung von und zum Albaicín.

Zu Fuß: Mehrere Möglichkeiten, immer aber ein ganzes Eck zu laufen. Die Standardroute führt ab der Plaza Nueva über die Cuesta de Gomérez und vorbei an der Puerta de la Justicia und der gesamten Burg zum Haupteingang. Romantischer, auch beschwerlicher, ist der Camino de los Chinos: Von den Plazas Nueva und Santa Ana entlang des Darro aufwärts; wo die Straße links zum Albaicín hinauf abbiegt, geht es rechts über den Fluss und dann unter Granat- und Nussbäumen den Berg hoch zum Großparkplatz und zum Ticketschalter.

Über die Puerta de la Justicia frei zugänglich: maurisches Bad in der Alhambra

Besichtigung

Kommt man über die Cuesta de Gomérez und durch die Puerta de las Granadas aus der Stadt, passiert man die *Puerta de la Justicia,* das „Tor der Gerechtigkeit", das Yusuf I. 1348 errichten ließ. Der eigentlich bedeutendste Zugang der Alhambra (freilich nicht der heutige Haupteingang) ist eher Turm als Tor und hat seinen Namen von den Gerichtsverhandlungen, die hier abgehalten wurden. Für das Symbol der ausgestreckten Hand am Hufeisenbogen gibt es mehrere Deutungen; mancher sieht sie als Symbol der fünf Gebote des Islam (Bekennen der Einheit Gottes, Gebet, Fasten, Almosen, Wallfahrt nach Mekka), andere als Abwehr des „bösen Blicks" der Verurteilten. Das zweite Symbol, der Schlüssel, steht für den Eintritt ins Paradies.

Wer schon sein Ticket hat (oder nur mal in die Anlage hineinschauen möchte, denn der Eintritt ins Burginnere an sich ist als „öffentliche Zone" frei) kann durch dieses Tor den Komplex betreten, alle anderen müssen noch gut einen halben Kilometer weiter zum Haupteingang beim Großparkplatz. Von dort geht es, nunmehr innerhalb des Mauerrings, quer durch das gesamte Gelände zur Festung Alcazaba und zum Königspalast. Man ist eine Weile unterwegs und muss vor dem

244   Provinz Granada

Nasridenpalast zudem mit einer Warteschlange rechnen; wenn der festgelegte Zugangs-Zeitpunkt unmittelbar bevorsteht, sollte man also nicht bummeln.

Alcazaba

Die Festung Alcazaba ist der älteste Bereich der Alhambra und auch für ihren Namen verantwortlich: *al-Hamra*, „Die Rote", wurde sie von den Mauren genannt, nach der rötlichen Farbe ihrer Mauern. Der doppelte Mauerring deutet mit zahlreichen Türmen keilförmig auf die Stadt. Das Gebiet innerhalb hat leider ziemliche Zerstörungen erlitten und deshalb kaum noch hochrangige Sehenswürdigkeiten aufzuweisen.

Torre de la Vela: Der am weitesten zur Stadt vorgeschobene, 26 Meter hohe Turm kann bestiegen werden, was man sich nicht entgehen lassen sollte. Der Blick auf die Stadt und die fruchtbare Flussebene Vega ist besonders im Abendlicht einfach superb. Die Glocke auf dem Flachdach gab in früheren Zeiten die Signale für die Bewässerung der Vega. Heute wird sie nur selten geläutet, z. B. am 2. Januar, dem Tag des Einmarschs der christlichen Könige. Wer sie einem alten Volksglauben zufolge an diesem Tag berührt, wird bald heiraten.

Palacio Real (Palacios Nazaríes)

Der Königspalast der Nasriden, gelegentlich als „Achtes Weltwunder" bezeichnet, bildet den Höhepunkt der Alhambra.

In seinen Anfängen stammt er aus der Zeit von *Mohammed Al-Ahmar*, dem Begründer der Dynastie, die prächtigsten Abschnitte entstanden jedoch unter Yusuf I. (1333–54) und Mohammed V. (1354–91). Verblüffend: Die Dekoration im Inneren dieses himmlischen Traums besteht in weiten Teilen aus den gewöhnlichen Materialien Holz und Gips. Die verschlungenen Wandornamente, die filigranen arabischen Schriftzüge, die „Spinnweben Gottes" genannt wurden – schlichter Gips, der früher bunt bemalt war. Man kann darin durchaus die Philosophie sehen, nicht für die Ewigkeit zu bauen, sondern zur Freude der jeweiligen Bewohner. Wenn die Stuckdekoration nicht mehr gefiel, ließ man die Ornamente ändern, Ausbesserungen schadhafter Stellen waren problemlos möglich. Aus ähnlichen Gründen wirkt der Palast von außen so schlicht: Aller Prunk und Glanz leuchten im Inneren, eben da, wo man lebte.

Der Palacio Real, auch in der Pluralform „Palacios Nazaríes" genannt, gliedert sich in drei Bereiche, die räumlich streng getrennt sind: Der *Mexuar* diente Versammlungen und der Gerichtsbarkeit, *El Serrallo* war der eigentliche Palast. Der sich anschließende *Harem* war als „Allerheiligstes" nur den Herrschern, ihren Familien und ausgewählten Dienstboten zugänglich. Mittelpunkt jedes Traktes ist nach orientalischer Tradition ein Innenhof, auf den alle Räume münden.

Mexuar

Der Gerichts- und Empfangssaal der arabischen Herrscher ist mit farbigen Azulejo-Kacheln ausgekleidet; in christlicher Zeit diente er als Kapelle. Der anschließende Innenhof *Patio de Mexuar* stellt die Verbindung zum eigentlichen Palast her und besitzt eine wunderschöne Fassade. Ein Zugang führt zum *Cuarto Dorado*, dem „Goldenen Zimmer", dessen fantastische Dekoration hauptsächlich von den Katholischen Königen stammt, aber in orientalisch inspiriertem Mudéjar-Stil gehalten ist.

El Serrallo

Ein weiterer Raum leitet vom Mexuar zum „Myrtenhof" *Patio de los Arrayanes* (auch: Patio de Comares) über, dem zentralen Innenhof des Serrallo. Spätestens hier beginnt man nun wirklich den Zauber des Orients zu spüren. Schlanke Säulen, hauchfeine Ornamente, ein wassergefülltes Zierbecken – alles atmet Leichtigkeit, ist von schwereloser Eleganz. Im Norden des Myrtenhofs beherbergt die *Torre de Comares* den gleichnamigen Saal, zu dem man durch einen schmaleren Vorraum gelangt. In dem auch als *Sala de los Embajadores* („Saal der Gesandten") bezeichneten Prunkraum empfing der Herrscher ausländische Diplomaten und hohe Gäste, hier stand sein Thron. Entsprechend prachtvoll ist der Saal ausgestattet, mit einer Deckenkuppel aus feinstem Zedernholz und Wandarabesken in über 150 verschiedenen Mustern. Die Koransuren, Inschriften („Ich bin das Herz dieses Palastes"), geometrischen und pflanzlichen Ausschmückungen waren ein besonderes Steckenpferd von Yusuf I., der den beteiligten Meistern genaue Anweisungen gab. Lange währte seine Freude am Ergebnis nicht: 1354, kurz nach Fertigstellung der Dekoration, wurde er in der Moschee der Alhambra ermordet.

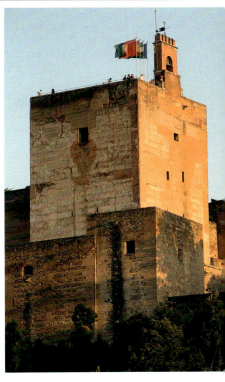

Höchster Turm der „roten" Alcazaba: Torre de la Vela

Harem

So großartig schon der Myrtenhof – der absolute Höhepunkt der Alhambra wird erst im Patio de los Leones erreicht. Der berühmte „Löwenhof", Glanzstück islamischer Architektur, ist das Herz des Harems.

Dieser Trakt war das intime Privatreich Mohammeds V., zugänglich nur für ihn, seine Frauen, Konkubinen und Kinder; Diener zählten nicht. Den Mittelpunkt des von fast schwerelosen Arkaden umsäumten Hofs bildet der Brunnen mit zwölf Wasser speienden, gedrungenen Löwen, zuletzt Objekt einer aufwändigen Restaurierung. Vier kreuzförmig verlaufende Wasserrinnen gehen von ihm aus. „Wie in allen Teilen des Palastes zeigt auch hier die Architektur eher ausgesuchte Feinheit und exquisite Eleganz als bauliche Erhabenheit und Größe. Sie verrät einen zarten, anmutigen Geschmack, der den Neigungen der Bewohner zu besinnlichem Genuss und Vergnügen Rechnung trug" (Washington Irving). Die drei um den Hof liegenden Säle sind ebenfalls wunderschön. Bevor man sie aufsucht, lohnt sich jedoch noch ein Blick auf die tropfsteinartigen Vordächer an den Schmalseiten.

246   Provinz Granada

Die *Sala de los Abencerrajes* an der Südseite des Hofs besitzt eine wunderbare, träumerisch beleuchtete Kuppeldecke in der Art von Honigwaben, die sich im Brunnen des Saals spiegelt. Herb ist der Kontrast des lieblichen Anblicks zu der blutigen Geschichte des Saals: Hier soll einst eine schaurige Metzelei an 36 Mitgliedern der Abencerrajes-Familie stattgefunden haben; die rostfarbenen Flecken im Brunnen und auf dem Fußboden, so die Legende, stammen von ihrem Blut.

In der *Sala de los Reyes,* an der Ostseite des Patios und ebenfalls prachtvoll mit Stalaktitenkuppeln geschmückt, ist ein Verstoß gegen den Koran zu sehen: ein Deckenfresko mit der Darstellung von zehn Männern, die man als Könige interpretierte (daher der Name „Saal der Könige") – der islamische Glaube verbietet jedoch figürliche Darstellungen. Auch in mehreren Nischen sind solche Abbildungen erkennbar; vielleicht ein Zeichen der langsamen Aufweichung von Glaubensvorstellungen zum Ende der Dynastie hin.

Die *Sala de las Dos Hermanas* („Saal der zwei Schwestern") hat ihren Namen von den zwei großen Marmorplatten am Boden; ihre Stalaktitenkuppel und die gesamte Ausstattung übertrifft noch die des Saals gegenüber. Von hier gelangt man zu einem kleineren Raum, dessen Balkon als *Mirador de Daraxa* bekannt ist, als „Aussichtspunkt der Sultanin". Danach führt der Weg durch eine Reihe von Räumen, die der christliche König Karl V. während seiner Flitterwochen und auch danach noch gelegentlich bewohnte. In diesen *Habitaciónes de Carlos V.* lebte und arbeitete 1829 der amerikanische Schriftsteller Washington Irving. Seine 1832 erschienenen „Erzählungen aus der Alhambra" machten den allmählich verfallenden Palast weithin bekannt und verhinderten so dessen fortschreitende Zerstörung.

Die *Baños Reales,* die „königlichen Bäder", erreicht man über Treppen und den „Zypressenhof" *Patio de los Cipreses.* Die aus mehreren Räumen (Ruheraum, Baderäume, Dampfbad) bestehenden Bäder stammen ursprünglich aus der Zeit Yusufs I., wurden aber später mehrfach umgebaut.

Jardines de Partal

Aus den Baderäumen gelangt man in die wunderbaren Gärten der Alhambra. Bis ins 20. Jahrhundert waren die *Jardines de Partal* verödet; die ursprüngliche Form der Anlage war jedoch bekannt geblieben, so dass sie neu bepflanzt werden konnte. Die zu fast jeder Jahreszeit blühenden Gärten geben einen schönen Rastplatz ab, an ihrem Rand bietet der *Palacio de las Damas* weite Ausblicke auf Albaicín und Sacromonte. Durch ein Tor geht es hinaus aus dem Palastgelände, der Rückweg ist nicht möglich.

Palacio Carlos V.

Der gewaltige Palast, den König Karl V. ab 1527 in die Alhambra setzen ließ, ruft unterschiedliche Reaktionen hervor.

Verständliches Befremden einerseits, passt er doch so gar nicht in diesen islamischen Mikrokosmos; Nachsicht andererseits, da er die vor allem nach innen gekehrte Architektur der Nasriden nicht allzusehr stört und gleichzeitig als bedeutendstes Bauwerk der Hochrenaissance in Spanien gilt. Der quadratische Palast auf einem Grundriss von 63 Meter Seitenlänge blieb unvollendet; fertiggestellt wurde jedoch der kreisrunde Innenhof mit umlaufenden Säulengalerien in jedem der beiden Stockwerke. Er wird oft mit einer Stierkampfarena verglichen, und genau so sieht er auch wirklich aus.

Herz des Harems: der Löwenhof

248   Provinz Granada

Seit einer aufwändigen Restaurierung beherbergt der Palacio wieder zwei Museen. Im *Museo de la Alhambra* (Di–So 8.30–14.30 Uhr; gratis) ist eine Ausstellung des maurischen Kunsthandwerks zu sehen, die auch eine ganze Reihe von Einrichtungsgegenständen der Alhambra selbst umfasst. Ihr Prunkstück ist die 1,30 Meter hohe Vase „Jarro de la Alhambra" aus dem Jahr 1320. Das *Museo de Bellas Artes* (Museum der Schönen Künste, Di 14.30–18 Uhr im Winter bzw. 20 Uhr im Sommer, Mi–Sa 9–18/20 Uhr, So 9–14.30 Uhr, Eintritt für EU-Bürger frei, sonst 1,50 €) zeigt Skulpturen und Gemälde von Meistern wie Diego de Siloé und Alonso Cano. Die Ausstellung besitzt eine lange Tradition: Sie wurde bereits 1839 gegründet und residiert seit 1958 im Palacio Carlos V.

Generalife

„Ein Paradies,
für viele verschlossen,
Gärten,
für wenige geöffnet"
Soto de Rojas über Granada, zitiert von Lorca

Die Gärten des Generalife sind (den Besitz einer Eintrittskarte natürlich vorausgesetzt) für alle geöffnet, und sie kommen den Schilderungen des Korans bezüglich des Paradieses wohl recht nahe – so nicht gerade mehrere Reisegruppen über sie herfallen.

Am Morgen, wenn sich alles auf die Alhambra stürzt, und am Abend kann man dieses kleine Paradies aus Wasser, Blüten und Licht am schönsten genießen. Der Generalife gibt aber auch einen feinen Ruheplatz an heißen Nachmittagen ab. Einst diente er als Sommersitz der Nasriden-Könige, die sich hier auch einen Palast hinstellen ließen. Von christlichen Herrschern mehrfach umgebaut, hält der Bau allerdings keinen entfernten Vergleich mit dem Palacio Real aus. Es sind die Parkanlagen selbst, die diesen „schönsten aller Gärten der Welt" so anziehend machen.

Wer Alhambra und Generalife gesehen hat, wird vielleicht nicht auf dem selben Weg zurückkehren wollen. Eine Alternative zur Cuesta de Gomérez bietet der *Camino de los Chinos*, der zwischen Generalife und Alhambra hindurch bergab zum Darro-Flüsschen führt. Unten angekommen, steigt man entweder zum Albaicín auf oder geht zurück zur Plaza Nueva, gönnt sich dabei vielleicht in den Freiluftbars am Paseo del Padre Manjon eine Ruhepause mit Alhambra-Blick.

La Antequeruela

Eine weitere Möglichkeit des Abstiegs von der Alhambra zur Innenstadt, beziehungsweise des Aufstiegs in umgekehrter Richtung, bietet der Weg durch das Viertel Antequeruela.

Benannt ist das Gebiet nach den Mauren, die einst aus der Stadt Antequera vertrieben und dann hier angesiedelt wurden. Das ruhige Viertel mit seinen schönen, großzügigen Häusern erstreckt sich zwischen dem Campo del Principe und dem großen, im 16. Jh. angelegten Park des Alhambrahügels. Verehrer des Komponisten Manuel de Falla können in der Straße Antequeruela Alta sein Wohnhaus besichtigen, in dem das Museum *Casa Museo Manuel de Falla* (Di–So 10–13.30 Uhr, Führungen 2 €) untergebracht ist. Ganz in der Nähe sind im modernen *Centro Cultural Manuel de Falla* gelegentlich die Werke des Meisters zu hören. Wiederum nicht weit entfernt liegen am „Märtyrerfeld" Campo de los Mártires die romantischen, restaurierten Gartenanlagen *Carmen de los Mártires* (Mo–Fr 10–14, 18–20 bzw. im Winter 16–18 Uhr, Sa/So 10–20 bzw. im Winter 18 Uhr; im August geschlossen; gratis), die überwiegend aus dem 19. Jahrhundert stammen. Als Abschluss, oder im Fall eines Aufstiegs als Auftakt, empfiehlt sich eine Rast in einer der Terrassenbars am Platz *Campo del Príncipe*.

Bono turístico Granada:
Sammelticket für die wichtigsten Monumente

Das City-Ticket „Bono turístico Granada" gewährt freien Eintritt zur Alhambra mit Generalife, der Kathedrale, Capilla Real, Monasterio de la Cartuja, Monasterio de San Jeronimo und zum Museum des Parque de las Ciencias, enthält außerdem eine Reihe von Freifahrten für Busse und Kleinbusse sowie (nur für die 5-Tages-Version) ein Tagesticket für den Rundfahrtbus von „City Sightseeing Granada". Für den Besuch der Alhambra muss beim Kauf festgelegt werden, ob man einen Morgen- oder einen Nachmittagstermin möchte (Tickets gibt es dann am Reservierungsschalter der Alhambra), alle übrigen Monumente können frei besucht werden. Der Bono ist wahlweise drei (25 €) oder fünf (30 €) Tage lang gültig. Erhältlich ist die mit einem Magnetstreifen bestückte Sammelkarte im Museo Parque de las Ciencias und gegen einen Aufpreis von 2–2,50 € auch bei der Bank Caja Granada an der zentralen Plaza Isabel la Católica, wo sie unter ☎ 902 100095 oder unter www.cajagranada.es auch reserviert werden kann, man spricht Englisch. Eine weitere Verkaufsstelle ist der „Audioguías"-Kiosk an der Plaza Nueva, gleich neben der Abfahrtsstelle der Kleinbusse, doch wird hier der Bono nur zusammen mit einem Audioguide ausgegeben (5-Tages-Bono dann 36 €). Weitere Infos z. B. unter www.granadatur.com.

Albaicín

Der älteste noch bestehende Ortsteil Granadas. Das Labyrinth engster Gassen, eleganter Höfe, weiß gekalkter Mauern und schmiedeeiserner Balkone im Geranienschmuck scheint sich seit Jahrhunderten kaum verändert zu haben. Nicht umsonst wurde der Albaicín 1994 von der Unesco zum Weltkulturerbe ernannt.

Der Río Darro trennt den Hügel des Albaicín von der Alhambrahöhe. Benannt ist der „Fluss, der Gold gibt" nach den einstigen Vorkommen des Edelmetalls. Im Sommer zeigt sich der Darro zwar nur als trauriges Rinnsal, seine Umgebung glänzt jedoch mit romantischen Ecken. Ab der Plaza Santa Ana verläuft der Darro unter dem Pflaster, mündet später in den Rio Genil. Der Albaicín selbst, oft auch Albayzin geschrieben, soll seinen Namen den im 13. Jh. hier angesiedelten Mauren aus Baeza verdanken. Bis heute ist er im Vergleich zu anderen alten Vierteln wie dem Barrio de Santa Cruz in Sevilla oder der Judería in Córdoba noch sehr ursprünglich geblieben. In den feineren Adressen des Albaicín – je höher, desto edler – residieren die *carmen* genannten schmucken Häuser, umgeben von sorgfältig gepflegten Gärten. Der Begriff stammt aus dem Arabischen *karm* und bedeutete ursprünglich „Weinberg", dann „Landhaus"; heute ist damit eine Villa in der Stadt gemeint.

Man verirrt sich fast unausweichlich auf dem Albaicín, landet schnell mal in einer engen Sackgasse, wo ein paar Katzen oder ein schläfriger Hund den fremden Besucher erstaunt mustern; kein Problem, das gehört einfach dazu. Schön ist es hier eigentlich überall, auch wenn in den unteren Bereichen, zur Innenstadt hin, der Verfall vieler Häuser nicht mehr zu übersehen ist (nachts und zur Siesta sollte man hier auch ein wenig Vorsicht walten lassen). Zwar ist der Albaicín mittlerweile „in" geworden in Granada, werden immer mehr Häuser aufwändig restauriert und deutlich zahlungskräftigerer Kundschaft, als sie bisher hier wohnte, zum Kauf oder zur Miete angeboten, doch scheint dadurch allein das Überleben des Viertels langfristig noch nicht gesichert. Lebten zur Zeit der christlichen Rückeroberung Granadas hier etwa 60.000 Menschen, Mitte der Sechzigerjahre immerhin noch etwa 30.000, so zählt der Hügel heute nur mehr 12.000 Seelen. Vor allem wegen der hohen Preise hält sich das Interesse der Granadiner in Grenzen: Neu erbaute Apartments am Stadtrand, die – ganz im Gegensatz zu den hiesigen Häusern – problemlos mit dem Auto anzufahren sind, kosten nur etwa die Hälfte wie vergleichbare Wohnungen auf dem Albaicín.

Viele der Besichtigungsfahrten zur Alhambra schließen zwar einen Besuch des Albaicín mit ein. Am späten Nachmittag und Abend, wenn die Busgesellschaften abgezogen sind, gehört er jedoch wieder dem Alltagsleben seiner Bewohner. Dann ist auch die beste Zeit, das malerische Viertel zu besuchen, an der *Plaza Larga* ein paar Tapas zu nehmen und sich an der maurisch beeinflussten Architektur der weißen Häuser und der wunderbaren Aussicht vom Mirador de San Nicolás auf die Alhambra zu erfreuen.

• *Busverbindungen zum Albaicín* Alle Abfahrten ab der Plaza Nueva. Hinauf zum Albaicín fahren die Kleinbuslinien Nr. 30 und 32 (letztere von der Alhambra kommend), die Verbindung zum Sacromonte bildet die Nr. 35. Günstige Preise – zuletzt kostete die Fahrt gerade mal 1,20 €.

Granada/Albaicín 251

Übernachten
16 Oasis Backpackers Hostel
17 Pensión Casa del Aljarife
18 Casas-Cueva El Abanico
19 Hotel Carmen de Santa Inés
20 Hotel Casa del Capitel Nazarí
21 Hotel Room Mate Migueletes
22 Hotel El Ladrón de Agua
23 Hotel Palacio de Santa Inés
24 Hotel Zaguan
25 Hotel Casa Morisca

Essen & Trinken
1 Bar Torcuato
2 Bar El Ladrillo
3 Rest. Casa Rafa
4 Bar-Rest. La Porrona
5 Mesón Yunque
6 Bar Pañero
7 Bar El Rincon de la Aurora
8 Mesón Casa Blas La Romería
9 Bar-Rest. El Ladrillo II
10 Bar Aliatar
11 Rest. Estrellas de San Nicolás
12 El Huerto de Juan Ranas
13 Rest. El Trillo del Reca
14 Rest. Mirador de Aixa
15 Rest. Las Tomasas
26 Rest. Ruta del Azafrán

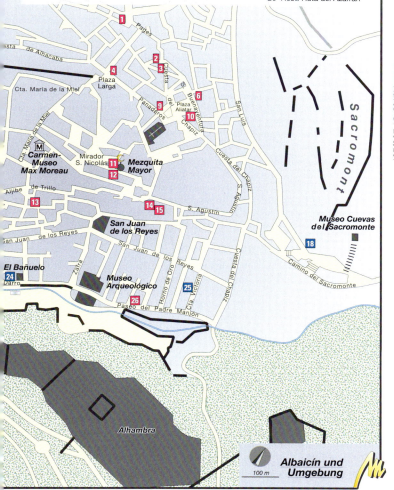

Albaicín und Umgebung

Provinz Granada — Karte S. 206/207

252 Provinz Granada

Santa Ana: Direkt an der Plaza Santa Ana steht diese ungewöhnliche, Mitte des 16. Jh. errichtete Kirche. Ihr platereskes Portal kontrastiert mit dem eleganten Turm im Mudéjar-Stil, der ganz offensichtlich einem Minarett nachempfunden wurde und teilweise mit einem blau-weißen Wellenmuster aus Kacheln verziert ist.

Museo Casa de los Pisa: Das schöne alte Haus an der Calle Convalecencia 1, ursprünglich im 15./16. Jh. von der Familie Pisa errichtet, ist das Sterbehaus eines deutschen Heiligen. Johannes von Gott (1485–1550) bzw. San Juan de Dios, schon seit früher Jugend fromm, war nach Spanien ausgewandert und hatte sich dort durch die Predigten von San Juan de Ávila zur tätigen Hilfe an seinen Mitmenschen inspirieren lassen. 1540 gründete er in Granada ein Krankenhaus, bald darauf einen Laienverein zur Krankenpflege. 1550 brach er beim Versuch, einen jungen Mann vor dem Ertrinken zu retten, zusammen. In die Casa de los Pisas gebracht, deren Besitzer ihm Obdach gewährt hatten, starb er kurz darauf an Entkräftung. Aus seinem Laienverein jedoch entwickelte sich der „Orden der Barmherzigen Brüder" (Orden Hospitalaria de San Juan de Dios), der heute auf allen Kontinenten präsent ist. 1630 wurde San Juan de Dios selig- und 1691 heiliggesprochen. Die Casa de los Pisa wurde nach dem Aussterben der Familie Pisa Ende des 19. Jh. von den Barmherzigen Brüdern übernommen und ist heute ein Museum, das sich dem Orden und seinem Gründer widmet. Zu sehen sind (überwiegend sakrale) Kunstwerke aus allen Ländern, in denen der Orden Stützpunkte unterhält, außerdem das Sterbezimmer des Heiligen.
Führungen Mo–Sa 10–14 Uhr (am Eingang klingeln), Eintrittsgebühr 3 €.

El Bañuelo: Eine außerordentlich gut erhaltene arabische Badeanlage, gelegen an der Uferstraße des Darro auf Nr. 34. Der Bau des 11. Jh. weist mehrere Räume auf, die ihr Licht durch sternförmige Deckenfenster erhalten – ein toller Effekt. Auch die Säulen lohnen nähere Betrachtung, gehen manche Kapitele doch bis auf westgotische oder gar römische Zeiten zurück. Nach den umfangreichen Renovierungsarbeiten, die vor einigen Jahren durchgeführt wurden, erstrahlt die Anlage wieder im alten Glanz.
Öffnungszeiten Di–Sa 9.30–20.30 Uhr; Eintritt frei.

Museo Arqueológico: Nur einige Meter weiter sind im Renaissancepalast *Casa de Castril* Fundstücke aus der langen Vergangenheit Granadas und seiner Provinz ausgestellt. Die zeitliche Skala reicht von der Vorgeschichte über die römische und westgotische Periode bis hin zur Maurenzeit, aus der sich einige besonders schöne Stücke finden. Carrera del Darro 41.
Öffnungszeiten Zuletzt nach Auftreten von Baumängeln geschlossen; Öffnungszeiten bis dato Mi–Sa 9–20.30 Uhr, Di 14.30–20 Uhr, So 9–14.30 Uhr, Mo geschlossen; Eintritt für EU-Bürger frei, sonst 1,50 €.

San Juan de los Reyes: Die Kirche am oberen Ende der Calle Zafra war das erste Gotteshaus, das nach der christlichen Rückeroberung in Granada errichtet wurde. Sie steht an der Stelle einer früheren Moschee, deren Minarett aus der Nasridenzeit des 13. Jh. als Glockenturm erhalten blieb.

Iglesia de San Salvador: Auch diese Mudéjar-Kirche des 16. Jh. besetzt den ehemaligen Standort einer Moschee, von der noch ein Innenhof erhalten blieb. Verantwortlich für den Umbau des Minaretts zum Kirchturm zeichnete der Baumeister Diego de Siloé.

Mirador de San Nicolás: Im Gassengewirr des oberen Albaicín, bei der gleichnamigen Kirche. Ein beliebter Treffpunkt, gleichzeitig ein Aussichtsposten erster Ordnung: Die Terrasse bietet den besten Postkartenblick auf die Alhambra, der sich denken

Granadas Moschee: Mezquita Mayor

lässt, am eindrucksvollsten am späten Nachmittag. Bei klarem Wetter bilden im Frühjahr und Herbst die schneebedeckten Berge der Sierra Nevada einen unvergleichlichen Hintergrund für das maurische Schloss.

Mezquita Mayor: Gleich neben dem Mirador wurde 2003 die erste Moschee Granadas seit mehr als 500 Jahren eröffnet, finanziert unter anderem von Marokko und den Vereinigten Arabischen Emiraten. Die reine Bauzeit betrug nur sechs Jahre, doch gingen die Planung und der Kauf des Grundstücks bis ins Jahr 1981 zurück. Immer wieder hatten Proteste die Arbeiten verzögert, die Behörden sich gegen die Errichtung einer Moschee an so prominenter und symbolträchtiger Stelle gesträubt. Dabei besitzt Granada, in einer Broschüre die „Islamische Hauptstadt Europas" genannt, eine recht bedeutende moslemische Gemeinde: Rund 15.000 Einwohner sollen sich heute zum Islam bekennen, ein Zehntel davon sind zum islamischen Glauben übergetretene Spanier. Die Gärten, die einen schönen Alhambrablick bieten, können besichtigt werden (11–14, 18–21 Uhr); die Gebetsräume freilich sind nur für Moslems zugänglich. Der nach Mekka ausgerichtete Mihrab (Gebetsnische) ist eine genaue Kopie des Mihrab der Mezquita von Córdoba, wie auch andere Teile der Moschee berühmten Vorbildern nachempfunden wurden. So sind die „Quibla"-Fenster Nachbauten derjenigen in der Blauen Moschee von Istanbul, und die vielfarbigen Marmorkacheln gleichen denen der Al-Aqsah-Moschee von Jerusalem.

Carmen-Museo Max Moreau: Unweit westlich des Mirador de San Nicolás wurde das ehemalige Wohnhaus des weit gereisten belgischen Malers Max Moreau (1902–1992), der hier über dreißig Jahre lang lebte und es in seinem Testament der Stadt Granada vermachte, als Museum geöffnet. Neben den Werken des Künstlers und seinem Studio interessiert auch das Anwesen Carmen de los Geranios selbst, ein authentischer Granadiner Carmen mit Garten.

Öffnungszeiten Di–Sa 10–14 Uhr, nachmittags je nach Jahreszeit 16/17–18/19 Uhr; am Eingang läuten. Eintritt frei.

Monasterio Santa Isabel la Real: Das an der zur Innenstadt hin abfallenden Seite des Albaicín-Hügels errichtete Kloster wurde 1501 von der Katholischen Königin Isabella gegründet. In den Komplex sind Teile eines ehemals maurischen Palastes integriert, der einst Boabdils Mutter gehörte und von dem der Innenhof samt Bogengängen und einem schönen Brunnen erhalten blieb, außerdem einige Wandornamente. Leider ist die Anlage nur selten zugänglich.

Sacromonte

Der „Heilige Berg", so benannt nach den angeblich hier gefundenen Reliquien der Märtyrer Cecilo (Stadtpatron Granadas), Hiscio und Tesifonte, steigt östlich oberhalb des Albaicín an und ist durchlöchert von zahllosen Höhlen, in denen teilweise noch Gitanos leben. Der Sacromonte gilt zwar als das „Flamenco-Viertel" Granadas, genießt jedoch auch in punkto Nepp und Schlepp einen gewissen Ruf. An Wochenenden während der Vorlesungszeit werden manche der Flamencohöhlen zu Discos umfunktioniert. Der Camino del Sacromonte, quasi die „Hauptstraße" des Viertels, führt schließlich zur *Abadía del Sacromonte*, einer im 17. Jh. errichteten Abtei, die auf Führungen (Di–Sa 10–13, 16–18 Uhr; So 11–13, 16–18 Uhr Uhr; 3 €) besichtigt werden kann. Diese Führungen sind durchaus lehrreich, man erfährt viel über die christlichen Bräuche in Granada und bekommt z. B. auch Bleiplatten zu sehen, die von konvertierten Muslimen beschrieben und später jahrhundertelang im Vatikan auf ihre Echtheit geprüft wurden.

Museo Cuevas del Sacromonte: Bereits weit vor der Abadía gelangt man linker Hand des Camino del Sacromonte zu diesem 2002 eröffneten, privat geführten Völkerkundemuseum des „Heiligen Bergs". Neben einem Naturlehrpfad sowie einem Aussichtspunkt mit Alhambra-Blick interessieren vor allem die in den Fels gegrabenen Höhlen, die unterschiedlichen Themen gewidmet sind; eine wurde als Wohnhöhle eingerichtet, andere als Küche, Kräuterapotheke oder als Stall. Höhlen-Werkstätten veranschaulichen verschiedene traditionelle Handwerke der Gitanos wie die heute fast ausgestorbene Korbflechterei, die Weberei (ein arabisches Erbe) oder die Schmiedekunst, eine besondere Spezialität der Gitanos. Wegen der komplizierten Gesteinsstruktur ist, anders als beipielsweise im weichen Löß um Guadix, das Graben von Höhlen am Sacro-

Nachgebaute Höhlenwerkstatt im Museo Cuevas del Sacromonte

monte übrigens recht schwierig und nicht ganz ungefährlich, die Innenwände sind deshalb auch meist uneben. Die Erklärungen sind auf Spanisch und Englisch gehalten, am Eingang ist jedoch auch eine sehr informative deutschsprachige Mappe erhältlich. Im Sommer finden hier häufig Veranstaltungen (Kino, Flamenco, Ausstellungen etc.) statt, eine Bar ist angeschlossen.

Öffnungszeiten Im Sommer Di–So 10–14, 17–20.30 Uhr; im Winter Di–So 10–14, 16–19 Uhr; Eintrittsgebühr 5 €. www.sacromontegranada.com.

Unterstadt

Hier sind mit der Kathedrale und der Capilla Real die bedeutendsten Sehenswürdigkeiten des christlichen Granada zu bewundern, doch finden sich auch ungewöhnliche maurische Reminiszenzen.

Kathedrale und Capilla Real

Die Kathedrale, errichtet über den Resten einer Moschee, bildet mit der etwas älteren Grabkapelle der Katholischen Könige eine bauliche Einheit.

● *Öffnungszeiten* Kathedrale Mo–Sa 10.45–13.30, 16–20 Uhr (Winter 19 Uhr), So 16–20 Uhr (Winter 19 Uhr), morgens zur Messe geöffnet. Eintrittsgebühr 3,50 €, Eingang an der Gran Via de Colón. Capilla Real 10.30–13, 16–19.30 Uhr (Winter 15.30–18.30 Uhr), So erst ab 11 Uhr; Eintritt weitere 3,50 €. Zusammengenommen wird man beim Besuch von Kathedrale und Capilla Real also deftige sieben Euro los, was mancher Leser überzogen fand. Zugang über die Calle Oficios, eine Seitengasse der Gran Via. Die Gitanas, die hier Nelken oder Rosmarinsträußchen scheinbar zum Geschenk anbieten, ignoriert man besser: Wer zugreift, hat schon verloren und muss löhnen – und sollte dabei gut auf seine Barschaft aufpassen.

Catedral Santa María de la Encarnación: Mit der Eroberung Granadas war die Reconquista, die Jahrhunderte während christliche Rückeroberung Spaniens, endgültig abgeschlossen. Granadas Kathedrale, obwohl erst Jahrzehnte nach dem Sieg begonnen, ist denn auch durchaus als Siegesmonument zu verstehen. 1521 ließ man die Hauptmoschee abreißen, die bis dahin als Provisorium gedient hatte, und errichtete eine neue Kathedrale. Der noch der Gotik verpflichtete Grundriss der neuen, fünfschiffigen Kirche mit Querschiff wurde von Enrique de Egas konzipiert und ähnelte dem der Kathedrale von Toledo. 1528 wechselten jedoch Architekt und Stil: *Diego de Siloé,* der auf seinen Reisen die italienische Renaissance kennengelernt hatte, übernahm die Bauleitung. Ihm gelang das Kunststück, auf dem gotischen Grundriss die erste Renaissancekathedrale Spaniens zu errichten. 1561 wurde die Kathedrale geweiht. Allerdings waren bei Siloés Tod zwei Jahre später noch längst nicht alle Arbeiten abgeschlossen – sie währten noch mehr als ein Jahrhundert lang und endeten erst 1704. So ist die mächtige, 1667 in Form eines dreiteiligen Triumphbogens entstandene Hauptfassade ein Werk von Granadas Multitalent *Alonso Cano,* der nicht nur als Architekt, sondern auch als Bildhauer und Maler sehr fruchtbar tätig war.

Das Innere der Kathedrale, von enormen Säulen gegliedert, wirkt elegant und licht. Sein Prunkstück ist die wundervolle *Capilla Mayor,* ein Werk Diego de Siloés. Der halbrunde Bau, der fast schon eine eigene „Kirche in der Kirche" darstellt, war ursprünglich von Karl V. als Grablege der spanischen Monarchie vorgesehen – sein Sohn Philipp II. änderte jedoch dieses Arrangement, als er den Escorial bauen ließ. Unter den Glasfenstern sind Gemälde von Alonso Cano zu sehen, eine

Provinz Granada

Meisterwerk von Diego de Siloé: Capilla Mayor

ausdrucksstarke *Marienstatue* desselben Künstlers steht in der nahen Sakristei. Ein Stück rechter Hand des Zugangs zur Sakristei ist auch der Altaraufsatz *Retablo de Santiago* nähere Betrachtung wert. Der spanische Nationalheilige ist hoch zu Ross in seiner Paradeeigenschaft als *matamoros* dargestellt, als Maurentöter. Noch etwas weiter rechts fällt ein im Plateresksstil gestaltetes Portal ins Auge: der ehemalige *Haupteingang* der Capilla Real, der beim Bau der Kathedrale in das Gebäude inkorporiert wurde.

Capilla Real: Die Eroberung der letzten maurischen Bastion war vor allem für Königin Isabella von so hoher Bedeutung, dass sie Granada als Begräbnisstätte für sich und ihren Gemahl Ferdinand II. wählte. 1504 beauftragte die Königin den Architekten Enrique de Egas mit dem Bau der Capilla Real, fertiggestellt war das Gebäude jedoch erst nach dem Tod der beiden Herrscher. 1521 überführte man ihre Särge von der Alhambra hierher.

Im Inneren des ungewöhnlich schlicht wirkenden Gebäudes fällt sofort das kunstvoll gearbeitete, vergoldete Ziergitter *(Reja)* ins Auge, das den Abschluss des Grabraums bildet. Es ist eines der schönsten Werke des auf solche Gitter spezialisierten Meisterschmieds Bartolomé aus Jaén. Das *Grabmal der Katholischen Könige* (rechts) wurde von dem italienischen Bildhauer Fancelli gefertigt. Die Marmorfiguren der beiden Könige sind von eindrucksvollem Realismus. Ferdinand hält ein Schwert in den Händen, Isabella hat ihre übereinandergelegt. Links daneben erhebt sich ein ähnliches, künstlerisch aber weniger bedeutendes Grabmal, das der Tochter der beiden (Johanna die Wahnsinnige) und deren Mann Phillip dem Schönen, einem Habsburger, gewidmet ist. In der *Krypta* unterhalb der Grabmäler liegen die schlichten Bleisärge der hier Bestatteten. Der große Aufsatz des *Hochaltars,* zwischen 1520 und 1522 entstanden, beeindruckt durch seine lebendigen Darstellungen; im Unterbau wird die Übergabe Granadas dargestellt.

Das kleine *Museum* neben dem Grabraum enthält Krone und Zepter Isabellas und das Schwert Ferdinands, daneben zahlreiche wertvolle Gemälde vor allem flämischer Meister aus dem Privatbesitz der Königin. Hier ist auch der Spiegel Isabellas zu sehen, steter Begleiter bei ihren militärischen Unternehmungen. Sein geringer Durchmesser zeigt, so wird es zumindest gern gedeutet, dass die Königin alles andere als eitel war.

Granada/Unterstadt 257

Palacio de la Madraza: Gegenüber des Eingangs zur Capilla Real steht diese ehemalige maurische Universität (arab.: Madrasa), in der noch eine Gebetsnische erhalten blieb. Zugänglich ist das Gebäude leider nur bei den gelegentlich stattfindenden Ausstellungen.

Alcaicería und Plaza Bib-Rambla

Die **Alcaicería,** das Gässchengewirr des früheren maurischen Basars der Seidenhändler, erstreckt sich im Süden der Kathedrale etwa zwischen den Gassen Calle Oficios/Libreros und Calle Zacatín. Obwohl der eigentliche Basar durch einen Brand des 19. Jh. zerstört wurde, wird ein Teil der ehemaligen Ladengeschäfte heute wieder genutzt. Zwar bieten die Läden vorwiegend Souvenirware an, doch liegt immer noch ein Hauch von Orient in der Luft. Allerorten sind die Wände mit Säulen und Spitzbögen geschmückt, Fenster und Türen mit geschnitzten Ornamenten versehen. Dies alles ist nicht ohne Charme, erinnert manchmal aber doch ein wenig an ein pseudomaurisches Disneyland.

Die **Plaza Bib-Rambla,** südwestlich der Alcaicería und benannt nach einem ehemaligen maurischen Stadttor, ist das nostalgische Herz dieses Bezirks. Blumenhändler offerieren ihre bunte, duftende Ware, am monströsen Brunnen treffen sich alte Herren zum Schwatz. Die Freiluftcafés sind am Wochenende, wenn Verkaufsstände für Churros vorbeigeschoben werden, ein vorzügliches, wenn auch nicht ganz billiges Plätzchen fürs Frühstück.

Centro Lorca: An der Plaza de la Romanilla, nur ein kleines Stück nördlich der Plaza Bib-Rambla, ist ein Zentrum in Bau, das sich dem Leben und Werk von Federico García Lorca widmen wird. Als Archiv und Forschungszentrum soll es den Fundus zurückerhalten, der gegenwärtig durch die Fundación García Lorca in Madrid verwaltet wird; außerdem sollen hier die Werke zusammengeführt werden, die sich bislang noch in der Casa-Museo de Lorca (Huerta de San Vicente) und in seinem Geburtshaus in Fuentevaqueros befinden. Wann das Zentrum genau eröffnet werden wird, war zuletzt noch unklar, aktuelle Infos bei den Fremdenverkehrsämtern.

Monasterio de San Jerónimo und San Juan de Dios

Monasterio de San Jerónimo: Das Kloster des Heiligen Hieronymus liegt einige hundert Meter nordwestlich der Plaza Bib-Rambla, in einer vom Touristenrummel kaum berührten Nachbarschaft. 1496 begannen die Bauarbeiten, 1528 übernahm Diego de Siloé die Leitung und gab dem im Stil der Spätgotik begonnenen Bau Züge der Renaissance – seine Handschrift ist besonders dem größeren der beiden Kreuzgänge anzumerken. Die reich ausgestattete Klosterkirche ist die Begräbnisstätte eines großen Heerführers der Katholischen Könige: Hier ruhen *Gonzalo Fernández de Córdoba,* genannt El Gran Capitán, und seine Frau, die sich diese Gunst von Karl V. erbeten hatte.

Öffnungszeiten April bis Oktober täglich 10–13.30 (Sa/So bis 14.30), 16–19.30 Uhr, im restlichen Jahr täglich 10–14, 15–18.30 Uhr, Eintritt 3,50 €.

San Juan de Dios steht nur wenige Schritte entfernt, an der gleichnamigen Straße. Der Innenhof des 1552 eröffneten Hospitals ist mit prächtigen Azulejos geschmückt, wird aber durch den ungemein aufwändigen, goldenen Altaraufsatz im Churrigueresco-Stil in der Kirche noch übertroffen.

258 Provinz Granada

Corral de Carbón

Oft übersehen wird dieses älteste Relikt der Maurenzeit, das sich in einer kleinen Seitenstraße jenseits der Calle Reyes Católicos befindet und über die Calle Rubio zu erreichen ist. Es handelt sich um eine ehemalige *Karawanserei,* eine Mischung aus Herberge und Marktplatz: Im Innenhof waren zu ebener Erde Stallungen für Reit- und Tragetiere sowie die Verkaufsräume untergebracht, im oberen Stock logierten die Händler. Im 16. Jh. diente der Bau als Theater, später brannte man hier Holzkohle – Ursprung des heutigen Namens „Kohlenhof".

Casa de los Tiros

Einige Straßenzüge vom Corral de Carbón in Richtung Alhambra erhebt sich dieser wehrhafte Renaissancepalast des 16. Jh., dessen Fassade in ungewöhnlicher Manier mit verschiedenen Statuen geschmückt ist. Seit einigen Jahren beherbergt der Palast ein Museum der volkstümlichen Kunst und Geschichte Granadas, das mit teilweise recht einfallsreich präsentierten Exponaten bestückt ist.

Öffnungszeiten Di 14.30–20.30 Uhr, Mi–Sa 9–20.30 Uhr, So 9–14.30 Uhr; Eintritt für EU-Bürger frei, sonst 1,50 €.

Monasterio de la Cartuja

Das Kartäuserkloster, zwischen dem frühen 16. und dem 18. Jh. errichtet, steht weit im Norden der Stadt, zu erreichen über den Real de Cartuja und den folgenden gleichnamigen Paseo. Für Liebhaber üppiger Kirchenausstattungen ist der äußerlich schlichte Bau den Weg sicher wert: Im Inneren hat man den Churrigueresco, den ohnehin schon üppigen spanischen Barock, auf die Spitze getrieben. Schon die Klosterkirche selbst ist höchst aufwändig gestaltet, eine Pracht, die sich im Allerheiligsten (sanctum sanctorum) noch steigert. Der Gipfel wird in den ausufernden Stuckarbeiten der Sakristei erreicht, die der Kirche das unbescheidene Prädikat einer „christlichen Alhambra" eingetragen haben – was natürlich eine wahnwitzige Übertreibung ist. Einen schroffen Gegensatz zu solcher Prachtentfaltung bieten die Gemälde in den Nebengebäuden des Kreuzgangs, deren Märtyrerszenen an Deutlichkeit kaum zu überbieten sind.

Öffnungszeiten Täglich 10–13, 16–20 Uhr (Winter 15–18 Uhr); Eintrittsgebühr 3,50 €.

Parque de las Ciencias und Museo Memoría de Andalucía

Parque de las Ciencias: Weit im Süden der Stadt, schon jenseits des Río Genil, steht dieses Museum besonderer Art. Wie in anderen ähnlichen Museen, die in Spanien seit den Neunzigern eröffnet haben, werden die Naturwissenschaften hier nicht trocken erklärt, sondern interaktiv vermittelt: „Se puede tocar" – Anfassen und Ausprobieren sind angesagt. Die Ausstellung befindet sich auf einem weitläufigen Gelände und gliedert sich in acht Säle und in die Themenbereiche „Universum", „Biosphäre", „Eureka", „Wahrnehmung" und „Forschung". In einer Halle hängt ein zwölf Meter hohes Foucaultsches Pendel, es gibt ein Planetarium mit 110 Projektoren, ein Observatorium und sogar einen Ausstellungsraum extra für Kinder. Wer schon immer mal seinen eigenen Schatten einfrieren, eine Brücke bauen oder erfahren wollte, wie es im Inneren eines Vulkans aussieht, ist hier genau richtig. Die Erklärungen sind auch in englischer Sprache abgefasst. Kurz: Ein Museum, das Spaß macht. Angeschlossen ist eine Cafeteria.

Granada/Unterstadt

• *Lage und Öffnungszeiten* An der Avenida Mediterráneo s/n, jenseits des Camino de Ronda, am besten zu erreichen mit Bus Nr. 1 ab der Gran Vía. Geöffnet ist Di–Sa 10–19 Uhr, So 10–15 Uhr; in der zweiten Septemberhälfte regelmäßig geschlossen. Eintrittsgebühr 6 €, Planetarium 2,50 €; Kinder und Jugendliche bis 18 Jahre ermäßigt. www.parqueciencias.com.

Museo Memoría de Andalucía: In einem Neubaugebiet nordwestlich nicht allzuweit entfernt vom Museum Parque de las Ciencias gelegen, bildet dieses Museum einen Teil des Kulturzentrums *Centro Cultural CajaGranada*, im Auftrag der gleichnamigen Bank (deren Sitz ganz in der Nähe liegt) spekakulär in Szene gesetzt durch den Architekten Alberto Campo Baeza. Der elliptische Innenhof, überragt von einem 42 Meter hohen Bau in Form einer Tafel, soll an den Palacio Carlos V. in der Alhambra erinnern. In vier Sälen und auf rund 3500 Quadratmetern befasst sich die topmodern konzipierte Ausstellung mit der Geschichte Andalusiens, seinen Landschaften, Städten und kulturellen Eigenheiten.

• *Lage und Öffnungszeiten* Avenida de la Ciencia 2, geöffnet Di–Sa 10–14, 16–19 Uhr bzw. von Mitte Juni bis Ende August 17–20 Uhr, So 11–15 Uhr. Eintrittsgebühr 5 €. www.memoriadeandalucia.com.

Ein Hauch von Orient: die Alcaicería nahe der Kathedrale

La Huerta de San Vicente

Die *Casa-Museo de Lorca*, der frühere Sommersitz der Familie des großen andalusischen Dichters Federico García Lorca, ist erst seit wenigen Jahren der Öffentlichkeit zugänglich. Das Haus liegt am Rand eines Parks, dennoch fällt es angesichts der hässlichen Siedlungen der Umgebung etwas schwer, sich das „Paradies aus Bäumen und Wasser" auszumalen, das der Poet beschrieb. Sehenswert ist das Ensemble dennoch allemal. Das komplett renovierte Gebäude selbst, von 1925 bis in die Achtzigerjahre im Besitz der Familie, verfügt teilweise noch über die Originaleinrichtung jener Zeit, darunter auch der Schreibtisch Lorcas.

• *Lage und Öffnungszeiten* Das Gelände liegt südwestlich des Zentrums, schon jenseits des Camino de Ronda. Zu erreichen ist es unter anderem mit Bus 11 (Haltestellen Camino Ronda 4 oder 5), der Fußweg von der Innenstadt ist jedoch auch kein Problem. Geöffnet ist Di–So 10–12.30, 17–19.30 Uhr (Winter 16–18.30 Uhr), im Juli/August nur 10–14.30 Uhr. Führungen alle 45 Minuten, Eintritt 3 €, Mi gratis.

Zauberhafte Landschaft: La Alpujarra granadina

Umgebung von Granada

Weiter auf den Spuren von Federico García Lorca

Fuentevaqueros: Der Geburtsort Lorcas liegt westlich von Granada in der fruchtbaren Ebene Vega, etwa auf der Höhe des Flughafens. Das Haus, in dem der Dichter 1898 das Licht der Welt erblickte, steht unweit des Hauptplatzes in der nach ihm benannten Straße. Heute ist hier die *Casa-Museo Lorca* untergebracht, ein kleines Museum, das Gegenstände aus dem Besitz Lorcas ausstellt. Ganz besonders lohnt sich ein Besuch am 5. Juni, wenn ganz Fuentevaqueros den Geburtstag seines großen Sohns feiert.

● *Öffnungszeiten* Juli/August Di–So 10–14 Uhr, sonst Di–Sa 10–13, 16–17 Uhr (Oktober bis März) bzw. 17–19 Uhr (April–Juni und September), So jeweils 10–13 Uhr. Führungen beginnen jeweils zur vollen Stunde, Dauer etwa 20 Minuten, Eintrittsgebühr 2,50 €.
● *Verbindungen* Ureña-Busse etwa stündlich ab Granada, Haltestelle in der Avda. Andaluces beim Bahnhof.

Viznar: Das kleine Dorf nördlich der N 342, noch vor dem Pass Puerto de la Mora, ist auf tragische Weise mit dem Namen des Poeten verknüpft. In seiner Umgebung wurde Lorca am 19. August 1936 erschossen, sein Leichnam verscharrt und bis heute nicht gefunden. Im Gedenken an den Lyriker hat die Regierung von Granada bei Viznar 1986 den *Parque Federico García Lorca* eingerichtet. „Zur Erinnerung an Féderico García Lorca und an alle anderen Opfer des Bürgerkriegs" ist vage auf

Umgebung von Granada   261

dem Gedenkstein zu lesen. Wer es war, der Lorca ermordete, steht nicht auf dem Stein ... Vor einigen Jahren erwarb die Regionalregierung das Areal, auf dem die sterblichen Überreste von Lorca und bis zu 3000 weiteren Opfern der Faschisten vermutet werden, zusammen mit der Mühle La Colonia, in der der Dichter seine letzte Nacht verbrachte. Nachdem Lorcas Erben ihren jahrelangen Widerstand aufgegeben hatten, wurde 2009 versucht, den Leichnam zu exhumieren, doch blieb die Suche erfolglos.

Federico García Lorca

Federico García Lorca war der wohl bedeutendste spanische Lyriker des 20. Jahrhunderts, aber auch Dramatiker, Zeichner, Komponist, Pianist ... Lorca wurde am 5. Juni 1898 im Bauerndorf Vaqueros als Sohn eines Großgrundbesitzers und einer Lehrerin geboren. Im Alter von zehn Jahren zog er mit seiner Familie nach Granada. Hier und später in Madrid, wo er Salvador Dalí und Luis Buñuel kennenlernte, studierte Lorca Jura, Literatur und Musik. 1921 veröffentlichte er seinen ersten Gedichtband, „Libro de Poemas". Durch seinen Freund, den Komponisten Manuel de Falla, kam Lorca in Kontakt mit dem *cante jondo*, dem „tief empfundenen Gesang" der Gitanos, der sein Werk merklich beeinflussen sollte: 1928 erschienen die „Zigeunerromanzen" *Romancero gitano*, die Lorca den Durchbruch beim breiten Publikum brachten, 1931 *Poema del cante jondo*. Es lag wohl vor allem an diesen beiden Werken, dass manche späteren Kritiker Lorca einen Hang zur „Volkstümelei" nachsagten, das Zeichnen eines folkloristischen Spanienbilds vorwarfen. Diese Meinung gilt inzwischen als überholt, und Lorcas Sprachgewalt und immenses Rhythmusgefühl standen ohnehin immer außerhalb jeden Zweifels.

Einen Aufenthalt in der erschreckend modernen und kalten Welt des New York der Jahre 1929/1930 verarbeitete er zu dem erst nach seinem Tod veröffentlichten *Poeta en Nueva York* (Dichter in New York). 1931 nach Spanien zurückgekehrt, leitete Lorca im Auftrag der Zweiten Republik die Studentenbühne „La Barraca". In den folgenden Jahren entstanden seine bedeutendsten Tragödien wie *Yerma* und *La casa de Bernarda Alba* (Bernarda Albas Haus). Später von Carlos Saura verfilmt wurde *Bodas de sangre* (Bluthochzeit), ein Drama, das um die für Lorca typischen Themen Tod und Liebe kreist und auf eine wahre Geschichte zurückgeht – siehe den Text zum Dorf Rodalquilar am Cabo de Gata.

Nachdem Franco-Anhänger im Sommer 1936 die Macht in Granada übernommen hatten, verhafteten sie Lorca, der als Republikaner, Homosexueller und Verfechter der Freiheit all das verkörperte, was die Faschisten hassten – obwohl er sich stets als eigentlich völlig unpolitischen Menschen bezeichnet hatte. Der 38jährige wurde vor die Tore der Stadt gebracht und zusammen mit drei weiteren Gefangenen, einem Lehrer und zwei „anarchistischen" Stierkämpfern, am 19. August erschossen. „In Wahrheit starb Federico, weil er ein Dichter war. Damals hörte man von der anderen Seite den Schrei: ‚Tod der Intelligenz!'" (Luis Buñuel). Das Spanien der Franco-Ära tabuisierte Lorcas Ermordung weitgehend, und selbst heute noch gilt es in bestimmten Kreisen nicht als schicklich, über seinen gewaltsamen Tod zu sprechen.

Provinz Granada
Karte S. 206/207

262   Provinz Granada

Richtung Málaga: Alhama de Granada und Loja

Die autobahnähnlich ausgebaute Standardroute von Granada nach Málaga verläuft auf der A 92 Richtung Loja und weiter über die A 45. Landschaftlich noch reizvoller ist die schmale A 338 über das hübsche Städtchen Alhama de Granada.

Alhama de Granada

Die Strecke von Granada nach Alhama durchquert dünn besiedeltes, landwirtschaftlich geprägtes Hügelland voller Kornfelder, Mandel- und Olivenkulturen. Weiter ab Alhama geht es zum wildromantischen, 920 Meter hohen Pass Puerto de Zafarraya, gefolgt von einer rasanten Abfahrt durch die Axarquía (siehe Provinz Málaga) hinunter zur Küste bei Vélez Málaga. Fahrradfahrer jedoch seien gewarnt: Ein Leser wurde auf dieser Strecke insgesamt drei Mal von freilaufenden Hunden attackiert.

Der Ort selbst, gut 50 Kilometer südwestlich von Granada gelegen, verdankt wie Alhama de Almería seinen Namen den heißen Quellen (arabisch: Al-Hamma), die nördlich etwas außerhalb des Ortes entspringen, schon zur Zeit der Römer genutzt wurden und auch heute noch in Betrieb sind; dort am Kurhotel gibt es im Bachlauf auch freie Bademöglichkeiten. Das Städtchen spielte während der Reconquista eine bedeutende Rolle: Als Alhama de Granada 1482 von den christlichen Heeren zurückerobert worden war, bedeutete dies für die Maurendynastie von Granada den Anfang vom Ende. Heute zeigt sich Alhama de Granada als ein ruhiger, ländlich strukturierter Ort, der außer von Kurgästen nur wenig besucht wird. Dabei ist dem denkmalgeschützten Städtchen seine lange Vergangenheit durchaus anzumerken. Im Ortskern rund um die *Plaza los Presos* stehen eine Reihe schöner Kirchen, darunter die im 15./16. Jh. errichtete *Iglesia de la Encarnación*. Gestiftet wurde sie nach der Eroberung Alhamas von den „Katholischen Königen" Isabella und Ferdinand. Zu den Baumeistern zählte einmal mehr Diego de Siloé, der ja auch für die Kathedrale von Granada verantwortlich zeichnete. Spektakulär ist die Lage Alhamas an der Schlucht des Río Alhama. Bei der *Iglesia del Carmen* kann man hinuntersteigen und eine schöne Wanderung flussaufwärts unternehmen, die nach etwa drei Kilometern in der Nähe der „Hospedería El Ventorro" endet. Von einem Spaziergang flussabwärts ist allerdings dringend abzuraten, da der Río Alhama hier als Müllkippe und Kloake der Stadt zu dienen scheint.

● *Verbindungen* **Busse** der Gesellschaft ALSA verkehren 3-mal täglich von und zum Busbahnhof von Granada.

● *Übernachten/Essen* Bei den Badeanlagen liegen zwei typische Kurhotels mit entsprechendem Publikum, die nur im Sommer geöffnet sind.

** **Pensión Hospedería El Ventorro**, auch bekannt als „Venta La Paloma", ein hübsches kleines Landhotel etwa 3,5 Kilometer südöstlich von Alhama. Zufahrt südlich von Alhama über das Nebensträßchen Richtung Játar, noch zwei Kilometer. Rustikalhübsche Zimmer, ein Ausflugsrestaurant ist angeschlossen. Mittlerweile gibt es hier so-

gar ein arabisches Bad in einer Höhle sowie Höhlenzimmer. „Die Umgebung bietet gute Wandermöglichkeiten, z. B. durch die Schlucht Richtung Alhama, der beschilderte Naturlehrpfad beginnt nach der Brücke hinter der Staustufe" (Lesertipp von Ronald Kupferer). Ganzjährig geöffnet. DZ etwa 60 €, Höhlenzimmer 70 €, günstige HP-Preise. Carretera de Játar, km 2, ℰ/℡ 958 350438, www.elventorro.net.

● *Camping* **Los Bermejales**, 2. Kat., rund 15 Kilometer außerhalb von Alhama in Richtung Granada, an der Nordostseite des Stausees Embalse de los Bermejales, die Abfahrt von der A 338 ist beschildert. 1998

Ländliches Andalusien: Ziegenherde auf abgeerntetem Feld

eröffneter, recht großer Platz mit Restaurant. Pool vorhanden, der See (Kanuverleih) ist aber auch nur fünf Fußminuten entfernt. Offiziell ganzjährig geöffnet, p. P. etwa 5 €, Zelt 4 €, Auto 3 €. 958 359190, 958 359846, www.losbermejales.com.

● *Essen* Eine ganze Reihe von Restaurants und Tapa-Bars liegt um die zentrale Plaza de la Constitución.

Loja

Rund 16.000 Einwohner zählt das Landstädtchen, das am Rand der fruchtbaren Ebene Vega 50 Kilometer westlich von Granada liegt, unweit der vierspurig ausgebauten Schnellstraße A 92. An die maurische Siedlung Lôscha, die bereits 1244 zurückerobert wurde, erinnert noch die Ruine der Festung Alcazaba. Bekannter ist Loja jedoch als Standort eines der besten Hotels Andalusiens.

● *Übernachten* Mehrere Hotels liegen neben der A 92.

***** **GL Hotel Finca Barceló La Bobadilla**, in der Umgebung von Loja. Mitglied der „Leading Hotels of the World", Spitze in Ambiente, Ausstattung und Service, daher auch im Preis. Bildschöne Hotelanlage, in der Architektur einem „Weißen Dorf" nachempfunden, internationales Publikum. Swimmingpool, Sauna, Fitness-Center, Reitstall und preisgekröntes Top-Restaurant sind in dieser Klasse selbstverständlich. DZ je nach Saison ab etwa 150 € weit aufwärts, es gibt auch DZ mit Salón, Suiten etc. Finca La Bobadilla, 958 321861, 958 321810, www.barcelo.com.

Ríofrío: Das kleine Örtchen liegt knapp westlich von Loja und im Fischreservat des Río Frío, also am „Kalten Fluss". Kein Wunder, dass praktisch alle Restaurants im Ort Forelle (trucha) in vielerlei Variationen auf der Speisekarte haben, viele Granadinos kommen extra zum Forellenessen hierher. Ungewöhnlicher ist eine weitere Spezialität von Ríofrío: In der Fischfabrik „Piscifactoría de Sierra Nevada" werden Störe (esturión) gezüchtet, die nicht nur frisch oder geräuchert auf den Teller kommen, sondern auch echten Kaviar liefern.

Parque Nacional de la Sierra Nevada

Die Gebirgskette südlich Granadas bildet die höchste Erhebung des spanischen Festlands und der gesamten Iberischen Halbinsel. Seit 1989 unter Naturschutz gestellt, ist der Kern des Gebiets mittlerweile sogar als Nationalpark ausgewiesen.

Von Ost nach West misst das „Schneegebirge" rund 80 Kilometer Länge, von Nord nach Süd bis zu 40 Kilometer Breite. Nach den Alpen ist die Sierra Nevada das höchste Gebirge Westeuropas: 14 ihrer Gipfel übersteigen die Dreitausender-Marke, darunter auch die beiden höchsten Berge der Iberischen Halbinsel, *Veleta* („Wetterfahne", 3396 Meter) und *Mulhacén* (3482 Meter), letzterer benannt nach Mulay Hacén, dem Vater des letzten Maurenherrschers, der hier auf dem Gipfel begraben worden sein soll. Während die nördlichen Hänge des Massivs steil und schroff abfallen und auch eine wesentlich niedrigere Durchschnittstemperatur aufweisen, zeigt sich die Südseite der Sierra Nevada von der sanfteren und wärmeren Seite. Hier liegen die Alpujarras der Provinzen Granada und Almería, denen jeweils ein eigenes Kapitel gewidmet ist.

1986 wurde die Sierra Nevada von der Unesco zum Biosphärenreservat deklariert und 1989 von der andalusischen Regierung als Naturpark (Parque Natural) ausgewiesen. Eine Konsequenz war die Sperrung der bis dahin „höchsten befahrbaren Straße Europas", die nahe des Veleta über den Hauptkamm der Sierra führt. Wanderer freilich können auf dieser Straße mittels der seit einigen Jahren eingesetzten Busse der Parkverwaltung (siehe unten) den Gipfelsturm auf den Veleta unternehmen oder sogar in einer gestreckten Tagestour die Sierra Nevada bis hinüber ins Alpujarra-Dorf Capileira überqueren.

Die höchste spanische Schutzstufe, nämlich den Status als Nationalpark, genießt die Kernzone der Sierra Nevada erst seit 1999. Der Parque Nacional de la Sierra Nevada, nach dem Parque Nacional Coto Doñana der zweite Nationalpark Andalusiens, bildet mit einer Fläche von mehr als 86.000 Hektar den größten unter den insgesamt zwölf spanischen Nationalparks. Umgeben ist er von einem Naturpark, der quasi als Pufferzone dient.

Die hohe, wenn auch reichlich spät erfolgte Aufmerksamkeit der staatlichen Naturschützer verdiente sich die Sierra Nevada mit ihrem reichen Reservoir an seltenen Tier- und Pflanzenarten. Mit mehr als 60 endemischen, also ausschließlich hier vorkommenden Pflanzen gilt sie als Europas botanisches Schatzkästlein, fast ein Drittel aller in Spanien wachsenden Pflanzen ist hier anzutreffen. Ein charakteristischer Vertreter der hiesigen Tierwelt ist der Steinbock, lebt hier doch der größte Bestand des ganzen Landes; weitere seltene Säugetier der Region sind Ginsterkatzen, Wildschweine, Dachse und eine erst vor wenigen Jahrzehnten entdeckte Maulwurfsart. Geier gibt es im Normalfall nicht zu entdecken, dafür verschiede Adlerarten. Wanderer sollten darauf gefasst sein, vor allem in Höhen zwischen 2000 und 2500 Metern auf Vipern zu treffen, deren Biss jedoch im Normalfall nicht lebensgefährlich ist. Sehr groß ist die Zahl der Schmetterlingsarten.

All diese Vielfalt werden allerdings nur geduldige und gut ausgerüstete Spezialisten so richtig zu würdigen wissen. Für den Normalbürger sind es vor allem die wahrhaft fantastischen Panoramen und die guten Wandermöglichkeiten, die Touren in die Sierra Nevada so reizvoll machen – vor allem in der Alpujarra granadina finden Wanderer fast paradiesische Möglichkeiten.

Kein seltener Anblick: Bergziegen in der Sierra Nevada

Von Granada hinauf in die Sierra

Die A 395 (Ex-GR 420), eine etwa 40 Kilometer lange Asphaltstraße, beginnt in Granada nahe des Paseo del Salon. Schneller zu erreichen ist sie über die Ausfahrt der Ronda Sur, des südlichen Abschnitts der Umgehungsstraße Circunvalación. Zunächst verläuft die Strecke flach im Tal des Río Genil, doch dann folgen gute 20 Kilometer Serpentinen mit Steigungen bis 12 %. Gut möglich, dass man unterwegs von einem ganzen Fahrzeugpulk desselben Fabrikats oder auch mal getarnten Prototypen überholt wird – wegen ihrer Höhenlage stellt die gut ausgebaute Straße eine beliebte Teststrecke der Autohersteller dar. Unterwegs bieten sich immer wieder fantastische Ausblicke auf die Ebene von Granada. Ein Stopp lohnt sich beim Infozentrum El Dornajo, den architektonisch wenig erfreulichen Wintersportort Pradollano kann man als Nichtskifahrer dagegen eher rechts liegenlassen. Auf etwa 2550 Metern ist dann beim *Albergue Universitario*, einem Parkplatz, einer Bar und mehreren Verkaufsständen Schluss: Am Kontrollpunkt *Hoya de la Mora* wird Normalsterblichen die Durchfahrt verwehrt. Weiter kommt man nur noch zu Fuß oder mit den Kleinbussen der Parkverwaltung.

● *Information* Recht gute Auskünfte vorab gibt es bei den Infostellen in Granada.
Centro de Visitantes El Dornajo, an der Straßengabelung bei km 23. Das Haupt-Besucherzentrum des Nationalparks, geöffnet im Sommer täglich 10–14.30, 16.30–19.30, im Winter 10–14, 16–18 Uhr. Erhältlich ist hier beispielsweise die Gratiskarte „Mapa de Itinerarios" mit Vorschlägen für Wanderer und Mountainbiker, außerdem Verkauf von Büchern, Landkarten und örtlichen Produkten. ✆ 958 340625.

● *Verbindungen* **Bus**: Bonal-Busse fahren im Sommer 1-mal täglich von und zum Busbahnhof Granada, siehe auch dort. Die Endhaltestelle in der Sierra Nevada liegt beim Albergue Universitario, unweit des Kontrollpunkts Hoya de la Mora. Abfahrt in Granada zuletzt gegen 9 Uhr, Ankunft gegen 10 Uhr, Rückfahrt um 16.30/17 Uhr; diese

266   Provinz Granada

Zeiten können sich aber natürlich ändern, deshalb vorher abklären.

Kleinbusse der Parkverwaltung: Die genauen Modalitäten ändern sich fast jährlich, prinizipiell besteht diese Verbindung jetzt jedoch schon seit einigen Jahren. Vom Kontrollpunkt Hoya de la Mora bzw. zuletzt direkt vom Albergue Universitario verkehren „Microbus" genannte Kleinbusse bis ins Gebiet von Posiciones del Veleta auf rund 3000 Meter Höhe unterhalb des Veleta. Abfahrten je nach Wetterlage etwa von Anfang Juli bis Ende September, Anfang Oktober; zu Beginn und Ende der Verkehrsperiode kann es vorkommen, dass die Busse nur am Wochenende fahren. Recht häufige Frequenzen, jedoch Pause zur Siesta. Fahrpreis etwa 8 € hin und zurück, der Zeitpunkt der Rückfahrt muss beim Ticketkauf fest reserviert und unbedingt auch eingehalten werden – sofern Platz ist, nehmen einen die Busse zwar auch zu einem anderen Zeitpunkt mit, falls sie voll sind, bleibt man jedoch stehen. Info- und Reservierungstelefon: 671 564407 (mobil).

Auto: Bis Pradollano, eventuell auch bis zur Sperre, wird geräumt. Gut in Schuss (Bremsen!) muss der Wagen schon sein.

• *Übernachten* In Pradollano (siehe unten) eine ganze Reihe höherklassiger Hotels, die aber großteils nur zur Skisaison geöffnet sind.

Albergue Universitario, ganz oben am Ende der befahrbaren Straße. Langjährig in Betrieb, unter Leitung des auf Bergtouren spezialisierten Reiseunternehmens Nevadensis aus den Alpujarras. Übernachtung (Stockbetten, es gibt aber auch EZ und DZ) mit Halbpension pro Person rund 30 €; dies gilt zur Nebensaison im Sommer – zur Skisaison im Winter herrscht hier wesentlich mehr Betrieb. Carretera de Sierra Nevada, km 38, ☎ 958 480122, ⌨ 958 763301, www.nevadensis.com.

Camping Las Lomas, 1. Kat., nicht direkt an der Hauptstraße, sondern beim Örtchen Güejar Sierra, von dem es auch eine Zufahrt in die Sierra gibt. Ein Lesertipp von

Andrea Haupt und Benno Eichner: „Der Platz ist perfekt ausgestattet (Sanitäranlagen top, Pool auch zur Nebensaison, Restaurant, Supermarkt); vom Eingang fahren mehrmals täglich Linienbusse nach Granada." Ganzjährig. P. P. 6 €, Parzelle inkl. Auto und Zelt 15 €. Ctra. Güejar Sierra, km 6,5, ☎/⌨ 958 484742, www.campingsonline.com/lomas.

Camping Ruta del Purche, 2. Kat., etwas abseits der Hauptstraße von Granada in die Sierra. Zwei Zufahrten, etwa bei km 16 (eng und steil) und km 18 (etwas besser, vorzuziehen). Reizvoll und ruhig gelegener Platz, sehr gute Sanitärs, kleiner Pool. Freundliche Leute, es gibt einen Laden und ein gutes und günstiges Restaurant, in dem auch einfache Zimmer vermietet werden. Ganzjährig geöffnet. P. P., Auto, Zelt je etwa 5 €. ☎ 958 340408, ⌨ 958 340407, www.rutadelpurche.com.

• *Bergtouren, Schutzhütten, Camping im Park* Informationen über Bergtouren und Schutzhütten gibt es beim Bergclub Federación Andaluza de Montañismo in Granada, siehe dort unter „Adressen", aber auch im Besucherzentrum El Dornajo. Es existieren etwa ein halbes Dutzend Berghütten „Refugios de Montaña". Achtung, ältere Karten zeigen teilweise noch Refugios, die längst verfallen und unbenutzbar geworden sind. Biwakieren und Camping über Nacht (kein „wildes" Zelten) ist nach Anmeldung in bestimmten Gebieten oberhalb von 1600 Meter Höhe gestattet, Infos in den Besucherzentren.

• *Wanderkarten* Beide Karten sind noch relativ jung, decken auch einen guten Teil der granadinischen Alpujarra ab und bieten eine gute Alternative zu den IGN-Karten.

Editorial Penibética, Parque Nacional Sierra Nevada/La Alpujarra, 1:50.000, mit Begleitheft und Wandervorschlägen, sogar auf Deutsch erhältlich. Trotz des schlechteren Maßstabs vielleicht die etwas bessere Karte.

Editorial Alpina, Sierra Nevada/La Alpujarra, 1:40.000, ebenfalls mit Begleitheft, das es zumindest auf Englisch gibt.

Auf den Veleta (und weiter nach Capileira): Vom Kontrollpunkt Hoya de la Mora bis hinauf zum Veleta und zurück sind es knapp sechs Stunden reine Gehzeit, insgesamt nicht allzu steil, da es sich großteils ja um eine (ehemalige) Fahrstraße handelt; erst später geht es dann in Serpentinen links hoch zum Gipfel. Nutzt man die Kleinbusse der Parkverwaltung bis hinauf zum rund 3000 Meter hoch gelegenen Gebiet von Posiciones del Veleta, so verkürzt sich der Weg erheblich: Auf- und Abstieg zum Gipfel dauern von hier nur noch etwa zweieinhalb Stunden. Generell gilt:

Gehen Sie nur bei besten Wetterverhältnissen und vermeiden Sie auch sonst jegliche Risiken, Sie bewegen sich in hochalpinem Gebiet! Ausreichenden Wasservorrat, festes Schuhwerk, warme Kleidung und Sonnenschutz nicht vergessen! Die Aussicht vom zweithöchsten Berg des Festlands ist natürlich superb: Im Norden reicht der Blick weit über die Vega von Granada, im Süden bei klarem Wetter über die Alpujarra bis zur Küste, mit besonderem Glück sieht man gar die Berge Afrikas. Wer Bergerfahrung, Ausdauer und eine gute Karte besitzt, kann statt dem Veleta auch den Aufstieg zum Mulhacén (vgl. auch Wanderung 3 im folgenden Kapitel zur Alpujarra granadina) ins Auge fassen, der ab der Endstation der Kleinbusse und zurück allerdings etwa acht Stunden in Anspruch nimmt, größere Pausen nicht eingerechnet.

Überquerung der Sierra Nevada nach Capileira: Auch auf der Südseite der Sierra Nevada gibt es eine Kleinbuslinie der Parkverwaltung, die vom Gebiet Mirador de Trevélez hinab nach Capileira führt. Die Kombination beider Linien (Bergfahrt ab Hoya de la Mora, Talfahrt ab Mirador de Trevélez) ermöglicht es, auf der ehemals "höchsten befahrbaren Straße Europas" die Sierra Nevada in einem Tag zu Fuß zu überqueren – ein reizvolles kleines Abenteuer, zu dem man allerdings Bergerfahrung, gute Vorbereitung und nicht allzu schweres Gepäck mitbringen sollte. Zwischen den Haltestellen der beiden Kleinbuslinien sind etwa fünfeinhalb bis sechs Stunden reine Wanderzeit zu rechnen, auf denen man sich durchgehend in großen Höhen weit oberhalb der 2500-Meter-Marke bewegt; ein Abstecher zum Gipfel des Veleta nimmt zusätzlich etwa eine halbe Stunde in Anspruch. Obwohl die Orientierung nicht schwerfallen sollte (schließlich handelt es sich ja immer um eine Straße bzw. später eine Piste), muss doch eine gute Karte im Gepäck sein, die Ausrüstung auf das Vorhaben abgestimmt werden. Unabdinglich auch, den Termin der Weiterfahrt mit den Kleinbussen auf der Südseite hinab nach Capileira (siehe auch dort und unter Wanderung 3, die den Aufstieg von der Südseite auf den Mulhacén beschreibt) vorab zu reservieren: ☎ 958 763090 oder mobil 671 564406, jeweils beim Servicio de Interpretación de Altas Cumbres in Capileira. Die Rückfahrkarten sind auch für diese Oneway-Variante gültig. Klären Sie alle Daten vorher ab! Starten Sie keinesfalls ohne feste Reservierung der Weiterfahrt und kalkulieren Sie dabei ein üppiges zeitliches Sicherheitspolster ein! Dringend ratsam auch, sich sein Quartier in Capileira vorab fest zu reservieren, schließlich trifft man erst abends in dem Dorf ein.

Pradollano – Skifahren in der Sierra Nevada

Skifahren mit Meerblick: Das südlichste Skigebiet Europas besitzt schon einen ganz eigenen Reiz. Der Ort Pradollano selbst ist freilich keine Schönheit.

Nach der mangels Schnee abgesagten Ski-WM 1995 und dem halbwegs erfolgreich verlaufenen zweiten Versuch im Februar 1996 hätte nicht jeder darauf gesetzt, dass der Skistation ein bleibender Erfolg beschieden sein würde. Doch wurden die Skeptiker eines Besseren belehrt: Pradollano hat durchaus seine (vorwiegend spanischen) Liebhaber gefunden. Solange Schnee liegt, wird im ehemaligen WM-Ort über mangelnde Nachfrage nicht geklagt. Auf einer anderen Seite stehen die Verwüstungen an der Natur, die beim Ausbau der Pisten angerichtet wurden. Und so gut besucht Pradollano im Winter ist, so ruhig geht es hier außerhalb der weißen Saison zu. Mit günstigen Übernachtungstarifen und verschiedenen Sportmöglichkeiten, die von Mountainbiketouren bis zum Paragliding reichen, versucht man nun, auch Sommergäste zu locken. Kommt man nicht gerade zur spanischen Hauptreisezeit im August, so macht die offiziell kaum hundert Einwohner zählende Siedlung aber immer noch häufig einen fast verlassenen Eindruck, wirkt dann fast wie eine moderne Geisterstadt.

268   Provinz Granada

● *Übernachten* Etwa zwei Dutzend Unterkünfte, im Sommer viele geschlossen. Über Weihnachten und Ostern ist längerfristige Reservierung sehr ratsam. Die HS läuft meist von Dezember bis April, die Preise liegen alles andere als niedrig. Am besten fährt man mit Pauschalangeboten und Packages, die man direkt bei der Station buchen kann: Info- und Reservierungstelefon 902 708090, www.sierranevadaski.com.

**** Meliá Sierra Nevada, im Zentrum von Pradollano, nicht weit von den Liften. Eines von zwei Hotels der bekannten Kette hier oben. Großer, komfortabler Bau mit über 220 Zimmern; Disco, Geschäfte, Hallenbad – alles da. Nur zur Wintersaison von Ende November bis Anfang Mai geöffnet. DZ/F etwa 90–340 €. Pradollano s/n, ✆ 958 480400, ✆ 958 480458.

Jugendherberge Albergue Juvenil, etwas oberhalb des Zentrums von Pradollano; Skiverleih, Sauna. Mehr als 300 Betten, im Winter dennoch oft belegt. Offiziell ganzjährig geöffnet, aber unbedingt telefonisch gegenchecken. Peñones 22, ✆ 958 480305, ✆ 958 481377.

● *Skifahren* Je nach Schneelage dauert die Saison etwa von Mitte November bis in den Mai. Zwischen Pradollano und dem Veleta liegen insgesamt 23 Lifte und 79 markierte Abfahrten mit einer Gesamtlänge von fast 60 Kilometern. Die hiesigen Pisten sind überwiegend leicht bis mittelschwer, es gibt aber auch einige „schwarze" Abfahrten. Spaß macht das Skifahren unter andalusischer Sonne auf jeden Fall. Der Tageskartenpreis liegt etwa auf Alpenniveau, Leihausrüstungen sind bei mehreren Vermietern in Pradollano erhältlich.

La Alpujarra granadina

Die Alpujarra granadina bildet den zur Provinz Granada zählenden Teil einer von tiefen Tälern durchschnittenen, weitgehend ursprünglich gebliebenen Gebirgsregion südlich des Hauptkamms der Sierra Nevada. Fantastische Landschaftsbilder, herrliche Wandermöglichkeiten.

Die Gebirgsregion der Alpujarras teilt sich in die *Alpujarra almeriense* in der Provinz Almería und die *Alpujarra granadina*, die zur Provinz Granada gehört. Schon zu Zeiten der Keltiberer besiedelt, waren beide Alpujarras vergessenes Land, als sich Berber, die aus dem Gebiet um Sevilla geflohen waren, im 12. Jh. hier niederließen. Nach der christlichen Eroberung Granadas zogen sich auch viele der dortigen Mauren in die unwegsame Region zurück. Fast ein Jahrhundert konnten die Anhänger des Islam in den Alpujarras weitgehend ungestört ihrer Religion nachgehen. Doch dann wurde der Druck des spanischen Staates auf die Mauren stärker, Ungerechtigkeiten und willkürliche Enteignungen häuften sich. Ab 1568 kam es deshalb zu einer Reihe von Aufständen. Angeführt von ihrem gewählten König Aben Humeya, gelang den Mauren, die in den ihnen bestens vertrauten Alpujarras mit einer Art Guerilla-Taktik kämpften, zunächst eine Reihe militärischer Erfolge gegen die eigentlich drückend überlegenen spanischen Truppen. Es kam zu regelrechten Schlachten mit manchmal hunderten von Toten – ein Taleinschnitt bei Pitres heißt seitdem „Barranco del Sangre", Flussbett des Blutes. Erst als Don Juan de Austria die Führung der spanischen Truppen übernahm, wendete sich das Blatt. Die Mauren wurden besiegt, die überlebenden Familien vertrieben, in den leeren Dörfern statt ihrer Galicier und Asturier angesiedelt. Das maurische Erbe ist jedoch heute noch präsent. So sind die komplizierten Bewässerungsanlagen, wenn auch erneuert und angepasst, ebenso maurischen Ursprungs wie die kunstvolle Terrassierung der Hänge, die vielerorts das Landschaftsbild prägt.

Lange weltabgeschieden und von Landflucht bedroht, ist die Alpujarra granadina heute auch ein Ziel mittel- und nordeuropäischer Aussteiger, nicht immer zur Freude der konservativen Dörfler, die den lockeren Lebensstil der „Zugereisten"

La Alpujarra granadina 269

Letztes Refugium der Mauren: die Alpujarras

mit Argwohn betrachteten. Gleichzeitig regt sich in den Bergdörfern eine moderate Form des Fremdenverkehrs, sind neue Restaurants und Unterkünfte entstanden, die von Spaniern wie ausländischen Reisenden gleichermaßen genutzt werden. In einigen Ortschaften gibt es auch Veranstalter des „Turismo activo", die Mountainbiking, geführte Touren, Reitausflüge und Ähnliches anbieten.

Die Alpujarra granadina gliedert sich in die höher und zur Sierra Nevada hin gelegene *Alpujarra Alta* im Norden und die wesentlich tiefer liegende *Alpujarra Baja* im Süden, die die Hänge der Sierra de la Contraviesa besetzt. Zwischen den beiden Sierras ist das Tal des Río Guadalfeo eingeschnitten, in den zahlreiche Bergbäche münden. Durch die Bergketten geschützt und reich mit Wasser versorgt, besitzt die Alpujarra granadina ein für die Landwirtschaft außerordentlich günstiges Klima – nicht umsonst leitet sich ihr Name vom arabischen *Al-Busherat* („Grasland") her. In den üppig grünen Tälern gedeihen Orangen, Zitronen und Feigen, wird exzellenter Rotwein angebaut; in höheren Lagen bestimmen Wiesen und ausgedehnte Laubwälder das Bild. Die Dörfer der reizvolleren Alpujarra Alta haben ihr schönes Ortsbild meist bewahrt, schmücken sich auch für den Tourismus. *Pampaneira, Bubión* und *Capileira* wurden sogar vom Europarat als „Beispiele volkstümlicher Architektur" ausgezeichnet. Das Kunsthandwerk hat eine lange Tradition; mancherorts rattern wie in Ugíjar, Pampaneira oder Capileira noch die handbetriebenen Webstühle, deren bekanntestes Produkt die aus Textilresten hergestellten bunten Teppiche *jarapas* sind.

Von Grandada aus erreicht man die Alpujarra granadina am schnellsten über die A 44 Richtung Küste, dann weiter auf der A 348 Richtung Lanjarón/Órgiva. Autofahrern bietet sich eine Rundtour an, die sowohl die hohe als auch die tiefere

270   Provinz Granada

Alpujarra granadina einschließt. Östliche „Wendepunkte" liegen beim Dorf *Cadíar* (von Granada und zurück insgesamt etwa 220 Kilometer) oder erst in *Ugíjar* (etwa 260 Kilometer). Zudem sind eine ganze Reihe von Kombinationen denkbar, z. B. auf der A 337 über den 2000 Meter hohen Pass *Puerta de la Ragua* nach *Guadix* oder über die A 348 weiter in die Alpujarra almeriense in der Provinz Almería (siehe auch dort). Zeit sollte man in jedem Fall genug einplanen, denn die kurvenreichen und schmalen Sträßchen senken den Reiseschnitt enorm.

Volkstümliche Architektur in der Alpujarra granadina

Auch in der Architektur der Alpujarra-Dörfer zeigt sich der maurische Einfluss noch heute. Die kubenförmigen, niedrigen Häuser mit ihren oft fast meterdicken Mauern entsprechen einem Baustil, dem man auch im Hohen Atlas in Marokko begegnen kann. Innen wie außen weiß verputzt, sind sie aus den Materialien der Region errichtet: Stein, Lehm und Kastanienholz, seltener wird auch Kiefer benutzt. Das gepflasterte Untergeschoss dient oft noch als Viehstall. Im Obergeschoss, das mit Rundbalken abgeteilt und mit einer Gipsauflage stabilisiert ist, sind nicht nur die Wohn- und Schlafräume und die Küche untergebracht, sondern meist auch ein Kornspeicher. Wohl das auffälligste Charakteristikum der Alpujarra-Architektur sind die Flachdächer *terraos*, auf denen nicht nur Wäsche aufgehängt wird, sondern auch Mais und Kartoffeln gelagert, Tomaten und Pfefferschoten getrocknet werden. Abgedichtet werden diese Dächer durch die wasserundurchlässige so genannte *launa*, eine schieferartige Magnesiumtonerde. Besonders kurios wirken diese Dachlandschaften dort, wo an den Berghängen die Häuser stufenförmig übereinander gebaut sind: Da jedes Haus seine eigene Feuerstelle besitzt, stehen auf dem obersten Dach oft Dutzende kleiner, geweißelter Kamine.

● *Information* Gute Vorabinfo in den Fremdenverkehrsämtern von Granada. Vor Ort gibt es nur wenige Infostellen.

● *Verbindungen* **Bus**: Die Gesellschaft ALSA bedient die Strecke von Granada über Lanjarón und weiter durch die Alpujarra Alta über Pampaneira, Capileira und Trevélez bis Berchules und Alcutar. Abfahrten bis zum Endpunkt 2-mal, bis Trevélez 3-mal täglich. Häufiger (6-mal täglich) verkehren Busse zwischen Granada und Lanjarón/Órgiva.

Auto: Autofahrer sollten wissen, dass die sehr kurvigen und schmalen Sträßchen den gewohnten Kilometerschnitt stark senken. Wer quer durch die Alpujarras bis Almería fahren will, sollte sehr früh am Tag aufbrechen, besser noch sich auf eine Zwischenübernachtung einstellen – warum durchhetzen? Achtung: Tankstellen sind relativ rar, also etwas auf den Benzinstand achten.

● *Karten/Wanderführer* Die von IGN und dem spanischen Bergclub FME gemeinsam herausgegebene Karte „Sierra Nevada" (1:50.000) deckt die Alpujarra Alta weitgehend mit ab.

Editorial Alpina, Sierra Nevada/La Alpujarra, 1:40.000, mit englischsprachigem Begleitheft samt Wandervorschlägen. Aktuelle Karte, die die Alpujarra Alta gen Osten bis Juviles/Berchules abbildet, ebenso wie die Konkurrenz von Penibética auch in manchen Geschäften vor Ort erhältlich, zum Beispiel in Pampaneira.

Editorial Penibética, Parque Nacional Sierra Nevada/La Alpujarra, 1:50.000, mit deutschsprachigem Begleitheft samt Wandervorschlägen. Diese Karte deckt nach Osten die gesamte Alpujarra Alta der Provinz Granada bis Ugíjar ab, im Süden fehlt nur das Gebiet um Órgiva.

● *Reiseagenturen* **Rustic Blue** vermittelt Hotels sowie ortstypische Häuser und Apartments in der Alpujarras, offeriert in seinem Katalog aber auch Reiterferien, ein- und mehrtägige Wanderexkursionen, Skitouren, Kochkurse etc. Man spricht Englisch. Im Barrio La Ermita, 18412 Bubión, rechts am Ortseingang, ✆ 958 763381, 🖷 958 763134, www.rusticblue.com.

Ansicht von Capileira, im Hintergrund der Pico del Veleta

Andalucía Natural vermittelt ebenfalls Häuser und andere Quartiere in den Alpujarras sowie an der Küste Granadas, daneben auch Reiterferien und diverse andere Sportangebote, Mietwagen etc. Deutsche Leitung. Cortijo Los Colcheros s/n, 18414 Pitres, Mobil-✆ 699 061842, ✆ 958 993901, www.andalucianatural.de.

RAAR: Über eine breite Auswahl an Quartieren verfügt auch die Andalusische Vereinigung ländlicher Unterkünfte RAAR, siehe im Einleitungskapitel „Übernachten".

• *Buchtipp* **Südlich von Granada**, Gerald Brenan; Verlag Winfried Jenior. Der Engländer Brenan lebte von 1920–34 im Alpujarra-Dorf Yegen und beschreibt ausführlich Feste wie Alltagsleben.

Driving over Lemons, Chris Stewart, Sort of Books. Der ehemalige Schlagzeuger von Genesis (der die Band freilich schon mit 17 Jahren nach dem ersten Album verließ) erzählt amüsant von seinem Leben als Aussteiger und Bauer in den Alpujarras. Nur auf Englisch erhältlich.

In die Alpujarra Alta

Landschaftlich auf jeden Fall die reizvollste Region der Alpujarra von Granada, zudem in punkto Unterkunftsmöglichkeiten und Restaurants besser auf Reisende eingestellt. Die ersten beiden vorgestellten Orte sind auch für Besucher der Alpujarra Baja interessant.

Lanjarón

Die der Fernstraße Granada – Motril am nächsten gelegene Siedlung der Alpujarra sieht auch die meisten Gäste. Der Grund dafür ist nicht nur in der leichten Erreichbarkeit Lanjaróns, sondern auch in seinem Status als Kurort zu suchen: Das langgestreckte Straßendorf, dessen Häuser sich einen Berghang entlangziehen, ist bekannt für die Qualität seines in ganz Spanien erhältlichen Mineralwassers. Die Atmosphäre von Lanjarón zeigt sich ausgesprochen beschaulich und ruhig, denn auch das Publikum entspricht dem Charakter eines Kurbads. Ein Vorteil des altertümlich-nostalgisch anmutenden Orts mag die große Auswahl an Unterkünften sein.

272   Provinz Granada

- *Information* **Oficina de Turismo de la Alpujarra**, aus Richtung Granada kommend rechter Hand der durch den Ort führenden Hauptstraße; geöffnet Mo–Sa 10–14, 16.30–20.30 Uhr, So 10–14 Uhr. Avenida Alpujarra s/n, ℘ 958 770462.

- *Übernachten* Der Ort verfügt über rund zwei Dutzend Hotels und Pensionen. Achtung: Im Winter sind praktisch alle geschlossen!

*** Hotel Miramar, eine der ersten Adressen in Lanjarón; mit Swimmingpool und Garage. Wie die meisten Hotels an der Avda. Generalísimo Franco bekannten, teilweise verkehrsberuhigten Hauptstraße gelegen. Geöffnet Ende Februar bis Anfang Dezember. DZ etwa 85 €. Avenida Andalucía 10, ℘/℘ 958 770161.

** Hotel Central, eine gute und relativ preisgünstige Adresse, auch von Lesern gelobt. Ausgesprochen geräumige Zimmer, Garage vorhanden, freundliche Leitung. DZ/Bad nach Saison etwa 50–60 €. Avenida Andalucía 21, ℘ 958 770108, ℘ 958 770852, www.galeon.com/hotelcentral.

* Hotel España, eine Alternative mit gleichfalls solider Ausstattung. Immerhin 36 Zimmer, DZ/Bad etwa 50–60 €. Avenida Andalucía 44, ℘/℘ 958 770187.

- *Essen* **Rest. Los Mariscos**, ein Lesertipp von Prof. Bernhard Kunst: „Etwas zurückliegend von der Hauptstraße, daher fast nur einheimisches Publikum. Schmackhafte Küche, reiche Auswahl, Preise okay. Avenida 6–8, Edificio Boraida."

- *Feste* **Fiesta de San Sebastián**, am 20. Januar, das Patronatsfest von Lanjarón. **Fiesta de San Juan**, vom 20. bis zum 24. Juni, das Hauptfest des Ortes. Höhepunkt ist die Nacht vom 23. auf den 24., in der sich die Einwohner ab Mitternacht gegenseitig mit dem berühmten Mineralwasser überschütten, ein Spektakel, das erst mit Sonnenaufgang endet.

Órgiva

Mit gut 5000 Einwohnern bildet Órgiva, auch Órjiva geschrieben, den Hauptort der Alpujarra granadina. Die Siedlung ist ein recht lebendiges Marktstädtchen und Versorgungszentrum für diesen Bereich der Berge, deshalb auch regelmäßiger Treffpunkt der teilweise recht farbenprächtig gewandeten Aussteiger, die in der Umgebung wohnen. Gleichzeitig bildet Órgiva einen – wenn auch bescheidenen – Verkehrsknotenpunkt: Hier trennen sich die Wege in die Alpujarra Alta und Baja.

- *Übernachten/Essen* Bei der Kirche findet sich eine Reihe einfacher Bars.

*** Hotel Taray Botánico, das Tophotel von Órgiva, etwas außerhalb an der Landstraße nach Süden gelegen. Komfortabel und solide ausgestattet, hübscher Swimmingpool, Garten, Reitmöglichkeit. Das Restaurant ist gut und günstig, Leser lobten zum Beispiel die Forelle. Ganzjährig geöffnet. DZ etwa 80 €, es gibt auch Suiten. Carretera Tablate-Albuñol, km 18,5, ℘ 958 784525, ℘ 958 784531, www.hoteltaray.com.

** Hotel Puerta Nazarí, vom Zentrum aus gesehen noch jenseits der Flussbrücke, bei der Kreuzung nach Pampaneira. Zimmer-Dekoration vielleicht etwas bunt, Standard aber insgesamt okay, die Bäder wirken – obwohl das Haus erst 2004 eröffnet wurde – schon leicht altmodisch. In seiner Preisklasse aber die beste Wahl im Ort. Restaurant-Cafetería angeschlossen. DZ/F etwa 50 €. Ctra. Tablate-Albuñol (Empalme de Órgiva), ℘ 958 784952, ℘ 958 785739, www.puertanazari.com.

** Hotel Mirasol, im Ort nahe der Brücke. Zimmer (mit Heizung) und Bäder schlicht, die Bäder ein wenig ältlich. Insgesamt für den Preis aber noch in Ordnung. DZ/Bad 45 €. Avenida González Robles 5, ℘ 958 785108.

* Pension Alma Alpujarreña, einfache Pension im Ort, an der Hauptstraße nach Süden. Großes altes Haus, Zimmer und Bäder nicht gerade die jüngsten; insgesamt ein leicht alternativer Einschlag. Freundlicher Besitzer. Ein gutes, auch von Lesern gelobtes Restaurant mit großer Terrasse ist angeschlossen; das Mittagsmenü kommt auf 8,50 €, es gibt auch vegetarische Gerichte. Ganzjährig geöffnet, DZ/Bad 40 €, ohne Bad 30 €. Avenida González Robles 49, ℘ 958 784085.

- *Camping* **Puerta de la Alpujarra**, 2. Kat., ein 2003 eröffneter Platz, der etwa 1,5 km außerhalb des Ortes neben der Straße in Richtung Lanjarón liegt. Gestuftes Hanggelände mit Aussicht, Schatten mäßig bis mittel, Pool. Gute Ausstattung inklusive Bar-Restaurant, am Wochenenden gelegentliche Musikveranstaltungen. Ganzjährig geöffnet, p. P. etwa 5 €, Parzelle 10 €. ℘/℘ 958 784450, www.campingpuertadela alpujarra.com.

Órgiva, 2. Kat., südlich knapp außerhalb des Ortes, Nähe Hotel Taray, zur Bushaltestelle vergleichsweise günstiger gelegen als der andere Platz. Nicht sehr groß, aber ganz ordentlich ausgestattet. Kleiner Pool, das Restaurant wurde von Lesern gelobt. Preise p. P. und Zelt je etwa 5 €, Auto 4 €. Ganztägig geöffnet. ✆/☎ 958 784307, www. descubrelaalpujarra.com.
● *Feste* **Fiesta del Cristo de la Expiración**, am vorletzten Freitag vor Karfreitag. In der Dämmerung große Prozession mit perma-nentem Feuerwerk.
Fiestas Patronales, das Patronatsfest Ende September, Anfang Oktober.
● *Einkaufen* **Straßenmarkt**, zu dem die halbe Alpujarra-Bevölkerung inklusive der eingewanderten Residenten kommt, jeden Donnerstag.
Venta ABC, am Ortseingang. Verkauf von handgefertigten Kacheln mit arabischen Motiven, hergestellt von der Werkstatt Alizáres. Carretera Lanjarón-Órgiva s/n.

Carataunas

In dem kleinen Dörfchen, etwas unterhalb der Straße gelegen, die sich von Órgiva hinauf in die Alpujarra Alta windet, hält sich der Fremdenverkehr noch in sehr engen Grenzen. Kaum ein paar Dutzend traditionell gebaute Häuser sowie eine Handvoll Neubauten säumen die Gassen, Hunde verbellen wütend etwaige Eindringlinge. Der Weiler muss jedoch schon zu Zeiten der Mauren besiedelt gewesen sein: Die hiesige Kirche ist über den Resten einer Moschee errichtet worden.

Valle del Poqueira

Das sonnige, mehr als tausend Meter hoch gelegene und von der markanten Felsnase des Veleta überragte Tal von Poqueira bildet mit seinen drei Ortschaften eine der reizvollsten Regionen der Alpujarras.

Pampaneira, Bubión und Capileira, allesamt sehr hübsche und auch durch ihre Architektur interessante Dörfer, sind gut auf Touristen eingestellt. Das tief eingeschnittene, wasserreiche und mit Terrassengärten, Kastanien-, Obst- und Nussbäumen üppig begrünte Hochtal von Poqueira ist nämlich ein beliebtes Wandergebiet. Allerdings ist das Geflecht der zahlreichen Maultierwege und Pflastersteige, das die drei Dörfer des Tals untereinander verbindet, nicht markiert, und so manche Abzweigung endet vor einem einzelnen Bauernhof oder einem Feld. Da die Dörfer aber meistens in Sichtweite liegen, fällt die Orientierung letztlich doch nicht allzu schwer.

Pampaneira

„Offenes Tor der alpinen Alpujarra, Balkon zur Küste Granadas. Hoch oben der Schnee des Veleta, am Horizont das Meer von Salobreña ..." So poetisch preist eine Kachelinschrift am Zugang zum Ortszentrum die bevorzugte Lage Pampaneiras. Zusammen mit Bubión und Capileira zählt Pampaneira zu den touristisch am weitesten entwickelten Siedlungen der Alpujarra, ist aufgrund seiner Nähe zur Hauptstraße auch schon zu einer Art Pflichtstopp für Reisebusse avanciert – was aber nicht besagt, dass das Dorf übererschlossen wäre. Im autofreien Ortskern reihen sich um den gemütlichen Hauptplatz Plaza de la Libertad mehrere Bars und Restaurants, verkauft eine Reihe von Geschäften Kunsthandwerk wie Keramik, Korbwaren und die typischen Teppiche der Region. Beim Bummel durch die Seitengassen stößt man immer wieder auf überraschende Architektur: hier eine Terrasse, die den Fußweg überspannt, dort ein blitzweiß verputzter Treppenweg, der zu einem perfekt erhaltenen Waschhaus führt.

274   Provinz Granada

• *Information* **Centro de Visitantes Pampaneira**, am Hauptplatz. Halbprivate Initiative der Organisation Nevadensis, die neben Auskünften zum Nationalpark Sierra Nevada auch geführte Touren anbietet, Quartiere in Bauernhöfen vermittelt etc. Ausstellung mit Videos und Leuchttafeln zur Alpujarra-Region, Verkauf von Landkarten. Plaza de la Libertad s/n, ✆ 958 763127. Offizielle Öffnungszeiten (die freilich nicht immer eingehalten werden): So/Mo 10–15 Uhr, Di–Sa 10–14, 17–19 Uhr bzw. im Winter 16–18 Uhr. www.nevadensis.com.

• *Verbindungen* **Busse** der ALSA Richtung Granada, Bubión/Capileira sowie Trevélez 3-mal, weiter bis Alcutar 2-mal täglich.

• *Übernachten* **Hotel Rural Estrella de las Nieves**, sozusagen am Ortsausgang, neben der Straße Richtung Bubión/Capileira und Trevélez, dabei doch nur einen Katzensprung vom Zentrum. 2010 eröffnetes Landhotel mit 21 solide möblierten, geräumigen Zimmern, fast alle mit Balkon. Tiefgararge, kleiner Pool. DZ/F etwa 75 €. Calle Huerto 21, ✆ 958 763981, www.estrelladelasnieves.com.

* **Pensión Pampaneira**, nicht weit vom Parkplatz am Ortseingang. Geräumige Zimmer und gute Bäder. Ganzjährig geöffnet. Eine Bar ist angeschlossen, dort fragen. DZ/F etwa 45 €. Avenida de la Alpujarra 1, ✆ 958 763002, 🖷 958 763107.

• *Essen* **Rest. Casa Julio**, ein Lesertipp von Ursula Nöthen: „Sehr empfehlenswerte und preisgünstige Hausmannskost, die Familie wirbt mit dem Slogan ,Küche mit Herz'. Mutter kocht, die Kinder helfen, und alle sind sehr freundlich. Direkt in der Kurve, neben der Pensión Pampaneira."

• *Feste* **Cruz de Mayo**, Schmücken der Maikreuze, am 3. Mai beziehungsweise dem ersten Wochenende im Monat.

Bubión

„Weder ganz oben, noch ganz unten. Hier bleibe ich" – mit diesem Werbespruch versucht sich Bubión, das mittlere der drei Dörfer des Valle del Poqueira, von den anderen beiden Orten des Tals abzugrenzen. In der Tat sind sowohl Pampaneira als auch Capileira von hier aus recht einfach zu Fuß zu erreichen, siehe weiter unten unter Wanderung 2. Bubión liegt bereits auf rund 1300 Meter Höhe. Wie in den Nachbarorten gibt es auch hier Werkstätten, die Keramik und Teppiche produzieren und verkaufen, außerdem einen Reitstall und eine Kunstgalerie. Entlang der Hauptstraße findet sich eine Reihe von Bars und Restaurants, die teilweise sehr schöne Aussicht auf das Tal bieten. Der eigentliche Ortskern des recht ausgedehnten Dorfs erstreckt sich jedoch unterhalb der Straße, ein Labyrinth enger Gassen, weißer Häuser und sprudelnder Brunnen; die unter Denkmalschutz gestellte Kirche *San Sebastián* aus dem 16. Jh. beinhaltet noch Reste eines maurischen Turms der Nasridenzeit. Ganz in der Nähe liegt die *Casa Alpujarreña* (tägl. außer Di 11–14 Uhr, Fr/Sa auch 17–19 Uhr, Eintritt knapp 2 €) ein typisches Haus, das restauriert wurde und jetzt als Dorfmuseum dient.

Unter allen Dörfern der Alpujarra ist Bubión etwas Besonderes: Hier wurde 1985 in dem etwas außerhalb gelegenen buddhistischen Kloster O Sel Ling (www.oseling.com) ein Junge geboren, der von Anhängern des tibetanischen Lama Yeshe als dessen Reinkarnation und damit als Nachfolger gesehen wird.

• *Übernachten* Die „Villa Turística de Bubión", ein früherer Hotelbetrieb der Andalusischen Generaldirektion für Tourismus, ist einiger Zeit geschlossen, sollte aber (wie alle andalusischen Villas Turísticas) künftig unter privater Leitung wieder eröffnen.

** **Pensión Las Terrazas**, unterhalb der Hauptstraße. Freundliche Pension in einer Lage, die den Namen Ehre macht. Nette Besitzer. Schlichte, aber hübsche und gepflegte Zimmer; ruhige Lage. Gemütlicher Aufenthaltsraum mit TV, Frühstücksterrasse, Internet-Zugang. Ganzjährig geöffnet. DZ/Bad ca. 35 €; auch Apartments. Placeta del Sol s/n, ✆ 958 733217 o. 958 763034, 🖷 958 763252, www.terrazasalpujarra.com.

• *Essen* **Rest. Teide**, an der Hauptstraße. Der Weg zum recht nüchternen Comedor führt durch eine Bar, in der sich die Einheimischen treffen. Ordentliche Küche, freundlicher Service, die Portionen sind hungrigen Wanderern angemessen. Gutes Preis-Leistungs-Verhältnis: Hauptgerichte überwiegend etwa 8–14 €. Carretera s/n, Di Ruhetag. Von Leser Dr. Heiko Schmitz sehr gelobt („leckeres Essen, modern angerichtet, definitiv das beste Restaurant unserer Reise") wurde das gegenüber liegende **Rest. La Artesa**.

• *Feste* **Fiesta de San Sebastián**, am vorletzten Sonntag im August. Patronatsfest, gleichzeitig „Moros y Cristianos", eines der in den Alpujarras häufigen Kostümspiele, die die christliche Rückeroberung darstellen.

Capileira

Auf 1436 Metern ist Capileira das höchstgelegene der Dörfer im Poqueira-Tal. Die hier beginnende Straße und spätere Piste zum Veleta in der Sierra Nevada brachte schon früher relativ viele Besucher in das Städtchen. Zwar wurde die Auffahrt längst für Kraftfahrzeuge gesperrt, doch scheint Capileira, im Ortskern ebenso hübsch wie die Nachbardörfer, für seine Zukunft im Fremdenverkehr dennoch gut gerüstet, ist vor allem am Wochenende schon Ziel einiger Reisebusse. Auf der anderen Seite hat man sich in Capileira auch auf den „neuen", leicht alternativ angehauchten Tourismus gut eingestellt. Wanderern bieten sich gute Möglichkeiten ab Capileira, vor allem in der Schlucht des Valle del Poqueira. Wer für Bergtouren ausgerüstet ist, kann sein „Basislager" auch in einem modernen Refugio oberhalb des Ortes aufschlagen. Dank einer Kleinbuslinie der Parkverwaltung ist die alpine Bergwelt der Sierra Nevada jedoch auch vom Ort aus bequem für Tagestouren zu erreichen, inklusive des höchsten Bergs der iberischen Halbinsel, des Mulhacén, siehe unter Wanderung 3.

Zwar reihen sich die meisten Quartiere und Restaurants entlang der Hauptstraße, doch liegt auch in diesem Dörfchen der eigentliche Ortskern etwas talwärts, im Gebiet um die schmucke kleine Kirche. Am Ortsrand in deren Nähe befindet sich auch die *Casa Museo de Pedro Antonio de Alarcón* (Di–So 11.30–14.30, Sa auch 17–20 Uhr, geringe Eintrittsgebühr), ein kleines Volkskundemuseum, das sich den Trachten und Traditionen der Region widmet; benannt ist es nach einem andalusischen Schriftsteller des 19. Jh., der eine Zeit lang in der Alpujarra lebte, kurioserweise aber ausgerechnet das Valle de Poqueira nie besucht hat.

• *Information* **Servicio de Interpretación de Altas Cumbres**, eine Infostelle der Parkverwaltung, gleich bei der Bushaltestelle. Geöffnet etwa Ostern bis Anfang Dezember, im Sommer (etwa Juli–September) täglich 10–14, 17–20 Uhr, sonst wechselnd.

Typische Architektur: Gasse in Capileira

Hier auch Reservierung der Kleinbusse der Parkverwaltung. ✆ 958 763090, Mobil-✆ 671 564406.

• *Verbindungen* **Busse** der ALSA via Bubión/Pampaneira nach Granada 3-mal, nach Trevélez ebenfalls 3-mal täglich, weiter bis Alcutar 2-mal täglich.

Kleinbusse der Parkverwaltung: Ab der Bushaltestelle verkehren auch Kleinbusse der Parkverwaltung hinauf in den Nationalpark der Sierra Nevada. Die genauen Modalitäten ändern sich leider praktisch jährlich. Ungefähre Anhaltspunkte: Betriebsbeginn etwa Mitte Juni, dann nur am Wochenende, etwa von Juli bis Mitte/Ende September täglich, bis Betriebsschluss Mitte Oktober wieder nur am Wochenende; in jedem Fall abhängig von der Wetterlage. Die einstündige Fahrt führte zuletzt zum Mirador de Trevélez (Alto del Chorillo) auf knapp

Weiß gekalkt: Schornsteine auf einem Flachdach

2700 Meter Höhe. Beim Ticketkauf (Fahrpreis hin und zurück 8 €) im Büro des oben erwähnten Servicio de Interpretación de Altas Cumbres muss der Zeitpunkt der Rückfahrt fest reserviert und auch eingehalten werden – sofern Platz ist, nehmen einen die Busse zwar auch zu anderen Zeiten mit, wenn sie voll sind (was häufig vorkommt), bleibt man jedoch stehen. Oben bietet sich eine ganze Reihe von Wandermöglichkeiten, darunter der Aufstieg zum Mulhacén, siehe Wanderung 3.

• *Übernachten* Mehrere Pensionen an der Hauptstraße, viele Apartments.

*** Hotel Apts. Finca los Llanos, oberhalb des Ortskerns, auf der Hauptstraße noch vorbei am Zentrum. Gefällige Anlage, ruhig gelegen, Apartments mit offenem Kamin und Ausblick; Pool. Ganzjährig geöffnet, DZ/F etwa 80–90 €. Carretera de Sierra Nevada s/n, ✆ 958 763206, www.hotelfincaloslanos.com.

* Hotel El Cascapeñas, im alten Ortskern, oberhalb der Kirche. Erst wenige Jahre junges Quartier mit hübschen Zimmern. Die Besitzer betreiben auch eine etwas günstigere Pension an der Hauptstraße, siehe unten. DZ etwa 55 €. ✆ 958 763011, ✆ 958 763076, www.elcascapenas.com.

** Pensión Mesón Poqueira, zentral im Ort. Recht gut eingerichtete Zimmer, alles blitzblank, angeschlossen ein ebenfalls empfehlenswertes Restaurant, in dem die mehr oder weniger gelungenen Ergebnisse verschiedener Malwettbewerbe ausgestellt sind. Geführt wird die Pension seit langen Jahren von den Zwillingsbrüdern Pepe und Paco. Ganzjährig geöffnet, DZ/Bad etwa 40–60 €. Die Familie vermietet auch Apartments mit Kamin. Calle Dr. Castilla 11, ✆/✆ 958 763048, www.hotelpoqueira.com.

* Pensión El Cascapeñas, in der Nähe an der Hauptstraße. Das „Stammhaus" des gleichnamigen Hotels; gute und geräumige Zimmer, Bar-Restaurant angeschlossen. DZ/Bad etwa 45 €, auch Apartmentvermietung. ✆ 958 763011, ✆ 958 763076, www.elcascapenas.com.

Habitaciónes Rest. Ruta de las Nieves, an der Hauptstraße knapp oberhalb des Ortskerns. Im angeschlossenen Restaurant günstige Menüs. DZ/Bad etwa 40–45 €, Studios 45–60 €. Carretera Sierra Nevada s/n, ✆ 958 763106.

• *Übernachten außerhalb* **Cortijo Prado Toro**, Landhaus oberhalb von Capileira, etwa 10 Autominuten vom Ort, die letzten

Wanderung 2: Im Valle del Poqueira   277

beiden Kilometer über einen Forstweg. Fünf sehr geschmackvoll eingerichtete Apartments (nur Selbstversorgung) mit Wohnzimmer, Schlafzimmer, Küche und Bad. Pool. Gute Wandermöglichkeiten, der GR 7 führt direkt an der Anlage vorbei. Man spricht Deutsch. Apartment für zwei Personen ab etwa 80–90 €. Maite Ramos & Ludwig Hönig, Camino Real s/n, ✆ 958 343240, mobil 608 842 436, 🖷 958 343998, www.pradotoro.es.

Refugio Poqueira, gut ausgestattete Berghütte auf 2500 Metern Höhe, etwa vier bis fünf Wegstunden oberhalb von Capileira. Mit den Kleinbussen der Parkverwaltung kommt man wesentlich näher heran, verpasst dann allerdings den schönen Aufstieg durchs Valle del Poqueira. 76 Betten, Bar, Kochmöglichkeit. Eigener Schlafsack vorteilhaft, aber kein Muss. Übernachtung p. P. etwa 15 €. ✆ 958 349349 oder 958 064111, mobil 659 554224.

Oberhalb des Refugio Porqueira existieren noch zwei unbewirtschaftete Biwaks („Vivac") mit Schlafplätzen für je etwa zwölf Personen: Vivac La Caldera bei der gleichnamigen Lagune östlich unterhalb des Mulhacén sowie Vivac de la Carihuela, am Pass unterhalb des Veleta. In beiden Hütten keine Matratzen (Schlafsack/Isomatte mitbringen) und auch kein Wasser!

● *Essen*   Fast jeder Pension ist ein Restaurant angeschlossen, die Mehrzahl zur Nebensaison jedoch nahezu leer.

El Corral del Castaño, in schöner Lage im Ortskern oberhalb vom Kirchplatz. Eine „Casa de Vinos y Comidas" mit variantenreicher (auch regionaler) Küche. Tagesmenü rund 12 €, à la carte ab etwa 25 €. Plaza Calvario 16.

Casa de Comidas Ibero, ein Stück weiter unten, nahe der Kirche. Bereits 1979 gegründet und bekannt für arabisch-andalusische „Fusion"-Küche; es gibt auch mal Couscous oder vegetarische Gerichte. Preise etwa wie oben. Sonntagabend und Mi geschlossen. Calle Parra 1.

Bar El Tilo, „der" Treffpunkt an der Plaza Calvario schlechthin. Geöffnet vom Frühstück bis zum letzten Glas am Abend; Raciones und einige vegetarische Gerichte gibt es auch.

● *Feste/Märkte*   **Nuestra Señora de la Cabeza**, am letzten Sonntag im April, das Patronatsfest von Capileira.

Straßenmarkt, jeden Dienstag an der Zufahrtsstraße zum Ortskern.

Wanderung 2: Im Valle del Poqueira

Route: Capileira – Bubión – Pampaneira – Bubión – Capileira. **Reine Wanderzeit:** etwa 2½ bis 3 Stunden. **Einkehr:** in allen Orten entlang der Route.

Charakteristik: Diese hübsche Kurzwanderung, quasi ein Appetitanreger für weitere Streifzüge im Valle del Poqueira, verbindet die drei Dörfer des Tals und ließe sich auch in einzelne Teilstrecken aufgliedern. Die Höhenunterschiede sind beträchtlich (Capileira liegt fast 400 Meter höher als Pampaneira), sonst ist die Wanderung jedoch nicht allzu schwer. Auf gutes Schuhwerk kann allerdings nicht verzichtet werden; auch Wanderstöcke sind nützlich, denn die Pfade sind teilweise steil und oft auch mal feucht. Achtung, nach Regenfällen (auch Tage später!) kann der parallel zum Bachlauf führende Pfad im ersten Abschnitt der Wanderung komplett überspült und damit unbegehbar sein; besser, man erkundigt sich im Zweifel vorab bei der Infostelle der Parkverwaltung.

Route: Die Wanderung beginnt in Capileira am Platz Plaza del Calvario oberhalb der Kirche. Von der Hauptstraße kommend, hält man sich hier rechts, dann im Linksbogen abwärts und links vorbei an den „Apartamentos Vista Veleta", dann einer steinernen Wasserrinne folgend, die in der Mitte der Gasse angelegt ist. Es geht vorbei an dem kleinen Supermarkt „Tinao de Carmen" und einem Brunnen; hier weiter der Wasserrinne folgen, die mehrfach bei einem Gully zu enden scheint, sich dann jedoch ein Stück weiter wieder fortsetzt; bei einer „Gabelung" der Rinne links. Am Ende der alten Wasserrinne hält man sich bei der Quelle

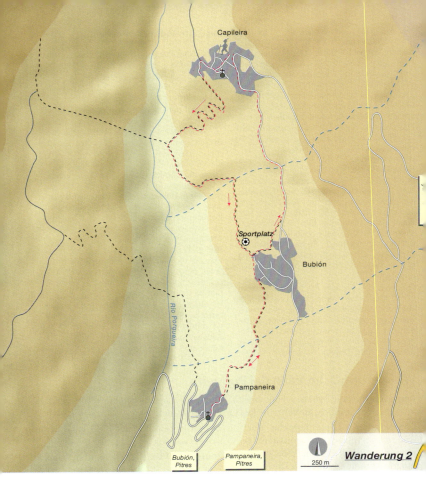

Fuente Plaza Vieja weiter abwärts, direkt vorbei an dem Schild „Lavadero Plaza Vieja", das auf einen alten Waschplatz hinweist. Am unteren Dorfrand trifft man auf einen Betonweg, der talwärts durch einen Holzzaun gesichert ist; hier links, beschildert u. a. „Camino de las Higuerillas".

Der Betonweg verwandelt sich in einen schmal werdenden Fußweg, überquert ein kleines, manchmal trockenes Bächlein und führt dann bald in Kurven steil abwärts. Mehrfach nähert man sich dabei einem weiteren, viel wasserreicheren und oft stark rauschenden Bachlauf, der jedoch nicht überquert wird; falls hier der Pfad bereits zum Teil vom Bach überspült ist, kehrt man besser um, denn weiter unten wird das Vorwärtskommen dann noch schwieriger bis unmöglich. Etwa eine Viertelstunde nach Beginn des Fußwegs entfernt sich dieser wieder etwas von dem Bach. Bald geht es nun vorbei an einer steinernen Hütte mit Garten, später an einer Ruine. Kurz darauf trifft man, fast schon unten im Talgrund, auf einen quer verlaufenden Weg, an dem auf

Wanderung 3: Auf den Mulhacén   279

Pfählen Markierungen angebracht sind. Rechts (Schild: „Puente del Molino") ginge es hinab zum Fluss, auf dessen gegenüberliegender Seite man links (zunächst mit kräftigem Aufstieg) direkt nach Pampaneira wandern könnte; dieser Weg war zuletzt in schlechtem Zustand. Wir halten uns jedoch links.

Nach etwa 200 Metern wird auf einer steinernen Brücke der Bachlauf überquert, der uns beim Abstieg teilweise begleitet hat. Nun geht es wieder kräftig aufwärts, und bald kommt Pampaneira in Sicht. Knapp eine Viertelstunde hinter dem ersten wird ein zweiter Bach überquert, fünf Minuten später ist das Sportgelände von *Bubión* erreicht und kurz darauf, insgesamt etwa eine Dreiviertelstunde nach Beginn der Wanderung, die Kirche des Ortes.

An der Quelle unterhalb des Kirchplatzes beginnt der beschilderte Weg nach Pampaneira, ein uralter Pflasterpfad, der als Teil des Fernwanderwegs GR 7 rotweiß markiert ist. Nach etwa zwanzig Minuten Abstieg trifft man auf den Ortsrand von *Pampaneira* – merken Sie sich den Weg hinunter in den Dorfkern, zurück geht es durch dieselben Gassen. Bis zum Kirchplatz von Pampaneira sind es noch knapp fünf Minuten,

eine Pause in den dortigen Bars kommt jetzt sicher gelegen.

Zurück nach *Bubión* geht es auf dem gleichen Pfad, diesmal freilich wegen des kräftigen Anstiegs etwas langsamer. Auch durch den Ort hindurch nimmt man zunächst denselben Weg; sobald kurz hinter dem Kirchplatz und dem Museum linker Hand die Bebauung durch einen Gemüsegarten unterbrochen wird, biegt man jedoch hart rechts ab (nicht den Wanderschildern folgen) und steigt die Calle Real hinauf. Nach hundert Metern geht es vorbei an der Quelle Fuente Calle Real und weiter geradeaus, den Betonweg hinauf und vorbei an der abzweigenden Calle Trocadero. Bald verwandelt sich der Betonweg in einen Pflasterpfad, später in einen Erdweg, der parallel zur Straße verläuft. Hier hält man sich in der Linkskurve etwa geradeaus auf den schmaleren, ansteigenden Pfad, der nach etwa 200 m die Straße erreicht. Dieser folgend, sind es noch etwa zwanzig Minuten bis nach *Capileira* – die Autofahrer hier sind Fußgänger gewohnt, da die Straße die schnellste Verbindung zwischen den beiden Orten bildet und häufig begangen wird.

Provinz Granada
Karte S. 206/207

Wanderung 3: Auf den Mulhacén (3482 Meter)

Route: Mirador de Trevélez (2700 m) – Mulhacén (3482 m) – Mirador de Trevélez. **Reine Wanderzeit:** etwa 5 bis 5½ Stunden. **Einkehr:** Unterwegs keinerlei Möglichkeiten. Ausreichend Trinkwasser, Proviant, warme Kleidung und Sonnenschutz (!) sind besonders wichtig, Bergstöcke nützlich.

Charakteristik: Die Besteigung des höchsten Bergs der Iberischen Halbinsel wird mit fantastischen Ausblicken belohnt, gut möglich auch, dass man unterwegs Steinböcke oder Bergziegen sieht. Der Aufstieg ist seit Einführung des Kleinbusdienstes, den die Parkverwaltung ab Capileira (siehe dort) eingerichtet hat, auch als Tagestour machbar. Denken Sie jedoch daran, Ihre

Rückfahrt zu reservieren. Die Wanderung beginnt im Gebiet des Mirador de Trevélez auf knapp 2700 Meter Höhe und führt auf fast 3500 Meter, ist also eine echte Hochgebirgstour, bei der eine gewisse Bergerfahrung nötig ist und auch die Ausrüstung (Schuhwerk, Kleidung, Trinkwasser, Proviant) stimmen muss. Denken Sie auch an den Sonnenschutz, die UV-Einstrahlung ist

Am Ziel: Gipfelkapelle auf dem Mulhacén

in dieser Höhe enorm, und Schatten gibt es oben natürlich nicht. Markierungen, von einigen Steinpyramiden abgesehen, existieren ebensowenig, der Weg ist jedoch nicht schwer zu finden. Trittsicherheit ist nötig, Kletterkenntnisse sind indes nicht erforderlich. In der dünnen Luft des Hochgebirges rund 800 Meter Höhenunterschied hinter sich zu bringen, verlangt natürlich gewisse Kondition, aber auch Zeit – ratsam, früh am Morgen zu starten. Nicht zuletzt: Beachten Sie unbedingt die Wetterverhältnisse und gehen Sie nur bei besten und stabilen Bedingungen!

Route: An der Endhaltestelle der Kleinbusse lohnt zunächst ein Abstecher zum eigentlichen *Mirador de Trevélez*, der knapp abseits der Piste liegt und seinem Namen Ehre macht: Tief unten leuchten die Häuser des angeblich höchsten spanischen Dorfes, von dem aus auch ein Fußpfad hier hinauf führt. Wieder zurück an der Piste, folgt man ihr in der ursprünglichen Fahrtrichtung. Knapp fünf Minuten hinter dem Mirador zweigt bei einer großen Steinpyramide schräg links ein breiter Pistenweg ab, der zum Refugio de Poqueira führt. Unsere Route führt jedoch auf der bisherigen Piste noch etwa dreihundert Meter weiter geradeaus, dann geht es rechts ab.

Der abzweigende Weg führt zunächst nach Osten, wendet sich aber bald in nördliche Richtung und steigt in weiten Kehren deutlich, aber nicht allzu steil an. Unterwegs bieten sich berückende Ausblicke auf die sich ostwärts staffelnde Gipfelkette der Sierra Nevada und in der Gegenrichtung auf den Veleta mit seinem typischen Zacken: Belohnung genug für den anstrengenden Aufstieg auf dem breiten, manchmal etwas monotonen Weg, der einer alten Piste folgt. Wer es sich zutraut, kann auch – vereinzelten Steinpyramiden folgend – die Kehren des Fahrwegs in der Direttissima abkürzen, doch wird der Anstieg dadurch zwar kürzer, aber auch deutlich steiler. Die dünne, klare Höhenluft lässt alles vieles näher erscheinen, als es tatsächlich ist, und sie verlangt ihren Tribut: Je höher man kommt, desto häufiger werden die Verschnaufpausen. Rund zwei Stunden geht es so insgesamt aufwärts, dann erscheint erstmals der Veleta, der lange außer Sicht war, wieder im Blickfeld, kurz darauf die Laguna de la Caldera. Wenige Minuten später endet die Piste. Der nun schmalere Weg setzt sich über ein ansteigendes Geröllfeld fort und erreicht schließlich, vorbei an zwei Steinpyramiden, die den späteren Abstieg markieren und insgesamt etwa zweieinhalb Stunden nach Beginn der Wanderung, den Gipfel des *Mulhacén*.

Der Rundblick von hier oben ist wahrhaft überwältigend. Im Norden fällt der Berg fast Schwindel erregend steil ab, im Osten erstreckt sich weit der Hauptkamm der Sierra, und im Westen reckt der Veleta seine Nase. Gen Süden sieht man an klaren Tagen bis zum Meer, mit sehr viel Glück sogar bis zur marokkanischen Küste.

Beim Abstieg folgt man zunächst kurz der Aufstiegsrichtung, hält sich jedoch schon nach etwa 50 Metern bei den beiden Steinpyramiden rechts abwärts. In vielen Serpentinen und mit extremem Gefälle windet sich der geröllige Pfad nach unten, Bergstöcke sind hier sehr nützlich. Einmal mehr spielt einem die Höhenluft einen Streich – der Abstieg dauert rund eine Dreiviertelstunde, viel länger als man erwarten würde.

Unten an der Piste angekommen, hält man sich links. Es reizt natürlich, den Umweg am Río Mulhacén entlang zum Refugio Poqueira zu machen und von dort aus wieder zur Piste aufzusteigen, doch sollte man sich diese Variante nur bei einem üppigen Zeitpolster gegenüber der Normalroute gönnen – der Weg zum Refugio ist nicht leicht zu gehen und nimmt mehr Zeit in Anspruch, als man zunächst vielleicht glaubt. Wir folgen deshalb dem Fahrweg und benötigen noch etwa eineinhalb Stunden bis zum Ausgangspunkt, der Endhaltestelle der Kleinbusse am *Mirador de Trevélez*.

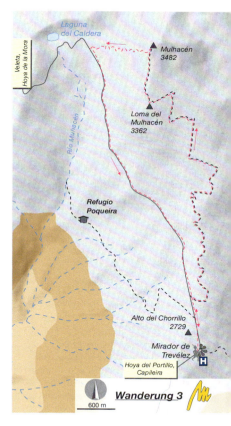

Pitres

Pitres liegt wieder an der Hauptstraße durch die Alpujarra Alta, etwa sechs Kilometer hinter Pampaneira und auf knapp 1300 Meter Höhe.

Auch hier scharen sich weiße Häuser um Kirche und Hauptplatz, die oberhalb der Hauptstraße liegen. Pitres ist sicher nicht weniger reizvoll als die Dörfer im Poqueira-Tal; der Tourismus, obwohl in Ansätzen vorhanden, ist jedoch deutlich

282   Provinz Granada

weniger ausgeprägt. Vielleicht liegt dies auch ein wenig an den Einwohnern, die sich Fremden gegenüber spürbar zurückhaltend zeigen. Als Standquartier für Wanderungen ist Pitres dennoch eine Überlegung wert.

Mecina Fondales, Ferreirola und **Atalbeitar** heißen drei malerische Dörfchen, die nahe Pitres unterhalb der Alpujarra-Hauptstraße liegen und deshalb relativ wenig besucht werden. Zu maurischer Zeit bildeten diese und andere kleine Siedlungen ein Gemeinwesen, die sogenannte Tahá de Pitres oder Tahá de Ferreira, und auch heute noch erinnert so manches architektonische Detail an die Periode der Mauren.

• *Übernachten/Essen* **** Hotel Posada San Roque**, an der Hauptstraße von Pitres, Nähe Ortsausgang Richtung Trevélez. Parkplätze vorhanden, Restaurant angeschlossen. Sehr geräumige Zimmer mit TV, DZ etwa 75 €. Paseo Marítimo (kein Fehler unsererseits, vielmehr Beispiel für den hiesigen Humor), Nr. 57–59, ✆/✆ 958 857528.
** Hotel Albergue de Mecina, im Örtchen Mecina Fondales, aus Richtung Granada noch vor Pitres talwärts abbiegen. Solides, vor einigen Jahren renoviertes Quartier, die Zimmer sind schon eher Studios und besitzen einen eigenen Kühlschrank; ein Restaurant ist angeschlossen. Pool vorhanden. Ganzjährig geöffnet, DZ etwa 90 €. Calle La Fuente s/n, ✆ 958 766254, ✆ 958 766255, www.hoteldemecina.com.es.
Casa Rural/Restaurant L´Atelier, ebenfalls in Mecina Fondales und ein Tipp für Liebhaber ungewöhnlicher Unterkünfte. Hübsches kleines Haus, das noch aus maurischer Zeit stammen soll. Fünf gemütlich-schlicht eingerichtete Zimmer, die z. T. in den Fels gegraben sind; eines enthält gar einen uralten maurischen Backofen. Freundliche französische Leitung, die auch Englisch spricht. Gelegentlich finden Ausstellungen, Koch-

kurse etc. statt. Das angeschlossene Restaurant (außer am Wochenende nur abends, Di Ruhetag) offeriert rein vegetarische Küche, auf Wunsch veganisch. DZ/Bad inklusive Frühstück etwa 50 €. Calle Alberca s/n, im Ortskern, ✆ 958 857501, www.ivu.org/atelier.
Casa Rural Sierra y Mar, im schnuckeligen Dörfchen Ferreirola. Sehr hübsches Ambiente in einem verwinkelten Anwesen mit Garten; häufig von Gruppen besucht, vor allem im Sommer aber auch Platz für Individualreisende. Die netten, deutschsprachigen Eigentümer haben zahlreiche Wandertipps parat. Im Dezember und Januar geschlossen. DZ/Bad/F etwa 65 €. ✆ 958 766171, ✆ 958 857367, www.sierraymar.com.
• *Camping* **Balcón de Pitres**, 2. Kat., von Pampaneira kommend kurz vor dem Ort, oberhalb der Hauptstraße. Terrassierter, gut ausgestatteter Platz mit einer Aussicht, die dem Namen alle Ehre macht. Viele Wanderer. Zu der Anlage gehören auch ein Pool (Extrazahlung) sowie eine Reihe von Bungalows und Holzhütten, angeschlossen ist ein empfehlenswertes Restaurant. Geöffnet März bis Oktober; p. P. und Zelt je rund 5,50 €, Auto 5 €. Carretera Órgiva-Ugíjar, km 51, ✆/✆ 958 766111, www.balcondepitres.com.

Pórtugos

Die Nachbarsiedlung von Pitres liegt kaum zwei Kilometer entfernt. Ihr Ortskern, der sich oberhalb der Hauptstraße versteckt, wirkt weniger in sich geschlossen, viele Häuser scheinen erst in jüngerer Zeit errichtet worden zu sein. Bekannt ist Pórtugos für seine Quellen. Die *Fuente Agria*, die etwas außerhalb bei der kleinen Kapelle Virgen de las Angustias aus fünf Rohren entspringt, stellt sogar eine Art Wallfahrtsziel dar. Verschiedene Mineralien geben ihrem Wasser einen ungewöhnlichen Geschmack, der je nach Rohr unterschiedlich sein soll.

• *Übernachten* **** Hotel Nuevo Malagueño**, recht großer, komfortabler Neubau an der Durchgangsstraße, mit Garage. Das angeschlossene Restaurant serviert überwie-

gend regionaltypische Küche. Ganzjährig geöffnet, DZ/F etwa 85–100 €. Carretera Órgiva-Trevélez s/n, ✆ 958 766098, ✆ 958 857337.

Busquístar

Das Dörfchen, rund zwei Kilometer östlich von Pórtugos gelegen, glänzt besonders durch seine schöne Lage an einem sorgfältig terrassierten und deshalb fruchtbar grünen Hang, der in deutlichem Kontrast zu den nackten Felswänden gegenüber steht. Etwas unterhalb des Örtchens bewahren die Ruinen der sogenannten *Mezquita* die Erinnerung an maurische Zeiten. Es handelt sich um die Reste eines strategisch gelegenen maurischen Wachtturms, der einst das Gebiet der Tahá de Pitres schützte. Der Weg dorthin nimmt etwa 20 Minuten in Anspruch und beginnt an der von Pórtugos kommenden Hauptstraße kurz vor Busquístar, führt später rechter Hand an einer Felsgruppe vorbei.

- *Übernachten* **Casa Sonia**, ein Lesertipp von Petra Klingsporn: „Die gut Englisch sprechende Sonia stellt sechs freundlich eingerichtete DZ mit schönen Bädern zur Verfügung, alles sehr liebevoll eingerichtet und in gepflegtem Zustand. In der großen Eingangshalle mit Kamin kann man das Frühstück einnehmen." Auf Wunsch gibt es auch Essen. DZ/F etwa 60 €. Calle San Francisco 5, ✆ 958 857503 oder mobil 652 188911, www.casasoniaenbusquistar.com.

Trevélez

Das „Schinkendorf" Trevélez liegt auf 1476 Meter Höhe und beansprucht für sich, die höchstgelegene Gemeinde Spaniens zu sein.

Dies ist allerdings ein Superlativ, um den sich noch einige andere Orte streiten, und im Fall Trevélez wohl auch wirklich nicht korrekt. Höchste Gemeinde Spaniens ist nämlich das 120-Seelen-Örtchen Valdelinares, das 1693 Meter hoch in der aragonischen Provinz Teruel liegt, und nach Valdelinares gibt es noch weitere elf Gemeinden, die alle ebenfalls höher liegen als Trevélez.

Fast konkurrenzlos dagegen ist der exzellente luftgetrocknete *jamón serrano* von Trevélez, der höchstens noch von den wesentlich teureren Schinken aus Jabugo in der Provinz Huelva übertroffen wird. Am Hauptplatz nahe der Brücke über den Río Trevélez offeriert eine ganze Reihe von Bars und Geschäften die spanienweit geschätzte Räucherware.

Von höchster Qualität: Schinken aus Trevélez

284   Provinz Granada

Das Dorf selbst besteht aus drei verschiedenen Vierteln, den Barrios Bajo, Medio und Alto, die sich vom Hauptplatz den Hang hinauf staffeln. Unten geht es tagsüber recht lebhaft zu, sind die Schinkenläden von Trevélez doch Pflichtstopp für Reisebusse auf einer Alpujarra-Tour. In den engen Gassen des eigentlichen Ortskerns, der ein ganzes Stück weiter oben liegt, herrscht dagegen meist schläfrige Ruhe. Für ernsthafte Alpinisten ist Trevélez ein wichtiger Ausgangspunkt für Touren durch die Sierra Nevada, weshalb der Ort auf Reisende gut eingestellt ist.

● *Übernachten* Um den Hauptplatz und an der Durchgangsstraße Richtung Bérchules liegen eine ganze Reihe von Pensionen.

*** Hotel Alcazaba de Busquístar, etwa vier Kilometer außerhalb in Richtung Juviles, jedoch im Gemeindebereich von Busquístar gelegen. Große Anlage unterhalb der Hauptstraße, im traditionellen Stil errichtet, zwar dennoch etwas unpersönlich wirkend, aber komfortabel. Hallenbad, Sportmöglichkeiten. DZ nach Saison etwa 95–105 €, Zweipersonenwohnung mit Kamin 125–140 €, auch Wohnungen mit zwei Schlafzimmern. Carretera Órgiva-Laujar, km 37, ✆ 958 858687, ✆ 958 858693, www. alcazabadebusquistar.es.

* Hotel La Fragua, in ruhiger Lage mitten im Barrio Medio, Nähe Rathaus. Hübsches, gut geführtes Hotel mit soliden Zimmern; das nahe Restaurant (Spezialität: Lamm aus dem Ofen) gleichen Namens wurde von Lesern gelobt. Vor einigen Jahren hat auch eine nur wenig teurere Dependance (** La Fragua II) eröffnet. Ganzjährig geöffnet; DZ etwa 45–55 €. Calle San Antonio 4, ✆ 958 858626, ✆ 958 858614, www.hotellafragua.com.

* Hotel Pepe Álvarez, an der Durchgangsstraße nicht weit vom Hauptplatz. Ganzjährig geöffnet, mit Heizung, die im Frühjahr oder Herbst sicher willkommen ist. Restaurant angeschlossen. Der Chef könnte freundlicher sein. DZ/Bad etwa 45 €. Plaza Francisco Avellán 16, ✆ 958 858503.

* Pensión González, direkt beim Hauptplatz, Anfragen im gleichnamigen Geschäft oder der Bar. Einfache, aber gepflegte Zimmer in einem etwas zurückversetzten Haus, zuletzt in Renovierung. Ganzjährig geöffnet. DZ ohne Bad etwa 30–40 €. ✆ 958 858531.

● *Camping* Trevélez, 2. Kat., etwa einen Kilometer außerhalb in Richtung Busquístar und laut Eigenwerbung „der höchstgele-

gene Campingplatz Spaniens"; für offiziell klassifizierte Plätze könnte das sehr wohl stimmen. Steiles, terrassiertes Hanggelände, mäßiger bis mittlerer Schatten. Vor einigen Jahren unter neuen, engagierten Besitzern renoviert. Pool, gutes Bar-Rest. und Einkauf vorhanden. Ganzjährig geöffnet (man bedenke die Höhenlage ...), p. P. 4,50 €, Auto und kleines Zelt je etwa 4 €. Auch Hütten. ✆/✆ 958 858735, www.camping trevelez.net.

● *Essen* Gut, günstig und authentisch ist auch das Restaurant des Hotels La Fragua, von dem man eine feine Aussicht genießt.

Bar-Rest. Río Grande, an der Durchgangsstraße in Richtung Bérchules. Als Bar meist lebendiger denn als Restaurant, zumindest in der Nebensaison aber manchmal das einzige, das abends zuverlässig geöffnet hat. Natürlich gibt es auch Schinken-Tapas etc.

Mesón Haraicel, ein Lesertipp von Ellen Aschauer: „Comedor im ersten Stock, äußerst empfehlenswertes Essen, z. B. ausgezeichnete frische Forellen mit Trevélez-Schinken in Weinsauce." Hauptgerichte kosten überwiegend etwa 10–12 €. Calle Real s/n, gleich oberhalb der Hauptstraße.

● *Feste* Fiesta de San Antonio, 13./14. Juli; das Patronatsfest, unter anderem mit den in den Alpujarras häufig aufgeführten Kostümspielen „Moros y Cristianos".

Romería de la Virgen de las Nieves, am 4. und 5. August. Die Wallfahrt zur „Jungfrau des Schnees" führt von Trevélez bis auf den Gipfel des Mulhacén – naturgemäß die höchste Wallfahrt der Iberischen Halbinsel, zudem ein sehr farbenprächtiges Fest.

Juviles: Etwa zwölf landschaftlich sehr reizvolle Kilometer hinter Trevélez klebt das Dörfchen am Hang. Juviles liegt in einem der einsameren Abschnitte der oberen Alpujarra. Außer einigen Bars, einer kleinen Schinkenfabrik, der wirklich schönen Aussicht in die Alpujarra Baja und viel, viel Ruhe ist hier eigentlich nichts besonderes geboten.

Bérchules

Bérchules präsentiert sich wieder etwas größer als Juviles, zumal der Ort mit dem Nachbardörfchen Alcútar schon fast zusammengewachsen ist. Hier öffnet sich die Landschaft, gibt den Blick frei auf die ganz allmählich flacher werdenden Bergketten und die trockenere Landschaft der östlichen Alpujarra granadina, die manchmal schon an die fast wüstenartige Alpujarra almeriense erinnert.

• *Übernachten* **** Hotel Los Berchules**, aus Richtung Trevélez am Ortseingang. Ein angenehmer Zwischenstopp, komfortable Zimmer mit Balkon, Pool. Restaurant angeschlossen. Gute Wanderinfos. Ganzjährig geöffnet, DZ/Bad kosten etwa 50–55 €. Es gibt auch ein Apartment zu mieten. Carretera s/n, ✆ 958 852530, ✉ 958 769000, www.hotelberchules.com.

Aparthotel Berchules, ein Lesertipp von Birgit Niehaus: „2004 eröffnet und gut ausgestattet. In der Ortsmitte am Hang gelegen, Zimmerausblick bis aufs 65 km entfernte Meer. Das angeschlossene Gestüt bietet Tagesausritte an." Zwei Personen zahlen pro Nacht etwa 55–60 €. Plaza Zapata s/n, ✆/✉ 958 769090, www.miradordeberchules.com.

Casa Rural El Paraje, etwa zwei Kilometer außerhalb des Ortes, von mehreren Lesern empfohlen. Hübscher alter Bauernhof unter niederländischer Leitung, das zugehörige Grundstück ist mit 20 Hektar groß genug für Spaziergänge. Terrasse mit fantastischem Fernblick, recht preiswerte Essensmöglichkeit. Man spricht Englisch und hat viele Wandertipps auf Lager. Nichtraucher. DZ/Bad etwa 55 €, keine Kreditkarten. Carretera Granada-Bérchules, km 6; vom Ort zunächst Richtung Trevélez, dann rechts, beschildert, ✆ 958 064029, mobil 626 186035, www.elparaje.com.

• *Feste* **La Nochevieja de Berchules**, die Silvesterfeier des Dorfes – abgehalten am ersten Samstag im August. Der ungewöhnliche Brauch geht zurück ins Jahr 1994, als zum wiederholten Mal ein Stromausfall die „normale" Silvesterfeier lahmlegte und man beschloss, sie im Sommer nachzuholen.

Cádiar

Das Städtchen lebt in weniger beengten Verhältnissen als viele andere Siedlungen in der Region, hat in einer Art Hochtal genug Platz, sich auszubreiten. Cádiar liegt etwas abseits der Hauptstraße durch die Alpujarra und wird deshalb eher selten besucht, zeigt sich aber als lokales Zentrum der östlichen Alpujarra Alta von einer recht lebendigen Seite. Für die meisten Autofahrer ist die Siedlung der Wendepunkt einer Alpujarra-Tour; in umgekehrter Richtung lässt sich die Fahrt durch die Alpujarra Baja via Torviscón fortsetzen.

• *Übernachten/Essen* **** Hotel Apartamentos Alquería de Morayma**, ein sehr reizvolles Quartier etwas außerhalb, auch von Lesern gelobt. Fast ein kleines Dorf, im traditionellen Stil mit vielen alten Materialien und zahllosen feinen Details aus einem halb verfallenen Bauerngut (alquería) aufgebaut – 1998 wurde dieses Konzept mit einem Tourismuspreis ausgezeichnet. Schöne Lage, weiter Blick, kleiner Pool. Gemütliches Restaurant mit regionaler Küche; viele Zutaten aus eigenem Anbau, denn immerhin besitzt der Hof rund 35 Hektar Landwirtschaftsfläche. Reitmöglichkeit. Etwa drei

Hotel-Dörfchen: Alquería de Morayma

286   Provinz Granada

Kilometer südlich von Cádiar, Zufahrt über die A 348 nach Torvizcón beschildert. Nicht zu teuer: Sieben individuell ausgestattete, rustikal-komfortable DZ/Bad à rund 65–75 € (eines originell in einer ehemaligen Kapelle gelegen), außerdem Zweier- bis Vierer-Apartments in „Dorfhäusern", zwei Personen etwa 75 €. ✆ 958 343221, 🖅 948 343221, www.alqueriamorayma.com.

• *Feste* **Fiestas del Santo Cristo y la Virgen de la Esperanza**, etwa vom 5.–9. Oktober. Großes Fest mit Kälbertreiben in den Straßen, alten Tänzen, Viehmesse, Musik- und Sportveranstaltungen. Am letzten Tag fließen aus einem Brunnen am Hauptplatz 4000 Liter bester Alpujarra-Wein.

Weiter in Richtung der Alpujarra almeriense

Östlich von Cádiar wird die Landschaft karger, prägen tiefe Erosionsfurchen die Hänge der gefältelten, graubraunen Berge. Dort, wo genügend Wasser zutage tritt, wirken die Terrassengärten voller Feldfrüchte, Obst- und Nussbäume umso mehr wie kleine Oasen.

Mecina Bombarón

Der Name klingt ganz eindeutig arabisch, und tatsächlich war Mecina Bombarón in maurischer Zeit eine bedeutende Siedlung. Heute gibt sich das Dorf recht modern und aufgeschlossen. Mecina liegt zwar ziemlich abgeschieden, macht aber einen durchaus wohlhabenden Eindruck, gönnt sich sogar einen Tennisplatz mit Freiluftbar.

Yegen

Wie der Nachbarort breitet sich Yegen an einem in mühevoller Arbeit terrassierten Hang aus, der einen weiten Panoramablick nach Osten bietet. Das Dorf besteht aus zwei unterschiedlichen Vierteln; es ernährt sich neben der Landwirtschaft auch von Kleingewerbe und, seit einiger Zeit, auch vom Fremdenverkehr. Eine gewisse Popularität verdankt Yegen dem Schriftsteller Gerald Brenan, der sich in den Zwanziger- und Dreißigerjahren in diese Siedlung zurückzog und sie in seinem Buch „Südlich von Granada" verewigte. Zu jener Zeit lag der Ort äußerst abgeschieden: Für die Reise von Órgiva nach Yegen, die Brenan 1920 mit dem Maultier unternahm, benötigte er drei Tage. Mittlerweile mischt sich jedoch auch schon der eine und andere Neubau in die dörfliche Idylle.

• *Übernachten/Essen* **El Rincón de Yegen**, am Ortsausgang Richtung Válor. Gutes, freundlich geführtes Quartier des „Turismo rural". Das angeschlossene Restaurant genießt dank seiner traditionellen Küche (Spezialität: Lamm) guten Ruf. Ganzjährig, Di Ruhetag. Vier DZ/Bad à etwa 45 €, außerdem drei Häuschen. Camino de las Ersas s/n, ✆ 958 851270.

Válor

Ein größeres Dorf in fruchtbarer Umgebung, die in deutlichem Kontrast zu den kargen gegenüberliegenden Hügeln steht. Válor ist recht hübsch herausgeputzt; Orangenbäume schmücken die kleinen Plätze, an Hausfassaden trocknen ganze Bündel von Pfefferschoten. Gleich mehrere Restaurants laden zum Zwischenstopp.

• *Übernachten* **** Pensión Las Perdices**, angenehme Pension an der Hauptstraße im Ort. Das angeschlossene Restaurant ist bekannt für seine marinierten Rebhühner (perdices), daher der Name. Ganzjährig geöffnet, acht ordentliche Zimmer. DZ/Bad etwa 35 €, es werden auch verschiedene Casas Rurales angeboten. Torrecilla s/n, ✆/🖅 958 851821, www.balcondevalor.com.

Ugíjar

Das Städtchen, nur mehr knapp 560 Meter hoch gelegen, markiert die östliche Grenze der Alpujarra-Region Granadas und ist die größte Siedlung in diesem entlegenen Teil des Gebiets.

An seinem Hauptplatz steht die Kirche *Santuario de la Nuestra Señora del Martirio*, die bei Maurenaufständen im 16. Jh. zerstört, später aber wiederaufgebaut wurde; sie birgt die Statue der Virgen del Martirio, die als Schutzpatronin der Alpujarra hoch verehrt wird. Ugíjar besitzt auch eine Reihe sehr schöner Adelshäuser, deren Türme dem Städtchen in früherer Zeit den Beinamen „Ciudad de las Torres" eintrugen.

• *Feste* **Fiesta de la Virgen del Martirio**, etwa vom 10.–14. Oktober. Zum Fest der Jungfrau von Ugíjar finden sich Besucher aus der gesamten Alpujarra-Region ein. Die Fiesta ist uralt, geht bis auf das Jahr 1606 zurück. Anlass ist die Erinnerung an ein Wunder, das sich beim Maurenaufstand 1568 zugetragen haben soll: Der Legende zufolge gelang es den Mauren damals weder durch Feuer noch auf andere Weise, die Statue der Jungfrau zu zerstören.

Weiterreise: Wer durch Ugíjar kommt, ist meist auf dem Weg von oder nach Almería beziehungsweise Guadix. Zur Fortsetzung der Fahrt durch die Alpujarras Richtung Almería siehe im dortigen Kapitel „La Alpujarra almeriense". Schneller als auf dieser kurvenreichen Strecke erreicht man die Region um Almería über die gut ausgebaute A 347, die 14 Kilometer östlich von Ugíjar meerwärts Richtung Berja abzweigt; weiter dann Richtung El Ejido und dort auf die Autovía A 7.

Grüne Oase: der Río Nechite oberhalb von Ugíjar

Von Granada Richtung Guadix

Das Höhlenstädtchen Guadix liegt an der Gabelung der Hauptstraßen nach Almería und Murcia, knapp 60 Kilometer östlich von Granada.

Von Granada ist Guadix über die vierspurig ausgebaute A 92 zu erreichen, die über den Pass *Puerto de la Mora* (1390 m) führt. Weiter in Richtung Osten weichen die zunächst dichten Wälder bald einer kargen Lößlandschaft von herber Schönheit.

288   Provinz Granada

Purullena erstreckt sich bereits im Gebiet der trockenen Lößhügel. Die langgezogene Ortschaft, bekannt auch durch ihre Keramikläden, besitzt wie Guadix zahlreiche Höhlenwohnungen. Es gibt sogar ein Höhlenmuseum, die *Cueva Museo La Inmaculada* (9–14, 15–20 Uhr bzw. im Winter bis 19 Uhr; 2,50 €); es liegt an der Carretera de Granada 107 und verteilt sich auf insgesamt drei Höhlen.

● *Übernachten* ***** Hotel Rural Patio de Lugros**, etwa 18 km südlich von Purullena, am Fuß des Nordhangs der Sierra Nevada. „Splendid isolation" inmitten einer weiten, offenen Landschaft mit Fernblick. Die elf Zimmer des Hotels liegen um einen großen, zentralen Patio, ein rustikal eingerichtetes Restaurant ist angeschlossen und angesichts der Lage auch nötig. Geführt wird das Haus von der Deutschen Eva und ihrem spanischen Mann Rafael Gómez Navarro; zur Kundschaft zählen u.a. Reiter und insbesondere Wanderer (auch kleine Gruppen), die von Eva beste Tipps oder auch gleich persönliche Führung erhalten. Geschlossen von etwa Mitte/Ende November bis Mitte/Ende März sowie von Mitte/Ende Juni bis Mitte/Ende Juli; vorheriger Anruf aber ohnehin in jedem Fall ratsam. DZ/F etwa 75–90 €. Cerrillo de las Perdices, Anfahrt von Purullena vorbei an Marchal, Beas de Guadix und Policar und durch Lugros hindurch; wenige Kilometer hinter Lugros dann auf eine beschilderte, knapp zwei Kilometer lange Piste. ✆ 958 066015, ✆ 958 066017, www.patiodelugros.net.

Einmal ein Höhlenmensch sein …

Die Region um Guadix ist bekannt für ihre Höhlenwohnungen, die seit geraumer Zeit nicht nur von Einheimischen bewohnt werden: Das Städtchen zählt zu den Pionieren im Höhlen-Tourismus. Auch heute noch florieren die „Casas Cueva" von Guadix, aber auch anderen Orten wie Baza und Galera – sich einmal als Höhlenmensch zu fühlen, muss also kein Wunschtraum bleiben.

● *Übernachten* **Casas-Cueva** (Höhlenwohnungen), sind oft reizvoll möbliert und durchaus komfortabel ausgestattet, besitzen Elektrizität, ein eigenes Bad etc.; eben alle Wohltaten der Zivilisation. Sehr angenehm ist das Raumklima, das im Sommer herrlich kühl und im Winter warm ist. Die Preise für eine Zweipersonen-Höhle variieren je nach Komfort, Richtwert im mittleren Segment etwa 65–70 € pro Tag. Übersichten finden sich (leider nur auf Spanisch) unter www.casascueva.org und www.casacuevarural.com.

Guadix

Ein freundliches Landstädtchen von rund 20.000 Einwohnern, gelegen auf fast tausend Meter Höhe und berühmt für seine Lößhöhlen.

Guadix ist bekannt für seine Kathedrale, mehr aber noch für das *Barrio de las Cuevas*, eine skurril wirkende Ansammlung von tief in den weichen Löß gegrabenen Höhlenwohnungen. Die Orientierung in Guadix fällt leicht. Das Zentrum liegt beim großen Kreisverkehr; wenige hundert Meter Richtung Almería markiert bei einem Park der weiße Torbau *Puerta de San Torcuato* den Zugang zur Altstadt um die *Plaza de la Constitución*. Ganz oben auf dem Hügel liegen die Reste der maurischen Festung *Alcazaba*, von denen man einen guten Ausblick auf das Höhlenviertel im Südwesten der Stadt genießt.

● *Information* **Oficina de Turismo**, mit Erscheinen dieser Auflage wohl bereits umgezogen zur zentralen Plaza de Constitución; angeschlossen ein Interpretationszentrum über die römische und maurische Vergangenheit von Guadix. Öffnungszeiten bis dato Mo–Fr 9–13.30, 16–18 Uhr, künftig evtl. auch am Wochenende. Ob die bis-

Guadix

Ungewöhnlicher Anblick: das Höhlenviertel von Guadix

herige Telefonnummer ✆ 958 699574 beibehalten wird, stand noch nicht fest.

• *Verbindungen* Zug: Bahnhof in ungünstiger Lage etwa zwei Kilometer außerhalb in Richtung Murcia, Busverbindung. Züge Richtung Granada 4-mal, Almería 5- bis 6-mal täglich; selten auch Fernzüge nach Barcelona und Madrid.

Bus: Busbahnhof am südöstlichen Ortsrand, vom Zentrum etwa 800 m Richtung Almería, dann linker Hand etwas abseits der Hauptstraße. MAESTRA bzw. ALSINA GRAELLS nach Granada 12-mal, nach Almería 4-mal, Jaén 2-mal, Baza 7-mal täglich.

• *Übernachten* **** Hotel Comercio, solides, gut in Schuss gehaltenes Quartier direkt im Zentrum, nahe der Puerta de San Torcuato. Hübsche Zimmer; ein Spa und ein Restaurant sind angeschlossen. Ganzjährig geöffnet; DZ etwa 75 €. Mira de Amezcua 3, ✆ 958 660500, ✆ 958 665072, www.hotelcomercio.com.

*** Hotel Carmen, an der Hauptstraße Richtung Granada, etwas stadtauswärts der Infostelle. Ordentliches Quartier, Garage; Cafeteria und Restaurant angeschlossen. DZ etwa 55–65 €. Avenida Mariana Pineda 61, ✆ 958 661500, ✆ 958 660179, www.hotelcarmenguadix.com.

** Hotel Abentofail, 2009 eröffnetes, zentral gelegenes Hotel mit Charme und exzellentem Preis-Leistungs-Verhältnis, das eher zwei Sterne höher anzusiedeln wäre. Gutes Restaurant „Búho". Nur 17 Zimmer, gut ausgestattet und untergebracht in einem Palacio des 15. Jh., geschmackvolle Bäder. DZ/F etwa 75–85 €. Calle Abentofail s/n, am Ende einer Treppengasse oberhalb der Plaza Constitución; Autoanfahrt zur Rückseite prinzipiell möglich, die Lage aber evtl. besser erst zu Fuß klären, ✆/✆ 958 669281, www.hotelabentofail.com.

** Hotel Mulhacén, an der Straße nach Múrcia, neben einer Tankstelle. Ein Lesertipp von Othmar Karrer: „Gepflegtes Hotel. Der Juniorchef spricht Deutsch." Die Zimmer nach hinten sind ruhiger und wurden auch von anderen Lesern gelobt. Parkplätze vor der Tür. DZ/F etwa 60 €. Avenida Buenos Aires 43, vom Zentrum Richtung Múrcia, ✆ 958 660750, ✆ 958 660661, www.hotelmulhacen.com.

Cuevas de Rolando, in ruhiger Alleinlage knapp außerhalb des Ortes selbst. Acht komplett ausgestattete Höhlenapartments, für Guadix natürlich absolut passend. Deutsch-spanische Leitung durch Roland und Maria, die viele gute Tipps zur Umgebung parat haben. Alle Höhlen mit Terrasse und Grillstelle, kleiner Pool, weiter Blick. Zwei Personen zahlen ca. 60 €, Frühstück inklusive. Carretera de Baza 18, vom Zentrum über die Av. Buenos Aires Richtung Norden (Múrcia), vorbei an der Zufahrt zum Bahnhof, dann 50 Meter vor dem Ortsschild rechts ab, noch ca. 500 Meter Piste, ℅ 958 066029, mobil 670 799138, www.cuevasderolando.es.

Chez Jean & Julia, Höhlenunterkunft im Höhlenviertel von Guadix. Es gibt zwei Kategorien: Ü/F im schlichten DZ ohne Bad für zwei Personen 35 € und die komplett ausgestattete, so genannte „Individualhöhle" für bis zu sechs Personen, pro Tag 70–80 €, auch Wochenpauschalen. Calle Ermita Nueva 67, nahe Höhlenmuseum, ℅ 958 669191, www.altipla.com/jj.

• *Essen* Ein paar Bars liegen um die zentrale Plaza Constitución, die nahe Plaza Naranjos und in der Calle Jardín. Einen guten Ruf genießt mit frischer, marktabhängiger Küche das im Hotel Abentofail gelegene **Restaurant Bóhu**.

Brasería La Tinaja, leider etwas außerhalb an der Straße Richtung Múrcia, noch 600 Meter stadtauswärts des Bahnhofs. Uriges Grillrestaurant mit guten Fleischgerichten; der Speisesaal liegt in einer Höhle. Nicht teuer, Menü à la carte ab etwa 20 €. Carretera Baza 77, ℅ 958 662877. www.braserialatinaja.com.

Brasería El Churrasco, in einem Wohnviertel nördlich der nach Granada führenden Av. Mariana Pineda (von dort über die C. Manuel de Falla), nicht weit vom zentralen Kreisverkehr, Eingang meist durch die zugehörige Bar. Ein Lesertipp von Iris und Jochen Dolling: „Die Küche ist wirklich vorzüglich mit einer großen Auswahl an Fleisch- und Fischgerichten zu etwa 10–15 €. Auch die Vorspeisen sind nicht zu verachten.. Außerdem wurden wir sehr nett und freundlich bedient." Calle Poetisa Hafsa 3/Plaza Sierra Nevada s/n.

Mesón Granadul 2, am Westrand der Altstadt. Die hübsche Bar gehört einem örtlichen Schinkenhersteller, was ihr leicht anzusehen ist; im Angebot alle Arten von Schinken- und Wurstwaren, Käse etc. auch im Direktverkauf. Calle San Miguel 4.

• *Feste* **Fiesta de San Torcuato**, am 15. Mai; das Patronatsfest von Guadix.

Alte Gerätschaft im Höhlenmuseum

> **Cascamorras**, am 6. September. Ein ausgesprochen komischer Wettstreit zwischen den Einwohnern von Guadix und denen des Städtchens Baza, etwa 40 km nordöstlich, wo sich auch die Hauptattraktion des Festes abspielt: Ein Einwohner aus Guadix, der „Cascamorras" eben, hat die Aufgabe, sich sauber im Angesicht und fleckenlos an Kleidung nach Baza durchzuschlagen, woraufhin die dortige Statue der Jungfrau La Piedad an Guadix abzugeben wäre. Die Einwohner aus Baza leisten entsprechenden Widerstand, für den Cascamorras und seine Begleitung zu einem erstklassigen Schmutzbad wird – bisher hat es der Gute noch nie geschafft, seine Mission zu erfüllen, weshalb er auch von den eigenen Leuten noch eine üppige Portion Dreck abbekommt. Feierlich auf Schultern getragen wird er später trotzdem.

Strahlend weiß: die Fassaden vor den Wohnhöhlen

Sehenswertes

Kathedrale: Oberhalb des Kreisverkehrs ist sie nicht zu übersehen. Die Kirche wurde im 16. Jh. errichtet und im 18. Jh. im Barockstil umgebaut. Sie besitzt eine sehr eindrucksvolle Fassade, das Chorgestühl im Inneren ist in aufwändigstem Churrigueresco-Stil gehalten. Ein *Kathedralenmuseum* (Mo–Sa 10.30–13, 17–19 bzw. im Winter 16–18 Uhr; 3,50 €, Audioguide inbegriffen) ist im Nebengebäude des Kapitelsaals untergebracht.

Barrio de las Cuevas: Das Höhlenviertel von Guadix hat sich zu einer Art Touristenattraktion entwickelt. Die an den Hauptrouten lebenden Bewohner, übrigens kaum Zigeuner, wie es oft heißt, haben sich deshalb an Fremde gewöhnt; abseits fühlt man sich schnell als unerwünschter Eindringling. Mit weißen Vorbauten ebenso versehen wie mit den Errungenschaften der Zivilisation, sind die Höhlen eine durchaus komfortable Wohnstatt. Ein großer Vorteil ist ihre hervorragende Isolation sowohl gegen Hitze als auch gegen Kälte – die Innentemperaturen liegen ganzjährig um die 20 Grad. Bei freundlichen Einladungen zur Besichtigung sollte man allerdings etwas Skepsis walten lassen, denn hinterher werden gelegentlich (nicht immer) finanzielle Forderungen gestellt, die dann recht saftig ausfallen können. Preisgünstiger und mindestens ebenso informativ ist ein Besuch im *Cueva Museo* (Mo–Fr 10–14, 17–19 bzw. im Winter 16–18 Uhr, Sa 10–14 Uhr; Eintritt 2,50 €) an der Plaza Ermita Nueva, das tatsächlich in einer Höhle untergebracht ist und anhand alter Gerätschaften etc. das Leben der Höhlenbewohner früherer Jahrzehnte dokumentiert. Es liegt unweit der Ermita Nueva, einer ebenfalls in den Löß gegrabenen Kapelle. Übrigens ist es umstritten, wie lange die Höhlen von Guadix schon als Wohnungen genutzt werden. Mancher Forscher sieht ihren Ursprung bereits zur Römerzeit, andere vermuten, dass sich während der Reconquista vertriebene Mauren erstmals ins Innere der Erde zurückgezogen haben. Überliefert ist auf jeden Fall, dass einige Höhlen von Guadix bereits 1489 beim Besuch der „Katholischen Könige" existierten. – Am Rand des Höhlenviertels, gleich unterhalb der

292   Provinz Granada

Alcazaba, liegt in der Calle San Miguel das Keramik-Museum *Museo de Alfarería Cueva La Alcazaba* (Mo–Fr 10–13, 17–20.30 bzw. im Winter 16–19 Uhr, Sa/So 11–14 Uhr; 2 €), das ebenfalls in einer ehemaligen Wohnhöhle untergebracht ist.

La Calahorra

Das kleine Städtchen nahe der N 324 nach Almería wird überragt von einer massiven Burg des 16. Jh. mit wuchtigen Rundtürmen. Im Gegensatz zum wehrhaften Äußeren steht der lichte Innenhof im Stil der italienischen Renaissance, der leider nur selten (Mi 10–13, 16–18 Uhr, ✆ 958 677098) zugänglich ist. Landesweite Berühmtheit erlangte der Ort indes durch eine moderne Einrichtung: Hier erstreckt sich mit „Andasol 1–3" die größte Solaranlage (Planta Solar) ganz Europas. In diesem zwei Quadratkilometer großen solarthermischen Kraftwerk wird Strom nicht via Photovoltaik, sondern ganz konventionell durch dampfgetriebene Turbinen erzeugt; der Dampf jedoch entsteht mit Hilfe von 400 Grad heißem Spezialöl, das in Absorberrohren mittels reflektierender Parabolrinnen von der Kraft der Sonne aufgeheizt wurde. Dank hitzespeichernder Tanks mit Salzschmelze kann auch nachts Energie produziert werden.

Von La Calahorra bietet die A 337 über den 2000 Meter hohen Pass *Puerto de la Ragua* Anschluss an die Alpujarras sowohl der Provinz Granada als auch der Provinz Almería.

Der Nordosten der Provinz Granada

Der äußerste Nordosten der Provinz Granada, eingeklemmt zwischen den Provinzen Almería und Jaén, sieht nur wenige Besucher.

Die trockenen, nur im Frühjahr bunt blühenden Sierras hier ähneln teilweise schon den wüstenähnlichen Mondlandschaften Almerías – ein wildes, dünn besiedeltes Gebiet, in dem sich noch Entdeckungen machen lassen.

Baza

Etwa 45 Kilometer nordöstlich von Guadix gelegen, blickt das Städtchen auf eine lange Vergangenheit zurück. Baza ist eine Gründung der Iberer, auf die auch die Skulptur der berühmten *Dama de Baza* zurückgeht, die hier ausgegraben wurde und heute in Madrid ausgestellt ist; das kleine Archäologische Museum des Ortes selbst behielt nur eine Kopie zurück. Auch in der römischen Epoche besaß die Siedlung als *Basti* einige Bedeutung. Unter den Mauren spielte Baza eine wichtige Rolle als Grenzstadt zum benachbarten Königreich Murcia; die am höchsten Punkt der Stadt gelegenen Ruinen der Festung Alcazaba, angelegt im 12. Jh., stammen aus jener Zeit. Erst 1489 wurde Baza von den „Katholischen Königen" zurückerobert. Über den Grundmauern einer Moschee entstand 1529 die gotische Kirche *Colegiata Concatedral de Santa María*. Das bedeutendste Bauwerk Bazas, zusammen mit seiner Umgebung als Monumento Nacional unter Denkmalschutz gestellt, besitzt ein schönes Hauptportal im Platereskstil. Heute zeigt sich Baza als abgelegenes, eher unbedeutendes Landstädtchen von rund 20.000 Einwohnern.

● *Übernachten* **** Hotel Anabel**, kleines, aber durchaus komfortables Hotel im Zentrum östlich vom Hauptplatz Plaza Mayor; ein Bar-Restaurant ist angeschlossen. Ganzjährig geöffnet, DZ/Bad etwa 55 €.

Calle María de Luna s/n, ✆ 958 860998, www.hotelanabel.es.
Cuevas y Hammam Al Jatib, sehr hübsch gestalteter Komplex in einsamer Lage etwas außerhalb. Fast schon ein kleines Dorf

aus Höhlenapartments, deren größtes bis zu elf Personen Platz bieten kann. Angeschlossen eine Spielhöhle für Kinder, ein Restaurant sowie als Besonderheit ein Höhlenbad (der sog. Hammam) mit unterschiedlich temperierten Becken, in dem auch Massagen angeboten werden. In manchen Übernachtungspreisen ist der Besuch des Hammam enthalten, sonst zahlen Gäste etwa 10 €, Nichtgäste knapp 12 €. Geöffnet ist ganzjährig, am Wochenende (Mindestaufenthalt dann zwei Nächte) sowie im Sommer ist Reservierung sehr ratsam. Zweier-Höhlenapartment nach Saison 90–125 €, bei längerem Aufenthalt günstiger. DZ in Höhlen gibt es zu unwesentlich günstigeren Preisen auch. Anfahrt vom Ort über die Zufahrtsstraße zur Anschlussstelle Baza-Este, bei einem kleinen Gewerbegebiet dann rechts in den schmalen Camino de Oria (beschildert), noch vier Kilometer, ✆ 958 342248, mobil 667 524219, ✆ 958 063103, www.aljatib.com.

Embalse de Negratín: Wie eine Oase liegt der türkisfarben leuchtende Stausee in der knochentrockenen Landschaft nordwestlich von Baza. Im Umfeld der Staumauer an der Straße nach Pozo Alcón gibt es einige wenige Lokale, in der Nähe liegt ein kleiner „Club Naútico". Sonst existieren, vom Campingplatz abgesehen, praktisch kaum Einrichtungen.

Fließende Formen: Hammam Al Jatib

• *Camping* **Cabañuela**, 2. Kat., etwa 20 Kilometer nordwestlich von Baza, in der Nähe des Dorfes Freila; von der A 315 dem Schild „Área recreativa" auf die Stichstraße zum See folgen. Beliebt bei Anglern. Wenig Schatten, dafür ein Pool; Miethütten, Bar-Rest, etc. Am 500 Meter entfernten See gibt es einen kleinen künstlichen Strand. Ganzjährig geöffnet, p. P., Auto, Zelt je etwa 5 €. Camino del Cortijo del Cura, s/n, ✆ 958 063108, campingfreila@hotmail.com.

Galera

Galera, an der Nebenstraße nach Huéscar etwa 42 Kilometer nordöstlich von Baza und etwa 150 Kilometer von Granada entfernt, wirkt auf den ersten Blick wenig spektakulär. Die freundliche, ländliche Siedlung liegt unweit der Mündung des Río Galera in den Río Huéscar. Dass dieses fruchtbar grüne Gebiet schon lange besiedelt war, belegen die Ausgrabungen in der nahen iberisch-römischen *Necrópolis de Tútugi*. Möglicherweise reicht die Anwesenheit des Menschen hier sogar noch viel weiter zurück: Falls das auf ein Alter von 1,8 Millionen Jahren datierte Knochenfragment, das in einer fossilienreichen Zone beim benachbarten Ort *Orce* gefunden wurde, wirklich (wie von mancher Seite angenommen) ein Teil eines menschlichen Schädels sein sollte, wären alle Theorien über die Besiedlung der Iberischen Halbinsel über den Haufen geworfen. Andere Wissenschaftler vermuten allerdings, das Knochenstück sei schlicht der Überrest eines Pferdekopfes.

▲ Abgeschiedener Bauernhof: Ein Großteil der Provinz Jaén ist noch sehr ländlich strukturiert

Provinz Jaén

Entlang der Autovía A 4 299	Úbeda 311
Jaén 302	Parque Natural Sierras de Cazorla,
Im Süden der Provinz Jaén:	Segura y Las Villas 317
Alcalá la Real 307	Entlang der Carretera del Tranco ... 323

Ölbäume über Ölbäume: Landschaft bei Jaén

Provinz Jaén

Wohl auch aufgrund ihrer ungünstigen Lage ist die Provinz Jaén so ein bisschen das Stiefkind der Comunidad Andalucía, zumindest, was die Zahl ihrer Besucher angeht.

Der Name Jaén bedeutet etymologisch soviel wie „Karawanenweg", und wirklich war die Provinz immer schon vor allem eine Durchgangsstation. Hier liegt mit dem Pass Despeñaperros die wichtigste Pforte von Kastilien nach Andalusien. Schon die christlichen Heere, die sich zu Beginn des 13. Jh. an die Rückeroberung Andalusiens von den Mauren machten, nahmen zwangsläufig diesen Weg.

In Kürze: Provinz Jaén

Fläche: 13.498 Quadratkilometer
Bevölkerung: 670.000 Einwohner, das entspricht einer für Andalusien sehr geringen Bevölkerungsdichte von 50 Einwohnern pro Quadratkilometer.
Schöne Orte: Baeza, Úbeda, Cazorla

Reizvolle Landschaften: Der gesamte Naturpark Parque Natural Sierras de Cazorla, Segura y las Villas.
Keinesfalls versäumen: Die schönen Renaissancestädtchen Baeza und Úbeda zu besuchen
Internet-Info: www.promojaen.es

Von Durchreisenden abgesehen, verirren sich nicht allzuviele Besucher in diese Nordostecke Andalusiens, die keine Küste und nur in wenigen Orten echte Sehenswürdigkeiten besitzt. Selbst die erstaunlichen Renaissance-Städtchen *Baeza* und *Úbeda* empfangen nur wenige Touristen, von der nicht unbedingt besonders glanzvollen Hauptstadt *Jaén* ganz zu schweigen. Dabei verfügt die Provinz über einen

Provinz Jaén   297

Sorten von Tafeloliven

Die Färbung von Speiseoliven, Maßstab für die Einteilung in vier Grundsorten, ist abhängig von der Verweildauer am Baum (je länger, desto dunkler), aber auch von der Behandlung nach der Ernte.

Grüne Oliven, die auch grün bleiben sollen, werden unreif geerntet und, um ihre natürliche Bitterkeit zu beseitigen, für einige Stunden in schwache Natronlauge und anschließend zur Fermentierung in Salzlösung eingelegt.

Natürliche schwarze Oliven sind in voller Reife geerntet worden und wandern dann direkt in die Salzlösung.

Schwarze Oliven sind dagegen noch nicht ganz reife Früchte, die wie grüne Oliven mit Natronlauge behandelt und vor dem Einlegen in die Salzlösung durch Luftzufuhr oxydiert wurden, wobei sie die dunkle Farbe annehmen.

Oliven von wechselnder Farbe wird die vierte Sorte genannt: rosa bis kastanienbraun, vor der vollen Reife geerntet und, je nach Erfordernis, ebenfalls teilweise im Laugenbad behandelt.

Schatz, der bisher fast nur von inländischen Gästen gewürdigt wird: Der Naturpark *Sierras de Cazorla, Segura y Las Villas* am Oberlauf des jungen Guadalquivir ist eine traumhafte Gebirgslandschaft mit herrlichen Wandermöglichkeiten, außerhalb der spanischen Urlaubssaison weitgehend menschenleer.

Über den Ölbaum

Oliven, Oliven, Oliven ... Sie sind der allgegenwärtige Reichtum der Provinz Jaén. Hügelauf, hügelab wellen sich die säuberlich in Reihen gepflanzten Haine.
Weithin glänzen die silbrigen Blätter über roter oder ockergelber Erde, bilden aus der Entfernung geometrische Muster. Der Dichter Antonio Machado nannte Jaén deshalb „das gekämmte Land". Ein schöner, wenn auch mit der Zeit etwas ermüdender Anblick – und ein Zeichen gefährlicher Abhängigkeit: Mit den Oliven blüht und welkt die Wirtschaft Jaéns, eine einzige Fehlernte brächte die Provinz in bittere Schwierigkeiten.

Ursprünglich stammt der Ölbaum aus dem Vorderen Orient, wurde dort schon vor sechstausend Jahren angebaut. Auf der Iberischen Halbinsel führten ihn erst die Phönizier ein. Heute steht Spanien in der Herstellung von Olivenöl weltweit auf

Provinz Jaén
Karte S. 298/299

Qualitätsstufen von Olivenöl: Der Begriff „kaltgepresst" ist insofern irreführend, als jedes Olivenöl grundsätzlich kalt gepresst wird. „Warme" Pressungen, bei denen heißes Wasser zugesetzt wurde, existieren bereits seit vielen Jahrzehnten nicht mehr. Auch die Formulierung „erste Pressung" hebt nur eine Selbstverständlichkeit hervor. Doch ist deswegen noch lange nicht Olivenöl gleich Olivenöl – es gibt deutliche Qualitätsunterschiede. Eingestuft werden die Güteklassen seit 1991 nach einer Bestimmung der EU:

* **Natives Olivenöl extra** (Aceite de Oliva Virgen Extra): beste Qualität, Gehalt an freien Fettsäuren maximal ein Prozent

* **Natives Olivenöl** (Aceite de Oliva Virgen): gute Qualität, Gehalt an freien Fettsäuren bis höchstens zwei Prozent

* **Olivenöl** (Aceite de Oliva): Mischung aus nativem und raffiniertem Olivenöl

* **Oliven-Tresteröl** (Aceite de Orujo de Oliva): durch chemische Extraktion gewonnen, raffiniert und mit nativem Öl gemischt

dem ersten Rang, liefert rund 31 Prozent der Weltproduktion. Etwa 215 Millionen von insgesamt 800 Millionen kultivierten Bäumen wachsen hier. Die jährliche Produktion des Landes schwankt zwischen 800.000 und 900.000 Tonnen, erreicht in Spitzenjahren sogar bis zu einer Million Tonnen Öl. Tafeloliven, die für den Verzehr bestimmt sind, machen noch einmal etwa 200.000 Tonnen aus. Innerhalb Spaniens ist Andalusien der bei weitem wichtigste Hersteller, stellt rund vier Fünftel der Landesproduktion an Olivenöl.

Der Baum: Zur Olacea-Familie der Olivenbaumgewächse zählen auch Jasmin, Liguster und Flieder. Die kultivierten Arten des Olivenbaums, Sativa genannt im Unterschied zur wilden Oleasterpflanze, zählen etwa 50 Unterarten, die sehr unterschiedliche Früchte hervorbringen.

Olivenbäume, die mehrere hundert Jahre alt werden können, vertragen nur wenige Frosttage bis maximal fünf Grad unter Null. Die Sommer müssen warm und trocken sein, im Herbst und Winter jedoch brauchen die Kulturen einige kräftige Regengüsse. Obwohl er keine großen Ansprüche an die Qualität des Bodens stellt, freut sich der Olivenbaum doch besonders über Lehmböden, die möglichst nicht höher als 600 Meter liegen sollten. Im April und Mai zeigen sich die kleinen gelb-weißen Blüten, Erntezeit ist im Herbst und Winter. Der Anbau verlangt Geduld: Je nachdem, ob aus Stecklingen oder Samen gezogen, trägt ein Baum erst nach fünf bis zehn Jahren die ersten Früchte. Den höchsten Ertrag erzielt er mit durchschnittlich rund 50 Kilogramm Oliven aber erst nach etwa 20 Jahren.

Ernte und Verarbeitung: Die Ernte gestaltet sich sehr arbeitsintensiv, da sorgfältig vorgegangen werden muss: Wenn die zarte Haut der Früchte verletzt wird, sinkt die Qualität des Öls drastisch. Und schnell muss es auch gehen – zwischen Ernte und Pressung dürfen nicht mehr als zwei oder drei Tage liegen. Meist werden die Oliven noch von Hand gepflückt oder mit Stangen und Kämmen vom Baum geholt. In den großen Reihenkulturen übernehmen mittlerweile manchmal Rüttelmaschinen einen Teil der Arbeit, doch können diese nicht alle Früchte ernten, so dass auch dort noch etwa ein Drittel der Oliven manuell gepflückt werden muss. Die für die Produktion von Öl vorgesehenen Früchte werden vor dem Mahlen, das mit hochkant stehenden Mühlsteinen erfolgt, gewaschen und von Zweigen und Blättern getrennt. Der Olivenbrei wird dann ohne Zusätze ein einziges Mal hydraulisch ge-

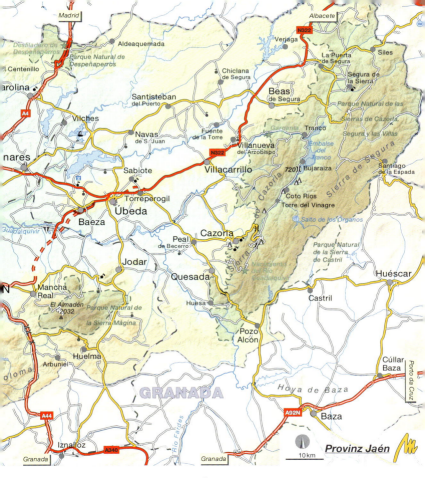

presst, die so entstandene Emulsion aus Öl und Fruchtwasser per Zentrifuge getrennt, das Öl dann meist noch gefiltert – fertig. Die Rückstände übrigens werden zum Teil in Biomasse-Kraftwerken zur Energiegewinnung genutzt; dies manchmal so intensiv, dass sich ein Leser durch die Emissionen erheblich gestört fühlte.

Entlang der Autovía A 4

Die autobahnähnlich ausgebaute A 4 (Ex-Nationalstraße N IV) von Madrid über Córdoba nach Sevilla ist eine der Hauptrouten hinein nach Andalusien.

Und dabei eine sehr geschichtsträchtige Strecke: Wo heute Lkw und Urlauberautos entlangbrausen, drängten während der Reconquista die Heere der vereinigten christlichen Königreiche allmählich die Mauren zurück.

▸ **Desfiladero de Despeñaperros:** Der Engpass in der wilden, hier unter Naturschutz gestellten Sierra Morena bildet die historische, bis heute bestehende Grenze

300   Provinz Jaén

zwischen der kastilischen Mancha und Andalusien. Während der Rückeroberung soll es den christlichen Heeren erst durch die Hilfe eines Schäfers gelungen sein, sich an die maurischen Verteidiger heranzuschleichen, einen Überraschungsangriff zu starten und die Mauren nach Andalusien abzudrängen. Auf jene Attacke wird der unfreundliche Name Despeñaperros („Hinabstürzen der Hunde") zurückgeführt. In späteren Jahrhunderten war die Schlucht lange Zeit ein gefürchtetes Versteck von Räuberbanden, die hier den Reisenden auflauerten. Heute überwindet die Autovía den berüchtigten Engpass manchmal kurvig, aber doch recht flott.

La Carolina

Seine Existenz verdankt La Carolina in gewisser Weise auch den Strauchdieben vom Despeñaperros-Pass.

Gegen 1770 nämlich holte König Karl III. Franzosen, Schweizer und vornehmlich aus Bayern stammende Deutsche als Einwanderer hierher, um die Gegend zu befrieden. Eine ganze Reihe von Ortschaften wurde angelegt, die neuen Siedlungen „Nuevas Poblaciones". In La Carolina erinnert bis heute der Palacio Olavide an den gestürzten Gouverneur, und auch die planmäßige Gründung ist dem Städtchen mit seinem schachbrettartigen Grundriss noch deutlich anzusehen.

● *Übernachten* ****** Hotel NH La Perdiz**, an der Nationalstraße. Komfortables, mit Garagen und Swimmingpool ausgestattetes Quartier. Das zugehörige Restaurant ist, wie der Name schon vermuten lässt, auf Rebhuhn (perdiz) spezialisiert. DZ etwa 100 €, mit Internet-Angeboten oft günstiger.

Carretera Madrid–Cádiz, km 268, ℡ 953 660300, ✉ 953 681362, www.nh-hoteles.es. *** Hotel Gran Parada**, eine günstigere Alternative, dabei für diese Preisklasse durchaus akzeptabel. DZ/ Bad etwa 35–40 €. Avenida Linez Vilches 9, ℡ 953 660275.

Die Neuen Siedlungen: Aufklärung versus Inquisition

Der aus Peru stammende Schriftsteller und Staatsmann Pablo Olavide war die treibende Kraft hinter der Idee, den seit der Vertreibung der Mauren fast menschenleeren Südhang der Sierra Morena neu zu besiedeln. Olavide wurde der erste Generalgouverneur der Nuevas Poblaciones. Unter seiner Administration entstanden in dem verlassenen Gebiet binnen weniger Jahre blühende Dörfer und wohlhabende Städtchen. Für den katholischen Klerus regierte der Liberale allerdings zu fortschrittlich, hatte er doch unter anderem gestattet, dass die Neulinge ihre eigenen Geistlichen mitbringen durften, und sogar Protestanten die Ansiedlung erlaubt. Es kam, wie es im Spanien jener Zeit kommen musste: Die Inquisition zerrte Don Pablo Olavide vor ihr Schreckensgericht. Wegen „Ketzerei" wurde der Politiker mit dem Entzug aller Ämter und Titel bestraft, für den Wiederholungsfall mit dem Scheiterhaufen bedroht und in ein Kloster verbannt. Wer weiß, wie lange der Unglückliche dort am Leben geblieben wäre, hätte er es nicht geschafft, rechtzeitig ins liberale Frankreich zu flüchten. Farbig beschrieben ist Olavides demütigender Inquisitionsprozess in Lion Feuchtwangers Roman „Goya".

Navas de Tolosa: Jenseits der Nationalstraße, nur etwa zwei Kilometer nordöstlich von Carolina, erinnern der Name des kleinen Dorfes und ein Denkmal an die ungemein wichtige Entscheidungsschlacht am 16. Juli 1212. Damals gelang es den vereinigten christlichen Heeren, den Streitkräften der Mauren jene vernichtende Niederlage beizubringen, die der Reconquista endgültig zum Durchbruch verhalf.

Baños de la Encina: Ein kleines Kurstädtchen, sechs Kilometer westlich der A 4 und überragt von den Ruinen der maurischen Festung *Alcazaba*, die auf das 10. Jh. zurückgeht.

Bailén

Wie Navas de Tolosa steht auch das sonst nicht weiter bedeutende Städtchen Bailén, gelegen nahe der Kreuzung wichtiger Fernstraßen, für ein wichtiges Datum der spanischen Geschichte: Hier fand 1808 die entscheidende Schlacht gegen das Heer des französischen Usurpators Napoleon statt. Der für die Spanier siegreiche Ausgang markierte einen Wendepunkt im Spanischen Unabhängigkeitskrieg.

● *Übernachten* **** Hotel Zodiaco**, eines von mehreren typischen Fernstraßenhotels unweit der Ortsumgehung von Bailén. Ordentliche Zimmer, hübscher Freibereich mit Sommerterrasse, Einkaufsmöglichkeit lokaler Produkte. Restaurant angeschlossen. DZ etwa 70–75 €. Ctra. Bailén–Motril, km 294, ✆ 953 671058, ✉ 953 671906, www.hzodiaco.com.

Andújar

Obwohl durch sein Kunsthandwerk bekannt, sieht das Marktstädtchen am Ufer des Río Guadalquivir nicht viele ausländische Besucher.

Andújar wurde von den Römern gegründet, aus deren Zeit noch eine Brücke mit dreizehn Bögen erhalten blieb. Einen gewissen Ruf genießt das Städtchen vor allem durch seine kunsthandwerklichen Arbeiten; hier werden unter anderem Pfeifen aus Ton und Schilf, Keramik und Lederartikel hergestellt.

Berühmt ist Andújar auch wegen der Wallfahrt zum Heiligtum der *Nuestra Señora de la Cabeza,* an der eine wahrhaft enorme Zahl von Pilgern teilnimmt. Das Zentrum von Andújar bildet die hübsche *Plaza del Mercado* mit dem Rathaus und der gotischen Kirche *Santa María,* in der ein „Christus am Ölberg" von El Greco zu sehen ist.

● *Verbindungen* **Zug:** Bahnstation der häufig bedienten Linie von Córdoba nach Madrid, allerdings etwas ungünstig am südwestlichen Ortsrand gelegen.
Bus: Busse der Gesellschaft MUÑOZ unter anderem 6- bis 10-mal täglich von und nach Jaén.

● *Übernachten* ***** Hotel Del Val**, erste Adresse vor Ort, wenn auch nicht eben zentral im östlichen Siedlungsbereich gelegen. Viele Geschäftsreisende unter der Kundschaft. DZ etwa 70 €. Calle Hermanos del Val 1, ✆ 953 500950, ✉ 953 506606, www.hoteldelvall.es.

Provinz Jaén
Karte S. 298/299

302 Provinz Jaén

• *Feste* **Romería de Nuestra Señora de la Cabeza**, am letzten Sonntag im April. Die Wallfahrt zur volkstümlich La Morenita („Die kleine Braune") genannten Patronin von Andújar, die gleichzeitig die Schutzheilige der Jäger und Treiber ist, führt zum „Santuario de la Virgen de la Cabeza", der Kapelle eines ehemaligen, im Bürgerkrieg zerstörten Klosters des 13. Jh. Etwa 150 Bruderschaften „cofradías" aus vielen Orten Spaniens nehmen an dieser traditionellen Wallfahrt teil, in manchen Jahren bis zu einer halben Million Menschen. Vom Heiligtum bietet sich eine schöne Aussicht über die bergige Umgebung. Es liegt auf dem Hügel „Cerro del Cabezo", in der Sierra etwa 30 Kilometer nördlich der Stadt, und ist von der A 4 über das Dorf Las Viñas zu erreichen.

Jaén
(117.000 Einwohner)

Eine provinzielle Provinzhauptstadt. Aus der Ferne ein kastellgekrönter Hügel, von nahem besehen eine Mischung von Moderne und Nostalgie.

Jaén, kaum über 100.000 Einwohner und doch Hauptstadt. Die breit ausgebauten Zufahrten schwingen sich von den Hauptstraßen im Tal den Hügel hoch und mitten hinein in ausgedehnte, manchmal schon etwas fassadenschwache Wohnblocks. Dieser erste Eindruck täuscht ein wenig. Abseits der Rennstrecken, die das Zentrum nur streifen, präsentiert sich Jaén teilweise erstaunlich verschlafen, auch wenn die in den Neunzigerjahren eröffnete Universität etwas mehr Leben in die Stadt gebracht hat. Touristen jedenfalls finden trotz der teilweise durchaus beachtlichen Sehenswürdigkeiten eher selten den Weg hierher. In manchen Vierteln scheint fast noch ein Spanien des 19. Jh. überlebt zu haben, andere wirken, als hätten sie gerade den Anschluss an die Siebzigerjahre gefunden. Unsympathisch ist das alles nicht, besonders aufregend ebensowenig. Eins kann man Jaén jedenfalls sicher nicht vorwerfen, nämlich, dass es vom Tourismus verdorben sei ... Politisch liegt die Stadt übrigens auf einer sehr konservativen Linie, bei Kommunalwahlen erzielt die Volkspartei PP hier schon mal Ergebnisse um die 70 Prozent.

Orientierung/Stadtaufbau: Zentrum Jaéns und Mittelpunkt des Geschäftsviertels ist die *Plaza de la Constitución*. Hier treffen sich die fast parallel verlaufenden Hauptstraßen *Avenida de Madrid* und *Paseo de la Estación*, beide von Norden kommend: erstere eine reine Verkehrsstraße, der Paseo dagegen die Schlagader des städtischen Lebens. Westlich oberhalb des Paseo verlaufen die schmaleren Gassen der Altstadt, den Festungshang hoch und im Bogen bis zum Gebiet um die wuchtige *Kathedrale* hinter der Plaza de la Constitución.

Information/Verbindungen

• *Information* **Oficina de Turismo de Jaén**, Calle Ramón y Cajal, Ecke C. Hurtado, unweit östlich der Kathedrale, ✆ 953 190455, ✉ 953 313283, otjaen@andalucia.org. Freundliches Personal, das nicht gerade viele Fremde zu Gesicht bekommt. Öffnungszeiten: Mo–Fr 9–19.30 Uhr, Sa/So 9.30–15 Uhr.
• *Verbindungen* **Zug**: Bahnhof (Renfe-Info: ✆ 902 240202) am nördlichen Ende des Paseo de la Estación; in die Stadt etwa 1,5 Kilometer bergauf; es besteht auch eine Busverbindung und, ganz neu, eine nahe Straßenbahnlinie. Eher mäßig bedient: Córdo-

ba 4-mal, Sevilla 3-mal täglich.
Bus: Zentraler Busbahnhof (✆ 953 232300) an der Plaza Coca de la Piñera, zwischen den beiden Hauptstraßen und nahe Parque la Victoria. Mit ALSA nach Baeza/Úbeda und nach Granada je etwa stündlich, Cazorla 3-mal, Malaga via Granada 3-mal, via Antequera 1-mal täglich; UREÑA nach Córdoba 8-mal, Sevilla 4-mal täglich; AUTEDIA nach Almería via Guadix 2-mal täglich. Zeiten unter www.epassa.es.
• *Post* Plaza de los Jardinillos, Öffnungszeiten: Mo–Fr 8.30–20.30 Uhr, Sa 9.30–14 Uhr.

Hoch über der Stadt: Castillo de Santa Catalina

Übernachten (Karte S. 304/305)

Wenig Möglichkeiten, zudem relativ hohe Preise: Wie Einheimische versichern, liegt das Preisniveau in Jaén rund 20 Prozent höher als in anderen Regionen Andalusiens. Dies gilt insbesondere für die Hotellerie.

**** Parador Castillo de Santa Catalina (12), wunderschön, wenn auch etwas abgeschieden im Kastell oberhalb der Stadt gelegen; Swimmingpool. DZ kosten je nach Saison rund 150–165 €. Castillo de Santa Catalina, ✆ 953 230000, ✎ 953 230930, www.parador.es.

*** Hotel Xauen (8), solide Mittelklasse in guter, zentraler Lage. Ordentlich ausgestattete Zimmer, Parkplatz. DZ rund 90 €. Plaza de Deán Mazas 3, unweit der Plaza de la Constitución, ✆ 953 240789, ✎ 953 190312, www.hotelxauenjaen.com.

*** Hotel Husa Europa (4), ebenfalls zentral gelegen und haarscharf abseits des Verkehrslärms in dieser Zone. Geräumige Zimmer, Garage. Zuletzt in Renovierung, Preisrahmen bis dato. etwa 50–90 € fürs DZ. Plaza de Belén 1, ✆ 953 222700, ✎ 953 222692, www.husa.es.

Pensión Estación Ferrocarril (1), solide Pension, die ihrem Namen gemäß im Bahnhofsgebäude liegt. In der Pensionsklasse eine gute Wahl. Parkplätze vor der Tür (nichts im Wagen lassen!). DZ/Bad ganzjährig knapp 60 €. Paseo de la Estación, ✆ 953 274614, ✎ 953 274614, www.hostal estacionferrocarriljaen.com.

Pensión Hostal Martín (6), zentral in einer Seitenstraße der Plaza de la Constitución gelegen. Vor einigen Jahren renoviert. DZ/Bad etwa 40–45 €. Calle Cuatro Torres 5, ✆ 953 243678, www.hostalmartin.es.

* Pensión Cristóbal Colón (7), erst wenige Jahre alte und freundlich geführte Etagenpension in einer Fußgängerzone des Zentrums. Nur wenige Zimmer, gut ausgestattet, fast alle mit Klimaanlage. DZ/Bad etwa 40–45 €. C. Doctor Civera 5, 2. Stock, ✆ 953 872696.

Jugendherberge Albergue Juvenil (3), etwas nördlich der Altstadt und nach jahrelangen Arbeiten erst vor relativ kurzer Zeit eröffnet. Dementsprechend moderne und behindertengerechte Ausstattung, sogar ein Spa mit Hallenbad gibt es. C. Borja s/n, ✆ 953 313540, ✎ 953 313544.

Essen/Feste

Restaurante Casa Antonio (2), derzeit wohl das Top-Restaurant der Stadt. Modernes Interieur, innovative und variantenreiche Küche, exzellente Desserts. Gute Weinauswahl, prima Service. Entsprechendes Preisniveau: Menü à la carte ab etwa 40 €. So-Abend, Mo sowie im August geschlossen. Calle Fermín Palma 3, ✆ 953 270262.

Restaurante Espadaña Centro (9), im Gassengewirr nördlich der Kathedrale. Der Nachfolger der früher hier ansässigen „Casa Vicente", ebenfalls mit gutem Ruf. Nettes Ambiente, mittlere Preise. Calle Francisco Martín Mora 1, in der Kneipenzone, Mo-Abend, Di sowie in der zweiten Julihälfte geschlossen.

Calle Nueva, eine Verbindungsgasse zwischen dem Paseo de la Estación und der Avda. de Madrid, nahe der Plaza Constitución. Die Restaurantgasse der Stadt, gute Auswahl verschiedener Preisklassen. Empfohlen sei das **„Gamba d'Oro" (5)**, Spezialist für Fisch und vor allem für Meeresfrüchte.

Peña Flamenca de Jaén (10), nicht weit von der Kathedrale. Recht großes, hübsch mit alten Fotos dekoriertes Lokal, Tische auch im Freien; als musikalische Untermalung läuft überwiegend Flamenco. Zu essen gibt es diverse Raciones und sog. „Roscas", eine Art ringförmiges Baguette, sehr sättigend. Nicht teuer. Calle Maestre Madre 11.

Bar La Manchega (9), urige Bar, ein gemütlicher Platz für Tapas oder ein Bocadillo, zudem ausgesprochen günstig. Calle Arco de Consuelo, ein winziges Sträßchen, das von der Calle La Parra abzweigt. In derselben Gasse liegen noch mehrere andere empfehlenswerte Kneipen wie die **Casa Gorrión** und die **Taberna Alcocer**.

Bar La Barra (11), ebenfalls eine beliebte Bar mit guter, traditioneller Küche und Schwerpunkt auf Tapas. Calle La Parra 7.

• *Feste* **Semana Santa**, die Karwoche, wird auch in Jaén prächtig gefeiert.

Nuestra Señora de la Capilla, am 11. Juni, das Fest der Stadtheiligen von Jaén.

Feria de San Lucas, rund eine Woche um den 15. Oktober. Das aufwändige Hauptfest der Stadt geht bis ins 15. Jh. zurück. Lebendiges Programm mit Musik und Tanz, außerdem mit die bedeutendsten Stierkämpfe Andalusiens: Zum spanischen Saisonende

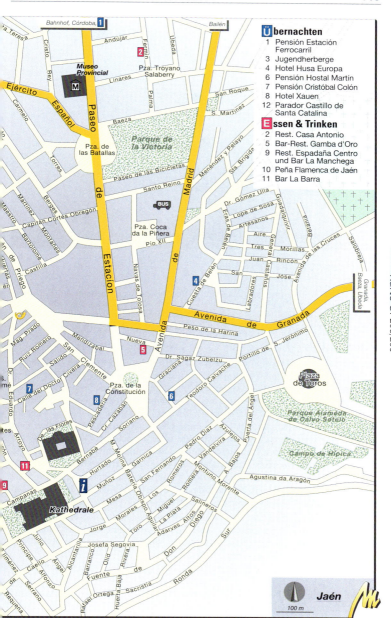

Monumental: Catedral Santa María

wollen sich die führenden Matadore für Engagements in den Arenen Mittel- und Südamerikas empfehlen, geben deshalb noch einmal ihr Bestes.

Romería de Santa Catalina, am 25. November. Eine morgendliche Wallfahrt zur kleinen Kapelle im Castillo mit anschließendem Mittagessen.

Sehenswertes

Catedral Santa María: Schon ein gewaltiges Gotteshaus, diese auf den Grundmauern einer Moschee errichtete dreischiffige Kathedrale mit den 62 Meter hohen Zwillingstürmen. Ihr maßgeblicher Architekt war der einheimische Baumeister *Andrés de Vandelvira*, dessen Werke auch in anderen Städten der Provinz anzutreffen sind, insbesondere in den Denkmalstädtchen Baeza und Úbeda. 1512 begonnen, wurde die Kathedrale erst gegen Ende des 17. Jh. fertiggestellt; neben dem hauptsächlich vertretenen Renaissancestil sind deshalb noch gotische und schon barocke Elemente feststellbar. Im Inneren lohnt ein Blick auf das architektonische Detail der *Vierungskuppel* zwischen Hauptkapelle und Chor; an letzterem finden sich schöne Schnitzereien. Die Kapelle *Santo Rostro* hinter dem Hauptaltar birgt den Stolz Jaéns: ein Schweißtuch der Hl. Veronika, das den Gesichtsabdruck Jesu zeigen soll, bekanntermaßen nicht gerade das einzige auf der Welt. Es wird jeden Freitag ausgestellt.

Das Museum der Kathedrale zeigt aufwändige Schmiedegitter, sogenannte „Rejas", des lokalen Meisters *Bartolomé*, der auch die fantastische Reja in der Capilla Real von Granada schuf. Ausgestellt sind außerdem Werke unter anderem von Ribera und dem Granadiner Alonso Cano.

Öffnungszeiten Mo-Do 10–14, 16–18 Uhr, Fr/Sa 1–18 Uhr, So 10–12 Uhr; Eintrittsgebühr 5 €, So gratis.

Von der Kathedrale führen die *Calle Maestra Madre* und ihre ansteigende Verlängerung Martínez Molina ins nostalgische Viertel *La Magdalena*, den ältesten Stadtteil Jaéns, der schon zu Römerzeiten besiedelt war.

Arco de San Lorenzo: Am Übergang der Calle Maestra Madre in die Calle Martínez Molina steht dieser schöne Torbogen gotisch-mudéjaren Stils. Er bildet den letzten Rest der einstigen Pfarrkirche San Lorenzo und wurde zum Nationaldenkmal erklärt.

Capilla de San Andrés: Zu erreichen über die gleichnamige Seitengasse, talwärts der Calle Martínez Molina. Glanzstück der im 16. Jh. errichteten, kürzlich restaurierten Kapelle ist eine Reja des schon aus dem Kathedralenmuseum bekannten Kunstschmieds Bartolomé. Die Kapelle ist nur auf Voranmeldung zu besichtigen, ℡ 953 237422.

Palacio de Villardombardo: Der schöne Renaissancepalast an der Plaza Luisa de Marrillac beherbergt einige wirklich sehenswerte Glanzstücke Jaéns.

Baños Arabes: Die auf etwa das 11. Jh. datierten arabischen Bäder direkt unter dem Palast wurden erst vor relativ kurzer Zeit ausgegraben. Mit 470 Quadratmetern Ausdehnung gelten sie als die größten Spaniens. Weniger reich geschmückt als ihre Gegenstücke in Granada oder Córdoba, verdeutlichen sie die Aufteilung in Räume unterschiedlicher Temperatur umso besser.

Museo de Artes y Costumbres Populares: Eines der bestpräsentierten und aufwändigsten Volkskundemuseen Andalusiens. Von der komplett aufgebauten Schmiedewerkstatt bis zum Modell einer Olivenölmühle wird ländliches Handwerk en detail vorgeführt, ergänzt durch Trachten, Spielzeug und kirchliche Volkskunst.

Museo Internacional de Arte Naif: Naive Gemälde und Plastiken des 19., vorwiegend aber 20. Jahrhunderts.

Öffnungszeiten aller Einrichtungen im Palacio de Villardombardo Di–Sa 9–21.30 Uhr (Winter bis 19 Uhr); So 9.15–14.45 Uhr. Eintritt für EU-Bürger mit Ausweis gratis.

Museo Provincial: Im Provinzmuseum am Paseo de la Estación 29, unweit des Viktoria-Parks, sind eine Gemäldegalerie und eine archäologische Sammlung untergebracht. Besonders letztere ist von hohem Rang; die Fundstücke datieren von den Iberern („Stier von Poruna") über die Römer („Sarkophag von Martos") bis in die Zeit der Mauren.

Öffnungszeiten Di 14.30–20.30 Uhr, Mi–Sa 9–20.30 Uhr, So 9–14.30 Uhr; Eintritt für EU-Bürger gratis.

Castillo de Santa Catalina: In beherrschender Lage oberhalb der Stadt. Die 1246 von Ferdinand III. eroberte Festung, erst vor wenigen Jahren völlig restauriert, gliedert sich in einen maurischen und einen erst unter den Christen entstandenen Abschnitt. Das Innere wurde mit allerlei audiovisuellen Gimmicks aufgepeppt. Stolz ist man insbesondere auf die Ausstattung des Turms Torre del Homenaje: „Hier wird eine dreidimensionale bzw. stereoskopische audiovisuelle Show mit modernster Digitaltechnik (Watchout – Datatton) dargeboten, der der Besucher mit einer Spezialbrille folgen kann", so der Prospekt. Vom Zentrum sind es knapp fünf Kilometer hier hinauf, ein weiter Weg, der aber durch großartige Aussicht belohnt wird und den man sich am besten durch eine Rast in der Bar des Paradors versüßt.

Öffnungszeiten Zuletzt wg. Renovierung geschlossen. Öffnungszeiten bis dahin Di–So 10–14, 15.30–19.30 Uhr; Eintrittsgebühr 3,50 €. Vorherige Anfrage bei der Touristeninformation ist in jedem Fall nützlich, zumal in der Vergangenheit auch die Ruhetage schon mal wechselten.

Im Süden der Provinz Jaén: Alcalá la Real

Das Landstädtchen Alcalá la Real liegt auf über tausend Meter Höhe in der äußersten Südwestecke der Provinz Jaén, an der N 432 von Granada über Baena nach Córdoba. Ein abgeschiedener, an sich wenig bemerkenswerter Ort, wäre da nicht

308 Provinz Jaén

die weithin sichtbare Festung *Fortaleza de la Mota* (tägl. 10.30–13.30 Uhr sowie 17–20 Uhr im Sommer und 15.30–18.30 Uhr im Winter; 1,50 €), die hoch über dem Ort thront. Sie steht auf geschichtsträchtigem Boden, der schon zu den Zeiten der Römer besiedelt war. In der sehr ausgedehnten, mittlerweile restaurierten Burg ist auch das Stadtmuseum untergebracht. Sie geht in ihren Grundzügen auf das 11. Jh. zurück und war während der Reconquista heftig umkämpft, bis sie schließlich Mitte des 14. Jh. endgültig von den Christen erobert und zwei Jahrhunderte später noch vergrößert wurde. Unterhalb liegen einige nette Altstadtgässchen.

• *Übernachten* **★ Hotel Hospedería Zaca-tín**, kleines Hotel mit nur 15 Zimmern in zentraler Lage. Ordentliche Ausstattung, ein gemütlich-rustikales Restaurant ist an-geschlossen. Ganzjährig geöffnet, DZ/Bad etwa 50–55 €, gegen Aufpreis auch „Spe-zial"-Zimmer. Calle Pradillo 2, ✆ 953 580568, 📠 953 580301, www.hospederiazacatin.com.

Baeza

„Eine schöne Stadt, halb maurisch, halb La Mancha, aus deren ehrwürdigen Steinen ihre ruhmreiche Vergangenheit spricht."

So sah Antonio Machado (1875–1939), einer der bedeutendsten spanischen Dichter des letzten Jahrhunderts, die winzige Landstadt, in der er eine Zeit lang als Gymnasiallehrer lebte. Baeza ist ein in Goldtönen strahlendes Museumsstädtchen, gelegen auf einer Hügelkuppe in 800 Meter Höhe. Schon früh (1277) von den christlichen Truppen zurückerobert, erlebte es seine Glanzzeit als Bischofssitz und Universitätsstadt im 16. Jahrhundert. Der in sich geschlossene Ortskern Baezas steht folgerichtig ganz im Zeichen der Renaissance: Über fünfzig Paläste werden hier gezählt. Trotz dieses Kapitals lag Baeza lange in tiefem Dornröschenschlaf. Restaurants waren an einer Hand abzuzählen, Fremde wurden mit neugierigen Blicken beäugt. Man fühlte sich regelrecht als Entdecker. Seit Baeza, gemeinsam mit Úbeda, wegen seines Renaissance-Reichtums 2003 zum Unesco-Weltkulturerbe erklärt wurde, wird das Städtchen zwar ein wenig häufiger besucht, der große Trubel blieb aber bislang aus.

Die Orientierung in Baeza gestaltet sich höchst einfach. Von Jaén kommend, gelangt man automatisch direkt ins Ortszentrum, das aus einer Abfolge von Plätzen besteht: Zunächst die kleine *Plaza del Pópulo* rechter Hand der Straße, anschließend ein langgezogener Platz um den *Paseo de la Constitución*, der schließlich in die *Plaza de España* mündet.

Information/Verbindungen/Einkaufen

• *Information* **Oficina de Turismo de la Junta de Andalucía**, in prominenter Lage an der Plaza del Pópulo, ✆ 953 779982. Öffnungszeiten: Mo–Fr 9–19.30 Uhr, Sa/So 9.30–15 Uhr.

• *Verbindungen* **Zug**: Estación Linares-Baeza, einer der Knotenpunkte Andalusiens, in 14 Kilometer Entfernung, Busse 3-mal täglich. Bessere Busverbindung (Linie Jaén-Baeza) zu der von den Zügen selbst jedoch seltener bedienten Estación de Begijar.

Bus: Busbahnhof nordöstlich der Altstadt in Richtung Úbeda, ins Zentrum über die

Av. Alcalde Puche Pardo und die Calle San Pablo. Baeza gibt einen guten Stopp auf dem Weg Jaén-Úbeda ab; Busse in beide Richtungen fahren tagsüber etwa stündlich. Weitere Verbindungen nach Granada via Jaén 10-mal, nach Cazorla 3-mal täglich.

• *Einkaufen* **La Casa del Aceite**, spezialisiert auf Produkte rund um die Olive: Olivenöl (auch aus ökologischem Anbau) und andere Lebensmittel, Artikel aus Olivenholz etc. Am Hauptplatz Paseo de la Constitución 9, um die Ecke von der Infostelle.

Baeza 309

Übernachten/Essen/Feste

• *Übernachten* In vielen Hotels von Baeza liegen die Preise an Werktagen deutlich niedriger als am Wochenende. Preisgünstige kleine Pensionen sind praktisch inexistent.

**** Hotel Puerta de la Luna, in der Zona Monumental unweit der Kathedrale. 2003 eröffnetes Luxusquartier, untergebracht in einem repräsentativen Palacio. 44 Zimmer, Patio mit Pool, eigener Parkplatz. DZ nach Saison und Ausstattung etwa 85–190 €, im Angebot sind auch Suiten. Calle Canónigo Melgares Raya s/n, ℘ 953 747019, ℡ 953 747095, www.hotelpuertadelaluna.es.

**** Hotel Palacio de los Salcedo, nur wenige Schritte nördlich vom Hauptplatz, ein Lesertipp von Christa und Hans-Werner Kraemer: „Ein einzigartiges antikes Schmuckkästchen in der Fußgängerzone". DZ je nach Ausstattung und Saison offiziell etwa 95–150 €, bei schwacher Nachfrage auch mal deutlich günstiger. Es gibt auch Superiorzimmer und Suiten. Calle San Pablo 18, ℘ 953 747200, www.palaciodelossalcedo.com.

*** Hotel TRH Baeza, nur ein paar Schritte nordwestlich der Plaza España. Gut ausgestattetes, modernes Hotel, das in das Gebäude des ehemaligen Hospital de la Concepción einbezogen ist, eines Renaissancebaus mit riesigem Innenhof. DZ je nach Nachfrage etwa 50–110 €. Calle Concepción 3, ℘ 953 748130, ℡ 953 742519, www.trhhoteles.es.

*** Hotel Fuentenueva, ein paar Straßenzüge östlich der Plaza España. Ein gut geführtes und ungewöhnliches Quartier, das durch seinen interessanten Mix besticht: Untergebracht in einem Renaissance-Palast des 16. Jh., ist das Interieur des Hotels bewusst puristisch-modern gehalten. Nur 13 Zimmer, winziger „Pool", Internet-Lounge. DZ/F etwa 85–95 €; es gibt auch Superior-Zimmer sowie Apartments in einem separaten Gebäude. Calle del Carmen 15, ℘ 953 743100, ℡ 953 743200, www.fuentenueva.com.

*** Hotel Juanito, an der Straße nach Úbeda, am Stadtrand bei der Tankstelle. Ordentliche Zimmer, jedoch recht laut gelegen; vielleicht entschädigt das angeschlossene Restaurant (So/Mo jeweils abends geschlossen), das für seine sehr gute, ortstypische Küche bekannt ist. DZ etwa 50–60 €. Avenida Alcalde Puche Pardo s/n,

Der Löwenbrunnen an der Plaza del Pópulo

℘ 953 740040, ℡ 953 742324, www.juanitobaeza.com.

• *Essen* **Restaurante Juanito**, im gleichnamigen Hotel. Der Klassiker des Städtchens gilt als eines der besten Restaurants der Provinz Jaén; zu den Spezialitäten zählen Rebhuhn (perdiz) und Zicklein (cabrito). Menü à la carte ab etwa 30 €. In den ersten drei Juliwochen sowie So-Abend und Mo-Abend geschlossen.

Restaurante Andrés de Vandelvira, nordwestlich der Plaza España. Spitzenambiente in einem historischen Konvent des 16. Jh.; das ausgedehnte Erdgeschoss dient für Kongresse, gespeist wird im ersten Stock. Regionale und internationale Küche, gehobenes Preisniveau. Calle de San Francisco 14.

Restaurante Sarmiento, ein Tipp in der Oberstadt, noch hinter der Kathedrale,

310 Provinz Jaén

Tische auch im Freien auf einem kleinen Platz. Frische, regional-mediterrane Küche und Fleischgerichte vom Grill; Menü à la carte ab etwa 30 €. Plaza del Arcediano 10, Mo Ruhetag.

Restaurante El Pasaje, Nähe Rathaus Ayuntamiento. Mittelklasse-Restaurant mit passabler Küche und einem Tagesmenü um die 11 €; Tische auch im Freien. Pasaje Cardenal Benavides 3.

Bar Mercantil, ein Lesertipp von Dr. Andreas Kollmann: „Direkt in der Ortsmitte am Paseo de la Constuitución/Calle San Francisco. Hier ist den ganzen Tag Leben, man bekommt zum Wein oder Bier gute Tapas, die Bedienung ist sehr freundlich." Ausprobiert – stimmt.

Tasca Peña Flamenca, oberhalb unweit der Infostelle. Ein Platz für gelegentliche Flamencoaufführungen (Details in der Oficina de Turismo) und für Tapas – wenn Betrieb herrscht, was nicht immer der Fall ist. Calle Beato Ávila 12.

● *Feste* **Feria de la Virgen del Alcázar**, das Patronatsfest, etwa vom 10.–15. August.

Romería del Cristo de la Yedra, am 7. September. Sehr volkstümliche Wallfahrt: Vormittags Musik und Tanz in Baeza, am Nachmittag Marsch der von geschmückten Karren und Reitern begleiteten Bruderschaften „cofradías" hinauf zum Festgelände, auf dem weiter gefeiert wird.

Festival de Música Antigua de Úbeda y Baeza, Ende November bis Anfang Dezember, www.festivalubedaybaeza.org.

Sehenswertes

Die Altstadt lädt als Gesamtkunstwerk zu beschaulichem Bummel. Bloßes „Abhaken" der Sehenswürdigkeiten von Baeza wäre schade.

Plaza del Pópulo: Der viel fotografierte Platz, rechter Hand der Einfahrt von Jaén in den Ortskern, ist an drei Seiten von Renaissancebauten umgeben. In seiner Mitte steht der „Löwenbrunnen", nach dem der Platz auch *Plaza de los Leones* heißt. Die Löwen wie auch die Frauenfigur in der Mitte des Brunnens sind römischen Ursprungs; die Dame stellt der Legende zufolge *Imilce* dar, die in der hiesigen Gegend geborene Gattin des Karthagers *Hannibal*.

Plaza Santa Cruz: Von der Plaza del Pópulo über die anschließende Calle Romanones zu erreichen und erneut ein Ensemble reiner Renaissance. Das bedeutendste Bauwerk des kleinen Platzes ist der vor wenigen Jahren renovierte *Palacio Jabalquinto*, leicht zu erkennen an der ungewöhnlichen Fassade mit „Diamantspitzen" und halben Scheinsäulen, ein Werk des Architekten *Joan Guas* vom Ende des 15. Jh. Schön ist auch der Patio, zu besichtigen Mo–Fr 9–14 Uhr.

Plaza Santa María: Nur wenige Meter oberhalb der Plaza Santa Cruz gelegen. Hinter dem ehrwürdigen Brunnen *Fuente de Santa María* beherrscht die Kathedrale den luftigen Platz.

Catedral Santa María: Wie viele Kirchen Andalusiens steht sie an der Stelle einer früheren Moschee; Reste des islamischen Baus sind noch am Glockenturm und im Kreuzgang erkennbar. Im Gegensatz zu fast allen anderen historischen Gebäuden Baezas entstammt die Kathedrale schon dem 13. Jh. und bewahrt trotz eines Umbaus im 16. Jh. deshalb auch noch gotische Anklänge. Im Innenraum besonders reizvoll sind die sechseckige, schmiedeeiserne Kanzel, der zweistöckige Hauptaltar und in der Capilla del Sagrario eine sehr schöne Reja (vergoldetes Schmiedegitter) von Meister Bartolomé aus Jaén. Ein Museum ist angeschlossen.

Öffnungszeiten Mo–Fr 10–14, 16–19 Uhr, Sa 10–19 Uhr, So 10–18 Uhr, Eintritt Museum 4 €.

Über die *Calle Obispo Mengibar* kann man zum „Löwenplatz" zurückkehren, doch erschöpfen sich die Schönheiten Baezas mit diesem kleinen Rundgang noch lange nicht. Weitere Paläste und Kirchen der Renaissance sind in den Calles *San Pablo* und *San Francisco* zu bewundern, die beide von der Plaza España ausgehen.

Umgebung von Baeza

Hacienda La Laguna: Rund zehn Kilometer südwestlich von Baeza beherbergt eine restaurierte Hacienda des 17. Jh. einen ganzen touristischen Komplex aus Hotel, Restaurant, Hotelfachschule und einem sehenswerten Ölmuseum, in dem sich alles rund um die Olive dreht. Anfahrt aus Richtung Jaén kommend auf der A 316 bis kurz vor dem Ort Puente del Obispo, hier links ab, beschildert „Complejo La Laguna", noch etwa zwei Kilometer auf einer sehr schmalen Asphaltstraße. Etwa einhalb Kilometer hinter dem Komplex liegt die namensgebende „Laguna Grande", ein Rückzugsgebiet für seltene Wasser- und Watvögel.

Museo de la Cultura del Olivo: Das sehenswerte Museum der Olivenkultur (10.30–13.30, 17.30–20 Uhr im Sommer bzw. 16–18.30 Uhr im Winter; 3 €) ist wie der gesamte Komplex im Besitz der Andalusischen Regionalregierung und der Gemeinde Baeza. Die vielen alten Gerätschaften und auch die sehr schönen Räumlichkeiten lohnen den Besuch sehr. Die erste der insgesamt drei Abteilungen widmet sich dem Ölbaum selbst, seiner Geschichte und seiner Verbreitung im Mittelmeerraum. Die zweite Abteilung, „Oleotecnia" genannt, handelt von der Verarbeitung der Frucht und erklärt die verschiedenen Methoden des Mahlens, Pressens und der Lagerung. Die dritte Abteilung befasst sich mit dem Öl als Produkt und den verschiedenen Möglichkeiten seiner Nutzung, vom Lebensmittel über die Verwendung als Brennstoff bis hin zum Grundstoff der Seifenherstellung. Der Garten beherbergt eine Kollektion verschiedener Arten von Ölbäumen.

● *Übernachten* ***** Hotel Hacienda La Laguna**, neben dem Ölmuseum das Herzstück der schön restaurierten Anlage. Gut ausgestattete Zimmer mit TV und Klimaanlage, deren Interieur – darauf ist man besonders stolz – z. T. aus Olivenholz gefertigt wurde. Zwei Swimmingpools, ein Spa sollte mittlerweile eröffnet haben. Das Restaurant wurde von Lesern sehr gelobt. DZ/F etwa 75–80 €, es gibt auch Superiorzimmer. ✆ 953 127172, 📠 953 127174, www.ehlaguna.com/hotel.

Úbeda

Noch ein Schatzkästlein in der Provinz Jaén: „Freilichtmuseum der Renaissance" und „Andalusisches Salamanca" sind die Prädikate, mit denen Úbeda sich schmückt.

Kaum zehn Kilometer von Baeza entfernt, mit einem noch größeren Reichtum an Renaissancebauten gesegnet und ebenfalls seit 2003 als Weltkulturerbe ausgewiesen, lebt Úbeda im Gegensatz zur Nachbarstadt nicht nur in der Vergangenheit. Zwar ist das 35.000-Seelen-Städtchen nicht gerade als „quirlig" zu bezeichnen, gar so verschlafen wie Baeza ist es jedoch auch wieder nicht.

Auch Úbeda wurde schon früh, nämlich im Jahr 1234, zu einem der Stützpunkte der Reconquista. Und wie sein naher Nachbar gelangte es im 16. Jh. als Handelsstadt zu erheblichem Wohlstand, der sich in prächtigen Bauten manifestierte. Von Jaén oder Linares kommend, stößt man zunächst auf modernere Viertel, oft im Schachbrettstil angelegt. Hier, um das Dreieck *Avenida Ramón y Cajal*, *Calle Obispo Cobos* und *Calle Trinidad*, spielt sich auch das Alltagsleben ab. An der Kreuzung der letzten beiden Straßen markiert die zentrale *Plaza de Andalucía* (Tiefgarage) die Grenze zwischen neuerer Oberstadt und den Gassen des alten Ortskerns, der tiefer liegenden *Zona Monumental*, in der sich die Mehrzahl der prächtigen Bauten Úbedas findet.

Provinz Jaén

Information/Verbindungen/Diverses

- *Information* **Oficina de Turismo**, Calle Baja del Marqués 4, ℘ 953 779204, ℘ 953 779206, otubeda@andalucia.org. Untergebracht im Altstadtpalast Palacio Marqués de Contadero, Öffnungszeiten Mo–Fr 9–19.30 Uhr, Sa/So 9.30–15 Uhr.
- *Verbindungen* **Zug**: Günstigster Bahnhof ist die Estación Linares-Baeza, als wichtiger Knotenpunkt oft angefahren. Sie liegt 30 Kilometer entfernt, Busse 5-mal täglich.
Bus: Der Busbahnhof liegt westlich des Zentrums, nahe dem Anfang der Avda. Ramón y Cajal und der Calle Obispo Cobos Mesones; zur Plaza de Andalucía sind es etwa 15 Fußminuten. ALSA nach Baeza/Jaén etwa stündlich, Cazorla 4-mal, Granada 10-mal täglich; nach Córdoba und Sevilla 4-mal täglich.
- *Post* Calle Trinidad 4, nahe der Plaza de Andalucía, geöffnet Mo–Sa 9–14 Uhr.

Übernachten/Essen/Feste

- *Übernachten* Wie in Baeza liegen auch hier die Preise der (häufig in schönen Palästen untergebrachten) Hotels an Werktagen oft niedriger als am Wochenende.
**** Parador Condestable Dávalos (15), untergebracht in nobelstem Rahmen, nämlich einem Renaissancepalast des 16. Jh. in der Zona Monumental; Parkplätze sind vorhanden. DZ etwa 180 €. Plaza Vázquez de Molina 1, ℘ 953 750345, ℘ 953 751259, www.parador.es.
**** Hotel Álvar Fáñez (8), 1999 in Betrieb genommen. Nur wenige Zimmer, luxuriöses Ambiente mit reizvollem Patio, geschmackvollen und geräumigen Zimmern sowie einer schönen Aussichtsterrasse. DZ 80–130 €, im Juli und August oft „ofertas" (Sonderangebote). Es gibt auch Superiorzimmer. Calle Juan Pasquau 5, ℘/℘ 953 796043, www.alvarfanez.com.
*** Hotel Rosaleda de Don Pedro (9), 2001 eröffnetes, in einem architektonisch angepassten Neubau untergebrachtes Quartier der „Husa"-Kette. Mit 30 Zimmern relativ groß, gut ausgestattet unter anderem mit eigener Garage und einem kleinen Pool. Sehr geräumige Zimmer. Weite Preisspanne je nach Nachfrage: DZ etwa 50–120 €. Calle Obispo Toral 2, ℘ 953 796111, ℘ 953 795149, www.hotelrosaledaubeda.es.

E **ssen & Trinken**
2 Rest. Palacio Oriente
3 Rest. El Gallo Rojo
5 Rest. El Porche
6 Rest. Mesón Gabino
10 Rest. Museo Agrícola
12 Café-Bar El Maño
14 Rest. El Seco

Ü **bernachten**
1 Hotel La Paz
4 Pensión Sevilla
7 Pensión Hostal Vic
8 Hotel Álvar Fáñez
9 Hotel Rosaleda de Pedro
11 Hotel Palacio de la Rambla
13 Hotel María de Mo
15 Parador Condesta Dávalos

Úbeda 313

Provinz Jaén
Karte S. 298/299

314   Provinz Jaén

*** Hotel María de Molina (13), direkt am Rathausplatz gelegen. Ein renovierter Palast des 16. Jh., die 20 Zimmer sind im Renaissancestil eingerichtet. Parkmöglichkeit (Garage) etwas entfernt. DZ etwa 90–115 €. Es gibt auch „Spezial"-Zimmer und Apartments. Plaza del Ayuntamiento s/n, ✆ 953 795396, 🖷 953 793694, www.hotel-maria-de-molina.com.

** Hotel Palacio de la Rambla (11), am Rand der Zona Monumental. Ebenfalls in einem Palast des 16. Jh., klein und gemütlich mit nur sieben Zimmern und einer Suite. Hübscher Patio, freundlich eingerichtete Zimmer, Garage. DZ/F etwa 130 €, gegen Aufpreis auch „Spezial"-Zimmer. Plaza del Marqués 1, ✆ 953 750196, 🖷 953 750267, www.palaciodelarambla.com.

** Hotel La Paz (1), ordentliche, relativ preisgünstige Mittelklasse (Aircondition, Heizung) in zentraler Neustadtlage. Viele Zimmer nach innen, diejenigen zur Straße sind laut. DZ etwa 70 €. Calle Andalucía 1, ganz oben an der Avda. Ramón y Cajal, ✆ 953 752140, 🖷 953 750848, www.hotel-lapaz.com.

Pensión Sevilla (4), mit recht brauchbaren Zimmern, die allerdings teilweise nicht gerade leise liegen. Einige Leser waren dennoch zufrieden. DZ/Bad nach Saison und Ausstattung um die 40–45 €, ohne Bad etwas günstiger. Avenida Ramón y Cajal 9, ✆ 953 750612.

Pensión Hostal Victoria (7), Nähe Stierkampfarena. Ganz ordentliche Pension in einer ruhigen Wohnstraße, nicht allzuweit von der Altstadt. DZ/Bad etwa 40 €. Calle Alaminos 5, ✆ 953 752952.

● *Camping* **Camping Complejo La Noria**, nordwestlich wenige Kilometer außerhalb der Stadt. Recht ausgedehntes Gelände mit vielen Holzhütten, aber eher wenig Platz für Zelte, im Sommer besser vorab anfragen. Sanitäres relativ schlicht. Großer Pool, Restaurant. Offiziell ganzjährig geöffnet. Preise p.P. und Zelt je 6 €, Auto 5,50 €. Carreterra de El Mármol, km 1; von der Umgehungsstraße (N 322) im Nordwesten der Stadt bei einem Kreisel der Beschilderung nach El Mármol folgen, noch zwei Kilometer, dann linker Hand, ✆ 953 754277, mobil 639 836435.

● *Essen* Wer auf schönes Ambiente Wert legt, ist natürlich im Parador richtig, einen guten Ruf genießt auch das Restaurant des Hotels María de Molina. Einige Tapabars liegen um die Plaza de Andalucía.

Restaurante El Porche (5), in der Neustadt. Vielleicht die erste Restaurantadresse in Úbeda. Hübsches Ambiente; deftige, aber auch raffinierte Küche und hausgemachte Desserts. Menü à la carte ab etwa 30 €. Redonda de Santiago 7, nicht weit von der Stierkampfarena.

Restaurante Museo Agrícola (10), ebenfalls Nähe Arena und insbesondere wegen der kuriosen Dekoration erwähnt: Schon die Fassade und erst recht der Patio quellen schier über vor altem bäuerlichem Gerät. Spezialität Fleischgerichte vom Grill, üppige Portionen, mittleres Preisniveau. Calle San Cristóbal 17.

Restaurante Mesón Gabino (6), im ungewöhnlichen Ambiente eines Felsenkellers, der im Bürgerkrieg als Zufluchtsraum genutzt wurde, Tische aber auch im Freien. Traditionelle Küche, auch Tapas etc. Antiguo Refugio, Calle Fuente Seca s/n.

Restaurante El Seco (14), in der Zona Monumental, nach Renovierung wieder geöffnet. Hübsches Interieur, regionaltypische Gerichte (z.B. Eintöpfe), nicht überteuert. Calle Corazón de Jesús 8, nahe der Infostelle.

Restaurante El Gallo Rojo (3), etwas folkloristisch, aber nicht überdekoriert; gemütlich. Der „Rote Hahn" bietet große Auswahl, auch unter mehreren Menüs ab etwa 12 €. Tische auch im Freien. Von mehreren Lesern gelobt. Travesía Torrenueva direkt unterhalb der großen Kreuzung der Avda. Ramón y Cajal mit der Calle Trinidad.

Rest. Palacio Oriente (2), in einer Seitenstraße unweit des Restaurants „Gallo Rojo". Ein Chinarestaurant mit der üblichen Einrichtung, wegen der verführerisch günstigen Menüpreise bei der Nachbarschaft recht beliebt.

Café-Bar El Maño (12), ein Lesertipp von Margot Gerhard: „Nette einfache Bar in der Zona Monumental, mit abwechslungsreichen Tapas." Plaza 1. del Mayo 12 b, nicht weit vom Parador.

● *Feste* **Romería de la Virgen de Guadalupe**; eine Wallfahrt am 1. Mai.

Fiestas de San Miguel, etwa vom 27. September bis 4. Oktober. Großes Fest und Feria mit Stierkämpfen, Feuerwerk etc.; das ausgedehnte Festgelände mit zahlreichen Ständen und Zelten liegt oberhalb der Avenida Ramón y Cajal. Ein traditionsreiches Ereignis: Die Fiesta geht bis ins Jahr 1234 zurück!

Festival de Música Antigua de Úbeda y Baeza, Ende November bis Anfang Dezember, ein Festival alter Musik, das parallel auch in Baeza stattfindet;
www.festivalubedaybaeza.org.

● *Einkaufen* **Keramik** ist die Spezialität Úbedas. Eine ganze Reihe von Töpferläden

Úbeda 315

(Alfarerías) finden sich im nördlichen Stadtbereich in der Calle Valencia, die von der Plaza Olleros abzweigt.

Sehenswertes

Von ihrer goldglänzenden Seite zeigt sich die Zona Monumental in der Abendsonne. Dann ist auch die schönste Zeit für einen Bummel. Nur wenig später kehrt völlige Ruhe, um nicht zu sagen Totenstille ein: Hier unten leben nur mehr wenige Bewohner; umso größer ist die Zahl der Antiquitätengeschäfte.

Plaza de Andalucía: An der Grenzlinie zwischen Neu- und Altstadt liegt der tagsüber recht geschäftige Mittelpunkt der Stadt. Nach Südwesten verläuft die Haupteinkaufszone. Östlich unterhalb erstreckt sich die Zona Monumental,

Im Casa-Museo Andalusí

gut zu erreichen über die *Calle Real*. An der Gabelung der Calle Real geht es rechts in die Calle Juan Montilla, vorbei am *Palacio de Vela los Cobos* aus dem 16. Jahrhundert, zur Plaza del Ayuntamiento und weiter zur Plaza de Vázquez de Molina.

Sinagoga del Agua: Vor der Plaza del Ayuntamiento lässt sich linker Hand noch ein Abstecher einlegen. Dabei folgt man der Calle Parras bis zur nächsten Kreuzung, an der die Calle Roque Rojas abzweigt. Gleich auf Hausnummer 2 liegt hier der Eingang zu einem Privathaus, das über uralten Gewölben errichtet wurde. Ob es sich dabei wirklich (der Besitzer ist davon überzeugt) um eine Synagoge handelt, gilt als wissenschaftlich noch nicht bewiesen. Beeindruckend genug ist ein Besuch in den tief unter die Erde reichenden Räumlichkeiten jedoch allemal.

Öffnungszeiten Führungen täglich außer Mi 10.30–13.30, 17.45–19.15 Uhr; Eintritt 3 €.

Palacio de las Cadenas: Dieser hochelegante Palast zwischen der Plaza del Ayuntamiento und der Plaza de Vázquez de Molina ist im 16. Jh. entstanden; ein Werk des aus Jaén bekannten Baumeisters *Andrés Vandelvira*, der noch für eine ganze Reihe anderer Prunkbauten in Úbeda und der Provinz verantwortlich zeichnete. Heute ist hier das Rathaus untergebracht.

Plaza de Vázquez de Molina: Der Hauptplatz der Unterstadt, umgeben von einer ganzen Reihe prächtiger Renaissancebauten, erstreckt sich weitflächig im Süden des Palacio de las Cadenas. Gegenüber diesem Palast, hinter einer Grünanlage, steht der wuchtige Bau der Kirche *Santa María de los Alcázares*, entstanden ab dem 14. Jh. auf den Resten einer Moschee, fertiggestellt aber erst einige Jahrhunderte später. Zwei schlanke Zwillingstürme flankieren den Eingang, auf der Rückseite ein noch gotischer Kreuzgang. Einige Kapellen im Inneren werden von Ziergittern des Schmiedemeisters *Bartolomé* abgeschlossen. Links neben der Hauptfassade der Anbau eines Klosters. Der *Antiguo Pósito*, jenseits der Straße neben diesem Klosteranbau, ist ein ehemaliger Getreidespeicher, für einen solch profanen Zweck höchst nobel gestaltet. Schräg gegenüber, auf der anderen Seite der Plaza, liegt der *Palacio del Condestable Dávalos* mit seinem schönen, zweistöckigen Patio; heute beherbergt er den Parador.

Sacra Capilla de Salvador: Die leicht erhöht stehende Erlöserkirche beherrscht den weiten Platz noch von der Schmalseite aus. Die Gestaltung stammt von *Diego de*

316   Provinz Jaén

Siloé; an der Ausführung war auch hier *Andrés de Vandelvira* beteiligt. Sehr eigenwillig zeigt sich die Fassade mit ihren niedrigen Rundtürmen, die an Pagoden erinnern, und einem großformatigen Relief des San Salvador über dem Portal. Der Turm im Süden lässt maurische Anklänge erkennen.

Öffnungszeiten Mo–Sa 10–14, 17–19.30 Uhr (Winter 16.30–18 Uhr), So erst ab 11.15 Uhr, dafür abends bis 20 Uhr; Eintrittsgebühr 3 €.

Casa-Museo Arte Andalusí: Nur ein paar Schritte westlich der Plaza Vázquez Molina beherbergt ein schönes Haus des 16. Jh. dieses ungewöhnliche Privatmuseum, das zum großen Bedauern des manchmal etwas brummigen Besitzers bislang kaum ausländische Besucher sieht. Dabei sind die schöne Architektur und die zahlreichen Antiquitäten, Ergebnisse einer 35-jährigen Sammlerleidenschaft, die geringe Eintrittsgebühr durchaus wert.

Lage und Öffnungszeiten Calle Narváez 11, geöffnet Mo–Sa 11–14, 17–20 Uhr (Winter 16.30–20.30 Uhr); Eintrittsgebühr 1,50 €.

Redonda de Miradores: Der Aussichtsweg im Osten der Zona Monumental ruft die Hanglage Úbedas in Erinnerung, die man im Gassengewirr der Altstadt schnell vergisst. Besonders reizvoll ist ein Spaziergang in der Abenddämmerung, wenn die Lichter von einem halben Dutzend Dörfer herüberblinken. Auf Höhe des Kinderspielplatzes liegen einige nette Bars, die abends allerdings kaum besucht sind. Ein weiterer schöner Aussichtspunkt sind die *Miradores San Lorenzo* weiter südwestlich.

Plaza del Primero de Mayo: Der große Hauptplatz der Altstadt ist von der Kirche San Salvador und vom Parador über die Calle Horno Contado zu erreichen. Seine Mitte markiert ein Denkmal, in der Südostecke steht das alte Rathaus. Abends ist die Plaza der Treffpunkt der wenigen verbliebenen Bewohner der Altstadt.

San Pablo: Das bedeutendste Bauwerk der Plaza del Primero de Mayo erhebt sich an deren Nordseite. Die schon bald nach der Reconquista begonnene Kirche benötigte bis zu ihrer Fertigstellung mehrere Jahrhunderte. Von der Romanik an der Westseite über die Gotik der Nordseite bis zu Stilelementen der Renaissance an der sonst gotischen Fassade ist deshalb alles vertreten. Der Turm zeigt plateresken Stil, das Innere ist nur von 19.20–20.30 Uhr zugänglich. In der Umgebung liegen noch weitere sehenswerte Bauten, wie das *Oratorio de San Juan de la Cruz,* das über die gleichnamige Gasse zu erreichen ist, oder die *Casa Mudéjar* in der Calle Cervantes, das einzige Haus Úbedas in diesem Stil und heute Sitz des Archäologischen Museums (Di 14.30–20 Uhr, Mi–Sa 9–20.30 Uhr, So 9–14.30 Uhr).

Über die Calle Losal, die ebenfalls am Platz beginnt, gelangt man zur *Puerta del Losal,* einem Rest der ehemaligen Stadtbefestigung. Hält man sich nach dem Tor links, erreicht man durch ein sehr ländlich wirkendes Viertel die *Corredera de San Fernando,* die zurück zur Plaza Andalucía führt.

Alfar Paco Tito: Geht man hinter der Puerta del Losal hingegen geradeaus, kommt man über die Cuesta de la Merced und die Plaza Olleros zur Calle Valencia, der „Keramikstraße" von Úbeda. Hier hat auf Hausnummer 22 der mehrfach prämierte Töpfer Paco Tito seine Werkstatt in ein Museum verwandelt, in dem man natürlich auch einkaufen kann.

Öffnungszeiten Mo–Sa 8–14, 16–20 Uhr, So 10–13.30 Uhr; gratis.

Hospital de Santiago: Westlich außerhalb der Altstadt steht an der Avenida Christo Rey dieser prächtige, 1575 fertiggestellte Renaissancebau, auch er ein Werk von Andrés de Vandelvira. Die Fassade zwischen den mächtigen Türmen ziert ein Relief des Nationalheiligen Santiago; dahinter erstreckt sich ein bildhübscher Innenhof. Bis 1975 diente das Gebäude als Krankenhaus, heute als Kultur- und Konferenzzentrum.

Hauptort des Naturparks: das Städtchen Cazorla

Parque Natural Sierras de Cazorla, Segura y Las Villas

Mit mehr als 214.000 Hektar der bei weitem größte Naturpark Spaniens – Karstgebirge, Talschluchten, Bäche und Wälder. Außerhalb der spanischen Urlaubssaison nur wenig besucht. Schöne Zeltplätze, wunderbare Wandermöglichkeiten.

Der ausgedehnte Park liegt im äußersten Nordosten der Provinz Jaén. Im Norden reicht er knapp über die Höhe des Dörfchens *Siles*, im Westen bis kurz vor *Cazorla* und im Süden bis nahe an *Pozo Alcón*. Seine Grenze nach Osten ist gleichzeitig die der Provinz Jaén.

Mit Höhen zwischen 650 und 2107 Meter (Cerros Empanadas) besteht der Park aus mehreren von Südwesten nach Nordosten etwa parallel verlaufenden Gebirgszügen. Die beiden größeren dieser Ketten, die Sierra de Cazorla und die Sierra de Segura, sind durch das Tal des hier entspringenden Río Guadalquivir voneinander getrennt. Anfangs noch ein schmaler Bach, wird der zunächst nach Norden gerichtete Guadalquivir, die Lebensader Andalusiens, beim Örtchen Tranco erstmals zum See *Embalse de Tranco de Beas* aufgestaut. An Oberlauf und Stausee entlang führt auch die Hauptstraße des Parks, die *Carretera del Tranco*, an der sich die Mehrzahl der Einrichtungen befindet. Weniger spektakulär, weniger besucht und deshalb in gewisser Weise urtümlicher sind die Gebiete weiter nördlich um Hornos und Siles.

Außer dem Guadalquivir fließen noch Dutzende anderer Bäche in den vielen Seitentälern. Dieser ungewöhnliche Wasserreichtum inmitten staubtrockener Landschaften ist auf die Höhe der Gebirge zurückzuführen, die fast alle Atlantiktiefs

318   Provinz Jaén

Schöne Reisezeit: der Herbst

stoppen und hier abregnen lassen. Wasserscheide ist die Sierra de Segura: Ihre westlichen Abflüsse münden in den Guadalquivir und mit ihm in den Atlantik, die Ostseite entwässert zum Río Segura, der in der Provinz Alicante ins Mittelmeer fließt.

Der Reichtum an Wildblumen und Gräsern, unter ihnen 24 endemische, also nur hier vorkommende Arten, entspricht den günstigen klimatischen Bedingungen. Luftige Wälder, die zu den ausgedehntesten ganz Spaniens zählen, bedecken Täler und Hänge. Neben einer Reihe von Kiefernarten wachsen Eichen, Eschen und Pappeln, daneben auch Ahornbäume, Steineichen, Wacholder, Erdbeer- und Vogelbeerbäume. Die Vielzahl an Laubbäumen macht den farbensprühenden Herbst zu einer herrlichen Reisezeit im Park. Die Tierwelt fällt zunächst weniger auf. Mit etwas Geduld lassen sich aber besonders Vögel gut beobachten; wer Glück hat, sichtet Stein- und Habichtsadler, einen Uhu oder einen der allseits beliebten Schmutzgeier. Häufig vertreten sind Hirsche, Füchse und Wildschweine. In den höheren Lagen leben große Bestände des spanischen Steinbocks, und auf dem 1848 Meter hohen Monte Gilillo, dem höchsten Berg in der Umgebung des Städtchens Cazorla, sieht man mit etwas Glück Mufflons in ganzen Herden.

Die besten Zeiten für einen Besuch sind das Frühjahr und der Herbst. Während der spanischen Urlaubssaison ab Mitte Juli, besonders aber im August, kommen schon ziemlich viele Urlauber. Der Bau einer (nicht immer geöffneten) Tankstelle an der Talstraße und die Verbreiterung der Zufahrt nach Cazorla zeigen, dass man mit einem weiteren Anstieg der Touristenzahlen rechnet.

Automobiles Abenteuer auf der Weiterreise oder Anfahrt, nur empfehlenswert für wagemutige Auto- und Motorradfahrer: Von Cazorla kommend, beginnt zwei Abzweigungen rechts hinter der zum Parador eine etwa 40 Kilometer lange Piste hinüber nach Pozo Alcón an der A 315, zunächst Asphalt, bald aber Staubpiste. Sie führt vorbei am Camping „Puente de las Herrerias" und dann am so genannten Quellgebiet des Guadalquivir, wo es auch Picknickplätze gibt; die echte Quelle liegt allerdings weiter oben. Später gilt es, sich links zu halten. Die schmale Piste streift am Pass *Puerto Llano* die 1800-Meter-Marke, ist schlaglochreich, steil und nach Regenfällen oft unpassierbar; absolut ungeeignet für Wohnmobile und andere schwere Fahrzeuge. Wer hier eine Panne hat ... – Von Pozo Alcón kommend: Richtung Quesada, nach etwa elf Kilometern beschilderter Abzweig nach rechts in die Piste; kurz vorher passiert man zwei verfallene Häuser.

● *Information* Informationsmaterial und Gratiskarten sind auch in den Fremdenverkehrsämtern von Jaén (am besten bestückt), Baeza und Úbeda erhältlich. In Cazorla gibt es ein Fremdenverkehrsamt, ein Interpretationszentrum findet sich im Park bei Torre del Vinagre, siehe jeweils dort.

● *Verbindungen* Busse ab Cazorla via Torre del Vinagre bis Coto Ríos 2-mal täglich, Näheres siehe Cazorla.

● *Geführte Touren* Veranstaltet von der Vereinigung „Turisnat", zu der sich mehrere Anbieter zusammengeschlossen haben; es gibt sie zu Fuß, mit dem Pferd, Bus oder Geländewagen. Eine Halbtagestour mit dem Geländewagen kostet beispielsweise je nach Ziel ab etwa 30 €. Hauptsitz im Gebäude der Oficina Municipal de Turismo in Cazorla, ✆ 953 721351. www.turisnat.es.

● *Wanderkarten* **Editorial Alpina**, 1:40.000, erhältlich in Cazorla, meist auch in Torre del Vinagre. Zwei Pakete, nämlich „Sierra de Cazorla" (auch in Englisch erhältlich) und „Sierra de Segura" (zwei Karten, nur in Spanisch). Mit Abstand die beste Wahl, aktuell und genau.

Mapa Quercus, 1:100.000. Preiswerter, mit Campingplätzen und Hotels, für manche Wanderungen aber nicht detailliert genug.

● *Feste im Park und Umgebung* Zu den Festen in Cazorla siehe dort.

Fiesta de San Gregorio, 3.–8. September in Pozo Alcón an der A 315 südlich von Cazorla; mit Karossenwettbewerb.

Santiago Apostól, 24./25. Juli, das Fest des spanischen Nationalheiligen in Segura de la Sierra.

La Virgen y San Roque, 15.–19. August in Hornos de Segura; fast à la Pamplona mit einem Stiertreiben durch den Ort.

Cazorla

Der hübsche Hauptort des Naturparks liegt nicht im eigentlichen Schutzgebiet, sondern etwas außerhalb am westlichen Rand. Cazorla eignet sich dennoch gut als Stützpunkt.

Abseits der Neubauten entlang der Zufahrtsstraße erweist sich das auf über 800 Meter Höhe liegende Bergstädtchen als reizende Mischung aus alten Steinhäusern, engen Gassen und malerischen Plätzen, überragt von den kahlen Zacken der gleichnamigen Sierra. Cazorla, staatlicherseits als historisch-künstlerisches Ensemble „Conjunto Histórico-Artístico" deklariert, ist auf Tourismus durchaus maßvoll eingestellt, wird von ihm bislang jedoch noch nicht überrollt.

Aus allen Richtungen kommend, landet man automatisch an der *Plaza de la Constitución,* die zusammen mit der *Plaza de la Corredera* das Zentrum bildet; verbunden sind die beiden Plätze durch die *Calle Doctor Muñoz.* Südöstlich der Plaza de la Corredera, etwas tiefer und schon am Ortsrand, liegt ein dritter Platz, die *Plaza Santa María.* Hier wird es vollends wildromantisch: Ein Bergbach und ein Brunnen plätschern neben den Ruinen einer Kirche, darüber reckt sich ein Kastell der Reconquista in den Himmel und bietet fantastische Ausblicke aufs Städtchen und die Olivenhaine des Tals. Von diesem Ausgangspunkt sind ohne großen Aufwand schöne Spaziergänge möglich.

Information/Verbindungen

● *Information* **Oficina Municipal de Turismo,** Paseo de Santo Cristo 17, in der Casa de Cultura am Stadtpark; ✆ 953 710102. Von der Plaza Constitución in Richtung Naturpark, dann beschildert; geöffnet tägl. 10–13, 17.30– 20 Uhr (Winter 17–19.30 Uhr). Hier neben zahlreichen Broschüren auch Infos zu Touren mit der Vereinigung „Turisnat". www.cazorla.es.

● *Verbindungen* **Busse** halten an der Calle Hilario Marco, etwa fünf Fußminuten unterhalb der Plaza de la Constitución. ALSA fährt nach Granada 4-mal, Baeza/Jaén 4-

320   Provinz Jaén

mal, Úbeda 5-mal täglich. In den Park 2-mal täglich bis Coto Ríos (Campingplätze), Hin- und Rückfahrt jeweils frühmorgens und am Nachmittag; Abfahrten Ri. Park zuletzt 7.15 und 14.30 Uhr, Rückkehr 7 und 16.15 Uhr.

Leider sind die Zeiten nicht auf die Fernbusse abgestimmt – wer z. B. aus Granada kommt, muss mit hoher Wahrscheinlichkeit in Cazorla übernachten.

Übernachten/Essen

● *Übernachten* Engpässe gibt es höchstens im Hochsommer und an Wochenenden. Die reizvolle Villa Turística de Cazorla, wie alle anderen dieser Anlagen im Besitz der Andalusischen Tourismusdirektion, war zuletzt geschlossen, wird aber unter privater Führung wieder öffnen.

*** Hotel R. L. Ciudad de Cazorla, Neubau mitten im Zentrum, der 1999 eröffnete Nachfolger des abgerissenen Uralthotels „Cazorla". Komfortable Ausstattung, kleiner Pool. Parken wird schwierig, kein eigener Parkplatz. DZ etwa 65–80 €, an Wochenenden und über Ostern bis 90 €. Plaza Corredera 9, ✆ 953 721700, 📠 953 710420, www.hotelciudaddecazorla.com.

** Hotel Guadalquivir, wenige Schritte unterhalb der Plaza Corredera. Alteingesessenes, gut geführtes Haus; hübsche, moderne Zimmer. DZ etwa 50–55 €. Calle Nueva 6, ✆/📠 953 720268, www.hguadalquivir.com.

** Hotel La Finca Mercedes, bei dem von einem uralten Wachtturm gekrönten Dörfchen La Iruela, außerhalb von Cazorla an der Straße Richtung Naturpark. Freundliches Hotel; kleiner Pool, gute Zimmer, von der Terrasse sehr schöner Blick. Am Wochenende Reservierung ratsam. DZ etwa 45–50 €. Carretera de la Sierra, km 1, ✆/📠 953 721087, www.lafincamercedes.com.

** Hotel Parque, gepflegtes kleines Hotel an der Zufahrt zum Ortskern, von mehreren Lesern empfohlen. Im Umfeld recht gute Chancen auf einen Parkplatz. Ganzjährig geöffnet. DZ je nach Saison etwa 40–60 €. Calle Hilario Marco 62, ✆ 953 721806, 📠 953 722148, www.hotelparque.net.

** Hotel Limas, noch etwas ortsauswärts des Hotels Parque; zu Fuß ein zwar steiler, aber recht kurzer Aufstieg zum Zentrum. In seiner Klasse ein Tipp, Zimmer mit TV, Steinboden und hellem Holz, freundlicher Besitzer und angenehme Atmosphäre. Ein solides (Mittags-)Restaurant ist angeschlossen. DZ etwa 45 €. Avenida Guadalquivir 101, ✆ 953 720909, 📠 953 721909, www.hotellimas.com.

Casa Rural La Fábrica de Nacelrío, ein Lesertipp von Heike Driemeyer: „Eine liebe-

voll umgebaute alte Mühle. Das nette spanische Ehepaar bietet Zimmer mit Küche zur Selbstversorgung an, aber auch Frühstück und spanische Hausmannskost." Das Anwesen liegt südöstlich außerhalb des Dorfs, die Zufahrt durch den Ort ist sehr eng und diffizil, deshalb besser anrufen und sich leiten lassen. DZ etwa 45–70 €. Paraje Nace el Río, s/n, ✆/📠 953 720330, www.turismoencazorla.com/nacelrio.html.

* Pensión Betis, zentral gelegen, familiär geführt und angesichts des günstigen Preises durchaus passabel: Die Zimmer nach hinten besitzen hübsche Aussicht. DZ ohne Bad (z.T. aber mit Dusche, WC immer auf dem Gang) knapp 30 €. Plaza Corredera 19, ✆ 953 720540.

Jugendherberge Cazorla, recht zentral im Gebiet oberhalb der Plaza Constitución gelegen. Oft Gruppen, Reservierung ratsam. Plaza Mauricio Martínez 6, ✆ 953 711301.

● *Camping* **Camping Cortijo**, südlich des Ortes und ein Tipp für Freunde ländlicher Campingplätze – „Cortijo" heißt schlicht Bauernhof. Dass der Platz keine offizielle Klassifizierung aufweist, ist den Besitzern, die auf Massenbetrieb gern verzichten, durchaus recht. Jeanne und Jo Driessen aus Holland leben seit über 20 Jahren hier und haben das auf einem Hang unter Obstbäumen gelegene, weitgehend naturbelassene und herrlich ruhige Gelände selbst kultiviert. Jo ist Imker und verkauft auch Honig, Propolis etc. Wanderer dürfen natürlich auf allerbeste Tipps hoffen. Einfache, aber gepflegte Ausstattung, immerhin mit Warmduschen und sogar einem kleinen Pool. Wegen der sehr steilen Anfahrt und des überwiegend geneigten Geländes ist der Platz für Caravans nur mittels Schlepphilfe zugänglich. Geöffnet ist von März bis Anfang November. Auch zwei kleine Häuschen sind zu vermieten. Preise p. P. etwa 4,50 €, Auto 3 €, kleines Zelt 4,50 €. Autozufahrt: Von Úbeda kommend noch vor Cazorla rechts ab Richtung Quesada, dann links (beschildert) in ein schmales Sträßchen, nach ein paar hundert Metern rechts hoch. Fußgänger durchqueren den Ort bis

Cazorla

Das Wahrzeichen von Cazorla: Castillo de la Yedra

zur Plaza de Santa María, hier rechts in ein schmales Gässchen, nach einer Brücke dann links hoch; vom Zentrum etwa zwei Kilometer. Camino de San Isicio s/n, ℡ 953 721280, www.campingcortijo.com.

• *Essen* Um die Plaza Corredera mehrere Cafés und Tapabars, gut z. B. „El Rincón Serrano" und „Las Vegas".

Restaurante La Sarga, sozusagen eine Etage unterhalb des Zentrums. Eher vornehmes Ambiente und gute Küche, Menü à la carte etwa 25–30 €. Meist ist auch ein relativ preisgünstiges Tagesmenü im Angebot, das viel Gegenwert bietet; auch an der Qualität des Weins wird nicht gespart. Zusätzlich bestellte Getränke (Wasser, Kaffee) sind allerdings nicht ganz billig. Plaza del Mercado s/n. Im September sowie Di geschlossen.

Rest. Mesón Don Chema, nur ein paar Schritte von der Plaza Constitución, unterhalb der Hauptgasse Calle Dr. Muñoz. Gut und gemütlich, ein Lesertipp von Silke und Holger Baldus: „Großer, schön gefliester Comedor mit vielen Jagdtrophäen und Fotos des Wirts, einem passionierten Jäger. Sein Hobby macht sich beim Essen positiv bemerkbar. Der Hirsch war exzellent, ebenso der Service. Rundum nur zufriedene Gäste." Hauptgerichte kosten etwa 12–15 €. Callejón José María Marín.

Rest. Mesón Leandro, im hinteren Ortsbereich, etwa 50 m von der Pl. Santa María Richtung Kastell. Noch relativ neues Restaurant, das durch freundlichen Service und gutes Preis-Leistungs-Verhältnis überzeugt; das feste Menü (mittags und abends angeboten) kostete zuletzt 12 €. Calle La Hoz 3. Eine gute Tapabar in der Nähe, nämlich direkt an der Plaza Santa María, ist die **Mesón Rincón de Victor**.

Rest. Limas, dem gleichnamigen Hotel angeschlossen und mit einem exzellenten Preis-Leistungsverhältnis. Großer, nüchterner Comedor, solide Hausmannskost, festes Menü 8,50 €. Mittags viel Betrieb, abends oft völlig leer. Von Lesern gelobt. Die zugehörige Bar ist bei Einheimischen beliebt und bietet eine breite Auswahl an Kaffees und Tees.

Feste

Romería de la Cabeza, eine Wallfahrt am letzten Aprilsonntag, die auch „hängende Prozession" genannt wird, da der Weg über äußerst steile Pfade führt.

Romería de la Virgen de Tíscar, am ersten Sonntag im Mai in Quesada an der C 323 südwestlich von Cazorla. Große Wallfahrt, bei der die Statue der Jungfrau vom Heilig-

tum von Tíscar in den Ort getragen wird; am 29. August Rückkehr ins Heiligtum, am ersten Septembersonntag vielbesuchte Wallfahrt dorthin. Die Bruderschaften „Cofradías" von Quesada gehen bis aufs 16. Jh. zurück.
Romería de San Isicio, am 14. Mai, eine nächtliche Wallfahrt mit Öllämpchen.

Blues Cazorla, ein Bluesfestival an drei Tagen Ende Juli; das Städtchen ist dann grundsätzlich praktisch ausgebucht. www. bluescazorla.com.
Fiesta de El Consuelo, mehrere Tage etwa Mitte September; das lebendige Hauptfest von Cazorla, Besucher aus der ganzen Region.

Sehenswertes

Centro Temático de Especies Amenazadas: Das kleine, von der Privatstiftung Gypaetus betriebene Dokuzentrum an der Plaza Santa María widmet sich den vom Aussterben bedrohten Tieren Andalusiens wie Luchs, Wolf etc. Gefährdet ist auch der Bartgeier, in Spanien „Knochenbrecher" (Quebrantahuesos) genannt, weil diese Geierart die Röhrenknochen toter Tiere aus großer Höhe auf Felsen fallen lässt, um sie so in „schnabelgerechte" Stücke zerspringen zu lassen.
Öffnungszeiten Im Sommer Mi–So 10–13, 18–21 Uhr, sonst Mi–So 10.30–13.30 Uhr und (je nach Monat) 17.30–20.30 Uhr oder 16–19 Uhr. Eintritt frei.

Iglesia Santa María: Ebenfalls an der Plaza Santa María steht diese malerische Kirchenruine des vermutlich 16. Jh., deren Architektur – mangels zeitgenössischer Dokumente jedoch ohne jeden Beweis – Andrés de Vandelvira oder einem seiner Schüler zugeschrieben wird. Fertiggestellt wurde die Kirche vermutlich nie, ein schwerer Sturm mit Überschwemmungen und ein Großbrand verwüsteten sie zusätzlich.

Bóveda sobre el Río Cerezuelo: Unterhalb der Plaza Santa María sowie der gleichnamigen Kirche verläuft ein unterirdischer Gewölbegang, der erst seit kurzer Zeit der Öffentlichkeit zugänglich ist. Er überspannt den Río Cerezuelo und wurde angelegt, um Platz für den Bau der Kirche zu schaffen, ist also noch älter als diese. Zur durchaus spannenden Besichtigung (Führungen zuletzt Di–So 19–21.30 Uhr halbstündlich, Änderungen jedoch nicht unwahrscheinlich, 1 €) muss man sich an das *Centro Temático Frondosa Natualeza* wenden, eine kleine naturkundliche Ausstellung im Gebiet hinter der Kirche Santa María.

Castillo de la Yedra: Die Burg am hinteren Dorfrand geht auf eine maurische Festung des 9. Jh. zurück, stammt in ihrer heutigen, etwas überrestaurierten Form aber aus dem 14. Jh. Die uralte Anlage dürfte einige Schlachten gesehen haben, denn Cazorla war zur Zeit der christlichen Rückeroberung mehrmals heftig umkämpft. 1248 schließlich wurde die Reconquista nach mehreren Anläufen und langen Belagerungen erfolgreich abgeschlossen.

Museo del Alto Guadalquivir: Im Inneren des Kastells ist ein Volkskunstmuseum untergebracht, das neben landwirtschaftlichen Geräten, einer alten Küche, Modellen von Olivenmühlen etc. auch Gemälde und Waffen präsentiert. Der Ausflug lohnt sich aber schon allein der tollen Aussicht wegen.
Öffnungszeiten Di 15–20 Uhr, Mi–Sa 9–20 Uhr, So 9–15 Uhr; Mo geschlossen; Eintritt für EU-Bürger gratis. Falls zu, am Eingang warten: Der Führer fungiert gleichzeitig als Pförtner und schließt das Kastell während der laufenden Führung ab.

El Chorro: Das Areal von El Chorro liegt südlich oberhalb von Cazorla und schon auf dem Gebiet des Naturparks. Von Cazorla nimmt man zunächst ebenfalls die Straße zum Park, biegt aber vor La Iruela rechter Hand auf ein Nebensträßchen ab, das sich später in eine gut befahrbare Piste verwandelt. Unterwegs bieten sich weite Ausblicke in die Sierra und auf ein maurisches Kastell. El Chorro selbst, ein Quellgebiet mit Forsthaus, ist besonders durch die hiesige Schlucht bekannt, die

Entlang der Carretera del Tranco nach Norden 323

unterhalb der Straße liegt: Eine steil abstürzende, vielfarbige Felswand, die das Ge-
kreisch Dutzender von Dohlen reflektiert. In dem unzugänglichen Fels haben Adler
und vor allem Schmutzgeier ihre Nester eingerichtet. Von ihnen hat die Felswand
auch ihren volkstümlichen Namen *La Buitrera*, abgeleitet von Buitre, dem spanischen Wort für Geier. Das Gelände ist nicht gesichert, Vorsicht vor einem möglichen und dann sicher tödlichen Absturz daher geboten.

Fußweg ab Cazorla: El Chorro ist von Cazorla aus auch zu Fuß zu erreichen, der
steile Anstieg fordert jedoch einige Kondition. Rund drei Stunden sind allein für den
Aufstieg zu veranschlagen, insgesamt also
eine echte Tagestour, für die man genügend Wasser und Proviant mitführen sollte.
Die Strecke ist teilweise gelb sowie als GR-
Fernwanderweg rot-weiß markiert. Von der
Plaza Santa María ganz hinten im Ort geht
es zunächst rechterhand auf dem Gässchen Camino de Sant Isicio Richtung Campingplatz. Nach etwa 500 Metern liegt
rechts ein Tor, links zweigt ein Fußweg (rot-
weißer GR-Pfosten) schräg aufwärts ab.
Diesem folgend, erreicht man nach etwa 30

Metern eine Quelle; hier geht es nicht geradeaus zu der kleinen Kapelle, sondern links
bergan. Unterwegs steht links erhöht das
maurische Kastell Cinco Esquinas. Im
weiteren Verlauf gelangt man zum Kloster
Monasterio de Monte Sion, das seit einigen Jahren restauriert wird. Man umgeht
das Kloster nach links und hält sich dahinter rechts. Einige Minuten weiter biegt der
GR-Fernwanderweg rechts ab; wir jedoch
gehen geradeaus und später durch ein Tor
in einem Zaun, erreichen so schließlich die
Fahrstraße von Iruela nach El Chorro; von
der Kreuzung sind es noch etwa zweieinhalb Kilometer bis zur Schlucht.

Von Cazorla in den Naturpark

Ab Cazorla sind es bis zum Parkeingang an der ehemaligen Kontrollstation Control
de Burunchel etwa neun Kilometer Fahrt auf gemäßigter Bergstraße, durch Olivenhaine und kleine Ortschaften mit verlockenden Restaurants, die teilweise tolle Aussicht bieten. Auf einen weiteren Anstieg zum Puerto de las Palomas auf 1200 Meter
Höhe folgt eine Abfahrt durch dichte Wälder, begleitet von wunderbaren Ausblicken auf das tief unten liegende Guadalquivir-Tal und die Sierras gegenüber. Im Tal
stößt man dann auf eine Kreuzung: Geradeaus, dann rechts, gelangt man zum
Parador. Links führt die offiziell als A 319 benannte Talstraße *Carretera del Tranco*
zum Infozentrum *Torre del Vinagre*, den Campingplätzen bei *Coto Ríos* und weiter
zum Stausee *Embalse de Tranco de Beas*. Diesen Weg nimmt bis zum Endpunkt
Coto Ríos auch der 2-mal täglich verkehrende Bus ab Cazorla.

● *Übernachten* ***** Parador de Cazorla**, 27
Kilometer von Cazorla, am Ende einer fünf
Kilometer langen Stichstraße vom Talg-
rund, also ziemlich abgelegen. Großer Gar-

ten mit Pool. DZ kosten je nach Saison etwa
135–145 €. Carretera de la Sierra 27, ✆ 953
727075, 📠 953 727077, www.parador.es.

Entlang der Carretera del Tranco nach Norden

Arroyo Frío: Etwa bei Kilometerstein 7 der Talstraße gelegen. In dem einst winzigen Weiler, der auf älteren Karten noch als schlichter Bauernhof eingezeichnet
ist, wird seit Jahren verstärkt gebaut. Neue Apartments, Hotels und Restaurants
sind entstanden, es gibt einen Supermarkt und sogar einen Geldautomaten.

● *Übernachten* ***** Hotel Apartamentos
Complejo Turístico Los Enebros**, architektonisch keine Schönheit, aber ein gut ausgestatteter Ferienkomplex inklusive Swimmingpool, Tennis etc. Ganzjährig geöffnet.
DZ auf Basis von Halbpension für zwei Personen etwa 95–105 €, Apartments kosten

ohne HP etwa dasselbe, für einen etwas
günstigeren Preis gibt es auch Holzhütten,
die auf dem ehemaligen Campingplatz angelegt wurden. Carretera del Tranco, km 7,
im Gemeindegebiet von La Iruela, ✆ 953
727110, 📠 953 727134, www.lfhoteles.com.

Provinz Jaén
Karte S. 298/299

324   Provinz Jaén

Torre del Vinagre: An das Besucherzentrum bei Kilometer 18, dessen Name übrigens „Essigturm" bedeutet, ist ein naturkundliches Museum angeschlossen, das mit verschiedenen audiovisuellen Ausstellungen unter anderem die Geologie und Tierwelt des Parks dokumentiert. In der Nähe liegt ein Botanischer Garten, der sich den Pflanzen des Parks und Andalusiens widmet.

● *Information* **Centro de Visitantes Torre del Vinagre**, Carretera del Tranco, km 18, ✆ 953 713017. Gehört mit primär wirtschaftlichem Interesse der Vereinigung „Turisnat" an, arbeitet jedoch mit der Parkverwaltung zusammen. Geöffnet Di–So 10–14, 17–20 Uhr (Winter 16–18/19 Uhr).

● *Übernachten* ***** Hotel Noguera de la Sierpe**, aus Richtung Cazorla einige Kilometer vor dem Torre del Vinagre. Das ehemalige, 1912 errichtete Jagdhaus liegt mit schöner Aussicht über einem Seitenarm des Guadalquivir; großes Grundstück, Restaurant, Swimmingpool und Angelmöglichkeit. DZ/F etwa 100 €. Carretera del Tranco, km 15, etwa 32 Kilometer hinter Cazorla und

im Gemeindegebiet von Santo Tomé, ✆ 953 713021, ✉ 953 713109, www.lfhoteles.com.

** Pensión Hostal Mirasierra, an der Straße zwischen Torre del Vinagre und Coto. Ordentliches, relativ preiswertes Quartier in einem renovierten alten Landgasthaus, mit Restaurant und sogar einem kleinen Pool. Ganzjährig geöffnet (Anfang Januar bis Anfang Februar Betriebsferien). DZ/Bad etwa 45–50 €. Carretera del Tranco, km 20, im Gemeindegebiet von Santiago-Pontones, ✆ 953 713044, www.hotel-mirasierra.com.

● *Reiten* **Picadero el Cortijillo**, vom Torre del Vinagre über den Fluss Richtung Piscifactoría, veranstaltet Ausritte. Mobil-✆ 690 697850.

Wanderung 4: Entlang des Río Borosa

Route: Torre del Vinagre (700 m) – Piscifactoría – Cerrada de Elías – Central eléctrica – Embalse de los Órganos – Laguna de Valdeazores (1300 m) und zurück. **Reine Wanderzeit:** etwa 7–8 Stunden. **Einkehr:** Unterwegs keinerlei Möglichkeiten, ausreichend Proviant ist wichtig, Sonnenschutz ebenso. Eine Taschenlampe macht die Durchquerung der beiden Tunnels komfortabler, ist aber nicht unbedingt erforderlich.

Charakteristik: Eine viel begangene Wanderung, fast schon ein Klassiker des Naturparks und besonders reizvoll im Frühjahr, wenn überall die Wasserfälle tosen. Sie führt entlang des Río Borosa und durch zwei Tunnels hinauf zu einem Stausee und einer von Wald umgebenen Laguna auf rund 1300 Meter Höhe. Zwar ist die Tour nicht schwer zu gehen, Trittsicherheit und gutes Schuhwerk sind jedoch nötig; die weite Distanz und der Höhenunterschied von rund 600 Metern fordern zudem gewisse Kondition. Wer den Morgenbus von Cazorla nimmt und unterwegs keine allzu langen Pausen einlegt, kann, sofern sich der Fahrplan nicht grundlegend geändert hat, bis zum Nachmittagsbus retour wieder am Informationszentrum sein.

Route: Der Weg beginnt beim Infozentrum *Torre del Vinagre* (für Autofahrer wahlweise auch erst bei den Parkplät-

zen im Gebiet um die Forellenzucht, siehe unten). Hier kreuzt man zunächst die Straße und folgt dem schräg gegenüber abzweigenden, asphaltierten Sträßchen, das unter anderem mit „Central eléctrica" beschildert ist und bald den Río Guadalquivir überquert. Später erreicht das Sträßchen das Dokumentationszentrum „Centro de Interpretación Fluvial Río Borosa" mit einem großen Parkplatz, kurz darauf die Forellenzucht *Piscifactoría* mit einem weiteren, allerdings kleineren Parkplatz auf der anderen Seite des Río Borosa. Bis hierher ist man ab dem Torre del Vinagre ungefähr eine halbe Stunde unterwegs.

Beim zweiten Parkplatz beginnt eine für Fahrzeuge gesperrte, breite Schotterpiste, die in südöstlicher Richtung entlang dem Río Borosa verläuft; der glasklare Fluss ist der erste größere Nebenlauf des Río Guadalquivir und ein be-

liebtes Angelrevier. Rund zwanzig Minuten hinter der Forellenzucht überquert die Piste auf einer Steinbrücke den Fluss und gabelt sich auf der anderen Seite; hier links. Gut fünf Minuten weiter geht es wieder zurück auf die nördliche Seite des Río Borosa. Weitere zehn Minuten später gilt es, etwas anzupassen: An einer Stelle, an der sich der Fahrweg vom Fluss entfernt und deutlich ansteigt, geht es rechts von der Piste ab, dem beschilderten Fußweg zur tief eingeschnittenen Schlucht *Cerrada de Elías* folgend.

Nach etwa zehn Minuten überquert der Fußpfad auf einer kleinen Metallbrücke den Fluss auf die Südseite – die erste von mehreren Brücken und Stegen, die diesen besonders reizvollen Wegabschnitt überhaupt erst gangbar machen. Achtung, nach Regenfällen können die Übergänge sehr glatt sein! Etwa eine Viertelstunde hinter der ersten Metallbrücke trifft der Pfad wieder auf die Piste. Ihr folgend, geht man in meist mäßigem Anstieg noch eine gute halbe Stunde bis zur *Central eléctrica,* einem kleinen Wasserkraftwerk, das etwa zwei Stunden nach Beginn der Wanderung erreicht wird. Hier endet die Piste.

Das Gebäude rechts umgehend, gelangt man über eine wacklige Brücke auf einen Fußpfad. Ein Schild warnt vor Steinschlag, bei entsprechenden Wetterverhältnissen ist also Vorsicht geboten. Der schmale, geröllige Pfad schlängelt sich aufwärts, bald ist man hoch über dem Fluss, der hier eine bizarre Felslandschaft ausgewaschen hat. Etwa 40 Minuten hinter dem Kraftwerk wird am Talschluss der Wasserfall „Salto de los Órganos" erreicht.

Der Weg beschreibt nun eine lange Linkskurve steil nach oben, wendet sich später wieder rechts und führt hinein in einen Tunnel, durch den ein Wasserkanal verläuft. Der Pfad entlang des Kanals ist sehr schmal, aber durch ein Stahlseil gesichert, in gewissen Abständen lassen Löcher im Fels etwas Licht in das Dunkel. Am Ende des etwa 250 Meter langen Tunnels folgt der Pfad, von einem ganz kurzen Wegstück abgesehen, weiterhin dem Kanal und durchquert bald darauf einen weiteren, diesmal deutlich kürzeren Tunnel. Wenig später, insgesamt rund eine Wegstunde hinter der Central eléctrica, kommt die Staumauer des *Embalse de los Órganos* in Sicht, die über einen Fußpfad linker Hand des Kanals angesteuert wird.

Nach Überqueren der Staumauer nimmt man den Pfad an der Südseite des Sees, dessen aufgestautes Wasser dunkel, fast schon schwarz wirkt und der deshalb auch „Laguna de Aguas Negras" genannt wird. Kurz hinter dem Ende des Sees stößt der Weg auf eine Piste, der man durch den Wald folgt. Bald darauf, insgesamt etwa 3½ bis 4 Stunden nach Beginn der Wanderung, wird linker Hand die ebenfalls aufgestaute *Laguna de Valdeazores* erreicht, ein von Schilf gesäumter und von dichtem Wald umgebener See. Oberhalb liegen schöne Rastplätze, von denen sich ein feiner Ausblick auf das Gewässer bietet. Zurück geht es auf demselben Weg, wegen des Gefälles naturgemäß schneller als beim Aufstieg.

Weiter an der Carretera del Tranco

Coto Ríos: Eine kleine Siedlung auf der anderen Seite des Guadalquivir, gut vier Kilometer hinter dem Infozentrum Torre del Vinagre. Coto Ríos ist trotz des schachbrettartigen Grundrisses ein gewachsenes Dorf mit weißgekalkten Häusern, in dem es neben Bar und Supermarkt auch eine Bäckerei gibt. Im Umfeld des Dörfchens liegen mehrere Campingplätze. Etwa fünf Kilometer weiter nördlich beginnt der Stausee des Guadalquivir.

●*Camping* Im spanischen Haupturlaubsmonat August kann telefonische Anfrage bzw. Reservierung nützlich sein. Alle drei Plätze bieten eher einfache Ausstattung, aber viel Platz in schattiger Flusslage unterhalb der Talstraße. Rest./Einkauf zur Saison teilweise vorhanden.
Camping Chopera de Coto Ríos, 3. Kat., ist der ortsnächste Platz und offiziell ganzjährig geöffnet; im Winter ist ein Anruf aber vielleicht ratsam. Richtwerte zur HS p. P. 5 €, kl. Zelt 4 €, Auto 2,50 €. Carretera del Tranco, km 21, ✆ 953 713005, www.turismo encazorla.com/chopera.html.
Camping Fuente de la Pascuala, 3. Kat., mit Pool. Geöffnet Ende Februar bis Anfang Dezember. P.P. und Zelt je 4 €, Auto 3 €. Carretera del Tranco, km 23, ✆ 953 713028, www.campinglapascuala.com.

Weiter an der Carretera del Tranco 327

Aufgestaut: der Río Guadalquivir

Camping Llanos de Arance, 3. Kat., ein Stück weiter, ebenfalls mit Pool. Ganzjährig geöffnet. Ein wenig teurer als die anderen: p. P. 5,50 €, kl. Zelt 4,50 €, Auto 3,50 €. Carretera del Tranco, km 22, ☎ 953 713139, ℡ 953 713036, www.llanosdearance.com.

Parque Cinegético: Zufahrt von der Talstraße etwa zwölf Kilometer nördlich des Torre del Vinagre. Ein abgezäunter Tierpark auf einer Halbinsel des Stausees, dessen Ausmaße aber so groß sind, dass man normalerweise wenig zu sehen bekommt. Am besten stehen die Chancen zu den Fütterungszeiten morgens und abends. Eintritt frei.

Embalse del Tranco de Beas: In zahlreichen Kurven windet sich die schmale Straße durch die Wälder oberhalb des Stausees. Da und dort öffnen sich schöne Blicke auf den See, in dem eine Insel mit verfallenem Kastell liegt. Der Zugang zum Wasser ist hingegen mit etwas Mühe verbunden. Überhaupt stellt der Embalse keinen richtigen Badesee dar, auch wenn das Baden erlaubt ist: Wie bei den meisten Stauseen fällt das Ufer an vielen Stellen steil ab und ist fast immer steinig. Gut 15 Kilometer hinter Coto Ríos erreicht man die Staumauer, in deren Umfeld sich einige Bars und Restaurants sowie ein Bootsverleih finden. Wer nicht zurück nach Cazorla fahren möchte, erreicht Richtung Westen über die Nebenstraße A 6202 nach etwa 25 Kilometern die gut ausgebaute N 322 Richtung Úbeda und Jaén.

Hórnos: Nördlich der Staumauer lichtet sich der Wald allmählich und weicht offenem, landwirtschaftlich genutztem Gebiet. Das kleine Dörfchen Hórnos selbst, ausgewiesen als „Conjunto histórico", schwebt aberwitzig auf einem Felsen hoch über dem Tal und bietet einen weiten Blick auf den einige Kilometer entfernten See. Hier oben geht es ruhiger zu als an der Talstraße, der Fremdenverkehr ist weniger ausgeprägt.

• *Übernachten* *** Pensión El Mirador**, mitten im Ort gelegen, ein einfaches, ordentliches Quartier mit angeschlossenem Restaurant. Vom Obergeschoss bietet sich der weite Blick, den der Name verspricht. Ganzjährig geöffnet. DZ/Bad kosten etwa 30–35 €. Puerta Nueva 11, ☎ 953 495019.

* Pensión El Cruce, in der Nähe, ebenfalls mit angeschlossenem Restaurant. Preise etwa wie oben. Es gibt auch Apartments. Puerta Nueva 23, ☎/℡ 953 495035, www.elcrucerural.com.

Provinz Jaén
Karte S. 298/299

▲ Ein wahrer Säulenwald: die Mezquita von Córdoba

Provinz Córdoba

Córdoba	331	Von Córdoba Richtung Málaga	356
Umgebung von Córdoba	353	Von Córdoba Richtung Granada	358
Von Córdoba Richtung Sevilla	354	Priego de Córdoba	363

Ein Bilderbuchstädtchen: Zuheros

Provinz Córdoba

Nicht nur der Name Granadas ist mit Assoziationen an die Zeit der Maurenherrschaft verknüpft. In Córdoba erreichte die Macht des Islam in Europa, noch völlig unangefochten durch christliche Herrscher, ihren Höhepunkt – mehr als ein halbes Jahrtausend vor dem Fall Granadas.

Den Mauren verdankt es die Stadt Córdoba deshalb auch, heute eines der meistbesuchten Ziele ganz Andalusiens zu sein. Die historische Hauptattraktion der Stadt ist die wahrhaft wunderbare „Moschee-Kathedrale" *Mezquita*, von außen eher schmucklos, innen jedoch ein atemberaubender Wald von Säulen.

In Kürze: Provinz Córdoba

Fläche: 13.718 Quadratkilometer
Bevölkerung: 804.000 Einwohner, das entspricht einer Bevölkerungsdichte von 59 Einwohnern pro Quadratkilometer
Reizvolle Landschaften: Insbesondere die wildschönen Sierras Subbéticas im Südosten der Provinz

Schöne Orte: Das Stadtviertel Judería in Córdoba-Stadt, Priego de Córdoba, aber auch kleine Dörfchen wie Luque und Zuheros
Keinesfalls versäumen: Die Moschee Mezquita in Córdoba-Stadt
Internet-Info: www.cordobaturismo.es

Der Rest der Provinz Córdoba sieht deutlich weniger Besucher. Dabei liegen dort einige Städtchen, die einen Abstecher durchaus wert wären, allen voran *Priego de Córdoba* mit seinem großen Barockbrunnen und dem bildhübschen Altstadtviertel, aber auch kleinere „weiße Dörfer" wie Zuheros oder Luque. Lebensader der Region ist der hier schon sehr breite Río Guadalquivir, dessen Wasser der Landwirtschaft reiche Erträge sichert. Angebaut werden in erster Linie Weizen, Oliven und Wein, doch sind auch Baumwollfelder häufig zu sehen. Im hügeligen Norden trägt der Bergbau zum Einkommen bei, besonders das Gebiet um Peñarroya-Pueblonuevo besitzt große Vorkommen an Steinkohle.

Córdoba (330.000 Einwohner)

Der Besucherverkehr in Córdoba konzentriert sich auf nur einen Stadtteil, die Judería. Das alte Viertel um die „Moschee-Kathedrale" Mezquita scheint deshalb auf den ersten Blick nur aus Souvenirgeschäften zu bestehen. Doch der Eindruck täuscht.

Mit seiner glanzvollen Geschichte und den fantastischen Baudenkmälern ist Córdoba ein Besichtigungsziel ersten Ranges, das Aufkommen an Reisegruppen entsprechend hoch. Dies gilt insbesondere für das Frühjahr und den Herbst, in den Sommermonaten lässt der Andrang etwas nach. Grund dafür ist die extreme Hitze, die dann oft herrscht: Córdoba liegt kaum mehr als hundert Meter über dem Meeresspiegel, und die Sierra im Norden hält jeden kühlen Luftzug ab. Doch egal, zu welcher Jahreszeit sie auch kommen, bleiben die meisten Besucher höchstens eine Nacht und lernen dabei oft nur das Gebiet im Bereich der Moschee kennen, das mit Andenkenläden geradezu gepflastert ist.

Die *Judería,* das ehemals jüdisch-maurische Viertel, bildet auch zweifellos das Glanzstück Córdobas, doch besteht sie eben nicht nur aus den paar Straßenzügen um die Mezquita – wenige Schritte abseits spielt sich fast ungestört das Alltagsleben ab. Ein Bummel durch die winkligen Gässchen, vorbei an weiß gekalkten Mauern, ist ein Genuss fürs Auge. Córdoba ist die Stadt der *patios,* der vor Blütenpracht strotzenden Innenhöfe, veranstaltet jährlich sogar einen Wettbewerb, um den schönsten von ihnen zu ermitteln. Doch liegen, wie oft im Süden, Romantik und Armut dicht beieinander: Besonders in den weniger herausgeputzten Randzonen der östlichen Judería kann man durch ein halb verfallenes Haus oder ein paar eingeschlagene Fenster schnell aus allen heiteren Träumereien herausgerissen werden.

Beim Vergleich mit Sevilla und Granada, den anderen beiden Städten der andalusischen „Großen Drei", wird Córdoba oft der Provinzialität und einer gewissen ländlichen Langeweile geziehen. Völlig falsch ist das sicher nicht: Córdoba ist in der Tat ein eher ruhiges Pflaster, besitzt weder die überschäumende Vitalität Sevillas noch das studentische Flair Granadas. Ganz gerecht wird diese Einschätzung der 330.000-Einwohner-Stadt aber ebensowenig, wie es eine Gegenüberstellung des heutigen Córdoba mit der leuchtenden maurischen Metropole von einst wäre.

Zuletzt rüstete sich Córdoba für das große Ziel, zur „Europäischen Kulturhauptstadt 2016" ernannt zu werden, schaffte es zusammen mit Burgos, Las Palmas, San Sebastián, Segovia und Zaragoza auch bis ins spanische Finale (das andere Bewerberland ist Polen). An allen Ecken und Enden trifft man deshalb auf Restaurierungsarbeiten am historischen Erbe und auf verstärkte Investitionen in Kulturprojekte.

Stadtaufbau/Orientierung: Die Altstadt Córdobas liegt auf der Außenseite einer Schleife des Río Guadalquivir. Die *Plaza de las Tendillas* markiert die Grenze zu den neueren Stadtvierteln und ist mit vielen Cafés ein beliebter Treffpunkt; das Gitarrenthema, das hier seit Jahrzehnten zu jeder vollen Stunde ertönt, stammt übrigens vom Cordobeser Flamenco-Gitarristen Juan Serrano. Die Plaza bildet

332   Provinz Córdoba

auch das Herz des Stadtzentrums, das nach Westen vom breiten *Paseo de la Victoria* und nach Norden ebenso deutlich von der *Avenida Ronda de los Tejares* begrenzt wird. Gen Osten verläuft der Übergang zu den Außenbezirken fließender.

Geschichte

Schon in der Vorgeschichte besiedelt, geriet Córdoba in die historischen Schlagzeilen, als seine Bewohner sich dem Feldzug des Karthagers Hannibal gegen Rom anschlossen – und mit ihm scheiterten. 206 v. Chr. eroberten die Römer die Siedlung, die sie später zeitweilig zur Hauptstadt der Provinz *Hispania Ulterior* machten. Hier war die Heimat des römischen Gelehrten, Politikers und Philosophen *Seneca*, und auch der Dichter *Lucanus* wurde in Córdoba geboren. Welche Bedeutung die Siedlung bereits unter den Römern besaß, zeigen die Ausmaße der erst 2003 bei Arbeiten auf einem Universitätsgelände entdeckten Reste eines *Amphitheaters* aus dem 1. Jh. n. Chr, seinerzeit das größte Amphitheater des gesamten römischen Reiches: Mit einer Höhe von bis zu 20 Metern und einer Grundfläche von 178 mal 45 Metern bot es 40.000 Besuchern Platz. Nach dem einige Jahrzehnte später errichteten Kolosseum und einem Amphitheater im antiken Karthago war es das drittgrößte Amphitheater der Welt.

Die Westgoten, die Córdoba nach dem Fall des Römerreichs 572 besetzten, blieben ohne prägenden Einfluss. Ganz anders die Mauren. 711 hatten sie ihren Eroberungszug begonnen, und kaum ein Jahr später war Córdoba Teil des riesigen arabischen Reichs. Zunächst blieb die Stadt für einige Jahrzehnte dem Kalifat in Damaskus unterstellt. 756 jedoch wurde *Corthoba* durch den aus Damaskus geflüchteten und in Spanien von großen Teilen der Bevölkerung begeistert empfangenen Omaijaden *Abd ar-Rahman* zum unabhängigen Emirat ausgerufen: Beginn einer Karriere. Den Gipfel ihrer Laufbahn erklomm die Stadt, als *Abd ar-Rahman III.* sich 929 zum Kalifen, mithin zum Nachfolger Mohammeds erklärte, und die Stadt dadurch in Konkurrenz zum damaligen Kalifat Bagdad stellte. Zu jener Zeit zählte Córdoba Schätzungen zufolge eine halbe bis eine Million Einwohner, war die größte Stadt Europas und Rivalin von Damaskus und Konstantinopel. Über 80.000 Werkstätten und Geschäfte, 600 öffentliche Bäder, 300 Moscheen und 50 Krankenhäuser besaß die glanzvolle islamische Metropole.

Gleichzeitig war das Córdoba des 10. Jahrhunderts ein kulturelles Zentrum ersten Ranges. Die Omaijaden-Herrscher regierten tolerant, ließen Christen und Juden nach deren Fasson selig werden, wenn auch gegen Zahlung einer Sondersteuer. Gelehrte aus aller Herren Länder zog es in die blühende Stadt. Das Wissen dreier Religionen, dreier Kulturkreise ergänzte sich; die Ärzte, Philosophen und Geographen der Universität Córdoba genossen europaweit höchste Anerkennung. Hier wirkten der Mediziner und Philosoph *Averroes* (Ibn Rushd), dem wir die Übersetzung und Kommentare des Aristoteles verdanken, wie auch der Jude *Moses Maimonides*, gleichfalls Arzt, Theologe und Denker.

Der politische Abstieg kam mit dem Zerfall des Kalifats in mehrere Teilkönigreiche 1031. Der Ruf Córdobas als Zentrum der Wissenschaft und der Kultur blieb zwar vorerst bestehen. Doch mit der christlichen Eroberung 1236 durch *Ferdinand III.* begann der Niedergang. Die neuen Herrscher duldeten keine Zweifel an ihrer durch das Christentum geprägten mittelalterlichen Weltenlehre, Inquisition und die Vertreibung der Mauren und Juden taten ein Übriges – Córdobas strahlender Stern erlosch, die Geistesmetropole verblasste zur Provinzstadt.

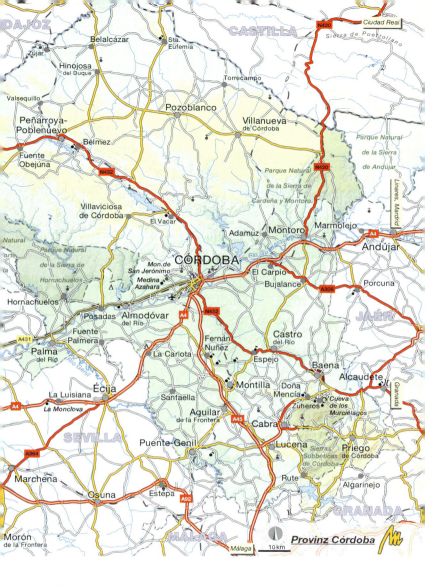

Information/Verbindungen

• *Information* **Oficina de Turismo de la Junta de Andalucía**, Calle Torrijos 10, ✆ 957 355179, ✉ 957 355180, otcordoba@andalucia.org. Gegenüber der Mezquita im Palacio de Congresos y Exposiciones. Zuständig für die Stadt und ganz Andalusien. Öffnungszeiten: Mo–Fr 9–19.30 Uhr, Sa/So 9.30–15 Uhr.

Infokioske der Stadt Córdoba an der Plaza Tendillas, dem Campo Santos Mártires nahe dem Alcázar und im Bahnhof. Die

334 Provinz Córdoba

Öffnungszeiten variieren nach Standort und Saison. Info-✆ 902 201774, www.turismodecordoba.org.
Recepción de Visitantes, geplantes Besucherzentrum bei der Brücke Puente Romano, mit Erscheinen dieser Auflage evtl. bereits eröffnet.

Brunnen im Alcázar

• *Verbindungen* **Zug**: Córdobas Bahnhof (Renfe-Info: ✆ 902 240202), ein gigantischer Bau aus Beton, Marmor und Edelstahl, liegt nördlich des Zentrums, am Ende der Avenida de los Mozarabes linker Hand. Züge nach Algeciras 2-mal, Cádiz 9-mal, Málaga etwa alle ein bis zwei Stunden. Nach Sevilla etwa stündlich, aber Achtung, die superschnellen AVE-Züge kosten das Mehrfache der Normalverbindung. Richtung Granada empfiehlt sich die Route über Bobadilla, die wesentlich schneller ist als diejenige über Linares–Baeza; flotter noch ist man allerdings per Bus. Direktzüge auch nach Madrid (stündlich) und Barcelona (5-mal täglich), zu beiden Städten überwiegend AVE-Verbindungen.

Bus: Moderner Busbahnhof (✆ 957 404040) an der Plaza de las Tres Culturas, von der Stadt aus gesehen direkt hinter dem Bahnhof. ALSA fährt nach Granada 9-mal, Málaga 7-mal, Almería 1-mal täglich (morgens), nach Sevilla 7-mal täglich. UREÑA nach Jaén 7-mal, BACOMA nach Úbeda 4-mal täglich. SECORBUS nach Madrid 6-mal täglich.

Auto: Teile der Altstadt sind für den Individualverkehr gesperrt, die Hotelanfahrt ist jedoch freigegeben (an der Sprechanlage Bescheid sagen, welches Hotel reserviert wurde). Häufige Wechsel von Einbahnstraßenrichtungen etc. erschweren es Navis, den richtigen Weg zu finden. Generell sollte man die engen Einbahngässchen der Judería möglichst meiden und den Wagen lieber etwas abseits parken. Gebührenpflichtige Parkmöglichkeiten an der Calle Gran Capitán und in der Nähe der Mezquita. Unbewacht das Fahrzeug grundsätzlich nur leer stehenlassen: viele Autoknacker!

Autoverleih: EUROPCAR (✆ 957 402480) und AVIS (✆ 957 401445) im Bahnhof, HERTZ (✆ 957 402061) im Busbahnhof.

Fahrradverleih: Solo Bici, unweit der Mezquita. Deutsch-spanische Führung, Infos und Tipps. Erst ab 18 Jahren, Tagesmiete 15 €. An der Flussuferstraße Ronda de Isasa 10, ✆ 957 485766, www.solobici.net.

Taxi: Funktaxis unter ✆ 957 764444.

Adressen

Post: Calle José Cruz Conde 15, in einer nördlichen Seitenstraße der Plaza Tendillas. Öffnungszeiten: Mo–Fr 8.30–20.30 Uhr, Sa 9.30–14 Uhr.
Internet-Zugang: *Salón Internet*, Calle Lucano 12, im Hostal El Pilar del Potro, nahe der Plaza del Potro, ✆ 957 492966.
Arabische Bäder: *Baños Árabes*, eine sogar etwas größere Filiale der Badeanlagen von Granada. Sehr reizvolles Ambiente im maurischen Stil, mehrere Becken mit unterschiedlich temperiertem Wasser zwischen

Córdoba 335

16 und 40 Grad, entspannende Musik. Geöffnet täglich ab 10 Uhr, Einlass im Zweistunden-Turnus bis 24 Uhr. Zwei Stunden kosten etwa 26 €, eine zehnminütige Massage mit Aromatherapie zusätzlich 7 €. Badekleidung ist erforderlich, Handtücher sind vorhanden. Restaurant und Tetería (Teestube) angeschlossen und von Lesern gelobt. Calle Corregidor Luis de la Cerda 51, nordöstlich unweit der Mezquita. Reservierung sehr ratsam. ✆ 957 484746; www. hammamspain.com.

Übernachten *(siehe Karte S. 336/337)*

Die Saison in Córdoba reicht von Ostern bis Oktober, wobei die Nachfrage im Frühjahr und Herbst noch stärker ist als in den glühend heißen Sommermonaten, die in vielen Hotels als Nebensaison gelten. Grundsätzlich ist es ratsam, möglichst früh am Tag auf die Suche zu gehen. Autofahrer, die ein Quartier in den verwinkelten Gassen der Altstadt suchen, sollten das Fahrzeug vorher besser auf einem bewachten Parkplatz abstellen und die Lage zu Fuß erkunden. Manchmal kennt der Hotelier eine versteckte Parkmöglichkeit.

● *Judería und Umgebung*: Sicher die beste Adresse in Córdoba. Viele der Häuser besitzen lauschige Patios. Je weiter man in östlicher Richtung kommt, desto ursprünglicher das Gebiet.

***** **Hospes Palacio del Bailío (5)**, ganz im Norden der Altstadt unweit der Plaza de los Capuchinos gelegen. Untergebracht in einem feinfühlig restaurierten Palast des 16.–18. Jh., beherbergt das Tophotel von Córdoba 53 exklusiv ausgestattete Zimmer und Suiten nebst mehreren Bars und Restaurants sowie ein Spa. Parkplatz. Superior-DZ im Schnitt etwa 210–250 €, es gibt auch Deluxe-Zimmer und diverse Suiten. C. Ramírez de las Casas Deza 10–12, ✆ 957 498993, ✇ 957 498994, www.hospes.es.

**** **Hotel El Conquistador (34)**, direkt gegenüber der Mezquita gelegen. Sehr schöner Patio, eigene Garage, jeder Komfort ist selbstverständlich. Geräumige, allerdings etwas hellhörige Zimmer, die Mehrzahl mit Blick auf die Mezquita. Sehr weite Preisspanne: DZ im Normalfall rund 60–170 €, während der Karwoche noch um einiges mehr. Calle Magistral González Francés 15, ✆ 957 481102, ✇ 957 474677, www.hotelcon quistadorcordoba.com.

**** **Hotel Macià Alfaros (6)**, ein Stück nördlich der Plaza Corredera. Recht hübsch gemachtes, auf „maurisch" getrimmtes Quartier der gehobenen Mittelklasse. Ein Plus ist die große (!), eigene Garage. Auch hier ist die Spanne zwischen Zeiten mit geringer und solchen mit hoher Nachfrage sehr weit: DZ im Schnitt etwa 60–160 €, zur Semana Santa noch darüber. C. Alfaros 18, ✆ 957 491920, ✇ 957 492210, www.maciahoteles.com.

*** **Hotel La Hospedería de Churrasco (28)**, im Gebiet nordwestlich der Mezquita, ein Ableger des gleichnamigen Restaurants. Hübsches kleines Boutiquehotel mit nur neun Zimmern, alle komfortabel ausgestattet, mit Antiquitäten eingerichtet und jeweils unterschiedlich dekoriert. Garage. DZ/F 155–175 €, es gibt auch Superior-Zimmer. Calle Romero 38, ✆ 957 294808, ✇ 957 421661, www.elchurrasco.com.

** **Hotel Casa de los Azulejos (11)**, ein charmantes und stilvolles Quartier nahe der Plaza Corredera, beliebt auch beim Szenepublikum. Kolonialstil-Ambiente in einem ausgedehnten Haus, dessen Struktur teilweise bis ins 17. Jh. zurückgeht; schöner Patio. Nur acht Zimmer, alle ganz unterschiedlich im Charakter, Bibliothek. Eine Tapa-Bar, zu erreichen über einen separaten Eingang nahe Plaza Corredera, ist angeschlossen. DZ nach Saison und Ausstattung etwa 80–140 €; es gibt auch eine Suite. Calle Fernado Colón 5, ✆ 957 470000, ✇ 957 475496, www.casadelosazulejos.com.

** **Hotel Albucasis (26)**, in optimaler Lage nahe der Mezquita, aber etwas abseits der Touristenzone. Hübscher Patio, auf den die meisten der ansprechend möblierten (wenn auch etwas hellhörigen) Zimmer hinausgehen, Fremdgarage in der Nähe. Ratsam jedoch, zunächst erst einmal zu Fuß vorbeizuschauen, bevor man sich mit dem Wagen ins Gassengewirr begibt. DZ etwa 50–85 €, höhere Preise zu den Festterminen. Calle Buen Pastor 11, oberhalb der Mezquita, ✆/✇ 957 478625, www.hotel albucasis.com.

** **Hotel González (38)**, ebenfalls nur ein paar Schritte abseits der Mezquita. Tagsüber vielleicht etwas viel Rummel im Innen-

Provinz Córdoba
Karte S. 333

336 Provinz Córdoba

hof, der als Restaurant allgemein zugänglich ist. Sonst sehr nett in einem alten, vielseitig dekorierten Gemäuer; viele Zimmer auf den Patio. DZ nach Saison etwa 50–75 €. Calle Manriquez 3, nahe der Plaza Judá Leví, ℅ 957 479819, ℡ 957 486187, hotel gonzalez@wanadoo.es.

** Hotel Los Omeyas (24), ebenfalls keine fünf Minuten von der Mezquita entfernt, dabei recht ruhig gelegen. Die Zimmer liegen um einen schönen kühlen Patio, sind sehr sauber und hübsch eingerichtet. Zuletzt gab es allerdings ein wenig Leserkritik am Erhaltungszustand wie auch am Service. Parkgarage, wie üblich gegen Gebühr. DZ etwa 60–80 €, zu den Festterminen 100 €. Calle Encarnación 17, ℅ 957 492267, ℡ 957 491659, www.hotel-losomeyas.com.

** Hotel Riviera (13), in einem neueren Stadtbereich, aber immer noch zentral, ein Lesertipp von Silvia & Alvaro Fernandez: „Sauber, leise, große Zimmer; zehn Minuten zur Mezquita zu Fuß. Großes Parkhaus in der Nähe, für Kunden mit Rabatt". DZ nach Saison und Nachfrage etwa 50–110 €. Plaza Aladreros 5, ℅ 957 473000, ℡ 957 476018, www.hotelrivieracordoba.com.

** Hotel San Miguel (7), in einer kleinen Fußgängerzone nördlich nicht weit von der Plaza de las Tendillas, von Lesern gelobt. Vor wenigen Jahren renoviert und gut in Schuss gehalten. DZ im Dreh 60–70 €, im Winter und im August günstiger, zu Festterminen bis 100 €. Calle San Zoilo 4, ℅ 957 475861, ℡ 957 476583, www.hotelsanmiguelcordoba.com.

* Hotel Maestre (19), unser Tipp in dieser Klasse. Neubau im Gebiet östlich der Mezquita, nahe der schönen Plaza del Potro gelegen. Ein Ableger der bewährten Pension Maestre (siehe unten). Mehrere Patios, nüchtern-komfortable Zimmer mit TV, Telefon und Tresor. Besonders ruhig sind die Räume um den hinteren Patio. Engagierte Leitung, hoteleigene Garage (oft voll – wer zuerst kommt ...). Hervorragendes Preis-Leistungs-Verhältnis, Reservierung dringend geraten. Auch Apartments. DZ etwa 60 €. Calle Romero Barros 4, ℅ 957 472410, ℡ 957 475395, www.hotelmaestre.com.

* Hotel Boston (12), praktisch direkt an der Plaza Tendillas, nur ein Katzensprung von der Altstadt. Funktionales Hotel mit ordentlichen Zimmern (die Innenzimmer sind, wie immer, nicht sehr luftig), etwas kompliziert anzufahrende Vertragsgarage in der Nähe.

Ü bernachten
1 Parador de Córdoba
3 Hotel Colón
5 Hotel Hospes Palacio del Bailío
6 Hotel Macià Alfaros
7 Hotel San Miguel
11 Hotel Casa de los Azulejos
12 Hotel Boston
13 Hotel Riviera
14 Pensión Hosteria Lineros 38
16 Pensión Maestre
18 Pensión Los Arcos
19 Hotel Maestre
21 Pensión El Portillo
22 Pensión La Milagrosa
23 Pensión Almanzor
24 Hotel Los Omeyas
25 Hostal Osio
26 Hotel Albucasis
28 Hotel La Hospedería de Churrasco
34 Hotel El Conquistador
36 Jugendherberge
37 Pensión El Triunfo
38 Hotel Gonzáles
40 Pensión Hostal Alcázar

E ssen & Trinken
2 Taberna Sociedad Plateros
4 Rest. Circulo Ta
8 Taberna San Mig
9 La Paloma
10 Taberna Salinas
15 Bodegas Campo
17 Taberna Sociedad Plateros
20 Museo de la Tap Vino
27 Rest. Tetería Har
29 Casa Salinas
30 Rest. Churrasco
31 Casa Pepe de la
32 Taberna Rafaé
33 Bodega Guzman
35 Rest. El Caballo
39 Rest. Almudaina
41 Mesón San Basi

Córdoba 337

338 Provinz Córdoba

Bleibt anzumerken, dass mehrere Leser mit dem Hotel zwar zufrieden, von der Cafeteria im selben Haus jedoch sehr enttäuscht waren. DZ je nach Saison etwa 50–80 €. Calle Málaga 2, nahe Plaza Tendillas, ✆ 957 474176, ✆ 957 478523, www.hotel-boston.com.

** Hostal Osio (25), in recht ruhiger, dabei jedoch zentraler Lage unweit der Mezquita, eine 2001 eröffnete, sehr freundlich und engagiert geführte Pension mit exzellentem Preis-Leistungs-Verhältnis. Die zwölf klimatisierten, geräumigen Zimmer (allesamt Nichtraucher) erstrecken sich um zwei Patios. DZ/Bad 40–45 €, von Mitte März bis Ende Mai 60 €. Calle Osio 6, eine Seitenstraße der Calle Rey Heredia, ✆/✆ 957 485165, www.hostalosio.com.

Pensión Hostería Lineros 38 (14), noch junge Pension mit hotelähnlichem Charakter und ebensolchen Preisen. Die hübsch gestalteten, im Dekor arabisch inspirierten Zimmer liegen um einen kleinen Innenhof und sind deshalb ruhig, aber nicht gerade hell. Standard-DZ (eher klein) etwa 55–70 €, gegen Aufpreis auch größere Deluxe-DZ. Calle Lineros 38, ✆/✆ 957 482517, www.hostallineros38.com.

Pensión El Triunfo (37), in unmittelbarer Nachbarschaft der Mezquita, Garage in der Nähe. Solides, gepflegtes Haus, manchmal mit Gruppen belegt. Die Lage zahlt man mit: DZ/Bad etwa 60–85 €, zu Festterminen bis 145 €. Calle Corregidor Luis de la Cerda 79, an der Flussseite der Mezquita, ✆ 957 498484, ✆ 957 486850, www.htriunfo.com.

Pensión Hostal Alcázar (40), westlich etwas außerhalb der Judería. Eigentlich zwei Pensionen unterschiedlichen Alters, die einander gegenüberliegen. Ruhige Lage in einer kleinen Straße nahe des Campo Santo de los Mártires. Mit Patio. Die Zimmer in der älteren Pension relativ eng; in der jüngeren Pension gibt es auch Familienzimmer. Freundlicher und lustiger Vermieter, der gute Tipps zur Stadt hat und auch weiterhilft, falls belegt ist. Parkmöglichkeit (vorbestellen). Gutes Frühstück. DZ/Bad etwa 35–50 €. Calle San Basilio 2, ✆ 957 202561, www.hostalalcazar.com.

Pensión Hostal Maestre (16), wie auch das Hotel eine gute Adresse. In ruhiger Lage etwas abseits der Touristenströme, mit vielen Antiquitäten und Nippes eingerichtet. Gleich zwei begrünte Patios. Gelegentlich Jugendgruppen, dann nicht immer ganz leise. Ratsam, sich das Zimmer vorher zeigen zu lassen, es gibt auch einige wenige

fensterlose Räume. Je nach Gästeaufkommen ist Parken in der Garage des nahen Hotels Maestre möglich. Reservierung sehr empfehlenswert. DZ/Bad etwa 45 €. Calle Romero Barros 16, nahe der Plaza Potres, ✆ 957 472410 (Hotel Maestre), ✆ 957 475395, www.hotelmaestre.com.

Pensión La Milagrosa (22), östlich der Mezquita. Freundliche Besitzer, hübscher, wenn auch winziger Patio. Empfehlenswert, ein ruhiges Zimmer zu verlangen, manche leiden unter dem Lärm von Mopeds aus der Nachbarschaft. DZ/Bad etwa 45–50 €. Calle Rey Heredia 12, ✆/✆ 957 4733ˉ7.

Pensión Los Arcos (18), zwischen dem Hotel und der Pension Maestre. Schöner Patio, in einer Parallelstraße ein bewachter Parkplatz. Einfach möblierte, hellhörige Zimmer. DZ/Bad um die 45 €, ohne Bad 40 €. Calle Romero Barros 14, ✆ 957 485643, ✆ 957 486011, www.pensionlosarcos.com.

Pensión Hostal Almanzor (23), von mehreren Lesern empfohlen. In zentraler, wenn auch nicht immer ganz ruhiger Lage, Sauberkeit wird sehr groß geschrieben; Parkmöglichkeit. DZ/Bad kosten etwa 40–60 €. Calle Cardenal González 10, ✆ 957 485400, www.hostal-almanzor.es.

Pensión Hostal El Portillo (21), im Gassengewirr knapp westlich der Calle de San Fernando, Richtung Mezquita. Ruhige Lage, einige der einfachen Zimmer auf den kleinen Patio. Netter Besitzer, der etwas Englisch spricht. DZ/Bad etwa 30–40 €, zu Festterminen 45 €. Calle Cabeza 2, ✆ 957 472091.

Jugendherberge Córdoba (36), Residencia Juvenil (IYHF), ausnahmsweise wunderbar zentral gelegen, ein paar Schritte von der Mezquita. Frisch renoviert, moderne Einrichtungen, angenehme Zimmer, etwas hellhörig. Die Zimmer im zweiten Stock sind schöner, besitzen eigenes Bad und Terrasse. Oft belegt – reservieren! Plaza Judá Leví s/n, ✆/✆ 957 355040.

● *Im Bereich des Bahnhofs* Etwas für Spätankömmlinge mit Bahn oder Bus, die zur Saison froh sein können, überhaupt ein Bett zu bekommen. Am Anfang der Avda. Cervantes liegen mehrere preisgünstige Casas huéspedes, die Straße ist aber äußerst laut.

** Hotel Colón (3), Mittelklasse im Hochhaus, ordentlich möblierte Allerweltszimmer. DZ/Bad kosten hier um die 60–80 €. Calle Alhaken II. 4, ✆ 957 470017, ✆ 957 480958, www.hotelresidenciacolon.com.

● *Außerhalb* ****** Parador de Córdoba (1)**, etwa vier Kilometer nördlich des Zentrums.

Córdoba 339

Neueres Gebäude, immerhin mit Blick und schönem Garten – die Tophotels im Zentrum sind bei entsprechendem Kleingeld vielleicht dennoch vorzuziehen. DZ rund 160 €. Avenida Arruzafa s/n, ℘ 957 275900, ℘ 957 280409, www.parador.es.

Camping

El Brillante, 1. Kat., etwa drei Kilometer nördlich des Zentrums. Zur HS manchmal überfüllt. Busverbindung ab Bahnhof oder der Ronda de los Tejares mit Bus Nr. 10 oder 11; auch Taxis von und zur Stadt sind nicht teuer. Autofahrer folgen am besten der Beschilderung zum Parador. Sehr schattiger Platz neben dem öffentlichen Schwimmbad (Eintrittsgebühr); sehr harter Boden. Bar vorhanden, Einkaufsmöglichkeit; Sanitäres ausreichend. Ganzjährig, keine Kreditkarten! P.P. 7 €, Auto, Zelt je etwa 5 €. Avenida del Brillante 50, ℘ 957 403836, ℘ 957 282165, www.campingelbrillante.com.
Área de Acampada Los Villares, einfacher Zeltplatz im Parque Forestal Los Villares, etwa zehn Kilometer nördlich des Campings Brillante. Für Autofahrer eine Aus-

weichmöglichkeit, falls obiger Platz belegt ist, was zur HS schon mal passieren kann. Anfahrt vorbei am Camping Brillante, dann beschildert; keine öffentlichen Verkehrsverbindungen. Offiziell ganzjährig geöffnet, im Winter besser anrufen. Preise p.P. und Zelt je etwa 4,50 €, Auto 4 €. ℘ 957 330145.
Carlos III, 2. Kat., noch etwas weiter entfernt, bei La Carlota, 25 Kilometer außerhalb von Córdoba in Richtung Sevilla via A 4. Gut ausgestattet, Swimmingpool etc., auch Bungalows. Ganzjährig geöffnet. P. P. 5,50 €, Zelt und Auto je 5 €. Carretera N IV, km 429,5, ℘/℘ 957 300697, www.campingcarlosiii.com. Ein weiterer, etwa ebenso weit von Córdoba entfernter Ausweichplatz liegt bei **Almodóvar del Río**, siehe dort.

Essen (siehe Karte S. 336/337)

Córdoba ist eine der Hauptstädte des *gazpacho*, den man hier mithin unbedingt einmal versuchen sollte, genauso wie die sämigere Gemüsekaltschale *salmorejo* oder den Stierschwanz *rabo de toro*. Exzellent, wenn auch nicht so bekannt wie die von Jerez, sind die sherryähnlichen D.O.-Weine aus den nahen Städten *Moriles* und *Montilla*.

● *Restaurants* In den Straßen um die Mezquita sind die meisten Restaurants mit entsprechender Qualität auf Ex-und-hopp-Kundschaft eingestellt. Besonders Festpreismenüs können hier sehr karg ausfallen – Ausnahmen bestätigen die Regel.
Bodegas Campos (15), derzeit die vielleicht erste Adresse der Stadt, untergebracht in einer ausgedehnten, authentischen Bodega mit mehreren Sälen und Patios. Marktabhängige, traditionelle Cordobeser Küche hoher Qualität, exzellente Weinauswahl. Degustationsmenü etwa 50 €, Menü à la carte ebenfalls in dieser Preisregion. Calle Lineros 32, nicht weit von der Plaza del Potro, eigener Parkplatz. ℘ 957 497500. So-Abend geschlossen.
El Caballo Rojo (35), darf als bekanntestes der Nobelrestaurants Córdobas nicht fehlen. Andalusische Regionalküche, teilweise mit jüdischen und arabischen Einflüssen; Menü à la carte ab etwa 40 € aufwärts. Calle Cardenal Herrero 26, neben der Mezquita, ℘ 957 475375.

Restaurante Almudaina (39), hinter dem Alcázar. Schon optisch ist das historische Gebäude ein Genuss erster Ordnung. Variationsreiche, regional gefärbte Küche. Die Preise liegen etwa auf dem Niveau von denen im „Caballo Rojo". Campo Santo de los Mártires 1, im Sommer So ganztags, sonst nur Sonntagabend geschlossen; ℘ 957 474342.
Restaurante Churrasco (30), ebenfalls eine erstklassige Adresse in der Nähe der Mezquita. In den stoffüberdachten Innenhöfen sitzt es sich sehr angenehm, die Küche genießt besten Ruf. Spezialität sind Fleischgerichte, wie der Name schon ahnen lässt; es gibt aber auch Fisch. Berühmt ist der riesige Weinkeller, der eine entsprechende Auswahl bietet, doch zählt auch schon der „einfache" Hauswein zu den erleseneren Gewächsen. Preise ähnlich wie oben. Calle Romero 16, nordwestlich der Mezquita; ℘ 957 290819. Während der Karwoche und im August geschlossen.
Restaurante Círculo Taurino (4), ein Stück nördlich der Plaza Tendillas gelegen. Schon seit langem besteht dieses gutbürgerliche

Provinz Córdoba
Karte S. 333

Gegründet 1880: Taberna San Miguel

Lokal mit Stierkampfambiente, im Angebot ist vor allem ordentliche örtliche Küche mit gutem Preis-Leistungsverhältnis bei mittlerem Preisniveau. Auch die hiesigen Tapas können sich durchaus schmecken lassen. Im Sommer wird nur mittags geöffnet. Calle Osario, Ecke Anoria.

Restaurante Tetería Hammam (27), den Arabischen Bädern (siehe „Adressen") angeschlossen. Von mehreren Lesern gelobt: „Das Essen ausgesprochen gut, im Vergleich allerdings nicht ganz preiswert. Ein Genuss war auch mein Dessert, es gibt mindestens ein halbes Dutzend davon" (Leser Christian Poeck). Calle Corregidor Luis de la Cerda 51.

Mesón San Basilio (41), etwas abseits der touristischen Rennstrecken in einem volkstümlichen Viertel knapp außerhalb der Altstadt und unweit westlich der Mezquita gelegen. Ein großer, überdachter Patio samt Nebenräumen, der zur Mittagszeit fast immer prallvoll mit Einheimischen besetzt ist – kein Wunder, denn das sehr ordentliche Tagesmenü kostet keine zehn Euro. Am Wochenende allerdings liegen die Preise deutlich höher. Calle San Basilio 19, hinter der Pensión Hostal Alcázar; die Straße setzt sich um die Ecke herum fort.

● *Tabernas* Córdoba besitzt eine ganze Reihe herrlich traditioneller Tabernas, die im August allerdings vielfach geschlossen sind. Sie sind der beste Platz für eine Tapa und ein Gläschen Montilla. Wer lieber im Freien sitzt, findet zahlreiche Lokale an der Plaza Corredera.

Taberna Sociedad de Plateros (2), das erste und größte Lokal einer kleinen Bar-Kette, die im 19. Jh. von den Silberschmieden Córdobas gegründet wurde. Kachelgeschmückte, lichte Räumlichkeiten, mit Glas überdachter Patio und natürlich gute halbe und ganze Raciones in breiter Auswahl. Dazu vielleicht einen Montilla ... Ein prima Laden, altmodisch im besten Sinn. Calle Romero Barros 3, nahe Plaza del Potro.

Taberna Sociedad de Plateros (17), ebenfalls eine gute Adresse. In einem wenig besuchten Gebiet im östlichen Zentrumsbereich und deshalb fast nur von Einheimischen frequentiert. Stockfisch ist die Spezialität des Hauses, das denn auch „La Posada de Bacalao" genannt wird. Calle Maria Auxiliadora 25, in der Verlängerung der Calle Santa María de Gracia.

Taberna Salinas (10), ein Prachtstück nostalgischer Kneipenkultur, 1879 gegründet. Im Barbereich huldigt eine Reihe von Fotos dem legendären Matador Manolete, des-

Córdoba 341

sen Eleganz auch auf den alten Abbildungen gut zu erkennen ist. Neben Tapas auch komplette Mahlzeiten. Calle Tundidores 3, oberhalb der Plaza Corredera.

Taberna San Miguel (8), auch „Casa El Pisto" genannt und ebenfalls unweit der zentralen Plaza Tendillas gelegen. „Fundada en 1880", über ein Jahrhundert Tradition. Die köstlichen Stierschwanz-Tapas hier sind berühmt in Córdoba, nicht zu verachten aber auch die anderen Häppchen und der Salmorejo. Plaza San Miguel 1.

Taberna Rafaé (32), eine echte Lokalberühmtheit direkt in der Judería. Sehr gute Auswahl an Raciones. Calle Deanes, Ecke Calle Buen Pastor.

Casa Pepe de la Judería (31), weit über die Stadtgrenzen bekannt für seine exquisite Tapa-Theke. Hier gibt es auch feinen Fino und Oloroso vom Fass, auch zum Mitnehmen. Gleichzeitig Restaurant mit gehobenen Preisen. Calle Deanes, Ecke Calle Romero.

Bodega Guzmán (33), noch etwas weiter nördlich, im Gebiet des Zoco und Museo Taurino; ebenfalls ein gemütlicher Platz für ein Gläschen Montilla. Calle Judíos 9.

Casa Salinas (29), um die Ecke. Beliebt bei Einheimischen, auch hier gute und von Lesern gelobte Tapas. Puerto de Almodóvar 2. Schräg gegenüber und ebenfalls eine Empfehlung: **Casa Rubio**.

Museo de la Tapa y el Vino (20), nahe der Plaza del Potro, in einem Gebiet, in dem sich sonst eher touristisch gefärbte Lokale bündeln. Feine, frisch gemachte Tapas und Raciones, prima Weinauswahl. Von Lesern gelobt. Calle Enrique Romero de Torres 3.

La Paloma (9), ein Beispiel für die zahlreichen Open-Air-Bars an der Plaza Corredera. Im Angebot halbe und ganze Raciones sowie komplette Gerichte, nicht teuer. Plaza de la Corredera 4.

*K*neipen & *N*achtleben/*F*lamenco/*K*ino

In der Judería geht es nachts eher verschlafen zu, alles spielt sich in den neueren Stadtteilen ab. Generell ist Córdoba jedoch ein ruhigeres Pflaster als Sevilla oder Granada.

• *Plaza Corredera* Der komplett in sich geschlossene Platz unweit östlich der Judería hat sich nach seiner Restaurierung zu einem im Sommer sehr beliebten Treffpunkt mit zahlreichen Bars entwickelt.

Jazz Café, nicht direkt an der Plaza, aber ganz in der Nähe. Musikalisch so, wie es der Name schon sagt, gelegentlich Konzerte. Calle Rodriguez Marín, Ecke Tundidores, Nähe Taberna Salinas.

Soul Café, ein Stück weiter nördlich. Freundlich und warm eingerichtetes Café, das bis weit in die Nacht geöffnet hat; des Musikspektrum – gelegentlich auch live – reicht weiter, als der Name vermuten lässt. Auch ein netter Platz fürs Frühstück.

• *Ciudad Jardín* Eine vor allem im Winter besuchte Nachtzone in den schachbrettartig aufgebauten Straßenzügen südlich der Plaza Costa del Sol. Reichlich Musikkneipen, Bars etc., viel junges und studentisches Publikum.

• *Avenida de la Libertad* Córdobas jüngste Nightlife-Zone, zuletzt sehr beliebt bei der Jugend, liegt an einer Parallelstraße stadtauswärts der Avenida de América, im Gebiet von Bahnhof und Busbahnhof.

• *Sonstige Stadtbereiche* **Bar Correo**, fast direkt an der Plaza de las Tendillas. Winzige Kneipe, praktisch nur ein Loch in der Wand, aber seit Jahrzehnten beliebt. Nach Büroschluss drängen sich die Biertrinker hier auf der Straße dicht zusammen. Calle Jesús María 2.

Café Sojo, mit Loungeatmosphäre und schöner Panoramaterrasse zum Fluss. Modernes Ambiente mit arabischen Akzenten, ein feiner Platz für den Sundowner. Do–Sa oft Konzerte. Nahe der Brücke Puente de Miraflores; Paseo de la Ribera, Ecke Cruz del Rastro, dritter Stock.

• *Flamenco* **El Cardenal** in der Calle Torrijos 8 (Nähe Mezquita und Infostelle) ist bestens organisiert, genießt dank seines hochkarätig besetzten Ensembles guten Ruf und fand auch den Beifall mehrerer Leser. Shows finden Mo–Sa 22.30 Uhr statt, Eintritt inklusive eines Getränks etwa 20 €. www.tablaocardenal.com.

• *Kino* **Filmoteca de Andalucia**, Programmkino, das viele Filme im Original zeigt. C. Medina y Corella 5, um die Ecke von der Infostelle der Junta, 957 355655, www.filmotecadeandalucia.com.

Provinz Córdoba
Karte S. 333

Provinz Córdoba

Córdoba bei Nacht: der Alcázar im Mondlicht

Einkaufen

Córdoba ist bekannt für schönen Filigranschmuck aus Silber und für seine „Korduan"-Lederwaren: feines, weiches Ziegen- und Schafsleder in arabischer Tradition.

Im Gebiet um die Mezquita besteht an Geschäften kein Mangel, doch braucht man hier schon ein gutes Auge, um Qualität zu finden.

Haupteinkaufszone ist das Neustadtgebiet zwischen der Plaza Tendillas, der Avenida Gran Capitán und der Avenida Ronda de los Tejares, nach Norden auch noch ein Stück darüber hinaus. Viele Boutiquen und Schuhgeschäfte.

Kaufhaus El Corte Inglés mit dem üblichen breiten und gut sortierten Angebot an der Ronda de los Tejares, eine Filiale mit „Oportunidades" (Gelegenheiten) liegt in der Calle Jesús María, nahe Plaza Tendillas.

Flohmarkt: Sonntag im Gebiet um das Stadion, auf der anderen Flussseite.

Süßigkeiten bei den Franziskanernonnen im Convento de Santa Isabel, ein Lesertipp von Ines Rottmann und Ines Miltner: „Bei der großen Auswahl hat man die Qual der Wahl. Die zuckersüßen Aniskekse sowie die Schokoladenkekse sind jedoch unbedingt zu empfehlen." Calle Isabel/Plaza del Conde de Priego, ein kleines Stück nördlich des Palacio Viana, zum Verkaufsraum über den Innenhof.

Feste/Veranstaltungen

Am meisten los ist eindeutig im Mai, wenn die einzelnen Festivitäten fast ineinander übergehen. Höhepunkt ist der *Concurso Nacional de Flamenco*, der Wettbewerb der besten Flamenco-Ensembles Spaniens. Ein echtes Ereignis, an dem gut hundert Künstler teilnehmen. Der Concurso (www.flamencocordoba.com, wechselnde Termine) findet jedoch nur alle drei Jahre statt, das nächste Mal 2013.

Romería de Santo Domingo, am vorletzten Sonntag der Fastenzeit; Wallfahrt zum gleichnamigen Heiligtum.

Semana Santa, die Karwoche mit fast 30 verschiedenen Prozessionen und etwa 50 Statuengruppen, den „pasos"; Höhepunkt ist die Nacht von Gründonnerstag auf Karfreitag.

Romería de la Virgen de Linares, am ersten Sonntag im Mai. Wallfahrt.

Cruces de Mayo, Anfang Mai. Fest der blumengeschmückten Maikreuze, in deren

Córdoba/Sehenswertes **343**

Dekoration die einzelnen Viertel miteinander heftig wetteifern.

Fiesta de Patios (Concurso Popular de Patios Cordobeses), an das Fest der Maikreuze anschließend, also in der ersten Maihälfte (wechselnd). Wettbewerb der schönsten Innenhöfe, von denen viele dann frei zugänglich sind – ein entsprechender Plan ist bei den Infostellen erhältlich.

Feria de Mayo, letzte Maiwoche; das Hauptfest der Stadt. Riesiges Festgelände, Weinzelte, Trachten und Kostüme, täglich

Tanz bis in den Morgen. Achtung, während dieser Zeit schließen viele Sehenswürdigkeiten der Stadt bereits mittags oder öffnen sogar überhaupt nicht!

Corpus Cristi, Fronleichnam, ein weiterer Höhepunkt im kirchlichen Festkalender.

Festival de la Guitarra, dreiwöchiges Gitarrenfestival an wechselnden Sommerterminen, in der Regel im Juli. Im Rahmen des Festivals bieten auch berühmte Gitarrenlehrer Kurse für Anfänger und Fortgeschrittene an. Infos: www.guitarracordoba.com.

Sehenswertes

Wie praktisch: Fast alle hochrangigen Sehenswürdigkeiten Córdobas liegen im Bereich in und um die Judería. Absolutes Glanzstück ist natürlich die Mezquita. Doch gibt es noch viel mehr zu entdecken.

Immerhin ist seit 1994 die gesamte Altstadt in die Unesco-Liste des Weltkulturerbes aufgenommen, eine Erweiterung der bereits 1984 erfolgten Auszeichnung, die sich damals jedoch nur auf die Mezquita selbst bezog. Doch so schön die Altstadt auch ist, so verlassen wirkt sie zumindest abends oft auch. Córdobas Alltag läuft heute in den neueren Stadtvierteln ab. Immer mehr Einwohner verlassen das Altstadtgebiet, das kaum Parkplätze oder vernünftige Einkaufsmöglichkeiten besitzt und dessen Häuser teure Instandhaltungsmaßnahmen erfordern.

Sehenswertes im Überblick

Alcázar de los Reyes Cristianos	S. 348	Museo vivo de Al-Andalus	S. 343
Calle Judíos	S. 348	Palacio Museo de los	
Calleja de las Flores	S. 350	Marqueses de Viana	S. 352
Casa Andalusí	S. 350	Plaza de la Corredera	S. 351
Cristo de los Faroles	S. 352	Plaza de los Capuchinos	S. 352
Denkmal des Maimonides	S. 349	Plaza Santa Marina	S. 352
El Triunfo	S. 344	Posada del Potro	S. 351
La Mezquita	S. 345	Puente Romano	S. 344
Museo Arqueológico	S. 350	Puerta del Puente	S. 344
Museo Julio Romero de Torres	S. 351	Sinagoga (Synagoge)	S. 349
Museo Provincial de Bellas Artes	S. 351	Torre La Calahorra	S. 343
Museo Taurino	S. 348	Zoco	S. 349

Torre La Calahorra

Der Turm am jenseitigen Flussufer bietet mit einem ungewöhnlichen Museum eine Einstimmung für die Tour durch Córdoba. Der wehrhafte Festungsbau selbst entstand im 14. Jh. über den Resten einer kleineren maurischen Befestigungsanlage und besitzt einen ungewöhnlichen, kreuzförmigen Grundriss. Von hier aus präsentiert sich das viel fotografierte, friedlich und ländlich wirkende Panorama von Córdoba.

Museo vivo de Al-Andalus: Das „Lebende Museum des alten Andalusien" soll die mittelalterliche Geisteswelt der Mauren, Juden und Christen vermitteln. Am Eingang erhält man einen Infrarot-Kopfhörer und wählt die Sprache (auch Deutsch),

Im Hintergrund die Mezquita: auf der „Römerbrücke" Puente Romano

in der man die Erklärungen hören möchte, die dann automatisch beim Betreten des jeweiligen Raums ertönen. So gerüstet, verfolgt man vor der Figur des jüdischen Arztes und Theologen *Maimonides* einen Vortrag über dessen Philosophie, lauscht den Weisheiten des *Averroës*, eigentlich Ibn Rushd geheißen und berühmt für seine Kommentare zu Aristoteles, und anderer Gelehrter der maurischen Blütezeit Córdobas. Zu sehen ist ferner ein ungewöhnliches Modell der Alhambra, eines der Mezquita vor deren christlichem Umbau und vieles mehr. Bei aller Finesse vermag das Museum aber durchaus auch kritische Reaktionen (Leserstimme: „historischer Kitsch") hervorzurufen. Weit umstrittener noch ist der Gründer der Ausstellung: Der französische Polit-Philosoph Roger Garaudy (* 1913), ein zum Islam übergetretener ehemaliger Marxist, wurde 1998 in Frankreich wegen der Leugnung des Holocaust verurteilt.

● *Öffnungszeiten* Mai–September täglich 10–14, 16.30–20.30 Uhr; Oktober–April täglich 10–18 Uhr; Eintrittsgebühr 4,50 €. Achtung, laut Leserbriefen sind im Umfeld des Turms Autoknacker besonders aktiv, die evtl. vorhandenen selbst ernannten „Parkwächter" bieten keinen Schutz.

Puente Romano: Zurück zur Judería geht es über die so genannte Römerbrücke Puente Romano. Errichtet unter Kaiser Augustus, wurde sie seitdem mehrfach umgebaut, zum letzten Mal 1930, und besitzt heute nur mehr 16 ihrer einst 17 Bögen. In den Auen des Guadalquivir weiden schwarzweiße Rinder, unbekümmert der historischen Nachbarschaft von Ruinen maurischer Mühlen und des maurischen Wasserrades *Noria*. Das heutige Rad ist eine Reproduktion jener Noria, die Abd ar-Rahman II. einst hatte bauen lassen, um Wasser bis in die Palastgärten zu heben. Sein Original ist verschollen, da es auf Befehl von Königin Isabella, die das ständige Knirschen nicht ertragen konnte, abmontiert werden musste. Am anderen Ufer gelangt man über die Plaza Vallinas mit dem Säulendenkmal *El Triunfo* und dem Renaissance-Tor *Puerta del Puente* zur Mezquita.

Córdoba/La Mezquita 345

La Mezquita

Nach der Alhambra von Granada ist die Mezquita von Córdoba das bedeutendste maurische Bauwerk Andalusiens. Auf ihre Weise ist die Mezquita sogar einmalig: Moschee und Kathedrale im gleichen Gebäude – das findet sich sonst wohl nirgends auf der Welt.

Nach außen umgibt eine schmucklose, zwölf Meter hohe Mauer das 175x134 Meter messende Areal der „Mezquita-Catedral", verschwenderisch verziert sind einzig die *Portale*. Die Moschee selbst nimmt ein Quadrat von 134 Meter Seitenlänge ein, den Rest beansprucht der „Orangenhof" *Patio de los Naranjos*. So wie sie heute zu sehen ist, entstand die Mezquita zwischen 785 und 1009 in vier voneinander deutlich zu unterscheidenden Bauphasen. Die in die Mitte gezwängte Kathedrale datiert aus dem 16. und 17. Jh.

● *Öffnungszeiten* Mo–Sa 8.30–19 Uhr (Winter 8.30–17.30 bzw. 18.30 Uhr), So 8.30–10, 14–19 Uhr. Eintrittsgebühr 8 €, Mo–Fr von 8.30–10 Uhr (nicht erst in letzter Minute kommen) ist der Eintritt aber frei! Ausnahme ist der Sonntag, wenn bereits von 8.30–10.15 Uhr kassiert wird. Dann ist auch von 10.15 bis 14 Uhr nur für Messen geöffnet; man bittet darum, dass in dieser Zeit wirklich nur echte Kirchgänger kommen. Neu sind nächtliche Besuche, die nach einem komplizierten Kalender je nach Jahreszeit zwischen 20 und 23 Uhr zweimal täglich stattfinden, jedoch erheblich teurer (18 €) sind; Reservierung ist ratsam, aktuelle Auskünfte und Ticketverkauf an der Mezquita selbst sowie in den städtischen Infokiosken.

Geschichte: Die Mezquita steht auf seit Urzeiten heiligem Boden. Unter den Römern erhob sich hier ein Tempel des doppelgesichtigen Gottes Janus, unter den Westgoten eine dem Märtyrer Vinzenz geweihte Basilika. Als die Mauren Córdoba einnahmen, bewiesen sie die ganze Toleranz des damaligen Islam, teilten die Kirche und überließen den Christen eine der beiden Hälften; eine nicht nur in Andalusien, sondern auch in den eroberten Gebieten des Orients oft geübte Praxis. Über mehr als ein halbes Jahrhundert hinweg beteten Moslems und Christen im gleichen Gotteshaus.

Abd ar-Rahman I. kaufte (bemerkenswert) 785 den Christen ihren Teil ab, ließ die Kirche abreißen und die erste, elfschiffige „Ur-Mezquita" errichten, damals die größte Moschee der Welt. Die benötigten Säulen edelsten Materials, wie Jaspis, Marmor, Porphyr, stammten von der westgotischen Basilika und aus antiken Ruinen. *Abd ar-Rahman II.* (821–852) und *Al-Hakem II.* (961–976) ließen jeweils den Saal nach Süden zu verlängern. *Almansor* (1008–1009) schließlich zeichnete verantwortlich für die umfassendste Erweiterung, die sich entlang der gesamten Ostfront erstreckte und die Grundfläche nahezu verdoppelte. Die Kathedrale inmitten der Moschee entstand während und nach der Regierungszeit von *Karl V.* (1519–1556).

Besichtigung: Der Eingang erfolgt von Norden über die Calle de Cardenal Herrero und durch das „Büßertor" *Puerta del Perdón* – wie es heißt, habe der dem Koran untreue Philosoph Averroës sich hier den Beschimpfungen der Gläubigen aussetzen müssen. Hinter dem Portal öffnet sich der so genannte „Orangenhof" *Patio de los Naranjos*. Unter den Mauren standen hier Brunnen, die der rituellen Waschung dienten, die Orangenbäume, denen der Hof seinen Namen verdankt, wurden erst von den Christen gepflanzt. Rechts des Eingangs erhebt sich der besteigbare, aber nicht immer geöffnete *Glockenturm* an der Stelle, an der einst das Minarett stand. Die Mauer der Moschee zum Hof hin muss man sich wegdenken: Zu maurischer Zeit war diese Seite völlig offen, die Moschee einsehbar. Der Eingang liegt ganz links, in der Südostecke des Hofs.

Provinz Córdoba
Karte S. 333

346 Provinz Córdoba

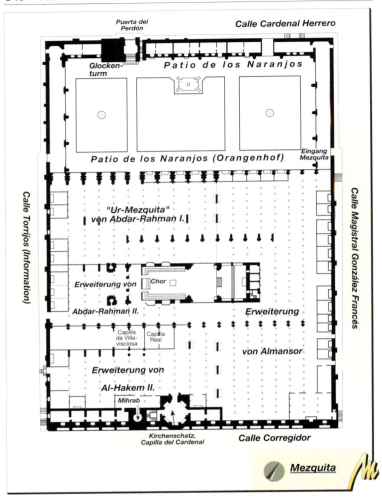

Hat man sich erst einmal an das Halbdunkel gewöhnt, ist der Anblick des Inneren der Moschee schlichtweg märchenhaft. Über 900 Säulen waren es einst, noch 856 sind verblieben. Die am Boden stehenden runden Säulen werden überspannt von Hufeisenbögen, zwischen denen weitere, diesmal viereckige Säulen aufragen und die Basis für eine weitere Bogenreihe bieten – vielleicht angelehnt an römische Aquädukte, in jedem Fall aber eine geniale Idee, um eine größere Höhe des Raums zu erreichen. Die symmetrische Anordnung der Säulen schafft im Zusammenspiel mit den rot-weiß gestreiften Bögen ein unglaubliches Gefühl von Rhythmus, Schwerelosigkeit und schier endloser Weite. Es lohnt sich, die einzelnen Säulen ge-

Córdoba/La Mezquita 347

nauer zu betrachten: Alle haben sie eine Geschichte hinter sich, die noch älter ist als die der Mezquita, und ihre Kapitele variieren je nach Herkunft.

Die *Kathedrale* im Zentrum der Mezquita kann nur als Akt der Barbarei bezeichnet werden. Hatten die christlichen Rückeroberer die Mezquita noch kaum angetastet, so war im Spanien des 16. Jh. massivere Machtdemonstration angesagt. Lange schon hatten sich die hohen Kirchenherren eine Kathedrale in der Mezquita gewünscht, ebenso lange die Stadtverwaltung von Córdoba harten Widerstand geleistet, der bis zur Androhung der Todesstrafe für die Bauarbeiter ging. In *Karl V. (Carlos V.)*, ab 1519 Kaiser von Spanien, fanden die Domherren den geeigneten, weil noch unsicheren Mann, um ihr Vorhaben durchzusetzen. Zu seiner Ehrenrettung muss gesagt werden, dass er später, im Angesicht des Ergebnisses, seinen Fehler erkannte: „Hätte ich gewusst, was Ihr vorhabt, Ihr hättet es nicht gemacht. Was Ihr tatet, hätte man überall tun können, was Ihr zerstörtet, war einmalig auf der Welt." Diese Erkenntnis hinderte ihn allerdings nicht daran, später der Alhambra von Granada seinen Palacio Carlos V. aufzuzwingen ...

An einem anderen Ort würde man die kirchliche Renaissancekunst der Kathedrale, die *Capilla Mayor*, den aufwändig geschnitzten *Chor*, die Kapellen und die *Sakristei* an der Südwand mit Kirchenschatz wahrscheinlich als gelungen empfinden. Im Kontrast zur edlen Schlichtheit der Mezquita jedoch wirkt das alles überladen und protzig, ebenso das hohe Gewölbe, das weit über das Dach der Moschee hinausragt. Zugute halten mag man der Kathedrale noch, dass ohne sie die Mezquita mit hoher Wahrscheinlichkeit zerstört worden wäre.

Der *Erweiterungsbau von Al-Hakem II.* ist der großartigste Abschnitt der Mezquita. Südlich des Chors birgt die christianisierte *Capilla Villaviciosa* den früheren Mihrab, die ehemalige Gebetsnische der ersten Erweiterung der Moschee; nach Osten zu schließen sich zwei Kapellen der christlichen Zeit an. Der absolute Höhepunkt der Mezquita, vielleicht der maurischen Kunst in Spanien überhaupt, wartet jedoch an der Südmauer, neben der Sakristei: Der *Mihrab* von Al-Hakem II. Schon der Vorraum der Gebetsnische glänzt mit einer fantastischen Kuppeldecke und ist üppig mit byzantinischen Mosaiken ausgeschmückt. Der Mihrab selbst überbietet ihn noch, im Glanz der

„Erst" im 16. Jh. errichtet: der Glockenturm der Mezquita

348   Provinz Córdoba

goldenen Mosaiken ebenso wie in der hinreißenden Muschelkuppel, die aus einem einzigen Marmorblock gehauen ist. Am Boden zu sehen sind noch die Spuren, die die auf Knien rutschenden Gläubigen hinterlassen haben.

Westlich der Mezquita

Alcázar de los Reyes Cristianos: Die Residenz der kastilischen Könige, errichtet im 14. Jh. unter Alfonso XI., erhebt sich in der Nähe des Guadalquivir. Zeitweilig lebten die „Katholischen Könige" in dem mit vielen Türmen versehenen, wehrhaften Gemäuer, empfingen in ihren Prunkräumen auch Kolumbus vor seinem Aufbruch. Von 1490 bis 1821 (!) führte hier die Inquisition ihr Schreckensregiment, dann diente der Alcázar bis 1951 als Gefängnis. Das Kastell wurde einige Male umgestaltet und in den letzten Jahren renoviert. Interessant sind die Bäder im maurischen Stil, ebenso die wertvollen Sarkophage der Römerzeit und die schönen römischen Mosaike wie „Polyphem und Galatea" oder „Eros und Psyche", die 1959 unter der Plaza Corredera gefunden wurden und von einer römischen Villa stammen. Mindestens ebenso anziehend sind jedoch die ausgedehnten Gärten, die dem Alcázar vorgelagert sind und maurischen Parkanlagen nachempfunden wurden.

Öffnungszeiten 16. Juni bis 15. September Di–Sa 8.30–14.30 Uhr, So 9.30–14 Uhr; die Gärten auch Di–Sa 21–24 Uhr (Eintritt dann 2 €). Im restlichen Jahr Di–Sa 10–14 Uhr sowie je nach Jahreszeit 16.30/17.30 Uhr bis 18.30/19.30 Uhr; Achtung, all diese Zeiten wechseln recht häufig. Eintrittsgebühr 4 €, Mi gratis.

Baños Califales: Gegenüber dem Alcázar und zu denselben Zeiten (Eintrittsgebühr weitere 2 €) zu besuchen, liegen am Campo de los Mártires die Reste bedeutender maurischer Bäder. Nach Jahrhunderten der Vergessenheit erst 1903 wiederentdeckt und dann viele Jahrzehnte lang völlig vernachlässigt, geht die Anlage aus unterschiedlich temperierten Becken bis ins 10. Jh. zurück und war wohl ein Teil der verschwundenen Palastburg der Omaijaden.

Barrio San Basilio und Jardín Botánico: Südwestlich des Alcázar und des Campo de los Mártires erstreckt sich das Viertel *San Basilio*, zeitgleich mit dem Alcázar im 14. Jh. von König Alfonso XI. gegründet. Das ruhige Viertel, bekannt durch seine volkstümliche Architektur und die schönen Patios, besteht gerade mal aus drei Straßen, die parallel zum Fluss verlaufen. Noch ein ganzes Stück weiter südwestlich und schon jenseits der breiten Avenida del Corregidor liegt in Flussnähe der botanische Garten *Jardín Botánico* (Di–Sa je nach Jahreszeit 10–18.30/21 Uhr, im Hochsommer 9–14, 20–24 Uhr, So jeweils nur vormittags; 2 €) mit zwei zur Siesta geschlossenen paläo- und ethnobotanischen Museen.

Calle Judíos

Vom Alcázar zu erreichen über die weite Plaza del Campo Santo und die abzweigende Calle Tomás Conde, verläuft sie parallel zu den Resten der alten Stadtmauer und mitten durch die „echte" Judería, also das eigentliche Judenviertel – im Sprachgebrauch wird heute jedoch das gesamte Gebiet um die Mezquita als Judería bezeichnet.

Museo Taurino: Das Stierkampfmuseum enthält die üblichen Exponate wie alte Fotografien von Toreros, Degen und Kostüme. Ungewöhnlicher sind die ausgestopften Stiere sowie die Nachbildung des Grabs von Manolete, dem berühmtesten Stierkämpfer Córdobas – 1947 ehrenhaft gestorben an einer Hornwunde *cor-*

Córdoba/Westlich der Mezquita

nada. Angeschlossen ist eine kunsthandwerkliche Ausstellung, in der sich unter anderem schöne Beispiele des Cordobeser Silberschmucks finden.
Öffnungszeiten Seit langem (wegen Restaurierung …) geschlossen.

Denkmal des Maimonides: Schräg gegenüber dem Museum erinnert an der kleinen *Plaza de Tiberiades* eine Sitzskulptur an den jüdischen Denker, Theologen und Arzt *Moses Maimonides* (1135–1204). „Die Bestimmung einer gottgefälligen Gesellschaft ist das Wachsen des Menschen, nicht des Wohlstands. Der Mensch wächst, wenn er sich in der Vernunft voll ausbildet, einer Vernunft, die ihre Grenzen kennt." Vielleicht waren es Sätze wie diese, die Maimonides in Córdoba nicht nur Freunde eintrugen. Auf jeden Fall zog der Philosoph es vor, nach Kairo an den Hof des Sultans *Saladin* auszuwandern, wo er seine letzten Jahre beschloss.

Zoco: An der Rückseite des Museo Taurino liegt dieser ehemalige kleine Basar, der heute Werkstätten und Verkaufsräume für Kunstgewerbe birgt. Lauschige Atmosphäre nebst plätscherndem Brünnlein, zumindest, solange nicht ganze Reisegruppen auftauchen. Der Eintritt ist frei.

Denkmal eines Denkers: Moses Maimonides

Sinagoga (Synagoge): Zu erreichen über einen Innenhof der Calle Judíos. Hier steht die einzige Synagoge, die von den einst über 300 jüdischen Gotteshäusern im Stadtgebiet erhalten blieb. Heute ist sie als Nationalmonument unter besonderen Schutz gestellt.

Juden hatten es in Andalusien ebenso schwer wie anderswo. Toleranz bewiesen vor allem die Moslems, doch auch diese nicht immer: Die im 12. Jh. herrschenden Almohaden, fanatische Anhänger des Islam, verfolgten die Juden wütend. Nach einigen Jahrhunderten der friedlichen Koexistenz waren es dann die Reyes Católicos, die „Katholischen Könige", die ab 1492 Zwangstaufe oder Vertreibung anordneten. Sie begründeten damit einen schweren wirtschaftlichen und geistigen Aderlass für Spanien, von dem sich das Land trotz aller Erfolge jahrhundertelang nicht erholte. Die Synagoge, erst 1315 erbaut, ist im Mudéjarstil gehalten. In ihrem Inneren sind schön dekorierte Stuckwände und eine erhöhte Galerie zu sehen, auf der die Frauen ihren Platz hatten.

Öffnungszeiten Di–Sa 9.30–14, 15.30–17.30 Uhr, So 9.30–13.30 Uhr. Eintritt für EU-Bürger gratis, für alle anderen gegen geringe Gebühr.

Casa de Sefarad: Gegenüber der Synagoge möchte diese Ausstellung die Erinnerung an das Leben der sephardischen (spanischen) Juden bewahren. Neben einer ständigen Ausstellung, die auf Führungen erkundet werden kann, gibt es hier oft auch Konzerte, Lesungen etc.
Öffnungszeiten Mo–Sa 11–18 Uhr, So 11–14 Uhr, Eintrittsgebühr 4 €.

Casa Andalusí: Ebenfalls nur wenige Schritte von der Synagoge entfernt, ließ Roger Garaudy, der Gründer des „Museo vivo de Al-Andalus" (Torre de la Calahorra, siehe dort), ein altes Stadthaus im Stil des 12. Jh. restaurieren und zu einem kleinen Privatmuseum ausstaffieren. Zu sehen sind unter anderem ein typisch Cordobeser Patio, eine Münzsammlung sowie ein Raum, der die von den Mauren verbreitete Technik des Papierschöpfens erklärt. Im Keller demonstrieren ein original römisches Bodenmosaik und ein westgotisches Bas-Relief, auf welch uralten Fundamenten die gesamte Altstadt ruht.
Öffnungszeiten Mo–Sa 10–18.30 Uhr, So 10.30–18.30 Uhr, Eintrittsgebühr 2,50 €.

Östlich der Mezquita

Je weiter man sich nach Osten oder Nordosten von der Moschee entfernt, desto leiser werden die Sirenenklänge der Souvenirgeschäfte.

Der beste Fotoblick auf den Glockenturm der Mezquita bietet sich von dem winzigen Sackgässchen *Calleja de las Flores*, das seinem Namen entsprechend mit Blumen überreich herausgeputzt ist. Der Zugang erfolgt von der Calle Velázquez Bosco aus, nördlich der Mezquita.

Museo Arqueológico: Im Renaissancepalast Palacio Páez an der gleichnamigen Plaza, ein Stück östlich der Calleja de las Flores. Die sehr gut ausgestattete archäologische Sammlung reicht von der Vorgeschichte über die iberische und römische Zeit bis zur islamischen Epoche, darunter einige schöne Stücke aus der Palaststadt Medina Azahara. Auch in den hübschen Patios sind allerhand antike Funde zu sehen. Der Palast, vor einigen Jahren renoviert, präsentiert sich als ideales Umfeld. Zu den Glanzstücken des Museums zählen der iberische Steinlöwe von Nueva Carteya aus dem 5. Jh. v. Chr., eine römische Darstellung des Gottes Mithras bei der Opferung eines Stiers und ein bronzenes Hirschkalb des 10. Jh., das aus Medina Azahara stammt und ägyptischen Einfluss zeigt.
Öffnungszeiten Mi–Sa 9–20.30 Uhr, So 9–14.30 Uhr, Di 14.30–20.30 Uhr; Mo geschlossen. Eintritt für EU-Bürger frei, für alle anderen 1,50 €.

Plaza del Potro

Der hübsche „Platz des Fohlens", schon jenseits der Calle San Fernando, verdankt seinen Namen einem 1577 errichteten Brunnen, auf dem eben solch ein Pferdchen zu sehen ist. Umgeben ist er von historischen Gebäuden.

In sich geschlossen: Plaza Corredera

Posada del Potro: Noch älter als der Brunnen ist dieses ehemalige Gasthaus im Westen des Platzes, das hier schon im 14. Jh. stand und von *Cervantes* im „Don Quijote" erwähnt wurde. Zu jener Zeit war die Plaza del Potro einer der lebendigsten Plätze der Stadt, ein Sammelbecken für Händler, Tagediebe und Glücksritter – heute geht es hier eher still und besinnlich zu. Künftig soll die Posada (irgendwann) umgebaut werden und dann die *Casa del Flamenco y Museo Fosforito* mit Filmothek, Ausstellungssaal, Bibliothek etc. beherbergen, natürlich auch eine Sammlung des als „Fosforito" berühmten Flamencosängers Antonio Fernández Díaz.

Museo Provincial de Bellas Artes: Das Provinzmuseum für schöne Künste liegt ebenfalls an der Plaza del Potro, in einem Hospital des 16. Jh. Eine schöne Umgebung also, wie auch die vertretenen Künstler von hohem Rang sind: Murillo, Zurbarán, Ribera und Morales. Ein eigener Saal ist der „Schule von Córdoba" gewidmet.

Öffnungszeiten Mi–Sa 9–20.30 Uhr, So 9–14.30 Uhr, Di 14.30–20.30 Uhr; Mo geschlossen. Eintritt für EU-Bürger frei, sonst 1,50 €.

Elf Säulen: Templo Romano

Museo Julio Romero de Torres: In einem renovierten Nebengebäude des Provinzmuseums. Die Werke des örtlichen Malers de Torres (1880–1930) lösten bei Kunstsachverständigen Befremden aus, Begeisterung jedoch bei der Bevölkerung von Córdoba. Der „Maler der dunkelhäutigen Frauen", wie er in einem Volkslied genannt wird, spezialisierte sich auf erotische Frauengemälde, eine ländliche Erotik etwa im Stil des italienischen Filmklassikers „Bitterer Reis" – spaßig anzusehen ist das allemal.

Öffnungszeiten Zuletzt wegen Renovierung geschlossen; Öffnungszeiten bis dato Mitte Juni bis Ende September Di–Sa 8.30–14.30 Uhr, So 9.30–14.30, sonst 10–14, 17.30–19.30 Uhr, So 9.30–14.30 Uhr; Eintritt 4 €, Mi gratis.

Plaza de la Corredera

Nördlich der Plaza del Potro erstreckt sich ein volkstümliches Viertel Córdobas. Seinen Mittelpunkt bildet die beeindruckende Plaza de la Corredera, ein an allen Seiten von Gebäuden umschlossenes Rechteck im Stil der Plazas Mayores von Madrid oder Salamanca. Lange Zeit heruntergekommen, wurde der Platz vor einigen Jahren einer grundlegenden (Über-)Restaurierung unterzogen und wirkt jetzt fast ein wenig zu „glatt", hat sich mit seinen zahlreichen Bars aber zu einem beliebten abendlichen Treffpunkt entwickelt.

Templo Romano: Unweit nordwestlich der Plaza de la Corredera erinnern die Reste eines Tempels an die römische Vergangenheit Córdobas. Das Heiligtum stammt aus der Zeit des Claudius (41–54 n. Chr.) und war wahrscheinlich dem Kaiserkult gewidmet. Die elf wieder aufgestellten, stark restaurierten Säulen bilden einen kuriosen Kontrast zu dem modernen Rathaus im Hintergrund.

Am Rand der Altstadt

Palacio Museo de los Marqueses de Viana: Der Palast der Marqueses von Viana liegt zwar ein ganzes Stück nördlich der Plaza de la Corredera an der Plaza Don Gome, doch ist er den Weg allemal wert. Der von außen eher schlicht wirkende Palast, bis 1980 ganz normal bewohnt, gilt als schönster der Stadt, wenn nicht sogar ganz Andalusiens. Er beherbergt eine schier gigantische Zahl antiker Möbel und Kunstgegenstände sowie Gemälde von Goya und Zurbarán. Noch reizvoller sind die insgesamt zwölf (!) Patios, die romantische Namen wie „Brunnenpatio", „Patio der Fenstergitter" oder „Patio der Katzen" tragen. Der Garten des Palastes misst mehr als 1200 Quadratmeter und ist durch Buchsbaumhecken unterteilt, die über zweihundert Jahre alt sind; hier wachsen neben Rosen auch Mandarinen-, Orangen- und Zitronenbäume, Palmen und Oleander.

Öffnungszeiten Führungen Di–Sa 10–19 Uhr, So 10–15 Uhr, Eintritt 6 €, nur zu den Patios 3 €. Achtung, die Öffnungszeiten ändern sich häufig, außerdem ist die Zahl der täglichen Besucher limitiert. Zur HS deshalb rechtzeitig erscheinen oder vorher anrufen: ℡ 957 496741.

Plaza Santa Marina: Ein kleines Stück nördlich des Palacio de Viana. Auf dem Platz vor der gleichnamigen Kirche erinnert ein Denkmal an den in seiner Heimatstadt noch immer hoch verehrten Stierkämpfer *Manolete*, einen der berühmtesten Toreros des 20. Jh., der 1947 in der Arena von Linares an einer Hornwunde starb.

Plaza de los Capuchinos (auch: de los Dolores): Etwas weiter westlich, unterhalb des Parks Plaza del Colón. Ein Lieblingsplatz vieler Einwohner. Zurückzuführen ist diese Vorliebe auf das 1794 hier aufgestellte Kruzifix *Cristo de los Faroles*. Besonders romantisch ist die Atmosphäre am Abend, wenn der Gekreuzigte von acht Laternen, den Faroles eben, beleuchtet wird.

An der Plaza de los Capuchinos: der „Christus der Laternen"

Umgebung von Córdoba

Highlight der Umgebung Córdobas sind die Ruinen von Medina Azahara, eine ehemals prachtvolle maurische Palaststadt und die größte Residenz, die es in Spanien je gab.

Medina Azahara (Madinat al-Zahra)

Medina Azahara wurde unter immensem Aufwand im 10. Jh. am Fuß der Sierra de Córdoba errichtet und schon Anfang des 11. Jh. von religiösen Fanatikern wieder zerstört. Die Ausgrabungen und Rekonstruktionen begannen Anfang des 20. Jh. und sind bis heute nicht abgeschlossen, ein gewisser Eindruck des einstigen Glanzes lässt sich aber durchaus gewinnen. Das Gelände liegt etwa neun Kilometer westlich von Córdoba, zu erreichen über die Straße nach Almodóvar del Río, siehe unten.

Abd ar-Rahman III., erster Kalif von Córdoba, hatte 936 mit dem Bau beginnen lassen und der Palaststadt den Namen seiner Lieblingsfrau gegeben. 25 Jahre lang schufteten über 10.000 Arbeiter, darunter Spezialisten aus dem Orient, an dem Märchenschloss. Das Ergebnis konnte sich sehen lassen: Chronisten rühmten die verschwenderische Pracht der Paläste und Pavillons, der Gärten und der Wasserspiele. Nur die allerfeinsten Materialien wurden verwendet. Einer der Empfangsräume soll komplett mit Kristall ausgekleidet gewesen sein, in einem anderen ein Quecksilberteich das Sonnenlicht zu gleißender Helligkeit gesteigert haben. Abd ar-Rahman III. zog noch während der Bauarbeiten hinaus nach Medina Azahara und ließ sich fortan in Córdoba kaum noch blicken; als er starb, übernahm Sohn und Nachfolger Al-Hakem II. die Regie. Mit dem Untergang des Kalifats kam auch das Ende für die Palaststadt, in der bis zu 20.000 Menschen gelebt haben sollen: Fanatische Berberheere, Fundamentalisten des Mittelalters sozusagen, empfanden den Prunk als Gotteslästerung und zerstörten Medina Azahara im Jahr 1010 mit äußerster Gründlichkeit.

Durchblick: in Medina Azahara

Das topmoderne *Museum* der Anlage, ein ganzes Stück unterhalb des Ausgrabungsgeländes gelegen, wurde im Herbst 2009 durch die Königin persönlich eröffnet. Der dreigeschossige Bau ist teilweise in die Erde versenkt, um die Sicht auf die Aus-

354 Provinz Córdoba

grabungsstätte und die naturgeschützte Umgebung nicht zu behindern. Im Inneren findet sich neben Werkstätten und Lagern eine Ausstellung, die anhand von Funden und Installationen die Geschichte der Palaststadt und ihrer Bewohner dokumentiert. Von hier verkehren Shuttlebusse (ca. 2,50 €) zum rund 2,5 Kilometer entfernten Ausgrabungsgelände; wer unbedingt mag, kann auch die aufwärts führende Straße entlang laufen (kein wirkliches Vergnügen), die Autoanfahrt ist jedoch verboten.

Das etwa 1500x700 Meter große *Ausgrabungsgelände* selbst entspricht nur etwa einem Zehntel der einstigen Stadtfläche. Es erstreckt sich über drei Terrassen und besteht im Wesentlichen aus dem zentralen Bereich des festungsartigen Herrschersitzes Alcázar; aufgeteilt war dieser in einen öffentlichen und in einen privaten Bereich, wobei letzterer dem Kalifen und seiner Familie vorbehalten war. Rekonstruiert oder zumindest teilweise wiederhergestellt sind unter anderem der Sitz eines hohen Beamten („Casa de Ya´mfar"), ein palastartiger, als „oberes basilikales Gebäude" bezeichneter Bau, der eindrucksvolle Empfangsraum „Saal von Abd ar-Rahman III." sowie ein Säulengang und die Gärten. Von anderen Gebäuden, zum Beispiel der großen Moschee, sind kaum mehr als die Grundmauern erkennbar.

● *Öffnungszeiten* Mai bis Mitte September Di–Sa 10–20.30 Uhr, sonst 10–18.30 Uhr; So ganzjährig 10–14 Uhr. Eintritt für EU-Bürger gratis, für andere 1,50 €. Am Eingang zum Museum ist (auch auf Deutsch) eine gut gemachte Gratis-Broschüre zum Ausgrabungsgelände erhältlich.

● *Verbindungen* Mit dem **Auto** über die A 431 Richtung Almodóvar del Río, nach 6 km rechts ab (beschildert). Vom Parkplatz starten auch die Shuttlebusse zum Ausgrabungsgelände.

Autobús turístico: Ein Direktbus zum Museum, Abfahrten ungefähr am jeweils unteren und oberen Ende des Paseo de la Victoria (Ostseite). Start ist vom 2. Mai bis 15. September Di–Sa 10.30 Uhr und 17 Uhr; So 9.30 und 10.15 Uhr; Dauer der Tour etwa 3½ Stunden, Fahrpreis ca. 7 €. Details in al-

len Infokiosken der Stadt (z. B. Plaza Tendillas) und unter ☎ 902 201774.

Stadtbusse Nr. O-1 sind preiswerter, doch wiegt die Ersparnis den zusätzlichen Aufwand nicht auf. Sie fahren ab der Avenida República Argentina 6-mal bis zum Abzweig, den Fahrer nach „Cruce Medina Azahara" fragen; noch ein Stück zu Fuß. Bei der Rückfahrt sollte man sich durch Winken bemerkbar machen, sonst rauscht der Bus durch.

● *Geführte Besichtigungen* **Córdoba Vision** fährt Sa um 10.30 und So um 10.15 Uhr, Preis 18 €. Führungen erfolgen in Spanisch und Englisch. Zur Nebensaison empfiehlt es sich vielleicht, im Büro an der Avenida Dr. Marañon 1 (westlich der Stadtmauern, nahe Campo Santo de Mártires, ☎ 957 760241) oder im Fremdenverkehrsamt zu klären, ob die Fahrt auch wirklich stattfindet.

Monasterio de San Jerónimo/Las Ermitas: In der Sierra oberhalb von Medina Azahara liegen ein Kloster und mehrere Einsiedeleien, zu erreichen über serpentinenreiche Sträßchen. Der gotische Kreuzgang des Klosters San Jerónimo wird oft als schönster der Provinz bezeichnet; da sich das Gebäude jedoch in Privatbesitz befindet, ist eine Besichtigung nicht möglich. Den Ausflug zu den Einsiedeleien lohnt in erster Linie die reizvolle, waldreiche Mittelgebirgslandschaft, die bei den Einheimischen als Picknickgebiet sehr beliebt ist.

Von Córdoba Richtung Sevilla

Die Reise führt durch die landwirtschaftlich intensiv genutzte Ebene des Guadalquivir, besonders schön im Spätsommer, wenn die Baumwollfelder weiß blühen.

Zwei Wege bieten sich von Córdoba nach Sevilla an: Zum einen auf der gut ausgebauten A 4 über die bereits in der Provinz Sevilla liegenden Städtchen *Écija* und *Carmona,* zum anderen auf der A 431 über *Medina Azahara* und *Almodóvar del Río.*

Beide Routen lassen sich verbinden, indem man zunächst auf der A 431 über Almodóvar bis *Palma del Río* fährt und dort auf die A 453 nach Écija abzweigt. Frühere Abzweige sind auch möglich, die Sträßchen jedoch winzig und kaum beschildert.

• *Verbindungen* **Busse** der Gesellschaft PÉREZ CUBERO fahren 8-mal täglich von Córdoba nach Palma del Río.

• *Übernachten* ***** Hotel Monasterio San Francisco**, in Palma del Río. Das Hotel ist in einem ehemaligen Franziskanerkonvent untergebracht, der Ende des 15. Jh. errichtet wurde. Die ehemaligen Mönchszellen sind nun komfortable Zimmer, das Restaurant serviert gehobene Regionalküche. Garage. DZ kosten etwa 75–115 €. Avenida Pío XII 35, ✆ 957 710183, ✆ 957 710732, www.casasypalacios.com.

** Hotel Castillo, die Alternative in Palma del Río. Trotz des Namens kein historisches Gebäude, sondern ein modernes, dabei durchaus ansehnliches und komfortabel ausgestattetes Haus mit 48 Zimmern. DZ/F nach Saison und Ausstattung etwa 70–80 €. Calle Portada 47, ✆ 957 645710, ✆ 957 645740, www.hotelcastillo.com.

• *Feste* **Feria de Teatro**, in Palma del Río, während der ersten Julihälfte. Ensembles aus ganz Spanien, Straßentheater etc. Die Hotels sind dann natürlich ausgebucht.

Almodóvar del Río

Das an sich unbedeutende kleine Landstädtchen wird völlig beherrscht von dem trutzigen Kastell, das auf einem steilen Hügel über der Flussebene thront. Vier lange Jahre, von 1236–1240, konnten sich die Mauren in der wehrhaften, von umlaufenden Zinnen gekrönten Anlage gegen die christlichen Rückeroberer verschanzen. Dann erst gelang es *Ferdinand III.*, „die Plage der Christen", wie die Burg genannt wurde, zu erstürmen. Das Kastell ist in Privatbesitz und wurde für Besucher mit Cafeteria und mittelalterlich ausstaffierten Puppenfiguren etc. hergerichtet – Geschmackssache. Die Aussicht freilich, auch schon vom Vorplatz und dem Rundweg um die Festung, ist prächtig.

Trutzig: das Kastell von Almodóvar del Río

356 Provinz Córdoba

- *Öffnungszeiten* Täglich 11–14.30, 16–20 Uhr (Winter bis 19 Uhr), am Wochenende durchgehend; Eintritt deftige 5 €. www. castillodealmodovar.com.
- *Camping* La Breña, 1. Kat., gut ausgestatteter Platz einige Kilometer nordwest-lich von Almodóvar in der Nähe des Stausees Embalse de la Breña, jenseits der A 431. Ganzjährig geöffnet, zur NS aber vielleicht besser noch einmal gegenchecken. Preise p. P., Zelt je etwa 5,50 €, Auto 3,50 €. ☎ 971 338333, www.campinglabrena.com.

Von Córdoba Richtung Málaga

Eine Tour durch die Weinbauregion Montilla-Moriles lässt sich mit der weiter unten beschriebenen Strecke Richtung Granada zu einer reizvollen Rundfahrt durch den Süden der Provinz Córdoba verbinden.

Die A 45, die etwa 15 Kilometer südwestlich Córdobas von der A 4 abzweigt und über Antequera schließlich Málaga erreicht, führt durch das größte Weinbaugebiet der Provinz Córdoba. In der offenen Hügellandschaft der *Campiña,* in der nichts außer Olivenbäumen und eben Weinreben zu wachsen scheint, steigen die Temperaturen im Sommer auf bis zu 45 Grad. Regen ist dann eine Seltenheit, doch wirken die *Albariza* genannten weißen Kalkböden der Region als natürlicher Wasserspeicher. Das Resultat dieser Backofenhitze sind Weine, die ohne jeden Zusatz 14 bis 16 Volumenprozent natürlichen Alkohol erreichen und als D.O. Montilla-Moriles herkunftsgeschützt sind.

Montilla

Etwas abseits der A 45 gelegen, bildet Montilla die Hauptstadt der Weinbauregion von Montilla-Moriles. Das Städtchen ist keine Schönheit, für Weinliebhaber aber vielleicht einen Abstecher wert, und sei es nur, um eine der hiesigen Bodegas zu besichtigen. Der große Keller der *Bodegas Alvear* in der Avenida María Auxiliadora 1, bereits 1729 gegründet und damit die angeblich älteste Bodega Spaniens, fasst 20.000 Fässer, in denen rund zehn Millionen Liter Wein gelagert

---

Pedro Ximénez alias Peter Siemens: Die Weine von Montilla-Moriles

Rund drei Viertel der Anbaufläche der D.O. Montilla-Moriles sind mit der Traubensorte *Pedro Ximénez* bepflanzt. Der örtlichen Überlieferung zufolge leitet sich der Name von dem Deutschen Peter Siemens ab, der im 16. Jh. die ersten Reben dieser Sorte ins Land gebracht haben soll. Noch weit länger reicht die Geschichte der riesigen Tonkrüge *Tinajas* zurück, in denen die Weine aus Montilla teilweise heute noch vergoren werden. Leider werden sie mehr und mehr durch Edelstahltanks ersetzt. Zur Reife lagern die besten Montillas in Fässern aus amerikanischer Eiche. Dies ist nicht die einzige Gemeinsamkeit mit der übermächtigen Konkurrenz aus Jerez: Wie auch beim Sherry garantiert das *Solera*-Verfahren, also das Vermischen älterer und jüngerer Jahrgänge, den Weinen aus Montilla-Moriles eine gleichbleibende Qualität.

Die charakteristischen Weine der seit 1944 als Denominación de Origen (D.O.) herkunftsgeschützten Region unterscheiden sich wie Sherrys in verschiedene Sorten: den hellen, leichten *Fino,* der eine echte Alternative zu den Finos aus Jerez darstellt, den älteren und stärkeren *Amontillado* und den noch dunkleren und kräftigeren *Oloroso.* Recht süß und stark ist der *Pedro Ximénez,* der besonders gern als Dessertwein getrunken wird.

Umgebung von Lucena   357

sind. Mit seinen säulengestützten Bögen erinnert er an ein riesiges Kirchenschiff oder auch an die Mezquita. Voranmeldung zu den Führungen (Mo–Fr 12.30 Uhr, 3,50 €; ☏ 957 652939, www.alvear.es) ist ratsam. Die Bodega stellt übrigens nicht nur exquisite Weine, sondern auch gute Brandys und sogar feinen Essig her, alles natürlich auch im Direktverkauf zu erwerben.

● *Information* **Oficina de Turismo**, Calle Capitán Alonso de Vargas 3 (Casa del Inca), ☏ 957 652354. Öffnungszeiten Mo–Fr 10–14, 17–19 Uhr, Sa/So 11–14 Uhr, im Juli/August nur vormittags. www.montilla.es.

● *Verbindungen* **Busse** der Gesellschaft CARRERA fahren etwa stündlich von und nach Córdoba, ALSA nach Malaga 3-mal, nach Granada 2-mal täglich.

● *Übernachten* **** Hotel Alfar**, ein recht komfortables Haus an der alten N 331, etwa

fünf Kilometer nördlich des Städtchens. Ganzjährig geöffnet, Restaurant. DZ etwa 55–60 €. Ctra. Córdoba–Málaga, km 441, ☏/☏ 957 651120, www.hotelalfar.com.

** Pensión Hostal Bellido, zentral im Ort. Ordentliches, 1996 eröffnetes Quartier mit angeschlossener Bodega-Cafetería und Parkmöglichkeit. DZ/Bad etwa 50 €. Calle Enfermería 57, ☏ 957 651915, ☏ 957 656718, www.hostalbellido.com.

Aguilar de la Frontera

Rund acht Kilometer südlich von Montilla besetzt das Städtchen einen Hügel, der schon von den Phöniziern besiedelt war. Seinen Namenszusatz „de la Frontera" verdankt Aguilar der Zeit der christlichen Rückeroberung, als hier die Grenze zum Nasridenreich von Granada verlief. Die hübsche Siedlung besitzt einen besonders reizvollen Hauptplatz, die vieleckige *Plaza Sant José,* die im 18. Jh. angelegt wurde.

Lucena

Mit fast 40.000 Einwohnern bildet Lucena die größte Siedlung im Süden der Provinz Córdoba. Seine lange Vergangenheit ist dem Städtchen, das einst eine Hochburg jüdischer Kultur war, heute kaum noch anzusehen. Lucena widmet sich der Herstellung von Möbeln und Keramik (Tinajas-Krüge) sowie der Verarbeitung von Bronze und Kupfer, ist auf diesem Gebiet sogar eines der wichtigsten Zentren Spaniens. Die bedeutendste Sehenswürdigkeit des Ortes ist die Kirche *San Mateo* am Hauptplatz Plaza Nueva. Im 15. Jh. begonnen, beeindruckt sie durch ihre barocke Innenausstattung, insbesondere durch die überreich geschmückte Capilla del Sagrario. Im nahen Festungsturm *Torre del Moral* wurde einst der letzte Nasridenkönig Boabdil kurzfristig gefangengehalten.

● *Information* **Oficina de Turismo**, in der Festung Castillo del Moral, ☏ 957 513282, geöffnet Di–Fr 9–14, 17.30–21.30 Uhr (Sommer) bzw. 16.30–20.30 Uhr (Winter), Sa 11–14, 19–21 Uhr (Sommer) bzw. 18–20 Uhr (Winter), So rund ums Jahr 11–14 Uhr. www.turlucena.com.

● *Verbindungen* **Busse** der Gesellschaft CARRERA von/nach Córdoba 12-mal täglich.

● *Übernachten* ****** Hotel MS Santo Domingo**, im Zentrum, die erste Adresse vor

Ort, untergebracht in einem restaurierten Konvent des 18. Jahrhunderts. Schöner Patio. DZ etwa 55–120 €. Calle Juan Jiménez Cuenca 16, ☏ 957 511100, ☏ 957 516295, www.mshoteles.com.

** Hotel Baltanas, ein etwas einfacheres, aber solides Quartier, allerdings ohne Restaurant. Parkmöglichkeit. DZ rund 55 €. Avenida del Parque 10, ☏ 957 500524, ☏ 957 501272, www.hotelbaltanas.com.

Umgebung von Lucena

Cabra: Cabra liegt etwa neun Kilometer nordöstlich von Lucena und zeigt sich mit seinem hübschen Altstadtviertel attraktiver als das Nachbarstädtchen. Nahe der Straße Richtung Priego de Córdoba liegt die Quelle des Flusses Cabra, an der man

Provinz Córdoba
Karte S. 333

358   Provinz Córdoba

eine Badepause einlegen kann. Der größte Anziehungspunkt ist jedoch noch etwas weiter außerhalb zu suchen: Etwa acht Kilometer östlich des Ortes zweigt, bereits im Gebiet des Naturparks der Sierras Subbéticas, eine sechs Kilometer lange Nebenstraße zum über 1200 Meter hohen Pichacho-Berg ab, auf dem die Kapelle *Virgen de la Sierra* steht. Sie gilt als geographischer Mittelpunkt Andalusiens, bietet eine weite Aussicht nach allen Richtungen und ist Ziel zahlreicher Wallfahrten.

● *Information* **Centro de Visitantes Santa Rita**, Besucherzentrum des Naturparks Parque Natural de las Sierras Subbéticas, an der A 340 Richtung Priego de Córdoba, unweit des Passes Mojón Alto; ℡ 957 506986. Wechselnde Öffnungszeiten, z. T. nur am Wochenende. Im Angebot verschiedene Wanderbroschüren, zwei kurze Wanderwege beginnen direkt am Zentrum.

● *Feste* **Romería de los Gitanos**, etwa Mitte Juni. Farbenprächtige Zigeunerwallfahrt zur

Kapelle der Virgen de la Sierra; Flamenco-Messe und Feiern bis in den Morgen.
La Guerra de las Flores, am 4. September. Um vier Uhr nachmittags wird die Statue der Jungfrau aus der Kapelle der Virgen de la Sierra geholt und nach Cabra gebracht, wo sie von rund hundert mit Papierblumen geschmückten Kutschen erwartet wird. Die folgende Prozession gerät zur „Blumenschlacht", und gefeiert wird noch einige Tage später.

Rute: Der Name der Kleinstadt, an der Nebenstraße A 331 etwa 20 Kilometer südöstlich von Lucena gelegen, ist eng verbunden mit der Produktion von kräftigen Spirituosen aus Anis. Wer die hochprozentigen Erzeugnisse des Ortes probieren möchte, findet eine ganze Reihe von Bodegas vor, sollte sich dann allerdings besser auf eine Zwischenübernachtung einstellen ... Unweit des Städtchens liegt der Stausee *Embalse de Iznájar*, an dem es sich bei entsprechendem Wasserstand ganz gut baden lässt.

● *Übernachten* **** Hotel María Luisa**, an der A 331. Modernes Hotel in angenehmer Architektur, gute Ausstattung, mit Restaurant und Pool. Gelegentlich Reisegruppen. DZ/F etwa 60–70 €. Carretera Lucena–Loja, km 22, ℡ 957 538096, 📠 957 539037, www. hotelmarialuisa.es.
El Cortijo La Prensa, ein Landhotel, etwa sieben Kilometer nördlich gelegen. Dieser Lesertipp stammt von Iris Gustke: „Wirklich bis ins kleinste Detail harmonisch einge-

richtet. Tolle Badausstattung, Zimmer geräumig, geschmackvoll angelegter Pool. Das Essen war sehr gut und phantasiereich." Standard-DZ/F etwa 80–90 €, auch Superior-Zimmer und Suiten. Arroyo de las Tijeras, Nacimiento de Zambra; von der A 331 einige Kilometer nördlich von Rute hinter dem Restaurant Atocha rechts (beschildert „Cerillo"), später erneut rechts, nach 3 km rechter Hand, ℡/📠 957 724299, www. elcortijo-laprensa.com.

Von Córdoba Richtung Granada

Landschaftlich ein echter Genuss ist die Fahrt auf der N 432 von Córdoba nach Granada, vorbei an kleinen Dörfern, die sich fast immer unter die Ruinen einer maurischen Burg ducken.

Die Route führt ab Córdoba zunächst durch das sanft gewellte Hügelland der *Campiña*, dann durch die raueren, wildschönen *Sierras Subbéticas*, die als Naturpark ausgewiesen sind; ein Besucherzentrum des Parks findet sich außerhalb von Cabra (siehe oben), ein weiteres bei Zuheros (siehe unten). Etwas abseits der Strecke liegt das Städtchen Priego de Córdoba, das mit seiner barocken Brunnenanlage und einem bildhübschen Altstadtviertel einen Abstecher wirklich lohnt.

Castro del Río

Das stille Dorf am Río Guadajoz muss uralt sein, wird die hiesige Brücke doch auf römische Zeiten zurückgeführt. Kurioser ist eine andere Attraktion der kleinen

Baena

Siedlung: Im hiesigen Rathaus, früher ein Palast der Herzöge von Medinaceli, gibt es einen Kerker, in dem Miguel de Cervantes einst einen einwöchigen Zwangsaufenthalt einlegte, da er als damaliger Steuereintreiber einen bedauerlichen Fehler gemacht hatte. Natürlich weiß die örtliche Chronik zu vermelden, dass er die Zeit genutzt habe, um seinen „Don Quijote" zu beginnen …

Baena

Was der Süden der Provinz Córdoba für Wein, das ist der Südosten für Olivenöl: Aus den Ölmühlen des Gebiets um Baena kommen Olivenöle, die zu den feinsten der Welt gerechnet werden und durch eine „Denominación de Origen" (D.O.) herkunftsgeschützt sind. Passenderweise gibt es im Ort deshalb ein Ölmuseum *Museo del Olivar y el Aceite* (Calle Cañada 7, Di–Sa 10–14 Uhr, 2 €), das in einer ehemaligen Mühle untergebracht ist. Baena selbst ist ein recht lebendiges Landstädtchen, umgeben von endlosen Olivenhainen. Seine weißen Häuser kleben an einem Hang, dessen Kuppe die Ruinen eines maurischen Kastells und die gotische Kirche Santa María la Mayor beherrschen. Hier oben liegt auch der älteste Teil der Siedlung, die Medina der Mauren, deren Befestigungsanlage teilweise noch vorhanden ist.

Familienbetrieb mit Tradition: Ölmühle Núñez de Prado

• *Verbindungen* **Busse** der Gesellschaft CARRERA von/nach Córdoba 8-mal täglich.

• *Übernachten* ***** Hotel La Casa Grande**, in einem repräsentativen Gebäude beim Stadtpark. Geräumige Zimmer, es gibt auch Suiten. DZ nach Ausstattung und Saison etwa 85–110 €. Avenida Cervantes 35, ✆ 957 671905, ✉ 957 692189, lacasagrande baena@hotmail.com.

• *Feste* **Semana Santa**, die Karwoche, wird in Baena auf besonders laute Weise gefeiert: Beim Trommelwettbewerb „La Tamborada" dröhnt die Stadt von Mittwoch bis Karfreitag vom ununterbrochenen Klang der bis zu 2000 Trommeln.

• *Einkaufen* **Núñez de Prado**, Olivenölmühle am Stadtpark, seit 1795 in Familienbesitz. Ein Lesertipp von Ines Rottmann und Ines Miltner: „Wir wollten uns im kleinen Empfangsbüro des Familienbetriebs nach einer Möglichkeit zur Besichtigung erkundigen, woraufhin wir unmittelbar eine 'private' Führung nur für uns beide in englischer Sprache bekamen." Ausprobiert – stimmt. Exquisites, aus biologischem Anbau stammendes und ungefiltertes Olivenöl der Marke „Flor de Aceite", das durch Abtropfen gewonnen und in Deutschland z. B. durch Rapunzel-Naturkost vertrieben wird. Direktverkauf zu sehr günstigen Preisen. Geöffnet Mo–Fr 9.30–13, 16–18 Uhr, Sa 9–12 Uhr, im Juli und August nur vormittags. Avenida Cervantes 14, ✆ 957 670141. nunezdeprado@hotmail.com.

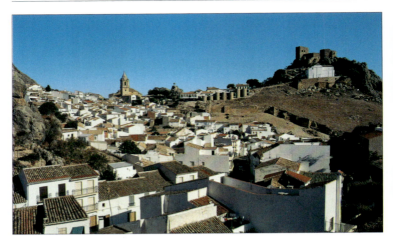

Kastell und Kirche: Luque

Luque

Luque, etwas abseits der Nationalstraße gelegen, ist in seiner Art geradezu ein Musterbeispiel für die Dörfer in dieser Gegend. Seine weißen Häuser klettern den Hang hinauf, überragt von den Ruinen einer maurischen Burg und der gegenüberliegenden Kirche La Asunción. Nachdem das einzige Hotel im Ort in ein Altenheim verwandelt wurde, fehlt es jedoch leider an Übernachtungsmöglichkeiten in Luque.

Zuheros

Der Nachbarort Zuheros ist mit seiner maurischen Festung und den weißen Häuserkuben mindestens ebenso hübsch wie Luque.

Das ruhige Dorf liegt am nördlichen Rand des Naturparks *Parque Natural de las Sierras Subbéticas*, einer friedlichen Landschaft der weiten Olivenhaine, kleinen Flussläufe und steil aufragenden Felsberge, in der Adler, Sperber, Wildschweine und Ginsterkatzen leben; ein schönes Gebiet für Wanderungen, siehe auch unten unter Wanderung 5, die in die nahe Schlucht des Río Bailón führt. Etwas außerhalb verläuft die *Vía Verde de la Subbética*, eine ehemalige Bahnlinie, die zum Wander- und Radweg ausgebaut wurde.

Gegründet wurde die kaum tausend Einwohner zählende Siedlung bereits im 9. Jahrhundert von den Mauren, die den Ort wegen seiner Lage auf einem spektakulären Felssporn *Suhayra* nannten, „Fels". Während der christlichen Rückeroberung musste Ferdinand III. Zuheros denn auch mehrere Monate belagern, bis es ihm gelang, die Ortschaft einzunehmen. Das ehemals maurische Kastell von Zuheros kann wie das nahe, recht kleine Archäologische Museum auf stündlichen Führungen besichtigt werden (10–14 Uhr sowie 17–19 Uhr im Sommer bzw. 16–18 Uhr im Winter; wechselnde Ruhetage; 2 €). Ebenfalls sehr sehenswert ist das umfangreiche Volkskundemuseum „Museo de costumbres y artes populares Juan

Zuheros 361

Fernández Cruz" (Di–Fr 12–14, 17.30–20.30 Uhr bzw. im Winter 16–19 Uhr, Sa/So bereits ab 10.30 Uhr; 3 €), das in der sogenannten Casa Grande am Ortseingang eingerichtet wurde. Die Hauptattraktion von Zuheros bildet jedoch die etwas außerhalb gelegene „Fledermaushöhle" *Cueva de los Murciélagos.*

- *Information* **Oficina de Turismo**, etwas außerhalb an der westlichen Zufahrt, Ctra. Zuheros–Baena, s/n ℡ 957 694775. Öffnungszeiten Di–Do 9–14 Uhr, Fr/Sa 10–14, 17–20 Uhr, So 10–14 Uhr.
- *Verbindungen* **Busse** der Gesellschaft CARRERA von und nach Córdoba 4-mal täglich.
- *Übernachten* **** Hotel Zuhayra**, angenehmes, familiäres Haus im Ortskern; freundliche Führung, die viele Tipps auf Lager hat. Geräumige, gut ausgestattete Zimmer mit Aussicht, gutes und gemütliches Restaurant angeschlossen. Mountainbikeverleih. Ganzjährig geöffnet. DZ etwa 60–75 €. Calle Mirador 10, ℡ 957 694693, ✆ 957 694702, www.zercahoteles.com.
Hotel Hacienda Minerva, westlich außerhalb in einer ehemaligen Ölmühle des 19. Jh., ein Lesertipp von Holger und Marina Scharlach: „Eröffnet 2008, 19 Zimmer verschiedener Größe. Sehr gutes Restaurant. Der Chef spricht Englisch und auch ein wenig Deutsch und ist äußerst hilfsbereit. Direkt am Hotel führt ein Teil der Vía Verde vorbei, auf der man in 20 Minuten zu Fuß in den Ort gelangt." DZ/F nach Saison 65–100 €. Carretera Zuheros-Doña Mencía, km 9,8, ℡ 957 090951, www.haciendaminerva.com.

Fast ein Zwilling von Luque: Zuheros

- *Feste* **San Isidro**, am 15. Mai, mit einer Wallfahrt in die Sierra.
Feria de Agosto, Sommerfest an mehreren Tagen um den 15. August.
Día de Jesús, am 14. September, mit Prozession und Feuerwerk.
Festival de los Quesos, Anfang Oktober. Ganz junges Festival, bei dem Käse aus ganz Spanien vorgestellt werden.
- *Einkaufen* **Quesería de la Sierra Subbética**, am nördlichen Ortsrand an der Straße nach Baena, Direktverkauf diverser Sorten von Ziegenkäse aus eigener Herstellung. www.losbalanchares.com.

Cueva de los Murciélagos: Die „Fledermaushöhle", eine der recht häufigen Karsterscheinungen der Sierras Subbéticas, liegt etwa vier Kilometer außerhalb des Ortes, auf fast tausend Meter Höhe und damit gut dreihundert Meter höher als der Ort selbst. Die erste urkundliche Erwähnung der tatsächlich von Fledermäusen bewohnten Höhle datiert von 1868, erforscht wurde sie jedoch erstmals 1938, in größerem Umfang dann ab 1990. Dabei entdeckte man neben Tropfsteinen auch bedeutende prähistorische Felsmalereien sowie eine Reihe von Relikten, die eine menschliche Besiedlung der Höhle bereits vor mehr als 35.000 Jahren belegen und im Archäologischen Museum von Zuheros ausgestellt sind. Zu besichtigen sind etwa 800 Meter der insgesamt rund zwei Kilometer langen Höhle. Warme Kleidung ist sehr nützlich: Die Durchschnittstemperatur im Inneren liegt bei gerade mal neun Grad Celsius.

- *Öffnungszeiten* Führungen für Einzelpersonen im Sommer Mo–Fr 12.30 und 17.30 Uhr, Sa/So um 11, 12.30, 14, 17 und 18.30 Uhr, im Winter Mo–Fr 12.30 und 16.30 Uhr, Sa/So 11, 12.30, 14, 16 und 17.30 Uhr. Die tägliche Besucherzahl ist auf 150 Personen limitiert. Dauer etwa eine Stunde, p. P. 5 €. Unbedingt vorher anrufen: ℡ 957 694545, www.cuevadelosmurcielagos.com. Ein Stück vor der Höhle liegt ein Besucherzentrum samt „Ecomuseo", dessen Öffnungszeiten allerdings laufend wechseln.

Wanderung 5: Durch die Schlucht des Río Bailón

Route: Punto de Visitantes Las Cruces – Fuente de la Mora – Cañón del Río Bailón – Zuheros – Punto de Visitantes Las Cruces. **Reine Wanderzeit:** etwa 1½–2 Stunden. **Einkehr:** in Zuheros. Festes Schuhwerk ist nötig.

Charakteristik: Diese relativ kurze, aber sehr schöne Wanderung führt in den Naturpark der Sierras Subbéticas und in eine bis zu hundert Meter tief eingeschnittene Schlucht, die sich der Río Bailón in den Fels der Sierra gegraben hat. Gegen Ende der Tour bietet sich ein überraschender, sehr reizvoller Ausblick auf Zuheros. Die Orientierung fällt leicht, der Höhenunterschied hält sich mit etwa 200 Metern in Grenzen. Da mehrfach der Fluss überquert werden muss, ist nach Regenfällen mit nassen Füssen zu rechnen, im Sommer liegt der Río Bailón jedoch in der Regel trocken.

Route: Der Weg beginnt beim Parkplatz des ehemaligen Besucherzentrums „Las Cruces", das einige hundert Meter oberhalb von Zuheros an der Straße zur Cueva de los Murciélagos liegt; ausreichend Parkmöglichkeiten sind vorhanden. Von hier folgt man zunächst der Straße Richtung Höhle. Im Anstieg bietet sich, wie auch schon vom Parkplatz selbst, ein schöner Blick auf Zuheros. Nach knapp zwanzig Minuten beschreibt die Straße eine scharfe Rechtskurve; hier geht es rechts ab, beschildert „Sendero Cañón del Bailón". Der relativ breite Fußweg führt an mehreren Infotafeln des Naturparks vorbei, und bald kommt auch schon die Schlucht in Sicht. Auf ihrer gegenüberliegenden Seite sind mehrere aus dem Stein ausgewaschene Höhlen zu erkennen, die in vorgeschichtlicher Zeit als Wohnstätten dienten – eine besonders große Höhle heißt Cueva del Fraile, benannt nach der auffälligen Steinformation am Eingang, die tatsächlich etwas an einen Mönch (Fraile) erinnert. Zunächst langsam, dann steiler und geröllig senkt sich der Pfad hinunter in das Flusstal. Überquert man das Flussbett, liegt links ein kleines Stück weiter das Becken der Quelle *Fuente de la Mora* („Quelle der Maurin"), die etwa eine Dreiviertelstunde nach Beginn der Wanderung erreicht wird; wer Lust hat, kann von hier dem Río Bailón noch ein ganzes Stück flussaufwärts folgen.

Für den Weiterweg nach Zuheros muss man jedoch das Flussbett wieder überqueren und sich auf der ursprünglichen, also der östlichen Seite sofort links halten. Der zunächst schmale Pfad verbreitert sich bald, führt immer parallel zum Fluss und kreuzt ihn dabei mehrfach. Nach der dritten Überquerung steigt der Weg in Richtung eines kleinen Kamms an, bis sich plötzlich zwischen zwei Felswänden ein herrlicher Blick auf Zuheros öffnet. Noch spektakulärer wird die Aussicht, wenn man kurz vor dem Kamm auf den Felsen rechter Hand klettert, aber Vorsicht: Absturzgefahr! Hinter dem Kamm, von dem sich ein ein weites Panorama bietet, wendet sich der Weg in Serpentinen abwärts und erreicht bei einem Quelltrog, knapp 1½ Stunden nach Beginn der Wanderung, den Ortsrand von *Zuheros*.

Wer nicht den Weg durch das Dorf nehmen will, findet gleich hinter der Brücke rechts einen Ziegenpfad, der in wenigen, aber anstrengenden Minuten am Ortsrand entlang hinauf zum Ausgangspunkt beim *Punto de los Visitantes El Cruce* führt.

Zuheros im Blick: Aussicht von der Bailón-Schlucht

Priego de Córdoba

Das Barockstädtchen, etwa 20 schmale und kurvige Kilometer südlich der N 432 und damit abseits der Hauptstrecken gelegen, wird nur wenig besucht. Dabei hat Priego de Córdoba durchaus einiges zu bieten.

Neben dem bestens erhaltenen, blumengeschmückten Altstadtviertel Barrio de la Villa und der großen Brunnenanlage Fuente del Rey zählt dazu auch eine erkleckliche Anzahl schöner Kirchen. „Todo un descubrimiento" verspricht der Stadtprospekt: „Alles eine Entdeckung".

Der Ort liegt auf einer felsigen Anhöhe, *Adarve* genannt, die eine Art natürliche Festung bildet. Obwohl die Umgebung schon in der Vorgeschichte besiedelt war, erkannten erst die Mauren den strategischen Wert dieser Lage. Nach dem Untergang des Kalifats von Córdoba wurde ihre Siedlung *Medina Bagha* Teil des Königreichs von Granada. Während der Reconquista wechselte Priego gleich mehrfach die Herren, bis es 1341 Alfonso XI. gelang, die Festung endgültig zu erobern. Im 17. und 18. Jh. brachten Seiden- und Textilindustrie dem Städtchen einen kräftigen Aufschwung, der sich in verschwenderischen Bauten manifestierte: Erklärung für die zahlreichen Barockbauwerke, die das Bild Priegos prägen. Später sorgte die

364   Provinz Córdoba

aufkommende Konkurrenz in Katalonien für einen langsamen Niedergang, der erst in den letzten Jahren gebremst werden konnte. Bis heute trägt, neben der Landwirtschaft, die Textilindustrie ihren Anteil zum bescheidenen Wohlstand des Städtchens bei.

• *Information* **Oficina Municipal de Información Turística**, Plaza de la Constitución 3, im Zentrum, ℡ 957 700625. Öffnungszeiten: Mo–Sa 10–14, 16.30–19 Uhr, So 10–14 Uhr; Mo kann schon mal geschlossen sein.www.turismodepriego.com.

• *Verbindungen* Busbahnhof etwa ein Kilometer westlich des Zentrums an der C. Nuestra Señora de los Remedios; CARRERA fährt 10-mal täglich nach Córdoba, ALSA 4-mal täglich nach Granada.

• *Übernachten* **Die Villa Turística de Priego**, eine etwa sieben Kilometer außerhalb in der Umgebung von Zagrilla gelegene und in der Architektur an die lokale Bauweise angepasste Anlage, war zuletzt geschlossen, soll aber unter neuer, privater Führung wieder öffnen.

**** Hotel Huerta de las Palomas, etwa drei Kilometer außerhalb in Richtung Zagrilla, nördlich der Straße nach Cabra, ein Lesertipp von Hans Strässle: „Ruhig, komfortabel, riesige Zimmer, es lohnt sich, die Zimmer anzusehen und seinen Favoriten auszuwählen. Pool, Whirlpool, gutes und vielseitiges Frühstück." DZ etwa 95–120 €. Carretera Priego-Zagrilla, km 3, ℡ 957 720305, ✆ 957 720007, www.zercahoteles.com.

** Hotel Río Piscina, an der Straße nach Alcalá und Granada, etwa 1,5 Kilometer vom Zentrum entfernt. Recht groß, von außen wenig beeindruckend, jedoch mit üppig di-

mensioniertem Swimmingpool, Tennisplatz und Restaurant. DZ etwa 50–60 €. Carretera Monturque-Alcalá la Real, km 44, ℡ 957 700186, ✆ 957 700638, www.hotelriopiscina.com.

** Pensión Hostal Rafi, in einem engen Gässchen östlich unweit der Plaza Constitución gelegen. Gepflegter, empfehlenswerter und auch von mehreren Lesern gelobter Familienbetrieb mit gutem und preiswertem Restaurant. Parkmöglichkeit. DZ/Bad etwa 40–50 €. Calle Isabel a Católica 4, ℡/✆ 957 540749, www.hostalrafi.es.

La Posada Real, Lesertipp vor Klaus Stramm: „In dem zentral mitten im Barrio gelegenen und sehr geschmackvoll restaurierten Haus vermietet Juan Zimmer und eine Wohnung, Benutzung von Sonnenterrasse, Balkon und typischem Patio inbegriffen. Die freundliche Betreuung hat uns viele Einblicke in das andalusische Leben eingebracht." DZ um die 50 €. Juan López Calvo, Calle Real 14, ℡ 957 541910, ✆ 957 540993, www.laposadareal.com.

• *Feste* **Corpus Christi**, Fronleichnam, mit einer großen Prozession in das dann besonders aufwändig geschmückte Viertel Barrio de la Villa.

Fiesta de la Hermandad de Aurora, zweite Septemberwoche, mit Blumenversteigerung und Prozessionen, an denen auch die Einwohner der Nachbarorte teilnehmen.

Sehenswertes

Castillo: Die ehemals maurische Burg (täglich 11.30–13.30 Uhr, Di–Sa auch 16–18 Uhr) beherrscht die kleine Plaza de Abad Palomino, nur ein paar Schritte nordöstlich der zentralen Plaza Constitución und ganz in der Nähe des Stadtviertels Barrio de la Villa gelegen. Der wehrhafte Verteidigungsbau mit seinen sieben Türmen wurde im 13. und 14. Jh. von den Christen erweitert.

Iglesia de la Asunción: Nahe der Plaza de Abad Palomino, direkt am Rand des Barrio de la Villa, steht diese Kirche im gotisch-mudéjaren Stil des 16. Jh., die im 18. Jh. barock ausgebaut ausgebaut wurde; manche maurischen Anklänge sind jedoch unübersehbar geblieben. Besonders sehenswert ist neben dem schönen, 1567 gefertigten Retabel des Hauptaltars vor allem die Capilla del Sagrario, eine Seitenkapelle, die als eines der Meisterwerke des spanischen Barock gilt und seit 1932 als Nationalmonument ausgewiesen ist.

Barrio de la Villa: Gleich östlich der Iglesia de la Asunción erstreckt sich das alte Stadtviertel Barrio de la Villa. Wohl eines der reizvollsten seiner Art in Andalusien,

Opulent: der „Königsbrunnen" Fuente del Rey

erinnert es an den Albaicín Granadas oder die Judería Córdobas, freilich ohne in irgendeiner Weise auf den Fremdenverkehr zu spekulieren. In seiner heutigen Form geht das kleine Viertel auf das 15. Jh. zurück, doch trägt es eindeutig maurische Züge. Da und dort öffnen sich die engen Gassen zu winzigen Plätzen, deren schönster wohl die *Plazuela de San Antonio* ist. Am nördlichen und östlichen Rand des Viertels trifft man unvermittelt auf den *Adarve*, den steil abfallenden Felsbalkon, der eine weite Aussicht auf die umliegenden Felder bietet.

Iglesia de la Aurora: Ein paar Schritte südlich des Barrio de la Villa steht eine weitere bemerkenswerte Barockkirche. Das gotisch-mudéjare Gotteshaus mit dem lieblichen Namen „Kirche der Morgenröte" wurde nach der christlichen Rückeroberung über den Resten einer früheren Moschee errichtet. Das Innere des als Nationalmonument deklarierten Baus zeigt sich üppig ausgeschmückt; an den Wänden und der Decke lässt sich vor lauter Stuck kaum noch ein freies Plätzchen finden. Die Kirche ist Heimat der Bruderschaft *Los Hermanos de la Aurora*, deren Statuten sie verpflichten, jeden Samstag um Mitternacht durch das Städtchen zu ziehen und dabei Lobeslieder der Jungfrau der Morgenröte zu singen; eine Aufgabe, die seit mehreren Jahrhunderten Tradition hat.

Fuente del Rey: Der große „Brunnen des Königs" liegt am südlichen Zentrumsrand, gut zu erreichen über die Calle del Río, die vorbei am Fremdenverkehrsamt führt. Mit dem Bau der Anlage wurde bereits im 15. Jh. begonnen, fertig war sie jedoch erst zu Anfang des 19. Jh. Der Brunnen besteht aus drei Becken, die von insgesamt 139 Rohren gespeist werden. Seine zentrale Figur ist Neptun, der mit dem Dreizack bewaffnete römische Gott des Wassers. Hinter der Fuente del Rey liegt ein weiterer, weniger wasserreicher Brunnen: Die *Fuente de la Salud,* im 16. Jh. in manieristischem Stil errichtet, soll der Überlieferung zufolge an genau dem Platz stehen, an dem 1341 König Alfonso sein Zeltlager aufgeschlagen hatte.

▲ Schmuck: Bergdörfchen Gaucín

Provinz Málaga

Costa del Sol
  (östlich von Málaga) 370
Das Bergland der Axarquía 383
Málaga 387
Das Hinterland von Málaga 406

An den Stauseen des Río
  Guadalhorce 414
Costa del Sol
  (südwestlich von Málaga) 420
Marbella und Umgebung 428
Rund um Ronda 445

Erfrischend kühl: der Río Chillar bei Nerja

Provinz Málaga

Die meistbesuchte der andalusischen Provinzen verdankt dieses durchaus zwiespältige Attribut vor allem den Stränden der Costa del Sol. Gesegnet mit ganzjährig mildem Klima, lockte die „Sonnenküste" schon in den Dreißigerjahren, verstärkt ab den Fünfzigern, Adel und Geldadel zu Erholung und Investition.

Als ein Jahrzehnt später der Pauschaltourismus damit begann, den Spuren der Reichen und Schönen zu folgen, verzinste sich das eingesetzte Kapital schnell und in immenser Höhe: Fast täglich stiegen die Grundstückspreise, verdoppelten sich manchmal innerhalb eines Jahres. Gebaut wurde – und wird trotz Krise mancherorts leider immer noch – mit einer selbst für die spanische Mittelmeerküste erstaunlichen Hemmungslosigkeit.

Heute gilt die Costa del Sol geradezu als Inbegriff einer verfehlten Tourismuspolitik. Erschreckend deutlich werden die Folgen dieses Wachstums um jeden Preis besonders im Gebiet südwestlich von Málaga. Die Stadtgrenzen von Torremolinos, Sinnbild genormten Ferienvergnügens, sind praktisch nur mehr an den Ortsschildern zu erkennen. Das dicht an dicht von Hochhäusern und Urbanisationen bedeckte Gebiet erstreckt sich im Südwesten bis hinter Fuengirola und im Nordosten bis Málaga. Trotz des vielen Betons haben sich einige Küstenstädte, bei allen Zugeständnissen an den Fremdenverkehr, ihr Ortsbild wenigstens im Zentrum bewahren können. An erster Stelle ist hier sicher der hübsche Ferienort *Nerja* zu nennen.

Aber auch das schicke Millionärsparadies *Marbella* und, mit Abstrichen, *Fuengirola* und *Estepona* besitzen noch Winkel, die zumindest erahnen lassen, wie es vor dem großen Tourismusboom an der Costa del Sol ausgesehen haben mag.

In Kürze: Provinz Málaga

Fläche: 7276 Quadratkilometer. Málaga ist damit die flächenmäßig kleinste Provinz Andalusiens

Bevölkerung: 1.593.000 Einwohner. Die Bevölkerungsdichte von 219 Einwohnern pro Quadratkilometer bildet sogar den andalusischen Spitzenwert. Zurückzuführen sind diese Zahlen auf die starke Besiedelung der Küste; im Hinterland ist die Bevölkerungsdichte weit geringer

Schöne Orte: Nerja, Ronda und die „Weißen Dörfer" in Küstennähe zur Nebensaison, im Zentrum auch Marbella

Reizvolle Landschaften: Das gesamte Hinterland der Küste, siehe die Kapitel „Das Hinterland von Málaga" und „Rund um Ronda"

Kurios: Das zerklüftete Felslabyrinth des Naturreservats El Torcal

Keinesfalls versäumen: Die von einer tiefen Schlucht durchzogene Stadt Ronda zu besuchen

Internet-Info:
www.visitacostadelsol.com

Die Hauptstadt *Málaga* selbst, mit ihrem großen Flughafen lange Zeit vor allem als Drehscheibe für die Ferienzentren der Küste von Interesse, putzt sich seit einigen Jahren mit einem groß angelegten Modernisierungsprogramm heraus und zieht, auch mit ihren zahlreichen Museen wie dem Picasso-Museum, mehr und mehr Besucher an.

Um das ramponierte Image zu reparieren, bemühen sich die Fremdenverkehrsmanager um Alternativen zum jahrzehntelang propagierten Badeurlaub der Marke „billig in die Sonne". Qualitätstourismus heißt die Devise, mit der ein zahlungskräftigeres Publikum angesprochen werden soll. So ist die Costa del Sol für Golfer geradezu zur Paradedestination geworden, gerne beworben als „Costa de Golf". Mehrere Dutzend Plätze zählt die Küste, Namen wie Valderrama oder Real Club de Golf Sotogrande sind jedem passionierten Golfer längst ein Begriff. Nun sollen verstärkt auch Reiter an die sonnigen Gestade gelockt werden. Bei Estepona wurde deshalb das Reitzentrum Escuela de Arte Ecuestre Costa del Sol geschaffen, bei Mijas die viele Jahrzehnte lang projektierte Pferderennbahn Hipódromo Costa del Sol eröffnet. Bleibt die Frage, wo die edlen Rösser bewegt werden sollen ... Auf der vor wenigen Jahren an die Hänge gebauten, sechsspurigen Autopista del Sol sicher nicht, ebensowenig auf dem vierspurigen Asphaltband, das sich parallel zur Küste durch die Ortschaften zieht.

Dann wohl doch eher im bergigen Hinterland. Hier nämlich, oft nur wenige Kilometer von der Küste entfernt, zeigt sich die Provinz Málaga in einem ganz anderen Licht und bietet eine Reihe bemerkenswerter Ziele, die trotz ihrer Nähe zu den Ferienzentren nur selten überlaufen sind. Camper können es sich an den Stauseen Embalses del Conde y de Guadalhorce im Nordwesten wohl sein lassen, Entdecker die Weinberge der Axarquía erforschen, die bizarren Felsformationen im Naturreservat El Torcal, die derzeit leider nur schwer zugängliche Schlucht El Chorro, die Steinzeitgräber bei Antequera und die Höhlenmalereien der Cueva de la Pileta. Letztere liegt bei Ronda, einem Städtchen, das schon aufgrund seiner Lage fast ein Pflichtziel ist.

Costa del Sol (östlich von Málaga)

Im Gebiet der östlichen Provinzgrenze zeigt sich die Costa del Sol ihrem etwas lädierten Ruf zunächst gar nicht entsprechend.

Die Ausläufer der Sierra de Almijara drängen hier bis ans Meer, Steilufer verhindern exzessive Bebauung. Mit etwas Suchen findet sich manch enge Bucht, die nur über Staubwege erreichbar und außerhalb der Saison nahezu einsam ist. Der vor Nerja rechter Hand der Küstenstraße auftauchende Aquädukt ist übrigens nicht antik, sondern wurde im 19. Jahrhundert zur Wasserversorgung einer Zuckerfabrik errichtet. Als Teil eines Bewässerungssystems ist er bis heute in Betrieb.

Die gesamte Küste zwischen der Provinzgrenze zu Granada und den Vororten von Málaga zählt zur Region der Axarquía, einem sehr fruchtbaren Gebiet, das erst spät von den Christen zurückerobert wurde und sein maurisches Erbe deshalb teilweise noch bewahrt hat. An der Küste wird dieser Charakter natürlich kaum mehr spürbar, dem labyrinthischen Gassengewirr vieler Dörfer des Landesinneren ist die maurische Anlage dagegen durchaus anzumerken.

Nerja

Die erste größere Siedlung im Osten der Provinz Málaga zählt zu den angenehmsten der Küstenregion, besitzt zudem hübsche Strände. Interessant auch für Durchreisende sind die Tropfsteinhöhlen Cuevas de Nerja, vier Kilometer östlich des Zentrums.

Zwar ist auch Nerja, die „reiche Quelle" *(Narixa)* der Mauren, von dem unvermeidlichen Kranz aus Urbanisationen umgeben, doch die Altstadt auf einem Hügel über dem Meer besitzt Kolorit. Mit vielen Blumen und stets frisch gekalkten Wänden herausgeputzt, erinnert sie noch an das „Weiße Dorf", das Nerja einmal war. Heute schmückt sich das Städtchen für den Tourismus, kommt besonders bei Briten und in zweiter Linie auch bei Deutschen gut an, dient daneben auch einer ganzen Reihe von Nordländern als Dauerresidenz. Die Saison läuft hier erstaunlich lange: Schon im April und noch im Oktober ist einiges los vor Ort, ohne dass der Rummelfaktor von Marbella oder gar Torremolinos auch nur annähernd erreicht würde. Während der Hauptreisezeit wird auch Nerja mehr als gut besucht, präsentiert sich sonst jedoch – so man keine generelle Abneigung

Nerja 371

gegen Ferienorte hegt – als rundweg sympathisches Städtchen. Und mit den Urbanisationen im Umfeld muss man ohnehin entlang der gesamten Costa del Sol leben ...

Orientierung: Nerjas Zentrum erstreckt sich um die kurze Panoramapromenade *Balcón de Europa*, die sich mit schönem Ausblick auf die malerische Steilküste weit ins Meer hinein schiebt. Hügelaufwärts teilt sich die *Puerta del Mar* in die *Calle Pintada* und die *Calle Almirante Ferrandíz* (auch bekannt als Calle Cristo), die beide schließlich auf die Durchgangsstraße *Avenida de Pescia* treffen. Die *Plaza España* westlich der Calle Pintada ist nicht der belebte Zentrumsplatz, den man angesichts der Lage vielleicht erwarten würde, sondern erst in den letzten Jahren entstanden und teilweise noch gar nicht fertiggestellt; in ihrer Nordwestecke war zuletzt ein Museum über die Höhlen von Maro im Entstehen.

*I*nformation/*V*erbindungen/*D*iverses

● *Information* **Oficina de Turismo**, Calle Carmen 1, neben dem Rathaus Ayuntamiento und unweit des Balcón de Europa, freundlich und fremdsprachig. Es gibt sogar eine Broschüre mit Tipps für Wanderungen in der Umgebung. Im Sommer geöffnet

372 Provinz Málaga

Mo–Sa 10–14, 18–22 Uhr, So 18–22 Uhr; zur Nebensaison leicht abweichende Zeiten. ℘ 952 521531, www.nerja.org.

● *Verbindungen* **Busse** halten an der Durchgangsstraße Avenida de Pescia, nahe der Kreuzung mit der meerwärts führenden Calle Pintada. Busse zur Cueva de Nerja etwa stündlich, ebenso von/nach Málaga. Nach Maro 12-mal, Almuñecar 14-mal, Granada 6-mal tägl., Almería 6-mal, Córdoba 2-mal, Sevilla 3-mal täglich.

Auto: Im Ortskern ist Parken ein echtes Problem. Die gebührenpflichtige zentrale Tiefgarage an der Plaza España (landeinwärts vom Rathaus) gehört zur teureren Sorte. Ein Tipp ist dafür der Gratis-Großparkplatz „Huertos de Carabeo" auf einem Freigelände gleich östlich des Zentrums, Anfahrt über die Calle Frigiliana; ein Durchgang führt von ihm zur Calle Carabeo. Die

Zukunft dieses Parkgeländes ist freilich unsicher; in den Tagen vor, während und nach der Fiesta im Oktober steht es zudem nicht zur Verfügung.

Fahrzeugverleih: Etwa halbes Dutzend Vermieter; Liste bei der Infostelle erhältlich.

AUTOS ANDALUCIA liegt recht zentral in der Calle Pintada 93 und vermietet auch Fahrräder und Scooter; ℘ 952 521534.

● *Internet-Zugang* **Medweb-C@fé**, Avenida Castilla Pérez 21, am meerseitigen Ende der Straße; ℘ 952 527202.

Nerja Internet, C. Gómez 2, in einem Gässchen nahe der Infostelle.

● *Secondhand-Bücher* **Nerja Buchzentrum**, Calle Granada 30–32, im Gebiet westlich der großen Tiefgarage. Kauf, Verkauf und Tausch von englischen, aber auch deutschen Büchern.

Übernachten *(siehe Karte S. 374/375)*

Nerjas Hotellerie besitzt hohen Standard und eine recht gute Auswahl an Quartieren. Im Sommer herrscht starke Nachfrage, aber auch in der Nebensaison empfiehlt es sich dringend, möglichst früh am Tag auf die Suche zu gehen.

**** Parador de Nerja (12), am östlichen Ortsrand nahe der Playa Burriana. Moderner Bau, keine Schönheit, reizvoll vor allem durch seine Lage in einem weitläufigen Gartengrundstück. DZ nach Saison etwa 170–180 €, im August ist Halbpension Pflicht. Calle Almuñecar 8, ℘ 952 520050, ℘ 952 521997, www.parador.es.

**** Hotel Balcón de Europa (30), zentral an eben diesem gelegen, Zimmer mit Blick aufs Meer oder die Promenade. Komfortabel, mit Hallenbad, kleinem Pool in schöner Lage und direktem Strandzugang, leider nicht unbedingt ruhig. DZ nach Saison und Lage (ohne/mit Meerblick) 100–170 €, es gibt auch DZ mit „Salón" und Suiten. ℘ 952 520800, ℘ 952 524490, www.hotelbalconeuropa.com.

** Hotel Paraíso del Mar (16), in der Nähe des Paradors. Ein sehr schönes, geschmackvoll eingerichtetes kleines Hotel, traumhafte Lage an der Steilküste mit Direktzugang zum Meer. Von Lesern gelobt. Von den beiden lauten Zimmern im Eingangsbereich ist allerdings abzuraten. DZ etwa 95–135 €, Meerblick und Suiten gegen Aufpreis; Mindestaufenthalt zwei Tage. Oft belegt, Reservierung ratsam. Calle Prolongación Carabeo 22, ℘ 952 521621, ℘ 952 522309, www.hotelparaisodelmar.es.

** Hotel Mena Plaza (23), ein Ableger des

Hostals Mena, von dessen Besitzer selbst geplant und erst 2010 eröffnet. Sehr zentrale Lage an der noch unfertig wirkenden Plaza España; geräumige, schick-funktionale Zimmer, Dachterrasse mit kleinem Pool und feiner Aussicht auf Meer und Berge. Parkmöglichkeit geplant, vorerst bleibt aber (zumindest für die Anreise) wohl nur die Tiefgarage am Platz. Exzellentes Preis-Leistungs-Vehältnis, DZ/F 40–70 €. Plaza España 2, ℘ 952 520965, www.hotelmenaplaza.es.

* Hotel Carabeo (28), in der Einstufung klares Understatement. Edles kleines Hotel über dem Meer, dekoriert mit Gemälden und Antiquitäten, schön gelegener Pool. Atmosphäre „very british". Im Winter zeitweise geschlossen. Kinder unter 13 Jahren nur nach Anfrage. Nur wenige Zimmer und Suiten, alle unterschiedlich im Charakter, für zwei Personen je nach Lage (Straße/Meer) und Größe etwa 75–195 €. Calle Hernando de Carabeo 34, ℘ 952 525444, ℘ 952 521734, www.hotelcarabeo.com.

* Hotel California (1), in einer Villenurbanisation am östlichen Ortsrand, etwas abseits des Trubels und deshalb ruhig gelegen. Freundlicher Schweizer Besitzer, der sich hier seinen Traum erfüllt hat. Nur wenige Zimmer, auch zwei Familienzimmer. Familiäre Atmosphäre, geräumiger Garten mit großem, sparsam gechlortem Pool. DZ

Pool mit Aussicht: Hotel Mena Plaza

nach Saison etwa 60–80 €. Calle María de Waard 21, ✆/✉ 952 526253, www.elhotel california.com.

** Hostal Casa Mercedes (2), in der Nähe des Hotels California, eine Leserempfehlung von Gregor Aeschbach: „Große Terrasse, freundliche Bedienung". Hübsche Zimmer, kleiner Pool. DZ/Bad/F nach Saison und Ausstattung etwa 45–70 €. C. Maria de Waard 18b, ✆/✉ 952 523164, www.casamercedes.de.

** Hostal Lorca (4), im oberen Zentrumsbereich an einer relativ ruhigen Straße. Hübsches Haus, geführt von dem weit gereisten, deutschsprachigen Paar Rick und Femma aus Holland, die genau wissen, welche Features die Gäste schätzen. Sehr solide Zimmer mit Ventilator, kleiner Garten, sogar ein Pool zur Abkühlung; Benutzung von Mikrowelle und Kühlschrank. DZ/Bad nach Saison um die 30–50 €, auch Dreibett-Zimmer. Reservierung ratsam. Calle Méndez Núñez 20, ✆ 952 523426, www.hostallorca.com.

** Hostal Nerjasol (13), mitten im Ort, ein sehr gepflegtes und gut geführtes Haus. Hübsche Dachterrasse. Die Straße ist leider recht laut, die Zimmer nach hinten naturgemäß ruhiger. Von Mitte Oktober bis Februar geschlossen. DZ etwa 30–50 €. Calle Pintada 54, ✆ 952 522121, ✉ 95 2521503, www.hostalnerjasol.com.

** Pensión Hostal Dianes (10), ein kleines Stück oberhalb in derselben Straße, das ehemalige Hostal Castillo. In Ausstattung, Preisen und Ambiente eine durchaus akzeptable Alternative zum Hostal Nerjasol. Viele der recht geräumigen Zimmer gehen auf den Innenhof und sind somit relativ ruhig. „Rezeption" im Immobilienbüro im Haus. DZ/Bad 35–60 €. Calle Pintada 67, ✆ 952 528116, ✉ 952 523404, www.hostaldianes.com.

** Hostal Don Peque (26), westlich unweit des Balcón de Europa. Die Zimmer nach vorne sind zur Saison nicht allzu laut, da die Straße von Juni bis Oktober abends als Fußgängerzone ausgewiesen wird. In den letzten Jahren renoviert, gemütlich und gepflegt. Insgesamt durchaus ordentlich. Große Dachterrasse fürs Frühstück. Nichtraucher. DZ/Bad etwa 40–70 €. Calle Diputación 13, ✆ 952 521318, www.hostaldonpeque.com.

** Hostal Miguel (21), in der „Fressgasse" von Nerja, trotz der Verkehrsberuhigung am Abend deshalb nicht ganz leise. Gute Zimmer mit Kühlschrank, nach hinten ruhiger, freundliche britische Leitung, Dachterrasse fürs Frühstück. DZ/Bad nach Saison etwa 35–55 €. Calle Almirante Ferrandíz (= Calle Cristo) 31, ✆ 952 521523, www.hostalmiguel.com.

* Hostal Mena (27), in einer verkehrsberuhigten Seitengasse westlich des Balcón. Freundliche spanisch-italienische Besitzer, große Zimmer mit Blick in den Garten. Von mehreren Lesern gelobt. DZ/Bad im Winter 30 €, sonst im Bereich 35–45 €, mit Terrasse 5 € Zuschlag. El Barrio 15, eine Abzweigung der Plaza Cavana, ✆ 952 520541, ℻ 952 528345, www.hostalmena.es.

• *Camping* **Nerja Camping**, 2. Kat., noch hinter Maro, etwa 5 Kilometer östlich von Nerja und landeinwärts der alten Straße von Almería. Kleiner Platz, ebenso kleiner Swimmingpool, Schatten durch Mattendächer. Die neue Autovía führt recht nahe vorbei. Motorisiert sollte man schon sein: Auch zum nächsten Strand ist es eine ganze Ecke. Ganzjährig geöffnet. P.P. und kleines Zelt je 6 €, Auto 5 €. ✆ 952 529714, ℻ 952 529696, www.nerjacamping.com.

Essen & Trinken

Breite Auswahl an Restaurants aller Kategorien und Nationalitäten. Fressgasse Nummer eins ist die Calle Almirante Ferrandíz (Calle Cristo), die hiesigen Lokale sind allerdings ganz überwiegend auf Laufkundschaft ausgerichtet.

Rest. Udo Heimer (3), alteingesessenes Lokal, das bis 1972 zurückgeht, geführt vom Deutschen Udo Heimer. Chefin der kreativen „Autoren-Küche" freilich ist Montserrat Mayor. Degustationsmenü etwa 60 €, à la carte ab etwa 40 € aufwärts. Etwas abgelegen in der Calle Andalucía 27. Mi Ruhetag. Reservierung ratsam, ✆ 952 520032, www.udoheimer.net.

Rest. Casa Luque (29), eines der Top-Restaurants von Nerja, bereits 1983 gegründet. Schöne Terrasse, bodenständige Küche, die dennoch gewisse kreative Momente aufweist. Menü à la carte ab etwa 30 € (Terrasse 20% Aufschlag!), es gibt auch eine große Auswahl an Tapas. So und Mi geschlossen. Plaza Cavana 2, bei der Kirche, ✆ 952 521004.

Rest. Poseidon (15), ein griechisches Restaurant mit feiner Küche, freilich nicht ganz billig: Hauptgerichte kommen auf etwa 12–15 €, Vegetarisches günstiger. Calle Gloria 12. Gegenüber, so groß, dass es fast den halben Straßenzug einnimmt und wegen der halbwegs günstigen Preise trotzdem oft voll: **Rest. Pacomari (19)**.

E **ssen & Trinken**
- 3 Rest. Udo Heimer
- 5 Bar Bodega Los Bilbainos
- 6 Bar-Restaurante El Puente
- 7 Bar Los Cuñaos
- 8 Bar-Rest. Puntilla
- 9 Bar El Chispa
- 11 Bar 4 Esquinas
- 14 Rest.-Pizzeria Dal Toscano
- 15 Rest. Poseidon
- 17 Rest.-Pizzeria Pinocchio
- 18 Bar La Marina
- 19 Rest. Pacomari
- 20 Restaurante Haveli
- 22 Chiringuito de Ayo
- 24 Bar La Piqueta
- 25 Bar-Cervercería El Pulguilla
- 29 Rest. Casa Luque

Ü **bernachten**
- 1 Hotel California
- 2 Hostal Casa Mer
- 4 Hostal Lorca
- 10 Hostal Dianes
- 12 Parador de Nerja
- 13 Hostal Nerjasol
- 16 Hostal Paraíso del
- 21 Hostal Miguel
- 23 Hotel Mena Plaza
- 26 Hostal Don Pequ
- 27 Hostal Mena
- 28 Hotel Carabeo
- 30 Hotel Balcón de E

Nerja 375

376   Provinz Málaga

Rest.-Pizzeria Dal Toscano (14), eine Gasse höher, ein Lesertipp von Anne und Matthias Merfert: „Hier kann man sehr gut italienisch essen. Die Atmosphäre ist entspannt, die Bedienung und das ganze Team sind äußerst freundlich. Calle San José 13."

Restaurant Haveli (20), indisches Restaurant mit Tandoori-Küche. Gutes Essen, deshalb auch oft komplett belegt. Gartenterrasse. Die meisten Hauptgerichte liegen im Preisbereich zwischen etwa 10 und 12 €. Calle Almirante Ferrandíz 44.

Rest.-Pizzeria Pinocchio (17), ganz in der Nähe. Ein italienisches Lokal mit wirklich exzellentem Preis-Leistungs-Verhältnis; Pizza und große Portionen Pasta und Risotto kosten je etwa 7–9 €, es gibt auch ein Kindermenü. Innenterrasse. Calle Almirante Ferrandíz 48.

Bar-Cervecería El Pulguilla (25), ebenfalls an der Fressgasse. Großer, kahler Raum, nach hinten eine riesige Terrasse. Spezialität sind Meeresfrüchte, serviert als Tapa (nur an der Bar) oder Ración; nicht teuer. Zum Bier gibt's meistens eine kleine Gratis-Tapa. Calle Almirante Ferrandíz 26.

Bar-Restaurante Puntilla (8), das Stammhaus der oben genannten Bar-Cervecería, gelegen in einer touristisch weniger frequentierten Zone. Im Erdgeschoss eine bei Einheimischen beliebte Bar, dahinter ein Speisesaal; im ersten Stock eine luftige, strohgedeckte und mit Grünpflanzen geschmückte Terrasse. Sehr günstige Hauptgerichte. Calle Bolivia 1, eine der kleinen Gassen oberhalb der Calle San Juan.

Bar El Chispa (9), ebenfalls in diesem Gebiet. Urige Bar, ein von den Einheimischen wie auch von den zugezogenen Residenten geschätzter Treffpunkt. Gute Tapas, kleine Terrasse. Calle San Pedro 12.

Bar Los Cuñaos (7), eine weitere Bar dieser Zone. Vorwiegend von Ortsansässigen frequentiert, es gibt sehr preisgünstige Raciones, auch halbe Portionen und Tagesmenüs sind erhältlich. Calle Herrera Oria 17.

Ein paar Schritte weiter östlich liegt die von Lesern empfohlene Bar „Pepe".

Bar Bodega Los Bilbainos (5), ebenfalls in diesem Gebiet und eine Kuriosität für sich, bildete diese 1974 gegründete Bar doch einst das Stammlokal der Anhänger der kommunistischen Partei; ein Che-Plakat hängt noch an der Wand. Zu essen g bt es Tapas, Raciones etc. sowie ein Mittagsmenü. Calle Alejandro Bueno 8.

Bar La Marina (18), an der Hauptstraße der Neustadt. Große, optisch nüchterne Bar, Tische auch im Freien. Ein prima Platz für Meeresfrüchte, ob als Tapa oder als Ración. Abends drängt sich der halbe Ort hier an der Theke. Avenida Castilla Pérez, Ecke Plaza Marina. Von Lesern gelobt wurde auch das nahe „Pata Negra".

Bar-Restaurante El Puente (6), ein großes Lokal, etwas abseits und mit der Terrasse zu einer recht viel befahrenen Hauptstraße gelegen, dank seiner günstigen Preise den Weg durchaus wert. Sehr solides und günstiges Mittagsmenü (auch vegetarisch), à la carte ebenfalls nicht teuer. Calle Carretera 4.

Bar 4 Esquinas (11), an der Kreuzung der Calle Pintada mit der Calle Angustias. Die „Vier Ecken" sind eine angenehm einfache und urtümliche Bar, gut fürs Frühstück auf spanische Art, ein schnelles Bocadillo oder einen Schluck zwischendurch.

Bar La Piqueta (24), ein Stück meerwärts. Gutes und auch von den Einheimischen geschätztes Lokal, besonders beliebt wegen des umfangreichen Angebots an Tapas – es gibt rund 30 Sorten. Calle Pintada 6.

Chiringuito Ayo (22), an der Playa Burriana. Großes, weithin berühmtes Strandrestaurant, in dem seit 1970 legendäre Paellas aus der Riesenpfanne serviert werden. Nicht teuer, andere Gerichte gibt es auch. Nur mittags bzw. nachmittags geöffnet; abends nur dann, falls (wie zuletzt manchmal am Mittwoch) eine der gelegentlichen Flamenco-Aufführungen stattfindet. Playa Burriana s/n, www.ayonerja.com.

Nachtleben/Einkaufen/Sport

● *Nachtleben*   Klar, dass zur Saison am meisten los ist. Nützlich ist die kleine Anzeigenbroschüre „Guía del Ocio", gratis erhältlich bei der Infostelle.

Plaza Tutti Frutti und **Calle Antonio Millón** sind die Haupttreffpunkte am Abend, umgeben von zahlreichen Bars. Zu suchen am westlichen Zentrumsrand, nahe der Avenida Castilla Pérez.

Discos: „Jimmy's", „Coconuts" (beide Calle Antonio Millón) und „People" (Calle Chaparil) heißen die drei eher konventionellen, alle unweit der Plaza Tutti Frutti gelegenen Discos von Nerja.

Los Barriles („Die Fässer"), eine hübsch und gemütlich im Bodega-Stil aufgemachte Bar, ist ein beliebter, zentral gelegener Treffpunkt. Calle Hernado de Carabeo 5.

Abwechslungsreich: Strandlandschaft östlich des Balcón de Europa

Esquina Paulina, ein Tipp für späten Hunger: Tapas und Kanapees bis zwei Uhr morgens. Calle Almirante Ferrandíz 45, am Knick unterhalb der Calle San José.

• *Einkaufen* **Flohmarkt** „Mercadillo" jeden Dienstag und jeden Sonntag; Keramik, Kleidung, Second-Hand etc. Im Urbanisationsgebiet oberhalb der Avda. Constitución, weit im Nordosten der Siedlung.

• *Sport* **Club Nautique Nerja**, eine Tauchschule, die auch Reiten, Segeln, geführte Mountainbike-Touren etc. offeriert. Avenida Castilla Pérez 2, ✆/✉ 952 524654.

Feste und Veranstaltungen

Besonders im Sommer prunkt Nerja mit einem reichen, auch kulturell interessanten Programm, aktuelle Veranstaltungshinweise in der Infostelle.

Cruces de Mayo, am 3. Mai, das Fest der liebevoll geschmückten Maikreuze.

Romería de San Isidro, 15. Mai, ein lebendiger Umzug mit Pferden, bunt geschmückten Karren, Trachten etc.

Día de San Juan, die Nacht des 23. zum 24. Juni. Großes Strandfest, traditionelles Kuchenessen der „Tortas de San Juan".

Fiesta de Virgen del Carmen, 16. Juli, das Fest der Schutzheiligen der Fischer und Seeleute, wie üblich mit Meeresprozession.

Festival Cueva de Nerja, in der dritten Juliwoche. Klassische Musik und – nichts ist unmöglich – sogar Flamenco in den Höhlen Cuevas de Nerja.

Feria de Nerja, etwa vom 8. bis 12. Oktober, das Hauptfest des Städtchens, das bis ins Jahr 1804 zurückgeht.

Baden: Die schöne, vor allem im Osten abwechslungsreich in viele Buchten gegliederte Küste ist ein großer Vorzug von Nerja. Zur Saison werden die sehr gepflegten Strände des Ortes allerdings ziemlich voll. Auf seine Sachen sollte man zudem aufpassen, zwei Leser warnten eindringlich vor Ganoven: „Die Felsen machen es Dieben leichter, abgestellte Taschen zu klauen. Wir waren an diesem Tag bereits die Vierten, denen der Rucksack gestohlen wurde."

• *Strände im Osten* Im östlichen Ortsbereich von Nerja erstreckt sich ab dem Balcón de Europa eine Reihe kleinerer und schmaler Buchten. Der hübsche Promenadenweg, der die einzelnen Buchten miteinander verband, ist leider schon vor Jahren teilweise eingestürzt und eine Wiederherstellung vorläufig nicht in Sicht, weshalb

Provinz Málaga

Eng: Schlucht Los Cahorros

die Playa Burriana nur auf einem Umweg landeinwärts erreicht werden kann.

Playa Burriana: Der vielleicht schönste Strand von Nerja, ein grobkörniger Sandstrand von rund 700 Metern Länge und bis zu 35 Metern Breite, der mit der „Blauen Flagge" ausgezeichnet und mit Bars, Duschen, Toiletten etc. bestens versorgt ist.

• *Strände im Westen* Gleich westlich unterhalb des Balcón de Europa liegt der winzige, aber gut ausgestattete Strand Playa La Caletilla, gefolgt von der etwas größeren, jedoch mit weniger Einrichtungen versehenen Playa del Salón.

Playa de la Torrecilla: Dieser rund 200 Meter lange, aber recht schmale und von Neubauten flankierte Strand aus dunklem Sand beginnt gleich unterhalb der Avenida Castilla Pérez. Er besitzt alle nötigen Serviceeinrichtungen und ist mit der „Blauen Flagge" ausgezeichnet.

El Playazo: Der „Riesenstrand" macht seinem Namen Ehre, reicht er doch von dem kleinen Kap hinter der Playa Torrecilla fast zwei Kilometer weit nach Westen und bietet so auch zur Hochsaison noch viel Platz. Das bäuerlich geprägte Hinterland ist weitgehend unbebaut. Es gibt mehrere Strandbars, darunter den urigen „Chiringuito Mauri" (trotz des schlichten Erscheinungsbildes prima Essen) und den gepflegten „Chiringuito Oasis".

Wanderung 6: Entlang des Río Chillar

Route: Nerja – Cruz del Pinto – Tercera Fábrica de la Luz (Parkmöglichkeit) – Los Cahorros – Los Vados de los Patos und zurück. **Reine Wanderzeit:** etwa 7–8 Stunden, man kann jedoch nach Belieben auch vorher umkehren. **Einkehr:** unterwegs keine Möglichkeiten; Proviant, Trinkwasser, Sonnenschutz und eventuell Badekleidung nicht vergessen.

Charakteristik: Eine ausgesprochen reizvolle und auch ungewöhnliche Wanderung in das schöne Hinterland von Nerja. Reizvoll, weil sie durch eine tief eingeschnittene, von dichter Vegetation überwucherte Schlucht der steilen Sierra Almijara führt, ungewöhnlich deshalb, weil man auf weiten Strecken nicht etwa neben dem Fluss läuft, sondern direkt durch das Flussbett watet, das auch im Hochsommer reichlich kühles Wasser führt. Eine Wanderung also, die an heißen Sommertagen gerade recht kommt, zumal dann auch der Wasserstand am niedrigsten ist. Nach starken Regenfällen (auch noch Tage danach!) oder in der kühleren Jahreszeit ist die Tour hingegen nicht zu empfehlen. Klar, dass kurze Hosen nötig sind. Als Schuhwerk eignen sich gute Trekking-Sandalen natürlich perfekt, alte (!) Turnschuhe mit griffiger Sohle tun es aber auch; ohne Schuhe kommt man nicht weit. Trittsicherheit ist erforderlich, die Wanderung ansonsten nicht schwierig, freilich recht lang. Die

Wanderung 6: Entlang des Río Chillar 379

Tour lässt sich jedoch deutlich verkürzen, indem man nur eine Teilstrecke geht – bis zur Felsschlucht Los Cahorros und zurück sind es z. B. etwa drei Stunden reine Wanderzeit.

Route: Die Wanderung beginnt unweit der Bushaltestelle an der Kreuzung der Calle Pintada mit der Durchgangsstraße Avenida de Pescia. Vom Ortskern kommend, hält man sich hier rechts und folgt der Durchgangsstraße etwa 800 Meter in Richtung Almería, biegt dann auf Höhe der „Apartamentos Verano Azul", zu erkennen an ihren zwei mit Ziegeln gedeckten Türmchen, links in die Calle Julio Romero; siehe auch den Stadtplan von Nerja. Nach etwa 300 Metern hält man sich beim Schild „Almijara 1, Urb. Privada" geradeaus, biegt also nicht der größeren Straße folgend rechts ab. Kurz darauf beschreibt die Straße eine Linkskurve. An deren Ende geht es hart rechts und hinab zum hier noch sommertrockenen Flussbett, dessen Ostseite man nun immer landeinwärts folgt. Das Sträßchen verwandelt sich in eine breite Piste und unterquert etwa eine halbe Stunde nach Beginn der Wanderung die Autobahn, die auf riesigen Stelzen verläuft. Die Piste läuft immer geradeaus, vorbei an zwei Abzweigungen nach rechts, einem Betonwerk rechter Hand und dem Steinbruch von *Cruz del Pinto* linker Hand. Insgesamt rund eine Stunde nach Beginn der Wanderung endet die Piste vor einem kleinen Kraftwerk, der sogenannten *Tercera Fábrica de la Luz*.

Nun wird es interessant. Schon bald gilt es, erstmals den Flusslauf zu durchqueren, dessen glasklares Wasser auch im Hochsommer erstaunlich kühl ist.

Anfangs wechselt der Weg noch häufiger die Uferseiten, später führt er nahezu ständig direkt durch den Fluss. Etwa eine halbe Stunde hinter der Fábrica erreicht man die imposante Felsschlucht *Los Cahorros*, deren Wände so eng beieinanderliegen, dass man mit ausgestreckten Armen beide Seiten gleichzeitig berühren kann. Direkt hinter dieser Schlucht bildet eine kleine Staustufe eine bescheidene Bademöglichkeit.

Die Strömung wird nun etwas stärker, der Fluss tiefer. Gelegentlich heißt es, auf Steinen zu balancieren, Felsen zu überklettern oder sie zu umgehen, weshalb man jetzt nur noch deutlich langsamer vorankommt. Verblüffend üppig für die südliche Lage ist die Vegetation in der bis zu 40 Meter tiefen Talschlucht. Überwölbt von einem Dach hochstämmiger Bäume wachsen

380   **Provinz Málaga**

mächtige Oleanderbüsche, dichtes Schilf, wilde Ölbäume und Zwergpalmen. In dieser grünen Oase leben zahlreiche Vogelarten, darunter auch Nachtigallen, außerdem Salamander, Wasserschlangen, Füchse und Marder.

Etwa zwei Stunden hinter der Schlucht von Los Cahorros steigt der Talgrund bei den *Vados de los Patos* in einer Steilstufe felsig an; der Fluss bildet in die-

sem Gebiet kleine Kaskaden und ein flaches Becken, in dem man baden kann. Zwar führt der Weg hier noch weiter aufwärts, doch wird er deutlich schwieriger und nicht ganz ungefährlich – Zeit zur Umkehr und für den rund dreieinhalbstündigen Rückweg durch das wunderschöne Flusstal zur Tercera Fábrica de la Luz und weiter nach Nerja.

Umgebung von Nerja

Maro

Das Dörfchen hoch oberhalb der Küste ist fast schon ein Vorort von Nerja, von der Anlage her aber eine durchaus eigenständige Siedlung.

Maro liegt etwa vier Kilometer östlich von Nerja. Das hübsche Dörfchen mit seinen niedrigen Häusern ist uralt, bildet quasi die Nachfolgerin der römischen Siedlung Detunda, deren Reste hier entdeckt wurden. Aus späteren Zeiten stammen die Überreste mehrerer Zuckerfabriken: Ab dem frühen 17. Jh. erlebte Maro, wie schon Nerja einige Jahrzehnte zuvor, durch die Verarbeitung von Zuckerrohr einen erheblichen Wirtschaftsaufschwung. Heute bildet der Fremdenverkehr eine wichtige Einnahmequelle, doch hält sich der Andrang immer noch in engen Grenzen. Zwar gibt es auch hier schon einige Hotels, zumindest in der Nebensaison zeigt sich Maro jedoch als ein angenehmes und ruhiges Fleckchen. Auch die vielen kleinen, grausandigen Badebuchten, die östlich des Ortes unterhalb der (seit dem Bau der Autobahn kaum noch frequentierten) Küstenstraße nach Almería liegen, werden dann nur wenig besucht.

● *Übernachten* **Apartamentos La Casa del Barrio**, am westlichen Rand des Ortskerns, ein Lesertipp von Sven und Anja Schumacher: „Mehrere Wohnungen auf vier Etagen, mit schöner gemeinsamer Sonnenterrasse (mit toller Aussicht) und einem kleinen Pool. Die Wohnungen sind für 2–4 Personen eingerichtet und modern ausgestattet." Zwei Personen zahlen etwa 45–65 € (August 80 €) pro Tag. Calle Virgen de las Maravillas 3, ✆ 952 529537, ✆ 952 529594, www.lacasadelbarrio.es.

Apartamentos Balcón de Maro, nahe der Kirche, schlichter ausgestattet, aber auch etwas preisgünstiger als die Apartments Casa del Barrio. Zwei Personen zahlen etwa 50–55 € pro Tag. Plaza de las Maravillas s/n, ✆ 952 529523, ✆ 952 522608.

● *Feste* **Fiesta de San Antonio**, 17. Januar. Fest des Dorfheiligen mit Prozession und Feuerwerk.

Feria de Maro, mehrere Tage um den 9. September, das Hauptfest des Dorfes.

Cuevas de Nerja

Die Tropfsteinhöhlen oberhalb von Maro wurden erst 1959 entdeckt und bereits im folgenden Jahr der Öffentlichkeit zugänglich gemacht.

Heute zählen die Höhlen rund 500.000 Besucher im Jahr, allein im August kommen rund 100.000 Neugierige. Der sommerliche Andrang und das umgebende Brimborium sind vielleicht nicht jedermanns Sache. Sehr sehenswert bleiben die Höhlen dennoch, zumal ein neues Interpretationszentrum jetzt auch Hintergrundwissen über die Höhlen nahebringt. Wie ausgestellte Funde bezeugen, waren die Cuevas de Nerja schon vor etwa 25.000 Jahren besiedelt und wurden bis in die Kupferzeit als Behausung sowie als Kult- und Grabstätte genutzt. Die fünf Jungs, die die Höhlen beim Spielen entdeckt hatten, waren denn auch reichlich geschockt, als sie nach ihrem Eindringen auf eine Reihe von Skeletten stießen ... Neben Werkzeugen, Schmuck und Gefäßen hinterließen die vorgeschichtlichen Bewohner auch eine Reihe von roten und schwarzen Felszeichnungen, die Hirsche, Pferde, aber auch Fische und andere Meerestiere sowie menschliche Figuren zeigen. Die Mehrzahl der Motive liegt jedoch in Höhlenbereichen, die dem normalen Besucher verschlossen bleiben.

Das Innere des Höhlensystems erstreckt sich über eine Gesamtlänge von mehr als 4,2 Kilometern. Zur Besichtigung freigegeben ist jedoch nur etwa ein Drittel, denn die erst Ende der Sechzigerjahre entdeckten „Hohen Galerien" und „Neuen Galerien" dürfen nicht betreten werden. Dank ihrer merkwürdigen Tropfsteinformationen, aber auch wegen ihrer beträchtlichen Ausmaße sind jedoch bereits die für Besucher geöffneten „Unteren Galerien" beeindruckend genug. Sie erstrecken sich über mehrere Hallen, deren größte die rund 100 Meter lange, 50 Meter breite und mehr als 30 Meter hohe *Sala del Cataclismo* ist. Den Namen „Katastrophen-Halle" verdankt sie einem Erdbeben, das vor etwa 800.000 Jahren Teile der Decke einstürzen ließ. In ihrem Mittelpunkt erhebt sich eine gigantische Tropfsteinsäule, die aus einem Stalaktiten und einem Stalagmiten zusammengewachsen ist und laut Guiness-Buch der Rekorde als der größte Tropfstein der Welt gilt.

- *Öffnungszeiten* Täglich 10–14, 16–18.30 Uhr, im Juli und Agust durchgehend bis 19.30 Uhr geöffnet; Eintrittsgebühr 8,50 €.
- *Musikfestival* **Festival Cueva de Nerja**, mehrere Tage gegen Ende Juli. Bereits 1960 begründet, findet das jährliche Musik- und Tanzfestival in der so genannten „Halle der Kaskaden" statt, die deshalb auch „Halle des Balletts" genannt wird. Zu hören und sehen waren hier schon Sir Yehudi Menuhin, Joaquín Cortés, Antonio Gades und Paco de Lucía. Näheres über das aktuelle Programm im Fremdenverkehrsamt von Nerja.

Frigiliana

Das bildschöne „Weiße Dorf" liegt an den Hängen der Sierra de Almijara etwa sechs Kilometer oberhalb von Nerja und ist wegen seiner Architektur und der Kunsthandwerksläden ein beliebtes Ausflugsziel.

Die Anlage des alten Ortskerns von Frigiliana, ein Labyrinth winkliger Sträßchen, Treppenwege und Sackgassen, geht noch auf die maurische Zeit zurück. Perfekt restauriert, die blendendweiß verputzten Fassaden oft mit Topfpflanzen geschmückt, wurde die rund 330 Meter hoch gelegene Axarquía-Siedlung mehrfach bei Wettbewerben des Mottos „Unser Dorf soll schöner werden" ausgezeichnet. An den Hauswänden erzählen Kachelbilder in alten Texten von einem legendären Aufstand der Mauren gegen die Christen, der hier am 11. Juni 1569 blutig beendet wurde. Allmählich putzt sich auch das Hinterland von Frigiliana für den Fremdenverkehr heraus, werden alte Wege wiederhergestellt und Häuser in verlassenen Dörfern restauriert. „Turismo rural" heißt hier die Devise: Man hofft auf den neuen, den „ländlichen" Tourismus.

Besonders bekannt ist Frigiliana für seine zahlreichen Kunsthandwerksläden und verschiedene Kooperativen, die gutes Olivenöl und Honig aus Zuckerrohr (Miel de Caña) produzieren, den einzigen seiner Art in Europa und natürlich in den hiesigen Geschäften ebenso zu erstehen wie der ebenfalls viel gerühmte Wein der Winzer

Treppen, Gassen, weiße Häuser: Frigiliana

von Frigiliana. Der weite Ausblick auf die Küste und die gepflegten Gässchen des Ortes ziehen im Sommer viele, oft schon zu viele Besucher an. Am Abend oder in der Nebensaison lässt es sich in Frigiliana jedoch immer noch trefflich bummeln.

• *Information* **Oficina municipal de Turismo**, in der Casa de la Cultura/Casa del Apero, Cuesta del Apero 10, in einer Treppengasse oberhalb vom Hauptparkplatz; Öffnungszeiten Mo–Fr 9–20 Uhr, Sa 9–18 Uhr, So 10–15 Uhr. Angeschlossen ein Archäologisches Museum nebst Wechselausstellungen. ✆ 952 534261

• *Verbindungen* **Busse** fahren ab Nerja Mo–Fr 9x, Sa 7-mal täglich, So keine Verbindung.

• *Übernachten* ***** Hotel Villa de Frigiliana**, 2002 eröffnetes Quartier beim Hauptparkplatz, das von außen größer wirkt, als die „nur" 30 Zimmer vermuten lassen. Kleiner Pool. DZ/F nach Saison 75–105 €, es gibt auch Superior-Zimmer. Calle San Sebastián s/n, ✆ 952 533393, ✆ 952 533308, www.villafrigiliana.com.

*** Hotel Rural La Posada Morisca, in schöner Aussichtslage einige Kilometer außerhalb. Kleines, im Jahr 2000 eröffnetes Landhotel mit nur zwölf Zimmern. Hübsches Ambiente, kleiner Pool, freundlicher und persönlicher Service. Anfahrt Richtung Torrox, nach etwa 2,5 km links ab auf eine Betonpiste. DZ etwa 65–100 €, Superior 75–105 €, Frühstück jeweils inklusive. Loma de la Cruz s/n, ✆ 952 534151, ✆ 952 534339, www.laposadamorisca.com.

* Hotel Las Chinas, kleines Hotel im neueren Ortsteil, nur neun Zimmer, teilweise mit hübscher Aussicht. Das Restaurant nebenan wurde wegen seines freundlichen Wirts von Lesern gelobt. DZ/Bad um die 45–55 €. Plaza Capitán Cortés 14, ✆ 952533073, hotel-laschinas@terra.es.

• *Essen* **Bar-Rest. El Mirador**, ganz oben im Altort, ein Lesertipp von Barbara Winter: „Ein Freiluftrestaurant, vor allem bei Sonnenuntergang zu empfehlen. Herrlicher Blick über die Berge bis zum Meer. Es gibt vor allem Barbecue (Fisch, Geflügel, Fleisch), aber auch Vegetarisches und natürlich Oliven, Jamón serrano und spanischen Käse." Mi Ruhetag, im Winter geschlossen.

• *Feste* **Semana Santa**, die Karwoche, mit mehreren Prozessionen, am Karfreitag die nächtliche Kerzenprozession „La Soledad". **Feria y Fiesta de San Antonio**, etwa vom 11. bis zum 13. Juni. Geschmückte Pferde, Kutschenpromenade, Musik und Tanz, aber auch mit einer Wallfahrt zur Erinnerung an den Kampf beim Maurenaufstand des Jahres 1569.

Die Küste zwischen Nerja und Málaga

Laut einem Prospekt der Provinz Málaga bildet die östliche Costa del Sol „die große Hoffnung für die touristische Entwicklung der Zukunft".

Falls damit ein zweiter Großraum Torremolinos gemeint war, hat sich die Prophezeiung der in den Neunzigerjahren erschienenen Schrift bald erfüllt. Schon jetzt gehen die einzelnen Orte fast ineinander über, doch immer noch werden hastig billige Häuserkästen hoch gezogen. Ganz anders das Binnenland, dessen freundliche Dörfer und Städtchen, z. B. das hübsche *Torrox*, mit ihren Küstenablegern wenig gemein haben.

Torrox-Costa und **Torre del Mar** leben beide wohl in erster Linie vom Mythos der Costa del Sol. Viel mehr als den klingenden Namen, kilometerlange Strände und eine im Sommer ausgesprochen lebendige Atmosphäre haben sie mit ihren dicht an dicht gebauten Urbanisationen, Hochhäusern und Campingplätzen allerdings auch nicht zu bieten. Wo der Strand ausnahmsweise noch nicht von Betonklötzen verstellt ist, fallen die *Atalayas* ins Auge: alte Wehrtürme, errichtet zur Abwehr von Piraten aus Afrika. Heute kommen die Invasoren aus anderen Richtungen ...

● *Camping* **Laguna Playa**, 1. Kat., bei Torre del Mar, in Strandnähe südwestlich knapp außerhalb des Ortes. Für mobile Camper eine gute Basis für den Besuch von Málaga, wo es leider keinen Platz mehr gibt. Ordentliche Ausstattung, Pool, Schatten durch Mattendächer. Ganzjährig geöffnet. Parzelle inkl. 4 Personen, Auto und Zelt an Ostern sowie im Juli/August 40 €, ohne Auto oder zur NS gibt es auch Parzellen nur für zwei Personen zu günstigeren Preisen (17–23 €).

Prolongación Paseo Marítimo, ✆ 952 540631, ✉ 952 540484, www.lagunaplaya.com.

Torre del Mar, 2. Kat., auch in diesem Gebiet, aber zentrumsnäher direkt am Ortsrand beim Ende der Strandpromenade gelegen, Restaurants und Einkaufsmöglichkeiten deshalb in bequemer Fußentfernung. Pool. Ebenfalls gut ausgestattet und ganzjährig geöffnet, Preise ähnlich wie oben. Paseo Marítimo s/n, ✆ 952 540224, ✉ 952 540431, campingt.mar@terra.es.

Das Bergland der Axarquía

Nur wenige Kilometer landeinwärts der Küste öffnet sich eine ganz andere Welt. Die kleinen Dörfer der Axarquía haben sich viel Ursprünglichkeit bewahrt, manche auch ihr maurisches Erbe.

Axarquía, den „äußersten Osten" der Region Málaga, nannten die Mauren diese vielfältige Landschaft, die vom Meer bis zu den gut 2000 Meter hohen Gipfeln der Sierras de Tejeda und Almijarra ansteigt und im Gebiet beiderseits dieser Bergkette als *Parque Natural Sierras de Tejeda, Almijara y Alhama* ausgewiesen ist. Durch die Höhenzüge geschützt, besitzt die Region ein sehr mildes und für die Landwirtschaft ausgesprochen günstiges Klima. Die Mauren, die hier Zuckerrohr, Ölbäume, Weinreben und Maulbeerbäume für die Seidenzucht kultivierten, waren nicht die ersten, die diesen Vorzug entdeckten, denn schon Phönizier und Römer besaßen Siedlungen in der Axarquía. Doch sie prägten das Gebiet nachhaltig. Erst 1487 kapitulierten sie vor den christlichen Heeren, und ähnlich wie in den Dörfern der Alpujarras blieben auch hier manche Bergnester noch viele Jahrzehnte lang von Mauren bewohnt. Erst 1569, nach blutig niedergeschlagenen Aufständen gegen die christlichen Herrscher, verließen die letzten Morisken das unwegsame Gebiet. Manchen Dörfern der Axarquía ist ihr maurischer Ursprung bis heute anzumerken. Einige bewahren sogar gut erhaltene Relikte der maurischen Architektur, wie der Weiler Árchez, dessen Pfarrkirche ein ehemaliges Minarett als Glockenturm nutzt.

Die Landwirtschaft steht in den 31 Dörfern und Gemeinden der Axarquía immer noch auf gesunden Füßen. Vielerlei Arten von Gemüse und Obst werden hier angebaut, darunter auch viele tropische Früchte. Ihren Ruhm jedoch verdankt die Axarquía den Trauben, insbesondere der Rebsorte Moscatel. Im August werden die Trauben sorgfältig per Hand gelesen, für einige Tage zum Antrocknen ausgelegt und vor allem im Gebiet um Cómpeta zum süßen, schweren Málaga-Wein verarbeitet. Andere Dörfer trocknen die Muskatellertraube bis in den Winter hinein zu Rosinen, den berühmten „Pasas de Málaga", die seit 1997 sogar durch eine D.O. herkunftsgeschützt sind. Die jährliche Produktion liegt bei rund 2000 Tonnen. Eine Hochburg der Rosinenbauern ist das Bergdorf Almachar, das auch ein Rosinen-Museum („Museo de la Pasa") besitzt, eine weitere das Dorf El Borge, in dem am dritten Wochenende im September ein großes „Rosinenfest" stattfindet.

Anders als an der Küste fasst der Tourismus in den Bergen der Axarquía nur allmählich Fuß. Zwar nimmt der Anteil vor allem britischer und deutscher Residenten seit einigen Jahren deutlich zu, und auf manchem bis dahin jungfräulichen Hang sind schon – je näher zum Meer, desto auffälliger – erste Ferienhauskolonien gewachsen, insgesamt ist die Axarquía jedoch noch relativ wenig erschlossen. Gerade deshalb bereitet eine Tour durch die ursprüngliche Landschaft und die kleinen Dörfer des Gebiets viel Vergnügen. Eine schöne Route führt z. B. über Frigiliana oder Torrox nach Cómpeta, Árchez, Sedella, Canillas de Aceituno und weiter nach Viñuela, von dort dann über Riogordo und die Montes de Málaga zur Provinzhauptstadt oder über Vélez-Málaga zurück zur Küste. Abgesehen von der breit ausgebauten A 356/A 402 Vélez-Alhama winden sich die meisten Straßen steil und kurvig über die Hügel. Tankstellen sind selten, der Verkehr hält sich in engen Grenzen, in manchen Gebieten sieht man mehr Esel als Autos.

• *Übernachten* *** **Hotel La Viñuela**, nobles Quartier etwa drei Kilometer außerhalb des Ortes Viñuela selbst. Neubau in angenehmer Architektur und schöner Lage über dem Stausee Embalse de Viñuela; Pool und Restaurant. 16 komfortable Zimmer. DZ/F nach Saison und Ausstattung etwa 105–160 €, auch Suiten. ✆ 952 519193, ✆ 952 519282, www.hotelvinuela.com.

Finca La Maroma, eine Leserempfehlung von Sonja Müller: „Wunderschön gelegen; sehr nettes deutsches Gastgeberpaar. Sechs kleine Apartments für zwei Personen plus Kind; Pool, Whirlpool und Sauna. Lebensmittelädchen. Anfahrt ab Sedella über eine sechs Kilometer lange Schotterpiste." Apartment nach Saison und Aufenthaltsdauer (Minimum zwei Nächte) 50–65 €, Wochenpreise günstiger. Cerro Panadero, ✆/✆ 952 030686, www.fincalamaroma.com.

Casa Aguadero, in fantastischer Aussichtslage auf 900 Meter Höhe in den Bergen über Periana, ein Lesertipp von Axel Bausch: „Eine kleine, ruhige Pension für maximal neun Leute, von einem sehr netten Schweizer Paar geführt. André Müller kocht nicht nur prima, er kennt sich in den

Typischer Anblick: trocknende Rosinen

Parque Natural Montes de Málaga 385

Bergen der Gegend auch gut aus und gibt tolle Wandertipps." Diverse Sportmöglichkeiten (Mountainbikeverleih, Reiten, Gleitschirm etc.), traumhaft gelegener Biopool mit Fernsicht. Vorheriger telefonischer Kontakt ratsam, die Anfahrt (nicht über Periana, sondern vor Ventas de Zafarraya über eine Erdstraße) lässt man sich dann am besten auch gleich erklären oder sieht sie sich auf der Website an. DZ etwa 80 €, Mindestaufenthalt zwei Nächte. ✆ 952 115083, www.aguadero.com.

La Posada del Bandolero, im „Rosinendorf" El Borge. Untergebracht im Geburtshaus des berühmten Bandolero (Banditen) Bizco de El Borge, der im 19. Jh. als eine Art „lokaler Robin Hood" lange die Guardia Civil narrte. Gutes, wenn auch nicht billiges Restaurant (Mi Ruhetag) angeschlossen. Gemütliche DZ etwa 45 €. Calle La Peseta s/n, ✆ 952 519450, www.posadadelbandolero.com.

● *Camping* **Presa La Viñuela**, 2. Kat., an der Südwestseite des Stausees Embalse de Viñuela, zu erreichen über die Straße Viñuela–Riogordo. Hoch über dem türkisfarbenen Wasser des Stausees, in dem das Baden (zumindest offiziell) leider verboten ist. Das angeschlossene Restaurant ist auf Fleisch vom Grill spezialisiert und an Wochenenden gut besucht. Ganzjährig geöffnet. Parzelle inkl. zwei Personen, Auto, Zelt je nach Saison etwa 22–27 €. Carretera A 356, km 2,4, ✆ 952 554 562, www.campinglavinuela.es.

● *Feste* **El Paso de Riogordo**, Karfreitag und Karsamstag. Die berühmten Passionsspiele des Dorfs Riogordo gehen bis ins 17. Jh. zurück und zählen zu den besten Südeuropas. Mehr als 500 Einwohner des Dorfs nehmen als Akteure teil.

Noche de Vino, am 15. August im Winzerdorf Cómpeta. Das große Fest der „Nacht des Weins" beginnt schon am Vormittag, geht dann aber wirklich die ganze Nacht hindurch – Durchhaltevermögen ist gefragt ...

Vélez-Málaga

Die Ruine eines maurischen Kastells überragt die kleine Hauptstadt der Comarca de la Axarquía. Im winkligen Ortskern, dem Barrio de la Villa, stehen eine Reihe sehenswerter Kirchen. Urige Schänken statt Neon-Bars, weiße Häuser statt Stahlbeton: Vélez-Málaga ist ein durchaus sehenswertes Kontrastprogramm zum Küstenrummel.

● *Verbindungen* **Bus**: Busbahnhof an der Avenida Vivar Téllez, der Hauptstraße Richtung Torre del Mar. Halbstündig Busse von/nach Málaga; nach Torre del Mar besteht eine Straßenbahnlinie, die eines Tages bis Rincón de la Victoria (Endstation der künftigen U-Bahnlinie 3 von Málaga) verlängert werden soll.

● *Übernachten* ** **Hotel Res. Dila**, ebenfalls an dieser Straße, Ecke Plaza de San Roque. Ein ganz ordentliches Quartier, Zimmer eher schlicht, aber gepflegt. DZ/Bad nach Saison und Ausstattung etwa 50–70 €. Avenida Vivar Téllez 3, ✆ 952 503900, ✉ 952 503908, www.hoteldila.com.

● *Feste* **Veladilla del Carmen**, etwa vom 15. bis 17. Juli, mit Prozession, großem Feuerwerk, Stierkampf, Tänzen etc.

Fiesta de San Miguel, um den 24.–30. September, das Hauptfest der Stadt. Programm wie oben, außerdem Wettbewerbe im Fandango-Tanz und im Erklimmen rutschiger, da eingefetteter Baumstämme.

Parque Natural Montes de Málaga

Praktisch vor den Toren der Provinzhauptstadt erstreckt sich dieser relativ kleine Naturpark, ein beliebtes Ausflugsziel der Malagueños.

Knapp 5000 Hektar umfasst der Park, steigt auf dieser geringen Fläche aber von nur etwa hundert Meter bis auf über tausend Meter Höhe an. Seine ausgedehnten Wälder bieten vielen seltenen Tierarten Unterschlupf, darunter Wildkatze, Wildschwein und auch das Chamäleon. Die weiten Kieferbestände sind planmäßig entstanden und wurden ab den 30er-Jahren des letzten Jahrhunderts angepflanzt, um den Abfluss von Regenwasser zu bremsen und damit die bis dahin häufigen Überflutungen Málagas durch den Río Guadalmedina zu stoppen. Begonnen hatten

Provinz Málaga
Karte S. 370/371

diese Überschwemmungen schon bald nach der christlichen Rückeroberung und Wiederbesiedlung des Gebiets im 15. Jahrhundert: Damals waren die alten Wälder abgeholzt worden, um Mandel- und Olivenkulturen sowie vor allem Weingärten Platz zu machen. Heute spielt der Weinbau nur mehr eine geringe Rolle, auch wenn da und dort noch die typischen „Lagares" zu sehen sind, in denen der Wein gleich vor Ort gekeltert wird. Eines dieser Gebäude wurde zum *Ecomuseo Lagar de Torrijos* (unregelmäßige Öffnungszeiten, oft nur am Wochenende, Infos unter ✆ 951 042100) ausgebaut, zu erreichen über ein schmales Asphaltsträßchen, das aus Richtung Málaga kurz hinter dem Puerto del León nach links abzweigt; in der Nähe beginnt ein knapp fünf Kilometer langer Rundwanderweg.

Quer durch den Park verläuft die alte Landstraße nach Granada über den 960 Meter hohen Pass *Puerto del León*, die mit Ausnahme der Wochenenden nur wenig befahren wird und im unteren Bereich spektakuläre Ausblicke auf Málaga bietet.

Colmenar, ein etwa 3000 Einwohner zählendes „Weißes Dorf" an dieser Straße, liegt bereits knapp nördlich des eigentlichen Parkgebiets, bezeichnet sich aber dennoch stolz als „Hauptstadt der Montes de Málaga". Die Siedlung am Westrand der Axarquía ist bekannt für den guten Honig, dem sie ihren Namen verdankt, abgeleitet von „Colmena", dem Bienenstock, den sie auch im Wappen trägt. Der Fremdenverkehr hält sich in engen Grenzen, wie überhaupt die Infrastruktur des Naturparks mit Ausnahme einiger Hotels eher auf Wochenendausflügler denn auf internationalen Tourismus zugeschnitten ist.

● *Übernachten* ****** Hotel Cortijo de la Reina**, auf rund 800 Meter Höhe, aus Richtung Málaga kommend etwa vier Kilometer unterhalb des Puerto del León (Zufahrt rechter Hand) und nur etwa zwölf Kilometer vom Zentrum Málagas entfernt. Ein exklusives Hotel auf einem weitläufigen Parkgrundstück mit altem Baumbestand, 2001 eröffnet. Gemütliches Ambiente. Nur zwölf Zimmer, von denen manche sogar über einen eigenen Kamin verfügen. Pool. DZ/F nach Saison 150–190 €, auch Superior-Zimmer. Carretera Málaga–Colmenar, km 548,5 (kein Schreibfehler!), ✆ 951 014000, ✉ 951 014049, www.hotelcortijolareina.com.

** Hotel Belén, in Colmenar an der von Málaga kommenden Straße. 2002 eröffnet, ordentliche und geräumige Zimmer. Ein solides Restaurant ist angeschlossen. DZ etwa 50 €. Urbanización Chorropinos s/n, ✆ 952 730031, ✉ 952 750578, www.hotel-belen.com.

Weiter Blick: in den Montes de Málaga

Málaga

(570.000 Einwohner)

Lange fungierte die größte Küstenstadt Andalusiens vor allem als Verteilstation für die Ferienorte der Costa del Sol. Doch hat sich dies geändert: Málaga putzt sich nach Kräften heraus, will künftig auch selbst weit mehr Besucher anziehen.

Als mögliche Vorbilder der Rundumerneuerung dürfen Städte wie Barcelona und Bilbao gelten, die mit neuen Museen und mit Stadtumbauten im ganz großen Stil ihre touristische Attraktivität gewaltig steigerten. Málagas Schritte in diese Richtung sind im armen Süden Spaniens naturgemäß ein wenig kürzer, dabei jedoch durchaus selbstbewusst. Ein wichtiges Etappenziel war sicher die Eröffnung des Picasso-Museums, das es endlich ermöglicht, des Meisters Werke auch in seiner Geburtsstadt zu erleben. Der Hafenstadt mehr Attraktivität verliehen haben auch die fast völlige Verkehrsberuhigung des Zentrums, die Gestaltung einer Uferpromenade, die bis nach Torremolinos reicht, der Bau zahlreicher neuer Hotels vorwiegend gehobener Kategorien sowie die Errichtung eines Messezentrums. Weitere Pläne für die Zukunft umfassen die Aufwertung des Stadthügels Gibralfaro durch Wiederaufforstung und ein neues Netz von Fußwegen, die Schaffung einer Bahnlinie nach Nerja und und und... Die Straßenverbindungen sollen ebenfalls noch verbessert werden, unter anderem mit einem zweiten Autobahnring und einer weiteren Autovía zum Pass Puerto de las Pedrizas im Norden der Stadt. Wichtigstes Projekt, mit Erscheinen dieser Auflage schon weit vorgeschritten, ist der Ausbau des bislang vernachlässigten Hafengebiets, unter anderem mit einem neuen Kreuzfahrtterminal an der Muelle Dos sowie einem großem Ausgeh- und Shoppingcenter an der Muelle Uno. Auf kulturellem Gebiet engagiert sich Málaga besonders stark, beispielsweise mit der Restaurierung mehrerer Theater, dem Bau eines Musikpalasts und langfristigen Plänen für mehr als ein halbes Dutzend neue Museen. Bleibt abzuwarten, ob das Engagement auch das frühe und frustrierende Ausscheiden im Wettbewerb zur Europäischen Kulturhauptstadt des Jahres 2016 überlebt ...

So oder so lohnt sich ein Besuch. Schon allein der Name der Stadt weckt sonnige Vorstellungen von Orangen und Süßwein, und zumindest das bereits weitgehend restaurierte Zentrum besitzt auch tatsächlich eine gute Portion südspanisches Flair. Mit mehr als einer halben Million Einwohnern, Malagueños genannt, steht die Stadt innerhalb Andalusiens heute an zweiter Stelle, überflügelt nur noch von Sevilla. Als Vorzüge ins Feld führen kann Málaga auch die Vitalität, die Dynamik und das rege Alltagsleben einer bedeutenden Hafenstadt, in der Touristen, ganz gleich wie groß ihre Zahl auch sein mag, immer nur eine Nebenrolle spielen werden. Für einen ein- oder auch mehrtägigen Ausflug bietet sich Pablo Picassos Geburtsstadt deshalb durchaus an. Dass man in einer Großstadt dieser Kategorie ein Auge auf seine Wertsachen haben sollte, muss wohl eigentlich nicht besonders erwähnt werden...

Orientierung: Málagas Altstadt wird nach Westen durch das Flussbett des *Río Guadalmedina*, gen Osten durch den Hügel der Festung *Gibralfaro* begrenzt. Zum großen Hafen hin markiert die Parkanlage *Paseo del Parque* und deren westliche Verlängerung *Alameda Principal* die Grenze der Altstadt. Autofahrer aus Richtung Almería oder Algeciras kommen fast automatisch hier vorbei, bewachte Parkplätze sind vorhanden. Vom Beginn der Alameda führt die Haupteinkaufsstraße *Marqués de Larios* zum Herz der Altstadt, der *Plaza de la Constitución*.

388 Provinz Málaga

Geschichte: Málaga geht auf eine Gründung der Phönizier zurück. Der Name *Malaca,* ursprünglich eine Bezeichnung für gesalzenen Fisch, soll aus dieser Zeit stammen. Den Phöniziern folgten Karthager, Römer und Westgoten. 711 besetzten die Mauren Málaga, dessen damals schon großer Hafen zur wichtigsten Verbindung ins heimische Nordafrika wurde. Als 1487 den Katholischen Königen die Rückeroberung Málagas glückte, war damit der Untergang des Nasridenreichs von Granada schon fast besiegelt.

Information/Verbindungen/Stadtverkehr

● *Information* Oficina de Turismo de la Junta de Andalucía, Pasaje Chinitas 4, ℡ 951 308911, 🖳 951 308912. Zu erreichen von der Plaza de la Constitución über das östlich abzweigende Gässchen Pasaje Chinitas, dann in das Seitengässchen rechts. Öffnungszeiten: Mo–Fr 9–19.30 Uhr, Sa/So 9.30–15 Uhr. otmalaga@andalucia.org
Zweigstelle im Internationalen Flughafen, ℡ 952 974687. Öffnungszeiten wie oben, unsichere Zukunft.
Oficina Municipal de Turismo, Plaza Marina 11, in zentraler Lage unweit der Alameda Principal, ℡ 952 122021. Geöffnet täglich von 9–20 Uhr, im Winter bis 18 Uhr. www.malagaturismo.com.
Centro de Recepción de Visitantes Ben Gabirol, kleine Infostelle unweit des Picasso-Museums. Calle Granada 70, ℡ 952 213329, geöffnet täglich 9–18 Uhr.
Puntos de Información, z.B. im Bahnhof (tägl. 10–20 Uhr), im Flughafen (Mo–Fr 10–19 Uhr, Sa/So 10–14 Uhr) oder an der Placa de la Merced (Kiosk, täglich 10–14 Uhr).
● *Verbindungen* **Flug**: Aeropuerto Pablo Ruíz Picasso (℡ 952 048844) etwa acht Kilometer südwestlich, Richtung Torremolinos. Zuletzt komplett ausgebaut mit einer Vergrößerung der Kapazität von 12,6 Millionen auf 30 Millionen Fluggäste pro Jahr. Die Mehrzahl der Flüge wird nun im brandneuen Terminal T3 (Design Bruce Fairbanks) abgefertigt, T2 nur noch wenig benutzt; T1 ist praktisch bedeutungslos geworden. Verbindungen vom und ins Zentrum alle 30 Minuten mit Bus A („Línea Express Aeropuerto") sowie mit Stadtbus Nr. 19, beide ab Paseo del Parque und Alameda Principal, Haltestellen auch am Bahnhof und im Busbahnhof. Ähnlich häufig, zudem schneller mit den Zügen der Cercanías-Linie C1 von und nach Fuengirola, siehe auch unten. Busverbindungen bestehen u.a. auch 10-mal täglich mit der Gesellschaft Portillo nach Marbella sowie (selten) mit Alsa nach Granada und Sevilla.

Zug: *Hauptbahnhof María Zambrano* (Renfe-Info: ℡ 902 240202) in Fußgängerentfernung westlich der Altstadt an der Calle Cuarteles; zu erreichen z. B. mit Bus Nr. 3 ab Paseo del Parque. Ein großer Umbau zu einem „Intermodal" mit Dutzenden Geschäften, Kinos, einem Barceló-Großhotel etc. hat den Bahnhof fit gemacht für den AVE-Anschluss nach Córdoba und Madrid (Züge alle ein bis zwei Stunden), der die Fahrzeit nach Córdoba von zwei Stunden auf teilweise unter eine Stunde verkürzt. Verbindungen nach Barcelona 2-mal täglich, Sevilla 11-mal täglich; häufigere Verbindungen und andere Destinationen über den 7-mal täglich bedienten Umsteigebahnhof Bobadilla. Cercanías-Nahverkehrszüge der Linie C1 zum Flughafen und nach Torremolinos sowie Fuengirola fahren etwa halbstündlich, die Linie C2 nach Álora 11-mal täglich. Irgendwann, so die hochfliegenden Pläne, soll der Schienenstrang im Südwesten bis Estepona verlängert und gleichzeitig im Osten eine neue Linie nach Nerja eingerichtet werden, womit weite Teile der Costa del Sol für die Bahn erschlossen wären und eine Fahrt von Nerja nach Estepona in eineinhalb Stunden möglich wäre; bis dahin werden jedoch mit Sicherheit noch viele Jahre ins Land gehen.
Bahnhof Centro-Alameda, der Start- bzw. Endpunkt der beiden Cercanías-Nahverkehrslinien, liegt beim Flussbett am Westende der Alameda Principal und damit näher am Zentrum, ist z. B. für Ankömmlinge vom Flughafen deshalb günstiger.
Bus: *Estación de Autobuses,* ein riesiges Busterminal am Paseo de los Tilos (Info: ℡ 952 350061) gleich nördlich des Hauptbahnhofs. Ähnlich wie am Bahnhof sind reichlich Schnorrer unterwegs, die sich ihren Aufenthalt mit der Masche „in Not geratener Landsmann" finanzieren. ALSA ist zuständig für die meisten Ziele innerhalb Andalusiens, unter anderem Almería 7-mal, Córdoba 4-mal, Sevilla 7-mal täglich,

Sinnträchtiger Kontrast: Arena von Málaga

nach Nerja und Granada etwa stündlich. PORTILLO bedient die Südwestküste, Torremolinos viertelstündlich, Fuengirola–Marbella etwa halbstündlich bis stündlich, Algeciras (zusammen mit anderen Gesellschaften) 16-mal, Cádiz 4-mal täglich. Nach Ronda mit verschiedenen Agenturen 16-mal täglich. Mit AMARILLOS nach Ubrique 2-mal täglich, CASADO fährt 14-mal täglich nach Antequera. Außerdem starten Fernbusse zu allen denkbaren Zielen Spaniens und bis nach Deutschland. www.estabus.emtsam.es.

Subestación Muelle Heredia, zentral an der Avenida Manuel Agustín Heredia gelegen. Nahverkehrshaltestelle, unter anderem häufige Busse nach Torremolinos und Fuengirola, in der Gegenrichtung nach Nerja.

Schiff: Fähren zur spanischen Exklave Melilla (Ostmarokko) mehrmals wöchentlich; Tickets bei ACCIONA-TRASMEDITERRANEA im Hafengebäude Estación Marítima, Info-℡ 902 454645.

Fahrzeugvermietung: Am Flughafen neben lokalen Vermietern, die vor Ort gebucht oft preiswerter sind, auch die internationalen Firmen wie AVIS, EUROPCAR und HERTZ. Von Lesern als freundlich und preiswert gelobt wurden AUTOS LIDO (℡ 952 231222, www.autoslido.es), TONY´S (℡ 952 236689, www.tonysrentacar.com) und PRIMA RENT A CAR (952 310975, www.rentacarprima.es). Einige Anbieter in der Stadt, alle im Hauptbahnhof: AVIS, ℡ 952 336881; HERTZ, ℡ 952 355040; NATIONAL ATESA, ℡ 952 356550. LARIOS, C. Malpica 12 bajo (nahe Bahnhof), vermietet neben Autos auch Scooter und Motorräder; ℡ 951 092007, www.larioscarhire.com.

• *Stadtverkehr* **Auto**: Das Zentrum mit seinen Fußgängerzonen ist zu meiden; eine (teure) Tiefgarage liegt direkt unterhalb der Plaza Marina, eine weitere bei der Plaza de La Merced. Wer wundersamerweise, z.B. am Sonntag, einen Gratis-Parkplatz findet: Nichts im Auto lassen!!

Metro: Drei Linien sind geplant. Die Linien 1 und 2 werden u.a. eine Verbindung von Malagueta im Osten über die Plaza Marina zum Hauptbahnhof herstellen (die Linie 2 eines fernen Tages auch bis zum Flughafen), die Eröffnung ist gegenwärtig für November 2011 vorgesehen. Die Linie 3, zuletzt noch in der Projektphase, soll im Osten bis Rincón de la Victoria führen.

Bus: Gutes Busnetz; Plan an den Kiosken am Knotenpunkt Paseo del Parque. Dort für Vielfahrer auch die deutlich preiswerteren Zehnertickets. Praktisch sind die Linien C (Circular) 1 und C 2, die einen Rundkurs ums Zentrum fahren, Haltestellen z.B. an der Alameda Principal und beim RENFE-

390   Provinz Málaga

Bahnhof. Linie C 3 beschreibt einen größeren Rundkurs.

Bus Turístico (Stadtrundfahrt per Bus): „Málaga Tour" betreibt oben offene Doppeldeckerbusse, die auf zwei Routen auch schwerer zu erreichende Ziele (Gibralfaro, Jardín de la Concepción) ansteuern. Informationen unterwegs gibt es per Kopfhörer auch in Deutsch, an den Haltestellen darf nach Belieben ein- und ausgestiegen werden. Haltestellen z. B. an der Plaza Merced und am Paseo del Parque, Abfahrten auf der Hauptroute im Schnitt alle 30 Minuten. Tickets im Bus, Preis p.P. etwa 16 € Das Ticket ist 24 Stunden lang gültig. www.malaga-tour.com.

Geführte   Fahrradtouren/Fahrradverleih: „Málaga Bike Tours" offeriert Fahrradtouren durch die Stadt (4 Stunden, 23 €) sowie entlang der Küste nach Rincón de la Victoria (3,5 Stunden, 18 €), Erklärungen auch auf Deutsch. Calle Trinidad Grund 4 (Pasaje Talavera 3), nahe der Plaza Marina; Vorausbuchung notwendig, per Mail unter info@malagabiketours.eu oder unter Mobil-✆ 606 978513. www.malagabiketours.eu.

„Málaga Bike Rental" vermietet Fahrräder diverser Typen, Preisbeispiel: Stadtrad pro Tag 10 €. Calle Victoria 15, Pasaje La Trini (nahe Plaza Merced), Mobil-✆ 650 677063, www.bike2malaga.com.

Taxi: Radio-Taxi ✆ 952 320000 und ✆ 952 333333.

Adressen

Deutsches Konsulat: Calle Mauricio Moro Pareto 2, Edificio Eurocom, nördlich des Busbahnhofs, ✆ 952 363591.

Österreichisches Konsulat: Alameda Colón 26/2 Izqu., ✆ 952 600267.

Post: Calle Santa Lucía, nordwestlich nahe der Plaza Constitución, geöffnet im Sommer Mo-Fr 9.30–14.30 Uhr (im Winter auch nachmittags), Sa 9.30–13 Uhr.

Internetzugang: Cybercafé Málaga, Calle Gómez Pallete 4, nahe Plaza de la Merced 20, ✆ 952 293242.

Sprachkurse: Málaga ist eine der andalusischen Hauptstädte in Sachen Spanischkurse, die erste Schule hier eröffnete bereits 1947. Die Infostellen halten einen Prospekt derjenigen Schulen bereit, die unter dem Signet ACEM (Asociación de Centros de Español de Málaga) zusammengeschlos-

sen sind. Infos über die beliebten Sprachkurse an der Universität Málaga: Universidad de Málaga, Cursos de Español para Extranjeros, Avenida de la Estación de El Palo s/n, ✆ 951 952738, 🖷 951 952742, www. cursoextranjeros.uma.es.

Arabische Bäder: Baños Árabes El Hammam, Schwitzbad mit unterschiedlich temperierten Sälen. Keine Badekleidung erforderlich, da ein entsprechendes Wickeltuch (Pestemal) gestellt wird. Reservierung ratsam, für die ebenfalls angebotenen Massagen obligatorisch. Geöffnet 10–22 Uhr, Preis p.P. 20 €, mit Massage 48 €. Calle Tomás de Cozár 13, Zugang am besten über die Calle Beatas, ✆ 952 212327, www.el hammam.com. – Ein weiteres Arabisches Bad ist in Planung; es soll das größte ganz Andalusiens werden.

Übernachten (siehe Karte S. 392/393)

In der Spitzenkategorie tut sich so einiges in Málaga. So wird in der Altstadtgasse Calle Granada der Palacio del Marqués de Sonora zu einem Fünfsterner umgebaut, ebenso der gewaltige ehemalige Justizpalast Palacio de Justicia (auch: Palacio de Miramar), der küstennah östlich der Altstadt liegt und, wie der Bau es bei seiner Eröffnung 1926 auch bereits einmal war, ab 2012 das Tophotel Málagas bilden soll. In den unteren Kategorien ist es hingegen schwierig, gute Qualität zu angemessenem Preis zu finden. Eine hohe Konzentration an Hotels und Pensionen besitzt das Viertel meerwärts der Alameda, das atmosphärisch zwischen Bürobezirk und Hafendistrikt schwankt. – Zur Karwoche und vor allem zur Fiesta steigen die Preise ganz erheblich.

● *Zentrum* ****** Parador Málaga-Gibralfaro (9)**, auf dem Stadthügel Gibralfaro. Vor einigen Jahren renoviert, mit Pool, dem paradorüblichen Komfort und einer fantastischen Aussicht auf die Stadt. „Man zahlt

hauptsächlich für den tollen Blick, sonst ein eher unspektakulärer Parador" (Leserbrief). DZ etwa 170–180 €. Gibralfaro s/n, ✆ 952 221902, 🖷 952 221904, www.parador.es.

Sonnenlage am Strand: Hotel La Chancla

**** Hotel Molina Lario (37), 2006 eröffnetes Luxusquartier in absolut zentraler Lage. Mehr als hundert freundlich-modern gestaltete Zimmer, Dachterrasse mit Pool und Blick. DZ offiziell etwa 105–235 €, auf Internet-Angebote achten. C. Molina Lario 22, ✆ 952 062002, ✉ 952 062001, www.hotel molinalario.com.

**** Hotel Room Mate Larios (19), vergleichsweise kleines Hotel in einem ansehnlichen Gebäude, absolut zentrale Lage fast direkt an der Plaza Constitución. Sehr gute Ausstattung, reizvolles modernes Dekor, schöne Dachterrasse mit Blick. Standard-DZ je nach Nachfrage etwa 90–210 €, es gibt auch Superior-Zimmer. Calle Marqués de Larios 2, ✆ 952 222200, ✉ 952 222407, www.room-matehotels.com.

**** Hotel Room Mate Lola (6), im Hafengebiet, ein weiteres Hotel dieser noch recht jungen, designorientierten Kette aus Madrid. 2007 eröffnet, sehr modern gestylt und komfortabel. Garage (etwas eng). Das Umfeld glänzt nicht unbedingt durch Schönheit, weshalb die Preise hier etwas niedriger liegen. Standard-DZ/F je nach Nachfrage etwa 80–165 €, auch Executive-Zimmer und Suiten. Calle Casas de Campos17, ✆ 952 579300, ✉ 952 228265, www.roommatehotels.com.

*** Hotel Don Curro (35), mit fast 120 Zimmern ausgesprochen großes, komfortabel ausgestattetes und alteingeführtes Stadthotel im Zentrum, mit Garage. 2008 renoviert. DZ/F etwa 80 €, in der Karwoche und zur Feria 110 €; es gibt auch „Spezial"- und Salonzimmer. Calle Sancha de Lara 7, ✆ 952 227200, ✉ 952 215946, www.hoteldon curro.com.

** Hotel Sur (4), in seiner Klasse eine gute Wahl. Zentrale Lage nur ein paar Schritte von der Alameda Principal, ordentliche Zimmer. Hoteleigene Garage (Direktzugang) in der südlichen Parallelstraße Calle Vendeja, anzufahren über die Calle Córdoba. Vernünftiges Preis-Leistungs-Verhältnis: DZ 70–80 €, mit Webangeboten z.T. auch darunter. Calle Trinidad Grund 13, ✆ 952 224803, ✉ 952 212416, www.hotel-sur.com.

** Hotel Carlos V. (36), in sehr zentraler Lage zwischen Kathedrale und Alcazaba, an einer verkehrsberuhigten Straße gelegen; Autozufahrt für Gäste möglich. Komplett renoviert (wurde auch Zeit), Zimmer etwas hellhörig, aber sonst in Ordnung. In dieser Katagorie eine Empfehlung, insbesondere für Autofahrer: eigene Garage (wie üblich gegen Gebühr) ganz in der Nähe. DZ nach Saison etwa 60–70 €. Calle Císter 6, ✆ 952 215120, ✉ 952 215129, www.hotel-carlosvmalaga.com.

392 Provinz Málaga

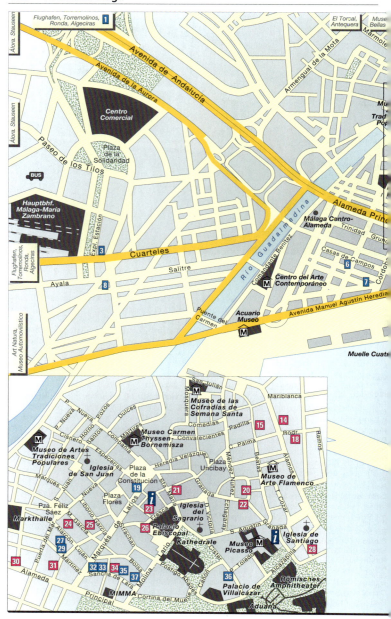

Málaga 393

ssen & Trinken
Rest. Vegetariano Cañadu
Rest. Café de Paris
Rest. Vino Mio
Bar El Beato
Rest. El Tintero II
Rest. Adolfo
El Tapeo de Cervantes
Bar-Rest. Clandestino
Casa del Piyayo
Bar Orellana
Bodegas Quitapenas (Filiale)
Bar Mesón Lo Güeno
Gastrobar La Moraga
Rest. El Vegetariano de la Alcazabilla
Antigua Casa de Guardia
Marisquerias Freidurias Calle Comisario
Rest. Los Mezillos

Übernachten
1 Jugendherberge
3 Hotel Las Américas
4 Hotel Sur
5 Hotel Castilla
6 Hotel Room Mate Lola
7 Pensión Hostal El Cenachero
8 Hotel Don Paco
9 Parador Málaga-Gibralfaro
10 Hotel La Chancla
11 Pensión Hostal Pedregalejo
13 Hotel California
19 Hotel Room Mate Larios
27 Pensión Hostal Juanita
29 Pensión Hostal La Palma
32 Hostal Larios
33 Pensión Hostal Victoria
35 Hotel Don Curro
36 Hotel Carlos V.
37 Hotel Molina Lario

Malaga
100 m

Provinz **Málaga**
Karte S. 370/371

394 Provinz Málaga

* Hotel Castilla (5), nur ein paar Schritte von der Alameda, mit Cafetería. Wie alle Quartiere in diesem Gebiet nicht ganz leise, dafür sehr gut in Schuss (Klimaanlage etc.) und mit exzellentem Preis-Leistungs-Verhältnis. Nachts parken Gäste in der Tiefgarage an der Plaza Marina verbilligt. DZ ab 55 €, an Ostern, im August und im Dezember bis 70 €. Calle Córdoba 7, ✆/☏ 952 218635, www.hotelcastillaguerrero.com.

* Hostal Larios (32), in zentraler Lage. Ordentliche Zimmer (TV, Klima) und Bäder, diejenigen mit Bad sind größer und liegen zur Fußgängerzone hin, die ohne Bad nach innen. Nachts parken Gäste in der Tiefgarage an der Plaza Marina verbilligt. DZ je nach Saison und Ausstattung (ohne/mit Bad) etwa 45–65 €. C. Marqués de Larios 9, ✆ 952 225490, www.hostallarios.com.

Pensión Hostal Victoria (33), gleich um die Ecke, ein Lesertipp von André Joho, auch von anderen Lesern gelobt: „Im Zentrum; Zimmer klein, aber mit Du/WC, außerdem mit Fernseher und Telefon". DZ/Bad etwa 55 €, im August 65 €, zur Karwoche 110 €. Calle Sancha de Lara 3, ✆ 952 224223, ☏ 952 224224, pq@hostalvictoria.net.

Pensión Hostal El Cenachero (7), meerwärts der Alameda. Zwar schlicht, aber freundlich, sauber und gepflegt sowie einigermaßen ruhig gelegen. DZ/Bad etwa 50–60 €. Calle Barroso 5, in einer Seitenstraße der Calle Córdoba, ✆ 952 224088.

Pensión Hostal Juanita (27), zentral und relativ ruhig gelegen, eine ausgezeichnet in Schuss gehaltene und auch mehrfach von Lesern gelobte Pension, die sich über zwei Stockwerke erstreckt. Engagierte Leitung. DZ/Bad etwa 45–55 €, ohne Bad 40–50 €. Auch Drei- und Vierbettzimmer. Calle Alarcón Luján 8, ✆ 952 213586, www.pensionjuanita.es.

Pension Hostal La Palma (29), eine Straße weiter. Unterschiedliche Zimmer auf zwei Stockwerken; die Räume im dritten Stock sind die jüngeren und besseren, besitzen eigenes Bad und sogar Klimaanlage, während der vierte Stock (Dachterrasse) mehr unter die Rubrik „Travellerquartier" fällt. DZ kosten je nach Ausstattung und Saison um die 30–50 €. Calle Martínez 7, 1.Stock, ✆ 952 226772, www.hostallapalma.es.

● *Nähe Bahnhof und Busbahnhof* ***** Hotel Don Paco (8)**, nur ein kleines Stück südlich vom Bahnhof. Komfortable Zimmer mit TV und großen Bädern, Klimaanlage, nettes Personal. Schallschutzfenster sorgen für relative Ruhe. Weite Preisspanne,

je nach Saison: DZ etwa 60–150 €. Calle Salitre 53, ✆ 952 319008, ☏ 952 319062, www.hotel-donpaco.com.

* Hotel Las Américas (3), direkt gegenüber dem Bahnhof. Relativ kleine Zimmer mit (nur sporadisch aktiver) Klimaanlage, TV und Telefon; Cafeteria mit Sonnenterrasse. Freundliches Management. DZ etwa 35–60 €, zu Festterminen 100 €. Calle Cuarteles 62, ✆ 952 319374, ☏ 952 318935 , www.hotel-lasamericas.es.

● *Richtung Pedregalejo* ***** Hotel La Chancla (10)**, hübsches kleines Hotel im östlichen Strandvorort Pedregalejo, das ehemalige Hotel Cohiba. In erster Reihe direkt an der Promenade gelegen, vor allem die an sich natürlich vorzuziehenden Zimmer zum Meer hin (die Mehrzahl) sind an Wochenenden und im Sommer deshalb nicht gerade ruhig. Nur neun Zimmer, in netten Farben und komfortabel eingerichtet, Dachterrasse mit Whirlpool und Sauna. Eine beliebte Szene-Bar ist angeschlossen. DZ/F etwa 95–140 €; es gibt auch Junior-Suiten. Paseo Marítimo El Pedregal 64, ✆ 952 206900, www.lachanclahotel.com.

** Hotel California (13), nur ein kleines Stück außerhalb des Zentrums in Richtung Pedregalejo, nicht weit hinter der Stierkampfarena. Ein Lesertipp von Christiane Spiegelhalder: „Sehr hübsches und freundliches Hotel. Man läuft ca. zehn Minuten zum Meer, ca. 20–25 Minuten zur Kathedrale.". DZ etwa 75–90 €, es gibt auch Superiorzimmer. Paseo de Sancha 17, ✆ 952 215165, ☏ 952 226886, www.hotelcalifornianet.com.

** Pensión Hostal Pedregalejo (11), in Pedregalejo, noch jenseits der Avenida Juan Sebastián Elcano, ein Stück landeinwärts der Küste beim Flussbett Arroyo Jaboneros. 1999 eröffnete, recht hübsche Pension. Gut ausgestattete Zimmer mit TV, diejenigen zur Straße aber nicht ganz leise. DZ/Bad etwa 45–80 €. Calle Conde de las Navas 9, ✆ 952 293218, www.hoteleshijano.com.

● *Jugendherberge* **Albergue Juvenil Málaga (1)**, (IYHF), ziemlich weitab vom Schuss; nordwestlich des Zentrums, oberhalb der Avenida Andalucía. Zu erreichen mit Bus Nr. 14 ab Paseo del Parque. Ganzjährig geöffnet. Plaza Pio XII. 6, ✆ 952 308500.

● *Außerhalb der Stadt* Interessant vor allem als erste oder letzte Übernachtung für Mietwagenfahrer, die ihr Auto am Airport übernehmen oder abgeben. Eine Alternative zu den genannten Hotels können auch die Quartiere von Antequera sein, das eben-

Málaga 395

falls recht verkehrsgünstig liegt, siehe dort.
**** Hotel Tryp Guadalmar, ein Lesertipp von Diane und Horst Hohn: „Nur 5 Autominuten vom Flugplatz, direkt am Strand, mit Pool und Restaurant. Teures Hotelrestaurant, in der Nähe eine Pizzeria." Andere Leser empfahlen die Strandbar direkt vor dem Haus. Komfortables Kettenhotel, der Gruppe Sol Meliá angeschlossen, Busverbindung nach Málaga. Gelegentlich Fluglärm. DZ etwa 170 €, zur NS günstiger. Urbanización Guadalmar, Carretera Cádiz km 238, Moby Dick 2, etwa acht Kilometer südwestlich von Málaga, noch vor dem Parador de Golf, ✆ 952 231703, 📠 952 240385, www.solmelia.com.

** Hotel Club El Mirador, in der Umgebung des Städtchens Alhaurín el Grande, rund 20 km westlich des Flughafens, Anfahrt über die A 366. Für Sportler dank zahlreicher Einrichtungen (großer Pool, Sauna, Tennisplätze, Fitnessraum etc.) vielleicht sogar einen längeren Aufenthalt wert. DZ etwa 75–90 €. Carretera Málaga–Alhaurín, km 73,8, ✆ 952 490789, 📠 952 595029, www.hotelel mirador.net.
● *Camping* Die stadtnächsten Campingplätze liegen weit entfernt bei Torremolinos und im Gebiet von Almayate Bajo und Torre del Mar, wobei die beiden ganzjährig geöffneten Plätze von Torre del Mar (siehe dort) keine schlechte Wahl sind.

Essen (siehe Karte S. 392/393)

Besonders schön sitzt man in den Lokalen an der Strandpromenade im Vorort Pedregalejo. Málagas Hauptspezialität ist ebenso einfach wie köstlich, nämlich frittierter Fisch *pescaíto frito* und ebensolche Meeresfrüchte. Als Vorspeise darf es vielleicht ein *ajoblanco* sein, die kalte Suppe aus Knoblauch, Mandeln und Trauben. Als Abschluss dann ein Gläschen des berühmten *Málaga-Weins*: Der süße und mit einem Alkoholgehalt von rund 16 Volumenprozent recht kräftige Dessertwein wird aus getrockneten Trauben hergestellt und ist als D.O. herkunftsgeschützt.

● *Zentrum* **El Tapeo de Cervantes (18)**, beim Teatro Cervantes, nicht weit von der Plaza del Merced; mithin etwas abseits der Rennstrecken, aber doch recht zentral. Kleines Lokal, freundlich geführt von einem argentinischen Paar. Exquisite Tapas „traditioneller und weniger traditioneller" Art (so die Karte), mittags auch ein ordentliches Menü. Hervorragendes Preis-Leistungs-Verhältnis, deswegen sehr beliebt und stets gut besucht, Reservierung ratsam. Calle Cárcer 8, ✆ 952 609458.
Restaurante Vino Mio (14), gleich um die Ecke. Relativ großes, hübsch eingerichtetes Restaurant mit internationaler Küche in vielen Variationen: Wok-Gerichte, vegetarische Optionen, ausgefeilte Desserts, aber auch Tapas etc. Hauptgerichte etwa 15–20 €, Mittagsmenü 9,50 €. Häufig finden Jazz- und Flamenco-Veranstaltungen statt, dies zu für Spanien ungewöhnlich frühen (eben „touristenfreundlichen") Zeiten. Freundlicher Service. Calle Álamos 11, ✆ 952 609093.
Restaurante Los Mellizos (34), für Liebhaber von Fisch und Meeresfrüchten. Betrieben von einer Gastronomenfamilie, die in Benalmádena und Torremolinos schon lange mehrere Fischlokale besitzt und zudem die halbe Küste mit Frischfisch beliefert – an der Qualität dürfte also kein Zweifel bestehen. Nicht ganz billig, aber sein Geld

wert. Calle Sancha de Lara 7, ✆ 952 220315.
Gastrobar La Moraga (26), im Gebiet etwa zwischen Kathedrale und Plaza Constitución. Eines der an Zahl stetig zunehmenden Lokale (weitere sind z.B. in Puerto Banús, im neuen Flughafengebäude und sogar im Corte Inglés zu finden) des vielbeschäftigten Sternekochs Dani García. Modernes Interieur, im Angebot innovative Tapas auf traditioneller Basis. Die Preise sind gehoben, bleiben aber im Rahmen. Calle Fresca 12, Ecke Moreno Moroy.
Casa del Piyayo (22), nicht weit von der Plaza Constitución. Ein stets beliebter Klassiker, vor wenigen Jahren komplett umgebaut und modernisiert. Feine Tapas, Tische auch im Freien. Im Umfeld noch weitere Bars. Calle Granada 36.
Bar-Rest. Clandestino (20), ebenfalls in diesem Gebiet, wenn auch etwas versteckt. Ein nettes und gemütliches Lokal mit jungem und kosmopolitischem Publikum; die gute, international geprägte Küche (Salate, Nudelgerichte etc.) arbeitet bis in die Nacht. Mittlere Preise, günstiges Mittagsmenü à 9 €, prima Cocktails. Calle Niño de Guevarava 3.
Bar-Rest. Mesón Lo Güeno (25), ein Dauerbrenner Málagas, gegründet 1967 und bekannt für seine hervorragenden Tapas. Gehobenes Preisniveau (Combinado de Tapas

Provinz Málaga
Karte S. 370/371

In Pedregalejo ganz normal: Fischerboot als Sardinengrill

11 €), aber dank ungewöhnlicher Kreationen das Geld wert. Calle Marín García 9.

Bar Orellana (24), ebenfalls eine berühmte und beliebte Tapa-Adresse, mit einer Tradition, die bis 1937 zurückreicht. Gefragteste Tapas hier sind die mit Fleisch und Geräuchertem belegten „Ligeritos". Calle Moreno Monroy 5.

Bodegas Quitapenas (21), unweit der Plaza Constitución. Zwei beliebte Bars der gleichnamigen Weinkellerei, nur wenige Meter voneinander entfernt. Durchs Fenster werden feine Fischtapas serviert, aufgestellte Fässer dienen als Theke. Calle Sánchez Pastor 2. Westlich der Plaza Constitución liegt in der Calle Marín García eine in Angebot und Serviereise identische **Filiale (24)**.

Bar El Beato (15), in der Nightlife-Gasse Calle Beatas. Beim „Seligen" gibt es recht preiswerte Tapas an Tischen im Freien. Junges Publikum, oft sehr gut besucht. Calle Beatas 3.

Restaurante Vegetariano Cañadu (2), ein gemütliches vegetarisches Restaurant unweit von Picassos Geburtshaus. Kreative Küche, von Lesern gelobt und nicht teuer; günstiges Mittagsmenü. Gleichzeitig Teestube. Plaza de la Merced 21.

Rest. El Vegetariano de la Alcazabilla (28), ein weiteres vegetarisches Restaurant. Tische im Freien in einer kleinen Seitengasse der Fußgängerzone Calle Alcazabilla, in der es auch einige nette Bars gibt. Mittagsmenü etwa 7,50 €, Hauptgerichte 10–12 €. Calle Pozo del Rey s/n.

> **Antigua Casa de Guardia (30)**, ganz in der Nähe der Calle Comisario, beliebt bei alt und jung und dank ihrer nostalgischen Einrichtung eine Sehenswürdigkeit für sich – nicht versäumen! Die älteste Bar der Stadt, gegründet 1840 und der Legende zufolge schon von Königin Isabel II. besucht. Mittags herrscht viel Betrieb, abends wird schon relativ früh geschlossen. Muschel-Tapas im Stehen, vor allem aber günstiger Málaga-Wein vom Fass in vielen Variationen. Alameda Principal 18, Ecke Calle Pastora.

Marisquerías Freidurías Calle Comisario (31): In der engen Calle Comisario, einem kurzen Seitengässchen der Alameda Principal, liegen gleich drei bodenständige Lokale, die auf Meeresgetier spezialisiert sind. Dabei ist es völlig einerlei, bei welchem man Platz nimmt, denn alle drei gehören zusammen. Mittleres Preisniveau.

● *La Malagueta* Auch das Viertel zwischen der Stierkampfarena und dem Meer besitzt zahlreiche Lokale, beliebt besonders am Wochenende.

Málaga 397

Restaurante Café de Paris (12), derzeit unwidersprochen eines der Top-Restaurants Málagas, geschmückt mit einem Michelinstern. Chef José Carlos García interpretiert die lokale und regionale Küche in der phantasievollen Art der (sonst meist weiter nördlich beheimateten) neuen spanischen Küche; viel gerühmt zum Beispiel sein „ajoblanco". Degustationsmenü etwa 75 €, à la carte ähnliches Preisniveau. Calle Vélez–Málaga 8, ☎ 952 225043. So und Mo-Abend, über Ostern sowie in der zweiten Julihälfte geschlossen. Sobald der Hafenausbau abgeschlossen ist (eventuell schon bald nach Erscheinen dieser Auflage), wird das Lokal umziehen, nämlich in den Restaurantbereich der Muelle Uno.

Restaurante Adolfo (17), nicht ganz dieselbe Liga, aber trotzdem eines der gehobeneren Restaurants Málagas. Für ein komplettes Menü à la carte muss man ab etwa 40 € rechnen, erhält dann aber wirklich etwas für sein Geld. Paseo Marítimo Pablo Picasso 12, ☎ 952 601914. Sonntags sowie in den ersten drei Juniwochen geschlossen.

● *Pedregalejo/El Palo* Der östliche Vorortbereich Pedregalejo, etwa drei Kilometer vom Zentrum entfernt, ist die beliebteste Adresse für maritime Genüsse, seien sie nun frittiert, gegrillt oder am Spieß („espeto", speziell für Sardinen) über der Glut gebraten. Entlang der kilometerlangen, auch für Spaziergänge netten Strandpromenade locken Dutzende preisgünstige bis noble Lokale. Die Zone reicht bis zum nächsten Vorortviertel El Palo, zu erreichen jeweils mit Bus Nr. 11. Einzelne Restaurants herauszugreifen, ist angesichts der Auswahl eigentlich unnötig, siehe aber unten die vielleicht bekannteste Adresse. Wichtig in jedem Fall, dass nur im Sommer echtes Leben herrscht, sonst allenfalls am Wochenende.

Restaurante El Tintero II (16), ein großes Fischrestaurant ganz hinten in El Palo. Am schönsten in einer Gruppe und bei vollem Betrieb, wenn die Kellner mit Platten voll frischer Ware herumgehen und ihr Angebot ausrufen – wer etwas bestimmtes möchte, meldet sich ebenso lautstark (mit den Namen der Fische und Meeresfrüchte sollte man sich natürlich etwas auskennen). El Palo s/n, mit Bus Nr. 11 solange fahren, bis er landeinwärts abbiegt, dann der Küste nach Osten folgen.

Nachtleben/Kneipen/Cafés

Im Sommer zieht es die Jugend hinaus zum Sporthafen von Benalmádena Costa, im Gebiet zwischen Torremolinos und Fuengirola. Ebenso beliebt sind Pedregalejo und das Gebiet von Malagueta nahe der Arena. Aber auch Málagas Innenstadt ist wieder aktuell. Treffpunkte sind vor allem Music-Pubs, Discos eher selten (eine der Ausnahmen: Discoteca Andén, Plaza Uncibay 8). Wichtigstes Viertel ist das Gebiet nördlich der Kathedrale, etwa zwischen der Calle Granada und der Plaza San Pedro de Alcántara, Schwerpunkte die Calle Beatas und die Plaza Uncibay.

ZZ Pub, Studenten-Hangout in einer westlichen Parallelstraße zur oberen Calle Beatas. Klassische Rockmusik, häufig live, feste Termine dafür sind Mo und Do. Calle Tejón y Rodríguez 6.

Zeppelin, ebenfalls eine gute Adresse für Rock („Si el Rock es tu música el Zeppelin es tu bar"), auch hier oft Konzerte. Ganz oben in der Calle Beatas auf Nummer 3.

Level, auch in diesem Gebiet, ein kleiner Club, der mit moderner elektronischer Musik seit Jahren eine feste Größe im Nachtleben Málagas ist. Calle Beatas 12.

Trifásico, in der Nachbarschaft, eine schicke Cocktailbar mit Livekonzerten und DJs. Calle Beatas 9.

El Pimpi, nahe Museo Picasso. Sympathische und traditionsreiche Bar mit jungem Publikum. Labyrinthisches Inneres, viele kleine Räume und zahlreiche Fotos der Berühmtheiten, die hier schon zu Besuch waren, nach hinten eine Terrasse. Ein angenehmes Plätzchen für ein, zwei Gläschen Málaga. Calle Granada 62.

Teterías, arabische Teestuben, finden sich z. B. in der Calle San Agustín („La Tetería" auf Hausnummer 9) oder der Calle Andrés Pérez („El Harén" auf Nummer 3).

Café con Libros, wie der Name schon sagt: Ein gemütliches „Café mit Büchern" (und Zeitschriften). Früher in der Calle Granada, jetzt an der Plaza de la Merced 19.

El Jardín, Cafeteria mit Jugendstilanklängen und gemischtem Publikum, günstig für die Pause auf Besichtigungstour. Das Essen ist einer Leserzuschrift zufolge weniger zu empfehlen. Calle Cister, bei der Kathedrale.

Café Central, an der Plaza Constitución. Historisch interessante Ausstattung, viele alte Fotos von Málaga und vom Café selbst. Sitzplätze auch im Freien, nett besonders am Abend.

Provinz Málaga
Karte S. 370/371

398 Provinz Málaga

Einkaufen

Calle Marqués de Lários, die Haupteinkaufsstraße und das Herz des Shopping-Bezirks von Málaga. Hier und in den Seitenstraßen finden sich vor allem Modeboutiquen.
Lebensmittel in Riesenauswahl in der restaurierten, auch architektonisch sehr reizvollen „neomaurischen" Markthalle Mercado Atarazanas (19. Jh.), wenige Blocks nördlich der Alameda Principal an der Calle Atarazanas gelegen, nur vormittags von Mo–Sa geöffnet.
Kaufhaus Corte Inglés an der Avenida Andalucía, von der Alameda Principal jenseits der Flussbrücke.
Centro Comercial Larios, noch ein Einkaufszentrum mit gleich 125 Geschäften, Kinos, Bars etc. Plaza de la Solidaridad, nicht weit vom Busbahnhof. Wer schon in de¯

Ecke ist: Der neue Hauptbahnhof besitzt ein großes „Vialia"-Einkaufszentrum.
Centro Comercial Málaga Plaza, großes Shopping-Center mit rund 50 Geschäften, die vorwiegend Edelmarken vertreiben. Armengual de la Mota 12, oberhalb der Avenida Andalucía.
Landkarten: Mapas y Compañía, ein Spezialgeschäft mit guter Auswahl an Landkarten und Reiseliteratur. Calle Compañía 33, im Gebiet westlich der Plaza Constitución, www.mapasycia.es.
Flamenco: Flamenca, CDs, Bücher sowie Ausstellungen und Infos über aktuelle Aufführungen zum Thema. Calle Pasillo Santa Isabel 5, am westlichen Altstadtrand, Ecke C. Cisneros; www.flamenka.com.

Feste und Veranstaltungen/Baden

Carnaval, der Karneval oder Fasching, wird in Málaga kräftig gefeiert, es gibt zahlreiche Preise für die Gruppen mit den schönsten Kostümierungen.
Semana Santa, die Karwoche mit berühmten Prozessionen. Zwischen Palm- und Ostersonntag ziehen die 37 meist in blau gekleideten Bruderschaften „cofradías" durch die Stadt und tragen dabei insgesamt 70 große, in Málaga „tronos" genannte Standbilder. Diese „wandelnden Kathedralen" sind die größten Standbilder ganz Spaniens, der fünf Tonnen schwere Thron der hoch verehrten „Esperanza Perchela" z. B. muss von 260 Personen, den so genannten „Pharaonen", getragen werden. Seit einigen Jahren sind übrigens auch Frauen als Mitglied der Bruderschaften zugelassen. Insgesamt finden 40 Prozessionen statt, von denen manche bis zu zehn Stunden dauern; Höhepunkt ist der Karfreitag.
Festival de Cine, 1998 begründetes, großes Kinofestival an etwa sieben bis neun Tagen im März/April. www.festivaldemalaga.com.
Costa Pop, der ehemalige „World Dance Costa del Sol", an einem Samstag gegen Ende Mai, Anfang Juni. Spaniens größte Dance-Party, 1995 vom Radiosender „40 Principales" gegründet. Im Fußballstadion Estadio de la Rosaleda versammeln sich Zehntausende von Besuchern, getanzt wird bis zum Morgen. Spitzen-DJs, Top-Sound.
Fiesta de Virgen del Carmen, 16. Juli. Morgens Messe, abends im Hafen Meeresprozession der Madonna mit großem Feuerwerk.

Feria de Málaga, zweiter Samstag bis dritter Sonntag im August; zur Erinnerung an die Rückeroberung der Stadt durch die „Katholischen Könige". Das Hauptfest Málagas, viele Kneipen sind rund um die Uhr geöffnet, im Stadtzentrum und auf dem Festgelände in Teatinos finden tägliche Umzüge geschmückter Kutschen statt. Riesenprogramm Tag und Nacht – erlebenswert.
Fiesta de la Vendimia, das Fest der Weinlese, am ersten Sonntag im September. Parade der Giganten und „Großköpfe", Kostümwettbewerb etc.
● *Corridas* Málagas **Plaza de Toros**, die meerwärts der Festung Gibralfaro gelegene Arena, ist von Hochhäusern umzingelt und deshalb als skurriles Fotomotiv beliebt, gilt unter Aficionados aber auch als gute Adresse für hochrangigen Stierkampf. Zu den Festzeiten, besonders zur Feria, gastieren spanienweit berühmte Toreros.
● *Baden* Die **Playas La Malagueta** liegen gleich südöstlich der Stierkampfarena, eignen sich wegen der starken Wasserverschmutzung im Stadtbereich allerdings wohl eher zum Sonnenbaden.
Baños del Carmen: Das Gelände beim ehemaligen Campingplatz, kurz vor Pedregalejo, soll restauriert werden und dabei auch einen 500 Meter langen Strand erhalten. Die **Playa Acacias** des Vororts Pedregalejo, zu erreichen mit Bus Nr. 11, gilt von der Wasserqualität her als die bessere Alternative zu den Playas La Malagueta.

Málaga/Sehenswertes 399

Sehenswertes

Trotz der zahlreichen Museen liegt der Reiz Málagas eher in der südländischen Vitalität der Stadt als in besonders hochklassigen Sehenswürdigkeiten. Glanzlichter sind auf jeden Fall das Picasso-Museum und die maurische Palastburg Alcazaba und das neue Museo Carmen Thyssen-Bornemisza.

Alameda Principal: Die baumbestandene, stets belebte Hauptschlagader Málagas erstickt fast im Straßenverkehr und ist Haltestelle zahlloser Busse. Von hier führt die breite Einkaufsstraße Calle Marqués de Larios ins Zentrum.

Museo Interactivo de la Música (MIMMA): Ganz leicht zu übersehen ist dieses interaktive Museum der Musikgeschichte, liegt sein Eingang doch unterirdisch im Norden der Plaza Marina, die die Alameda Principal mit dem Paseo del Parque verbindet; der Zugang ist identisch mit einem der Eingänge zur Tiefgarage. Rund 300 Blas-, Saiten- und Schlaginstrumente aus fünf Kontinenten und allen Epochen umfasst die private Ausstellung. Viele dürfen unter dem Motto „Bitte anfassen" gespielt werden, und damit es keine Kakophonie gibt, lassen sich die Ergebnisse über Kopfhörer anhören. Leider sind die Erklärungen nur in Spanisch und gelegentlich auch in Englisch gehalten, den wahren Musikfreund wird das aber wohl nicht abhalten.
Öffnungszeiten Mo–Fr 10–14, 16–20 Uhr, Sa/So 11–13, 16.30–20.30 Uhr; Eintrittsgebühr 3 €.

Paseo del Parque: Der langgezogene Palmenboulevard, der das Stadtzentrum vom Hafen trennt, wurde erst Anfang des 20. Jh. angelegt und vor wenigen Jahren komplett restauriert. Mit seinem üppig tropisch wuchernden Grün ist er ein idealer Platz für einen geruhsamen Spaziergang, bei dem man nicht versäumen sollte, einen Blick auf die Statuen im Park zu werfen, von denen manche volkstümliche Charaktere aus der Stadtgeschichte Málagas zeigen. Eine ist den „Biznagueros" gewidmet, den Verkäufern duftender Jasminstängel (Biznagas), wie sie gelegentlich noch an der Restaurantpromenade von Pedregalejo unterwegs sind. Beachtenswert auch die historischen Gebäude, die den Paseo nach Norden säumen, darunter das 1922 in spanischem Jugendstil errichtete Rathaus *Ayuntamiento*.

Aduana (Museo de Bellas Artes/Museo Arqueológico): Am Paseo del Parque steht auch das neoklassizistische Zollgebäude *Aduana* aus dem 18. Jh. Künftig soll es das Museum der Schönen Künste beherbergen, dessen Fundus Arbeiten von Alonso Cano, Murillo, Ribera, Zurbarán, Picassos Lehrer Muñoz Degrain und des Meisters selbst umfasst, wahrscheinlich auch das Archäologische Museum der Stadt.

Museo del Patrimonio Municipal: Noch etwas weiter östlich, in der Nähe vom Ausgang des Alcazaba-Straßentunnels, ist in einem großen Prestigebau mit Glasfassade das „Museum des städtischen Kulturguts" untergebracht, auch kurz MUPAM genannt. Die Kunstausstellung kann auf mehr als 4000 Objekte zurückgreifen, deren bedeutendste auf drei Stockwerken in chronologischer Folge gezeigt werden. Der erste Stock (Sala I) befasst sich mit dem 15.–18. Jh., der zweite (Sala II) mit dem 19. Jh., im dritten (Sala III) Stock, der dem 20. Jh. gewidmet ist, sind u.a. auch Keramiken von Picasso zu sehen. Am Eingang des Museums (in dem sich oft mehr Angestellte als Besucher aufzuhalten scheinen), sind englischsprachige Broschüren zu den einzelnen Abteilungen erhältlich.
Öffnungszeiten Di–So 10–15, 17–21 Uhr (Winter bis 20 Uhr), Eintritt frei.

Catedral: Errichtet an Stelle einer maurischen Moschee, prunkt Málagas Kathedrale vor allem mit schierer Größe. Ihr Innenraum misst mächtige 117 Meter

Provinz Málaga
Karte S. 370/371

Länge, 72 Meter Breite und 48 Meter Höhe. Vom 16. bis ins 18. Jh. wurde an der gewaltigen Renaissancekirche mit gotischen und barocken Einsprengseln gebaut. Fertiggestellt ist sie bis heute nicht, der südliche Turm blieb unvollendet; der Volksmund nennt sie deshalb auch *La Manquita*, „Die, der etwas fehlt". Im Inneren lohnt neben den vielen Seitenkapellen besonders der schöne Chor einen Blick, an dessen fein geschnitztem Gestühl ab 1592 fast 50 Jahre lang gearbeitet wurde. Angeschlossen ist das Museo Catedralicio, das in zwei Räumen der Sala Capitular untergebracht ist und die Schätze des Gotteshauses zeigt. Ein Kreuzgang führt zur benachbarten *Iglesia del Sagrario*.
Öffnungszeiten Mo–Fr 10–18 Uhr, Sa 10–17 Uhr; Eintrittsgebühr inklusive Museum 5 €.

Palacio Epsicopal: Gegenüber der Kathedrale steht das ehemalige Erzbischöfliche Palais, das im Lauf der Jahrhunderte zahlreiche Umbauten erfuhr und sich deshalb in einem Gemisch verschiedener Stile präsentiert.

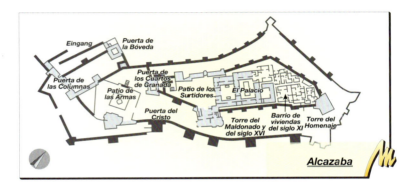

Alcazaba

Die Residenz der maurischen Herrscher entstand auf einer Anhöhe über dem Meer, auf der schon die Römer eine Burg errichtet hatten.

Hier oben, in perfekter Position zur Kontrolle des Hafens und der Küste, ließ Granadas König Badis zwischen 1040 und 1065 eine bestehende Maurenfestung verstärken und im Inneren mit einem herrlichen Königspalast versehen, der von prächtiger Gärten umgeben war. Der Ausbau fiel so umfangreich aus, dass Badis heute als der eigentliche Erbauer der Alcazaba angesehen wird. In erster Linie diente die Anlage, mit einem damals noch dreifachen Mauerring verstärkt, sicher militärischen Zwecken, doch war sie gleichzeitig eben auch ein Palast, soll von ähnlichem Glanz gewesen sein wie die Alhambra und darf sogar als deren Vorbild gelten. Ihre heutige Form erhielt die Alcazaba nach weiteren erheblichen Erweiterungen und Umbauten unter den Nasridenkönigen des 14. Jahrhunderts.

Nach der christlichen Eroberung Málagas fungierte die Alcazaba zunächst viele Jahrhunderte lang weiterhin als Festung, bis sie im 19. Jh. von den Truppen verlassen wurde. Danach siedelten sich entlang der Mauern arme Familien an, bewohnten sogar die Türme. Erst im frühen 20. Jh. erkannte man den historischen Wert der Alcazaba, riss das Wohnviertel ab und begann mit einer ersten Restaurierung;

Málaga/Sehenswertes

keine leichte Aufgabe, da die Festung aus einem wenig beständigen Kalkstein errichtet wurde und große Schäden aufwies. 1931 wurde die Alcazaba zum Nationalmonument erklärt.

Der Hauptzugang zur Alcazaba erfolgt von der Calle Alcazabilla, meerwärts der Plaza de la Merced (es gibt jedoch auch einen Aufzug, siehe unten). Der Aufstieg führt vorbei an einem restaurierten *Römischen Amphitheater*, das erst 1951 wiederentdeckt wurde. Man betritt die Festung durch das „Gewölbetor" Puerta de la Bóveda, das zur besseren Verteidigung in der typischen Zickzackform angelegt ist, gefolgt vom „Tor der Säulen" (Puerta de las Columnas), in dem auch wirklich römische Architekturfragmente des Amphiteaters verbaut wurden. Durch ein weiteres Tor im Turm Torre de Cristo, lange Zeit als Kapelle genutzt, geht es in den so genannten „Ersten ummauerten Bereich", *Primer Recinto Amurallado*, auch als „Unterer Bereich" (Recinto Inferior) bezeichnet. Sein Kernstück ist der Waffenhof Patio de las Armas, heute ein Garten.

Der zweite ummauerte Bereich, *Segundo Recinto Amurallado* oder Recinto Superior (Oberer Bereich), wird vom ersten Mauergürtel völlig umschlossen

Restauriert: Teatro Romano

und bildet das Herz der Alcazaba. Auch er ist der Geländestruktur gut angepasst und stark befestigt, im Osten mit dem teilweise zerstörten „Ehrenturm" Torre de Homenaje, im Westen mit dem restaurierten Tor Puerta de los Quartos de Granada. Durch letzteres gelangt man in das Innere dieses Bereichs, zum so genannten Patio de los Surtidores, zum Doppelturm Torre del Maldonado y del Siglo XVI. und zum Königspalast *El Palacio*. Er bestand aus drei aufeinander folgenden Patios und soll künftig ein Museum beherbergen, das sich als *Museo Nazarí* der Nasridenkunst widmen wird. Im Osten des Palasts schließt sich ein ehemaliges Wohnviertel der Bediensteten an, das *Barrio de viviendas del siglo XI*.

Öffnungszeiten April bis Oktober Di–So 9.30–20 Uhr, sonst Di–So 8.30–19 Uhr. Eintrittsgebühr etwa 2 €, Kombiticket mit Gibralfaro 3,20 €; So ab 14 Uhr Eintritt frei. Der Aufzug nahe Rathaus Ayuntamiento ist inklusive.

Castillo del Gibralfaro: Schon zu Zeiten der Phönizier stand hier oben eine Burg oder zumindest ein Leuchtturm, bedeutet der arabisch-griechische Name „Gibralfaro" doch Berg des Leuchtturms. Die mächtige Festung, die heute zu sehen und mit der Alcazaba durch den „Coracha" genannten Wehrgang verbunden ist, geht jedoch auf die maurische Regentschaft Yusuf I. im 14. Jh. zurück. Nötig wurde die

Anlage der wuchtigen Mauern und Türme auf dem 130 Meter hohen Hügel durch den verstärkten Einsatz von Artillerie zu jener Zeit: Die tiefer gelegene Alcazaba wäre von hier aus ein allzu leichtes Ziel feindlicher Geschütze gewesen. In unseren friedlicheren Zeiten sorgt die Höhenlage für eine fulminante Aussicht, die Gebäude jedoch sind teilweise zerstört. Der verbliebene Rest wurde erst vor wenigen Jahren restauriert und beherbergt im ehemaligen Pulvermagazin ein *Interpretationszentrum*, das sich der Militärgeschichte des Kastells der Jahre 1487 bis 1925 widmet und auch ein Modell von Gibralfaro, Alcazaba und Stadt zeigt.

Die Anfahrt mit dem Auto erfolgt von Norden über die Calle Victoria, Bus Nr. 35 fährt ab der Alameda und dem Paseo del Parque, legt aber zur Siesta eine Pause ein. Eine Alternative könnte der Aufstieg über einen Fußweg (siehe aber unten) sein, der die Alcazaba hart links liegenlässt; von hier aus genießt man auch den berühmten Fotoblick auf die *Plaza de Toros*, die von Hochhäusern umzingelte, 1874 errichtete Stierkampfarena, in der schon der junge Picasso gelegentlicher Gast war.

● *Öffnungszeiten* Täglich, von April bis Oktober 9.30–20 Uhr, sonst 9–17.45 Uhr; im Interpretationszentrum findet zu jeder vollen Stunde eine zehnminütige Multimedia-Schau statt. Eintritt 2,10 €, Kombiticket mit Alcazaba etwa 3,50 €, So ab 14 Uhr gratis.
Achtung, leider kommt es auf dem Fußweg zum Gibralfaro auch tagsüber immer wieder zu räuberischen Überfällen auf Urlauber! Solange sich diese Situation nicht ändert, sollte man den Aufstieg vorsichtshalber nur in der Gruppe antreten.

Im Innern fast ein Park: der Gibralfaro

Museo Picasso

Die Eröffnung des lange projektierten Museums am 27. Oktober 2003 war ein besonderer Tag für Málaga. „Picasso kehrt in seine Geburtsstadt zurück", so der Tenor der Zeitungen.

Nach rund einem halben Jahrhundert wurde Picassos Wunsch nach einem eigenen Museum in Málaga doch noch Realität: Bereits Anfang der Fünfziger hatte der Künstler versucht, zur Gründung eines Museums zwei Lastwagenladungen mit Gemälden in seine Heimatstadt zu senden, war jedoch am Widerstand des Franco-Regimes gescheitert, das Picassos Werke als „degeneriert" ablehnte. Sitz des nach Paris und Barcelona dritten großen Picasso-Museums ist der ab 1530 erbaute Grafenpalast Palacio Buenavista in der Calle San Agustín 6, am Rand des ehemaligen Judenviertels von Málaga.

Málaga/Sehenswertes **403**

Insgesamt 204 Werke, die jedoch nicht alle gleichzeitig gezeigt werden können, umfasst der Fundus der ständigen Ausstellung des Museums: Ölgemälde, Zeichnungen, Skulpturen, Stiche, Keramiken ... Ein guter Teil der Sammlung, deren Wert von Sotheby´s auf 176 Millionen Euro geschätzt wird, wurde von Picassos Schwiegertochter Christine Ruiz-Picasso und seinem Enkel Bernard Ruiz-Picasso gestiftet, der Rest von den beiden auf einen Zeitraum von zehn Jahren mit Verlängerungsoption leihweise zur Verfügung gestellt. Obwohl Werke aus früher Jugend eher rar sind (Barcelona hat da weitaus mehr zu bieten), gibt die mehr oder weniger chronologisch angeordnete Ausstellung einen guten Überblick über die verschiedenen Stilrichtungen, Techniken und Materialien, mit denen das Genie im Laufe seines Lebens arbeitete.

Auch die wechselnden Ausstellungen befassen sich mit Picasso, zeigen in der Regel Leihgaben aus Paris, Barcelona und aus dem Familienbesitz. Nicht übersehen werden sollten die archäologischen Funde im Tiefgeschoss, die mit ihrer Entdeckung die Einrichtung des Museums deutlich verzögerten und jetzt präsentabel hergerichtet sind: Phönizische Stadtmauern und die Reste einer römischen Fischfabrik zeigen, auf welch uraltem Siedlungsboden der Palast steht. Erwähnung verdient schließlich auch die hübsche Cafeteria des Museums.

Öffnungszeiten Di–Do/So 10–20 Uhr, Fr/Sa 10–21 Uhr; Eintritt zur permanenten Ausstellung 6 €, zu Wechselausstellungen 4,50 €, kombiniert 8 €. An der Kasse ist gratis eine umfangreiche, deutschsprachige Broschüre erhältlich. www.museopicassomalaga.org.

Málagas großer Sohn: Pablo Picasso

Pablo Ruíz Picasso, 1881 in Málaga als Sohn des Malers und Zeichenlehrers Don José Ruíz Blasco und seiner Frau Doña Maria Picasso y Lopez geboren, war wohl der berühmteste Künstler des 20. Jahrhunderts. Sein überragendes Talent zeigte sich schon in sehr früher Jugend. Nach dem Umzug der Familie ins galicische A Coruña 1891 besuchte Picasso bereits im Alter von zehn Jahren eine Kunstschule. 1895 wurde er an der Kunstakademie von Barcelona aufgenommen und durfte gleich die ersten Klassen überspringen. Ein Jahr später erhielt er als 15-jähriger sein erstes eigenes Atelier. 1901 begann die düster-pessimistische „Blaue Periode", 1905 (nachdem Picasso sich nach mehreren Reisen dorthin dauerhaft in Paris niedergelassen hatte) die fröhlichere „Rosa Periode". 1907 markierte das Bild „Demoiselles d`Avignon" die revolutionäre Wende zum Kubismus. Im Spanischen Bürgerkrieg ergriff Picasso die Partei der Republikaner, 1937 entstand das weltberühmte Monumentalbild „Guernica". Nach dem Aufstieg Francos schwor Picasso, das Land zu dessen Lebzeiten nicht mehr zu betreten – ein Schwur, an den er sich bis zu seinem Tod hielt, auch wenn spanische Motive wie der Stierkampf oder auch Velázquez´ Hofdamen viele seiner Werke prägen. Picasso, zeitlebens ein großer Liebhaber nicht nur der Kunst, sondern auch der Frauenwelt, starb am 8. April 1973.

Casa Natal Picasso: An der Plaza de la Merced 15 steht das Haus, in dem am 25. 10. 1881 Pablo Picasso geboren wurde. Das Gebäude, heute Sitz des Büros der Fundación Picasso, ist seit einigen Jahren der Öffentlichkeit zugänglich. Besucher werden freundlich empfangen und durch die Räume geführt, in denen einige Skulpturen Picassos, Fotografien des Meisters und auch Arbeiten befreundeter Künstler wie

Provinz Málaga
Karte S. 370/371

404 Provinz Málaga

Marc Chagall zu sehen sind. Angeschlossen ist ein Raum, in dem audiovisuelle Vorführungen stattfinden, es gibt auch eine Verkaufsstelle für Poster, Postkarten etc.
Öffnungszeiten Täglich 9.30–20.30 Uhr, an Feiertagen geschlossen, Eintrittsgebühr 1 €.

Museo de Arte Flamenco „Juan Breva": In der Calle Ramón Franquelo 4, einer kleinen Querstraße jenseits der Calle Álamos, liegt dieses ganz neue Flamencomuseum, das erst im Herbst 2008 eröffnete. Außergewöhnlich umfangreich ist sein Fundus, der aus der Sammlung der traditionsreichen, bereits 1958 gegründeten Flamencovereinigung Peña Juan Breva stammt und beispielsweise mehr als 2500 Schallplatten, über 40 Gitarren (manche gut 200 Jahre alt) sowie Plakate, Fotografien, Kostüme und Dokumente umfasst.
Öffnungszeiten: Di-Sa 10.30–14 Uhr, Eintritt frei, eine Spende ist aber erwünscht.

Museo de las Cofradías de Semana Santa: Noch ein neues Museum; es liegt an der Calle Muro de San Julián 2, unweit der parallel verlaufenden Calle Carretería. Untergebracht im ehemaligen Hospital de San Julián, soll es in insgesamt acht Sälen u.a. die Exponate des früheren Museo de Semana Santa zeigen, die die einzelnen Bruderschaften über einen langen Zeitraum hinweg gesammelt haben, darunter natürlich auch die Prozessionsfiguren, die während der Karwoche durch die Stadt getragen werden. Leider ist die Ausstellung, obwohl offiziell bereits eröffnet, nur sehr unregelmäßig zugänglich.

Museo del Vino: Standort des 2008 eröffneten Museums ist der barocke, aus dem 18. Jh. stammende, aber kräftig restaurierte Palacio de Biedmas an der Plaza de los Viñeros (Ex-Plaza Biedmas) jenseits der Calle Carretería. Auf 800 Quadratmetern dreht sich hier alles um die Weinproduktion, insbesondere um die Tröpfchen der beiden Herkunftsgebiete „Málaga" und „Sierras de Málaga". Eine Verkaufsstelle ist angeschlossen.
Öffnungszeiten Mo-Sa 12–14.30, 16.30–19.30 Uhr; Eintrittsgeb. inkl. zwei Verkostungen 5 €.

Museo Carmen Thyssen-Bornemisza: Nur einen Katzensprung von der Plaza de la Constitución findet sich an der Calle Compañia dieses spektakuläre und brandneue Museum, das im restaurierten Palacio de Villalón (16. Jh.) einen würdigen Standort fand. Seine Existenz verdankt es der Baronin Carmen Thyssen-Bornemisza, die der Stadt aus ihrer weltbekannten Kunstsammlung eine wahrhaft großzügige Leihgabe überließ: Bis 2025 verfügt das Museum nun über 230 Werke, die zu den Höhepunkten der spanischen Malerei des 19. und frühen 20. Jh. gezählt werden dürfen, darunter Arbeiten von Fortuny, Sorolla, Zuloaga oder auch Romero de Torres. Trotz der Größe der Ausstellungsfläche (5500 Quadratmeter auf fünf Stockwerken) können gar nicht alle Schätze auf einmal gezeigt werden; Platz ist nur für 150–180 Werke, weshalb manche Stücke in einer rotierenden Ausstellung präsentiert werden.
Öffnungszeiten Di–Fr 10–22 Uhr, Sa/So 10–21 Uhr, Eintritt 6 €.

Plaza de la Constitución: Der „Platz der Verfassung" ist seit dem 15. Jh. das Herz Málagas. Aufgrund diverser Zerstörungen an Gebäuden im 19. Jh. wirkt er etwas uneinheitlich, bildet aber den lebendigen (und seit 2003 verkehrsberuhigten) Mittelpunkt der Stadt. In der Nähe des Café Central lohnt sich ein Blick nach unten: Hier erinnern in den Boden eingelassene Druckplatten verschiedener spanischer Zeitungen an das Referendum vom 6. Dezember 1978, mit dem das Volk die neue Verfassung bestätigte.

Museo de Artes y Costumbres Populares: Das Museum volkstümlicher Künste und Gebräuche liegt in Flussnähe am westlichen Zentrumsrand. Die interessante Sammlung besetzt zwei Etagen in dem schönen ehemaligen Wirtshaus Mesón de la Vi-

toria, das noch aus dem 17. Jh. stammt. Sie erinnert an das Alltagsleben der Malagueños vergangener Zeiten, zeigt unter anderem alte Möbel, Gebrauchsgegenstände und Kunsthandwerk.
Öffnungszeiten Mo–Fr 10–13.30, 17–20 Uhr (Winter 16–19 Uhr), Sa 10–13.30 Uhr. Eintritt 2 €.

Centro del Arte Contemporáneo de Málaga (CACMA): Fast ebenso stolz wie auf das Picasso-Museum oder das neue Museum Thyssen-Bornemisza ist man in Málaga auch auf dieses Zentrum zeitgenössischer Kunst. Untergebracht ist es in einem ehemaligen Großmarkt an der Calle Alemania, hafennah auf der Ostseite des Flussbetts gelegen und 1939 konzipiert vom seinerzeit viel beschäftigten Rationalismus-Architekten Luis Gutiérrez Soto, der beispielsweise auch den Flughafen von Madrid plante. Die großzügigen Räumlichkeiten bieten auf einer Fläche von 2400 Quadratmetern Platz sowohl für wechselnde Ausstellungen und Installationen als auch für eine rotierende permanente Sammlung. Letztere besteht aus rund 400 Werken, zu denen unter anderem Arbeiten von Antoni Tàpies, Eduardo Chillida, Santiago Sierra, Miquel Barceló und Susana Solana zählen. Parallel veranstaltet das Zentrum eine Vielzahl weiterer Aktivitäten; angeschlossen ist ein Café mit netter, lebendiger Atmosphäre.

Maurische Mauern: die Alcazaba

Öffnungszeiten Di–So 10–14, 17–20 Uhr. Eintritt frei. www.cacmalaga.org.

Acuario Museo Aula del Mar: Málagas Aquarium-Museum liegt in Hafennähe unweit des Flussbetts an der Avenida Manuel Agustín Heredia 35. Für Freunde der Unterwasserwelt ist die Ausstellung vielleicht interessant, spektakuläre Attraktionen bietet sie nicht. Das hehre Ziel der Organisation, nämlich die Erforschung und Bewahrung des andalusischen Mittelmeers, in allen Ehren – etwas großzügiger hätte die 1989 eingerichtete Anlage vielleicht doch ausfallen können.
Öffnungszeiten Mo–Fr 10–14 Uhr, Eintrittsgebühr 3 €.

Art Natura/Museo Automovilístico: Leider ein ganzes Stück südwestlich außerhalb des Zentrums liegt im Hinterland der Küste dieser brandneue Museumskomplex, der in der ehemaligen Tabakfabrik „La Tabacalera" (bereits an sich ein beeindruckendes Industriedenkmal) an der Avenida Sor Teresa Prat untergebracht ist. Die bei Redaktionsschluss dieser Auflage kurz vor der Eröffnung stehende Ausstellung *Art Natura* gliedert sich in drei Bereiche. Unter der Bezeichnung „Royal Collections" ist die weltweit größte Edelsteinsammlung zu sehen, daneben auch Bildhauerkunst von Picasso, Dalí und anderen, weiterhin Werke von Gaudí sowie wertvolle Wandteppiche. Die Abteilung „Ciencias de la Vida" (Wissenschaft des Lebens) befasst sich mit der Evolution des Menschen und anderer Spezies, der Umwelt und dem Klima, während die Themen der Ausstellung „Ciencias de la Tierra" (Wissenschaft der Erde) den Urknall, Minerale, Fossilien und Archäologie zum Thema haben.

406   Provinz Málaga

Bereits eröffnet ist das Automobilmuseum *Museo Automovilístico*, das auf 500 Quadratmetern an die hundert automobile Kostbarkeiten aus allen Epochen zeigt; sie stammen aus der Sammlung des Portugiesen Joao Manuel Magalhaes und sind von kaum abzuschätzendem Wert.

• *Lage und Öffnungszeiten* Avenida Sor Teresa Prat 17 bzw. 15, zu erreichen mit Bus Nr. 16 ab der Alameda Principal. Die Öffnungszeiten von Art Natura standen bei Redaktionsschluss noch nicht fest. Das Museo Automovilístico öffnet Di–Sa 10–19 Uhr; Eintrittsgebühr 6 €, mit Führung 9 €.

Jardín Botánico-Histórico La Concepción: Der im Besitz der Stadt befindliche botanische Garten, ortsnächster von mehreren ähnlichen Gärten bei Málaga, liegt einige Kilometer außerhalb des Zentrums unweit der nordwärts führenden A 45, die leider in deutlicher Hörweite verläuft. Vor rund 150 Jahren angelegt, zeigt er eine geradezu urwaldartige Fülle von Pflanzen und Bäumen aus allen warmen Zonen der Erde. Dazwischen stehen römische Statuen, sprudeln Quellen und kleine Wasserfälle.

• *Lage und Öffnungszeiten* An der A 45; Zufahrt kurz hinter dem Schnellstraßenkreuz mit der A 7, nach einer Tankstelle. Sa/So besteht Busverbindung mit Bus Nr. 61 ab der Alameda Principal, auch der Bus turístico bedient auf einer Linie den Garten. Geöffnet ist Di–So 9.30–20.30 Uhr (Oktober bis März nur bis 17.30 Uhr); letzter Einlass zwei Stunden vorher. Führungen (Dauer gut eine Stunde) sind obligatorisch. Eintrittsgebühr etwa 4,50 €, Di ab vier Stunden vor Schluss gratis.

Das Hinterland von Málaga

Hier ist erstaunlich viel geboten. Um das Städtchen Antequera liegen Steinzeitgräber und der wundersame Naturpark El Torcal; weiter westlich die landschaftlich schönen Stauseen Embalses del Conde y de Guadalhorce mit einem ausgedehnten Campingplatz, in dessen Nähe die spektakuläre Schlucht Garganta del Chorro ein Felsmassiv durchschneidet.

Paraje Natural El Torcal

Eine geologische Kuriosität ersten Ranges. Die Erosion formte aus dem weichen Kalkstein von El Torcal bizarre Formen und Figuren, Felstürme, Plattenschichten, Einsturzdolinen und Wackelsteine.

Der Naturpark liegt etwa 40 Kilometer nördlich von Málaga, zu erreichen auf der schmalen und kurvigen C 3310 über Villanueva de la Concepción. Einige Kilometer hinter dem Ort zweigt linker Hand eine Bergstraße ab, die nach vier Kilometern am Informationszentrum des Naturreservats endet.

El Torcal ist ein mächtiges, in Höhen zwischen 1100 und 1370 Meter aufragendes und 17 Quadratkilometer Fläche messendes Kalkplateau, seit 1989 als Naturschutzgebiet ausgewiesen. Da die einzelnen Steinschichten einer der Erosion gegenüber unterschiedliche Widerstandsfähigkeit aufweisen, formten Wind und Wasser vielerlei Formen aus dem Fels, darunter auch faszinierende Figuren, die Namen wie „El Sombrero" oder „El Egipto" tragen, wobei letzterer bei genauem Hinsehen tatsächlich an einen „Ägypter" erinnert, nämlich an das Profil der Sphinx. Das *Centro de Interpretación* (geöffnet täglich 10-19 Uhr, ☏ 952 243324) informiert in einer permanenten Ausstellung über die Entstehung des Plateaus sowie die Flora und Fauna des Gebiets, bemerkenswert besonders Orchideen und Greifvögel; es stellt auf Wunsch auch Kontakt zu Führern durch das Felsgewirr her.

Paraje Natural El Torcal

Kurioses Produkt der Erosion: El Torcal

Am Parkplatz beginnen mehrere Wege, die das Felslabyrinth erschließen; morgens und am Abend sind hier mit etwas Glück Bergziegen zu sehen. Der einfachste ist der „grüne" Weg, für dessen rund 1,5 Kilometer man etwa eine halbe bis eine dreiviertel Stunde benötigt, gutes Schuhwerk ist bereits auf dieser Route dringend nötig. Länger und anspruchsvoller ist der drei Kilometer lange „gelbe" Weg, auf dem man etwa eine bis eineinhalb Stunden unterwegs ist. Der „rote" Weg darf nur mit Führer (Auskunft im Infozentrum) begangen werden.

Das Wetter hier oben kann sich übrigens ganz anders darstellen als unten an der warmen Küste, ein Pullover im Gepäck ist deshalb selbst bei Sonnenschein nicht verkehrt. Und wenn erst einmal feuchte Mittelmeerwolken am Massiv hängenbleiben, liegt El Torcal im dichten Nebel – den Weg hinauf kann man sich dann sparen.

• *Verbindungen* Mit öffentlichen Verkehrsmitteln ist die Anreise kompliziert.
Busse der Linie von Antequera nach Villanueva de la Concepción stoppen auf Anfrage an der Abzweigung der Bergstraße, von dort noch 4 km Fußweg. Für die Rückfahrt zwei Möglichkeiten: Bus Villanueva–Antequera stoppen, was meist problemlos verläuft, oder nach Villanueva marschieren, ab dort Busverbindung nach Málaga – in jedem Fall vorher Zeiten checken, denn in dem entlegenen Gebiet verkehren nur wenige Busse.

• *Übernachten* **** **Hotel Fuente del Sol**, ein 2006 eröffnetes Quartier der Spitzenklasse, etwa zwölf Kilometer westlich von Villanueva de la Concepción und oberhalb des Dörfchens La Joya gelegen. Superbe Aussicht, Spa, Pool innen und außen, Reitmöglichkeit etc. 14 Zimmer und Suiten, allesamt sehr gut ausgestattet. DZ/F nach Saison 140–150 €, es gibt auch Suiten. Paraje Rosas Bajas s/n, La Joya, ☎ 951 700770, www.hotelfuentedelsol.com.

*** **Hotel La Posada del Torcal**, in derselben Richtung, aber näher an Villanueva, ebenfalls in herrlicher Lage. Komfortabel ausgestattete und geschmackvoll eingerichtete, wenn auch nicht besonders große Zimmer mit Kamin und Fußbodenheizung; Pool mit Aussicht, Sauna. Zuletzt fand ein Besitzerwechsel statt. Nur zehn Zimmer, zwei Personen zahlen ab etwa 170 €. Ctra. La Joya–La Huiguera km 3, Mobil-☎ 626 145091, www.laposadadeltorcal.com.

Antequera

Das reizvolle Landstädtchen liegt etwa 50 Kilometer nördlich von Málaga. Wer El Torcal auslassen will, was bei schlechtem Wetter sinnvoll ist, erreicht Antequera weit schneller und landschaftlich ebenfalls reizvoll über die autobahnähnlich ausgebaute Autovía A 45.

Mit knapp 45.000 Einwohnern bildet Antequera eine Art lokales Zentrum für die ländlich geprägte Umgebung, gibt einen feinen Standort für die Erkundung des Hinterlands von Málaga ab und empfiehlt sich (trotz der angespannten Parksituation) für Mietwagenfahrer auch als Station zur Zwischenübernachtung bei An- oder Abreise. Das örtliche Fremdenverkehrsamt bewirbt das Städtchen aufgrund seiner zentralen und verkehrsgünstigen Lage sogar als Basis für ganz Andalusien („Antequera, Andalusien ohne Gepäck"); tatsächlich könnte man mit dem Wagen von hier aus sowohl Granada als auch Sevilla und Córdoba auf Tagesausflügen besuchen.

Antequeras hübsche Altstadt ist recht kompakt und lädt mit weißen Häusern, engen Gassen und begrünten Plätzen zum gemütlichen Bummel ein. Laut den Aussagen Einheimischer besitzt Antequera die höchste Kirchendichte Spaniens. So etwas ist schwer zu überprüfen, die hohe Anzahl der Gotteshäuser jedoch augenfällig, ebenso die der Adelspaläste. Die lange Geschichte des Ortes beweisen auch die Ruinen des Kastells auf dem Stadthügel: Es wurde nach der christlichen Rückeroberung 1410 errichtet, steht aber auf maurischen und sogar römischen Fundamenten. Noch weit älter, nämlich aus der Jungsteinzeit, datieren die Höhlengräber *Cuevas* um Antequera, die die Hauptattraktion des Städtchens darstellen.

Östlich von Antequera und aus keiner Richtung zu übersehen, erhebt sich der 874 Meter hohe *Peña de los Enamorados,* der „Fels der Verliebten". Wie es heißt, verdankt der ungewöhnlich geformte Berg seinen Namen der unglücklichen Liebe zwischen einem Christen und einer Maurin. Als den beiden die Trennung drohte, stürzten sie sich hier in die Tiefe – so zumindest die Legende. Ein anderer Name des Felsens ist *El Indio,* soll er doch aus einem bestimmten Blickwinkel dem Profil eines Indios ähneln.

● *Information* **Oficina Municipal de Turismo**, Plaza San Sebastián 7, am Ende der Hauptstraße Calle Infante Don Fernando, ✆/📠 952 702505. Kundiges und hilfreiches Personal. Geöffnet Mo–Sa 10.30–14, 17–20 Uhr (bzw. im Winter 16–19 Uhr); So 10–14 Uhr. www.antequera.es.

● *Verbindungen* **Auto**: Wie erwähnt ist die Parkplatzsituation leider schwierig. Ein Parkhaus liegt an der zentralen Calle Diego Ponce, anzufahren via Calle Encarnación und Calle Calzada.

Zug: Ein AVE-Bahnhof ist projektiert. Gegenwärtig liegt der Stadtbahnhof noch einsam im Norden, am Ende der Avenida de Estación, etwa einen Kilometer außerhalb der Stadt, Busverbindung. Züge nach Granada 9-mal, nach Sevilla 4-mal täglich; in andere Ecken Andalusiens ab dem 3-mal täglich bedienten Knotenpunkt Bobadilla. Etwa

18 Kilometer westlich außerhalb der Stadt liegt der AVE-Bahnhof Antequera-Santa Ana (Busverbindung 8-mal täglich), der u.a. häufige Anschlüsse nach Córdoba und Madrid besitzt.

Bus: Busbahnhof auf dem Paradorhügel am nordwestlichen Stadtrand. Mit CASADO nach Málaga 12-mal, Fuente Piedra 4-mal, Ronda 5-mal täglich. ALSA fährt nach Sevilla 4-mal, Granada 5-mal, Córdoba 2-mal, Almería 1-mal täglich.

Taxi: Warteplatz an der Calle Calzada, Nähe Markt, ✆ 952 845530. Festpreisfahrten nach El Torcal (30–36 €) vermittelt auch die Infostelle.

● *Übernachten* ***** Parador de Antequera (1)**, jüngerer Bau mit Schwimmbad, kürzlich renoviert und topmodern ausgestattet; toller Ausblick vom Speisesaal. In ruhiger Lage auf einem Hügel im Nordwesten der Stadt, etwa einen Kilometer vom Zentrum

Antequera

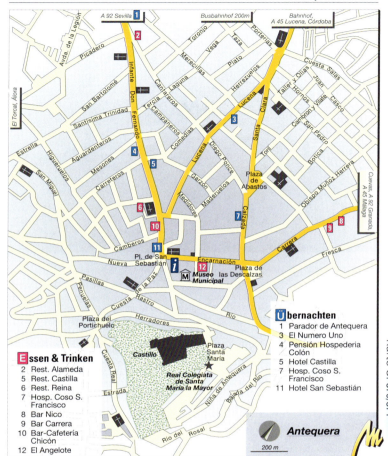

Übernachten
1 Parador de Antequera
3 El Numero Uno
4 Pensión Hospedería Colón
5 Hotel Castilla
7 Hosp. Coso S. Francisco
11 Hotel San Sebastián

Essen & Trinken
2 Rest. Alameda
5 Rest. Castilla
6 Rest. Reina
7 Hosp. Coso S. Francisco
8 Bar Nico
9 Bar Carrera
10 Bar-Cafetería Chicón
12 El Angelote

Provinz Málaga Karte S. 370/371

entfernt. DZ nach Saison etwa 130–140 €. Calle García del Olmo s/n, ✆ 952 840261, ✉ 952 841312, www.parador.es.

** Hotel Plaza San Sebastián (11), am zentralen Platz von Antequera. Gute Ausstattung, komfortable Zimmer, Parkmöglichkeit. Leider sind die Räume zum Platz nachts, besonders am Wochenende, nicht gerade leise; ratsam deshalb, auf die Aussicht zu verzichten und eins der ruhigeren Zimmer nach hinten (solange es nicht gerade auf den Küchenlichtschacht geht) zu wählen. DZ etwa 40–45 €, an Ostern 55–65 €. Plaza de San Sebastián 4, ✆/✉ 952 844239, www.hotelplazasansebastian.com.

** Hotel Castilla (5), an der Hauptstraße der Stadt. Ordentlich ausgestattete Zimmer, Parkmöglichkeit, beliebtes Bar-Restaurant angeschlossen. DZ etwa 40–45 €. Calle Infante Don Fernando 40, ✆ 952 843090, ✉ 952 843248, www.castillahotel.com.

** Pensión Hospedería Colón (4), ebenfalls an dieser Straße, wie alle Quartiere hier nicht ganz ruhig. Solide Mittelklassepension, Garage. Komfortable DZ/Bad etwa 35–40 €. Calle Infante Don Fernando 29–31, ✆ 952 840010, ✉ 952 841164, www.castelcolon.com.

Im Hintergrund der „Fels der Verliebten": Ansicht von Antequera

** Pensión Hospedería Coso San Francisco (7), am nordöstlichen Altstadtrand, nahe der Plaza Abastos. Ein prinzipiell recht ordentliches Quartier, mehrere Leser waren zufrieden. In einem Fall gab es jedoch Kritik an der Zimmerqualität; tatsächlich fallen die Zimmer unterschiedlich aus, ein Blick vorab lohnt sich eventuell. Gutes Restaurant. DZ/Bad etwa 40 €. C. Calzada 31, ℡ 952 840014, www.cososanfrancisco.com.

** Hostal Mesón El Número Uno (3), bei der Kirche Iglesia de Madre Dios; immer noch recht zentral gelegen. Solide Zimmer mit Klimaanlage und TV. Ein ebenfalls preisgünstiges Restaurant ist angeschlossen. DZ/Bad etwa 35–50 €. Calle Lucena 40, ℡ 952 843134.

• *Camping* **La Sierrecilla**, 2. Kat, beim Ort Humilladero, etwa 20 km in Richtung Nordwesten (Autovía Sevilla), nicht mehr weit von Fuente Piedra. 2009 eröffneter Platz mit bislang wenig Schatten, sonst aber guter Ausstattung inkl. großem Pool und Bar-Restaurant. Ganzjährig geöffnet. Parzelle 4 €, Zelt 2 €, Auto 2 €, p.P. 3 €. Avda. de Blas Infante s/n, am südöstlichen Ortsrand, von der A 92 kommend beim ersten Kreisel auf den bewaldeten Hang im Süden zuhalten, ℡ 951 199090, www.lasierrecilla.com.

• *Essen* Die meisten Unterkünfte besitzen ein eigenes Restaurant. Eine Reihe recht netter Tapa-Bars liegt in der Marktgegend um die Plaza Abastos, bei der Calle Calzada.

Restaurante El Angelote (12), unweit des Museo Municipal. Recht hübsch, wenn auch vielleicht ein wenig folkloristisch eingerichtet. Solide andalusische Küche; an Werktagen relativ preiswerte Tagesmenüs; à la carte ab etwa 25–30 €. Zu suchen in der Calle Encarnación, Ecke Coso Viejo.

Restaurante Reina (6), bekannt für gute Regionalküche, aber auch für italienische Gerichte. Besondere Spezialität ist Stierschwanz „Rabo de toro", die meisten Hauptgerichte kosten etwa 15 €. An der Bar gibt es prima Tapas. Calle San Agustín 1, um die Ecke von der Hauptstraße Calle Infante Don Fernando.

Restaurante Hospedería Coso San Francisco (7), das Lokal der gleichnamigen Pension, in dessen Patio man sehr hübsch sitzt. Gute Küche, nicht teuer: komplettes Menü ab etwa 20 €. Calle Calzada 31.

Rest. Alameda (2), an der Verlängerung der Hauptstraße, aber immer noch recht zentral gelegen. Spanisch-internationale Küche, vor allem aber eine der in Antequera recht raren Möglichkeiten, im Freien zu essen. Menü ab etwa 20 €. Alameda de Andalucía 12.

Restaurante Castilla (5), dem gleichnamigen Hotel angeschlossen. Eher schlichtes Interieur, Essen aber gut und günstig, breite Auswahl an verschiedenen Tapas, Raciones und halben Raciones. Nicht verschwiegen werden soll ein kritischer Leserbrief, die Einheimischen schwören jedoch auf das Lokal. Calle Infante Don Fernando 40.

Bar-Cafetería Chicon (10), nahe Hauptplatz, eine eher unscheinbare Bar, die jedoch gute Tapas und Montaditos serviert. Kuriosität am Rande: Im Hochsommer darf der Besitzer Tische bei der Kirche San Francisco aufstellen, der Kellner muss für jede Bestellung quer über die Straße laufen. Calle Infante Don Fernado 1.

Bar Carrera (9), an der Straße in Richtung der Dolmen. Einfaches Lokal, das eine Riesenauswahl an Tapas und Raciones bietet, außerdem ein sehr günstiges Mittagsmenü. Calle Carrera 18. Ein paar Häuser weiter liegt die ebenso gute, im Charakter ganz ähnliche und von Lesern gelobte **Bar Nico (8)**.

• *Feste* **Semana Santa**, die Karwoche mit der Prozession von zehn Bruderschaften.

Real Feria de Agosto, Erntefest um den 18. bis 25. August; Stierkämpfe, Jahrmarkt, Kleintiermesse und vieles mehr – das Hauptfest von Antequera.

Sehenswertes

Museo Municipal: Im Herzen der Altstadt, untergebracht im Palacio de Nájera, einem Adelspalast des frühen 18. Jh., und kürzlich umfangreich renoviert und erheblich erweitert. Interessanteste Stücke der Sammlung sind ein Bild des *Franziskus* von Pedro de Mena und der *Ephebe von Antequera*, eine römische Bronzestatue aus dem 1. Jh. n. Chr., die nach einem griechischen Vorbild kopiert wurde, weiterhin zu sehen u.a. Gemälde und Goldschmiedearbeiten.
Öffnungszeiten Di–Fr 10–13.30, 16.30–18.30 Uhr, Sa 10–13.30 Uhr, So 11–13.30 Uhr; Mo geschlossen. Eintrittsgebühr 3 €, eine Anhebung ist nicht unwahrscheinlich.

Castillo: Die komplett restaurierte Festung oberhalb des Zentrums ist ganztägig geöffnet, zu erreichen durch den *Arco de los Gigantes*, einen manieristischen Torbogen von 1585. Vom Kastell selbst blieben nicht mehr als zwei Türme und Verbindungsmauern. Die weite Aussicht lohnt den Weg vielleicht dennoch.

Real Colegiata de Santa María la Mayor: Die kunsthistorisch bedeutendste unter den zahlreichen Kirchen Antequeras, zum Nationaldenkmal erklärt, erhebt sich gleich östlich des Arco de los Gigantes. Die Stiftskirche stammt aus dem 15./16. Jh. und beeindruckt durch ihre platereske Fassade und den mudéjaren Schmuck der Seitenkapellen im Inneren.
Öffnungszeiten Di–Fr 10.30–14, 16–18 Uhr, Sa 10.30–14 Uhr, So 11.30–14 Uhr.

Plaza de Toros: Die Stierkampfarena liegt mit dem zugehörigen Stierkampfmuseum Museo Taurino am westlichen Zentrumsrand. Ein Besuch lohnt sich, denn die bereits 1848 errichtete Arena besitzt viel Atmosphäre.
Öffnungszeiten Di–Fr 10.30–14, 16–18 Uhr, Sa 10.30–14 Uhr, So 11.30–14 Uhr.

Die Dolmen von Antequera

Die drei prähistorischen Höhlengräber von Antequera, auch Dolmen genannt, gelten als die besterhaltenen und beeindruckendsten Spaniens. Errichtet wurden sie ab etwa 2500 bis 1800 v. Chr. Erst Mitte des 19. Jh. wurde man sich der Bedeutung der Cueva de Menga bewusst, die Cuevas de Viera und Romeral wurden gar erst Anfang des 20. Jh. entdeckt. Die wenigen Gegenstände, die Grabräuber zurückließen, sind im Archäologischen Museum von Málaga untergebracht, doch sind auch die leeren Gräber durch ihre besondere Bauweise beeindruckend genug.

Conjunto Arqueológico Dólmenes de Antequera: Am nordöstlichen Stadtrand wurde bei den Dolmen Cueva de Menga und Cueva de Viera ein großes, im November 2008 eröffnetes Besucherzentrum errichtet, in dem auch eine filmische

412   Provinz Málaga

Dokumentation über die Dolmen zu sehen ist. In der Nähe war zuletzt ein großes Interpretationszentrum der Vorgeschichte im Entstehen.

Cueva de Menga: Ein von Monolithen begrenzter Gang führt in das Innere des über viertausendjährigen, 25 Meter langen und unter einem künstlich aufgeschütteten Erdhügel errichteten Monuments. Die ovale Grabkammer am Ende wird von drei Pfeilern abgestützt. Am ersten Wandstein links sind Zeichen eingeritzt, die verschieden gedeutet werden. Schier unglaublich, welche Massen für den Bau bewegt wurden: Der schwerste der Decksteine wiegt etwa 180 Tonnen! Im Inneren der Höhle wurde erst 2005 ein fast 20 Meter tiefer Brunnen entdeckt, von dem noch unklar ist, aus welcher Zeit er stammt.

Cueva de Viera: Die nahe Cueva de Viera wirkt, obwohl immerhin auch 21 Meter messend, nicht ganz so gewaltig. Ein langer, schmaler Gang führt zur diesmal quadratischen Grabkammer, die nur von einem einzigen Monolithen abgedeckt wird. Ihren Namen verdankt die Höhle ihren beiden Entdeckern, den Brüdern Antonio und José Viera, die später auch auf die Höhle von El Romeral stießen.

Lage und Öffnungszeiten Etwa einen Kilometer vom Zentrum, links der Straße nach Granada und zur Autobahn nach Málaga; Di 9–Sa 9–18 Uhr, So 9.30–14.30 Uhr. Eintritt frei.

Cueva El Romeral: Das jüngste der drei Gräber, etwa 1800 v. Chr. errichtet, liegt ein Stück außerhalb der Stadt, etwa vier Kilometer vom Besucherzentrum entfernt. Interessanterweise besitzt der Hauptraum ein falsches Gewölbe, ähnlich dem Schatzhaus des Ateus (Mykene/Peloponnes) aus sich horizontal überlagernden Steinplatten errichtet, weshalb über Einflüsse aus dem griechischen Raum spekuliert wird. Angeschlossen ist ein kleinerer Raum, entweder das eigentliche Grab oder eine Zeremonienstätte.

Lage und Öffnungszeiten Vom Besucherzentrum weiter Richtung Málaga, am vierten Kreisel (mit einem Brunnen in der Mitte) links Richtung Córdoba, beim nächsten Kreisel erneut links, dann beschildert. Geöffnet ist wie oben; Eintritt frei.

Umgebung von Antequera

Lobo Park: Etwa acht Kilometer südwestlich von Antequera liegt rechter Hand der Straße nach Álora dieser „Wolfspark", der 2005 eröffnet wurde und unter freundlicher deutscher Leitung steht. Die Wölfe (europäische und iberische Wölfe, kanadische Timberwölfe und weiße Polarwölfe) leben halbwild in Gehegen von 20.000 bis über 30.000 Quadratmeter Fläche pro Rudel und sind zwar an Menschen gewöhnt, aber nicht domestiziert. Von den verschiedenen Aussichtspunkten aus beobachtet, zeigen sie deshalb völlig normales, artgemäßes Verhalten. Führungen finden 4-mal täglich statt (am Wochenende 6-mal) und dauern etwa 1,5 Stunden. Ein Streichelzoo ist angeschlossen.

Führungen täglich um 11, 13, 15 und 16.30 Uhr, am Wochenende stündlich von 11–15 Uhr sowie um 16.30 Uhr; p.P. 9,50 €, Kinder 6,50 €. An Wochenenden von Mai bis Oktober sowie in Vollmondnächten ganzjährig finden sog. „Howl Nights" mit Abendessen und Nachtführung statt, p.P. 28 €, Kinder 22 €. ☎ 952 031107, www.lobopark.com.

Archidona

Das Städtchen liegt etwas abseits der autobahnähnlich ausgebauten N 342 (A 92) nach Granada. Archidona, ein uralter, bereits zu iberischer Zeit besiedelter Ort, glänzt in erster Linie mit einem sehr ungewöhnlichen Hauptplatz: Die frisch restaurierte *Plaza Ochavada*, entstanden im 18. Jh., ist achteckig geformt und dadurch fast einzigartig in Spanien.

Noch sind sie putzig: Jungwölfe im Lobo Park

• *Essen* **Bar Central**, Calle Nueva, gleich neben der Plaza, ein Lesertipp von Ursula Prokop: „Ein kleines Lokal, das zwar vielleicht etwas primitiv wirkt, in dem man aber großartig essen kann. Äußerst freundlicher Wirt; die Gazpachos, Salate und Fischspeisen waren alle ganz ausgezeichnet."

Laguna de Fuente Piedra

Der größte Salzwassersee Andalusiens steht als bedeutende Brutstätte von Flamingos (neben der Camargue die letzte in Europa) unter strengem Naturschutz.

Die Lagune liegt etwa 30 Kilometer nordwestlich von Antequera in der Nähe des verschlafen wirkenden Örtchens Fuente de Piedra. Rund sieben Kilometer lang, bis zu 2,5 Kilometer breit, aber nur höchstens zwei Meter tief, beherbergt der See in manchem Frühjahr vier- bis fünftausend Vögel samt ihrer noch graubraun gefärbten Nachkommenschaft. Jede Nacht fliegen die erwachsenen Flamingos zur Futtersuche bis zu 300 Kilometer weit in die Marismas von Cádiz, die Marismas de Odiel und die Doñana, tagsüber erholen sie sich an der Lagune. Ein Zaun umgibt den gesamten See, Vogelliebhaber mit guten Ferngläsern können die Kolonien jedoch von der 21 Kilometer langen Ringstraße aus beobachten. Besonders zahlreich sind die Vögel nach regenreichen Wintern in der Zeit zwischen April und Juni anzutreffen, während der restlichen Jahreszeiten oder nach trockenen Wintern kann man auch Pech haben.

• *Information* **Centro de Visitantes José Antonio Valverde**, neu und modern ausgebautes Besucherzentrum, nicht weit vom Ort selbst an der Nordwestseite des Sees, ✆ 952 111050. Geöffnet täglich 10–14, 17–19 Uhr. Hier auch Fernglas- (2 €/Std.) und Fahrradverleih (3 €/Std.); man kann die Rundstrecke um die Lagune aber auch mit dem Auto zurücklegen. In der Nähe liegt der Aussichtspunkt „Mirador del Cerro del Palo".

• *Verbindungen* **Zug**: Bahnstation westlich des Ortes, nur wenige Züge halten.

Bus: Die bessere Lösung, CASADO fährt 4-mal täglich von und nach Antequera.

414 Provinz Málaga

• *Camping* **Camping Rural Fuente de Piedra**, auch bekannt als „Camping La Laguna", oberhalb der Laguna und unweit des Orts Fuente de Piedra. Campingplatz und diverse feste Unterkünfte (Holzhütten etc.), großer Swimmingpool. Gute Ausstat-

tung inklusive Restaurant etc. Vermittlung von Exkursionen. Offiziell ganzjährig geöffnet, in der NS kann ein vorheriger Anruf jedoch nicht schaden. Preis p.P. 6 €, Auto, Zelt je etwa 4 €. Ctra. La Rábita s/n, ✆ 952 735294, ✆ 952 735461, www.camping-rural.ccm.

Bedrohte Tierwelt

Nicht nur Flamingos sind in ihrer Existenz bedroht. In mehreren Orten Andalusiens, darunter auch in der Umgebung von Fuente Piedra (www.el refugiodelburrito.com, ✆ 952 735077), wurden Reservate eröffnet, die aber nicht etwa Steinböcke, Wölfe oder ähnlich seltene Tiere beherbergen sollten. Nein: Ganz gewöhnliche Esel fanden dort eine neue Heimat. Was man zunächst eher für einen Scherz halten möchte, ist wahr. Die Bestände des spanischen *Equus asinus* sind durch die Verbreitung der dieselbetriebenen Konkurrenz in wahrhaft alarmierender Weise zurückgegangen. Gab es vor 50 Jahren landesweit noch über eine Million Esel, so leben heute nur noch rund 90.000 Tiere in Spanien. Die drei einheimischen Rassen sind sogar fast völlig ausgestorben. Andalusien ohne Esel, wäre doch traurig …

An den Stauseen des Río Guadalhorce

Das Gebiet um die Stauseen des Río Guadalhorce ist neben El Torcal die große landschaftliche Sehenswürdigkeit im Hinterland von Málaga. Es liegt etwa 50 Kilometer nordwestlich der Provinzhauptstadt, von dort wie auch von Antequera zu erreichen durch das grüne „Tal der Zitronen" um das Städtchen Álora.

Álora

Das etwa 13.000 Einwohner zählende Städtchen Álora besetzt einen Hügelrücken über dem fast tropisch fruchtbaren Tal. Es ist ein hübscher, landwirtschaftlich geprägter Ort, dessen weiße Häuser und enge Pflastergassen von einem mächtigen maurischen Kastell überragt werden. Ausländische Besucher sieht man hier nur selten. Dabei ist Álora, kleiner als Antequera und größer als Ardales, für Reisende mit eigenem Fahrzeug ein durchaus empfehlenswerter Standort für Ausflüge in die Umgebung.

• *Übernachten/Essen* **Pensión Hostal Duran**, in einem reizvoll renovierten Gebäude. Zentral, aber ruhig gelegen und mit schönem Blick über die Dächer des Städtchens ins Tal. Freundliche Leitung, saubere Zimmer mit neuem Mobiliar und guten Betten. Ganzjährig geöffnet. Vorsicht beim Parken: Leser warnten vor Autoknackern! DZ/Bad etwa 50 €. Calle La Parra 9, nur ein paar

Schritte vom Rathaus Casa Consistorial, ✆/✆ 952 496642.

Rest. Casa Abilio, im Ortskern unterhalb der Hauptstraße und der Kirche Vera Cruz. Rustikal-hübsches Interieur, mittleres Preisniveau, oft gibt es auch Tagesgerichte, die nicht auf der Karte stehen – nach den „sugerencias" fragen. Calle Padilla 1.

Garganta del Chorro

Etwa 14 Kilometer hinter Álora trifft man auf das Ende der spektakulären Schlucht, die sich der Río Guadalhorce über Jahrmillionen durch das Gebirge gegraben hat. Erst die Anlage der Stauseen hat seinen wilden Lauf gezähmt. Die mehrere Kilome-

El Chorro 415

Abwechslung zur Küste: Embalse del Conde

ter lange Schlucht, auch *Desfiladero de los Gaitanes* genannt, ist an manchen Stellen nur wenige Meter breit. Bis zu vierhundert Meter hoch ragen ihre Felswände auf; Bahnreisende von oder nach Málaga kommen automatisch hier durch und können zwischen den Tunnels manchen Blick erhaschen. Seit 1996 ist das Gebiet als „Paraje Natural Desfiladero de los Gaitanes" unter Naturschutz gestellt. Mit etwas Glück lassen sich Turmfalken, Hühnerhabichte und sogar Steinadler und Geier beobachten; auf der Hochebene oberhalb der Schlucht leben ganze Herden von Steinböcken.

El Chorro

Die winzige Siedlung im Gemeindebereich von Ardales, eigentlich nicht mehr als eine Bahnstation, um die sich ein paar Häuser gruppieren, entwickelt sich seit geraumer Zeit zu einem beliebten Treffpunkt für Kletterer, die in der Umgebung vielfältige Möglichkeiten finden. Gleichzeitig ist El Chorro aber auch ein origineller Stützpunkt für Exkursionen zu den nahen Stauseen und den Ruinas de Bobastro, zumal in den letzten Jahren einige neue Quartiere entstanden sind. Aufgrund der schlechten öffentlichen Verkehrsanbindung ist ein eigenes Fahrzeug allerdings von Vorteil.

Caminito del Rey: Quer durch den Desfiladero führte einst der berühmte „Königspfad" (siehe auch weiter unten), der aber seit dem Jahr 2000 auch von der anderen Seite stellenweise eingestürzt und seitdem für Normalbürger unpassierbar ist. Von der früher gern geübten Praxis, von den Eisenbahntunnels westlich des Campings einen (verbotenen, aber bei etwas Umsicht nicht wirklich gefährlichen) Blick in die Schlucht zu erhaschen, raten wir ausdrücklich ab, da die Guardia Civil gelegentlich kontrolliert und die Geldstrafen in Höhe von tausenden Euro (!) liegen.

● *Verbindungen* **Zug**: Die Bahnstation El Chorro wird Richtung Málaga 2-mal sowie in der Gegenrichtung zum Knotenpunkt Bobadilla (und weiter nach Ronda) 1-mal täglich bedient. Über eine Ausweitung der Frequenzen wird spekuliert, bislang rauschen jedoch die meisten Züge durch.

Auto: Vorsicht, im gesamten Gebiet sind Autoknacker aktiv.

Provinz Málaga
Karte S. 370/371

416 Provinz Málaga

- *Übernachten* Mit Engpässen ist nur im Sommer und an Wochenenden zu rechnen.
Complejo Turístico La Garganta, nur ein paar Schritte von der Bahnstation. Untergebracht in einer ehemaligen Mehlfabrik, werden hier Apartments mit kleiner Küche angeboten. Pool und Restaurant vorhanden. Ganzjährig geöffnet. Zweier-Apartments etwa 75 €, für vier Personen um die 115 €. El Chorro s/n, ✆ 952 495050, ✆ 952 495298, www.lagarganta.com.
Pensión Estación del Chorro, ein zur Pension umgebautes, ehemaliges Bahnarbeiterquartier direkt im Bahnhof. Nur vier recht hübsche Zimmer mit einem gemeinsamen Bad, eine kleine Terrasse ist vorgelagert. In einem Leserbrief wurden leichte Schwächen im Pflegezustand moniert. Ganzjährig geöffnet, Anfragen in der Bar/Laden vor dem Bahnhof. DZ etwa 30 €. El Chorro s/n, ✆ 952 495004.
Finca La Ermita, knapp vier Kilometer außerhalb in Richtung Stauseen und Ardales, bei einer Kapelle rechter Hand der Straße. Von Schweden nett geführtes Quartier, Treffpunkt für Biker, Kletterer, Naturfreunde... Fünf Doppelzimmer (ein weiteres Haus ist in Ausbau) mit Gemeinschaftsbädern; schlicht, aber sauber, zum Teil mit Stockbetten, manche mit Klimaanlage. Bar, Essensmöglichkeit, Pool. P.P. 25 €, F inbegriffen. Ermita de Villaverde, ✆ 952 112349, mobil 635 015647, www.bikersheaven.nu.
- *Camping* **El Chorro**, 3. Kat., ein paar hundert Meter schluchtwärts des Bahnhofs. Schattig am Hang unter Bäumen gelegener Platz, nur teilweise terrassiert. Freundliche und engagierte Leitung, die gerne über Klettermöglichkeiten und Sportangebote informiert; Pool, Einkauf und Bar vorhanden, gute Sanitärs. Es gibt auch Cabañas (Holzhütten) sowie ein „Albergue" mit Schlafsaal (13 € p. P). Ganzjährig. Zur HS müssen Fahrzeuge i. d. R. vor dem Gelände parken. Preise p.P. etwa 6,50 €, kl. Zelt 5,50 €. Estación del Chorro, s/n, ✆ 952 495244, www.albergucampingelchorro.com.

Spektakulär: Garganta del Chorro

Weiter zu den Stauseen: Das von Álora kommende Sträßchen führt an El Chorro vorbei und steigt bald recht kräftig an. Auffällig sind die vielen Erosionsformen im Felsgestein, darunter eine Reihe von Höhlen, ein häufiger Anblick in diesem Gebiet. Früher fanden Hirten in ihnen Unterschlupf, später zeitweise auch Hippies. Knapp vier Kilometer hinter El Chorro zweigt links das Bergsträßchen zu den Ruinen von Bobastro (siehe unten) ab. Gut sechs Kilometer hinter El Chorro trifft man auf eine Kreuzung: Nach links sind es nochmals fast sechs Kilometer bis Ardales, rechts geht es zum Camping „Parque Ardales", der etwa einen Kilometer entfernt liegt.

Embalses del Conde y del Guadalhorce

Genau genommen handelt es sich um ein ganzes System von Stauseen des Río Guadalhorce, zu dem auch der *Embalse de Guadalteba* im Norden sowie der kleine *Embalse de Gaitanejo* zählen; der Embalse del Guadlahorce wiederum ist auch als

Ardales 417

Pantano del Chorro bekannt. Im gebirgigeren Süden der Region beherrschen Pinienhaine und Eukalyptuswälder die Landschaft, nach Norden zu erstreckt sich weicheres, landschaftlich genutztes Hügelgebiet. Die Stauseen und ihre Umgebung sind bestens geeignet zum Schwimmen, Wandern und Faulenzen und bilden auch im Hochsommer, wenn viele Naherholer aus Málaga kommen, eine angenehme Abwechslung zu den vollen Küstenzonen. Abseits der Wochenenden und der spanischen Urlaubssaison trifft man nur selten auf Besucher. Fraglich allerdings, ob das so bleibt, wenn die vielen Pläne zur Entwicklung einer umfangreicheren touristischen Infrastruktur eines Tages Wirklichkeit werden sollten ... Richtige Strände sind Mangelware an den Seen. Die besten Möglichkeiten, ans Wasser zu gelangen, bietet die Zona III („La Isla" genannt) des Campings; hier gibt es Picknicktische und zur Saison auch einen Kajakverleih.

● *Übernachten* ***** Hotel Mesón La Posada del Conde**, an der Staumauer, einige Kilometer nördlich des Campings. Recht neues, gut ausgestattetes, wenn auch etwas abgeschieden gelegenes Hotel. DZ nach Ausstattung etwa 80–90 €, es gibt auch Luxuszimmer und Suiten. Pantano del Chorro 16/18, ✆ 952 112411, www.hoteldelconde.com.

● *Camping* „Wildcamping" ist verboten.
Parque Ardales, 2.Kat., etwa sieben Kilometer nordöstlich von Ardales. Riesiges, „halbwildes" Campinggelände an der Südostseite des Embalse del Conde. Mehrere, allesamt völlig schattige Zonen entlang einiger Buchten. Schlichte Einkaufsmöglichkeit, Bar, zuletzt jedoch kein Restaurant; nächste Essensmöglichkeit ist die Bar El Mirador (Zufahrt wenige Kilometer nördlich vor dem Straßentunnel). Auch Apartments. Ganzjährig. P.P. 5 €, Auto 5 €, Zelt 4 €. ✆ 952 112401, www.parqueardales.com.

Ardales

Ardales, unweit der Südspitze des Embalse del Conde, ist die den Seen am nächsten gelegene Ortschaft. Das knapp 3000 Einwohner zählende Dorf erstreckt sich an einem Hang, überragt vom schroffen Felsen La Peña, auf dem die Reste einer mittelalterlichen Festung stehen, in der demnächst ein Museum eingerichtet werden soll. Sehenswert ist auch die nahe Mudéjar-Kirche, die aus dem 15. Jh. stammt.

Ardales selbst teilt sich in einen neueren, tiefer liegenden Teil und den höher gelegenen Ortskern mit seinen engen, alten Gassen. Recht hübsch ist auch die langgestreckte Hauptplaza, in deren Tapa-Bars es vor allem im Sommer durchaus lebendig zugeht. Das Dorf ist nicht nur ein angenehmer Stützpunkt für einen Badeaufenthalt, sondern auch für reizvolle Ausflüge zur Schlucht von El Chorro oder zu den Ruinen von Bobastro. Noch näher zu diesen beiden Zielen liegt der landschaftlich sehr schöne Campingplatz am Stausee selbst, siehe oben.

Provinz Málaga
Karte S. 370/371

● *Information* **Oficina Municipal de Turismo**, im Centro de Interpretación (siehe unten) am Ortseingang, Öffnungszeiten identisch; ✆ 952 458046.

● *Verbindungen* **Busse** der Gesellschaft LOS AMARILLOS verkehren nach Málaga (via Carratraca) 8-mal, nach Ronda 10-mal täglich.

● *Übernachten* **Pensión El Cruce**, solides Quartier beim Kreisel unterhalb des Dorfes, zur Plaza etwa 500 Meter; mit großem und recht passablem Restaurant, von Lesern gelobt. Zur spanischen Urlaubssaison könnte es eng werden, Reservierung empfiehlt sich dann. DZ/Bad etwa 40 €. Carretera Álora–Campillos, ✆ 952 459012.

Apartamentos Ardales, oben im Ort, nicht weit vom Hauptplatz. Recht große Anlage mit hübsch eingerichteten und gut ausgestatteten Apartments für bis zu acht Personen; Parkmöglichkeit und Fahrradverleih. Ganzjährig geöffnet. Zwei Personen zahlen nach Saison etwa 80–95 €. Calle El Burgo 7, ✆ 952 459466, ✆ 952 459467, www.apartamentosardales.com.

● *Feste* **Feria y Fiesta de la Virgen de Villaverde**, um den 5. September. Patronatsfest von Ardales mit Wallfahrt.

418   Provinz Málaga

Centro de Interpretación de la Prehistoria en Guadalteba: Das Interpretationszentrum der Comarca Guadalteba, aus Richtung Seen kommend am Ortseingang von Ardales gelegen, befasst sich mit der Frühgeschichte und der Volkskultur des Gebiets. Die meisten Funde der hübsch konzipierten und komplett neu gestalteten Sammlung stammen aus der Höhle Cueva de Ardales, darunter auch menschliche Schädel.
Öffnungszeiten Di–Do 10–15 Uhr, Fr/Sa 10–15, 16–20 Uhr, So 10–15 Uhr; Eintritt 3 €.

Cueva de Ardales: Wer sich rechtzeitig angemeldet hat, kann an einer der Führungen teilnehmen, die diese 1821 entdeckte, etwa zwei Kilometer vom Ort gelegene Höhle erschließen. Eigentlich ein ganzer Komplex von Höhlen, diente das labyrinthische System den Menschen des Paläolithikums über viele Jahrtausende als Unterschlupf; Beweis dafür ist u.a. eine ganze Reihe von Malereien und Felsgravuren, die zwischen 27.000 und 11.000 Jahre alt sind. Die Führungen dauern rund eineinhalb bis zwei Stunden und finden im Schein von Laternen statt.
Reservierungen in der Infostelle des Interpretationszentrum (s.o.) mehrere Wochen im voraus; maximale Besucherzahl 10 Personen pro Tag. Führungen finden täglich außer Mo statt; p.P. 5 €. Ein eigenes Fahrzeug für den Transport zur Höhle ist nötig.

Abstecher von Ardales und den Seen

Caminito del Rey: Der legendäre „Königspfad", oft auch Camino del Rey genannt, ist ein schmaler, Anfang des 20. Jh. angelegter und abgestützter Versorgungsweg, der abenteuerlich hoch über dem Fluss durch die Schlucht El Chorro führt – oder besser gesagt führte: Nach mehreren Unfällen ließ die Regierung auch das vom Stausee her zugängliche Stück des schon sehr lange baufälligen und völlig verfallenen Steigs bereits vor Jahren wegbrechen; der Zugang zum „gefährlichsten Weg der Welt" ist seitdem nur noch für erfahrene und gut ausgerüstete Kletterer möglich. Eine Komplettrestaurierung und Verbreiterung des Caminito (der seinen Namen einem Besuch von König Alfonso XIII. im Jahr 1921 verdanken soll) ist jedoch, sehr zur Freude aller Tourismusunternehmen der Region, endlich beschlossene Sache, und auch am Geld soll es nicht fehlen. Dennoch wird die Wiederherstellung des Caminito, für den dann wahrscheinlich Eintrittsgebühr verlangt werden wird, sicher einige Zeit in Anspruch nehmen. Schweres Gerät kann aufgrund der Topographie natürlich nicht zum Einsatz kommen, ebensowenig Hubschrauber, da die Schlucht dafür zu eng ist; jeder einzelne Meter muss quasi in Handarbeit gefertigt werden. Ebenso klar, dass spezialisierte Arbeiter für die Tätigkeit in so exponierter Lage nicht leicht zu finden (und auch nicht billig) sind. Und: Absolute Schwindelfreiheit und Trittsicherheit werden wohl auch nach der Restaurierung erforderlich bleiben.

● *Wanderung zum Beginn der Schlucht* Auch wenn der Caminito selbst vorläufig noch nicht wieder begehbar ist – schon der Weg zum Anfang der Schlucht zeigt sich durchaus reizvoll. Von Ardales oder der Straße von der Bahnstation El Chorro kommend, geht es vorbei am Campingplatz Parque Ardales bis zum einzigen Straßentunnel. Vor dem Tunnel, über dem die urige Bar El Mirador liegt, dann rechts aufwärts auf einen Fahrweg bis zu einer Gabelung. Der linke Weg führt zu einer Aussichtsplattform über das Seengebiet, der rechte, für Fahrzeuge gesperrte Schotterweg als „Sendero de Gaitanejo" zum Beginn der Schlucht und am Fluss entlang zurück, Gesamtdistanz etwa 5 Kilometer.

Ruinas de Bobastro: Ein landschaftlich wie kulturell reizvoller Ausflug führt über ein schmales Bergsträßchen auf die Hochebene *Las Mesas de Villaverde*, nordöstlich oberhalb von Ardales gelegen. In dem abgeschiedenen Gebiet stehen die Ruinen einer Siedlung des 10. Jh., die einst als Festung eines legendären Outlaws diente: Omar-Ben Hafsum, teils christlicher, teils maurischer Abstammung, hatte seinerzeit gegen das Kalifat von Córdoba rebelliert und eine große Schar von Anhängern um sich versammelt. Ende des 10. bis Anfang des 11. Jh. gelang ihm eine Reihe von spektakulären Siegen gegen die Truppen des Kalifats. Zeitweise beherrschte Omar-Ben Hafsum, der eigentlich nicht mehr als eine Art Räuberhauptmann war, einen guten Teil Andalusiens.

Iglesia Rupestre de Bobastro: Bei km 2,8 der Bergstraße führt ein mit „Iglesia mozarabe" beschilderter Fußweg linker Hand zu den Resten einer Kirche, die angelegt worden sein soll, nachdem Omar-Ben Hafsum zum Christentum übergetreten war. Vermutlich ist das Gotteshaus sogar noch älter, geht zurück bis in die Anfänge des 10. Jh. Die teilweise aus einem großen Felsen geschlagene, etwa 17 Meter lange und zehn Meter breite Kirche ist als mozarabischer Bau (von Christen unter maurischer Herrschaft errichtet) eine absolute Besonderheit. Sie besaß drei Schiffe und ebensoviele Apsiden. Ihre Ruinen vermitteln eine ganz eigenartige Stimmung, der sich kaum jemand entziehen kann. Im Umfeld verstreut liegen die Reste ebenso alter Mauern, einiger Silos und einer Zisterne; noch ist sicher längst nicht alles ans Licht gekommen, was hier von Archäologen zu finden wäre. Es gibt auch einige Höhlen.

Von der Abzweigung des Fußwegs zur Kirche führt das Bergsträßchen weiter aufwärts und erreicht schließlich die Hochebene, auf der ein kleiner künstlicher See als Wasserreservoir dient. Ganz am Ende der Asphaltstraße liegen rechts etwas erhöht die ausgedehnten Reste eines Bauwerks, das der Palast von Bobastro gewesen sein soll. Viel zu erkennen ist auf dem völlig überwucherten Gelände zwar wirklich nicht mehr, die Atmosphäre auf diesen windumtosten Höhen dafür grandios. Die Aussicht erstreckt sich über viele Kilometer, tief unten fließt der Río Guadalhorce, El Chorro wirkt wie ein Spielzeugdorf.

Zufahrt Von der Straße von Ardales in Richtung Campingplatz Parque Ardales, aber schon vorher, nach knapp sechs Kilometern, rechts ab in Richtung der Bahnstation El Chorro, nach weiteren etwa 2,5 Kilometern erneut rechts, nochmals gut 5 Kilometer.

Weiterreise: Im Südwesten des oben beschriebenen Gebietes schließt sich mit der Region um Ronda ein weiteres landschaftlich sehr interessantes Reiseziel an; Details finden Sie im Kapitel „Rund um Ronda".

Links oben klebt der Felsensteig Caminito del Rey

420 Provinz Málaga

Costa del Sol (südwestlich von Málaga)

Südwestlich der Provinzhauptstadt macht die Costa del Sol ihrem Ruf als Ferienparadies der Stahlbetonklasse nun wirklich alle Ehre. Ortschaft reiht sich an Ortschaft, Urbanisation an Urbanisation.

Zwischen Málaga und der Provinzgrenze nach Cádiz ist die Landschaft auf einer Strecke von rund hundert Kilometern fast durchgehend verbaut. Und auch die wenigen freien Flächen, die in Strandnähe noch verblieben sind, sind längst im Visier der Immobiliengesellschaften. Bleibt zu erwähnen, dass es der touristischen Infrastruktur des Gebiets natürlich an nichts fehlt, und dass vor allem das Angebot an Sport- und Unterhaltungsmöglichkeiten in Andalusien seinesgleichen sucht.

Eine gefährliche Rennstrecke

Autofahrer und Fußgänger seien gleichermaßen gewarnt: Auf den vier- bis sechsspurigen, überwiegend autobahnähnlich ausgebauten Küstenstraßen wird schnell und rücksichtslos gefahren, die Unfallrate ist entsprechend hoch. Besonders gefährlich ist, dass teilweise Beschleunigungsspuren für Einfädler fehlen. Eine weitere Risikoquelle sind Ortsfremde, die versuchen, anhand der manchmal widersprüchlichen Kilometerangaben die richtige Ausfahrt zu finden und dabei manchmal unvermutet abbremsen. Wer an seinem Ziel vorbeigefahren ist, sollte auf das Schild „Cambio de sentido" achten, das eine Wendemöglichkeit signalisiert. Immerhin erhielt die stark frequentierte Route eine dringend notwendige Entlastung: Von Torremolinos bis hinter Estepona verläuft landeinwärts etwa parallel zur A 7 (Ex-N 340) die kräftig gebührenpflichtige, durch privates Kapital finanzierte *Autopista del Sol AP 7*.

Torremolinos

Was soll man von einer Stadt halten, in der ein Café allen Ernstes mit dem Schild „Hablamos español" (Wir sprechen Spanisch) wirbt?

Torremolinos ist bekanntermaßen nicht das kleine Fischerdorf aus James A. Micheners Roman „Die Kinder von Torremolinos", war es übrigens wohl schon damals in den Sechzigern nicht mehr. Die Reste der früheren Siedlung sind kaum noch zu erkennen: Das winzige ehemalige Fischerviertel *El Bajondillo* ist von Hochhäusern umzingelt, seine weißen Häuser sind nur noch Fassade für Souvenirläden, English-Pubs und Sangriaschänken. Ähnlich erging es auch dem weiter südwestlich gelegenen, ausgedehnteren Gebiet von *La Carihuela*, das insgesamt aber der wohl sympathischere Ortsteil mit der vielfältigeren Auswahl an Lokalen ist. Verbunden sind beide durch eine lange und insbesondere im Bereich von La Carihuela recht hübsche Strandpromenade.

Highlife rund um die Uhr ist angesagt in Torremolinos. Entsprechenden Interessen wird die Stadt durchaus gerecht; an Bars, Night-Clubs, Discos und allen anderen möglichen und unmöglichen Varianten der Vergnügungsindustrie herrscht wahrlich kein Mangel. Wer allerdings außerhalb der Saison kommt, wird statt der vielleicht erhofften kontaktfreudigen Schönheiten beiderlei Geschlechts auf Tristesse

Torremolinos 421

stoßen, die gelegentlich durch eine Reisegruppe sehr betulichen Charakters nur noch unterstrichen wird: Dann gehört Torremolinos dem Publikum von Werbeverkaufsfahrten ...

Orientierung: Um die *Plaza Costa del Sol* liegt auf einem etwas erhöhten Plateau das Zentrum, so man es als ein solches bezeichnen mag. Es erstreckt sich ein Stück zurückversetzt vom Strand und beiderseits der Durchgangsstraße. Hauptflaniermeile und wichtigste Einkaufszone ist die nahe der Plaza Richtung Meer abzweigende *Calle San Miguel*

Information/Verbindungen

• *Information* **Oficina Municipal de Turismo**, im alten Rathaus an der Plaza Independencia oberhalb der Plaza Costa del Sol, ✆ 952 374231. Zu suchen in dem niedrigen weißen Gebäude, Öffnungszeiten: Mo–Fr 9.30–13.30 Uhr. Man spricht Deutsch. www.ayto-torremolinos.org.
Zweigstelle an der Plaza de las Comunidades Autónomas, beim Strand Playamar, nordöstlich unweit des Bajondillo-Viertels, ✆ 952 371909. Öffnungszeiten: April bis September täglich 10–14, 17–20 Uhr, sonst 9.30–14.30 Uhr. Leider werden die Zeiten nicht immer eingehalten.
Zweigstelle an der Plaza del Remo (Paseo Marítimo s/n), beim Strand Playa de la Carihuela, Zeiten wie oben. ✆ 952 372956.
• *Verbindungen* Zug: Bahnhof zentral an

der Avenida Jesús Santos Rein, gleich östlich der C. San Miguel. Zwischen etwa 6/7 und 23.30 Uhr halbstündlich Züge nach Fuengirola und Málaga.
Bus: PORTILLO hat fast das Monopol. Busbahnhof an der Calle Hoyo s/n, nordöstlich unweit der Plaza Costa del Sol; einige Buslinien starten jedoch an der Avenida Palma de Mallorca, Nähe Bahnhof. Busse nach Fuengirola halbstündlich, nach Málaga viertelstündlich, nach Marbella halbstündlich bis stündlich; Ronda 4-mal, Granada 4-mal täglich. Weiter in den Süden nach Estepona 11-mal, Algeciras 8-mal, La Línea gegenüber von Gibraltar 4-mal täglich.
• *Internet-Zugang* **Cybercafé Torremolinos**, Avenida de los Manantiales 4, ✆ 952 058687.

Übernachten/Essen/Feste

• *Übernachten* Mehr als 100 Hotels und 5000 Apartments, weit überwiegend sterile Hotelkästen. Insgesamt zählt Torremolinos über 50.000 Betten.
**** Parador de Golf, am Meer zwischen Torremolinos und Málaga, noch im Gemeindebereich von Málaga. Neuzeitliches Gebäude, Swimmingpool, Tennis und eben ein gepflegter Golfplatz. DZ etwa 160–185 €. Apartado 324, ✆ 952 381255, 📠 952 388963, www.parador.es.
** Hotel La Luna Blanca, in einem Wohngebiet oberhalb der Durchgangsstraße auf Höhe Carihuela, 2004 eröffnet. Eine sympathische und ungewöhnliche Adresse: Das tadellose kleine Neun-Zimmer-Hotel steht unter japanischer Leitung („das einzige japanische Hotel in Spanien"), weshalb es einen japanischen Steingarten, auf Wunsch japanisches Frühstück und im Restaurant zur Nebensaison sogar japanische Kochkurse gibt; die geräumigen Zimmer sind (mit Ausnahme einer japanischen Suite) jedoch

mehrheitlich in europäischem Stil gehalten. Kleiner Pool. DZ/F 70–100 €, im August 115 €. Pasaje Cerillo 2, ✆ 952 053711, 📠 952 384284, www.hotellalunablanca.com.
** Hotel Res. El Pozo, nicht so originell, aber ebenfalls eine durchaus angenehme und zudem recht preiswerte Alternative zu den großen Bettenbunkern. Mittelklasse, ordentliche Zimmer, zentrale Lage nur 200 Meter meerwärts des Bahnhofs. Ganzjährig geöffnet. DZ etwa 50–80 €. Calle Casablanca 2, ✆ 952 380602, 📠 952 387117, www.hotelelpozo.com.
** Hotel Res. Miami, strandnah im Viertel Carihuela, ein Lesertipp von Britta Hangebrock: „Mit vielen andalusischen Elementen eine Augenweide im Vergleich zu den übrigen Hotelburgen. Netter Innenhof mit Terrasse und kleinem Pool. Die Zimmer sind zweckmäßig eingerichtet, mit Klimaanlage." DZ 40–65 €. Calle Aladino 14, ✆ 952 385255, 📠 952 378508, www.residencia-miami.com.

Provinz Málaga
Karte S. 370/371

422   Provinz Málaga

- *Camping* **Torremolinos**, 2. Kat., etwa drei Kilometer außerhalb in Richtung Málaga, nahe Autovía (direkt neben einer Zufahrt) und Airport, deshalb nicht gerade leise. Zum Strand etwa 500 Meter. Ganzjährig geöffnet. Satte Preise: P. P. 9 €, Zelt 10 €, Auto 6,50 €; zur NS mit Parzellen-Inklusivsystem etwas günstiger. Ctra. Cádiz–Barcelona, km 228, ✆ 952 382602, www.campingtorremolinos.com.

- *Essen*   Restaurants aller Nationalitäten, zahllose Schnellimbisse mit Billigfutter.

Rest. El Roqueo, im Strandviertel Carihuela. Eindeutige Spezialität des renommierten Lokals sind Fisch und Meeresfrüchte, für ein Menü à la carte sind ab etwa 30 € zu rechnen. Calle Carmen 35, Di Ruhetag.

Rest. Casa Juan Los Mellizos, ebenfalls in La Carihuela. Sehr großes, beliebtes Lokal etwas landeinwärts der Strandpromenade. Spezialität sind auch hier Fischgerichte, die Eigentümer (die in Benalmádena und Málaga

noch weitere Lokale betreiben) besitzen sogar einen eigenen Fischhandel. Das Preisniveau liegt etwa wie oben. Calle San Ginés 20.

Rest. El Gato Viudo, ein Lesertipp von Ursula Nöthen: „Um die Ecke vom Hotel El Pozo. Sehr freundlicher Wirt, der sehr gut und preiswert kocht. La Nogalera 11."

Rest. Lanjarón, eines von mehreren günstigen Lokalen in dieser Gegend, aber nicht mit der ähnlich benannten Konkurrenz zu verwechseln. Mehrere preiswerte Tagesmenüs. Zu finden in der Calle Europa, oberhalb der Avda. Isabel Manoja, nahe Plaza Independencia.

- *Feste* **Fiestas de San Miguel**, mehrere Tage Ende September. Traditionsreiches Fest, das immerhin bis in die 40er-Jahre zurückgeht. Hauptattraktion ist eine Romería zu Ehren des Stadtpatrons, die als größte innerstädtische Wallfahrt ganz Spaniens gilt und von Dutzenden geschmückter Ochsenkarren begleitet wird.

Baden: Gepflegt sind alle Strände von Torremolinos, zudem vom Sonnenschirm über Windsurfing bis Wasserski mit allen möglichen Verleihstationen versehen, wenn auch zur Hochsaison sehr voll. Das Felskap La Roca teilt die beiden Hauptstrände *Playa Bajondillo* und *Playa Carihuela*. Ersterer erstreckt sich zusammen mit seinen Verlängerungen „Playamar" und „Playa los Álamos" mehrere Kilometer weit nach Nordosten, letzterer reicht mit über zwei Kilometern Länge bis ins Gemeindegebiet von Benalmádena.

Benalmádena

Südwestlich an Torremolinos anschließend, teilt sich die Gemeinde von Benalmádena in drei ganz unterschiedliche Zonen. Der alte Ortskern bewahrt noch überraschend viel Charme.

Benalmádena-Costa grenzt direkt an den Siedlungsbereich von Torremolinos, der Übergang von einem Ort zum anderen ist freilich kaum spürbar. Die Küstensiedlung erstreckt sich über mehrere Kilometer entlang der Durchgangsstraße. Ihren Kern bildet der schicke Sporthafen Puerto Deportivo, mehrmals pro Jahr Ausgangspunkt für Wettbewerbe im Thunfischfang auf hoher See und 1995 als „Beste Marina der Welt" ausgezeichnet – von einem britischen Immobilienmagazin ... Unweit der Gemeindegrenze zu Torremolinos angelegt, bietet der von Nobel-Apartments umgebene und mit vielen Türmchen und Erkerchen in neomaurischem Stil gestaltete Hafen Liegeplätze für rund tausend Yachten und wird an Sommerabenden zum viel besuchten Treffpunkt der Jugend Málagas. Hier liegt auch das Aquarium *Parque Submarino Sea Life*, in dessen gläsernem Tunnel Haie und Rochen zu bewundern sind. Geöffnet ist es täglich ab 10 Uhr, geschlossen wird je nach Jahreszeit zwischen 18 und 20 Uhr, im Juli/August um 24 Uhr; Eintritt 14 €.

Arroyo de la Miel liegt etwas landeinwärts des Sporthafens und ist das eigentliche Ortszentrum, in dem der Großteil der Einwohnerschaft der Gemeinde lebt. Hier finden sich auch die wichtigsten Versorgungseinrichtungen sowie der Bahnhof und

Benalmádena

die Talstation der Seilbahn *Teleférico*. Weiter küstenwärts und nicht mehr weit von der Durchgangsstraße erstreckt sich der 2003 eröffnete Tierpark *Selvo Marina* (geöffnet Mitte Februar bis Oktober, z. T. auch November und Dezember, täglich ab 10 Uhr, Betriebsschluss je nach Jahreszeit zwischen 18–21 Uhr, im Juli/August 24 Uhr; 18 €), laut Werbung das erste „Delfinarium und Pinguinarium Andalusiens".

Benalmádena-Pueblo schließlich, hoch über der Küste gelegen, ist der älteste und ursprünglichste der drei Ortsteile. Hier scheint die Welt noch in Ordnung – ein weißes Dorf in den Bergen, mit stilvollen Bars, kleinen Häusern und engen Gassen; selbst die Hauptstraße ist so schmal, dass eine Ampel die Durchfahrt im Einbahnstraßenverfahren regeln muss. Doch besitzt auch Benalmádena-Pueblo seinen Superlativ: Westlich etwas außerhalb wurde 2003 der mit über 30 Metern Höhe bis dato größte Buddhisten-Tempel Europas errichtet, genannt *Estupa de la Iluminación* (www.stupabenalmadena.org, Besuche Di–Fr 10.30–14, 16–19.30 Uhr, Sa/So im Sommer durchgehend 10.30–19.30 Uhr, im Winter Mittagspause 14–15 Uhr). Im Ort selbst liegt das Archäologiemuseum *Museo Precolumbino* (Di–

Erker an Erker: im Sporthafen von Benalmádena

Sa 9.30–13.30, 17–19 Uhr, So 10–14 Uhr; gratis) wieder eröffnet, das archäologische Funde und präkolumbianische Kunst aus Lateinamerika zeigt.

• *Information* **Oficina de Turismo**, Benalmádena-Costa, Avenida Antonio Machado 12, an der Hauptstraße beim Ortsrand aus Richtung Torremolinos; ✆ 952 442494. Öffnungszeiten: Mo–Fr 9–18.30 Uhr, Sa/So 9–15.30 Uhr.

• *Verbindungen* **Zug**: Bahnhof der FFCC-Nahverkehrslinie in Arroyo de la Miel, tagsüber jeweils halbstündlich Züge in Richtung Málaga und Fuengirola.

Bus: Haltestelle der PORTILLO-Busse in Benalmádena-Costa an der Hauptstraße unweit der Infostelle, häufige Verbindungen Richtung Torremolinos und Fuengirola. Zwischen den einzelnen Siedlungsteilen fahren Ortsbusse.

Teleférico Benalmádena, eine Seilbahn, die von Arroyo de la Miel hinauf zum rund 600 Meter hohen Monte Calamorro führt. Oben wird man mit Adlershows, Pferdespektakeln und Eselsritten unterhalten. Es bietet sich jedoch auch ein weiter Blick über die Küste und es gibt mehrere Spazierwege. Abfahrten täglich ab 10.30 Uhr an der Explanada Tívoli beim gleichnamigen Vergnügungspark, Fahrpreis inklusive der Shows zuletzt 13 €.

• *Übernachten/Essen* ***** Hotel La Fonda**, im Ortskern von Benalmádena-Pueblo. Sehr charmantes kleines Hotel mit nur 26 Zimmern, das von dem aus Lanzarote stammenden Künstler und Architekten César Manrique gestaltet wurde. Fantastische

424   Provinz Málaga

Aussicht, geräumige und gut ausgestattete Zimmer, mehrere Patios, Pool. Zuletzt (wegen Renovierung, wie es hieß) geschlossen. Es gibt auch im Ort verteilte Apartments, die von Lesern gelobt wurden. Calle Santo Domingo 7, ✆ 952 568273, mobil 615 627880, www.fondahotel.com.

Restaurante Casa Fidel, in Benalmádena-Pueblo. Ein Klassiker des Ortes, sorgfältige Küche und guter Service. Dabei nicht einmal besonders teuer, Menü à la carte ab etwa 30 €. Calle Maestra Ayala 3, beim Rathaus. Di, Mi-Mittag und im August geschlossen; Reservierung: ✆ 952 449165.

Restaurante El Parador, ebenfalls in Benalmádena-Pueblo, ein Lesertipp von Anke Bennertz-Kromberg: „An der Ortseinfahrt vor der Ampel/Bushaltestelle rechts. Besonders lecker und vielfältig waren dort die Tapas und die hauseigenen Spezialitäten; sehr günstige Preise." Avenida Juan Luis Peralta 47.

Restaurante St. Tropez, unten in Benalmádena-Costa, an der Strandpromenade Richtung Fuengirola. Weithin bekannt für Fischspezialitäten aller Art, mittleres Preisniveau. Die Betreiberfamilie sitzt an der Quelle, versorgt sie doch praktisch die gesamte Hotellerie mit Fisch und besitzt neben weiteren Lokalen in Torremolinos und Málaga auch eine Fischhandlung. Playa Sta. Ana, Local 1, nahe Hotel La Roca. www.losmellizos.net.

● *Feste* **Semana Santa**, die Karwoche, mit Passionsspiel auf einem Berg in der Nähe von Benalmádena-Pueblo.

San Juan, in der Nacht des 23. auf den 24. Juni, das Hauptfest von Arroyo de la Miel.

Veladilla del Carmen, am 16. Juli, das Fest der Schutzheiligen der Fischer. Es wird natürlich in Benalmádena-Costa gefeiert.

Fiesta de Benalmádena-Pueblo, das Hauptfest des Altorts, um den 15. August.

Baden: Südwestlich des Hafens erstrecken sich die aufeinander folgenden, langen und leicht geschwungenen Strände *Playa Malapesca, Playa Santa Ana* und *Playa Bil-Bil*, allesamt gut ausgestattet und im typischen Grau dieses Abschnitts der Costa del Sol. Jenseits des Kaps von Punta Negra werden die Strandabschnitte kürzer; an der kleinen, kaum über hundert Meter langen *Playa Benalnatura* im Gebiet hinter dem Spielcasino ist Nacktbaden erlaubt.

Fuengirola

Natürlich ist Fuengirola ein fast hundertprozentiger Ferienort, natürlich flankieren Hotelriesen die langen Sandstrände und ragen auch in der Stadt überall auf. Doch leben hier mehr ständige Einwohner (rund 75.000) als im flächenmäßig weit größeren Torremolinos: Indiz für ein zumindest rudimentär vorhandenes Alltagsleben.

Tatsächlich gibt es in Fuengirola einige Viertel, die noch ein bisschen an Spanien erinnern. Das Vergnügungsangebot allerdings ist international breit gefächert; Discos finden sich ebenso reichlich wie „Hollandse Bars", „English Pubs" und „Deutsche Bierkneipen". Fuengirola verfügt auch über einen gut ausgestatteten und sehr zentral gelegenen Sporthafen, in dem es ebenfalls eine breite Auswahl an Bars gibt. Optisch ist er im beliebten neomaurischen Stil gehalten. Da passt es auch, dass Fuengirola eine „echte" Moschee besitzt, weit im Süden unweit der Durchgangsstraße gelegen und ein Beispiel für den entlang der Costa del Sol wieder zunehmenden arabischen Einfluss.

Orientierung: Die A 7 umgeht Fuengirola im Bogen. Parallel zum Strand verläuft eine Art Hauptstraße; im Bereich des relativ deutlich begrenzten Zentrums nennt sie sich im Norden *Avenida Tejada* und im Süden *Avenida Condes de San Isidro*. Meerwärts der Hauptstraße liegt mit der *Plaza de la Constitución* der kleine Hauptplatz, landeinwärts erstreckt sich ein urbaner Kern, in dem sich alle wichtigen Einrichtungen finden.

Fuengirola

Minarette oder Riesenbleistifte? Nein, der Sporthafen von Fuengirola

*I*nformation/*V*erbindungen

• *Information* **Oficina Municipal de Turismo**, Av. Jesús Santos Rein 6, im Zentrum unweit vom Busbahnhof und Markt. Öffnungszeiten: Mo–Fr 9.30–14, 17–19 Uhr, Sa 9.30–13.30 Uhr. ✆ 952 467457; www.visita fuengirola.com.

• *Verbindungen* **Zug**: Bahnhof zentral landeinwärts des Busbahnhofs. Fuengirola ist der Endbahnhof der im halbstündigen Turnus bedienten FFCC-Strecke von Málaga via Torremolinos. Eines fernen Tages soll die Linie bis Estepona verlängert werden.

Bus: Terminal an der Avenida Tejada, einen Block strandwärts des Bahnhofs. PORTILLO fährt (zusammen mit anderen Gesellschaften) u.a. etwa halbstündlich Richtung Málaga und Marbella; nach Ronda (zusammen mit Los Amarillos) 6-mal, Algeciras 8-mal und nach La Línea gegenüber von Gibraltar 4-mal täglich.

• *Internet-Zugang* **Europhone**, im Zentrum, Av. de Mijas 4, ✆ 952 472482.

*Ü*bernachten/*E*ssen

• *Übernachten* Juli und September sind Hochsaison, im August setzt es vielfach noch einen Topzuschlag drauf.

**** Hotel Las Pirámides, eines der zahlreichen Großhotels von Fuengirola und architektonisch nicht gerade attraktiv, aber komfortabel mit Pool, Garage etc. ausgestattet. DZ offiziell etwa 145–195 €, mit Internet-Angeboten aber schon mal deutlich günstiger. Calle Miguel Márquez 43, strandnah im südlichen Ortsbereich, ✆ 952 470600, ✉ 952 583297, www.hotellaspiramides.com.

** Hotel Agur, im Gebiet hinter dem Sporthafen und etwa auf Höhe der Infostelle gelegen. Solides Quartier mit ordentlicher Ausstattung und vernünftigen Preisen. DZ/Bad nach Saison etwa 40–45 €, im August um die 70 €. Calle Tostón 4, ✆ 952 476666, ✉ 952 664066.

** Hostal Italia, ebenfalls sehr zentral im Strand- und Restaurantviertel unweit dem Plaza Constitución. Empfehlenswerter, freundlicher Familienbetrieb, moderne Zimmer mit TV und Klimaanlage; gute Bäder. Im Umfeld liegen weitere Hostales. DZ/Bad etwa 50–55 €, im August 70 €. Calle de la Cruz 1, ✆ 952 474193, ✉ 952 461909, www.hostal-italia.com.

** Hostal Los Corchos, eine weitere gute Adresse, im Jahr 2000 eröffnet. Strandnah

Provinz Málaga Karte S. 370/371

426   Provinz Málaga

knapp nördlich des engeren Zentrums gelegen, Autofahrer haben hier etwas bessere Chancen auf einen nahen Parkplatz als bei der Konkurrenz. DZ/Bad etwa 45–50 €, im August rund 75 €. Calle Hernán Cortés 57, ✆ 952 585841, 📠 952 199094, www.hostal loscorchos.com.

● *Camping* **Fuengirola**, 2. Kat., der einzig verbliebene Camping um Fuengirola, nachdem die beiden anderen Plätze geschlossen und überbaut wurden. Südwestlich etwas außerhalb des Ortes und landeinwärts der autobahnähnlich ausgebauten Straße Richtung Marbella gelegen; ganzjährig geöffnet. Parzelle inkl. zwei Personen, Auto und Zelt etwa 31 €. Ctra N-340, km 207, ✆ 952 474108.

● *Essen/Kneipen* Restaurantgasse Nummer eins ist die von Hochhäusern eingeklemmte Calle Moncayo südlich des Hafens. Italienisch, Chinesisch, Deutsch, wie's beliebt ...

Restaurante Casa Roberto, nur einen Katzensprung von der Plaza Constitución. Ungewöhnliches Ambiente, von der Decke hängen Hunderte von Golfschlägern. Spe-

zialität ist Fleisch vom Grill, Portion um die 15–18 €, auch sonst nicht direkt billig. Nur abends geöffnet, stets gut besucht, Reservierung ratsam. Calle España 8, ✆ 952 465809.

Parasol und **La Paz Garrido** heißen zwei beliebte, nahe beieinander gelegene Bars, in denen es gute Fischtapas und Raciones gibt. Am Anfang der Avenida de Mijas, ein kleines Stück südlich des Bahnhofs.

Bar La Pará, Beispiel für die Handvoll Tapa-Bars dieser kleinen Straße, die südwestlich nicht weit vom Busbahnhof liegt. Gute Auswahl an Tapas sowie halben und ganzen Raciones, nicht teuer.

Café La Plaza, am Hauptplatz Plaza Constitución. Tagsüber Treffpunkt (nicht nur) der einheimischen Upper-Class-Jugend mit gut gefülltem Geldbeutel, abends auch einige der örtlichen Honoratioren. Architektonisch und auch sonst recht nett.

Restaurante Venta La Morena, etwas außerhalb, ein Lesertipp für Reisende mit Fahrzeug, der von Ariane Mager und Peter Gampenrieder stammt: „Traditionelles Essen in reichlichen Portionen, sehr gut. An der Straße nach Coín, linker Hand bei km 2,5."

Feste und Veranstaltungen/Baden

● *Feste* **Feria Internacional de los Pueblos**, an wechselnden Terminen zwischen März und Mai (meist Ende April, Anfang Mai), ein Festival mit Folklore und Gastronomie, zu dem Vertreter ganz unterschiedlicher Länder anreisen.

Fiesta de la Virgen del Carmen, 16. Juli, mit Meeresprozession, Musik und Tanz. Im Ortsteil Los Boliches dauert die Fiesta länger, etwa vom 15. bis zum 19. Juli; dort dann auch anerkannt guter Flamencowettbewerb und Feria.

Fiesta y Feria de Rosario, 6.–12. Oktober. Hauptfest der Stadt, viele Kutschen und Reiter, die ganze Innenstadt für den Verkehr gesperrt; Stierkämpfe, Wettbewerbe, Volkstänze etc. Zentrum der Aktivitäten ist das Festgelände Recinto ferial, dessen „Casetas" im Gegensatz zu den sonst meist üblichen Zeltkonstruktionen aus Ziegeln er-

richtet sind und deshalb das ganze Jahr über stehenbleiben.

● *Baden* Ausreichend Strandlänge samt aller nötigen Einrichtungen vorhanden. Nördlich und südlich des Sporthafens erstrecken sich die Strände von Fuengirola über mehrere Kilometer.

Playa Boliches-Gaviotas: Der hellsandige, rund 2,5 Kilometer lange Doppelstrand im Norden des Hafens prunkt alljährlich mit der „Blauen Umweltflagge"; zumindest dort sollte die Wasserqualität mithin in Ordnung sein.

Playa Santa Amalia-El Castillo, südlich des Hafens. Beide Strände, zusammen ebenfalls über zwei Kilometer lang, werden von der Mündung des Río Fuengirola getrennt, von der man vielleicht besser etwas Abstand halten sollte. Am Ende der Playa Castillo rückt die A 7 wieder unangenehm nah an die Küste.

Sehenswertes

Parque Yacimiento Romano Finca del Secretario: Im nordöstlichen Ortsbereich, am Ende der Av. Jesús Santos Rein, liegt diese in den 70ern entdeckte Ausgrabungsstätte des 1.–5. Jh. n. Chr. Sie teilt sich in zwei Zonen, nämlich in den

Mijas   427

Thermalbereich einer römischen Villa sowie in ein gewerbliches Areal, zu dem die Reste einer römischen Fischfabrik und einer Töpferei gehören.

Öffnungszeiten 10–14, 15–22 Uhr (Sommer) bzw. 15–19 Uhr (Winter), Eintritt frei.

Bioparc: Der vor einigen Jahren neu gestaltete Zoo der Stadt ist nicht nur für Kinder interessant. Eine Art tropischer Garten ersetzt den früheren Beton, die Tiere leben in relativ natürlicher Umgebung hinter Glas statt hinter Gittern. Das von zahlreichen Wasseradern durchzogene Gelände, auf dem etwa 250 Arten untergebracht sind, gliedert sich in die Lebensräume „Madagaskar", „Äquatorialafrika" und „Südostasien". Im Juli und August ist der Zoo sogar nachts zu besuchen.

• *Lage und Öffnungszeiten* Avenida Camilo José Cela 6, an der Verlängerung der Hauptstraße im südlichen Zentrumsbereich und nahe der Stierkampfarena. Geöffnet ist je nach Jahreszeit von 10 bis 18 oder 20 Uhr, im Juli/August bis Mitternacht; Eintritt 16 €, Kinder 11 €.

Castillo Sohail: Auf dem kleinen Hügel im Südwesten des Ortes, bereits jenseits des Río Fuengirola, hatten bereits die Römer eine Festung errichtet. Das heutige Kastell, vor Jahren restauriert und seitdem auch Schauplatz diverser Kulturveranstaltungen und Festivitäten, stammt in seinen Grundzügen jedoch aus der maurischen Zeit des 12. Jahrhunderts.

Öffnungszeiten Sommer 9.30–21 Uhr, Frühjahr und Herbst 10–18.30 Uhr, Winter 10.30–18 Uhr; im Juli geschlossen. Eintrittsgebühr 3 €.

Mijas

Ein „Weißes Dorf" mit Küstenblick auf 430 Metern Höhe in den Bergen, unheilvoll nah zu Torremolinos und Fuengirola gelegen.

Mijas besitzt, was die Küstensiedlungen in diesem Bereich längst nicht mehr aufzuweisen haben: Einen Hauch Restandalusien in Form eines gewachsenen Ortskerns. Klar, was sich da entwickelt hat. Die engen Gassen sind zur Kulisse für Ramschläden degeneriert, die Käuferscharen strömen busladungsweise.

Eine Besonderheit von Mijas sind die sogenannten „Eseltaxis" (Burro-Taxi). Sie hinterlassen offensichtlich soviel naturbedingten Dreck, dass sie mit einem „System zum Auffangen ihrer Exkremente" ausgerüstet sein müssen. Manchmal ist ein Esel schon ein armes Schwein … Besser haben es da die sicher gut gehätschelten Rennpferde, die auf dem Hippodrom von Mijas an den Start gehen. Die Rennbahn, zehn Kilometer vom Ort selbst und küstennah bei der Urbanisation El Chaparral westlich von Fuengirola gelegen, bietet Platz für 8000 Zuschauer und soll mit Hunderten von Ställen, einer Reitschule, Hotels, zahlreichen Restaurants etc. eine winterliche Alternative zum britischen Ascot darstellen.

• *Verbindungen* **Busse** der Gesellschaft PORTILLO fahren von Torremolinos etwa stündlich, ab Fuengirola halbstündlich.

• *Übernachten* ** **Hostal The Beachhouse**, in der Küstenurbanisation El Chaparral direkt am Meer gelegen, trotz der nahen Straße recht ruhig. Das schön und sehr edel gestylte Quartier ist ein Ableger des in der Klassifizierung ebenso tiefgestapelten Hostals „The Town House" von Marbella. Zehn Zimmer, Pool. DZ/F nach Saison und Ausstattung 125–175 €. Carretera N 340, km

203, ✆/☏ 952 494540, www.beachhouse.nu.

• *Feste* **Romería de San Antón**, eine große Wallfahrt am ersten Sonntag im Mai.

Fiesta de la Virgen de la Peña, das Hauptfest des Dorfes, das etwa vom 7. bis zum 11. September stattfindet.

• *Infos über die Rennbahn* **Hipodromo de la Costa del Sol**, Urbanización El Chaparral, Apartado de Correos 365, 29649 Mijas Costa; ✆ 952 592700, ☏ 952 592718, www.hipodromocostadelsol.es.

Provinz Málaga
Karte S. 370/371

Man gönnt sich ja sonst nichts: Dalí-Skulptur an der Avenida del Mar

Marbella

Der viel beschworene Mythos Marbellas als Stadt der Reichen und Schönen stimme nicht mehr, hört man immer wieder mal. Dem ist dann regelmäßig doch nicht so – die Hohenlohes und Bismarcks dieser Welt können ohne ihr Marbella wohl nicht sein. Die Party geht weiter.

In der Vergangenheit kam es zwar durchaus gelegentlich zu Absetzbewegungen von Adel und Geldadel. Auslöser der Flucht waren, neben dem zunehmenden Pauschaltourismus, meist diverse Skandale, an denen Marbellas jüngere Vergangenheit wahrlich nicht arm ist. Zeichnete bis 2002 vornehmlich der berühmt-berüchtigte, nach seiner Amtsenthebung wegen Bilanzfälschung zu mehrjähriger Haft verurteilte und mittlerweile verstorbene Baulöwe und Bürgermeister Jesús Gil für negative Schlagzeilen verantwortlich, so trieben es seine Nachfolger noch toller. 2006 wurde von der Regierung in Madrid gar der gesamte Stadtrat aufgelöst, ein großer Teil seiner Mitglieder samt Bürgermeisterin, Vizebürgermeistern und Polizeichef wegen Korruption in Haft genommen, Konten und Güter im Wert von mehr als 2,4 Milliarden Euro (!) beschlagnahmt. Seitdem ist es wieder etwas ruhiger geworden …

Doch auch wenn sie der Stadt zunächst den Rücken kehren, so kommen doch fast alle illustren Marbella-Flüchtlinge irgendwann (so lehrt es zumindest die Vergangenheit) wieder reumütig zurück. Zur finanziell potenten Besucherstruktur zählen weiterhin dollarschwere Araber, deren prunkvolle Banken und Moscheen in und um Marbella nicht zu übersehen sind; Spötter sprechen deshalb schon seit geraumer Zeit von einer „Re-Reconquista". Wohl fühlen sich in Spaniens Luxusmetropole auch Kriminelle höchsten Kalibers, insbesondere internationale Waffenschmuggler, etwa seit Mitte der Neunziger aber auch zahlreiche „Paten" aus Russland.

Marbella 429

Die üppig vorhandenen Finanzressourcen zeigen in Marbella durchaus ihre guten Seiten. So war es kein Problem für die interessierten Kreise, „ihre" malerische Altstadt vor dem Zugriff der Bauspekulation zu schützen. Auf geschmackvolle Art herausgeputzt, erfreut sie das Auge und ist die Hauptattraktion Marbellas: Von Blumenpracht überwucherte Fassaden von Boutiquen oder Restaurants sind eben schöner anzusehen als eine neonkalte Spielhalle oder ein Schnellimbiss. Ein Stück meerwärts gönnte man sich noch in den Neunzigerjahren den kleinen Luxus, die Avenida del Mar mit zehn großen Skulpturen von Salvador Dalí zu schmücken. Auch sonst erweist sich Marbella bei näherer Bekanntschaft als eine der angenehmeren Städte der Sonnenküste. Am Yachthafen läßt es sich nett bummeln, es gibt gute und gar nicht einmal so teure Restaurants, und an Stränden besteht auch kein Mangel. Was nicht ausschließt, dass so mancher Besucher nur deswegen kommt, um seine Idole aus der Regenbogenpresse einmal live zu erleben ...

Orientierung: Von der Altstadt abgesehen, ist der Unterschied beispielsweise zu Fuengirola gar nicht so groß. Auch in Marbella entlastet eine Ortsumgehung das Zentrum vom Verkehr, und auch hier führt die Hauptstraße durch eine Hochhausschlucht, wie sie entlang der gesamten Costa stehen könnte. Landeinwärts liegt der Ortskern um den lauschigen „Platz der Orangenbäume" *Plaza de los Naranjos*; umgeben von einem Kranz neuerer Bauten, die durch Grünanlagen aufgelockert werden. Meerwärts bildet der von modernen Vierteln der üblichen Art umgebene Sporthafen *Puerto Deportivo* ein weiteres Zentrum. Der weitaus noblere Hafen Puerto Banús (siehe auch „Umgebung von Marbella") liegt etwa sechs Kilometer westlich der Stadt.

Information/Verbindungen

● *Information* **Oficina Municipal de Turismo**, Hauptstelle an der Calle Glorieta de la Fontanilla s/n, recht strandnah, aber nicht unbedingt zentral westlich des Sporthafens gelegen. Öffnungszeiten Mo–Fr 9–21 Uhr, Sa 10–14 Uhr. ✆ 952 771442, ✉ 952 779457, www.marbella.es.

Oficina Municipal de Turismo, Filiale am Hauptplatz Plaza de los Naranjos s/n, ✆ 952 823550, ✉ 952 773621. Öffnungszeiten wie oben.

● *Verbindungen* **Zug**: Nächster Bahnhof in Fuengirola, dorthin häufige Busverbindung. In (fernerer) Zukunft wird diese Linie über Marbella hinaus bis nach Estepona reichen.

Bus: Großes Busterminal (✆ 952 764400) nördlich des Zentrums am Ende der Avda.

Trapiche; von und zum Ortskern mit Stadtbus Nr. 7. PORTILLO fährt nach Fuengirola/ Torremolinos und Málaga halbstündlich bis stündlich. Mit Portillo (auf manchen Linien seltener auch mit anderen Gesellschaften) nach Ronda 6-mal, zum Airport Málaga 10x täglich, nach Algeciras mit verschiedenen Gesellschaften 20-mal täglich, davon acht Direktbusse; zur Grenzstadt La Línea gegenüber von Gibraltar 5-mal täglich. Zum Yachthafen Puerto Banús alle 45 Minuten.

● *Internet-Zugang/Telefon* **Internet Café**, Travesía Carlos Mackintosh, meerwärts des Stadtparks und der Cafetería Marbella.

Call Home, Calle Peral, in der Altstadt, neben der „Lolita Marbella Lounge"; hier auch Telefon.

Provinz Málaga
Karte S. 370/371

Übernachten (siehe Karte S. 432)

An Nobelhotels besteht kein Mangel, sie liegen meist etwas außerhalb. Angenehm: Günstige Pensionen sind in der Altstadt gut vertreten, mittlerweile auch einige kleine Hotels mit Charme. In der Saison früh auf die Suche gehen, auch in Notfällen nie am Strand schlafen, denn Diebe gibt es in Marbella reichlich.

**** Hotel Marbella Club, das berühmteste Quartier der Stadt: Erst mit der Gründung dieses Hotels durch Prinz Alfonso von Hohenlohe begann 1953 der Aufstieg Marbel-

las. Seitdem ist das Haus Schauplatz zahlreicher Skandale und Skandälchen. Wer etwas auf sich hält, logiert hier – so er das entsprechende Kleingeld übrig hat. Preis je nach Saison mindestens 300–500 € für ein DZ; wer will, kann auch noch erheblich mehr ausgeben. Boulevard Príncipe de Hohenlohe, an der nicht umsonst so benannten „Goldmeile" (Milla de Oro) etwa vier Kilometer westlich des Zentrums, ✆ 952 822211, ℡ 952 829884, www.marbellaclub.com.

*** Hotel Claude (3), vor wenigen Jahren eröffnetes Luxusquartier, das bei der Klassifizierung ein wenig untertreibt. In der oberen Altstadt, untergebracht in einem restaurierten, in schickem Stilmix möblierten Stadthaus des 17. Jh. Nur sechs Zimmer sowie eine Suite, aller Komfort bis hin zum Laptop-Verleih. Dachterrasse. DZ/F nach Ausstattung etwa 250–280 €, die Suite 370 €. Calle San Francisco 5, ✆ 952 900840, ℡ 952 766272, www.hotelclaudemarbella.com.

** Hotel Lima (22), für nicht ganz so Begüterte. Der Bau an sich ist keine architektonische Schönheit, bietet aber durchaus ordentlichen, gut in Schuss gehaltenen Mittelklassestandard. Zentrale und strandnahe Lage unweit des Stadtparks. DZ nach Saison etwa 65–100 €. Avenida Antonio Belón 2, ✆ 952 770500, ℡ 952 863091, www.hotellimamarbella.com.

** Hotel La Morada Más Hermosa (4), sehr hübsches kleines Hotel (der Name bedeutet „Die schönste Wohnung") in einer viel fotografierten Altstadtgasse. Nur fünf Zimmer, keines wie das andere, alle jedoch komfortabel ausgestattet und mit Klimaanlage etc. Zwei Zimmer besitzen eigene Terrassen, eines ist zweigeschossig. In der Nähe ist auch ein komplettes Häuschen für 4–5 Personen zu vermieten. DZ nach Saison etwa 80–115 €. Calle Motenebros 16, ✆ 952 924467, ℡ 952 778147, www.lamoradamashermosa.com.

** Hostal The Town House (14), in der gleichen Liga. Ein 2004 eröffnetes Designer-Quartier in der Altstadt, von der Klassifizierung her sehr tief gestapelt. Neun Zimmer verteilen sich über mehrere Etagen, ganz oben liegt eine schöne kleine Dachterrasse mit Bar. Helle, gemütliche Zimmer (nett: Nr. 9 mit kleinem Balkon), wie das ganze Hotel in einem ungewöhnlichen Stilmix eingerichtet. Besitzer und Personal sind aus Schweden. DZ 125–145 €, Frühstück inklusive. Calle Alderete 7, bei der Plaza Tetuan, ✆/℡ 952 901791, www.townhouse.nu.

* Hostal Enriqueta (11), in der Nähe des Hauptplatzes. An einem kleinen Sträßchen, geräumige und fast klinisch saubere Zimmer, besonders hübsch zum Patio hin. Von Lesern gelobt. Die Tiefgarage an der Plaza Victoria liegt ganz in der Nähe. DZ/Bad etwa 50–60 €. Calle Los Caballeros 18, die erste Straße nördlich der Plaza de los Naranjos, ✆ 952 827552, www.hostalenriqueta.com.

* Hostal El Gallo (2), in guter Lage in der oberen Altstadt. Als Hostal (das Restaurant, siehe unten, gibt es schon länger) erst wenige Jahre alt, sauber und tipptopp in Schuss, nur die Matratzen für mitteleuropäischen Geschmack vielleicht etwas weich. Achtung, das Gässchen ist sehr eng, Autoanfahrt – wie oft in Marbella – praktisch nicht möglich; besser, es etwas östlich an der C. Manuel Cantos zu versuchen. DZ/Bad etwa 45–65 €. C. Lobatas 46, ✆ 952 827998, ℡ 952 866476, hostalelgallo@hotmail.com.

* Hostal El Castillo (6), ebenfalls ein solides Quartier in dieser Klasse – sofern man kei-

Ausblick: Hostal The Town House

Marbella 431

nen der wenigen fensterlosen Räume erwischt, also vorher ansehen. Altes Haus, große und stilvoll eingerichtete Zimmer, Dachterrasse; im zweiten Stock ein überdachter Innenhof. Die Zimmer auf die kleine Plaza haben Balkon. Keine Autoanfahrt möglich, am besten im Gebiet nördlich/östlich außerhalb der Altstadt sein Glück versuchen. DZ/Bad nach Saison 45–55 €. Plaza San Bernabé 2, östlich oberhalb der Plaza Naranjos, ☎ 952 771739, ☏ 952 821198, www.hotelelcastillo.com.

* Hostal Berlín (21), östlich knapp außerhalb der Altstadt und ein empfehlenswerter Vertreter unter der Handvoll Quartiere in dieser schmalen Gasse. Mit 17 Zimmern relativ groß, neues und gepflegtes Mobiliar, zentrale Klimaanlage; die Tochter des Hauses spricht Deutsch. Alle Zimmer mit eigenem Bad, wobei die Zimmer mit Balkon zwar auch ein privates Bad besitzen, doch liegt dieses außerhalb. DZ 35–65 €. Calle San Ramón 21, ein nördliches Seitengässchen der Av. Severo Ochoa (Verlängerung Ramón y Cajal), ☎ 952 821310, ☏ 952 826677, www.hostalberlin.com.

Pensión Aduar (8), nahe der Plaza Naranjos. Das Haus mit vielen Winkeln und Kachelschmuck hat Charme und wurde vor wenigen Jahren nach einem Besitzerwechsel renoviert. Die Räume zum Gang hin sind jedoch etwas arg dunkel. Hübscher Innenhof. DZ ohne Bad (die Mehrzahl) um die 35–40 €, mit Bad 40–50 €. Calle Aduar 7, ☎ 952 773578, www.pensionaduar.com.

Jugendherberge Albergue Juvenil Marbella (IYHF) (1), ein kleines Stück landeinwärts der Altstadt, in einem Park an der Verlängerung der Calle Ancha. Historisches Gebäude, gepflegte Räumlichkeiten, Unterkunft auch in Zelten möglich: Einlass laut Leserbriefen rund um die Uhr. Ganzjährig geöffnet, Reservierung ratsam. Calle Trapiche 2, Richtung Busbahnhof, ☎ 951 270301, ☏ 951 270305.

Camping

Insgesamt drei Plätze im Gemeindegebiet von Marbella.

Marbella Playa, 1. Kat., etwa zehn Kilometer außerhalb in Richtung Fuengirola und damit der vom Zentrum am weitesten entfernte Platz. Zum Strand aber günstiger gelegen als sein gleichklassiges Pendant, nämlich meerwärts der stark befahrenen „Küstenautobahn". Relativ ruhig, gute Ausstattung incl. Swimmingpool, Schatten eher wenig. Ganzjährig geöffnet; zu erreichen mit Bussen von/nach Fuengirola; letzter Bus ab Marbella allerdings schon deutlich vor Mitternacht. P. P. und Auto etwa 6 €, Zelt rund 11 €; Minimumpreis zur HS etwa 30 €, zur NS 16–20 €. Ctra. N 340, km 192,8, ☎ 952 833998, ☏ 952 833999, www.campingmarbella.com.

Essen (siehe Karte S. 432)

Die Restaurantszene Marbellas ist schnelllebig, Neueröffnungen und Schließungen sind häufig. In der Altstadt finden sich viele auch optisch attraktive Restaurants; wer sich etwas umschaut, muss gar nicht einmal so viel ausgeben. Die Plaza de los Naranjos selbst allerdings ist teuer.

• *Im Zentrum* **Restaurante Skina (5)**, im oberen Altstadtbereich. Kleines, edles Lokal mit wenigen Tischen auch im Freien. Gute Weinauswahl, kreative Küche, zuletzt mit einem Michelinstern geschmückt, das Preisniveau dementsprechend: Degustationsmenü rund 75 €. Nur abends, So Ruhetag. Calle Aduar 12, ☎ 952 765277.

Restaurante Santiago (23), an der Uferpromenade unweit der zentralen Avenida del Mar. Edles, lange eingeführtes Lokal, Spezialität Fisch und Meeresfrüchte, auch gute Tapas. Nicht billig, Menü à la carte ab etwa 45 € aufwärts. Avenida Duque de Ahumada 5, im November geschlossen. ☎ 952 770078.

Restaurante Tanguito (13), in der Altstadt gegenüber der Pensión Enriqueta. Reizvolles Interieur mit Patio und Dachterrasse, Spezialität ist Fleisch vom Grill, Portion etwa 15–20 €, es gibt aber auch einige vegetarische Gerichte. Nur abends. Calle Buitrano 2, Ecke Calle Caballeros.

Restaurante Sol y Sombra (19), eher einfaches Restaurant mit familiärer Atmosphäre und solider Küche der Marke „Hausmannskost". Einige wenige Tische stehen auch im Freien. Spezialität ist Fisch. Mittlere Preise. Calle Tetouan 7, im Süden der Altstadt. Do ist Ruhetag.

Provinz Málaga
Karte S. 370/371

432 Provinz Málaga

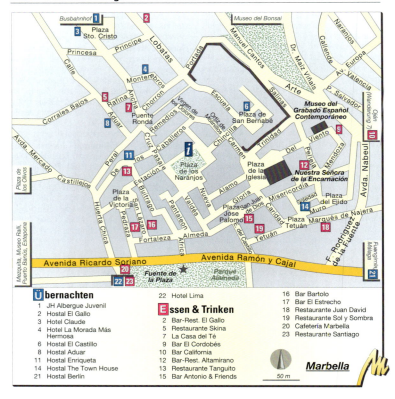

Übernachten
1 JH Albergue Juvenil
2 Hostal El Gallo
3 Hotel Claude
4 Hotel La Morada Más Hermosa
6 Hostal El Castillo
8 Hostal Aduar
11 Hostal Enriqueta
14 Hostal The Town House
21 Hostal Berlin
22 Hotel Lima

Essen & Trinken
2 Bar-Rest. El Gallo
5 Restaurante Skina
7 La Casa del Té
9 Bar El Cordobés
10 Bar California
12 Bar-Rest. Altamirano
13 Restaurante Tanguito
15 Bar Antonio & Friends
16 Bar Bartolo
17 Bar El Estrecho
18 Restaurante Juan David
19 Restaurante Sol y Sombra
20 Cafetería Marbella
23 Restaurante Santiago

Marbella

50 m

Bar-Rest. Altamirano (12), unser Tipp in der Altstadt, auch wegen des reizvollen Ambientes. Innen typisch spanisch mit Kacheln, hellem Licht und flinken Kellnern, außen ein stimmungsvoller kleiner Platz mit Gaslaternen und Blumentöpfen an weißen Wänden. Im Angebot Raciones und halbe Raciones, vornehmlich Meeresgetier und Salat; die Preise sind zwar nicht supergünstig, bleiben aber im Rahmen. Plaza Altamirano, im südöstlichen Altstadtbereich; sehr beliebt, früh da sein. Mi geschlossen.

Bar California (10), östlich der Altstadt, ebenfalls auf Fisch spezialisiert, aber nicht so überlaufen wie das Altamirano. Der Wirt, ein Kachelbild verrät es, ist ein Fan von Manzanilla-Weinen, genauer gesagt der Bodega Barbadillo. Kleine Terrasse zur (allerdings lauten) Straße. Zu suchen am Ende der Calle Málaga.

Bar El Cordobés (9), fast direkt am anderen, nämlich dem altstadtnahen Ende derselben Straße. Auch eine gute Adresse für feinen Fisch, insbesondere als Sardinenspieß (espeto de sardinas). Kleine Terrasse. Plaza Puente del Málaga s/n.

Bar-Rest. El Gallo (2), etwas vom Schuss in der oberen Altstadt. Nüchternes Lokal, von Lesern gelobt, mit sehr günstigen Hauptgerichten und exzellentem Preis-Leistungs-Verhältnis. Ein Hostal (siehe oben) ist angeschlossen. Calle Lobatas 44.

Restaurante Juan David (18), eine weitere Zuflucht aller, die sich Marbella sonst nicht leisten können oder wollen. Großer, weiß gekalkter Speiseraum, Tische dicht an dicht. Nur mittags geöffnet, preiswerte Menüs. Calle Marqués de Nájera 3, im äußersten Südosteck der Altstadt, eine Seitenstraße der Avenida Nabeul.

Marbella 433

Bar Bartolo (16), in einem höchst schmalen Gässchen unweit westlich der Plaza de los Naranjos. Netter Service, Tapas und ein günstiges Menü. Nur mittags. Calle San Lázaro 2.

Bar El Estrecho (17), schräg gegenüber, gegründet 1954 und sehr beliebt wegen ihrer Tapas, die sogar schon eine gastronomische Auszeichnung erhalten haben. Besonders nachts herrscht hier oft ausgesprochen reger Betrieb.

Bar Antonio & Friends (15), ein Lesertipp von Sandra Steinhauer: „Ganz kleine Bar, liebevolle Bewirtung, netter Gastgeber und klasse Tapas. An einer kleinen Plaza unter Orangenbäumen, Plaza José Palomo 3."

La Casa del Té (7), eine der immer beliebteren Teestuben. Neben breiter Teeauswahl gibt es hier auch „Tee-Menüs" für den kleinen Hunger. Calle Ancha 7.

Cafetería Marbella (20), am Stadtpark. Ein großes, traditionsreiches und von den Ortsansässigen viel besuchtes Café, ideal fürs Frühstück nach spanischer Art.

• *Beim Fischerhafen Puerto Pesquero* Außerhalb des Zentrums in Richtung Fuengirola, beim Hochhaus „Marina Marbella" meerwärts abzweigen; zu Fuß vom Sporthafen Puerto Deportivo etwa 1,5 Kilometer der Strandpromenade folgen. Kein lauschiges Hafenbecken mit bunten Booten, jedoch ein feiner Platz für Fischgerichte. Gute Adressen sind hier die **Tabenna del Puerto** (kein Schreibfehler) und, etwas stadtwärts des Fischerhafens selbst, das Restaurant **Puerto Playa**.

*N*achtleben/*M*arkt/*F*este

• *Nachtleben/Zentrum* **Buddha Marbella**, ein noch recht junger und sehr gefragter Club in absolut zentraler Lage gleich meerwärts des Alameda-Parks, geöffnet bis sechs Uhr morgens, am Wochenende sogar bis sieben Uhr. Avenida del Mar 3. Ein Ableger, der superschicke **Buddha Beach Club** (mit Restaurant und Pool) liegt am Strand südwestlich unweit des Yachthafens von Puerto Banús.

Premiere Club, an der Plaza de los Olivos westlich der Altstadt, ist eine Mischung aus Konzertbühne und Club, geöffnet Do–Sa. Plaza de los Olivos 2. Einen Treffpunkt bildet auch der Irish Pub **Maverick's** an der Altstadtplaza Tetuán, insgesamt ist im Ortszentrum nachts aber eher wenig los. Weitere (Terrassen-)Bars, nur im Sommer aktuell, finden sich am Sporthafen **Puerto Deportivo**.

Lolita Marbella Lounge, in der Altstadt. Nett gestylte Bar auf mehreren Etagen in einem schönen alten Haus; DJs, Cocktails etc. Ganz oben darf getanzt werden. Calle Peral, Ecke Calle Aduar.

Flamenco, seit mehr als drei Jahrzehnten und mit entsprechend gutem Ruf, bei „Ana María" an der Plaza Santo Cristo, Eintritt inkl. Getränk etwa 25 €. Wechselnde Termine, Details: ✆ 952 771117.

• *Nachtleben außerhalb* Die Mehrzahl der Discos liegt außerhalb des Zentrumsbereichs, oft in Edelhotels. Bekanntester Name (und sündteuer) ist **Olivia Valère** an der Carretera de Istán, km 0,8.

Dreamer's heißt die größte Disco der gesamten Costa del Sol, zu erreichen über die erste Ausfahrt in Richtung Puerto Banús. Hohe Eintrittspreise.

Puerto Banús selbst (siehe auch weiter unten), der etwa sechs Kilometer westlich gelegene Millionärshafen, ist ebenfalls eine – besonders teure – Nachtadresse mit exklusiven Bars wie dem „Sinatra".

Casino: In der Urbanisation Nueva Andalucía, unweit von Puerto Banús, liegt das Casino von Marbella. Eintrittsgebühr und Ausweispflicht, die Spielautomatenhalle fürs Volk gratis. Geöffnet ist bis fünf Uhr morgens, im August bis sechs Uhr; ✆ 952 814000, www.casinomarbella.com.

• *Märkte* **Mercado Municipal**, Calle Benavente, nordwestlich knapp außerhalb der Altstadt; gutes und für Marbella preiswertes Angebot. Eine kleinere Markthalle liegt an der Calle Plinio, nordöstlich der Altstadt, in der Nähe des Stadions.

Mercadillo, ein Flohmarkt, der jeden Montagvormittag auf dem Festgelände Recinto Ferial östlich der Stadt stattfindet, zu erreichen mit Stadtbus Nr. 2. Großes Angebot, auch marokkanische Waren wie Leder, Gewürze und Tee. Samstags ist Markt in Puerto Banús.

• *Feste* **Feria de San Bernabé**, etwa eine Woche um den 11. Juni. Beim Hauptfest der Stadt fehlt es an nichts – man weiß eben, was man seinem Ruf schuldig ist. **Festividad de la Virgen del Carmen**, am 16. Juli. Das Fest der Schutzheiligen der Fischer und Seeleute, mit Feria, Prozession und nächtlichem Festival.

Provinz Málaga
Karte S. 370/371

434 Provinz Málaga

Baden: In den letzten Jahren wurde der Service an den Stränden von Marbella deutlich verbessert. Allerdings glänzen die hafennahen Strände nicht mit allzu sauberem Wasser; besser, man weicht etwas in die Umgebung aus. Sandig ist es überall, im Osten die Bebauung weniger intensiv. Society wird man nicht antreffen, die bleibt lieber am Swimmingpool – Meer ist out.

● *Östlich des Zentrums* Die **Playa de Venus** beginnt gleich östlich des Sporthafens und setzt sich als **Playa de la Bajadilla** bis zum Fischerhafen fort. Zusammen messen beide Strände rund einen Kilometer Länge, der Sand ist relativ fein und hell, die Ausstattung okay. Das Umfeld zeigt sich allerdings nicht von der attraktivsten Seite.

Playa El Pinillo: Jenseits des Fischerhafens verläuft dieser Strand, am Anfang bei einem Industriegebiet noch sehr breit, dann schmaler werdend, über rund zwei Kilometer in Richtung Fuengirola. Hinter der Flussmündung des Río Real setzt sich der Sandstreifen unter anderen Namen noch viele Kilometer weit fort. Das Hinterland ist hier mal mehr, mal weniger dicht bebaut, schön besonders der Dünenabschnitt vor dem Sporthafen von **Cabopino**, zwischen dem Cabo Pino und der Punta Ladrones und etwa zehn Kilometer östlich von Marbella gelegen, nahe km 194 und Hotel Artola. Hier wird auch nackt gebadet, mit Voyeuren ist leider zu rechnen.

● *Westlich des Zentrums* Die **Playa Fontanilla** erstreckt sich vom Sporthafen über knapp einen Kilometer nach Westen, gefolgt von der noblen und mit 2,5 Kilometer Länge noch wesentlich ausgedehnteren **Playa Nagüeles**, deren Hinterland weniger dicht bebaut ist und die sich offiziell noch in eine Reihe weiterer Strandabschnitte gliedert – besondere Unterschiede lassen sich allerdings nicht erkennen. Beide Strände sind mit allen nötigen Einrichtungen versehen und bieten zahlreiche Wassersportmöglichkeiten.

Sehenswertes

Große Baukunst ist in Marbella nicht zu bewundern, ein Spaziergang durch die Gassen der winkligen Altstadt bereitet jedoch viel Vergnügen. Zahlreiche Häuser sind hübsch mit Blumen herausgeputzt, besonders prachtvoll die Fassade mit der Madonnenstatue in der Calle Virgen de los Dolores. In seiner Anlage geht der Ortskern noch auf maurische Zeiten zurück, als die Siedlung „Marbiliya" hieß. Auch die wehrhaften Mauern im Nordosten wurden von den Mauren errichtet, ebenso das nur noch rudimentär erhaltene Kastell, das an der heutigen Plaza Bernabé stand. Das Herz der Altstadt, der duftende „Orangenplatz" Plaza de los Naranjos, wurde jedoch erst im 16. Jh. angelegt, also nach der christlichen Rückeroberung. Aus derselben Zeit stammt das später umgebaute Rathaus an der Plaza; der achteckige, schlicht „Fuente de la Plaza" genannte Brunnen hier datiert aus dem Jahr 1704.

Museo del Grabado Español Contemporáneo: Das „Museum der zeitgenössischen spanischen Gravierkunst" liegt im äußersten Osten der Altstadt, zu erreichen über die Plaza de Iglesia mit der großen Barockkirche Nuestra Señora de la Incarnación (17. Jh.) und weiter über die Calle del Viento. Untergebracht ist es im renovierten Palacio de Bazán aus dem 16. Jh., der früher als Armenhospital diente. Die Ausstellung zeigt Werke von Dalí, Picasso, Tàpies und anderen Künstlern, aber auch die Techniken und Gerätschaften des Drucks.

Öffnungszeiten Mo 9–14 Uhr, Di–Fr 9–21 Uhr, Sa 9–14.30 Uhr; Eintrittsgebühr 3 €.

Museo del Bonsai: Der Park Arroyo de La Represa, nordöstlich außerhalb der Altstadt gelegen, beherbergt das 1992 eröffnete, moderne Museumsgebäude mit mehr als 300 verschiedenen Bonsai-Bäumen, von denen einige auch zum Verkauf stehen. Es ist eines von nur zwei Museen dieser Art in Spanien, für Liebhaber sicher den Weg wert.

Öffnungszeiten Täglich 10.30–13.30, 17–20 Uhr (Winter 16–18.30 Uhr), Eintritt 4 €.

Museo Cortijo del Miraflores: Marbellas vielleicht interessantestes Museum liegt an der Calle José Luis Morales y Marín, ein gutes Stück nordwestlich der Innenstadt, ungefähr in Richtung Busbahnhof. Lange eine Ruine, dann von der Stadt erworben und 2001 als Museum eröffnet, birgt die ehemalige Zucker- und spätere Ölmühle heute schöne Säle für wechselnde Ausstellungen, eine Bibliothek und ein Museum, das sich der Gewinnung und Verarbeitung von Olivenöl widmet. Die Umbauarbeiten brachten auch eine Reihe bedeutender archäologischer Funde zutage, darunter die Reste einer Kapelle aus dem 8. bis 10. Jh., als unter der Herrschaft der Mauren christliche Heiligtümer oft nur außerhalb der Stadtgrenzen errichtet werden durften. Die Ausgrabungen sind bislang nicht abgeschlossen, es bleibt also abzuwarten, was die Archäologen noch alles ans Licht fördern.
Öffnungszeiten Täglich 9–21 Uhr, Änderungen möglich; Eintritt frei.

Mezquita del Rey Abd-El Aziz: Zwischen km 178 und 177 der Küstenstraße, etwa vier Kilometer von Marbella und landeinwärts der Straße Richtung Puerto Banús, steht auf einem Hügel die bedeutendste Moschee Spaniens. Errichtet auf Initiative eines saudischen Prinzen, bietet sie Platz für 800 Betende. Das prachtvolle Gebäude besitzt eine Zentralkuppel mit zwölf Metern Durchmesser, von der Decke hängt ein Bronzeleuchter, der eine halbe Tonne wiegt und aus dem 10. Jh. stammt. Von Samstag bis Mittwoch, jeweils 19–21 Uhr (Winter 17–19 Uhr), kann die Moschee besichtigt werden – auf Socken, versteht sich.

Museo Ralli: Noch etwas weiter außerhalb, nämlich etwa bei km 176 (nahe Hotel Coral Beach) liegt dieses private Museum. Es ist Teil einer kleinen, auf mehreren Kontinenten vertretenen Kette von Museen, die lateinamerikanische und europäische Kunst zeigen, darunter hier in Marbella Arbeiten von Salvador Dalí, Marc Chagall, Joan Miró und Giorgio de Chirico.
Öffnungszeiten Mo–Sa 10–14 Uhr. 15. Dezember bis 15. Januar geschlossen; gratis.

Wanderung 7: Von Marbella nach Ojén

Route: Cementerio Virgen del Carmen – Puerto de Marbella (902 m) – Casa Cerezal – Ojén. **Reine Wanderzeit:** etwa 4–4½ Stunden. **Einkehr:** nur in Ojén; Proviant, Trinkwasser und Sonnenschutz nicht vergessen.

Charakteristik: Diese anspruchsvolle Wanderung führt in die Berge der Sierra Blanca (siehe auch „Umgebung von Marbella"), deren einsame Landschaften in deutlichem Gegensatz zum Rummel der Küste stehen. Wer Lust hat, kann unterwegs sogar einen Abstecher zum 1182 Meter hohen Cruz de Juanar einlegen, dessen markanter Gipfel schon während des Aufstiegs zum Pass Puerto de Marbella deutlich zu erkennen ist. Etwas Wandererfahrung ist auf dieser Tour nötig, da die Wege trotz gelegentlicher Markierung (weiß-gelb, zum Teil auf Holzpflöcken) nicht immer eindeutig verlaufen, der Aufstieg über rund 800 Höhenmeter erfordert zudem gewisse Kondition. Ratsam, die Wanderung in einer Trockenperiode zu absolvieren, nach Regenfällen kann es unterwegs sehr feucht werden. Die An- und Rückreise erfolgt per Bus, vor allem für die Rückfahrt ab Ojén empfiehlt es sich, vorher im Fremdenverkehrsamt von Marbella Erkundigungen über die Fahrpläne einzuholen.

Anreise: Eigentlicher Startpunkt der Wanderung ist der alte Friedhof *Cementerio Virgen del Carmen* im Gebiet oberhalb der Autobahnumgehung. In seine Nähe gelangt man mit Stadtbussen Nr. 1 (Tickets beim Fahrer), z. B. ab der Haltestelle Alameda nahe der Cafeteria Marbella beim Stadtpark; erkundigen Sie sich jedoch vorab, die Linien wechseln gelegentlich. Mo–Sa verkehren die Busse im 20-Minuten-Takt, am Sonntag etwas seltener. Aussteigen muss man an der vorletzten Haltestelle, bei einer Tankstelle gleich hinter der Autobahn; falls man sie verpasst, von der Endhaltestelle am Einkaufszentrum Parque Comercial La Cañada ein paar hundert Meter zurücklaufen. Natürlich kann man vom Zentrum bis hierher auch zu Fuß gehen, benötigt dafür gut eine halbe Stunde. Von der besagten Haltestelle folgt man knapp zehn Minuten lang der breit ausgebauten A 355 in der bisherigen Fahrtrichtung stadtauswärts Richtung Ojén; am besten benutzt man dabei den Fußgängerweg auf der linken Straßenseite, weiter oben beim Friedhof wird sehr schnell gefahren, was ein Überqueren der Straße dort besonders gefährlich macht.

Route: Unterhalb des Friedhofs folgt man dem links abzweigenden, asphaltierten Sträßchen, beschildert „La Cascada" – und lässt sofort den Lärm und Verkehr hinter sich. Nach etwa fünf Minuten wird bei einem Parkplatz und vor dem ehemaligen Restaurant „La Cascada" (einem eingezäunten, luxuriösen Anwesen) eine Abzweigung erreicht, an der man sich rechts aufwärts hält, der schmalen Asphaltstraße folgend. Bald endet die Bebauung. Etwa 400 Meter hinter der Abzweigung verwandelt sich die Straße bei der Finca Manzah Al Kad in einen Feldweg, der für Fahrzeuge gesperrt ist und langsam, aber stetig durch eine schöne, vielfältig bewachsene Landschaft aufwärts führt. Nach knapp einer Viertelstunde erreicht der Feldweg eine Gabelung. Links geht es zur Finca Puerto Rico Bajo, wir folgen jedoch dem rechten Weg.

Der Weg wird nun deutlich schmaler, ist manchmal auf kurzen Strecken überwuchert, nicht immer klar erkennbar und steigt bald kräftig an. Nach wenigen Minuten stößt er auf einen Betonwürfel am Hang, der den Zugangsschacht zu einer Wasserleitung bildet; hier geht es rechts aufwärts auf dem nun deutlicher erkennbaren, sehr alten Steinweg. Während man in Serpentinen aufsteigt und dabei mehrfach wieder auf die Wasserleitung trifft, öffnet sich im Rückblick eine weite Aussicht auf Marbella. Nach zehn Minuten Aufstieg erreicht der Weg eine Art Hochfläche, die landwirtschaftlich genutzt wird und auf der sogar Zitronenbäume wachsen. Es geht rechts an einem verfallenen Häuschen vorbei, dann über einen alten Kanal und geradeaus, also nicht auf das rechts liegende Wasserhäuschen zu.

Klar erkennbar, der Aufstieg zum Puerto de Marbella

438   Provinz Málaga

In diesem Gebiet, das etwa eine gute Stunde hinter dem Friedhof erreicht ist, wird der Weg wieder etwas undeutlich. Durch lichten Wald gelangt man zu einer unscheinbaren Gabelung, an der man sich schräg rechts und leicht aufwärts hält. Bald endet das Wäldchen wieder, links taucht ein kleiner Bachlauf auf. Der Weg steigt nun wieder stärker an, ist aber auch deutlicher zu erkennen; unterwegs zeigt eine ungewöhnlich große Steinpyramide, dass man sich auf der richtigen Route befindet. Von hier ist es noch rund eine Dreiviertelstunde Aufstieg, vorbei an einer schmaleren Abzweigung nach links und unterwegs mehrere sandige und felsige Stellen durchquerend, zur Piste am Pass *Puerto de Marbella*, die etwa 2½ Wegstunden nach Beginn der Wanderung am Cementerio erreicht wird. In der Nähe beginnt in einem Wäldchen der Aufstieg zum 1182 Meter hohen Cruz de Juanar, der zusätzlich etwa eine Stunde in Anspruch nehmen würde und von einem weiten Rundblick gekrönt wird.

Folgt man der Piste nach rechts, gelangt man zu einem Aussichtspunkt mit weitem Blick auf Marbella und das Meer. Wir halten uns jedoch links und leicht abwärts. Nach wenigen Minuten liegt linker Hand das „Centro de Recuperación y Investigación Cinegética El Juanar", das von der Umweltbehörde betrieben wird, dahinter erheben sich die Ruinen einer schon lange verfallenen Schutzhütte. Nach etwa einer Viertelstunde endet der ausgedehnte Olivenhain, durch den die Piste bisher geführt hat. Der Fahrweg senkt sich hier deutlich und beschreibt eine scharfe Linkskurve in Richtung des noch etwa eine Viertelstunde entfernten Hotels „Refugio de Juanar"; wir jedoch halten uns, etwa 20 Meter hinter einem etwas unglücklich angebrachten

Pflock mit weiß-gelber Markierung, rechts auf einen relativ breiten, steinigen Weg. Dieser steigt zunächst etwas in den Wald hinein an, gabelt sich aber schon nach wenigen Metern; hier bei einem weiteren weiß-gelb markierten Pflock geradeaus und bergab. In vielen Kurven führt der schöne alte Pfad nun hinab durch den Wald und trifft nach etwa zwanzig Minuten auf einen quer verlaufenden Weg. Rechts weist ein Schild den Weg zu einer Ermita und nach Ojén, wir gehen jedoch links, beschildert „Cerezal, Ojén". Es geht weiter bergab, dann entlang eines hübschen Bachtals und schließlich durch einen Tunnel unter der A 335 hindurch zu einem Tor, das sich auf das Gelände der *Casa Cerezal* öffnet. Dieser ehemalige Bauernhof, etwa eine Wegstunde hinter dem Puerto de Marbella gelegen, wurde von der Gemeinde zu einer Art Naherholungsgebiet umgestaltet und gibt einen schönen, schattigen Rastplatz ab.

Nun ist es kaum noch eine halbe Stunde bis zum Ziel. Man folgt dem schmalen Fahrweg durch die Anlage nach unten, durch den Fußgängerdurchgang und hält sich hundert Meter weiter an der Gabelung schräg links aufwärts. Zunächst rückt wieder Marbella ins Blickfeld, dann kommt bald Ojén in Sicht, dessen Ortsrand in wenigen Minuten erreicht ist. Bei genauem Hinsehen erkennt man tief unten schon die Tankstelle an der Zufahrt, schräg gegenüber stoppen die Busse. In vielen Kurven geht es durch den Ort abwärts, unten an der Hauptstraße dann rechts zur Bushaltestelle. Falls Sie hier einen Bus erwischen, der Sie nur bis zum Busbahnhof von Marbella bringt (einige wenige fahren auch durch bis ins Zentrum), geht es von dort mit Bus Nummer 7 weiter in die Innenstadt, Haltestelle vor dem Ausgang.

Ojén **439**

Umgebung von Marbella

Einsame, wildromantische Bergwelt im Hinterland, ein „Weißes Dorf", aber auch ein höchst mondäner Yachthafen – Marbellas Umgebung zeigt sich ausgesprochen reich an Kontrasten.

Sierra Blanca

Das „Weiße Gebirge" zählt zum Naturreservat der Serranía de Ronda, die im *Parque Natural Sierra de las Nieves* als Naturpark ausgewiesen und im Kapitel „Rund um Ronda" näher beschrieben ist. Doch soweit muss man sich gar nicht von der Küste entfernen, um Natur pur zu erleben. Bereits hier, auf den felsigen Höhen der Sierra Blanca, kaum zehn Kilometer Luftlinie von der Küste entfernt, wachsen die seltenen Pinsapo-Tannen und verschiedene Orchideenarten, leben Steinadler und Steinböcke. Die Anfahrt von Marbella erfolgt auf der A 355 nach Coín, etwa vier Kilometer hinter Ojén (Ortsumgehung) geht es dann links ab. – Künftig soll im Gebiet von Ojén eventuell ein Wildgehege samt Besucherzentrum eingerichtet werden, in dem sich Mufflons, Hirsche, Steinböcke etc. in fast völliger Freiheit beobachten lassen; die genaue Lage wird aus Sorge vor Wilderern jedoch erst kurz vor Eröffnung bekanntgegeben.

● *Übernachten* ***** Hotel Refugio de Juanar**, eine Oase, kaum 20 Kilometer entfernt vom Trubel Marbellas. Das frühere Jagdhaus, später ein Parador, steht mittlerweile unter Leitung der Provinz Málaga. Herrlich ruhige Lage mitten im Naturreservat; Restaurant mit gehobenen Preisen und Schwerpunkt auf Wildgerichten. Im Sommer ist Reservierung ratsam. Standard-DZ kosten nach Saison etwa 90–100 €, es gibt auch Superior-Zimmer und Suiten sowie manchmal günstige NS-Angebote im Web. Sierra Blanca s/n, ✆ 952 881000, ✆ 952 881001, www.juanar.com.

● *Wandertipp* „Ausgangspunkt ist das Refugio de Juanar, Parkmöglichkeit vorhanden. Von hier dem Schild „Mirador" folgen. Auf unasphaltiertem Fahrweg kommt man nach 5 min. zu einem Tor (nochmals Parkmöglichkeit). Hieran vorbei erreicht man nach wenigen Metern eine Hochebene. Während wir sie durchwandern (20 min.), sehen wir vor uns schon den Weg zum Gipfel. An einem Nadelwäldchen angekommen, verlässt man den Fahrweg nach rechts und trifft nach wenigen Metern auf den Weg zum Gipfel. Die schattenlose halbstündige Tour bergauf wird durch einen grandiosen Rundblick auf Berge und Meer belohnt. Zusätzliches Bonbon ist ein Gipfelbuch, das zum Eintragen einlädt und von vielen Erlebnissen früherer Gipfelstürmer zu berichten weiß. Wer den Aufstieg scheut, folgt dem Fahrweg vom Nadelwäldchen aus noch wenige Meter und gelangt nun ebenfalls an einen Aussichtspunkt mit Blick auf Marbella und das Meer." Soweit der Lesertipp von Christine Seyda und Jörg Kley (vielen Dank!), vergleiche auch oben unter Wanderung 7.

Ojén: Die wichtigste Siedlung der Sierra Blanca, ein „Weißes Dorf" mit engen Gassen, stets frisch gekalkten Hauswänden, reichlich Blumenschmuck und vielen Quellen, klebt auf gut 300 Meter Höhe am Hang. Offiziell zählt der Ort nicht einmal 3000 Einwohner, doch kommen zahlreiche Eigentümer von Zweitwohnsitzen und immer mehr Zuzügler hinzu – Ojén liegt kaum zehn Kilometer vom Zentrum Marbellas entfernt, und der Siedlungsdruck ist enorm. Bislang jedoch hat sich das Dorf sein hübsches Ortsbild bewahrt, dessen Grundzüge noch auf maurische Zeiten zurückgehen. Damals hieß die Siedlung Oxen, zu übersetzen etwa mit „steiler Ort", ein Ausdruck, der die Lage genau beschreibt. Die Kirche Nuestro Señora de la Encarnación wurde im 16. Jh. über den Resten einer Moschee erbaut, ihr Glockenturm im Mudéjar-Stil erinnert an ein Minarett. Im Ort gibt es ein privates Weinmu-

Provinz Málaga
Karte S. 370/371

seum (www.museovinomalaga.org, Calle Carrera 39, im Sommer tägl. 11–15, 18–22 Uhr, im Winter 11–15, 16–20 Uhr; gratis), das in einer ehemaligen Destillerie untergebracht ist und in dem die edlen Tröpfchen natürlich auch verkauft werden.

• *Verbindungen* **Busse** von/nach Marbella verkehren etwa 11-mal täglich, Sa entfallen einige Nachmittagsverbindungen.

• *Feste* **Festival de Cante Flamenco**, in der letzten Juli- oder der ersten Augustwoche. Weithin berühmtes, 1975 begründetes Festival mit bekannten Künstlern – Ojéns Ruf, die „Hauptstadt des Flamenco" in der Provinz Málaga zu sein, verpflichtet.

Feria y Fiesta de San Dionisio, etwa um den 9.–12. Oktober. Das Fest des Dorfpatrons bringt reichlich Trubel in den Ort.

Puerto Banús

Marbellas Yachthafen, etwa sechs Kilometer westlich der Stadt gelegen, entstammt der Retorte. Einförmig im neomaurischen Stil errichtet, wirkt die Anlage bei Tageslicht ziemlich steril, doch steht die Architektur auch nicht im Mittelpunkt des Interesses. Die Ausflügler besuchen Puerto Banús, um einmal so richtig ausgiebig Nobelschlitten, Luxusyachten und deren Eigentümer zu inspizieren. Für diesen Zweck ist der Millionärshafen auch wirklich besser geeignet als jeder andere Platz in Spanien. Nachts, wenn auf den Booten die Lichter glitzern, mischen sich Bummeltouristen und Yachtler, die in den noblen Open-Air-Restaurants speisen und in den Disco-Bars die Nächte durchfeiern. Die Privilegierten, denen die konzentrierte Aufmerksamkeit gilt, fühlen sich durchs gaffende Volk nicht belästigt, scheinen eher geschmeichelt – und so sind beide Seiten zufrieden.

• *Information* **Oficina de Turismo**, Plaza Antonio Banderas; gleich hinter dem Hafen. Geöffnet Mo–Fr 9–22 Uhr, Sa/So 10–15 Uhr. ✆ 952 818570.

• *Verbindungen* **Busse** von/nach Marbella, sowie San Pedro de Alcántara verkehren tagsüber halbstündlich.

Teurer Parkplatz: Puerto Banús

San Pedro Alcántara

Zwischen Marbella und Estepona gelegen, steht San Pedro Alcántara etwas im Schatten der beiden weit bekannteren Nachbarn.

Das hat seine Gründe: Zum einen liegt der eigentliche Ort nicht direkt am Meer, sondern etwas landeinwärts oberhalb der Durchgangsstraße, zum anderen ist San Pedro Alcántara, das zur Gemeine Marbella gehört, eine relativ junge Siedlung, die erst 1860 als landwirtschaftliche Kolonie gegründet wurde. Eine hübsche Altstadt wie in Marbella sucht man deshalb vergebens, ganz im Gegenteil macht das immerhin fast 15.000 Einwohner zählende Städtchen einen ausgesprochen modernen Eindruck. – Sehr umstritten sind die Pläne der Landesregierung für eine gebührenpflichtige Autobahn, die durchs Gebirge nach Ronda führen soll; Umweltschützer sehen in dem Projekt einen Raubbau an der Natur, geben den Plänen (da die Trasse den Naturpark der Serranía queren müsste) aber ohnehin nur geringe Chancen.

● *Information* **Oficina de Turismo**, Avenida Marqués del Duero 69, an der Verbindung von der Durchgangsstraße zum Hauptplatz Plaza de la Iglesia; geöffnet Mo–Fr 9–21 Uhr, Sa 10–14 Uhr. ✆ 952 785252, 🖷 952 789090. Hier auch Infos über die (zuletzt teilweise durch Straßenbauarbeiten beeinträchtigten) Führungen zu den strandnah gelegenen Monumenten der Stadt, nämlich der römischen Villa romana, den römischen Bädern Las Bóvedas und der frühchristlichen Basilica Vega del Mar aus dem 6. Jh. Ein Fahrzeug allerdings muss man selbst mitbringen und sollte sich auch ein, zwei Tage vorher anmelden.

● *Verbindungen* **Bus**: Wegen erheblicher Ausbauarbeiten an der Durchgangsstraße N3 40 war der Busbahnhof zuletzt provisorisch in Richtung Küste an die Av. de Burgos verlegt. PORTILLO fährt nach Puerto Banús/Marbella sowie Estepona halbstündlich, nach Málaga 17-mal täglich, zusammen mit anderen Gesellschaften nach Algeciras 10-mal, La Línea 4-mal und Ronda 6-mal täglich.

● *Übernachten* ****** Golf Hotel Guadalmina**, südwestlich etwas außerhalb der Stadt am Strand. Der ausgedehnte Komplex, einst ein Traditionshotel, in dem schon Soraya, Greta Garbo und die Windsors logierten, wurde nach einer umfassenden Renovierung 1999 wiedereröffnet. Seinem Namen macht das luxuriöse Haus mit gleich drei Golfplätzen Ehre. DZ/F nach Saison etwa 90–240 €; natürlich gibt es auch Suiten. A 7, km 168, ✆ 952 882211, 🖷 952 882291, www.hotelguadalmina.com.

● *Essen* **Restaurante Chinales**, in einer kurzen Fußgängerzone im Zentrum. Ein örtlicher Spezialist für Fisch und Meeresfrüchte. Calle del Pozo 10, So geschlossen.

● *Feste* **Feria de San Pedro**, am 19. Oktober. Die letzte Feria im Jahr, die in der Provinz Málaga stattfindet.

Baden: Die rund 500 Meter lange *Playa San Pedro Alcántara* und ihre westliche Verlängerung, die *Playa de Lindavista*, reichen bis zur Mündung des Río Guadalmina. Beide Strände sind relativ breit, der Sand ist mittelfein und von grauer Farbe, Serviceeinrichtungen aller Art sind vorhanden, ebenso Wassersportmöglichkeiten. Hinter der Playa San Pedro verläuft eine üppig begrünte Promenade, und hier wehte zuletzt auch die „Blaue Flagge".

Estepona

Von der ehemaligen Durchgangsstraße aus, die heute zum Glück durch eine Umgehung entlastet ist, wirkt Estepona wie jeder x-beliebige Ort der Costa del Sol. Das täuscht jedoch.

Entlang der Strandpromenade reihen sich zwar die üblichen Hochhäuser, doch schon eine Parallelstraße landeinwärts wird klar, dass Estepona sich nicht völlig dem Tourismus ausgeliefert hat. Im Zentrum liegen rund um die hübsche *Plaza de*

442 Provinz Málaga

las Flores nur ein paar Bars und Cafés. Kein Rummel, keine Spielsalons, keine Fast-Foods. Natürlich kommen Urlauber nach Estepona, unter ihnen wie an der ganzen Costa del Sol viele Engländer, doch sind sie nicht bestimmender Faktor. In der Nebensaison verlaufen sich nur noch wenige Fremde in das Städtchen, dessen Ortskern zwar keine echte Schönheit darstellt, sich mit weißen Häusern und viel Grün aber von einer durchaus angenehmen Seite zeigt. Dass Estepona nicht erst mit dem Fremdenverkehr entstand, zeigt die lange Vergangenheit der bereits von den Phöniziern gegründeten, später von den Mauren „Alexthebuna" genannten Siedlung. Auf ein intaktes Alltagsleben verweisen auch die beiden homogenen Viertel *Barriada San Isidro* und *Barriada los Pescadores*, die beide etwas außerhalb des Zentrums liegen. Ersteres gilt schon seit jeher als Viertel der Bauern, das andere, südwestlich des Ortskerns gelegen, seinem Namen gemäß als Viertel der Fischer. Noch etwas weiter westlich, etwa 1,5 km vom Zentrum entfernt, bildet der schicke Sporthafen Puerto Deportivo einen vor allem an Sommerabenden beliebten Treffpunkt.

Information/Verbindungen

• *Information* **Oficina Municipal de Turismo**, Avenida San Lorenzo 1, mitten auf der Promenade am westlichen Rand der Altstadt, ein Häuschen in der Nähe des großen Brunnens; deutschsprachig und sehr kenntnisreich. Öffnungszeiten: Mo–Fr 9–19.30 Uhr, Sa 10–13.30 Uhr. ℘ 952 802002, ℡ 952 792181, www.estepona.es.

• *Verbindungen* **Bus**: Busbahnhof an der Durchgangsstraße, ein paar hundert Meter südwestlich des Zentrums. PORTILLO nach Marbella etwa halbstündlich, Málaga 12-mal täglich, zusammen mit anderen Gesellschaften u. a. nach Algeciras 12-mal und zur Grenzstadt La Línea gegenüber von Gibraltar 13-mal täglich.

Übernachten

Viele Hotels an der Durchgangsstraße, dort entsprechender Lautstärkepegel. Noblere Quartiere liegen in den Urbanisationen außerhalb.

***** **Hotel Las Dunas**, wohl eines der edelsten Hotels der Costa del Sol, 1997 eröffnet und Mitglied der „Leading Small Hotels of the World". Jede der 75 Suiten ist unterschiedlich eingerichtet, eine Gesundheitsfarm ist angeschlossen, zwei Golfplätze ebenfalls. Deutsche Führung, das zugehörige Restaurant „Lido" genießt unter Gourmets besten Ruf. Reservierung sehr ratsam. Junior Suite für zwei Personen ab etwa 500 €; man kann auch noch deutlich mehr anlegen. Carretera de Cádiz, km 163, etwa acht Kilometer östlich des Zentrums, ℘ 952 809400, ℡ 952 809406, www.las-dunas.com.

***** **Hotel Kempinski Bahía de Estepona**, die direkte Konkurrenz, 1999 eröffnet, deutlich näher zur Stadt gelegen und mit der doppelten Bettenkapazität. Der 70.000 Quadratmeter große Garten ist mit drei Pools ausgestattet. Ansonsten bietet das Kempinski natürlich ebenfalls allen Komfort, der in dieser Klasse üblich ist. DZ offiziell je nach Saison ab etwa 175 €, für dickere Geldbeutel bleibt noch reichlich Luft nach oben.

Carretera de Cádiz, km 159, vier Kilometer östlich des Zentrums, ℘ 952 809500, ℡ 952 809550, www.kempinski-spain.com.

** **Hotel Altamarina**, nicht weit von der Infostelle. Baulich keine Schönheit, aber recht komfortabel, zentral gelegen und mit ordentlichem Preis-Leistungsverhältnis. DZ nach Saison etwa 45–70 €. Avenida San Lorenzo 32, ℘ 952 806155, ℡ 952 804598, www.hotelaltamarina.com.

** **Pensión Hostal La Malagueña**, in der Altstadt. Sehr zentrale und recht ruhige Lage in einer Fußgängerzone, praktisch direkt an der Plaza de las Flores. Schmucklos gute, wenn auch nicht allzu große Zimmer; moderne Bäder. Parkmöglichkeit. DZ/Bad rund 30–50 €. Calle Raphael 1, ℘ 952 800011, ℡ 952 795591, www.hlmestepona.com.

* **Pensión El Pilar**, ganz in der Nähe. In verkehrsruhiger Lage direkt an der Plaza de las Flores, viele der passabel eingerichteten Zimmer mit Blick auf den Platz, fast alle mit Balkon. DZ/Bad rund 40–50 €. Plaza de las Flores 22, ℘/℡ 952 800018, www.hostalelpilar.es.

Estepona 443

Treffend benannt: der „Blumenplatz" Plaza de las Flores

* Pensión Hostal Las Brisas, erst wenige Jahre altes Quartier, die Zimmer deshalb gut in Schuss. Wegen der Lage in einer abends nicht immer ruhigen Kneipengasse empfiehlt es sich, Zimmer nach hinten zu nehmen. DZ etwa 30–50 €. Cale Caridad 82, ✆ 952 925243, www.pensionlasbrisas.com.

• *Camping* **Parque Tropical**, 2. Kat, ortsnächster Platz knapp sieben Kilometer außerhalb in Richtung Marbella. Leider nur wenig oberhalb der viel befahrenen Straße, ein paar hundert Meter vom Strand. Gut ausgestattet, unter anderem mit Pool; tropische Pflanzen und Bäume. Parzelle inkl. zwei Personen, Auto, Zelt etwa 25 €, zur NS deutlich günstigere Preise. A 7, km 162, ✆/ℱ 952 793618, parquetropical@hotmail.com.

Essen/Feste

• *Essen* **Restaurante Los Rosales**, in einem Gässchen gleich nördlich der Plaza Flores. Spezialität des aus einer schlichten Fischfrittiererei hervorgegangenen Lokals ist Meeresgetier aller Art; mittleres Preisniveau. Calle Damas 12.

Mesón Cordobés, ein Klassiker direkt an der Plaza de las Flores. Auch hier zählen Fischgerichte (Hauptgerichte 8–15 €) zu den Favoriten. Gleich nebenan und seit langem ein Tipp für Tapas: **La Sureña**.

Cervecería Las Gitanillas, in der Kneipenstraße Calle Caridad 95, zu suchen im westlichen Zentrumsbereich, drei Blocks hinter der Uferstraße Avenida España. Bekannt für gute Fischtapas und ebensolche Raciones, zu verzehren jeweils auch am Tisch. Calle Caridad 107.

El Típico Andaluz, in derselben Straße, Schwerpunkt hier jedoch auf spanischem Käse, Schinken und Wurstwaren. Beliebt der gemischte Teller „Plaza de Toros". Calle Caridad 55.

Bar El Castillo, in der Calle Raphael, ein Lesertipp von Inika und Gregor Gerstmann: „Günstige und sehr gut schmeckende Tapas. Der Besitzer ist nett und lustig, spricht aber nur Spanisch und etwas Französisch. In der Nähe der Plaza de las Flores, neben der Pensión La Malagueña."

Gelatería Café del Centro, ebenfalls unweit der Plaza Flores, ein Lesertipp von Anne und Jan-Wilm Buschkamp: „Echtes, selbstgemachtes italienisches Eis. Die Inhaber Gianni und Mercedes haben jahrelang in Deutschland gelebt. Die Atmosphäre ist offen und herzlich. Plaza Dr. Arce 1."

444   Provinz Málaga

• *Einkaufen* Großer **Straßenmarkt** jeden Mittwochvormittag am westlichen Ortsrand um die Avenida Juan Carlos I.; rund 250 Stände, viel Krimskrams. Ein weiterer „**Mercadillo**" findet Sonntagvormittag am Hafen statt.

• *Sport* **Reitzentrum Escuela de Arte Ecuestre**, großzügige Anlage für Profis und Amateure. Wettbewerbe, Reitunterricht für Anfänger und Fortgeschrittene (auch auf Deutsch), Ausritte etc. A 7, km 159, Río Padrón Alto, gut einen Kilometer landeinwärts der Fernstraße. ℡ 952 808077, www. escuela-ecuestre.com.

• *Feste* **Feria de San Isidro Labrador**, mehrere Tage um den 15. Mai. Das Fest des Schutzheiligen des Viertels San Isidro, neben Flamencowettbewerben deshalb auch ein entsprechendes Programm mit einer Landwirtschafts- und Kleintiermesse.

Fiesta y Feria Mayor, etwa in der ersten Juliwoche. Das Hauptfest der Stadt, Pferde- und Kutschenpromenaden, Wettbewerbe, Stierkampf und Feuerwerk. **Fiesta del Carmen**, am 16. Juli, das Fest der Schutzheiligen des Fischerviertels, der auch die dortige Kirche geweiht ist, mit Prozessionen auf dem Meer und in der Stadt.

Baden: Der fast 2,5 Kilometer lange Stadtstrand *Playa de la Rada*, begleitet von einer Promenade, präsentiert sich im typischen Grau der Costa del Sol, wird aber aufgrund seiner Ausdehnung nicht so proppevoll wie manch andere Strände. Das Serviceangebot ist gut, der Strand mit der Blauen Umweltflagge ausgezeichnet.

Sehenswertes

Museo Etnográfico Municipal: Esteponas Stadtmuseum ist in der Stierkampfarena Plaza de Toros untergebracht, unweit des Sporthafens. Die Ausstellung, die das Alltagsleben früherer Zeiten dokumentiert, zeigt vornehmlich Gerätschaften, die für Ackerbau und Fischfang benutzt wurden, daneben aber auch andere alte Werkzeuge. Angeschlossen und mit derselben Eintrittskarte zu besuchen sind ein Stierkampfmuseum und eine paläontologische Sammlung.

Öffnungszeiten Täglich 10–14, 17–19 Uhr (Sommer) bzw. 16–18 Uhr (Winter); Eintritt frei.

Parque de la Naturaleza Selwo: Einige Kilometer außerhalb des Zentrums liegt dieser ausgedehnte, 1999 eröffnete Tierpark. Das rund 100 Hektar große Gelände erstreckt sich über vier Täler und ist in mehrere Zonen unterteilt, die mit umgebauten Allrad-Lkws im Safaristil durchquert werden. Mehr als zweitausend Tiere, darunter Löwen, Nilpferde und Elefanten, sind hier in relativer Freiheit zu sehen – die „Schlucht der Vögel" beispielsweise ist nur mit einem riesigen Netz überspannt. Außerdem gibt es rund 250 verschiedene Pflanzenarten, es werden Abenteuersportarten wie „Rock-climbing" und „Abseiling" (ja ...) angeboten, für Kinder auch das Sommercamp „Aventuras de Verano". Natürlich fehlt es weder an Einkaufsmöglichkeiten noch an Restaurants, weshalb das Mitbringen von Speisen und Getränken verboten ist. Insgesamt ein für Kinder, aber auch für so manchen Erwachsenen sicher unterhaltsamer, wenn auch nicht billiger Ausflug.

• *Lage und Öffnungszeiten* Zufahrt etwa sieben Kilometer östlich des Zentrums von Estepona. Der Park liegt ca. zwei Kilometer landeinwärts der Fernstraße. Geöffnet ist täglich 10–18/19 Uhr, im Juli/August bis 20 Uhr; von November bis Februar wird teilweise geschlossen oder nur am Wochenende geöffnet. Eintrittsgebühr rund 25 €, Kinder von 3–7 Jahren 17 €. Info-Telefon 902 190482, www.selwo.es.

Richtung Gibraltar und Algeciras

Etwa 15 Kilometer hinter Estepona beginnt die Provinz Cádiz. Vor der Provinzgrenze liegt noch die Küstensiedlung *Sabinillas*, ein Ableger des Inlandsdorfs Manilvas, an deren Strand die (heute hier irgendwie deplatziert wirkende) Festung „Castillo de la La Duquesa" aus dem 18. Jh. steht. Dann folgen entlang der Küste keine größeren Ortschaften mehr. Stattdessen gibt es eine ganze Reihe an Urbanisationen, von denen sich eine sinnigerweise Buenas Noches nennt (zu Deutsch „Gute Nacht"), außerdem zahlreiche Golfplätze, darunter bei der Feriensiedlung *Sotogrande* die berühmten Plätze *Valderrama* und *Real Club de Golf Sotogrande*.

- *Übernachten* ***** Hotel Doña Luisa**, in Sabinillas, ein Lesertipp von Dr. Müller-Matthesius: „Angenehmes Übernachtungsquartier, sehr guter Ausgangspunkt für eine Weiße-Dörfer-Tour (Casares, Gaucín usw.).

Im Ort gibt es relativ schlichte, aber sehr gute Fischrestaurants." DZ nach Saison etwa 60–80 €. Calle Duquesa de Arcos 53, ✆ 952 892250, 📠 952 892301, www.hoteldluisa.com.

Casares

Ein traumhaft gelegenes „weißes Dorf" in den Bergen, unweit der A 377 nach Gaucín. Schon von Iberern und Römern besiedelt, ein maurisches Kastell, kleine Häuser, enge Gassen und, unvermeidlich so nah an der Costa, Souvenirgeschäfte und Ausflugsrummel. In der Nebensaison und zu den Festen ist Casares aber den kleinen Abstecher wert. Die Siedlung war Geburtsort eines großen Politikers: *Blas Infante* (1885–1936) gilt als Vater des andalusischen Regionalismus' und schuf sowohl die grün-weiß-grüne andalusische Flagge als auch den Text der andalusischen Hymne.

- *Verbindungen* **Busse** der Gesellschaft PORTILLO 2-mal täglich ab Estepona.
- *Übernachten* **** Hotel Rural de Casares**, hübsches Quartier direkt im Ort. 17 Zimmer, solide ausgestattet und zumeist mit schöner Aussicht, die man auch von der zugehörigen Cafeteria genießt; Autofahrer sollten die Lage aber unbedingt zuerst zu Fuß erkunden. DZ/F etwa 60 €. Calle Copera 52, nicht weit

von der zentralen Plaza España, ✆ 952 89521, 📠 952 89422, www.hotelcasares.com.
- *Feste* **Feria de Agosto**, mehrere Tage Anfang August, mit Kleintiermarkt und einem Wettbewerb örtlicher Kostüme. **Fiestas de la Virgen del Rosario y del Santo Cristo**, am Wochenende um den 14. September (Freitag bis Sonntag), mit traditionellen Tänzen und Spielen.

Rund um Ronda

Das nur wenig besiedelte Hinterland der Costa del Sol um Ronda zählt zu den landschaftlichen Höhepunkten Andalusiens – eine stille, beeindruckend vielseitige Alternative zum Rummel der Küste.

Highlight ist natürlich die schöne, dramatisch gelegene Stadt Ronda selbst, die zahlreiche Übernachtungsmöglichkeiten aller Kategorien, viele Restaurants und auch die besten Verkehrsverbindungen besitzt und sich deshalb als Standquartier besonders anbietet.

Ronda

Rainer Maria Rilke feierte Ronda als „unvergleichliche Erscheinung der auf zwei steile Felsmassen hinaufgehäufelten Stadt". Ernest Hemingway empfahl den „wunderbaren Ort" gar als Ziel für die Hochzeitsreise: „Die ganze Stadt, und so weit Sie in jeder Richtung sehen können, ist romantischer Hintergrund."

Lobpreisungen, die auch heute noch verständlich sind. Den Reiz des uralten Städtchens (Tourismuswerbung: „Die Seele Andalusiens") macht in erster Linie seine einmalige Position aus. Ronda liegt auf einem Felsplateau, das von den nahezu senkrecht abfallenden Wänden einer über 100 Meter tiefen Schlucht in zwei Teile gespalten wird. Kühne Brückenkonstruktionen verbinden die beiden Seiten der Stadt. Häuser und Gärten drängen sich wagemutig bis an den Rand des Abgrunds, Spazierwege erschließen beeindruckende Perspektiven der Schlucht.

446 **Provinz Málaga**

Die vielen dichterischen Huldigungen und seine ungewöhnliche Lage haben Ronda, das zudem noch zahlreiche Baudenkmäler besitzt und sogar die älteste Stierkampfarena Spaniens für sich reklamieren kann, zum beliebtesten Ausflugsziel ab der Costa del Sol werden lassen. Im Sommer befahren täglich Dutzende von Reisebussen die 50 Kilometer lange, gut ausgebaute Straße, die von San Pedro Alcántara durch die imposante Berglandschaft der Serranía de Ronda führt. Gruppen mit fähnchenschwenkendem Führer überschwemmen dann die maurisch geprägte Altstadt. Ab dem späten Nachmittag jedoch kehrt wieder kleinstädtische Ruhe ein. Wer das Städtchen wirklich genießen will, sollte deshalb eine Übernachtung ins Kalkül ziehen – und im Winter dann darauf achten, dass auch die Heizung funktioniert: Auf gut 700 Meter Höhe gelegen, kennt Ronda nämlich durchaus Eis und Schnee.

Orientierung: Die Schlucht Tajo ist nicht mit dem Fluss in Zentralspanien zu verwechseln, das hiesige Gewässer heißt Río Guadalevín. Auf der südlichen Seite des Flusses liegt die Altstadt *La Ciudad* mit der Mehrzahl der Monumente, auf der nördlichen erstrecken sich die schachbrettartigen neueren Ortsteile *El Mercadillo* um die Carrera Espinel, in der sich das meiste Leben abspielt. Hauptverbindung zwischen beiden Stadtteilen ist die Brücke Puente Nuevo. Wer vom Landesinneren her kommt, sollte sich auf einen etwas enttäuschenden ersten Eindruck gefasst machen. Weit reizvoller ist die Anfahrt von Süden, auf der sich Ronda fast wie ein kleines weißes Dorf präsentiert.

Geschichte

Das Gebiet der Altstadt war schon zu Zeiten der Iberer besiedelt. Ihnen folgten Phönizier und Römer, die ihre Siedlung *Arunda* nannten. Zur maurischen Zeit war Ronda als *Medinat Runda* Sitz eines kleinen Teilkönigreichs, einer Taifa. Einer ihrer Herrscher erreichte zweifelhaften Ruhm durch seine Grausamkeit. So wurde die Wasserversorgung seines Palastes von einem Heer christlicher Kettensklaven gesichert, die gefüllte Schläuche über 365 Stufen aus der Tiefe hochschleppen mussten. Als die Rückeroberer 1485 erkannten, dass der maurische Felsenhorst nicht so leicht einzunehmen sein würde, unterbrachen sie die Wasserzufuhr des Flusses und erzwangen so die Aufgabe des Gegners. Der Felstunnel, durch den die Stufen hinabführten, die sogenannte „Mina de Agua", ist heute noch zu besichtigen. Die Ketten der befreiten Sklaven wiederum wurden als Mahnmal bewahrt: Sie hängen an den Außenwänden der Klosterkirche San Juan de los Reyes in Toledo.

Erst in der Zeit nach der Rückeroberung entstand das neuere Stadtviertel jenseits der Schlucht, El Mercadillo. Errichtet wurde es ursprünglich als Marktplatz für reisende Händler, denen es dadurch erspart blieb, die Warenzölle für das Betreten der Stadt selbst zu entrichten.

Information/Verbindungen/Adressen

● *Information* **Oficina de Turismo de la Junta de Andalucía**, Plaza España 1, auf der Neustadtseite gleich beim Puente Nuevo; ☎ 952 169311, 📠 952 169314. Büro der andalusischen Regionalregierung, geöffnet Mo–Fr 9–19.30 Uhr, Sa/So 9.30–15 Uhr. **Oficina Municipal de Turismo**, Paseo Blas Infante s/n, ganz in der Nähe der Arena. Städtisches Büro, geöffnet (Sommer) Mo–Fr

10–19 Uhr, Sa 10–14, 15–17 Uhr, So 10–14.30 Uhr. ☎ 952 187119. www.turismoderonda.es. **Centro de Iniciativas Turísticas** (C.I.T.), C. Espíritu Santo 37, im Barrio San Francisco ganz im Süden der Stadt; ☎ 952 870739. Privatwirtschaftliches Büro, das vor allem für die Umgebung zuständig ist und dort auch Unterkünfte vermittelt; geöffnet Mo–Fr 10–14 Uhr sowie je nach Jahreszeit 16–19 Uhr

Ronda

(Sommer) 15–19 Uhr (Frühjahr/Herbst) bzw. 15–18 Uhr (Winter), Sa ganzjährig 10–14 Uhr. www.serraniaronda.org.

• *Verbindungen* **Zug**: Bahnhof im Norden der Neustadt, an der Avenida Andalucía. Die landschaftlich großartige Route nach Algeciras wird 4-mal täglich bedient; zum Knotenpunkt Bobadilla (Anschlüsse nach Granada, Málaga und Sevilla) ebenfalls 4-mal täglich. RENFE-Büro in der Neustadtstraße Calle Infantes 20, ✆ 952 871662.

Bus: Station in der Neustadt an der Plaza Concepción, am Anfang der Avenida Andalucía. PORTILLO fährt auf der Linie Marbella-Torremolinos-Málaga 3-mal (Teilstrecken häufiger), AMARILLOS nach Málaga 10-mal, Sevilla 3-mal täglich (Achtung, nicht immer Platz, der Bus kommt von der Küste und ist schon mal voll belegt), COMES nach Arcos und Jerez de la Frontera 3-mal, weiter nach Cádiz 3-mal täglich. AMARILLOS und COMES bedienen auch die meisten Dörfer der Umgebung, Abfahrten in der Regel nur Mo–Fr 1- bis 2-mal täglich.

Auto: Achtung, im Umfeld des Hotels Reina Victoria kommt es laut Leserzuschriften häufig zu Autoeinbrüchen! Die vielen Reisebusse im Gebiet ziehen Diebe geradezu an. Eine (teure und dennoch oft belegte) Tiefgarage liegt unterhalb der Plaza Socorro, eine weniger zentrale an der Av. de Málaga (Verlängerung der C. Espunel). Leider herrscht zur Saison absolutes Parkchaos in Ronda.

Fahrradverleih: Bicicletas Jesús Rosado, Plaza del Ahorro 1, Nähe Bahnhof, vom Zentrum über die Calle Setenil zu erreichen. Sa nur vormittags geöffnet. Auch Helme, Packtaschen etc. ✆/📠 952 870221. www.bicicletasjesusrosado.com.

Cycleronda, ganz in der Nähe in der Calle Serrato 3, einer Seitenstraße der nordöstlichen Carrera Espinel. Gute Auswahl, auch Tourpackages. ✆/📠 952 877814, www.cycleronda.com.

• *Adressen* **Internet-Zugang** z. B. im Café

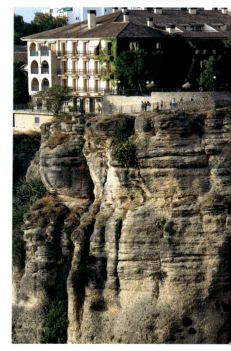

Traumlage über der Schlucht: der Parador

„Central Corner", Calle Remedios 26, ✆ 952 879839, centralcorner@infonegocio.es; nur abends geöffnet, Mi Ruhetag.

Post: Calle Virgen de la Paz 20, etwa gegenüber der Arena, Öffnungszeiten: Mo–Fr 8.30–14.30 Uhr, Sa 9.30–13 Uhr.

Wäscherei/Reinigung: Pressto, Calle Mariano Soubirón 17, unweit der Neustadtplaza Socorro.

Übernachten (siehe Karte S. 449)

Achtung, zur Fiesta Anfang September ist ohne Reservierung kein Bett zu bekommen! Die meisten Hotels und Pensionen liegen auf der Neustadtseite, doch eröffneten in den letzten Jahren auch in der Altstadt einige sehr hübsche Betriebe.

• *Zentrum* ****** Parador de Ronda (23)**, direkt an der Plaza España, hinter der Fassade des alten Rathauses. Absolute Toplage mit schöner Aussicht in die Tajoschlucht; Garten, Garage und Schwimmbad. DZ kosten etwa 170–180 €. Plaza España s/n, ✆ 952 877500, 📠 952 878188, www.parador.es. ****** Hotel Reina Victoria (3)**, ein Klassiker der Stadt: Schon Rilke wohnte bei seinem Aufenthalt im Winter 1912/1913 in diesem Haus. Wunderbarer Blick, Terrassen, Garten und Swimmingpool, allerdings etwas abgelegen. DZ etwa 70–145 €; es gibt auch Suiten. Gelegentlich „ofertas" (Sonderangebote). Calle Jerez 25, im nordwestlichen Bereich der Neustadt, ℡ 952 871240, 🖷 952 871075, www.hotelhusareinavictoriaronda.es.

**** Hotel Montelirio (25), in traumhafter Lage auf der Altstadtseite, 2003 eröffnet und in einem ehemaligen Grafenpalast untergebracht. Terrassen mit fantastischer Aussicht direkt über dem Tajo, auch die Hälfte der DZ und alle Junior Suiten liegen zur Schlucht. Mobiliar in antikem Stil, kleiner Pool und Restaurant, ebenfalls mit Blick. DZ offiziell etwa 160–180 €; es gibt auch Superior-Zimmer und Suiten. Im Winter Spezialangebote, zu Weihnachten, zur Semana Santa und zur Feria steigen dafür die Preise. Calle Tenorio 8, ℡ 952 87385, 🖷 952 16118, www.hotelmontelirio.com.

*** Hotel San Gabriel (27), ein familiäres kleines Hotel mit nur 16 Zimmern in einem schönen Haus der Altstadtseite. Der geschmackvollen Einrichtung ist anzumerken, dass der Vater des Besitzers Antiquitätensammler war. Ein liebevoll gestalteter kleiner Kinosaal (DVD) steht den Gästen ebenso zur Verfügung wie die Bodega im Keller. Sehr geräumige Zimmer, Parkservice. Prima Preis-Leistungsverhältnis. DZ nach Saison etwa 90–130 €, es gibt auch Superiorzimmer und Suiten. Calle José M. Holgado 19, ℡ 952 190392, 🖷 952 190117, www.hotelsangabriel.com.

*** Hotel Enfrente Arte (19), ein Quartier mit ganz besonderem Flair, das den Besucher „mit Kunst konfrontieren" soll – daher der Name. Der belgische Besitzer arbeitete früher in der Musikbranche, viele der Gäste kommen aus der Künstler- und Medienszene. Altes Haus, das ein sehr schönes Ambiente besitzt; tropischer Patio mit Vögeln und Fischen, kleiner Pool, zwei Terrassen mit Aussicht. Januar/Februar geschlossen. Nur 14 Zimmer, sehr oft belegt, Reservierung dringend geboten. DZ nach Ausstattung/Lage (manche in einem alten Turm oder gar zweigeschossig) 100–120 €, die kleineren DZ kosten 85–95 €; zur Karwoche und den Fiestas 5–10 € Aufschlag. Brunch-Buffet und Getränke sind jeweils inklusive. Calle Real 40 (Neustadtseite), ℡ 952 879088, 🖷 952 877217, www.enfrentearte.com.

*** Hotel Jardín de la Muralla (28), ganz im Süden der Altstadtseite und ebenfalls ein Schmuckstück. Der „Garten der Mauer" trägt seinen Namen zu Recht, erstrecken sich die Gartenanlagen des auf der alten Stadtmauer gelegenen Hotels doch gleich über mehrere Etagen. Einst soll das Haus im Besitz des berühmt-berüchtigten Bandolero Flores Arocha gewesen sein. Schöner Fernblick, Pool. Viel Platz, da nur sechs Zimmer, alle mit Antiquitäten eingerichtet DZ/F etwa 95 €, zu Ostern und zur Feria 115 €; die einzige Suite kostet etwas mehr. C. Espíritu Santo 13, ℡ 952 872764, 🖷 952 874481, www.jardindelamuralla.com.

*** Hotel Don Miguel (21), fast direkt an der Plaza España und am Rand des Tajo, einige Zimmer sogar mit Blick auf die Schlucht. 1975 gegründet, vor einigen Jahren umgebaut und vergrößert; mit Garage und Restaurant. DZ etwa 95–110 €. Calle Villanueva 8, ℡ 952 877722, 🖷 952 878377, www.dmiguel.com.

** Hotel Alavera de los Baños (26), auf der Altstadtseite neben den maurischen Bädern. Sehr charmantes kleines Hotel unter spanisch-deutscher Leitung. Angenehme Architektur, schöne und ruhige Lage mit Gartenterrasse, Blick ins Grüne und sogar ein kleiner Pool; gutes Restaurant (nur für Gäste). Rustikal-hübsche Zimmer mit marokkanischen Anklängen. Im Dezember und Januar geschlossen. DZ inklusive Frühstück etwa 85–95 €, mit eigener Terrasse (nur zwei) etwa 105 €, zur Fiesta leichter Aufpreis. Calle San Miguel s/n, Autozufahrt nur von Norden, über die Calles Rosario, Remedios, Santa Cecilia und Real, zuletzt über den Puente Arabe, ℡/🖷 952 879143, www.alaveradelosbanos.com.

** Hotel Royal (8), ein solides Mittelklassehotel, das baulich keine Schönheit ist, aber relativ zentral gelegen, ordentlich eingerichtet und komfortabel, zudem recht günstig. DZ kosten etwa 50–60 €. Calle Virgen de la Paz 42, an der Zufahrt zur Plaza España, ℡ 952 871141, 🖷 952 878132, www.ronda.net/usuar/hotelroyal.

** Hotel San Francisco (11), stadtwärts der Plaza Descalzos. Überwiegend gute und recht hübsche Zimmer, aber aufpassen, es gibt auch einige nahezu fensterlose Räume. DZ kosten etwa 70 €, zu den Festen 110 €. Calle María Cabrera 18, ℡ 952 874688, 🖷 952 873299, hotelronda@terra.es.

** Hotel Virgen de los Reyes (6), preiswertes, familiäres und frisch renoviertes Quartier mit recht ordentlichem Standard. Geräumige Zimmer mit Klimaanlage, TV und auch Heizung, bei entsprechenden Klimaverhältnissen darauf achten, dass sie auch

Ronda 449

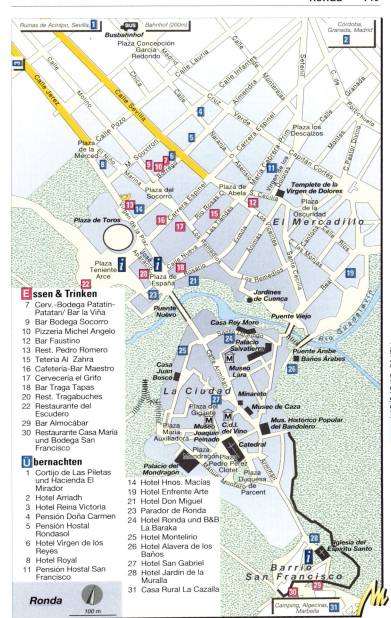

Essen & Trinken
- 7 Cerv.-Bodega Patatin-Patatan/ Bar la Viña
- 9 Bar Bodega Socorro
- 10 Pizzeria Michel Angelo
- 12 Bar Faustino
- 13 Rest. Pedro Romero
- 15 Tetería Al Zahra
- 16 Cafetería-Bar Maestro
- 17 Cervecería el Grifo
- 18 Bar Traga Tapas
- 20 Rest. Tragabuches
- 22 Restaurante del Escudero
- 29 Bar Almocábar
- 30 Restaurante Casa María und Bodega San Francisco

Übernachten
- 1 Cortijo de Las Piletas und Hacienda El Mirador
- 2 Hotel Arriadh
- 3 Hotel Reina Victoria
- 4 Pensión Doña Carmen
- 5 Pensión Hostal Rondasol
- 6 Hotel Virgen de los Reyes
- 8 Hotel Royal
- 11 Pensión Hostal San Francisco
- 14 Hotel Hnos. Macías
- 19 Hotel Enfrente Arte
- 21 Hotel Don Miguel
- 23 Parador de Ronda
- 24 Hotel Ronda und B&B La Baraka
- 25 Hotel Montelirio
- 26 Hotel Alavera de los Baños
- 27 Hotel San Gabriel
- 28 Hotel Jardín de la Muralla
- 31 Casa Rural La Cazalla

Provinz Málaga
Karte S. 370/371

450   Provinz Málaga

funktioniert. Achtung, manche Räume gehen nur auf einen Lichtschacht. DZ etwa 40–50 €. Calle Lorenzo Borrego 13, eine nördliche Parallelstraße zur Carrera Espinel, ✆/✆ 952 871140.

* Hotel Ronda (24), auf der Altstadtseite unweit der Brücke, Ende 2006 eröffnet. Ein Lesertipp von Barbara und Arno Walter: „Renoviert, innen modernisiert und sehr geschmackvoll minimalistisch eingerichtet. Es ist das Elternhaus der Besitzerin, die das kleine Hotel mit nur fünf Doppelzimmern sehr freundlich und hilfsbereit führt." Kein Frühstück. Auch von anderen Lesern sehr gelobt. DZ etwa 70–80 €, zu Spitzenzeiten (Feste etc.) 95 €. Ruedo Doña Elvira 12, ✆ 952 872232, www.hotelronda.net.

* Hotel Hermanos Macías (14), in einem Gässchen zwischen der Arena und der Plaza del Socorro, ein Tipp von Michaela Werzinger: „Sehr freundliches Personal, gemütliche Zimmer und hübsche Bodega." Das Restaurant fand jedoch nicht jedermanns Beifall, ebensowenig die Zimmer zum Innenhof hin. DZ/F etwa 50 €. Calle Pedro Romero 3, ✆ 952 874238, www.hermanosmacias.com.

B&B La Baraka (24), gleich hinter dem Hotel Ronda. Sympathisches kleines Quartier mit nur drei Zimmern und einer „Suite", geführt von einer weitgereisten Libanesin, die perfekt Englisch spricht. Reelle Zimmer mit guten Betten, Patio und Dachterrasse für alle. DZ/Bad etwa 80 €, F inklusive. C. Ruedo Doña Elvira 16, ✆ 952 872843, mobil 610 390945, www.barakaronda.com.

Pensión Doña Carmen (4), in der Neustadt, zwei Blocks von der Plaza Socorro. Die ehemalige Pensión Aguilar, von den neuen Besitzern 2008 teilrenoviert. Die Zimmer nach hinten sind ruhiger. DZ/Bad mit TV für etwa 45 €, renovierte DZ ohne Bad um die 30 €. Calle Naranja 28, ✆ 952 871994.

Pensión Hostal Rondasol (5), in der Nähe. Für seinen Preis eine ordentliche Adresse – allzuviel Komfort sollte man nicht erwarten. Zimmer in hellem Holz und mit Steinboden – darauf achten, dass sie Fenster haben, es gibt auch einige ohne. In der Umgebung noch mehrere Pensionen, alle jedoch einen Tick teurer oder wie das zugehörige „Biarritz" nicht so gut. DZ, leider nur ohne Bad, knapp 30 €. Calle Almendra 11, ✆ 952 874497, www.hostalrondasol.com.

● *Außerhalb* **Casa Rural La Cazalla (31)**, edles kleines Landhotel in einsamer Lage knapp fünf Kilometer außerhalb. Schön renovierte, uralte Finca, umgeben von einem riesigen Grundstück mit eigenem Bachlauf. Der geschmackvollen Inneneinrichtung merkt man an, dass die freundliche, gut Englisch sprechende Besitzerin jahrzehntelang in der Modebranche arbeitete. Pool, Essensmöglichkeit. Anfahrt auf der Straße Richtung Algeciras; am zweiten, etwas versetzten der beiden Kreisverkehre, die etwa eineinhalb Kilometer hinter dem Puente Nuevo kurz aufeinander folgen, geht es rechts ab und an der Gabelung gleich dahinter links, dann den blauen Markierungen folgend bis zur Finca. Nur fünf Zimmer, DZ/F etwa 110 €, im Winter ab vier Nächten Ermäßigung. Tajo del Abanico, ✆ 952 114175, ✆ 952 114092, www.lacazalladeronda.com.

Cortijo de Las Piletas (1), ein Landhotel etwa elf Kilometer außerhalb in Richtung Arcos und Sevilla. Eine Empfehlung von Natascha Möller, auch von anderen Lesern gelobt: „Alles sehr liebevoll eingerichtet, mit kleinem Pool und verschiedenen Terrassen und Höfen. Elisenda und Pablo sind ausgesprochen nette Leute und sprechen gut Englisch, Pablo kocht abends hervorragend". Anfahrt über die A 374, bei km 107.5 und der „Venta La Vega" links ab (das ist die zweite Abzweigung Ri. Montejaque/Benaoján), dann gleich linker Hand. Nur acht Zimmer, DZ etwa 95–100 €. ✆ 605 080295 (mobil), ✆ 951 230603, www.cortijolaspiletas.com.

Arriadh Hotel (2), gut fünf Kilometer nördlich der Stadt bei Arriate, ein Lesertipp von Jutta Garber: „Sehr schön frei inmitten von Feldern und Olivenhainen gelegen. Fünf geschmackvoll eingerichtete Zimmer, alle mit Bad und Balkon bzw. Terrasse und mit wunderbarer West-Aussicht. Inhaber ist eine junge schwedisch-peruanische Familie, die im selben Haus wohnt." Anfahrt am Ortseingang aus Richtung Ronda rechts, durch ein Neubaugebiet und später über einen holprigen Feldweg; das Haus liegt insgesamt rund einen Kilometer von Arriate entfernt. DZ/F je nach Saison und Ausstattung ab 60–80. Camino de Laura, ✆ 952 114370, ✆ 952 114346, www.arriadhhotel.com.

Hacienda El Mirador (1), bei El Gastor, rund 30 km von Ronda in Richtung Arcos und Sevilla, schon knapp in der Provinz Cádiz. Ein Lesertipp von Marc Dittmann: „Die Hacienda liegt oberhalb eines Sees (Anm.: Embalse de Zahara) und hat eine wirklich unglaubliche Aussicht. Man kann drei Häuschen mieten, die mit Schlafzimmer und Wohnzimmer mit Küchenecke eingerichtet sind; alle haben denselben Blick auf den

Ronda 451

Pool und den See. Die Gastgeber Tobias (vorher Koch in einem vegetarischen Restaurant) und Sandra kümmern sich ganz lieb um das Wohl ihrer Gäste, auch das kulinarische." Zwei Personen nach Saison 55–70 €. El Jaral, ✆ 606 670728 (mobil), www.hacienda-elmirador.com.

• *Camping* **El Sur**, 1. Kat., ortsnächster Platz, an der Straße nach Algeciras etwa zweieinhalb Kilometer südlich des Zentrums, also noch in gestreckter Fußentfernung zur Stadt. Gut ausgestattetes Hanggelände mit Pool, sehr gepflegten Sanitärs, hübschem Restaurant. Einkaufsmöglichkeit; auch Bungalows gibt es zu mieten. Wenig Schatten, jedoch schöner Blick auf die Stadt. Die Besitzerfamilie spricht Deutsch. Ganzjährig geöffnet. P. P. etwa 5 €, Auto 4,50 €, Zelt 4,50 €. Carretera de Algeciras, km 1,5, ✆ 952 875939, ✆ 952 877054, www.campingelsur.com.

Cortijo El Abogao, 3. Kat, ein Lesertipp von Melinda Merk und Anselm Kröger-Vodde: „Saubere und gepflegte sanitäre Einrichtungen, schattige Plätze, günstiges und gutes Bar-Restaurante nebenan. Platz für hundert Personen. Schwimmbad angeschlossen". Preise etwa auf dem Niveau des Campings El Sur. Carretera de Campillos, km 5, nordöstlich von Ronda an der A 367, Richtung Cuevas del Becerro, nicht zu verwechseln mit dem einige hundert Meter näher an Ronda gelegenen Camping „El Cortijo", ✆ 952 875844.

Klassiker in Ronda: Bar Faustino

*E*ssen *(siehe Karte S. 449)*

• *Restaurants* **Restaurante Tragabuches (20)**, benannt nach einem Stierkämpfer und späteren Banditen. Feines Ambiente, kreative und verspielte andalusische Küche, die mit einem Michelinstern prämiert ist; exquisite Weinauswahl und entsprechende Preise: Die beiden hervorragenden Degustationsmenü kommen auf etwa 85–95 €. Calle José Aparicio 1, nahe dem Plaza España, So-Abend und Mo geschlossen. Reservierung ratsam: ✆ 952 190291.

Restaurante del Escudero (22), mit schönem Ausblick in die Sierra ganz in der Nähe gelegen. Etwas günstiger, aber nicht unbedingt schlechter; Menü à la carte um die 35–40 €. Paseo Blas Infante 1, So-Abend geschlossen. Auch hier ist Reservierung von Vorteil: ✆ 952 871367.

Restaurante Pedro Romero (13), unweit der Arena. Nach dem größten Stierkämpfer der Stadt benannt und dementsprechend dekoriert; zwar gern von Touristen besucht, aber nicht touristisch. Örtlich geprägte Küche, Tagesmenü etwa 16 €, à la carte ab etwa 30 €. Calle Virgen de la Paz 18.

Restaurante Casa María (30), im Barrio San Francisco ganz im Süden der Altstadtseite. Frische, marktabhängige Küche und ein engagierter Chef. Ungewöhnlich: Keine Speisekarte, sondern Menü nach Ansage – ratsam vielleicht, nach dem Preis zu fragen. Mi Ruhetag. Ruedo Alameda 27. Praktisch um die Ecke und ein solides, recht preisgünstiges Lokal für Tapas und mehr: **Bodega San Francisco**.

Rest.-Bar Almocábar (29), ebenfalls ganz in der Nähe an der Ruedo Alameda Nr. 5 und, obwohl ein durchaus gehobenes Lokal, auch eine Empfehlung für Tapas. Exzellente Küche, von Lesern sehr gelobt.

452 Provinz Málaga

Pizzeria Michel Angelo (10), klein, preiswert und gut, Tische auch im Freien. Pizza ab etwa 5 €, Pasta ab rund 6 €; es gibt aber auch spanische Gerichte. Von Lesern gelobt (die Pizza weniger). Calle Lorenzo Borrego 5, nahe Hotel Virgen de los Reyes.

• *Bars & Cafés* Bei Einheimischen beliebt ist die Handvoll Tapa-Bars an der Plaza Ruedo Alameda im kleinen Barrio San Francisco, ganz im Südosten der Altstadt.

Traga Tapas (18), ein Ableger des Tragabuches. Da darf man schon etwas erwarten – und bekommt es (meistens) auch. Schickminimalistisches Design, feine Designertapas in ungewöhnlichem Gewand, nicht gerade billig, aber bezahlbar. Solide Weinauswahl per Glas. Calle Nueva 4, in einer zentralen Neustadtgasse, deren übrige Bars eher touristisch orientiert sind.

> **Bar Faustino (12)**, ein Zeitsprung um Jahrzehnte in die Vergangenheit, dabei ein Tipp für sich. Sehr lebhafte Bar auf zwei Etagen, die mit gutem Wein, prima Tapas (auch am Tisch) und günstigen Preisen glänzt, auch von den Einheimischen sehr gern besucht. Nette Chefin, die mit unglaublicher Energie den Laden schmeißt. Mehrere Leser waren ausgesprochen zufrieden. Calle Santa Cecilia 4, unweit der Plaza de Carmen Abela.

Cervecería-Bodega Patatin-Patatan (7), ebenfalls eine gute Adresse mit preisgüns-

tigen Tapas und Copas. Angenehm lockere Atmosphäre. Calle Lorenzo Borrego 7, nahe dem Hotel Virgen de los Reyes.

Bar La Viña (7), gleich nebenan, in Stil und Angebot der Cervecería Patatin-Patatan recht ähnlich, ist bei der hiesigen Kundschaft ebenso beliebt. Große Auswahl an leckeren Tapas.

Bar Bodega Socorro (9), in der nächsten Querstraße, von mehreren Lesern wegen der guten Tapas (u.a. exzellenter Schinken) empfohlen. C. Socorro 4.

Cafetería-Bar Maestro (16), eine lokale Berühmtheit in der Haupteinkaufsstraße, von Ortsansässigen gerühmt wegen der guten Auswahl an Tapas, nett auch fürs Frühstück. Calle Espinel 7.

Cervecería El Grifo (17), praktisch um die Ecke. Zwar gibt es hier auch Tapas, die Hauptattraktion ist jedoch das Bier vieler Sorten, das man sich selbst am Tisch zapfen kann. Calle Los Remedios 6.

Tetería Al Zahra (15), eine der gemütlichen Teestuben, die in andalusischen Städten immer beliebter werden. Breite Auswahl an Tees aller Art. Calle Las Tiendas 19, eine Verlängerung der Calle Nueva.

Hotel Reina Victoria (3), ebenfalls ein schöner Platz für den Drink zum Sonnenuntergang: Dann ist die Terrasse des Hotels ein wunderbarer Aussichtspunkt.

• *Nachtleben* Rondas Nachtleben hält sich in recht engen Grenzen. Eine gewisse Konzentration an Music-Pubs findet sich in der Calle Jerez, um die Plazas Socorro und Carmen Abela sowie in der benachbarten Calle Remedios.

Feste & Veranstaltungen/Sport

• *Feste & Veranstaltungen* **Feria de Mayo**, 20.–23. Mai. Stadtfest zur Erinnerung an die Reconquista. Belebter Viehmarkt, viel Trubel.

Romería Nuestra Señora de la Cabeza, erster Junisonntag. Wallfahrt mit Reitern und geschmückten Kutschen.

Feria y Fiestas de Pedro Romero, Anfang September. Zur Erinnerung an den größten Matador der Stadt, mit „corridas goyescas" (Stierkampf in historischen Kostümen) und dem Flamencofestival „Festival del Cante

Grande" – Ronda platzt dann fast aus den Nähten.

• *Sport* **Pangea**, ein Büro des „Turismo Activo", das Ausflüge in die umliegenden Sierras offeriert, darunter Mountainbiking, Reittouren sowie Höhlenexkursionen in die Cueva del Gato-Hundiderc, die allerdings ihren Preis haben. Pasaje Cayetano 10, nahe Av. de Málaga (Verlängerung Carrera Espinel), Infos unter ℡ 952 873496 oder www.pangeacentral.com.

Sehenswertes

Puente Nuevo: Die „Neue Brücke", 1793 nach über vierzigjähriger Bauzeit fertig gestellt, erhebt sich 98 Meter über dem Grund der Tajoschlucht. Sie ist das Wahrzeichen der Stadt und eine technische Meisterleistung. Wie die Legende erzählt,

Ronda/Altstadt La Ciudad 453

bezahlte ihr Architekt José Martín de Aldehuela seine Mitwirkung mit dem Leben: Einer Version zufolge fiel er in die Schlucht, als er versuchte, seinen vom Kopf gewehten Hut zu fangen, nach einer anderen stürzte er hinab, als er das Baudatum in den Stein meißelte; eine dritte Variante lässt ihn gar freiwillig in den Tod springen, deprimiert über die Aussicht, nie mehr etwas so Großartiges schaffen zu können wie diese Brücke – historisch belegt ist allerdings keine dieser Geschichten, tatsächlich starb der Architekt 1802 in Málaga. Der mittlere Bogen der Brücke beherbergt einen Raum, der einst als Gefängnis diente; an einen Ausbruch war angesichts der Lage wohl kaum zu denken. Vor einigen Jahren ist hier ein Interpretationszentrum „Centro de Interpretación" (Mo–Fr 10–18 Uhr, Sa/So 10–15 Uhr; 2 €) eingerichtet worden. Vom Puente Nuevo aus erkennt man im Osten zwei weitere Brücken: den *Puente Viejo*, auch Puente San Miguel genannt

Picasso-Motiv: Werbung für die Feria

und vielleicht noch römischen Ursprungs, und dahinter den so genannten *Puente Arabe* aus dem 17. Jh. Dessen Fundamente stammen zum Teil zwar tatsächlich noch aus islamischer Zeit, die eigentliche Brücke hat in ihrer heutigen Form nach diversen Zerstörungen und Wiederaufbauten aber nur noch wenige maurische Strukturen aufzuweisen. Einen schönen Blick auf alle drei Brücken genießt man von den Gärten *Jardines de Cuenca* (9.30–21.30 Uhr bzw. im Winter bis 18.30 Uhr, gratis), die auf der Neustadtseite gegenüber der Casa del Rey Moro liegen.

Altstadt La Ciudad

Nach der Rückeroberung schwer zerstört, erinnert ihre Anlage immer noch an die Maurenzeit. Rondas Altstadtviertel beherbergt die meisten der Sehenswürdigkeiten und erfreut mit viel Romantik auch abseits der Hauptrouten. Abends allerdings wirkt das malerische Ensemble fast ausgestorben, leben doch nur mehr wenige Menschen hier.

Casa del Rey Moro: In der Calle Santo Domingo, die gleich hinter der Brücke links abzweigt, nach wenigen Metern linker Hand. Das „Haus des Maurenkönigs" weist zwar arabische Stilelemente auf, entstand jedoch erst im 18. Jh.; Vorläufer war aber vielleicht wirklich der Palast eines maurischen Herrschers. Zugänglich sind nur die Gärten und vor allem die *Mina de Agua*, ein im Zickzack in den Fels geschlagener Tunnel des 14. Jh., der im Belagerungsfall die Wasserversorgung des Maurenkönigs sichern sollte. Durch das Gewölbe, das einen Höhenunterschied von 60 Metern überbrückt, führte jene Treppe mit 365 Stufen (seit einer Renovierung sind es noch 232) zum Fluss hinab, auf der die christlichen Sklaven ihr hartes Los als Wasserträ-

454 Provinz Málaga

ger erdulden mussten. In seiner Art ist dieses gut erhaltene Stück mittelalterlicher Militärarchitektur einmalig in Spanien, die Eintrittsgebühr für das Gebotene allerdings überzogen. Der Weg hinunter ist nicht einfach, mäßig beleuchtet und für Leute, die z.B. an Klaustrophobie oder Atemnot leiden, nicht zu empfehlen.
Öffnungszeiten Täglich 10–20 Uhr, im Winter bis 19 Uhr, Eintritt satte 4 €.

Palacio de Marqués de Salvatierra: Etwas unterhalb, am Ende der Calle Santo Domingo gelegen. Der Renaissancepalast besitzt eine ungewöhnliche Fassade mit vier seltsamen, südamerikanisch wirkenden Figuren, die auf die Eroberung Perus anspielen sollen. Sein Inneres konnte früher auf Führungen besichtigt werden, ist aber leider nicht mehr zugänglich. In der Nähe erhebt sich vor der Brücke Puente Viejo das „Tor Philipps V.", errichtet 1742 und ein schönes Fotomotiv.

Baños Arabes: Die restaurierten Reste maurischer Bäder sind über Stufen unweit des Puente Viejo zu erreichen. Sie stammen aus der Zeit um 1300 und zählen zu den besterhaltenen des Landes, obwohl (oder vielleicht gerade weil) das Gebäude später von den Christen als Gerberei benutzt wurde. Insgesamt eher schmucklos, lohnt die typische Architektur mit den sternförmigen Dachfenstern dennoch einen Besuch. Die Bäder bestehen aus drei Sälen. Im ersten sind Reste der Heizung und des Schornsteins zu sehen; der zweite, dreischiffige Raum besitzt schöne Gewölbe, die von Hufeisenbögen getragen werden. Der dritte Saal diente als Ruhe- und Massageraum. Das Dokumentationszentrum zeigt eine Videoshow (abwechselnd spanisch/englisch), die vielleicht den Eintrittspreis rechtfertigt.
Öffnungszeiten Mo–Fr 10–19 Uhr, Sa/So 10–15 Uhr; Eintrittsgebühr 3 €, So gratis.

Museo Lara: Wieder an der Hauptstraße der Altstadt, der *Calle Armiñán*, beherbergt der im 18. Jh. errichtete Palast Palacio de los Condes de La Conquista ein privates Museum. Mit rund 5000 Exponaten, verteilt auf zwei Stockwerke, zählt die Sammlung, die 1999 der Öffentlichkeit zugänglich gemacht wurde, zu den größten ihrer Art in Spanien. Ausgestellt sind unter anderem alte Uhren, Musikinstrumente, Näh- und Schreibmaschinen, Münzen, archäologische Funde und vieles mehr, außerdem der „typischste Weinkeller Andalusiens", so der Hausprospekt.
Öffnungszeiten Täglich 11–20 Uhr, Eintrittsgebühr 4 €.

Minarete de San Sebastian: Ein Stück weiter südlich und etwas zurückversetzt von der Hauptstraße steht ein einsames Miniatur-Minarett. Es ist der letzte Rest einer Moschee, die im 14. Jh. von den Nasriden errichtet wurde und nach der Rückeroberung einer – inzwischen ebenfalls verschwundenen – Kirche weichen musste.

Centro de Interpretación del Vino: In einer südwestlichen Seitenstraße der Hauptstraße liegt dieses Weinmuseum, eine jener privaten Ausstellungen, an denen Ronda alles andere als arm ist. Diese wurde von den „Bodegas La Sangre de Ronda" eingerichtet und ist in einem schönen Stadthaus untergebracht.
Öffnungszeiten Täglich 10–19 Uhr, Eintrittsgebühr 4 €.

Museo de Caza: Wiederum etwas weiter an der Hauptstraße Calle Armiñán gelegen, präsentiert das Jagdmuseum nicht etwa Waffen, sondern ausgestopfte und präparierte Tiere, Geweihe etc., die aus allen Kontinenten stammen.
Öffnungszeiten Täglich 11–19 Uhr, Eintrittsgebühr 1,50 €.

Museo Histórico Popular de Bandolero: Wenige Häuser dahinter, an der Calle Armiñán 65 und nur ein paar Schritte östlich der Kathedrale, liegt dieses Museum,

Dramatisch: Rondas Lage über der Schlucht

das sich dem „Bandolerismo" widmet. Das Phänomen rebellischer Banden, die sich gegen die Herrschaft der Reichen zur Wehr setzten, indem sie sie beraubten, ist zwar nicht auf Andalusien beschränkt, hier aber von einem Hauch wilder Romantik umgeben. Neben lebensgroßen Puppen, die berühmte Bandoleros darstellen, präsentiert die Ausstellung in ihren vier Räumen auch Reproduktionen von Originaldokumenten, Fotos, Waffen und Gerätschaften jener düsteren Zeiten, ist deshalb auch als Volkskundemuseum nicht uninteressant.

<u>Öffnungszeiten</u> Täglich 10.30–19.30 Uhr, im Sommer bis 20.45 Uhr; Eintrittsgebühr 3 €.

Räuberhochburg Ronda

Ronda war vom 18. Jh. bis in die Anfänge des 20. Jh. hinein eine Hochburg der legendären *Bandoleros*, der Banditen und Wegelagerer, die in den Schluchten der umliegenden Sierras ideale Verstecke fanden. Seine Wurzeln hatte das Räuberunwesen in den krassen sozialen Gegensätzen, und tatsächlich gehörte es für manche Bandoleros zum Ehrenkodex, nur die Reichen zu berauben und den Armen einen Teil der Beute zu überlassen. Beim Volk waren sie deshalb durchaus beliebt, mancher wurde gar in Liedern als eine Art spanischer Robin Hood verherrlicht. Die 1847 durch den Herzog von Ahumada gegründete Landpolizei Guardia Civil, mehr noch die Einführung der Telegrafie, bedeuteten das Ende der Bandoleros.

Räuber in voller Montur: Kachelbild am Museo de Bandolero

Kathedrale Santa María la Mayor: An der *Plaza de la Duquesa de Parcent*, dem weit im Süden und rechts der Hauptstraße gelegenen Hauptplatz der Altstadt. Die im 15. Jh. gleich nach der Rückeroberung begonnene Kirche war ursprünglich eine Moschee. Der untere Teil des quadratischen, von einem achteckigen Aufsatz gekrönten Glockenturms besteht aus dem ehemaligen Minarett; im Vorraum ist noch der *Mihrab*, die arabische Gebetsnische, zu sehen. Der Hauptaltar prunkt in üppigem Goldschmuck. Ein Kuriosum ist die Fassade in Gestalt einer Loggia – von den Balkonen aus genossen die hohen Herren der Stadt einen superben Blick auf die Veranstaltungen, die seinerzeit auf dem Platz stattfanden.

<u>Öffnungszeiten</u> Täglich 10–20 Uhr (Winter bis 18 Uhr, So 12.30–14 Uhr geschlossen), Eintrittsgebühr 4 €.

Barrio San Francisco: Südlich der Kathedrale liegt ein weiteres malerisches Viertel, in dem noch Reste der Mauern und Tore der Stadtbefestigung und der Alcazaba, des sonst völlig zerstörten Palastes der Maurenherrscher, erhalten sind.

Mittelpunkt des Barrio ist der hübsche Platz Ruedo Alameda, an dem es eine Reihe von Bars gibt. Ein schönes Portal besitzt der *Convento San Francisco*, schon etwas außerhalb in Richtung Marbella gelegen. Vom Barrio San Francisco führt der reizvolle Fußweg Camino de los Molinos (siehe unten) westlich um die Altstadt herum und über Treppen hinauf zur Plaza María Auxiliadora.

Palacio de Mondragón: Zu erreichen über eine Gasse links neben der Kathedralenfront. Bereits zur Maurenzeit soll hier die Residenz eines Herrschers gestanden haben, in der später auch die Katholischen Könige Ferdinand und Isabella einmal wohnten. Seine heutige Form erhielt der um drei Patios angelegte Palast jedoch bei mehreren Umbauten, die im 16. Jh. begannen und sich über mehrere Jahrhunderte erstreckten. Sein Inneres beherbergt nach abgeschlossener Renovierung das *Stadtmuseum* von Ronda, sehenswert sind auch die Gärten, von denen man eine schöne Aussicht genießt.
Öffnungszeiten Mo–Fr 10–19 Uhr, Sa/So 10–15 Uhr; Eintrittsgebühr 3 €.

Museo Joaquín Peinado: An der Plaza del Gigante beherbergt der reizvolle, im frühen 19. Jh. errichtete Palacio Moctezuma dieses Museum, das dem Maler Joaquín Peinado (1898–1975) gewidmet ist, einem berühmten Sohn der Stadt, Freund Picassos und Lorcas und Mitglied der „Spanischen Schule von Paris". Fast 200 seiner Werke umfasst die hier gezeigte Sammlung, die sich über einen Schaffenszeitraum von mehr als einem halben Jahrhundert erstreckt.
Öffnungszeiten Mo–Fr 10–19 Uhr (Winter 18 Uhr), Sa/So 10–15 Uhr; Eintrittsgebühr 4 €.

Camino de los Molinos: Von einem Treppenweg an der Plaza María Auxiliadora führt ein gepflasterter Pfad hinunter zum Fluss. Weiter unten, bei den Resten alter Mühlen und eines kleinen maurischen Tors, öffnet sich eine ungewohnte und sehr beeindruckende Perspektive der Tajo-Schlucht und des Puente Nuevo. Es gibt auch einen überwucherten Fußpfad in die Schlucht hinein, den man jedoch nur mit unempfindlicher Nase begehen sollte: Ronda leitet einen Teil seiner Abwässer in den Fluss, der an manchen Stellen erbärmlich stinkt. Angenehmer ist es, dem hübschen Camino de los Molinos selbst zu folgen, der unterhalb des steilen Felskliffs bis zum Barrio San Francisco reicht.

Casa Juan Bosco, an der Calle Tenorio, wieder Richtung Puente Nuevo. Der Palast aus der Zeit um 1850 ist im Besitz des Salesianerordens und kann besichtigt werden. Seine Hauptattraktion ist der schöne Postkartenblick, der sich von hier auf Schlucht und Brücke bietet.
Öffnungszeiten Täglich 9–14, 14.30–17.30 Uhr, Eintrittsgebühr 1,50 €.

Neustadt El Mercadillo

Plaza de Toros/**Museo Taurino:** Wohl ein echter Pflichtbesuch in Ronda, handelt es sich bei der 1785 errichteten Arena doch um die älteste des Landes. Da hier mit Pedro Romero auch noch einer der bedeutendsten spanischen Matadore aller Zeiten wirkte, gilt die schöne Plaza de Toros von Ronda geradezu als Wallfahrtsstätte der Aficionados. Gestaltet wurde sie wahrscheinlich von José Martín de Aldehuela, dem Architekten, der auch den Puente Nuevo schuf.

Das Rund der Arena misst 66 Meter Durchmesser, die zweigeschossigen Zuschauertribünen, die von eleganten Säulen gestützt werden, bieten auf ihren jeweils fünf Rängen bis zu 5000 Zuschauern Platz. Die Arena darf zu den normalen Öffnungszeiten betreten werden – hier sieht man schon mal Mütter mit

458   Provinz Málaga

Kinderwagen für ihre Sprösslinge den Stier spielen. Francesco Rosi drehte in der Plaza de Toros verschiedene Szenen seines Films „Carmen", schließlich war es eine tatsächliche Begebenheit in Ronda, die die Vorlage für Bizets Oper geliefert haben soll. Der Popsängerin Madonna, die Ronda 1994 als Hintergrund für einen Videoclip gewählt hatte, wurde dagegen die Dreherlaubnis verwehrt – für die entsprechenden Szenen musste die Plaza de Toros von Antequera herhalten.

Das interessante Museum im Arenagebäude präsentiert unter anderem Waffen, nostalgische und jüngere Plakate, Stiche und Drucke, Kostüme etc.

Öffnungszeiten Täglich 10–20 Uhr, im Winter bis 18 Uhr; Eintritt (Arena & Museum) 6 €.

Ronda, Wiege des modernen Stierkampfs

Bis zum Anfang des 18. Jh. war Stierkampf ein schlichtes Abstechen der Tiere mit einer Lanze, das relativ ungefährlich vom Pferd aus stattfand, ein beliebter „Sport" ausschließlich des Adels.

Francisco Romero, Großvater Pedro Romeros und Urvater der Dynastie von Matadoren, soll um 1720 der erste gewesen sein, der den Stier zu Fuß bekämpfte. Wie die Überlieferung berichtet, hatte der Zimmermann eigentlich nur einem Adligen beispringen wollen, der vom Pferd gestürzt war: Mutig sprang Francisco Romero in die Arena, lenkte den Stier mit seinem Hut ab, ließ ihn dann noch einige Male kunstvoll ins Leere laufen und wurde so zum Ahnherr aller heutigen Stierkämpfer. Er gilt als Erfinder der Muleta und starb dank seiner Kunst als reicher Mann.

Juan Romero, Sohn Franciscos, gebührt der Ruhm, als erster die Cuadrilla, die aus Picadores und Banderilleros bestehende „Mannschaft" des Matadors, eingeführt zu haben. Vier seiner Söhne wurden ebenfalls Stierkämpfer, zwei von ihnen ließen in der Arena ihr Leben. Juan selbst hingegen erreichte das gesegnete Alter von 102 Jahren.

Pedro Romero (1754–1839), einer der Söhne Juan Romeros, wurde zum bedeutendsten Matador aller Zeiten, würdig genug, von Goya porträtiert zu werden. Er gab dem modernen Stierkampf einen Großteil der noch heute gültigen Regeln und gilt als Gründer der klassischen „Schule von Ronda" (Escuela Rondeña). Und er wusste natürlich, worauf es letztendlich ankommt: „Immer etwas klüger sein als der Stier" steht als Maxime auf seinem Denkmal im Stadtpark von Ronda. Es heißt, während seiner Laufbahn habe Pedro Romero rund 5600 Stiere getötet, den letzten im Alter von weit jenseits der Siebzig. Zumindest letzteres ist wohl ins Reich der Mythen zu verweisen.

Alameda de Tajo: Der Stadtpark Rondas, ein paar Schritte nördlich der Stierkampfarena, ist an heißen Sommertagen eine wahre Erholung. Ein Streifen weiterer Grünanlagen zieht sich von hier entlang des Abhangs nach Süden, um den Parador herum und bis zur Puente Nuevo, und gibt so einen schönen Spazierweg ab. Sowohl vom Rand des Parks als auch vom Weg zurück zur Brücke bietet sich eine herrliche Aussicht, ein besonders in der Dämmerung wunderschöner Blick wie zu Rilkes Zeiten: Im Vordergrund erstreckt sich das Hochtal voller Felder und Olivenbäume, „und drüben entsteigt ihm wieder, wie ausgeruht, das reine Gebirg, Berg hinter Berg, und bildet die vornehmste Ferne".

Parque Natural Sierra de las Nieves 459

Templete de la Virgen de Dolores: Einen seltsamen Schmuck besitzen die beiden vorderen Säulen dieser 1734 erbauten kleinen Votivkapelle, die unweit der Plaza Carmen Abela an der Calle Santa Cecilia steht – die jeweils vier menschlichen Figuren tragen einen Strick um den Hals. Ernster Hintergrund der kuriosen Dekoration: Hier lag wahrscheinlich einst die Richtstätte Rondas. In Erinnerung an die Toten bekreuzigen sich denn auch viele Passanten und sogar manche Autofahrer, wenn sie an dem Kapellchen vorbeikommen.

Umgebung von Ronda

Zu den vielen reizvollen Ausflugszielen in der Umgebung von Ronda gehören auch der Naturpark der Sierra de Grazalema und die „Weißen Dörfer" im Norden, Nordwesten und Westen der Stadt. Die betreffenden Gebiete zählen jedoch alle schon zur Provinz Cádiz, siehe deshalb dort in den Kapiteln „Parque Natural Sierra de Grazalema" und „Pueblos Blancos um Grazalema".

Gruselig: Neustadtkapelle Templete de la Virgen de Dolores

Ruinas de Acinipo: Die Ruinen der auch „Ronda la Vieja" genannten Siedlung liegen in einer Hügellandschaft auf rund tausend Meter Höhe, etwa zwölf Kilometer außerhalb der Stadt. Zu erreichen sind sie über ein rechter Hand abzweigendes Nebensträßchen der Straße nach Algodonales. Das Gebiet von Acinipo war schon in der Vorgeschichte und später von den Phöniziern bewohnt. Ihre Glanzzeit erreichte die Siedlung im 1. Jh. v. Chr. unter den Römern. Als im 3. oder 4. Jh. das heutige Ronda, damals Arunda genannt, seinen Aufstieg nahm, wurde Anicipo verlassen. Heute erinnern vornehmlich die Reste eines Amphitheaters an die einstige Bedeutung.

Öffnungszeiten Sehr häufige Wechsel; eine vorherige Anfrage in den Infostellen von Ronda oder unter Mobil-Tel. 670 945451 empfiehlt sich deshalb unbedingt. Eintritt frei.

Parque Natural Sierra de las Nieves

Der Naturpark (www.sierranieves.com) im Südosten von Ronda, auch als Biosphären-Reservat der Unesco ausgewiesen, ist vor allem durch seine großen Bestände an der urweltlichen *Pinsapo*-Tanne bekannt. Er erstreckt sich etwa im Gebiet zwischen den Straßen A 397 von San Pedro Alcántara nach Ronda im Westen und A 366 von Coín nach Ronda im Norden und Osten; seine südliche Grenze liegt ungefähr auf Höhe des Ortes Tolox.

460   Provinz Málaga

Das insgesamt über 16.500 Hektar umfassende Gebiet wird von Hügeln, steil abfallenden Felsen und engen Tälern geprägt; eine wahrhaft wilde Landschaft, die bis zu einer Höhe von knapp 2000 Metern ansteigt. Neben der berühmten Pinsapo-Tanne, einer uralten Koniferenart, die nur im Gebiet um Ronda und an wenigen Stellen Marokkos heimisch ist, wachsen hier Kastanien und Steineichen, in höheren Lagen auch Ahorn, Eschen und Eiben. Die geschützte Tierwelt umfasst Steinböcke, Otter, Steinadler und andere Greifvögel. Der Park ist auch von der Westseite her zugänglich, über eine Abzweigung der A 397 San Pedro Alcántara-Ronda, doch bestehen hier bislang keinerlei Einrichtungen. Überhaupt sollten Besucher eine gute Portion Abenteuerlust und Entdeckergeist mitbringen: Bisher ist das Gebiet wenig erschlossen, vieles steckt noch in den Kinderschuhen.

El Burgo: Ein hübsches, landwirtschaftlich geprägtes Dorf nordöstlich des Parks und an der mittlerweile gut ausgebauten Straße nach Málaga, die schon zu Römerzeiten eine wichtige Verkehrsader war. Mit einer recht guten Quartierauswahl eignet sich El Burgo als netter Zwischenstopp oder als Station für Entdeckungstouren im Park.

● *Übernachten* In den Hotels liegen die Preise von Mo–Do meist günstiger als am Wochenende.

*** Hotel Casa Grande, in einem 150 Jahre alten, palastartigen Gebäude im Ortskern von El Burgo, 1999 zum Hotel umgebaut. Restaurant. Gemütliche Zimmer im alten Stil. DZ/F nach Saison und Ausstattung (Standard/Superior) etwa 60–70 €, in der Karwoche und an Weihnachten bis 80 €.

Calle Mesones 1, ✆ 952 160232, 📠 952 160252, www.hotel-lacasagrande.com.

* Pensión Hostal Sierra de las Nieves, unweit der Casa Grande, im Umfeld mehrere Bars. Die Zimmer sind einfacher, aber sauber, die Besitzer freundlich. Ein ordentliches Restaurant ist angeschlossen. DZ etwa 35–40 €. Calle Comandante Benitez 26, ✆ 952 160117.

Yunquera, ein knapp östlich des Naturparks gelegenes Dorf, bietet sich als Ausgangspunkt ebenfalls an. Obwohl Yunquera kaum über 3000 Einwohner zählt, ist es die größte Siedlung im Bereich des Parks; wohl deshalb wird seine Hauptkirche Nuestra Señora de la Encarnación (16. Jh.) gerne als „Kathedrale der Sierra" bezeichnet.

● *Übernachten* **** Pensión Hostal Asencio,** ein Lesertipp von Jürgen Burmeister: „Zentral gelegen, der Besitzer ist sehr bemüht und freundlich. Frühstück und Abendessen können im Hostal eingenommen werden." Parkplätze im Umfeld sind Mangelware, die Gassen eng – besser rechtzeitig vorher einen Platz suchen. DZ/Bad etwa 50 €. Calle Mesones 1, nahe Plaza Constitución, ✆/📠 952 482716, www.hostalasencio.com.

● *Camping* **Pinsapo Azul**, 3. Kat., am nördlichen Ortsrand, aus Richtung El Burgo kommend rechts halten. Offiziell geöffnet Mai bis September, außerhalb der HS kann ein Anruf jedoch nicht schaden. Auch Bungalows. Preis p. P., Zelt und Auto je etwa 5 €. Camino Forestal Sierra de las Nieves, ✆ 952 482754, www.campingpinsapoazul.com.

Cueva de la Pileta

Knapp 30 Kilometer südwestlich von Ronda lockt in der Umgebung des Dörfchens Benaoján eine Tropfsteinhöhle zu einem nicht alltäglichen Ausflug.

Die Felszeichnungen der Cueva de la Pileta sind mit einem geschätzten Alter von 20.000 bis 25.000 Jahren älter als die berühmten Höhle von Altamira in Nordspanien. Erst 1905 wurde die etwa 2,3 Kilometer lange Höhle von José Bullón Lobato entdeckt; bis heute ist sie in Privatbesitz der Familie Bullón. Auf Führungen

Benaoján   461

Noch wenig erschlossen: Parque Natural Sierra de las Nieves

(oft geleitet von Rosario Bullón, der Enkelin des Entdeckers) begehbar sind etwa 300 Meter der nicht elektrifizierten Höhle, an deren Decke oft Fledermäuse hängen. Die etwa einstündige „Expedition" im Schein von Petroleumlampen, vorbei an bizarren Tropfsteinen und kleinen Seen, ist ein kleines Abenteuer für sich. Höhepunkt sind die verschiedenfarbigen Wandzeichnungen, hergestellt aus Ocker, rotem Eisenoxid, schwarzer Manganerde und Kohle, zur besseren Haltbarkeit mit Tierfett vermischt: Stiere, Pferde (eins trächtig, eins im Sprung), ein zwei Meter hoher Hirsch und auch menschliche Gestalten. Berühmt wurde der „Saal des Fisches", da Abbildungen von Meerestieren in Höhlen, zumal in solcher Entfernung von der Küste, selten sind. Andere Zeichnungen sind nicht gegenständlichen Inhalts, ihre Bedeutungen ungeklärt.

- *Öffnungszeiten* Täglich 10–13, 16–18 Uhr; sie wechseln jedoch oft, man erkundigt sich besser in den Fremdenverkehrsämtern von Ronda. Vor dem Eingang warten. Pro Person etwa 8 €, mindestens 4 Personen bzw. entsprechende Bezahlung. Die Besucherzahl ist auf 25 limitiert, zur Saison heißt es deshalb manchmal, bis zur nächsten Führung zu warten. Gruppen werden gelegentlich vorgezogen, was natürlich für Ärger sorgt. Reservierung gern gesehen: ✆ 952 167343. Die Innentemperatur der Höhle beträgt ganzjährig 15 Grad.

- *Verbindungen* Mit dem Auto über das Örtchen Benaoján, etwa fünf Kilometer weiter ist die Höhle beschildert. Schöne Weiterfahrt zur Küste über das Dörfchen Jimera de Líbar und anschließend über die A 405 möglich, siehe unten. Mit öffentlichen Verkehrsmitteln ist die Anreise kompliziert: Per Bus nach Benaoján oder per Zug zur kleinen Station Jimera de Líbar (Linie nach Algeciras, am besten den Frühzug nehmen), dann noch jeweils über eine Stunde zu Fuß auf steilen Bergstraßen; vorher Anschlüsse für die Rück- oder Weiterfahrt klären.

Benaoján: Das hübsche kleine Dörfchen oberhalb des Río Guadiaro liegt nur knapp östlich des Naturparks Grazalema, der im Kapitel zur Provinz Cádiz näher beschrieben ist, und könnte als Standort für Ausflüge und „Turismo activo" in den

462   Provinz Málaga

umliegenden Sierras und Höhlen dienen. Von letzteren gibt es hier eine ganze Reihe, z. B. im Nordosten die *Cueva del Gato-Hundidero*, ein ganzer Komplex von unterirdischen Gängen, Hallen und Seen mit einer Länge von über vier Kilometern. Ohne fachkundige Führung, wie sie z. B. in Ronda gebucht werden kann, sollten Laien auf einen Besuch der Höhle allerdings auf jeden Fall verzichten, es gab schon Tote. Ohne Aufwand zu besichtigen ist hingegen der wirklich hübsche Teich mit Wasserfall am Eingang der Höhle, zu erreichen über die Zufahrt zum Hotel Cueva del Gato, dann zu Fuß unter der Bahnlinie durch.

● *Verbindungen* **Zug**: Bahnhof an der landschaftlich sehr schönen Linie vom Knotenpunkt Bobadilla via Ronda nach Algeciras, Züge in beide Richtungen halten 3-mal täglich.
Bus: AMARILLOS-Busse fahren 2-mal täglich von und nach Ronda.
● *Übernachten* **** Hotel Molino del Santo**, im Siedlungsgebiet um den Bahnhof, ein gutes Stück außerhalb des eigentlichen Dorfkerns. Eine frühere Wassermühle, umgebaut zum komfortablen Hotel. Englische Besitzer, ausgesprochen stilvolles Ambiente, schöner Garten, Swimmingpool, Tipps und Mietfahrräder für Exkursionen in die Umgebung. DZ/F nach Ausstattung und Saison 90–150 €, zu bestimmten besonders nachgefragten Zeiten nur mit Halbpension; es gibt auch Junior-Suiten. Bda. Estación s/n, ✆ 952 167151, ✉ 952 167327, www.molinodelsanto.com.

** Hotel Cueva del Gato, nahe dem Eingang zur gleichnamigen Höhle, einige Kilometer außerhalb von Benaoján an der östlichen der beiden Straßen Richtung Ronda; die letzten Meter der Zufahrt sind steil. Hübsches Quartier mit gemütlichen und geräumigen Zimmern; die nahe Bahnlinie stört nicht. Neue Besitzer, mal abwarten, was daraus wird. DZ etwa 80–100 €. Ctra. Benaoján–Ronda, km 3, ✆ 952 167296, ✉ 952 167404, www.hotelcuevadelgato.com.
● *Camping* **Jimera de Libar**, beim gleichnamigen Nachbarort etwa acht Kilometer südlich von Benaoján, rund einen Kilometer vom dortigen Bahnhof an der Straße Richtung Cortes de la Frontera. Kleiner, teilweise recht schattiger Platz am Flüsschen Río Guadiaro; Sanitäres eher einfach, aber gepflegt. Pool. Ganzjährig. Auch gemütliche Holzhütten. P. P., Auto, Zelt je etwa 4 €. Ctra. Jimera a Cortes, km 1, ✆ 952 180102, ✉ 952 180131, www.rural-jimera.com.

Cortes de la Frontera: Ein ausgedehntes „Weißes Dorf" in Hügellage etwa 15 Kilometer südwestlich von Benaoján. Cortes liegt unweit der Provinzgrenze zu Cádiz und nur knapp östlich der beiden Naturparks Sierra de Grazalema und Alcornocales. Obwohl Cortes sich also nicht zu Unrecht als „Fenster auf die Parks" bezeichnet, sind ausländische Touristen hier dennoch eine Seltenheit.

● *Übernachten* ****** Hotel Sol y Sierra**, in schöner Aussichtslage auf einer Hügelkuppe im südlichen Ortsbereich von Cortes, Parken absolut problemlos. Mit 26 Zimmern kleiner, als es von außen wirkt, Pool. Restaurant nur auf Reservierung. DZ/F nach Saison offiziell 140–170 €. Avenida Sol y Sierra 1, ✆ 952 154523, ✉ 952 154518.

Entlang der A 369/405

Die gut ausgebaute A 369, ab Gaucín dann A 405 benannt, zählt zu den schönsten Panoramastraßen ganz Andalusiens. Sie führt von Ronda durch wildromantische Gebirgslandschaften hinab nach San Roque in der Nähe von Gibraltar und Algeciras. An der Strecke oder nur knapp abseits davon findet sich eine Reihe reizvoller und urtümlicher „Weißer Dörfer".

● *Essen/Einkaufen* **Bar-Rest. Los Labraos**, ein Lesertipp von Steffi und Klaus Zillig: „An der Straße von Ronda nach Algeciras im schönsten Teil der Serranía de Ronda gelegen. Sehr freundlich ausgestattetes Restaurant der gehobenen Klasse, mit Ausstellungsstücken aus dem ländlichen Bereich. In Nebenräumen eine Verkaufsstelle für Produkte der lokalen Landwirtschaft, einheimische Keramik, Webwaren, Holzarbeiten etc. Carretera Ronda–Algeciras, Benadalid.

Gaucín **463**

Benalauría: Das Bergdörfchen liegt etwas östlich der A 369 und wird fast nur noch von alten Leuten bewohnt. Der maurische Ursprung der Siedlung ist nicht nur dem Namen, sondern auch den engen Gassen und der örtlichen Architektur noch anzumerken. Samstags und sonntags von 12–16 Uhr oder nach Anfrage im Bar-Restaurant Mesón La Molienda kann man in der Calle Alta im oberen Ortsteil eine sehr gut erhaltene Ölmühle von beträchtlichen Ausmaßen besichtigen. Bekannt als „Molino de Calleja", wurde sie zwischen 1752 und 1773 errichtet und war bis in die Sechzigerjahre des letzten Jahrhunderts in Betrieb.

● *Essen* **Bar-Rest. Mesón La Molienda**, auch kulinarisch eine Empfehlung. Das engagiert geführte Restaurant erfreut mit guter Lokalküche mit alten Rezepten, darunter Spezialitäten wie „Warmer Gazpacho" oder Lammbraten mit Mandelsoße. Nicht teuer. Hier auch zwei Zimmer zur Übernachtung sowie Infos zu Unterkünften in alten Dorfhäusern. Benalauría, Calle Moraleda 59, außerhalb der Saison besser vorab anrufen: ☎ 952 152548. www.molienda.com.

Venta La Solera, ein wenig südlich an der A 369, direkt an der Abzweigung nach Cortes de la Frontera. Typische Venta mit gutem Essen und günstigen Tapas.

Genalguacil liegt rund 14 kurvenreiche Kilometer östlich der Route (Abzweig bei Algatocín). Seit 1994 veranstaltet das Dorf im zweijährigen Turnus (2012, 2014 etc.) in der ersten Augusthälfte die sog. *Encuentros de Arte.* Gegen Kost und Logis stiften die Künstler, die zu diesen „Kunstbegegnungen" eingeladen werden, ihre Werke – bisher schon mehr als hundert an der Zahl – dem Dorf, wo sie fortan dauerhaft die Straßen und Plätze schmücken; ein Teil ist auch im Gemeindemuseum Museo Municipal (wechselnde Öffnungszeiten, Anruf ratsam: ☎ 952 152130, geringe Eintrittsgebühr) zu sehen.

Gaucín bildet die letzte Ortschaft der Provinz Málaga an der A 369/405 Richtung Küste. Das bildhübsche, lang gestreckte Dorf, deutlich lebendiger als Benalauría, liegt am Rand einer riesigen Steilwand und bietet eine tolle Aussicht nach Süden, die an manchen Tagen über das Meer bis Marokko reicht. Gaucín geht auf eine römische Gründung zurück. Erst 1485 konnten die christlichen Heere die Siedlung von den Mauren zurückerobern; an die einstigen Herren der Region erinnern noch die Ruinen der maurischen „Adlerburg" *Castillo de Aguila.*

● *Übernachten* **Hotel Rural La Fructuosa**, ein Lesertipp von Maximilian Gill: „Fünf unterschiedliche Zimmer, sehr witzig, schöne Räumlichkeiten. Gebäude am Hang, viele kleinere Ebenen, weiter Blick nach Gibraltar." Das Restaurant öffnet nur Fr- und Sa-Abend. DZ nach Ausstattung etwa 90–100 €. C. Convento 67, ☎ 952 151072 und 617 692784 (mobil), www.lafructuosa.com.
Hotel Rural Caballo Andaluz, am Ortsrand neben der Straße Richtung Jimena de la Frontera und Algeciras, 2003 eröffnet. DZ zur Straßenseite 50 €, mit Balkon zur Meerseite etwa 60 € – letztere lohnen den kleinen Aufpreis durchaus, der Blick reicht an klaren Tagen bis Gibraltar und Marokko. Carretera A 369, km 38,5, ☎ 952 151147, mobil unter 629 300707, www.hotelcaballoandaluz.es.
* Pensión Hostal Moncada, gleich gegenüber hinter einer Tankstelle, „Rezeption" dort. Trotz des Umfelds ein in seiner Preisklasse durchaus ordentliches Quartier. DZ/Bad etwa 40 €. Prolongación Luis de Armiñan s/n, ☎ 952 151324.

Weiterreise: Von Gaucín führt die Nebenstraße A 377 zur Küste südlich von Estepona; unterwegs lohnt sich ein Abstecher in das hübsch gelegene Dorf Casares. Zum weiteren Verlauf der A 405 Richtung Algeciras und zu den „Weißen Dörfern" Jimena de la Frontera und Castellar de la Frontera siehe im Kapitel zur Provinz Cádiz, Abschnitt „Zwischen Gibraltar und Ronda".

Provinz Málaga
Karte S. 370/371

„The Rock": Gibraltar

Gibraltar

Der steil aus dem Meer aufragende Felsklotz war im Altertum bekannt als eine der beiden mythischen „Säulen des Herkules". Als sein Gegenstück galt der Djebel Musa in Marokko. Jenseits dieser beiden Landmarken vermutete man damals das Ende der Welt.

Die 6,5 Quadratkilometer große und bis 426 Meter Höhe aufragende Halbinsel von Gibraltar ist seit Beginn des 18. Jh. britische Kronkolonie. Nach langen Querelen Großbritanniens mit Spanien kann man heute problemlos mit dem Personalausweis einreisen. Vom spanischen, im Kapitel über die Provinz Cádiz beschriebenen Städtchen *La Línea de la Concepción* kommend, ist man nach der Grenzkontrolle und dem Überqueren der Landebahn des Flughafens mitten in England, schlagartig und unübersehbar: Bobbys, Fish and Chips, Doppeldeckerbusse, rote Briefkästen und uniformierte Schulkinder. Die rund 30.000 Einwohner von „Gib", so die geläufige Kurzform, scheinen den britischen Lebensstil geradezu verzweifelt gegen südländische Einflüsse verteidigen zu wollen. Ebenso auffällig ist jedoch der multikulturelle Charakter der Kolonie, in der Menschen aller Hautfarben wohnen und die neben christlichen Kirchen auch Synagogen, Moscheen und sogar einen hinduistischen Tempel besitzt.

Gibraltar lebt (trotz gewisser rechtlicher Änderungen in jüngster Zeit) immer noch recht gut von seinem Status als Steuerparadies, der Zehntausende ausländischer Gesellschaften angezogen hat, ebenso vom Fremdenverkehr, dem die Grenzöffnung ein rasantes Wachstum ermöglichte: Vier bis sechs Millionen Touristen werden jährlich gezählt – und für jede Sehenswürdigkeit kräftig zur Kasse gebeten. Auf den ersten Blick scheint die Stadt ein einziger riesiger Duty-Free-Shop zu sein: zollfreie Fotogeschäfte, Zigaretten- und Schnapsläden Tür an Tür. Außer dem amüsanten

Gibraltar 465

Kontrast zu Spanien, der wirklich faszinierenden Lage und den berühmten Affen hat „The Rock" sonst auch nicht viel zu bieten. Ein Tagesausflug lohnt sich durchaus; um mit Genuss länger zu verweilen, müsste man schon sehr anglophil sein.

Orientierung: Über das Rollfeld des Flughafens auf der Landenge, das bei Bedarf geschlossen wird (eine Untertunnelung ist längerfristig geplant), gelangt man in die Stadt. Sie zwängt sich schmal an die Westseite des gewaltigen Felsens und wird auf ganzer Länge von der Hauptstraße *Main Street* durchzogen. Weiter südlich schließen sich aufgelockerte Wohn- und Armeebezirke an. Um den Fels herum führt, teils durch einen Tunnel, eine Ringstraße.

Der Fels als Sprungbrett nach Spanien – Gibraltar und die Schmuggler

Schon kurz nach der Grenzöffnung begannen gewiefte Schmuggler damit, sich die strategische Lage Gibraltars zunutze zu machen. Mit hochgezüchteten Rennbooten brachten sie nachts Zigaretten und vor allem Haschisch aus dem nahen Marokko in die britische Kolonie, um sie von dort auf kürzestem Wege nach Spanien einzuführen. Von den Behörden Gibraltars wurden die Schmuggler lange Zeit kaum behelligt. Erst nach einer Reihe von diplomatischen Querelen und vielen Verhandlungen erklärten sich die Briten zu verschärften Maßnahmen gegen die illegalen Aktivitäten bereit. Die Schnellboote wurden beschlagnahmt. Ob das Problem dadurch eingedämmt werden konnte, darüber herrschen beiderseits der Grenze unterschiedliche Auffassungen. Nach Ansicht der spanischen Behörden gedeihen im Schatten des Felsens nämlich weiterhin dunkle Aktivitäten, darunter auch Geldwäsche. Die Regierung von Gibraltar widerspricht dem natürlich vehement.

Ebenfalls verboten, letztlich aber nicht ohne eine amüsante Note, sind die kleinen Gaunereien, die spanische Betrüger vor der Grenze versuchen. Dort verkaufen sie alte Lotterielose, bevorzugt von der teureren Freitagsausspielung, als „Parkscheine", „Visa" oder „Eintrittskarten" für Gibraltar. Als Beweis der Echtheit zeigen sie auf den Schriftzug der spanischen Blindenlotterie Once: Parken beziehungsweise Eintritt „once", auf Englisch „einmal". Wohl von diesen Kleinganoven inspiriert zeigte sich jüngst der Bürgermeister von La Línea, der allen Ernstes überlegte, eine Art „Maut" für Gibraltarbesucher in Höhe von 5 € einzuführen, von der Landesregierung freilich erwartungsgemäß zurückgepfiffen wurde.

Geschichte: 711 von den Mauren besetzt, blieb Gibraltar mehr als 700 Jahre lang in islamischer Hand. Maurischen Ursprungs ist auch der Name: *Djebel Tarik*, „Berg des Tarik" hieß der Fels nach dem maurischen Feldherrn, der hier seinen Siegeszug durch Spanien begann. Erst 1462 gelang den Spaniern die Rückeroberung.

Im Spanischen Erbfolgekrieg schafften es die Engländer 1704, den nur schwach mit Verteidigern besetzten Felsen einzunehmen, und im Vertrag von Utrecht 1713 ließen sie sich ihr Recht auf Gibraltar festschreiben. Versuche der Spanier, den Felsen dennoch zurückzuerobern, schlugen fehl: England hatte Gibraltar zur waffenstarrenden Festung ausgebaut, die auch lange Belagerungen aushalten konnte. Der diesbezügliche Rekord geht bis ins 18. Jh. zurück, als die Spanier von 1779–83 Gibraltar vier Jahre lang vergebens belagerten. Angesichts der strategischen

466   Gibraltar

Position ist der Eifer beider Seiten verständlich: Die schweren Geschütze Gibraltars kontrollieren den Eingang vom Atlantik zum Mittelmeer völlig. Bis heute ist „The Rock" ein waffenstarrender Flugzeugträger aus Stein geblieben.

1967 ergab eine Volksabstimmung, dass gerade mal 0,4 % der Gibraltarians zu Spanien wechseln wollten. Franco konterte die Abfuhr auf seine Weise, ließ die Grenze schließen, Fährverbindungen unterbrechen, die Telefonleitungen kappen. Bis 1977 war Gibraltar vom Festland völlig abgeschnitten, konnte nur auf dem See- oder Luftweg versorgt werden. Nach Francos Tod begann eine allmähliche Annäherung beider Seiten, doch erst 1985 wurde die Grenze völlig geöffnet, sehr zur Freude nicht nur der Einwohner, sondern auch vieler Schmuggler. Seitdem wird von der spanischen Regierung, die sich durch die Rückgabe Hongkongs an China zusätzlich ermuntert fühlt, immer wieder mal die Entkolonialisierung des Felsens gefordert. Das Argument, Kolonien wären nicht mehr zeitgemäß, können die Spanier freilich nicht ins Feld führen, besitzen sie mit Melilla und Ceuta doch zwei Exklaven in Afrika, auf die Marokko Anspruch erhebt und an deren Rückgabe die spanische Regierung keine Sekunde lang denkt.

Dabei sind die Briten selbst nicht einmal abgeneigt, Gibraltar wieder an Spanien zu übergeben; ginge es nach ihnen, dann könnte es schon morgen so weit sein. Die Einwohner Gibraltars sehen das mit weit überwiegender Mehrheit (Volksabstimmung 2002: 98,97 %!) und schon aus rein wirtschaftlichen Gründen jedoch ganz anders – und haben vorgesorgt: In der Verfassung von 1969 ließen sie sich von Großbritannien zusichern, niemals ohne Volksabstimmung einem anderen Land angeschlossen zu werden. Gespräche zwischen Großbritannien und Spanien über eine möglicherweise geteilte Souveränität werden von Gibraltar denn auch bislang strikt abgelehnt – ein Standpunkt, den die Abgeordneten des Parlaments auch anlässlich der 300-Jahr-Feier der Besetzung des Felsens im August 2004 wieder bekräftigten.

Eine gewisse Entspannung zwischen Gibraltar und Spanien ist dennoch offensichtlich. So hat sich immerhin die Situation im kleinen Grenzverkehr deutlich verbessert. Die kilometerlangen Staus vor den Schlagbäumen, hervorgerufen durch sehr penible Kontrollen der Spanier, gab es zuletzt in diesem Umfang nicht mehr – was sich freilich wieder ändern könnte.

Information/Verbindungen/Diverses

● *Information* **Tourist Information**, Casemates Square, ✆ 20074982. Am Hauptplatz, an dem die Main Street beginnt, geöffnet Mo–Fr 9–17.30 Uhr, Sa 10–15 Uhr, So 10–13 Uhr. Erhältlich ein Stadtplan, eine Hotelliste und die Broschüre „Gibraltar Visitor Guide".

Tourist Information, eine Zweigstelle direkt an der Grenze, geöffnet Mo–Fr 9–16.30 Uhr, Sa 10–13 Uhr.

● *Internet-Info* www.gibraltar.gi

● *Telefonvorwahl* 00350, dann die komplette Teilnehmernummer wählen.

● *Verbindungen* **Zug**: Nächster Bahnhof ist die Estación San Roque, sieben Kilometer außerhalb der zugehörigen Stadt; Busse nach La Línea 3-mal täglich. Bessere Verbindungen ab Bahnhof Algeciras.

Bus: Häufige Verbindungen bestehen zum spanischen La Línea (siehe dort), nur fünf Fußminuten von der Grenze entfernt.

Stadtbus: Bus Nummer 9 fährt von der Grenze zum Casemates Square, Nr. 3 zur Station der Cable Car und weiter zum Europa Point; Ticket einfach um die 1 € (alle Preise variieren nach Wechselkurs), retour 1,50 €. Auch die Doppeldecker-Linie 10 („Euro Hoppa", Tagesticket 2 €) fährt ins Stadtzentrum.

Auto: Rechtsverkehr; Einreise mit grüner Versicherungskarte unproblematisch, oft jedoch schwierig, einen der meist gebührenpflichtigen Parkplätze zu finden. Die früher teilweise mehrstündigen Staus an der Grenze gab es wie erwähnt zuletzt zwar in diesem Umfang nicht mehr, doch könnte

468   Gibraltar

sich dies von heute auf morgen auch wieder ändern. Diesbezüglich auf der sicheren Seite ist, wer in La Línea parkt, möglichst in einer Tiefgarage, da dort viele Autoknacker unterwegs sind. Andererseits ist man mit dem Auto vor Ort weit flexibler und bleibt zur Besichtigung des „Top of the Rock" nicht auf öffentliche Verkehrsmittel angewiesen. Nochmals sei auf die Betrüger (siehe auch oben) hingewiesen, die an der Grenze falsche „Eintrittskarten" verkaufen.

• *Zoll* Grenze rund um die Uhr geöffnet. Die Freimengen bei Ein- und Ausreise entsprechen denen eines Nicht-EU-Lands, also 1 l Spirituosen, 200 Zigaretten etc.

• *Währung* Offizielle Zahlungsmittel sind Gibraltar pounds und British pounds sterling (1:1); Faustregel für den immer etwas schwankenden Wechselkurs: 1 Pound = 1,20 €. Achtung, der Rücktausch von Gibraltar pounds ist außerhalb von Gibraltar fast unmöglich. Euro werden jedoch zu etwas schlechterem Kurs auch überall akzeptiert. Banken geöffnet Mo–Fr 9–15.30 Uhr.

• *Feste* Gibraltar National Day, am 10. September – „Self-Determination is Democracy".

Übernachten/Essen/Bootstouren (Karte S. 467)

• *Übernachten* Teuer, teuer – preisgünstige Pensionen in La Línea, bessere Auswahl in Algeciras (gute Busverbindung), siehe dort. Die meisten Reisenden kommen ohnehin nur als Tagesbesucher.

*** Queens Hotel (7), südlich des Zentrums und nahe der Seilbahn; Parkmöglichkeiten in der Nähe sollten sich finden lassen. Architektonisch keine Offenbarung, aber mit passablem Komfort. In Spanien bekommt man freilich mehr fürs Geld. DZ/Bad je nach Lage 85–105 €; Frühstück jeweils inklusive. Auch Superior-Zimmer. Studenten erhalten 20 % Ermäßigung. Boyd Street 1, ✆ 20074000, ✆ 20040030, queenshotel.gi.

Cannon Hotel (4), das preisgünstigste Haus der Hotelklasse in Gibraltar, zudem sehr zentral gelegen. Die Zimmer fallen relativ schlicht aus, sind aber für den Preis durchaus okay. DZ/Bad etwa 65 €, ohne Bad 50 €. Frühstück ist inklusive. Cannon Lane 9, ✆ 20051711, ✆ 20051789, www.cannonhotel.gi.

Emile Youth Hostel (1), private Jugendherberge in zentraler Lage unweit des Casemates Square. Übernachtung inkl. Frühstück 21 €, gegen geringen Aufpreis auch EZ und DZ. Montagu Bastion, Line Wall Road, ✆/✆ 20051106.

Kein **Campingplatz**, nächste Möglichkeit hinter La Línea, siehe dort. „Wildes" Camping ist absolut verboten!

• *Essen* Indonesisch, italienisch, chinesisch, indisch – internationale Auswahl. Billig ist Gibraltar nicht. Eine Reihe von Restaurants findet sich jeweils an der Marina Bay im Norden und der Queensway Quay Marina im Süden.

Bar The Clipper (3), große, gemütliche und meist sehr belebte Bar, die von morgens bis in die Nacht geöffnet hält und alles mögliche serviert, von Frühstück bis zu Hauptgerichten. Irish Town 78 b.

Rest. Penny Farthing (5), ein paar Straßen südlich. Einfach und freundlich, im Angebot sind u.a. Ofenkartoffeln, Snacks und Frühstück. King Street 9.

Cannon Bar (6), in der gleichnamigen Straße. Typisches Baressen (natürlich auch Fish and Chips), freundlicher Service. Ein paar Tische auch im Freien. Cannon Lane 27.

Saccarello´s (2), ganz in der Nähe von der Bar The Clipper. Ein traditionsreiches Lokal, untergebracht in einem früheren Kaffeelager und berühmt für seine Kuchen sowie die Tees und Kaffees, die zum Teil sogar speziell für dieses Haus hergestellt werden. Komplettes Essen gibt es auch. Irish Town 57 bzw. Tuckey´s Lane 12.

• *Bootstouren* „**Dolphin Watching**" heißt die Hauptattraktion der Bootstouren ab Gibraltar. Rund ein halbes Dutzend Gesellschaften offerieren Fahrten zu den Delfinen, die in drei verschiedenen Arten in der Bucht von Gibraltar leben. Start ist am Hafen, meist an der Marina Bay, Abfahrten im Sommer mehrmals täglich, im Winter eingeschränkt. Preis p.P. etwa 30 €, Kinder die Hälfte, eine Liste ist in der Tourist Information erhältlich. Von den Lesern Inika und Gregor Gerstmann empfohlen wurde der Katamaran der schottisch geführten „The Original Dolphin Safari", Marina Bay Complex, ✆ 20071914.

Baden: Gibraltars größere Strände *Catalan Bay, Sandy Bay* und *Eastern Beach*, alle per Stadtbus zu erreichen, liegen an der Ostseite des Felsens. Mehr als nur gut besucht, sind sie kein Grund für eine Reise zum Felsen – englisches Strandleben ist sonst auch an der Costa del Sol zu bewundern.

Gibraltar/Praktische Informationen   **469**

Heiratsparadies Gibraltar

„Wenig bekannt ist, dass frau/mann in Gibraltar, ähnlich wie in Las Vegas, sehr schnell und formlos zum weltweit gültigen Trauschein kommt – auch John Lennon und Sean Connery haben hier geheiratet. Das Ganze lässt sich, außer an Wochenenden, innerhalb von 24 bis 48 Stunden durchführen. Benötigt wird Pass, Geburtsurkunde, Meldebescheinigung und eine internationale Ehefähigkeitsbescheinigung, die man beim heimischen Standesamt erhält. Im Registration Office in der Secretary Lane liegen Prospekte diverser Notare unterschiedlicher Nationen aus, die alles inklusive der Anmeldung arrangieren – gegen harte Pfund, versteht sich.

Die Billigvariante geht so: Morgens zum Registration Office, Unterlagen abgeben, Termin für die Hochzeitszeremonie am nächsten Tag festlegen und zahlen; mit der Quittung zum Notar gehen, Unterschriftenvergleich machen und nochmals zahlen. Die zwanzigminütige Zeremonie am nächsten Tag unter dem Bild Ihrer Majestät ist 'very british' mit einem distinguierten Vertreter des Gouverneus. Die Heiratsbescheinigung erhält man einen Tag später, oder vom Notar gegen Vorauskasse an die Heimatadresse geschickt."

Leserbrief von Ronald Kupferer – vielen Dank! An standesamtlichen Gebühren sind momentan etwa 115 Pfund (160 €) zu rechnen. Der deutschsprachige Notar, der dann gleich den Trauzeugen spielt, geht extra, ebenso natürlich Trauringe, Brautstrauß, Fotograf etc. Und noch ein Leserbrief zum Thema, diesmal von Angela und Jörg Boland: „Den Hochzeitstermin sollte man unbedingt im voraus festlegen, zuletzt waren erst wieder Termine in drei Monaten zu vergeben. Also entweder das Standesamt anrufen (✆ 20072289) oder bei einem Deutsch sprechenden Notar ein „Rundum-sorglos-Paket" organisieren lassen. Uns half vor Ort Karl Grambow (Anmerkung: www.gibraltarbusiness. org), dessen Adressdaten wir weitergeben dürfen: 243 Main Street, ✆ 20070068."

Sehenswertes

Die Eintrittspreise für Gibraltars Monumente sind beträchtlich und in stetem Anstieg begriffen. Mittlerweile wird zudem auch Gebühr für Bereiche verlangt, die früher gratis zu besichtigen waren. Da es den Anschein hat, dass dieser Trend sich fortsetzt, empfiehlt sich vor einem Besuch des „Upper Rock" eine genaue Anfrage bei einem der Fremdenverkehrsämter.

Gibraltar Museum: In der Bomb House Lane, westlich der Main Street und zu erreichen über die King's Street, die etwa nach der Hälfte der Hauptstraße rechts abzweigt; dann links halten. Viel Militärhistorisches, naturgeschichtliche Abteilung und ein Riesenmodell des Felsens aus dem 19. Jh.; auch ein viertelstündiger Film über Gibraltar („The Gibraltar Story") wird gezeigt. Angeschlossen ist die restaurierte Anlage schöner maurischer Bäder, die aus dem 14. Jh. stammen.
Öffnungszeiten Mo–Fr 10–18 Uhr, Sa 10–14 Uhr; Eintritt etwa 2,50 €.

Alameda Gardens: Der Botanische Garten von Gibraltar liegt bei der Talstation der Seilbahn. 1816 eröffnet, beherbergt er rund 600 verschiedene Pflanzenarten, die oft aus ehemaligen britischen Kolonien wie Australien und Südafrika stammen. In einem Freilufttheater finden gelegentliche Aufführungen statt. Geöffnet ist der Garten täglich bis Sonnenuntergang, der Eintritt frei.

470 Gibraltar

Upper Rock

Der als Naturschutzgebiet ausgewiesene Gipfel des Felsens (manchem vielleicht schon bekannt aus der Eingangssequenz des Bond-Films „Der Hauch des Todes") ist bequem mit der Seilbahn *Cable Car* zu erreichen, deren Talstation am südlichen Ende der Main Street steht; eine Mittelstation ist beim Affenfelsen Apes Den eingerichtet. Die Aussicht von ganz oben reicht über Stadt und Strände, bei gutem Wetter bis zum marokkanischen Atlasgebirge; in jedem Fall aber auf die großen Auffangbecken, die die Wasserversorgung Gibraltars sichern.

● *Betriebszeiten/Preise* Die Seilbahn fährt Mo–Sa 9.30–19.15 Uhr (letzte Bergfahrt); Preis hin + zurück etwa 12 € (einfache Auffahrt kaum günstiger), Kinder 6 €; keine Kreditkarten. Das Ticket beinhaltet nicht die Eintrittsgebühr zu den verschiedenen, unten aufgeführten Monumenten. Hungrig sollte man nicht hinauffahren: Die SB-Restaurants oben verlangen unverschämte Preise.

● *Organisierte Touren* Gibraltar Taxis bieten eine „Rock Tour" an, die etwa eineinhalb Stunden dauert und pro Person (Minimum 4 Personen) ab etwa 25 € kostet; Eintrittsgebühren inbegriffen! Infos bei der Gibraltar Taxi Association, ✆ 20070027 oder 20070052, www.gibtaxi.com. Auch manche Reisebüros offerieren Touren zum Upper Rock. Man spart sich dabei die teilweise recht langen Fußwege, ein Nachteil ist jedoch die eingeschränkte Flexibilität.

● *Mit dem Auto/Zu Fuß* Die Auffahrt mit dem eigenen Fahrzeug über die sehr engen und steilen Straßen lohnt sich finanziell nicht, denn auch Autofahrer werden tagsüber kräftig zur Kasse gebeten: Eintrittsgebühr zur „Nature Reserve Upper Rock" inklusive Monumente („attractions") p.P. etwa 12 €, Kinder von 5–12 Jahren 6 €, pro Fahrzeug zusätzlich etwa 2,50 €. Fußgänger, die die Monumente besichtigen wollen, zahlen denselben Preis. Und auch wer auf die Besichtigung der Monumente verzichtet und vielleicht nur den Affenfelsen besuchen will, muss an der Straße zum Na-

turreservat noch eine gewisse (geringe) Eintrittsgebühr berappen.

Gratis zu den Affen: Eine Möglichkeit des unkontrollierten Gratis-Aufstiegs zu den Affen gab es bis zuletzt noch: Von der Main Street hinter der Cathedral of Saint Mary the Crowned links hoch, der Bishop Rapallo Ramp und der anschließenden Prince Edwards Road folgen, dann auf den breiten Treppenweg linker Hand. Über eine anschließende, schmalere Treppe und einen Felsweg gelangt man auf eine Asphaltstraße, hier links und um die Kurve herum bis zur Mittelstation der Seilbahn am Affenfelsen Apes Den. Vom Stadtzentrum dauert der Weg etwa 20 Minuten – bleibt abzuwarten, wann auch auf diesem in jeder Hinsicht vernachlässigten Pfad ein Kassenhäuschen eingerichtet werden wird ... In einer weiteren, anstrengenden Viertelstunde könnte man vom Apes Den entlang einer alten maurischen Mauer auf einem sehr steilen Treppenweg (Achtung, das Geländer fehlt stellenweise) bis zur Bergstation aufsteigen, bei der eine weitere Affenkolonie lebt.

St. Michael's Cave steuert man am besten über einen Fußweg in südlicher Richtung von der Bergstation aus an. Die riesige, 62 Meter tiefe Tropfsteinhöhle war schon in der Vorzeit besiedelt. Mit beleuchteten Nachbildungen bemüht man sich redlich, einen Eindruck vom Leben der damaligen Bewohner zu vermitteln. Heute finden im oberen Teil gelegentlich Konzerte und regelmäßig etwas kitschige Ton- und Lichtspiele statt. Im Eingangsbereich befindet sich der Querschnitt eines Stalagmiten, der „Wachstumsringe" ähnlich denen von Bäumen zeigt – die hellbraunen Lagen entstanden wahrscheinlich in regenreichen Zeiten, die dunkleren in niederschlagsarmen Perioden.

Im Gebiet oberhalb der Höhle liegt der mit 426 Metern höchste Punkt Gibraltars, der jedoch als Militärgelände nicht zugänglich ist. Folgt man dagegen der Straße, die an der Höhle vorbei führt, gelangt man zu einer aufgegebenen Geschützstellung, von der man – so das Zugangstor geöffnet ist – mit etwas Kletterei (Vorsicht!) eine weite Aussicht auf die Tanker und Frachtschiffe genießt, die unterhalb des Felsens auf das Löschen ihrer Ladung warten.

Apes Den: Der Affenfelsen, von St. Michael's Cave über die Queen's Road in nördlicher Richtung bergab zu erreichen, ist wohl die Hauptattraktion Gibraltars. Die schwanzlosen Berberaffen (Macaca sylvanus), die einzigen in Europa frei lebenden Vertreter ihrer Art, wurden schon im 18. Jh. von britischen Soldaten importiert. Es heißt, wenn die Affen verschwänden, wäre die

Berberaffe in Gibraltar

britische Zeit in Gibraltar zu Ende. Als im 2. Weltkrieg der Bestand deutlich abnahm, ließ Churchill deshalb „frische" Affen aus Marokko herüberbringen. Danach kümmerte sich die Armee um die Tiere, hatte gar einen spezialisierten Zoologen unter Vertrag; mittlerweile ist die Regierung von Gibraltar selbst für sie verantwortlich. Dank der guten Betreuung (und wohl auch wegen der permanenten Fütterung durch die Touristen) ergaben sich jedoch neue Probleme: Von 1992 bis 1997 vervierfachte sich die Zahl der Tiere. Um den Bestand zu reduzieren, ließ die Armee die Affen damals sogar von Soldaten jagen. Mittlerweile wird die Antibabypille zur langfristigen Kontrolle der Population eingesetzt. Dennoch beträgt die Zahl der Affen derzeit rund 260 Tiere. Dabei ist die Herde am Apes Den vergleichsweise klein, ebenso diejenige an der Gipfelstation der Seilbahn, denn die größte Affenkolonie Gibraltars lebt im Umfeld der Great Siege Tunnels.

Die Affen sind possierlich, friedlich, solange man sie absolut in Ruhe lässt, und flink: Auf Kameras, Brillen, Handtaschen und dergleichen sollte man gut aufpassen – schon mehr als einmal hat sich einer der neugierigen Burschen mit eigentlich artfremder Ware auf Nimmerwiedersehen abgesetzt.

Moorish Castle: Im Norden, vom Apes Den etwa einen Kilometer entfernt und über die Queen's Road zu ereichen. Das erst kürzlich restaurierte maurische Kastell über der Stadt stammt aus dem 14. Jh., doch soll hier schon im 8. Jh. eine erste Burg des Feldherrn und Namenspatrons Tarik gestanden haben.

Great Siege Tunnels: Das Tunnelsystem von Gängen und Schießscharten liegt hoch oben an der Nordseite des Felsens. Es wurde während der „Großen Belagerung" 1779–83 aus dem Gestein gesprengt, als Stellung für gigantische Kanonen, die die spanischen Angreifer unter Feuer nehmen sollten. Nicht militärisch interessierte Naturen beeindruckt der Blick auf den Flughafen und das spanische Festland wahrscheinlich mehr.

Europa Point: Ganz im Süden der Halbinsel liegt dieser mit Kanonen und Leuchtturm bestückte Aussichtspunkt, von dem man bei gutem Wetter die marokkanische Küste erkennen kann. Er ist ausnahmsweise umsonst zu besuchen und soll künftig mit Fußgänger- und Flanierzonen verschönert werden. Ganz in der Nähe steht die Moschee Ibrahim-Al-Ibrahim, 1997 dank einer Spende des Königs Fahd von Saudi-Arabien erbaut und ihres Zeichens die südlichste Moschee Europas.

▲ „Weiß wie der feinste Kristallzucker": Cádiz

Provinz Cádiz

Zwischen Gibraltar und Ronda 477	Sanlúcar de Barrameda 555
Abstecher nach Marokko 481	Das Binnenland der Provinz Cádiz ... 560
Costa de la Luz 485	Von Arcos Richtung Küste 576
Cádiz 530	Von Arcos Richtung Ronda 579
El Puerto de Santa María 543	

Im Hintergrund Kap Trafalgar: Strand bei Caños de Meca

Provinz Cádiz

Die Provinz Cádiz ist die Afrika am nächsten gelegene Region des europäischen Festlands. Schon seit den Anfängen der Geschichte war die Straße von Gibraltar, an ihrer schmalsten Stelle nur 14 Kilometer breit, mehr verbindendes denn trennendes Element zwischen den Kontinenten. Hier setzten die Iberer von Nordafrika über, um Spanien zu besiedeln; Jahrtausende später taten es ihnen die Mauren weniger friedlich nach.

Sagenumwoben ist die Vergangenheit der Region. Das legendäre *Tartessos*, die durch Geographen der Antike bezeugte „Goldstadt", soll im Gebiet der „Säulen des Herkules" gelegen haben, wie man vermutet, im Mündungsbereich des Río Guadalquivir. Doch muss man nicht nach verschollenen Reichen suchen, um hier jahrtausendealte Geschichte zu entdecken: *Cádiz*, eine Gründung der Phönizier, ist die älteste Stadt Spaniens und sogar ganz Westeuropas – und eine bildschöne dazu.

Freilich vermochte die Provinz aus ihrer langen Vergangenheit nicht so viele große Monumente in unsere Zeit zu retten wie andere Gebiete Andalusiens. Sie besitzt nur vergleichsweise wenige bedeutende Baudenkmäler, dafür jedoch grandiose Landschaften, eine faszinierende Küste und lebendige Städte wie *El Puerto de Santa María* oder die Sherrystadt *Jerez*, nicht zu vergessen natürlich die vielen wunderschönen „Weißen Dörfer" wie *Arcos* und *Vejer*. Der Zusatz „de la Frontera", den diese und andere Orte tragen, verweist übrigens auf die damaligen Grenzlinien im jahrhundertelangen Kampf der Christen gegen die Mauren. Gleich an zwei Meeren liegt die Provinz, doch wird sich das Interesse auf die Atlantikküste konzentrieren, da am Mittelmeer nur wenig geboten ist: Sotogrande, der einzige be-

Provinz Cádiz 475

merkenswerte Ort an der Mittelmeerküste vor La Línea, lohnt als ausgedehnte Feriensiedlung nur für Liebhaber von Urbanisationen einen Stopp – und natürlich für Golfer, denn die hiesigen Plätze Sotogrande und Valderrama sind weltberühmt. Weiter südlich belastet die Industrie- und Hafenstadt Algeciras das Wasser ihrer Bucht beträchtlich. Algeciras selbst ist vor allem als Fährhafen von Bedeutung.

In Kürze: Provinz Cádiz

Fläche: 7385 Quadratkilometer

Bevölkerung: 1.230.600 Einwohner, das entspricht einer relativ hohen Bevölkerungsdichte von 167 Einwohner pro Quadratkilometer

Reizvolle Landschaften: Die kilometerlangen Strände der Costa de la Luz, besonders im Bereich um Tarifa und zwischen dem Cabo de Trafalgar und Conil; die gesamte Gebirgsregion der Serranía im Nordosten

Schöne Orte: Vejer de la Frontera, Arcos de la Frontera und die anderen „Weißen Dörfer", von denen eine ganze Reihe in der Nordostecke der Provinz zu finden ist; mit kleineren Abstrichen auch Conil und die alten Ortskerne von Tarifa und Cádiz

Keinesfalls versäumen: Ein opulentes Mahl aus Meeresfrüchten in Puerto de Santa María oder Sanlúcar de Barrameda einzunehmen

Internet-Info: cadizturismo.com

Ganz anders geartet zeigt sich die atlantische *Costa de la Luz*, neben dem Gebiet des Cabo de Gata die wohl reizvollste Küste Andalusiens. Die „Küste des Lichts" glänzt mit sauberem Wasser und kilometerlangen, nie überfüllten Stränden. Der große Tourismus à la Costa del Sol hat hier noch nicht eingesetzt, Bausünden sind bislang vergleichsweise selten. Und auch das eine oder andere reizvolle Städtchen hat die Costa de la Luz aufzuweisen, darunter Highlights wie die Surferstadt Tarifa und das sympathische Ferienstädtchen Conil.

La Línea de la Concepción

Die dem Felsen von Gibraltar gegenüberliegende Stadt ist in erster Linie als Stützpunkt oder Sprungbrett für einen Besuch der britischen Kronkolonie interessant.

Von Touristen wenig besucht, kann La Línea zumindest im Zentrum auch spanischen Charakter für sich reklamieren, ein deutlicher Kontrast zum recht überkandidelten Gibraltar. Etwas Vorsicht ist allerdings geboten – die Grenzstadt hat ein beträchtliches Drogenproblem, steht Algeciras diesbezüglich kaum nach.

Orientierung: Von Málaga oder Algeciras kommend, gelangt man auf eine breite Avenida, die am Meer entlang direkt zur Grenze nach Gibraltar führt. Zweigt man hier links ab, erreicht man, vorbei an einer Parkanlage, die etwas wüst wirkende *Plaza de la Constitución*; östlich (linker Hand) erstreckt sich das Zentrum.

● *Information* **Oficina de Turismo de la Junta de Andalucía**, Avda. 20. de April s/n, an der zur Stadt weisenden Seite des Parks; ✆ 956 784137. Eine Infostelle der Landesregierung Andalusiens, geöffnet Mo–Mi 9–19.30 Uhr, Do/Fr 9–15.30 Uhr, Sa/So 9.30–15 Uhr.

● *Verbindungen* **Zug**: Nächster Bahnhof ist die weit entfernte Estación de San Roque, die Busanbindung jedoch miserabel.

Bus: Busbahnhof im Hochhausviertel östlich des Parks. PORTILLO-Busse nach Estepona 9-mal, Málaga 5-mal tägl.; COMES nach Algeciras halbstündlich, (Sa/So alle 45 min.), Tarifa 5-mal, Cádiz 2-mal, Jerez 1-mal, Sevilla 4-mal, Granada 1-mal täglich.

Auto: Ratsam in einer Tiefgarage zu parken, z. B. nahe der Oficina de Turismo. Auch die übrigen Parkplätze in La Línea sind teilweise gebührenpflichtig (Parkauto-

Provinz Cádiz
Karte S. 476

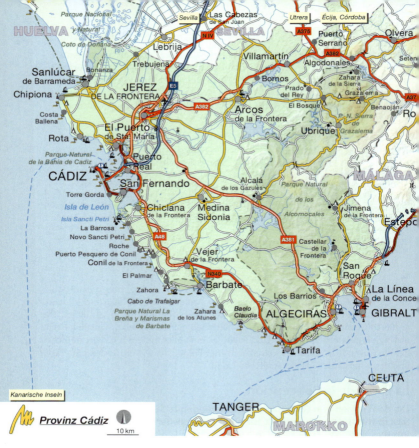

Provinz Cádiz
10 km

maten); dann nichts im Auto lassen! Die Parkscheine, die gewiefte Gauner verkaufen, sind natürlich ungültig.

• *Übernachten* Liste mit preisgünstigen Pensionen und Casas Huespedes in den Infostellen. Der Nachfragedruck aus Gibraltar schwappt über, deshalb möglichst früh am Tag auf die Suche gehen. In den unteren Kategorien fallen die Quartiere meist wenig erfreulich aus.

*** **Hotel AC La Línea**, komfortables Quartier jüngeren Datums, unweit der Grenze zu Gibraltar. Gute Ausstattung, Pool und Garage vorhanden. DZ rund 75–80 €. Calle Los Caireles 2, ✆ 956 175566, ✆ 956 171563, www.ac-hotels.com.

Pensión La Campana, in der Nähe des modernen Hauptplatzes Plaza Constitución. Recht ordentliche Zimmer, günstiges Restaurant angeschlossen. DZ/Bad etwa 40–50 €. Calle Carboneros 3, ✆ 956 173059, www.hostalcampana.es.

Pensión La Esteponera, ein Lesertipp von Dietrich Scheiter: „Im Zentrum, sehr sauber, preisgünstig und empfehlenswert." DZ/Bad knapp 35 €. Calle Carteya 10, ✆ 956 176668.

• *Übernachten außerhalb* **Bed & Breakfast Casa Julio Verne**, etwas landeinwärts im Städtchen San Roque. Ein Lesertipp von Robert Fechner: „Nicht nur die Unterkunft und der Ausblick auf die Meerenge von Gibraltar von der Dachterrasse sind erstklassig, auch die superfreundlichen „Landlords" Rose & Zagy (englisch-, deutsch- und spanischsprachig) sind ein Highlight." Nur drei Zimmer bzw. Suiten, zwei Personen zahlen inkl.

Frühstück 85–110 €. Für kleine Kinder nicht geeignet. Plaza de las Viudas 9, ✆ 956 782623, www. casajulioverne.com.

● *Camping* **La Casita**, 2. Kat., deutlich hinter San Roque, also ein ganzes Stück von La Línea entfernt; Busverbindung mit den Bussen Richtung Estepona. Hügeliges, recht schattiges Gelände, solide Sanitärs, Pool. Viele britische Dauercamper. Ganzjährig geöffnet. P.P etwa 6 €, Auto 4,50 €, Zelt etwa 5 €. Carretera A 7, km 126,2, Anfahrt über die parallel zur Autovía verlaufende „Versorgungsstraße", beschildert, ✆ 956 780031.

Sureuropa, 3. Kat., küstennah in den nordöstlichen Ausläufern von La Línea, etwa fünf Kilometer vom Zentrum und noch hinter dem Hafen Puerto de Poniente, dennoch der zum Ort und zu Gibraltar am nächsten gelegene Camping; Busverbindung mit Nr. 1 ab der Pl. Constitución bis zur Iglesia El Carmen, dann aber immer noch ein gutes Stück zu laufen. Kleinerer Platz, dem Sportgelände „Club Deportivo y de Ocio Sureuropa" angeschlossen. Gut eingegrünt und parzelliert, Sanitäres in Ordnung. Ganzjährig geöffnet, außer etwa vom 20. Dezember bis 8. Januar. P.P. 4,50 €, kleines Zelt 4,50 €, Auto 3,50 €. Camino de Sobrevela s/n, ✆ 956 643587, ✎ 956 643059, www.campingsureuropa.es.

Zwischen Gibraltar und Ronda

Die A 405/369, die den Großraum Algeciras mit dem schönen Städtchen Ronda verbindet, verläuft durch eindrucksvolle, wenig besiedelte Landschaften und ist eine Panoramastraße erster Güte.

Sie führt am sehr ausgedehnten *Parque Natural de los Alcornocales* entlang, einem Naturpark, dessen Name auf die große Zahl von Korkeichen verweist. Gleich am Anfang der A 405 lohnt sich bei Taraguilla ein Blick auf die Strommasten der Eisenbahn, auf denen viele Störche ihre Nester gebaut haben. Später locken, nur wenig abseits der Straße, mehrere schöne „Weiße Dörfer" zu einem kurzen oder auch längeren Besuch.

Castellar de la Frontera

Ein Festungsdorf wie aus dem Bilderbuch, zu erreichen über ein acht Kilometer langes, kurviges und sehr schmales Sträßchen, das von der A 369 nach Westen abzweigt, beschildert „Castillo de Castellar".

Das mittelalterliche Örtchen ist nicht zu verwechseln mit der neuen Siedlung namens Nuevo Castellar, in die die früheren Einwohner Anfang der Siebziger wegen des Baus eines Stausees umgesiedelt wurden und die gelegentlich ebenfalls als Castellar de la Frontera bezeichnet wird – zur Abgrenzung wird das entlegene Festungsdorf selbst manchmal auch „Viejo Castellar" (Altes Castellar) genannt. Mit fantastischer Aussicht hoch auf einer Bergkuppe gelegen, ist es umgeben von einer grandiosen, wildromantischen Felslandschaft. Sein Inneres, ein Labyrinth von Gassen, Treppenwegen und Steinhäusern, wird beschützt von einer Mauer mit mächtigen Türmen, die noch auf die maurischen Zeiten des 13. Jh. zurückgeht. Nach der Umsiedlung der meisten Bewohner wurde der bildhübsche Fleck zu einem Refugium für Hippies, die die halb verfallenen Häuser wieder bewohnbar machten. Vornehmlich Deutsche, aber auch alternativ angehauchte Schweizer, Engländer und Spanier bildeten nun die Bevölkerung. Einige sind noch verblieben, doch wird das Aussteigerdorf auch von bislang hauptsächlich spanischen Liebhabern des Urlaubs auf dem Lande entdeckt; sogar Ex-Regierungschef Felipe González besitzt ein (geschenkt erhaltenes) Grundstück hier.

Provinz Cádiz

Blumengeschmückte Gassen: Castellar de la Frontera

• *Übernachten* Unterkunftsmöglichkeiten sehr limitiert, Reservierung ist ratsam.
**** Hotel La Almoraima, nicht in Castellar selbst, sondern nahe der A 405, Zufahrt nördlich der Kreuzung zum Ort. Ein Kloster und früherer Herrschaftssitz der Herzöge von Medinaceli wurde zu einem Hotel ausgebaut, umgeben von ausgedehnten Ländereien. Swimmingpool, Tennis etc. Frisch renoviert, die Viersternkategorie ist eine vorläufige Einstufung, der Preis ebenso. DZ/Frühstück etwa 95 €. Finca La Almoraima, ℡ 956 693002, ℻ 956 693214, www.la almoraimahotel.com.
*** Hotel Alcázar, oben in Castellar, 2009 direkt im Castillo eröffnet. Neun hübsche, geräumige Zimmer, alle mit weiter Aussicht, die man ebenso von der Cafeteria genießt. Das zugehörige Restaurant liegt nicht weit entfernt. DZ/F 110–125 €. C. Rosario 3, ℡ 956 693150, ℻ 956 647113, www.tugasa.com.
Casas Rurales Castillo de Castellar, ebenfalls innerhalb der Festungsmauern und von derselben (der Diputación Cadiz angehörenden) Hotelgesellschaft betrieben. Neun hübsche kleine Häuschen mit Schlafraum, eigener Küche und Bad. Platz für bis zu vier Personen, Preis bei Zweierbelegung etwa 75 €. Rezeption und Reservierung im Hotel Alcázar.

Jimena de la Frontera

Anders als Castellar gehört Jimena de la Frontera ganz dem Alltagsleben seiner andalusischen Einwohner. Eigentlich erstaunlich, denn Jimenas Ortskern ist wirklich malerisch.

Nur wenige Fremde finden den Weg in das denkmalgeschützte „Weiße Dorf", das mit teils abenteuerlich steilen Sträßchen auf einem Hügel etwas abseits der A 405 liegt. Überragt wird es von der ehemals wehrhaften, heute teilweise verfallenen Burg *Castillo Algibe*, die auf die einstige militärische Bedeutung der Siedlung als Grenzposten verweist und eine weite Aussicht über die Umgebung bietet. In der Bahnhofssiedlung von Jimena, die etwa zwei Kilometer außerhalb des Ortskerns an der Hauptstraße liegt, steht der erst vor wenigen Jahren restaurierte *Convento de los Ángeles*. Das romantische Kloster wurde um 1860 errichtet; der Führer, ein älterer Herr, ist meist in der Nähe anzutreffen. Der Eintritt ist frei, eine kleine Spende selbstverständlich.

• *Verbindungen* **Zug**: Bahnhof an der reizvollen Linie Algeciras–Ronda–Bobadilla, etwa zwei Kilometer vom Ort selbst. In beide Richtungen drei Verbindungen täglich. **Bus**: COMES-Busse von/nach La Línea und Ronda 1-mal täglich; 4-mal täglich Verbindungen von/nach Algeciras.
• *Übernachten* **** Pensión Hostal El Anón**, im Ort auf dem Weg zur Burg. Innen viel größer, als es von außen den Anschein hat, hübscher Innenhof mit riesiger Bananenstaude; Terrasse. Die Gemeinschaftsräume sind allerliebst dekoriert; die Wirtin spricht Englisch und Deutsch. Eine Bar und ein von Lesern gelobtes Restaurant sind angeschlossen, Mi Ruhetag. DZ (das eigene Bad liegt z.T. auf dem Gang) mit F rund 65 €. Calle Consuelo 34–40, ℡ 956 640113, ℻ 956 641110, www.hostalanon.com.

Casas Christa & Christober, im Gebiet unterhalb des Kastells, nach „Christober el Alemán" fragen. Die beiden netten, alternativ angehauchten Besitzer Christa und Christober vermieten stilvolle Ferienwohnungen bzw. -häuser für zwei bis sechs Personen. Alle besitzen fantastische Aussicht und sind mit viel Geschmack eingerichtet, gute Tipps zur Umgebung gibt´s natürlich dazu. Die „Rezeption" ist in einem auffälligen Haus mit Türmchen im oberen Ortsbereich, aber dennoch nicht ganz leicht zu finden (zunächst Richtung Castillo halten); Neuankömmlinge, auch mit eigenem Auto, können vorher anrufen und sich abholen lassen. Zwei Personen zahlen etwa 50 € (ab drei Tagen gibt es Rabatt); auch Einzelübernachtungen sind möglich. Calle Granadillos 4, ✆/✉ 956 640934, www.christa-und-christober.es.

Posada Casa Grande, weit hinten im Ort. Charmantes altes Haus, hübsch restauriert. Nur acht Zimmer. DZ ohne Bad 35 €, mit Dusche (ohne WC) 40 €; Apartment 70 €. Calle Fuentenueva 42, ✆ 956 641120 oder 956 640297, www.posadalacasagrande.es.

* Hostal Los Arcos, eher einfache, aber ordentliche Übernachtungsmöglichkeit beim Bahnhof Jimena (Los Ángeles), etwa zwei Kilometer vom Ort. Die Zimmer nach hinten sind deutlich ruhiger. Brauchbares Restaurant angeschlossen. DZ/Bad etwa 45–55 €. Avenida Reina de los Ángeles 8, ✆/✉ 956 640328.

● *Camping* **Los Alcornocales**, 2. Kat., etwa 500 m vom nördlichen Ortsrand gelegen.

Schatten eher mäßig, sonst gut ausgestattet. Freundliche Leitung, großzügige Sanitärs, kleiner Pool, Restaurant. Vom Zentrum zu erreichen über die langgezogene Hauptstraße Calle Sevilla, mit dem Auto unkompliziertere Zufahrt über die CA 3331 Richtung Ubrique und Arcos, dann wieder links Richtung Ort. Ganzjährig geöffnet, außerhalb der Saison besser anrufen. Pro Person 5 €, Zelt 5,50 €, Auto 4 €. ✆ 956 64006, ✉ 956 64129, www.campinglosalcornocales.com.

● *Essen* **Bar-Restaurante Cuenca**, an der Zufahrtsstraße zum Ortskern, viel besucht von Einheimischen. Bereits 1920 gegründet, mit großer Terrasse nach hinten, gutem Essen und einer feinen Tapaauswahl. Mittleres Preisniveau. Avenida de los Deportes s/n, gegenüber einem Supermarkt. Di Ruhetag.

Bar-Rest. El Ventorrillero, direkt im Ort. Sehr ordentliche Küche mit deutlichem Schwerpunkt auf Fleischgerichten, aber auch guter Fischauswahl. Beliebt, freundlich und recht preisgünstig; es gibt auch Tapas. Von Lesern sehr gelobt. Plaza de la Constitución 2. Ebenfalls am Platz und auch empfehlenswert: **Bar La Tasca**.

● *Feste/Markt* **Internationales Musikfestival**, etwa Mitte Juli, mit Jazz- und Flamencokonzerten etc. Unsichere Zukunft.

Patronatsfest von Jimena, etwa in der Zeit um den 6.–8. September.

Straßenmarkt jeden Freitagvormittag auf dem Platz am Dorfeingang. Vielfältiges Angebot, auch Tee, Lederwaren und andere Sachen, die z. T. aus Marokko kommen.

▶ Zum weiteren Verlauf der Route bis Ronda, in die sich auch ein Besuch der Höhle *Cueva de la Pileta* mit ihren prähistorischen Felszeichnungen einbauen lässt, siehe im Abschnitt „Rund um Ronda" im Kapitel zur Provinz Málaga.

Algeciras

Keine Stadt, die man unbedingt gesehen haben muss – hässliche Hochhaussilhouetten, reichlich petrochemische Industrie, weit ausfernde Wohnviertel und ein überwiegend modern geprägtes Zentrum. Böse Zungen behaupten, das Schönste an Algeciras sei der Blick auf den Felsen von Gibraltar …

Wer nach Algeciras kommt, tut dies in aller Regel nur, um nach Marokko überzusetzen, denn hier liegt der bedeutendste Fährhafen für Ceuta und Tanger. Die Nähe zu Nordafrika bestimmt auch die Atmosphäre. Emigrantenelend ist ebenso allgegenwärtig wie lästige Kleindealer, die penetrant nervend vor allem *chocolate* (Haschisch) an den Mann zu bringen suchen. Vor allem im Hafenviertel wird gestohlen wie in keiner anderen spanischen Stadt, und die Kriminalitätsrate erreicht Rekordniveau.

480   Provinz Cádiz

Orientierung: Der Hafen ist aus allen Richtungen gut ausgeschildert. Seine Einfahrt liegt an der *Avenida La Marina*, an der auch zahllose Reiseagenturen zu finden sind. Im Umkreis finden sich der Busbahnhof, der Bahnhof und das Pensionsviertel.

Information/Verbindungen

• *Information* **Oficina de Turismo de la Junta de Andalucía**, Calle Juan de la Cierva s/n, ☎ 956 784133, ✆ 956 784134. Von Málaga kommend am Hafen vorbei, dann rechts. Öffnungszeiten: Mo/Di 9–15 Uhr, Mi/Do 9–15, 16–19 Uhr, Fr 9–19 Uhr, Sa/So 10–14 Uhr.

• *Verbindungen* **Zug:** Bahnhof an der Calle San Bernardo, zu erreichen über die Informationsstelle, noch 200 Meter weiter. Startpunkt der landschaftlich sehr reizvollen, 5-mal täglich bedienten Linie Algeciras–Ronda; zwei Züge täglich fahren weiter nach Córdoba/Madrid, drei nach Bobadilla (dort weitere Anschlüsse) und Granada.

Bus: Busbahnhof „Terminal Bus" in der Calle San Bernardo, zwischen Infostelle und Bahnhof, im weithin sichtbaren Gebäude des Hotels Octavio. Je nach Ziel gibt es unterschiedliche Gesellschaften. COMES ist für den Großteil der Provinz Cádiz zuständig, PORTILLO für die Costa del Sol, teilweise überschneiden sich die Routen aber auch. Anschlüsse nach La Línea an der Grenze zu Gibraltar halbstündlich bzw. Sa/So alle 45 min.; nach Jimena 4-mal, Tarifa 10-mal, Cádiz 8-mal, Cruce Conil 7-mal täglich. LINESUR bedient 8-mal täglich Jerez und Sevilla.

Auto: Freie Parkplätze entlang der Hafenstraße. Ratsam, jemanden beim Auto zu lassen, sonst nur völlig leere Fahrzeuge (Fenster offen ...) abstellen – es wird unglaublich viel aufgebrochen. Bewachte Plätze und Parkhäuser im und um den Hafen.

Fähren: Details zu den Fährverbindungen im Kapitel „Abstecher nach Marokko" weiter unten.

Übernachten

Eine deutliche Konzentration einfacher Pensionen mit Namen wie „Marrakech" oder „Rif" findet sich in den Blocks hinter der Hafeneinfahrt, einer Gegend nicht ohne etwas morbid-exotischen Reiz.

**** Hotel Reina Cristina, schon von Papa Hemingway besucht. Nostalgischer Charme mit Patio, Garten, Swimmingpool unter Palmen, Tennis etc. 2006 renoviert. DZ etwa 100 €. Paseo de la Conferencia s/n, von Málaga kommend jenseits der Bahngleise, unweit der Infostelle, ☎ 956 602622, ✆ 956 603323, www.hotelesglobales.com.

Pensión Lisboa, etwas landeinwärts der Markthalle, schräg gegenüber dem Restaurant Montes. Geführt von einer freundlichen, deutschsprachigen spanischen Familie, die lange in Wertheim/Main gelebt hat. 15 Zimmer, sehr solide diejenigen im bereits renovierten Stockwerk, die restlichen Zimmer sollen bald folgen. Gute Bar im Haus. DZ/Bad etwa 35–40 €. C. Juan Morrison 46, ☎ 956 654452.

Pensión González, in besagtem Viertel hinter der Hafenfront. Ordentliche, angesichts der Umgebung verständlicherweise manchmal etwas misstrauische Besitzer, saubere Zimmer, teilweise mit Balkon. DZ etwa 30 €. Calle José Santacana 7, die zweite Parallelstraße zur Hafenfront, ☎ 956 652843.

Jugendherberge Albergue Juvenil Sur de Europa, etwa sieben Kilometer außerhalb in Richtung Tarifa, die Busse dorthin halten auf Wunsch vor der Tür. Schöne Lage mit Blick aufs Meer. Unbedingt vorher anrufen. Carretera N 340, km 95,6, ☎ 955 035886, ✆ 956 784039, algeciras.itj@juntadeandalucia.es.

• *Camping* Die stadtnächsten Möglichkeiten liegen weit entfernt bei La Línea und Tarifa. Wohnmobile einfach abzustellen, kann gefährlich werden; am besten, man sucht sich seinen Parkplatz innerhalb des umzäunten Hafengebiets.

Essen/Einkaufen

• *Essen* Im Pensionsviertel viele günstige Möglichkeiten, Küche allerdings selten besonders inspiriert.

Rest. Casa María, ein freundliches, familiäres Restaurant. Große Auswahl an Fisch und Meeresfrüchten wie auch an Weinen. Relativ preiswert, auch gute feste Menüs für etwa 10 €. Calle Emilio Castelar 41, in der Einkaufszone etwas landeinwärts der Plaza Mercado.

Rest. Montes, fast um die Ecke und ebenfalls eine prima Adresse. Groß, solide und belebt, festes Menü nur eine Winzigkeit teurer als in der Casa María. Nicht zu verwechseln mit seiner rustikaleren Bar-Filiale in der Calle Emilio Castelar selbst – dieses Lokal liegt an der Calle Juan Morrison 9, einer nördlichen Querstraße zur Calle Emilio Castelar.

● *Einkaufen* Im Gebiet hinter dem Hafen ausreichend Supermärkte, die sich auf die Fährkundschaft eingestellt haben; gutes Angebot auch im Markt, siehe unten.

Sehenswertes

Ist man erst einmal in Algeciras gelandet, kann man sich die Zeit auch in angenehmeren Gebieten als am Hafen vertreiben. Echte Sehenswürdigkeiten hat die Stadt allerdings kaum zu bieten.

Plaza Nuestra Señora de la Palma: Am Nordrand des Pensionsviertels, eine Straße landeinwärts der Hafenavenida. Den Platz beherrscht die große, achteckige Markthalle von 1935, ein in seiner Art wirklich beachtliches und ausgesprochen modern wirkendes Exemplar neuzeitlicher Profanarchitektur.

Plaza Alta: Der Hauptplatz von Algeciras, vom Hafen etwa 400 Meter Richtung Málaga, landeinwärts und oberhalb der Hafenavenida. An dem brunnengeschmückten, palmenbestandenen Platz trifft sich abends die halbe Stadt. Hier scheint die Welt noch in Ordnung.

Barrio San Isidro: Das gilt erst recht für das kleine, weiter landeinwärts gelegene Viertel San Isidro, das mit seinen herausgeputzten weißen Häuschen und dem üppigen Blumenschmuck fast an ein „Weißes Dorf" erinnert. Von der Westseite der Plaza Alta ist es über die Calle Ventura Moron und über die Calle Pivera Rocha zu erreichen.

Von Algeciras Richtung Tarifa: Hinter Algeciras überklettert die N 340 in weiten Kurven die mehr als 300 Meter hohen Ausläufer der Sierra de Ojén und bietet bei gutem Wetter fantastische Ausblicke, die über die Straße von Gibraltar bis nach Afrika reichen. Die hier sehr häufigen Starkwinde nutzt ein großer Windpark (Parque eólico) mit Rotoren, die teilweise mehr als 50 Meter Durchmesser besitzen. Diese Windparks sind typisch für das Gebiet um Tarifa und fast schon ein Wahrzeichen, es gibt eine ganze Reihe davon.

Abstecher nach Marokko

Zauber des Orients, Moscheen, Paläste und bunte, lebendige Märkte – der Ausflug nach Nordafrika kann viel Spaß bereiten. Manch unvorbereiteter Reisender jedoch setzt sich entnervt bis geschockt in die nächste Fähre zurück.
Ziel für Kurztrips ist in der Regel die Stadt Tanger, die spanische Exklave Ceuta vom touristischen Standpunkt gesehen wenig interessant.

Marokko-Stress: So reizvoll der Kontakt mit dem fremden Kulturkreis ist, er hat auch seine Schattenseiten. Marokko ist berüchtigt als Land der Nepper und Schlepper. Vorsicht vor scheinbar freundlichen Kontakten: Fast immer steckt der Wunsch dahinter, an die ausländische Barschaft zu gelangen, mit Tricks, Drohungen, selten auch Gewalt. Seien Sie *grundsätzlich* sehr skeptisch, wenn Sie angesprochen werden, sei es von einem „offiziellen Führer", einem „Mitarbeiter der Tourismusbehörde", einem „Sprachstudenten" oder wem auch immer. Betreten Sie in unbekannter Gesellschaft keinen geschlossenen Raum. Wer sich irgendwohin durchfragen will, wende sich am besten an Leute, die einen nicht angesprochen haben – sie sind fast immer freundlich, hilfsbereit ohne Hintergedanken. An sich schade, dass so generelles Misstrauen nötig ist, sicher fällt auch manche gegenteilige Erfahrung dadurch aus, dennoch ist es für Neulinge das beste Rezept. In jedem Fall bietet es sich an, sich spätestens auf der Fähre zu einer Gruppe zusammenzutun.

Fähren/Papiere/Telefonvorwahl

• *Fähren* Mehrere Gesellschaften, darunter ACCIONA-TRASMEDITERRANEA (✆ 902 454645) und FRS (✆ 956 669954) fahren ab Algeciras nach Tanger (Fähren/Schnellfähren) oder in die spanische Exklave Ceuta (nur Schnellfähren, Autotransport möglich). Abfahrten im Sommer nahezu stündlich, auch im Winter noch häufig. Fahrzeit nach Tanger per Fähre 2,5 Stunden, per Schnellfähre 1 Stunde, nach Ceuta per Schnellfähre 35 Minuten. Ungefähre Preise nach Tanger p.P. 35 €, Pkw mit Fahrer 90 €, Motorräder über 500 Kubik kosten etwa den Personentarif; die Preise nach Ceuta liegen ähnlich. Aufpreise werden für hohe Dachlasten, Anhänger, Kleinbusse etc. erhoben. Weitere Verbindungen bestehen ab Tarifa.

Tickets im Hafen oder bei den zahlreichen Agenturen, kein Preisunterschied. An der Einfahrt zum Hafen warten oft Ticketschlepper, die große Hektik à la „letztes Schiff in fünf Minuten" verbreiten und sich erbieten, schnell noch Karten zu besorgen – meiden, hoher Aufpreis, auch Trickdiebe darunter. Bei der Rückfahrt auf die saisonal variierenden **Zeitunterschiede** (Sommer: zwei Stunden, Winter: eine Stunde) zwischen Marokko und Spanien achten!

• *Papiere* Ohne **Reisepass** geht (fast) nichts! Wer bloß einen Personalausweis dabei hat, kann nur organisierte Tagesausflüge unternehmen, ab Algeciras oder Tarifa bei zahlreichen Agenturen zu buchen. Autofahrer benötigen die Grüne Versicherungskarte, Einreise mit Mietwagen ist problematisch. Bei israelischen/algerischen Stempeln im Pass kann evtl. die Einreise verweigert werden (Zweitpass!). Auf der Fähre muss die Einreisekarte „Carte d'Embarcacion" ausgefüllt werden.

• *Telefonvorwahl* 00212

Fixpunkte organisierter Tanger-Ausflüge: ein Besuch bei Kamelen ...

Geld/Drogen

• *Geld* Der **Dirham** ist die marokkanische Landeswährung, seine Ein- und Ausfuhr verboten – also erst im Land tauschen. Gut auf die Barschaft aufpassen! Brustbeutel taugt nichts, das Geld besser tief in der Hose verstecken; nicht mit großen Scheinen wedeln, kleinere Beträge griffbereit in der Tasche halten.

• *Drogen* Einzige Regel – Finger weg! Haschisch und Marihuana sind bekanntermaßen verbreitet und werden normalerweise bei der Bevölkerung toleriert, bei Touristen jedoch nicht! Besitz schon weniger Gramm bedeutet marokkanisches Gefängnis, gegen das unsere Haftanstalten Luxushotels sind, außerdem hohe Geldstrafen oder Schmiergeldzahlungen. Die Verkäufer arbeiten vielfach mit der oft korrupten Polizei zusammen. Bei der Wiedereinreise nach Spanien extrem scharfe Kontrollen mit Hunden. Aufpassen, dass nichts an oder ins Auto bugsiert wird, keine „Päckchen für spanische Freunde" mitnehmen.

... und ein Ständchen zum Mittagessen

*E*inkaufen/*F*otografieren

- *Einkaufen* Aus Marokko ohne Souvenirs zurückzukommen ist schwierig, zu vielfältig und zu bunt präsentiert sich das Angebot. Handeln ist normal und geradezu erwünscht, mehr als ein bis zwei Drittel des geforderten Preises sollte man nicht zahlen. Feilschen nur bei echter Kaufabsicht: Hat man sich geeinigt, ist man zum Kauf ehrenhalber verpflichtet.
- *Fotografieren* Menschen abzulichten, wird aus Glaubensgründen nicht gern gesehen; professionelle Motive wie Wasserträger wollen Bakschisch – Preis vorher klären.

Tanger

Die früher berüchtigte Stadt der Schmuggler und Mädchenhändler ist heute eines der beliebtesten Ausflugsziele ab Spanien. Entsprechend gestaltet sich der Andrang auf die Geldbeutel der Reisenden.

Die Altstadt *Medina* ist das Herz Tangers. Das Gewirr kleiner Gässchen erstreckt sich gleich westlich hinter dem Hafenkomplex, zu erreichen durch das Stadttor Bab el Bahr. Zentrum der Medina ist der *Petit Socco*, ein Souk (Markt) mit großem Angebot. Nördlich oberhalb des Petit Socco liegt die *Kasbah* mit Palast, Moschee und Museum, südwestlich am Rand der Medina der Hauptplatz *Grand Socco*, auf dem donnerstags und sonntags große Berbermärkte stattfinden.

- *Information* **ONMT**, Boulevard Pasteur 29, ✆ 039 948050. Aus dem Hafen kommend links in die Avenue d'Espagne, an der Rue Magellan rechts, Boulevard Pasteur wieder rechts. Nur Mo–Fr geöffnet, dann 8.30–12, 14.30–18.30 Uhr.

Ceuta

Auf einer schmalen Halbinsel gelegen, Freihandelszone, deshalb viele Einkaufstouristen aus Spanien. Für den mitteleuropäischen Reisenden dürfte die Stadt nur als

Provinz Cádiz

Fährhafen oder als Zwischenstation zur Weiterreise interessant sein. Ceuta, wie das weiter östlich gelegene Melilla eine spanische Exklave in Marokko, ist seit langem Streitobjekt zwischen Spanien und dem Nachbarland.

Fluchtziel Spanien

Die geringe Distanz zwischen Afrika und Europa in der Meerenge von Gibraltar bildet für viele arme Afrikaner eine große Versuchung. Über den europäischen Wohlstand gut informiert – das Durchschnittseinkommen in Spanien liegt dreizehn Mal höher als in Marokko –, riskieren immer wieder Verzweifelte auf der Fahrt über den „Estrecho" ihr Leben. Bis zu 1500 € kassieren Schlepperbanden für eine nächtliche Überfahrt in völlig überfüllten kleinen Booten (pateras); für afrikanische Verhältnisse ein wahres Vermögen, das oft ein ganzer Familienverband über Jahre hinweg gespart hat, um dem hoffnungsvollsten unter seinen jungen Männern eine sichere Zukunft zu ermöglichen. Doch nicht alle der maroden Kähne überstehen die Reise durch die gefährlichen Strömungen der viel befahrenen Meerenge. Wer das rettende Ufer erreicht hat, wird in aller Regel schnell von der Guardia Civil geschnappt. Die wenigen, denen es gelingt, illegal in Spanien einzureisen, ziehen entweder weiter nach Mitteleuropa oder schlagen sich als miserabel bezahlte Hilfsarbeiter in den Treibhäusern von Almería und als Souvenirverkäufer an den Stränden der Costa del Sol durchs Leben. Erheblich verschärfte Küstenüberwachung und Rücknahmeabkommen mit afrikanischen Staaten haben die Zahl der heimlichen Einreiseversuche in letzter Zeit jedoch deutlich gesenkt.

Die Bewohner Ceutas sind mehrheitlich Spanier, der Charakter der Siedlung europäisch geprägt. Als Vorhof der EU und ersehntes Ziel vieler Flüchtlinge ist Ceuta von Afrika mit einer 50 Millionen Euro teuren Grenzbefestigung abgeschottet, von einem doppelten, stacheldrahtbewehrten Zaun umgeben und mit Bewegungsmeldern und Wärmebildkameras bewacht.

- *Information* **Oficina de Turismo**, Muelle de Cañonero Dato (Estación Marítima), ℡ 956 506275. www.ceuta.es.

- *Übernachten* Das Preisniveau liegt deutlich höher als in Marokko. Einige Hotels und Pensionen im Zentrum.

Buntes Angebot: Souvenirs in Tanger

Costa de la Luz (Provinz Cádiz)

Die „Küste des Lichts" reicht von Tarifa nach Nordwesten bis zur portugiesischen Grenze und umfasst die Provinzen Cádiz und Huelva. Von allen Küsten des spanischen Südens blieb sie bisher noch am ehesten von den Auswüchsen touristischer Bautätigkeit verschont.

Gerade in den letzten Jahren entstanden zwar auch hier mehrere brutal in unberührte Landschaft geklotzte Urbanisationen wie die von Zahara de los Atunes oder Islantilla, die zehn Monate im Jahr verlassenen Geisterstädten gleichen. Gottlob sind solche Scheußlichkeiten, errichtet einzig zu dem Zweck, einige wenige sehr Reiche noch reicher zu machen, bislang aber immer noch eher selten. Die wirklich großen Komplexe von Ferienapartments, allesamt für den innerspanischen Badetourismus ausgerichtet, beschränken sich weitgehend auf die Großräume Cádiz und Huelva, in denen es mit der Wasserqualität, anders als in nahezu allen übrigen Bereichen der Küste, ohnehin nicht zum Besten steht. Noch ist viel Platz an den kilometerlangen Stränden der Costa de la Luz, und wer den jahrmarktsähnlichen Betrieb mancher Mittelmeerorte nicht vermisst, keine Discos und Aquaparks braucht, wird sich hier wohlfühlen. Nervend allerdings kann der Wind werden, der an den ungeschützten Küstenzonen gelegentlich wahre Sandstürme entfacht. Er kommt hauptsächlich aus zwei Richtungen, von Südosten als heißer „Levante", der häufig Saharasand mit sich schleppt und dunstiges Wetter bringt, und von Westen als kühler „Poniente". Faustregel: je südlicher die Lage, desto stürmischer. Am stärksten bläst es im Gebiet um Tarifa, das sich eben deshalb zum Dorado der Windsurfer entwickelt hat und auch bei den Liebhabern des Kiting (Surfen mit Lenkdrachen) zunehmend beliebter wird.

Wichtig zu wissen: Der Nationalpark *Coto de Doñana*, am südöstlichen Rand der Provinz Huelva gelegen, trennt die Costa de la Luz in zwei Bereiche, weshalb die „Küste des Lichts" nicht durchgängig bereist werden kann. Zwischen den beiden Provinzen Cádiz und Huelva ist der Umweg landeinwärts über Sevilla obligatorisch.

Tarifa

Die südlichste Stadt des europäischen Festlands: Nicht mehr als 14 Kilometer sind es von hier bis Afrika, dessen sonnenverbrannte Hügel jenseits der Meerenge oft deutlich zu sehen sind.

Tarifa, jeder zweite Autoaufkleber im Städtchen verkündet es, ist „High Wind Area" und deshalb seit Jahren eines der Topziele für Surfcracks. Die Betonung liegt auf „Cracks": Anfänger werden an den hiesigen Windstärken, die an mehr als 300 Tagen im Jahr durchschnittlich 4,5 Beaufort erreichen, wohl keine Freude haben. Ähnlich geht es oft auch denjenigen, die baden oder sich an den langen Stränden im Nordwesten Tarifas aalen wollen: Wenn die Sandkörnchen so vehement durch die Gegend fliegen, dass der geplagte Strandgast Schutz hinter dem Handtuch suchen muss, dann drängt sich der Vergleich mit einem Sandstrahler schon auf.

So man Glück mit dem Wind hat oder mal aufs Baden verzichtet, lässt es sich jedoch auch als Nichtsurfer in Tarifa wohlfühlen: Das Städtchen ist durchaus ansehnlich. Sein alter Ortskern, überwiegend noch von dicken Festungsmauern umgeben,

Tarifa: Afrika zum Greifen nah

erinnert schon ein wenig an das nahe Marokko. Die engen Gässchen laden zu Streifzügen ein, und auch der Fischerhafen bietet Abwechslung. Vielleicht das beste an Tarifa ist jedoch die lebendige, bunte und internationale Atmosphäre, die die z. T. recht originellen Gäste aus der Surfer- und Kiterszene dem Städtchen verleihen.

In den letzten Jahren hat sich Tarifa nach Kräften herausgeputzt, bemüht sich mit neuer Kläranlage und täglicher Strandreinigung, auch den weniger sportlichen Badegast anzulocken. Mit einigem Erfolg, wie es scheint, denn das Städtchen ist unter spanischen Reisenden „de moda", in Mode. An Besuchern herrscht wahrlich kein Mangel: Zählt der Ort im Winter etwa 15.000 Einwohner, so halten sich im Sommer gut zehnmal soviele Menschen in und um Tarifa auf.

Orientierung: Den Hauptzugang zur Altstadt bildet das Stadttor *Puerta de Jerez*. Es liegt genau am Knick der Durchgangsstraße, die Richtung Algeciras Calle *Amador de los Ríos* heißt, in Richtung Cádiz *Calle Batalla Salado*. Letztere bildet die Hauptstraße der neueren Viertel, und hier hat sich auch ein guter Teil der städtischen, teilweise recht farbenprächtigen Infrastruktur aus Surfershops, Boutiquen und Cafés angesiedelt.

Geschichte: Tarifas Name stammt von dem maurischen Feldherrn *Tarif Ben Malik*, der 710 hier landete, um durch eine Art Testüberfall den großen Eroberungszug durch Spanien vorzubereiten. 1292 gelang den Christen die Rückeroberung der Stadt, doch mussten sie sich zwei Jahre später einer erneuten maurischen Offensive erwehren. Während der Belagerung ereignete sich ein Drama, das man exemplarisch für den spanischen Nationalstolz nennen könnte: Der Sohn des Stadtkommandanten Alonso Pérez de Guzmán war in den Händen der Mauren, die damit drohten, den Jungen umzubringen, falls sein Vater nicht die Festung übergeben würde. Guzmán zögerte keine Sekunde – und warf von seiner Burg aus den Mauren ein Schwert zu ... Tarifa blieb in christlicher Hand, Guzmán erhielt von der Krone ausgedehnte Ländereien und den angesichts der Geschehnisse für unsereinen ziemlich makabren Beinamen „El Bueno", Der Gute.

Information/Verbindungen/Diverses

● *Information* **Oficina Municipal de Turismo**, Paseo Alameda s/n, am nördlichen Ende der Promenade im Westen der Altstadt; ℰ und ℰ 956 680993. Öffnungszeiten von Juni bis September tgl. 10.30–13.30, 16.30–19.30 Uhr, sonst Mo–Fr 9.30–13.30, 16–18 Uhr, Sa/So 9.30–13.30 Uhr.

● *Internet-Info* **www.tarifa.de**, eine private, sehr informative Site, deutschsprachig. Hier auch Infos zum örtlichen Tierschutz.

● *Verbindungen* **Busbahnhof** (Terminal Bus) der Gesellschaft COMES etwas abseits vom Zentrum an der Calle Batalla del Salado, hinter der Tankstelle. Nach Algeciras 11-mal, Málaga 3-mal; Cruce Conil 7-mal, Cádiz 6-mal, Zahara/Barbate und Caños de Meca 1-mal, Jerez 2-mal und Sevilla 4-mal täglich. Stadtbusse bedienen zur Saison 11-mal täglich das Gebiet entlang der N 340 Richtung Cádiz bis zu den Campingplätzen Paloma und Las Dunas und damit auch die meisten anderen Campings, deutlich seltener wird auch Bolonia angefahren.

Auto: Das Gewirr engster Einbahngassen in Tarifas Altstadt ist nur etwas für extrem starke Nerven, Parkplätze gibt es dort zudem kaum. Am besten stehen die Chancen auf freie Stellplätze noch im Gebiet westlich der Alameda. Nichts im Fahrzeug lassen!

Schiff: Häufige Schnellboote („Jets", Fahrzeugmitnahme möglich) der FRS und CO-MARIT nach Tanger. Fahrtdauer offiziell 35 Minuten (meist aber etwas länger), Hin- und Rückfahrt p.P. etwa 65 €. Reisepasspflicht! Tickets direkt im Hafengebäude oder in Reiseagenturen. www.frs.es, ℰ 956 681830 bzw. www.comarit.es, ℰ 956 682768. Lesertipp von Rainer Koch: „Wichtig für Individualreisende: Vor der Rückfahrt muss man sich den Stempel für den Pass im Hafenbüro (großer Rundbau) holen, sonst wird man am Boot zurückgeschickt und muss einen 1-km-Dauerlauf machen, um das Schiff nicht zu verpassen."

Organisierte Touren nach Marokko: Eintagestouren (Personalausweis ist ausreichend) mit Besichtigungen, Mittagessen und obligatorischem und ausgedehntem Aufenthalt in mindestens einem Souvenirladen und einer „Kräuterapotheke" sind für etwa 65 € fast überall zu buchen, auch direkt im Hafengebäude; das preiswerteste Angebot hatte zuletzt jedoch das Reisebüro Travelsur an der Av. Andalucía 10, nahe Taxistand, ℰ 956 680819. Es gibt auch recht günstige Zwei- und Dreitagstouren (Reisepasspflicht).

● *Ärztliche Versorgung* **Clinica Playa**, deutschsprachig, Avenida de las Fuerzas Armadas 58, etwas südwestlich der Altstadt, ℰ 956 682926.

> ● *Schiffsausflüge/„Whale watching"* **Fimm** ist einer unter mehreren Anbietern von Fahrten in die Straße von Gibraltar, bei denen Delfine und Wale beobachtet werden können. Die Tiere werden dabei nicht bedrängt – „Firmm" (Foundation for Information and Research on Marine Mammals) ist eine ernsthafte Schweizer Organisation, die so ihre Erforschung der Meeressäuger finanziert. Preis p.P. 30 €, zur Saison Reservierung ratsam. C. Pedro Cortés 3, nahe dem Café Central; ℰ 956 627008, www.firmm.org.

● *Sprachschule* **Escuela Hispalense**, Avda. Fuerzas Armadas 1, ℰ und ℰ 956 680927, www.hispalense.com.

● *Internet-Zugang* **Ciber-Papelería Pandor@´s**, Papierwarengeschäft mit Internet-Anschluss. C. Sancho IV. El Bravo 13 a, gegenüber Hotel Misiana.

● *Post* C. Coronel Moscardó s/n, unten in der Altstadt. Öffnungszeiten: Mo–Fr 9–14.30 Uhr, Sa 9.30–13 Uhr.

Provinz Cádiz
Karte S. 476

Übernachten (siehe Karte S. 488/489)

Generell sind die Preise recht hoch. Die meisten gehobenen Hotels, viele auf Surfer eingestellt, liegen wie das „Dos Mares" in Strandnähe Richtung Cádiz, einige Kilometer außerhalb von Tarifa, und sind über die N 340 zu erreichen.

● *Außerhalb* ***** Hotel Dos Mares**, am Strand gut 5 km in Richtung Cádiz. Hübsche, angenehme Anlage, Swimmingpool, Tennis, gutes Restaurant und, natürlich, Surf-Center mit Schule und Verleih. DZ/F nach Saison etwa 90–200 €, es gibt auch Bungalows etc. Carretera de Cádiz km 79,5, ℰ 956 684035, ℰ 956 681078, www.dosmareshotel.com.

** **Hurricane Hotel**, ebenfalls in dieser Richtung, knapp 8 km von Tarifa entfernt, ein architektonisch reizvoller Bau am Meer. Schöner Garten, zwei Pools. Auch hier ist man bestens auf Surfer eingestellt. DZ nach Saison und Lage etwa 95–190 €. Carretera de Cádiz km 77, ☎ 956 684919, ✆ 956 680329, www.hurricanehotel.com.

** **Hotel Cien por Cien Fun**, noch gut einen Kilometer weiter außerhalb als das „Hurricane", landeinwärts der N 340. Mit hübschem Garten, tropisch angehauchtem Design und einem guten Restaurant. Auch ein Pool und eine Surfbasis sorgen für „100 % Fun". Von November bis Februar geschlossen. DZ/F etwa 90–130 €. Ctra. de Cádiz km 76, ☎ 956 680330, ✆ 956 680013, www.100x100fun.com.

• *In Tarifa-Stadt* * **Hotel Misiana (9)**, direkt an der Hauptgasse im Herzen der Altstadt, leider kein eigener Parkplatz. Das ehemalige Hotel Sancho IV, im Besitz der Sängerin Ana Torroja. Sehr hübsch gestylt; das angeschlossene und sehr beliebte Lounge-Restaurant ist ebenfalls ein Designerstück. DZ je nach Saison etwa 70–135 €. C. San Joaquin 2, bei der C. Sancho IV. el Bravo, ☎ 956 627083, ✆ 956 627055, www.misiana.com.

Apartamentos El Beaterio (8), in der Altstadt nahe der Markthalle. Das ehemalige Frauenkloster des 16. Jh., vom Deutschen Endo und seiner kroatischen Frau Karmen zum Apartmenthaus umgebaut, ist eine prima Adresse. Großer, mit Glas überdachter Patio, zwölf Apartments, alle geräumig und bestens ausgestattet mit kompletter Küche, deutschem Sat-TV etc. Platz für bis zu sechs Personen. Die schönsten drei liegen auf dem Dach. Einstellmöglichkeit für Fahrräder und Boards an der Alameda. Ganzjährig geöffnet. Unbedingt vorher anrufen. Zwei Personen zahlen etwa 50–80 €, vier Personen etwa 95–120 €, sechs Personen 120–150 €. Pl. del Ángel 2, neben der Kirche, der Eingang ist von außen kaum zu erkennen, ☎ 956 680924 oder (mobil) 629 592716, ✆ 956 680924, www.el-beaterio-tarifa.com.

Aparthotel Casa Amarilla (10), im Herzen der Altstadt gegenüber dem Café Central. Das „Gelbe Haus", kenntlich am entsprechenden Kachelschmuck, offeriert elf individuell und komplett eingerichtete Studios und Apartments für zwei bis vier Personen. Hübsches Design, manche Zimmer jedoch nicht ganz leise. Angeschlossen ist eine schicke Bodega-Bar, in der man auch essen kann; falls geschlossen, im Café Central

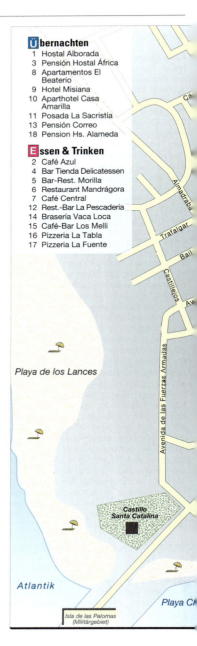

Ü bernachten
1 Hostal Alborada
3 Pensión Hostal África
8 Apartamentos El Beaterio
9 Hotel Misiana
10 Aparthotel Casa Amarilla
11 Posada La Sacristía
13 Pensión Correo
18 Pension Hs. Alameda

E ssen & Trinken
2 Café Azul
4 Bar Tienda Delicatessen
5 Bar-Rest. Morilla
6 Restaurant Mandrágora
7 Café Central
12 Rest.-Bar La Pescadería
14 Brasería Vaca Loca
15 Café-Bar Los Melli
16 Pizzeria La Tabla
17 Pizzeria La Fuente

490   Provinz Cádiz

nachfragen. Studio für zwei Personen nach Saison etwa 60–105 €. C. Sancho IV el Bravo 9, Eingang im Seitengässchen, ✆ 956 681993, ✉ 956 684029, www.lacasaamarilla.net.

** Hostal Alborada (1), in einem Neustadtviertel westlich der Batalla del Salado, wesentlich leichter anzufahren als die Altstadtquartiere. Gepflegte Zimmer, TV und Telefon, im 1. Stock ein hübscher Patio. Abschließbare Boardgaragen. DZ/Bad 50–80 €. C. San José 52, ✆ 956 681140, ✉ 956 681935. www.hotelalborada.com.

Pensión Posada la Sacristía (11), gleich hinter der Casa Amarilla, 2002 eröffnet. Von der Einstufung her eine klare Untertreibung, beherbergt das Gebäude des 17. Jh. – einst tatsächlich ein Gasthaus (Posada), aber keine Sakristei – heute doch eines der feinsten und teuersten Hotels in und um Tarifa. Ein Café-Restaurant ist angeschlossen. Ganzjährig. Die Zimmer fallen alle unterschiedlich aus und kosten pro DZ/F etwa 120–140 €; es gibt auch Apartments und Suiten. C. San Donato 8, ✆ 956 681759, ✉ 956 685182, www.lasacristia.net.

Pensión Hostal Alameda (18), am Rand der Altstadt. Elf Zimmer mit hotelähnlichem Komfort, auf den Balkonen der Räume im zweiten Stock versperrt leider eine hohe Mauer die Aussicht, und in den Zimmern zur Altstadtseite sind teilweise die Music-Bars der Umgebung zu hören. Sonst eine solide Adresse. DZ/Bad nach Saison etwa 60–90 €. C. Santísima Trinidad 7, ✆ 956 681181, ✉ 956680264, www.hostalalameda.com.

Pensión Correo (13), mitten in der Altstadt. Historisches Haus, sehr unterschiedlich ausfallende Zimmer (vorher ansehen), die allesamt unkonventionell und individuell eingerichtet sind, von manchen Direktzugang auf die Sonnenterrasse. Italienischer Besitzer. Ganzjährig. DZ/Bad nach Saison 50–90 €, ohne Bad 40–70 €. Auch 3er- und 5er-Zimmer. C. Coronel Moscardó 8, gegenüber der Post und nahe der Kirche San Mateo, ✆ 956 680206, www.pensioncorreo.com.

Pensión Hostal África (3), herzige Altstadtpension mit kleinem Patio und Dachterrasse. Relativ ruhige Lage, die freundlichen Zimmer sind einfach ausgestattet, aber nett möbliert und bunt gestrichen. Abstellmöglichkeit für Fahrräder und Boards. DZ/Bad nach Saison 35–65 €, ohne Bad 30–50 €. C. María Antonia Toledo 12, ✆ 956 680220, www.hostalafrica.com.

*C*AMPING

Sieben Plätze um Tarifa, jeweils einige Kilometer außerhalb Richtung Cádiz.

La Paloma, 2. Kat., mit am weitesten von Tarifa entfernt, nämlich 12 km. Zum Meer 500 Meter, dort jedoch ein echter Traumstrand mit einer hohen Düne. Gut ausgestattet, ganzjährig geöffnet. Preise p. P. 6,50 €, Auto 3,50 €, Zelt 5 €; im August ist zusätzlich noch ein Stellplatz à 6,50 € zu bezahlen (um Tarifa nicht ungewöhnlich). Carretera de Cádiz km 74, ✆ 956684203, ✉ 956684233, www.campingpaloma.com.

Torre de la Peña I, 2. Kat., nicht mit Nr. II zu verwechseln, der 2 km weiter außerhalb liegt. Beiderseits der N 340, 8 km von Tarifa. Beliebt bei Surfern; viel Schatten, teilweise sehr schöner Blick auf Afrika; Felsstrand mit kleinen Sandbuchten. Gut ausgestattet und ganzjährig geöffnet. Preise p. P. 6,50 €, Stellplatz ab 8 €, mit Auto ab 15 €. Carretera de Cádiz km 78, ✆ 956684903, ✉ 956689088, www.campingtp.com.

Río Jara, 2. Kat., stadtnächster Camping, etwa 5 km von Tarifa entfernt und laut Werbung „der südlichste Platz Europas". Gepflegtes Gelände, durch Hecken unterteilt. Sanitäres prinzipiell in Ordnung, zur Hochsaison manchmal überlastet, Schatten mittel. Vom Sandstrand durch einen Flussarm getrennt. Ganzjährig. Preis p. P. 9 €, Parzelle inkl. Auto und Zelt 13 €. Carretera de Cádiz km 80, ✆ 956643570, campingriojara@terra.es.

*E*SSEN *(siehe *K*arte *S*. 488/489)*

Die lokale Fischspezialität Tarifas ist La Urta, eine in der Straße von Gibraltar gefangene, sehr wohlschmeckende Zahnbrassenart.

● *Restaurants* Guten Ruf genießen auch die Restaurants der außerhalb Tarifas gelegenen Hotels „Dos Mares", „Hurricane" und „Cien por Cien Fun", siehe jeweils oben.

Rest.-Bar La Pescadería (12), sehr gutes Lokal in der alten Stadtmauer, mit Tischen direkt an der Alameda. Ein Spezialist für Fischgerichte, ganz besonders für Thunfisch. Menü ab etwa 25–30 €, die „Degustación de Atún" für zwei Personen kommt auf 25 €. Paseo de la Alameda s/n.

Rest. Mandrágora (6), in der östlichen Altstadt. Gute, marokkanisch inspirierte Küche; angenehmes Interieur. Menü ab etwa 25–30 €, nur abends geöffnet. So Ruhetag. Calle Independencia 3.

Brasería Vaca Loca (14), mitten in der Altstadt, ein Lesertipp von Dr. Sebastian Klemm & Carolin Presch: „Urgemütliche kleine Barbecue-Kneipe in einer schmalen Gasse, fast wie in einem Patio. Drinnen nur wenige Tische, außerdem ein Kamingrill, an dem das Fleisch zubereitet wird, alles sehr gut gewürzt und frisch zubereitet." Hauptgerichte kosten etwa 15–18 €. Calle Cervantes 6.

Pizzeria La Tabla (16), westlich der Alameda in der Calle Huerta del Rey, einer Fußgängerzone. Meist proppevoll mit Einheimischen, die hier riesige Pizzas zu günstigen Preisen verdrücken. Spaßig: Als „Besteck" dient eine Schere, gegessen wird mit der Hand.

Bar-Rest. Morilla (5), im Zentrum der Altstadt. Freundlicher und solider Familienbetrieb, dessen Straßenterrasse oft dicht belagert ist. Ordentliche Hausmannskost und Fischgerichte, Hauptspeisen kosten im Dreh etwa 10–12 €. C. Sancho IV. el Bravo 2, bei der Kirche.

Pizzeria La Fuente (17), ebenfalls in der Altstadt. Tische auch im Freien an der Gasse, die sich hier zu einem kleinen Platz erweitert, ordentliche Pizza und Pasta zu günstigen Preisen. C. Guzmán el Bueno 9.

● *Bars & Cafés* **Café Central (7)**, mit einer Tradition, die bis 1894 zurückreicht. Einer der beliebtesten Treffpunkte Tarifas; kein Wunder, kommt man doch fast automatisch hier vorbei. Plaza Oviedo, der Mittelpunkt der Altstadt.

Café Azul (2), knapp außerhalb der Stadtmauern. „Das" Frühstückscafé Tarifas schlechthin, gemütlich in mehrere kleine Räume unterteilt. Müsli und viele andere Frühstücksangebote, Vollkornbrot etc. Calle Batalla del Salado 8.

Ein Platz an der Sonne

Bar Tienda Delicatessen (4), mit Tischen im Freien an einem hübschen Platz der Altstadt. Zu essen gibt es u. a. lokale Käse- und Wurstwaren, die im angeschlossenen Geschäft auch verkauft werden; gute Auswahl spanischer Weine. Auch ein netter Platz fürs Frühstück. Plaza de Oviedo 3.

Café-Bar Los Melli (15), Szenetreff in der Altstadt, bei Tapagängern beliebt besonders am späteren Abend. Ausgesprochen preisgünstig. Calle Guzmán el Bueno 16. Gleich nebenan auf Nr. 18 und ähnlich im Charakter: **Bar El Pasillo**.

Nachtleben/Sport

● *Nachtleben* Im Sommer öffnen viele Kneipen am Strand, in denen dann in Permanenz Surf- und Kitevideos laufen. Treffpunkt in der Altstadt ist das Gebiet der C. Santísima Trinidad, entlang der westlichen Mauer, und ihrer Seitenstraßen. Eine weitere Nachtzone mit diversen Discos liegt im Industriegebiet „Poligono Industrial", rechter Hand der Straße Richtung Cádiz.

Pub La Ruina, praktisch im Zentrum des Nachtlebens der Altstadt. Seit vielen Jahren aktuelle Open-Air-Bar direkt auf der alten Stadtmauer, im Sommer jeden Abend knüppelvoll. C. Santísima Trinidad 3.

Provinz Cádiz

Windig: Surfspot Tarifa

Soul Café, eine Etage tiefer und, anders als der Pub La Ruina, auch im Winter geöffnet.

Tejota, gleich hinter dem Stadttor. Treffpunkt ausländischer Tarifa-Residenten, darunter viele Deutsche. Gute Caipirinhas und andere Cocktails. C. Jerez 21.

Tribou, ebenfalls in der Altstadt. Beliebte Surferkneipe, Videountermalung dementsprechend. Gute Pizzas. C. Nuestra Señora de la Luz 7.

Nuit, das ehemalige Tanakas, einzige echte Disco in der Altstadt. Das ehemalige Kino ist keine architektonische Offenbarung; die Techno-Kids im Erdgeschoss scheint das aber ebensowenig zu stören wie die etwas älteren Semester, denen der erste Stock gehört. Erst ab weit nach Mitternacht aktuell. Pl. San Hiscio.

● *Sport* **Windsurfen & Kiting**: Alle Center außerhalb in Richtung Cádiz, z. B. bei den Hotels Dos Mares (✆ 956 684035) und Hurricane (Club Mistral, ✆ 956 689098) und am Strand von Valdevaqueros (Spinout, ✆ 956 236352, www.tarifaspinout.com).

„**Turismo activo**": Die deutsch geführte Agentur Girasol offeriert diverse Outdoor-Sportarten wie Mountainbiketouren, Klettern, Reitausflüge etc. Calle Colón 12, nahe Markt, ✆/℡ 956 627037, www.girasol-adventure.com.

Mountainbike: Tarifa Bike, knapp 10 km außerhalb des Ortes in Richtung Cádiz. verleiht gute Bikes, repariert und hat Tourenvorschläge parat. Deutsche Leitung. Carretera de Cádiz, km 77.1 (Apartments Las Flores), Mobil ✆ 696 973656. Bikes verleiht auch Girasol, siehe oben.

Tauchen: Centro de Buceo Club Scorpora, eines von mehreren Tauchzentren; Plaza del Mirador 6, ✆ 956 680576, www.buceoscorpora.com.

Reiten: Aventura Ecuestre, beim Hotel Dos Mares. vielsprachiges Team, u.a. aus der Schweiz. Carretera de Cádiz, km 79.5, ✆ 956 236632, www.aventuraecuestre.com.

*E*inkaufen/*F*este & *V*eranstaltungen

● *Einkaufen* Surfshops und trendige Boutiquen an der Calle Batalla del Salado.

Markthalle, sehr schön und mit richtig maurischem Charakter, am oberen Ende der Calle Santísima Trinidad, an der westlichen Stadtmauer.

● *Feste & Veranstaltungen* **Virgen del Carmen**, am 16. Juli, das mit einer Meeresprozession begangene Fest der Schutzheiligen der Fischer und Seeleute.

Feria y fiestas en honor a la Patrona Nuestra Señora de la Luz, das Hauptfest der

Tarifa   493

Stadt, in der ersten Septemberwoche. Breites Programm, am ersten Sonntag des Monats Prozession der Heiligen, die von ihrem acht Kilometer entfernten Santuario zur Hauptkirche nach Tarifa gebracht wird, begleitet von zahlreichen Reitern.

Baden: Tarifas Strände erstrecken sich von der Stadt über mehr als zehn Kilometer nach Nordwesten, bieten also reichlich Platz. Es gibt eine Reihe von Restaurants und Chiringuitos, das kaum bebaute Hinterland bildet eine wichtige Raststation für Zugvögel auf dem Weg nach Afrika und ist deshalb teilweise unter Naturschutz gestellt. Wenn nur der Wind nicht wäre ...

Playa Chica: Der winzige Sandstrand im Stadtbereich unweit der Hafeneinfahrt ist den Winden oft weniger stark ausgesetzt als die anderen Strände von Tarifa, außerdem eine Kuriosität: Da die Landverbindung zur Isla Paloma (Militärgebiet) als Grenze zwischen den beiden Meeren gilt und die Playa Chica östlich davon liegt, bildet sie den letzten Strand des Mittelmeers.

Playa de los Lances: Mit diesem Strand beginnen die Atlantikstrände Andalusiens. Die feinsandige, im Schnitt 120 Meter breite Playa de los Lances, beliebt auch beim surfenden Publikum, reicht vom Stadtbereich über rund sieben Kilometer nach Nordwesten bis zur Punta de la Peña und ist mit Toiletten, Duschen, Warnflaggen etc. gut ausgestattet, bietet auch mehr als ein halbes Dutzend Restaurants und Strandkneipen. Ein großer Parkplatz liegt wenige hundert Meter vor dem Hotel Dos Mares.

Playa de Valdevaqueros: Die Fortsetzung der Playa de los Lances ist der zweite große Strand Tarifas. Der „Strand des Cowboy-Tals" erstreckt sich über rund 5,5 Kilometer und ist mit einer durchschnittlichen Breite von knapp 60 Metern zwar schmaler als die Playa de los Lances, bietet aber immer noch reichlich Platz und läuft zudem in eine fantastische Riesendüne aus. Ordentliches Serviceangebot inklusive mehrerer Chiringuitos, beliebt bei Surfern. Zu erreichen ist er über mehrere Zufahrten von der N 340 und der abzweigenden CA 222, die zum Camping La Paloma führt; Parkplätze sind jedoch relativ rar.

Sehenswertes

Abgesehen von seinem Kastell und den Stadtmauern, die aus mehreren unterschiedlichen Bauphasen des 10.–16. Jh. stammen, kann Tarifa nicht mit besonderen, herausragenden Monumenten glänzen. Reizvoll ist in erster Linie das teilweise noch mittelalterlich geprägte Stadtbild an sich.

Plaza Santa María heißt der kurz vor dem Meer gelegene Hauptplatz der Altstadt, an dem neben dem Rathaus und einem eher bescheidenen Park auch ein drolliger kleiner Brunnen steht. Linker Hand der Plaza in Richtung Meer trifft man auf den Aussichtspunkt *Miramar*. Er könnte auch „Mira-Africa" heißen, reicht der Blick doch oft über die Straße von Gibraltar bis weit hinüber nach Marokko. Bei sehr klarem Wetter sind dort sogar ohne weiteres einzelne Gebäude zu erkennen.

El Castillo del Guzmán: Die Burg des einstigen Stadtkommandanten Guzmán erhebt sich rechter Hand der Plaza Santa María. Das Kastell ist uralt, geht in seinen Grundzügen auf eine bereits im 10. Jh. an Stelle einer römischen Festung erbaute Maurenburg zurück. Viele Hinweistafeln informieren auf Englisch und Spanisch über die einzelnen Bauteile. Von den Türmen und Wällen bietet sich ein ebenso weiter Blick wie vom Aussichtspunkt Miramar, im Inneren des sehr ausgedehnten Komplexes steht eine gotisch-mudéjare Kirche, ehemals eine Moschee. Das Fenster, aus dem der Guzmán das Schwert zur Ermordung seines Sohns warf, ist heute allerdings zugemauert.

Öffnungszeiten Di–Sa 11–14, 18–20 Uhr (Winter 17–19 Uhr), Eintrittsgebür 2 €.

Paseo Alameda: Die „Ramblas von Tarifa" sind eine schattige Promenieranlage westlich außerhalb der Altstadtmauern. Die hiesigen Freiluftcafés bilden an lauen Sommerabenden einen beliebten Treffpunkt.

Provinz Cádiz
Karte S. 476

Spaziergang vor der Riesendüne: am Strand von Bolonia

Bolonia

Eine schöne Kombination aus traumhaftem Strand, einer riesigen Düne und den Ausgrabungen einer Römersiedlung.

Etwa 15 Kilometer hinter Tarifa in Richtung Cádiz zweigt von der N 340 ein Sträßchen ab, das nach sieben Kilometern in dem winzigen Weiler endet. Das Hinterland von Bolonia besteht aus einer wenig besiedelten, wildromantischen Berglandschaft, in der kaum etwas anderes als Zwergpalmen wächst. Bolonia selbst ist wiederum nicht viel mehr als eine von Hügelketten geschützte, verstreute Ansammlung von Häusern, zwischen denen Kühe umherziehen und Pferde weiden. Ganz in der Nähe liegen die Ruinen der römischen Siedlung Baelo Claudia, die ihren Wohlstand einer Art Fischfabrik verdankte. Wahrhaft begeisternd zeigt sich der herrliche, geschwungene Sandstrand von Bolonia, dessen mittlerweile als Naturmonument geschützte Düne sich am Ende der Bucht noch einen Hügel hochzieht. Einige wenige Bars und Fischrestaurants haben sich an ihm etabliert, sonst ist meist erfreulich wenig los – zur Nebensaison zumindest, denn im Juli und August herrscht einiger Betrieb in Bolonia. Freies Camping ist verboten, weshalb man für einen längeren Aufenthalt auf eine der wenigen Pensionen oder auf die Miete eines Apartments angewiesen bleibt. Für einige Strandtage in ruhiger Atmosphäre liegt man mit Bolonia sicher nicht falsch.

● *Verbindungen* **Stadtbusse** ab Tarifa, Frequenzen jedoch stark saisonabhängig.

● *Übernachten* Im Hochsommer dürfte sich die Unterkunftsfrage schwierig bis unlösbar gestalten, in der Nebensaison relativ problemlos. Dann werden auch für relativ wenig Geld Apartments komplett mit Küche und Kühlschrank angeboten.

* Pensión La Posada de Lola, etwas abseits der Straße. Sympathische Leitung; Zimmer einfach, aber charmant eingerichtet und in freundlichen Farben gestrichen. Ganzjährig geöffnet, „aber im Winter kommt ja keiner", so die Besitzerin. DZ/Bad etwa 60 €, ohne Bad 50 €. Achtung, auch die beiden Zimmer mit Fenster nur auf ei-

Bolonia 495

nen Gemeinschaftsraum kosten denselben Preis. Bolonia-El Lentiscal 26, von der ostwärts führenden Straße beim bunt bemalten Surfboard abbiegen, ✆ 956 688536, ✆ 956 688558, www.hostallola.com.

Apartamentos Miramar, mit neun Studios und Apartments für hiesige Verhältnisse recht große Anlage an der Hauptstraße. Zwei Personen zahlen etwa 50–80 €. Bolonia-El Lentiscal s/n, ✆/✆ 956 688561, www.apartaamentosmiramar.es.

***** Hostal-Apartamentos La Hormiga Voladora**, an der nach Osten führenden Straße nahe Abzweig zur Pensión Lola. Die „Fliegende Ameise" ist eine hübsche Anlage aus mehreren Häuschen, die fast wie ein kleines Dorf wirkt; teilweise schöner Blick auf Meer und Düne. Das Mobiliar der 14 Zimmer (alle etwas unterschiedlich) ist eher schlicht, aber geschmackvoll. Gutes Preis-Leistungs-Verhältnis. DZ/Bad 50–80 €; es gibt auch drei Apartments. ✆ 956 688562, ✆ 956 688563.

• *Essen* **Restaurante Rejas**, an der Straße nach Osten. Betrieben von zwei Brüdern, der eine Wirt, der andere Fischer – frischer als hier kommt das Meeresgetier selten auf den Tisch. „Essen, Preis, Ambiente und Freundlichkeit der Bedienung – alles stimmt." Soweit eine Zuschrift zur allerers-

ten Auflage dieses Führers, und seitdem waren andere Leser genau derselben Ansicht. Nicht teuer.

Bar-Rest. Bahía, strandnah bei den Ruinen von Baelo Claudia. Eine von mehreren gemütlichen Kneipen hier, ein verglaster Bau mit schönem Blick aufs Meer. Gegenüber, von Lesern empfohlen: **Bar-Rest. Otero**.

La Cabaña, ganz entgegengesetzt am südöstlichen Siedlungsrand, am Ende der Straße. Hübsches Holzhaus, eher Bar als Restaurant, beliebter Surfertreff und vor allem in wirklich fantastischer Aussichtslage über dem Meer.

• *Baden* Die **Playa de Bolonia** mit ihrer riesigen Düne erstreckt sich über fast vier Kilometer Länge; der feine Sand schimmert hell, das Wasser ist von bester Qualität. Im Sommer sind mobile Duschen und Toiletten in Betrieb, außerhalb der Hochsaison hat man den Strand dafür für sich. Bei der Düne am nordwestlichen Ende und im Bereich von El Chorrito östlich des Dorfes wird Nacktbaden toleriert, richtig legal ist es auch dort freilich nicht.

Baelo Claudia: Die Ruinen der römischen Siedlung erstrecken sich gleich westlich des Dörfchens Bolonia. Baelo Claudia wurde im 2. Jh. v. Chr. gegründet und erlebte seine Glanzzeit im ersten nachchristlichen Jahrhundert, wurde unter Kaiser Claudius (41–54 n. Chr.), dem es seinen Beinamen verdankt, in den Status einer eigenständigen Gemeinde erhoben. Der Wohlstand von Baelo Claudia gründete sich auf die Verarbeitung von Thunfisch, der entweder eingesalzen oder zu einer Art Paste verarbeitet wurde. Besonders letztere, lange haltbar und *garum* genannt, war im gesamten Römischen Reich heiß begehrt. Auf einer Führung durch die maueumgürtete Ausgrabungsstätte gelangt man zunächst zum Hauptplatz *Forum*, unweit der Kreuzung der beiden Hauptstraßen *Decumanus* und *Cardo* gelegen. Im Umfeld erstrecken sich die Reste der wichtigsten Gebäude: das Kapitol mit den Tempeln der Juno, des Jupiter und der Minerva sowie eines weiteren, der ägyptischen Göttin Isis gewidmeten Tempels; direkt gegenüber stand das „Basilica" genannte Ratsgebäude, daneben der Markt. Die Längsseiten des Forums nahmen Geschäfts- und Versammlungsgebäude ein. Etwas abseits des Hauptplatzes liegen die Thermen und das gut erhaltene Amphitheater der römischen Siedlung. Wohl um die von ihr ausgehende Geruchsbelästigung möglichst gering zu halten, war die Anlage zur Verarbeitung der Thunfische in Strandnähe angesiedelt, ein ganzes Stück vom Ort selbst. Angeschlossen ist ein zweistöckiges, mit 2000 Quadratmetern sehr üppig dimensioniertes und nicht ganz unumstrittenes Besucherzentrum (von manchen Einheimischen „El Bunker" genannt), das u.a. die Geschichte der Ausgrabungen dokumentiert.

Öffnungszeiten Di–Sa 9–19 Uhr (Juni–Sept. bis 20 Uhr), So 9–14 Uhr; Mo geschlossen. Eintritt für EU-Bürger frei.

Provinz Cádiz
Karte S. 476

496 Provinz Cádiz

Zahara de los Atunes

Eigentlich ein Fischerdörfchen, das dank seines riesigen Strands seit einigen Jahren auch am Fremdenverkehr partizipiert. Vier Kilometer außerhalb allerdings ist eine große Urbanisation gewachsen.

Auch Zahara ist über eine Seitenstraße der N 340 zu erreichen, die einige Kilometer nordwestlich der Kreuzung nach Bolonia abzweigt. In dem familiär wirkenden, etwa tausend Einwohner zählenden Ort, dessen Kern noch vorwiegend aus schlichten, flachen Häusern besteht, mischen sich touristisch genutzte mit gewerblich orientierten Gebieten, dazwischen liegt noch viel Brachland. Ein bodenständiges, trotz der im Sommer schon recht zahlreichen Besucher bislang nicht groß für den Fremdenverkehr herausgeputztes Dorf, so der Eindruck. Selbst das riesige, von den Herzögen von Medina Sidonia errichtete „Castillo de las Almadrabas" aus dem 16. Jh., das anderswo längst hergerichtet worden wäre, ist eine leer stehende Ruine. Außerhalb der Hochsaison ist in Zahara von Rummel denn auch kaum etwas zu spüren.

Anders sieht es südöstlich von Zahara aus. Etwa vier Kilometer vom Ort selbst entstand hier in einem bis dahin nahezu jungfräulichen Küstenabschnitt die architektonisch wenig erfreuliche Urbanisation Atlanterra. Verantwortlich für Genehmigung und Baukontrolle war der Bürgermeister von Tarifa, zu dessen Gemeinde dieses Gebiet gerade noch gehört – Zahara selbst zählt bereits zur Gemeinde Barbate. „Ein Entwicklungsmodell, das an die Costa del Sol der 70er-Jahre erinnert", schrieb dazu die Tageszeitung „Diario de Cádiz".

• *Information* **Punto de Información**, eine Außenstelle des Büros von Barbate, strandnah unweit der Kastellruinen, ✆ 956 929050, Extensión 9110. Nur zur Saison geöffnet, dann (offiziell) täglich 10–14, 17–21 Uhr.

• *Verbindungen* **Busse** der Gesellschaft COMES nach Barbate 6-mal, Vejer und Cádiz je 3-mal, Tarifa und Algeciras 1-mal täglich.

• *Übernachten* *** **Hotel Doña Lola**, kleineres Hotel gleich bei der Brücke an der Zufahrt zum Ortskern. Angenehme Bauweise, geräumige, komfortabel ausgestattete Zimmer, Pool. Ganzjährig geöffnet. DZ nach Saison etwa 65–155 €. Pl. Thompson 1, ✆ 956 439009, ✆ 956 439200, www.donalola zahara.com.

*** **Hotel Pozo del Duque**, am südöstl. Ortsrand von Zahara, Richtung Atlanterra. 1994 errichtetes Haus in angepasster Architektur, kleiner Pool, ein Teil der Zimmer mit Balkon zum Meer. DZ/F nach Lage und Saison etwa 65–160 €; auch Suiten. Avda. Bahía de la Plata 32, ✆ 956 439400, ✆ 956 439097, www.pozodelduque.com.

*** **Hotel Porfirio**, ebenfalls in diesem Gebiet. 1999 erbautes, ordentliches Quartier mit Pool und Tiegarage. Die Zimmer im hinteren, 2003 fertiggestellten Anbau sind größer als die restlichen. DZ/F nach Saison 60–

140 €. Carretera Atlanterra 33, ✆ 956449515, ✆ 956439080, www.hotelporfirio.com.

*** **Hotel Gran Sol**, im Ortszentrum am Ende einer Palmenallee gelegen, nur ein paar Schritte vom Strand. Großes, hübsches Haus mit mehreren Trakten, viele Zimmer mit Meerblick; Pool. Ganzjährig geöffnet. DZ nach Saison und Lage 100–145 €, von Nov. bis Februar ab 75 €. C. Sánchez Rodriguez s/n, ✆ 956 439309, ✆ 956 439197, www.gransolhotel.com.

• *Camping* **Bahía de la Plata**, 2. Kat., südöstlich außerhalb des Ortes in Richtung der Urbanisation Atlanterra. Fast direkt am Strand gelegener Platz, der ältere Abschnitt hübsch eingegrünt. Ganzjährig geöffnet. Deftige Preise: Parzelle etwa 12 €, p. P. 7 €, Zelt (zusätzlich zur Parzellengebühr zu zahlen) 8 €, Auto (dito) 4,50 €, es gibt auch Bungalows für vier Personen zu mieten. Carretera de Atlanterra s/n, ✆ 956 439040, ✆ 956 439087, info@campingbahiadelaplata.com, www.campingbahiadelaplata.com.

• *Essen* **Restaurante Marisquería Porfirio**, am Hauptplatz von Zahara. Eine der ersten Adressen vor Ort, spezialisiert auf Fisch und Meeresfrüchte, auch von Lesern gelobt. Nicht ganz billig, Menü à la carte ab etwa 25–30 €. Plaza Tamarón 5, nur Ostern bis Mitte Oktober geöffnet.

Almadraba-Gemälde im Hotel Playa del Carmen (Barbate)

La Almadraba – die Schlacht um den Thun

Seinen Beinamen „de los Atunes" trägt Zahara zu Recht. Im Frühjahr, wenn von März bis Juni die Thunfisch-Schwärme auf ihrer Wanderschaft zum Laichen im Mittelmeer die Straße von Gibraltar passieren, und im Herbst, wenn sie in den Atlantik zurückkehren, findet hier wie auch in anderen Küstenorten (Chiclana, Conil, Barbate, Tarifa) das blutige Schauspiel der Almadraba statt.

Obwohl der Name „Thunfischfalle" auf die Mauren zurückgeht, ist diese Fangmethode noch weit älter, wurde vielleicht schon von den Phöniziern eingeführt. Dabei werden die Fische etwa drei Kilometer vor der Küste in einem Labyrinth aus Netzen eingekesselt, die eine bis zu mehr als 30 Meter tiefe Barriere bilden und die Tiere in eine bestimmte Richtung leiten. Im „Copo", der letzten Kammer der Netzkonstruktion, beginnt dann unter Aufsicht des Anführers der Fischer („Arraez", abgeleitet vom arabischen „Rais": Kapitän) das Schlachten. Den bedrängten Fischen wird der Raum knapp, das Meer schäumt von ihren verzweifelten Schwanzschlägen. Mit Harpunen stechen die Fischer die Tiere ab, das Wasser im Netz färbt sich blutrot. An Eisenhaken („Ganchos" oder „Cloques"), die auf langen Schäften befestigt sind, wird die halbtote Beute schließlich an Bord gehievt – eine Knochenarbeit, denn so mancher große Atún bringt es auf acht Zentner und mehr.

Beste Kunden der Fischer sind übrigens die Japaner, deren Kühlschiffe oft schon Wochen vorher in Wartestellung liegen und an die ein guter Teil des Fangs geht: Bekannt als Feinschmecker in Sachen Fisch, zahlen sie für den roten Thun der Costa de la Luz höchste Preise, akzeptieren aber nur den schwereren und wesentlich fetteren so genannten „Atún de Derecho" der Frühjahrs-Almadraba; den vom Laichen erschöpften und abgemagerten „Atún de Revès" der Herbstfänge verschmähen sie. Sobald die Ernte eingefahren ist, übernehmen die Japaner die Fische gleich im Ganzen und lassen sie an Bord von eigens mitgebrachten Spezialisten zerteilen. – All dies galt zumindest früher, denn heuzutage ist der Blauflossen-Thunfisch durch Überfischung massiv bedroht; schuld daran sind sicher nicht die Almadrabas, sondern die großen Hochsee-Fangflotten.

498 Provinz Cádiz

Restaurante Patio La Plazoletta, nur ein paar Schritte weiter, deutlich preisgünstiger. Hübscher Innenhof mit Grill, auf dem unter anderem gigantische Spieße gebraten werden. Pl. Tamarón, Ecke Calle Real.

Restaurante Ropiti, in der Straße gegenüber, ein Lesertipp von Astrid & Heinz-Peter Müllejans: „Kleiner Patio, sehr gute Fisch- und Fleischgerichte, gutes Preis-Leistungs-Verhältnis. Calle Maria Luisa 6."

Rest.-Pizzeria Cristobal, an der Pl. Thompson beim Hotel Doña Lola. Kleine Terrasse, viel von Einheimischen besucht. Ordentliche Qualität zu vernünftigen Preisen, neben Pizzas auch gute Fischgerichte. C. Thompson 2.

● *Feste* **Fiesta y Feria de Verano**, in der Regel Anfang August, ein großes, mehrtägiges Fest mit viel Betrieb.

Baden: Zahara glänzt mit einem guten Dutzend Kilometer Küste, die ganz überwiegend aus feinen, breiten Sandstränden besteht.

Playa Arroyo del Cañuelo: Im äußersten Südosten der Region. Der hintere der beiden Strände, die jenseits des Cabo de Plata von Atlanterra liegen, wird nur durch die Halbinsel von Punta Camarinal von Bolonia getrennt. Ein abgeschiedener kleiner Strand in unverbauter Umgebung, von Ende der Straße über einen Fußweg zu erreichen, der das Cabo de Gracia quert.

Playa del Cabo de Plata: Nur das Kap Cabo de Plata trennt Atlanterra von diesem mittelgroßen Strand aus feinem Sand, der bis zum Cabo de Gracia reicht. Größere

Bausünden sind hier nicht zu beklagen, im Hinterland stehen nur einige Villen.

Playa de Zahara de los Atunes: Der Hauptstrand des Ortes erstreckt sich über mehr als sechs Kilometer von Atlanterra bis über Zahara hinaus. Im Schnitt mehr als 30 Meter breit, bietet er auch zur Hochsaison noch viel Platz. Das Serviceangebot ist ordentlich, es gibt Restaurants und mehrere Chiringuitos, die zur Saison sogar bis weit in die Nacht öffnen; im Chriringuito „La Luna" finden dann z.B. Flamencosessions etc. statt.

Barbate

Trotz langer Strände ist Barbate kein Ferienort im eigentlichen Sinn, lebt in erster Linie vom Fischfang und der Verarbeitung der Beute.

Viele Jahrzehnte hieß das Städtchen offiziell Barbate de Franco, doch hört diesen Beinamen heute natürlich kaum noch jemand gern. Der Ort an der Mündung des gleichnamigen Flusses, der östlich der Siedlung ausgedehnte Marismas (Gezeitensümpfe) bildet, war zwar schon zu römischer und maurischer Zeit besiedelt, lange Zeit jedoch nur ein kleiner Hafenweiler. Der weitaus größte Teil des gut 20.000 Einwohner zählenden Städtchens entstand erst im letzten Jahrhundert, was man Barbate auch ansieht: Eine Schönheit ist der Ort nicht gerade, das modern geprägte Zentrum um den Rathausplatz *Plaza de la Inmaculada* und entlang der Hauptstraße *Avenida de la Mar* wenig aufregend. Touristen machen sich eher rar, einzig im Hochsommer finden vorwiegend spanische Urlauber den Weg hierher. Wie oft bei solchen Städten kann man Barbate deshalb immerhin eine gewisse, vom Fremdenverkehr nicht beeinträchtigte Ursprünglichkeit attestieren.

Die seit jeher wichtigste Einkommensquelle der Stadt ist die Fischerei, für die sich Barbate mit seinem großen Hafen eigentlich auch bestens gerüstet zeigt. Seit einigen Jahren ist das Gewerbe jedoch in einer Krise, da der nahe Nachbar Marokko seine Fanggründe für spanische Fischer gesperrt hat. Trotz dieser Einschränkung geht aber natürlich weiterhin so mancher Fisch ins Netz, neben den (seltener gewordenen) Thunfischen der berühmten Almadraba vor allem Sardinen, Sardellen, Makrelen und die „Urta" genannte Zahnbrassenart. Verwertet wird die Beute gleich vor Ort: Barbate ist Standort einer bedeutenden fischverarbeitenden Industrie. Die entweder als Konserven oder als luftgetrocknete und gesalzene

Barbate 499

Hauptplatz der Fischerstadt Barbate: Plaza de la Inmaculada

„Salazones", gelegentlich auch als geräucherte „Ahumados" haltbar gemachten Produkte genießen guten Ruf. Klar, dass auch die vielen Fischrestaurants von Barbate mit erstklassiger Ware aufwarten.

- *Information* **Oficina Municipal de Turismo**, Avenida del Río 23, im Ort beschildert. Geöffnet Mo–Fr 8–14.30 Uhr (Juli/August auch 17–21 Uhr). ✆ 956 929050, Ext. 6310. turismo@barbate.es.

Centro de Interpretación Atún de la Almadraba, im Hafen, ein zwar kleines, aber informatives Doku-Zentrum, das sich dem Thunfischfang widmet. Hier auch Infos über Schiffsausflüge („Rutas") zu den Fanggründen der Almadraba, die vor allem zur HS, prinzipiell aber ganzjährig stattfinden; Spanischkenntnisse sind nützlich. Geöffnet zur Saison Mo–Fr 9–14, 16–18 Uhr, Sa/So 9–14 Uhr, sonst eher unregelmäßige Zeiten. ✆ 956 459804, www.atunalmadraba.com. Ebenfalls im Hafen liegt mit häufig wechselnden Öffnungszeiten (beste Chancen Mi–So 9.30–15 Uhr; ✆ 956 459780) ein Infozentrum des Naturparks, der **Punto de Información P.N. La Breña y Marismas del Barbate.**

- *Verbindungen* **Busse** der Gesellschaft COMES starten am Busbahnhof ganz im Norden der Avenida de la Mar. Anschlüsse nach Tarifa und Algeciras 1-mal, Zahara 6-mal, Vejer 9-mal, Cádiz 12-mal täglich.

- *Übernachten* ***** Hotel Adiafa**, neueres, 2007 eröffnetes Quartier unweit des Paseo Marítimo und der Plaza de Faro. Ordentliche, wenn auch vielleicht etwas nüchterne Zimmerausstattung, Garage. Über Weihnachten/Neujahr geschlossen. DZ nach Ausstattung und Saison 60–125 €. Avenida Ruiz de Alda 1, ✆ 956 454060, ✆ 956 454044, www.adiafahoteles.com.

** Hotel Playa del Carmen, drei Blocks hinter dem gleichnamigen Strand. 2001 eröffnetes, solides Mittelklassehotel mit 18 komfortablen, geräumigen Zimmern und schön gestalteten Bädern, durch die Straße leider etwas laut. Geöffnet Februar bis November. DZ/F etwa 50–75 €. Av. Ruiz de Alda 46, ungefähr auf halbem Weg zwischen der Plaza del Faro und der Infostelle, ✆ 956 434311, ✆ 956 434771, www.hotelplayacarmen.es.

- *Essen* Am Hauptstrand zahlreiche Fischrestaurants, die vielfach jedoch nur während der Saison öffnen.

Rest. El Campero, knapp westlich der unteren, meernahen Av. de la Mar. Wohl das beste Restaurant im Ort, gehobene Fischküche, die ihren Preis hat: Menü ab

etwa 50 €. Mit den Fisch- und Marisco-Tapas an der Bar kommt man günstiger davon. Av. de la Constitución, Local 5c. So-Abend und Mo geschlossen. ℡ 956 432300.
Bar-Rest. Estrella Polar, nicht weit entfernt direkt an der Hauptstraße. Selbst hergestellte „Salazones", außerdem diverse Fisch-Raciones, jeweils um etwa 9–12 €. Daneben offeriert der „Polarstern" auch ein recht preiswertes Tagesmenü, wie üblich jedoch nur werktags.

• _Einkaufen_ Zu den Spezialitäten der Fischfabriken von Barbate zählen neben Konserven insbesondere die „Salazones". Unter letzteren besonders lecker sind **mojama**, die luftgetrockneten Lendenstücke vom Thun, und **huevas secas**, ebenfalls getrockneter und gepresster Thunfischrogen, köstlich mit Mandeln oder einfach mit Butter.
Tienda Museo Barbateña, eine Verkaufsstelle der Firma La Barbateña. An der Hafenstraße, täglich geöffnet.

• _Feste und Veranstaltungen_ **Verbena de San Juan**, die Nacht des 23. auf den 24. Juni, mit dem traditionellen Verbrennen der „Juanillos", der „kleinen Juans" – keine Sorge, es sind nur Puppen ...
Nuestra Señora la Virgen del Carmen, 16. Juli. Die Schutzheilige der Fischer und Seeleute wird in Barbate natürlich hoch verehrt und mit einer großen Meeresprozession gefeiert.

• _Baden_ Zwar kommt kaum jemand ausschließlich zum Baden nach Barbate, die Strände des Städtchens sind jedoch zumindest optisch gar nicht übel.
Playa del Carmen: Der breite Stadtstrand erstreckt sich, von einer Promenade begleitet, über fast zwei Kilometer und macht einen durchaus gepflegten Eindruck. Seine Wasserqualität gilt allerdings nicht gerade als die beste, was angesichts der nahen Hafeneinfahrt und vor allem der Mündung des Río Barbate durchaus nachzuvollziehen ist.
Playa de Hierbabuena: Am Strand westlich des Hafens dürfte es diesbezüglich besser aussehen. Knapp einen Kilometer Länge und durchschnittlich 30 Meter Breite misst diese Playa, die bereits am Rand des Breña-Naturparks liegt und deren Hinterland völlig unverbaut ist.

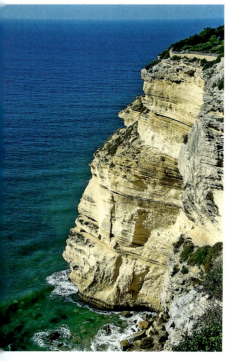

Imposant: Steilküste im Naturpark

Parque Natural de la Breña y Marismas de Barbate

Der Naturpark mit dem ellenlangen Namen erstreckt sich beiderseits von Barbate auf einer Fläche von knapp 3000 Hektar, ist also für andalusische Verhältnisse ausgesprochen klein. Der geschützte Bereich verteilt sich auf zwei Zonen, die Marismas des Río Barbate im Osten und den ausgedehnten Pinienwald Pinar de la Breña bzw. Pinar de Barbate im Westen, der das größte küstennahe Waldgebiet der Provinz Cádiz bildet. Man merkt es dem schönen Wald nicht an, dass er Anfang des 20. Jh. von Menschenhand gepflanzt wurde, um ein System von Wanderdünen zum Stillstand zu bringen. Unter dem schattigen Dach der Pinien wachsen Zwergpalmen, Weißdorn und Rosmarinsträucher, auch Orchideen sind mit etwas Glück zu

Los Caños de Meca   501

entdecken. Die Steilküsten des Gebiets stürzen in spektakulären Felsformationen zum hier ebenfalls naturgeschützten Meer hinab. Besonders exponiert steht der alte Wachtturm *Torre del Tajo*, hinter dem das Kliff rund hundert Meter tief abfällt.

Fußwege ins Innere des Pinienwalds beginnen an der Playa de Hierbabuena und an zwei Parkplätzen entlang der Verbindungsstraße, die am Hafen von Barbate vorbei nach Caños de Meca führt. Das Gebiet lässt sich jedoch auch auf einer etwas ausgedehnteren, sehr schönen Wanderung erkunden, die von Caños de Meca hoch über dem Meer nach Barbate führt, siehe unten unter Wanderung 8.

Übernachten/Essen **Hotel Rural El Palomar de la Breña**, ein schönes Quartier in absolut ruhiger ländlicher Lage, untergebracht in einem geschichtsträchtigen, mexikanisch anmutenden Gutshof des 18. Jh. Vor wenigen Jahren ausgebaut und erweitert; geräumige und ansprechend eingerichtete Zimmer mit eigener Terrasse. Pool. Die Küche wurde von Lesern sehr gelobt. Die Besonderheit des Anwesens ist jedoch der Jahrhunderte alte, namensstiftende „Palomar", der größte Taubenschlag Europas, der in seinen mehr als 7000 Nischen über 5000 Taubenpaare beherbergen konnte: Ein imposantes landwirtschaftliches und architektonisches Denkmal, das die Besitzer gerne auch Nicht-Gästen zeigen. Im November, Januar und Februar zeitweise geschlossen oder nur am Wochenende geöffnet. DZ/F nach Saison etwa 70–100 €. Beschilderte Abzweigung landeinwärts etwa 5 km hinter Barbate in Richtung Caños, dem Taubensymbol vorbei an der Área Recreativa El Jarillo folgen; ab der Hauptstraße sind es noch knapp 3 km passabel befahrbare Piste. Pago de la Porquera, San Antonio, ✆ 956 435003, www.palomardelabrena.com.

Los Caños de Meca

Einst ein Hippie-Hangout, hat sich die kleine Siedlung, schön gelegen und mit feinen Stränden gesegnet, bis heute eine gewisse alternative Atmosphäre bewahrt.

Zwar ging der langgestreckte Ort, der noch im Gemeindegebiet von Barbate und unterhalb der bewaldeten Hügel des Breña-Naturparks liegt, inzwischen den Weg vieler ehemaliger Geheimtipps: Zuerst kamen Hippies und Individualreisende, dann entstanden Villen, später kleine Urbanisationen. Bislang hält sich die Bebauung jedoch in erträglichem Rahmen, und auch das Publikum gibt sich hier immer noch einen Tick bunter und individualistischer als üblich. Die herrlichen Strände werden ohnehin so schnell nicht überfüllt sein. Zur spanischen Urlaubssaison von Mitte Juli bis Ende August ist Caños de Meca für einen so kleinen Ort ausgesprochen belebt. Dann öffnen mehrere hübsche Bars und sogar Discos, an den Stränden herrscht nachts rege Partystimmung. Im Frühjahr oder Herbst macht Caños dagegen einen eher ruhigen Eindruck, im Winter wird es still hier. Ganz hinten im Ort, am östlichen Ende der Straße, kann man, nur bei Ebbe und mit etwas Vorsicht, über den Nacktbadestrand und vorbei an kleinen Buchten in etwa einer halben Stunde Fußweg zu den kleinen Wasserfällen *caños* (etwa: „Wasserröhre, Wasserhahn") gelangen, die der Siedlung den Namen gaben. Ratsam allerdings, sich vorher über die Gezeiten zu erkundigen, um auch den Rückweg trocken und vor allem unbeschadet zu überstehen.

• *Internet-Info* **www.playasdetrafalgar.com**, eine kommerzielle Site mit vielen Infos.
• *Verbindungen* **Busse** der Gesellschaft COMES ganzjährig von/nach Conil und Cádiz mindestens 2-mal, Vejer 1-mal, Barbate 2-mal tgl., zur Saison oft wesentlich häufiger. Haltestelle im westlichen Ortsbereich.

Provinz Cádiz
Karte S. 476

502   Provinz Cádiz

• *Übernachten*   **Hotel La Breña**, am östlichen Ortsrand. Kleines Hotel mit sieben hübsch gestalteten Zimmern, Parkplatz (in diesem Gebiet nicht unwichtig) und sehr gutem Restaurant. Pool. Einer der Chefs spricht Deutsch. Geöffnet März bis Oktober. DZ etwa 60–120 €. Avenida Trafalgar 4, ℘ 956 437368, www.hotelbrena.com.

** Hostal Mar de Frente, ganz in der Nähe des Hotels La Breña. Neueres Quartier in schöner Lage über dem Meer, die Terrassenzimmer dorthin (besonders hübsch unter dem Dach) sind in jedem Fall vorzuziehen. Direktzugang zum Strand. Geöffnet März bis November. DZ/Bad nach Lage und Saison 65–105 €. Av. Trafalgar 3, ℘ 956437025, ℘ 956437291, www.hotelmardefrente.com.

Pensión Madreselva, deutlich besser, als die Einstufung vermuten ließe. Einst ein Ableger des Hurricane-Hotels von Tarifa, jetzt im Besitz der „Califa"-Gruppe aus Vejer. Rustikal-hübsche Zimmer, jedes mit einer kleinen Terrasse. Pool und Cafeteria. Geöffnet von etwa März bis Oktober. DZ/F nach Saison etwa 80–110 €. An der Hauptstraße Av. Trafalgar 104, ℘/℘ 956 437255, www.madreselva.grupocalifa.com.

Casas Karen, vor allem für längeren Aufenthalt. Studios, Strohdachhäuser (Chozas) und Apartments (auch eins am Strand) auf einem großen Grundstück, reizvoll konzipiert mit gemauerten Sofas, kleinen Innenhöfen und Terrassen. Geleitet von der freundlichen, deutschsprachigen Belgierin Karen Abrahams; internationale Atmosphäre mit leicht alternativem Einschlag. Studios und Apartments mit Platz für 2–7 Personen, Wochenpreis für zwei Personen je nach Ausstattung etwa 290–545 Euro, zur HS im Juli/August 685–865 €. Höhere Belegung und Langzeitaufenthalt Verhandlungssache; sofern Platz ist, auch Vermietung einzelner Zimmer möglich. Camino del Monte 6, Anfahrt zur Anlage: Aus Richtung Barbate kommend durch den Ort, am Ende rechts in die Straße (beschildert), nach 400 m erneut rechts, ℘ 956 437067, mobil 649 780834, ℘ 956 437067, www.casaskaren.com.

Apartamentos Casa Meca, ebenfalls ein Tipp für einen längeren Aufenthalt. In einem locker bebauten Gebiet am westlichen Ortsrand, strandnah kurz vor der Abzweigung zum Cabo Trafalgar. Kleine, schön begrünte Anlage aus drei hellen, ansprechend möblierten und modern ausgestatteten Studios bzw. Apartments für zwei bis fünf Personen, die auch Zentralheizung besit-

zen. Freundliche und hilfreiche deutsche Leitung durch Simone, die zahlreiche Tipps zur Region auf Lager hat. Zweipersonenstudio je nach Saison 290–510 € pro Woche, das besonders schöne „Turmapartment" mit weitem Blick aufs Meer für zwei bis vier Personen 400–720 € pro Woche. Je nach Verfügbarkeit ist zur NS auch kürzerer Aufenthalt möglich. ℘ 639 613402 (mobil), www.casameca.com.

• *Camping* Auf allen Plätzen in und um Caños herrscht im Hochsommer reichlich Betrieb, Ruhesuchende sind hier dann an der falschen Adresse.

El Faro de Trafalgar, 2. Kat., nahe der Abzweigung zum Cabo de Trafalgar, nicht weit vom Strand. Mittlere Ausstattung, mit Bar-Restaurant und Einkauf. Geöffnet Anfang April bis Mitte September. P. P., Auto, Zelt je etwa 6,50 €. ℘ 956 437017, ℘ 956 437580.

Camaleón, 2. Kat., am westlichen Ortsrand, Strand in kurzer Fußentfernung. Ganz gut schattig; einfache Ausstattung. Ein Platz vor allem für junge Leute, im Sommer Partyatmosphäre und viel Trubel bis in den Morgen. Zur NS wirkt die Anlage dagegen manchmal etwas vernachlässigt. Geöffnet Ostern bis September. P. P. 7 €, Auto 6,50 €, Zelt 8 €. ℘/℘ 956437154.

• *Essen/Kneipen* Viele Restaurants und Bars sind nur zur Saison in Betrieb. **Restaurante La Breña**, im gleichnamgen Hotel. Eines der besten Restaurants von Caños, moderne Küche mit italienischen und asiatischen Einflüssen; Spezialität Thunfisch. Menü ab etwa 20–25 €.

Restaurante Trafalgar, an der Hauptstraße, etwas östlich des Hotels Madreselva. Gute, auch von Lesern gelobte Küche, im Angebot sowohl Fleisch- als auch Fischgerichte. Mittleres bis gehobenes Preisniveau. Es gibt Gerüchte (mehr nicht), dass das Lokal evtl. verkauft werden soll. Avenida de Trafalgar 96.

Bar El Pirata, etwas östlich vom Trafalgar, an der Meerseite der Hauptstraße. Eigentlich ein Bar-Restaurante, direkt oberhalb der zentralen Playa auf den Felsen gebaut. Eine angenehme Adresse mit fantastischem Ausblick aufs Meer.

Jaima, noch etwas weiter östlich, schon jenseits der Abzweigung nach Barbate. Eine Zeltkonstruktion mit marokkanischem Ambiente, Kissen, niedrigen Tischen etc. Unten am Meer, zugehörig und mit ebenfalls sehr schöner Atmosphäre und variabler Musik: **Mecarola**.

Bar Levante, an der Hauptstraße nahe Casa Meca und der Abzweigung zu Casas Karen. Die Auswahl an Gerichten hält sich in Grenzen, doch ist die Atmosphäre freundlich-alternativ. Gelegentliche DJ-Sessions und Autorenfilme im Original. Nett auch mit Kindern.

Amélie, in der Nähe. Sozusagen „der" kulturelle Treffpunkt von Caños, mit Theateraufführungen, Flamenco, Latin-Musik, Yoga für Kinder etc. Im Winter nur am Wochenende geöffnet.

Bar Las Dunas, an der Straße zum Kap. Rustikale, große Kneipe; ganzjährig geöffnet und deshalb auch im Winter ein beliebter Treffpunkt. Gelegentlich Konzerte.

● *Veranstaltungen* **La Noche de los Tambores**, großes Trommelfest am Sa des letzten Augustwochenendes, unter dem Motto „Trommeln für den Frieden". Das eigentlich illegale Fest (Küstenschutzgesetz) ist der Höhepunkt der sommerlichen Partysaison und sieht jährlich tausende Besucher.

● *Baden* Die schönen Strände sind ein großer Vorzug von Caños de Meca.

Playa Nudista: Ganz im Osten des Dorfes und unterhalb der Klippenausläufer des Breña-Parks liegt dieser schöne Naturstrand, an dem Nacktbaden zumindest toleriert wird. Leider gibt es wegen Einleitungen der oberhalb liegenden Häuser gelegentliche Schwierigkeiten mit der Wasserqualität, es mussten sogar schon Badeverbote ausgesprochen werden. Achtung beim Parken an der Sackgasse der Zufahrt, es wird häufig eingebrochen! Mittlerweile gibt es hier auch zwei gebührenpflichtige Parkplätze.

Playa de Caños de Meca: Der Hauptstrand des Ortes erstreckt sich kilometerweit bis

zur Playa Marisucia am Kap Trafalgar. In seinem zentralen Abschnitt, auch „Playa Pirata" genannt, präsentiert er sich feinsandig und mit recht gutem Serviceangebot inklusive diverser Bars. Weiter westlich stören streckenweise Felsen das Badevergnügen.

Playa de Marisucia: Dieser Strand, auch „Playa de la Curva" genannt, verläuft an der Südostseite des Kaps von Trafalgar; ein wunderschön geschwungener Strand, an dem bei starkem Levante Anschwemmungen aller Art allerdings keine Seltenheit sind.

Playa de los Bancos: Der Strand auf der anderen, der westlichen Seite des Kaps von Trafalgar geht praktisch nahtlos in die kilometerlangen Strände von Zahora und Palmar über. Hier, im Gebiet nahe des Kaps selbst, drohen allerdings gefährliche Strömungen – wer auf Nummer Sicher gehen will, sollte das Baden besser lassen.

Cabo de Trafalgar: Aus dem Schulunterricht bekannt ist das Kap von Trafalgar als Schauplatz der berühmten *Seeschlacht* am 21. Oktober 1805, bei der England der spanisch-französischen Flotte eine verheerende Niederlage beibrachte. England verlor kein einziges Schiff, Frankreich und Spanien gleich zwanzig; neun davon konnten erst kürzlich geortet werden. Bekannt auch, dass Britanniens Flottenlenker Lord Nelson bei eben dieser Schlacht sein Leben ließ. Was die Lehrer nicht so gern erzählen, ist die Geschichte, wie Nelsons Leichnam zur Beerdigung nach Gibraltar zurückgebracht worden sein soll, nämlich zum Zwecke der Konservierung in einem gefüllten Rumfass verstaut ... Von Caños de Meca liegt das flache, kaum über 20 Meter hohe Kap nur einen reizvollen Strandspaziergang entfernt, und trotz seiner geringen Höhe bietet es im Umfeld des 1860 errichteten Leuchtturms eine schöne Aussicht. Die teils tonnenschweren Felsblöcke am Strand wurden beim Lissabon-Tsunami (ausgelöst durch das Erdbeben von Lissabon 1755) aufgeworfen.

Provinz Cádiz

Alter Wachtturm hoch über der Küste: Torre del Tajo

Wanderung 8: Von Caños de Meca nach Barbate

Route: Caños de Meca – Torre del Tajo – Barbate und zurück. **Reine Wanderzeit:** etwa 3,5–4 Stunden. **Einkehr:** nur in Caños und Barbate; Trinkwasser und Sonnenschutz nicht vergessen.

Charakteristik: Eine leichte, durch Holzpfähle markierte Wanderung durch den schönen Pinienwald des Parque Natural de la Breña y Marismas del Barbate. Beim alten Wachtturm Torre del Tajo öffnet sich ein fantastischer Blick auf die Steilküste und bei gutem Wetter bis Marokko. Am Ortsrand von Barbate trifft man auf die Playa de Hierbabuena, die sich zu einer Badepause anbietet. Wer sein Quartier in Conil hat, kann die Tour im Sommer auch als One-Way-Wanderung angehen, indem er einen der dann recht häufigen Busse nach Caños nimmt, den Park durchquert und ab Barbate mit dem Bus zurückfährt, sollte sich aber vorher über die Abfahrtszeiten informieren. Für alleinreisende Frauen ist der Weg durch das doch recht einsame Gebiet vielleicht nicht unbedingt zu empfehlen; zumindest, so eine Leserin, würden Einheimische davon abraten.

Route: Die Wanderung beginnt am Ende der Straße ganz im Osten von Caños

Wanderung 8: Von Caños de Meca nach Barbate

(dort zwei gebührenpflichtige Parkplätze, Achtung, beim Parken auf der Straße nichts im Wagen lassen!). Hier geht es hinauf, vorbei am Hotel La Breña und am zweiten Parkplatz, dann rechts durch das Tor auf das Gelände des Naturparks. Hinter dem Tor nimmt man den mittleren der drei Wege, läuft also nicht direkt hinab zum Meer, sondern geradeaus und relativ küstennah parallel zum Strand durch ein locker bewachsenes Sandgebiet, folgt dabei immer den Holzpfählen. Nach etwa fünf Minuten geht es schräg links und steil hinauf in den bald dichteren Pinienwald. Nach einer Weile steigt der Weg nur mehr flacher an und überquert etwa eine Viertelstunde nach Beginn der Wanderung eine erste schnurgerade *Brandschneise*, die rechts nach etwa 20 Metern an einer Art Steilabbruch oberhalb der Küste endet.

Jenseits der Brandschneise setzt sich der Sandweg klar erkennbar fort, vorbei an einzelnen, aus dem Inland kommenden Seitenpfaden. Etwa eine Viertelstunde hinter der ersten trifft man auf eine zweite Brandschneise, die küstenwärts ebenfalls bald endet, kaum zehn Minuten weiter auf eine dritte. Hier kommt schon der alte Wachtturm in Sicht, und knapp eine Dreiviertelstunde nach Beginn der Wanderung ist die *Torre del Tajo* auch erreicht.

Errichtet wurde der Wachtturm im 16. Jh. als Ausguck nach Piratenschiffen, doch nutzten ihn auch die Fischer von Barbate, um nach nahenden Thunfischschwärmen zu spähen. Das Panorama von oben gilt als „der schönste Blick der Provinz Cádiz", so ein Auskunftsschild hier, doch ist das Innere des 1993 restaurierten Turms leider nicht zugänglich. Ganz in der Nähe jedoch bietet sich eine ebenfalls prachtvolle Aussicht auf die Steilküste (Vorsicht!), die hier rund hundert Meter tief abfällt.

Nun folgt man weiter auf dem bisherigen Weg, vorbei an einer Abzweigung landeinwärts, die kurz hinter dem Turm passiert wird. Bald beginnt der Weg sich aus dem Wald heraus zu senken; immer deutlicher kommt Barbate in Sicht. Etwa 25 Minuten hinter der Torre de Tajo geht es vorbei an einer zweiten Abzweigung, die nach schräg links aufwärts zur Straße Barbate-Caños führt; wir halten uns jedoch weiter abwärts. Wenige Minuten weiter könnte man schon nach rechts zum Ende des Strands Playa de Hierbabuena absteigen, weiter nach Barbate selbst geht es links jedoch schneller, immer auf einer Art Sockel etwa ein

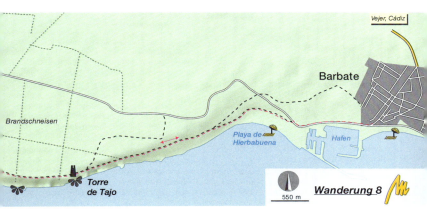

506   Provinz Cádiz

Dutzend Meter über dem Strand. Rund eine Dreiviertelstunde hinter der Torre de Tajo trifft man, kurz vor dem großen *Hafen*, schließlich auf die Straße Barbate-Caños. Der Weiterweg in den Ort wird etwas öde und dauert bis zum „Leuchtturmplatz" *Plaza del Faro*, der mit mehreren guten Bars und Restaurants den Beginn des Zentrums markiert, noch etwa eine Viertelstunde. Zurück geht es auf derselben Route.

Einstieg in die Gegenrichtung: Vom Zentrum kommend, geht man auf der Straße am Hafen vorbei, ebenso an der 50 Meter hinter dessen Einzäunung Richtung Meer abzweigenden und abgesperrten Piste. Ganz in der Nähe, kurz bevor die Straße bei einem Überholverbotsschild in einer Rechtskurve ansteigt, folgt man einer weiteren, diesmal etwa parallel zu Straße und Strand verlaufenden Piste, beschildert „Sendero del Acantilado". Nach etwa 30 Metern geht es rechts zwischen Holzgeländern (Pfeil) hindurch; nun immer diesem Weg folgen.

Zahora

Die westliche Nachbarsiedlung von Caños besteht aus einer Reihe weit verstreuter Häuser und Höfe, umgeben von fruchtbaren Feldern und erschlossen durch ein labyrinthisches Netz kleiner Sträßchen und Pisten; die mittlere (und wichtigste) der drei Zufahrten liegt beim Camping Caños de Meca, dessen Umgebung sozusagen das Zentrum von Zahora bildet. Obwohl das Gebiet sehr ländlich wirkt, herrscht hier das ganze Jahr über etwas Betrieb, und auch im Winter finden sich einige geöffnete Bars und Restaurants. Wirklich Klasse hat der kilometerlange Strand, der nach Osten bis zum Cabo de Trafalgar reicht und im Westen in den Strand von El Palmar übergeht.

● *Übernachten* Apartments und Häuser in Zahora und Umgebung (Caños, El Palmar etc.) vermittelt u.a. Casa Andaluza in Conil, siehe dort.

Apartments Hacienda Sajorami, hübsche, kinderfreundliche und strandnah gelegene Anlage mit Apartments und Bungalows („Casas"), diverse Sportmöglichkeiten (Mountainbikes, Reiten, Kajak). Gutes Grill-Restaurant. DZ/F etwa 65–75 €, Apartment-Preis etwa 85–120 € pro Tag, letztere zur HS nur wochenweise. Im Winter (Mitte Dez. bis Mitte März) liegen alle Preise etwas niedriger. Playa de Zahora 171, ✆ 670 991126 (mobil), ✆ 956437359, www.hacienda sajorami.com.

* Hostal Sajorami, direkt benachbart und vom Bruder des Hacienda-Besitzers betrieben, mit schön gelegenem Strandrestaurant. Deutschsprachige Rezeption. Neben DZ zu 50–100 € gibt es auch Apartments etc. sowie ein komplettes Haus. Playa de Zahora 175, ✆ 650 766889 (mobil), 956 437424, www.sajoramibeach.com.

● *Camping* **Caños de Meca**, 1. Kat., an der Straße nach Caños de Meca, zum Meer gut 500 m. Solide Ausstattung, Pool, Einkauf und Bar-Restaurant. Geöffnet von etwa Ostern bis Mitte Oktober. Parzelle inkl. drei Personen, Auto, Zelt ca. 40 €, zur NS deutlich günstiger. Carretera Vejer-Caños, km 10, ✆ 956 437120, ✆ 956 437137, www.campingcm.com.

Pinar San José, 1. Kat., in der Nähe auf der anderen Straßenseite. Erst 2008 eröffneter Platz, sehr schattig im Pinienwald gelegen und gut ausgestattet, u.a. mit Pool. Der Supermarkt mit Fischtheke wird auch von den Einwohnern von Zahora und Umgebung gern genutzt. Ganzjährig. Parzelle 20 €, zusätzlich p.P. 6 €, Zelt 6,50 €, Auto 6 €. Carretera Vejer-Caños, ✆ 956 137030, ✆ 956 137174, www.campingpinarsanjose.com.

● *Essen/Kneipen* **Venta Curro**, im Gebiet hinter dem Campingplatz, hier in die Piste, dann gleich wieder rechts. Mit großem Parkplatz, das Lokal selbst klein und eher unscheinbar, aber bekannt für gute, wenn auch nicht billige Fischgerichte. Von November bis Februar geschlossen.

Saboy, beliebter Treffpunkt im Hinterland, zu erreichen über die nördliche Zufahrt (Carril de Mangueta) und auch im Winter geöffnet. Hier spielen, sofern nicht wieder einmal die Polizei einschreitet, oft lokale Bands.

Vejer de la Frontera   507

● *Baden* Die **Playa de Zahora** fällt zwar etwas schmaler aus als der Strand bei El Palmar, bietet aber doch reichlich Platz. Vorsicht jedoch bei Wellengang; Unterströmungen machen das Baden hier sehr gefährlich. Weiter nordwestlich, zu erreichen über die Zufahrt vorbei am Saboy, später aber nur noch zu Fuß, folgt die einsamere **Playa de Mangueta**.

El Palmar de Vejer

Der kleine Weiler bildet gewissermaßen die Strandsiedlung des Inlandsdorfs Vejer de la Frontera und besteht aus einer Reihe von Häusern, die sich über Kilometer parallel zur Küste erstreckt; im bäuerlich geprägten Hinterland stehen nur wenige Bauten. Wie Zahora glänzt auch El Palmar mit einem äußerst langen, hier sogar etwas breiteren Strand, und wie dort sollte man auch hier bei Wellengang mit dem Baden sehr vorsichtig sein. An der Küstenstraße gibt es eine Reihe kleiner Pensionen und Restaurants; im Sommer herrscht in den Kneipen oft gute Party-Stimmung und mehrere Shops bieten Surf-Kurse an (z.B. www.laluzsurf.com, deutsche Leitung, Mobil-☎ 620 779844); eine beliebte Anlaufstelle der Surfer ist das beim alten Wachtturm etwa in der Mitte der Zone gelegene Café Kotadalu. Große Hotels existierten bislang nicht – bleibt abzuwarten, wie sich der Bau der in Richtung Conil geplanten, mehr als 600 Zimmer umfassenden Resorts auf die Atmosphäre auswirken wird.

● *Übernachten/Essen/Kneipen*   *** Hostal Casa Francisco**, an der Strandstraße. Zwölf Zimmer, viele mit Balkon zum Meer. Das angeschlossene (nicht gerade billige) Restaurant ist auf Fischgerichte spezialisiert. DZ/Bad nach Saison etwa 75–120 €. El Palmar s/n, ☎ 956 232249.

* Hostal El Pajaro Verde, eins der letzten Häuser an der Strandstraße in Richtung Conil. Acht schlichte, aber durchaus brauchbare Zimmer, zum Teil mit Meerblick (kein Balkon), zum Teil nach hinten. Ein Restaurant ist angeschlossen. Geöffnet Ostern bis November. DZ/Bad 50–65 €, im Juli/August 75 €. ☎ 956 232118, www.elpajaroverde.com.

Pension El Acebuche, etwas zurückversetzt von der Strandstraße Nähe Wachtturm, im Gebäude der (nicht zugehörigen) Pizzeria El Acebuche. Geführt von der Deutschen Claudia; die beiden Zimmer, schlicht, aber recht geräumig und mit Gartenterrasse, TV und Kochmöglichkeit, sind ganzjährig zu mieten. DZ etwa 30–50 €, im Juli und August nur wochenweise bei einem Tagespreis von 75 bzw. 90 €. Paseo Marítimo s/n, ☎ 677 061461 (mobil), claudia-henn@hotmail.com.

Bar-Rest. La Chanca, strandnah ganz im Südosten des Gebiets. Reizvolles Ambiente: Das Lokal ist in einer ehemaligen Fischkonservenfabrik untergebracht. Gute, freilich nicht ganz billige Küche. Carretera de la Playa s/n, Reservierung unter Mobil-☎ 659 977420. Eine nette Bar in der Nähe, mit idyllischem Ambiente, aber unsicherer Zukunft ist das **Gran Babar**.

● *Camping* **El Palmar**, 2. Kat., im Farmland etwa einen Kilometer vom Strand. Vor einigen Jahren renovierter Platz, Sanitärs ganz neu im „maurischen" Stil. Schatten durch Bäume, absolut ruhig gelegen, Pool. Ganzjährig geöffnet. Preise p. P. 6,50 €, Auto und kleines Zelt jeweils etwa 5 €, zur HS Mindestpreis etwa 23 €. ☎ 956 232161, www.campingelpalmar.es.

Provinz Cádiz
Karte S. 476

Vejer de la Frontera

Ein bildschönes „Weißes Dorf" par excellence, in beherrschender Höhe und mit weiter Aussicht auf einer Hügelkuppe gelegen, die durch einen Taleinschnitt geteilt wird.

Trotz der Nähe zur Fernstraße ist Vejer von den Auswüchsen des Tourismus verschont geblieben. Die Pflastergassen des ruhigen Ortes schlängeln sich auf- und abwärts, verleihen Vejer ein maurisches Flair. Palmen und blumenübersäte Hinterhöfe bilden einen reizvollen Kontrast zu den weiß gekalkten Hauswänden.

508   Provinz Cádiz

Schon immer gern als Ausflugsziel besucht, bietet sich das große Dorf, mit mehr als 12.000 Einwohnern fast schon ein Städtchen, für mobile Reisende auch als Standquartier an: Vejer liegt günstig für Touren in der Region *La Janda*, die den Küstenbereich zwischen den Gemeinden Barbate und Conil umfasst und weit ins Hinterland reicht. Die Atmosphäre im Sommer ist lebendig, aber nicht so trubelig wie etwa in Conil, und in einigen Kilometern Entfernung finden sich mehrere schöne Strände.

Information/Verbindungen

● *Information* **Oficina Municipal de Turismo,** Av. los Remedios 2, bei der Bushaltestelle an der Hauptzufahrt aus Richtung Conil; ✆ 956 451736. Öffnungszeiten im Sommer Mo–Sa 10–14, 18–20 Uhr, So 11–14 Uhr; im Winter Mo–Sa 10–14, 16–18 Uhr. Hier auch Infos zu geführten Rundgängen durch Vejer.
Internet-Info: www.vejer.com, auch in englischer Sprache.
● *Verbindungen* **Bus**: Vejer besitzt zwei Busstationen bzw. Bushaltestellen: „Barca de Vejer" unten im Tal, „Los Remedios" bei der Infostelle am Rand des Ortes selbst; vorher klären, wo der Bus hält, die 2 km vom Tal bergauf können zu Fuß kräftig

schweißtreibend sein. Verbindung zwischen beiden Haltestellen mit den Bussen von und nach Barbate 7-mal täglich. CO-MES-Busse von und nach Tarifa und Algeciras nur ab Barca de Vejer, 9-mal tgl.; nach Conil und Cádiz z.T. auch vor oben, 7- bzw. 6-mal täglich.
Auto: Mehrere Zufahrtsmöglichkeiten, am günstigsten ab der N 340/A 48. Besser, nicht in den Altort hinein zu fahren, sondern an den Zufahrtsstraßen zu parken: Das labyrinthische Innere von Vejer wurde nicht für Autos erbaut. Achtung, auf dem Parkplatz bei der Infostelle wird oft eingebrochen!

Übernachten

● *Übernachten* ***** Hotel Hospedería del Convento de San Francisco**, nostalgischer Charme in einem ehemaligen Franziskanerkloster aus dem 17. Jh., direkt am „Hauptplätzchen" der Stadt. Gut geführtes Haus, das zugehörige Restaurant „El Refectorio" genießt besten Ruf. DZ etwa 70 €, mit „Salón" 95 €. Plazuela s/n, ✆ 956 451001, ✉ 956 451004, www.tugasa.com.
** Hotel La Casa del Califa, ein Hotel mit sehr angenehmem Charakter. Jahrhundertealtes Haus, schlicht-schöne Zimmer im Landhausstil, alle etwas unterschiedlich in marokkanisch-arbischem Stil eingerichtet. Die Terrasse bietet eine weite Aussicht. Mehrere Patios, Garten, Restaurant in einer ehemaligen Zisterne. DZ/F etwa 90–105 €, als etwas kleineres „Matrimonio" mit Ehebett etwa 75–95 €. In der Dependance „Triperia" liegen die Preise im Schnitt etwas höher. Pl. de España 16, ✆ 956 447730, ✉ 956 451625, www.lacasadelcalifa.com.
Casa Rural El Cobijo de Vejer, am Rand der Altstadt, ein hübsches Haus, das um einen zentralen Patio aufgebaut ist. Die insgesamt sieben Zimmer besitzen entweder Kühlschrank oder gleich eine komplette Küche, zum Teil auch eine eigene Terrasse. DZ mit üppigem Frühstück etwa 65–85 €,

die beiden größten Zimmer bis 105 €. La Viña 7 (San Filmo 7), nicht ganz leicht zu finden, ✆ 956 455023, ✉ 956 451720, www.elcobijo.com.
Casa Rural Leonor, mitten in der Altstadt und in seiner Preiskategorie ein Tipp. 2002 eröffnetes, familiäres Quartier mit gewissem ländlichem Charme. Sechs rustikal eingerichtete, ansprechende Zimmern unterschiedlicher Größe; weiter Blick von der Dachterrasse. Von Lesern gelobt. DZ/Bad etwa 40–70 €, auch ein Apartment gibt es. C. Rosario 25, ✆/✉ 956 451085, www.casaleonor.com.
** Hostal La Janda, westlich etwas oberhalb der Altstadt; an der Zufahrtsstraße beschildert. Freundliche Besitzer, 36 Zimmer unterschiedlicher Größe, alle gut und geschmackvoll eingerichtet. Restaurant angeschlossen. DZ/Bad nach Saison 40–50 €. C. Hermanos Machado 16, Ecke Av. Andalucía, ✆ 956 450142, www.hostallajandavejer.com.
** Hostal Buenavista, ganz in der Nähe, ebenfalls sehr gepflegt und mit freundlicher Leitung. Von den meisten Zimmern und der Dachterrasse herrlicher Blick auf die Stadt. Kleiner Parkplatz, Parken im Umfeld geht auch relativ problemlos. DZ/Bad 40–50 €. C. Manuel Machado 4, ✆ 620 316671 (mobil).

Vejer de la Frontera

Weißes Dorf mit weitem Blick: Vejer de la Fontera

** Hostal La Posada, zentrumsnah an der Hauptzufahrt. Nur sechs Zimmer, oft belegt. Das angeschlossene Restaurant serviert gutes, preiswertes Essen in großer Auswahl und üppigen Portionen. DZ/Bad 35–50 €, auch Apartments. C. Los Remedios 21, ✆/℡ 956 450258, www.hostal-laposada.com.

• *Übernachten außerhalb* **Casa Montecote**, etwa fünf Kilometer nordwestlich von Vejer bei La Muela. Hübsch eingegrünte, locker bebaute Anlage aus sieben Studios und Apartments und einem Häuschen, alle mit Küche und Terrasse. Deutsche Leitung durch Gisela Merz und Rainer Wiessmann. Kleiner Pool. Zwei Personen zahlen je nach Objekt und Saison ab 55–65 €, vier Personen ab 75–95 €. Ganzjährig geöffnet (Heizung), Mindestaufenthalt zwei Tage, im August eine Woche (Sa–Sa). La Muela, hinter dem Gasthaus Venta Rufino links auf den Schotterweg, noch 600 Meter, ✆/℡ 956 448489, www.casamontecote.com.

• *Camping* **Vejer**, 2. Kat., gut ausgestattet, Pinien spenden Schatten, Swimmingpool. Geöffnet etwa Ostern bis September. Pro Person zahlt man etwa 13,50 €, der Rest (Auto, Zelt etc.) ist inklusive. An der Fernstraße Richtung Tarifa, in den Ort etwa vier Kilometer, ✆ 956 450098, www.campingvejer.com.

Los Molinos, 2. Kat., zu erreichen über ein schmales Seitensträßchen der Fernstraße im Tal, das zwischen den beiden Zufahrten nach Vejer abzweigt, etwa drei Kilometer von der Hauptstraße entfernt; Achtung, Abbiegen ist nur aus Richtung Tarifa möglich. Wegen der schlechten Zufahrt nicht für Wohnwagen und größere Wohnmobile geeignet. Pool. Ganzjährig. Parzelle inkl. zwei Personen, Auto, Zelt 25 €. Pago de Santa Lucía s/n, Ctra. Nacional 340, Km 34, ✆ 956 450988, ℡ 956 447163, campinglosmolinos@telefonica.net.

*E*ssen/*K*neipen/*F*este

• *Essen* **Restaurante Trafalgar**, an der Pl. España, eines der renommiertesten Restaurants von Vejer. Moderne andalusische Küche, ordentliches Preis-Leistungs-Verhältnis: Menü à la carte ab etwa 30 € aufwärts. Plaza de España 31, ✆ 956 447638. Mo Ruhetag, außer zur Hochsaison.

Rest. Jardín del Califa, über einen verwinkelten Zugang dem Hotel Casa del Califa angeschlossen. Hübsch dekoriertes Lokal mit Innenterrasse; die Küche mischt andalusische und arabische Einflüsse, viele vegetarische Optionen. Menü ab etwa 25 €. Pl. de España 16.

510 Provinz Cádiz

Pizzeria La Morita, um die Ecke vom kleinen Hauptplatz, Nähe Markt. Sehr gute Pizzas und Ofengerichte zu vernünftigen Preisen. Im Sommer kann es im Gastraum allerdings unangenehm warm werden, besser sind dann die Tische am Platz. Carrer San Filmo 8.

Bar Arriate, an der Zufahrtsstraße direkt beim Eingang zur Stadt. Eine der beliebtesten Bars von Vejer, allgemeiner Treffpunkt. Mit Terrasse, von der man einen weiten Blick genießt. Einfache Gerichte, gute Tapas und lokale Weine.

Andalucía Bar, nahe dem Hostal La Janda. Unprätentiöse, bei den Einheimischen beliebte Bar, ein guter Platz für kleine Gerichte und fürs Tostada-Frühstück nach andalusischer Art. Av. de Andalucía 11.

● *Essen außerhalb* **Rest. Asador Castillería**, im üppig grünen Ortsteil Santa Lucía. Lauschiges Gartenrestaurant mit guter, preiswerter Küche, dank seiner Grillspezialitäten ein Fest für Fleischesser. Nur vom Josefstag (19. März) bis Ende September geöffnet. Ab etwa Anfang Juni sehr gut besucht, deshalb früh kommen. Anfahrt wie Camping Los Molinos, etwa einen Kilometer hinter der Hauptstraße linker Hand. Reservierungen: ℡ 956 451497.

Rest. Asador La Tajea, ein kleines Stück weiter. Exzellente Grillgerichte (Fleisch und Fisch), nicht billig, aber das Geld wert. Auch hier ist es vor allem am Wochenende ratsam, etwas vor den spanischen Essenszeiten zu kommen oder zu reservieren: ℡ 956 447142.

● *Kneipen* **Café-Bar Janis Joplin**, Kuriosität für Fans. 1980 eröffnet, der Name ist Programm für Musikstil und Publikum. In der alten Stadtmauer, gegenüber der Kirche Iglesia Divino Salvador.

Café-Bar La Bodeguita, fast genau gegenüber. Ebenfalls sehr hübsch in einem alten Gewölbe untergebracht, gibt es hier neben guter Musik auch feine Montaditos.

● *Feste und Veranstaltungen* **Flohmarkt** an jedem ersten So im Montag entlang der Altstadtgasse C. Juan Relinque, Beginn im Sommer um 19 Uhr, im Winter um 11 Uhr.

> **Toro Embolao**, am Ostersonntag. Sowohl um 12 Uhr als auch um 16 Uhr wird jeweils ein Stier in den Gassen der Stadt freigelassen und von Vertretern der Dorfjugend zum Angriff gereizt. Obwohl die Hörner mit an den Spitzen befestigten Kugeln entschärft sind, zieht es die Mehrzahl vor, das Spektakel aus sicherer Entfernung zu beobachten. Anschließend Party bis in die Nacht.

Fiesta de Primavera, Beginn in der Regel eine Woche nach Ostern. Mehrtägiges Frühlingsfest mit großem Festgelände bei den Mühlen im südlichen Ortsteil San Miguel, dort dann auch ein bedeutender Viehmarkt.

Candelá de San Juan, 23./24. Juni. Große Freudenfeuer in der Johannisnacht, bei denen die lebensgroßen, oft Politikern oder anderen Personen nachgebildeten Puppen „Juanas" verbrannt werden. Um Mitternacht Feuerwerk an der Pl. España.

Velada de Agosto, 14-tägiges Fest zu Ehren der Stadtpatronin Virgen de la Oliva, mit breitem Kulturprogramm aus täglichen Konzertaufführungen, Flamenco etc.

Sehenswertes

Mit bedeutenden Sehenswürdigkeiten im klassischen Sinn kann Vejer kaum prunken. Seinen Reiz verdankt das Dorf auch gar nicht einzelnen Monumenten, sondern dem wunderschönen, in vielen Ecken noch maurisch anmutenden Ortsbild an sich.

Las Murallas: Die etwa einen Kilometer langen Stadtmauern, die den alten Ortskern Vejers umgeben, stammen aus dem 15. Jh. und umschließen eine Fläche von etwa vier Hektar. Bewacht werden sie von zwei Türmen und insgesamt vier Stadttoren, dem Arco de la Segur, Arco de Sancho IV, Arco de la Vila und Arco Puerta Cerrada.

Iglesia del Divino Salvador: Besonders romantisch zeigt sich Vejer in der Umgebung der ehemaligen Pfarrkirche, die im 13. Jh. auf den Resten einer Moschee errichtet wurde. In buntem Stilgemisch, irgendwo zwischen Romanik und Mudéjar, liegt sie auf dem östlichen Hügel der Stadt und am Rand der alten Stadtmauern, die dessen Kuppe umfrieden.

Vejer de la Frontera

Convento de las Monjas Conceptionistas: Das ehemalige „Nonnenkloster der Unbefleckten Empfängnis" stammt aus dem 16. Jh.; die frühere Kirche dient nach einer umfassenden Renovierung nun als Ausstellungssaal. Gleich nebenan liegt eines der Wahrzeichen Vejers, früher der Zugang zum Judenviertel und wegen seiner herrlichen Durchsicht auf die Stadt heute viel fotografiert: der „Nonnenbogen" **Arco de las Monjas.**

Castillo: Die kleine Festung auf der höchsten Erhebung innerhalb des Mauerrings geht in ihren Grundzügen auf die maurische Zeit zurück, wurde jedoch im 15. Jh. erweitert. Einst war das Kastell die Burg der Guzmán-Dynastie, später Residenz der Medinacelis. Den einzigen Zugang bildet ein aus Naturstein und Ziegeln errichtetes Tor des 11. Jh., der Innenhof ist hübsch begrünt und von einem großen Jasminstrauch beduftet. Durch den Torbogen bietet sich ein schöner Blick auf Vejer.

Plaza de España: Der eigentliche Hauptplatz von Vejer liegt östlich unterhalb der Kirche Iglesia del Divino Salvador und schon knapp außerhalb des mauerumwehrten Bereichs. Er wird wegen der Figuren auf seinem schmucken, mit Azulejos aus Sevilla verzierten Brunnen auch Plaza de los Pescaítos genannt, „Platz der Fischchen".

Eine Kopie steht in New York: „Transplantado" von Roxy Paines

Molinos de Viento: Am südlichen Ortsrand besetzen einige uralte Windmühlen das Gelände neben der Zufahrt zum Fußballstadion. Ein kurioser Anblick, den man eher in der Mancha, der Heimat Don Quijotes, vermuten würde.

Sehenswertes in der Umgebung

Montenmedio Arte Contemporáneo (Fundación NMAC): Eine ungewöhnliche Fusion aus reizvoller Landschaft und moderner Kunst bildet dieses 2001 eröffnete Freiluftmuseum einige Kilometer außerhalb von Vejer. Rezeption und einige Installationen sind in ehemaligen Militärbaracken untergebracht, die eigentliche Attraktion der Privatstiftung ist jedoch der Skulpturenpark, der sich über rund 30 Hektar Pinienwald erstreckt und Arbeiten internationaler Künstler beherbergt, unter ihnen Marina Abramović, Sol LeWitt und Susana Solana. Alle Werke wurden vor Ort angefertigt – die Künstler reisten extra nach Montenmedio, um sich von der Umgebung inspirieren zu lassen und engagierten lokale Arbeitskräfte für die Ausführung. So schuf Gunilla Bandolin, in Anlehnung an die

Provinz Cádiz — Karte S. 476

Wasserspeicher der Region, eine „Impresión del Cielo" (Eindruck des Himmels) in Form einer gestuften Ellipse. Fernando Sánchez Castillo versenkte den provokanten Polizei-Wasserwerfer seiner „Fuente" (Quelle) in einem Teich, und inmitten der grünen Pinien des Waldes ragt Roxy Paines stählernes Baumskelett „Transplantado" (Transplantat) in den Himmel; ein Schwesterwerk wurde übrigens – ebenfalls von andalusischen Handwerkern – für den New Yorker Central Park angefertigt. Derzeit sind es 25 Kunstwerke, weitere Arbeiten kommen im Turnus von zwei Jahren hinzu. Insgesamt eine wirklich erlebenswerte Ausstellung, deren Reiz durch den schönen Waldspaziergang (gutes Schuhwerk!) noch gesteigert wird.

● *Lage und Öffnungszeiten* Die Fundación NMAC liegt etwa 8 km von Vejer entfernt rechter Hand der N 340 Richtung Tarifa bei km 42,5. Angeschlossen ist sie dem (ökologisch sehr umstrittenen) Golf- und Freizeitgelände „Dehesa Montenmedio Golf & Country Club". Öffnungszeiten im Sommer tägl. 10–14, 17–20.30 Uhr, im Winter Mo-Fr 10–14.30, 16–18 Uhr, Sa 10–14, 17–20.30 Uhr, So 10–14 €. Eintritt 5 €, mit Audioguide 8 €, am ersten So im Monat ist der Eintritt frei. Das Gelände ist auf eigene Faust begehbar, unter ✆ 956 455134 lassen sich auch Führungen reservieren. www.fundacionnmac.com.

Conil de la Frontera

Der betriebsamste Badeort der Costa de la Luz, ein hübsches Städtchen von gut 20.000 Einwohnern. Das lässig-entspannte Individualistenziel von einst ist Conil heute zwar nicht mehr, besitzt aber durchaus noch gewisses Flair.

Der touristische Aufschwung des Städtchens kommt nicht von ungefähr, glänzt Conil doch mit kilometerlangen Sandstränden und einer romantischen, gewachsenen kleinen Altstadt mit netten Bars und Cáfes. Mit dem zunehmenden (insbesondere innerspanischen) Fremdenverkehr entstanden, meist etwas außerhalb des eigentlichen Ortes oder an seinen Rändern, Apartmentanlagen und größere Hotels. Dennoch sind Verhältnisse, wie sie selbst in kleineren Städten der Costa del Sol herrschen, längst noch nicht erreicht. Die Einwohner freilich klagen schon seit langem über astronomisch ansteigende Preise für Bauland und Wohnungen.

Conil macht Laune. Zur spanischen Urlaubszeit im Juli und vor allem im August mag es manchem zwar schon mal etwas zu viel Betrieb sein im reizvollen Ortskern, doch ist die Atmosphäre dann eigentlich durchaus amüsant, das Publikum bunt gemischt. Der Strand, der nach Südosten praktisch durchgehend bis zum Cabo Trafalgar reicht, hat ohnehin immer genug Platz für alle und ist auch für Spaziergänger ein Paradies: Von Nordwest nach Südost bietet er Raum für 16 Kilometer Strandwandern. In der Nebensaison lohnt sich ein Besuch in dem dann eher ruhigen Städtchen noch mehr. Im Frühjahr und Herbst fällt auch erst die ungewöhnlich hohe Zahl von Urlaubern aus Deutschland so richtig auf: Des Rätsels Lösung sind zum einen zwei Sprachschulen, die hier ihre Kurse abhalten, zum anderen aber auch der durchaus beträchtliche Anteil treuer Conil-Fans, die den Ort irgendwann ins Herz geschlossen haben und Jahr für Jahr wiederkommen.

Geschichte: Das Gebiet um Conil war schon in der Vorgeschichte von Nomadenvölkern besiedelt, die von der Jagd und der Schafzucht lebten. Über die Gründung der Siedlung selbst gehen die Meinungen auseinander. Vermutlich um 1200 bis 1050 vor Christus von Phöniziern als Stützpunkt zum Fang und zur Verarbeitung von Thunfisch angelegt, blieb Conil auch unter den Römern und Westgoten ein bedeutender Hafen. Später wurde Conil als eine der ersten spanischen Siedlungen

Conil de la Frontera 513

Reizvolles Städtchen: Conil de la Frontera

von den Mauren erobert und unter deren Herrschaft von Vejer aus regiert. Nach der Rückeroberung, und um seine Verdienste bei der Verteidigung von Tarifa zu belohnen, erhielt Don Alfonso Pérez Guzmán den Ort als Lehen. Später gelangte Conil in den Herrschaftsbereich der Herzöge von Medinaceli, in deren Besitz die Siedlung bis in die Anfänge des 19. Jh. blieb.

Orientierung: Die Hauptstraße *Carretera* führt durch neuere Viertel, in denen sich entlang der Straße die Mehrzahl der wichtigen Einrichtungen befindet, und erreicht dann beim Stadttor *Puerto de la Vila* das historische Zentrum von Conil. Direkt dahinter liegt die *Plaza España,* der kleine Hauptplatz der Altstadt (das Denkmal hier stellt – zumindest inoffiziell – José Saramago dar). Ein Stück unterhalb trifft man auf die besonders in der Dämmerung entzückende *Plaza Santa Catalina* mit ihrer kuriosen, heute nicht mehr benutzten Kirche, die im 16. Jh. erbaut, Ende des 19. Jh.in seltsamer Weise restauriert und erst kürzlich einer weiteren (umstrittenen) Restaurierung unterzogen wurde. Der nahe gotische Wachtturm *Torre de Guzmán* (15./16. Jh.) ist das Wahrzeichen von Conil und – neben einem Thunfisch – auch Bestandteil des Stadtwappens. Von hier sind es nur noch ein paar Schritte zur Strandzeile.

*I*nformation/*V*erbindungen

• *Information* **Oficina Municipal de Turismo**, Carretera 1, beim Kreisverkehr an der Zufahrtsstraße, etwa 300 m vor der Altstadt. Öffnungszeiten im Sommer tägl. 9–14, 18–21 Uhr, sonst tägl. 8–14.30 Uhr. ℡ 956 440501, ℡ 956 440500. www.turismo.conil.org.

• *Verbindungen* **Bus**: Zwei Busbahnhöfe bzw. Haltestellen der Gesellschaft COMES, Busse stoppen jeweils nur an einem von beiden. Besser, man achtet vorher darauf, in der Estación Central anzukommen. *Terminal Casa de Postas (Cruce Conil),* nahe der Fernstraße etwa drei Kilometer vom Zentrum entfernt: Busse nach Málaga 2-mal, Tarifa und Algeciras 9-mal, Vejer/Barbate 2-mal, Jerez 2-mal, Sevilla 4-mal tgl.,

514   Provinz Cádiz

zur HS teilweise häufiger.

Estación Central, im Ort an der Carretera 17, nahe der Infostelle: Nach Cádiz alle ein bis zwei Stunden, Sevilla und Tarifa je 1-mal, Barbate 12-mal tgl., zur HS teilweise häufiger. Nach Vejer 8-mal, El Palmar und Caños de Meca 2- bis 3-mal tgl., im Sommer zusätzliche Abfahrten ab der strandnahen Av. del Río.

Stadtbusse verkehren ab dem „El Punto" genannten Kreisverkehr bei der Infostelle, unter anderem zur Urbanisation Fuente del Gallo, zu den Campingplätzen und zum Hafen Puerto Pesquero.

Taxi: Standplätze an der Casa de Postas, an der Carretera und nahe Puerta de la Vila; Radio Taxi unter ☎ 956 440787.

Auto, Fahrrad-& Rollerverleih: Conil-Rent, C. Gonzalo Sánchez Fuentes s/n, nordwestlich der Infostelle an der Straße Richtung Fuente del Gallo und Hafen; schräg gegenüber der Tankstelle; ☎ 956 441536, 📠 956 441553. Autos, vor allem aber gute Fahrräder (ab 10 € pro Tag) und Roller (ab etwa 35 €), Mehrtagesmiete jeweils günstiger. Deutsche Leitung. www.conilrent.de. Autos auch über das Büro von „Casa Andaluza", siehe Übernachten/Apartments.

Auto: Achtung, beim Freitagsmarkt an der Strandstraße herrscht dort (wie auch in der Nacht zuvor) Parkverbot. Beachten Sie bitte unbedingt die Schilder, es wird sofort abgeschleppt, wie überhaupt die Polizei in Conil beim Abschleppen recht flink ist.

Diverses

● *Post* Calle La Vid, westlich der Infostelle, Öffungszeiten: Mo–Fr 8.30–14.30 Uhr, Sa 8–13.30 Uhr.

● *Internet-Zugang* **Ciber Zulema**, Calle San Antonio 12, ebenfalls im neueren Ortsteil, etwas meerwärts der Post. ☎ 956 443929, www.ciberzulema.com. Hier auch **Telefon**.

● *Sprachschulen* **Academia Andaluza de Idiomas**, familiär und freundlich. Leiterin Isabel Tomé hat lange in Deutschland gelebt und kennt Conil und Umgebung wie ihre Westentasche. Kleine Klassen, viele Aktivitäten, angenehme Atmosphäre. Zweiwöchige Intensivkurse mit täglich vier Stun-

den Unterricht kosten etwa 275 €, natürlich wird auch für günstige Unterkunft gesorgt. Isabels Schulgebäude liegt unweit der Infostelle in einem Wohngebiet östlich der Carretera: C. Confederación s/n, Ecke C. Jerez; ☎ und 📠 956 440552. www.academia.andaluza.net.

Academia Atlántika (kein Schreibfehler), ebenfalls eine langjährig eingeführte, renommierte und engagierte Schule. C. Degueros 5; ☎ 956 441296, 📠 956 443172. Adresse in Deutschland: Academia Atlantika, Heegbarg 13, 22391 Hamburg; ☎ 040 477587, 📠 040 465885; www.atlantika.net.

Übernachten

Zur Sommersaison hohes Preisniveau und starke Nachfrage, dann rechtzeitig reservieren oder zumindest morgens auf die Suche gehen. Während des restlichen Jahres deutlich niedrigere Preise und kaum Probleme, ein Quartier zu finden, oft wird man sogar von Vermietern angesprochen.

**** Hotel Fuerte Conil (13), eine ausgedehnte, relativ zentrumsnah oberhalb der Playa Fontanilla gelegene Anlage. Bei der Planung wurde (anders als im jüngeren Schwesterhotel Fuerte Costaluz) auf ortsüblichen Stil Wert gelegt, ebenso auf Umweltfreundlichkeit. Vielleicht etwas überstylte, aber doch recht hübsche Architektur, Schönheitsfarm, Sportmöglichkeiten etc. Mit 250 Zimmern ist das Hotel für einen kleinen Ort wie Conil vielleicht jedoch etwas überproportioniert. Von November bis Anfang Februar geschlossen. DZ/F nach Lage und Saison etwa 115–240 €, im August bis 275 €; es gibt auch Suiten. Playa de la Fontanilla s/n, ☎ 956 443344, 📠 956442300, www.hotelfuerteconil.com.

**** Hotel Husa Conil Park (12), etwas näher Richtung Zentrum. Mit gut 150 Zimmern gleichfalls nicht eben klein. In Stufen errichtete Anlage, deren Zimmer, Bungalows und Apartments ein kleines Dorf nachbilden sollen, die aber dennoch etwas steril wirkt; an der Zimmeraustattung gab es angesichts der Tatsache, dass es sich immerhin um ein Viersterne-Haus handelt, gewisse Leserkritik. Hübsch gelegener Pool, Fitnessraum, Sauna etc. Geöffnet April bis Oktober. Sehr weite Preisspanne: DZ/F nach Lage und Saison 80–285 €. Camino de la Fontanilla, ☎ 956 043000, 📠 956 043043, www.hotelhusaconilpark.com.

Provinz Cádiz

Farbenspiel: Sonnenuntergang an der Playa de los Bateles

*** **Hotel Apartamentos Flamenco (1)**, in einer Urbanisation etwa drei Kilometer nordwestlich des Ortes. Vor wenigen Jahren renoviert; schöne Strandlage, für die Größe (über 120 Zimmer) architektonisch erstaunlich angenehm. Swimmingpool, Golf, Tennis, Fahrradverleih etc. Deutschsprachig, gutes Restaurant. DZ/F nach Saison und Lage 75–190 €, im August bis 250 €, dann auch 7 Tage Mindestaufenthalt. Fuente del Gallo s/n, ✆ 956 495835, ✆ 956 496347, www.hipotels.com.

*** **Hotel Almadraba Conil (18)**, 2003 eröffnetes, zentral gelegenes Hotel in gefälliger andalusischer Architektur. Obwohl das Haus nur 17 Zimmer umfasst, wirkt es größer. Parkmöglichkeit (wie üblich gegen Gebühr) vorhanden. Von November bis Januar geschlossen. Funktional-komfortable DZ/F etwa 70–120 €, auch Familienzimmer mit Salon. C. Señores Curas 4, ✆ 956 456037, ✆ 956 444519, www.hotelalmadrabaconil.com.

* **Hostal Casa Alborada (14)**, erheblich besser, als die Einstufung verrät, und in dieser Klasse ein Tipp. 2008 eröffnetes, sehr schön gestaltetes Quartier; hohe und sehr geschmackvoll eingerichtete Zimmer (eines liegt etwas ungünstig im EG bei der Rezeption), prima Bäder; Dachterrasse mit Meerblick. Exzellentes Preis-Leistungs-Verhältnis, in der NS ein Schnäppchen: DZ/Bad 50–60 €, im Juli/August 80–90 €. C. General Gabino Aranda 5, ✆ 956 443911, ✆ 956 456708, www.alboradaconil.com.

Hostal Campito (6) & Hostal El Arco (10), zwei zentral gelegene Hostals, die von einem jungen Brüderpaar geführt werden. Die Zimmer sind allesamt gut in Schuss gehalten und mit Klimaanlage und Heizung ausgestattet; im El Arco sind sie etwas größer und auch ruhiger als im Campito, in dem die Rezeption und auch ein Bar-Rest. (prima Tapas!) untergebracht ist. DZ/Bad 30/40–70 €. C. Pascual Junquera 10 bzw. Capitán Perez Moreno 5, ✆ 956 440708, www.hostalcampito.com.

* **Hostal Al-Andalus (11)**, östlich knapp außerhalb der Altstadt, mit etwas Glück findet man Parkplätze vor der Tür. Erst 2006 eröffnet. Gut ausgestattete Zimmer mit Klimaanlage und TV, die sich um einen zentralen Patio gruppieren. DZ/Bad nach Saison etwa 40–70 €. C. Pascual Junquera 65, ✆ 956 452531, ✆ 956 443101, www.alandalus-conil.com.

Pensión Torre de Guzmán (17), mitten in der Altstadt, auch bekannt als Heladería Pedro, da einer Eisdiele angeschlossen. Prima Adresse, Patio voller Grün und Blumen, sehr freundliche Besitzer. Vor einigen Jahren renoviert und erweitert, gut möblierte und saubere Zimmer mit Klimaanlage,

Conil de la Frontera   517

anständige Bäder, zentrale und ruhige Lage. Ein recht ordentliches Frühstück ist inbegriffen. DZ/Bad nach Saison etwa 40–50 €, im Juli/August bis 85 €. Gegen geringen Aufpreis gibt es im gleichen Haus sowie in einem strandnahen Ableger auch Apartments. C. Hospital 5, ✆ 956 443061, ☏ 956 440733, www.hostaltorredeguzman.com.

Pensión Hermanos Zara (9), ganz in der Nähe vom „Al-Andalus". Die etwas engen, gelegentlich hellhörigen Zimmer und die Bäder sind gut gepflegt. Ganzjährig geöffnet. In derselben Straße noch einige weitere Pensionen. DZ/Bad nach Saison etwa 20–40 €. C. Pascual Junquera 69, ✆/☏ 956 440466.

• *Apartments, Ferienhäuser* **Casa Andaluza**, eine engagiert und deutschsprachig geführte Agentur für Kurz- und Langzeitmiete von Apartments und Häusern in Conil und der Umgebung wie El Palmar, Zahora, Caños und Roche. Persönliche Beratung und freundlicher, kompetenter Service; die derzeit einzige Agentur mit Büro für Publikumsverkehr (ideal für Spontanbucher) vor Ort. Vermittlung günstiger Mietwagen, Infos zu Yogakursen, Reservierungen für Whale watching, Flamenco-Abende, Bodegas und Hofreitschule in Jerez etc. Karin Joanidopoulos, C. Chiclana 64 (beim großen Eroski-Supermarkt), ✆ 956 456053, ☏ 956 456167, www.casa-andaluza.com.

Casa Conil, ein weiterer deutscher Vermittler von Ferienhäusern und Apartments. Jörg & Ute Thies, Dahlenhöhe 11, 21077 Hamburg, ✆ 040 7607899, ☏ 040 7602125, www.casa-conil.com.

Calle Cadiz, Vermietung von mehreren hochwertig eingerichteten FeWos, Apartments und „Mini-Apartments" in dieser zentralen Fußgängerzone der Altstadt. Heike & Helge Doering, Alsenstr. 21, 24118 Kiel, ✆ 0431 563987, ☏ 0431 563972, www.callecadizconil.de.

Camping

Conil ist eine Camperhochburg: Insgesamt sieben Plätze liegen im Gemeindegebiet, die Mehrzahl davon nordwestlich außerhalb des Ortes. Wie so häufig in der Provinz Cádiz, verlangen zur HS im Juli/August fast alle Plätze (Ausnahme: Los Eucaliptos) einen meist unter dem Stichwort „Parcela" aufgeführten Minimumpreis, der die Belegung mit zwei bis drei Personen, einem Zelt und einem Auto entspricht; für Einzelreisende wird es dann sehr teuer.

La Rosaleda, 1. Kat., etwa 2,5 km nordwestlich des Zentrums. Gepflegtes Wiesengelände mit sehr guter Ausstattung und großem Pool; Schatten ist allerdings Mangelware. Ganzjährig geöffnet. Parzellen je nach Größe ab 15 €, p. P. (Minimum: zwei Erwachsene) 8 €. Anfahrt vom Kreisel bei der Infostelle Richtung Hafen, ✆ 956 443327, ☏ 956 443385, www.campinglarosaleda.com.

Los Eucaliptos, 2. Kat., ortsnächster Platz, etwa 1,5 km vom Zentrum (nicht am Meer) und damit noch in gestreckter Fußentfernung gelegen. Schatten und Sanitärs gut. Pool. Geöffnet Ostern bis September, Anfahrt wie oben. P. P., Auto, Zelt je 6 €. Anders als bei den anderen Plätzen wird hier auch zur HS kein „Mindestumsatz" verlangt, für Einzelreisende dann der mit Abstand preisgünstigste Platz. Carretera de El Pradillo, km. 0,200, ✆/☏ 956441272, www.campingloseucaliptos.com.

Fuente del Gallo, 2. Kat., gut ausgestatteter Platz bei der gleichnamigen Urbanisation, etwa 4 km nordwestlich. Wenig Schatten, zum reizvollen Sand- und Felsstrand etwa 500 m. Geöffnet Mitte März bis September. Parzelle inkl. bis zu drei Personen, Auto, Zelt 30 €. Anfahrt wie Los Eucaliptos, beschilderte Abzweig etwa 2 km weiter, ✆ 956 440137, ☏ 956 442 036, www.campingfuentedelgallo.com.

El Faro, 2. Kat., noch eine ganze Ecke weiter, vorbei am Abzweig zum Camping Fuente del Gallo, nah am Meer. Gut ausgestattet, unter anderem mit Swimmingpool. Ganzjährig geöffnet. Parzelle inkl. drei Personen, Auto, Zelt 31 €. Ctra. Puerto Pesquero, km 2, ✆ 956 444096, ☏ 956 452476, www.campingelfaro.com.

Cala del Aceite, ausgedehntes Gelände in einem schattigen Waldgebiet, großer Pool, zur schönen Strandbucht Cala del Aceite ein paar hundert Meter. Auch Conils moderner Fischerhafen Puerto Pesquero liegt in Fußentfernung. Deutsche Leitung, freundlicher Chef. Geöffnet Ostern bis Oktober. Parzelle inkl. drei Personen, Auto, Zelt 31 €. Etwa 7 km vom Ortszentrum, vorbei an der Zufahrt zum Camping Fuente del Gallo, ✆/☏ 956 440972, www.caladelaceite.com.

Provinz Cádiz
Karte S. 476

518   Provinz Cádiz

Essen (siehe Karte S. 515)

Die Küche Conils kann aus der Landwirtschaft und der Fischerei schöpfen. Neben Fisch, insbesondere Thun, kommt deshalb auch Gemüse nicht zu kurz. Etwa Mitte Juni findet die „Thunfischwoche" (Semana del Atún) statt, an der sich viele Restaurants mit thunfischbezogenen Menüs beteiligen.

• *Restaurants & Bars* **Restaurantes Fontanilla (15)**, am gleichnamigen Strand westlich des Ortskerns. Einander direkt benachbarte Restaurants, die den beiden verfeindeten Schwagern Pedro und Francisco gehören und in erster Linie von ihrer Lage leben. Beide besitzen schöne Terrassen zum Meer und sind spezialisiert auf Fisch und Meeresfrüchte.

Rest. Blanco y Verde (3), in der Neustadt Nähe Infostelle. Mit zwei hübschen Patios innen viel größer, als es von außen den Anschein hat. Prima Küche, gut besonders Fleisch vom Grill. Immer wieder von Lesern gelobt. Menü à la carte ab etwa 20 €, das Tagesmenü kommt auf rund 10 €. Auch die Bar ist beliebt. Ein Hostal ist angeschlossen. C. Rosa de los Vientes, Ecke C. Cerrillo.

Pizzeria Da Pietro (4), schräg gegenüber und ebenfalls viel von Einheimischen besucht. Der Besitzer ist Italiener, die Küche deshalb authentisch. Breite Auswahl an Nudelgerichten, sehr große und gute Pizzas für etwa 8–10 €. C. Rosa de los Vientos, Ecke C. Toneleros.

Pizzeria Paolo (20), ein strandnahes Pendant, geführt von einem ehemaligen Koch von „Da Pietro". Einige Tische im Freien, mehr Platz ist innen. Ordentliche Pizza um die 8 €, Nudelgerichte gibt es natürlich auch. Calle Almadraba 2.

Bar-Rest. Casa Manolo (19), im östlichen Altstadtbereich, geführt vom freundlichen, flinken Juan. Viele einheimische Gäste; die Holztische und -bänke sind nicht allzu gemütlich, das Essen jedoch ist gut und alles andere als teuer. Calle San José 4, hinter dem Stadttor links halten.

Rest. Mesón Torre del Guzmán (17), das Restaurant der gleichnamigen Pension. Das Essen ist gut und nicht überteuert – der Herr des Hauses, einst Küchenchef eines großen Hotels, weiß eben, wie man ein Restaurant führt. Große Salate, üppige Paella für zwei Personen 18 €. C. Hospital 5.

Bar Ancar Pollo (2), in der Neustadt nahe der Bushaltestelle. Unscheinbares Lokal, der Besitzer ist jedoch Gastronom und Koch aus Leidenschaft. Prima Raciones auch in ungewöhnlicheren Varianten, normale Preise. Carretera, Ecke C. Jerez.

Bar Los Hermanos (8), knapp außerhalb des Stadttors. Trotz kürzlicher Renovierung optisch immer noch schlicht, aber Conils erste Adresse für Fischtapas: Täglich frisches Öl, bestes Mehl – gut frittieren ist teuer. Die Preise sind dennoch ausgesprochen günstig, es gibt Tapas sowie halbe und ganze Raciones. Calle Virgen 2.

Bar Campito (6), dem gleichnamigen Hostal angeschlossen und ein guter Platz für originell komponierte Tapas von beachtlicher Größe. Ein paar Tische auch im Freien an der Straße; beliebt bei den Einheimischen. C. Pascual Junquera 10.

Bar Camelo (7), fast um die Ecke von den „Hermanos". Winzige Bar mit Tresen nach außen, baskische Besitzer: Spezialität ist deshalb Bacalao (getrockneter Kabeljau) in vielen Varianten, köstlich z. B. als „Bacalao Camelo" mit Kartoffeln und Sahne. Tapas und Raciones. Calle Prieta 5.

Bar Zinfronteras (5), an der Hauptstraße. Die Bar „ohne Grenzen" (so der Name) im schicken Tarifa-Style offeriert Fusion-Küche, Reisgerichte und vegetarische Speisen, das Publikum ist bunt gemischt. C. San Sebastián 16.

Bar Atalaya (16), im gleichnamigen Park unweit der Hotels Fuerte und Conil Park. Keine Speisebar, aber in schöner Lage mit Blick, beliebt insbesondere für den Drink zum Sonnenuntergang.

• *Restaurants außerhalb* **Rest. Timón de Roche**, in der Urbanisation Roche, einige Kilometer hinter dem Hafen. Große Terrasse direkt am Meer, innen maritim eingerichtet. Am Wochenende in fester Hand der Einheimischen. Gute Küche mit Schwerpunkt auf Fisch, Hauptgerichte um die 15–25 €. Ganzjährig geöffnet. Urbanización Roche, C. Inglaterra s/n. ✆ 956 446232.

Bar-Rest. Venta Cabo Roche, deutlich näher am Ort, mit einer komplett überdachten großen Terrasse. Die Bar hat die Form eines Schiffes. Etwas preisgünstiger als oben. Carretera del Puerto Pesquero, etwa 2 km vor dem Hafen von Conil, Mi Ruhetag.

Conil de la Frontera

Soweit das Auge reicht: Strand satt

Bar El Tergal, direkt beim Hafen. Tische und Stühle unter Pinien, breite Auswahl an Gerichten, sehr günstig und mit exzellentem Preis-Leistungs-Verhältnis. Leider nur im Sommer (etwa von Juli bis September) geöffnet.

• *Strandbars* **Bar Curro Jiménez**, an der Playa Fontanilla, im Gebiet unterhalb des Hotels Fuerte Conil. Benannt nach einem Banditen aus einer spanischen Fernsehserie der 70er, ist sie die urigste und preisgünstigste von mehreren angenehm luftigen Strandbars hier. Ein Stück weiter, abends als Restaurant geöffnet und dann mit sehr hübscher Atmosphäre und einer Auswahl guter Weine, liegt die gehobenere Bar **El Huerto**.

Nachtleben/Sport/Feste/Einkaufen

• *Nachtleben* Im Sommer ist eine ganze Menge los in der Altstadt von Conil. Außerhalb der Saison geht es, von Wochenenden abgesehen, ruhiger zu.

Calle Ancha/Plaza Goya: Diese Kneipenzone mit Terrassenbars liegt südöstlich der Plaza Santa Catalina. Hier ist außerhalb der Saison vieles geschlossen.

Taberna del Poveda, in besagter Calle Ancha auf Nr. 12, ein gemütliches, unprätentiöses Lokal, in dem häufig (im Sommer täglich) Flamenco zu erleben ist.

Calle Tomás Borrego: Hier treffen sich besonders die etwas älteren Semester.

El Adán, die älteste und traditionsreichste Musikkneipe Conils, in den Siebzigern von bekannten Flamencokünstlern gegründet und auch heute noch ein beliebter Treffpunkt. Die Musikrichtung wechselt freilich immer mal, liegt irgendwo zwischen Pop und Flamenco. C. Tomás Borrego 14/16.

La Luna, etwas oberhalb. Groß und nur im Sommer geöffnet. Dann allerdings geht hier ab zwei, drei Uhr morgens die Post ab. C. Tomás Borrego 10.

Discoteca Icaro, Disco mit zwei Sälen für das junge Publikum; in Sala 1 läuft Latino-Musik, in Sala 2 Techno und House. Plaza de Andalucía, in der Altstadt unweit der Plaza España.

La Tertulia, etwa mit „Gesprächszirkel" zu übersetzen. Junges, edel gewandetes Publikum. Calle Gabino Aranda (Tiefgeschoss), vom Stadttor über die Pl. España, dann rechts.

• *Feste* **Feria de Primavera El Colorado**, meist in der ersten Juniwoche. Das große, urige Fest im kleinen Weiler El Colora-

Provinz Cádiz

Von Felsen eingerahmt: Sandbucht bei Roche

do, an der N 340 etwa zehn Kilometer Richtung Cádiz, zieht mit Reiterumzügen, Stierkämpfen etc. auch sehr viele Einwohner von Conil an.

Fiesta de la Virgen del Carmen, um den 16. Juli, zu Ehren der Schutzheiligen der Fischer und Seeleute; das lebendige Hauptfest des Städtchens.

Feria en Honor de Nuestra Señora de las Virtudes, an etwa vier bis fünf Tagen um den 8. September. Ebenfalls ein Fest, bei dem sich Religion und weltliches Vergnügen mischen, gleichzeitig das inoffizielle Ende der spanischen Touristensaison in Conil.

● *Sport* **Reiten, Ausritte**: Einen kompletten Reiturlaub buchen kann man bei Monika Ostermann, Carril Ladrillera Reyes 21, Mobil 679 716358, www.reiterferien-mit-moni.com.

Finca El Sur, ein weiterer Anbieter von Reiturlaub. Ein Lesertipp von Karin Herschleb: „Steht unter Schweizer Leitung und bietet Ausritte, Unterricht, hervorragendes Essen und eine angenehme Atmosphäre." Carretera Barrio Nuevo 110, El Colorado; 956 445714, www.finca-el-sur.com.

Tauchen: Centro de Buceo (PADI), im Hotel Fuerte Conil, Handy 609 718115. Getaucht wird bei Tarifa.

Strandwandern: Ausgiebige Möglichkeiten. Richtung Südosten überspannt eine Brücke die Mündung des Río Salado, dahinter folgt bis zum Cabo Trafalgar durchgehend Strand – echte Langstreckenwanderer könnten also immer am Meer entlang bis Caños de Meca laufen, den Breña-Naturpark durchqueren (siehe die dortige Wanderung) und ab Barbate mit dem Bus zurückfahren. Nordwestlich von Conil beginnt hinter der Urbanisation Fuente del Gallo ein weit verzweigtes Wegenetz, das entlang der Steilküste bis zum Hafen Puerto Pesquero und weiter, vorbei am Leuchtturm, bis zur Urbanisation Roche reicht; unterwegs liegen immer wieder schöne Badebuchten.

● *Einkaufen* **Markthalle Mercado de Abastos**, in der Neustadt an der C. Rosa de los Vientos. Prima für Frischfisch, Obst und Gemüse etc.

Straßenmarkt jeden Freitag in Strandnähe, außer jeweils in der Woche vor und nach der Septemberfiesta (und natürlich wäh-

Novo Sancti Petri   521

rend der Fiesta). Parkverbot auch in der Nacht davor!

Deutsche Zeitungen in der Papeleria-Libreria Mikan, an der Neustadtstraße Calle Ve-

nenciadores 7, unweit der Post.

Deutsche Bäckerei: PANaiso, C. Pascual Junquera 36, östlich Puerta de la Vila. Die meisten Kunden sind übrigens Spanier ...

Baden: Conil besitzt insgesamt 16 Kilometer Sandstrand. Im Südosten reicht der Strand, nur von der Mündung des Río Salado unterbrochen, bis zum Kap Trafalgar, im Nordwesten findet sich auch Steilküste aus rotem Fels mit eingelagerten Sandbuchten.

Playa Castilnovo: Der breite Strand jenseits der Mündung des Río Salado erstreckt sich über fast drei Kilometer nach Süden bis zu seiner Fortsetzung, der Playa El Palmar. Wenig besucht, kaum Einrichtungen; das Hinterland ist bäuerlich geprägt. Autoanfahrt über Seitensträßchen der Straße nach El Palmar und Caños de Meca.

Playas de los Bateles y Fontanilla: Die beiden Hausstrände von Conil gehen direkt ineinander über. Zusammen sind sie gut 2,5 Kilometer lang, breit und feinsandig. Das Serviceangebot ist gut, es gibt hübsche Strandbars und trotz der Stadtnähe reichlich Platz. In Richtung der Urbanisation Fuente del Gallo wird die Playa Fontanilla allmählich schmaler, die Steilküste imposanter.

Cala Punta Lejos: Eine 400 Meter lange, von Felsen flankierte Sandbucht gleich nordwestlich der Urbanisation Fuente del Gallo. Nur zu Fuß zu erreichen, Nacktbaden ist üblich. Wermutstropfen: Nach Regenfällen entwässert sich das hier mündende Trockental in die Bucht, was nicht gerade zur Wasserqualität beiträgt.

Nordwestlich der Cala Punta Lejos: Nun folgt wieder Steilküste, ein schönes Gebiet für Spaziergänge, aber Vorsicht am Rand – es geht ganz schön tief hinunter! Die vereinzelten Buchten in diesem Gebiet sind nur sehr schwer zugänglich.

Cala del Aceite: Kurz vor dem Hafen Puerto Pesquero und von diesem durch ein bewaldetes Felskap getrennt, liegt diese sehr schöne Bucht, an die man relativ nahe

mit dem Fahrzeug herankommt; Zufahrt Richtung Camping Cala del Aceite, dann meerwärts weiter; zuletzt Abstieg über eine Treppe. Auch in dieser geschützt gelegenen Bucht ist Nacktbaden möglich. Seit der Anlage des Fischerhafens, die noch gar nicht so weit zurückliegt, soll dieser Strand nach den Beobachtungen Einheimischer übrigens Jahr für Jahr etwas kleiner werden – noch ist aber genug Platz.

Buchten Richtung Roche: Vom Hafen führt ein Nebensträßchen, vorbei am Leuchtturm und dann parallel zur Küste, zur schachbrettartig aufgebauten Urbanisation Roche, dem nördlichsten Außenposten von Conil. Das wunderschöne Gebiet wird von Wäldern und Steilküste geprägt; unterhalb liegen mehrere kleine bis mittelgroße Buchten, die z. T. über Treppen zu erreichen sind. Respektlos mitten in die Uferlandschaft gepflanzt steht am Rand von Roche das Großhotel „Calas de Conil".

Playa del Puerco: Hinter der Klippenküste beginnt im Gebiet von Roche ein weiterer langer Sandstrand. Die Playa del Puerco erstreckt sich über rund 1,5 Kilometer und geht dann auf Höhe von Novo Sancti Petri in die Playa de la Barrosa über. Ihr Hinterland ist weitgehend unbebaut – fraglich, ob das angesichts der immer weiteren Ausdehnung von Novo Sancti Petri auch so bleibt. Parallel zum Strand und wenige hundert Meter landeinwärts verläuft ein Sträßchen, das Roche mit Novo Sancti Petri verbindet und auf kaum einer Karte verzeichnet ist.

Provinz Cádiz
Karte S. 476

Novo Sancti Petri

Eine gehobene Feriensiedlung für Sportler, in erster Linie für Golfer, umgeben von viel Grün – so die Pläne, als Anfang der Neunzigerjahre Novo Sancti Petri konzipiert wurde. Die Vorgaben wurden erfüllt.

Erst 1991 eröffnete an der kilometerlangen Playa de la Barrosa das erste Hotel. Den großen Schub nach vorne brachte die Erweiterung des Provinzflughafens von Jerez de la Frontera anlässlich der Expo in Sevilla. Heute zählt Novo Sancti Petri schon an die 10.000 Hotelbetten, nahezu durchgängig in großen Anlagen der oberen

522   Provinz Cádiz

Kategorie. Besucht werden sie vornehmlich von deutschen Urlaubern, die 80 Prozent der ausländischen Gäste von Novo Sancti Petri stellen. Vorwiegend in spanischer Hand sind hingegen die privaten Ferienhäuser der Urbanisation, die meist wohlhabenden Madrileños und Sevillanos gehören. So schnell, wie sie verkauft waren, konnten die Häuser gar nicht gebaut werden, und so dehnt sich Novo Sancti Petri weiter aus: La Loma, „der Hügel", heißt der jüngste Bauabschnitt im Südosten der Siedlung.

Ihren künstlichen Charakter kann die Siedlung natürlich nicht verleugnen, die Tatsache, dass Novo Sancti Petri auf dem Reißbrett konzipiert wurde, springt sofort ins Auge. Die Planer haben sich jedoch redlich Mühe gegeben, die an der Costa del Sol gemachten Fehler hier nicht zu wiederholen. Kein Haus in „NSP", wie Insider den Namen gerne abkürzen, durfte höher als drei Stockwerke gebaut werden. Gedeckte Farben dominieren, ein großer Teil des Geländes wurde für Grünflächen freigehalten. Dazu zählt natürlich auch der große, von Meisterspieler Severiano Ballesteros entworfene und mittlerweile auf 36 Löcher erweiterte Golfplatz, der gewissermaßen das Zentrum der Siedlung bildet und, neben dem langen Strand und den zahlreichen anderen Sportmöglichkeiten, auch ihren Hauptanziehungspunkt.

Die Kehrseite der aufgelockerten Bebauung: Novo Sancti Petri ist ein Ferienort der langen Wege. Schon der Spaziergang zum Einkaufszentrum „Centro Comercial", das mit vielen Geschäften, Bank, Autoverleih, Bars, Restaurants etc. die wichtigste Versorgungsmöglichkeit bietet, gerät von manchen Hotels aus fast zur Wanderung. Zur sehr langgestreckten Nachbarsiedlung La Barrosa, die direkt an Novo Sancti Petri angrenzt, ist es in den meisten Fällen noch weiter, zum alten Fischerhafen Sancti Petri sind es gar rund acht Kilometer.

● *Information* **Oficina Municipal de Turismo**, eine Außenstelle des Fremdenverkehrsamts Chiclana. An der Nahtstelle zwischen der Urbanisation und La Barrosa, ✆/📠 956 497234. Geöffnet Mitte Juni bis Oktober, Mo–Fr 10–13.30, 19.30–21 Uhr, Sa 10–13.30 Uhr; die Zeiten wechseln jedoch relativ häufig. Im Winter ist geschlossen, wie so vieles in Novo Sancti Petri. www.chiclana.es.

● *Verbindungen* **Busse** nach Chiclana halten an allen Hotels, Abfahrten je nach Saison und Tageszeit halbstündlich bis stündlich.

● *Übernachten* Preisangaben erübrigen sich, da die hiesigen Hotels praktisch ausschließlich pauschal (und damit günstiger) gebucht werden. Hier nur ein Anhaltspunkt: DZ in den Fünfsternehäusern kosten je nach Saison offiziell rund 150–350 €, in den Viersternern überwiegend etwa 90–300 €. Swimmingpools sind in allen Anlagen Standard, Hallenbäder die Regel.

***** **Hotel Meliá Sancti Petri**, in der ersten Reihe am Strand. 226 Zimmer, auch drei „Präsidentensuiten", die übliche üppige Ausstattung dieser Klasse, „Royal Service" mit privater Rezeption für die besonders anspruchsvolle Klientel. ✆ 956 491200, 📠 956 497053, melia.sancti.petri@solmelia.com, www.solmelia.com.

***** **Hotel Barrosa Palace**, das hiesige Flaggschiff der Hipotel-Kette, das zusammen mit seinen Viersterne-Schwesterhotels einen direkt am Strand gelegenen Komplex bildet, der fast tausend Zimmer umfasst. Ein Zentrum für Thalassotherapie und eine große Sportanlage sind angeschlossen. Urb. Novo Sancti Petri, s/n, ✆ 956 492200, 📠 956492313, www.hipotels.com.

***** **Barceló Sancti Petri**, das bislang jüngste Hotel vor Ort, im Sommer 2007 eröffnet. Strandnahe, sonst jedoch etwas abgeschiedene Lage im Gebiet von La Loma, mithin am Rand von Novo Sancti Petri. 195 Zimmer und 91 Apartments, drei Pools. Ein Highlight ist sicher der mehr als 3500 Quadratmeter große Wellnessbereich. ✆ 956 242790, 📠 956 242791, www.barcelo.com.

**** **Hotel Valentín Sancti Petri**, 2002 eröffnet und ein auch für hiesige Verhältnisse ausgesprochen großes Hotel: rund 550 Zimmer, über tausend Betten! Durch das sehr ausgedehnte Gelände des Hotels, das bis zu den Dünen reicht, verteilt sich die Gästeschar jedoch. Schöne Pools. In Familienbesitz, eine Ausnahme in Novo Sancti Petri. Viele Stammgäste. ✆ 956 491000, 📠 956 491015, www.valentin-hotels.com.

Novo Sancti Petri 523

Paradies für Golfer: Novo Sancti Petri

**** Hotel Club Aldiana Andalusien, am Strand im Südosten der Siedlung, mit dem üblichen breiten Sport- und Animationsangebot dieser Kette – und einer Besonderheit, nämlich der Flugschule „Flight Academy", in der künftige Hobbypiloten ihre ersten Startversuche unternehmen können. ✆ 956 494949, ✆ 956 495064, www.aldiana.de.

**** Aparthotel Tartessus, im Siedlungsgebiet La Loma, also recht weit vom Schuss; selbst zum Strand ist es rund ein Kilometer. Noch recht junges, gefällig konzipiertes Haus, das sich mit Apartments und Bungalows in erster Linie an Selbstversorger wendet. Praktisch deshalb: Nebenan liegt das gleichnamige, 2007 eröffnete Einkaufszentrum. ✆ 956 492525, ✆ 956 492100, www.tartessus.com.

• *Essen* **Rest. El Caserón**, am Rand eines Wäldchens, das sich am Schnittpunkt von Novo Sancti Petri und La Barrosa erstreckt, gegenüber der Infostelle. Im traditionellen Stil errichtetes Gebäude, auch hübsch zum Draußensitzen; ein Spielplatz liegt in der Nähe. Spezialität sind Fleischgerichte vom Grill, Fisch gibt es aber auch. Weite Preisspanne. Pinar Público La Barrosa s/n.

• *Sport* Äußerst breites Angebot, zumal auch die meisten Hotels ihre Gäste mit vielfältigen Sportmöglichkeiten verwöhnen.

Club de Golf Novo Sancti Petri, sowohl auf Cracks als auch auf Anfänger eingestellt. Im Zentrum der Siedlung, ✆ 956 494005, ✆ 956 494350, www.golf-novosancti.es.

Reiten: Yeguada La Patiña, im Gebiet landeinwärts des Golfplatzes. Ausritte am Strand, im Wald etc. Mobil- ✆ 647 300596, www. www.hipicalapatina.com.

Zweiradvermietung: Mike Motobike Vacaciones, 50er bis 650er, Mindestalter 18 Jahre, ab 125 Kubik 21 Jahre. Im Hotel Club Aldiana, ✆ und ✆ 956 497424.

• *Baden* Die **Playa de la Barrosa**, der von Dünen begleitete, feinsandige Hausstrand von Novo Sancti Petri, verläuft nach Nordwesten über rund sieben Kilometer bis ans Ende der Nachbarsiedlung La Barrosa und ist durchschnittlich 60 Meter breit; im Südosten geht sie in die ebenfalls kilometerlange Playa del Puerco über. Trotz der zahlreichen Besucher herrscht an Platz deshalb kein Mangel. Zur Saison wird der mit der „Blauen Flagge" prämierte Strand täglich gereinigt; die Ausstattung mit Wassersportmöglichkeiten, Duschen, Restaurants etc. lässt ebenfalls kaum Wünsche offen.

Provinz Cádiz
Karte S. 476

Im Hintergrund das Castillo de Sancti Petri: am Strand von La Barrosa

La Barrosa

Schmal und langgestreckt verläuft der Nachbarort von Novo Sancti Petri parallel zur Küste. Das Publikum hier kommt überwiegend aus der Nachbarschaft. Gute Fischrestaurants, Hotels sind selten.

La Barrosa bildet die Strandsiedlung des Inlandsstädtchens Chiclana und ist deutlich älter als Novo Sancti Petri. Der Ort erstreckt sich kilometerweit am Meer entlang. Als grobe Orientierung dienen den Einwohnern die Lageangaben *Primera Pista* (Erste Piste) und *Segunda Pista* (Zweite Piste), die sich auf die parallel zum Strand verlaufende und heute natürlich asphaltierte Hauptstraße beziehen; der Übergang von der „Ersten" zur Richtung Novo Sancti Petri führenden „Zweiten Piste" liegt etwa auf Höhe der Apotheke und des südöstlichen Endes der Strandpromenade. Letztere zeigt sich, wie auch der Strand selbst, ausgesprochen gepflegt. Im Hinterland, das stellenweise durch alten Baumbestand aufgelockert ist, stehen neben jüngeren Siedlungen auch eine Reihe von Villen. Entlang der Hauptstraße, aber auch an der Strandpromenade lockt eine gute Auswahl an Bars und Restaurants, deren Küche sich am Geschmack der spanischen Klientel orientiert. Betrieb herrscht hier jedoch nur im Sommer und an Wochenenden. Im Winter wirkt La Barrosa ähnlich verwaist wie Novo Sancti Petri.

• *Übernachten* **Hotel Hospedería Santiago**, in einer Villengegend landeinwärts der Hauptstraße. Flacher Ziegelbau; ruhig, aber nur wenige hundert Meter vom Strand gelegen. Garten unter alten Bäumen, rustikal-hübsche Zimmer, kleiner Patio. DZ/Bad nach Saison etwa 55–90 €. Capilla 4, etwa auf Höhe des Übergangs der beiden „Pisten", 956 494840, www.hospederiasantiago.com.

** **Pensión Hostal El Campanario**, freundliche, moderne Pension direkt an der Strandpromenade. Nur sieben Zimmer, davon drei zum Meer; Parkplatz, Internet-Zugang. Restaurant angeschlossen. DZ etwa 50–100 €. Rompeolas s/n, Primera Pista, 956 495958, 956 497294, www.chiclana.com/elcampanario.

• *Essen* **Rest. Popeye**, etwas außerhalb an der westlichen der beiden Straßen, die von

La Barrosa nach Chiclana führen. Vom riesigen Schriftzug abgesehen eher unscheinbar, jedoch die Einheimischen sehr beliebt und mit guter Küche. Spezialität ist Fisch, insbesondere die Zahnbrassenart Urta, die in mehreren Zubereitungsarten bestellt werden kann. Mittleres Preisniveau. Carretera de la Barrosa s/n, ☎ 956 494424.

Rest. Los Pescadores, direkt am nordwestlichen Ende der Strandpromenade. Große Terrasse, im Sommer viel Betrieb. Spezialität auch hier natürlich Fisch, Ración frittierter Ware etwa 8–9 €, man kann aber auch deutlich mehr ausgeben. Primera Pista, Edificio Giralda.

Café-Bar Noli, aus älteren Zeiten auch noch bekannt als „Venta Noli". Schattige kleine Terrasse. „Comida Casera" wird versprochen, Hausmannskost also. Hauptgerichte schon ab etwa 7 €, Ración Fisch ab 8 €. Ein Hostal ist angeschlossen. An der Hauptstraße, Segunda Pista.

● *Baden* Die **Playa de la Barrosa** ist im Abschnitt vor La Barrosa ebenso gepflegt und gut ausgestattet wie vor Novo Sancti Petri, bietet auch hier viel Platz. Im Gebiet nordwestlich der Strandpromenade endet sie schließlich und weicht einem kurzen Abschnitt bewaldeter Steilküste, hinter dem die Playa de Sancti Petri beginnt.

Sancti Petri

Jenseits von La Barrosa liegt auf einer Halbinsel ein wirklich seltsamer Ort. Die verlassene Siedlung besitzt eine ganz eigene Atmosphäre.

Sancti Petri, der Namenspatron der Urbanisation Novo Sancti Petri, wurde zu Beginn der 40er-Jahre des letzten Jahrhunderts planmäßig rund um eine Thunfischfabrik errichtet und diente als Siedlung für rund hundert Fischerfamilien. Damals gab es hier sogar ein Kino und einen „reisenden" Lehrer, der zweimal wöchentlich die Kinder unterrichtete. In den 70ern wurde der Ort aufgegeben, vom Militär als Übungsgelände genutzt und erst Ende der 90er wieder der Gemeinde Chiclana überlassen. Die verlassenen Häuser und öffentlichen Gebäude, von einer immer noch prächtigen Palmenallee beschattet, strahlen eine melancholische Stimmung aus. Selbst die Kirche, früher der „Virgen del Carmen Atunera" geweiht und am 16. Juli Ziel einer Schiffsprozession ab Barrosa, liegt halb in Ruinen. Einen denkwürdigen Gegensatz bildet der moderne Sporthafen an der Westseite der Halbinsel.

Im Sommer ist Sancti Petri ein beliebtes Ausflugsziel der Einwohner von Chiclana und Umgebung. Die exponierte Lage und die Nachbarschaft zu langen Stränden und zu Novo Sancti Petri verlocken aber natürlich auch Investoren. „Herr Bürgermeister, Sancti Petri gehört dem Volk, es ist nicht zu verkaufen", steht auf eine Hauswand gesprüht. Bisher gibt sich die Gemeinde Chiclana auch wirklich guten Willens: Das Dorf soll restauriert werden, die ursprüngliche Anlage erhalten bleiben und eines Tages Museen, Restaurants oder Kunstgalerien beherbergen, allesamt „qualitativ hochwertige Objekte", wie man in Chiclana betont – bleibt abzuwarten, ob sich nicht doch der Lockruf des großen Geldes als stärker erweist ...

● *Essen* **Rest. Club Náutico Sancti Petri**, Beispiel für die Reihe von einander recht ähnlichen Lokalen im Sporthafen Sancti Petri, die allesamt alles andere als hochgestochen sind. Die Tagesspezialitäten sind selbstverständlich maritimer Natur. Raciones kosten etwa 8 €.

Bar Flotante, auf der gegenüberliegenden Seite der Halbinsel, am dortigen Fischerhafen. Gute Fischtapas sowie halbe und ganze Raciones, nicht teuer.

Bar-Rest. Caño Chanarro, in der Nähe. Großes, hallenartiges Lokal beim Fischerhafen, betrieben von der Fischervereinigung Asociación de Pescadores. Eine prima Adresse, freundliche Kellner und frischer Fisch; Ración um die 8 €, es gibt auch halbe Raciones und (an der Bar) Tapas.

● *Schiffsausflüge* **Cruceros Sancti Petri** veranstaltet von etwa Juli bis Mitte September „Minikreuzfahrten" auf verschiedenen Routen; Ziele sind etwa das Castillo de Sancti Petri und der Naturpark Bahía de Cádiz, dessen Marismas hier münden. Dauer etwa eine Stunde, Preis p. P. 10–11 €. Im Sporthafen, ☎ 956 100324, www.albarco.com.

526   Provinz Cádiz

• *Baden* Die **Playa de Sancti Petri**, ein 1200 m langer und im Schnitt 40 m breiter Naturstrand (an dem mit Anschwemmungen gerechnet werden muss), ist auch bei Windsurfern und Anglern sehr beliebt. Sie liegt zwar an der Mündung des Hauptkanals der Marismas um San Fernando, doch sollte sich die Wasserqualität seit der Fertigstellung der dortigen Kläranlage deutlich verbessert haben. Hübsche Sommer-Chiringuitos sind vorhanden.

Castillo de Sancti Petri: Das Kastell auf einer kleinen Insel vor Sancti Petri scheint bei bestimmten Lichtverhältnissen fast auf dem Wasser zu schweben. Errichtet wurde es vom 16.–18. Jh., doch sind die Grundmauern noch viel älter. Sie stammen von einem Heiligtum des phönizisch-karthagischen Gottes Melkart, der Entsprechung des jugendlichen Herkules – tatsächlich wurden hier auch Herkulesstatuen entdeckt. Ein Prospekt der Gemeinde Chiclana vermeldet stolz, dass dieser „berühmteste Tempel der Antike" auch von Hamilkar Barkas (Vater Hannibals) und Julius Cäsar besucht wurde.

Chiclana de la Frontera

Chiclana, Gemeindesitz und Versorgungszentrum von Novo Sancti Petri und La Barrosa, hat seinen nahen Stränden viel zu verdanken.

Der Fremdenverkehr an der sechs Kilometer entfernten Küste brachte zahlreiche Arbeitsplätze und einen kräftigen Wirtschaftsaufschwung nach Chiclana, das bis dahin überwiegend von der Landwirtschaft und insbesondere vom Weinbau lebte. Die Stadt wuchs dadurch erheblich, zählt heute mehr als 70.000 Einwohner.

Der Río Iro teilt Chiclana in zwei Hälften, *La Banda* im Norden und *El Lugar* im Süden, letztere das eigentliche, teilweise als Fußgängerzone ausgewiesene Zentrum. Vom Ortsbild her ist das Städtchen, wiewohl bereits im 14. Jh. unter dem aus Tarifa bekannten „guten" Guzmán El Bueno besiedelt, nicht allzu spektakulär, besitzt auch kaum wirklich hochrangige Sehenswürdigkeiten. Als Abwechslung zur Küste lohnt Chiclana dennoch einen Ausflug – sei es, um eine der hiesigen Bodegas zu besuchen, in denen feine, dem Sherry sehr ähnliche Weine von hoher Qualität gekeltert werden, oder sei es auch nur, um einmal den lebendigen Alltag einer spanischen Kleinstadt zu erleben. Nur sollte man dann nicht gerade an einem Sommerwochenende kommen, wenn fast die gesamte Einwohnerschaft wiederum selbst am Meer weilt ...

• *Information* **Oficina de Turismo**, Calle de la Plaza 3, in einer der Fußgängerzonen des Zentrums; ✆/🖷 956 535969. Freundlich, deutschsprachig und kenntnisreich geführtes Büro, geöffnet Juni bis September Mo–Fr 10–13.30, 19–20.30 Uhr, in den übrigen Monaten nur vormittags; Sa jeweils 10–13.30 Uhr.

• *Verbindungen* **Busse** der Gesellschaft COMES halten an der Pl. Andalucía nördlich des Flusses, gleich bei der Brücke. Nach Conil 10-mal tgl., Vejer 6-mal, Barbate 11-mal; nach Tarifa und Algeciras 9-mal, weiter nach La Línea gegenüber von Gibraltar 6-mal, nach Málaga 2-mal tgl.; nach Cádiz halbstündlich bis stündlich, Puerto de Santa María und Jerez 3-mal, Sevilla 7-mal, Medina Sidonia 5-mal täglich. AMARILLOS fährt halbstündlich nach San Fernando. Busse nach La Barrosa und Novo Sancti Petri stoppen an mehreren Haltestellen (u. a. ebenfalls an der Plaza Andalucía), Abfahrten je nach Saison und Tageszeit halbstündlich bis stündlich.

• *Übernachten* ***** Hotel Alborán**, solider Dreisterner mit immerhin 70 Zimmern in zentraler, aber nicht ganz leiser Lage direkt bei der Bushaltestelle. Nichtraucheretage. DZ etwa 100–125 €, außerhalb der Sommerzeit oft günstige Wochenendangebote. Pl. Andalucía 1, ✆/🖷 956 403906, www.hoteles alboran.com.

** Pension Villa, ebenfalls im Stadtteil La Banda, fast um die Ecke vom Hotel Alborán. Mit 30 Zimmern für eine Pension relativ groß. DZ/Bad nach Saison etwa 40–70 €. C. Virgen del Carmen 14, ✆ 956 400512, 🖷 956 400419.

• *Essen* **Restaurante El Santuario**, zwei Blocks nördlich des Hotels Alborán. Rusti-

Chiclana de la Frontera

Unsichere Zukunft: Ruinendorf Sancti Petri

kal-folkloristisches Interieur, Spezialität ist Fleisch vom Grill, Fisch gibt es aber ebenso. Mittleres bis leicht gehobenes Preisniveau. C. San Antonio 7, ℡ 956 404264.

Bar-Rest. Cerro del Trigo, im südöstlichen Bereich von El Lugar, Richtung Ermita Santa Ana. Hübsches Lokal, von Einheimischen vor allem der Tapas wegen empfohlen, es gibt jedoch auch komplette Mahlzeiten. C. Hormaza, Ecke Bailén.

Bodega El Carretero, eine von mehreren Bodegas in Chiclana, die eigene Lokale betreiben, prima nicht nur für ein, zwei Gläschen Fino und ein paar Tapas. C. Sor Angela de la Cruz 26, vom Zentrum über die Brücke, dann schräg rechts.

• *Einkaufen* **Straßenmarkt** jeden Di auf dem Festgelände Recinto Ferial jenseits des Flusses.

Markthalle an der zentralen Plaza de las Bodegas. Breites, buntes Angebot an Obst, Gemüse, Schinken, Käse etc.

Bodegas San Sebastián, 1887 gegründet. Probeschlückchen und Direktverkauf diverser Finos, Moscateles, Amontillados und Olorosos. Calle Mendaro 15, von der Infostelle immer südwestlich halten.

Bodegas Sanatorio, eine weitere Bodega mit Direktverkauf, der auch ein nettes Lokal angeschlossen ist. C. Olivo 1, Stadtteil La Banda, vom Zentrum über die Brücke, bei der Bushaltestelle rechts und gleich wieder links.

• *Feste* **Fiesta de San Antonio**, mehrere Tage um den 13. Juni, das ausgelassen gefeierte Hauptfest der Stadt.

Fiesta de San Juan Bautista, die Nacht des 23. auf den 24. Juni, mit der Verbrennung der Puppen „Juan" und „Juana".

Fiesta de Santa Ana, am 26. Juli, mit einer Prozession zur Wallfahrtskapelle im Süden des Zentrums. Die Tradition will es, dass Mädchen, die einen Bräutigam suchen, dort die Glocken läuten.

Sehenswertes

Bei einem Stadtbummel lohnt sich ein Blick auf die teilweise recht prunkvollen Fassaden der Bürgerhäuser, die ab dem 17. Jh. errichtet wurden. Nicht alle sind in bestem Zustand, aber immer mehr werden restauriert.

Plaza Mayor: An der Ostseite des Hauptplatzes erhebt sich die neoklassizistische Pfarrkirche *San Juan Bautista* aus dem 18./19. Jh., im Norden führt ein Durchgang unter dem Uhrturm *Torre del Reloj*, auch „Arquillo de Reloj" genannt, in Richtung Fluss.

528   Provinz Cádiz

Museo de Chiclana: Ebenfalls an der Plaza Mayor informiert das Stadtmuseum insbesondere über die Geschichte von Chiclana; im Erdgeschoss finden Wechselausstellungen statt.
Öffnungszeiten Di–Sa 10–14, 18–21 Uhr, So 10–14 Uhr; Eintrittsgebühr 2,40 €.

Ermita de Santa Ana: Die Wallfahrtskirche südlich des Zentrums, Ende des 18. Jh. auf achteckigem Grundriss errichtet, wird vor allem an Dienstagen viel besucht. Der Abstecher lohnt sich besonders wegen der weiten Aussicht.

Museo Municipal Taurino Paquiro: Jenseits des Flusses, in der Calle San Agustín 3, hat die Gemeinde ein Stierkampfmuseum eingerichtet. Gewidmet ist das „Romantische Museum der Toreros von Chiclana im 19. Jh." insbesondere dem Stierkämpfer Francisco Montes „Paquiro" (1805–1851).
Öffnungszeiten Mo–Fr 11–13 Uhr sowie 19–21 Uhr (Sommer) bzw. 18–20 Uhr (Winter), Sa 11–13 Uhr; Eintrittsgebühr 2 €.

Richtung Cádiz

Parque Natural Bahía de Cádiz: Westlich von Chiclana erstreckt sich über eine Fläche von rund 10.000 Hektar das Feuchtgebiet des Naturparks der Bucht von Cádiz. Sein labyrinthisches, dem Wechsel von Ebbe und Flut ausgesetztes System aus Marschland, Kanälen, Inselchen, Dünen und Schilfgürteln ist von hoher ökologischer Bedeutung. Zahlreiche selten gewordene Tierarten leben in dem Park, der auch eine wichtige Raststation von Zugvögeln darstellt. Die seit dem Altertum genutzten Salinen dienen heute häufig als Fischfarmen. Ernsthaften Bedrohungen ausgesetzt ist das fragile Gebiet freilich durch das starke Bevölkerungswachstum und die Industrie der angrenzenden Orte. Am schönsten erlebt man den Park auf einer der Bootstouren, die im Sommer ab dem Sporthafen von Sancti Petri stattfinden.

San Fernando

Mitten im Naturpark sitzt diese 100.000-Einwohner-Stadt, die praktisch rundum von Wasser umgeben ist und früher den Namen „Isla del León" (Löweninsel) trug. Im Spanischen Unabhängigkeitskrieg fungierte der Ort 1810/1811 einige Monate lang als Sitz eines provisorischen Parlaments, bevor dieses nach Cádiz umzog. Quasi als Dank erhielt die „Löweninsel" wenig später das Stadtrecht und den neuen Namen San Fernando. Heute ist die Siedlung ein wichtiger Stützpunkt der spanischen Kriegsmarine.

Im Zentrum, insbesondere entlang der Hauptstraße *Calle Real*, präsentiert sich San Fernando mit breiten Bürgersteigen und grünen Plätzen attraktiver, als es die Gewerbegebiete der Peripherie vermuten lassen. Die ganz großen Sehenswürdigkeiten fehlen zwar (weshalb es auch kaum internationalen Tourismus gibt), doch genießt die Stadt unter Flamenco-Fans geradezu Kultstatus: Hier war die Heimat des populären Flamencosängers *Camarón de la Isla*, eines Ausnahmekönners seiner Zunft.

● *Information*   **Oficina Municipal de Turismo**, C. Real 24, in einer Passage der Hauptstraße im Zentrum; ✆ 956 944226. Öffnungszeiten: Mo 9–13.30 Uhr, Di–Fr 9–13.30, 17–20 Uhr, Sa 10–14 Uhr. www.aytosan fernando.org.

● *Verbindungen*   **Zug**: Bahnhof am nordöstlichen Rand der Innenstadt; eine weitere Haltestelle (Bahía Sur) liegt nördlich des Zentrums beim Einkaufszentrum Parque Comercial Bahía Sur. Züge von/nach Cádiz alle ein bis zwei Stunden.
Busse der Gesellschaft COMES ab der Calle Real (Nähe Infostelle) alle 20 Minuten nach Cádiz; AMARILLOS fährt ebenfalls ab der Calle Real (etwas weiter östlich, Nähe Castillo) alle 30 Minuten nach Chiclana.

● *Übernachten*   **** **Hotel AC Salymar**, zentral nahe der Infostelle gelegenes und ordentlich ausgestattetes Stadthotel. Park-

San Fernando 529

möglichkeit. DZ nach Saison und Ausstattung etwa 70–130 €. Pl. de la Iglesia s/n, ℡ 956 802260, 🖷 956 802261, www.ac-hoteles.com.

** Pension Hostal La Andaluza, im westlichen Bereich der Hauptstraße, in seiner Klasse eine solide Adresse mit hotelähnlichem Charakter, aber auch hotelähnlichen Preisen. DZ/Bad nach Saison 45–70 €. C. Real 226, ℡ 956 800100, 🖷 956 800099, www.hostallaandaluza.com.

● *Essen* **Venta de Vargas**, zentrumsnah am östlichen Ende der Hauptstraße gelegener Klassiker und eine Sehenswürdigkeit für sich. Zweifelsfrei das berühmteste Restaurant der Stadt: Hier wurde das Talent des jungen Camarón entdeckt. Das Innere ist eine einzige Ode an den Sänger; sehenswert auch die mit Kacheln verzierten Tische, die mehr als hundert Jahre alt sind. Zu den Spezialitäten zählen die Tortillitas de Camarones, kleine Küchlein aus Kichererbsen- und Weizenmehl und den winzigen, bleichen Sandgarnelen Camarones, denen der hellhäutige und (für andalusische Verhältnisse) hellhaarige Sänger seinen Künstlernamen verdankte. Menü um die 20–25 Euro. Pl. Juan Vargas s/n, zu den Essenszeiten täglich geöffnet. ℡ 956 881622.

● *Flamenco* **Peña Camarón de la Isla**, unweit nördlich der westlichen Calle Real, nahe Parque Sacramento. Authentische Peña, in der jeden Samstagabend ab 22.30 Uhr gratis Flamenco (mit und ohne Tanz) stattfindet; von September bis Dezember großer Flamenco-Gesangswettbewerb „Concurso Nacional de Cante Flamenco Camarón de la Isla". C. Manuel de Arriaga s/n, ℡ 956 592395, www.pfccamarondelaisla.com.

● *Feste* **Feria del Carmen y la Sal**, das Hauptfest der Stadt, an mehreren Tagen um den 16. Juli.

Camarón de la Isla

Der größte Sohn der Stadt, für viele einer der besten Flamencosänger aller Zeiten, wurde am 5. Dezember 1950 unter dem Namen José Monge Cruz als zweites von acht Kindern einer Korbflechterin und eines Schmieds geboren; sein bescheidenes Geburtshaus steht in der Calle Carmen 29. Im Alter von gerade mal acht Jahren debütierte Camarón in der Venta de Vargas vor dem berühmten Flamenco-Sänger Manolo „Caracol", der nach der Aufführung seltsam nachdenklich und ergriffen gewesen sein soll: „Heute habe ich die Zukunft gehört." Mit zwölf Jahren gewann Camarón auf dem Flamenco-Festival von Montilla erstmals einen Preis und war fortan regelmäßig in der Venta de Vargas zu hören. 1969 veröffentlichte Camarón seine erste Platte, begleitet vom damals 21-jährigen Paco de Lucía, den er beim Billardspiel in einer Madrider Kneipe kennengelernt haben soll. Es war die Geburt des wohl innovativsten Duos der Flamencogeschichte und der Beginn einer lebenslangen Freundschaft („Wir lebten außerhalb der Grenzen, die von den Regeln des Flamenco gesetzt wurden" – Paco de Lucía). 1979 revolutionierte Camarón mit dem Schlüsselalbum „La leyenda del tiempo" seinen Stil und öffnete, mit Anklängen an Rock und mit bis dahin im Flamenco nie gehörten Instrumenten, dem Flamenco neue Horizonte. Bereits bei diesem Album und auch später arbeitete er mit dem Gitarristen Tomatito zusammen. Doch die Karriere des begnadeten Sängers war zwar strahlend, aber kurz: Camarón starb im Juli 1992 im Alter von erst 41 Jahren. Zu seiner Beerdigung kamen mehr als 100.000 Anhänger. Begraben liegt Camarón in einem denkmalgeschmückten Mausoleum auf dem Friedhof Cementerio Municipal im Nordwesten des Zentrums von San Fernando, ein weiteres Denkmal steht bei der Venta de Vargas. Seine 1989 mit Tomatito und dem Royal Philharmonic Orchestra aufgenommene Platte „Soy Gitano" gilt bis heute als das meistverkaufte Album in der Geschichte des Flamenco.

Provinz Cádiz
Karte S. 476

Der Atlantik umschließt die Altstadt von drei Seiten

Cádiz (130.000 Einwohner)

Cádiz – ein fast magischer Klang nach Seeschlachten und mit Gold gefüllten Galeonen. Ganz so romantisch zeigt sich die Stadt der Gegenwart nicht mehr, doch hat sich Cádiz eine sehr eigene, manchmal nahezu mystisch anmutende Stimmung bewahrt.

Die Provinzhauptstadt selbst ist mit ihren rund 130.000 Einwohnern eher klein zu nennen, doch umgibt sie ein Ballungsraum weiterer Städte und Industriegebiete, in dem insgesamt etwa 400.000 Menschen leben. Wer Cádiz anfährt, muss vorbei an gigantischen, gleichwohl im Niedergang befindlichen Werften, an Konservenfabriken und Raffinerieschlöten, schließlich über mehrere schnurgerade Kilometer durch die Wohnblocks der Neustadt, die sich auf einer schmalen Halbinsel erstreckt. Erst ganz am Ende dieser Landzunge liegen die auf drei Seiten vom Atlantik umgebenen Ursprünge von Cádiz, der ältesten Stadt Westeuropas – besiedelt seit 3000 Jahren.

Die Jahrtausende sieht man der Altstadt nicht an, zu oft und zu gründlich wurde sie zerstört. Doch obwohl die ganz großen Baudenkmäler fehlen, ist *La Tacita de Plata*, das „Silbertässchen", dank seiner ganz eigenen Atmosphäre einen Aufenthalt allemal wert. Wenige Städte sind so dem Meer verhaftet wie das „glänzende Cádiz" (Lord Byron), das sich wehmütig und stolz der Kolonialzeit zu erinnern scheint. Auf den weiten Plätzen, in den üppig grünen Parks, aber auch in den Gassen der Altstadt bleibt das flirrende Licht des offenen Ozeans überall gegenwärtig, hinterlässt Salzluft ihre Spuren an den abblätternden Fassaden. Kaum etwas gemein mit dem üblichen Andalusienbild haben die zum Schutz vor den Winterstürmen verglasten Balkone, die eher an das Baskenland oder Galicien erinnern.

Cádiz 531

> „Nur zwei Töne fallen ins Auge: blau und weiß. Aber das Blau ist so lebhaft wie Türkis, wie Saphir, wie Kobalt, wie alles, was man sich als maßloses Blau nur denken kann; und das Weiß ist so rein wie Silber, wie Milch, wie Marmor, wie der feinste Kristallzucker. Das Blau war der Himmel und sein Abglanz vom Spiegel des Meeres; das Weiß war die Stadt. Etwas Strahlenderes und Schimmernderes, ein diffuseres und gleichzeitig doch grelleres Licht ist nicht vorstellbar." (Théophile Gautier über Cádiz, 1840).

Ebenso ungewöhnlich ist die hohe Zahl der insgesamt mehr als 120 Aussichtstürme, der im 18. Jh. von reichen Privatleuten errichteten „Miradores", die sich über den Flachdächern der weißen Altstadt erheben und Cádiz einen wehrhaften Anstrich geben. Nicht zuletzt trägt auch der Hafen, an sich nicht sehenswert, aber einer der bedeutendsten Spaniens, seinen Teil zur besonderen Atmosphäre bei. Cádiz, übrigens (in Vertretung von Havanna) auch einer der Schauplätze des James-Bond-Films „Stirb an einem anderen Tag", wirkt weltoffen und nobel, ist aber immer von seltsam fremd erscheinendem Reiz.

Orientierung: Das wuchtige Stadttor *Puerta de Tierra* markiert am Ende der kilometerlangen Zufahrtsstraße den Zugang zur fast völlig von Mauern umschlossenen Altstadt. Hält man sich nach dem Tor rechts, gelangt man, vorbei am Bahnhof, zur *Plaza San Juan de Dios*, dem heiteren Hauptplatz von Cádiz.

Geschichte

Glaubt man der Mythologie, so war es kein Geringerer als Herkules selbst, der *Gadir* („Befestigter Ort") gründete. Nüchterner sehen es die Historiker, die die erste Besiedlung den Phöniziern zuschreiben. Damals, vielleicht schon gegen 1100 v. Chr., lag die Stadt noch auf einer Insel. Schon wenige Jahrhunderte später muss Cádiz für damalige Verhältnisse dicht besiedelt gewesen sein: Erst Ende der Neunziger entdeckten Archäologen auf dem Gelände einer ehemaligen Kaserne mitten im Stadtzentrum eine Nekropole des 6. Jh. v. Chr., in der etwa 10.000 Tote bestattet worden waren. Im *Zweiten Punischen Krieg* taten die Römer sich arg schwer gegen die Karthager, die sich auf der gut zu verteidigenden „schwimmenden Festung" verschanzt hatten. Doch als sie schließlich erobert war, wurde *Gades* zur ersten spanischen Stadt, die Sprache und Recht Roms adaptierte.

711 nahmen die Mauren Cádiz ein, ohne sich in der Folge sonderlich für die Stadt zu interessieren. 1263 gelang die christliche Rückeroberung. Die Entdeckung Amerikas brachte einen gewaltigen Aufschwung. Hier wie auch in Sevilla landeten die heimkehrenden, mit Gold und Silber bis an den Rand beladenen Galeonen. Cádiz entwickelte sich zum Haupthandelshafen für die überseeischen Kolonien. Doch kaum ein Jahrhundert später, die Seemacht Spanien war im Kampf gegen England geschwächt, brachen stürmische Zeiten an. Immer wieder wurden Hafen und Stadt angegriffen, historische Gebäude und ganze Flottenverbände zerstört: 1587 durch Englands „Hofpiraten" Sir Francis Drake und 1596 durch Graf Essex. Dennoch blühte Cádiz weiterhin, erhielt 1717 sogar an Stelle von Sevilla das Monopol des Amerikahandels. Die Erträge des Seehandels und die Reichtümer, die die Heimkehrer aus den Kolonien nach Cádiz brachten, wurden in repräsentative Bauten investiert. Auf jene Zeit gehen weite Teile des heutigen Stadtbilds zurück.

1805 richtete Lord Nelson seine Kanonen auf Cádiz. Im Unabhängigkeitskrieg gegen Napoleon belagerten die Franzosen 1808–1813 die Stadt und schossen sie in

Provinz Cádiz

Fernblick: über den Dächern von Cádiz

Brand, ohne sie jedoch einnehmen zu können. Während ihnen sozusagen die Kugeln um die Ohren flogen, verabschiedeten die Mitglieder der Ständeversammlung Cortes die Constitución de 1812: Die erste Verfassung Spaniens, inspiriert durch die „afrancesados", vom Gedankengut der Französischen Revolution beeinflusste liberale Intellektuelle, war für die damalige Zeit geradezu umstürzlerisch und wurde eben deshalb von Ferdinand VII. schon zwei Jahre später wieder aufgehoben. Stolz auf diese Verfassung, die wegen ihrer Verabschiedung am Josefstag auch volkstümlich *La Pepa* (Josef = Pepe) genannt wird, sind die Einwohner dennoch bis heute, und so wird die 200-Jahr-Feier im gesamten Jahr 2012 sicher ein großes Ereignis werden.

*I*nformation/*V*erbindungen

• *Information* **Oficina de Turismo de la Junta de Andalucía**, Av. Ramón de Carranza s/n, nahe der Plaza San Juan de Dios. Geöffnet Mo–Fr 9–19.30 Uhr, Sa/So 9.30–15 Uhr. ℡ 956 203191, ℡ 956 203192, otcadiz@andalucia.org.
Delegación Municipal de Turismo, ein Pavillon direkt auf dem Paseo de Canalejas. Städtisches Büro, im Sommer täglich 9–19 Uhr geöffnet, im Winter Mo–Fr 8.30–18.30 Uhr, Sa/So 9–17 Uhr. ℡ 956 241001. Es existiert auch ein „Ableger" in Form eines Infokiosks auf dem Hauptplatz San Juan de Díos. www.cadizayto.es.

• *Verbindungen* **Flug**: Der stadtnächste Flughafen liegt bei Jerez, 32 Kilometer entfernt. COMES-Busse der Linie M-050 fahren ab Busbahnhof 6-mal täglich, Zeiten unter www.cmtbc.es.

Zug: Bahnhof (Renfe-Info: ℡ 902 240202) an der Plaza de Sevilla am östlichen Altstadtrand, Nähe Hafen. Züge nach Jerez und Sevilla alle ein bis zwei Stunden; Córdoba 9-mal, Madrid 3-mal tgl.; Huelva nur via Sevilla.
Bus: Ein Busbahnhof an der Plaza de Sevilla ist geplant; bis zu dessen Eröffnung (evtl. noch 2012) besteht unweit davon ein „provisorischer" Busbahnhof neben dem Bahnhof. COMES (℡ 902 199208) fährt nach Chiclana und El Puerto de Santa Maria jeweils etwa halbstündlich, Jerez etwa stündlich, nach Rota 4-mal, Conil de la Frontera 11-mal, Arcos 5-mal, Vejer 6-mal; Algeciras 8-mal, Tarifa 6-mal täglich. Nach Sevilla 11-mal, Málaga 6-mal, Granada 4-mal, Ronda 3-mal täglich. AMARILLOS (℡ 956 290800) bedient Chipiona und Sanlúcar de Barrameda

Cádiz 533

13-mal tgl., Abfahrten nach Arcos 5-mal, nach Ubrique 4-mal täglich.

Auto: Parkplätze sind in der Altstadt Mangelware, zudem besteht hohe Einbruchsgefahr. Eine zentrale Tiefgarage findet sich an der Av. Ramón de Carranza.

Mietfahrzeuge: Zentral liegen z. B. EUROPCAR, im Bahnhof, ℘ 956 280507, und BAHÍA Rent a Car, ebenfalls im Bahnhof, ℘ 956 271895; komplette Liste bei den Infostellen. Fahrräder bei URBAN BIKE, zentral an der C. Marques de Valdeñigo 4, ℘ 856 170664.

Sightseeing-Busse der Gesellschaft „City Sightseeing" (Tagesticket 11 €, 24 Stunden 15 €) umrunden die Altstadt und fahren bis zur Neustadt an die Playa de la Victoria, ergänzt durch eine geführte Altstadt-Tour. Haltestellen u. a. an der Uferstraße nahe der Kathedrale und unweit der Katamaran-Station.

• *Schiffsverkehr* Fahrradtransport ist bei beiden Gesellschaften möglich.

Katamarane („Buques de las Líneas Marítimas") des Consorcio de Transportes Bahía de Cádiz nach El Puerto de Santa María etwa stündlich, nach Rota 7-mal täglich; schneller und preisgünstiger, aber weniger atmosphärisch als die Adriano III., Abfahrt in deren Nähe. www.cmtbc.es.

Autofähren zu den Kanarischen Inseln je nach Saison 1- bis 3-mal wöchentlich. Tickets bei ACCIONA TRASMEDITERRANEA, in der Estación Marítima, Muelle Alfonso XIIII, ℘ 902 454645, www.trasmediterranea.es.

Bootsausflüge, z.B. Rundfahrten durch die Bucht (90 min., 10 €), veranstaltet mehrmals wöchentlich die Gesellschaft Albarco, Abfahrt nahe den Linienschiffen nach El Puerto. ℘ 856 105821, www.albarco.com.

Motorschiff Adriano III., liebevoll „Vapor" oder „Vaporcito", das „Dampferchen" genannt, fährt 5- bis 6-mal täglich nach El Puerto de Santa María. Eine Verbindung, die seit 1929 besteht! Das Schiff selbst, 1957 in Dienst gestellt, erhielt die Auszeichnung, „von hohem kulturellem Interesse" zu sein. Gemütliche, bei hohem Wellengang auch mal schaukelige Fahrt. Station an der dem Bahnhof zugewandten Seite des Fährhafens; Fahrtdauer etwa 45 min., Preis 3 €, hin und zurück 5 €; Mo (außer im Sommer) kein Betrieb. www.vapordeelpuerto.com.

---

*A*dressen

Deutsches Konsulat: Nächstes Büro in Jerez de la Frontera, siehe dort.

Telefon & Internet-Zugang: Teléfonos Públicos Gaditanos, Callejón de los Negros 1, Ecke Calle Lazaro Pou, gleich östlich der Plaza San Juan de Dios. Geöffnet ist täglich 10–24 Uhr.

Post: Plaza Topete, genannt Plaza de las Flores (Altstadt), Öffnungszeiten: Mo–Fr 8.30–20.30 Uhr, Sa 9.30–14 Uhr.

*Ü*bernachten *(siehe* K*arte* S*. 534/535)*

Außer zu den Festen sollte es keine Quartierschwierigkeiten geben. Mit einer Ausnahme liegen alle aufgeführten Adressen in der Altstadt.

**** Parador Hotel Atlántico (23), zuletzt komplett abgerissener Bau, der am selben Standort ganz neu errichtet werden soll; die geplante Fertigstellung noch 2012 erscheint etwas optimistisch. Av. Duque de Nájera, beim Parque Genovés ganz im Nordwesten der Altstadt, ℘ 956 226905, www.parador.es.

**** Hotel Playa Victoria (16), in der Neustadt. Modernes, ausgesprochen komfortables Oberklassehotel in unmittelbarer Strandlage; Pool und Garage vorhanden. Zwei Buslinien in die Altstadt. DZ offiziell etwa 175–220 €, oft geht es (z.B. per Web oder Veranstalter) aber auch erheblich günstiger. Glorieta Ingeniero La Cierva 4, ℘ 956205100, ℘ 956263300, www.palafoxhoteles.com.

*** Hotel Hospedería Las Cortes de Cádiz (10), ein charmantes, 2004 im Gebäude des ehemaligen Hotels „Imares" eröffnetes Quartier mit einer Halle bis unters Dach. 36 hübsche Zimmer, aber Achtung, ein Drittel sind „Interiores" mit Fenster nur zur Halle; in dieser Kategorie nicht jedermanns Geschmack. Parkmöglichkeit. DZ/F nach Saison etwa 110–155 €, im Winter 90 €; auf „ofertas" im Internet achten. C. San Francisco 9, ℘ 956220489, ℘ 956212668, www. hotellascortes.com.

Provinz Cádiz
Karte S. 476

*** Hotel Patagonia Sur (15), ebenfalls in der Altstadt, diesmal in einem Neubau untergebracht. 2009 eröffnetes Hotel mit modernem Touch und nur 16 Zimmern; nicht allzu geräumig, aber hübsch und solide ausgestattet. Standard-DZ etwa 85–115 €, zu Spitzenzeiten bis 140 €. C. Cobos 11, ℅ 856 174647, ℅ 856 174320, www.hotel patagoniasur.com.

** Hotel Argantonio (2), 2006 eröffnetes Quartier, das in einem schönen Altstadthaus des 19. Jh. untergebracht ist. 15 gemütliche Zimmer, alle im Charakter etwas unterschiedlich; die Mehrzahl geht zur Straße, der Rest auf den Patio. DZ/F etwa 90–105 €, im Winter knapp 85 €, zu Spitzenzeiten (Ostern, Karneval) bis 150 €. C. Argantonio 3, ℅ 956 211640, ℅ 956 214802, www.hotelargantonio.com.

** Hostal Bahía (9), nur einen Sprung von der Plaza San Juan de Dios. Günstige Lage, hotelähnliche Ausstattung. Komfortable Zimmer mit TV, Telefon und Klimaanlage. DZ/Bad etwa 55–80 €. C. Plocia 5, ℅ 956 259061, hostalbahia@hostalbahia.info.

* Hostal Centro Sol (14), sympathisches, traditionsreiches Altstadtquartier, das um einen zentralen Patio aufgebaut ist. DZ/Bad etwa 55–75 €. C. Manzanares 7, ℅/℅ 956 283103, www.hostalcentrosolcadiz.com.

* Hostal Fantoni (13), in einem Altstadthaus des 18. Jh. In seiner Klasse eine Empfehlung: engagierte Leitung, solide eingerichtete (wenn auch nicht sehr große) Zimmer mit Klimaanlage und TV, Dachterrasse mit Blick. Im Januar/Februar geschlossen. DZ nach Saison und Ausstattung 45–75 €. C. Flamenco 5, ℅/℅ 956 282704, www.hostalfantoni.es.

Casa Caracol (8), sehr schlichte Travellerunterkunft, ein Lesertipp von Kathrin Hackl: „Zentral gelegenes Backpacker-Hostel, nicht besonders luxuriös (etwas eng), nicht besonders leise, aber entspannte internationale Atmosphäre. Küche für Selbstversorger, Dachterrasse." Übernachtung im Schlaf-„Saal" 16–18 € p. P. Hier auch die Rezeption für die nahe **Dependance „Los Piratas"** (mit schöner Dachterrasse, geöffnet Ostern bis Oktober), in der es solide DZ ohne Bad zu 50 € gibt. C. Suárez de Salazar 4, die blaue Tür beim „AT"-Schild, ℅ 956 261166, www.caracolcasa.com.

• *Camping* In Cádiz selbst gibt es keinen Platz, der nächste liegt in El Puerto de Santa María (siehe unten); beste „öffentliche" Anreise per Katamaran.

Cádiz 535

Essen & Trinken
1 Bar-Cer. El Bogavante
3 Cervecería Aurelio
4 Jamones de Montañera
5 Rest. Achuri
6 Freiduría Joselito
7 Bar Cruz blanco/Cumbres Mayores
11 Almacén Diaz Sepúlveda
12 Taberna La Manzanilla
18 Bar La Terraza
18 Freiduría Veedor
19 Restaurante Casa Antonio
20 La Montanera/ El Fogón de Mariana
21 Freiduría Las Flores I
22 Rest. Grimaldi
24 Rest. La Dorada
25 Rest. El Faro

Übernachten
2 Hotel Aragantonio
8 Casa Caracol
9 Hostal Bahía
10 Hotel Hospedería Las Cortes de Cádiz
13 Hostal Fantoni
14 Hostal Centro Sol
15 Hotel Patagonia Sur
16 Hotel Playa Victoria
23 Parador Atlántico

Altstadt von Cádiz

Provinz Cádiz
Karte S. 476

536   Provinz Cádiz

Essen (siehe Karte S. 534/535)

Spezialitäten der Stadt sind natürlich Meeresfrüchte wie die Tintenfische *chocos* und Fisch aller Art, z. B. *caballa*, Makrele, besonders gut vom Grill. Maritime Köstlichkeiten gibt es in Cádiz so günstig wie selten sonst in Südspanien, vor allem in den Frittierstuben *freidurías*, für die die Stadt berühmt ist. Die dort gekauften Portionen darf man auch in manche der benachbarten Kneipen (kenntlich an Schildern wie „Se admiten comidas de la calle") mitnehmen und zum Bier oder Wein verzehren.

• *Restaurants* **Restaurante El Faro (25)**, weithin gelobtes Nobellokal von Cádiz, Meeresküche in einfallsreichen Variationen. Unter 40 € fürs Menü geht kaum etwas, mehr kann man dagegen leicht ausgeben. Calle San Felix 15, im äußersten Westen der Altstadt, drei Blocks landeinwärts der Verbindung zum Kastell; ☎ 956 211068.

Restaurante Casa Antonio (19), an der Plaza San Antonio, ein paar Tische auch im Freien. Edles Restaurant mit guter Lokalküche in umfangreicher Auswahl, gleichzeitig der örtliche Spezialist für Reisgerichte (Arroces). Menü ab etwa 25–30 €, dafür gibt es aber auch ordentliche Portionen. Pl. San Antonio 9.

Restaurante Grimaldi (22), ein Lesertipp von Andrea Lange: „Es hat etwas ursprünglich Andalusisches und ist nicht dem Tourismus angepasst. Das Essen ist sehr gut und frisch". Spezialität ist Fisch, der direkt vom nahen Markt stammt, Menü ab etwa 25–30 €. Plaza Libertad 9.

Restaurante Achuri (5), unweit der Plaza San Juan de Dios. Traditionsreiches Lokal (gegründet 1947) mit nostalgischem Ambiente. Gute baskische Küche, Menü etwa 20–25 €. Beliebte Bar angeschlossen. Im Umfeld noch einige weitere Lokale. Calle Plocia 15.

Rest. La Dorada (24), Beispiel für die Restaurants in dieser verkehrsberuhigten Straße unweit der Playa de la Caleta, die allesamt auf Fisch und Meeresfrüchte spezialisiert und besonders am Wochenende bei den Einheimischen sehr beliebt sind. Das Preisniveau dieser Lokale schwankt zwischen relativ günstig und durchaus gehoben, das Rest. La Dorada liegt im oberen Bereich. Calle Virgen de la Palma 18.

• *Tapa-Bars und Kneipen* **Bar-Cervecería El Bogavante (1)**, meerwärts der Plaza de la Mina. Tische im Freien, oft eine angenehm frische Brise vom Meer. Im Angebot Raciones Fisch und Meeresfrüchte (auch die namensgebenden Hummer, sofern vorrätig) sowie diverse Cazuelitas (kleine Kasserolen). Alameda Apodaca, Ecke Calle Zorrilla.

Almacén Diaz Sepúlveda (11), an einer der Hauptgassen der Altstadt. Eine kleine Kuriosität: Diese Mischung aus Laden und Bar war einst für Cádiz ganz typisch, heute gibt es nicht mehr viele davon. C. Rosario, Ecke Calle Zapata.

Cervecería Aurelio (3), in der Kneipengasse Calle Zorilla. Sehr urig, großer gekachelter Raum, viele Einheimische. Prima Tapas und Raciones, Spezialität gekochte Meeresfrüchte. Calle Zorilla 1.

Bar Cruz Blanco/Cumbres Mayores (7), gleich gegenüber. Dunkles, hübsch gemachtes Lokal, in dem der Schwerpunkt auf Fleisch-Tapas und Raciones liegt. Calle Zorilla 4.

La Montanera/El Fogón de Mariana (20), unweit der Torre Tavira. Das gemütliche Bar-Restaurant ist Teil einer kleinen Kette, die sich auf Schinken und Fleisch vom Grill spezialisiert hat. Mittleres Preisniveau. Calle Sacramento 39. Eine Filiale liegt in der C. Lazaro Dou 17 nahe Hauptplatz: **Jamones de Montañera (4)**.

Taberna La Manzanilla (12), in der Nähe, eine wunderbare Kneipe, die über hundert Jahre auf dem Buckel hat. Aus den riesigen Fässern wird ausschließlich Manzanilla aus Sanlúcar gezapft (auch zum Mitnehmen), das Hinterzimmer ist ein wahres Weinmuseum. Calle Feduchy 19.

Bar La Terraza (17), am Vorplatz der Kathedrale. Ein hübsches Plätzchen im Freien mit schönem Blick, guten Tapas und Raciones. Die Kellner sind gelegentlich etwas mürrisch. Plaza Catedral.

• *Freidurías* Cádiz wird weithin gerühmt für frittierten Fisch und ebensolche Meeresfrüchte. In der Tüte zum Mitnehmen muss man fürs Viertelkilo Gambas mit 5 € rechnen, für Chocos (Tintenfische) mit etwa 4 €. Fisch kostet je nach Sorte oft noch etwas weniger. Sehr lecker: Cazón en Adobo, marinierter und mit Kreuzkümmel gewürzter Dornhai.

Freiduría Las Flores I (21), an der Plaza Topete, nicht weit von der Post. Traditionsreiche Freiduría in prominenter Lage. Tische innen und außen, Essen gibt es entweder im Self-Service-Verfahren aus der Papiertüte oder à la carte beim Kellner, der in jedem Fall auch die Getränke bringt. Mittags bestens besucht.

Freiduría Veedor (18), Calle Veedor 2, nahe der Plaza San Antonio, westlich der Plaza de la Mina. Um die Ecke an der C. Obispo Cerero liegt das Café „Eiffel", in das man seinen Fang mitnehmen darf.

Freiduría Joselito (6), unweit der Plaza San Juan de Dios. Hier auch einige Tische im Freien. Avenida Ramón de Carranza s/n, in der Nähe der Infostelle der Junta.

Calle Zorrilla: In der beliebten Kneipengasse nahe der Plaza de la Mina werden gekochte Meeresfrüchte oft von fliegenden Händlern angeboten.

Nachtleben

Wie fast immer in Spanien sind die einzelnen Bereiche festen zeitlichen Regeln unterworfen. Als besonders wichtiges Zentrum des Nachtlebens gilt Cádiz nicht.

Plaza Glorieta und Umgebung, in der Neustadt, zwar ganz überwiegend nur im Sommer aktuell, dann aber etwa ab Mitternacht der wichtigste Treffpunkt von Cádiz. Am Paseo Marítimo, etwa auf Höhe der Plaza, finden sich Bars und Discos in guter Auswahl. In der an den Platz selbst angrenzenden Calle General Muñoz Arenilla, der einzigen auch im Winter beliebten Kneipengasse hier, drängeln sich die Massen geradezu.

Calle Zorilla, am Altstadtplatz Plaza de la Mina: Hier herrscht ab etwa 22 bis 23 Uhr viel Betrieb, insbesondere am Wochenende. Einen Besuch wert sind die herrlich urigen Tapa-Bars und Bierkneipen aber auch schon früher.

Fressgasse für Fisch-Fans: Calle Virgen de la Palma

Plaza San Francisco/Calle Rosario: Eine weitere, vorwiegend winterliche Kneipenzone, nur wenige Schritte östlich der Plaza de la Mina selbst. Ebenfalls im Winter gefragt sind die Bars des nahe der Kathedrale gelegenen **Barrio del Populo**.

Punta San Felipe, die Halbinsel nördlich der Plaza España, ist eine Nachtzone, in der es besonders in den Morgenstunden am Wochenende hoch hergeht.

Feste/Einkaufen/Baden

• *Feste und Veranstaltungen* Es ist eine ganze Menge los in Cádiz, besonders in punkto Kulturfestivals. Ein ausführliches Programm gibt es bei den Fremdenverkehrsämtern.

Carnaval, Karneval, Fasching – das wildeste Fest von Cadíz. Näheres im Kasten.

Semana Santa, die Karwoche, auch in Cádiz eines der wichtigsten Ereignisse im Jahr; Zentren der Prozessionen sind die Plaza de la Mina und natürlich die Kathedrale, die alle Pasos durchqueren müssen.

Festival Manuel de Falla, ein Festival klassischer Musik, alljährlich im Mai und Juni.

Corpus Cristi, Fronleichnam. Unter anderem Prozessionen mit den riesigen, vor lauter Edelmetall und Diamanten nur so funkelnden Monstranzen, die sonst im Museum der Kathedrale ausgestellt sind.

San Juan, 23./24. Juni. Am 23. abends die „Quema de los Juanillos", übersetzt etwa „Verbrennen der kleinen Juans" – es handelt sich aber nur um Puppen ...

Festival Internacional de Folclore Ciudad de Cádiz, ein großes Folk-Festival in der ersten Julihälfte. Musik unter freiem Himmel im Parque Genovés.

Trofeo de Ramón de Carranza, Fußballturnier mit großen Vereinen und anschließendem Riesen-Barbecue am Strand, zu dem sich weit über hunderttausend Besucher einfinden. An wechselnden Terminen Ende August.

Alcances-Festival, ein bedeutendes Filmfest im Lauf des Monats September.

Fiesta de la Virgen del Rosario, am 7. Oktober; ein Fest zu Ehren der Stadtheiligen.

Festival Iberoamericano de Teatro, Festival südamerikanischen Theater, im Oktober.

Festival Internacional de Títeres, ein großes Puppenfestival, das an wechselnden Terminen im Dezember stattfindet.

● *Einkaufen* **Shoppingzone** ist vor allem das Gebiet zwischen der Plaza de las Flores und der Calle San Francisco, insbesondere die Calle Columela samt ihren Seitenstraßen; hier finden sich viele große internationale Labels.

Mercado Central an der Calle Libertad, unweit der Plaza Topete und der Post. Großer Markt mit buntem Angebot.

● *Baden* **Playa de la Caleta**: Am westlichen Altstadtende liegt dieser kleine, aber hübsche Strand mit Gebäuden im nostalgischen Seebad-Stil. Die Wasserqualität ist bei Stadtstränden natürlich immer etwas kritisch, doch war der Strand zuletzt mit der „Blauen Flagge" ausgezeichnet, das Wasser sollte also tatsächlich sauber sein.

Playas de la Victoria y Cortadura: Auf sieben km Länge ist die Südwestseite der Neustadthalbinsel praktisch ein einziger Strand, im Sommer den die „Gaditanos", wie die Einwohner von Cádiz genannt werden, höchst beliebt. Die Playa de la Victoria und die angrenzende Playa de la Cortadura waren zuletzt mit der „Blauen Flagge" prämiert. Weiter südöstlich erstrecken sich hinter dem Militärgelände Fuerte de Cortadura kilometerlange Strände ohne Bebauung.

Sehenswertes

Cádiz ist in erster Linie eine Stadt des 18. Jahrhunderts. Aus früheren Zeiten hat kaum eines der baulichen Monumente die vielen Zerstörungen überlebt, weshalb sich die Altstadt auch mehr zum entspannten Bummel als zum gezielten Besuch von Sehenswürdigkeiten anbietet. Zwei Ausnahmen, die man keinesfalls versäumen sollte, sind der Turm *Torre Tavira* und das *Museo de Cádiz*.

Puerta de Tierra: Die wuchtige Wehranlage am Zugang zur Altstadt geht in ihren Grundzügen auf das 15. Jh. zurück, wurde aber später immer wieder umgebaut.

Rundgang um die Altstadt: Sehr schön ist ein Spaziergang entlang der Mauern aus dem 18. Jh., die fast rundum noch Stadt und Meer trennen. Viel Wehrhaftes wird man hier entdecken, darunter den nur zu Ausstellungen geöffneten Baluarte de Candelaria, außerdem die Barockkirche *Iglesia del Carmen* mit ihren beiden churrigueresk dekorierten Türmen. Reizvolle Abschnitte des Rundgangs sind auch die parkähnlich gestaltete *Alameda Apodaca* auf Höhe der Plaza de Mina und weiter südlich der *Parque Genovés*. Beide wirken fast wie botanische Gärten.

Centro Cultural Reína Sofía: Im ehemaligen Gebäude der Militärregierung von Cadíz, einem neoklassizistischen Bau des 18. Jh., ist seit 2006 ein Kulturzentrum untergebracht. Seine wichtigste Attraktion ist eine große Sammlung von Werken des aus Cádiz stammenden Künstlers Juan Luis Vassallo Parodi (1908–1986), der zu den bedeutendsten spanischen Bildhauern des 20. Jh. gerechnet wird. Gestiftet wurden die rund 165 Arbeiten von seiner Familie.

Öffnungszeiten Mo–Sa 9–21 Uhr, So 9–15 Uhr; Eintritt frei.

Castillo de Santa Catalina: Die fünfeckige Festung im Westen der Altstadt grenzt an den Stadtstrand Playa de la Caleta und wurde ab 1598 auf Anordnung Philipps II.

Cádiz/Sehenswertes 539

als Konsequenz aus den Angriffen der Engländer errichtet. Die Anlage ist täglich 10–20.45 Uhr geöffnet, Eintritt frei.

Castillo de San Sebastián: Dieses Kastell, ab dem Ende des 16. Jh. auf einer Felsinsel im Süden der Playa de la Caleta errichtet, war bis zuletzt nicht zugänglich, soll aber im großen Jahr 2012 Schauplatz diverser Festveranstaltungen werden. Der Spaziergang über den Kai hinüber bis zum Tor macht immer Laune und öffnet einen schönen Blick auf die Stadt.

Plaza San Juan de Dios: Der weite, freundliche Hauptplatz der Stadt empfängt Besucher mit Palmen, einer Reihe von beliebten Cáfes und Restaurants und dem im 18. Jh. errichteten, klassizistischen Rathaus.

Cuartetos, Chiringuitos, Comparsas und Coros: Karneval in Cádiz

Der Karneval von Cádiz ist spanienweit berühmt, nur noch mit dem von Teneriffa zu vergleichen. Die farbenprächtigen Umzüge könnten auch in Südamerika stattfinden, und an Aschermittwoch ist noch lange nicht Schluss ... Es waren vor allem Kaufleute aus Genua und Venedig, die schon im 16. Jh. Masken- und Kostümfeste nach Spanien brachten. Seit 1861 wird der Karneval von Cádiz von der Stadtverwaltung organisiert und dauert von Donnerstag vor Aschermittwoch bis zum übernächsten Sonntag. Eine hiesige Spezialität sind die Spottgesänge der je nach Zahl ihrer Mitglieder „Cuartetos" (drei bis fünf Personen), „Chiringuitos" (etwa zwölf Personen), „Comparsas" (etwa 14 Personen) und „Coros" (40–50 Personen) genannten Gruppen, die in freundschaftlicher Konkurrenz zueinander stehen. In einem Vorab-Wettbewerb, der fast 20 Tage dauert, tragen sie tagsüber in den Straßen und abends im Teatro de Falla ihre satirischen Gesänge vor; das Finale, das am Donnerstag in der Woche vor Beginn des eigentlichen Karnevals stattfindet, wird vom Fernsehen übertragen. Neben den offiziellen gibt es auch eine ganze Reihe inoffizieller Gruppen und Grüppchen, die oft sehr fantasievoll kostümierten „Charangas". Höhepunkt des Karnevals ist das erste Wochenende bis einschließlich Dienstag; am Sonntag findet ein vierstündiger Umzug statt, der oft von mehr als 100.000 Menschen begleitet wird, gefolgt von einem großen Feuerwerk. Ab Aschermittwoch wird es ruhiger, doch endet der Karneval von Cádiz erst am ersten Fastensonntag mit dem „Umzug des Humors" im alten Stadtkern. – Wichtig zu wissen: Unterkünfte sind während der Karnevalszeit ohne längerfristige Reservierung kaum zu bekommen. Viele Besucher kommen deshalb von außerhalb und machen zumindest eine Nacht einfach durch.

Der Karneval von Cádiz im Internet: www.carnavaldecadiz.com

Provinz Cádiz
Karte S. 476

Barrio del Pópulo: Das „Viertel des Volkes" geht auf das 18. Jh. zurück und ist, ohne besondere Sehenswürdigkeiten aufzuweisen, tatsächlich sehr bescheiden und volkstümlich geblieben. Zu erreichen ist es von der Plaza San Juan de Dios über die gleichnamige Straße in südlicher Richtung.

Catedral Nueva: Einige Straßen westlich des Barrio, in Meeresnähe. 1720 begonnen und erst 1838 fertiggestellt, beeindruckt der Bau mit der großen gelben Kuppel weniger mit seiner Mixtur aus Barock und Klassizismus, eher schon mit seinen Dimensionen: Der Innenraum misst 85 Meter Länge, 60 Meter Breite und stolze 52

Auf Augenhöhe: Aussicht von der Torre Poniente

Meter Höhe. Im Inneren wird aber leider auch deutlich, dass die Kathedrale in einem verheerenden Zustand ist, da die Meeresluft das Gestein versalzen ließ. In der Krypta, die auch wegen ihrer ungewöhnlichen Akustik berühmt ist, liegt das Grab des Komponisten Manuel de Falla (1876–1946), der zu den größten Söhnen der Stadt zählt.

Öffnungszeiten Mo–Sa 10–18.30 Uhr, ein Besuch schließt die Besichtigung des Kathedralenmuseums (s. u.) mit ein; Eintrittsgebühr 5 €. Freier Eintritt (ohne Museum) Di–Fr 19–20 Uhr sowie zur Messe am So 11.30–13 Uhr.

Mirador Torre de Poniente de la Catedral: Im Inneren des Westturms der Kathedrale geht es über eine Rampe nach oben zu einer Aussichtsplattform, von der sich ein guter Blick auf das Gotteshaus ebenso bietet wie ein weites Panorama der Stadt. „Der höchste Turm von Cádiz" werben die Betreiber übrigens korrekt, doch steht man wegen der Kuppel eben nicht ganz oben und deshalb auf der Dachterrasse der Torre Tavira ähnlich hoch.

Öffnungszeiten Täglich 10–20 Uhr, im Winter bis 18 Uhr, Eintrittsgebühr 4 €.

Casa del Obispo: Zwischen Kathedrale und Kathedralenmuseum liegt diese Ausgrabungsstätte, die den Besucher fast drei Jahrtausende in die Vergangenheit bringt – der hiesige Bischofspalast (daher der Name) wurde über uralten Bauten errichtet, die bis ins 8. Jh. v. Chr. zurückgehen. Ein eher kurzer, aber gut gemachter Rundgang durch das unterirdische Gelände führt zu den Resten einer phönizischen Grabstätte des 6. Jh. v. Chr., die später von den Römern als Tempel genutzt wurde; Vitrinen präsentieren kleinere Funde, die bei den Ausgrabungen ans Licht kamen.

Öffnungszeiten Täglich 10–20 Uhr, von Mitte September bis Mitte Juni bis 18 Uhr, Eintrittsgebühr 4 €.

Museo de la Catedral: Höhepunkt des Museums sind gleich drei riesige, mit Gold, Silber, Perlen und Edelsteinen opulent geschmückte Monstranzen, von denen eine mit einer Höhe von sechs Metern (!) die größte der Welt sein soll. Weiterhin gibt es einige Gemälde der Sevillaner Schule zu sehen, darunter Arbeiten von Zurbarán und Murillo. Geöffnet ist wie die Kathedrale, sonntags jedoch geschlossen.

Cádiz/Sehenswertes 541

Neben dem Museum steht der der teilweise zerstörte Vorläuferbau der Kathedrale, die *Iglesia de Santa Cruz*. Ein Stück weiter östlich liegt das unspektakuläre *Teatro Romano* (zuletzt wg. Renovierung geschlossen) aus dem ersten nachchristlichen Jahrhundert.

Plaza Topete (Plaza de las Flores): Zwar ist die Plaza San Juan de Dios dank des Rathauses gewissermaßen der offizielle Hauptplatz von Cádiz, den tagsüber stets belebten Mittelpunkt der Altstadt bildet jedoch die Plaza Topete. Wegen der vielen Blumenverkäufer wird sie auch „Plaza de las Flores" genannt. Ganz in der Nähe lohnt sich ein Blick in die renovierte städtische Markthalle an der Calle Libertad. Hier lag schon immer der Handelsplatz von Cádiz. Die Stadt rühmt sich deshalb, den „ältesten überdachten Markt" Europas zu besitzen, womit aber kaum das Gebäude selbst gemeint sein dürfte.

Factoría Romana de Salazones: Nicht weit von der Plaza Topete führt ein unscheinbarer Eingang an der Calle Sacramento hinab zu den Resten einer römischen Fischfabrik des 1. Jh. v. Chr., in denen die Meeresbeute zur Konservierung eingesalzen wurde. Entdeckt wurde sie beim Abriss eines alten Theaters, das einem Wohnblock Platz machen sollte.
Öffnungszeiten Bis mindestens 2012 geschlossen.

Torre Tavira: Wohl die ungewöhnlichste Sehenswürdigkeit der Stadt. Der dreistöckige, im Barockstil des 18. Jh. errichtete Turm war ursprünglich Teil eines Palastes und steht auf dem höchsten Punkt der Altstadt, an der Kreuzung der Calle Sacramento mit der schmalen Calle Marqués del Real Tesoro. In zwei Stockwerken sind wechselnde Ausstellungen zu Themen rund um die Stadt Cádiz untergebracht, außerdem ein Computer mit Informationen zu den Weißen Dörfern der Provinz. Wichtigste Attraktion ist jedoch die *Camera Obscura* (lat.: „Dunkle Kammer"), ein altes Projektionsverfahren, das ein seitenverkehrtes, aber sehr scharfes Bild liefert. Mit Hilfe eines Spiegels und einer Linse entstehen in dem abgedunkelten Raum auf einem konkaven Schirm „lebende Bilder" der Umgebung: Wäsche flattert auf den Dächern, man sieht Menschen durch die Straßen laufen, Vögel fliegen und Schiffe vorbeifahren. Die Konstruktion ist drehbar und ermöglicht es so, einen 360-Grad-Blick über die Altstadt zu werfen. Im Anschluss lässt sich das Gesehene auf der Dachterrasse nachvollziehen, die eine fantastische Aussicht über die Turmlandschaften der Stadt bietet.
Öffnungszeiten 15. Juni bis 15. September tägl. 10–20 Uhr, sonst 10–18 Uhr; Eintritt 4 €, Studenten etwas ermäßigt. Ein Besuch lohnt sich vor allem bei schönem Wetter. Für Rollstuhlfahrer besteht leider keine Zugangsmöglichkeit. www.torretavira.com.

Museo de las Cortes de Cádiz: Das Museum an der Calle Santa Inés 9 erinnert an die Verfassung, die nebenan (s.u.) von den Cortes verabschiedet wurde, bewahrt dazu eine Reihe von Exponaten jener Zeit. Interessant besonders das große Modell der Stadt des 18. Jh., das damals originalgetreu angefertigt wurde.
Öffnungszeiten Bis mindestens 2012 geschlossen.

Oratorio de San Felipe Neri: Ganz in der Nähe des Museo de las Cortes de Cádiz. Ein Platz, der Geschichte schrieb: Hier verabschiedeten 1812 die Cortes die erste Verfassung Spaniens, der Barockbau aus dem 17./18. Jh. wurde deshalb zum Nationalmonument erklärt. Im Inneren ist am Altar eine *Inmaculada* (Unbefleckte Empfängnis) von Murillo zu sehen.
Öffnungszeiten Bis mindestens 2012 geschlossen.

Provinz Cádiz
Karte S. 476

542 Provinz Cádiz

Nicht ganz menschenleer: die Playa de la Caleta am Sonntag

Centro de Interpretación La Pepa 2012: Mit einer Reihe von interaktiven Bildschirmen erinnert auch dieses Interpretationszentrum (Di–Fr 10–14, 17–20 Uhr, Sa 11–14, 17–20 Uhr; gratis) an der Calle Ancha 19 an die berühmte Verfassung, die 2012 ihr 200jähriges Jubiläum feiert.

Plaza de Mina: Rechter Hand am nordöstlichen Ende der Calle San José. Ein schöner, dank des atlantischen Klimas herrlich dicht begrünter Platz, an dem tagsüber Vögel und abends Kinder und Mopeds lärmen.

Museo de Cádiz: Direkt am Platz gelegen, zählt es zu den bedeutendsten Sehenswürdigkeiten der Stadt. Das Archäologische Museum (*Sección de Arqueológia*) im Untergeschoss präsentiert Funde aus der langen Vergangenheit der Stadt und ihrer Umgebung, darunter aus einer großen phönizischen Nekropole. Obwohl auch maurische Exponate zu sehen sind, stammen die hochrangigsten Stücke der Stadtgeschichte entsprechend aus früherer Zeit. Höhepunkt sind zwei Marmorsarkophage in Menschenform, die wahrscheinlich aus dem 4. Jh. v. Christus stammen. Die Körper sind nur angedeutet, die idealisierten Gesichter des Mannes und der Frau jedoch fein herausgearbeitet, um ihre Unsterblichkeit zu gewährleisten. Geschaffen wurden sie wohl von griechischen Künstlern nach Vorbildern aus Ägypten; Auftraggeber dürften jedoch Phönizier gewesen sein. Die große und hervorragend bestückte Gemäldesammlung der *Sección de Bellas Artes* ist nach derjenigen von Sevilla die bedeutendste Andalusiens. Ausgestellt sind unter anderem Werke von Rubens, Morales, Cano und Ribera; der zeitliche Rahmen reicht bis zu Sorolla und Miró. Murillo ist mit seinem letzten, 1682 entstandenen Gemälde vertreten – während der Arbeiten an den „Desposorios de Santa Catalina" war der sevillanische Künstler gestürzt und hatte sich dabei tödlich verletzt. Das Glanzstück der Ausstellung jedoch bildet eine umfangreiche Sammlung von Werken des asketischen Zurbarán. Im zweiten Stock zeigt die völkerkundliche Abteilung *Sección de Etno-*

grafía unter anderem alte Marionettentheater aus dem 19. und 20. Jh., die in früheren Zeiten so beliebt waren wie heute das Kino.

Sección de Etnografía: Im zweiten Stock zeigt die völkerkundliche Abteilung unter anderem alte Marionettentheater aus dem 19. und 20. Jh., die in früheren Zeiten so beliebt waren wie heute das Kino.

Öffnungszeiten Mi–Sa 9–20.30 Uhr, Di 14.30–20.30 Uhr, So 9.30–14.30 Uhr; Mo geschlossen. Eintritt für EU-Bürger gratis, sonst 1,50 €.

Oratorio de Santa Cueva: In der Calle Rosario, die von der Plaza de Mina etwa in östlicher Richtung abzweigt. Das Oratorium der Barockkirche *Iglesia del Rosario* besteht aus zwei übereinander liegenden Kapellen. Die untere ist der Passion gewidmet und fällt sehr schlicht aus; die obere birgt eine Reihe von Gemälden, darunter drei feine Arbeiten von Meister Goya, der sonst mit religiöser Thematik nicht viel am Hut hatte. Joseph Haydn schrieb eigens für dieses Gotteshaus das Musikstück „Die sieben letzten Worte unseres Erlösers am Kreuze", uraufgeführt am Karfreitag 1783 und seitdem fester Bestandteil der Karwoche von Cádiz.

Öffnungszeiten Di–Fr 10–13, 17–20 Uhr (Winter 16.30–19.30 Uhr), Sa/So 10–13 Uhr, Eintrittsgebühr 3 €.

El Puerto de Santa María

Die lebendige Stadt an der Mündung des Río Guadalete ist schon fast ein Vorort von Cádiz, gleichzeitig praktisch der Hafen von Jerez und auch der Beginn einer Reihe von Badeorten, die bislang vorwiegend von Spaniern besucht werden.

El Puerto de Santa María, meist schlicht „El Puerto" genannt, ist ähnlich alt wie Cádiz. Die Stadt war Ausgangspunkt der zweiten Amerikaexpedition von Kolumbus und später ein wichtiger Hafen für den Handel mit den neuen Kolonien. Am Rand des Parks an der flussnahen Plaza de las Galeras Reales steht noch jener Brunnen, aus dem die königlichen Karavellen ihren Wasservorrat gefüllt haben sollen. Aus jener Glanzzeit stammt auch eine ganze Reihe von Palästen, in denen sich der Reichtum der hiesigen Kaufherren manifestierte.

Schlemmen am „Ufer der Meeresfrüchte"

Ein wichtiger Anziehungspunkt, vor allem für die Einwohner von Cádiz und Jerez, in zunehmendem Maße aber auch für ausländische Reisende, sind die Fischlokale von El Puerto de Santa María. Parallel zum Fluss und einen Block landeinwärts erstrecken sich Dutzende von Lokalen, in denen Fisch und Meeresfrüchte serviert werden, in manchen nach Gewicht und aus der Papiertüte, andere auf edel und teuer gemacht. Eine der Straßen im Zentrum des Genusses heißt denn auch sinnigerweise *Ribera del Marisco*, „Ufer der Meeresfrüchte". Zwar gibt es auch Frittierstuben im Ort, typisch für El Puerto sind jedoch die *Cocederos*, in denen das Meeresgetier in Salzwasser gekocht wird. Das ist eine Wissenschaft für sich, hat doch jede der zahlreich angebotenen Sorten ihre eigene Kochzeit, die auf den Punkt genau eingehalten werden muss. Um ein Nachgaren zu verhindern, wird die Ware deshalb sofort nach dem Kochen in Eiswasser abgekühlt.

Provinz Cádiz Karte S. 476

Provinz Cádiz

Heute ist der planmäßig im Schachbrettmuster aufgebaute, gut 80.000 Einwohner zählende Ort vor allem für seine Bodegas bekannt, in denen Sherry reift und von denen aus er auch verschifft wird: El Puerto bildet das südliche Ende des „Sherry-Dreiecks", zu dem auch noch Sanlúcar de Barrameda und natürlich Jerez selbst zählen. Zur spanischen Urlaubssaison ist einiges los um El Puerto, bilden doch die Strände zwischen hier und Sanlúcar das Hauptferienziel der Einwohner von Sevilla und Madrid. Auch der ausgedehnte Ort selbst, der übrigens als eine der Geburtsstätten des Flamenco gilt, hat in den letzten Jahren einen kräftigen touristischen Aufschwung erlebt, nicht zuletzt wohl wegen des großen Yachthafens „Puerto Sherry": Die etwas außerhalb des Ortes am nordwestlichen Ende der Playa Puntilla gelegene Marina zählt zu den wichtigsten Sporthäfen des Landes. Eine weitere Attraktion der Stadt ist das Spielcasino, eines der wenigen Andalusiens.

Information/Verbindungen

• *Information* **Oficina Municipal de Turismo**, mit Erscheinen dieser Auflage wohl bereits umgezogen an die Plaza Alfonso X. El Sabio beim Castillo San Marcos. (Bisherige) Öffnungszeiten von Mai bis September täglich 10–14 Uhr, 18–20 Uhr, im restlichen Jahr täglich 10–14, 17.30–19.30 Uhr. ✆ 956 542413, ℻ 956 542246, www.turismoelpuerto.com.

• *Verbindungen* **Zug**: Bahnhof am nordöstlichen Ortsrand. Züge Richtung Cádiz etwa stündlich, Jerez und Sevilla alle ein bis zwei Stunden.

Bus: El Puerto besitzt mehrere Abfahrtsstellen. Eine wichtige Haltestelle liegt gegenüber der großen Stierkampfarena Plaza de Toros, etwas südlich des Zentrums; viele Busse fahren jedoch an der Station nahe Bahnhof ab. Nach Cádiz ab der Arena und ab Bahnhof etwa halbstündlich; Rota ab Arena 11-mal, Chipiona und Sanlúcar ab Arena 13-mal tgl., Jerez ab Arena 2-mal, ab Bahnhof 7-mal, Flughafen Jerez ab Bahnhof 2mal, Arcos/Ronda ab Bahnhof 5-mal, Sevilla ab Bahnhof 4-mal tägl.

• *Schiffsverkehr* **Motorschiff Adriano III.** 5- bis 6-mal tgl. nach Cádiz, siehe auch dort, p.P. 3 €. Abfahrt am Fluss bei der Fuente de las Galeras, Mo (außer im Sommer) kein Betrieb. www.vapordeelpuerto.com.

„Von hohem kulturellem Interesse": Adriano III. zwischen El Puerto und Cádiz

El Puerto de Santa María 545

Katamarane („Buques de las Líneas Marítimas") fahren etwa stündlich nach Cádiz, siehe auch dort, p.P. circa 2,20 €. Station am Fluss etwa auf Höhe des Hotel Santa María, www.cmtbc.es.

• *Post* Plaza del Polvorista s/n, unweit des Hotels Santa María, geöffnet Mo.Fr 8.30–20.30 Uhr, Sa 9.30–14 Uhr.

Übernachten/Essen

• *Übernachten* Wegen der guten Verkehrsverbindungen ist El Puerto auch als Alternative zu Cádiz interessant. Zum Gran Premio de España in Jerez Anfang Mai gelten Sondertarife; El Puerto ist dann komplett ausgebucht.

***** Hotel Duques de Medinaceli, im nördlichen Zentrumsbereich. 2002 eröffnetes Luxushotel, untergebracht in einem Stadtpalast des späten 18. Jh. mit Hauskapelle und prachtvollem botanischen Garten. Die 28 Zimmer gruppieren sich auf zwei Etagen um einen zentralen Patio. DZ nach Saison und Ausstattung offiziell 195–290 €; mit Sonderangeboten („ofertas") oft günstiger. Es gibt auch Suiten. Pl. de los Jazmines 2, ☏ 956 860777, 📠 956 542687, www.jale.com/dmedinaceli.

*** Hotel Santa María, mit 100 Zimmern nicht gerade klein. Gut ausgestattetes, recht ansehnliches Mittelklassehotel an der Flussuferstraße, mit Garage und Pool. Die Abfahrtsstelle der Katamarane nach Cádiz liegt ganz in der Nähe. DZ nach Saison etwa 75–125 €, gegen Aufpreis auch DZ mit Salon. Av. Bajamar s/n, ☏/📠 956873211, www.hotelsantamaria.es.

*** Hotel Los Cántaros, kleineres Hotel im Mittelpunkt des nächtlichen Geschehens von El Puerto. Sehr nett dekoriert, unter anderem mit den namensgebenden Tonkrügen. Vertragsgarage in der Nähe. DZ etwa 80–140 €. C. Curva 6, nahe der Ribera de Marisco, kenntlich an der dunkelroten Fassade, ☏ 956540240, 📠 956541121, www.hotelloscantaros.com.

** Hotel Casa del Regidor, an der Zufahrt zur Altstadt. Hübsches Quartier, untergebracht in einem Stadthaus mit Patio und langer Vergangenheit. 17 gut ausgestattete Zimmer, die ihr Geld wert sind. DZ nach Saison 60–95 €. Ribera del Río 30, ☏ 956 877333, 📠 956 872813, www.hotelcasadelregidor.com.

Hotel Apartamentos Casa de los Leones, nahe dem städtischen Markt, untergebracht in einem reizvollen Barockpalast des 18. Jh.; die sehr gut ausgestatteten Apartments für zwei bis vier Personen verteilen sich um den Innenhof. Dachterrasse mit Aussicht. Restaurant angeschlossen. Zweier-Apartment etwa 60–135 €, mit Internetangeboten manchmal noch günstiger und dann ein echtes Schnäppchen. La Placilla 2; Parkgarage in der Calle Ganado (Anfahrt via Calle Cielo) assoziiert, ☏ 956 875277, 📠 956 857628, www.casadelosleones.com.

** Hostal Costa Luz, unweit der Stierkampfarena. Freundliche Unterkunft mit angenehmen, nett eingerichteten und für die Preisklasse sehr komfortablen Zimmern. DZ/Bad nach Saison 40–70 €. C. Niño del Matadero 2, ☏/📠 956 054701, www.hostalcostaluz.com.

** Pensión Casa Número 6, in dieser Klasse ein Tipp. Das britisch-spanische Paar Alan und Penny hat einen Stadtpalast des 19. Jh. in eine sehr reizvolle Pension verwandelt. Schöner Patio, Zimmer unterschiedlichen Zuschnitts (zwei gehen allerdings ohne Außenfenster auf den Patio), Kachelböden und hübsches Mobiliar in dunklem Holz. DZ/Bad/F 70–80 €, es gibt auch „Apartments" ohne Küche (Mikrowelle vorhanden). C. San Bartolomé 14, nahe Pl. España, ☏ 956 877084, www.casano6.com.

• *Camping* **Playa las Dunas**, 1. Kat., ein Riesengelände, fast völlig schattig. Naturschutzgebiet! Sogar Chamäleons sollen hier leben. Waschmaschinen, Swimmingpool etc. Am Strand, zum Ortszentrum wegen der weiträumigen Umzäunung leider ein Fußmarsch von etwa 2 km. Ganzjährig, p. P., Zelt je etwa 5,50 €, Auto 4,50 €. Die Bushaltestelle an der Plaza de Toros und der Anleger der Katamarane nach Cádiz liegen jeweils etwa 20 Fußminuten entfernt, der Bahnhof ist weit, ☏ 956 872210, 📠 956 860117, www.lasdunascamping.com.

• *Essen* Die **Ribera del Marisco** liegt am östlichen Zentrumsrand beim Fluss. Am berühmten „Ufer der Meeresfrüchte" reihen sich spezialisierte Lokale, landeinwärts viele Tapa-Bars.

Restaurante El Faro del Puerto, in einer alten Villa etwas außerhalb des Zentrums Richtung Rota; leider stört die nahe Straße etwas. Das Schwesterrestaurant des exquisiten „El Faro" von Cádiz, unter Leitung des jungen Chefs Fernando Córdoba. Herausragende Fisch- und Fleischgerichte, umfangreiche Weinkarte. Menü à la carte ab etwa

Provinz Cádiz
Karte S. 476

546   Provinz Cádiz

50 €. Carretera de Fuentebravía, km 0,5; ☏ 956 870952. So-Abend (außer im August) geschlossen.

Rest. Aponiente, im Ort, nicht weit von der Ribera del Marisco. Kleines, modernes Lokal mit kreativer Küche auf Basis lokaler Produkte. Menü à la carte ab ca. 45 €. C. Puerto Escondido 6, ☏ 956 851870. So-Abend und Mo (außer im Sommer) geschlossen; von Mitte Januar bis März Betriebsferien.

Romerijo, eine der beliebtesten Adressen an der Ribera del Marisco. Verteilt auf zwei unterschiedliche Räumlichkeiten beiderseits einer Querstraße. Auf der einen Seite liegt der „Freidor" mit frittierter Ware (halbes Pfund etwa 5–6 €), auf der anderen Seite der teurere „Cocedero" mit einer immensen Auswahl an unterschiedlichen Sorten von Gambas. In beiden lassen sich die Köstlichkeiten an einer Verkaufstheke nach Gewicht aus-

wählen, in eine Papiertüte packen und in aller Gemütlichkeit auf den Freiterrassen verzehren; wer unbedingt mag, kann auch à la carte essen. Das Bier dazu wird in jedem Fall von Kellnern serviert. Pl. de la Herrería s/n.

Mesón del Asador, Kontrastprogramm zu Romerijo: Hier gibt es Fleisch in vielerlei Varianten; wer Lust hat, kann sich sogar mittels eines kleinen Grills sein Mahl direkt am Tisch selbst zubereiten, z. B. eine „Parillada mixta", die für zwei Personen 27 € kostet. Bei den Einheimischen sehr beliebt. Mitten in der Kneipenzone unweit der Ribera del Marisco, Calle Misericordia 2.

Bar-Rest. La Dorada, etwas abseits des kulinarischen Hauptgeschehens. Unprätentiöses Lokal mit guter Auswahl an Fisch und Meeresfrüchten; nicht teuer. An der Flussuferstraße Avda. Bajamar 26. Ein paar Straßenzüge weiter Richtung Küste liegt das Schwesterrestaurant „Nueva Dorada."

Nachtleben/Feste/Baden

• *Nachtleben* Die **Plaza de la Herrería**, einen Block landeinwärts der Ribera del Marisco, ist der Ausgangspunkt des durchaus regen Nachtlebens von El Puerto. Hier und in den angrenzenden Calles Misericordia und Jesús de los Milagros herrscht vor allem im Sommer und an Wochenenden ausgesprochen viel Betrieb.

Bar & Co. – Bar y Discoteca, eines der vielen beliebten Lokale dieses Gebiets, schick hergerichtet und in einem respektablen alten Gemäuer untergebracht. Vor dem Lokal eine Terrasse, innen mehrere Räume in alten Gewölben, nach hinten ein ruhigerer Patio mit Bar. Bei Sonderveranstaltungen wird Eintritt verlangt, sonst gratis. Pl. Herrería.

Mucho Teatro, ebenfalls in dieser Zone. Ein „Disco Sala Club" mit Geschichte, die man der schönen Einrichtung noch ansieht: Einst gab es hier ein Theater, später ein Kino. Calle Misericordia 12.

Gold, eine weitere schon aufgrund der besonderen Location interessante Nacht-Adresse, untergebracht in einem ehemaligen Fischmarkt des 18. Jh. Av. Micaela Aramburu 24, Nähe Post.

La Pontona, hübsches Lokal auf einer Art umgebautem Hausboot im Fluss, unweit der Fuente de las Galeras; nett besonders bei Sonnenuntergang und in heißen Nächten.

Peñas Flamencas: El Puerto besitzt eine ganze Reihe davon (z.B. Tomás „El Nitri", Calle Diego Niño 1, nahe Hotel Monasterio,

☏ 956 543237). Mit ihren Aufführungen wechseln sie sich ab, so dass im Sommer praktisch an jedem Wochenende Aufführungen stattfinden, aktuelle Details bei der Infostelle. **Casino Bahía de Cádiz**, das Spielcasino von El Puerto, liegt etwa zehn Autominuten außerhalb in Richtung Jerez. Täglich ab 20 Uhr geöffnet. Carretera Madrid–Cádiz, km 649; ☏ 956 871042.

• *Feste* **Carnaval**, der Karneval beziehungsweise Fasching, wird nicht nur in Cádiz, sondern auch hier begeistert gefeiert.

Feria de la Primavera, das Frühlingsfest etwa in der dritten Woche im Mai. Der Fino fließt in Strömen ...

Virgen del Carmen, am 16. Juli, das Fest der Schutzheiligen der Fischer und Seeleute, mit großer Schiffsprozession.

Festividad de la Virgen de los Milagros, am 8. September, das Fest der Stadtpatronin und gleichzeitig eine Art Erntedankfest.

• *Baden* Im Umkreis des Städtchens erstreckt sich eine Abfolge langer Strände mit mehreren Urbanisationen. Die massiven Industrieanlagen der Bucht von Cádiz sind immer im Blick.

Playa de Valdelagrana: Noch östlich der Flussmündung erstreckt sich dieser rund sechs Kilometer lange, streckenweise von einer Promenade gesäumte und gut ausgestattete Strand, dessen Hinterland leider teilweise durch monströse Apartmentblocks entstellt wird.

El Puerto de Santa María/Sehenswertes

Schwimmende Bar: La Pontona

Playa de la Puntilla: Der Stadtstrand von El Puerto de Santa María, auf Höhe des Campingplatzes und vor dem Sporthafen gelegen, ist rund eineinhalb Kilometer lang, stellenweise ausgesprochen breit und sehr gepflegt. Begleitet wird er von einer hübschen Promenade, Bars etc. sind vorhanden.

Caleta del Agua: Eine kleine, aber geschützte Sandbucht gleich hinter dem Sporthafen. Im Sommer öffnet hier eine Strandkneipe.

Playas de Santa Catalina y Fuentebravia: Von der Caleta del Agua ist es nicht mehr weit zum Anfang der Playa de Santa Catalina, die zusammen mit der sich anschließenden Playa de Fuentebravia über mehr als vier Kilometer verläuft, streckenweise von Urbanisationen begleitet. Es gibt einige wenige Restaurants und Strandkneipen, vor allem an der auch sonst besser ausgestatteten Playa Fuentebravia, die bis zu den Ausläufern des US-Stützpunktes von Rota reicht.

Sehenswertes

Auf einer Tour durch El Puerto lohnt es sich, auf die zahlreichen Paläste des 17. und 18. Jh. zu achten, die sich die durch den Handel mit den Kolonien reich gewordenen Kaufleute errichten ließen. Originell ist der „Fischeraltar", der im Innenhof der unweit der Post gelegenen *Casa de las Cadenas* (17. Jh.) aufgestellt wurde. Interessant auch so manche „umgewidmete" alte Bodega, die heute eine Autowerkstatt oder eine Garage beherbergt.

Castillo San Marcos: Die eindrucksvolle Festung, zwei Blocks landeinwärts der Flussuferstraße an der Plaza Alfonso X. El Sabio gelegen, war ursprünglich eine Moschee mit einem maurischen Wachturm. Im 13. Jh. ließ der „weise" Alfonso X. hier eine ebenfalls befestigte Kirche errichten, die in späterer Zeit mehrfach erweitert und umgebaut wurde. 1943 erfolgte eine umfassende Restaurierung des mit Zinnen bewehrten Monuments.

Öffnungszeiten Di–Sa 11.30–13.30 Uhr, 18–21 Uhr (Sommer), Eintrittsgebühr 5 €, Di-Vormittag gratis.

548　Provinz Cádiz

Fundación Rafael Alberti: Der Poet und Maler Rafael Alberti, Mitglied der so genannten „Generation von 1927", wurde 1902 in El Puerto geboren und starb hier 1999. Sein Geburtshaus in der Calle Santo Domingo 25, ein kleines Stück nordwestlich der Festung, beherbergt zahlreiche Erinnerungsstücke an den weit gereisten und in seiner Heimatstadt hoch verehrten Künstler, der fast vier Jahrzehnte im Exil verbrachte, bevor er nach dem Ende der Franco-Diktatur zurückkehrte. Ende Juli finden hier mehrtägige Poesie-Treffen statt.
Öffnungszeiten Di–So 11–14 Uhr, Eintrittsgebühr 5 €.

Museo Municipal: Neben einer archäologischen Sektion, deren aus der Umgebung stammende Funde vom Paläolithikum über die Zeit des sagenumwobenen Tartessos bis ins 19. Jh. reichen, besitzt das Stadtmuseum eine umfangreiche Gemäldeausstellung, zu der auch Werke von Rafael Alberti zählen. Eine ethnologische Abteilung ist angeschlossen. Derzeit ist das Museum provisorisch in der Calle Pagador 1 untergebracht, um die Ecke vom Hauptplatz Plaza de España; Informationen über den aktuellen Stand beim Fremdenverkehrsamt.
Öffnungszeiten Di–Fr 10–14 Uhr, Sa/So 10.45–14 Uhr; Eintritt frei.

Iglesia Mayor Prioral: Ebenfalls an der Plaza España erhebt sich die Hauptkirche des Städtchens. Im 13. Jh. begonnen, wurde der dreischiffige Bau erst im 17. Jh. fertiggestellt und bildet so einen in seiner Art durchaus beachtlichen Stilmix, der von der Romanik über Gotik und Renaissance bis hin zum Barock reicht. Leider ist die Fassade, insbesondere die dortigen Figuren, stark von Abgasen zerfressen.

Plaza de Toros: El Puertos Stierkampfarena, meerwärts der Plaza España gelegen, lohnt einen Besuch. 1880 errichtet, ist sie eine der bedeutendsten und mit einem Durchmesser von 60 Metern zugleich größten Arenen des Landes, bietet Platz für 14.000 Zuschauer und ist auch für nächtliche Kämpfe gut ausgerüstet. Im Eingangsbereich hängen die präparierten Köpfe der tapfersten Stiere, die hier ihr Leben ließen. Etwa in der Zeit zwischen der letzten Juliwoche und der vorletzten Woche im August ist die Arena Schauplatz der *Feria Taurina* und damit einer Reihe von Corridas, zu der die besten Matadore Spaniens antreten.
Öffnungszeiten Zuletzt auf unbestimmte Zeit geschlossen.

Bodegas: Gleich mehrere der Sherry-Produzenten von El Puerto bieten Führungen durch ihre Bodegas an. Wie in Jerez und Sanlúcar wird auch hier das „Solera"-Verfahren angewandt, das für gleichbleibende Qualität sorgt. Neben Weinen reifen in den Bodegas meist auch Brandys. Zu den bekanntesten Bodegas von El Puerto gehören *Osborne*, zwischen Stierkampfarena und Fluss, und *Terry*, in einem ehemaligen Kloster nördlich nahe dem Bahnhof.

● *Führungen* Telefonische Reservierung wird oft erwartet, meist spricht man Englisch. Hier nur eine Auswahl an Bodegas, komplette Liste bei der Infostelle.
Osborne, Calle Los Moros 7, beim Hotel Santa María von der Flussuferstraße einbiegen. Führungen Mo–Fr 10.30–12.30 Uhr (12.30 Uhr auf Deutsch); Sa 11 und 12 Uhr;

7,50 €. Anmeldung unter ✆ 956 869100; www.osborne.es.
Terry, Calle Toneleros 1, Führungen auch ohne Anmeldung Mo–Fr 10.30, 12.30 und 20 Uhr (8 €), mit Anmeldung Sa um 12 Uhr (6,50 €) sowie Fr um 11 Uhr mit Besichtigung einer Kutschenausstellung (15 €). ✆ 956 151500.

Parque Metropolitano Marismas de los Toruños y Pinar de Algaida: Einige Kilometer außerhalb von El Puerto in Richtung Cádiz erstreckt sich am Rand der Siedlung Valdelagrana und östlich der Mündung des Río Guadalete dieser kleine Naturpark, der zum weit größeren Parque Natural Bahía de Cádiz gehört. Das bis zum Strand reichende, von Brackwasserkanälen durchzogene Feuchtgebiet ist teilweise bewaldet, überwiegend aber nur spärlich bewachsen und, trotz der in Sichtweite befindlichen Hochhäuser, Werften und Autostraßen, ein wichtiges Refugium für zahlreiche Vogelarten. Vom Besucherzentrum *Casa de los Toruños* (Avenida del Mar 7, ℡ 956 203544; tägl. 9–18 Uhr, im Sommer bis 21 Uhr), an dem man sich gegen Gebühr auch Fahrräder leihen oder einen „Touristenzug" auf Gummirädern besteigen kann, erschließen kleine Sträßchen und Wege das weitgehend schattenlose, windige Areal, das man zumindest im Sommer am besten morgens oder abends besucht; ein Mückenschutzmittel sollte im Gepäck sein.

Rota

Das Städtchen knapp nördlich der Bucht von Cádiz ist vor allem bei Spaniern als Ferienziel beliebt, taucht seit einiger Zeit aber auch in den Katalogen deutscher Veranstalter auf.

Gemessen an der Zahl von knapp 30.000 Einwohnern wirkt Rota erstaunlich ausgedehnt. Hat man erst einmal die neueren Viertel hinter sich gelassen, erweist sich der kleine historische Ortskern rund um die Burg Castillo de la Luna als durchaus ansehnlich. Mit seinen weiß gekalkten Häusern, den mittelalterlichen Mauern, Tordurchgängen und den schmucken kleinen Plätzen besitzt das alte Ortszentrum nämlich durchaus andalusischen Charakter. Es liegt auf einer Landzunge, an die sich ein recht großer, moderner Hafen anschließt, in dem neben Yachten auch Fischerboote schaukeln.

Die Hauptattraktion Rotas und Ursache für einen kräftigen sommerlichen Besucherstrom sind die langen, feinsandigen Strände beiderseits des Hafens, immerhin satte 16 Kilometer im Gemeindegebiet. An ihnen freuen sich auch die Amerikaner der nahen US-Basis, die sich nördlich und östlich von Rota erstreckt. Der Stützpunkt von Navy und Airforce ist eine der größten Basen Europas und natürlich Sperrgebiet, weshalb die A 491 nach El Puerto de Santa María einen weiträumigen Bogen ins Inland schlagen muss. Im Stadtbild fallen die Boys jedoch wenig auf, zumal ihre Zahl seit geraumer Zeit zurückgeht.

Information/Verbindungen

- *Information* **Oficina de Turismo**, Calle Cuna 2, im Rathausgebäude, das in einem Anbau des Castillo de la Luna untergebracht ist. Geöffnet Mo–Fr 9.30–13.30, 17.30–20 Uhr (Winter 17–19.30 Uhr), Sa/So 10–14, 18–21 Uhr (Winter 17–20 Uhr). ℡ 956 846345, ✉ 956 846346, www.turismorota.com.
Zweigstelle am Ortsstrand Playa de la Costilla, nur im Sommer geöffnet.
- *Verbindungen* **Bus:** Busse der Gesellschaft COMES ab Busbahnhof, Plaza del Triunfo, eine Viertelstunde nördlich der Altstadt; Stadtbusverbindung. Nach Cádiz 4-mal, El Puerto de Santa María 11-mal, Jerez und Sevilla je 8-mal täglich. Nach Chipiona mit AMARILLOS nur 2-mal täglich.
Schiff: Katamarane („Buques de las Líneas Marítimas") des Consorcio de Transportes Bahía de Cádiz fahren 8-mal täglich nach Cádiz. www.cmtbc.es.

Übernachten/Essen

- *Übernachten* **** **Hotel Duque de Nájera**, Oberklassehotel in strandnaher Spitzenlage, am meerseitigen Rand der Altstadt und nur einen Sprung vom Hafen. Pool, Sauna, Garage etc; sehr gutes Restaurant. Viele der komfortablen Zimmer mit Meerblick. DZ nach Saison und Lage etwa 70–200 €, auch Superior-Zimmer und Suiten. Calle Gravina 2, ℡ 956 846020, ✉ 956 812472, www.hotelduquedenajera.com.

550 Provinz Cádiz

* Hostal Sixto, 2002 eröffnetes Altstadtquartier. Hübsches Haus mit hotelähnlichem Standard, neun gemütliche Zimmer. In der Nähe liegt eine Dependance mit identischen Preisen. Ein beliebtes Restaurant (nur abends) ist angeschlossen. DZ/Bad/F nach Saison etwa 65–90 €, ab drei Tagen Aufenthalt Rabatt. Pl. Barroso 6, Nähe Castillo, ✆ 956 846310, www.hostalsixto.com.

* Hostal La Giralda, solide Pension an einer der Hauptstraßen, nicht weit von Altstadt und Strand. Garage. Besser, ein ruhiges Zimmer zu verlangen, die Straße ist viel befahren. DZ/Bad nach Saison etwa 50–70 €. Av. San Fernando 34, ✆ 956 816208, www. hostallagiralda.com.

* Hostal Macavi, im Besitz derselben Familie wie das Hostal La Giralda; strandnah gelegen, dafür eine Kleinigkeit weiter vom Ortskern entfernt. Von Lesern gelobt. DZ/Bad nach Saison etwa 50–70 €. Calle Ecija 11, ✆ 956 813336, www.hostallagiralda.com.

Pensión El Torito, in der Altstadt. Ein Hauch Barcelona in Rota: 2004 eröffnete „Designer-Pension" mit nur sechs Zimmern bzw. Apartments für bis zu vier Personen; topmodern und mit viel Liebe zum Detail eingerichtet. Alle besitzen Doppelbetten, Klimaanlage und TV, manche auch eine kleine Küche (Tipp: Nr. 5 mit privater Terras-

se). Rezeption im Design-Geschäft im Erdgeschoss; falls nicht besetzt, in der zugehörigen, nahen Tapa-Bar gleichen Namens in der Calle Italia 1 (Seitengasse der Pl. España) fragen. Zwei Personen zahlen je nach Saison und Zimmer etwa 50–80 €. Calle Constitución 1, ✆ 956 813369, in der Tapa-Bar 956 816273, www.eltoritoderota.com.

● *Essen* Wichtigste örtliche Spezialität ist „Urta la Roteña", eine mit Gemüse geschmorte Zahnbrassenart.

Restaurante Lolita, außerhalb des Zentrums in Richtung Chipiona, nicht weit vom Hotel Playa de la Luz. Kreative Küche, Menü etwa 30 €. C. Almadraba 1, Ecke Av. Diputación.

Restaurante Shanghai, nicht mit anderen chinesischen Restaurants in dieser Neustadtstraße zu verwechseln – das Shanghai, außen unauffällig, innen schlicht-elegant, besteht unter derselben Familie bereits seit 1968. Original chinesische Küche, preisgünstig. Av. San Fernando 49.

Bodega La Mina, Beispiel für die Lokale in der „Fressgasse" Calle Mina unweit des historischen Ortskerns. Neben Fisch und Meeresfrüchten gibt es auch eine gute Auswahl an Vorspeisen und spanische Hausmannskost wie die Eintöpfe „Guisos". Nicht teuer. Calle Mina 27.

Feste/Baden

● *Feste* **Feria de la Primavera**, Frühlingsfest, in der ersten Woche im Mai. Auf dem Festgelände stehen Zelte, es gibt Musik und Tanz, herausgeputzte Reiter und Pferdekutschen paradieren.

Fiestas de la Virgen del Carmen, am 16. Juli. Das Fest der Schutzheiligen der Fischer und Seeleute wird auch hier mit einer Prozession geschmückter Boote begangen.

Fiesta de la Urta, einwöchiger Kochwettbewerb im August, bei dem der Meister in der Zubereitung der Zahnbrassenart ermittelt wird.

Fiestas Patronales, Anfang Oktober. Das Fest der Stadtheiligen Virgen del Rosario, mit Prozessionen, aber auch weltlichen Umzügen der „Riesen" und „Gigantenköpfe".

● *Baden* An gepflegten Stränden herrscht wahrlich kein Mangel in und um Rota.

Playa del Rompidillo-Chorillo: Ein Doppelstrand, dessen beide Teile durch einen kleinen Landvorsprung getrennt werden. Er beginnt am Hafen des alten Ortskerns und reicht über 1500 Meter nach Nordosten. Gute Wasserqualität, zuletzt mit der Blauen Flagge prämiert.

Playa de la Costilla: Der eigentliche Hausstrand Rotas erstreckt sich vom Hafen über mehrere Kilometer nach Nordwesten. Der breite, feinsandige Strand ist mit Sonnenschirmen, Duschen etc. bestens ausgestattet und ebenfalls mit der „Blauen Flagge" ausgezeichnet. Anfangs wird er noch von Wohnblocks begleitet, weiter westlich dann von Waldgebieten. Entlang dieses Strands und seiner Verlängerungen sind kilometerweite Strandwanderungen möglich.

Playa de Piedras Gordas: Die direkte Verlängerung der Playa de Costilla reicht bis zum kleinen Kap Punta Gador; Zufahrt am besten über die Urbanisation La Almadraba. Von „fetten Steinen", so die Übersetzung, ist hier nichts zu sehen, vielmehr handelt es sich um einen hübschen, feinsandiger Dünenstrand, in dessen Hinterland (von der Urbanisation selbst abgesehen) Pinien und Eukalyptusbäume wachsen.

Playa Punta Gador: Der schöne Strand jenseits des Kaps ist gut fünf Kilometer lang, stellenweise aber recht schmal. Beste Zufahrt beim Ex-Camping Punta Gador, wo es am Meer einen Parkplatz gibt. Die gute Ausstattung und die Wasserqualität wurden mit der „Blauen Flagge" prämiert. Bis zur Urbanisation Costa Ballena folgen weitere, kilometerlange Sandstrände.

Sehenswertes

Castillo de Luna: Die fünftürmige Festung des 13. Jh. ist das auffälligste Bauwerk des historischen Ortskerns und fast schon ein Wahrzeichen von Rota. Errichtet wurde sie über einer älteren maurischen Burg des 11. Jh. Das Gebäude, in dem einst die „Katholischen Könige" übernachtet haben sollen, wurde in den letzten Jahren gründlich restauriert und ist im Sommer häufig Schauplatz kultureller Veranstaltungen.
Führungen Im Sommer 2-mal tgl., im Winter nur Sa/So je 2-mal; gratis. Anmeldung bei der Infostelle.

Iglesia Parroquial de Nuestra Señora de la O: Unweit östlich des Castillo erhebt sich diese Kirche, die im 16. Jh. begonnen wurde. Fast so lang wie der Name war wohl auch die Bauzeit, vereint das Gotteshaus in seinem Inneren doch Formen der Gotik, des Isabellinischen Stils, des Plateresco und der Renaissance. Sehenswert ist insbesondere der schön geschnitzte Chor, ein Werk, an dem der Sevillaner Pedro Roldán ab 1733 drei Jahre lang arbeitete.

Von Rota Richtung Chipiona

Zwischen den beiden Orten erstreckt sich flaches, oft windgepeitschtes Land, ein Flickenteppich von Feldern und einzelnen, oft noch mit Stroh gedeckten kleinen Höfen. Einzelne Zufahrten führen zu schönen, außerhalb der Saison fast leeren Sandstränden. Allerdings geriet auch dieses Gebiet schon ins Visier der Planer. Die Bauwirtschaft muss ja auch leben ...

Costa Ballena

Noch im Gemeindegebiet von Rota und etwa auf halbem Weg nach Chipiona gelegen, wuchs hier innerhalb der letzten Jahre auf einer Fläche von rund 400 Hektar, das entspricht etwa ebenso vielen Fußballplätzen, die Urbanización Costa Ballena. Der Name „Wal-Küste" wurde natürlich von Marketingstrategen erfunden. Angeschlossen ist ein 18-Loch-Golfplatz, der von Spaniens Meisterspieler José María Olazábal konzipiert wurde. Costa Ballena besteht zu einem sehr großen Teil aus privaten Bungalow- und Apartmentanlagen, die außerhalb der spanischen Urlaubssaison weitgehend verwaist sind. Für Urlauber ohne Fahrzeug, die nicht nur im Hotel bleiben wollen, entpuppt sich Costa Ballena schnell als Ferienort der sehr langen Wege. Eine Entschädigung bieten mag der breite, feinsandige und zuletzt mit der „Blauen Flagge" ausgezeichnete Strand vor der Siedlung.

● *Information* **Oficina de Turismo**, eine Außenstelle von Rota, geöffnet zur Saison 10–14, 18–21 Uhr, im Winter nur am Wochenende. Av. Juan Carlos I s/n, ✆ 956 847383.

● *Verbindungen* **Stadtbusse** von und nach Rota verkehren 14- bis 15-mal täglich.

● *Übernachten/Camping* ****** Hotel Playaballena**, strandnah gelegen und insbesondere von Familien mit Kindern besucht. Mehr als 300 Zimmer; schöne Pool-Landschaft, an die ein großer Palmenhain mit Liegestühlen angrenzt; diverse Sportmöglichkeiten, Wellnessbereich etc. Ganz über-

wiegend (und in aller Regel preisgünstiger) pauschal auf All-Inclusive-Basis gebucht. Avda. Juan Carlos I, ✆ 956 849044, ☏ 956 879010, www.hotelesplaya.com.

Camping Playa Aguadulce, 2. Kat., im Osten von Costa Ballena gelegen, Zufahrt beim ersten Kreisel aus Richtung Rota. Direkter Strandzugang, viele spanische Dauercamper; Einkaufsmöglichkeit und Bar. Ganzjährig. Minimumpreis zur HS rund 30 € (zwei Personen, Auto, Zelt inklusive), zur NS günstiger. ✆ 956 847078, ☏ 956 847194, www.playaaguadulce.com.

Provinz Cádiz
Karte S. 476

Chipiona

Wie Rota ist auch Chipiona, ebenfalls mit langen Stränden versehen, ein vorwiegend von Spaniern besuchter Badeort, jedoch kleiner und außerhalb der Saison weniger belebt.

Neben einigen Hotels zählt Chipiona Dutzende von Ein- und Zweisternpensionen, was für den familiären Charakter der Siedlung spricht, auch wenn selbst hier ein Yachthafen nicht fehlt. Während des Hochsommers ist es proppevoll im Ort, dessen Einwohnerzahl von über 18.000 Menschen sich dann mehr als verzehnfacht. Den Rest des Jahres wartet man auf die nächste Saison. Der schachbrettartige Altort um die Kirche Iglesia Nuestra Señora de la O und die Fußgängerzone Calle Isaac Peral kann sich mit niedrigen Häusern, Palmen und vielen Blumen durchaus sehen lassen. In den Außenbezirken entlang der beiden Strände wuchern hingegen Apartmenthäuser und Villen wild durcheinander. Eine bemerkenswerte Lage besitzt das Kloster Nuestra Señora de Regla im südlichen Ortsbereich: Die wuchtige neogotische Kirche ist fast ins Meer hinein gebaut.

Information/Verbindungen

● *Information* **Oficina Municipal de Turismo**, Calle Castillo 5, im kleinen Kastell von Chipiona; ✆ 956 929065. Öffnungszeiten im Sommer tägl. 9–14, 18–21 Uhr, im Winter Mo–Fr 10–14 Uhr, Sa/So 10–14, 17–19 Uhr. www.turismochipiona.es. Hier auch Infos zum gemeindeeigenen **Fahrradverleih**.

● *Verbindungen* **Bus**: Busbahnhof an der Avenida Andalucía in der Neustadt. AMARILLOS-Busse nach Rota 2-mal, Cádiz via El Puerto de Santa María 11-mal tgl., nach Sevilla via Sanlúcar 10-mal täglich, daneben noch viele Direktanschlüsse nach Sevilla. LINESUR 8-mal tgl. nach Jerez.

Übernachten/Essen

● *Übernachten* Viele Unterkünfte, die meist nur im Sommerhalbjahr geöffnet sind, im Gebiet um den Leuchtturm und die Playa de Regla. Im Juli und vor allem August wird es eng.

*** Hotel Al Sur de Chipiona, nicht weit vom Regla-Strand und der dortigen Kirche. Das 60-Zimmer-Haus verteilt sich auf zwei verschiedene Gebäude, von denen eines denkmalgeschützt ist. Kleiner Garten und Pool, Fahrradverleih, Garage. Freundlicher Service. Ganzjährig geöffnet. DZ/F kosten zur HS etwa 105 €, zur NS gibt es je nach Nachfrage Spezialangebote. Av. de Sevilla 101, ✆ 956 370300, 🖳 956 370859, www.hotelalsur.com.

*** Hotel Playa de Regla, direkt an der Uferpromenade des Hauptstrands von Chipiona. Familiär geführtes Quartier, große und schön zum Strand hin gelegene Cafeteria-Terrasse. Von November bis März geschlossen. DZ/F nach Saison und Lage etwa 65–140 €, zur Hochsaison nur mit mindestens Halbpension, zwei Pers. 140–160 €. Paseo Costa de la Luz 29, ✆ 956 370000, 🖳 956 370936, www.hotelplaya.com.

** Hotel La Española, zentral und gleichzeitig in Strandnähe gelegen. Hübscher Bau mit Anklängen des spanischen Jugendstils; komfortable Zimmer, Garage, gutes Restaurant. Ganzjährig geöffnet. DZ/Bad nach Saison etwa 55–70 €. Calle Isaac Peral 3, ✆ 956 373771, www.hotellaespanola.com.

** Pensión Hostal Las Galias I, in einer von Apartmentblocks geprägten Gegend nicht weit vom Regla-Strand. Das Haus selbst ist jedoch hübsch, stilvoll eingerichtet und bietet hotelähnlichen Komfort. Um die Ecke liegt die Dependance Galias II. DZ/Bad ab etwa 40 €, von Juli bis etwa Mitte/Ende September allerdings bis zu 80 €. Av. de Sevilla 65, ✆ 956 370910, 🖳 956 373259, www.hostallasgalias.com.

** Pensión Gran Capitán, hübsches und gepflegtes Häuschen in einer Fußgängerzone im Zentrum, nahe dem Kirchplatz und der Hauptstraße Isaac Peral. Nette Dekoration, freundliche Leitung, 18 reizvoll-rustikal möblierte Zimmer. Von mehreren Lesern gelobt. Geöffnet Ostern bis Oktober. DZ/Bad rund 45–65 €. Calle Fray Baldomero González 7, ✆ 956 370929, 🖳 956 374355, www.hostalgrancapitan.com.

Chipiona 553

Bodega und mehr: Cooperativa Católico Agrícola

• *Jugendherberge* **Albergue Juvenil Chipiona Inturjoven**, neuere JH unweit des Strands Playa de la Regla. Nur im Sommer geöffnet, dann oft voll: Reservieren! Paseo Costa de la Luz s/n, ✆ 955 035886 oder 956 386571 sowie (zentrale Reservierung): 902 510000.

• *Essen* Eine Reihe von Tapabars findet sich in der Calle Isaac Peral, auch eine Gelegenheit, einmal den bekannten örtlichen Süßwein „Moscatel" zu probieren.

Rest. Paco, am Sporthafen. Die erste Adresse des Städtchens, spezialisiert auf frischen Fisch und Meeresfrüchte. Gehoben auch in Ambiente und Service, deshalb nicht ganz billig, Menü à la carte ab etwa 30 €. Puerto Deportivo s/n, im November Betriebsferien, im Winter Di Ruhetag. ✆ 956 374664.

Rest. Las Canteras, gleich nördlich vom Leuchtturm am Meer, ein Lesertipp von Friedhelm & Ingrid Saffé: „Direkt am Atlantik, wird von der Promenade aus leicht übersehen. Schlicht eingerichtet, aber ausgezeichneter Fisch und ausgezeichnete Meerestiere. Preis und Leistung stimmen. Playa de las Canteras."

Cooperativa Católico Agrícola, eine 1922 gegründete Bodega mit mehreren angeschlossenen Lokalen, darunter der große „Patio Andaluz La Gregoria" im Hinterhof. In allen gibt es sehr guten Fisch und Meeresfrüchte. Auch ein Self-Service-Bereich ist vorhanden. Besonders urig ist die Bar ganz rechts, in der der Wein zum Spottpreis glasweise ausgeschenkt wird; hier auch Direktverkauf von Moscatel und Fino. Prima Adresse, leider nur im Sommer geöffnet. Am Anfang der Avenida de Regla auf Nummer 15, nicht weit vom Markt.

Rest. El Gato, in einem Wohngebiet unweit der Kirche Nuestra Señora de Regla. Spezialisiert auf Schinken und „alles vom Schwein", es gibt aber auch Fisch. Recht günstiges Tagesmenü, à la carte nicht ganz billig. Calle Pez Espada 9.

Bar-Rest. Peña Bética, direkt an der Fußgängerzone; das Heimatlokal der hiesigen Fans des Fußballclubs Betis Sevilla. „Comida casera" steht auf dem Programm, gute und günstige Hausmannskost. Tapas und Frühstück gibt es auch. Calle Larga 46, Ecke Calle Isaac Peral.

*E*inkaufen/*F*este/*B*aden

• *Einkaufen* **Bodega El Castillito**, ein Lesertipp von Daniel Hoch und Conny Braun: „Authentische Bodega, sehr netter Besitzer. Direkte Flaschenabfüllung in dem Raum, in dem auch die Herstellung stattfindet". Calle Castillo 11, nicht weit vom Castillo selbst.

• *Feste* **Carnaval**, Karneval, Fasching, hier ebenso ausgelassen gefeiert wie in Cádiz.

Etwas abseits vom Trubel: der Kirchplatz von Chipiona

Das eigentliche Fest dauert zehn Tage, doch beginnen manche Veranstaltungen bereits einen Monat vorher.

Romería del Pinar, am zweiten Junisonntag. Traditionelle Prozession, bei der die Marienstatue der Kirche Nuestra Señora de Regla zu ihrer Waldkirche vor den Toren der Stadt gebracht wird, begleitet von Pferden, Kutschen etc.

Fiesta de Nuestra Señora del Carmen, am 16. Juli, mit einer Bootsprozession zu Ehren der Schutzheiligen der Fischer und Seefahrer. Das eigentliche Fest beginnt aber bereits am 14. Juli.

Fiesta del Moscatel, etwa um den 11.–15. August. Das Fest des örtlichen Süßweins, gleichzeitig Sommerfest; Stiertreiben zum Strand „Cruz del Mar", dort dann Stierkampf, Flamenco, Tanzgruppen und vieles mehr.

Feria de Nuestra Señora de Regla, fünftägiges Fest um den 8. September, das auch das Ende der Sommersaison ankündigt. Große Feria mit Tanz etc., nicht nur bei der Klosterkirche, sondern auch auf einem separaten Festgelände.

• *Baden* Die **Playa de Regla** im Süden ist der gepflegte Hauptstrand von Chipiona. Breit, feinsandig und von einer Promenade begleitet erstreckt er sich über rund 800 Meter bis zur gleichnamigen Kirche.

Playa Camarón und **Playa Tres Piedras** heißen die südlichen Verlängerungen der Playa de Regla, von Dünen begleitet und zusammen immerhin fast vier Kilometer lang – auch im Sommer, wenn alle Strände um Chipiona sehr stark besucht sind, sollte man da noch ein Plätzchen finden.

Playas de las Canteras y Cruz del Mar: Zwei Strände im Westen der Siedlung, von einer Landzunge getrennt und zusammen immerhin rund 1300 Meter lang. Der Doppelstrand beginnt beim Leuchtturm Faro und endet beim Sporthafen.

Sehenswertes

Parroquia de Nuestra Señora de la O: Die Pfarrkirche des Ortes stammt ursprünglich aus dem 16. Jh., wurde aber im 18. Jh. komplett umgebaut. Besonders hübsch zeigt sich der Kirchplatz mit den kräftigen Palmen und dem üppigen Blumenschmuck.

El Castillo: Die kleine Burg (von den Einwohnern „Castillito" genannt) steht auf einem felsigen Küstenvorsprung im Norden der Siedlung. Der quadratische, zinnenbewehrte Bau wurde seit 1890 fast ein Jahrhundert lang als Hotel genutzt und dafür erheblich umgebaut. Nach einer Renovierung beherbergt er jetzt ein hübsch gemachtes Interpretationszentrum (Mo–Fr 10–14, 18–21 Uhr, Sa/So 10–14 Uhr; 2 €), das sich der Beziehung der Provinz Cádiz zur Neuen Welt widmet.

El Faro: Der Leuchtturm von Chipiona, 1867 in einem Gebiet errichtet, in dem bereits die Römer ein Leuchtfeuer unterhielten, ist mit seinen 69 Metern der höchste ganz Spaniens und angeblich sogar der dritthöchste Europas und der fünfthöchste der Welt. Sein Licht reicht rund 80 Seemeilen weit und ist in klaren Nächten von der portugiesischen Küste aus zu erkennen. Er fungiert als so genannter See- und Luftleuchtturm, da er zur Orientierung von Flugzeugen auch vertikal strahlt, gleichzeitig auch als Blitzableiter der Stadt. Bei den Führungen sind bis zur Lichtkanzel immerhin 344 Stufen zurückzulegen.

Führungen Mai/Juni und September Di und Do 11–13.30 Uhr, Juli/August Di–Fr 11–13.30 Uhr, April und Oktober Do 11–13.30 Uhr, November–März meist nur für Gruppen. Anmeldung in der Infostelle, 5 €.

Santuario Nuestra Señora de Regla: Direkt beim Regla-Strand erhebt sich die große Klosterkirche an einer Stelle, an der einst eine Festung stand. Bereits seit dem Ende des 14. Jh. existierte hier ein Kloster, das zunächst von Augustinern betrieben wurde. Ihre Nachfolger, die Franziskaner, die heute noch hier leben, errichteten zu Anfang des 20. Jh. den gegenwärtigen neogotischen Bau; Teile der Mauern gehen jedoch bis ins 15. Jh. zurück, der Kreuzgang ist im Stil des Mudéjar gehalten. Das Innere der Kirche birgt die hoch verehrte Statue der Virgen de Regla, alljährlich im Juni Mittelpunkt einer großen Prozession.

Sanlúcar de Barrameda

Das 65.000-Einwohner-Städtchen am Ostufer der Mündung des Guadalquivir hat Vergangenheit: In der Umgebung soll das legendäre Tartessos gelegen haben, Kolumbus startete hier zur dritten Amerikafahrt ebenso wie Magellan zu seiner Weltumsegelung.

Von der langen Geschichte zeugen noch einige Kirchen und Paläste im alten Zentrum, der überwiegende Teil der Ortsfläche jedoch ist modern geprägt. Es sind auch weniger die Monumente, die einen Besuch von Sanlúcar lohnen. Anziehend sind vielmehr der etwas angestaubte Kleinstadtcharme, die wechselnden Stimmungen am Flussufer, die berühmten Hummerkrabben *langostinos* in der Restaurantzone am Flussstrand und der nicht minder berühmte *manzanilla*, eine vor Ort gereifte, trockene Sherrysorte, die sich ideal als Aperitif eignet. Mittlerweile sind noch weitere Gründe zu einem Abstecher nach Sanlúcar hinzugekommen. Von hier starten Ausflugsboote ins Gebiet des Nationalparks *Coto de Doñana*, der sonst nur auf einem weiten Umweg via Sevilla zu besuchen ist. Zusätzlich dokumentieren zwei Besucherzentren die Kultur und Natur des Gebiets.

Orientierung: Das etwas erhöht gelegene Viertel *Barrio Alto* bildet den historischen Ortskern von Sanlúcar. Es erstreckt sich südlich der Hauptstraße Calle San Juan, die mit ihrer Verlängerung Calle Ancha einige hundert Meter landeinwärts parallel zum Río Guadalquivir verläuft. Gleich flusswärts der Hauptstraße liegt die hübsche, palmenbestandene *Plaza del Cabildo*, die das heutige Stadtzentrum markiert. Von hier führt die breite *Calzada Duquesa Isabel* schnurgerade hinab zum Río Guadalquivir. An ihrem Ende rechter Hand noch etwas flussaufwärts liegt das Fischer- und Restaurantviertel *Bajo de Guía*.

556   Provinz Cádiz

Information/Verbindungen

- *Information* **Oficina Municipal de Turismo**, Calzada Duquesa Isabel s/n, ☏ 956 366110. An der breiten Avenida, die vom Zentrum flusswärts verläuft; geöffnet täglich 10–14 Uhr, am Nachmittag je nach Jahreszeit 16/17/18–18/19/20 Uhr.www.aytosanlucar.org.

- *Verbindungen* **Busbahnhof** an der Av. de la Estación, einer Seitenstraße der Calzada Duquesa Isabel unweit der Infostelle. LINESUR fährt stündlich nach Jerez, AMARILLOS bedient Chipiona 10x, Cádiz via El Puerto de Sta. María 9-mal und Sevilla 12-mal täglich.

Übernachten/Essen

*** Hotel Tartaneros, zentral am oberen Ende der Avenida und in der Nähe der Plaza Cabildo gelegen. Netter Bau im spanischen Jugendstil mit Erkerchen und Säulen. Hübsche Dekoration, Innenhof mit Café. Ganzjährig. DZ nach Saison etwa 75–120 €. Calle Tartaneros 8, ☏ 956 385393, 📧 956 385394, www.hoteltartaneros.net.

** Hotel Posada del Palacio, im herrschaftlichen Herzen der Altstadt. Untergebracht in einem Palast des 18. Jh. samt Nebengebäuden, kein Zimmer wie das andere. Bar, gutes Restaurant, Dachterrasse. Standard-DZ etwa 90–120 €, auch Superiorzimmer. Calle Caballeros 11, ☏ 956 364840, 📧 956 365060, www.posadadepalacio.com.

** Hotel Barrameda, an der Fußgängerzone direkt beim Hauptplatz. 2007 eröffnetes, blitzblankes Quartier, dem man seine 30 Zimmer (Erweiterung um zehn Zimmer geplant) von außen nicht ansieht. Gute Ausstattung, Dachterrasse. DZ/F etwa 55–85 €, gegen Aufpreis auch „Plus"-Zimmer. C. Ancha 10, ☏ 956 385878, 📧 956 385879, www.hotelbarrameda.com.

Hospedería Duques de Medina Sidonia, untergebracht in einem Teil des Palasts der Herzöge von Medina Sidonia; die Einnahmen fließen einer von der (2008 leider verstorbenen) Herzogin gegründeten Stiftung zu, die auch das Hotel betreut. Schöne Gartenanlagen, geräumige Zimmer unterschiedlicher Ausstattung, vielfach mit antikem Mobiliar. Gute öffentliche Cafeteria mit Salon und Gartenterrasse. DZ/F nach Ausstattung und Lage 75–120 €. Pl. Condes de Niebla 1, ☏ 956 360161, 📧 956 369608, www.ruralduquesmedinasidonia.com.

** Pensión Bohemia, in einer Seitengasse der Calle Santo Domingo, der nordöstl. Verlängerung der Hauptstraße Calle Ancha. In seiner Klasse ist sehr ordentliches Quartier. DZ/Bad um die 40–50 €. Calle Don Claudio 5, ☏ 956 369599.

* Pensión Blanca Paloma, an einem freundlichen kleinen Platz nahe der zentralen Plaza del Cabildo, einige der Zimmer mit Balkon. Eher einfach, aber recht preisgünstig. DZ ohne Bad um die 30 €. Pl. San Roque 9, ☏ 956 363644, hostalblancapaloma@msn.com.

- *Essen* **Bajo de Guía**, das Fischer- und Restaurantviertel am Fluss, ist für jeden Liebhaber maritimer Genüsse natürlich ein Fest. Das bessere Revier für Tapagänge ist allerdings der Hauptplatz. Ein Gläschen Manzanilla sollte in keinem Fall fehlen...

Rest. Casa Bigote, die erste Adresse in Bajo de Guía, geführt von den Brüdern Fernando und Paco Hermoso. Vom ersten Stock genießt man einen schönen Blick über den Fluss. Auf der Karte steht eine erlesene Auswahl an Fisch und Meeresfrüchten – und zwar ausschließlich: Was nicht im Wasser schwimmt, kommt hier auch nicht auf den Tisch. Köstliche Eintöpfe (guisos). Menü à la carte ab etwa 25-30 € aufwärts, für das Gebotene nicht zuviel. Bajo de Guía s/n.

Peña Cultural Flamenca Puerto Lucero, untergebracht in einer ehemaligen Bodega, deren Wände mit alten Flamenco-Fotos dekoriert sind. Am Fr/Sa bekommt man mit etwas Glück hier Flamenco live (Eintritt frei) zu sehen, der Weg lohnt sich aber schon wegen des urigen Lokals und der günstigen Essenspreise. Natürlich gibt es auch Tapas etc. Calle La Plata 50.

Bodegón de Lola, ein paar Ecken weiter und im Charakter nicht unähnlich: Auch hier gibt es Tapas, dazu abends schon mal Livemusik. C. San Miguel, am südlichen Altstadtrand.

Bar Casa Balbino, in der südwestlichen Ecke des „Tapa-Platzes" Plaza Cabildo. Der Klassiker hier, sehr gute und günstige Tapas in unglaublich breiter Auswahl (über 50 Sorten!), die man sich innen im Self-Service-Verfahren besorgt. Pl. Cabildo 13.

Bar La Gitana, wenige Schritte weiter. Die Bar der berühmten Manzanilla-Bodega hat wie alle Lokale am Platz auch Tische im Freien, Tapa-Spezialitäten sind „Guisos" (Eintöpfe) und „Montaditos", in diesem Fall Mini-Baguettes. Self Service.

Sanlúcar de Barrameda 557

Von prima Tapa-Bars flankiert: die Plaza Cabildo

Flamenco/Feste/Touren

• *Flamenco* Auch in der Peña Cultural Flamenca Puerto Lucero (siehe „Essen") ist häufig Flamenco zu erleben.
Bodegón de Arte A Contratiempo, ganz in der Nähe des Bodegón de Lola (siehe „Essen"). Eine „Kunst-Bodega", in der von März bis September jeden Fr/Sa Flamencoshows stattfinden; Eintritt inkl. Getränk 14 €, mit Essen 33 €. Auch andere Musik-Veranstaltungen. C. San Miguel 5, ℘ 653 071099, www.bodegonacontratiempo.com.
• *Feste* Sanlúcar feiert alljährlich eine ganze Reihe erlebenswerter Feste. Hier nur ein Auszug aus dem Programm, kompletter Festkalender in der Infostelle.
Feria del Manzanilla, das Fest des Manzanilla-Weins, mehrere Tage etwa Mitte bis Ende Mai. Festzelte, Sevilla-Tänze, Reiter in Tracht, großer Umtrunk, Bratfische ... Eines der schönsten unter den großen Frühlingsfesten der Provinz.
Romería del Rocío, Pfingsten: Die geschmückten Karren, die von der Provinz Cádiz zur berühmtesten Wallfahrt Andalusiens unterwegs sind, setzen von Bajo de Guía auf die andere Seite des Guadalquivir über – ein Fest auch für Fotografen.

Festival de Cante Flamenco, etwa Mitte Juli, in der Peña Cultural Flamenca Puerto Lucero (siehe „Essen") und im Centro Cultural de la Victoria nahe der Plaza del Cabildo.
Carreras de Caballo, Pferderennen am Strand, ein großes, wild gefeiertes Spektakel, dessen Tradition bis 1845 zurückreicht. Wechselnde Termine im August, jeweils mehrere Tage in der zweiten und vierten Augustwoche. Das genaue Datum wird anhand des niedrigsten Wasserstandes der Ebbe ausgewählt. Beginn der Rennen meist zwischen 17.30 und 18.30 Uhr, Ende bei Sonnenuntergang.
Fiesta de San Lucas, am 18. Oktober, das Fest des Stadtpatrons von Sanlúcar.
• *Touren* Zu den Schiffsausflügen in den Nationalpark Doñana siehe „Sehenswertes".
Viajes Doñana veranstaltet Geländewagentouren im Park; Fahrtstrecke etwa 70 km, Dauer 3,5 Stunden. Abfahrten zuletzt Di und Fr 2-mal tgl., Preis p.P. etwa 40 €. Reservierung dringend geraten: Reisebüro Viajes Doñana, Calle San Juan 20, ℘ 956 362540.

558   Provinz Cádiz

Sehenswertes

Sanlúcar ist nicht unbedingt eine Stadt, die man aufgrund ihrer bedeutenden Sehenswürdigkeiten aufsucht, eher schon aus kulinarischen Gründen und wegen der stimmungsvollen Abende und der besonderen Atmosphäre am Fluss. Ein Spaziergang durch das Altstadtviertel, dessen Paläste einen Hauch morbider Grandezza verströmen, lohnt sich dennoch. Leider sind einige Monumente, darunter die ungewöhnlichen gotischen Reliefs *Las Covachas* (15. Jh.) am Zugang zur Oberstadt, in sehr schlechtem Zustand.

Nuestra Señora de la O: Die mächtige Kirche liegt im Kern der Oberstadt und bildet das wichtigste Bauwerk von Sanlúcar. Gleichnamige Gotteshäuser gibt es auch in Rota und Chipiona, die Herkunft und Bedeutung der Bezeichnung (evtl. abgeleitet aus dem langgezogenen „O" in „Oh María") ist bis heute umstritten. Errichtet wurde die Kirche ab 1360, im 17. Jh. dann umgebaut; an der Fassade ist ein schönes Steinportal mit Mudéjaranklängen zu sehen.
Öffnungszeiten Di/Do/Fr 10–13 Uhr, So 9–12 Uhr.

Palacio Ducal de Medina-Sidonia: Der Palast der Herzöge von Medina Sidonia, unweit der Kirche gelegen, wurde im 15. Jh. errichtet und vor einigen Jahren restauriert und zum Teil in eine Hospedería verwandelt, kann aber nur selten (So 11 und 12 Uhr nach Anmeldung unter Tel. 956 360161; 4 €) besucht werden.

Castillo de Santiago: Nach einer aufwändigen, viele Jahre andauernden Restaurierung ist diese gotische, im 15. Jh. errichtete Festung östlich der Kirche nun wieder auf Führungen zu besichtigen. Im „Waffenhof" Patio de Armas findet sonntags von 10–14 Uhr ein Flohmarkt statt.
Führungen Di–Sa 11–13, 19–20 Uhr; Eintrittsgebühr 5 €.

Palacio de Orleáns y Borbón: Ein Palast im Stil des Neo-Mudéjar, im Gebiet westlich der Kirche glegen und umgeben von einer schönen Grünanlage. Im 19. Jh. als Sommerresidenz des Herzogs von Montpensier errichtet, beherbergt er heute das Rathaus.
Besichtigung Di–So 10–14 Uhr.

Centro de Interpretación Cádiz Mitológico: An der Plaza de la Victoria in der Unterstadt, quasi um die Ecke vom Hauptplatz, beherbergt ein im 17. Jh. errichteter und 1992 wieder aufgebauter Konvent dieses Interpretationszentrum, das sich mit der griechischen und phönizischen Vergangenheit der Provinz Cádiz befasst; geöffnet ist Do–So 10–14 Uhr, der Eintritt frei.

Bodegas: Sanlúcar bildet den westlichen Punkt des „Sherry-Dreiecks", zu dem noch Jerez und El Puerto de Santa María gehören. Der Manzanilla von Sanlúcar, als D.O. herkunftsgeschützt, verdankt seinen charakteristischen Geschmack der feuchten und salzhaltigen Seeluft, der sich die Bodegas mit ihrer Ausrichtung von Nordwest nach Südost öffnen, ohne dabei schädliche Sonnenstrahlen einzulassen.

● *Bodega-Besuche* Hier nur eine Auswahl, komplette Liste bei der Infostelle. Die Führer sprechen meist etwas Englisch.
Bodegas La Cigarrera, Pl. Madre de Dios s/n, in zentraler Lage am Rand des historischen Viertels. 1758 gegründet, jetzt bereits seit neun Generationen in Familienbesitz. Besichtigungszeiten sind Mo–Sa 10–14.30 Uhr; 2,80 €.

☎ 956 381285, www.bodegaslacigarrera.com.
Bodegas Pedro Romero, Calle Trasbolsa 84, ein Stück nördl. des Zentrums und „erst" 1860 gegründet. Führungen auf Deutsch So um 12 Uhr, Mi und Fr um 11 Uhr; auf Englisch und Spanisch Mo–Sa 12 Uhr, Di–Sa auch 18 Uhr; p. P. 6 €. Keine Anmeldung nötig. ☎ 956 360736, www.pedroromero.es.

Schiffsausflüge von Sanlúcar in den Naturpark Coto de Doñana

Die *Real Fernando*, benannt nach dem ersten spanischen Dampfschiff, das 1817 den Guadalquivir befuhr, startet rund ums Jahr zu Ausflügen auf dem Fluss. Am Westufer streifen sie den Rand des Nationalparks Parque Nacional Coto de Doñana, der im Kapitel zur Provinz Huelva näher beschrieben ist. Mehr als eine Schnuppertour können die etwa vierstündigen Fahrten zwar nicht sein, doch vermitteln sie immerhin einen ersten Eindruck von der Landschaft, mit etwas Glück auch von der Tierwelt des Parks. Unterwegs werden an zwei Stellen kurze Landspaziergänge im Gebiet des Vorparks Parque Natural Entorno de Doñana am Ostufer des Guadalquivir eingelegt, der landschaftlich dem eigentlichen Nationalpark sehr ähnlich ist. Man besucht dabei die „Salinas de los Portugueses", ein Salinengebiet, in dem oft auch Flamingos zu sehen sind, und das „Poblado de la Plancha", die Rekonstruktion eines typischen Dorfs der Marisma. Zum Programm zählt auch eine audiovisuelle Vorführung über den Park; wer Vögel beobachten will, kann sich an Bord Ferngläser mieten.

Tägliche Abfahrten im Flussviertel Bajo de Guía, von Juni bis September Mo–Sa 10 Uhr und 17 Uhr, im März, April, Mai und Oktober 10 Uhr und 16 Uhr, übrige Monate 10 Uhr. Wegen der Wallfahrt nach El Rocío finden in der Zeit von fünf Tagen vor bis fünf Tagen nach Pfingsten keine Touren statt. Ein Mückenschutzmittel kann nützlich sein. Etwa eine Viertelstunde vor Abfahrt sollte man an Bord sein, Tickets im Dokumentationszentrum „Fábrica de Hielo". Fahrpreis etwa 17 €, Reservierung unter ✆ 956 363813 ratsam. www.visitasdonana.com.

Centro de Visitantes Bajo de Guía: Das ältere und schlichtere der beiden Dokumentationszentren im Viertel Bajo de Guía widmet sich mit Ausstellung, Filmvorführungen etc. nicht dem Nationalpark selbst, sondern der vorgelagerten Zone „Parque Natural Entorno de Doñana".
Lage und Öffnungszeiten Av. Bajo de Guía s/n, im gleichnamigen Viertel, vom Zentrum kommend noch vor dem Restaurantgebiet. Zuletzt auf unbestimmte Zeit geschlossen.

Centro de Visitantes Fábrica de Hielo: Etwa 200 Meter hinter dem Dokuzentrum des Vorparks wurde in einer schönen ehemaligen Eisfabrik ein weiteres Besucherzentrum (tägl. 9–19.50 Uhr; ✆ 956 381635) eingerichtet, dessen Thema der eigentliche Nationalpark ist. Hier sind auch die Tickets für die Schiffsausflüge in den Park erhältlich. Mit Filmvorführungen, Bildschirmen und Installationen erschließt die Ausstellung im Erdgeschoss die Flora, Fauna und Geologie des Gebiets, während der erste Stock die Geschichte und Kultur des Parks dokumentiert. Ganz oben liegt ein Aussichtspunkt über den Fluss.

Bonanza: Der kleine Hafen Bonanza liegt einige Kilometer nördlich von Sanlúcar am Ufer des Guadalquivir, hart am Rand des Vorparks Parque Natural Coto de Doñana; die Zufahrtsstraße beginnt im Ort selbst, also nicht im Viertel Bajo de Guía. Von diesem Hafen aus sollen Kolumbus und Magellan einige ihrer abenteuerlichen Fahrten begonnen haben. Heute landen hier die Fischer von Sanlúcar ihre frisch gefangene Ware an.

Weiterreise: Ab Sanlúcar ist entlang der Costa de la Luz in westlicher Richtung kein Durchkommen möglich, da der Nationalpark *Coto de Doñana* auf der anderen Seite des Guadalquivir eine Sperre bildet. Zwar wird immer wieder mal über eine direkte Zufahrtsstraße zum Park von der Provinz Cádiz aus nachgedacht, doch blieb es bislang gottlob bei den Überlegungen. Die Küste der Provinz Huelva ist somit, wie auch der Nationalpark selbst, nur über einen weiten Umweg landeinwärts zu erreichen, am günstigsten gleich via Jerez und Sevilla.

Das Binnenland der Provinz Cádiz

Die wichtigsten Kennzeichen des Inlands der Provinz sind die ausgedehnten Weiden der Kampfstiere und die „Pueblos Blancos".

Nicht zu vergessen natürlich die weitläufigen Weingärten, in denen der zukünftige Sherry wächst ... Zu den Hauptzielen im Binnenland zählen folgerichtig die Sherrystadt Jerez und die „Weißen Dörfer", allen voran Arcos de la Frontera. Kleiner, aber ebenfalls bildschön sind die Dörfer ganz im Nordwesten der Provinz, Richtung Ronda. In einem bergigen und wildromantischen Gebiet erstreckt sich hier der Naturpark Sierra de Grazalema, eine zerklüftete, grüne Karstlandschaft, die ein wunderbares Wandergebiet abgibt.

Jerez de la Frontera

Die meisten Besucher kommen vor allem wegen der Bodegas, in denen der berühmte Wein reift. Jerez hat aber noch mehr zu bieten und sich in den letzten Jahren sehr herausgemacht.

Pferdefreunde werden die ebenfalls weithin bekannte Königliche Reitschule besuchen und Motorsportfans zu einer der Rennveranstaltungen auf dem hiesigen Kurs anreisen wollen. Der Zoo von Jerez gilt als einer der besten des Landes. Doch auch wer nur in einer sympathischen spanischen Stadt ein wenig bummeln möchte, liegt in Jerez nicht falsch.

Mit einer Einwohnerzahl von über 200.000 Menschen, deutlich mehr als die Bevölkerung der Provinzhauptstadt Cádiz, ist Jerez de la Frontera nicht die Kleinstadt, die mancher vielleicht erwartet. Die erste Begegnung verläuft dementsprechend enttäuschend: Ein Ring von Umgehungsstraßen und Industrieanlagen umklammert das Zentrum. Ist man aber erst einmal in den teilweise denkmalgeschützten Ortskern vorgestoßen, präsentiert sich Jerez als eine freundliche und offene Stadt, die viel Lokalkolorit besitzt, ohne für den Tourismus in irgendeiner Weise herausgeputzt zu sein. Abends und nachts allerdings wirkt gerade das Zentrum häufig wie ausgestorben – viele Wohnungen hier stehen leer, der Großteil der Bevölkerung lebt in den neueren Vierteln außerhalb.

Jerez de la Frontera 561

Orientierung: Mittelpunkt der Stadt ist die *Alameda Cristina*, eine Mischung aus Platz und kleiner Parkanlage. Einen weiteren Fixpunkt stellt die südlich gelegene *Plaza Arenal* dar. Die Verbindung zwischen den beiden bilden die *Calle Puerto de Sevilla* und ihre südliche Verlängerung, die als Fußgängerzone ausgewiesene *Calle Larga*. Westlich dieser Linie erstreckt sich die Altstadt, östlich davon liegen die Geschäftsviertel, in denen auch die Mehrzahl der Unterkünfte und Lokale zu finden ist.

Information/Verbindungen/Adressen

• *Information* An der Plaza Arenal ist ein „Centro de Atención al Turista" geplant. **Oficina Municipal de Turismo,** Alameda Cristina s/n. Geöffnet im Sommer Mo–Fr 9–15, 17–19 Uhr, Sa/So 9.30–14.30 Uhr, im Winter Mo–Fr 9.30–15, 16.30–18.30 Uhr, Sa/So 9.30–14.30 Uhr. ✆/℡ 956 341711, www.turismojerez.com.

• *Verbindungen* **Flug:** Flughafen „La Parra" (Info: ✆ 956 150000) etwa 7 km nordöstlich der Stadt. Busse zum Busbahnhof 8-mal täglich, weiter nach El Puerto 2-mal, Cádiz 6-mal täglich; zur NS Fahrplan unter cmtbc.es. Eine Bahnstation ist in Bau. Ein Taxi ins Zentrum sollte etwa 14 € kosten.

Zug: Architektonisch reizvoller Bahnhof (Renfe-Info: ✆ 902 240202) am südöstlichen Zentrumsrand. Nach Cádiz und Sevilla alle ein bis zwei Stunden, Madrid 3-mal täglich.

Bus: Busbahnhof beim Bahnhof. COMES nach Cádiz etwa stündlich, El Puerto de Santa María 9-mal, Sevilla 5-mal, Rota 9-mal, Arcos 7-mal, Ronda 4-mal, Málaga und Granada je 1-mal täglich. Nach Conil 4-mal tgl., aber Achtung: Der letzte Bus am Abend kommt aus Sevilla und ist oft voll belegt. LINESUR nach Sanlúcar etwa stündlich, Chipiona 8-mal, Sevilla 10-mal, Algeciras 9-mal täglich. AMARILLOS nach Arcos de la Frontera etwa stündlich.

Auto: Das gesamte Zentrum ist gebührenpflichtige „Blaue Zone" mit limitierter Parkzeit. Tiefgaragen z. B. an der Plaza Mamelón nördlich der Alameda Cristina, der Plaza del Arenal und nahe Alcázar.

Mietwagen: ATESA, am Flughafen, ✆ 956 186811. AVIS, am Flughafen, ✆ 956 150005; Alameda Cristina 13 (Hotel Tryp Jerez), ✆ 956 314120. EUROPCAR, am Flughafen,

Typisch Jerez: vor der Kathedrale ein Denkmal für den Sherrybaron

✆ 956 150098. HERTZ, am Flughafen, ✆ 956 150150. BUDGET-ROMECAR, Calle Puerto 5 (südlich des Alcázar), ✆ 956 338054.

Taxi: Funktaxis unter ✆ 956 344860.

• *Adressen* **Deutsches Konsulat,** Avenida de Méjico 10, Portal 1, 2°D; Mobil-✆ 692 555951, ℡ 956 821739.

Post: Calle Cerrón s/n, am südlichen Ende der Calle Honda; Öffnungszeiten: Mo–Fr 8.30–20.30 Uhr, Sa 9–14 Uhr.

Internet-Zugang: Locutorio Ciber, C. Porvera 18, nicht weit von der Infostelle.

Arabisches Bad: Hammam Andalusí, Badeanlage in arabischem Stil, untergebracht in einem Stadthaus des 18. Jh. Ein Bad (1,5 h) kostet 22 €, Badekleidung erforderlich; Einlass alle zwei Stunden von 10–22 Uhr. Auch Massagen etc. werden angeboten. C. Salvador 6, hinter dem Hotel Bellas Artes, ✆ 956 349066, www.hammamandalusi.com.

Provinz Cádiz — Karte S. 476

Übernachten

Große Auswahl, darunter recht erfreuliche Quartiere. Unterkunftsprobleme sollten nur während Großveranstaltungen und Festen auftreten. Dann, nämlich in der Regel zur Semana Santa, zur Feria del Caballo und zum Motorradrennen Gran Premio de España, wird es mehr als eng; gleichzeitig steigen die Preise deutlich.

• **Übernachten** ****** Hotel Palacio Garvey (2)**, zentral unweit der Infostelle gelegenes Luxushotel, untergebracht in einem Palast des 19. Jh., der einst der Sherry-Familie Garvey gehörte. Nur 16 Zimmer, modern-elegant eingerichtet und komfortabel ausgestattet. DZ/F nach Saison etwa 100–140 €, zu den Sonderterminen 260 €. C. Tornería 24, ✆ 956 326700, ℻ 956 327340, www.sferahoteles.net.

*** Hotel Casa Grande (14), charmantes Hotel in zentraler Lage, untergebracht in einem restaurierten, denkmalgeschützten Bau der Zwanzigerjahre. Freundliche, hilfsbereite und serviceorientierte deutsche Leitung durch Monika Schröder (mit dem Autor dieses Führers weder verwandt noch verschwägert). 15 komfortable, hübsch eingerichtete Zimmer mit Klimaanlage, gruppiert um einen zentralen Patio; große Dachterrasse. Ermäßigte Parkscheine für die blaue Zone vor dem Hotel. Gutes Preis-Leistungs-Verhältnis: DZ 85–105 €, zu Sonderterminen bis 190 €, es gibt auch Superiorzimmer. Pl. de las Angustias 3, ✆ 956 345070, ℻ 956 336148, www.casagrande.com.es.

*** Hotel Chancillería (1), kleines Altstadthotel unter britisch-spanischer Leitung, aus zwei ehemaligen Wohnhäusern zusammengesetzt. Modern in Ausstattung und Interieur, sehr gutes Restaurant „Sabores" angeschlossen. Standard-DZ/F etwa 90–120 €, zu den Sonderterminen bis 175 €; auch Superiorzimmer. C. Chancillería 21, ✆ 956 301038, www.hotelchancilleria.com.

*** Hotel Res. Serit (13), ein freundlicher und gepflegter, zudem recht zentral gelegener Familienbetrieb. Gute Zimmer mit TV, Garage. DZ nach Saison und Ausstattung etwa 60–80 €, zu den Sonderterminen bis zu 150 €. C. Higueras 7, ✆ 956 340700, ℻ 956 340716, www.hotelserit.com.

* Hotel El Coloso (17), ein ordentlicher Vertreter der Einsterneklasse, nahe der belebten Plaza de las Angustias; Garage; auch vier Apartments. DZ etwa 45–50 €, im Mai 100 €. C. Pedro Alonso 13, ✆/℻ 956 349008, www.elcolosohotel.com.

* Hotel San Andrés II (5), ein sehr empfehlenswerter Ableger der benachbarten, gemütlichen Pensión gleichen Namens, für die gebotene Ausstattung wirklich nicht zuviel. DZ mit Klimaanlage und TV etwa 40 €. C. Morenos 14, ✆ 956 340983, ℻ 956 343196.

** Pensión Sanví (3), gutes und sehr freundlich geführtes Quartier, wenn auch manche Zimmer relativ eng ausfallen – blitzsauber sind sie und auch recht ruhig gelegen. Ausreichend Parkmöglichkeiten im Haus (in einer alten Bodega!) vorhanden. DZ/Bad etwa 35 €, zu Sonderterminen bis 60 €. C. Morenos 10, eine nördliche Seitengasse der Straße nach Arcos, ✆ 956 345624.

Durchblick: die Kathedrale vom Alcázar aus gesehen

Jerez de la Frontera 563

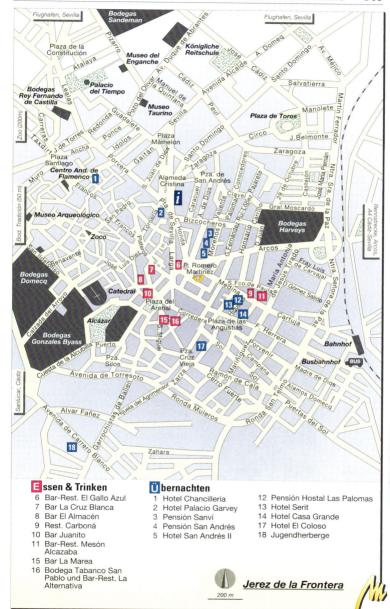

E ssen & Trinken
- 6 Bar-Rest. El Gallo Azul
- 7 Bar La Cruz Blanca
- 8 Bar El Almacén
- 9 Rest. Carboná
- 10 Bar Juanito
- 11 Bar-Rest. Mesón Alcazaba
- 15 Bar La Marea
- 16 Bodega Tabanco San Pablo und Bar-Rest. La Alternativa

Ü bernachten
- 1 Hotel Chancillería
- 2 Hotel Palacio Garvey
- 3 Pensión Sanví
- 4 Pensión San Andrés
- 5 Hotel San Andrés II
- 12 Pensión Hostal Las Palomas
- 13 Hotel Serit
- 14 Hotel Casa Grande
- 17 Hotel El Coloso
- 18 Jugendherberge

Jerez de la Frontera
200 m

Provinz Cádiz
Karte S. 476

564 Provinz Cádiz

* **Pensión San Andrés (4)**, ebenfalls preiswert und gut. Schöner Patio, nette Dachterrasse, sehr freundliche Leitung. DZ/Bad 40 €, ohne Bad 35 €. C. Morenos 12, nahe der Pension Sanvi, ✆ 956 340983.
* **Pensión Hostal Las Palomas (12)**, mit hübschem Patio, ein Lesertipp von Harald Schütz: „Einfach, aber sauber; freundliches Personal. Wir waren sehr zufrieden". Der Chef ist Deutscher, aber nicht immer anwesend. DZ/Bad 35–40 €, ohne Bad 30–35 €, zu den Sonderterminen 70 bzw. 60 €. C. Higueras 17, ✆ 956 343773, ✆ 956 169634, www.hostal-las-palomas.com.

Jugendherberge Jerez de la Frontera (18), Albergue Juvenil (IYHF), ganzjährig geöffnet. Hässliche Umgebung, komfortables Quartier. Av. Carrero Blanco 30, etwa 20 Minuten südwestlich der Plaza Arenal (Busverbindung), ✆ 956 035886.

Essen/Nachtleben (siehe Karte S. 563)

Leider merkt man es manchen Restaurants in Jerez an, dass die Stadt häufig von Tagesausflüglern besucht wird: Nicht immer entspricht die Qualität den geforderten Preisen. Vielleicht sollte man es hier besser bei einem Tapa-Bummel belassen. Zu den Spezialitäten der Sherry- und Stierstadt Jerez zählen Nieren in Sherrysauce (*riñones a la jerez*) und Stierschwanzsuppe (*sopa de rabo de toro*).

• *Essen* **Rest. Carboná (9)**, knapp östlich des engeren Zentrums. Spezialität des großen, in einer schönen ehemaligen Bodega untergebrachten Restaurants sind Fleischgerichte vom Grill, daneben gibt es auch einige ausgefallenere Sachen. Hauptspeisen überwiegend um die 15 €, Schweinernes günstiger. C. San Francisco de Paula 2, Di und im Juli geschlossen.

Bar-Rest. Mesón Alcazaba (11), in der Nähe und ein Tipp für den preisgünstigen Mittagstisch: Das umfangreiche Mittagsmenü kostet hier kaum 9 €. C. San Francisco de Paula 6.

Bar-Rest. La Alternativa (16), ein fast rein vegetarisches Lokal, empfohlen von Leser Josef Rinderer: „Ein kleines, feines Restaurant, in dem die beiden Besitzer das Essen frisch zubereiten. Die beiden Herren sind sehr freundlich und das Essen ist sehr gut." Calle San Pablo 7, So Ruhetag, abends nur Mi–Sa geöffnet.

Bar Juanito (10), in einer verkehrsfreien kleinen Gasse, die von der Plaza Arenal abzweigt. Stadtweit berühmt als Tapa-Bar mit breiter Auswahl, allerdings nicht ganz billig. Spezialität sind Artischocken. Calle Pescadería Vieja 8–10.

Bar El Almacén (8), um die Ecke. Schöne Tapa-Bar mit alten Möbeln innen und Tischen im Freien; meist auch dann belebt, wenn halb Jerez zu schlafen scheint. Elaborierte Tapas, guter Rioja. C. La Torre 8.

Bar La Cruz Blanca (7), ein Stück weiter. Angenehme Bar mit gutem, kreativem Essen (halbe und ganze Raciones, sowie komplette Gerichte nach Tageskarte). Nicht teuer. C. Consistorio 16.

Bar La Marea (15), ebenfalls unweit der Plaza Arenal. Hier dreht sich alles um Fisch und Meeresfrüchte. Die Preise liegen nicht ganz niedrig, die Qualität spricht aber für sich. Calle San Miguel 3.

Der „Blaue Hahn": El Gallo Azul

Jerez de la Frontera 565

Bar-Rest. El Gallo Azul (6), direkt in der Fußgängerzone. Der „Blaue Hahn" ist ein sehr beliebtes Lokal, untergebracht in einem auffälligen halbrunden Gebäude mit Tischen im Freien. Die Bar im Erdgeschoss serviert preisgekrönte und dabei recht günstige Tapas in breiter Auswahl; das teurere Restaurant im ersten Stock ist nicht immer geöffnet. Calle Larga 2.

Bodega Tabanco San Pablo (16), zwar kein Essenstipp, für Sherryfans aber ein Muss – eine uralte Bodega-Bar mit historischen Fotos und natürlich feinstem Fino vom Riesenfass. Calle San Pablo 12.

● *Nachtleben* Eine gewisse Konzentration von Music-Bars liegt im Gebiet um die Stierkampfarena. An Werktagen geht es nachts in Jerez aber oft ausgesprochen ruhig zu.

Plaza de Canterbury: Kleiner Innenhof mit einer Reihe von Bars, die besonders am Wochenende beliebt sind. Zu suchen in der Calle Niño de Cañas, Ecke Calle Zaragoza, nicht weit von der Stierkampfarena.

Avenida de Méjico: Nördlich der Arena und zusammen mit der Querstraße Comandante Paz Varela ein weiterer Fixpunkt der Barszene.

Bar Bereber, unweit des Archäologischen Museums, in einem lange Zeit heruntergekommenen Ex-Rotlichtbezirk. Im „Berber" ist das Interieur marokkanisch inspiriert, die Musikskala (manchmal live) reicht jedoch von Jazz über Bossanova und Tango bis hin zu Rock. Flamencoaufführungen finden ebenfalls statt, sind aber teuer. C. Cabezas 20, nur abends.

Einkaufen/Feste/Flamenco

● *Einkaufen* Sehr typisch sind natürlich Reitutensilien, aber auch Geflochtenes aus Weide. Haupteinkaufszone ist die Calle Larga.

Guarnicionería, Reiterzubehör: „Hipisur – La Botique del Caballo", C. Circo 1, nahe Plaza de Toros. www.hipisur.com.

Mimbre, Weidengeflecht: „La Casa del Mimbre", C. Corredera 46.

Zigarren: „Cava Paul", C. Paul 1, Nähe Oficina de Turismo. Breites Angebot.

Mercado de Abastos, die Markthallen an der Plaza Esteve südwestlich der Post.

Zoco, kleiner Kunsthandwerksmarkt in einem hübschen Gebäude an der Plaza de Peones.

Rastrillo, Flohmarkt an jedem Sonntag von Oktober bis Juni, an der Alameda Vieja.

● *Feste/Veranstaltungen* **Festival de Flamenco**, Ende Februar, Anfang März, organisiert vom Teatro Villamarta. Neben diversen Aufführungen werden während des etwa zehntägigen Festivals auch Tanzkurse und Workshops angeboten.

Semana Santa, die Karwoche; „Saeta"-Gesang und über 30 Prozessionen; Höhepunkt ist die Nacht zwischen Gründonnerstag und dem Sonnenaufgang des Karfreitags.

Feria del Caballo, an wechselnden Terminen etwa Anfang, Mitte Mai. Jerez ist eine Pferdestadt par excellence, der hiesige Pferdemarkt ist eine der ältesten Ferias Spaniens: Tradition seit dem 13. Jh.! Mit zahlreichen Wettbewerben für jeden Reiter natürlich ein Muss; Riesenstimmung, Stierkampf, Festzelte, Musik und Tanz sind jedoch auch für Nicht-Pferdeliebhaber eine absolute Attraktion.

Gran Premio de España, Anfang Mai. Lauf der Motorradweltmeisterschaft auf dem Richtung Arcos gelegenen Rundkurs „Circuito de Jerez" (Ctra. Arcos, Km 10; ☎ 956 151100, www.circuitodejerez.com), auf dem noch zahlreiche andere Rennen ausgetragen werden.

Fiestas de Otoño, etwa Mitte September. Das zweiwöchige Herbstfest fällt mit der Weinlese zusammen und glänzt mit einem üppigen Beiprogramm. Eines der Highlights ist das große Flamencofestival „Fiesta de la Bulería".

Corridas: Stierkämpfe während der ganzen Sommersaison, Höhepunkt wie immer die Festtermine. Information/Kartenverkauf: Calle Porvera s/n, unweit der Calle Puerta de Sevilla.

● *Flamenco* **Centro Andaluz de Flamenco**, das Mekka für wissenschaftlich interessierte Spezialisten. Riesiges Archiv, Ausstellungen, Schule etc. Im schönen Palacio Pemartín, Plaza de San Juan 1, 300 Meter westlich der Alameda Cristina, geöffnet Mo–Fr 9–14 Uhr; gratis. ☎ 856 814132, www.centroandaluzdeflamenco.es.

Flamenco-Bars gibt es in Jerez gleich im halben Dutzend, doch sind auch hier die Vorführungen ziemlich auf Touristen zugeschnitten und finden zudem nicht regelmäßig statt; Anfrage beim Fremdenverkehrsamt empfiehlt sich. Eine urige Adresse mit regelmäßigen Aufführungen: „El Lagá de Tío Parilla", Plaza del Mercado s/n (Nähe Archäologisches Museum); ☎ 956 338334. Ein volkstümliches Bar-Restaurant, in dem Mo–Sa um 22.30 Uhr Shows vorgeführt werden. Eintrittsgebühr inkl. Getränk knapp 20 €.

Provinz Cádiz
Karte S. 476

Im Alcázar: Palacio de Villavicencio

Sehenswertes

Hauptanziehungspunkte sind sicherlich die Bodegas und die Königliche Reitschule, und auch der Alcázar und das Archäologische Museum sind einen Besuch allemal wert. Von diesen Highlights abgesehen, besitzt Jerez zwar viele Kirchen und Paläste, darunter jedoch keine wirklich hochklassigen Bauwerke.

Catedral La Colegiata: Westlich der Plaza del Arenal. Die mächtige Kirche wurde auf den Grundmauern einer Moschee errichtet, im 17./18. Jh. jedoch fast völlig umgestaltet. Vor dem Westportal erhebt sich eine imposante Freitreppe; im Inneren lohnt sich ein Blick auf das Gemälde „Maria als Kind" von Zurbarán. Der frei stehende Glockenturm der Kathedrale trägt Stilelemente der Gotik und des Mudéjar.
Öffnungszeiten Mo–Sa 11.30–13, 18.30–20 Uhr, So 11–14 Uhr; gratis.

Alcázar: Direkt südlich der Kathedrale gelegen, Eingang gegenüber. Die Festung geht noch auf die Maurenzeit des 12. Jh. zurück, wurde später jedoch deutlich verändert und ist derzeit in einem weit fortgeschrittenen Zustand der Renovierung. Der Zugang erfolgt durch die *Puerta de la Ciudad*, mit dem typischen Knick im Inneren erbaut, um Angreifern das Vorankommen zu erschweren. Von hier gelangt man zunächst zu einer restaurierten *Ölmühle* (Molino del Aceite) aus dem 18. Jh. Im Mühlstein wurden die Oliven zunächst zermahlen, die so entstandene Paste dann auf kreisrunde Matten (capachos) verteilt, schließlich die zu einer Art Turm aufeinander gestapelten Capachos in der großen Presse (prensa) unter so hohen Druck gesetzt, dass das Öl austrat. Weiter geht es zur Moschee *Mezquita*, der einzig verbliebenen von insgesamt 18 Moscheen, die die islamische Stadt besaß. Später wurde sie zur Kapelle umgebaut, mitterweile jedoch wieder in ihren Originalzustand restauriert. Die kleine Quelle diente rituellen Waschungen, die Mihrab genannte Gebetsnische ist heute schmucklos; das Minarett kann leider nicht bestiegen werden. An die Mezquita schließt sich der Waffenhof *Patio de Armas* an. Hier erhebt sich der im 17. Jh. an Stelle eines maurischen Vorgängers errichtete *Palacio de Villavicencio*. Er birgt eine Apotheke des 19. Jh. und im Turm eine *Camera Obscura* ganz ähnlich z. B. der in der Torre Tavira von Cádiz (siehe dort). Auch hier genießt man ein sehr reizvolles Panorama der Stadt, und einmal mehr ist auch der Anblick der „lebenden Bilder" faszinierend. Durch die Gärten des Alcázar, die freilich keinen Vergleich mit denen von Granada oder Sevilla aushalten, erreicht man die *Maurischen Bäder*. Sie wurden im 13. Jh. für die Bewohner des Palastes errichtet und sind nach dem üblichen Schema unterteilt. Auf den Eingangsbereich und den Umkleideraum folgen drei unterschiedlich temperierte Feuchträume, der als Ruhezone dienende Kaltraum (bait albarid), der Warmraum (bait al wastani) für die Waschungen, größter der drei Räume, und der Heißraum (bait assajum), in dem mittels eines Systems im Fußboden Dampfbäder genommen werden konnten. Die sich anschließende Zone wurde erst vor wenigen Jahren freigelegt. Vor dem 1471 errichteten Turm *Torre del Homenaje* fanden sich dabei eine Zisterne (Aljibe), ein Backofen sowie ein Brunnen aus dem 10.–12. Jh. Weiter rechts steht etwas erhöht der so genannte *Pabellón del Patio de Doña Blanca* (auch Pabellón Real genannt), ein entgegen seines Namens maurischer kleiner Palast mit Kuppel, der noch aus der Almohaden-Zeit des 12. Jh. stammt; das nahe Bewässerungsbecken (Alberca) ist weit jünger. Dahinter erhebt sich der achteckige Turm *Torre Octogonal*, ebenfalls noch aus islamischer Zeit. Er ist der höchste maurische Turm der Stadt und bietet einen weiten Blick über Jerez, der bei klarer Sicht bis nach Medina Sidonia reicht.

Öffnungszeiten 16. Juli bis 15. September Mo–Fr 10–19.30 Uhr, Sa/So 10–14.30 Uhr, November–Januar tgl. 10–14.30 Uhr, im restl. Jahr Mo–Sa 10–17.30 Uhr, So 10–14.30 Uhr. Eintritt Alcázar 3 €, mit Camera Obscura (spanisch: Cámara Oscura) 5,50 €.

Museo Taurino: Knapp nördlich des engeren Zentrums steht an der Calle Pozo Olivar 6 das Stierkampfmuseum von Jerez. Dass es nicht wie üblich in der Arena selbst untergebracht ist, hat seinen Grund: Die Ausstellung von allerlei Devotionalien rund um den Stier wurde von einer Gastronomiefirma eingerichtet, im Eintrittspreis ist deshalb auch eine „Degustation" enthalten.

Öffnungszeiten Mo–Sa 10–14 Uhr, Eintrittsgebühr 5 €.

El Palacio del Tiempo: Der „Palast der Zeit" unweit des Museo Taurino ist ein Uhrenmuseum in einem alten Palast, in dem auch Silberwaren und eine Sammlung von Spazierstöcken zu sehen sind. Alle Uhren sind voll funktionsfähig und beginnen jeweils mindestens zur halben Stunde zu schlagen, am eindrucksvollsten um zwölf Uhr mittags.

Führungen Di–Fr 9.30–13.15 Uhr, p.P. 6 €.

Real Escuela Andaluza de Arte Ecuestre: Neben den Bodegas ist die „Königliche Andalusische Schule der Reitkunst" die Hauptattraktion von Jerez. Die noble Anlage befindet sich in einem Park an der Avenida Duque de Abrantes s/n, in Fußentfernung nördlich des Zentrums. Gegründet wurde sie 1973 von Don Alvaro Domecq Romero, später vom Spanischen Tourismusministerium übernommen und ist heute im Besitz der Junta de Andalucía. Zentrum des „Recreo de las Cadenas" genannten Geländes ist ein Palast im Barockstil, errichtet von Charles Garnier, der auch die Pariser Oper schuf, und natürlich die 1600 Plätze fassende Arena aus dem Jahr 1980, zu der neben fünf Ställen und einer edel ausgestatteten Sattelkammer nebst Werkstatt sogar eine Pferdeklinik gehört, die zu den modernsten Spaniens zählt. Sehr sehenswert ist die interaktive, lebendig (und teilweise auch auf Deutsch) präsentierte Ausstellung *Museo del Arte Ecuestre*; etwas abseits liegt das separate, aber zugehörige Kutschenmuseum *Museo del Enganche*.

Spanische Pferde: Pura Raza, Cartujanos und Andalusier

Die Ursprünge der *Pura Raza Española* (P.R.E.), der reinen spanischen Pferderasse, sind nicht unumstritten. Mancher Pferdeexperte führt sie aber bis weit in die Vorgeschichte oder zumindest bis in die Antike zurück. Schon damals war ihre Beweglichkeit berühmt – bereits der griechische Schriftsteller, Philosoph und Kavallerieführer Xenophon, im 4. Jh. v. Chr. Verfasser einer Schrift über die Reitkunst, fand lobende Worte über das iberische Ross. Unter den Römern wurde die Pferdezucht in Spanien systematisiert. Dass während der Maurenzeit in größerem Umfang Einkreuzungen mit Arabern stattfanden, gilt heute als eher unwahrscheinlich. Gegen Ende des Mittelalters begann das spanische Pferd seinen Siegeszug durch Europa. Fürstenhöfe und Königshäuser schmückten sich mit den edlen Rössern. Iberische Zuchtpferde veredelten viele Rassen; die berühmten, ab 1580 gezüchteten Lipizzaner stammten ursprünglich sogar direkt aus einem Import von neun spanischen Hengsten und 24 Stuten ab.

Als älteste und reinste Linie innerhalb der Pura Raza Española gelten heute die Kartäuserpferde Cartujanos, die aus der bereits im 15. Jh. begründeten Zucht des Kartäuserklosters Nuestra Señora de la Defensión abstammen. Die Kartäusermönche waren sogar die Retter der Rasse: Als während der französischen Besetzung auf Befehl Napoleons größere und schwerere Pferde eingekreuzt werden sollten, verweigerten die Brüder des nahe Jerez gelegenen, meist schlicht „La Cartuja" genannten Klosters den Gehorsam, versteckten ihre Herden und führten die Auslesezucht heimlich weiter. Wenig später mussten sie wegen der Enteignung der spanischen Klöster ihre Zucht dennoch aufgeben. Die Arbeit der Kartäuser wurde jedoch weitergeführt, unter anderen vom Gestüt des Kaufmanns Pedro José Zapata, das heute im Besitz der staatlichen Gesellschaft Expasa ist. „Andalusier" dürfen sich übrigens viele Pferde nennen, der Begriff der „Pura Raza Española" (die immer einen gewissen Cartujano-Anteil enthält) hingegen ist streng geschützt.

Sherry in Jerez 569

Die Königliche Reitschule besitzt mehr als hundert Cartujanos, die auch europaweit auf Tournee zu sehen sind. In der Hohen Schule der Reitkunst zählt das Gestüt zu den besten der Welt. Die Figuren, Sprünge und schnellen Drehungen der Tiere leiten sich hauptsächlich aus der Dressur für den Stierkampf zu Pferd her, für den die Rasse ursprünglich gezüchtet worden war. Wer donnerstags oder (von Frühjahr bis Herbst) dienstags kommt, kann die Dressurvorführung *Como Bailan los Caballos Andaluces* sehen, den „Tanz der Andalusischen Pferde". An den übrigen Wochentagen muss man sich mit dem kaum weniger interessanten Training begnügen. Die Dressurreiter sind dabei zwar nicht in den traditionellen Kostümen des 18. Jh. gewandet, dafür erkennt man jedoch genau, wer bereits ein geprüfter Pferdetrainer mit langer Ausbildung ist und wer noch ein Eleve: Erstere tragen ein blaues Poloshirt, letztere ein grünes.

● *Zeiten/Preise* Dressur-Vorführungen donnerstags, von März bis Dezember auch dienstags (besser, weil nicht so voll) sowie im August auch freitags, jeweils um 12 Uhr, Eintrittsgebühr 18–24 €; an diesen Terminen (und nur dann) ist auch die alleinige Besichtigung des Museo del Arte Ecuestre möglich, Eintrittsgebühr 6 €. An den übrigen Tagen findet von Mo–Fr 11–13 Uhr das Training statt, Eintritt 10 € inkl. Museo del Arte Ecuestre. Studenten, Rentner und Kinder jeweils ermäßigt. Reservierung (Aufpreis zum normalen Ticket) geraten, möglich unter ✆ 956 318008 oder in jedem Reisebüro. Das Kutschenmuseum öffnet Mo–Sa 11–15 Uhr; 4 €. www.realescuela.org.

● *Besichtigung eines Gestüts* **Yeguada de la Cartuja** auf der Finca Fuente del Suero gehört nicht zur Königlichen Reitschule, ist mit seinen mehr als 200 edlen Cartujanos (Hierro del Bocado) aber für jeden Pferdefreund sicher einen Besuch wert. Geöffnet wird jeden Samstag um 11 Uhr, Besichtigung inkl. Show p. P. etwa 14–19 €. Die Finca liegt gut 10 km außerhalb, Anfahrt zunächst Richtung Medina Sidonia, später rechts Richtung El Portal und El Puerto de Sta. María, dann bald wieder rechts. Ctra. Medina-El Portal, Reservierungen unter ✆ 956 162809, www.yeguadacartuja.com.

Museo Arqueológico: In einem Palast an der Plaza del Mercado im Westen des Zentrums. Der Palacio des 18. Jh. steht mitten im historischen Viertel San Mateo, das den Kern der ehemaligen maurischen Medina markiert. Die chronologisch geordneten Exponate reichen vom Paläolithikum über Vorgeschichte und Römerzeit bis zur islamischen Herrschaft und dem späten Mittelalter. Einige der vielen Glanzstücke sind ein bestens erhaltener Soldatenhelm des 7. Jh. v. Chr., Relikte aus dem römischen Hasta Regia, der Vorläufersiedlung von Jerez, eine Münzkollektion sowie die Sammlung maurischer Funde.
Öffnungszeiten Seit Jahren wegen Renovierung geschlossen, könnte das Museum mit Erscheinen dieser Auflage wieder geöffnet sein.

Zoo Jerez: Der Zoo der Stadt, etwas außerhalb des Zentrums an der Calle Taxdirt unweit der Plaza Santiago gelegen, zählt zu den erfreulicheren Tierparks, wurde vom WWF zusammen mit den Zoos von Madrid und Barcelona zu den besten drei des Landes erklärt. Untergebracht ist er in einem ehemaligen botanischen Garten. Die Leitung legt Wert auf artgerechte Haltung und entsprechende Umgebung, engagiert sich auch in der Pflege und Wiederauswilderung verletzter frei lebender Tiere. Über 400 Arten sind hier zu sehen, darunter allein 40 unterschiedliche Spezies von Schlangen; Hauptattraktion ist jedoch ein weißer Tiger.
Öffnungszeiten Juni bis August Di–So 10–20 Uhr, sonst Di–So 10–18/19 Uhr; von Juli bis Mitte September ist auch montags geöffnet. Eintrittsgebühr 9 €.

Provinz Cádiz
Karte S. 476

Sherry in Jerez

Zu Herstellung und Sorten siehe vorne im Kapitel „Küche und Keller".

Die Wasser speichernden Kalkböden und das ideale Klima um Jerez nutzten schon die Phönizier und nach ihnen die Römer zum Weinbau. Auch unter maurischer Herrschaft wurde die Tradition fortgesetzt, trotz des Verbots von Alkohol durch den Koran. Schließlich soll man aus Trauben auch Saft oder Rosinen gewinnen können ...

Zu seinem internationalen Namen kam der Sherry durch den Überfall des britischen „Hofpiraten" *Sir Francis Drake* auf Cádiz 1587. Der Engländer griff sich 3000 Fässer Wein und ließ sie in seine Heimat bringen – Großbritannien war begeistert, doch konnte man dort den Namen Jerez nicht aussprechen, also: Sherry (in Spanien aber immer noch „Jerez"). Später gründeten ausgewanderte Engländer auch eigene Kellereien, die sich, man merkt es an den Namen, z. T. bis heute in britischem Besitz befinden. González-Byass und Pedro Domecq, die beiden bekanntesten Marken und im Stadtbild wahre Sherry-Dörfer für sich, sind jedoch in spanischer Hand. Übrigens ist Jerez nicht nur die Stadt der Sherrys, sondern auch die Stadt der Brandys: Die besten Sorten reifen nach der Solera-Methode in alten Sherryfässern. Ebenso guten Ruf genießt der aus Sherry im Solera-Verfahren hergestellte, mit einer „D.O." herkunftsgeschützte Essig, der bis zu hundert Jahre lang in Eichenfässern gelagert wird – je dunkler die Farbe, desto älter der Essig.

Bodega-Führungen: Alle genannten Bodegas liegen in Fußentfernung vom Zentrum. Führungen finden meist nur von Montag bis Freitag statt, Voranmeldung ist mittlerweile nur noch selten nötig. Im August allerdings kann es schwierig werden, eine offene Bodega zu finden, viele haben dann Betriebsferien. Die angegebenen Zeiten können sich ändern, nach Möglichkeit deshalb vorher das Fremdenverkehrsamt kontaktieren. Bleibt zu erwähnen, dass die den Bodegas angeschlossenen Verkaufsstätten meist teurer sind als beispielsweise Supermärkte, sich für Liebhaber von Raritäten aber oft als Fundgrube entpuppen können.

Die Führungen durch die „Kathedralen des Weins" dauern etwa eine Stunde und werden natürlich mit einigen Probiergläschen abgeschlossen. So ging es schon dem französischen Poeten Théophile Gautier, der auf seiner „Reise in Andalusien" 1840 auch Jerez besuchte: „Man wandelte in Alleen von vier- oder fünfreihig aufeinander gestapelten Fässern. Wir mussten alles probieren, jedenfalls die Hauptsorten, und es gibt unzählige Hauptsorten." Danach hatte Gautier allerdings ein Problem: „Fallen oder Nichtfallen, das war hier die Frage." Heute sind die Verkostungen natürlich etwas weniger umfangreich. Wenn die Führer gut gelaunt sind und sich einen Spaß erlauben wollen, stellen sie, z. B. bei González-Byass, ein Glas Sherry mit einer kleinen Leiter auf. Manchmal taucht dann ein Mäuschen auf, das die Leiter hochklettert, um einen Schluck zu nehmen. Der Scherz hat einen Hintergrund: Mäuse sind versessen auf Sherry und dienten deshalb früher als eine Art Warnsystem – sah man eine Maus betrunken durch die Gänge taumeln, musste irgendwo ein Fass undicht sein.

Tío Pepe (González-Byass): González-Byass ist Hersteller der bekannten Marke Tío Pepe, benannt nach dem Onkel (Tío) des Firmengründers, der seinen Neffen anfangs finanziell unterstützt hatte. Auf den Führungen zu sehen sind unter anderem Fässer, die von Berühmtheiten wie Winston Churchill, El Cordobés, Paco de Lucía, Steven Spielberg und Ayrton Senna signiert wurden. Führungen per Minizug nach Sprachen getrennt, Zeiten (Sommer) auf Deutsch zuletzt Mo–Sa 12.15 Uhr, 14 Uhr und 17.15 Uhr, auf Englisch und Spanisch stündlich 12–14, 17–18.30 Uhr, am So nur die

Vormittagstermine; Änderungen der Uhrzeiten sind leider nicht selten. C. Manuel María Gonzalez s/n, nahe Kathedrale. Gebühr 11 €, bei Führungen mit Tapas (wechselnde Termine) 16 €. ℘ 956 357016, www.bodegastiopepe.com.

Fundador Pedro Domecq: Führungen stündlich Mo–Fr 10–13 Uhr (April–Juni und Sept./Oktober auch 17–19 Uhr), 8 € ; Di, Do und Sa um 14 Uhr mit Tapas; 13 €. Reservierung erwünscht. C. San Ildefonso 3, ebenfalls nicht weit von der Kathedrale. ℘ 956 151500. www.bodegasfundadorpedro domecq.es.

Sandeman: Etwa stündliche Führungen Mo–Fr 11.15–14.15/15 Uhr, teilweise auch auf Deutsch; Gebühr 6,50–12 €, Sa und nachmittags nur auf Voranmeldung. C. Pizarro 10, nahe der Königlichen Reitschule, ℘ 956 151700, www.sandeman.es.

John Harveys: Besuche Mo–Fr 12 Uhr, 8 €; Voranmeldung nötig. Günstig zu den Bahnhöfen gelegen, von dort in nördlicher Richtung. C. Pintor Muñoz Cebrián s/n, nahe der Straße nach Arcos, ℘ 956 151552.

www.bodegasharveys.com.

Bodega Rey Fernando de Castilla, ein Lesertipp von Karin Clemens: „Eine eher kleine Bodega, die etwas versteckter liegt. Die Mühe lohnt sich aber, da man sehr freundlich aufgenommen wird. C. Jardinillo 7–11, ℘ 956 182454". Voranmeldung erwünscht. www.fernandodecastilla.com.

Bodegas Tradición: Eine sehr exklusive Bodega – hier werden ausschließlich besonders alte, hochwertige Sherrys erzeugt, die die Gütesiegel V.O.S. (very old sherry bzw. vinum optimum signatum, über 20 Jahre alt) und V.O.R.S. (very old rare sherry bzw. vinum optimum rare signatum, über 30 Jahre alt) tragen dürfen. Angeschlossen ist eine Kunstgalerie mit Arbeiten u. a. von Goya und Velázquez. Preis p.P. 16,50 €, Führungen Mo–Fr 9–13.30 sowie um 16.30 Uhr, im Juli/August 8–13.30 Uhr, Sa (außer Juli/August und Dezember–Februar) 10–12.30 Uhr. Reservierungen sind unabdinglich; man spricht Deutsch. Plaza Cordobeses 3, unweit des Archäologischen Museums, ℘ 956 168628, www.bodegastradicion.com.

Arcos de la Frontera

Eines der bekanntesten und schönsten „Weißen Dörfer". Schon seine Lage ist schlichtweg grandios – Arcos besetzt einen steilen, schroffen Felsrücken, der in eine Schleife des Río Guadalete ragt.

Ein spanischer Autor hat Arcos de la Frontera einmal mit einer großen Echse verglichen, die träge in der Sonne liegt. Man versteht dieses durchaus treffende Bild am besten, wenn man den Aufbau des lang gestreckten, schmalen und dabei leicht gekrümmten Ortskerns auf einem Stadtplan betrachtet; schöner noch wäre natürlich der Blick aus der Luft. Kein Wunder, dass die natürliche Festung schon in der Vorgeschichte besiedelt und während der Reconquista Jahrtausende später heftig umkämpft war. Erst im zweiten Anlauf gelang 1264 die endgültige Rückeroberung.

Das Dorf, mit gut 30.000 Einwohnern eher schon eine Kleinstadt, liegt an der *Ruta de los Pueblos Blancos*, der vom andalusischen Fremdenverkehrsamt ausgewiesenen „Route der Weißen Dörfer". Dennoch wurde Arcos vom Tourismus nicht völlig vereinnahmt. Dabei präsentiert sich der Ortskern geradezu als Quintessenz eines Weißen Dorfs: steile Gassen, eben mal so breit, dass ein bepackter Maulesel hindurchpasst, schmucke Kirchen, frisch gekalkte Fassaden und immer wieder weite Ausblicke auf die Hügellandschaften der Umgebung. Mit zahlreichen kleinen und feinen Hotels ist Arcos auch ein sehr angenehmes Standquartier für Touren in die Umgebung.

Orientierung: Der Hauptzugang zur Altstadt erfolgt über die von Westen kommende *Calle Corredera*. Autos sollte man besser vor dem Gewirr der engen Gassen parken; am Paseo Andalucía (noch vor der Calle Corredera) gibt es eine Tiefgarage. Hauptplatz des Ortskerns ist die mit weitem Blick ausgestattete *Plaza del Cabildo*, der dortige Parador ist ausgeschildert.

Provinz Cádiz
Karte S. 476

572 Provinz Cádiz

Information/Verbindungen

- *Information* **Oficina Municipal de Turismo**, direkt an der Plaza del Cabildo s/n. Öffnungszeiten Mo–Fr 10–14.30, 17–20 Uhr (Winter 16–19 Uhr), Sa 10–13.30, 17–19 Uhr (Winter 16–18 Uhr), So 10–13.30 Uhr. Auch Infos zu Stadtspaziergängen. ℡ 956 702264, ℻ 956 702226. www.ayuntamientoarcos.org. **Infokiosk** an dem der Altstadt vorgelagerten Paseo Andalucía, geöffnet Mo–Sa 10–13.30 Uhr.
- *Verbindungen* **Bus**: Busbahnhof an der Calle Corregidores, etwa eine Viertelstunde südwestlich unterhalb der Altstadt; etwa halbstündlich verkehrt ein Verbindungsbus. AMARILLOS nach Jerez etwa stündlich, Sevilla 2-mal, Cádiz 5-mal, El Bosque 7-mal, Málaga 2-mal täglich. COMES nach Jerez und Cádiz 5-mal, Olvera und Setenil 1-mal sowie Ronda 2-mal täglich.

Übernachten

Mehrere wunderschöne Quartiere in alten Gebäuden, die für das Gebotene gar nicht einmal besonders teuer sind. Preiswerte kleine Pensionen sind dagegen selten.

- *Im Ort* ***** Parador de Arcos (10)**, in der ehemaligen „Casa del Corregidor" (Haus des Richters), mitten in der Altstadt. Traumhafte Lage, von vielen Zimmern und der Terrasse öffnet sich ein überwältigendes Panorama. Parkmöglichkeit am Platz. DZ etwa 145–155 €. Pl. del Cabildo s/n, ℡ 956 700500, ℻ 956 701116, arcos@parador.es, www.parador.es.

*** Hotel Rest. Los Olivos (11), in einem alten Haus nahe der Altstadt. Von außen nett, aber unscheinbar, innen ein schöner Patio und freundlich eingerichtete Zimmer. Parkmöglichkeit. DZ nach Saison etwa 60–75 €. C. San Miguel 2, in einer Seitengasse der Corredera, ℡ 956 700811, ℻ 956 702018, www.hotel-losolivos.es.

** Hotel El Convento (7), ganz in der Nähe des Paradors in Traumlage über dem Hang. Untergebracht in einem Kloster des 17. Jh., sehr schön dekoriert. Terrassen und Zimmer mit schöner Aussicht, leider nur wenige Betten, Reservierung ratsam. DZ nach Saison etwa 70–85 €. C. Maldonado 2, ℡ 956 702333, ℻ 956 704128, www.hotelelconvento.es.

* Hotel Marqués de Torresoto (4), in einem Palast aus dem 17. Jh. mit herrlichem Renaissancepatio und ansprechend eingerichteten Zimmern. DZ nach Saison etwa 50–60 €, zu Sonderterminen bis 160 €. C. Marqués de Torresoto 4, unweit der zentralen Plaza del Cabildo gelegen, ℡ 956 700717, ℻ 956 704205, www.hotelmarquesdetorresoto.com.

* Hotel Mesón La Fonda (9), westlich nahe der Altstadt. In einem hundertjährigen Haus, dicke Mauern, Deckenbalken. Freundliche Besitzerin. 1998 von der Fonda zum Hotel hochrenoviert, gute Zimmer und Bäder. Ein gutes Restaurant ist im Haus. Viel Stil für relativ wenig Geld: DZ etwa 50–60 €, zu Sonderterminen bis 100 €. Debajo del Corral s/n, am Anfang der Corredera, ℡ 956 700057, ℻ 956 703661, www.hotelafonda.com.

** Pensión La Casa Grande (6), in der Klassifizierung wieder mal sehr tief gestapelt: Ein wunderschönes Altstadtquartier, untergebracht in einem Palast des 18. Jh. mit nur wenigen, sehr geschmackvoll und ganz individuell eingerichteten Zimmern und Studios. Die Gemeinschaftsterrasse bietet eine wahrhaft fabulöse Aussicht. Im Januar/Februar für einen Monat geschlossen. Zimmer für zwei Personen nach Ausstattung und Saison etwa 80–110 €, zu Sonderterminen bis 120 €. Auch Suiten mit Platz für bis zu vier Personen. C. Maldonado 10, ℡ 956 703930, ℻ 956 717095, www.lacasagrande.net.

Arcos de la Frontera 573

Essen & Trinken
1 Restaurante Mesón Los Murales
8 Bar-Rest. La Terraza
9 Restaurante Mesón La Fonda

* **Hostal El Patio (2)**, in der Nähe der Plaza del Cabildo, direkt neben der Kirche Santa María und jenseits einer engen Durchfahrt. Nur wenige Zimmer, 2010 komplett renoviert. Restaurant-Bar angeschlossen. DZ/Bad mit Klimaanlage etwa 35 €, mit Terrasse 40 €; es gibt auch ein Apartment. C. Deán Espinosa bzw. Callejón de las Monjas 4, ℡ 956 702302, www.mesonelpatio.com.

* **Pension Hostal San Marcos (3)**, ebenfalls mitten in der Altstadt, einem Restaurant angeschlossen. Nur vier Zimmer, sauber, ordentlich eingerichtet und mit Klimaanlage versehen; gemeinsame Terrasse. DZ/Bad etwa 30–35 €. C. Marqués de Torresoto 6, nahe dem gleichnamigen Hotel, ℡ 956 700721.

● *Außerhalb* ** **Hotel Rural El Tesorillo II (5)**, etwa zwei Kilometer westlich der Stadt. 2002 eröffneter Neubau in traditionellem Gutshof-Stil, mit Salzwasserpool. Freundliche deutsche Leitung durch Hans Peter („Pedro") Kleinhans, familiäre Atmosphäre. Reitmöglichkeit und Schulung; Wander- und Radtipps. Essensmöglichkeit für Gäste. DZ/F nach Ausstattung und Saison 50–85 €. Auch sechs Apartments. Carretera Arcos-Lebrija (Straße nach Gibalbín), km 1,6, ℡ (Mobil) 619 328601, ℡ 956 920664, www.eltesorillo.com.

* **Hotel Hacienda El Santiscal**, nahe Stausee. Eine über 500 Jahre alte Hacienda bildet den Rahmen für dieses schöne kleine Hotel. Der Inneneinrichtung merkt man an, dass das Haus im Besitz einer spanisch-ägyptischen Familie ist. Zwölf Zimmer. DZ nach Saison und Ausstattung etwa 85–130 €. Av. El Santiscal 129, ℡ 956 708313, ℡ 956 708268, www.santiscal.com.

● *Camping* **Arcos de la Frontera**, 1. Kat., unweit des Stausees Embalse de Arcos im Nordosten der Stadt, Urbanisation Santiscal. Seit geraumer Zeit geschlossen, Wiedereröffnung eher unwahrscheinlich. ℡ 956 708333, www.campinglagodearcos.com.

Essen/Feste (siehe Karte S. 572/573)

● *Essen* Wegen der vielen Tagesbesucher ist die Qualität nicht überall begeisternd.
Rest. Mesón de la Fonda (9), im gleichnamigen Hotel, jedoch unabhängig betrieben. Altes Gemäuer mit hübscher Atmosphäre und ordentlicher, teilweise recht fantasie-

Provinz Cádiz — Karte S. 476

574   Provinz Cádiz

voller Küche; zur Saison auch Wild. Tagesmenü etwa 10 €, Hauptgerichte um die 12–15 €. Debajo del Corral s/n.

Rest. Mesón Los Murales (1), an der Hauptroute durch die Altstadt. Beliebt und oft gut besucht vor allem wegen der schönen Lage an den alten Mauern. Das Tagesmenü für etwa 9 € bietet jedoch keine originelle Auswahl, à la carte speist man laut einer Leserzuschrift besser. Plaza Boticas.

Bar-Rest. La Terraza (8), schlichtes Lokal in der Nähe der Tiefgarage, das ein ordentliches und preisgünstiges Tagesmenü (8 €) serviert. Paseo de Andaluciá s/n.

● *Essen außerhalb* **Rest. Mesón La Molinera**, unterhalb des Ortes in der Urbanisation El Santiscal am Stausee Embalse de Arcos, der ein beliebtes Ausflugsziel der Einwohner bildet. Hübsche Terrasse zum See, solide Küche, mittleres Preisniveau; Leser lobten das recht günstige werktägliche Mittagsmenü. Wer mag, kann hier auch gleich übernachten, ein Hotel ist angeschlossen. El Santiscal s/n, ✆ 956 700511.

● *Einkaufen* **Convento de las Mercedarias Descalzadas**, köstliche Süßigkeiten nach alten maurischen Rezepten, von den Klosternonnen selbst hergestellt und durch ein kleines Fenster (läuten) verkauft. Plaza Botica 2, der Konvent liegt im ehemaligen Stadtgefängnis.

● *Feste* **Encierro de Aleluya** („Halleluja“), Ostersonntag. Stierlauf durch die Gassen à la Pamplona. Mordsspektakel, an dem, anders als in Pamplona, auch Frauen und Kinder teilnehmen dürfen. Unter den Besuchern sind auch viele Amerikaner aus Rota, die sich auf Papa Hemingways Spuren wähnen.

Velada de la Virgen de las Nieves, am 5. August, mit abendlichen Flamencogesängen.

Feria de San Miguel, Ende September zu Ehren des Stadtpatrons. Das Hauptfest von Arcos; schwer, dann noch zu vernünftigem Preis eine Unterkunft zu finden. Das Festgelände mit zahlreichen „Casetas“-Zelten liegt unterhalb der Plaza España.

Sehenswertes

In erster Linie ist Arcos als Gesamtkomplex interessant, ein Städtchen für Streifzüge durch enge Pflastergassen und schmale Torbögen, vorbei an weiß gekalkten Fassaden und schön geschmückten Patios. Immer wieder öffnen sich herrliche Ausblicke auf das tief unterhalb gelegene Umland.

An der Altstadtgasse Cuesta Belén ist ein „Centro de Interpretación del Pueblo“ geplant, das Datum der Eröffnung blieb bis zuletzt jedoch unklar.

Iglesia de Santa María de la Asunción, an der Plaza del Cabildo. Nach einem großen Streit des 18. Jh., der die halbe Einwohnerschaft von Arcos spaltete, wurde sie vom Appellationsgericht in Rom als Hauptkirche des Ortes bestätigt. Im 16. Jh. errichtet, erhebt sich das Gotteshaus auf den Fundamenten eines westgotischen Vorgängers. Das Hauptportal zeigt gotische und platereske Züge, im Inneren lohnt sich ein Blick auf den gewaltigen, dreiteiligen Hochaltar der Renaissance, an dem mehrere Künstler rund 20 Jahre lang arbeiteten. Sehenswert sind auch der fein geschnitzte Chor und die unter Denkmalschutz gestellte Orgel, die aus dem 18. Jh. stammt.

Öffnungszeiten Mo–Fr 10–13, 16–19 Uhr (Winter 15.30–18.30 Uhr), Sa 10–14 Uhr; Eintritt 2 €.

Balcón de Arcos: Vom Aussichtspunkt *Mirador de la Peña Nueva* an der Plaza del Cabildo genießt man einen weiten Blick auf den gemächlichen Fluss und die sich anschließende, sanft gewellte Hügellandschaft. Er ist jedoch nicht der einzige Ausguck der Stadt, insgesamt gibt es ein gutes halbes Dutzend davon: Weiter südöstlich öffnen sich noch weitere Panorama-Plätze wie der *Mirador de la Peña Vieja* an der gleichnamigen Straße und der *Mirador de Abades* hinter der Kirche San Pedro.

Castillo: Ein kleines Stück westlich der Plaza España steht diese Festung, die teilweise noch auf maurische Ursprünge zurückgeht. Da sie seit langem in Privatbesitz, ist sie leider nur von außen zu besichtigen.

Arcos de la Frontera/Sehenswertes   575

Palacio del Mayorazgo: Ein Stück weiter östlich gelegen. Der Stadtpalast (Mo–Fr 8–14 Uhr) entstand im 17. Jh. im strengen Stil von Juan Herrera, dem Erbauer des gigantischen El Escorial bei Madrid. Innen beeindrucken besonders die mit Säulen geschmückten Patios.

Iglesia San Pedro: Auch dieses Gotteshaus unweit des Palacio del Mayorazgo erhob einst Anspruch auf die Stellung als Hauptkirche von Arcos. Die Rivalität zu Santa María soll so weit gegangen sein, dass die Anhänger dieser Kirche, die „Pedristas", während des Streits in ihren Gebeten den Namen der Maria ausließen und beispielsweise beteten: „San Pedro, Mutter Gottes, bitte für uns ..." Das wehrhaft erscheinende Bauwerk, errichtet auf den Grundmauern einer maurischen Festung, steht fast am Abgrund und vereint Stilelemente der Gotik, Renaissance und des Barock. Der ungewöhnlich geformte Glockenturm, der einen berückenden Blick über die Dächer des Städtchens bietet, ist leider nicht mehr zugänglich.
Öffnungszeiten Mo–Fr 10–14, 17–19 Uhr, Sa 10–14 Uhr; Eintrittsgebühr 1 €.

Centro de Interpretación La Molinera y el Corregidor: Das Interpretationszentrum liegt in einem weniger besuchten Viertel der Altstadt an der Calle de Piedra del Molino. Untergebracht ist es in einem verwinkelten Haus, in dem einst mehrere Familien auf engen Raum zusammenlebten; das Erdgeschoss beherbergte Viehställe. Zentrales Thema der Ausstellung ist der aus dem späten 18. oder frühen 19. Jh. stammende Schwank „Der Richter und die Müllerin" (Kurzform: Landrichter will schöne Müllerin zum Ehebruch verführen und lässt dazu ihren Mann einbuchten, fällt damit aber letztlich auf die Nase bzw. ins Wasser) und der Einfluss, den sie auf die verschiedensten Künstler und Kunstformen hatte. Pedro Antonio de Alarcón schrieb nach dieser Erzählung die Novelle „Der Dreispitz" (El Sombrero de tres Picos), die wiederum von Manuel de Falla als musikalische Pantomime vertont wurde; auch Pablo Picasso und Salvador Dalí ließen sich von dem volkstümlichen Stück inspirieren. Schade, dass die Erklärungen in den verschiedenen Themenräumen nur auf Spanisch gehalten sind.
Öffnungszeiten Mo–Fr 10.30–13.30, 17.30–20.30 Uhr; Eintritt frei.

Der Priester, sein Bischof und der Bandit

Es begab sich Ende des 19. Jh., dass ein Priester aus Arcos von einem Banditen aus Zahara de la Sierra überfallen wurde, der den schönen Beinamen „El Cristo" trug. Nun hatte der Geistliche aber kein Geld bei sich. El Cristo ließ ihn unwillig laufen, versprach ihm jedoch, er würde binnen eines Monats seinen Überfall wiederholen und sich dann nehmen, was ihm zustände. Der Priester wurde unter Polizeischutz gestellt, sein Haus rund um die Uhr von der Guardia Civil bewacht. Gegen Ende der Frist kündigte der Bischof von Orihuela seinen Besuch in Arcos an. Der hohe Herr kam in einer Kutsche und begab sich sogleich zum Gebet in die Kirche Santa María. Als der Bischof sein Gebet beendet hatte, lud ihn der Priester noch auf einen schnellen Schluck zu sich nach Hause ein und begleitete Hochwürden dann bis vor die Tore der Stadt. Einige Stunden später kam der gute Mann völlig verstört zurück. Die Polizeiüberwachung konnte eingestellt werden: Der Priester hatte seine Schuld bezahlt, denn der Bischof war niemand anderes gewesen als der höchst würdig verkleidete Bandit ...

Frei wiedergegeben nach einer Erzählung von Manuel Pérez Regordán. Die Geschichte soll sich wirklich so zugetragen haben.

Provinz Cádiz
Karte S. 476

Von Arcos Richtung Küste

Ein weites und sehr dünn besiedeltes Land, geprägt durch riesige Stierweiden und ausgedehnten Großgrundbesitz. Es war kein Zufall, dass es gerade in dieser Gegend, in Arcos de la Frontera, Medina Sidonia, Alcalá de los Gazules und in einigen kleineren Dörfern, 1933 zu einer Reihe von Aufständen unterdrückter Landarbeiter kam. Die Unruhen wurden von der Guardia Civil blutig niedergeschlagen, die Proteste gegen die herrschenden Besitzverhältnisse und die Forderungen nach einer Landreform blieben erfolglos.

Algar: Ein kleines Dorf von nicht einmal 2000 Einwohnern, das in schöner Landschaft etwa 20 Kilometer südöstlich von Arcos liegt. Ganz in der Nähe erstreckt sich der Stausee Embalse de Guadalcacín, der zwar keine echten Badestrände, aber doch Möglichkeiten zum Wassersport bietet. Zur spanischen Feriensaison sieht man deshalb schon einige Urlauber in Algar, sonst geht es hier ausgesprochen ruhig zu.

• *Übernachten/Sport* ** **Hotel Villa de Algar**, Mitglied der kleinen „Tugasa"-Hotelkette, die ordentlichen Standard zu akzeptablen Preisen offeriert. 20 Zimmer, alle mit Klimaanlage; kleiner Pool. DZ/Bad etwa 65 €. Arroyo Vinatero s/n, ☎ 956 710275, 🖷 956 71026, www.tugasa.com.
Complejo Turístico Tajo del Águila, ausgedehntes, sehr steil abfallendes Gelände mit Direktzugang zum Stausee. Pool, Cafeteria-Restaurant. Diverse Sportmöglichkeiten, u. a. Kanuverleih. Unterkunft in Holz- oder Steinhütten. Fast ausschließlich einheimische Gäste, außerhalb der spanischen Urlaubszeit und der Wochenenden ist deshalb wenig los. Preis für zwei Personen je nach Saison und Quartier etwa 55–115 €. Tajo del Águila, ☎ 956 710053, 🖷 956 710113, www.tajodelaguila.com.

Medina Sidonia

Medina liegt ähnlich beherrschend auf einem Hügel wie Arcos oder Vejer de la Frontera, besitzt auch eine ebenso lange Vergangenheit. Obwohl die Besucherzahlen steigen, wird Medina bislang jedoch weniger häufig von Fremden besucht.

Das rund 12.000 Einwohner zählende „Weiße Dorf", ursprünglich eine phönizische Gründung und später auch eine bedeutende Römersiedlung, hat bessere Zeiten gesehen als die vergangenen Jahrzehnte, die von Armut und Emigration geprägt waren. Medina Sidonia bildete jahrhundertelang den Sitz des gleichnamigen, mächtigen Herzogtums, das Mitte des 15. Jh. an Nachkommen des „guten" Guzmán El Bueno, des Stadtkommandanten von Tarifa, verliehen wurde. Berühmt und berüchtigt aufgrund ihrer Härte und Habgier, nahmen die Herzöge von Medina-Sidonia auch an der Kolonialisierung Amerikas teil, dessen Reichtümer einen steilen Aufstieg des Städtchens ermöglichten. An die Blütezeit des Herzogtums erinnern noch der große Hauptplatz *Plaza España* und die Tore der Stadtmauern, einst Teil wuchtiger Festungsanlagen. Bei einem Streifzug durch Medina Sidonia wird man da und dort jedoch auch noch ältere Reminiszenzen der Maurenzeit entdecken, wie den typisch geformten Torbogen am Ortsrand Richtung Arcos, eines von insgesamt drei Toren aus islamischer Zeit, und sogar römische Relikte sind zu bewundern.

• *Information* **Oficina Municipal de Turismo**, im Museo Arqueológico im unteren Altstadtbereich, C. Cortega 10; ☎ 956 423 017. Öffnungszeiten (Sommer) tgl. 10.30–14 Uhr, 17–20 Uhr; leider werden die Zeiten nicht immer eingehalten.
• *Verbindungen* **Busse** der Gesellschaft COMES u. a. von/nach Jerez 1-mal, Chiclana 4-mal und Cádiz 5-mal täglich.
• *Übernachten* *** **Hotel Medina Sidonia**, 2003 eröffnetes Hotel der kleinen „Tugasa"-Kette, untergebracht in einem Stadtpalast.

Medina Sidonia

Relikt der Maurenzeit: Torbogen in Medina Sidonia

Hübscher Patio, 15 geräumige Zimmer in dunklem Holz mit Klimaanlage und TV; Restaurant. DZ etwa 75 €. Plaza Llanete de Herederos, im alten Ortskern, ✆ 956 412317, ✉ 956 412256, www.tugasa.com.

* **Hotel Molino**, eine knappe Viertelstunde Fußweg nördlich des Zentrums. 1999 eröffnet, nur fünf Zimmer, die zwar ausreichend komfortabel, aber oft belegt sind; Restaurant angeschlossen. DZ/Bad etwa 50 €. Av. Al-Andalus 1, nahe der Ausfallstraße Richtung Arcos und Jerez, ✆ 956 410300.

Casa Rural Los Balcones, in der Altstadt. Sieben unterschiedlich eingerichtete, allesamt jedoch schöne und gut ausgestattete Apartments, die sich um einen lichten Patio gruppieren. Dachterrasse mit Aussicht. Kein Mindestaufenthalt, prima Preis-Leistungs-Verhältnis. Die „Rezeption" ist Di und am Wochenende nur bis 14 Uhr geöffnet und zur Siesta immer geschlossen. Zwei Personen zahlen nach Saison 50–65 €. C. La Loba (Padre Felix) 14, ✆/✉ 956 423033, www.losbalcones.net.

• *Übernachten außerhalb* **** **Hotel Utopía**, im Ortskern des etwa 20 km südöstlich gelegenen Städtchens Benalup de Sidonia. Ein ungewöhnliches und reizvolles Themenhotel, untergebracht in einem alten Stadthaus samt ehemaliger Bäckerei. Das ganze Quartier ist eine Hommage an die 30er-Jahre und feiert diese Periode mit einem (öffentlichen) Museum, Büchern, Dokumenten, Kunstobjekten, Fotografien. Im nostalgischen Veranstaltungssaal „La Fonda de Utopía" finden am Wochenende häufig Flamenco, Blues etc. statt. Jedes der gut ausgestatteten Zimmer fällt unterschiedlich aus, sie tragen deshalb Namen statt Nummern. DZ/F 140 €, Superior-DZ 200 €, mit „Salón" 250 €. C. Dr. Rafael Bernal 32, ✆ 956 419532, ✉ 956 417939, www.hotelutopia.es.

• *Camping* **Camping Medina Sidonia**, 2. Kat., etwa 1,5 km nordöstlich des Ortskerns. Hübsch begrüntes Gelände mit Pool, zur spanischen Urlaubssaison gut besucht. Geöffnet im Juli und August sowie an Wochenenden (außer über Weihnachten/Neujahr). Zur HS wird auch hier grundsätzlich der in der Provinz Cádiz weit verbreitete Minimalpreis („Parcela" inkl. zwei Personen, Auto, Zelt 26 €) fällig. Hoyo Santa Ana, Zufahrt vom Zentrum über die Straße Richtung Jerez, dann rechts ab (beschildert), das letzte Wegstück ist schmal und führt steil bergab; zu Fuß am kürzesten über den Kirchplatz, ✆ 670 589907 (mobil), www.campingmedinasidonia.com.

• *Essen* Die Landgasthäuser am Fuß von Medina (Ventas **La Duquesa** und **Cuatro Caminos** Richtung Vejer, Venta **Candela** Richtung Chiclana) bieten gute Küche, in der sich maritime und bäuerliche Einflüsse vereinen, und sind sonntags gut besucht.

Bar-Rest. Cádiz, am Hauptplatz von Medina Sidonia. Feine, elaborierte Tapas, gut z.B. das „Surtido" für zwei Personen. Auch große Auswahl an kompletten Mahlzeiten mit Schwerpunkt auf Fleischgerichten und lokal geprägter Küche nach Saisonangebot. Menü à la carte ab etwa 20 €. Pl. España 13.

Bar-Rest. Ortega, schräg gegenüber. Hier gibt es „Comida casera", Hausmannskost, darunter ein preiswertes Tagesmenü, außerdem sehr sättigende Tapas. Plaza España 10, Ecke Calle San Juan.

● *Einkaufen* Medina ist bekannt für seine guten Backwaren. Die süßen „Alfajores" (eine Art Mandelgebäck) von Medina sind so berühmt, dass der Name unter besonderen Schutz gestellt wurde; erhältlich sind sie in jeder Konditorei.

Pastelería Monasterio San Cristóbal: Besonders leckeres Gebäck (nicht ganz so süß wie die sonstige Ware in Medina) offeriert das Frauenkloster San Cristóbal an der Calle Hércules unweit nordwestlich der Plaza España, auf die Tafel „Pastelería" achten. Im Patio geht es rechts in einen Raum, dann rechts klingeln. Die Süßwarentheke ist hinter dem Gitter linker Hand, der Einkauf wird von der Nonne in eine Durchreiche gestellt. Geöffnet ist meist morgens.

● *Feste* **Feria y Fiestas**, Anfang Juni, das Hauptfest des Städtchens, mit einem Viehmarkt, der zu den ältesten ganz Andalusiens gehört.

● *Stier- und Pferdeshow* **A Campo Abierto**, „auf offenem Feld" (so der Name), einige Kilometer außerhalb auf einer Finca der Sherry-Familie Domecq, die auch für ihr Gestüt und ihre Zuchtstation bekannt ist. Seit 2008 gibt es diese gut einstündige Aufführung mit Dressurpferden und Kampfstieren, unterhaltsam und sogar lehrreich, da die Erklärungen auch auf Deutsch erfolgen. Shows von März bis Oktober, dann Mi/Fr/Sa um 11.30 Uhr (Einlass ab 10.30 Uhr); Eintritt 18 €, Kinder unter 12 J. die Hälfte. Fincal Los Alburejos, A 396 km 1, Anfahrt am besten von der Autovía A 381, Ausfahrt 31, etwa einen Kilometer Ri. Medina, dann links (beschildert); die letzten 700 Meter zur Tribüne geht es nur zu Fuß. ✆ 956 304313, mobil 649 958446, www.acampoabierto.com.

Sehenswertes

Iglesia Santa María de la Corona: Hoch über dem Ortskern thront diese auch „Iglesia Mayor" genannte Kirche, die im 15./16. Jh. auf den Fundamenten eines noch älteren Gotteshauses errichtet wurde, das wiederum an Stelle einer Moschee entstand. Ihr Äußeres prägt gotisch-platereker Stil, im Inneren steht ein prachtvoller Hauptaltar der Sevillaner Schule des 16. Jh. Der Glockenturm bietet eine wunderbare Aussicht. *Öffnungszeiten* 10–14, 16–20 Uhr; Eintrittsgebühr 2,50 €.

Ruinas del Castillo: Ein wunderbarer Fernblick öffnet sich auch von den sonst eher spärlichen Resten der ehemaligen Burg von Medina, die unweit der Kirche liegen. Bei sehr klarem Wetter sieht man sogar bis Afrika. Leider ist das Gebiet nur mit Führer zugänglich, Anfragen im Verkehrsamt.

Museo Archeológico/Conjunto Arqueológico Romano: Medinas Archäologisches Museum (prinzipiell geöffnet wie die angeschlossene Infostelle) fokussiert sich auf die römische Vergangenheit der Siedlung. Die Reste der Römerstadt Assido-Caesarina wurden erst 1965 entdeckt. Auch als „Cloacas Romanas" bekannt, handelt es sich um ein Abwassersystem des 1. Jh. n. Chr., dessen gemauerte unterirdische Kanäle noch auf einer Länge von rund dreißig Metern erhalten sind.

Alcalá de los Gazules

Der Ort, gut zwanzig Kilometer östlich von Medina Sidonia unweit der neuen Autobahn nach Algeciras gelegen und nur etwa halb so groß wie Medina, bildet ziemlich genau den geografischen Mittelpunkt der Provinz Cádiz. Die Besiedlung

Villamartín 579

des „Weißen Dorfs" geht bis auf die Römerzeiten zurück, an die Mauren erinnern noch die Reste eines Kastells und die Anlage der schmalen, winkligen Gassen. Alcalá ist ein ruhiger, ländlich-friedlicher Ort ohne große Attraktionen, sieht man einmal von der spätgotischen Kirche San Jorge ab, in der ein schöner Chor und eine Marienfigur von Martínez Montañes stehen. Dementsprechend sind ausländische Besucher hier fast noch eine bestaunte Rarität. Spanische Touristen hingegen finden, insbesondere aufgrund der Nähe zum östlich gelegenen Naturpark Parque Natural de los Alcornocales, im Sommer schon häufiger den Weg nach Alcalá.

• *Information* **Punto de Información**, in der Casa del Cabildo, Plaza San Jorge 1, ✆ 956 413005. Hier auch Infos und die evtl. nötigen Genehmigungen („permiso") für Wanderungen im Naturpark, z. B. den von Leser Jörn Wilhelm empfohlenen Aufstieg zum 884 m hohen El Picacho, der etwa 9 km außerhalb in Richtung Ubrique beginnt.

• *Übernachten* ** **Hotel San Jorge**, modernes Quartier in zentraler Lage. DZ etwa 50–60 €, F inklusive. Trotz der offiziellen Adresse Paseo de la Playa s/n etwas abseits in einer Gasse südlich des Taxistands gelegen, ✆ 956 413255, ✉ 956 420175, www.hotelsanjorge.com.

** **Pensión Pizarro**, direkt am zentralen (und für ein Bergdorf etwas seltsam be-

nannten) Paseo, unter gleicher Leitung wie das Hotel San Jorge. Schlichte und nicht mehr ganz taufrische, insgesamt aber brauchbare Zimmer. Angeschlossen sind ein gleichnamiges Restaurant mit gutem Ruf und eine Disco. DZ/Bad etwa 35 €. Paseo de la Playa 9, ✆ 956 420103.

• *Camping* **Los Gazules**, 2. Kat., etwa 5 km östlich des Dorfs, zu erreichen über eine Abzweigung der Straße nach Ubrique. Ausgedehntes Wiesengelände mit wenig Schatten, aber großem Pool; Einkaufsmöglichkeit, Restaurant, Bungalows und Zeltverleih. Ganzjährig. P. P., Auto, Zelt je etwa 5 €, Minimalpreis (HS) 25 €. Carretera de Patrite, km 4, ✆ 956 420486, ✉ 956 420388, www.campinglosgazules.com.

Von Arcos Richtung Ronda

Die schnellste Verbindung von Arcos nach Ronda bildet die A 382/384 über das hübsche „Weiße Dorf" Bornos und weiter durch die Gebirgszüge verschiedener Sierras. Landschaftlich ebenso reizvoll ist die Alternativstrecke A 372, die direkt ins Herz des Naturparks der Sierra de Grazalema führt.

Bornos: Unterhalb der Fernstraße Richtung Ronda und fast direkt am Stausee Embalse de Bornos liegt dieses 8000-Einwohner-Städtchen. Eine Stippvisite lohnt sich, besitzt das alte Städtchen doch eine Reihe hübscher Paläste, Klöster und Kirchen, die freilich nicht immer in allerbestem Zustand sind.

Villamartín

Das Hügelstädtchen von immerhin gut 12.000 Einwohnern liegt etwas abseits der A 382 hinter Bornos, rund 25 Kilometer von Arcos entfernt und ungefähr auf halbem Weg nach Algodonales und Zahara de la Sierra (⊠ Pueblos Blancos um Grazalema). Es befindet sich in einem geschichtsträchtigen Gebiet: Wie mehrere Dolmen beweisen, war die Umgebung von Villamartín schon in prähistorischer Zeit besiedelt, später kreuzten sich hier wichtige Römerstraßen. Während der Reconquista war die im 9. Jh. angelegte, „Matrera" genannte Maurenfestung immer wieder heftig umkämpft, erst 1482 setzten sich die Christen endgültig durch. Danach wurde die Region neu besiedelt, als eigentliches Gründungsjahr des Städtchens selbst gilt 1503. In der Folge stritten sich verschiedene Interessengruppen vor Gericht um die Ländereien, ein Fall, der historische Schlagzeilen machte: Bekannt als „Matrera-Prozess", zog er sich von 1547 bis 1818 hin und gilt als das längste Gerichtsverfahren der spanischen Geschichte. Heute ist Villamartín ein eher ruhi-

Provinz Cádiz
Karte S. 476

580 Provinz Cádiz

ger, ländlicher Ort, der vom Fremdenverkehr nur am Rande profitiert. Sein Zentrum liegt auf dem Hügel rund um den Rathausplatz *Plaza del Ayuntamiento*, in der Nähe erhebt sich die gotisch-mudéjare Gemeindekirche Santa María de las Virtudes aus dem 16. Jh., das älteste Bauwerk des Städtchens.

● *Übernachten* *** **Hotel La Antigua Estación**, etwa einen Kilometer nordwestlich des Ortes, in einem Bahnhofsgebäude, das in den Zwanzigern für die nie fertiggestellte Bahnlinie Jerez-Setenil entstand. 2002 eröffnet, deutsche Leitung durch die Familie Huster. Pool, Möglichkeiten zum Reiten, Kutschen- und Fahrradfahren, beispielsweise auf der bei Puerto Serrano beginnenden „Via Verde de la Sierra" nach Olvera (→ dort); gleich nebenan ein kleiner Flugplatz, an dem z. B. Segelflüge angeboten werden. Reitmöglichkeit. Geräumige und komfortable Zimmer, auch Familienzimmer. Bislang noch kein Restaurant. Bei der Anfahrt am besten zum Cementerio (Friedhof) durchfragen. DZ etwa 75 €. ✆ 617 560351 (mobil), www.antiguaestacion.com.

Hacienda Buena Suerte, ein Lesertipp von Dr. Michael Wiemann: „Ein Reiterhof mit 25 Gästebetten östlich von Villamartín, landschaftlich traumhaft gelegen und von dem bekannten Westernreiter Jean-Claude Dysli und seiner Frau Magda geführt. Etliche Tiere, Salzwasserpool und ein hundert Jahre altes, ländlich-mediterran eingerichtetes Haupthaus mit Bodega. Die besondere, lockere Atmosphäre spürt man auch bei den gelungenen Mahlzeiten, die an langen Tafeln eingenommen werden." Reiter finden eine breite Auswahl an Kursen. Anfahrt von Villamartín auf der A 382 Richtung Ronda, nach etwa 8 km rechts Richtung El Bosque/Ubrique, noch zwei Kilometer bis zur Einfahrt. Halbpension ohne Reitprogramm kostet pro Person und Tag etwa 60–70 €. ✆ 956 231286, www.dysli-reitzentrum.de.

Prado del Rey

Prado del Rey liegt etwa elf Kilometer südöstlich von Villamartín und rund sieben Kilometer nördlich der A 372 Arcos-Grazalema, dabei nicht mehr weit vom Naturpark Grazalema entfernt. Das schachbrettartig aufgebaute Hügelstädchen wurde erst 1768 gegründet, in den Ruinen der vier Kilometer südlich gelegenen Römersiedlung *Iptuci* fanden sich jedoch Siedlungsspuren, die vom Neolithikum bis ins 15. Jh. reichen. Prado del Rey zählt zu den wohlhabenderen „Weißen Dörfern", lebt u.a. von der Lederverarbeitung, der Weinkelterei (bekanntestes Erzeugnis ist der junge Weißwein „Mosto de Pajarete") und der Herstellung von Olivenöl; die Ölmühle El Callejón, etwa drei Kilometer Richtung Villamartín gelegen, produziert sogar ein ganz besonders Öl, gepresst aus den Oliven des wilden Ölbaums Acebuchina. Dafür, dass der Ort nur etwa 6000 Einwohner besitzt, zeigt sich Prado del Rey von einer recht lebendigen Seite; besonders am Sonntag herrscht in der zentralen Fußgängerzone Calle Teniente Peñalver relativ viel Betrieb. Mehr als 120 Lokale (nicht alle legal, da zur Saison auch sog. „Wohnzimmerbars" öffnen) wollen die Einwohner in ihrem Städtchen im Sommer gezählt haben.

● *Übernachten/Essen* ** **Hotel del Carmen**, an der Hauptstraße unterhalb des Ortes. Nur zwölf rustikale, aber ordentlich möblierte Zimmer, davon fünf mit Balkon und Blick (vorzuziehen); zur HS ist ein großer Pool in Betrieb. Restaurant angeschlossen. DZ/Bad nach Saison etwa 50–65 €. Avenida El Nacimiento s/n, ✆/📠 956 723000, www.hoteldelcarmen.com.

Bar Iptuci, in der Fußgängerzone. Mit eigener Schlachtung und bekannt für gute Tapas, aber z.B. auch Lammgerichte aus dem Ofen. Auch drei Apartments. Calle Teniente Peñalver 31, ✆ 956 724215.

● *Sprachschule* **Academia Pradoventura**, eine kleine und sehr freundlich von einem jungen, deutsch-spanischen Paar geführte Schule im Zentrum des Ortes. Anja und José Luis haben jede Menge Tipps zur Gegend inklusive der nahen Naturparks auf Lager, organisieren dank bester Kontakte zu den Outdoor-Spezialisten der Zone auch ein umfangreiches Freizeitprogramm mit Wanderungen, Canyoning, Kajaktouren etc. C. Teniente Peñalver 2, ✆ 956 724064, www.academia-pradoventura.com.

Parque Natural de la Sierra de Grazalema

Im äußersten Nordosten der Provinz Cádiz gelegen, zu einem kleineren Teil auch zur Provinz Málaga gehörig, erstreckt sich der Naturpark der Sierra de Grazalema über eine Fläche von gut 50.000 Hektar.

Der Park, ein westlicher Ausläufer der Gebirgskette *Serranía de Ronda*, schließt sich nördlich fast direkt an den Naturpark Alcornocales an und reicht mit seiner östlichen Grenze bis nahe an das Bergstädtchen Ronda. Im Sommer mag man es kaum glauben, doch ist es wahr: Die Region bildet eines der regenreichsten Gebiet Spaniens, mit einer durchschnittlichen jährlichen Niederschlagshöhe von über zwei Metern! Die Regenfälle konzentrieren sich jedoch erfreulicherweise auf die Wintermonate.

Entsprechend grün bewachsen ist die felsige Karstlandschaft, ein zerklüftetes Gebiet der Grotten, Steilhänge und tiefen Schluchten. Gleich drei Eichenarten, nämlich Portugiesische Eiche, Stein- und Korkeiche, gedeihen hier, außerdem Johannisbrotbäume, wilde Olivenbäume und zahlreiche Orchideenarten. Die botanische Besonderheit der Sierra de Grazalema ist jedoch die *Pinsapo-Tanne*.

Pinsapos in der Sierra de Grazalema

Die uralte, auf das Tertiär zurückgehende Koniferenart ist ausschließlich in der Serranía de Ronda und an wenigen Stellen im Norden Marokkos beheimatet. Sie gedeiht nur an feuchten Nord- und Nordosthängen in Höhen zwischen 900 und 1800 Metern. Die Bäume werden etwa 25 bis 30 Meter hoch; ihre Nadeln wachsen rund um den Zweig, weshalb sie auch „Igeltanne" genannt wird. Die ausgedehntesten Wälder erstrecken sich am Berg El Pinar (1655 Meter) nördlich der Straße El Bosque-Grazalema, auch El Torreón genannt. Gut zu sehen sind sie von der Straße von Grazalema nach Zahara de la Sierra, hinter dem Pass Puerto de las Palomas. Der Zugang zu dem Gebiet ist jedoch strikt eingeschränkt, siehe unten. Die diesbezüglichen Vorschriften zu umgehen, sollte man besser nicht versuchen – die Parkwächter kontrollieren gründlich, die Geldstrafen sind hoch.

Die Tierwelt des Parks zeigt sich ähnlich vielfältig wie die Flora. Berühmt ist die Sierra de Grazalema durch ihre vielen Gänsegeier, im Flug leicht zu erkennen an ihrer riesigen Spannweite von bis zu zweieinhalb Metern. In den Lüften der Sierra kreisen außerdem Stein-, Schlangen- und Zwergadler, Habichte, Bussarde, Falken und andere Greifvögel; am Boden tummeln sich Otter, Rehe und vereinzelt auch Steinböcke.

Zugangsbeschränkungen im Park: Der Zugang zu einem Teilbereich des Parks, der so genannten *Área de Reserva*, ist strikten Beschränkungen unterworfen. Betroffen ist in etwa das Dreieck Benamahoma-Grazalema-Zahara de la Sierra, also ungefähr das Gebiet nördlich der A 372 von El Bosque nach Grazalema und westlich der CA 531 von Grazalema nach Zahara de la Sierra. Hier sind mehrere Wanderwege, darunter der „Igeltannenweg" El Pinsapar, die „Grüne Schlucht" Garganta Verde und der Sendero del Torreón, in der täglichen Besucherzahl limitiert und dürfen nur mit einer Erlaubnis der Behörden begangen werden, die meisten im Sommer wegen der Waldbrandgefahr sogar nur mit Führer; manche Wege sind dann auch nur streckenweise geöffnet (El Pinsapar) oder komplett gesperrt (El Torreón). Die beiden in diesem Buch vorgeschlagenen *Wanderungen 9 und 10* sind von diesen Einschränkungen nicht betroffen und jederzeit frei begehbar.

582 Provinz Cádiz

• *Genehmigungen* Den „**Permiso**" (Genehmigung) erhält man kostenlos im Naturpark-Büro von El Bosque und über das Infobüro von Grazalema; auch manche Hotels der Gegend kümmern sich auf Wunsch um die Erlaubnis. Für den Weg „Sendero del Pinsapar" ist die tägliche Besucherzahl auf 20 Personen limitiert, für den „Sendero del Llano del Ravel" auf 25 und für den „Sendero del Torreón" auf 15. Den „Sendero del Garganta Verde" (als einziger auch im Hochsommer ohne Führer zugänglich) dürfen sogar nur 10 Personen täglich begehen; alle Einschränkungen beziehen sich auf die Zahl der Individualbesucher, geführte Gruppen zählen extra. Werktags bilden diese Einschränkungen normalerweise kein Problem, für Wochenenden ist Reservierung ratsam.

• *Führer* Autorisiert sind z.B. die Büros „Horizon" (✆ 956 132363,) in Grazalema sowie „Al-Qutun" (✆ 956 137882) in Algodonales; www.horizonaventrua.com, www.al-quatun.com. Preisbeispiel für den Pinsapar-Weg bei ausreichender Gruppenstärke etwa 15 € pro Person.

El Bosque

Ein gepflegtes „Weißes Dorf" von kaum zweitausend Einwohnern, westlich knapp außerhalb des Parks gelegen und Sitz einer Informationsstelle der Naturparkverwaltung.

Die Mehrzahl der wichtigen Einrichtungen liegt an der Durchgangsstraße unterhalb des eigentlichen, steilen Ortskerns, der deshalb nur eher wenig besucht wird, jedoch durchaus seine Reize besitzt. Neben Grazalema und Zahara gibt auch El Bosque eine gute Ausgangsbasis für Touren im Park ab. Das gleichnamige kühle Flüsschen gilt übrigens als südlichster Forellenfluss Europas. Die günstigen Bedingungen nutzt eine Forellenzucht, deren Erzeugnisse beispielsweise im Hotel „Las Truchas" gekostet werden können.

• *Information* **Centro de Visitantes**, im unteren Ortsteil nahe Hotel Las Truchas, hinter der Arena, von Arcos kommend gleich beim Kreisel. ✆ 956 727029, ✆ 956 716339. Genehmigungen für die gesperrten Wege, ständige Ausstellung zum Park, Dia-Shows usw., außerdem Wandertipps, Verkauf von Karten etc. Auf Fremdsprachenkenntnisse des Personals sollte man aber besser nicht hoffen. Geöffnet Mo–Fr 9–14, 16–18 Uhr, Sa 9–14 Uhr; häufige Wechsel, oft auch nur vormittags geöffnet.

Kilómetro Cero, eine halbprivate, von der Landesregierung konzessionierte Touristeninformation direkt hinter dem Centro de Visitantes, im Gebäude der Arena. Infos über die gesperrten Wege, Vermittlung von Unterkünften etc. Geöffnet Mo–Sa 10–14 Uhr. ✆ 956 727019.

• *Verbindungen* **Busse** der Gesellschaft AMARILLOS fahren 11-mal tgl. nach Arcos, nach Jerez 7-mal, Grazalema und Sevilla je 2-mal und Cádiz 4-mal täglich.

• *Übernachten* **** Hotel Las Truchas**, moderner, innen hübsch dekorierter Bau, guter Mittelklassestandard. Zu den Spezialitäten des angeschlossenen Restaurants zählen die namensgebenden Forellen. DZ etwa 65 €, mit „Salón" gut 90 €. Avenida de la Diputación 1, oberhalb der Durchgangsstraße, ✆ 956 716061, ✆ 956 716086, www.tugasa.com.

* Hotel El Tabanco, oben im Ortskern. Sehr hübsches kleines Hotel, rustikal-schöne Zimmer unterschiedlicher Größe. Ein Restaurant ist angeschlossen. Die Besitzer sprechen Deutsch. DZ nach Größe und Ausstattung etwa 55–65 €, es gibt auch eine Suite. Calle La Fuente 3, ✆ 956 716081, hotel-tabanco@hotmail.com.

Jugendherberge Albergue Juvenil El Bosque, ein Stück hinter dem Hotel Las Truchas. Mit angeschlossenem Zeltplatz, der auch Zelte vermietet. Sehr viele Gruppen, unbedingt anrufen, ob Platz ist. Molino de Enmedio s/n, ✆ 956 709615, ✆ 956 709629.

• *Camping* **La Torrecilla**, 2. Kat., etwa 1,5 Kilometer außerhalb an der Straße nach Ubrique. Ruhiger und gepflegter Platz mit Miethütten und Bar, zur Saison auch mit Restaurant. Geöffnet offiziell Ostern bis Mitte Oktober, der Platz öffnet und schließt jedoch je nach Laune des Besitzers, deshalb auch zur HS unbedingt anrufen oder in der Touristinfo anfragen. Preise p.P. 5 €, Zelt 6 €, Auto 4 €, Minimalpreis pro Parzelle 22 €. ✆ 956 716095, www.campinglatorrecilla.com.

Molino del Abajo: Im unteren Ortsbereich von El Bosque, nicht weit von der Arena (siehe auch die Wanderkarte), liegt diese alte Wassermühle aus dem 18. Jh., mit der einst Getreide gemahlen wurde. Sie ist die „untere" der drei Mühlen am Río Bosque, daher der Name. Von ihrem engagierten Besitzer komplett restauriert und mit alten Gerätschaften dekoriert, ist sie voll funktionstüchtig und kann besichtigt werden; für Gruppen ab zehn Personen ist es sogar möglich, sich hier Mehl mahlen und zu Broten backen zu lassen.

Öffnungszeiten Besuche täglich nach vorherigem Anruf mit Absprache des Termins, der (außer zur Siesta) durchaus auch nur wenige Minuten später liegen kann. Mobil ☏ 658 845761, der Besitzer spricht etwas Englisch. Dauer der Führung etwa 20 Minuten, Eintrittsgebühr 2 €, www.elmolinodeabajo.com.

Wanderung 9: Von El Bosque nach Benamahoma

El Bosque – Río Bosque – Benamahoma und zurück. **Reine Wanderzeit:** etwa 3 bis 3½ Stunden. **Einkehr:** In El Bosque und Benamahoma; Trinkwasser und Sonnenschutz nicht vergessen.

Charakteristik: Fast schon eine Standardwanderung ab El Bosque, im Sommer viel begangen, keine Genehmigung erforderlich. Der Weg stellt keine großen Ansprüche an die Kondition, kann an einigen Abschnitten, auf denen Trittsicherheit nötig ist, aber unangenehm schlüpfrig sein – gutes Schuhwerk ist also ratsam. Er verläuft ohne große Steigungen am Bach Río Bosque (auch Río Majaceite genannt) entlang und führt durch hohe Galeriewälder, vorbei an kleinen Wasserfällen und einer Vielzahl ganz verschiedener Bäume, Blumen und Büsche. Das Gebiet ist Heimat einer artenreichen Vogelwelt; mit etwas Glück sieht man auch einen Fischotter. Will man nicht dieselbe Strecke zurückgehen, kann man in Benamahoma auch einen der raren Busse von Grazalema nach El Bosque besteigen, sollte sich aber vorher im Naturparkbüro über die Fahrtzeiten informiert haben.

Schönes Wanderrevier: am Río Bosque

Route: Unweit der Arena steht unterhalb der Durchgangsstraße ein altes Mühlrad, das den Mittelpunkt eines Brunnens bildet. Ganz in der Nähe unterquert man in einem Tunnel die Hauptstraße und hält sich auf der anderen Seite zunächst ortsauswärts, also Richtung Westen. Bald biegt man jedoch rechts aufwärts ab und folgt dem Schild „Albergue-Campamento Juvenil Inturjoven", das auf die Jugendherberge

hinweist, vorbei am Hotel Las Truchas. Wenige Minuten später kommt der Río Bosque bereits in Hörweite.

Kurz bevor das Pflastersträßchen in einer Rechtskurve den Bach überquert, hält man sich geradeaus und folgt dem Wanderweg auf der nördlichen Bachseite. Ein kleines Stück weiter liegt rechts gegenüber die Fischzucht von El Bosque. Rund zehn Minuten später wird auf einer Brücke zunächst ein Zufluss des Río Bosque überquert und gleich danach eine Piste, hinter der sich der Weg am Nordufer fortsetzt; bald kommt auf der gegenüber liegenden Seite die alte Mühle *Molino de Arriba* in Sicht, die heute aber nicht mehr genutzt wird.

Nach weiteren zehn Minuten wechselt der Weg auf die Südseite und erreicht bald darauf über Treppen eine weitere Piste. Hier links bzw. geradeaus gehend, gelangt man in die Nähe eines kleinen Wasserkraftwerks, der *Fábrica de la Luz*. Ein kurzes Stück weiter kreuzt der Weg wieder auf die Nordseite des Bachs, dessen Umgebung hier besonders dicht bewachsen ist. Der folgende Abschnitt führt über weitere Brücken und ist, besonders auf einigen kurzen Felspassagen, etwas schwieriger zu begehen, aber nicht wirklich gefährlich.

Etwa eine Stunde nach Beginn der Wanderung – der Weg verläuft nun wieder auf der Südseite des Baches, streckenweise auch etwas abseits von ihm – öffnet sich das Gelände. Die Landschaft wird lichter, die Vegetation weniger üppig. Terrassen erinnern daran, dass hier früher ertragreiche Landwirtschaft betrieben wurde, die Ruinen sind verfallene Gewerbegebäude. Insgesamt etwa eineinhalb Stunden nach Beginn der Wanderung erreicht man schließlich hinter einigen Wohnhäusern beim (nicht immer geöffneten) Gasthof „Venta El Bujio" den Ortsbereich von Benamahoma. 200 Meter weiter liegt das Bar-Restaurante „Las Huertas", siehe unten. Zurück geht es auf demselben Weg. Wer die Wanderung von dieser Seite beginnt, muss am südlichen Ufer des Bachs starten.

Benamahoma

Das Dorf zwischen El Bosque und Grazalema ist zum einen durch seine Forellenzucht (*piscifactoría*) bekannt, zum anderen durch das farbenprächtige Fest der

Mauren und Christen im August. Es gibt hier auch ein ethnographisches Wassermuseum „Museo del Agua" (Mi–Sa 10–14, 18–20 Uhr bzw. im Winter 16–18 Uhr, So 10–14 Uhr; gratis), das in einer Mühle unweit der Forellenzucht untergebracht ist. Für Camper mag der hiesige Platz eine Alternative zu den Plätzen bei El Bosque und Grazalema darstellen.

● *Essen/Übernachten* **Bar-Rest. Las Huertas**, an der Hauptstraße im Ort. Solide Bar mit Terrasse nach hinten, im Angebot vorwiegend „Comida Casera" (Hausmannskost), darunter natürlich Forelle, aber auch hausgemachte Nachspeisen. Nicht teuer. Hier auch Infos zu Apartments und Ferienhäusern im Ort. Mo-Abend und Di geschlossen. Cuesta La Venta 15, ☎ 956 716064, www.benamahomarural.com.

● *Camping* **Los Linares**, 2. Kat., kleinerer, aber recht gut ausgestatteter Platz mit großem Pool und Restaurant. Schwankende Öffnungszeiten, unbedingt vorher anrufen. Preise p.P. und Zelt je etwa 5,50 €, Auto 4,50 €, zur HS Parzelle inkl. zwei Personen, Auto, Zelt 28 €. C. Nacimiento s/n, ☎ 956 716275, ☏ 956 716473, www.campingloslinares.com.

● *Feste* **Moros y Cristianos**, Anfang August, ein buntes Spektakel, bei dem die mittelalterlichen Kämpfe zwischen Mauren und Christen nachgespielt werden.

Grazalema

Auf älteren Fotos sieht man von den Fassaden des Ortes noch überall den Kalk abblättern. Heute jedoch leuchtet Grazalema als makelloser Inbegriff eines „Weißen Dorfes".

Die bildhübsche Siedlung auf rund 850 Meter Höhe, beliebter Hintergrund auch schon mal für Automobil-Fernsehspots, bildet das Zentrum der gleichnamigen Sierra. Kein Wunder deshalb, dass Grazalema, noch etwa 30 Straßenkilometer westlich von Ronda gelegen, zu einem gefragten Ferienziel avancierte, zumal der Ort trotz seiner geringen Einwohnerzahl von kaum über 2000 Personen auch eine ganz gute Infrastruktur besitzt. Grazalema wird von zwei Parallelstraßen durchzogen, an denen die klassischen Häuser der Region stehen, geschmückt mit Schmiedeeisen, Schirmdächern und reichlich Blumen. Unter Freunden des Kunsthandwerks ist das Dorf als Herstellungsort von Schals, Ponchos und der typischen handgewebten Decken *Mantas* bekannt, alles aus Schafswolle gefertigt und im Ort zu erstehen. Die Weberei „Fábrica de Mantas" kann auch besichtigt werden, Details dazu in der Touristeninformation.

● *Information/„Turismo Activo"* **Información Turística**, Plaza de Asomaderos 3, beim Hauptparkplatz, ☎ 956 132052. Von der Landesregierung konzessioniertes, vielsprachiges (eine der Damen spricht Deutsch) und sehr engagiertes Büro, geöffnet täglich 10–19 Uhr. Genehmigungen für die gesperrten Gebiete sind hier erhältlich. Das Büro finanziert sich aus der angeschlossenen Verkaufsausstellung typischer Produkte von Grazalema wie den „Mantas"-Decken, Keramik, Körbe, Webwaren, aber auch „Pinsapar"-Honig, Wein und Öl. Im Erdgeschoss ein kleines Museum, im ersten Stock Kunstausstellungen.
www.centrodeinformaciongrazalema.info.

Horizon, neben Führern für Wanderungen durch die im Sommer gesperrten Gebiete der Área de Reserva auch Organisation diverser Abenteuersportarten, Höhlenexkursionen etc. Calle Corrales Terceros 29, nahe Hauptplatz, So/Mo geschlossen. ☎/☏ 956 132363, www.horizonaventura.com.

● *Verbindungen* **Busse** stoppen nahe Hauptplatz Plaza de España. AMARILLOS fährt 2-mal tgl. von und nach Ronda sowie Ubrique und 1- bis 2-mal täglich von und nach El Bosque.

● *Übernachten* Die etwas außerhalb gelegene Villa turística de Grazalema war zuletzt geschlossen, dürfte aber zukünftig wieder öffnen.

**** Hotel Fuerte Grazalema, ein Hotel der kleinen „Fuerte"-Kette, etwa fünf Kilometer südöstlich von Grazalema gelegen und 2002 eröffnet. Ruhige, abgeschiedene Lage. Fast

Provinz Cádiz
Karte S. 476

Provinz Cádiz

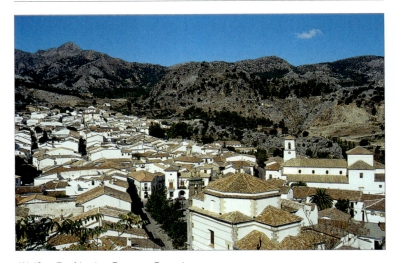

Weißes Dorf in den Bergen: Grazalema

80 Zimmer, Pool, Fahrradverleih, Schönheitssalon, Reitmöglichkeit etc. DZ/F etwa 105–125 €, es gibt auch DZ mit „Salón". Baldío de los Alamillos, Carretera A 372, km 53, ☏ 956 133000, ℻ 956 133001, www.hotel fuertegrazalema.com.

**** **Hotel Puerta de la Villa**, ebenfalls noch recht junges Quartier im Herzen von Grazalema. Bau im traditionellen Stil mit komfortablen und hübsch möblierten Zimmern und sogar einem allerdings kleinen Pool. Nobles Restaurant angeschlossen. Ganzjährig geöffnet. DZ etwa 60–100 €, auch Zimmer mit Salon und Apartments. Plaza Pequeña 8, ☏ 956 132376, ℻ 956 132087, www.grazalemahotel.com.

** **Hotel Peñón Grande**, zentral gegenüber dem Hotel Puerta de la Villa gelegen. 2001 eröffnetes Hotel mit guter Ausstattung und zwölf hübschen, modernen und komfortablen Zimmern, die auch Klimaanlage besitzen. Freundliche Leitung. Gutes Preis-Leistungsverhältnis, DZ etwa 55 €. Plaza Pequeña 7, ☏ 956 132434, ℻ 956 132435, www.hotel grazalema.com.

** **Hostal Casa de las Piedras**, ebenfalls mitten im Ort, von der Plaza de España aus hinter der Kirche San Juan. Ein schönes, altes und verwinkelt gebautes Haus mit einer erstaunlich großen Zahl an Zimmern. Gemütlicher Aufenthaltsraum, Patio. Angenehmes und von Lesern gelobtes Restaurant. Man hält Infos zu Bussen, Reitausflügen etc. bereit, eine der Damnen spricht Deutsch. Insgesamt ein durchaus angenehmes Quartier. Gute DZ/Bad etwa 50 €, der ältere Trakt mit (preisgünstigen, aber weniger schönen) DZ ohne Bad soll irgendwann ausgebaut werden. In einer nahen Straße werden auch Apartments angeboten, Preis kaum über den Hotelzimmern. Calle Las Piedras 32, ☏/℻ 956 132014, www.casadelas piedras.org.

● *Camping* **Tajo Rodillo**, 2. Kat., etwas außerhalb an der Straße nach El Bosque, der Ort noch in Fußentfernung. Kleiner Platz auf hübsch terrassiertem Gelände, Pool. Gut für Zelte, schlecht für Wohnmobile: separater Parkplatz. Wie auch bei dem Platz in Benamahoma (selber Eigentümer) wechseln die Öffnungszeiten unvorhersehbar, weshalb sich generell ein Anruf vorab oder eine Anfrage in der Touristinfo lohnt. Preise p.P., Zelt jeweils 5,50 €. Carretera Comarcal 344, ☏ 956 132418, ℻ 956 716275, www.campingtajorodillo.com.

● *Essen* Restaurants und Tapa-Bars finden sich gehäuft um die kleine Plaza de Andalucía, unweit der Plaza España. **Restaurante Torreón**, praktisch um die Ecke von der Plaza de Andalucía, kaum zehn Meter vom Hauptparkplatz. Solides Restaurant mit ortstypischer Küche, freundlicher Service, gute und reichhaltige Menüs für wenig Geld (zuletzt 10,50 €), von Lesern sehr gelobt. „Ruhig nach dem Tagesmenü fragen (ist außen angeschlagen), auch wenn die Speisekarte gebracht wird" (Leserin Henrike Grötecke). Calle Agua 44.

Mesón El Simancón, direkt am Hauptparkplatz. Leicht gehobenes Lokal, Tische auch im Freien. Für ein Menü à la carte sind ab etwa 20 € aufwärts zu rechnen.

Bar La Posadilla, an der Plaza Andalucía.

Nach einem (gigantischen) Lottogewinn der ehemaligen Besitzer wurde das Lokal vor Jahren verkauft, doch ist es auch unter den neuen Eigentümern ein beliebter Treffpunkt der Einheimischen geblieben. Gute und preiswerte Tapas.

Bar Zulema II, gleich nebenan, ebenfalls mit leckeren Tapas à la carte. Exzellentes Preis-Leistungs-Verhältnis.

● *Feste* **Fiesta del Carmen**, das Hauptfest des Städtchens. Mehrere Tage um den 16. Juli, am folgenden Montag Stiertreiben.

▸ **Weiterreise:** Richtung Zahara de la Sierra landschaftlich sehr schöne, kurvenreiche Fahrt auf der schmalen CA 531 über den 1357 Meter hohen „Taubenpass" Puerto de las Palomas. Auf der Passhöhe ragt rechter Hand ein spitzer Felsen auf, der ein beliebtes Ziel von Freikletterern ist. Hier ändert sich der Landschaftscharakter spürbar: Das graue Gestein und üppige Grün der Gegend um Grazalema und El Bosque macht ausgedörrten, braunen Feldern und silbrig glänzenden Olivenbäumen Platz. Auf der Weiterfahrt bietet sich ein guter Blick auf die Pinsapo-Wälder am Nordhang des Bergs El Pinar.

Wanderung 10: Zum Salto del Cabrero

Route: Grazalema – Puerto del Boyar – Cortijo de las Albarradas – Salto del Cabrero – Puerto de Don Fernando – Benaocaz – (Calzada Romana – Ubrique). **Reine Wanderzeit:** etwa 4 Stunden, weiter nach Ubrique zusätzlich gut eine Stunde. **Einkehr:** Nur in Grazalema, Benaocaz und Ubrique; Proviant, Trinkwasser und Sonnenschutz nicht vergessen.

Charakteristik: Eine ausgesprochen reizvolle, allerdings auch recht weite Wanderung durch das gebirgige Zentrum des Naturparks Grazalema. Da die Wege nicht immer eindeutig verlaufen, sind etwas Orientierungssinn und Wandererfahrung gefragt; zwar wurde die Route mittlerweile mit Holzpfählen markiert, doch ist dies nicht wirklich perfekt gelungen. Gutes Schuhwerk ist auf den streckenweise gerölligen Wegen unabdinglich. Zwischenziel ist der Aussichtspunkt auf den „Salto del Cabrero", eine steil abfallende Felswand. Die Wanderung endet in Benaocaz; wer möchte, kann sie jedoch auf einem alten Römerweg, der Calzada Romana, bis Ubrique verlängern. Zurück geht es in beiden Fällen per Bus, weshalb es geraten ist, ein großzügiges Zeitpolster einzuplanen und sich vorab über die Abfahrtszeiten (zuletzt: ab

Ubrique 15.30 Uhr, ab Benaocaz 15.40 Uhr) zu informieren.

Route: Die Wanderung beginnt am Camping „Tajo Rodillo" oberhalb von Grazalema, an der Straße nach El Bosque. Parkplätze sind vorhanden, der Platz ist jedoch auch vom Ortskern von Grazalema aus leicht zu Fuß zu erreichen: über die Calle Las Piedras vorbei an der gleichnamigen Pension, am oberen Ende links und wieder rechts. Vom Camping folgt man zunächst der Straße Richtung El Bosque, biegt jedoch schon nach wenigen Minuten in einer Rechtskurve geradeaus ab (Schild: „Camino Peatonal"). Über eine Fußgängerbrücke gelangt man auf den gut angelegten Fußweg „Camino de los Charcones", der immer etwa parallel zur Straße und zum hier noch jungen Bach Río Guadalete verläuft. In zunächst sanftem, später stärkerem An-

Provinz Cádiz
Karte S. 476

stieg erreicht er nach insgesamt einer guten halben Stunde den Pass *Puerto del Boyar*, an dem ein Rasthäuschen steht.

Vor diesem Rasthäuschen läuft man in einer Rechtskurve aufwärts und steht nach etwa zwanzig Metern vor einem großen Tor, neben dem ein kleiner Durchgang für Wanderer angebracht ist. Hier geht man hindurch (wieder schließen, wie alle verschlossenen Tore, die man unterwegs antrifft) und folgt der breiten Piste dahinter. Bald öffnet sich eine weite Aussicht, und im Südwesten ist bereits der steile Felsabfall des Salto zu erkennen, den wir später wieder von der anderen Seite aus sehen werden. Ein weiteres Tor wird durchquert. Etwa zwanzig Minuten hinter dem Pass trifft man auf den Bauernhof *Cortijo de las Albarradas*, in dessen Umgebung oft drollige schwarze Schweinchen herumlaufen.

Etwa 50 Metern vor dem Cortijo muss man den Fahrweg nach links verlassen (auf grüne Pfeile achten), ein Tor durchqueren und der aus Steinen ausgelegten „Wegspur" über eine Weidefläche folgen. Unter den alten Steineichen hier liegen viele große Galläpfel, die „Nester" der Gallwespen. Bald wird der Weg wieder klarer und führt allmählich abwärts. Eine gute Viertelstunde hinter dem Cortijo wird eine Felsbarriere nach rechts umgangen. Kurz danach geht es durch ein Tor wieder aus dem eingezäunten Gelände des Bauernhofs hinaus; dahinter links halten. Der Pfad ist in diesem Abschnitt gut markiert; wer längere Zeit keine Markierung gesehen hat, sollte umkehren und versuchen, die Wegspur wieder aufzunehmen. Knapp zwanzig Minuten, nachdem man das Gelände des Cortijos verlassen hat, folgt ein weiteres Tor, dahinter geht es schräg links. Rund zehn Minuten weiter muss man nach einem Anstieg bei zwei Baumskeletten rechts hoch (grüne Pfeile), erneut durch ein Weidegatter und dahinter geradeaus. Hier enden die Markierungen, der Pfad ist jedoch gut erkennbar. Zunächst verläuft er parallel zu einer Mauer, wendet sich dann jedoch von ihr ab und senkt sich allmählich auf eine große, ebene Weidefläche herab. Durch eine eingestürzte Mauer gelangt man von der Weide auf einen steinigen, abwärts führenden Pfad, auf dem man sich hinter einem großen, auffälligen Felsen leicht rechts hält und so nach wenigen Minuten (und etwa 1,5 Stunden hinter dem Cortijo de las Albarradas) zu einem Aussichtspunkt auf den *Salto del Cabrero* gelangt.

*Der „Sprung des Ziegenhirten":
Salto del Cabrero*

Wanderung 10

Der „Sprung des Ziegenhirten", ein rund 80 Meter tiefer und 50 Meter breiter Einschnitt zwischen zwei Felswänden, verdankt seinen Namen einem Hirten, der hier aus Liebeskummer Selbstmord begangen haben soll. Von einer Art natürlicher Aussichtskanzel (Vorsicht!) blickt man sowohl auf den Salto als auch weit nach Westen.

Auf dem Weiterweg geht es zunächst zurück bis zu der ebenen Hochfläche, durch die eingestürzte Mauer und gleich rechts herum am Rand der Wiese entlang. Am südlichen Ende der Weide setzt ein weiterer Pfad an, der durch die Mauer hindurch führt und in leichtem Anstieg bald einen Pass erreicht, den *Puerto de Don Fernando*. Hier, etwa eine Viertelstunde hinter dem Salto, kommt auch schon Benaocaz in Sicht. Den Bauernhof, der kurz danach erkennbar wird, lässt man in weitem Abstand links liegen. Der Weg führt an einem alten Kalkofen (Horno de Cal) vorbei, senkt sich zunächst allmählich und dann deutlich auf einer längeren, serpentinenreichen Strecke durch geröllligen Fels, verläuft am Rand einer Wiese vorbei und steigt wieder etwas an. Hinter einem großen grünen Eisentor geht es weiter bergab, über eine alte Brücke, wieder etwas aufwärts und durch ein Tor zum Ortsrand von *Benaocaz*, dessen mit einer Reihe von Bars bestücktes Zentrum (von Lesern empfohlen wurde der Wirt am Rathausplatz) eine gute Stunde hinter dem Salto und knapp 4 Stunden nach Beginn der Wanderung erreicht ist. Die Bushaltestelle mit Wartehäuschen liegt unterhalb des Ortskerns an der von Ubrique kommenden Durchgangsstraße.

Weiter nach Ubrique: Direkt gegenüber der Bushaltestelle beginnt hinter einem Tor die *Calzada Romana*. Der uralte Römerweg, dessen Pflasterung streckenweise stark restauriert wurde, führt permanent steil abwärts, mit der Zeit für manchen vielleicht eher unangenehm. Nach etwa einer halben Stunde kommt das Städtchen erstmals in Sicht, nach insgesamt einer guten Stunde (im Ort an der Querstraße rechts halten, später wieder links) steht man vor dem Busbahnhof, der „Estación de Autobuses" von *Ubrique*.

Pueblos Blancos um Grazalema

Im Gebiet von Grazalema und Ronda, teils innerhalb, teils außerhalb der Grenzen des Naturparks gelegen, bietet sich eine ganze Reihe „Weißer Dörfer" zu Ausflügen an.

Wer mit öffentlichen Verkehrsmitteln in diesem Gebiet unterwegs ist, sollte sich im Klaren darüber sein, dass die Verbindungen ausgesprochen spärlich sind. Es empfiehlt sich deshalb, bereits vor der Anfahrt die Frage der Rück- oder Weiterreise zu klären. Zentrum des Busnetzes ist Ronda.

Weißes Dorf: Setenil

Ubrique

Etwa zwanzig Straßenkilometer südwestlich von Grazalema. Der relativ große, mehr als 15.000 Einwohner zählende Ort beiderseits des gleichnamigen Flüsschens ist vor allem ein Einkaufstipp. Viele Fabriken hier fertigen Produkte aus Saffianleder, entlang der Hauptstraße reiht sich ein Geschäft an das nächste: Gürtel, Handtaschen, Geldbörsen, Hüte und Reiseaccessoires in breiter Auswahl und zu recht günstigen Preisen. Ubrique ist jedoch auch aus einem ganz anderen Grund spanienweit ein Begriff: Von hier stammt ein ehemaliger Star der Stierkampfszene, Jesulín de Ubrique.

• *Verbindungen* **Busse** starten ab dem neuen Busbahnhof, der im Westen des Zentrums liegt, nicht weit vom Kreisverkehr an der Hauptstraße. AMARILLOS fährt von und nach Arcos 5-mal und Ronda via Grazalema 2-mal täglich.

• *Übernachten* * **Hotel Ocurris**, einziges Quartier direkt in Ubrique, an der Hauptstraße im westlichen Ortsbereich, nicht weit vom Busbahnhof; Ende der Neunziger komplett renoviert und von der Pension zum Hotel hochgestuft. DZ nach Saison etwa 55–65 €. Calle Solís Pascual 51, ✆ 956 463939, ✍ 956 463925, www.hotelocurris.com.

Zahara de la Sierra

Schon von weitem sichtbar, schmiegt sich das hübsche Dorf an einen Felsklotz, der ein mittelalterliches maurisches Kastell trägt. Die Kirche des Ortes wirkt winzig gegen das wuchtige Ensemble.

Wohl dieser wehrhaften Burg wegen blieb die in der Reconquista hart umkämpfte Siedlung vergleichsweise lange unter maurischer Herrschaft, fiel erst während der letzten Kämpfe um Granada endgültig unter christliche Herrschaft. Das Dorf, am nördlichen Rand des Naturparks Grazalema gelegen und aufgrund der vielen Quittenbäume in der Umgebung auch „Zahara de los Membrillos" genannt, besitzt einen sehr reizvollen, als Nationalmonument unter Denkmalschutz gestellten Ortskern mit alten Adelshäusern und der Kirche Santa María de la Meza. Vom Kastell aus bietet sich ein weiter Blick. Unterhalb des Ortes und einige Kilometer entfernt liegt der Stausee *Pantano de Zahara.*

• *Information* **Punto de Información**, ein halbprivates Besucherzentrum des Naturparks, das u.a. über die Fauna und die Pinsapos informiert. Geöffnet ist offiziell, aber nicht immer verlässlich Mo–Fr 10–13.30 Uhr, Sa/So 10–12.30 Uhr. Plaza del Rey 3, ✆ 956 123114 (Gemeinde Zahara).

• *Verbindungen* **Busse** der Gesellschaft COMES 2-mal täglich von und nach Ronda.

• *Übernachten* ** **Hotel Arco de la Villa**, ein Hotel der kleinen „Tugasa"-Kette. Am Ortsrand in toller Lage oberhalb einer Felswand, mit weiter Aussicht auf den Stausee und die umgebende Landschaft. 17 komfortable Zimmer, eines rollstuhlgerecht. Am Wochenende oft belegt. DZ etwa 65 €. Calle El Fuerte s/n, ✆ 956 123230, ✍ 956 123244, www.tugasa.com.

Pensión Marqués de Zahara, im Ortskern. Untergebracht in einem der Adelshäuser, eben dem des Marqués von Zahara. Die Zimmer fallen recht schlicht aus. DZ/Bad/F etwa 50 €. Calle San Juan 3, ✆ 956 123061, ✍ 956 123268, www.marquesdezahara.com.

Pensión Los Tadeos, knapp außerhalb des Ortes Richtung Schwimmbad. Freundliche Wirtsleute, Parken problemlos, gutes Restaurant; ein Leser lobte den Gazpacho gar als den „besten Andalusiens". Ordentliche und sehr saubere Zimmer. DZ/Bad etwa 50 €. Paseo de la Fuente s/n, ✆/✍ 956 123086, lostadeos@terra.es.

• *Feste* **Corpus Cristi**, Fronleichnam, mit farbenprächtiger Prozession, deklariert als Fest von nationalem Interesse.

592   Provinz Cádiz

Algodonales

Das recht große Dorf, knapp abseits der Fernstraße Jerez-Antequera gelegen, erstreckt sich in fruchtbarer Umgebung. Grüne Felder, Orangen- und Quittenbäume bilden kleine Oasen in der trockenen Landschaft. Der Ort, der im alten Kern nahe der Kirche tagsüber einen durchaus lebendigen Eindruck macht, hat sich sein ländliches Erscheinungsbild gut bewahrt. Leicht möglich, dass man hier noch einen beladenen Maulesel durch die Straßen ziehen sieht. Gleichzeitig etabliert sich Algodonales allmählich als Ausgangspunkt für Touren im nahen Naturpark Grazalema, die Umgebung ist ein beliebtes Revier für Drachenflieger und Paraglider.

● *Verbindungen* **Busse** nach Jerez und Sevilla je 5x, nach Ronda 8x täglich.

● *Übernachten/Turismo Activo* **** Pensión Sierra de Líjar**, im Ortszentrum etwas südlich der Kirche, geführt vom jungen, deutschsprachigen Besitzer Oliver, der lange in Kassel lebte und gern auch über den Besuch bei einem örtlichen Gitarrenbauer informiert. Sieben schlichte, aber sehr ordentliche Zimmer (davon eines ohne Fenster) mit Klimaanlage, im angeschlossenen Restaurant wird an Sommerabenden oft der Gartengrill angeworfen. Do Ruhetag. DZ/Bad mit F 45 €, die Garage ist gratis. Calle Ronda 5, ✆/✆ 956 137065.

Al-Qutun, ein Unternehmen des „Turismo Activo", das auch eine Herberge (Albergue Rural) betreibt. Angeboten werden geführte Wanderungen durch die im Sommer sonst gesperrten Gebiete des Grazalema-Parks, Klettertouren, Schluchtdurchquerungen etc. Das Ladenbüro ist geöffnet Mo–Fr 9–14, 17–20 Uhr (Winter 16–19 Uhr), für Wochenenden deshalb rechtzeitig reservieren. Übernachtung in der angeschlossenen Herberge (4er-, 6er- und 8er-Zimmer) p.P. etwa 14 €. Calle Zahara de la Sierra, am Ortseingang aus Richtung Arcos und Sevilla, Nähe Guardia Civil, ✆ 956 137882, ✆ 956 138420, www.al-qutun.com.

Olvera

Das „Weiße Dorf" an der A 384 ist mit knapp 9.000 Einwohnern schon fast eine Stadt. Olveras Häuser fließen weit über die Hänge des Hügels.

Geprägt wird das sehr fotogene Ortsbild, das sich am schönsten aus Richtung Algodonales präsentiert, von zwei gleichberechtigten Bauten: den Ruinen einer ehemals maurischen Burg des 11. Jh. und der fast festungsartigen, klassizistischen Kirche des 19. Jh., die einander gegenüber jeweils eine Kuppe über dem Städtchen besetzen – ein sinnträchtiger Kontrast. In den engen, gekrümmten Gassen des Dorfes, aber auch an der breiten und geraden Hauptstraße entdeckt man viele große Gitterfenster, deren Konstruktion auf maurische Einflüsse zurückgeführt wird.

Via Verde de la Sierra Ein Wander- und Radweg, der von Olvera westwärts bis ins 36 Kilometer entfernte Puerto Serrano führt und die Trasse der in den Zwanzigern geplanten, aber nie völlig fertig gestellten Bahnlinie Jerez–Setenil nutzt; entlang der sehr schönen, tunnelreichen Strecke lassen sich u.a. Geier beobachten, speziell im Gebiet um die Station Zaframagón. Die Vía Verde beginnt am **Hotel Estación de Olvera** (siehe oben); weitere Quartiere mit Restaurant entlang der Strecke liegen im 20 km entfernten Coripe (**Hostal Estación de Coripe**, Mobil-✆ 620 013708, www.estaciondecoripe.es) und am Endpunkt 16 km weiter bei Puerto Serrano (**Pensión Estación de Puerto Serrano**, ✆ 956 234227 bzw. Mobil-✆ 669 805430, Mo Ruhetag). Alle sind sie, wie auch das besonders komfortable Hotel La Antigua Estación bei Villamartín (siehe dort), in historischen Gebäuden untergebracht, die ursprünglich als Bahnhof geplant waren. www.fundacionviaverdedelasierra.com.

- *Verbindungen* **Busse** der Gesellschaft AMARILLOS fahren 1-mal täglich von und nach Ronda und Arcos, COMES ebenfalls 1-mal täglich von und nach Arcos. Weitere Anschlüsse nach Sevilla und Antequera.

- *Übernachten* **** Hotel Sierra y Cal**, erste Adresse vor Ort. Komfortabel, vielleicht etwas nüchtern ausgestattet, großes Restaurant mit Tischen auch im Freien. DZ/Bad etwa 65 €. Avenida de Nuestra Señora de los Remedios 2, östlicher Ortsbereich, ✆ 956 130303, ✆ 956 130583, www.tugasa.com.

** Hotel Estación Verde, etwa 800 Meter nordöstlich unterhalb des Orts, Zufahrt Nähe Busbahnhof. Das Gebäude hätte eigentlich als Bahnhof dienen sollen und markiert heute den Beginn der „Via Verde de la Sierra" (siehe Kasten). Sechs ordentliche Zimmer, Fahrradverleih und Restaurant. Wer von hier aus auf der Via Verde startet, kann sich von der Rezeption weitere Übernachtungen entlang der Route buchen lassen. DZ/Bad etwa 50 €, daneben gibt es jetzt auch schickes Quartier in nachgebauten „Waggons". ✆ Mobil-✆ 661 463207.

Setenil

Nur noch etwa 18 Straßenkilometer nördlich von Ronda gelegen und von dort über eine schmale Nebenstraße zu erreichen, ist Setenil eine Kuriosität für sich. Das „Weiße Dorf" liegt an beiden Ufern des Río Guadalporcún und lehnt sich unter große, einem Gewölbe ähnelnde Felsen, die den einzelnen, teilweise mehrstöckigen Häusern als Wand oder Dach dienen. Überragt wird diese ungewöhnliche Kombination von einer gotischen Kirche.

- *Verbindungen* **Busse** der SIERRA DE LAS NIEVES ab Ronda 5-mal, in der Gegenrichtung 4-mal täglich; COMES von und nach Arcos 1-mal täglich.

- *Übernachten* *** Hotel El Amendral**, etwas außerhalb gelegenes Quartier der Tugasa-Kette, ausgestattet mit Schwimmbad, Tennis, Fahrradverleih und Restaurant. DZ/Bad etwa 65 €. Carretera Setenil–Puerto del Monte, ✆ 956 134029, ✆ 956 1344444, www.tugasa.com.

Schier erdrückend: Felsformation in Setenil

▲ Feinarbeit: Kachelbänke an der Plaza España in Sevilla

Provinz Sevilla

Sevilla 597	Von Sevilla Richtung Málaga 638
Umgebung von Sevilla 631	Von Sevilla Richtung Cádiz 640
Von Sevilla Richtung Córdoba 633	

Blick über die Dächer von Carmona: Alcázar Puerta de Sevilla

Provinz Sevilla

Wer Sevilla sagt, meint in erster Linie die Stadt Sevilla. Die Hauptstadt Andalusiens dominiert ihre Provinz völlig, alle wichtigen Straßen sind auf sie ausgerichtet. Dessen ungeachtet besitzt auch manch kleinerer Ort der Provinz durchaus seinen Reiz.

Sevilla darf sich mit offiziell etwas mehr als 700.000 Einwohnern rühmen, die viertgrößte Stadt Spaniens zu sein. Zusammen mit dem sie umgebenden Kranz weiterer Städte zählt die Metropole sogar rund 1,4 Millionen Einwohner, bildet den weitaus größten Siedlungsraum und das absolute Wirtschaftszentrum Südspaniens.

Von den Giganten Madrid und Barcelona wurde die Region dennoch immer als etwas rückständig belächelt, Sevilla gar als „Hauptstadt Afrikas" bespöttelt. Aufwertung und einen gewissen Imagegewinn brachte die Weltausstellung Expo '92, die erhoffte Sogwirkung auf die High-Tech-Industrie allerdings blieb weitgehend aus. Abseits der Hauptstadt ist die Provinz ohnehin noch sehr ländlich strukturiert. Die ausgedehnten, fruchtbaren Ebenen im Tal des Guadalquivir und seiner Nebenflüsse erlauben Landwirtschaft in wirklich großem Stil. Oft begleiten Monokulturen kilometerlang die Straßen. Die Dörfer und kleinen Städtchen, die hier in der Sommerhitze dösen, bewahren manch unverhoffte architektonische Perle.

Zwar erheben sich im Norden und im Südosten der Provinz auch einige Gebirgszüge, doch sind sie relativ niedrig. Das bestimmende Element der Landschaft ist die breite Ebene des Río Guadalquivir, dessen Name sich aus dem arabischen Ausdruck für „Großer Fluss" ableitet. Zur Mündung hin bildet der Strom mit vielen Verästelungen ausgedehnte Überschwemmungsgebiete, die im Frühjahr Sumpfland, vom Sommer bis zu den Winterregen dagegen fast ausgetrocknet sind: die *Marismas*.

Wegen ihres ökologischen Wertes sind sie teilweise in den Nationalpark *Parque Nacional Coto de Doñana* integriert, der jedoch nur von der Provinz Huelva aus zugänglich ist.

In Kürze: Provinz Sevilla

Fläche: 14.001 Quadratkilometer – die größte Provinz Andalusiens
Bevölkerung: 1.900.000 Einwohner, ebenfalls an andalusische Spitzenwert. Das entspricht einer Bevölkerungsdichte von 136 Einwohnern pro Quadratkilometer; mehr als doppelt so hoch wie die Siedlungsdichte der noch stärker landwirtschaftlich strukturierten Nachbarprovinz Córdoba.

Schöne Orte: Das Stadtviertel Barrio de Santa Cruz in Sevilla-Stadt; daneben auch die Städtchen Carmona, Écija und Osuna
Keinesfalls versäumen: Die gigantische Kathedrale von Sevilla mit ihrem maurischen Glockenturm, der Giralda
Kurios: Der Tempel des „Gegenpapstes" von El Palmar de Troya
Internet-Info: www.turismosevilla.org

Sevilla

(705.000 Einwohner)

Als Heimat des Don Juan, der Carmen und des berühmten Barbiers prägte Sevilla das gängige Andalusienbild wie keine andere Stadt. Das weckt Erwartungen. Mancher Besucher ist deshalb enttäuscht, wenn er nicht an jeder Ecke Flamenco hört. Die Metropole Andalusiens besitzt jedoch viele Gesichter: Wer nur die bekannten folkloristischen Klischees sucht, wird der facettenreichen Stadt Sevilla nicht gerecht.

Sevilla ist eine zukunftsorientierte Kapitale, die in den letzten Jahrzehnten einen gewaltigen wirtschaftlichen Aufschwung genommen hat und weiterhin wächst. In der Umgebung stinkt Industrie, und während des Berufsverkehrs herrscht das allgemeine Chaos. Da der ökonomische Erfolg vor allem den höheren Einkommensschichten zugute kam, erreichen Arbeitslosen- und Kriminalitätsrate Werte, die von kaum einer anderen Stadt Spaniens übertroffen werden.

Das andere, das charmante Bilderbuchsevilla, findet parallel trotzdem statt. Während der zu Recht berühmten Fiestas wird praktisch rund um die Uhr gefeiert. Die Abende und Nächte am Ufer des Guadalquivir und im Barrio de Santa Cruz sind genauso romantisch, wie man sich das schon immer vorgestellt hat. Auch die oft beschworene Lebenslust der Einwohner bleibt in den zahllosen Bars, Bodegas und Cafés weiterhin spürbar, wenn auch nicht immer und überall: Man muss schon zur richtigen Zeit am richtigen Ort sein. Und die wahrhaft glänzenden Monumente aus der langen Geschichte einer Stadt, die einst die reichste Spaniens war, sind ohnehin prächtig genug, um einen Besuch in Andalusiens Hauptstadt zum Pflichtprogramm zu machen. Vielleicht ist ja doch etwas dran am selbstbewussten Spruch der Einwohner: *Qien no ha visto Sevilla, no ha visto maravilla* – „Wer Sevilla nicht gesehen hat, der hat noch kein Wunder gesehen."

Orientierung: Sevillas Zentrum liegt östlich des Río Guadalquivir, der die Stadt etwa in Nord-Süd-Richtung durchzieht. Hauptstraße ist die mittlerweile verkehrsberuhigte *Avenida de la Constitución*. In ihrer unmittelbaren Umgebung liegen mit Kathedrale und Giralda sowie dem Alcázar die bedeutendsten Sehenswürdigkeiten der Stadt. Östlich schließt sich das *Barrio de Santa Cruz* an, Sevillas lauschiges Vorzeigeviertel. Die Avenida de la Constitución beginnt im Süden am Verkehrskno-

598 Provinz Sevilla

tenpunkt *Puerta de Jerez* und mündet im Norden in den Doppelplatz *Plaza San Francisco* und *Plaza Nueva*. Hier liegt auch das Geschäftsviertel um die Haupteinkaufsstraße *Calle Sierpes*. Südlich des engeren Zentrums erstrecken sich der Park *Parque de María Luisa* und das Gelände der Ibero-Amerikanischen Ausstellung von 1929, die *Plaza de España*. Jenseits des Guadalquivir sind zwei ehemals selbstständige Siedlungen zu Stadtvierteln geworden: das volkstümliche *Barrio de Triana* auf Höhe des Zentrums und, südlich anschließend, das neuzeitlichere *Barrio de los Remedios* auf Höhe des Parque de Maria Luisa.

Kriminalität: Umsicht ist geboten. Arbeitslosigkeit und besonders Drogensucht verursachen eine extrem hohe Kleinkriminalität; Diebstähle und Autoaufbrüche sind Alltag in Sevilla. Kein Grund, die Stadt zu meiden, wohl aber, etwas Vorsicht walten zu lassen. Pass und Wertsachen sollte man am Körper tragen, besser noch im Hotelsafe deponieren; Kameras und dergleichen dezent transportieren. Handtaschenklau vom Motorrad aus ist verbreitet. Nichts, aber auch gar nichts im Auto lassen, auch nicht das Radio; unbedingt Parkhäuser aufsuchen. Mancher Kleinganove hat sich auf den Raub an der Ampel spezialisiert: Schieben Sie Ihre Wertsachen während der Stadtfahrt unter den Sitz, wie es auch viele Sevillaner tun.

Geschichte

Wohl eine Gründung der Iberer, später von Phöniziern und Karthagern besiedelt, wurde das damalige *Hispalis* 205 v. Chr. von den Römern erobert und in *Colonia Julia Romula* umbenannt. Im Krieg gegen Pompeius ließ Julius Cäsar die Stadt mit Mauern und Türmen befestigen und machte sie zur Hauptstadt

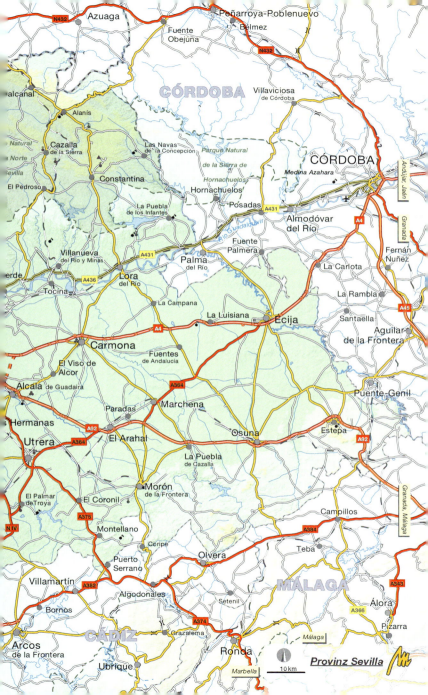

600   Provinz Sevilla

der Südprovinz Baetica. Nach einem kurzen Zwischenspiel der Vandalen geriet Sevilla ab 441 in die Hände der Westgoten und fungierte auch unter deren Herrschaft eine Zeitlang als Hauptstadt.

712 wurde Sevilla von den Mauren erobert und hieß fortan *Ichbiliya*. Zunächst eigenständig, dann von den Omaijaden aus Córdoba regiert, später Sitz eines Teilkönigreichs, erlebte die Siedlung einen schnellen Aufschwung, überflügelte nach dem Zerfall des Omaijadenreichs sogar Córdoba. Fast alle heute bestehenden maurischen Bauwerke entstanden unter der mehr als hundertjährigen Herrschaft der fundamentalistischen *Almohaden*-Dynastie, die 1146 an die Macht kam. 1248 wurde Sevilla von den Christen unter Ferdinand III. zurückerobert.

Die Entdeckung Amerikas brachte Sevilla eine neue Blütezeit. Hier und in Cádiz entluden die Gold- und Silbergaleonen ihre kostbare Fracht. Sevilla besaß als Sitz der für den Warenverkehr mit Amerika zuständigen Behörde *Casa de Contratación* das Handelsmonopol für die überseeischen Kolonien. Unermessliche Reichtümer flossen in die Stadt, erneut entstand eine Fülle prächtiger Bauten. Der Niedergang begann erst, als im 17. Jh. eine schreckliche Pestepidemie wütete, der Guadalquivir allmählich versandete und 1717 die Casa de Contratación nach Cádiz verlegt wurde.

Im *Spanischen Bürgerkrieg* geriet Sevilla gleich zu Beginn in die Hände der Faschisten. Heute darf man sich wohl darüber freuen, blieb die Stadt dadurch doch vor den schlimmsten Zerstörungen bewahrt.

Information

• *Fremdenverkehrsämter* **Oficina de Turismo de la Junta de Andalucía**, Avenida de la Constitución 21 b, zuständig für Stadt, Provinz und ganz Andalusien. Häufig großer Andrang. Öffnungszeiten: Mo–Fr 9–19.30 Uhr, Sa/So 9.30–15 Uhr. ℘ 954 787578, ℘ 954 787579, otsevilla@andalucia.org. Zweigstellen im Airport (℘ 954 782035) und im Bahnhof (℘ 954 782002).
Turismo de la Provincia, Plaza del Triunfo 1–3, beim Alcázar. Das Büro der Provinz Sevilla, geöffnet Mo–Sa 10.30–14.30, 15.30–19.30 Uhr, So 10–14 Uhr. ℘ 954 210005.
Turismo de Sevilla, Plaza San Francisco 19, im Zentrum nahe der Calle Sierpes, deutschsprachig und engagiert geführt von Manuel Viñuelas. Geöffnet Mo–Fr 9–19.30 Uhr, Sa/So 9–14 Uhr. ℘ 954 595288. Die Filiale an der Calle Arjona 28, in Flussnähe unweit der Plaza de Toros war zuletzt geschlossen, Wiedereröffnung unsicher.

• *Internet-Info* **www.turismo.sevilla.org**, die Site des städtischen Touristik-Konsortiums. Auch auf Deutsch.
www.exploreseville.com, Super-Seite auf Englisch, gedacht für Besucher, Studenten und ausländische Dauerbewohner Sevillas. Sehr viel Information.
www.andalunet.com, ziemlich umfangreiches Sevilla-Portal mit üppigem Serviceangebot, leider nur auf Spanisch.
www.elgiraldillo.es, die Netzversion des Gratis-Freizeitführers, mit aktuellem Veranstaltungskalender, Bars und Discos etc.
www.diariodesevilla.com, die Online-Ausgabe der Tageszeitung aus Sevilla. Natürlich nur auf Spanisch.
www.sevilla.abc.es, die Sevilla-Ausgabe der landesweiten Tageszeitung im Internet. Für Spanischkundige ebenfalls eine gute und aktuelle Infoquelle.

Verbindungen/Stadtverkehr

Flug: Flughafen San Pablo (Info: ℘ 954 449000) zwölf Kilometer außerhalb nahe der A 4 nach Córdoba. Halbstündliche Busverbindung mit der Linie EA ab der Av. del Cid (beim Prado San Sebastián) via Bahnhof, p.P. etwa 2,50 €. Taxis kosten etwa 20–25 €.

Zug: Sevillas eleganter Bahnhof, die Estación de Santa Justa (Renfe-Info: ℘ 902 240202), liegt östlich außerhalb des Zentrums an der Avenida Kansas City s/n; Telefonzentrale, Gepäckaufbewahrung und kleine Infostelle. Bus Nr. 32 fährt zur Plaza Ponce de

Sevilla 601

León im nördlichen Zentrumsbereich, die Busse C1 und C2 („Circular exterior") fahren in gegenläufiger Richtung einen Rundkurs um das erweiterte Zentrum und kommen dabei auch in der Nähe des Busbahnhofs Prado San Sebastián (kürzere Route: C1) vorbei. Züge nach Almería 4-mal, Jerez und Cádiz alle ein bis zwei Stunden, Granada 4-mal, Huelva 3-mal, Málaga 11-mal täglich. Nach Córdoba etwa stündlich, darunter allerdings auch viele teure AVE-Verbindungen. Nach Barcelona 3-mal täglich, Madrid etwa stündlich, ganz überwiegend mit dem teuren Hochgeschwindigkeitszug AVE, der die Fahrzeit auf zweieinhalb Stunden reduziert.

Bus: Sevilla besitzt zwei Busbahnhöfe, im Zweifel besser die Infostellen kontaktieren. Die Stadtbuslinien C3 und C4 („Circular Interior") umrunden gegenläufig das innere Zentrum und verbinden dabei auch die beiden Busbahnhöfe.

Estación Prado San Sebastián (Info: ☎ 954 417111), der ältere der beiden Busbahnhöfe, liegt einige Blocks nördlich des Parks Parque de María Luisa und unweit der ebenfalls Prado San Sebastián genannten Haltestelle der neuen Straßenbahn Tranvía; auch die Metro L1 besitzt hier eine Station, siehe jeweils auch „Stadtverkehr". Hier starten Busse zu vielen Zielen Andalusiens, vor allem nach Süden und Osten: AMARILLOS nach Arcos 2-mal, Fuengirola/Marbella 2-mal, Ronda 6-mal täglich; COMES nach Jerez 5-mal, Cadiz 10-mal, Chiclana 6-mal, Tarifa 4-mal, Algeciras 3-mal täglich; LINESUR/STARCLASS nach Écija 9-mal, Jerez 11-mal, Algeciras 10-mal täglich; CASAL nach Carmona etwa stündlich.

Estación Plaza de Armas (☎ 954 908040), der neuere Busbahnhof in Flussnähe, ist für die meisten Fernbusse (Extremadura, Kastilien, Madrid) und für die Provinz Huelva zu-

602   Provinz Sevilla

ständig, mitlerweile auch für die Alsa-Busse zu vielen größeren Orten Andalusiens. ALSA nach Almería 2-mal, Córdoba 6-mal, Granada 10-mal und Málaga 6-mal täglich. DAMAS fährt unter anderem nach Matalascañas je nach Saison mindestens 3-mal täglich, nach Huelva halbstündlich bis stündlich, Ayamonte 4-mal und Aracena 2-mal täglich.

• *Stadtverkehr* **Auto**: Auf die oft anzutreffenden selbst ernannten Parkwächter ("Gorillas") sollte man sich nicht verlassen. Unbedingt Parkhäuser bzw. bewachte Parkplätze ansteuern, trotzdem besser nichts im Auto lassen. Parkhäuser sind im Zentrum beschildert, z. B. beim Busbahnhof Plaza de Armas und am Paseo de Cristobal Colón; günstig für den Besuch des Barrio de Santa Cruz liegt die Tiefgarage an der Puerta de la Carne/Calle Santa María la Blanca, nahe der Av. Menéndez y Pelayo.

Mietfahrzeuge: Die internationalen Anbieter (EUROPCAR etc.) sind z. T. auch am Flughafen vertreten. Einige zentrale Vermieter im bzw. beim Bahnhof: AVIS, ✆ 902 110283; ATESA, ✆ 954 412640; CROWN, Avda. Kansas City 32, ✆ 954 980214. Fahrradverleih ist mit zunehmender Zahl an Fahrradwegen interessant geworden, bleibt angesichts des Verkehrs aber etwas für Unerschrockene. SEVICI ist ein Service der Stadt: Es handelt sich um Mietfahrräder, die an diversen Stationen übernommen (auf Luftdruck und Bremsen achten!) und wieder abgegeben werden können, Wochenpreis 10 €, die erste halbe Leihstunde ist jeweils gratis; Buchung ist per Kreditkarte (eine Kaution von 150 € wird dabei zurückbehalten) an jeder der rund 250 Verleihstationen möglich; www.sevici.es. RENTABIKESEVILLA bringt Klappfahrräder ans Hotel, sechs Stunden 10 €; Mobil ✆ 619 461491. SEVILLA BIKE TOURS, an der Flussuferstraße C. Arjona 8, verleiht Räder (10 Std. 12 €) sowie Skater und veranstaltet geführte Radtouren (25 €), ✆ 954 562625, www.sevillabiketour.com.

Stadtbusse: Normalerweise unnötig, da die meisten Sehenswürdigkeiten im Zentrum liegen. Dichtes Netz, häufig bediente Plätze in der Innenstadt sind Plaza Nueva und Plaza Ponce de León. Tickets (1,20 €)

gibt es im Bus, deutlich preisgünstigere Zehnertickets ("Bonobus") am Kiosk, einen Faltplan der Linien bei den Infostellen.

Straßenbahn T1: Die noch recht neue "Tranvía" (oder "Metro Centro", wie sie auch genannt wird) führt auf einer bislang relativ kurzen Wegstrecke von der Plaza Nueva über die Avenida de la Constitución zur Puerta de Jerez und weiter zum Park Prado San Sebastián unweit der gleichnamigen Busstation; in der Verlängerung soll sie eines Tages bis zum Renfe-"Vorortbahnhof" San Bernardo reichen. In der Gegenrichtung sehen die Pläne einen Ausbau Richtung Hauptbahnhof Santa Justa vor.

Metro: Insgesamt vier U-Bahn-Linien sind für Sevilla geplant. Bereits fertiggestellt ist die Linie L1, die, vom Ausstellungsgelände Ciudad Expo kommend, an der Puerta de Jerez das Stadtzentrum streift und über den Prado San Sebastián weiter in die südöstlichen Vororte führt. Für die übrigen Linien ist eine (teilweise) Eröffnung frühestens 2017 in Sicht.

Taxi: Funktaxis unter ✆ 954 580000 oder ✆ 954 622222.

Flussfahrten auf dem Guadalquivir veranstaltet die Gesellschaft "Cruceros Torre del Oro". Tägliche Abfahrten bei der Torre del Oro, zur Saison halbstündlich ab 11 Uhr bis 23 Uhr, im Winter etwas eingeschränkter; Dauer etwa eine Stunde, Preis p.P. etwa 16 €. Es gibt auch nächtliche Touren sowie Fahrten bis Sanlúcar de Barrameda (ca. 35 €), letztere in der Regel nur an Sommerwochenenden und auch dann nicht immer verlässlich. Aktuelle Daten bei den Infostellen oder unter ✆ 954 561692; www.crucerostorredeloro.com.

Stadtrundfahrten per Bus: "Sevilla Tour" (www.sevillatour.com, ✆ 902 101081) und "Sevirama" (www.sevirama.com, ✆ 954 560693) bieten Touren mit Doppeldeckerbussen an. Informationen unterwegs per Kopfhörer auch in Deutsch, an den Haltestellen kann beliebig ein- und ausgestiegen werden. Abfahrten etwa alle 20 Minuten jeweils am Paseo de Cristóbal Colón knapp nördlich der Torre de Oro. Tickets im Bus, Preis p. P. etwa 16 €, das Ticket ist 24 Stunden lang gültig.

*A*dressen

Österreichisches Konsulat: Calle Cardenal Ilundáin 18, Portal 1-5 F (stadtauswärts ein gutes Stück hinter dem Parque de María Luisa); ✆/☎ 954 987476.

Fundbüro (Objetos Perdidos): Calle Manuel Vazquez Sagastizabal 3 bajo, beim Busbahnhof Prado San Sebastián; ✆ 954 420703. Auch nach Diebstahl kontaktieren: Meist ist

Altes Kachelmotiv der Feria de Abril

nur das Geld interessant, Pass, Schlüssel etc. werden weggeworfen.

Internet-Zugang: Kostenfrei ist die Internet-Nutzung in der städtischen Infostelle an der Plaza San Francisco 19.

Planeta Verde, C. Trajano 11, zwischen Pl. Duque de la Victoria und Alameda de Hércules, ✆ 954 903574, geöffnet Mo–Fr 10–22 Uhr, So 12–22 Uhr.

Arabische Bäder: Baños Árabes Aire de Sevilla, eine maurische Badeanlage, wie es sie inzwischen in fast jeder andalusischen Großstadt gibt. Hier ist sie in einem ehemaligen Palast untergebracht, dessen Untergeschoss tatsächlich noch einen alten Hammam beherbergt. Einlass im Zweistunden-Turnus zwischen 10 und 24 Uhr, Bad (Badekleidung erforderlich) mit Aromatherapie 24 €. Eine Teestube (tetería) ist angeschlossen. Calle Aire 15 im Barrio Santa Cruz, etwa zwischen Calle Mateos Gago und Calle San José, ✆ 955 010024, www.airedesevilla.com.

Sprachkurse: Sevilla ist eine sehr beliebte Destination ausländischer Sprachschüler. Private Sprachschulen gibt es in breiter Auswahl, die Fremdenverkehrsämter halten eine Liste bereit. Das Spracheninstitut der Universität Sevilla offeriert mehrere Kurse „Spanisch für Ausländer", die sich sowohl an Anfänger als auch an Fortgeschrittene wenden. Anfragen an: Instituto de Idiomas, Universidad de Sevilla, Cursos de Español; Avenida Reina Mercedes s/n, 41012 Sevilla; ✆ 954 551156, www.centro.us.es/idi.

Übernachten (siehe Karte vorderer Umschlag)

Für den jeweiligen Standard sind die Preise fast regelmäßig überhöht; dennoch lohnt es sich gerade in Sevilla, einmal etwas mehr auszugeben als üblich. Zu Großveranstaltungen wie der Semana Santa und der Feria de Abril ist die Stadt voll belegt. Dann wird der Großteil des Jahresumsatzes gemacht – Reservierungen mehrere Monate im voraus sind unumgänglich, das Preisniveau erreicht ungeahnte Höhen. Andererseits gibt es eine Reihe von Pensionen, die ihre offiziellen Preisangaben sehr hoch ansetzen, bei voller Belegung dies auch ausnützen, außerhalb der Saison jedoch kräftige Rabatte einräumen: Oft lohnt es sich, ein wenig zu

604 **Provinz Sevilla**

verhandeln. Generell ist es deshalb schwierig, für Quartiere in Sevilla exakte Preise zu nennen. Das gilt besonders für Hostals und Pensionen, die Hotels sind da zuverlässiger. Unsere Angaben beziehen sich auf den Normalfall; je nach Nachfrage können die Forderungen auch schon mal etwas niedriger (in der Nebensaison) bis deutlich höher (Fiestazeit, 50 bis 100% Aufschlag sind üblich) ausfallen. Autofahrern stellt sich das Problem, dass nur wenige Unterkünfte Parkgaragen besitzen.

Barrio de Santa Cruz und Umgebung

Eine romantische Adresse, viele Quartiere mit Patio. Das Preisniveau liegt hier allerdings vielfach noch um einiges höher als sonst in Sevilla. Autofahrer müssen in der Regel eine ganze Ecke entfernt parken.

**** Hotel Las Casas del Rey de Baeza (23), nahe der Plaza de Pilatos. Die modernen Installationen bilden einen reizvollen Kontrast zum Charakter des historischen, im 18. Jh. errichteten Gebäudes, das einst der Adelsfamilie Medinaceli gehörte. Schöne Dekoration, jeder Komfort, eigene Tiefgarage, Swimmingpool auf dem Dach. DZ nach Saison, Nachfrage und Ausstattung 120–270 €. Plaza Cristo de la Redención 2, ✆ 954 651496, ✉ 954 561441, www. hospes.es.

**** Hotel Husa Los Seises (41), nur einen Katzensprung von der Kathedrale. Auch dieser Palast des 16. Jh. wurde zum Hotel umgebaut; bei den Arbeiten kam eine Reihe archäologischer Funde zutage. Elegantes Interieur, komfortable Zimmer, der Clou ist jedoch der Dachterrassenpool mit Giralda-Blick. Gutes Restaurant, hübsche Poolzone. DZ nach Saison, Belegung und Nachfrage etwa 100–250 €. Calle Segovias 6, ✆ 954 229495, ✉ 954 224394, www.hotellos seises.com.

**** Hotel Casa 1800 (57), erst 2010 eröffnetes, sehr elegantes Boutiquehotel in einem alten Stadtpalast. 24 Zimmer, geschmackvolle Ausstattung, prima Lage nur einen Steinwurf von der Kathedrale. Persönlicher Service, Vertragsgarage. DZ nach Ausstattung etwa 140–150 €, gegen Aufpreis auch Deluxe-Zimmer. C. Rodrigo Caro 6, ✆ 954 561800, www.hotelcasa1800.com.

**** Hotel Rey Alfonso X (45), in guter Lage an einem kleinen Platz der Judería. Zwei historische Gebäude des 19. Jh. wurden 2002 in dieses Hotel umgebaut, das innen erstaunlich modern konzipiert ist. Eigene Garage, Dachterrasse mit kleinem Pool und hübscher Aussicht. DZ etwa 110–150 €, zu bestimmten Terminen (z.B. im Hochsommer) mit „ofertas" auch mal günstiger. Calle Ximenez de Enciso 35, ✆ 954 210070, ✉ 954 564278, www.reyalfonsox.com.

**** Hotel High Tech Petit Palace Santa Cruz (39), ein Lesertipp von Dr. Ute Waffenschmidt: „Einst Teil der alten Uni und eines Klosters. Viele alte Bauelemente sind erhalten, aber die Innenausstattung ist supermodern, auf den Zimmern Trimmrad, Flatscreenbildschirm, Whirlpoolwanne etc." Auch hier eine weite Preisspanne je nach Nachfrage: DZ etwa 90–200 €. C. Muñoz y Pavón 18, ✆/✉ 954 221032, www.hotelpetit palacesantacruz.com.

*** Hotel Las Casas de la Judería (46), ebenda und gleichfalls eine charmante Adresse. Auf mehrere historische Gebäude und Innenhöfe verteiltes Quartier, das insgesamt 95 Zimmer zählt, unterschiedlich ausgestattet und dekoriert, z. T. mit eigenen Patios oder Balkonen. Garage. DZ offiziell etwa 200 €, mit „ofertas" im Netz oft günstiger; DZ mit „Salón" und Suiten gegen Aufpreis. Plaza Santa María La Blanca, Callejon de Dos Hermanas 7, ✆ 954 415150, ✉ 954 422170, www.intergrouphoteles.com.

*** Hotel Las Casas de los Mercaderes (33), ein Schwesterhotel der Casas de la Judería, gelegen in einer Fußgängerzone unweit der Plaza Salvador. Knapp 50 komfortable Zimmer, hübscher Patio, Garage. DZ nach Saison und Nachfrage etwa 70–140 €. Calle Álvarez Quintero 3, ✆ 954 225858, ✉ 954 229884, www.intergrouphotelescom.

*** Hotel El Rey Moro (63), 2008 eröffnetes Quartier im Herzen des Viertels, dem gleichnamigen, schon länger bestehenden und recht touristisch wirkenden, aber ganz ordentlichen Restaurant angeschlossen. 16 Zimmer, alle etwas unterschiedlich in Größe, Charakter und Dekor. DZ etwa 70–160 €, gegen Aufpreis auch Superior-Zimmer. C. Lope de Rueda 14, ✆ 954 563468, ✉ 954 227454, www.elreymoro.com.

** Hotel Hostería del Laurel (69), an einem winzigen Platz im Barrio, praktisch nur zu Fuß zu erreichen. Hübsches historisches

Sevilla 605

Gebäude mit funktionellen, gut ausgestatteten Zimmern mit TV und vor allem mit Klimaanlage – ein in Sevilla nicht zu unterschätzender Vorteil. Beliebtes Bar-Restaurant mit prima Tapas angeschlossen. DZ 90–115 €, zu Spitzenzeiten relativ moderate 145 €. Plaza de los Venerables 5, ✆ 954 220295, 📠 954 210450, www.hosteriadellaurel.com.

** Hotel Amadeus Sevilla (42), in einer engen, ruhigen Gasse. Ein ungewöhnliches, musikalisch und künstlerisch inspiriertes Hotel, in dem gelegentlich auch Konzerte oder Ausstellungen stattfinden. Nur 14 Zimmer unterschiedlicher Ausstattung, Lage und Dekoration, allesamt jedoch komfortabel und hübsch eingerichtet; Dachterrasse. DZ nach Ausstattung etwa 105–120 €, gegen Aufpreis gibt es auch Junior Suiten bzw. Dachzimmer. Calle Farnesio 6, ✆ 954 501443, 📠 954 500019, www.hotelamadeussevilla.com.

** Hotel Un Patio en Santa Cruz (58), hübsches, stets in Schuss gehaltenes und gut geführtes kleines Hotel unweit der Calle Santa María la Blanca, die Tiefgarage an der dortigen Puerta de la Carne ist nicht weit entfernt. Moderne Zimmer, Dachterrasse. DZ etwa 85–120 €. C. Doncellas 15, ✆ 954 539413, 📠 954 539461, www.patiosantacruz.com.

** Hotel Murillo (65), ein alter Stadtpalast, der vor Antiquitäten und Nippes fast überquillt. Die Zimmer sind vergleichsweise eher funktional. Um die Ecke eine gleichnamige Dependance mit etwas teureren Apartments. DZ etwa 80–105 €. Calle Lope de Rueda 7, von der Calle Santa María la Blanca über die Calle Ximénez de Enciso, ✆ 954 216095, 📠 954 219616, www.hotelmurillo.com.

* Hotel Puerta de Sevilla (64), am Ostrand des Viertels, dennoch recht zentral. Solides Mittelklassehotel, hübsche Zimmer in hellen Farben, Dachterrasse. Freundliche Rezeption. Günstig für Autofahrer: Die Tiefgarage an der Puerta de la Carne liegt gleich um die Ecke. DZ etwa 70–100 €. C. Puerta de la Carne 2, ✆ 954 987270, www. hotelpuertadesevilla.com.

* Hotel Patio de las Cruces (56), unweit der Calle Santa María la Blanca, 2010 von der einfachen Pension zum Einstern-Hotel hochrenoviert. Schlicht-hübsche Zimmer (viele Innenzimmer) mit TV und Klimaanlage, auf mehreren Stockwerken um einen zentralen Patio gelegen. Gutes Preis-Leistungs-Verhältnis: DZ/Bad 50–65 €. Pl. Cruces 10, ✆ 954 226041, www.hotelpatiodelascruces.com.

* Hostal Sierpes (36), mit dem Vorteil einer eigenen Garage; die Anfahrt durch die engen Gassen des Barrio gestaltet sich allerdings sehr haarig. Als Gebäude stilvoll, die Zimmer nüchtern, teilweise ziemlich dunkel, aber sauber und, speziell die zur Innenseite gelegenen, erfreulich ruhig. Insgesamt durchaus ordentlich. DZ/Bad 65–75 €; die Garage geht wie üblich extra. C. Corral del Rey 22, von der Kathedrale über die Calle Argote Molina, ✆ 954 224948, 📠 954 212107, www.hsierpes.com.

* Hostal Toledo (66), alteingesessener Familienbetrieb in recht günstiger Lage; Zimmer mit Klimaanlage. Insgesamt recht ordentlich. DZ/Bad etwa 50 €, zur Fiestazeit rund das Doppelte. Calle Santa Teresa 15, von der Calle Sta. María la Blanca über die Calle Ximénez de Enciso, ✆ 954 215335.

Pensión Zurbarán (73), unweit des Alcázar und der Kathedrale. Teil einer kleinen Kette, die in der Nähe noch einige Pensionen betreibt. Deren Preis allerdings liegt nicht unter dem dieses Ex-Hotels, das die größeren Zimmer bietet. Freundlich und mit Charme dekoriert, komfortabel ausgestattete Zimmer mit TV und Klimaanlage, die im Winter auch heizt. DZ/Bad etwa 55–65 €. C. Mariana de Pineda 10, ✆ 954 210646, www. grupo-piramide.com.

Pensión Van Gogh (70), eine der besagten weiteren Pensionen der „Piramide"-Gruppe. 2001 eröffnet und prinzipiell freundlich und nett dekoriert; Zimmer mit TV und Klimaanlage, die im Winter auch heizt. Das Zimmer gegenüber der Rezeption sollte man meiden; Achtung zudem, es gibt auch fensterlose Räume nach innen. DZ/Bad etwa 55–65 €. Calle Miguel de Mañara 1, ✆/📠 954 563727, www.grupo-piramide.com.

Pensión Córdoba (43), familiärer Betrieb beim Hotel Amadeus Sevilla. Geräumige Zimmer mit Klimaanlage und Heizung, die besseren Räume liegen zur (meist ruhigen) Gasse. Insgesamt empfehlenswert und auch von Lesern gelobt. DZ/Bad etwa 55–60 €, ohne Bad 45–55 €. Calle Farnesio 12, ✆ 954 227498, www.pensioncordoba.com.

Pensión Hostal Puerta Carmona (29), knapp außerhalb des Barrio Santa Cruz selbst, unweit der Casa de Pilatos. Die 2002 eröffnete Pension ist ein Ableger des bewährten Hotels Maestre in Córdoba und bietet zu vernünftigen Preisen hotelähnlichen Komfort; die 14 Zimmer sind zwar nicht sehr groß, aber mit TV und Klimaanlage ausgestattet. DZ/Bad etwa 40–55 €.

Provinz Sevilla
Karte S. 598/599

606   Provinz Sevilla

Plaza de San Agustín 5, ✆ 954 988310, 📠 954 533986, hostalpuertacarmona@yahoo.es.

Pensión Vergara (50), mitten im Barrio de Santa Cruz gelegen, untergebracht in einem stilvoll renovierten Haus des 15. Jh. Die Zimmer (es gibt auch Innenzimmer auf den Patio) sind schlicht, aber hübsch dekoriert. Internetzugang. Alle Zimmer ohne eigenes Bad, neben DZ auch Drei- und Vierbettzimmer. Preis pro Person 18–20 €; die Besitzer versprechen eine Ermäßigung von 15 % bei Vorlage dieses Führers. C. Ximénez de Enciso 11, ✆ 954 215668, www.pensionvergara.com.

Albergue Picasso (72), noch eine der „Piramide"-Unterkünfte, ums Eck von der Pensión Zurbarán und mittlerweile als schlichtes Backpacker-Hostel genutzt. Bett im Schlafsaal 18 €, F inklusive. Calle San Gregorio 1, ✆ 954 210864, www.grupo-piramide.com.

Zentrum/Außerhalb

Die Quartiere im Zentrum nehmen zwar keinen Romantikzuschlag, das Preisniveau ist aber auch hier immer noch beträchtlich.

● *Hotels im Zentrum* ****** Hotel Alfonso XIII (78)**, das Tophotel von Sevilla. Schöner Bau im Stil des Neo-Mudéjar, ausgedehnter Park, Swimmingpool. Parkplätze eine Selbstverständlichkeit. Schön, wenn man es sich leisten kann: DZ im Preisniveau von rund 300–500 €, man kann aber auch noch mehr ausgeben. Calle San Fernando 2, neben der Universität, ✆ 954 222850, 📠 954 216033, www.alfonsoxiii.com.

**** Hotel El Alabardero (38), in einem Palast des 19. Jh., der auch das gleichnamige Restaurant (siehe unten) beherbergt. Nur sieben Zimmer, allesamt bestens ausgestattet und schön dekoriert; Garage. DZ etwa 90–170 €, Reservierung sehr ratsam. Calle Zaragoza 20, ✆ 954 502721, 📠 954 563666, www.tabernadelalabardero.es.

**** Hotel Becquer (34), komfortables Großhotel an einer der Hauptstraßen des Zentrums. Vorteile sind die eigene Garage und der kleine Pool auf dem Dach, ein Nachteil könnte die von Lesern bemängelte Hellhörigkeit des Gebäudes sein. DZ etwa 85–160 €. Calle Reyes Católicos 4, etwa zwischen Arena und Museo de Bellas Artes, ✆ 954 228900, 📠 954 214400, www.hotelbecquer.com.

*** Hotel Derby (13), großes Mittelklassehotel in zentraler Lage; der Shoppingbezirk liegt direkt vor der Tür. Die Zimmer zum Platz sind allerdings wohl nur für hartgesottene Stadtbewohner geeignet, die innenliegenden Räume deutlich ruhiger. Viele Geschäftsreisende. Parkhaus in der Nähe, Rabatt für Hotelgäste. DZ offiziell ab etwa 190 €, in Wahrheit liegen die Tarife aber fast immer deutlich niedriger, mit Sonderangeboten oder via Hotelportale oft sogar erheblich, Richtwert 65–90 €. Plaza Duque de la Victoria 13, ✆ 954 561088, 📠 954 213391, www.hotelderbysevilla.com.

*** Hotel Casa Sacristía Santa Ana (6), direkt an der Alameda de Hercúles, einem abends und nachts sehr beliebten Treffpunkt. 2007 eröffnetes Haus, das in einer ehemaligen Sakristei des 18. Jh. untergebracht ist. Hübscher Patio, reizvolle Zimmer mit nostalgischem Touch und modernem Komfort. Weite Preisspanne je nach Nachfrage, mittlerer Preis etwa 100–150 € fürs DZ. Alameda de Hércules 22, ✆ 954 915722, 📠 954 905316, www.sacristiadesantana.com.

*** Aparthotel Patio de la Alameda (3), am westlichen Rand der Alameda de Hércules. Hübsche und charmante Anlage mit guter Ausstattung, die Apartments mit Küche, Wohnzimmer mit Schlafcouch, Schlafzimmer und Bad können bis zu vier Personen beherbergen, sind für zwei aber bequemer. Eigene Garage, TV, Klimaanlage. Zweier-Apartment pro Tag 110–130 €. Alameda de Hércules 56, ✆ 954 904999, 📠 954 900226, www.patiodelaalameda.com.

*** Aparthotel Patio de la Cartuja (2), das Schwesterquartier, ein paar Schritte Richtung Fluss. Etwas einfacher ausgestattet, die Preise einen Tick niedriger. Apartment für zwei Personen etwa 95–115 €. Calle Lumbreras 8–10, ✆ 954 900200, 📠 954 902056, www.patiodelacartuja.com.

** Hotel Baco (16), im Gebiet nördlich unweit der Casa de Pilatos. Kleineres, hübsch dekoriertes Hotel; komfortable Zimmer mit Klimaanlage und TV, zur Straße hin nicht ganz ruhig. Das angeschlossene Restaurant ist berühmt für seine Gerichte aus Stockfisch (Bacalao), den es im Laden auch zu kaufen gibt. DZ etwa 75 €. Plaza Ponce de León 15, ✆ 954 565050, www.hotelbaco.es.

** Hotel Sevilla (12), an einem ruhigen kleinen Platz unweit der Plaza de la Encarnación. Imposantes Foyer, die Zimmer selbst

Sevilla 607

sind schlicht und ohne Schnickschnack eingerichtet, aber mit Klimaanlage. Einige Leser waren recht zufrieden. Nachts kann es - vor allem am Wochenende - zum Platz hin laut werden. DZ etwa 50–70 €. Calle Daóiz 5, ℡ 954 384161, 📠 954 902160, www.hotel sevillaweb.es.

* Hotel Europa (40), in guter Lage gleich südlich der Plaza Nueva, nicht weit von der Kathedrale. Ordentliche Zimmer mit Klimaanlage, Heizung und TV. Die Preise allerdings liegen nicht unbedingt niedrig: DZ etwa 50–85 €, mit „ofertas" im Internet auch mal darunter. Calle Jimios 5, ℡ 954 214305, 📠 954 210016, www.hoteleuropasevilla.com.

* Hotel Zaida (18), in einer Seitenstraße der Calle San Eloy, mit maurisch inspiriertem Patio. Ein Lesertipp von Andrea Heck: „Gut-und-billig-Tipp. Das Hotel wirkt sehr neu, die Rezeption ist freundlich." Einmal mehr werden auch hier die offiziellen Preise sehr hoch angesetzt (DZ 120 €), während es in der Praxis das DZ meist für etwa 45–70 € gibt. C. San Roque 26, ℡ 954 211138, 📠 954 218810, www.hotelzaida.com.

** Hostal Santa Catalina (15), nördlich der Casa de Pilatos, direkt bei der kleinen Kirche Santa Catalina. Recht komfortables Hostal, allerdings sind nicht alle Zimmer hundertprozentig ruhig; bei den Innenzimmern stehen die Chancen naturgemäß besser. DZ/Bad etwa 60–65 €, z.T. auch darunter. Calle Alhóndiga 10–12, ℡ 954 227192, 📠 954 563442, www.hostalsantacatalina.com.

** Hostal Jentoft (31), in Flussnähe, nicht weit vom Busbahnhof Plaza de Armas. Sehr großes Hostal mit fast 60 Zimmern; große Parkgarage gleich gegenüber. Die vor wenigen Jahren renovierten Zimmer sind schlicht, aber sauber und besitzen TV und Klimaanlage; die nach innen gelegenen fallen deutlich ruhiger aus als diejenigen zur Straße. DZ/Bad etwa 40–45 €. Calle Benidorm 2, ℡/📠 954 220981, www.hostaljentoft.com.

* Hostal Leonardo da Vinci (53), eine Pension der „Piramide"-Gruppe. Prima Lage direkt gegenüber der Kathedrale; die Zimmer sind etwas klein, aber sonst in Ordnung. DZ etwa 55–65 €. Av. de la Constitución 20, ℡ 954 226141, www.grupo-piramide.com.

Pensión Hospedería Dalí's (75), ein weiteres Quartier dieser Gruppe. Hübsch dekorierte und komfortable Zimmer, viele mit Balkon; die Lage ist zentral, aber natürlich nicht unbedingt ruhig. DZ/Bad etwa 55–65 €. Puerta Jerez 3, ℡ 954 229505, www. grupo-piramide.com.

Pensión Hostal Gravina (21), stellvertretend, für die Ex-Bahnhofspensionen in diesem Gebiet. Ordentliche Zimmer, funktionell eingerichtet, zum Innenhof hin ruhig. Gemeinschaftsbäder etwas altmodisch, aber sauber. DZ ohne Bad rund 30–40 €. Calle Gravina 46, zwischen der Calle Reyes Católicos und der Calle Alfonso XIII, ℡ 95 4216414.

Oasis Backpackers Hostel (17), privat geführtes Hostel mit vielen Features, darunter freier Internetzugang, Dachterrasse mit Blick, Kochmöglichkeit etc. Oft belegt, Reservierung ratsam. Schlafplatz im Mehrbettzimmer ca. 15–23 €, DZ um die 55 €; Frühstück jeweils inklusive. Plaza de la Encarnación 29 1/2, ℡ 954 293777, www.oasissevilla.com.

● *Hotels in Triana* ***** Hotel Monte Triana (27)**, komfortables Quartier, etwa 20 Fußminuten vom Zentrum entfernt; Autofahrer sparen sich dafür das Umherirren in den Altstadtgassen und die Parkplatzsuche: bewachte Garage. DZ offiziell etwa 60–190 €, in der Regel bewegen sich die Preise aber zwischen 60 und 90 €. C. Clara de Jesús Montero 24, zu erreichen über die Ausfahrt 14 der A 66, dann über die Ctra. Muro de Defensa, ℡ 954 343111, 📠 954 343328, www.hotelesmonte.com.

● *Apartments im Zentrum* Siehe auch oben die „Patio"-Aparthotels.

Casa Andaluza in Conil (siehe dort) vermittelt Apartments in Sevilla, ebenso z.B. **www.sevilla5.com**, ℡ 954 387550.

Apartamentos Los Angeles (20), in der Einkaufszone, ein Lesertipp von Michael Müller: „Zentral in der schmalen Fußgängergasse San Eloy 37. Hübsche, verglaste Erker zur Straße, nachts ist es hier ziemlich ruhig." Einfach ausgestattete Zweizimmer-Apartments mit Kühlschrank und Kochnische für vier Personen ca. 90–100 € pro Nacht; Klimaanlage vorhanden. ℡ 954 228049, 📠 954 561990, atlosangeles@hotmail.com.

● *Jugendherberge* **Residencia Juvenil (80)**, (IYHF), weit außerhalb des Zentrums gelegen, Bus Nr. 34 ab Prado San Sebastián. Modern, groß und komfortabel, aber nicht billig: p.P. 13–15 €, über 26 Jahre etwa 18–20 €, Frühstück inklusive. Calle Isaac Peral 2, ℡ 955 035886, 📠 955 056508.

● *Hotels außerhalb* ******* Hotel Hacienda de Benazuza**, bei Sanlúcar la Mayor, etwa 25 km westlich von Sevilla. Eine Adresse für gut betuchte Fans von Ferran Adriá, bekannt aus dem legendären „El Bulli" an der Costa Brava, kooperiert dieses Luxusquartier doch mit dem wahnwitzigen Dreister-

608   Provinz Sevilla

ne-Koch und trägt deshalb den Beinamen „El Bullihotel". Edelste Ausstattung, mehrere Restaurants und Bars, im Restaurant „La Alquería" (zwei Michelinsterne) wird original „Bulli"-Küche zelebriert. Das Preisniveau lässt sich ahnen: Standard-DZ etwa 380–490 €, man kann aber auch noch deutlich mehr ausgeben. Sanlúcar, Virgen de las Nieves s/n, ☎ 955 703344, ✆ 955 703410, www.elbullihotel.com.

*** **Hotel Oromana**, in Alcalá de Guadaira (gute Nahverkehrsanbindung an Sevilla), ein Lesertipp von Yvonne Fox und Thomas Volz: „Historisches Landhotel in landschaftlich reizvoller Umgebung, komfortable Zimmer, Balkon, Pool. Restaurant mit Terrasse, kostenlose Parkplätze." DZ/F etwa 75–85 €. Avenida de Portugal s/n, ☎ 955 686400, ✆ 955 686424, www.hoteloromana.com.

Camping

Villsom, 2. Kat., bei Dos Hermanas, trotz der nahen Hauptstraße recht ruhig. Vielfältige Bepflanzung, dennoch nur mittlerer Schatten, dafür ein hübscher und sehr gepflegter Gratis-Swimmingpool mit Liegewiese. Der rote Staubboden könnte reinliche Zeltler etwas stören. Kleine Bar mit Einkaufsmöglichkeit, gute Sanitärs, Waschmaschine. Am Westrand von Dos Hermanas, etwa zwölf Kilometer südlich des Zentrums, Anfahrt über die schnellstraßenähnlich ausgebaute A 4 Richtung Cádiz, noch

vorbei an der Ausfahrt „Dos Hermanas Centro" und dem riesigen Einkaufszentrum; die zweite mit „Ctra. Isla Menor" beschilderte Ausfahrt nehmen. Häufige Busverbindung ab der Avenida de Portugal (nahe Pl. de España) mit den Bussen M 132 Richtung Dos Hermanas/Barriada. Ganzjährig geöffnet mit Ausnahme von etwa drei Wochen Betriebsferien im Dezember/Januar. Preis p.P., Auto, Zelt je etwa 5 €. A 4, km 554,8, ☎/✆ 954 720828, campingvillsom@hotmail.com.

Essen   (siehe Karte vorderer Umschlag)

Tapas: Die Tapa-Kultur wird in Sevilla ganz hoch gehalten. Es heißt sogar, dass sich die Bewohner während der glühendheißen Sommermonate von kaum etwas anderem ernähren würden. Ergiebige Jagdgründe sind zur Mittagszeit die Bars der Einkaufszone um die Calle Sierpes, am Abend die Viertel Triana und Santa Cruz, besonders um die Plaza de la Alfalfa.

Süßspeisen sind in Sevilla ein arabisches Erbe und von den hiesigen Klosterschwestern perfektioniert. Zu den Spezialitäten zählen die Ölkuchen „Tortas de Aceite", das Eierkonfekt „Yemas de San Leandro", die Süßbrotringe „Rosquillas", die Zuckerkuchen aus Mürbeteig „Polvorones", die Kürbiskuchen „Cortadillos" und viele mehr. Käuflich sind diese Leckereien in jeder Konditorei oder, stilecht, bei den Klöstern selbst, siehe im Kapitel „Einkaufen".

Restaurants & Co.

• *Restaurants* **Rest. Taberna del Alabardero (38)**, in zentraler Lage flusswärts der Plaza Nueva. Teil eines kleinen Restaurantimperiums, zu dem noch Lokale in Madrid und Washington zählen – eine der ersten Adressen Sevillas. Untergebracht im ersten Stock eines schönen Palasts, in dem auch das noble Hotel gleichen Namens residiert; das angeschlossene Lokal im Erdgeschoss ist preisgünstiger, aber auch in Ordnung. Menü à la carte ab etwa 50 € aufwärts. Im August geschlossen. Calle Zaragoza 20, ☎ 954 502721.

Rest. Egaña Oriza (77), hinter den Gärten des Alcázar. Noch eins der Top-Restaurants der Stadt, mit innovativer Küche, die baskische und andalusische Einflüsse mischt. Elegantes Ambiente, Preisniveau eher noch etwas höher als oben. Calle San Fernando 41, Reservierung sehr ratsam: ☎ 954 227254. So sowie im August geschlossen.

Casa Robles (44), direkt bei der Kathedrale. Lange Tradition als eines der berühmtesten Restaurants der Stadt, auch als Tapa-Bar - vielgerühmt. Ortstypische Küche hoher Qualität, prima Desserts. Menü à la carte

Sevilla 609

ab etwa 35 €. Calle Alvarez Quintero 58, ℡ 954 563272.

Rest. Az-Zait (9), am hübschen Hauptplatz des Viertels San Lorenzo, also etwas abgelegen, jedoch den Weg wert. Neue andalusische Küche mit dem gewissen Extra, aufmerksamer Service. Menü ab etwa 35 €. Plaza San Lorenzo 1, ℡ 954 906475. So und im August geschlossen.

Rest. Eslava (7), um die Ecke und mit seiner guten Lokalküche eine mögliche Alternative; das Preisniveau liegt ähnlich wie bei Az-Zait. Zum Haus gehört auch eine sehr beliebte Tapa-Bar. Calle Eslava 3, ℡ 954 906568. So-Abend, Mo und im August geschlossen.

Rest. La Judería (51), Teil der kleinen Kette von „Modesto"-Restaurants, die in derselben Straße, aber jenseits der Calle Santa María la Blanca, noch weitere Lokale besitzt, darunter auf Nr. 5 das renommierte Bar-Rest. Modesto. Hier im Restaurant La Judería gibt es ein ordentliches Tagesmenü für etwa 20 €, à la carte legt man etwas mehr an. Calle Cano y Cuto 13.

Rest.-Pizzeria San Marco (55), Teil einer kleinen Kette italienischer Restaurants. Diese Filiale, vom Inhaber persönlich geführt, lockt mit sehr ungewöhnlichem Ambiente: Das Lokal ist in einer maurischen Badeanstalt des 12. Jh. untergebracht. Immer wieder von Lesern gelobt; angenehme Atmosphäre, ordentliches Essen, recht günstige Pizza und Pasta für je etwa 8–9 €. Calle Mesón del Moro 6–10, im Viertel Santa Cruz. Im Viertel Triana, an der Flussuferstraße Calle Betis 68, liegt eine **Filiale (79)**.

Rest.-Pizzeria Mario (48), ein weiteres italienisches Restaurant in der Judería, diesmal in eher unprätentiösem, schlichtmodernem Dekor. Gute Pizza und Pasta für jeweils etwa 8–10 €; auch die Salate können sich sehen (und schmecken) lassen. Calle Santa María la Blanca 15.

Rest. La Mandrágora (35), vegetarisches Restaurant in der Umgebung des Busbahnhofs Plaza de Armas; gute Desserts. Nur von Donnerstag bis Samstag geöffnet. Calle Albuera 11, eine Seitenstraße flusswärts der Calle Marqués de Paradas.

FrescCo (24), unweit der Plaza del Salvador. Zwar weitgehend frei von Atmosphäre, für Salatliebhaber und sehr Hungrige aber eine gute Adresse: freies Buffet (viele Salate, aber auch Pasta, Pizza etc.) für 8,95 €, abends und an Wochenenden 9,95 €. Calle Cuna 45.

Gute Stimmung: Taberna Coloniales

• *Cocederos und Freidurías* Auch die Freunde von gekochten und frittierten Meeresfrüchten müssen in Sevilla nicht zu kurz kommen ...

Cocedero Romerijo (71), zwar etwas abseits östlich des Barrio Santa Cruz gelegen, für Fans des Original-Romerijo aus Puerto de Santa María den Fußweg aber sicher wert: Auch diese Filiale ist ein prima Platz, um in gekochten Gambas (gekauft im Inneren nach Gewicht) zu schwelgen. Avenida Eduardo Dato 23, jenseits der Brücke.

Freiduría Puerta de la Carne (62), am Ostrand des Barrio Santa Cruz gelegen. Die traditionsreiche Frittierstube, 1928 gegründet, wurde vor einigen Jahren renoviert und besitzt seitdem auch Tische im Freien. Auch hier holt man sich Fisch und Meeresfrüchte innen in Papiertüten nach Gewicht, die Getränke serviert der Kellner eines nahen Restaurants. Manchmal nur abends geöffnet. Calle Santa María la Blanca 36 a.

Provinz Sevilla
Karte S. 598/599

610   Provinz Sevilla

Tapabars & Cafés

Die Vielfalt der sevillanischen Tapas ist beeindruckend, weshalb man sich darauf einstellen sollte, dass unter den vom Barmann genannten oder einer Liste zu entnehmenden Spezialitäten immer eine Reihe von unbekannten Tapas sein wird. Einige lokale Klassiker: Die Schnecken *caracoles* und *cabrillas*, Spinat mit Kichererbsen *espinacas con garbanzos*, die frittierten und sehr salzigen Stcckfischstücke *pavías*, marinierter Dornhai *cazón en adobo*, ebensolcher Schwertfisch *pez espada en adobo*, die Rinderfiletspitze *la punta* und die mit Fleisch und Wurst gefüllten Brötchen *las pringás*. Sehr schmackhaft und erfrischend sind die säuerlichen, *aliños* genannten Salate auf Basis von Tomaten, Paprika und Zwiebeln, die meist auch deftigere Zutaten wie z. B. Tintenfisch enthalten. In manchen Lokalen gibt es Tapas übrigens nur an der Bar, an den Tischen werden nur größere Portionen serviert: „En mesa solo se sirven raciones".

● *Tapabars* **Bar El Rinconcillo (14)**, Tapaspezialist und Traditionslokal: die älteste Tapa-Bar Sevillas, gegründet 1670. Herrliches Kacheldekor, uralte Weinregale, hervorragende „Espinacas con Garbanzos", „Pavías" und andere Köstlichkeiten, berühmte Schinken und Käse. Allerdings nicht ganz billig. Calle Gerona 40, eine Verlängerung der Calle San Juan de la Palma, östlich der Plaza de la Encarnación; mittwochs geschlossen.

Cervecería Giralda (47), Barrio de Santa Cruz. Nostalgischer Kneipen-Klassiker nahe der Kathedrale, mit Gewölben und Säulen, die noch auf eine maurische Badeanstalt zurückgehen sollen. Auswahl unter manchmal mehr als 60 Tapas. Buntes Publikum, gehobene Preise. Calle Mateos Gago 3, östlich der Kathedrale.

Bar Campanario (54), gleich schräg gegenüber, ein Lesertipp von Alexandru Sandbrand: „Kneipe im europäischen Stil zum Quatschen. Leckere Drinks und Tapas, darunter auch viele vegetarische Sachen." Calle Mateos Gago 8.

Casa Román (68), ebenfalls im Barrio Santa Cruz, im Gebiet östlich des Alcázar. Seit Jahrzehnten populär, ebenso langjährige Spezialität sind Schinken- und Käsetapas. Nicht ganz billig. Plaza de los Venerables, So-Abend geschlossen.

Café-Bar Las Teresas (59), mitten im Barrio. Rustikale Dekoration, an der Decke reichlich Schinken, die neben anderen Wurstwaren und Manchegokäse auch zu den Tapa-Spezialitäten zählen. Nur sonntags gibt es den Reis „Arroz dominical". Calle Santa Teresa 2.

Café-Bar Carmela (49), in einem sonst eher touristischen Umfeld, das wenig Hoffnung auf Qualität aufkommen lässt; in diesem relativ kleinen Lokal gibt es jedoch eine gute Auswahl feiner und auch nicht teurer Tapas. Calle Santa María la Blanca 6, mit einer Reihe von Tischen auch im Freien.

Bar-Rest. Los Caracoles (25), auch Casa Antonio genannt, in der Tapazone um die Plaza de la Alfalfa. Tische zum Draußensitzen, innen Kacheln und kühle Atmosphäre; freundliche Wirtsfamilie, die das Lokal jetzt in der dritten Generation betreibt. Die namensgebenden Schnecken sind ein Geheimrezept, auch die Tapas üppig, preiswert und sehr lecker. Calle Guardarmino, eine winzige Seitengasse der Plaza de la Alfalfa. Im Umfeld noch andere, ähnlich angenehme Adressen.

Bar Bodega Donaire (28), nicht weit entfernt und eine mögliche Alternative: Große, gute Tapas in breiter Auswahl zu soliden Preisen. C. Jesús de las tres Caídas 2.

Bar Kiko (26), ebenfalls in diesem Gebiet, in einer winzigen Gasse zwischen Plaza Alfalfa und Plaza del Salvador. Kleiner Familienbetrieb, die Mutter kocht selbst. Traditionelle Tapas und ein günstiges Mittagsmenü. C. Herbolaria 17.

Taberna Coloniales (19), etwas abseits der Rennstrecken, dennoch so gut besucht, dass man besser etwas vor den üblichen Zeiten kommt; einige wenige Tische auch im Freien am Platz. Prima Tapas und Raciones (Fleisch vom Grill, Tablas etc.), preisgünstig. Plaza Cristo de Burgos 19.

Bar Estrella (37), ein Lesertipp von Nicolette Brause und Dr. Rainer Knirsch: „Hervorragende Tapas in einem guten Preis-Leistungs-Verhältnis, zahlreiche einheimische Gäste, stilvolles Ambiente, Sitzmöglichkeiten auch außerhalb der Bar. Calle Estrella 3". Dem Tipp kann man nur zustimmen, die Tapas (Spezialitäten z. B. Pavías oder „Crepes Especiales") sind exzellent.

Sevilla 611

Schnecken und mehr: Bar-Rest. Los Caracoles

La Bodega Extremeña (30), nördlich der Casa de Pilatos. Spezialitäten aus der Extremadura, in erster Linie Fleischgerichte und die berühmten Schinken und Käse der nördlichen Nachbarregion Westandalusiens, außerdem die guten und günstigen Extremadura-Weine. Calle San Esteban 17.

Bar Bodega Morales (52), gleich gegenüber der Kathedrale, ein Lesertipp von Natascha Möller: „Sehr authentisch; hier genießt der Einheimische seine Tapas zur Mittagszeit im Dunkeln und Kühlen." In der Tat ein altehrwürdiges, herausragendes Lokal. Calle García de Vinuesa 11.

Bar El Portón (32), Beispiel für die zahlreichen, oft sehr touristisch gefärbten Tapa-Bars dieser Fußgängerzone, die vor allem mittags belebt sind; viele Möglichkeiten zum Draußensitzen. Mittlere Preiskategorie. Calle General Polavieja 20, nördlich der Plaza San Francisco.

Bar Lizarrán (11), in Richtung der Alameda de Hércules, Teil einer fast landesweit aktiven Kette baskischer Bars. Lecker mundet der frische baskische Weißwein „Txakolí", zu essen gibt es vor allem die baskische Variante der Tapas („Pintxos"), eine mit einem Zahnstocher zusammengehaltene Kombination aus Tapa und Weißbrot. Calle Trajano, Ecke Calle Javier Lasso.

Bar Dos de Mayo (10), am Rand der Einkaufszone. Sehr gute Auswahl an feinen Tapas, die Preise bewegen sich im Rahmen. Mittags und nach Geschäftsschluss oft gesteckt voll. Plaza de la Gavidia 6, Ecke C. Cardenal Spinola.

Bar Alcoy 10 (5), noch etwas weiter nördlich. Der Wirt spricht Deutsch und lebte lange in Deutschland; wohl deshalb gibt es hier auch sehr üppige „Schnitzel-Tapas". Das Publikum freilich sind Spanier. Der Name ist auch die Adresse: C. Alcoy 10.

Bar Casa Paco (4), direkt an der Alameda, die sich zu einem beliebten Treffpunkt gemausert hat. Hier in dieser Bar gibt es exquisite „Designertapas"; sie ist dabei gar nicht einmal teuer und so gefragt, dass nur selten Platz zu bekommen ist – am besten etwas vor den üblichen Zeiten kommen. Alameda de Hércules 23.

Bar Las Columnas (8), wenige Schritte stadtwärts. Ebenfalls eine beliebte, alteingesessene Bar, deren Tapas eher traditioneller Natur sind. Ein Klassiker des Gebiets. Alameda de Hércules 19.

Bar Cafetería Badulaque (1), am Ende der Alameda. Hierher geht man vor allem wegen der Pizzas, der mexikanischen und vegetarischen Tapas; sehr gut ist auch das hausgemachte Eis. Alameda de Hércules, Ecke Calle Calatrava.

Provinz Sevilla
Karte S. 598/599

612   Provinz Sevilla

Bar La Fábrica (22), in und vor dem schönen ehemaligen Bahnhof Antigua Estación Plaza de Armas, der in ein Shopping-Center (→ Einkaufen) verwandelt wurde. Besonderer Gag hier ist die hauseigene Brauerei, Tapas etc. gibt es aber auch, ebenso ein günstiges Tagesmenü.

Bar Mesón Serranito (60), im Viertel Arenal nahe der Arena, der Stierkampf bestimmt auch das Ambiente. Hiesige Tapa-Spezialität sind dem Namen gemäß „Serranitos", eigentlich ein Bocadillo mit Schinken, gebratener Paprika und Rinderfilet, das schon fast eine komplette Mahlzeit abgibt. Angeschlossen ein Restaurant. Calle Antonia Díaz 11.

Bar La Primera del Puente (76), am Rand des Triana-Viertels. Am Flussufer, im Sommer Tische im Freien, dort allerdings nur Raciones und halbe Raciones. Spezialitäten sind „Pavías" (sehr salzig), „Pepitos de Gambas", eine Art Garnelentoast, und die Spieße „Pinchitos". Mittlere Preiskategorie, Mi geschlossen. Calle Betis 66.

Nuevo Kiosco de las Flores (74), ganz in der Nähe. Der traditionsreiche Kiosk an der Puente Isabel II., bereits 1930 gegründet, musste seinen Standort leider aufgeben und ist im Jahr 2000 hierher umgezogen. Seitdem lockt die Aussicht auf die andere Flusseite mehr Touristen an, was der Qualität laut einem Leserbrief nicht unbedingt gutgetan haben soll. Spezialitäten sind frittierter Fisch, Gazpacho und verschiedene Aliños. Calle Betis s/n, Mo geschlossen.

Casa Cuesta (61), ebenfalls im Barrio Triana. Einer der Klassiker des Viertels, berühmt besonders für seine Stierschwanz-Raciones „Rabo de Toro". Nicht teuer. Di geschlossen. Plaza Callao, unweit der Brücke Puente Isabel II.

Bar Sol y Sombra (67), weiter nördlich im Triana-Viertel, etwas ab vom Schuss. Stierkampfambiente, Tapa-Spezialitäten sind hier „Almejas" (Venusmuscheln) und „Gambas" (Garnelen); gehobenes Preisniveau. Calle Castilla 151.

● *Cafés* **Café-Confitería La Campana**, am westlichen Ende der Calle Sierpes. Berühmtes Café mit vorzüglicher Auswahl an Gebäck; gut zum Frühstücken, allerdings nicht ganz billig. Calle Sierpes 1.

Café de Indias, eine von Sevilla aus expandierende Kette von Coffee-Shops, die ein nettes Kolonialstil-Ambiente und ein gutes Preis-Leistungs-Verhältnis aufweisen. Filialen beispielsweise an der zentralen Avenida de la Constitución 10 und an der Puerta de Triana am Ende der Calle Reyes Católicos.

Tetería Salam, in Triana, ein Lesertipp von Edda Luckas: „Netter marokanischer Besitzer, stimmungsvolles Ambiente, große Teekarte." Arabischen Kaffee und Süßes gibt´s auch. Calle Luca de Tena 6, eine südwestliche Seitenstraße der Calle Rodrigo de Triana. Erst ab 16.30 Uhr geöffnet, Mo und im August geschlossen.

Tetería Dar El Mehdi, mit ähnlichem Angebot. Calle Federico Rubio 8-10, im Barrio Santa Cruz praktisch an der Verlängerung der Calle Mateos Gago.

Nachtleben

Das Nachtleben Sevillas tobt längst nicht immer so intensiv, wie man meinen sollte, ist zudem in ständiger Bewegung – wer am falschen Tag zur falschen Zeit am falschen Ort ist, wird nur gähnende Langeweile erleben. Am meisten Betrieb herrscht naturgemäß am Wochenende. Beliebte Treffpunkte sind das Barrio de Santa Cruz und im Zentrum die Plaza de la Gavidia und die Plaza del Salvador. Im Sommer schätzt auch die Jugend von Sevilla die kühleren Plätzchen am Fluss, vor allem im Gebiet nördlich der Brücke Puente Isabel II. Eine gute Informationsquelle für Konzerte, Flamenco und andere Veranstaltungen ist der Gratis-Freizeitführer „El Giraldillo", meist in den Infostellen erhältlich.

● *Barrio de Santa Cruz und Umgebung* Am meisten Betrieb etwa ab 22 Uhr bis nach Mitternacht. Hiesige Kneipengebiete sind bei der Kathedrale die Calle Mateos Gago und Calle Argote Molina.

La Carbonería ist schon eine richtige Institution. Großer, üppig begrünter Innenhof mit Bananenstauden und Jasminduft, innen mehrere rustikale Räume. Oft Ausstellungen und bodenständige Musikveranstaltungen, darunter Jazz, Blues, Flamenco und dergleichen. Normalerweise keine Eintrittsgebühr, dafür gemäßigt angehobene Getränkepreise. Calle Levies 18 (kein Schild!), in einer Seitenstraße der Calle Santa María la Blanca.

Antigüedades, Calle Argote Molina 10; hier gibt es vor allem am Wochenende oft Live-Musik in kurios-künstlerischem Ambiente.

Sevilla 613

Beliebter Treffpunkt: Plaza del Salvador

• *Plaza del Salvador* Ein Platz, auf dem sich das Jungvolk oft nur so drängt. Beliebt besonders im „Winter", Betrieb herrscht an Wochenenden bis in den Morgen.

La Catedral, beliebter und zentral gelegener Club mit topaktueller elektronischer Musik. An der Tür hilft schickes Outfit. Eintrittsgebühr, für Frauen auch mal gratis. Calle Cuesta del Rosario 12, östlich des Plaza del Salvador.

• *Calle Betis* An der Uferstraße des Triana-Viertels, vor allem im Winter aktuell.

Boss, der größte Club nicht nur an dieser Straße, sondern in ganz Sevilla, mit mehreren Bars und großen Weltkarten an der Wand. Tagsüber Cafeteria. Musikalisch eher Mainstream. Calle Betis 67.

Alambique auf Nr. 56 und **Big Ben** auf Nr. 54 sind zwei der vielen Bars hier, die auch bei der Ausländergemeinde Sevillas beliebt sind.

• *Costa del Guadalquivir* Die Promenade am Fluss, besonders im Gebiet um die Brücke Puente Isabel II. und weiter nördlich um die Pasarela La Cartuja, ist eine im Sommer beliebte Nachtzone mit Dutzenden von Open-Air-Bars, den so genannten „Terrazas".

Terraza Bar Capote: Hübsche Open-Air-Bar am Fluss, direkt nördlich der Puente Isabel II. Oft Live-Musik, bis in den Morgen geöffnet.

• *Alameda de Hércules* Eine sehr beliebte Nachtzone mit zahlreichen Bars. Atmosphärisch in Richtung Hippie- und Alternativszene, viele Gays. Östlich in Richtung der Calle Feria sollte man in tiefer Nacht etwas aufpassen.

Fun Club, traditionsreicher, alternativer Rock-Club, der 2012 sein 25jähriges Jubiläum feiert. Konzerte mehrmals wöchentlich. Vernünftige Preispolitik. Alameda de Hércules 86.

Habanilla Café, Treffpunkt der kosmopolitischen Alternativszene, belebt vom Mittag bis in den frühen Morgen. Alameda de Hércules 63.

Café Central, ein weiterer Hangout der Alternativszene und vieler junger ausländischer Besucher der Stadt. Alameda de Hércules 64.

Bulebar, noch ein vielbesuchter Klassiker. Alameda de Hércules 83.

Café Jazz Naima, ein kleines Stück südlich der Alameda selbst. Jazzcafé, gelegentlich auch Konzerte. Calle Conde de Barajas 2, Ecke Calle Trajano.

Galería y Taberna Anima, ein paar Straßenzüge südwestlich der Alameda. Verschachteltes, gemütliches Lokal mit österreichischem Wirt, ein Treffpunkt vor allem junggebliebener spanischer Intellektueller. C. Miguel Cid 80, eine Parallelstraße der Calle San Vicente.

Provinz Sevilla
Karte S. 598/599

614   Provinz Sevilla

Flamenco

Eigentlich müsste die Überschrift „Sevillana" lauten, ist Sevilla doch die Heimat dieses Tanzes, der im Gegensatz zum Flamenco so fröhlich ist. Die hiesigen Tablaos zeigen jedoch meist den echten Flamenco. Eine gute Informationsquelle für besondere Ereignisse ist der Freizeitführer „El Giraldillo".

Los Gallos: Genießt den Ruf, beste Flamencoadresse der Stadt zu sein. Eintrittsgebühr inklusive einem Getränk 30 €, zwei Shows pro Nacht, jeweils zwei Stunden volles Programm. Plaza de Santa Cruz, im Barrio Santa Cruz und unweit den Gärten des Alcázar gelegen; ☎ 954 216981. www.tablaolosgallos.com.

El Arenal, im gleichnamigen Viertel, unweit der Stierkampfarena Plaza de Toros. Auch hier finden zwei Shows pro Nacht statt, Eintritt inklusive Getränk 37 €. Calle Rodó 7, ☎ 954 216492. www.tablaoelarenal.com.

Casa Anselma, im Viertel Triana. Fast schon eine Institution in Sevilla, vor einigen Jahren auch dem ZDF ein Feature wert. Urige Flamencotaverne, erst ab 23.30 Uhr geöffnet, kurz nach Mitternacht oft voll bis vor die Tür: „Wir wollten gar nicht wieder weg" (Leserbrief von Andrea Schuppan). Viele Einheimische, keine Eintrittsgebühr. Calle Pagés del Corro 49.

Casa de la Memoria de Al-Andalus, ein Tipp im Barrio Santa Cruz, eine Art Kulturzentrum in einem sehr schön renovierten Patio (9–14, 18–20 Uhr gegen geringe Gebühr zu besichtigen). Flamenco-Veranstaltungen mit hohem Niveau, aber auch Konzerte mit andalusischer Musik, Tanz und Poesie. Im Winter warm anziehen, der Patio ist nur notdürftig beheizt. Täglich geöffnet, Beginn meist gegen 21 Uhr, relativ günstige Eintrittsgebühren um die 15 €. C. Ximénez de Enciso 28, ☎ 954 560670. www.casadelamemoria.es.

Museo de Baile Flamenco, ebenfalls im Barrio Santa Cruz. Das engagierte Flamenco-Museum (siehe auch „Sehenswertes") versteht seine Aufführungen als Kunst; dies im Gegensatz zu den Tablaos, denen Flamenco als Unterhaltung gilt. Häufig wechselnde Akteure. Mo–Do Beginn 19 Uhr (vorher Schnupperkurse für Besucher), 15 €; Fr/Sa Beginn 19.30 Uhr, 25 €. C. Manuel Rojas Marcos 3, ☎ 954 340311, www.museoflamenco.com.

Einkaufen

Haupteinkaufsstraßen Sevillas sind die *Calles Velázquez* und *Tetuán* sowie die traditionsreiche, parallel verlaufende *Calle Sierpes* („Schlangenstraße"), die Verlängerung der Avenida de la Constitución. Damit der Einkaufsbummel auch in der Sommerhitze nicht zur Tortur wird, ist die gewundene Straße mit Planen überspannt.

• *Kaufhaus/Einkaufszentrum* **El Corte Inglés**, Plaza Duque de la Victoria, in der Nähe der Calle Sierpes.

Antigua Estación Plaza de Armas, erwähnenswert vor allem wegen des tollen Ambientes: Das Einkaufszentrum mit Boutiquen, Bars, Kinos etc. ist in einem ehemaligen, im Neo-Mudéjarstil errichteten Bahnhof untergebracht. Plaza de la Legión, beim Busbahnhof Plaza de Armas.

• *Markt* **Markthalle** an der Calle Pastor y Landero, zwischen Calle Adriano und Calle Reyes Católicos, nahe der Stierkampfarena. Lebensmittel aller Art, geöffnet Mo–Sa jeweils bis mittags.

Mercado de Triana, der hübsche Markt des gleichnamigen Stadtviertels, gleich bei der Brücke Puente Isabel II.

• *Flohmärkte* **Donnerstag („El Jueves")** bis ca. 14 Uhr in der Calle Feria nahe der Alameda de Hércules im Norden des Zentrums, mit einer Tradition, die bis ins 13. Jh. zurück-

reicht; **Sonntagvormittag** Briefmarkenmarkt an der Plaza del Cabildo nahe Post.

• *Landkarten* **LTC**, Avenida Menéndez y Pelayo 42, gleich östlich des Barrio Santa Cruz. Gute Auswahl, nur Mo–Fr geöffnet.

• *Musik, Fotozubehör etc.* **FNAC**, Av. de la Constitución 8, nahe Kathedrale.

• *Flamenco* **Compas Sur**, mit reicher Auswahl an CDs und DVDs, Büchern etc. zu Flamenco und anderer andalusischer Musik; auch Schuhe und Kleidung. Cuesta del Rosario 7e, zwischen den Plazas Alfalfa und San Salvador, www.compas-sur.com.

• *Kunsthandwerk* Sevillanische Spezialitäten sind unter anderem Töpferwaren, Schmiedeeisen und Spitzen. Fächer nicht zu vergessen, frau geht in Sevilla nicht ohne. Im Folgenden einige Empfehlungen; auch die Informationsstellen helfen gern weiter.

Lonja de Artesanía, städtische Kunsthandwerks-Kooperative, mehrere Keramikwerkstätten. Calle Arfe s/n, etwa auf halbem

Sevilla 615

Weg zwischen Kathedrale und Stierkampfarena „La Maestranza".

Keramik ist auch eine Spezialität des Viertels Triana. In der Calle San Jorge, zwischen Puente Isabel II. und Plaza Callao, findet sich eine ganze Reihe von Geschäften, die Töpferware offerieren.

Spitzen bei „Artesanía Textil" in der Calle García de Vinuesa 33, einer westlichen Seitenstraße der Avda. Constitución.

Mantillas, die traditionellen Umhängetücher bei „Foronda" in der Calle Alvarez Quintero 52, nördlich der Kathedrale.

Fächer: „Zadi", Calle Sierpes 48, und „Díaz", Calle Sierpes 69, handgearbeitet zu entsprechenden Preisen.

> • *Süßigkeiten* Eine Köstlichkeit, hausgemacht von den Nonnen der Klöster ...
>
> **Convento Santa Inés**, Calle Doña María Coronel 5, östlich unweit der Plaza de la Encarnación. Breite Auswahl, gut zum Probieren das gemischte Päckchen „Caja sortida".
>
> **Convento de San Leandro**, an der gleichnamigen Plaza, neben der Casa de Pilatos; hier natürlich die „Yemas de San Leandro".
>
> **Convento de Santa Paula**, Calle Santa Paula 11, nordöstlich des Zentrums, nahe Calle Sol; hervorragende Marmeladen.
>
> **El Torno**, „Dulces de Convento" von mehreren Klöstern, in günstiger Zentrumslage: Plaza del Cabildo s/n, etwa auf Höhe der Kathedrale jenseits der Avenida de la Constitución.

Top-Adresse für Süßes: Café-Confitería La Campana (siehe „Cafés")

• *Spät einkaufen* **VIPS** in der Avenida República Argentina 25, an der Grenze von Triana zu Los Remedios, hat bis morgens um zwei Uhr, Fr/Sa sogar bis drei Uhr geöffnet; Zeitschriften, Bücher etc., auch Bar und Restaurant.

*F*este/*V*eranstaltungen

Auch außerhalb Spaniens weithin gerühmt sind die Feierlichkeiten der Semana Santa und der Feria de Abril. Hotelzimmer für diese Zeiten sollte man unbedingt längerfristig reservieren und mit bis zu dem Doppelten des üblichen Preises rechnen. Die *Termine* von Semana Santa und Feria de Abril finden Sie vorne im Buch im Kapitel „Andalusiens Feste". Neben diesen beiden Hauptfesten existieren noch eine Reihe weiterer, weniger bekannter Festivitäten.

Corpus Cristi, Fronleichnam. Am Morgen große Prozession mit einer riesigen Monstranz von Juan de Arfe, nachmittags in der Kathedrale Gesang und Tanz der „Seises", Jungen in Kostümen des 16. Jh. Im Triana-Viertel findet eine eigene Prozession statt, genannt „Corpus Chico".

Velas, im Sommer, die Patronatsfeste der einzelnen Stadtteile. Erlebenswert ist besonders die Vela „La Señora Santa Ana" im Viertel Triana, Ende Juli.

Virgen de los Reyes, 15. August; das Fest der Stadtheiligen Sevillas, von den noch verbliebenen Einwohnern enthusiastisch

616   Provinz Sevilla

gefeiert – fast ganz Sevilla ist allerdings im Urlaub am Meer.

Bienal de Flamenco, von Anfang September bis Anfang Oktober. Großes und bedeutendes Flamencofestival, das alle namhaften Künstler anzieht, jedoch nur alle zwei Jahre (2012, 2014 etc.) stattfindet. Infos über das Programm unter ℡ 954 592870 oder unter www.bienal-flamenco.org.

Feria Mundial de Flamenco, an mehreren Tagen in der ersten Oktoberwoche. Ein Markt für alles rund um den Flamenco (Bücher, CDs, Mode, Schulen etc.), natürlich auch ein Treffpunkt für die Profis. Standort ist der Palacio de Exposiciones y Congresos de Sevilla, Avenida Alcalde Luis Uruñuela s/n, ein gutes Stück außerhalb des Zentrums Richtung Flughafen. Info: ℡ 954 478700.

Semana Santa und Feria de Abril

Semana Santa, die Karwoche, wird in ganz Andalusien enthusiastisch begangen, doch läuft die „Heilige Woche" von Sevilla allen anderen Veranstaltungen den Rang ab. Die bis ins 16. Jh. zurückgehende Semana Santa wird in einer irritierenden Mischung aus tiefem Ernst und lautstarker Fröhlichkeit zelebriert und ist von ganz eigener Faszination.

Zwischen Palmsonntag und Ostersonntag finden täglich bis zu acht Prozessionen statt, begleitet von *saetas*, vom Flamenco beeinflussten, inbrünstigen und stoßgebetartigen Gesängen, die a capella von einer einzigen Person gesungen werden. Hauptakteure der Prozessionen sind die 58 teilweise schon seit Jahrhunderten bestehenden religiösen Bruderschaften, die *cofradías* genannt werden. Die einzelnen Umzüge beginnen in den Vierteln der jeweiligen Bruderschaften, vereinigen sich jedoch an der Calle Campana (Plaza del Duque de la Victoria) und folgen dann der Calle Sierpes und Avenida de la Constitución bis zur Kathedrale und durch sie hindurch. Im Mittelpunkt der Prozessionen stehen die oft uralten und teilweise künstlerisch wertvollen *pasos*, kostbar geschmückte Jesus- und Mariendarstellungen, die der ganze Stolz der Bruderschaften sind. Getragen werden die zentnerschweren Podeste von den *costaleros*, die beim zentimetergenauen Passieren der engen Gassen Schwerstarbeit leisten.

Manchmal dauert es schier endlos, bis sie die mächtigen *pasos* um eine Straßenecke gewuchtet haben. Ein besonders bizarres Bild bieten die *nazarenos* und *penitentes* („Büßer"), die in anonymen Kutten mit Spitzhauben à la Inquisition oder Ku-Klux-Klan den Zug begleiten. Einige tragen als Buße Ketten oder ein schweres Kreuz, andere gehen barfuß. Die früheren Selbstgeißelungen sind heute abgeschafft, doch bleiben die meist von dumpfen Trommeln begleiteten Prozessionen auch ohne diese blutige Zutat ein seltsam berührendes, archaisches Ereignis. Übrigens dürfen in einigen Bruderschaften jetzt auch Frauen als „Nazarenas" und Büßerinnen teilnehmen. Die älteren und traditionsbewussteren Bruderschaften lassen jedoch weiterhin nur Männer zu. Den Höhepunkt der Semana Santa bildet die Nacht zum Karfreitag. Den Weg zur Kathedrale beginnt als erste die älteste Bruderschaft *El Silencio* (gegründet im 14. Jh.), deren Umzug in völliger Stille abläuft. Am heftigsten umjubelt wird jedoch die Prozession der *Virgen de la Esperanza Macarena*, Schutzheilige der Stierkämpfer und in gewissem Sinne auch der Stadt selbst. Programmhefte mit dem genauen Ablauf der einzelnen Prozessionen sind von fliegenden Händlern in der Innenstadt erhältlich, liegen aber auch den Tageszeitungen bei; sehr gute Informationen enthält beispielsweise die konservative Zeitung ABC.

Feria de Abril: Das fröhliche weltliche Gegenstück zur Semana Santa. Die bis ins Jahr 1847 zurückgehende Feria war ursprünglich eine Landwirtschaftsmesse mit Viehmarkt, die zwei Stadträte ins Leben gerufen hatten. Dass die beiden ausgerechnet aus dem Baskenland und aus Katalonien kamen, tat dem Erfolg keinen Abbruch. Schnell entwickelte sich die Messe zu einem gesellschaftlichen Großereignis, war bereits Ende des 19. Jh. mehr Fiesta als Markt. In den 60er-Jahren des letzten Jahrhunderts verschwand denn konsequenterweise auch der Viehmarkt vollständig. Die Feria beginnt zu wechselnden Terminen im April; sie kann aber durchaus auch bis in den Mai reichen oder sogar ausnahmsweise (wie in 2011, einem Jahr mit sehr spät liegenden Feiertagen) erst im Mai beginnen. Das Festgelände, eine ganze Stadt aus mehr als tausend Zelten und Pavillons, den *casetas*, liegt im Süden des Viertels Los Remedios. Viele Casetas sind von reichen Familien gemietet und somit privat.

Verhüllt: „Büßer" bei einer Prozession

Nur wenige, zum Beispiel von Parteien, Stadtteilen oder den Gewerkschaften betrieben, können von jedermann betreten werden. Die Höhepunkte der Feria bilden die vom Morgen bis zum frühen Nachmittag dauernden Umzüge der Kutschen und Reiter: Caballeros, Señoras und Señoritas der Gesellschaft in festlicher Tracht. Am Nachmittag zieht dieser *paseo* dann vom Feriagelände zum Besuch des täglichen Stierkampfs durch die Stadt bis zur Arena Real Maestranza. Nachts ist das Gelände mit fünf Millionen roten und weißen Glühbirnen taghell beleuchtet, der Sherry fließt in Strömen, überall werden Sevillanas getanzt – ein Fest für die Sinne. Nicht minder ausgelassen geht es in der Stadt selbst zu, vor dem Morgen findet kaum jemand ins Bett. Vorher gibt es oft noch das typische Frühstück aus „Churros con chocolate", den sättigenden Schmalzkringeln mit Trinkschokolade. Abschließend ein kleiner Tipp für diejenigen, die die Feria selbst knapp verpassen: Am Sonntag vor der Feria findet in der Arena Real Maestranza ein Umzug der für das Fest geschmückten Kutschen statt.

▸ **Corridas:** Sevilla gilt neben Madrid als die Hauptstadt des Stierkampfs. Die hiesigen Kämpfe, besonders berühmt die der Feria de Abril, zählen zu den besten des Landes. Außer zur Feria und manchen anderen Festen im Sommer finden Corridas vornehmlich an Sonntagen im Juni und im September bis Anfang Oktober statt. Karten sind in der Arena „La Maestranza" selbst am günstigsten erhältlich. Die Verkaufsstellen im Zentrum (z. B. Calle Sierpes, Ecke Plaza San Francisco) nehmen Aufschlag, dem Schwarzmarkt hängt ein übler Ruf an.

618   Provinz Sevilla

Sehenswertes

Gerade in Sevilla gilt ganz besonders die Regel, sich nicht nur auf das Besichtigen von Denkmälern und Museen zu beschränken.

Wer nicht auf Tapa-Tour durch die Bars war, sich am geschäftigen Nachmittag durch die Calle Sierpes drängelte und abends am Río Guadalquivir promenierte, hat Andalusiens Hauptstadt nicht kennengelernt. Doch sollte man deshalb auf den Besuch der Sehenswürdigkeiten Sevillas natürlich nicht verzichten. Schließlich sind hier wirklich hochrangige Monumente in eindrucksvoller Zahl versammelt, die Kathedrale, der Alcázar und die Casa de la Lonja sogar Bestandteil der Unesco-Liste des Weltkulturerbes.

Sehenswertes im Überblick

Alameda de Hércules	S. 630	Museo del Baile Flamenco	S. 625
Barrio de Santa Cruz	S. 625	Museo de Bellas Artes	S. 626
Calle Sierpes	S. 625	Palacio Español	S. 628
Casa de la Lonja	S. 623	Palacio San Telmo	S. 627
Casa de Pilatos	S. 625	Parque de María Luisa	S. 628
Catedral Santa María	S. 618	Plaza Alfalfa	S. 625
El Barrio de Triana	S. 630	Plaza de América	S. 628
Fábrica de Tabacos	S. 628	Plaza de Toros „La Maestranza"	S. 626
Hospital de la Caridad	S. 627		
Isla de la Cartuja	S. 629	Plaza España	S. 628
La Giralda	S. 622	Plaza San Salvador	S. 625
La Macarena	S. 630	Reales Alcázares	S. 623
Museo Archeológico	S. 628	Río Guadalquivir	S. 626
Museo de Artes y Costumbres Populares	S. 629	Teatro de la Maestranzaa	S. 627
		Torre del Oro	S. 627

Catedral Santa María

„Lasst uns eine Kathedrale bauen, so groß, dass jeder, der sie sieht, uns für verrückt hält!" **So sollen die Domherren im Jahr 1401 beschlossen haben. Gesagt, getan. Die Kathedrale von Sevilla wurde, nach St. Peter in Rom und St. Paul's in London, die drittgrößte der Welt und die größte gotische Kathedrale überhaupt: 116 Meter lang, 76 Meter breit, die Kuppel 56 Meter hoch.**

Schon zu Zeiten der Westgoten stand hier eine Kirche, vielleicht auf den Grundmauern eines römischen Tempels. Die fundamentalistische Dynastie der Almohaviden ließ sie durch eine Moschee ersetzen, die den christlichen Rückeroberern eine Weile auch als Kirche diente. 1401 entschied man sich, die Moschee abzureißen, das Minarett jedoch zu erhalten: *La Giralda* genannt, ist es heute das Wahrzeichen der Stadt. 1420 wurde mit dem Bau der Kathedrale begonnen und schon ein knappes Jahrhundert später waren die Arbeiten abgeschlossen. Das Ergebnis ist imposant, aber nicht einschüchternd: Die elegante, aber nüchterne Strenge, die die Mehrzahl der meist hoch aufgeschossenen gotischen Kathedralen prägt, gibt es bei Sevillas fünfschiffiger Kathedrale nicht – sofern man sie von außen betrachtet.

Teurer Spaß: Kutschfahrt ab der Kathedrale

Der Besuchereingang wird immer wieder mal verlegt, lag zuletzt im Süden der Kathedrale. Hier muss man meist an einigen Gitanas vorbei, die versuchen, den Touristen ein Kräutersträußchen in die Hand zu drücken oder eine Blume anzustecken und dann für diese „freundliche Geste" zu kassieren.

• *Öffnungszeiten* Kathedrale und Giralda Juli/August Mo–Sa 9.30–16 Uhr, So 14.30–18 Uhr, im restlichen Jahr Mo–Sa 11–17 Uhr, So 14.30–18 Uhr. Eintrittsgebühr 8 €, Studenten und Senioren ermäßigt. Zu den Gottesdiensten, die bis 10.30 Uhr stattfinden, ist der Eintritt (Zugang dann von Av. Constitución) frei, die Seitenkapellen sind dann jedoch nicht zugänglich und es herrscht Fotografierverbot, www.catedralsevilla.org.

Inneres der Kathedrale

Das Kathedraleninnere wirkt auf den ersten Blick recht düster. Erst nachdem sich die Augen ans Dämmerlicht gewöhnt haben, erkennt man die wahrhaft gewaltigen Ausmaße. „Es ist ein ausgehöhlter Berg, ein umgestülptes Tal. Im Mittelschiff könnte Notre-Dame von Paris erhobenen Hauptes spazierengehen. Pfeiler wie dicke Türme, die einem so zerbrechlich erscheinen, dass man schaudert, steigen aus dem Boden und fallen von den Gewölben herab wie Stalaktiten in der Höhle eines Riesen. Obgleich die vier Seitenschiffe weniger hoch sind, könnten sie doch je eine Kirche samt Turm aufnehmen" (Théophile Gautier). Und weiter: „Der Versuch, die Schätze der Kathedrale Stück für Stück zu beschreiben, wäre heller Wahnsinn. Man würde ein ganzes Jahr brauchen, um sie gründlich zu besichtigen und hätte selbst dann noch nicht alles gesehen." In der Tat würde eine auch nur annähernde Beschreibung der in den zahlreichen Kapellen vertretenen Kunstschätze den Rahmen bei weitem sprengen. Wir beschränken uns deshalb auf die absoluten Glanzpunkte.

Coro: Der Chor ist, wie so oft in spanischen Kirchen, frei stehend in den Raum gesetzt und stört das Raumgefühl daher etwas. Er beeindruckt durch aufwändige Schnitzereien, entstanden im 15./16. Jh. in einer Mischung aus Mudéjar, Gotik und

620 **Provinz Sevilla**

Plateresco. Eine der vier Alabasterkapellen an den Seiten des Chors birgt die „La Cieguita" genannte Marienstatue aus buntem Holz, ein Meisterwerk von Martínez Montañés.

Nur halb gelöst: Das Rätsel um das Grab des Kolumbus

Der Sarkophag mit den sterblichen Überresten des Entdeckers steht in der Mitte des südlichen Querschiffs der Kathedrale und wird von vier allegorischen Figuren der damaligen Königreiche Kastilien, León, Aragón und Navarra getragen. Lange allerdings war fraglich, ob er wirklich die Gebeine des Entdeckers enthält, haben diese doch in jedem Fall eine ziemliche Odyssee hinter sich. Nach seinem Tod 1506 im kastilischen Valladolid wurde Kolumbus zunächst dort begraben – zwar hatte er sich gewünscht, in Amerika zur letzten Ruhe gebettet zu werden, doch galt zunächst keine dortige Kirche als würdig genug. 1509 wurde der Leichnam nach Sevilla ins Kloster Monasterio de la Cartuja, 1537 dann nach Santo Domingo gebracht. 1778 ließ Spanien die Gebeine von Kolumbus nach Kuba schaffen, von wo sie nach der spanischen Niederlage im Kubakrieg 1898 wieder nach Sevilla verschifft wurden. Dumm nur, dass 1877 Arbeiter unter der Kathedrale von Santo Domingo einen Sarg mit der Aufschrift „Cristobal Colón" entdeckten. War der nach Kuba gebrachte Leichnam also der falsche? Lange stritten sich Sevilla und die Dominikanische Republik um das Privileg, die wahren Knochen von Kolumbus zu besitzen, doch wurde diese Frage zumindest von Seiten Sevillas geklärt. Wissenschaftler verschiedener Institute, unterstützt sogar vom FBI, analysierten DNA-Proben der Gebeine in Sevilla und verglichen sie mit dem Material aus Knochensplittern von Kolumbus´ Sohn Hernando (dessen Grabmal definitiv in der Kathedrale liegt) sowie des Kolumbus-Bruders Diego. Wie sich pünktlich zum 500. Todestag im Jahr 2006 herausstellte, stammen die Überreste in Sevilla tatsächlich von dem Entdecker. Nebenbei stellten die Forscher auch fest, dass Kolumbus 1,80 Meter groß war, rote Haare und Sommersprossen hatte. Ein kleiner Schönheitsfehler blieb jedoch: In Sevilla liegen nur 200 Gramm Knochenmasse, entsprechend etwa 15 % des Skeletts. Wo der Rest steckt, ist fraglich. Vielleicht doch in Santo Domingo? Dessen Behörden freilich verweigern bislang Untersuchungen „ihres" Christoph Kolumbus´…

Capilla Mayor: Auch sie steht, dem Chor gegenüber, mitten in der Kirche. Ein vergoldetes Schmuckgitter (Reja) umgibt die Capilla Mayor an gleich drei Seiten, die wahre Attraktion jedoch erhebt sich innerhalb: Der aus Nußbaum, Lärche und Kastanie geschnitzte Hauptaltar *Retablo Mayor* ist ein Wunder an Detailreichtum wie auch an schierer Größe – mit 23 Meter Breite und 20 Meter Höhe ist er der größte gotische Altar der Welt. Entworfen hat das vergoldete Prunkstück der Flame Pieter Dancart 1482. Seine Fertigstellung erlebte er jedoch nicht mehr: Die Schnitzarbeiten an den zahllosen Figuren der 45 Felder dauerten fast 50 Jahre! Die oberen Figuren sind übrigens größer dargestellt, um perspektivische Verzerrungen auszugleichen.

Sacristía de los Cálices: Die „Kelch-Sakristei" liegt, von der Capilla Mayor aus gesehen, linker Hand des Grabmals des Kolumbus. Sie birgt wertvolle Gemälde, u.a. von Murillo und Zurbarán. Die schöne Darstellung der Stadtheiligen Justina und Rufina vor dem Hintergrund der Kathedrale stammt von Goya; die beiden Töpferinnen aus dem Triana-Viertel sollen von den Römern den Löwen vorgeworfen worden sein, weil

Sevilla/Sehenswertes

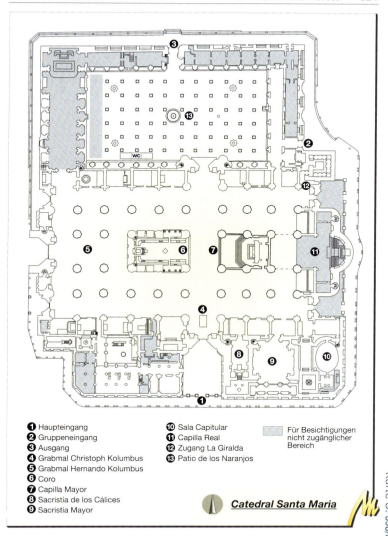

- ❶ Haupteingang
- ❷ Gruppeneingang
- ❸ Ausgang
- ❹ Grabmal Christoph Kolumbus
- ❺ Grabmal Hernando Kolumbus
- ❻ Coro
- ❼ Capilla Mayor
- ❽ Sacristía de los Cálices
- ❾ Sacristía Mayor
- ❿ Sala Capitular
- ⓫ Capilla Real
- ⓬ Zugang La Giralda
- ⓭ Patio de los Naranjos

Für Besichtigungen nicht zugänglicher Bereich

Catedral Santa Maria

sie eine Götterstatue zerstört hatten. Die Seitenkapelle San Andrés bewahrt die naturalistische Christusfigur „Cristo de la Clemencia" von Martínez Montañés.

Sacristía Mayor: Die Hauptsakristei liegt direkt links neben der Kelch-Sakristei und wurde erst 1543 fertig gestellt. Drei große Gemälde beherrschen den plateresken Raum: „Das Martyrium des Hl. Lorenz" von Lucas Jordán, eine „Kreuzabnahme Christi" von Pedro de Campaña und eine „Heilige Teresa", wahrscheinlich von Zur-

622   Provinz Sevilla

Sevillaner Wahrzeichen:
La Giralda

barán. Sie müssen sich die Aufmerksamkeit des Besuchers jedoch mit anderen Kunstwerken noch gewaltigerer Dimensionen teilen, darunter eine fast vier Meter hohe und knapp eine halbe Tonner schwere Silbermonstranz des 16. Jh., geschaffen von Juan de Arfe.

Sala Capitular: Der Kapitelsaal, links neben der Hauptsakristei und in der Südostecke der Kathedrale gelegen, erstaunt durch seine ungewöhnliche Ellipsenform. In der Kuppel ist eine berühmte „Unbefleckte Empfängnis" (Inmaculada) von Meister Murillo zu sehen.

Capilla Real: Die platereske Königskapelle wurde erst Mitte des 16. Jh. nachträglich in die Ostseite der Kathedrale eingefügt. Über dem Altar thront die Statue der *Virgen de los Reyes*, der Schutzpatronin Sevillas. Davor steht die silberne Urne des bedeutenden Befehlshabers der Reconquista des 13. Jh., des später heilig gesprochenen Königs Ferdinand III., Schutzpatron von Kastilien-León. Links und rechts die Grabmäler seiner Frau Beatrix von Schwaben und ihres gemeinsamen Sohns König Alfons X. des Weisen (Alfonso el Sabio), der seinen Beinamen der von ihm geübten religiösen Toleranz verdankte.

Patio de los Naranjos: Der „Orangenhof" an der Nordseite der Kathedrale geht noch, deutlich erkennbar, auf die maurische Zeit zurück. Das achteckige Brunnenbecken soll sogar aus der Kirche der Westgoten stammen und wäre damit das mit Abstand älteste Stück der Kathedrale.

La Giralda

Der heutige Glockenturm der Kathedrale, gleichzeitig das Wahrzeichen Sevillas, wurde als Minarett der damaligen Moschee ab 1184 unter der Almohaden-Dynastie erbaut. Sein ungewöhnlicher quadratischer Grundriss ähnelt dem von Minaretten in Rabat und Marrakesch – auch dort herrschten damals die Almohaden. Nach der Rückeroberung ließen die Christen den Turm stehen, konnten jedoch offensichtlich nicht umhin, ihm ein katholisches Häubchen überzustülpen und vergrößerten so die Höhe von 70 auf 92 Meter. Im Inneren des Turms kann man über eine Rampe bis zur maurischen Plattform emporsteigen. Der Blick über Sevilla ist sagenhaft. So weit man vom Turm sieht, so weit sieht man ihn umgekehrt auch – die Giralda ist eine gute Orientierungshilfe im Gassengewirr der Altstadt. Den höchsten Punkt der Giralda bildet seit 1558 die Bronzefigur „La Giraldilla" („Die sich dreht"), eine Allegorie des Glaubens. Trotz ihres beträchtlichen Gewichtes von 28 Zentnern dreht sie sich tatsächlich mit dem Wind um ihre Achse.

Casa de la Lonja: Das im späten 16. Jh. errichtete Gebäude der Börse Sevillas liegt gegenüber der Südfront der Kathedrale. Baumeister war *Juan de Herrera*, der berühmte Architekt des Escorial; eine gewisse Ähnlichkeit mit dem riesigen Komplex bei Madrid ist auch wirklich feststellbar. Die Lonja beherbergt seit dem 18. Jh. das *Archivo de Indias*, das Archiv der überseeischen Kolonien, dem sie auch die Erennung zum Weltkulturerbe verdankt. Ob dessen immense Aktenberge jemals aufgearbeitet werden können, darf bezweifelt werden. Die bedeutendsten Dokumente des Archivs können, ebenso wie eine Reihe von Amerikakarten, in Augenschein genommen werden. Im Umfeld der Kathedrale stehen noch weitere historische Bauten, darunter im Nordosten der Bischofspalast *Palacio Arzobispal*.

Öffnungszeiten der Lonja Mo–Sa 10–16 Uhr, So 10–14 Uhr; Eintritt frei.

Reales Alcázares

Ein orientalischer Festungspalast, so scheint es auf den ersten Blick. Die Grundzüge der Anlage, die als älteste Königsresidenz ganz Europas gilt, gehen auch tatsächlich noch auf die maurische Burg der Almohadenherrscher zurück.

Doch, und das ist das eigentlich Verblüffende, stammt der Palast an sich erst aus christlicher Zeit: *Pedro I. „der Grausame"*, ein Liebhaber islamischer Kunst, ließ ihn ab 1364 für sich erbauen. Die Handwerker stammten vom Hof des befreundeten Nasridenherrschers *Mohammed V.* aus Granada, eine gewisse miniaturisierte Ähnlichkeit mit der Alhambra ist deshalb auch unverkennbar.

Den Eingang zum Alcázar bildet die *Puerta del León*. Von hier gelangt man über den „Löwenhof" *Patio del León* zum *Patio de la Montería*. Rechter Hand liegt der *Cuarto del Almirante*, das „Zimmer des Admirals", in dem Königin Isabella Christoph Kolumbus und auch den Weltumsegler Magellan empfing. Die Madonna „Virgen de los Navegantes" von 1540, Schutzpatronin der Seefahrer, ist also durchaus passend untergebracht. Vom Patio de la Montería erfolgt auch der Zugang zum *Cuarto Real Alto* (nur 10.30–13.30 Uhr, 4,20 € extra), den oberen königlichen Palasträumen, die auch eine offizielle Residenz der spanischen Königsfamilie sind.

Palast Pedro I.: Der eigentliche Herrscherpalast schließt sich direkt an den Patio de la Montería an. Schon die Fas-

Oase in der Stadt: die Gärten des Alcázar

Goldene Pracht: Kuppel der Sala de los Embajadores

sade mit dem prächtigen Mittelstück ist hohe maurische Kunst. Was der katholische König wohl nicht wusste: Die pfiffigen islamischen Handwerker haben ihm über den Fenstern ein ornamentales Kachelband untergejubelt, dessen kufische Inschrift besagt: „Es gibt keinen Gott außer Allah".

Auch an anderen Stellen des Gebäudes sind Koransuren versteckt. Der *Patio de las Doncellas* („Innenhof der Zofen") stellt den Mittelpunkt des Palastes dar. Die später im oberen Bereich angebrachte Renaissance-Galerie ist nicht ohne Eleganz, will zu den maurischen Fächerbögen aber nicht recht passen. Unter den sich anschließenden Räumen bildet die *Sala de los Embajadores* den Höhepunkt des Palastes: Jeder Quadratzentimeter des „Saals der Botschafter" ist mit Kacheln, Friesen und filigranen Ornamenten ausgeschmückt, die ganze Pracht überwölbt von einer vergoldeten Stalaktitenkuppel. Von hier gelangt man in den *Salón del Techo Felipe II.*, der seinen Namen der aufwendig geschnitzten Decke verdankt, und in die Räume, die von Pedros Lieblingsmätresse María de Padilla bewohnt worden sein sollen. Ihretwegen ließ Pedro seine rechtmäßige Gemahlin Doña Blanca de Borbón in den Kerker werfen, wo sie im Alter von 25 Jahren starb. Sein Beiname „der Grausame" macht also durchaus Sinn, auch wenn das Volk ihn rühmte, „Pedro der Gerechte" zu sein. Hinter einem Nebenraum des Botschaftersaals liegt der *Patio de las Muñecas*. Der „Innenhof der Puppen", benannt nach zwei winzigen Puppengesichtern in einer Ecke, war Mittelpunkt des privaten Palastbereichs. Die ihn umgebenden Zimmer dienten als Wohnräume.

Palast Karls V.: Er ist an die Seite des Baus von Pedro gesetzt. Das Gebäude an sich ist nicht weiter bemerkenswert, interessant dagegen sind die riesigen flämischen Wandteppiche. Karl V. hatte Künstler auf seinen Tunis-Feldzug mitgenommen, damit diese des Kaisers Heldentaten im Kampf gegen die Ungläubigen dokumentierten. Einer der Teppiche zeigt eine Landkarte, die heutigen Kartographen vor Rührung das Wasser in die Augen treiben dürfte ...

Gärten des Alcázar: Ein herrlicher Platz, um die heißen Mittagsstunden zu verträumen – Wasserspiele, Fischteiche, Blütenzauber und fremdartige Bäume beweisen einmal mehr die glückliche Hand der Mauren bei der Anlage von Parks. Ein Teil der Gärten stammt allerdings, deutlich zu erkennen, aus späteren Zeiten wie beispielsweise der Renaissance. Von etwa Juli bis Mitte September finden in den Gärten abendliche Konzerte statt; Infos und Tickets im (frei zugänglichen) Patio de Banderas beim Ausgang des Alcázar.

Öffnungszeiten April bis September täglich 9.30–19 Uhr, sonst nur bis 17 Uhr. Eintritt 7,50 €, mit Studentenausweis gratis. „Audioguía" in deutscher Sprache erhältlich. Schöne Cafeteria.

Barrio de Santa Cruz

Das eigentliche Viertel Santa Cruz erstreckt sich etwa im Dreieck zwischen der Kathedrale, dem Alcázar und der Calle Santa María La Blanca, ist also relativ klein.

Die sich nach Norden anschließenden Gebiete sind jedoch ähnlich reizvoll wie das Vorzeigeviertel Sevillas selbst. Ob es sich beim Barrio de Santa Cruz wirklich, wie oft behauptet, um das ehemalige Judenviertel handelt, ist nicht genau geklärt, die ebenfalls gebräuchliche Bezeichnung *Judería* deshalb zweifelhaft. In jedem Fall sind das Viertel und seine Umgebung geradezu eine Einladung zum genüsslichen Spaziergang: gewundene Gassen, einige so eng, dass zwei Leute kaum aneinander vorbeikommen; flüsternde kleine Brunnen; zierliche Plätze, duftend von Orangenbäumen und Jasminsträuchern; Innenhöfe, die in Blumenmeeren ertrinken. Man verläuft sich leicht im verwinkelten Labyrinth des Barrio de Santa Cruz, doch wen stört das schon in diesem Refugium der Romantik.

Casa de Pilatos: Ein Stück nördlich der Calle Sta. María La Blanca, also außerhalb des eigentlichen Barrio. Der im 15. und 16. Jh. entstandene prachtvolle Privatpalast gilt nach dem Alcázar als das bedeutendste maurisch inspirierte Bauwerk der Stadt. In ihm vereinigen sich Elemente der Gotik, der Renaissance und des Mudéjarstils. Der wunderschöne zentrale Innenhof, die hübschen Gärten, die bunten Azulejo-Kacheln und die zahlreich ausgestellten Kunstwerke lohnen den Besuch unbedingt. Der Name des Palasts soll der Legende zufolge daher rühren, dass er nach dem Vorbild des Amtsgebäudes von Pontius Pilatus in Jerusalem errichtet wurde, eine Annahme, die jedoch ins Reich der Legenden gehört. Tatsächlich verweist der Name auf die Funktion des Palastes als erste Station an einem Kreuzweg, den der damalige Besitzer, der Marquis von Tarifa, 1520 von hier zum Cruz del Campo anlegen ließ. Die riesige, fast immer üppig blühende Pflanze im Eingangsbereich ist übrigens eine Bougainvillea.
Öffnungszeiten April bis Oktober täglich 9–19 Uhr, Obergeschoss ab 10 Uhr; im restlichen Jahr 9–18 Uhr, Obergeschoss 10–14, 16–17.30 Uhr. Eintrittsgebühr 8 €; wer auf den Besuch des oberen Stockwerks verzichtet, kommt mit 5 € davon; Mi ab 15 Uhr Eintritt für EU-Bürger frei.

Museo del Baile Flamenco: Etwa auf halbem Weg zwischen der Casa de Pilatos und der Kathedrale liegt an der Calle Manuel Rojas Marcos 3 das im Jahr 2006 eröffnete Museum des Flamenco-Tanzes. Gegründet wurde es von der Flamencolegende Cristina Hoyos. Vom Kellergeschoss bis in den zweiten Stock des im 18. Jh. errichteten Hauses dreht sich in fünf Sälen alles um den Flamenco und seine Geheimnisse. Teilweise interaktiv und technisch hochmodern, vermittelt das private Museum viel Wissenswertes zu Ursprung, Geschichte, Stilen, Techniken und großen Persönlichkeiten des Tanzes. Seminare und Ausstellungen finden hier ebenfalls statt, eine Flamencoschule (auch für Anfänger) und ein Shop sind angeschlossen, fast täglich finden auch Aufführungen statt.
Öffnungszeiten Täglich 9.30–19 Uhr, Eintrittsgebühr 10 €. www.museoflamenco.com

Plaza Alfalfa/Plaza San Salvador: Die beiden Plätze liegen unweit nördlich bzw. nordwestlich des Flamenco-Museums und sind zusammen mit den sie verbindenden Straßen Heimat eines recht bodenständigen Stückchens Sevilla: Tapabars und Straßencafés im Wechsel mit altertümlich wirkenden Geschäften und Handwerksläden. Mittlerweile schiebt sich aber auch schon die eine oder andere Boutique dazwischen.

Calle Sierpes: Boutiquen und andere edle Geschäfte finden sich auch an der gewunden „Schlangenstraße" flusswärts der Plaza San Salvador. Die Haupteinkaufs-

626   Provinz Sevilla

straße der Stadt wird im Sommer zum Schutz vor der Sonne mit Planen („plachas") überspannt, was ihr gewisse Ähnlichkeit mit einem orientalischen Basar verleiht. Zur Mittagszeit ist man hier direkt in einem Zentrum der Tapakultur Sevillas.

Palacio de la Condesa de Lebrija: Nicht weit entfernt von der Calle Sierpes und auch von der Plaza del Salvador steht an der Calle Cuna 8 einer der schönsten Privatpaläste Sevillas. Errichtet im 16. Jh., wurde der Palast im 19. Jh. umgebaut. Sein faszinierendes Interieur verdankt das Gebäude jedoch der Gräfin von Lebrija, Doña Regla Manjón y Mergellina, die den Palast 1901 erworben hatte und in den Folgejahren bis 1914 nach ihrem Geschmack dekorierte; herausragend unter den zahlreichen Kunstwerken sind insbesondere die hochklassigen römischen Mosaiken aus dem nahen Itálica.

Führungen Juli/August Mo–Fr 9–15 Uhr, Sa 10–14 Uhr; sonst Mo–Fr 10.30–19.30 Uhr, Sa/So 10–14, 16–18 Uhr; Eintrittsgebühr 4 € (Erdgeschoss) bzw. 8 € (beide Stockwerke); Mi-Vormittag (bis 12.30 Uhr, Juli/August bis 11.30 Uhr) ist der EG-Besuch gratis.

Museo de Bellas Artes

Das Museum der schönen Künste ist in einem ehemaligen Kloster des 16. und 17. Jahrhunderts untergebracht. Es steht an der Plaza del Museo, im Osten des Zentrums und unweit der Calle Alfonso XII.

Besonders gut bestückt ist das um drei Patios gruppierte und für die Expo komplett renovierte Museum natürlich mit Malern der Sevillaner Schule des 17. Jahrhunderts. Die restlichen Ausstellungsstücke fallen dagegen eher etwas ab. Aus der Fülle herauszugreifen sind besonders die Werke des asketischen *Francisco de Zurbarán* und die von *Bartolomé Esteban Murillo*, dessen hier vertretene Bilder vorwiegend religiöser Natur sind; weitgehend ausgespart bleiben die Gemälde von spielenden Gassenkindern und ähnlichen Sujets, die Murillo zu einem der bestimmenden spanischen Genremaler machten. Spezielle Beachtung verdient der sinistre *Juan de Valdés Leal*, Maler des Todes und der Verwesung, von dessen Bildern Murillo einmal sagte, er müsse sich bei ihrem Anblick „die Nase zuhalten". Unter den Bildhauern bedeutsam ist *Juan Martínez Montañés*, dessen Arbeiten in vielen Kirchen Sevillas und der Umgebung zu sehen sind. Weitere, wenn auch nicht immer hochklassige Werke im Museum stammen von Ribera, El Greco, Goya und anderen spanischen Künstlern. Auch ausländische Meister sind vertreten.

Öffnungszeiten Di–Sa 9–20.30 Uhr, So 9–14.30 Uhr; Mo geschlossen. Eintritt für EU-Bürger gratis, sonst 1,50 €.

Entlang des Río Guadalquivir

Der Fluss hat Sevillas Geschichte bestimmt: Ohne ihn, und damit ohne eine Verbindung zum Meer, hätte der glanzvolle Aufstieg des 16. Jh. sicher nicht stattgefunden.

Im Zuge der Arbeiten zur Weltausstellung wurde der Strom am Rand des Zentrums, der vorher nur mehr ein toter Seitenarm war, nicht nur in sein altes Bett zurückverlegt, sondern erhielt entlang der Calle Torneo auch eine neue Promenade, die vor allem an heißen Sommerabenden von Sevillas Bürgern gern genutzt wird. Im Umfeld des Río Guadalquivir findet sich eine Reihe weiterer beachtenswerter Sehenswürdigkeiten.

Plaza de Toros „La Maestranza": Die Stierkampfarena am Paseo de Colón wurde schon im 18. Jh. errichtet und gilt als eine der schönsten Spaniens. Mit 14.000 Plätzen ist sie gleichzeitig auch eine der größten des Landes. Die hiesigen *corridas* genießen allerbesten Ruf, doch kann man die Arena auch besuchen, ohne einen Stier-

Sevilla/Sehenswertes 627

Beliebt besonders bei Gruppen: Schiffsfahrt auf dem Guadalquivir

kampf zu sehen. Neben einem Museum gehört auch der spiegelblanke Operationssaal, in dem eine Cornada (Hornwunde) in Minutenschnelle versorgt werden kann, zum Programm der Visite.
Öffnungszeiten Mai bis Oktober täglich 9.30–20 Uhr, sonst bis 19 Uhr, an Stierkampftagen (Saison etwa von der Feria de Abril bis Mitte Oktober) nur 9.30–15 Uhr. Führungen alle 20 min., Eintritt 6 €.

Hospital de la Caridad: Direkt hinter dem für die Expo komplett renovierten *Teatro de la Maestranza*, ein Stück abseits des Guadalquivir in der Calle Temprado. Das im 17. Jh. gegründete „Hospital der Nächstenliebe" dient noch immer als Krankenhaus, doch sind in der zugehörigen Kirche die Werke einiger großer Sevillaner Meister zu sehen: *Murillo*, vor allem aber der herbe *Juan de Valdés Leal*, der mit einigen seiner finstersten Darstellungen vertreten ist, darunter „Finis Gloriae Mundi", das einen König, einen Bischof und einen Bauern in einträchtiger Verwesung zeigt.
Öffnungszeiten Mo–Sa 9–13, 15.30–19.30 Uhr, So 9–12.30 Uhr; Eintrittsgebühr 5 €.

Torre del Oro: Ein Sevillaner Wahrzeichen fast im Rang der Giralda ist dieser stämmige, zwölfeckige Turm mit dem minarettähnlichen Aufsatz. Um 1220 unter den Almohaden direkt am Guadalquivir errichtet, diente er zur Überwachung des Stroms; mittels einer starken Kette, die zu einem gleichen, heute nicht mehr vorhandenen Turm am anderen Ufer reichte, konnte der Fluss gesperrt werden. Der Name „Goldturm" stammt von früherem Schmuck aus vergoldeten Ziegeln; eine Schatzkammer, wie manchmal angenommen, war der Turm nicht. Im Inneren ist heute ein kleines *Marinemuseum* untergebracht.
Öffnungszeiten Di–Fr 9.30–13.30, Sa/So erst ab 10.30 Uhr; im August geschlossen. Eintrittsgebühr 2 €, Di gratis.

Palacio San Telmo: Der Palast an der Avenida de Roma diente einst als Marineschule. Seine frühere Bestimmung ist ihm immer noch anzusehen: Am aufwändigen Portal des 18. Jh. winden sich Meeresungeheuer, bewacht von einer Statue des Heiligen *San Telmo*, des Patrons der Seefahrer.

Provinz Sevilla
Karte S. 598/599

Harmonischer Stil-Mix: Brücke an der Plaza España

Parque de María Luisa

Die Ibero-Amerikanische Ausstellung von 1929 geriet durch die einsetzende Weltwirtschaftskrise zwar zum Flop, verschaffte Sevilla aber immerhin eine sehr großzügige Parkanlage.

Der Park María Luisa ist mit den ehemaligen Pavillons der Ausstellung, üppigem Baumbestand, Zierteichen und angenehmen Ruheplätzen ein ausgesprochen beliebtes Wochenendziel der Sevillaner, beherbergt zudem zwei Museen und mit dem *Palacio Español* ein architektonisches Kurisosum.

Fábrica de Tabacos: Das riesige Gelände der ehemaligen Tabakfabrik und heutigen Universität liegt auf dem Weg vom Zentrum zum Park, zwischen den Calles San Fernando und La Frontera. Mérimées *Carmen*, besungen in der Oper von Bizet, soll hier gearbeitet haben. Ein Zuckerlecken war das Tagwerk der hier Zigarren rollenden Frauen sicher nicht: Die Schichten waren lang, die Kontrollen, ob auch kein Tabak hinausgeschmuggelt wurde, streng. Sogar ein eigenes kleines Gefängnis besaß die Fabrik.

Plaza de España: Nicht nur ein Platz, sondern auch ein Gebäude – und was für eins. Der in elegantem Halbkreis für die Ausstellung 1929 angelegte *Palacio Español* vereint ein Sammelsurium aller spanischen Stilelemente und wirkt dennoch gar nicht so uneinheitlich. Die an den Bau gesetzten bunten Kachelbänke sind geschichtlichen Höhepunkten jeweils einer spanischen Provinz gewidmet und lohnen nähere Betrachtung. Auf dem 2010 komplett restaurierten Platz selbst vollzieht ein von graziösen Brücken überspannter Kanal das Halbrund des Palastes nach.

Museo Arqueológico: Am zweiten großen Platz des Parks, der *Plaza de América*. Das Archäologische Museum birgt eine Reihe hochklassiger Ausstellungsstücke, die vom Frühpaläolithikum bis zur maurischen Epoche reicht. Das gesamte Untergeschoss ist der Vorgeschichte gewidmet. Von besonderer Bedeutung sind hier der

Sevilla/Sehenswertes 629

tartessische Goldschatz von El Carambolo (7./6. Jh. v. Chr.) sowie eine bronzene Darstellung der Göttin Astarte, deren phönizische Inschrift des 8. Jh. v. Chr. die bis heute älteste bekannte Inschrift der Iberischen Halbinsel darstellt. Der Schwerpunkt des Museums liegt jedoch auf Funden der Römerzeit, darunter eine besonders schöne Skulptur der Venus. Wie die meisten römischen Exponate hier stammt sie aus dem nahen Itálica – für einen Ausflug dorthin ist das Museum deshalb eine hervorragende Einstimmung.

Museo de Artes y Costumbres Populares: Ebenfalls an der Plaza de América. Das Volkskundemuseum, untergebracht in einem reizvollen Gebäude von 1929, präsentiert Werkzeug, Möbel, Kleidung, Instrumente und Spielzeug aus dem Sevilla vergangener Tage.

Öffnungszeiten beider Museen Di–Sa 9–20.30 Uhr, So 9–14.30 Uhr. Der Eintritt ist für EU-Bürger frei, sonst jeweils 1,50 €.

Isla de la Cartuja

Die Insel – genau genommen nur eine Halbinsel – war Standort der Weltausstellung 1992, geriet seitdem jedoch wieder etwas ins Abseits.

Nicht erfüllt hat sich auch die Hoffnung, die Expo würde Sevilla zu einem begehrten Standort der High-Tech-Industrie machen. Weitaus weniger Unternehmen als erwartet haben sich im Umfeld der ehemaligen Ausstellung angesiedelt. Es hieß, dafür sei die weltweite Rezession verantwortlich, doch dürfte dies nicht der alleinige Grund gewesen sein: International agierende Elektronikfirmen bevorzugen eben Weltstädte wie Madrid und Barcelona mit ihrer immer noch deutlich besseren Infrastruktur und dem größeren Reservoir an hoch qualifizierten Arbeitskräften. Die arme und verhältnismäßig wenig entwickelte Region Andalusien besitzt da eine deutlich geringere Anziehungskraft.

Für intensivere Nutzung der Isla de la Cartuja soll ein großer Themenpark sorgen, die in ganz Andalusien viel beworbene „Isla Mágica". Vom Zentrum aus ist das Gebiet am einfachsten über die Brücke Puente del Cachorro zu erreichen. In der Nähe liegen ein *Omnimax-Kino* mit großer Leinwand und der Nachbau von Magellans Schiff Victoria, mit dem die erste Weltumsegelung gelang, außerdem ein Aussichtsturm.

Monasterio de la Cartuja: Das Kloster, dem die Halbinsel ihren Namen verdankt, wurde um 1400 nach einer Marienerscheinung als „Monasterio de Santa María de las Cuevas" gegründet. Auf seinen Reisen nach Sevilla diente das Kloster Kolumbus mehrfach als Unterkunft, und nach seinem Tod lag er von 1509 bis 1536 hier aufgebahrt. 1838 erwarb ein Engländer das inzwischen säkularisierte Kloster und baute es zu einer Keramikfabrik um, was dem Komplex bis heute auch anzusehen ist. Erst 1983 stellte das Unternehmen seine Tätigkeit ein. Für die Expo aufwändig restauriert, birgt das Kloster unter anderem mehrere Kapellen, von denen einige hübsch mit Kacheln verziert sind; das ehemalige Grab von Kolumbus liegt in der Kapelle Santa Ana. Sehenswert sind auch die Sakristei und der schöne Kreuzgang, beide im Mudéjar-Stil des 16. Jh., sowie das Refektorium mit seiner beeindruckenden Artesonado-Decke. Dem Kloster angeschlossen ist das *Centro Andaluz de Arte Contemporáneo*, das Zentrum zeitgenössischer Kunst. Ausgestellt sind hier Gemälde und Skulpturen von Künstlern des 20. Jh., darunter auch Arbeiten von Tàpies und Chillida.

Öffnungszeiten April bis September Di–Fr 10–21 Uhr (Winter 20 Uhr), Sa 11–21 Uhr (Winter 20 Uhr), So 10–15 Uhr, Mo geschlossen. Eintrittsgebühr 3 €, Ausstellungen 1,80 €; Di ist der Eintritt für EU-Bürger gratis.

630   Provinz Sevilla

Parque Temático de Isla Mágica: Die 1997 eröffnete „Magische Insel", Ziel vieler Busausflüge von den Touristenorten der Küsten, ist ein Themenpark nach amerikanischem Vorbild. Die 300.000 Quadratmeter umfassende Spielwiese für kleine und große Kinder liegt nahe der Brücke Puente de la Barqueta und widmet sich dem Zeitalter der Eroberung Amerikas im 16. Jh. Zu erleben sind Abenteuer in „Amazonia" und „El Dorado", Überfälle von Piraten, eine Fahrt mit der Achterbahn „El Jaguar" oder der nassen „Anaconda", eine Rafting-Tour auf den „Stromschnellen des Orinoco" etc. An Restaurants und Läden herrscht natürlich erst recht kein Mangel, schließlich sollen die etwa zwei Millionen Besucher, die sich die Leitung langfristig pro Jahr erhofft, noch einige Euros mehr hierlassen als „nur" den Eintrittspreis ...

• *Öffnungszeiten* Betrieb etwa von April bis Ende Oktober, Anfang November, in den Randzeiten nur am Wochenende. Geöffnet wird täglich um 11 Uhr, geschlossen je nach Jahreszeit und Wochentag zwischen 21 und 23 Uhr. Eintritt p.P. 28 €, Kinder bis 12 J. und Senioren 20 €. Ermäßigter Eintritt am Abend, je nach Schließzeit ab 16, 17 oder 19 Uhr: Erwachsene 20 €, Kinder und Senioren 15 €. Zur NS liegen die Eintrittspreise einen Tick niedriger. www.islamagica.es.

Barrios Triana und La Macarena

Zwei recht volkstümliche Viertel, in denen Sehenswürdigkeiten eher rar sind und die beide deshalb ziemlich wenig besucht werden. Umso urspünglicher zeigt sich ihr Ambiente.

El Barrio de Triana liegt auf der jenseitigen, westlichen Flussseite, etwa zwischen den Brücken Puente de San Telmo und Puente Isabel II. Das Viertel ist nach dem römischen *Trajana* benannt, der Bezug zu Kaiser Trajan jedoch unklar. Triana war früher ein Vorort der Seeleute, Zigeuner und Töpfer. Für seine Keramikwerkstätten ist das Gebiet auch heute noch bekannt; um die Plaza Callao nördlich nahe der Brücke Isabel II. reihen sich die Läden. Mit seinen Bars an der Uferstraße Calle Betis ist Triana gleichzeitig eines der Zentren des städtischen Nachtlebens.

La Macarena, im Norden des Zentrums gelegen, ist fast noch eine Ecke bodenständiger und gerade deshalb einen Besuch wert. Das schon etwas abbröckelnde Viertel reicht im Norden bis an die ehemaligen Stadtmauern *Murallas*, die noch aus maurischer Zeit stammen und irgendwann wohl für Besucher zum Aufstieg freigegeben werden. In der Nähe steht etwas abseits der Calle Don Fadrique de San Luis die moderne, neobarocke *Basílica Macarena* (9–14, 17–21 Uhr, So erst ab 9.30 Uhr), die mit der wahrscheinlich im 17. Jh. entstandenen Statue der Virgen de la Esperanza das am meisten gefeierte Standbild der Semana Santa birgt; im angeschlossenen Museum (täglich 9.30–14, 17–20.30 Uhr; 5 €) sind die entsprechenden Pasos zu sehen.

Die große Zeit des Barrio liegt schon einige Jahrhunderte zurück, jetzt leuchten nur noch einige Kirchen und Klöster im matten Glanz vergangener Größe. Interessant ist das Viertel zwischen der Hauptstraße *Calle Feria* und der *Alameda de Hércules* jedoch allemal, besonders aufgrund seiner kleinstädtischen, etwas wehmütig-nostalgischen Atmosphäre der Krämerläden und Handwerksbetriebe. Die Alameda de Hércules selbst allerdings, ein prächtiger Parkboulevard im Süden des Viertels und Ergebnis einer Stadterweiterung Sevillas im 16. Jh., ist zur beliebten Nachtzone und zum Zentrum der Alternativkultur avanciert.

Umgebung von Sevilla

Itálica

Etwa neun Kilometer nordwestlich von Sevilla liegt beim Ort Santiponce die Ausgrabungsstätte der ersten bedeutenden römischen Siedlung auf spanischem Boden. Zu erreichen ist Itálica am besten über die A 66 in Richtung Cáceres.

Itálica ist eine Gründung des Feldherrn *Publius Cornelius Scipio des Jüngeren*. Ab dem Jahr 206 v. Chr. wurden hier verdiente Veteranen des *2. Punischen Kriegs* angesiedelt, die sich im Lauf der Jahre mit der einheimischen iberischen Bevölkerung vermischten. Itálica nahm einen raschen Aufschwung zur bedeutenden Stadt, war die Geburtsstätte der römischen Kaiser *Trajan* und *Hadrian*. In westgotischer Zeit ging die Bedeutung des Ortes zurück, nach der maurischen Eroberung verfiel Itálica. Erst im 20. Jahrhundert begann man mit ernsthaften Ausgrabungsarbeiten.

Das teilweise mit schattenspendenden Bäumen gesegnete Gelände teilt sich in die eigentliche Siedlung und das riesige Amphitheater. Die *Römerstadt* ist nach dem üblichen Muster mit zwei sich rechtwinklig kreuzenden Hauptstraßen aufgebaut. In einigen ihrer Häuser sind schöne Mosaiken erhalten geblieben. Beeindruckender ist jedoch das *Amphitheater*, das größte Spaniens und eines der ausgedehntesten der römischen Welt überhaupt: 160 Meter Länge, Sitzplätze für 30.000 Zuschauer. Dem Ausgrabungsgelände angeschlossen ist ein kleines *Museum*, doch wurde die Mehrzahl der hiesigen Funde ins Archäologische Museum von Sevilla gebracht.

● *Öffnungszeiten* April bis September Di–Sa 8.30–21 Uhr, So 9–15 Uhr, im restlichen Jahr Di–Sa 9–18.30 Uhr, So 10–16 Uhr. Eintritt für EU-Bürger und Studenten gratis, sonst 1,50 €.
● *Verbindungen* CASAL-Busse nach Santiponce/Itálica ab Busbahnhof Plaza de Armas Mo–Sa halbstündlich, So stündlich.

Santiponce: Obwohl auch im nahen Santiponce einige römische Ruinen zu finden sind, wahrscheinlich sogar die von Ur-Itálica, interessiert hier vor allem das Kloster *Monasterio San Isidoro del Campo*. Das wehrhafte Kloster (Mi/Do 10–14 Uhr, Fr/Sa 10–14, 17.30–20.30 Uhr bzw. im Winter 16–19 Uhr, So 10–15 Uhr; Eintritt frei) wurde Ende des 13. Jh. von Guzmán El Bueno gegründet, demselben „guten" Guzmán, der lieber seinen Sohn opferte, als die Stadt Tarifa aufzugeben. In einer der beiden Kirchen sind die Grabmäler Guzmáns und seiner Gemahlin zu sehen, gefertigt vom Sevillaner Montañés, von dem auch der schöne Altaraufsatz stammt.

Parque Natural de la Sierra Norte

Ein ausgedehnter Naturpark im Norden der Provinz Sevilla, im Grenzgebiet zur Extremadura und zu den Provinzen Córdoba und Huelva.

Er ist Teil des langgezogenen Gebirgszugs der Sierra Morena und grenzt an zwei weitere Naturparks, den Park der Sierra Hornachuelos im Osten und den Park der Sierra de Aracena im Westen. Mit einer Fläche von über 164.000 Hektar gehört die Sierra Norte zu den großen Naturparks Andalusiens. Die abseits aller Hauptrouten gelegene Region ist nur sehr dünn besiedelt und für den Tourismus wenig erschlossen. Viele Straßen sind in schlechtem Zustand, Unterkünfte spärlich vertreten. Außerhalb der kurzen Sommersaison, während der viele Sevillanos hier Zuflucht vor der Bruthitze der Hauptstadt suchen, bekommen die Einheimischen nur wenige Fremde zu Gesicht.

632   Provinz Sevilla

Die sanfte, hügelige Landschaft erhält während der Wintermonate die üppigsten Niederschläge der Provinz Sevilla und präsentiert sich deshalb ungewöhnlich fruchtbar. Während die Höhenzüge von Dehesas aus Stein- und Korkeichen geprägt sind, wachsen in den Flussniederungen, insbesondere am Río Huéznar, Galeriewälder aus Eschen, Weiden und Ulmen. Artenreich zeigt sich auch die Tierwelt des Parks. Zu den Vertretern der Säugetiere zählen Hirsche, Wildschwein, Wildkatze und Otter, auffallend unter den in großer Vielfalt hier lebenden Vögeln sind besonders Adler, Geier und Schwarzstörche.

● *Information* **Centro de Visitantes El Robledo,** *Paraje de la Dehesilla,* außerhalb des Ortes Constantina an der Straße nach El Pedroso; Carretera Constantina–El Pedroso km 1, ☎ 955 889593. Mit Pflanzenlehrpfad. Neben dieser Infostelle des Parks gibt es ein örtliches Fremdenverkehrsamt in Cazalla de la Sierra, siehe unten.

● *Internet* www.sierranortedesevilla.es

● *Verbindungen* **Zug:** Die Nebenlinie Sevilla–Mérida durchquert zwar den Park,

doch liegen die Bahnhöfe z. T. weitab der Ortschaften. Verbindungen von und nach Sevilla bestehen mit der Cercanías-Linie C3 dreimal täglich. **Bus:** Ebenfalls eher spärliche Verbindungen, Haltestellen jedoch in den Ortszentren.

Auto: Beste Anfahrt ab Sevilla über die A 436 bis Cantillana und auf der A 432 weiter nach Cazalla. Die A 455 ab Lora del Río nach Constantina ist ungemein kurvig und eng, ebenso die Anschlussstrecke Constantina–Cazalla.

Cazalla de la Sierra

Die Kleinstadt liegt etwa in der Mitte des Parks, rund 90 Kilometer nördlich von Sevilla. Cazalla, von den Römern *Callentum* und von den Mauren *Kazalla* („Befestigte Stadt") genannt, entwickelte sich nach der christlichen Rückeroberung zu einer wichtigen Station auf dem Weg in die Extremadura. Dank seiner recht guten Infrastruktur gibt das freundliche Städtchen von rund 5000 Einwohnern das wohl beste Standquartier im Parkgebiet ab. Der alte Ortskern im Süden der Siedlung besitzt eine Reihe reizvoller Fassaden des 16. und 17. Jh. An der Plaza Mayor steht die Hauptsehenswürdigkeit des Städtchens, die *Iglesia Nuestra Señora de la Consolación,* die im 14. Jh. begonnen, aber erst im 18. Jh. fertiggestellt wurde; der ursprünglich gotisch-mudéjare Bau mit dem schönen Turm erhielt so im Laufe der Zeit auch Stilelemente der Renaissance und des Barock. Lange Tradition hat die Herstellung der lokalen Spezialität, eines Anis-Likörs, der von mehreren Brennereien destilliert wird und bis heute das wichtigste Produkt des Ortes darstellt, noch vor dem Kork, der in den umliegenden Wäldern geerntet wird.

● *Information* **Oficina de Turismo,** Plaza Mayor, ☎ 954 883562. Im Angebot auch eine (spanischsprachige) Broschüre mit Wanderrouten. Geöffnet ist Di/Mi 10–14 Uhr, Do 10–14, 18–20 Uhr, Fr/Sa 10–14, 18–21 Uhr, So 11–13 Uhr. www.cazalladelasierra.es.

● *Verbindungen* **Zug:** Bahnhof der Linie Sevilla–Mérida acht Kilometer außerhalb in Richtung Constantina; keine Busverbindung. **Bus:** Bushaltestelle im nördlichen Ortsbereich, nahe der Kreuzung nach Constantina; zum Ortskern geradeaus über die Hauptstraße Calle Llana. LINESUR fährt 6-mal täglich ab Sevillas Estación Plaza de Armas.

● *Übernachten* **** Hospedería de la Cartuja de Cazalla,** etwa drei Kilometer außerhalb der Stadt. Ein renoviertes Kloster des 15. Jh.,

mit viel Gefühl zum gemütlichen Quartier umgebaut. Moderne Zimmer und Bäder; Pool und Restaurant. Nur neun Zimmer, Reservierung ratsam. DZ/F nach Saison und Aufenthaltslänge etwa 75–100 €. Carretera de Cazalla–Constantina, km 2,5, ☎ 954 884516, ✆ 954 4884707, www.cartujadecazalla.com.

** Hotel Posada del Moro, am südlichen Ortsrand von Cazalla, nicht weit von der Infostelle. Hübsches Hotel, das größer wirkt, als seine 14 Zimmer vermuten lassen. Garten, kleiner Pool. Stolz sind die freundlichen Besitzer auf die Küche des angeschlossenen Restaurants. Ganzjährig geöffnet. DZ nach Ausstattung etwa 65–85 €, auch Suiten. Paseo del Moro s/n, ☎ 954 884326, www.laposadadelmoro.com.

Carmona 633

• *Feste* **Romería de la Virgen del Monte**, an zwei Tagen um den 10./12. August. Wallfahrt zur acht Kilometer entfernten Kapelle der örtlichen Schutzheiligen, mit Prozession geschmückter Wagen und Wettreiten.

Von Sevilla Richtung Córdoba

Im breiten Tal des Guadalquivir erstreckt sich östlich und südöstlich von Sevilla die fruchtbare, flache bis wellige Landschaft der Campiña. Mitten hindurch führt die autobahnähnlich ausgebaute A 4, neben der zwei der interessantesten kleinen Städtchen der Provinz liegen.

Carmona

Carmona besetzt einen der höheren Hügel der Campiña. Das reizvolle Städtchen ist uralt, seine lange Geschichte ihm auch anzusehen.

Verschiedene Funde verweisen auf eine Besiedlung des Stadtgebiets bereits in der Vorgeschichte. Carmona selbst gilt als Gründung der Karthager und erlebte seine Glanzzeit unter den Römern, besaß damals sogar das Privileg, Münzen zu prägen. Das Städtchen behielt jedoch auch in westgotischer Zeit seine Bedeutung, war unter den Mauren sogar Sitz eines Teilkönigreichs, einer Taifa. 1247 gelang Fernando III. die Rückeroberung. Etwas über ein Jahrhundert später ließ der „grausame" Pedro III. die maurische Burg zu seiner Lieblingsresidenz ausbauen.

Im romantischen, noch weitgehend von der alten Stadtmauer umgebenen und heute unter Denkmalschutz gestellten Ortskern steht eine ganze Reihe von Palästen und Kirchen unterschiedlicher Herkunft, von den beiden maurischen Festungen fungiert eine heute als Parador. Stolz behauptet man in Carmona, Bauten nahezu aller Kunststile vorweisen zu können. Die wichtigste Sehenswürdigkeit der Stadt jedoch datiert aus der römischen Epoche: Die *Necrópolis Romana* ist die bedeutendste Gräberstadt Spaniens. Alles in allem Grund genug für die Stadtväter, sich um die prestigeträchtige Unesco-Auszeichnung „Weltkulturerbe" zu bewerben – mal abwarten, wie die Entscheidung ausfällt, die Warteliste für die Kandidatur ist lang.

• *Information* **Oficina Municipal de Turismo**, Arco de la Puerta de Sevilla, ℘ 954 190955. Im Turm des Haupttors zum Städtchen, der von hier aus auch bestiegen werden kann, s. u. Freundlich und informativ. Öffnungszeiten: Mo–Sa 10–18 Uhr, So 10–15 Uhr. www.turismo.carmona.org.

• *Verbindungen* **Bus**: CASAL-Busse fahren stündlich von/nach Sevilla; Haltestelle für diese Linie westlich etwas außerhalb des Mauerrings am Paseo del Estatuto, an der Straße nach Sevilla. Verbindungen nach Écija und Córdoba mit ALSA 4-mal täglich, Abfahrt gleich außerhalb der Puerta de Sevilla.

• *Übernachten* Preiswerte kleine Pensionen sind leider wenig vertreten.

**** Parador de Carmona, wohl einer der schönsten Paradore weit und breit. Von der früheren Maurenfestung sind nach einem Erdbeben des 16. Jh. nur noch Reste verblieben; der einem Palast des 14. Jh. nachempfundene Parador jedoch ist ein Schmuckstück für sich. Schwimmbad und sonstiger Komfort selbstverständlich, tolle Aussicht. DZ etwa 170–180 €. ℘ 954 141010, ℘ 954 141712, www.parador.es.

**** Hotel Alcázar de la Reina, am nördlichen Rand des historischen Bezirks. Ebenfalls eine feine Adresse, schöner Innenhof mit Pool, Parkmöglichkeit. DZ nach Saison rund 110–150 €, es gibt auch Junior Suiten und Suiten. Plaza de Lasso 2, ℘ 954 196200, ℘ 954 140113, www.alcazar-reina.es.

Posada San Fernando, direkt am Hauptplatz, 2008 in einem jahrhundertealten Haus eröffnet. 18 Zimmer, jeweils unterschiedlich groß und in unterschiedlichem Dekor, aber allesamt hübsch eingerichtet. Keine Frühstücksmöglichkeit, aber Bars gibt es in der Nähe ja reichlich. Prima Preis-Leistungs-Verhältnis; DZ/Bad 65 €, zur NS auch schon mal noch günstiger. Plaza San Fernando 6, ℘ 954 141408, ℘ 954 140761, www.posada sanfernando.com.

Provinz Sevilla
Karte S. 598/599

634   Provinz Sevilla

Hospedería Palacio Marqués de las Torres, in einem schönen Palast im Gebiet hinter dem Stadtmuseum. Ungewöhnliche, vermutlich durch zweckgebundene Fördergelder hervorgerufene Mischung aus Hotel und einer Art privater Jugendherberge. Die Hotelzimmer sind relativ klein, aber hübsch und ganz gut eingerichtet; die sog. „Modulos" der Herberge (Gemeinschaftsbad) hingegen, durch Holzwände in 2er- und 4er-Bereiche abgeteilt, schon etwas arg eng. Wirklich Klasse hat der reizvolle Innenhof mit Pool. DZ/Bad/F nach Saison und Wochentag (Mo–Do ist's billiger) 60–70 €, ein Superiorzimmer gibt es auch. Bett im „Modulo" 23 €. Zur Semana Santa und Feria von Sevilla gelten deutlich höhere Preise. C. Fermín Molpeceres 2, ☎ 954 196248, ☏ 954 196182, www.hospederiamarquesdelastorres.com.

** Pensión Hostal Comercio, am Rand der Altstadt, direkt in die Mauern gebaut. Recht gepflegtes, vor einigen Jahren renoviertes Haus mit hübschem Innenhof und sauberen Zimmern mit Klimaanlage; ein gutes und recht preisgünstiges Restaurant ist angeschlossen. DZ/Bad rund 50–70 €. Calle Torre del Oro 56, ☎/☏ 954 140018, hostal-comercio@hotmail.com.

● *Essen* Bei der Infostelle gibt es die Broschüre „Ruta de las Tapas", nützlich zum Tapa-Touren durch Carmona.

Mesón La Almazara de Carmona, etwas außerhalb der Mauern, aber durchaus noch zentral gelegen, jedoch leicht zu übersehen. Gute, auch von Lesern gelobte Küche;

flinker Service. Bei den Einheimischen sehr beliebt. Menü à la carte ab etwa 30 € aufwärts. Calle Santa Ana 33, aus Richtung Sevilla kommend direkt vor dem Stadttor links halten. ☎ 954 190076.

Rest. San Fernando, unabhängig von der gleichnamigen Posada. Ebenfalls eine der ersten Adressen des Städtchens, Speisesaal im Obergeschoss. Menü à la carte ab etwa 30 €. Calle Sacramento 3, um die Ecke vom Hauptplatz, So-Abend, Mo und im August geschlossen. ☎ 954 143556.

Bar Plaza, am Hauptplatz San Fernando. An den Tischen im Freien sitzt man recht nett, zu essen gibt es allerdings nur Raciones, Tapas und leckere Aliños, Salate auf Basis von Tomaten, Paprika und Zwiebeln.

Comidas Goya, ganz in der Nähe, die Tische hier stehen praktisch auch auf dem Hauptplatz. Tapa-Spezialitäten sind hier u. a. die Fleischbällchen Albóndigas sowie Calamares à la Riojana. Calle Prim 2.

● *Einkaufen* **Plaza del Mercado**, an der Calle de la Haza, unweit des Hauptplatzes. Nur vormittags, doch ist der bildschöne, arkadengesäumte und auch Plaza de Abastos genannte Platz auch sonst einen Blick wert.

● *Feste* **Carnaval**, der Karneval mit traditionsreichen, bunten Umzügen.

Romería de la Virgen de Grácia, farbenprächtige Wallfahrt mit traktorgezogenen Wägen, am ersten Sonntag im September.

Novena Virgen de Grácia, das eigentliche Fest der Stadtpatronin, vom 8.–16.September.

Sehenswertes

Bei einem Spaziergang durch die Altstadt stolpert man geradezu über die Baudenkmäler, von denen hier nur die bedeutendsten vorgestellt werden können: Die Zahl der Paläste und Kirchen geht in die Dutzende.

Murallas: An den noch gut erhaltenen, wuchtigen Stadtmauern Carmonas haben schon die Karthager gebaut, später wurden sie von Römern, Mauren und Christen erweitert. Aus Richtung Sevilla kommend, trifft man auf den *Alcázar Puerta de Sevilla* (zugänglich durch die Infostelle, selbe Öffnungszeiten, 2 €, Mo gratis), einen festungsartigen Torbau römischen Ursprungs, der seine heutige Form der Maurendynastie der Almohaden verdankt und von seinen Mauern eine weite Aussicht bietet. Am anderen Ende der Stadt steht mit der *Puerta de Córdoba* ein weiteres Tor ähnlicher Baugeschichte. Zwischen diesen beiden Stadttoren verlief, mitten durch die Siedlung, die römische Fernstraße Via Augusta.

Plaza de San Fernando: Der stimmungsvolle Hauptplatz des Städtchens, von der Puerta de Sevilla über die Calle Prim zu erreichen, ist von einer ganzen Reihe ehrwürdiger Gebäude umgeben. Der Innenhof des Rathauses *Ayuntamiento* bewahrt ein erst 1929 entdecktes römisches Mosaik, das ein Medusenhaupt zeigt.

Prioral de Santa María: Die bedeutendste Kirche der Stadt steht nur ein kleines Stück hinter der Plaza San Fernando. Errichtet wurde das Gotteshaus über der früheren Hauptmoschee, von der noch der „Orangenhof" *Patio de los Naranjos* erhalten blieb. Heiliger Boden war dies jedoch bereits in vormaurischer Zeit, wie eine der Säulen im Patio beweist: An ihr findet sich eine westgotische Kalenderinschrift des 6. Jh., wahrscheinlich das älteste Kalendarium ganz Spaniens. Die gotische Kirche selbst stammt aus dem 15./16. Jh., wurde später aber mehrfach umgebaut und weist deshalb auch Stilelemente der Renaissance und des Barock auf; im Inneren beeindruckt neben einer Reihe von Kapellen besonders der große platereske Hochaltar, der aus dem 16. Jh. stammt.

Museo de la Ciudad: Direkt hinter der Kirche gelegen. Der 1755 errichtete Adelspalast Palacio del Marqués de Torres wurde von der Stadt gekauft und als Museum der Öffentlichkeit zugänglich gemacht. Die Ausstellung erläutert den Werdegang der Siedlung von ihren Anfängen in der Vorgeschichte über die Zeit der Römer und der Mauren bis zum Carmona unserer Tage. Wichtigstes Exponat ist ein Gefäß aus dem 8. Jh. v. Christus.

Öffnungszeiten Mitte Juni bis Ende August Mo 10–14 Uhr, Di–Fr 10–14, 18.30–20.30 Uhr, Sa/So 9.30–14 Uhr; sonst Mo 11–14 Uhr, Di–So 11–19 Uhr; Eintritt 3 €, Di gratis.

Necrópolis Romana: Vom Zentrum Richtung Sevilla, am westlichen Ortsrand. Insgesamt an die tausend Gräber wurden hier vom 2. Jh. v. Chr. bis ins

„El Desastre" bleibt (fast) stecken: Umzugswagen bei der Romería von Carmona

4. Jh. n. Chr. angelegt; etwa ein Viertel von ihnen ist zu besichtigen. Die aus dem Fels gehauenen, teils mit Stuck dekorierten Gräber besitzen Nischen für Urnen und Hausgötter. Zu den Höhepunkten zählen die *Tumba de Servilia*, ein großes, tempelähnliches Grab in der Mitte des Gräberfelds und die *Tumba del Elefante* mit der Figur eines Elefanten, Symbol für Langlebigkeit – vielleicht handelt es sich aber auch um das Grab eines Karthagers, die ja bekanntlich Elefanten als Kriegstiere einsetzten. Der Ausgrabungsstätte angeschlossen ist ein kleines *Museum* mit Funden aus der Nekropole; das nahe *Amphitheater* ist wegen fortdauernder Ausgrabungsarbeiten bislang immer noch nicht zu besichtigen.

Öffnungszeiten Di–Fr 9–18 Uhr, Sa/So 9.30–15.30 Uhr. Eintritt für EU-Bürger frei.

636   Provinz Sevilla

Écija

In einer Senke nahe dem Río Genil gelegen und von Baumwollfeldern umgeben, blickt das hübsche Städtchen auf eine ebenso lange Vergangenheit zurück wie Carmona.

Wohl schon auf einer iberischen Vorgängersiedlung aufbauend, *Astigi* genannt und an der Via Augusta gelegen, war Écija bereits unter den Römern ein bedeutender Ort, der hauptsächlich von der Olivenöl-Produktion lebte. Auch während der maurischen Periode bildete *Estadja (*auch: Estiga), die „reiche Stadt", ein bedeutendes landwirtschaftliches und kommerzielles Zentrum. 1240 eroberte Ferdinand III. von Kastilien die Siedlung.

Die Stadtgeschichte anschaulich vor Augen geführt bekamen die Einwohner, als am Hauptplatz Plaza España eine Tiefgarage gebaut wurde. Die Arbeiten förderten zunächst einen maurischen Friedhof mit mehr als 4000 Gräbern zutage, zwei Meter tiefer dann die Reste des römischen Forums; die hier gefundenen Skulpturen und Mosaike wanderten ins Stadtmuseum.

Écijas Zentrum zeigt sich mit einer Reihe von Palästen recht elegant, die Atmosphäre ist von kleinstädtischer Beschaulichkeit. Auffällig im Stadtbild sind die vielen, oft bunt geschmückten spitzen Kirchtürme, die Écija den Beinamen *Ciudad de las Torres* eintrugen, „Stadt der Türme". Die Mehrzahl der Paläste wie auch Kirchen entstand nach dem großen Erdbeben von 1755, das weite Teile von Écija zerstörte, und steht so im Zeichen des Barock. Ein anderes Attribut der etwa 40.000 Einwohner zählenden Kleinstadt wird dem Besucher, der im Sommer kommt, ebenso schnell verständlich werden: *Sartén de Andalucía*, die „Bratpfanne Andalusiens" – Écija gilt als die heißeste Siedlung der ganzen Region.

● *Information* **Oficina de Turismo**, während der Rathaus-Renovierung provisorisch im Museo Histórico an der Plaza de la Constitución, ✆ 955 902933. Geöffnet täglich 10–14 Uhr (Juli/August Sa/So geschlossen).

● *Verbindungen* **Bus**: Busbahnhof an der Avenida Genil am Südrand des Ortskerns. LINESUR nach Sevilla 8-mal, ALSA nach Sevilla 6-mal, nach Córdoba 5-mal täglich.

● *Übernachten* ****** Hotel Palacio de los Granados**, ein Stück östlich der Plaza España, 2003 von einem weit gereisten Puertorikaner eröffnet. In einem alten Barockpalast untergebracht, sehr reizvolle Ausstattung. Der Pool im Innenhof weckt Erinnerungen an römische Bäder. Essensmöglichkeit für Gäste. Nur zehn Zimmer und drei Suiten. DZ/F 155 €, die Suiten (und zur Semana Santa) gegen Aufpreis. Calle Emilio Castelar 42, ✆ 955 905344, www.palacio granados.com.

**** Hotel Infanta Leonor, 2010 eröffneter Viersterner knapp westlich der Altstadt (Fußentfernung). Schickes Design, geräumige und gut ausgestattete Zimmer, Wellnessbereich und Gartenpool. DZ etwa 85–100 €, gelegentlich „ofertas" (Sonderange-

bote). Av. de los Emigrantes 43, ✆ 954 830303, www.hotelinfantaleonor.com.

*** Hotel Ciudad del Sol Pirula, ordentliche Mittelklasse am südlichen Rand des Ortskerns, unweit vom neuen Busbahnhof. Komfortabel ausgestattete Zimmer, eigener Parking, das angeschlossene Restaurant Pirula genießt guten Ruf. DZ etwa 70 €. Avenida Miguel de Cervantes 50, ✆ 954 830300, ✆ 954 835879, www.hotelpirula.com.

** Hotel Platería, nur einen Katzensprung vom Hauptplatz, dabei relativ ruhig. Noch recht neu und gut eingerichtet, mit Aircondition auch in den Zimmern, im sommerlichen Écija nicht unwichtig, siehe oben. Restaurant angeschlossen. DZ 70–90 €. Calle Garcilópez 1a, ✆ 955 902754, ✆ 955 904553, www.hotelplateria.net.

Casa Rural Huerta Delagado, etwa vier Kilometer außerhalb in Richtung Palma de Río, ein komplett ausgestattetes Landhaus mit Pool für bis zu fünf Personen. Die deutschsprachige Vermieterin hat viele Tipps auf Lager. Mindestaufenthalt drei bis vier Tage, pro Tag etwa 120–130 €. ✆ 639 625586 oder 696 916389 (jeweils mobil), www.ecijahouse.com.

Écija 637

- *Camping* Um Écija kein Platz; der nächste liegt beim Städtchen La Carlota, über die A 4 etwa 20 km Richtung Córdoba; Näheres siehe Córdoba-Stadt.
- *Essen* Gute Regionalküche gibt es im **Hotel Ciudad del Sol Pirula**, ein ausgesprochen preiswertes (7 €) und solides Mittagsmenü im Restaurant des **Hotels Platería**. Weitere Lokale rund um den Hauptplatz.
Bodegón del Gallego, östlich der Plaza España unweit des Palacio de Peñaflor. Galicische Küche, prima Fleischgerichte, aber auch Fisch und Meeresfrüchte aus Galicien. Menü à la carte ab etwa 30 €, meist ist auch ein relativ günstiges Tagesmenü im Angebot. Calle Arcipreste Aparicio 3 a.
- *Einkaufen* **Bizcochos Marroquíes**, eine Art (nicht ganz billiges) Biskuitgebäck, verkaufen die Nonnen im Convento de las Marroquíes an der Calle Secretario Armesto im Nordwesten der Altstadt. Nach Klingeln an der Pforte öffnet sich ein kleines Fenster mit einer Art Drehschrank; die Nonne auf der anderen Seite sieht man nicht.
- *Feste* **Fiesta de la Nuestra Señora del Valle**, Fest der Stadtpatronin am 8. September. Weitere Feste an variablen Daten im September sind die **Feria de San Mateo** mit Stierkämpfen und dem „Tag des Pferdes" sowie das Flamenco-Festival **Noche Flamenca Ecijana** – kein Wunder, dass der Monat in den hiesigen Hotels als Hauptsaison gilt.

„Stadt der Türme", hier der Turm von San Juan

Sehenswertes

Plaza España: Der Rathausplatz bildet das Zentrum der Stadt, wird nicht umsonst „El Salón" genannt. Im Rathaus Ayuntamiento selbst (zuletzt und wohl noch für Jahre wegen Renovierung geschlossen) gibt es eine *Cámara oscura*, ganz ähnlich denen von Cádiz, Jerez und Granada, sowie nach Anfrage in der Infostelle die *Sala Capitular* zu besichtigen. Der große, reich geschmückte Saal birgt nicht nur zahlreiche Gemälde, sondern auch interessante römische Mosaike, darunter eine mehr als sechs Meter lange Darstellung der „Bestrafung der Königin Dirce".

Museo Histórico Municipal: Südlich unweit der Plaza España beherbergt der im 18. Jh. errichtete Barockpalast *Palacio de Benamejí* das Archäologische Museum von Écija. Chronologisch gegliedert, reicht die vier Säle umfassende Ausstellung von der Vorgeschichte bis zur Maurenzeit. Glanzstücke sind sicher die Funde der Römerzeit, insbesondere die bei den Arbeiten an der Plaza España entdeckten Skulpturen, darunter eine zwei Meter hohe „Amazona".
Öffnungszeiten Juli bis September Di–Sa 10–14.30 Uhr, Sa auch 20–22 Uhr, So 10–15 Uhr; sonst Di–Fr 10–13.30, 16.30–18.30 Uhr, Sa 10–14, 17.30–20 Uhr, So 10–15 Uhr. Eintritt frei.

Palacio de Peñaflor: Der monumentale, 1726 errichtete Barockpalast der Marqueses von Peñaflor steht an der Calle Emilo Castelar im Gebiet östlich der Plaza España. Das große Gebäude schmiegt sich an die Krümmung der engen Gasse. Entlang fast

638   Provinz Sevilla

Fröhlicher Fassadenschmuck: Palacio de Peñaflor

der gesamten Fassade, auch über dem reich verzierten Portal, verlaufen Balkone, begleitet von vergnüglichen, rot-gelben Fresken.

Iglesia de San Juan: Aus dem Gassengewirr nördlich des Palacio de Peñaflor ragt der wohl schönste unter den vielen Türmen von Écija heraus. Der barocke, aus hellen Ziegeln errichtete Glockenturm von San Juan, erbaut bereits 1745, hat das Erdbeben überstanden und gilt in seinem weiß-blauen Kachelschmuck als das Wahrzeichen der Stadt.

Casa Palacio de los Palma: Einen Blick hinter die Mauern der alten Paläste von Écija gewährt dieser Bau an der Calle Espíritu Santo nördlich nahe der Plaza España. Das Gebäude, ursprünglich im 16. Jh. als Kloster errichtet, hat eine wechselvolle Geschichte hinter sich, diente im 19. Jh. Jahrzehnte lang als städtischer Markt und später dem Militär; heute ist es im Besitz der Familie De Palma. Sein reizvolles Inneres, reich ausgestattet mit antiken Möbeln und Kunstwerken des 18. und 19. Jh., kann besichtigt werden und gibt einen guten Eindruck von den Lebensverhältnissen herrschaftlicher Familien.

Öffnungszeiten Täglich 10–14 Uhr, Eintrittsgebühr 3 €.

Weiterreise: Richtung Córdoba lässt sich über die A 453/431 via Palma del Río ein Stopp bei der Burg von Almodovar del Río einlegen. Am Weg kann man dann gleich noch die Ruinen der Maurenresidenz Medina Azahara kurz vor Córdoba besichtigen; Näheres siehe jeweils im Kapitel „Provinz Córdoba".

Von Sevilla Richtung Málaga

Auch südöstlich von Sevilla durchquert man zunächst die ausgedehnten Felder der Campiña. Etwa auf halbem Weg nach Málaga erreicht die autobahnähnlich ausgebaute A 92 dann die nördlichen Ausläufer der Cordillera Bética, bevor sie diesen größten Gebirgszug Andalusiens schließlich durchquert. Knapp hundert Kilometer hinter Sevilla, in der Grenzregion der Campiña zur hügeligeren Landschaft des äußersten Südostens der Provinz, liegt die alte Stadt Osuna.

Osuna

Das Landstädtchen, in einer fast ebenso heißen Region gelegen wie Écija, bewahrt ein reiches Erbe seiner langen Vergangenheit.

Osuna, als *Urso* eine iberische Gründung, erlebte unter den Römern eine erste Blütezeit. Einen erneuten Aufschwung nahm die Siedlung nach der 1239 erfolgten Reconquista. Vom 16. bis ins 18. Jh. hinein war Osuna Hauptstadt des gleichnamigen Herzogtums und Universitätssitz. Aus dieser Zeit stammen mehrere schöne Kirchen

Osuna 639

und eine ganze Reihe herrschaftlicher Adelspaläste mit oft aufwändig geschmückten Portalen. Reizvoll zeigen sich auch die auffällig große Plaza Mayor und die engen Pflastergassen des Ortskerns, an deren weißen Hausfassaden schmiedeeiserne Minibalkone den Blick auf sich ziehen.

Trotz dieser attraktiven Architektur scheint Osuna kaum ausländische Besucher zu sehen. Fremde werden neugierig und ein wenig distanziert, aber nicht unfreundlich beäugt.

● *Information* **Oficina de Turismo**, Calle Carrera 82, im alten Hospital, ✆ 954 815732. Geöffnet Mo–Sa 9–14 Uhr.

● *Verbindungen* **Zug**: Bahnhof relativ ortsnah, etwa eine Viertelstunde Fußweg südwestlich der Plaza Mayor; Züge nach Sevilla 10-mal, Málaga 5-mal, zum Knotenpunkt Bobadilla ebenfalls 5-mal täglich.

Bus: Busbahnhof an der Avda. Constitución, etwa zehn Minuten südöstlich der Plaza Mayor. LINESUR-Busse nach Sevilla 8-mal täglich; weitere Anschlüsse nach Antequera 4-mal, Málaga 2-mal und Granada 2-mal täglich.

● *Übernachten* ****** Hotel Palacio Marqués de la Gomera**, nordwestlich nahe der Plaza Mayor. Untergebracht in einem der edlen Paläste von Osuna, elegantes Interieur und schöner Patio. Das angeschlossene Restaurant ist auf Gerichte nach kastilischer Art (Holzofen!) spezialisiert. Garage. DZ 130–140 €, Superior-Zimmer und Suiten gegen Aufpreis, ebenso Festtermine. Calle San Pedro 20, ✆ 954 812223, ✆ 954 810200, www.hotelpalaciodelmarques.com.

** Pensión Hostal Caballo Blanco, an der Hauptstraße nordwestlich unweit der Plaza Mayor. Eine renovierte ehemalige Postkutschenstation; die Kutschen von heute finden Parkplätze im Hof. Gute Zimmer und Bäder, wenn auch etwas schlicht möbliert. Mit Aircondition, im sommerlichen Osuna eine Wohltat. DZ/Bad etwa 55 €. Calle Granada 1, in einer Seitenstraße der Calle Carrera, ✆/✆ 954 810184.

** Pensión Hostal Esmeralda, nur ein kurzes Stück südlich der Plaza Mayor. Mit 30 Zimmern recht groß und in dieser Preisklasse eine ordentliche Wahl. Bar-Restaurant angeschlossen. Klimatisierte DZ etwa 55–60 €. Calle Tesorero 7, ✆/✆ 955 821073, www.hostal-esmeralda.com.

Zeitreise: Casino in Osuna

● *Essen* Einen sehr guten Ruf genießt das (nicht billige) Restaurant des Hotels Palacio Marqués de la Gomera.

Rest. Doña Guadalupe, in der Nähe davon und ebenfalls eine der ersten Adressen der Stadt. An einer harmonischen kleinen Neubau-Plaza, Tische auch im Freien. Menü à la carte ab etwa 25–30 €. Plaza Guadalupe, zwischen den Calles Gordillo und Quijada, die beide westlich der Hauptstraße Calle Carrera abzweigen; Di und in der ersten Augusthälfte geschlossen.

Rest. Mesón del Duque, gleich oberhalb der Plaza Mayor, beim Archäologischen Museum. Hübsche Terrasse, breite Auswahl an Gerichten (auch Tapas), oft auch ein günstiges Tagesmenü im Angebot. Mittlere Preise. Plaza de la Duquesa 2.

● *Feste* **Feria de Osuna**, das städtische Hauptfest in der zweiten Maiwoche.

Virgen de la Consolación, am 8. September, ein Fest der örtlichen Schutzheiligen.

Provinz Sevilla Karte S. 598/599

Sehenswertes

Casino: Direkt an der Plaza Mayor. Der herrliche Jugendstilbau birgt eigentlich eine Art Club, ist aber für alle Besucher geöffnet. Mehrere Räume, alle in üppigem Kacheldekor, mit bemalten Decken, schönen Lampen, alten Gemälden und Fotos.

Colegiata Santa María: Die Stiftskirche von Osuna steht auf der Kuppe des Stadthügels unweit östlich der Plaza Mayor. Der 1535 errichtete Renaissancebau beherbergt im Inneren einen churrigueresken Hauptaltar und einige Arbeiten von Ribera. Beachtenswert ist auch das in wunderschönem Platereskstil ausgeschmückte Grabmal der Herzöge, das „Pantéon Ducal", das als Nationaldenkmal unter Schutz gestellt ist.

Öffnungszeiten Für Einzelreisende bleibt die Kirche manchmal leider zu, die verantwortliche Führerin scheint Gruppen vorzuziehen. Offizielle Öffnungszeiten sind Di–So 10–13.30, 15.30–18.30 Uhr (Sommer 16–19 Uhr); im Juli und August ist So-Nachmittag geschlossen. Eintritt 2,50 €.

Monasterio de la Encarnación: Gegenüber des Eingangs zur Stiftskirche. Der im 16. Jh. ursprünglich als Krankenhaus errichtete Bau, heute ein Kloster, birgt neben zahlreichen Räumen mit christlicher Kunst und originalem Mobiliar einen reizvollen Patio mit interessanten Azulejo-Kachelbildern des 18. Jh, die teilweise recht ungewöhnliche Motive zeigen. Die Nonnen hier verkaufen auch selbstgemachtes Naschwerk.

Öffnungszeiten Wie die Stiftskirche, nur zuverlässiger geöffnet. Eintrittsgebühr 2 €.

Museo Arqueológico: Unterhalb der Stiftskirche ist im maurischen Turm „Torre del Agua", errichtet im 12. Jh., das Archäologische Museum von Osuna untergebracht. Es zeigt Funde aus der Römerzeit und, als Kopien, Reliefs aus der iberischen Siedlung. Die Originale wurden aufgrund ihrer Bedeutung ins Archäologische Museum Madrid und sogar teilweise in den Louvre verbracht.

Öffnungszeiten Wie Stiftskirche und Kloster; Eintrittsgebühr 2 €.

Palacios: Der Zeit als Herzogtum verdankt Osuna auch eine Reihe von noblen Adelspalästen der Renaissance und des Barock. Zwei der schönsten stehen in der *Calle San Pedro*, einer westlichen Seitenstraße der Hauptstraße Calle Carrera: der „Palacio del Cabildo" und, ein Stück weiter, der „Palacio de los Marqueses de Gomera", jetzt ein Luxushotel. In der *Calle de la Huerta*, unweit der Plaza Mayor, lohnt der heute als Justizpalast fungierende „Palacio de los Cepeda" mit seiner überbordenden Fassadendekoration ebenfalls einen Blick.

Weiterreise: Richtung Málaga empfiehlt sich noch vor dem Besuch der Provinzhauptstadt ein ausgedehnter Streifzug durch das Hinterland um Antequera – hier locken Stauseen, Steinzeitgräber, das kuriose Naturschutzgebiet El Torcal und andere Attraktionen mehr. Details im Kapitel „Das Hinterland von Málaga".

Von Sevilla Richtung Cádiz

Südlich von Sevilla führt die gebührenpflichtige Autobahn AP 4 durch flaches, dünn besiedeltes Land vorbei an Jerez de la Frontera nach Cádiz. Wer sich stattdessen auf Nebenstraßen begibt, kann einige Kilometer südlich des Landstädtchens Utrera eine erstaunliche Entdeckung machen: Direkt an der A 394 steht bei *El Palmar de Troya* der vieltürmige Tempel eines andalusischen „Gegenpapstes".

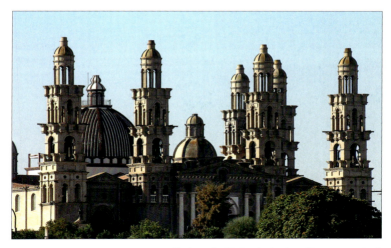

Kurios: die Kathedrale des „Gegenpapstes"

Der „Gegenpapst" von El Palmar de Troya

Alles begann am 30. März 1968, als vier Kinder des Dorfs El Palmar von einer mirakulösen Marienerscheinung berichteten. Bald schon zog der Ort des Wunders (das von der katholischen Kirche nie anerkannt wurde) allerlei Volk an. Man suchte Visionen und fand sie. So auch der Sevillaner Clemente Domínguez, den die Jungfrau mit der nicht zu unterschätzenden Aufgabe betraute, die römisch-katholische Kirche zu retten, da diese von Ketzerei bedroht sei. Eine Reihe von Wundern begleitete eindrucksvoll die Erscheinung, darunter blutende Stigmata, aus denen Señor Domínguez nach seinen Angaben 16 Liter Blut verlor. Keine Frage, dass er sich nun genötigt sah, nach Rom zu reisen, um dort nach dem Rechten zu sehen. Er entdeckte Alarmierendes: Der Teufel selbst herrsche im Vatikan, der Papst sei ein Kommunist und Freimaurer. Clemente Domínguez hatte keine Wahl. Er kehrte nach Andalusien zurück, sammelte Spenden, gründete den „Orden der Karmeliter vom Heiligen Antlitz" (Orden de los Carmelitos de la Santa Faz) und begann mit dem Bau eines „Zweiten Vatikans". 1975 ließ sich Clemente Domínguez von einem ehemaligen vietnamesischen Erzbischof zum Priester weihen, zehn Tage später zum Bischof. 1978, nach einem zwischenzeitlichen Verkehrsunfall erblindet und längst exkommuniziert, rief er sich am Todestag von Papst Paul VI. zum „Papst Gregorius XVII." aus. 2005 starb Clemente Domínguez, doch fand sich unter dem Papstnamen Petrus II. ein noch strengerer Nachfolger, der seinen Kirchenmitgliedern sogar verbietet, mit „Nicht-Palmarianern" zu reden. In der ländlich geprägten Landschaft südlich von El Palmar bildet der Tempel einen wahrhaft kuriosen Anblick. Zahlreiche Kuppeln und minarettartige Türme lassen an eine Hollywoodkulisse denken. Da Anfeindungen seitens gläubiger Katholiken natürlich nicht ausblieben, verschanzen sich der „Gegenpapst" und seine nicht unbeträchtliche Schar von Getreuen hinter meterhohen Mauern.

▲ Sie wächst und wächst: die Sandbank „La Flecha" bei El Rompido

Provinz Huelva

Parque Nacional Coto de Doñana ... 652	Isla Cristina ... 672
Costa de la Luz ... 656	Der Norden der Provinz Huelva ... 677
La Ruta Colombina ... 661	Sierra Morena ... 680
Huelva ... 664	

Kilometerlange Strände wie hier bei Matalascañas sind das Markenzeichen der Provinz

Provinz Huelva

Viele Reisende sehen die Provinz Huelva höchstens auf der Durchfahrt nach Portugal. Ganz unverständlich ist das nicht. Die Hauptstadt ist von eher gebremstem Reiz, bar aller Baudenkmäler und von einem ausgedehnten Ring stinkender Petrochemie umgeben. Andererseits darf sich die Provinz auch einiger der interessantesten und ungewöhnlichsten Glanzlichter Andalusiens rühmen.

So sind die Küsten abseits des Industriegürtels um die Hauptstadt auf weiten Strecken bislang noch nahezu unbebaut, weshalb es dort natürlich auch an Unterkunftsmöglichkeiten mangelt. Camper sind hier im Vorteil und können eine Reihe von Plätzen an herrlichen und fast einsamen Stränden entdecken. Wo Betten zu finden sind, handelt es sich meist um aus dem Boden gestampfte Feriensiedlungen: *Matalascañas*, komplett am Reißbrett geplant, ist das deutlichste Beispiel, doch entwickelt sich in den letzten Jahren auch der äußerste Westen der Region in diese Richtung.

Besonders Naturfreunde werden sich in der Provinz Huelva näher umsehen wollen. Charakteristisch für die küstennahen Zonen des Gebiets sind die Überschwemmungsgebiete Marismas, wertvolle ökologische Rückzugsgebiete, die auch einen Teil des größten Nationalparks Spaniens ausmachen: Der *Parque Nacional Coto de Doñana*, im äußersten Südosten der Region, bildet eines der bedeutendsten Vogelreservate des Kontinents. Auch im Norden sind Entdeckungen zu machen: Die abgelegene *Sierra Morena* der Provinz Huelva wird bislang von ausländischen Reisenden nur selten durchstreift. An ihrem Rand liegt das erstaunliche Bergbaugebiet *Minas de Riotinto* mit seinem hoch interessanten Minenmuseum, mitten in der

Provinz Huelva   645

Sierra das hübsche Städtchen *Aracena*, das Gelegenheit zum Besuch einer der schönsten Tropfsteinhöhlen Spaniens bietet.

Einen Termin im Kalender der Provinz sollte sich jeder Liebhaber spanischer Feste dick anstreichen: Die *Romería del Rocío* an Pfingsten, bei der bis zu einer Million Pilger zur Madonna des winzigen Dörfchens *El Rocío* ziehen. Ein Ereignis ohnegleichen, die größte Wallfahrt Europas.

In Kürze: Provinz Huelva

Fläche: 10.085 Quadratkilometer
Bevölkerung: Ganze 514.000 Einwohner; das entspricht etwa 51 Einwohnern pro Quadratkilometer – die geringste Bevölkerungsdichte Andalusiens
Reizvolle Landschaften: Der Nationalpark Parque Nacional Coto de Doñana,

die anschließenden langen Strände der Costa de la Luz bis vor Huelva, die Sierras um das Städtchen Aracena
Kurios: Die Atmosphäre in El Rocío; die Tropfsteinhöhle von Aracena
Internet-Info: www.turismohuelva.org

Niebla

Nur ein kleines Stück nördlich der Autobahn Sevilla-Huelva gelegen, verlockt das uralte, im Kern noch deutlich mittelalterlich geprägte Städtchen zu einem kurzweiligen Abstecher.

Von Sevilla kommend, liegt Niebla nur noch etwa 30 Kilometer vor Huelva, gleichzeitig bereits ein gutes Dutzend Kilometer hinter der Abzweigung, die via Bollullos Par del Condado und El Rocío zur Küste bei Matalascañas führt. Obwohl eher verschlafen, ist der kaum mehr als 4000 Einwohner zählende Ort dank seiner zahlreichen Monumente den kleinen Umweg durchaus wert. Von der Autobahn kommend, stört zwar zunächst Kleinindustrie das Bild, doch schon bei der Zufahrt zum Ortskern wird eine Brücke überquert, die den durch Mineralien dunkelrot gefärbten Río Tinto überspannt und bereits in römischer Zeit errichtet wurde. Die unter Denkmalschutz gestellte Altstadt selbst glänzt mit ihrer frisch restaurierten Burg und einem komplett erhaltenen mittelalterlichen Mauerring, der Niebla das stolze Prädikat „andalusisches Ávila" eingetragen hat – das kastilische Ávila besitzt die am besten erhaltene Stadtmauer Spaniens.

Geschichte: Niebla ist eine der ältesten Siedlungen der Region, geht bis ins 8. Jh. v. Chr. zurück. Die erste Stadtmauer wurde bereits während der tartessischen Epoche angelegt. Die Römer, unter denen Niebla *Ilipla* hieß und eine wichtige Station an der Straße von der Guadiana-Mündung nach Itálica war, erneuerten den Wall und verliehen der Stadt das Privileg, eigene Münzen zu prägen. Während der Herrschaft der Westgoten war Niebla Bischofssitz, bis es 718 von den Mauren erobert wurde und fortan *Lepla* hieß. Aus der Maurenzeit stammt auch der überwiegende Teil der heutigen Stadtmauern. Sie waren so wehrhaft, dass sich bei der Belagerung 1262 die christlichen Rückeroberer unter Alfons X. neun Monate lang die Zähne an ihnen ausbissen, obwohl – vermutlich zum ersten Mal in der westlichen Welt – auch Schießpulver eingesetzt wurde. Im 14. Jh. wurde die Stadt Grafschaft der Familie Guzmán, ab dem 16. Jh. verlor sie durch die Konzentration auf die Kolonien allmählich an Bedeutung.

● *Information* **Oficina de Turismo**, direkt im Castillo de Niebla, ✆ 959 362270. Geöffnet täglich 10–18 Uhr, von Anfang Juni bis Mitte September 10–14, 17–20 Uhr. www.castillodeniebla.com.

Huelva
Karte S. 647

646 Provinz Huelva

● *Übernachten* *** Pensión Los Hidalgos**, in einer kleinen Nebenstraße nördlich knapp außerhalb des Mauerrings, jenseits der Durchgangsstraße. Ruhige Lage; schlichte, aber sehr saubere Zimmer, deutschsprachig. Nur acht Zimmer, teils mit, teils ohne Bad. Letztere liegen schöner, der Preis ist deshalb gleich: Die fünf Zimmer ohne Bad teilen sich zwei Gemeinschaftsbäder, Gedränge kommt also nicht auf. DZ etwa 30 €. C. Moro 3, ✆ 959 362080.

● *Essen* **Bar-Rest. Casa Ramos**, direkt an der Durchgangsstraße, nicht weit vom Kastell. Großer, nüchterner Speisesaal, dank seines soliden, günstigen Mittagsmenüs an Werktagen von Einheimischen gut besucht. Av. Andalucía, Ecke Calle San Lorenzo.

Bar-Rest. La Parada, ein paar hundert Meter weiter in Richtung Huelva, in Charakter und Preisniveau ganz ähnlich. Avenida de Palos de la Frontera s/n.

● *Feste & Veranstaltungen* **Fiesta de la Virgen del Pino**, das Fest der Stadtpatronin am 8. September.

Feria Franca Medieval, mehrere Tage Anfang November. Großes mittelalterliches Fest im Kastell, mit Verkaufsständen, Kunsthandwerk, mittelalterlichen Kostümen, Musik und Tanz.

Sehenswertes

Stadtmauern: Ein imposanter Anblick ist der unregelmäßige, fast zwei Kilometer lange Wall um die Altstadt, der eine Fläche von 16 Hektar umschließt. Manche Bauteile der überwiegend in maurischer Zeit errichteten Verteidigungsanlage sollen noch bis auf iberische, römische und westgotische Zeiten zurückgehen. Rund 50 Türme zählt der wehrhafte Komplex; in fünf von ihnen sind Stadttore angelegt, deren Zugänge den typischen Knick aufweisen, um Angriffe zu erschweren.

Castillo de Niebla: Das weitläufige Kastell, auch „Castillo de los Guzmán" genannt, ist der ganze Stolz von Niebla. Möglicherweise stand hier bereits eine römische Festung; das heutige Gebäude stammt aus dem 15. Jh., umfasst jedoch auch Reste seines Vorgängers, des maurischen Alcázar. Vom „Waffenhof" Patio de Armas gelangt man über Treppen zum oberen Stockwerk, von dem sich ein weiter Blick bietet. Im „Ehrenturm" Torre de Homenaje ist ein Raum der Falknerei gewidmet, eine von mehreren kleinen Ausstellungen, die sich über das Kastell verteilen. In den „Mazmorras", ehemaligen unterirdischen Kerkerräumen, findet sich ein bunt gemischtes Museum; die unterste Etage, die sich unter dem Namen „Justicia Señorial" mit Folter und Hinrichtungen befasst, erspart man kleineren Kindern allerdings besser.

Öffnungszeiten Wie die Infostelle, Eintrittsgebühr 4 €.

Mezquita Iglesia Santa María de la Granada: Das mozarabische Gotteshaus an der Plaza Santa María, etwa im Mittelpunkt der Altstadt, hat eine wechselvolle Geschichte hinter sich: Zuerst stand hier im 10. und 11. Jh. eine von den Mauren geduldete Kirche, von der noch einige Portale erhalten blieben. Im 13. Jh. wurde aus ihr eine Moschee, auf deren Minarett der quadratische Glockenturm verweist; im 15. Jh. schließlich erfolgte ein neuer Umbau, dessen Resultat die gotische Kirche von heute ist. Im Inneren, das leider nur selten zugänglich ist, blieben der maurische Innenhof (Sahn) und die Gebetsnische Mihrab erhalten.

Iglesia San Martín: Wahrhaft kurios ist der Anblick dieser Kirchenruine, die sich etwas nördlich der Plaza Santa María erhebt und durch eine Straße in zwei Teile getrennt wird – auf der einen Seite stehen Apsis, Glockenmauer und Kapelle, auf der anderen die Reste der Fassade mit dem Hauptportal. So seltsam sein Erscheinungsbild, so ungewöhnlich ist auch die Vergangenheit des Gotteshauses, das zunächst als Moschee, dann als Synagoge und schließlich als Kirche diente und Stilelemente der Gotik, des Mudéjar und des Barock aufweist.

648   Provinz Huelva

Bollullos Par del Condado

Ein weiterer lohnender Abstecher, ob man nun auf der Autobahn nach Huelva reist oder auf der bis Almonte vierspurig ausgebauten Straße Richtung El Rocío und Doñana-Nationalpark unterwegs ist. Bollullos nennt sich stolz „Ciudad del Vino", Stadt des Weins.

Das knapp 14.000 Einwohner zählende Städtchen ist Mittelpunkt einer Weinregion, deren edle Tröpfchen schon im 15. Jh. hoch geschätzt waren und heute als *Condado de Huelva* mit einer D.O.C. herkunftsgeschützt sind. In Bollullos Par del Condado dreht sich deshalb alles um den Wein. In der weitläufigen Landstadt, aus der übrigens auch sehr gute Brandys kommen, wurde an der Plaza Ildefonso Pinto in einem Turm des 19. Jh. ein Weinmuseum eingerichtet, und Mitte September wird alljährlich bei der „Feria de la Vendimia" die Weinernte gefeiert. Um den Hauptplatz Plaza Sagrado Corazón stehen ein sehenswertes Rathaus im Mudéjarstil sowie die schöne Barockkirche *Iglesia Santiago Apóstol* von 1779.

Die Weinregion Condado de Huelva

Die Weißweine der „Grafschaft von Huelva", unter Kennern fast noch als Geheimtipp gehandelt, reifen in den so genannten „Bocoyes", riesigen Fässern aus Eichen- oder Kastanienholz. Als Traubensorten zugelassen sind Palomino, Garrido Fino, Moscatel und Zalema. Das Zentrum der Weinregion erstreckt sich um Almonte, Rociana del Condado und eben Bollullos Par del Condado. Es gibt drei Hauptsorten an Weinen:

Condado Viejo: Traditionsreiche Weine mit einem Alkoholgehalt von 16 bis 20 Prozent, als Dessertwein z. T. sogar bis zu 22 Prozent. Es gibt sie in Varianten von trocken bis süß, manche erinnern an Sherry.

Condado Pálido: „Bleiche", strohgelbe und leicht bittere Weine von geringem Säuregehalt, die mit 15 bis 17 Prozent etwas leichter ausfallen und einen feinen Aperitif abgeben, aber auch gut zu Schinken passen.

Condado Blanco: Junge, leichte und frische Weißweine, die überwiegend aus der Zalematraube stammen und nur etwa 10 bis 12 Prozent Alkohol aufweisen. Weniger traditionsreich, aber perfekte Begleiter zu Fisch und Meeresfrüchten.

Bodegones: So nennen sich die zu ausgesprochen beliebten Restaurants umgebauten alten Bodegas, die vor allem an der Durchgangsstraße von Bollullos Par del Condado in breiter Auswahl zu finden sind. Wahre Kathedralen des Genusses, offerieren sie nicht nur Köstlichkeiten aus Küche und Keller zum Verzehr vor Ort, sie sind gleichzeitig auch Verkaufsstellen für Wein und andere lokale Produkte.

● *Essen* **Bodega Roldán**, an der Durchgangsstraße im nördlichen Ortsbereich. Ein paar Tische außen, die schönere Atmosphäre herrscht jedoch im Inneren des hohen Raums. Zu den Spezialitäten zählen gekochte Meeresfrüchte, frittierter Fisch, aber auch Wurstwaren und Fleisch vom Grill. Es gibt einen Self-Service-Bereich (Autoservicio) und Tische mit Bedienung.

Av. 28. de Febrero 111. **Bodegón Abuelo Curro**, ganz in der Nähe. Auch der „Großvater" genießt den Ruf, eine der besten Adressen des Ortes zu sein, und auch hier beeindruckt die Atmosphäre ebensosehr wie die leckere Küche und die guten Weine. Spezialitäten wie oben. Avenida 28. de Febrero 105.

Almonte

Wie Bollullos ist auch Almonte eine ausgedehnte Landstadt, gleichzeitig der Gemeindesitz und das Versorgungszentrum von El Rocío und dem Ferienort Matalascañas.

Die gut 20.000 Einwohner zählende Siedlung lebt hauptsächlich von der Viehhaltung und der Landwirtschaft, insbesondere vom Weinbau, produziert sogar einen „Raigal" genannten und aus der Zalema-Traube gekelterten Schaumwein, den „ersten Cava Andalusiens", wie es der Stadtprospekt stolz vermerkt. Reisende machen sich eher rar in Almonte, die Zahl der Sehenswürdigkeiten hält sich auch wirklich in überschaubaren Grenzen. Immerhin zeigt sich das Zentrum der Stadt, das z. T. als Fußgängerzone ausgewiesen ist, von einer recht attraktiven Seite. Hier gibt es auch ein *Museo de la Villa* (Di–Sa 9.30–14, im Winter auch 16.30–19.30 Uhr; Sa 10–13 Uhr; 1 €), das sich in mehreren Räumen den alten Sitten und Arbeitsweisen des Gebiets widmet und beispielsweise die Jagd, die Fischerei und die Viehhaltung am Rand der Marismas näher vorstellt.

Gemütliche Atmosphäre: Bodegón Abuelo Curro in Bollullos

- *Information* **Oficina Municipal de Turismo**, im Stadtmuseum Museo de la Villa, Calle Sebastián Conde 8. Geöffnet Mo–Fr 10–14, im Winter auch 16.30–19.30 Uhr, Sa 10–13 Uhr. ✆ 959 451503. www.almonte.es.
- *Verbindungen* **Busse** der DAMAS fahren nach Huelva 5-mal täglich, nach Sevilla 6-mal. El Rocío und Matalascañas 10-mal täglich; zur HS teilweise häufigere Anschlüsse.
- *Feste* **La Saca de las Yeguas**, am 26. Juni. Das „Einsammeln der Stuten" ist ein Jahrhunderte altes Ereignis, bei dem die am Rand der Marismas halbwild lebenden Pferde und ihre Fohlen früh am Morgen zusammengetrieben werden. Vom Gebiet von El Rocío wandern die Herden dann mittags nach Almonte. Am folgenden Tag finden auf dem gemeindeeigenen Gelände „Huerta de la Cañada" die Brandzeichnung der jungen Fohlen und ein kleiner Pferdemarkt statt.

Feria de San Pedro, mehrere Tage ab dem 29. Juni. Auch bei diesem Hauptfest der Stadt dreht sich vieles um das Pferd. Auf dem Festgelände „El Chaparral" stehen Zelte, die so genannten „Casetas", es gibt Reitwettbewerbe, Musik und Tanz etc.

El Rocío

Zwar nur ein winziges Nest, wird El Rocío einmal im Jahr zum Mittelpunkt Andalusiens. Zumindest eine Stippvisite lohnt sich jedoch auch dann, wenn man nicht zur berühmten Wallfahrt kommen kann.

Das kleine Dorf mit dem großen Namen liegt am Rand des Nationalparks Coto de Doñana, von der Autobahn Sevilla-Huelva am schnellsten über Bollullos Par del

650   Provinz Huelva

Condado und das Städtchen Almonte zu erreichen. Das Dörfchen besitzt einen ganz ureigenen Charakter – in El Rocío liegt mehr als nur ein Hauch von Westernatmosphäre in der Luft. Die ungewöhnlich breiten Straßen und riesigen Plätze der kaum 2000 Einwohner zählenden Siedlung ertrinken im Sand, lassen Fußgänger, so sie sich der sengenden Sonne überhaupt aussetzen mögen, winzig erscheinen. Vor allem im August, wenn viele Fahrzeuge die Pisten umpflügen und den Sand aufhäufen, können Fahrer größerer Pkw schon mal ins Schwitzen kommen. Nachts, besonders zur Nebensaison, wenn El Rocío fast ausgestorben wirkt, wird die Szenerie noch unwirklicher. Pferde, Maulesel und Kutschen sind hier die besten Beförderungsmittel und deshalb absolut nicht ungewöhnlich – Reiter finden hier ein Paradies, zur Wallfahrt verzeichnet der Ort gar die größte Pferdekonzentration Europas. Schnell augenfällig wird auch die hohe Zahl der Kapellen der einzelnen Bruderschaften, die in der Bauweise an mexikanische Dorfkirchen erinnern und so ihren Teil zum besonderen Flair beitragen.

Ebenso auffallend sind die vielen Spanier und Ausländer, die Fotobjektive von der Größe eines Megaphons durch die Gegend schleppen: El Rocío, direkt am Rand des Feuchtgebiets *Marismas del Rocío* gelegen, gilt unter Ornithologen als einer der besten Plätze Europas zur Beobachtung der gefiederten Freunde. Ganz andere Passionen bewegen die Insassen der reichlich vertretenen Reisebusse, die am Ortsrand bei der Marienkirche parken. Sie wollen auch außerhalb der Pfingstzeit der Madonna ihre Aufwartung machen – an manchen Sonntagen werden Pilgergruppen aus ganz Andalusien im Stundentakt durch die Kirche und die dortigen Souvenirgeschäfte geschleust.

● *Information* **Oficina de Turismo**, im Museo Histórico Religioso jenseits der Durchgangsstraße, kein Telefon. Geöffnet täglich 9.30–14 Uhr. Das Büro zieht leider häufig um, auch diesmal ist wieder ein Standortwechsel vorgesehen.

● *Verbindungen* **Busse** der Gesellschaft DAMAS von und nach Matalascañas und Almonte 10-mal täglich. Nach Sevilla je nach Saison mindestens 3-mal täglich, im Sommer häufiger. Von und nach Huelva nur im Sommer (sonst via Almonte), dann 2-mal täglich. Zur Romería kräftig verstärktes Angebot, jeder Bus dennoch mehr als voll.

● *Übernachten* Während der Romería ist in weitem Umkreis jede Badewanne belegt. Es ist dann absolut üblich, im Wagen zu schlafen oder zu zelten.

** **Hotel Toruño**, recht hübscher Bau, freundlich eingerichtete Zimmer mit TV und Klimaanlage. Direkt am Rand der Marismas gelegen, sind einige der Zimmer perfekte Aussichtsposten zur Vogelbeobachtung. Gutes Restaurant. DZ etwa 80 €, zur Romería del Rocío werden spezielle Mehrtages-Pakete geschnürt, die ihren (hohen) Preis haben. Plaza Acebuchal 22, ✆ 959 442323, ✉ 959 442338, www.toruno.es.

Alojamientos Rocío-Doñana, das ehemalige Hotel Puente del Rey. Ein großer, aber immerhin architektonisch an den ortsüblichen Stil angepasster Neubau am Ortseingang. Komfortable Zimmer. Standard-DZ etwa 75–90 €, auch DZ mit Salon; zur Romería auch hier nur mit Mehrtagespaketen. Av. Canaliega 1, ✆ 959 442425, ✉ 959 443936, www.rociodonana.com.

Hostal Rural La Fonda del Rocío, im Norden der Siedlung. Erst im Frühsommer 2010 eröffnetes, hübsches Quartier mit Patio und prima Ausstattung. Die 26 Zimmer sind nicht sehr groß, sonst aber tiptop. Gut geführt; auf Wunsch Essensservice. DZ/Bad etwa 40–70 €, zur Romería rund 240 €. Anfahrt vom Kreisverkehr im Norden (aus Ri. Almonte kommend kurz hinter der Zufahrt zum Camping), hier in eine kurze Asphaltstraße, die sich nach 50 m in eine Sandpiste verwandelt, dann die zweite Piste rechts, ✆ 675 081619, www.lafondadelrocio.com.

● *Übernachten außerhalb* **El Cortijo de los Mimbrales**, etwa 4 km in Richtung Matalascañas. Sehr schönes, im Jahr 2000 eröffnetes Quartier in einem weitläufigen Gutshof, dessen Arbeiterunterkünfte zu komfortablen, geräumigen Quartieren umgebaut wurden; einzig die Bäder sind heute nicht mehr ganz up-to-date. Hübsche Einrichtung, viele Grünflächen, Restaurant, Ausflüge, reizvoller Pool. DZ nach Ausstattung und Saison

El Rocío 651

110–160 €, bei Wochenmiete Rabatt; auch ganze Häuser für zwei bis vier Personen. Carretera A 483, km 30, ✆ 959 442237, 📠 959 442443, www.cortijomimbrales.com.

● *Camping* **La Aldea**, 1. Kat., knapp außerhalb des Ortes in Richtung Almonte. 2001 eröffnet, die jungen Bäume bieten bislang wenig Schatten. Ordentliche Ausstattung mit Pool etc. Gutes und preiswertes Restaurant. Ganzjährig geöffnet. Preise p.P., Auto, Zelt je etwa 6,50 €. Crta. del Rocío, km 25, ✆ 959 442677, www.campinglaaldea.com.

La Romería del Rocío

Im 13. Jh. war es, als ein Jäger in der Umgebung des Dorfs die heute so hoch verehrte Statue der *Nuestra Señora del Rocío* fand. Bald schon begannen Wallfahrten zu „Unserer Lieben Frau vom Morgentau", die volkstümlich auch als „Weiße Taube" gerühmt wird. Im 17. Jh. gründeten Pilger die ersten religiösen Bruderschaften, *cofradías* oder auch *hermandades* genannt. Der heutige Ablauf des Fests geht auf 1758 zurück. Bis zu einer Million Menschen vor allem aus den Provinzen Huelva, Sevilla und Cádiz pilgern an Pfingsten nach El Rocío. Die Mehrzahl kommt mit modernen Verkehrsmitteln, darunter leider immer mehr Geländewagen, doch legen Puristen den Weg immer noch auf kleinen Pfaden zu Fuß, mit dem Pferd oder dem Ochsenkarren zurück und sind dabei teilweise eine ganze Woche unterwegs.

Das eigentliche Fest, eine Mischung aus religiöser Inbrunst und sherryseligem Jahrmarkt, beginnt am Pfingstsamstag mit der Ankunft der verschiedenen Bruderschaften. Jeder Pilgerzug wird von einem üppig geschmückten Wagen angeführt, der den Schrein der heimischen Kirche trägt. Dahinter folgen Ochsenkarren mit herausgeputzten Zugtieren, Esel und Maultiere. Die echten *caballeros* sind natürlich zu Pferd unterwegs, im Damensitz hinter sich ihre traditionell im Rüschenkleid gewandeten Schönheiten. Die Nacht wird lang, der Schlaf kurz, denn am Pfingstsonntag morgen beginnt die Messe. Danach wird nahtlos weitergefeiert, bis im Morgengrauen des Montags der stundenlange Umzug der Madonna beginnt. Nur die Bruderschaft aus Almonte darf das Podest mit der Statue tragen, hart bedrängt von den Tausenden, die die Madonna berühren wollen. Die Verehrung steigert sich zu einer Ekstase, die verstehen lässt, warum die katholische Kirche diese Wallfahrt (wie die Semana Santa von Sevilla übrigens auch) etwas argwöhnisch beäugt. Bis in die Nachmittagsstunden hinein dauert die enthusiastische Prozession. Dann ist für diesmal alles vorbei, bis zum nächsten Jahr.

Kritische Stimmen monieren, die Romería von El Rocío werde von Jahr zu Jahr mehr zum bloßen Fest der Sinnesfreuden (die sich, wie man hört, nicht nur auf Essen und Trinken beschränken sollen ...), verkomme zum amüsanten Jahrmarkt. Das mag zum Teil schon stimmen; schließlich ist, wie in ganz Westeuropa, auch in Spanien die Religiosität im Rückgang begriffen. Die Begeisterung der Menge beim Anblick der Madonna jedoch ist ganz gewiss nicht geheuchelt – und ein absolut erlebenswertes Ereignis bleibt die Romería so oder so allemal.

El Rocío Chico: So nennt sich eine kleinere Wallfahrt zu Pferde Mitte August. Alle sieben Jahre (das nächste Mal 2012), findet am 19. August zudem der Traslado statt: Dann wird die Madonna als Schäferin gekleidet nach Almonte überführt und erst im Folgejahr eine Woche vor der Romería zurückgebracht.

Huelva Karte S. 647

652 Provinz Huelva

• *Essen* Gut, aber nicht ganz billig ist auch das Restaurant des Hotels Toruño, das dem eigentlichen Hotel gegenüber liegt.

Rest. Aires de Doñana, in toller Lage am Rand der Marismas. Traditioneller Bau mit schöner Aussicht, prima Küche, besonders gut die Fischgerichte. Die Lage zahlt man allerdings mit... Av. Canaliega 1, Mo und zur Wallfahrt geschlossen.

Casa Rociera El Frenazo, an der Hauptzufahrt in den Ort, nahe Alojamientos Rocío-Doñana. Ein Lesertipp von Petra Werner: „Das unscheinbare Lokal ist berühmt für

seine Grill-Hähnchen mit Honigkruste. Vorbestellung ist empfehlenswert: ℡ 959 442311." Calle Muñoz y Pavon 40.

• *Ausflüge* **Doñana Ecuestre** veranstaltet Fahrten mit Allradbussen im Naturpark, Dauer vier Stunden, Preis etwa 26 €, sowie Reitausflüge unterschiedlicher Dauer bis hin zu mehreren Tagen. Das Gestüt liegt an der Av. Canaliega s/n, noch etwas landeinwärts der Alojamientos Rocío-Doñana und westlich der Hauptstraße. ℡ 959 442474, www.donanareservas.com.

Museo Histórico Religioso: Westlich der Hauptstraße nach Matalascañas, also auf der dem Ortskern gegenüberliegenden Seite, steht dieses noch recht neue Museum. Es widmet sich nicht nur der Wallfahrt (u.a. mit alten Fotos der Romería), sondern auch den Ökosystemen der Doñana. Eigentlich ist die Ausstellung gut gemacht; schade deshalb, dass alle Erklärungen nur auf Spanisch erfolgen.

Öffnungszeiten Täglich 9.30–14 Uhr; künftig evtl. auch nachmittags, dann Mo geschlossen. Eintritt 2 €.

Parque Nacional Coto de Doñana

Das größte Vogelschutzgebiet Europas, alljährlich Rastplatz für sechs Millionen Zugvögel und Brutstätte für rund hundert Arten. Von der Unesco zum Weltnaturerbe erklärt, ist der Coto de Doñana leider auch der am stärksten bedrohte Nationalpark Spaniens.

Das ausgedehnte Areal westlich der Guadalquivirmündung diente schon ab dem 13. Jh. den spanischen Königen als exklusives Jagdgebiet („Coto") und blieb bis in unser Jahrhundert nahezu unberührt. Als in den Sechzigern riesige Trockenlegungen drohten, kaufte 1964 die Stiftung „Alonso de Herrera" zusammen mit dem „World Wildlife Fund" 7500 Hektar Land auf. 1969 wurde ein erweitertes Gebiet zum Nationalpark erklärt, der mit den umgebenden Vorparks, die eine Art Schutzpuffer bilden sollen, heute über 770 Quadratkilometer einnimmt. Seit einer Reihe von Jahren engagiert sich auch die EU stärker für den Schutz des Coto de Doñana, anscheinend wurde die immense Bedeutung des Gebiets endlich erkannt.

Bedrohungen

Von allen spanischen Nationalparks ist der Coto de Doñana den massivsten Gefahren ausgesetzt. Die industrielle Belastung des Guadalquivir und besonders die Verseuchung der Feuchtgebiete durch Düngemittel und Pestizide der angrenzenden Landwirtschaft führten 1973 und 1986 zu großen Vogelsterben. Ein anderes Problem ist das allmähliche Sinken des Grundwasserspiegels, hervorgerufen durch den großen Wasserbedarf der Erdbeerfelder im Hinterland, durch die Trockenlegung der Marismas außerhalb der geschützten Zonen und auch vom Tourismus: Die Urlauberstadt Matalascañas am Rand des Parks verbraucht an einem Sommerwochenende mehr als zehn Millionen Liter Wasser – pro Tag. Zur bislang schwersten Bedrohung des Ökosystems wurde jedoch der Dammbruch am Río Guadiamar.

Parque Nacional Coto de Doñana   653

Der Dammbruch am Río Guadiamar

In der Nacht zum 25. April 1998 barst beim Dorf Aznalcóllar, rund 15 Kilometer nördlich der A 472 gelegen, ein Auffangbecken des schwedischen Bergbaukonzerns Boliden. Fünf Millionen Kubikmeter hoch giftiger, stark säurehaltiger Schlämme ergossen sich in den Río Guadiamar, vernichteten alles Leben im Fluss. Auf einer mehrere hundert Meter breiten Todesschneise wälzte sich die Giftflut 40 Kilometer flussabwärts, direkt auf den Nationalpark zu. Nur mit eilig errichteten Deichen konnte das Eindringen der kontaminierten Schlammfracht in das Reservat verhindert werden.

Der Coto de Doñana sei „außer Gefahr", wusste Spaniens damalige Umweltministerin Isabel Tocino bereits am Tag nach dem Dammbruch zu vermelden. Auch andere Amtsträger wiegelten ab: Schließlich habe sich das Unglück ja „nur" im Vorpark ereignet, also außerhalb des Nationalparks. Eine kurzsichtige Argumentation, die übersieht, dass die Natur derartige Grenzen nicht kennt. Zum einen sind die Gewässer im flachen Mündungsbereich des Guadalquivir auf komplexe Art und teilweise sogar unterirdisch miteinander verbunden, werden durch die weit ins Land reichenden Gezeiten immer wieder durchmischt. Langsam, aber sicher dürften sich die Gifte deshalb auch über den Nationalpark verteilt haben. Zum anderen sind die Tiere der Doñana natürlich auch im Vorpark auf Futtersuche. Die tonnenweise verendeten Fische, ein Festfressen für die Vögel, waren durch die schwarze Brühe bis zu den Kiemen mit Blei, Zink, Cadmium und Arsen verseucht – so gelangten die Schwermetalle in die Nahrungskette.

Letztlich ging trotzdem alles noch halbwegs glimpflich ab. Die Doñana wurde einer fast 400 Millionen Euro teuren, von der EU bezuschussten Sanierung unterzogen. Sie verlief erfolgreich und laut WWF sogar „wegweisend": 99 Prozent der im Boden enthaltenen Schwermetalle konnten beseitigt werden.

Die Ökosysteme des Coto de Doñana

Drei sehr verschiedene Systeme, die jedoch teilweise ineinander übergehen, sind charakteristisch für die Landschaft des Nationalparks.

Wanderdünen: Ein Folge hoher Dünen bildet eine natürliche Barriere zur Küste hin. Diese parallel zum Meer verlaufenden Dünengürtel, bewachsen nur von widerstandsfähigsten Planzenarten wie Strandhafer und Stranddistel, verändern sich durch den Einfluss des Windes ständig und bewegen sich so langsam landeinwärts. Zwischen den einzelnen Dünen entstehen Senken („Corrales") mit relativ feuchtem Boden, in denen für eine Weile eine komplexere Vegetation gedeiht. Die nächste von der Küste landeinwärts rollende Wanderdüne verschüttet die Büsche und Bäume jedoch nach und nach wieder und hinterlässt nur die trockenen, abgeschürften Stämme der Bäume, die sogenannten „Cruces" (Kreuze) des Coto de Doñana.

Cotos: Sie erstrecken sich im Bereich landeinwärts des Dünengürtels und machen heute den größten Teil des Parks aus. Hierbei handelt es sich um einen Jahrtausende alten, früheren Dünenstreifen, der durch Büsche und kleine Bäume mittlerweile gefestigt ist und sich als leicht wellige Landschaft präsentiert. Auf den Kuppen der Hügelketten gedeihen vor allem Zistrosenbüsche, daneben unter

Huelva Karte S. 647

654   Provinz Huelva

anderen auch Rosmarin und Lavendel; die Pinienwälder, die hier ebenfalls anzutreffen sind, wurden meist von Menschenhand zur Wiederaufforstung gepflanzt.
Die feuchteren Senken zwischen den Kuppen beherbergen andere Vegetations-
formen: dichten Buschbewuchs aus Stechginster und Heide, daneben vereinzelte
Wäldchen aus Korkeichen und wilden Ölbäumen.

Marismas: Die Salzmarschen sind das dritte große Ökosystem des Naturparks; ein
flaches Sumpfland, das durch Sedimentablagerungen des hier sehr verzweigten,
trägen Río Guadalquivir entstanden ist. Mit dem Wechselspiel zwischen Ebbe
und Flut dringt Salz- und Brackwasser in den Komplex von Lagunen und Kanälen, der, nach den Winterregen weitgehend überschwemmt, im Frühjahr kräftig
grün wird und im Sommer zu einer harten, rissigen Wüstenei austrocknet. An
vielen Stellen innerhalb dieser Gezeitensümpfe, aber auch der Cotos, tritt
Süßwasser an die Oberfläche und bildet Lagunen und überflutete Senken, die so
genannten „Caños" mit Wasser- und Sumpfpflanzen, an den Rändern auch mit
Weidenbäumen.

Die Tierwelt des Parks besteht aus vielen bedrohten Arten, unter ihnen auch der
stark gefährdete iberische Luchs, von dem es hier noch an die 30 Exemplare gibt.
Den eigentlichen Reichtum des Coto bilden die Vögel, die nach der Trockenlegung
vieler spanischer Feuchtgebiete hier eines ihrer letzten Refugien finden. Dank seiner
Nähe zu Afrika dient der Park vielen Spezies als Raststation auf ihren Wanderungen, andere kommen hierher, um zu brüten. Über 360 seltene Arten wurden hier
gezählt. Mit etwas Glück zu beobachten sind eine ganze Reihe von Greifvögeln, Kolonien von Störchen, verschiedene Reiher und Enten, das seltene Purpurhuhn, Flamingos, der afrikanische Löffler aus der Gattung der Ibisse und viele andere mehr.

Touren im Park

**Die besten Besuchszeiten sind das Frühjahr und der Winter nach den ersten
Regenfällen. Im Sommer und Herbst sind viele Gebiete ausgetrocknet. In
der Tierwelt ist dann wenig los, der Andrang von spanischen Besuchern zur
Hochsaison dafür immens.**

Das zentrale Schutzgebiet des Parks, östlich der Straße El Rocío-Matalascañas, darf
auf eigene Faust nicht betreten werden. Einzige Möglichkeit, dieses Areal zu besuchen, sind die Landrovertouren ab Acebuche (Details siehe unten), die eine
Fahrtstrecke von rund 80 Kilometern umfassen, ökologisch allerdings nicht ganz
unbedenklich sind. Eine gute und umweltverträgliche Alternative stellen die Rund-
wege mit Beobachtungsständen dar, die in den Vorparks um die Infozentren angelegt sind, sich allerdings auf das Gebiet der „Cotos" beschränken.

Interessante Einblicke in die früheren Lebensverhältnisse der Bauern und Fischer
des Coto bietet die permanente Ausstellung „Mensch und Doñana" im Informationszentrum Palacio de Acebrón.

● *Informationszentren* **Centro de Interpretación La Rocina**, an der Straße von El Rocío nach Matalascañas, kurz hinter El Rocío. Hier beginnt der 2,5 km lange Wanderpfad „Charco de la Boca", der durch Pinienwald zu einer Lagune führt, die meist ganzjährig Wasser führt und an der drei Beob-
achtungshütten installiert sind. Unter den

hier vertretenen Spezies sind Löffler, Störche, verschiedene Reiher- und Entenarten,
im Winter auch Eisvögel; die besten Licht-
verhältnisse zur Vogelbeobachtung herrschen ab Mittag. Das Zentrum öffnet täglich um 10 Uhr, geschlossen wird je nach
Jahreszeit um 19 oder 20 Uhr, So bereits um
15 Uhr. ✆ 959 442340.

Parque Nacional Coto de Doñana

Refugium für Wasservögel: Lagune im Nationalpark

Palacio del Acebrón, über dieselbe Zufahrt zu erreichen, noch etwa 4 km hinter La Rocina. Dauerausstellung „Mensch und Doñana", Wanderpfad „Charco del Acebrón" (1,5 km) durch den Wald El Bosque de Ribera und rund um eine kleine Lagune. Geöffnet wie oben.

Centro José Antonio Valverde (Cerrado Garrido), südöstlich von El Rocío, nur sehr kompliziert über weite Umwege oder aber auf einer organisierten Tour ab El Rocío zu erreichen, jedoch ein weiterer guter Beobachtungspunkt für Vögel. Mit Ausstellung „Wasserpfade", Videovorführung und Bar/Laden. Geöffnet 10–19 Uhr.

Centro de Recepción El Acebuche, das Haupt-Dokumentationszentrum, ebenfalls westlich der Straße El Rocío-Matalascañas. Abzweigung etwa 3–4 km vor Matalascañas, noch 2 km; Bushaltestelle an der Kreuzung. Permanente naturkundliche Ausstellung, Bar/Souvenirgeschäft, 4-mal täglich audiovisuelle Vorführungen, Wanderpfad (1,5 km) zur „Laguna del Acebuche" mit acht Aussichtspunkten. Geöffnet täglich ab 10 Uhr, im Winter bis 19 Uhr, im Sommer bis 20 Uhr, So nur bis 15 Uhr. ✆ 959 448711.

• *Verbindungen* **Bus**: DAMAS-Busse je nach Saison mindestens 3-mal täglich von Sevilla nach Matalascañas; dem Fahrer Bescheid sagen, wo man aussteigen will. Häufigere Busse auch auf der Linie Matalascañas–Almonte bzw. umgekehrt.

• *Landrovertouren* **„Visitas Todoterreno"** finden ab El Acebuche statt, Fahrten von etwa Mai bis Mitte September täglich außer So um 8.30 und 17 Uhr, im restlichen Jahr täglich außer So um 8.30 und 15 Uhr; wegen der Wallfahrt nach El Rocío finden in der Woche vor Pfingsten keine Touren statt. Dauer jeweils etwa vier Stunden, Preis etwa 26 € pro Person. Für Gruppen ab 8 Personen sind auch Ganztagsfahrten möglich. Voranmeldung dringend geraten, mindestens einen Tag, zur Hauptsaison mehrere Wochen vorher: Cooperativa Marismas del Rocío, Centro de Recepción El Acebuche, 21750 El Rocío; ✆ 959 430432, ✆ 959 430451. Falls Platz ist, kommt man zwar auch so mit, Chancen dafür bestehen jedoch höchstens außerhalb der Saison. www.donanavisitas.es.

• *Ausflugsfahrten per Schiff* Der östliche Rand des Nationalparks kann auch bei einer Schiffstour in Augenschein genommen werden. Die „Real Fernando" startet dazu in Sanlúcar de Barrameda in der Provinz Cádiz; Näheres siehe dort.

656 Provinz Huelva

Costa de la Luz (Provinz Huelva)

Die „Lichtküste" der Provinz Huelva steht etwas im Schatten der Costa de la Luz von Cádiz. Ganz unverständlich ist das nicht.

An kilometerlangen Stränden fehlt es zwar keineswegs, doch mangelt es an wirklich attraktiven Küstenorten vom Schlage Conils oder Tarifas. Die moderne Hauptstadt Huelva kann dem uralten Cádiz erst recht nicht Paroli bieten. Immerhin bewahrt die hiesige Küste vor allem in ihrem östlichen Teil jedoch noch kilometerlange Abschnitte ohne jede Bebauung, von der Retortensiedlung Matalascañas einmal abgesehen. Westlich der Provinzhauptstadt haben sich mehrere ausgedehnte Feriendörfer etabliert, die in erster Linie auf spanische Besucher zugeschnitten sind, wie überhaupt der gesamte Fremdenverkehr der Provinz zumindest bislang vorwiegend auf die Bedürfnisse Einheimischer ausgerichtet ist. Dementsprechend kurz fällt die Saison aus – noch im Juni und bereits wieder im September sind viele Feriensiedlungen fast menschenleer, von den Wochenenden einmal abgesehen. Ein Eigenleben entfalten dann nur die größeren Orte und Städte.

Matalascañas

Matalascañas, seltener auch Torre de la Higuera genannt, ist eine künstliche Feriensiedlung aus den 70er-Jahren, die nur im Sommer wirklich belebt ist.

Graubraune, weiße und gelbe Betonschachteln, standardisierte Villenviertel dazwischen geduckt, ziehen sich über mehrere Kilometer den Strand entlang. Der besseren Übersichtlichkeit wegen wurde das bei deutschen Pauschalreisenden durchaus beliebte Ferienparadies in so genannte „Sektoren" (A, B, C, usw.) aufgeteilt. Im Juli und vor allem im August ist die Urlaubshölle los in Matalascañas, während des restlichen Jahres ähnelt der Ort dagegen eher einer modernen Geisterstadt.

Der Strand hier ist allerdings wirklich vom Feinsten. Abwechslung vom Sonnenbad bieten ein 18-Loch-Golfplatz, diverse andere Sportmöglichkeiten und der schöne *Parque Dunar* im Westen der Siedlung, ein teilweise durch hölzerne Spazierwege erschlossener Park in der Dünenlandschaft, in dem es auch ein Museum der Meereswelt (Museo Mundo Marino, siehe unten) gibt. Im Ort selbst steht in Sektor N der Turm „Torre Almenara", in dem neben einem privaten Museum zum Doñana-Park auch ein Aussichtsposten auf die Umgebung untergebracht ist.

• *Information* **Oficina Municipal de Turismo**, im runden Besucherzentrum „Centro de Acogida al Visitante" am Rand des Parque Dunar und unweit der Kreuzung der Straßen von Huelva und El Rocío; ℅ 959 430086. Öffnungszeiten zur HS Mo–Fr 9.30 14, Sa/So 9.45–13.45 Uhr, zur NS noch eingeschränkter.

• *Verbindungen* **Busse** der Gesellschaft DAMAS stoppen am Rand von Sektor A nahe der Infostelle. Verbindungen nach Sevilla bestehen je nach Saison mindestens 3-mal, via El Rocío nach Almonte 10-mal, Huelva 2-mal; zur Hochsaison teilweise deutlich häufigere Abfahrten. Dann existiert auch eine innerörtliche Buslinie, die angesichts der Ausdehnung der Siedlung auch nötig ist.

• *Übernachten* Zur Wallfahrt an Pfingsten sowie im Hochsommer ist es fast unmöglich, ein Bett zu finden, ansonsten verläuft die Suche problemlos. Hohes Preisniveau für Individualreisende, da die meisten Hotels pauschal gebucht werden, was in der Regel deutlich günstiger kommt.

*** Hotel Cortijo Golf, ganz im Norden der Siedlung, zwar nah zum Golfplatz, vom Strand aber ein ganzes Stück entfernt. Kein Bauernhof (Cortijo), wie der Name nahelegt, aber eine für hiesige Verhältnisse architektonisch erfreulich angenehme und auch recht komfortable Anlage; Pool und Fahrradverleih. DZ offiziell etwa 140–200 €, in der Praxis werden die Preise jedoch nachfrageabhängig festgelegt. Sector E, Parcela

Matalascañas 657

Auf Sandstein erbaut: der Leuchtturm von Matalascañas

15, ✆ 902 383099 oder 959 448700, ✉ 959 448375, www.summahoteles.com.

*** Gran Hotel El Coto, mit Platz für fast tausend Personen zumindest von der Kapazität her wirklich „groß". Ausgedehnte Gartenanlagen mit Pool, strandnahe, aber vom „Zentrum" sehr weit entfernte Lage im äußersten Westen. DZ etwa 100–170 €. Sector D, ✆ 959 440017, ✉ 959 440202, www.gran hoteldelcoto.com.

* Pensión Hostal Tamarindo, eine der wenigen preisgünstigeren Möglichkeiten in Matalascañas, zudem in relativ „zentraler" Lage am Westrand von Sektor A, meerwärts der Infostelle. Ein Teil der Zimmer geht allerdings nach hinten auf eine Kneipenzone, ist deshalb zur HS nicht ganz ruhig. DZ/Bad nach Saison etwa 45 bis 70 €, zur Nebensaison schon mal mit Verhandlungsspielraum. Avenida de las Adelfas 1, ✆ 959 430119.

• *Camping* **El Rocío Playa**, 2. Kat., mit dem Auto etwa 3 km vom Ort (zunächst Richtung Huelva), da die Zufahrt den Parque Dunar umgeht; zu Fuß parallel zur Küste und vorbei am Leuchtturm ist der Weg deutlich kürzer. Einer der größten Plätze Spaniens; unten am Strand und auf den fast schattenlosen Hügeln im Hinterland finden 4000 Personen Platz. Eine ganze Zeltstadt also, komplett eingezäunt, viele Dauercamper. Der Strand allerdings ist prima, die Ausstattung okay. Ganzjährig geöffnet, zur NS aber oft nahezu verwaist; auch Bungalowvermietung. P.P., Auto, Zelt je etwa 6 €. ✆ 959 430240.

• *Essen* Deutliche Restaurantkonzentration in Sektor A, am Strand öffnet im Sommer zudem ein rundes halbes Dutzend Chiringuitos (Strandkneipen). Außerhalb der Saison bleibt vieles geschlossen.

Freiduría El Rey de la Gamba, für Matalascañas ausgesprochen traditionsreich: Bereits 1975 gegründet... Frittierter Fisch und Meeresfrüchte (Viertelkilo etwa 8 €), verzehrt an einem der Tische am Platz. Zur spanischen Urlaubssaison brummt der Laden. Plaza del Pueblo 6, der Hauptplatz in Sektor A.

Bar Taberna Tío Paco, ebenfalls zentral in Sektor A. Spanische Küche, nettes Ambiente, mittleres Preisniveau. Plaça de las Begoñas, in den Passagen parallel zur Hauptstraße und nördlich des Hauptplatzes.

Cervecería Brasería Raya Real, wiederum am Hauptplatz. Gute Montaditos, Tapas, Fleisch vom Grill etc. Günstig.

• *Ausflüge/Sport* **Doñana Sostenible** (Mobil-✆ 655 941013) nahe der Infostelle im Besucherzentrum „Centro de Acogida al Visitante" veranstaltet Exkursionen im Naturpark, MTB-Touren, Reitausflüge etc.

Huelva Karte S. 647

658   Provinz Huelva

Club Hípico El Paso Doble, ein Reitstall, der Ausritte am Sandstrand und in den Parque Natural offeriert, Start 2-mal täglich, p.P. 26 €. Im Parque Dunar, ℡ 959 448241.

● *Baden* Die kilometerlangen, feinsandigen Strände bilden das große Plus von Matalascañas, sind im Ortsbereich sogar Jahr für Jahr mit der „Blauen Flagge" ausgewiesen. Als Erinnerung an vergangene, vortouristische Zeiten ragt das Wahrzeichen des Ortes aus den Wellen, die Reste des vom Meer arg ramponierten Wachtturms *Torre de la Higuera*. Er ist einer von einst sechs Türmen, die gegen Ende des 16. Jh. in diesem Küstenabschnitt zur Abwehr von Piraten errichtet wurden. Durch den Anstieg des Meeresspiegels in den letzten Jahrhunderten wurden drei dieser Türme vollständig von den Fluten verschluckt, die anderen drei stehen noch.

Playa de Matalascañas: Der eigentliche Ortsstrand von Matalascañas zieht sich kilometerweit in beide Richtungen und ist bis zu 80 m breit. Im Siedlungsbereich wird er von einer behindertengerecht angelegten Promenade begleitet, und auch sonst lässt das Serviceangebot keine Wünsche offen: Duschen, Umkleiden, Wassersportmöglichkeiten, Strandrettung: alles da, aber alles nur zur Sommersaison.

Playa Torre de la Higuera: Die nahtlose Fortsetzung der Playa de Matalascañas beginnt am Ortsrand etwa auf Höhe des Leuchtturms. Offiziell endet er bereits nach 1,5 km, doch ist ein Übergang zur folgenden Playa de Castilla nicht auszumachen. Schön sind die bunt leuchtenden Sandsteinfelsen, ein Charakteristikum des Gebiets; das von Dünengürteln geprägte, unbebaute Hinterland ist Teil des Naturparks Doñana.

Museu Mundo Marino: Das Meeresmuseum (kein Aquarium) liegt mitten im Parque Dunar, knapp 800 Meter Fußweg vom Besucherzentrum „Centro de Acogida al Visitante" entfernt. Die Ausstellung verteilt sich auf mehrere Themensäle. Der erste Saal, *Las Dunas*, ist den wandernden und den fossilen Dünen der Umgebung gewidmet, der zweite Saal *Los Cetáceos* den Walen; ausgestellt ist hier auch das Skelett eines 20 Meter langen und 51 Tonnen schweren Finnwals. Der dritte Saal, *El Mar*, befasst sich mit der Erforschung des Meeres; zu sehen ist u.a. eine so genannte Öko-Sphäre, ein völlig abgeschlossenes System, in dem Algen, Krill und Bakterien sich seit dem Jahr 2000 gegenseitig am Leben erhalten. Die Fischerei, darunter auch der Thunfischfang La Almadraba, ist Thema des vierten Saals *La Mar* – im Gegensatz zu den Landratten ist für Fischer in Spanien das Meer weiblich, daher der Artikel „La". Im fünften und letzten Saal, *Barcos y Rutas*, dreht sich alles um den Schiffsbau. Leider sind die Erklärungen bislang nur auf Spanisch gehalten, ein Flugblatt in Englisch ist an der Kasse erhältlich.

Öffnungszeiten Etwa Mitte Juni bis Mitte Sept. Di–Sa 11–14.30, 18–21.30 Uhr, So 11–14.30 Uhr; sonst Di–Sa 10–14, 15.30–18 Uhr, So 10–14 Uhr. Eintritt 5,50 €. www.parquedunar.es.

Zwischen Matalascañas und Huelva

Bis zur Feriensiedlung *Mazagón* trennt auf gut 25 Kilometer Länge eine teilweise mit Pinien bewachsene Dünenkette die Straße vom schier unendlichen Sandstrand. Das Gebiet ist, mit Ausnahme des Paradors, völlig unbebaut – nur Bäume, Sand und dahinter das Meer. Mobile Reisende können hier noch völlig einsame Fleckchen finden. Höchstens an Sommerwochenenden, wenn die Einwohner Huelvas ausschwärmen, kommt so etwas wie Betrieb auf.

● *Übernachten* ****** Parador de Mazagón**, modernes Gebäude, Traumlage am Pinienwald und oberhalb des grandiosen Sandstrands; Schwimmbad, Tennis, Fahrradverleih. Ganzjährig geöffnet. DZ etwa 160–180 €. Etwa 22 km von Matalascañas und gut 5 km von Mazagón entfernt, ℡ 959 536300, ✆ 959 536228, www.parador.es.

● *Camping* **Doñana Playa**, 1. Kat., östlich von Mazagón. Noch größer als Rocío Playa, Kapazität 6000 Personen. Ein Vorteil ist die überwiegend schattige Lage. Gute Ausstattung, mehrere Schwimmbäder, sehr viele Dauercamper, die aber meist nur im Juli, August und am Wochenende anwesend sind. Dann wird es eng, sonst ist Platz satt

– auch am nahen Strand der Extraklasse. Geöffnet Mitte Januar bis Mitte Dezember. Miete einer kompletten Parzelle normalerweise obligatorisch: Rund 26 € Minimum sind zu rechnen. Von Matalascañas kommend ein Stück vor dem Parador, ℘ 959 5362281, ℘ 959 536313, www.camping donana.com.

● *Baden* **Playa de Castilla**: Die Verlängerung der Playa Torre de la Higuera erstreckt sich über sage und schreibe 24 km bis nach Mazagón – ein Paradies für Strandläufer, und auch Plätzchen zum Nacktbaden lassen sich natürlich ohne weiteres finden. Wie auch an der Playa Torre de la Higuera trennen imposante, vielfarbige Sandsteinfelsen den Strand vom Hinterland. Zugänge zum Strand sind allerdings selten, es gibt sie unter anderem beim Parador und an der Cuesta de Maneli.

Cuesta de Maneli (El Asperillo): So heißt der Strandabschnitt bei einer besonders spektakulären, als Naturmonument geschützten versteinerten Dünenformation, die bis zu 15 Meter hoch ist. Nacktbaden ist üblich, im Sommer öffnet eine Strandbar. Leider hinterlassen manche Besucher ihren Müll, was man dem Strand zumindest zur Nebensaison auch ansieht. Zu erreichen ist die Cuesta de Maneli von einem Parkplatz (im Sommer bewacht) bei km 39 der Straße Matalascañas–Mazagón, etwa 13 km hinter Matalascañas. Von hier führt ein gut einen Kilometer langer Holzbohlenweg durch die schöne Dünenlandschaft zum Strand.

Mazagón

Wie Matalascañas ist auch Mazagón eine fast lupenreine Feriensiedlung, zwar nicht ganz so ausgedehnt und etwas weniger steril, außerhalb der Saison aber ebenfalls nahezu verwaist.

Der Ähnlichkeiten sind noch mehr: kilometerlange Straßen, Reihenhäuser und Villensiedlungen, vor der Tür wiederum ein toller Strand. Der allerdings verlockt wenig, wenn man weiß, dass direkt vor Mazagón der aus Huelva kommende *Río Odiel* mündet: Wer die dortigen Dreckschleudern von Raffinerien gesehen hat, wird hier kaum den Zeh ins Wasser halten wollen. Etwas außerhalb in Richtung Matalascañas ist die Wasserqualität jedoch in aller Regel in Ordnung. Ausländische Gäste sind zumindest bislang eine Rarität im Ort, der ganz überwiegend von Spaniern besucht wird.

● *Information* **Oficina Municipal de Turismo**, Plaza Odón Betanzos s/n, im „Zentrum", ℘ 959 376300. Geöffnet Di–Sa 10–14, 17–19 Uhr.

● *Verbindungen* **Busse** der Gesellschaft DAMAS nach Palos de la Frontera und Huelva 10-mal, nach Matalascañas 2-mal täglich, zur HS erweitert.

● *Übernachten* Eine schöne Alternative ist der außerhalb in Richtung Matalascañas gelegene Parador, siehe oben.

*** Hotel Carabela Santa María, etwas landeinwärts der Infostelle. Recht großes, 1998 eröffnetes Hotel in angenehmer Bauweise und mit ordentlicher Ausstattung. Ganzjährig geöffnet. DZ nach Saison etwa 60–125 €. Av. de Conquistadores s/n, an der Hauptzufahrt aus Richtung Huelva, ℘ 959 536018, ℘ 959

377258, www.hotelcarabelasantamaria.com.

* Pensión Álvarez Quintero, freundlich geführtes Quartier in der Nähe des Sporthafens; Parkmöglichkeit. Nur elf Zimmer, DZ/Bad mit Klimaanlage nach Saison 35–45 €, ohne Bad und ohne Klimaanlage 20–30 €. C. Hernando de Soto 174, ℘ 959 376169.

● *Essen* **Rest. Las Dunas**, strandnah an der Hauptstraße auf Höhe des Sporthafens gelegenes Terrassenrestaurant. Gute Küche, Spezialität sind Grillgerichte, fein besonders der Fisch. Menü à la carte ab etwa 25–30 €. Av. de los Conquistadores 178.

● *Feste* **Nuestra Senora del Carmen**, am 16. Juli. Auch in Mazagón wird die Schutzheilige der Fischer und Seeleute mit einer Bootsprozession geehrt.

Richtung Huelva fallen die ersten Großanlagen der Petrochemie schon bald ins Auge – es qualmt und stinkt zum Grausen. Doch bewegt man sich in diesem Gebiet auch auf historischem Boden: Hier startete Christoph Kolumbus zu seiner ersten großen Entdeckungsfahrt, rekrutierte in den umliegenden Dörfern einen guten Teil seiner Mannschaft.

Gib niemals auf: Die Fahrten des Christoph Kolumbus

Die Herkunft von Christoph Kolumbus ist immer noch nicht genau geklärt. Man nimmt heute jedoch an, dass Kolumbus 1451 in der italienischen Hafenstadt Genua das Licht der Welt erblickte. Sicher ist, dass er, wie er selbst sagte, „schon in sehr jungen Jahren zur See fuhr". Nachdem Kolumbus in eine wohlhabende portugiesische Familie eingeheiratet, einige Jahre auf Handelsfahrten verbracht und sich in seinem Hobby, der Geographie, weitergebildet hatte, machte er sich an die Verwirklichung seiner Lieblingsidee: Westwärts segelnd wollte er Indien und den Fernen Osten ansteuern und so den langen Umweg um Afrika und das Kap der guten Hoffnung vermeiden. Beim portugiesischen König fand er jedoch keine Unterstützung für seine Pläne. 1485 wandte Cristóbal Colón, wie er in Spanien genannt wird, sich an das Königspaar Isabel und Ferdinand. Der königliche Schatzmeister hörte die Kunde von einer möglichen Expedition nach Westen gern, erhoffte er sich doch eine goldglänzende Aufstockung der vom Krieg um Granada weitgehend geleerten Staatskasse. Es folgten jahrelange Beratungen verschiedener Expertenkommissionen, der so genannten „Juntas".

1490 jedoch wiesen die „Katholischen Könige" den Plan des Seefahrers, der ihnen über sechs lange Jahre hinweg nachgereist war und immer wieder für sein Vorhaben geworben hatte, zurück – vorläufig, wie sie betonten. Deprimiert fuhr Kolumbus ins Kloster La Rábida, in dem er schon einmal freundliche Aufnahme gefunden hatte. Und dort traf er auf die richtigen Männer: den wagemutigen Reeder und Kapitän Martín Alonso Pinzón aus Palos und den Franziskanerpater Fray Juan Pérez. Der Pater war es schließlich auch, der die Königin 1491 bat, das Projekt noch einmal zu überdenken. Isabella willigte ein und lud Kolumbus in ihr vor Granada errichtetes Kriegsquartier Santa Fé, heute eine eigenständige Stadt. Fast wären die Verhandlungen doch noch gescheitert, denn Kolumbus stellte hohe Forderungen: Er wollte den zehnten Teil aller entdeckten Reichtümer, den Titel eines Admirals und den eines Vizekönigs der neuen Länder, die Anrede mit Don, die Adelswürde und das Recht, alle diese Annehmlichkeiten zu vererben. Unbeugsam beharrte er auf seinen Wünschen und hatte, als sie ihm verweigert wurden, Santa Fé schon im Zorn verlassen, als ein Bote ihn noch einholte und ihn bat, zurückzukehren. Am 17. April 1492 wurde der Vertrag unterzeichnet.

Mit Hilfe des Reeders Pinzón rüstete Kolumbus eine Flotte von drei Schiffen aus. Am 3. August 1492 stachen die „Pinta", die „Niña" und die „Santa María" mit insgesamt 120 Mann Besatzung von Palos aus in See. Am 12. Oktober, die Expedition war durch drohende Meuterei der verschreckten Mannschaft bereits in Gefahr geraten, signalisierte ein Kanonenschuss der „Pinta", dass Land in Sicht war: die Insel Guanahani, von Kolumbus San Salvador genannt. Am 27. Oktober erreichten die Schiffe Kuba, am 6. Dezember Haiti. In den Mittagsstunden des 15. März 1493 kehrte Kolumbus an Bord der mit Schätzen voll beladenen „Niña" in den Hafen von Palos zurück.

Es folgten weitere Expeditionen nach Westen. Als Vizekönig zeigte sich Kolumbus jedoch weit weniger erfolgreich denn als Entdecker. Nachdem ihn ein Untersuchungsrichter für unfähig erklärt hatte, wurde er im Jahre 1500 von seinem Posten abgesetzt, musste die Heimreise nach Cádiz gar in Ketten antreten. Wieder rehabilitiert, startete Kolumbus 1502 zu seiner letzten großen Fahrt. Wenige Tage nach seiner Rückkehr starb im November 1505 seine Gönnerin Königin Isabella. Kolumbus, gichtkrank und verbittert, überlebte sie nur um wenige Monate. Am 21. Mai 1506 starb der große Seefahrer in Valladolid – ohne zu wissen, dass er zwar nicht Ostindien erreicht, aber dafür Europa einen neuen Kontinent entdeckt hatte.

Detailgetreu: Nachbauten der Kolumbus-Karavellen

La Ruta Colombina

Gleich mehrere Orte östlich der Provinzhauptstadt Huelva sind mit dem Gedenken an die Reisen von Christoph Kolumbus verbunden.

Kein Zufall, dass an der Ría, der weiten Mündung des Río Odiel bei Huelva, ein großes, wenn auch nicht besonders schönes Monument an Christoph Kolumbus erinnert. Kein Zufall auch, dass das wichtigste Fest der Provinzhauptstadt dem Entdecker gewidmet ist. Die „Ruta Colombina" folgt den hiesigen Spuren des Amerikafahrers.

Monasterio de la Rábida

In diesem kleinen Franziskanerkloster, damals gerade mal ein paar Jahre alt, aber bekannt für seine naturwissenschaftlich interessierten Geistlichen, hatte Kolumbus schon früh Gleichgesinnte gefunden.

Das Kloster steht auf einem Hügel östlich des Río Tinto, etwa acht Kilometer südöstlich von Huelva. Umgeben von Pinienhainen, bildet es mit seinen blitzweißen Mauern einen deutlichen Kontrast zu den Raffinerien der Umgebung. In seinem Vorstand Fray Juan Pérez fand Kolumbus einen Fürsprecher, der die so dringend benötigte Unterstützung gewährte. Heute ist das im Mudéjar-Stil errichtete Kloster zu einer Art Gedenkstätte geworden. Auf einer Führung durch das Kloster und die beiden Kreuzgänge sieht man neben einer Reihe von Kunstschätzen auch einen Raum, der vom örtlichen Künstler Vázquez Díaz mit Szenen aus dem Leben des Entdeckers gestaltet wurde, außerdem die Zelle, in der Kolumbus mit dem Pater und Pinzón seine Pläne besprach, und den sogenannten „Flaggenraum", der neben Flaggen der lateinamerikanischen Nationen auch eine Sammlung mit Erde aus den

662   Provinz Huelva

jeweiligen Ländern präsentiert. Angeschlossen sind eine Infostelle und ein hübsches Gartenrestaurant.

Öffnungszeiten Di–Sa 10–13, 16–18.15 Uhr, So 10.45–13, 16–18.15 Uhr; Nachmittagstermine im August erst ab 16.45 Uhr. Eintrittsgebühr 3 €.

Im Umfeld des Klosters erinnern weitere Gebäude an die besondere Beziehung zwischen Spanien und Amerika, darunter die *Hispano-Amerikanische Universität* und das *Iberoamerikanische Forum*, in dem gelegentlich Konzerte und andere Veranstaltungen stattfinden. Das „Plus-Ultra"-Denkmal wurde in Erinnerung an einen Meilenstein der Luftfahrt errichtet, nämlich an jenes Wasserflugzeug, das in den 20er-Jahren des letzten Jahrhunderts von hier aus den Atlantik überquerte; der Kai, von dem aus es startete, wurde rekonstruiert. Auch der Botanische Garten *José Celestino Mutis* (Di–So 10–19 Uhr; gratis) knüpft auf seine Weise Verbindungen zwischen den Ländern, denn er vereint spanische und amerikanische Flora.

Muelle de las Carabellas: Das moderne Dokumentationszentrum „Mole der Karavellen" zeigt neben einer audiovisuellen Show auch ein Museum der Seefahrt des 15. Jahrhunderts, in dem Dokumente, Seekarten und nautische Geräte ausgestellt sind. Hauptattraktion der Ausstellung sind jedoch die Nachbauten der „Pinta", „Niña" und „Santa María", die in Originalgröße vor dem Museumsbau schwimmen. Erbaut wurden sie von einer Werft in Isla Cristina.

Öffnungszeiten Di–So 11–19 Uhr; Eintrittsgebühr 3,50 €.

Palos de la Frontera

Auch dieses Städtchen am dunkelrot gefärbten Río Tinto, nur wenige Kilometer nördlich des Klosters, verweist auf Kolumbus.

In Palos startete der Entdecker zu seiner ersten großen Fahrt, von der er nach über sieben Monaten triumphal hierher zurückkehrte. Aus dem Ort stammte zudem der Reeder Martín Alonso Pinzón, der zusammen mit seinem jüngeren Bruder dafür sorgte, dass der Seefahrer die nötige Mannschaft erhielt, wohl keine ganz leichte Aufgabe. Martín Alonso Pinzón war es auch, der als Kapitän der „Pinta" Kolumbus auf seiner weiten Reise begleitete. Nicht unverständlich deshalb, dass sich Palos gern als „Cuna del Descubrimiento de América" bezeichnet, als Wiege der Entdeckung Amerikas.

In der Nähe des Rathauses ist dem großen Sohn des Städtchens ein Denkmal gewidmet, und das Geburtshaus der Gebrüder in der Calle Colón kann als *Casa Museo de Martín Alonso Pinzón* (zuletzt wegen Renovierung geschlossen) besucht werden. Weiter nördlich präsentiert sich die am Ortsrand gelegene Kirche *San Jorge*, in der Kolumbus vor der Abfahrt eine Messe hörte, als Bau im Mudéjar-Stil des 15. Jh. Durch das fein gearbeitete Portal „Puerta de los Novios" sollen der Seefahrer und seine Männer ihren das Gotteshaus verlassen haben. Ganz in der Nähe ist der Brunnen *La Fontanilla* zu sehen, aus dem die Wasservorräte für die Reise zu der Zwischenstation Kanarische Inseln geschöpft wurden. Wie sich die Zeiten ändern: Der Brunnen gibt heute kein Wasser mehr, und auch der Hafen ist versandet. Palos hat sich von der Seefahrt ab- und der Landwirtschaft zugewandt, ist heute ein bedeutendes Zentrum der Erdbeerproduktion.

● *Verbindungen* **Busse** der Gesellschaft DAMAS nach Huelva und nach Moguer etwa stündlich, nach Mazagón 10-mal täglich.

● *Übernachten* **★★ Hotel La Pinta**, eine der ersten Adressen vor Ort. Freundlich eingerichtet, gepflegtes Restaurant, Garage. DZ etwa 70 €, von November bis Februar 50 €.

Moguer **663**

An der Hauptstraße Calle Rábida 75, ✆ 959 350511, 📠 959 530164, www.hotellapinta.com.

● *Essen* Gut und beliebt ist auch das Restaurant im Hotel La Pinta.

El Bodegón, nicht weit vom Hotel La Pinta, eine große, gemütliche Kneipe im Bodega-Stil. Spezialität ist Fleisch vom Grill, serviert in üppigen Portionen; es gibt auch Käse, Schinken etc. C. Rábida 46.

● *Feste* Gleich mehrere Feste erinnern an die Fahrten von Kolumbus.

Día de Martín Alonso Pinzón, am 15. März, dem Tag, an dem die Pinta und die Niña von der Entdeckungsfahrt nach Palos zurückkehrten.

Festividad de San Jorge Mártir, am 23. April, Fest des örtlichen Schutzpatrons.

Conmemoración de la partida, am 3. August, dem Tag der Abfahrt der Schiffe.

Fiesta de la Nuestra Señora de los Milagros, am 15. August. Ende des Monats Wallfahrt zu Ehren der Madonna.

Día de la Hispanidad, am 12. Oktober, Tag der Entdeckung Amerikas, gleichzeitig spanischer Nationalfeiertag.

Moguer

Etwa acht Kilometer nördlich von Palos gelegen, präsentiert sich Moguer als durchaus reizvolles Landstädtchen, das auch einige bedeutende Baudenkmäler aufweist.

Wichtigste Sehenswürdigkeit des gut 12.000 Einwohner zählenden Ortes ist das Kloster *Monasterio Santa Clara* (Führungen Di–Fr 11–13, 17–19 Uhr, Sa 11–13 Uhr; 3 €) aus dem 14. Jahrhundert. Beachtenswert an dem gotisch-mudéjaren Bau sind insbesondere der schöne Kreuzgang, das schöne Chorgestühl und das Alabastergrabmal der Familie Portocarrero in der Capilla Mayor; angeschlossen ist ein kleines Museum sakraler Kunst. Natürlich fehlt auch hier der Bezug zu Kolumbus nicht: In diesem Kloster ließ der Seefahrer nach seiner Rückkehr aus Amerika eine Dankesmesse lesen.

Besonders stolz ist man in Moguer jedoch auf einen Schriftsteller: Hier wurde 1881 Juan Ramón Jimenez geboren, der Literaturnobelpreisträger von 1956. „Geschichte und Poesie" schreibt sich der Ort deshalb auf seine Fahnen. In Wohnhaus von Jimenez wurde sogar ein Museum eingerichtet: Die *Casa Museo Ramón Jimenez* (Di–Sa 10.15–13, 17.15–19 Uhr; 3 €) zeigt Gegenstände aus dem Besitz des Dichters sowie eine komplette Sammlung der Erstausgabe seines Buchs „Platero und ich".

● *Information* **Oficina Municipal de Turismo**, Calle Castillo s/n, in einer ehemaligen Bodega auf dem Gelände des zerstörten Kastells von Moguer; ✆ 959 371898. Geöffnet Mo–Sa 10–14, 16.30–19 Uhr, So 10–15 Uhr.

● *Verbindungen* **Busse** der Gesellschaft DAMAS halten an der zentralen Plaza Coronación; Verbindungen von/nach Palos de la Frontera und Huelva etwa stündlich.

● *Übernachten* **** Hotel Plaza Escribano**, familiäres und relativ zentral gelegenes, Ende 2007 eröffnetes Quartier, untergebracht in einem hübschen Neubau in traditionellem Stil. 20 ordentlich ausgestattete Zimmer, fast alles Innenzimmer auf den Patio. Vertragsgarage. DZ 55 €. Plaza Escribano bzw. Calle Lora Tamayo 5, von der Ortsumgehung am besten über die südliche der drei Zufahrten (gegenüber dem Gewerbegebiet) anzusteuern, ✆ 959 373063, 📠 959 370287, www.hotelplazaescribano.com.

● *Essen* **Rest. La Parrala**, in der Nähe des Klosters Santa Clara. Gepflegtes Restaurant mit guter und nicht überteuerter Küche; für ein Menü à la carte sind etwa 25 € aufwärts zu rechnen. Plaza de las Monjas 22.

Bar-Rest. Santa Clara, ebenfalls in der Nähe des Klosters. Einfaches, aber solides Lokal, das an Werktagen ein sehr preisgünstiges Mittagsmenü. Auch die Hausspezialitäten, Fleisch vom Grill und frischer Fisch, sind nicht teuer. Plaza Portocarrero 5, Di zu.

● *Feste* **Romería de la Nuestra Señora de Montemayor**, am zweiten Sonntag im Mai, Wallfahrt zum gleichnamigen, zwei Kilometer entfernten Heiligtum.

Huelva

Karte S. 647

Huelva (150.000 Einwohner)

Huelva, am Ufer des hier sehr breiten Río Odiel gelegen, ist nicht gerade die reizvollste Provinzhauptstadt Andalusiens. Der Ort musste nach einem verheerenden Erdbeben des 18. Jh. komplett neu aufgebaut werden, Baudenkmäler fehlen fast völlig.

Noch von seiner besten Seite präsentiert sich Huelva in den mitteleuropäisch anmutenden Fußgängerzonen der schachbrettartig aufgebauten Innenstadt. Der Rest der Stadt bildet eine Mischung aus modern und leicht verwahrlost, wobei die Moderne allmählich die Oberhand gewinnt – immer mehr Gebiete werden restauriert. Unbedingt gesehen haben muss man Huelva also nicht. Doch besitzt die Stadt immerhin ein recht interessantes Museum, und da es kaum Tourismus gibt, bietet sich natürlich auch die Möglichkeit, andalusisches Straßenleben „pur" zu beobachten. Ansonsten hat Huelva für den Reisenden jedoch höchstens als Verkehrsknotenpunkt Bedeutung.

• *Information* **Oficina de Turismo de la Junta de Andalucía**, Pl. Alcalde Coto Mora 2, im Zentrum. Öffnungszeiten: Mo–Fr 9–19.30 Uhr, Sa/So 9.30–15 Uhr. ✆ 959 650200, ✉ 959 650201, othuelva@andalucia.org.
Información turística, Info-Kiosk der Stadt an der Plaza de las Monjas s/n, geöffnet Mo-Fr 10-14, 17–20.30 Uhr, Sa 10–14 Uhr.
• *Verbindungen* Der Bau eines Flughafens für die Provinz ist im Gespräch, der künftige Standort aber noch nicht gefunden.
Zug: Bahnhof an der Av. Italia (Renfe-Info: ✆ 902 240202), am südöstlichen Rand des Zentrums. Eine AVE-Station ist in Bau, doch wird das noch eine Weile dauern. Nach Sevilla 3-mal täglich, 1-mal täglich auch ein schneller Direktzug nach Córdoba/Madrid.
Bus: DAMAS-Busstation an der Calle Dr. Rubio (Info: ✆ 959 256900) im südwestlichen Zentrumsbereich. Häufige Busse in die nähere Umgebung der Stadt, im Sommer stündlich nach Punta Umbría. Nach Matalascañas 2-mal (im Sommer 5-mal), El Rocío (nur im Sommer) 1-mal, Almonte 5-mal täglich; nach Palos und Moguer mindestens stündlich, El Rompido 6-mal, Isla Cristina 12-mal, Ayamonte 9-mal, Aracena 2-mal, Riotinto 6-mal täglich. Nach Sevilla (Umsteigestation für den Rest Andalusiens) mindestens stündlich, Faro in Portugal wird 2-mal täglich bedient.
• *Post* Avenida Italia, zwischen Bahnhof und Infostelle. Öffnungszeiten: Mo–Fr 8.30–20.30 Uhr, Sa 9.30–14.30 Uhr.
• *Übernachten* ****** Hotel NH Huelva (9)**, komfortables Kettenhotel in noch halbwegs zentraler Lage, östlich der Innenstadt beim Museo Provincial. Gut ausgestattete Zimmer, Parkmöglichkeit. Sehr weite Preisspanne: DZ etwa 65–165 €. Alameda Sundheim 26, ✆ 959 250011, ✉ 959 258110, www.nh-hoteles.com.
**** Hotel Eurostar Tartessos (3), großer, vor wenigen Jahren renovierter Bau direkt an der verkehrsberuhigten Hauptstraße der

Essen & Trinken
2 Bar Cafetería Agmanir
4 Rest. Portichuelo
5 Bar Lizarrán
6 Rest. Azabache
10 Cervecería Marisquería La Marina

Übernachten
1 Jugendherberge Albergue Juvenil
3 Hotel Eurostar Tartessos
7 Hotel Costa de la Luz
8 Hotel Familia Conde
9 Hotel NH Huelva

Huelva

Innenstadt (Anfahrt via C. San Salvador), eine öffentliche Parkgarage liegt fast um die Ecke. DZ etwa im Bereich 55–90 €, zu Spitzenzeiten (selten) bis 220 €. Av. Martín Alonso Pinzón 13, ✆ 959 282711, ✎ 959 250617, www.eurostarshotels.com.

** **Hotel Familia Conde (8)**, im selben Gebiet wie das Hotel NH Huelva, jedoch etwas stadtnäher gelegen. Ordentliche Zimmer mit Klimaanlage, TV etc., hauseigene Parkmöglichkeit. Ein Cafeteria-Restaurant ist angeschlossen. DZ etwa 70–75 €. Alameda Sundheim 14, ✆ 959 282400, ✎ 959 285041, www.hotelfamiliaconde.com.

** **Hotel Costa de la Luz (7)**, zentral im Gebiet zwischen Haupt-Infostelle und Busbahnhof gelegen. Für seine Kategorie relativ preiswert, dabei mit einem ganz passablen Standard. DZ etwa 45–50 €. C. José María Amo 8, ✆ 959 256422, ✎ 959 151029.

Jugendherberge Albergue Juvenil (1), in gestreckter Fußentfernung nördlich des Zentrums gelegen. Im Sommer ist wohl die JH in Punta Umbría die bessere und lebendigere Alternative. Av. Marchena Colombo 14, ✆ 959 650010, ✎ 959 650014.

● *Essen* **Rest. Portichuelo (4)**, nahe der Haupt-Infostelle. Eine gepflegte Adresse, sowohl für Tapas wie auch als Restaurant. Menü à la carte ab etwa 35 €, das Degustationsmenü kommt auf rund 45 €. So geschlossen. Calle Vázquez López 15, ✆ 959 245768.

Rest. Azabache (6), ganz in der Nähe und ebenfalls ein Tipp für gehobene Regionalküche in angenehmem Ambiente. Calle Vázquez López 22, S-Abend, So und in der ersten Augusthälfte geschlossen. ✆ 959 257528.

Cervecería Marisquería La Marina (10), modernes Lokal am Südrand des Zentrums. Die Lage neben einer Hauptverkehrsstraße ist nicht gerade schön, die Fischgerichte sind jedoch prima. Av. Italia 20.

Bar Cafetería Agmanir (2), mit Tischen in der Hauptfußgängerzone. Kein besonderes Ambiente, jedoch ein Klassiker der Stadt, beliebter Treffpunkt am Mittag für Tapas, Montaditos, Fritos und Mariscos. C. Arquitecto Pérez Carasa 9.

Bar Lizarrán (5), hiesiger Vertreter der baskischen Bar-Kette, wie immer ein guter Tipp für Tapas nach nordspanischer Art. Abge-

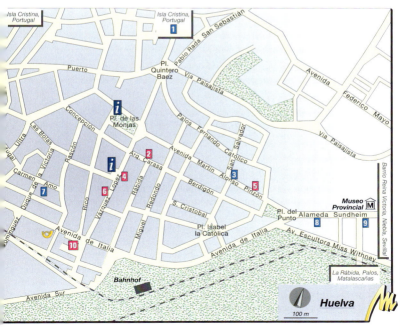

Provinz Huelva

Modernes Huelva: die Plaza de las Monjas

rechnet wird nach Zahl der Zahnstocher, auf denen die Happen stecken. Avenida Martín Alonso Pinzón 15, nahe Hotel Tartessos.

• *Nachtleben* Im Sommer verlagert sich das Nachtleben hinaus nach Punta Umbría.

Plaza Quintero Baez und **Calle Pablo Rada**, beide knapp nördlich des engeren Zentrums gelegen, bilden eine relativ lebendige Kneipenzone innerhalb der Stadt. Weitere Bars, noch etwas weiter nördlich des Zentrums, an der **Plaza Merced**.

• *Einkaufen* Haupteinkaufsgebiet sind die Fußgängerzonen südlich der Plaza de las Monjas. Ein Kaufhaus „Corte Inglés" steht östlich des Zentrums, in der Nähe des Museo Provincial und Richtung Sevilla.

Centro Comercial Aqualón: Ein großes Shopping- und Vergnügungscenter nahe der Hafenstraße, mit Boutiquen, diversen Kinos, Restaurants und Bars. Vom obersten Stockwerk schöner Blick auf Hafen und Küste. Pl. Glorieta Norte s/n.

• *Feste* **Fiestas Colombinas**, einwöchiges Fest, das von Ende Juli bis zum 3./4. August dauert, eine Erinnerung an den Tag, an dem Kolumbus 1492 von Palos in See stach. Mit Musik, Tanz, Sport- und Kulturereignissen, Stierkampf und einigem mehr.

Sehenswertes

Wie erwähnt, ist Huelva mit baulichen Sehenswürdigkeiten nicht gerade gespickt. Das Zentrum der etwas gesichtslosen Innenstadt bildet die rechteckige, hübsch begrünte *Plaza de las Monjas*. Von hier verläuft in etwa östlicher Richtung die Hauptstraße *Avenida Martín Alonso Pinzón*.

Museo Provincial: Wenn man schon einmal in Huelva ist, dann lohnt das Regionalmuseum einen Besuch durchaus. Es liegt an der Alameda Sundheim 17, der Verlängerung der Hauptstraße nach Nordosten, und gliedert sich in zwei Abteilungen.

Die *Archäologische Abteilung* ist sicher die interessantere. Sie besitzt nicht nur zahlreiche prähistorische Funde aus der Provinz, sondern geht insbesondere auch auf die vieltausendjährige Geschichte der Minengebiete im Norden ein. Zu sehen sind hier unter anderem ein römisches Wasserrad, das zur Trockenlegung der Gänge diente, tönerne Grubenlampen aus ebenfalls römischer Zeit und vieles

mehr. Die *Abteilung der Schönen Künste* fällt dagegen etwas ab. Besonders stolz ist man hier auf eine Reihe von Arbeiten des örtlichen Künstlers Vázquez Díaz, eines späten Impressionisten.
Öffnungszeiten Di 14.30–20 Uhr, Mi–Sa 9–20.30 Uhr, So 9–14.30 Uhr. Eintritt frei.

Barrio Obrero Reina Victoria: Ein Stück stadtauswärts des Museums liegt linker Hand der Avenida de Guatemala ein Wohnviertel besonderer Art. 1917 wurde hier von der britisch geführten Minengesellschaft von Riotinto für ihre Angestellten die „Arbeitersiedlung Queen Victoria" angelegt, ein streng rechteckig aufgebauter Komplex kleiner Häuser in typisch englischem Stil. Das kuriose Gebilde, heute von Spaniern bewohnt, soll künftig unter Denkmalschutz gestellt werden.

Paraje Natural Marismas del Odiel

Noch im Stadtgebiet von Huelva erstreckt sich dieses Naturschutzgebiet auf der anderen Seite des Río Odiel. Kennzeichnendes Merkmal der Marismas von Odiel sind ihre Lagunen und Salzseen (*salinas*), in denen Flamingos, Reiher und Löffler leben und teilweise sogar brüten. Dass das Gebiet durch Umweltverschmutzung und Wirtschaftsinteressen aufs höchste bedroht ist, wird vor Ort schnell augenfällig – die Marismas liegen praktisch in Sichtweite des Hafens und der Industriekomplexe von Huelva. Es gibt zwei Wanderwege in das Gebiet, die jedoch nur mit Erlaubnisschein der Parkverwaltung betreten werden dürfen.

● *Informationen* **Centro de Recepción La Calatilla**, Carretera Dique San Carlos I, km 3. An der Straße zur „Dique" genannten Landzunge südlich von Huelva, die Anfahrt (zunächst Richtung Punta Umbría), ist allerdings etwas kompliziert. Geöffnet Di–So 10–14, 18–20 Uhr (Winter 16–18 Uhr), ☎ 959 509011.

Punta Umbría

Eine Art Strandvorstadt von Huelva, gleichzeitig ein großer Fischerhafen, nur etwa zehn Kilometer südlich der Provinzhauptstadt, auf dem Landweg jedoch über zwanzig Straßenkilometer entfernt.

Im Sommer, etwa von Mitte Juni bis Mitte September, verkehren häufige, „Canoas" genannte Ausflugsboote ab dem Hafen von Huelva, die aber nur Fußgänger transportieren. In Mode gebracht wurde die Sommerfrische in Punta Umbría von den Angestellten der englischen Minengesellschaft. Heute lassen es sich hier fast nur Spanier wohl sein. Der modern wirkende Ort ist erstaunlich ausgedehnt. In der Strandsiedlung im Süden überblicken große Apartmentblocks die lang gezogene, im gesamten Siedlungsbereich mit der „Blauen Flagge" prämierte Playa de Punta Umbría.

Dort tobt im Sommer das Leben, öffnen die Tapabars, Discos und die Strandkneipen „Chiringuitos". Außerhalb dieser Monate ist in der Strandsiedlung jedoch kaum etwas los. Etwas mehr Betrieb herrscht dann noch an der Hafenseite des Ortes, die an der „Ría" genannten Mündung des Doppelflusses Río Tinto und Río Odiel liegt. Hier erstreckt sich das eigentliche Zentrum von Punta Umbría, das demnächst mit einer neuen Uferpromenade verschönert werden soll. Angesichts der vielen Fischerboote und der großen Fischauktionshalle Lonja spürt man deutlich, dass der Tourismus nicht die einzige Erwerbsquelle der immerhin fast 15.000 Einwohner zählenden Siedlung ist.

● *Information* **Oficina Municipal de Turismo**, Av. Ciudad de Huelva 1, ☎ 959 495160, ✆ 959 495166. Im Zentrum am Ende der Straße von Huelva, geöffnet Mo–Fr 10–14 Uhr sowie im Sommer 19–21 Uhr, im Winter 17–20 Uhr, Sa 10–13 Uhr.

668 Provinz Huelva

• *Verbindungen* **Busse** der Gesellschaft DAMAS starten am Busbahnhof unweit der Infostelle. Verbindungen nach Huelva etwa stündlich, im Sommer noch häufiger.

Schiff: „Canoas" nach Huelva nur zur HS, dann häufige Abfahrten ab der Muelle Viajeros, an der Hafenseite der Siedlung, Plaza Pérez Pastor. Preis p.P. hin und zurück 5 €.

• *Übernachten* Eine ganze Reihe Hotels und Pensionen, z. T. nur im Sommerhalbjahr geöffnet. Hohes Preisniveau.

**** Hotel Barceló Punta Umbría, 2001 eröffnet. Am Ortsrand Richtung Huelva und direkt am hier besonders schönen Strand, vom Zentrum aber eine ganze Ecke entfernt. Großes Hotel mit rund 300 Zimmern (jedoch kein Vergleich mit dem jüngeren, landeinwärts gelegenen und rund doppelt so großen „Barceló Punta Umbría Beach"), komfortable Ausstattung, Pool und Hallenbad. DZ/F etwa 110–300 €, pauschal gebucht in aller Regel günstiger. Av. del Océano s/n, ✆ 959 495400, ✆ 959 310244, www.barcelo.com.

** Hotel El Ayamontino, solide untere Mittelklasse in recht zentraler, aber durch die Straße nicht immer ruhiger Lage unweit der Infostelle und der Post, mit eigener Parkmöglichkeit; ein bekanntes Restaurant ist angeschlossen. DZ etwa 65–130 €. Av. Andalucía 35, ✆ 959 311450, ✆ 959 310316, www.hotelayamontino.com.

* Hotel Emilio, in der „Fressgasse" auf der Hafenseite. Auf der Straße geht es im Sommer oft rund, die Zimmer nach hinten sind deshalb empfehlenswerter. Passable Ausstattung, Garage. DZ etwa 65–90 €. C. Ancha 21, ✆ 959 311800, ✆ 959 659051, www.hotelemilio.com.

Jugendherberge Albergue Juvenil, sehr strandnah und dennoch halbwegs zentral gelegen. Ganzjährig geöffnet, vorheriger Anruf empfiehlt sich dennoch. Av. Océano 13, ✆ 959 524129, ✆ 959 524134.

• *Camping* **Playa La Bota**, 2. Kat., in strandnaher Lage etwa 7 km außerhalb von Punta Umbría, auf Höhe der Playa de la Bota. Großer, ganzjährig geöffneter und gut ausgestatteter Platz; nette Cafeteria. Viele Dauercamper. Pro Person und Zelt je etwa 7,50 €, Auto 6,50 €. Carretera Huelva, Paraje La Bota, ✆ 959 314537, ✆ 959 314546, www.campingplayalabota.es.

• *Essen* Die Restaurantzone liegt im Gebiet hinter dem Hafen um die Calle Ancha und die Markthalle.

Restaurante El Paraíso, ein ganzes Stück außerhalb, Nähe Camping La Bota (siehe oben). Exquisite Küche aus hochwertigen Grundmaterialien, Menü à la carte etwa 50 €. Carretera Huelva–El Portil, km 15,5; von Punta Umbría zunächst Richtung El Portil, erst dann rechts ab. Reservierung ratsam: ✆ 959 312756.

Restaurante El Velero, an der Hafenstraße. Prima Fischgerichte, viel gerühmt wird besonders der „Rape a la Marinera", Seeteufel nach Seemannsart. Mittleres bis leicht gehobenes Preisniveau. Paseo de la Ría 13.

Bar-Rest. El Marinero, direkt an der Calle Ancha, nicht weit von der Markthalle. Bereits 1975 gegründet, innen mit Kacheln geschmückte Kneipe. Raciones frittierter Fisch und Mariscos um die 8–10 € bzw. nach Gewicht. Calle Ancha 61.

Chiringuito Camarón, strandnah mit schöner Aussicht aufs Meer in der Nähe des Barceló-Hotels gelegen. Eher Restaurant als Chiringuito (Strandkneipe), bekannt für gute Fischküche. Menü ab etwa 20–25 €. Avenida del Océano s/n.

• *Feste* **Feria de la Gamba y las Chirlas**, im Juni, ein gastronomisches Fest zu Ehren der Garnelen und einer der typischen Muschelarten des Orts.

Virgen del Carmen, am 16. Juli, mit einer Meeresprozession geschmückter Boote.

Fiestas del Verano, großes Sommerfest in den Tagen um den 15. August.

• *Baden* Die Strände von Punta Umbría erstrecken sich von der Flussmündung über rund 12 km nach Nordwesten.

Playa de Punta Umbría: Der eigentliche Stadtstrand, von Apartmentblocks und Ferienhäusern begleitet, ist bereits mehr als 3 km lang und im Schnitt 50 m breit. Ausstattung und gastronomisches Angebot sind gut.

Playa del Calé, Playa de los Enebrales: Weniger Service, aber eine attraktivere Landschaft bieten diese beiden Strände, die sich im Nordwesten anschließen. Ihr unbebautes, durch Fuß- und Fahrradwege erschlossenes Hinterland wird von Dünen, Pinienbäumen und phönizischem Wacholder geprägt und ist unter Naturschutz gestellt. Sogar Chamäleons leben hier.

Playa de la Mata Negra, Playa de la Bota: Die nahtlose Fortsetzung der Playa de los Enebrales, etwa auf Höhe der Abzweigung Richtung Huelva gelegen. Zwei weitere kilometerlange, breite und sehr weitläufige Strände; Parkplätze sind an der Straße reichlich vorhanden. In einigen Bereichen ist Nacktbaden üblich.

El Portil: Die Urbanisation El Portil, etwa auf halbem Weg zwischen Punta Umbría und El Rompido gelegen, ist ganz vorwiegend auf innerspanischen Tourismus eingestellt. Dies gilt trotz neuer Großhotels ebenso für den westlichen Ableger *Nuevo Portil*. Eine Besonderheit ist die *Laguna del Portil*, ein unter Naturschutz gestellter Süßwassersee, der in einer knappen Stunde auf einem Spazierweg umrundet werden kann.

El Rompido

Ein kleiner Ort an großer Bucht, die durch eine vorgelagerte Halbinsel vom offenen Meer getrennt wird. Effekt: kaum Seegang, günstig für Schlauchbootkapitäne, Surfanfänger und Segler. Die „Flecha del Rompido" ist eine rund zwölf Kilometer lange Sandbank, die sich durch Sedimentablagerungen aus Meeres- und Flussströmungen zwischen dem Río Piedras und dem offenen Ozean gebildet hat und mit einer Geschwindigkeit von etwa 30–45 Metern pro Jahr weiter wächst. Kein Wunder, dass sich auf der Landseite des Flusses, gut geschützt durch eben diese langgezogene und dabei sehr schmale „Barra", wie sie auch genannt wird, ein kleiner Fischerhafen angesiedelt hat. Die niedrigen Häuser des winzigen Weilers besitzen bei weitem mehr Charme als die umliegenden und weiter wachsenden Urbanisationen: Der Bauboom hat El Rompido voll erfasst.

● *Verbindungen* **Bus**: DAMAS-Busse fahren 6-mal täglich (im Sommer häufiger) von und nach Huelva.

● *Übernachten* ****** Hotel Fuerte El Rompido**, mit 300 Zimmern das derzeit größte Haus am Platz, Golfplatz vor der Tür. Shuttleboote zur Flecha. Standard-DZ/F nach Saison und Lage 115–240 €, im August bis 275 €. Urb. Marina El Rompido, ✆ 959 399929, 🕾 959 399930, www.fuertehoteles.com.

* Hotel Hacienda San Miguel, etwa 2 km außerhalb in Richtung Cartaya, Zufahrt linker Hand. Wunderbare, ruhige Einzellage auf einem Hügel mit weiter Fernsicht, gute Zimmer, freundliche Leitung. Eine Bar und ein argentinisches Grillrestaurant sind angeschlossen. Ganzjährig geöffnet. DZ nach Lage und Saison 65–100 €. Carretera de Cartaya a El Rompido, km 6, ✆/🕾 959 504262, www.hotel-sanmiguel.com.

● *Essen* **Bar-Rest. La Ola**, Beispiel für die Handvoll netter Fischrestaurants im Ortskern von El Rompido. Schöne Lage, Terrasse zum Strand. Raciones Fisch in der Bar etwa 10 €, Grillgerichte im Restaurant nach Gewicht, dann dementsprechend teurer. Ebenfalls gut ist das benachbarte Bar-Rest. **Caribe II**.

● *Baden* Der Strand selbst verlockt eher wenig, die zahlreichen Sportboote sorgen zudem für regen Verkehr. Ganz anders sieht es auf der „Flecha" aus.

Playa de Nueva Umbría: Der kilometerlange, dem Meer zugewandte Naturstrand auf der „Flecha del Rompido" selbst ist natürlich ein Traum. Zur Saison sind mehrere Fußgängerfähren (Transbordadores) zur Flecha in Betrieb, eine startet gleich westlich vom Hafen.

Westlich von El Rompido blockiert das Sumpfgebiet des Río Piedras die Weiterfahrt; der Umweg landeinwärts über den Gemeindesitz Cartaya ist deshalb unvermeidlich.

Lepe

Der recht große Inlandsort an der N 431 bildet den Gemeindesitz und das Versorgungszentrum des Strandorts La Antilla und der Feriensiedlung Islantilla. Umgeben von weiten Erdbeerfeldern, wäre Lepe eigentlich kaum eine Erwähnung wert, würde die Siedlung nicht eine besondere Kuriosität darstellen: Aus unerfindlichen Gründen sind die armen Leute von Lepe gewissermaßen die „Ostfriesen Andalusiens", nämlich Gegenstand zahlloser, nicht eben schmeichelhafter Witze über ihre Geisteskraft. Der Ort hat aus der Not eine Tugend gemacht und hält jetzt ein jährliches Witzefestival ab, das zu wechselnden Terminen im Frühjahr stattfindet.

Fischeralltag: Flicken der Netze in El Terrón

El Terrón: Die winzige Hafensiedlung von Lepe lohnt einen Abstecher, sei es von Lepe selbst oder den Ferienorten La Antilla oder Islantilla. Am weiten Río Piedra gelegen, entfaltet sich hier Fischerambiente pur.

- *Essen* **Bar-Rest. El Puerto**, eines von einem knappen halben Dutzend Lokalen hier. Große, rustikale Bar mit Fernseher und guten Tapas, angegliedert ein einfaches Restaurant. Raciones frittierter Fisch kosten um die 8–10 €, vom Grill werden die Köstlichkeiten nach Gewicht berechnet. Eine Preisliste hängt aus, 300 Gramm pro Person sind etwa zu rechnen.

- *Baden* Die **Playa de Nueva Umbría** (siehe El Rompido und La Antilla) ist von El Terrón über den „Sendero de Nueva Umbría" zu erreichen, einen Weg, der etwas außerhalb von El Terrón in Richtung La Antilla gegenüber der Zufahrt zu einer Urbanisation abzweigt und durch die Marismas del Catalán führt. Am Flusshafen von El Terrón selbst wird niemand baden wollen.

La Antilla

Einst ein reines Fischerdorf, entwickelte sich die Strandsiedlung schon vor geraumer Zeit zu einem Ferienort von zunächst bescheidenen Ausmaßen. Die Dimensionen sind jedoch dabei, sich zu ändern.

Im Zentrum und entlang der Strandzeile macht die etwa fünf Kilometer südlich von Lepe gelegene, nach offizieller Rechnung kaum mehr als 500 Einwohner zählende Ortschaft auch immer noch einen sympathischen Eindruck. Fast rührend wirkt das winzige, ganz im Westen gelegene Fischerviertel Barrio de los Pescadores. Im Umfeld allerdings wird immer mehr gebaut, und so ist La Antilla mit dem benachbarten, erst vor wenigen Jahren aus dem Boden gestampften Touristenzentrum Islantilla schon praktisch zusammengewachsen. Eine Wucht ist der hier schier endlose Strand, der breit und und feinsandig im Osten als „Flecha del Rompido" bis auf Höhe der Siedlung von El Rompido reicht und sich im Westen durchgehend bis Isla Cristina erstreckt.

Islantilla 671

• *Information* **Punto de Información Turística**, Av. de Luis Grau s/n, an einem Platz, der über die Haupt-Fußgängerzone Av. Castilla zu erreichen ist; ☎ 959 481108. Nur zur Saison geöffnet, dann täglich 10–14, 18–21 Uhr.

• *Verbindungen* **Busse** der Gesellschaft DAMAS fahren zur Saison 11-mal täglich nach Huelva und etwa stündlich nach Isla Cristina. Im Winter ist das Angebot eingeschränkt.

• *Übernachten* Die Mehrzahl der Quartiere ist nur zur Saison geöffnet.

** Hotel Lepe Mar, einziges Hotel vor Ort und gewissermaßen das Zentrum von La Antilla. Relativ großer, direkt an der Strandpromenade gelegener Bau von erträglicher Architektur; ein Teil der 72 ordentlich möblierten Zimmer geht direkt aufs Meer. Eigene Tiefgarage, auf der Dachterrasse öffnet im Sommer eine Snackbar. DZ etwa 60–75 €, im Juli/August nur mit Halbpension. C. Delfín s/n, ☎ 959 481001, ☏ 959 481478, www.hotasa.es.

* Pensión Hostal Azul, eine von mehreren kleinen Pensionen im Umfeld des Hotels Lepe Mar. Nur elf Zimmer, ganzjährig geöffnet. DZ/Bad etwa 60–85 €. Plaza de la Parada 9, ☎/☏ 959 480700, www.hostalazul.com.

• *Camping* **La Antilla**, 2. Kat., nicht im Ort selbst, sondern rund 2 km außerhalb Richtung El Terrón; auch vom Strand eine gan-

ze Ecke entfernt. Gute Ausstattung, Platz für mehr als tausend Personen. Offiziell ganzjährig geöffnet. Parzelle inkl. zwei Personen, Auto, Zelt etwa 30 €. ☎ 959 480829, www.campingantilla.com.

• *Essen* **Cervecería Estril**, Beispiel für die zahlreichen Lokale in der Fußgängerzone Avenida Castilla, die unweit des Hotels Lepe Mar zwei Parallelstraßen landeinwärts der Uferpromenade liegt. Raciones überwiegend um die 8–10 €, Mittagsmenü 7 €. Schräg gegenüber und ganz ähnlich: **Bar Casa Koki**.

• *Baden* Die **Playa de Nueva Umbría** verläuft östlich von La Antilla auf der „Flecha del Rompido" genannten Sandbank zwischen Meer und dem Fluss Río Piedras über sagenhafte 12 km Länge: ein Paradies für Strandwanderer. Da und dort wird nackt gebadet, seit wenigen Jahren auch mit Billigung der Behörden – die Playa de Nueva Umbría ist ganz offiziell als erster Nacktbadestrand der Provinz Huelva ausgewiesen. Keinerlei Einrichtungen.

Playa de la Antilla: Auch der eigentliche Ortsstrand, von einer Promenade begleitet und im Schnitt fast 90 Meter breit, erstreckt sich noch über gut 2 km. Er reicht bis nach Islantilla, wo er sich nahtlos gen Westen fortsetzt. Im Sommer gutes Serviceangebot (nicht umsonst weht hier die „Blaue Flagge"), außerhalb der Saison wirkt er fast verwaist.

Islantilla

Der Ferienkomplex am langen Dünenstrand zwischen La Antilla und Isla Cristina wurde 1991 gegründet und expandiert seitdem stetig.

Zu der sehr ausgedehnten Urbanisation gehört neben mehreren Hotels und Apartmentanlagen auch ein großer Golfplatz mit 27 Löchern. Mittelpunkt des Geschehens ist sinnigerweise das zweistöckige Einkaufszentrum „Centro Comercial", das mit einer Reihe von Bars und Restaurants die gastronomische Versorgung sichert und sogar ein Kino besitzt. Wie in den meisten jüngeren Urbanisationen der Provinz Huelva hat man auch in Islantilla versucht, der Siedlung mit niedrigen Gebäuden, pseudomaurischen Architekturanklängen und sanften Farben ein ansprechendes Erscheinungsbild zu verleihen; der Eindruck einer gewissen Sterilität bleibt dennoch bestehen.

• *Information* **Oficina de Turismo**, Av. Ríofrío s/n, nahe der Durchgangsstraße Richtung La Antilla; ☎ 959 646013. Geöffnet zur Saison Mo–Fr 10–14, 19.30–21.30 Uhr, Sa/So 10–14 Uhr; im Winter nur Mo–Fr 10–14 Uhr.

• *Übernachten* Preisangaben erübrigen sich, da die hiesigen Großhotels fast ausschließlich (und in aller Regel deutlich preisgünstiger) pauschal gebucht werden.

**** Grand Hotel Puerto Antilla, 2004 eröffnet. Wie die meisten Hotels hier strandnah gelegen. Exklusive Ausstattung mit schöner Pool-Landschaft, einem rund tausend Quadratmeter großen Spa etc. Av. de Islantilla s/n, ☎ 959 625100, ☏ 959 486100, www. puertoantilla.com.

**** Hotel Iberostar Suites, eine Reihe weiter landeinwärts. 2005 eröffnetes Quartier

Huelva Karte S. 647

der bekannten spanischen Hotelkette. Insgesamt rund 350 Zimmer, verteilt auf geräumige Juniorsuiten und Familienzimmer; teilweise All-Inclusive gebucht. Av. de Ríofrío s/n, ☎ 959 646200, ✆ 959 486508, www.iberostar.com.

**** Confortel Islantilla, neben dem Einkaufszentrum. Mehr als 340 Zimmer, zwei Pools, große Gartenanlagen, insgesamt fünf Bars und Restaurants etc. Av. de Islantilla s/n, ☎ 959 486017, ✆ 959 486211, www.confortel.com.

**** Hotel Oasis Islantilla, vom Strand ebenfalls nur durch die Promenade getrennt. Wie auch bei der Konkurrenz mag man über die Außenarchitektur der großen Anlage (über 470 Zimmer!) streiten, das Innerere und die Gartenanlagen können jedoch gefallen. Die Ausstattung ist dem Confortel vergleichbar. Av. de Islantilla s/n, ☎ 959 486422, ✆ 959 486421, www.hotelesoasis.com.

• *Camping* **Luz**, 2. Kat., am westlichen Rand der Urbanisation, oberhalb der Straße nach Isla Cristina, zum Strand etwa 400 Meter. Pool, gute sonstige Ausstattung. Viele Dauercamper, deshalb oft belegt. Ganzjährig geöffnet. Parzelle inkl. zwei Personen, Auto, Zelt 30 €. Carretera Isla Cristina–La Antilla, km 5, ☎ 959 341142, ✆ 959 486459.

Taray, 2. Kat., noch etwa einen Kilometer weiter Richtung Isla Cristina, ebenfalls landeinwärts der Straße, jedoch etwas strandnäher als die Konkurrenz. Mittlerer Schatten, ordentliche Ausstattung. Ganzjährig. P.P., Auto, Zelt je etwa 6 €. Carretera La Antilla–Isla Cristina, km 9, ☎ 959 341102, ✆ 959341196, www.campingtaray.com.

• *Baden* Die feinsandige **Playa de Islantilla**, direkt vor der Siedlung gelegen, verläuft über gut einen Kilometer und erreicht eine mittlere Breite von üppigen 85 Metern. Die Ausstattung ist exzellent und mit der „Blauen Flagge" belohnt, es gibt zahlreiche Wassersportmöglichkeiten und sogar eine Segelschule. Im Osten Richtung La Antilla und im Westen Richtung Isla Cristina schließen sich weitere Strände an.

Playa Redondela: Besonders reizvoll ist dieser breite Strand gleich westlich von Islantilla, der sich über rund zwei Kilometer erstreckt. Sein Hinterland ist völlig unbebaut und mit schattigen Kiefern bewachsen, am Strand selbst finden sich Dünen, die zum Schutz der Vegetation teilweise eingezäunt werden mussten. In seiner direkten Verlängerung reicht er bis zum Strand von Isla Cristina und heißt dann **Playa del Hoyo**.

Isla Cristina

Von ausgedehnten Marismas und Salinen umgeben, ist die Siedlung keine Insel, wie der Name vermuten lassen könnte und wie es Isla Cristina vor Aufschüttung eines Damms einst auch war.

Das weitläufige Städtchen von gut 21.000 Einwohnern, im 18. Jh. von katalanischen Fischern gegründet, hat sich zwar auch als Badeziel etabliert, verdient sein Geld aber immer noch vorwiegend mit der Fischerei. Am großen Hafen, der sich am Fluss Río Carreras erstreckt und den man bei entsprechenden Windverhältnissen im halben Ort riecht, wird die Beute gleich eingedost und kann als Konserve vor Ort erstanden werden. Außerhalb der Saison scheint hier manchmal mehr Betrieb zu sein als im Städtchen selbst, das dennoch mehr Eigenleben entfaltet als die meisten anderen Küstensiedlungen der Costa de la Luz von Huelva. Das schachbrettartig aufgebaute Zentrum von Isla Cristina erstreckt sich um die Kirche und eine Palmenallee und macht einen angenehm entspannten Eindruck, zeigt sich um den hübschen Blumenplatz *Plaza de las Flores* sogar recht romantisch. Unerfreulicher präsentiert sich die Wohnsiedlung östlich des Ortskerns, die mit Isla Cristina heute praktisch zusammengewachsen ist. Mit den hiesigen Hotel- und Apartmentkomplexen sowie einem Sporthafen sichert sich Isla Cristina seinen Teil am vorwiegend national geprägten Fremdenverkehr dieser Küste. Der Strand, der sich nach Osten durchgängig viele Kilometer weit über die Feriensiedlung Islantilla hinaus bis zur Sandbank Flecha del Rompido hinter La Antilla erstreckt, hat in der Tat Klasse und ist auch für Muschelsucher ein Paradies.

Isla Cristina

Der „Blumenplatz": Plaza de las Flores

- *Information* **Oficina de Turismo**, Calle San Francisco 12, in einer Fußgängerzone Nähe Hafen; ℡ 959 332694. Engagiertes Personal; im ersten Stock eine farbenprächtige Ausstellung zum hiesigen Karneval. Öffnungszeiten von März bis Oktober Mo–Fr 10–14, 17.30–19.30 Uhr (Juli/August 18.30–20.30 Uhr), Sa/So 10–14 Uhr; sonst täglich 10–14 Uhr.

- *Verbindungen* **Busse** der Gesellschaft DAMAS ab dem Busbahnhof im nördlichen Ortsbereich, nahe der Ausfallstraße nach Ayamonte; Anschlüsse nach Huelva 11-mal täglich, nach La Antilla und Islantilla etwa stündlich, Sevilla 4-mal, Ayamonte 5-mal täglich; im Sommer z.T. häufiger.

- *Übernachten* Die hiesigen Großhotels werden in aller Regel pauschal (und damit, von kurzfristigen Internetangeboten abgesehen, auch weitaus günstiger) gebucht, Preisangaben erübrigen sich für diese deshalb.

***** Hotel Isla Cristina Palace, das erste große Ferienhotel von Isla Cristina, 2002 eröffnet. Vom Strand nur durch ein Pinienwäldchen getrennt, zum Ortskern aber ein Stück zu laufen. 165 Zimmer, sehr gute Ausstattung, Innen- und Außenpool, Wellness-Center etc. Avda. del Parque 148, ℡ 959 344499, ℻ 959 344498, www.islacristinapalace.com.

**** Hotel Barceló Isla Cristina, ein Hotel der bekannten Kette, ebenfalls strandnah und einen Tick näher am Zentrum gelegen. Mehr als 200 Zimmer, fast 100 Apartments, von Barceló beworben als „ganz besonders geeignet für junge Reisende und Abenteurer". Viele Freizeit- und Sportmöglichkeiten. C. Doctor Delgado Carrasco s/n, ℡ 959 621100, ℻ 959 330228, www.barcelo.com.

**** Hotel Oasis Isla Cristina, ein weiteres Kettenhotel, 2006 eröffnet, nahe der Strandsiedlung ganz im Osten von Isla Cristina und damit vom Zentrum doch eine Ecke entfernt. 148 gut ausgestattete Zimmer mit Kochzeile, Pool ist in dieser Klasse ja ohnehin selbstverständlich. Avenida del Parque s/n, ℡ 959 022050, ℻ 959 331110, www.hotelesoasis.com.

** Hotel Paraíso Playa, direkt in der Strandsiedlung an der Playa Central. Familiäres Haus mittlerer Größe, recht hübsch gelegen und mit kleinem Pool. Von Mitte Dezember bis Mitte Januar ist geschlossen. DZ nach Saison etwa 70–100 €, im Juli/August 130 €. Es gibt auch Apartments. Av. de la Playa s/n, ℡ 959 330235, ℻ 959 343745, www.hotelparaisoplaya.com.

** Hotel Sol y Mar, ebenfalls an der Playa Central und sogar in der ersten Reihe, viele Zimmer deshalb mit Meerblick. Ausstat-

674   Provinz Huelva

tung etwas einfacher als im Paraíso Playa. Parkplatz. DZ nach Saison etwa 50–85 €, im August 115 €. Playa Central s/n, ℘ 959 332050, www.hotelsolymar.org.

* Hotel Brisamar, verteilt auf zwei Gebäude der „Wohnstadt", vom Zentrum Richtung Playa Central. Kleines Hotel mit gerade mal 18 schlicht-hübschen Zimmern, ausgestattet mit Klimaanlage und Kühlschrank. DZ nach Saison etwa 55–90 €. C. 29 de Julio 187, ℘ 959 331139.

● *Camping* **La Giralda**, 1. Kat., unweit vom östlichen Ortsrand, ins Zentrum gut 2 km, zum Strand nur ein paar Minuten. Sehr großer Platz mit einer Kapazität von mehr als 2000 Personen, schattig und gut ausgestattet, unter anderem mit Pool. Ganzjährig geöffnet, Cafeteria und Supermarkt sind jedoch nur zur HS in Betrieb. P. P., Zelt jeweils um die 7 €, Auto 6 €. Carretera Isla Cristina–La Antilla, km 1,5, ℘/℗ 959 343318, www.campinggiralda.com.

● *Essen*   Fisch und Meeresfrüchte sind in Isla Cristina nicht nur frisch, sondern oft auch erfreulich preisgünstig.

Casa Rufino, in der Strandsiedlung an der Playa Central, also ein ganzes Stück vom Zentrum. Wohl das beste Restaurant des Städtchens, ein Familienbetrieb mit kreativer Küche. Probiermenü für zwei Personen etwa 55 €. Av. de la Playa s/n, ℘ 959 330810. Zur NS nur mittags geöffnet.

Restaurante La Sal, das ehemalige „Acosta", vor einigen Jahren unter neuem Besitzer umgebaut und schick geworden. Neben Meeresgetier gehören auch Tapas zu den Hausspezialitäten. Menü à la carte ab etwa 30 €. Plaza de las Flores 13.

Mesón La Isla, in der Neustadt. Solides Restaurant mit guter Küche, umfangreichen Portionen und aufmerksamem Service. Menü à la carte ab etwa 25 €, man kann aber auch deutlich mehr ausgeben. C. Extremadura 70. Um die Ecke in der Calle Emiliano Cabot 51 liegt das ebenfalls bei Einheimischen beliebte **Restaurant Casa Cacherón**.

Bar El Pescador, am Fischerhafen. Rusti-

kale Bar und günstiges Restaurant, Spezialität Guisos Marineros, also Eintöpfe nach Seemannsart. C. Padre Mirabent 21. Nur 50 Meter weiter liegt die im Charakter ganz ähnliche **Bar Hermanos Moreno**.

Bar Puerta del Sol, in einer Art Kneipengasse, die vorwiegend von Einheimischen besucht wird. Volkstümliches Lokal, in dem es neben Fischraciones auch Tapas, Montaditos etc. gibt; preisgünstig. C. Conde Vallellano 14.

● *Feste*   **Carnaval**, der Karneval von Isla Cristina, mit einer langen Tradition. Das Fest beginnt mit einem Umzug am Sonntag und endet am Aschermittwoch mit dem „Verbrennen der Sardinen" und dem „Umzug der trauernden Witwen".

Fiestas del Carmen, um den 16. Juli. Das Fest der Schutzheiligen der Fischer und Seeleute wird in Isla Cristina gleich eine ganze Woche lang gefeiert.

Fiesta de la Virgen del Mar, in der zweiten Augusthälfte, das Fest des Stadtviertels Punta del Caimán.

South Pop, 2008 begründetes Popfestival, an einem Wochenende im September.

● *Baden*   Die **Playa Punta Caimán** erstreckt sich im Süden des Ortes und ist von dort über eine Holzbrücke zu erreichen, die den gleichnamigen Flussarm überquert. Ein schöner, feinsandiger Dünenstrand, an dem man die Einheimischen gelegentlich bei der Ernte der „coquinas" (eine Art Venusmuscheln) beobachten kann.

Playa Central: Der rund 2 km lange und sehr breite Hauptstrand von Isla Cristina bildet die direkte Verlängerung der Playa Punta Caimán nach Osten. Er liegt keineswegs so zentral, wie der Name suggeriert, sondern am östlichen Ortsrand, vom Zentrum also ein gutes Stück entfernt. Der feine Sand und die schönen Dünen entschädigen jedoch für den Weg. Nach Osten setzt er sich, zunächst als „Playa de Hoyo", später unter anderen Namen, bis weit über Islantilla und La Antilla hinaus fort und ist bis auf diese beiden Siedlungen völlig unbebaut.

Marismas de Isla Cristina: Im Hinterland von Isla Cristina erstreckt sich ein ausgedehntes System von Kanälen, Lagunen und teilweise aufgegebenen Salinen, das aufgrund seiner ökologischen Bedeutung als Naturschutzgebiet ausgewiesen ist. In den „Salinas Biomaris", rechter Hand neben der Verbindungsstraße Richtung Ayamonte gelegen, kann man Mo–Fr zu Geschäftszeiten (Siesta beachten) bei der Gewinnung von besonders feinem Salz zusehen und dieses „Flor de Sal" (Blume des Salzes) natürlich auch erwerben. In der Nähe verläuft die *Via Verde Litoral*, eine ehemalige Bahnstrecke zwischen Ayamonte und dem Inlandsstädtchen Gibraleón, die zum Rad- und Wanderweg umgebaut wurde.

Ayamonte

Das Städtchen am Río Guadiana besitzt die betriebsame Atmosphäre vieler Grenzorte. Die Strände der Siedlung liegen weit außerhalb.

Noch zu Anfang der Neunzigerjahre waren die Fähren von Ayamonte nach Vila Real de Santo Antonio die einzige Möglichkeit in weitem Umkreis, ins Nachbarland Portugal zu gelangen. Dann wurde einige Kilometer nördlich die Straßenverbindung nach Portugal fertiggestellt, die über eine spektakuläre Brücke führt. Für durchreisende Autofahrer fällt die zeitraubende Einschiffungsprozedur seitdem weg – und Ayamonte vermisst schmerzlich einen Teil der bisherigen Kurzzeitgäste. Als Einkaufsziel für Portugiesen ist Ayamonte jedoch weiterhin beliebt, gleich beim Fähranleger liegen deshalb große Supermärkte.

Das 20.000 Einwohner zählende Städtchen besitzt zudem einen gewissen Charme. Ayamonte ist keine junge Siedlung, erhielt bereits im 17. Jh. die Stadtrechte verliehen. Spürbar wird die lange Geschichte des Ortes besonders in seinem ältesten Ortsteil, dem im Norden der Siedlung gelegenen Viertel La Villa mit den Mudéjarkirchen *Iglesia del Salvador* und *Iglesia de San Francisco*, beide im 15. Jh. erbaut. Auch im heutigen Zentrum im Gebiet hinter dem Fähranleger zeigt sich Ayamonte durchaus ansehnlich. Die engen Gassen sind teilweise als Fußgängerzone ausgewiesen, Kachelbilder und gekachelte Bänke schmücken die beiden Hauptplätze, den *Paseo de la Ribera* und die *Plaza de La Laguna*. Es gibt sogar einen kleinen *Zoo* (Di–So 10–21 Uhr; gratis), der im Stadtpark Parque Municipal Prudencio Navarro unweit vom Sporthafen untergebracht ist. Womit Ayamonte hingegen nicht dienen kann, sind eigene Strände – schon der ortsnächste Strand liegt rund sieben Kilometer südöstlich bei der Urbanisation Isla Canela.

● *Information* **Oficina de Turismo**, Av. Alcalde Narciso Martín Navarro s/n, beim Zoo, ✆ 959 320737. Öffnungszeiten Mo–Fr 10–21 Uhr (Winter bis 20 Uhr), Sa 10–14 Uhr.

● *Verbindungen* **Busstation** der Gesellschaft DAMAS etwas außerhalb des Zentrums an der Straße nach Huelva; Busse von und nach Huelva 8-mal, Isla Cristina und Sevilla je 4-mal täglich, zur HS teilweise erweitert; es gibt auch Verbindungen nach Portugal. **Fähren** nach Vila Real de Santo Antonio in Portugal verkehren im Sommer halbstündlich, im Winter alle 40 Minuten; Preis pro Person 1,50 €. Gelegentlich veranstaltet man Ausflugsfahrten auf dem Río Guadiana.

● *Übernachten* Die großen Ferienhotels liegen in den Urbanisationen außerhalb.

*** Parador de Ayamonte, in fantastischer Aussichtslage auf einem Hügel oberhalb der Stadt, von dem der Blick bis weit nach Portugal reicht. Modernes Gebäude mit den üblichen Komfort inklusive Schwimmbad. DZ nach Saison 105–140 €. El Castillito s/n, am nördlichen Ortsrand hinter dem Viertel La Villa, ✆ 959 320700, ✉ 959 022019, www.parador.es.

*** Hotel Ayamonte Center, ein Mittelklasse-Hotel im Gebiet jenseits des Sporthafens und damit noch halbwegs zentrumsnah. Nüchtern-funktionale Zimmer. Von etwa Dezember bis Februar geschlossen. DZ um die 60–90 €. C. Ramón y Cajal 2, ✆ 959 470250, www.ayamontecenter.com.

* Hotel Res. Marqués de Ayamonte, im Zentrum. Recht groß, geräumige Zimmer. Mobiliar nicht das jüngste, aber in Ordnung. Nur von Juni bis Oktober geöffnet. DZ/Bad etwa 50 €. C. Trajano 14, nahe Paseo del Ribera, ✆ 959 320125.

● *Essen* **Rest. Casa Barberi**, ein Klassiker der Stadt – bereits 1917 gegründet! Spezialität des Hauses sind, wie in vielen Restaurants des Ortes und seiner Umgebung, Reisgerichte, z. B. der „Arróz Marismeño", für zwei Personen etwa 24 €. Am Hauptplatz Paseo de la Ribera 12, nebenan die gleichnamige Cafetería.

Mesón La Casona, ebenfalls ein alteingesessenes Restaurant, spezialisiert auf Meeresküche, dabei vergleichsweise preiswert. Calle Lusitania 2, in der Einkaufszone des Zentrums.

676   Provinz Huelva

• *Feste* **Fiestas de la Alegría**, das „Fest der Freude", die hiesige Version des Karnevals, an dem Gruppen von beiden Seiten der Grenze teilnehmen.
Semana Santa, die Karwoche mit bedeutenden Prozessionen, ausgewiesen als „Fest von nationalem touristischen Interesse".

Fiesta de Sant Salvador, Anfang August, das Fest des Schutzheiligen des Stadtviertels La Villa.
Fiesta de la Nuestra Señora de las Angustias, Anfang September. Das einwöchige Fest der Stadtpatronin von Ayamonte, mit Stierkämpfen, Bootsrennen auf dem Fluss etc.

Umgebung von Ayamonte

Die Küste zwischen dem Grenzfluss Río Guadiana und der Mündung des Río Carreras bei Isla Cristina war Anfang der 90er-Jahre noch nahezu unbebaut. Mittlerweile hat sich das geändert, Platz bleibt aber noch reichlich. Im Hinterland erstrecken sich die Gezeitensümpfe Marismas, Heimat einer artenreichen Tier- und vor allem Vogelwelt.

Isla Canela: Sieben Kilometer von Ayamonte entfernt, ist Isla Canela die dem Städtchen näher gelegene der beiden Urbanisationen. Auf 1700 Hektar Fläche entstanden hier Hotels und Apartments, ein Golfplatz liegt etwas außerhalb Richtung Ayamonte. Man mag Isla Canela zugutehalten, dass die Bauten zumindest relativ geschmackvoll ausgefallen sind. Wie in fast allen künstlichen Küstensiedlungen herrscht außerhalb der Hochsaison jedoch auch hier gähnende Leere, sind die meisten Geschäfte und Lokale geschlossen. Der lange Strand freilich ist auch dann wunderschön.

• *Übernachten* ***** **Hotel Vincci Selección Canela Golf**, nicht am Strand, sondern etwas landeinwärts mitten im Golfplatz. Knapp 60 Zimmer, luxuriöse Ausstattung. DZ zur HS offiziell rund 350 €, doch wird das Haus in aller Regel pauschal (und damit preisgünstiger) gebucht. C. Golf Norte s/n, ✆ 959 477830, ✆ 959 477831, www.vincci hoteles.com.
**** **Hotel Barceló Canela**, fast 350 Zimmer große, strandnahe Hotelanlage in neomaurischem Stil. Große Pool-Anlage, komfortable Ausstattung, wie in dieser Klasse üblich, mehrmals täglich Shuttle-Bus nach

Ayamonte. Auch dieses Hotel wird praktisch ausschließlich pauschal gebucht. Paseo de los Gavilanes s/n, ✆ 959 477124, ✆ 959 477170, www.barcelo.com.
• *Baden* Die **Playa de Isla Canela** erstreckt sich über mehr als fünf Kilometer, ist feinsandig und im Schnitt 60 Meter breit. Im Siedlungsbereich wird sie von einer Promenade begleitet. Hier existiert auch die komplette Infrastruktur inklusive diverser Wassersportmöglichkeiten. Hübsch ist ein Spaziergang am Strand entlang bis zum Ende der Sandbank, die weit in den Ríu Guadiana ragt.

Punta del Moral: Bis Ende der 90er-Jahre stand der Name nur für eine winzige Fischersiedlung mit flachen Häusern und Staubstraßen, die nach Schiffstypen benannt sind. Das kleine Dorf gibt es noch auch. In der Umgebung allerdings, durch einen neuen Sporthafen von Punta del Moral getrennt und in Sichtweite von Isla Cristina, wuchs eine neue Urbanisation, die Isla Canela an Kapazität noch übertrifft. Bleibt zu fragen, wozu überhaupt Bauvorschriften erlassen werden, und ob die Küste der Provinz Huelva unbedingt dem schlechten Vorbild der Costa del Sol folgen muss …

• *Übernachten* **** **Hotel Ríu Atlántico**, im Stil ähnlich wie die etwa ebenso große Barceló-Anlage von Isla Canela. Natürlich ist auch hier die Ausstattung inklusive Innen- und Außenpool prima, und auch in diesem Hotel sind Individualreisende eine unbekannte Spezies: „Für die haben wir doch

gar keinen Platz", so die Rezeptionistin. Mehrmals täglich Shuttlebusse nach Ayamonte. ✆ 959 621000, ✆ 959 621003, www.riu.com.
• *Essen* Die kleinen Bars und Restaurants der Fischersiedlung sind berühmt für Fisch

und Meeresfrüchte, besonders aber für Reisgerichte. Schleichende Änderung ist freilich in Sicht, die ersten deutschsprachigen Speisekarten hängen bereits aus.

Bar-Rest. Contrabando, ein Beispiel für die sympathischen, schlichten Restaurants hier. Im Angebot sind hauptsächlich verschiedene Raciones frittierter Fisch, die Spezialität Arróz a la marinera („Seemannsreis") sollte man vorbestellen, ℡ 959 477172.

Bar La Pamela, ein Lesertipp von Otto Bitter: „Lokal mit Terrasse direkt an der klei-

nen Hafenbucht. Dem Besitzer gehören zwei Fischerboote, das Beste vom Fang gelangt im Restaurant auf den Tisch. Alle Gerichte sind im wahrsten Sinne des Wortes preis-wert. Sehr freundliche Bedienung. Nur abends geöffnet".

● *Baden* Die **Playa Punta de la Barra**, quasi der Hausstrand der neuen Urbanisation, reicht bis zum Río Carreras. Der Strand wird von Dünen begleitet, ist deutlich mehr als einen Kilometer lang, ausgesprochen breit und feinsandig.

Der Norden der Provinz Huelva

Der Norden der Provinz war lange Zeit vergessenes Land. Die bewaldeten Hügel der Sierra Morena werden von Ausländern nur selten besucht, Unterkünfte und andere Einrichtungen sind rar.

Die Spanier dagegen beginnen allmählich damit, die landschaftlichen Vorzüge der Sierras im Norden für sich zu entdecken. Am besten auf Besucher eingestellt ist man im Städtchen *Aracena*, das mit seiner großen Tropfsteinhöhle auch ein besonders reizvolles Ausflugsziel bildet. Doch einerlei, ob man Aracena nun von Huelva oder von Sevilla aus ansteuert: Eine Visite in der Minenregion von Riotinto sollte man auf jeden Fall einplanen. Die *Comarca Minera de Riotinto* bewahrt ein fürwahr erstaunliches Erbe, rüstet sich zudem allmählich für einen bescheidenen Fremdenverkehr, den das von Arbeitslosigkeit schwer betroffene Gebiet auch bitter nötig hat.

La Comarca Minera de Riotinto

Umgeben von sanften, pinienbestanden Hügeln, liegt die Minenregion von Riotinto etwa 70 Kilometer nordöstlich von Huelva, reicht im Osten bis an die Grenze zur Provinz Sevilla.

Benannt ist sie nach dem „Gefärbten Fluss" Río Tinto, dessen stark mineralienhaltiges Wasser tatsächlich alle möglichen Farbschattierungen zwischen zartem Rosa und tiefem Violett aufweist. Riotinto gilt als ältestes noch in Betrieb befindliches Bergbaugebiet der Welt. Schon in der Kupferzeit, also vor rund fünf Jahrtausenden, wurde hier das begehrte Metall abgebaut. Phönizier waren es, die den Bergbau auf eine solide Grundlage stellten. Als die Römer gegen 200 v. Chr. die hiesigen Bodenschätze für sich entdeckten, verbesserten sie die Abbaumethoden weiter, wühlten sich auf der Suche nach Silber und Gold immer tiefer in die Erde. Rund sieben Jahrhunderte blieben die Herren aus Rom hier, bauten Straßen und Städte, brachten der Region aber auch ihre Kultur, wie zahlreiche Ausgrabungsfunde belegen. Nach dem Zusammenbruch des Römischen Reichs ging die Bedeutung der Minen von Riotinto zurück. Im 19. Jh. entdeckte eine englische Gesellschaft den Reichtum der Region und machte sich an die Ausbeutung – nicht nur der Minen, sondern auch der hier ansässigen Arbeiter. Obwohl sie schon seit Jahrzehnten verschwunden ist, genießt die 1873 gegründete „Río Tinto Mining Company" auch heute noch keinen allzu guten Ruf in den hiesigen Dörfern. In typischer Kolonialmanier schotteten sich die Engländer von ihren „Untertanen" ab, lebten in einem separat errichteten Stadtviertel mit eigenem Klub, Kirche und Friedhof, und be-

678 Provinz Huelva

handelten ihre Arbeiter wie Leibeigene. Als die Minen weitgehend ausgebeutet waren, machten sich die Briten nach über 80 Jahren praktisch von einem Tag auf den nächsten aus dem Staub. 1954 gingen die Bergwerke in spanischen Besitz über.

Wer heute die Comarca Minera de Riotinto bereist, trifft auf eine Region, die tief in der Krise steckt, sich aber nicht aufgegeben hat. Dies ist ein anderes Andalusien als das der blumengeschmückten Patios und Weißen Dörfer. Rostige Fördertürme ragen in den Himmel, Mineralien glänzen aus alter Schlacke, Gewässer mit Namen wie „Stausee des Kupfers" schillern in kräftigen, zu Recht giftig anmutenden Farben. Tiefe Löcher gähnen in der Landschaft, die gezeichnet ist von den jahrtausendelangen Eingriffen des Menschen – auf seine ganz eigene Art ein absolut faszinierendes Gebiet.

Minas de Riotinto

Der Hauptort des insgesamt sieben Siedlungen umfassenden Minengebiets, ein kleines Städtchen von etwa 4.000 Einwohnern, liegt etwa sechs Kilometer östlich der N 435. Es ist ein künstlich geschaffener Ort, den die englischen Minenherren anlegen ließen, nachdem sie die Vorgängersiedlung, die dem Bergbau im Wege stand, kurzerhand in die Luft gesprengt hatten. Nahe der Hauptstraße ist noch das *Barrio Inglés de Bella Vista* zu sehen, das ehemalige Engländerviertel mit seinen schmucken kleinen Häuschen und den hübschen Vorgärten, das heute natürlich von Spaniern bewohnt wird.

Minas de Riotinto, meist kurz Riotinto genannt, lebte fast ausschließlich von den Minen. Nach dem Abzug der Engländer machte die Siedlung deshalb eine sehr wechselvolle Geschichte durch. 1986 verstärkte sich die Krise, als der Abbau von Kupfer sich nicht mehr lohnte und deshalb eingestellt werden musste. Seitdem ging die Minengesellschaft durch die Hände einiger internationaler Konzerne; 1995 schlossen sich die *mineros* von Riotinto und Umgebung zusammen und kauften die Minen zurück. Die Vorräte an jahrtausendealten, von den Römern zurückgelassenen Schlacken, aus denen noch Silber und Gold gewonnen werden konnte, reichten jedoch nur wenige Jahre. Momentan sind die Minen geschlossen.

Die engagierte Stiftung *Fundación de Riotinto* sorgt für ergänzende Arbeitsplätze, die überwiegend rund um den bislang noch bescheidenen Fremdenverkehr angesiedelt sind. Das hoch interessante *Minenmuseum*, touristischer Dreh- und Angelpunkt von Riotinto und fast komplett von Jugendlichen und jungen Erwachsenen aus der Umgebung ausgebaut, bietet Lehrwerkstätten für Elektriker, Maurer, Schreiner, Schmiede etc., ein angesichts der horrenden Jugendarbeitslosigkeit nicht hoch genug zu schätzendes Engagement. Auch die touristischen Angebote im Umfeld, seien es die Fahrten mit den alten Minenzügen, die Restaurierung des zugehörigen Wagenmaterials oder einfach der Bau von Unterkünften, schaffen neue Arbeitsplätze.

● *Verbindungen* **Bus**: DAMAS fährt von/nach Huelva 6-mal, Nerva und Aracena 1-mal täglich; Tagestrips sind möglich, doch sollte man sich vorher über die Rückfahrtzeiten erkundigen. Viele Hotels der Küste von Huelva offerieren auch Ausflugsfahrten.

● *Übernachten* Derzeit ist die Situation schwierig, Alternativen z.B. in Aracena. ***** Hotel Santa Barbara Golf**, in schöner Lage hoch über dem Ort. Prinzipiell ein

recht komfortables Quartier mit eigenem Restaurant, aber leider immer wieder mal geschlossen, so zuletzt auch wieder – vorläufig, wie es hieß. C. Cerro de los Embusteros s/n, Zufahrt vorbei am Rathaus, ☏ 959 590430, ✆ 959 590423.

Pensión Galán, ein Ziegelbau direkt neben dem Museum, mit angeschlossenem, ganz passablem Bar-Restaurant. Zuletzt war auch hier geschlossen, doch könnte das

Minas de Riotinto

1200 Meter lang, 900 Meter breit, 330 Meter tief: Abbaustätte Corta Atalaya

Quartier „irgendwann" wieder öffnen. Romero de Villa s/n, Bda. Los Carlos, ✆ 959 590840, ✉ 959 590639.

Centro de Naturaleza La Estación, eine Art private Jugendherberge im fünf Kilometer entfernten Nachbarstädtchen Nerva, untergebracht in einem ehemaligen Bahnhof. Übernachtung p.P. im Mehrbettzimmer nach Saison etwa 18–20 €, unter 18-Jährige etwas günstiger. ✆ 959 580034, www.cnlaestacion.com.

Museo Minero de la Comarca de Riotinto

Ein Bummel durch das 1992 eröffnete Minenmuseum, untergebracht im ehemaligen Krankenhaus der Engländer, gleicht einem Streifzug durch die Zeit. Erstaunlich, was die Bergleute bei ihrer Arbeit im Laufe der Jahre alles entdeckt haben: Schieferschmuck der Kupferzeit; keltische Idole und Minenwerkzeug der Bronzezeit; ein komplettes römisches Wasserrad, das von Menschenhand betrieben wurde und dazu diente, die Minengänge leer zu pumpen ... Im Keller liegt der originalgetreue Nachbau eines römischen Stollens. Überhaupt nehmen die römischen Exponate wie Statuen, teilweise unglaublich fein gearbeiteter Schmuck, Glaswaren und Amphoren naturgemäß einen breiten Raum ein. Andere Funde stammen aus der maurischen Periode ab dem 10. Jh., als unter der Almohadendynastie aus den hiesigen Mineralien eine Art Tinte gewonnen wurde. Fündig werden auch Liebhaber der Industriearchäologie, die eine Fülle an Gerätschaften und Fotografien des Bergbaus des 19. Jh. und frühen 20. Jh. erwartet. Weiterhin sehenswert ist eine Eisenbahn-Ausstellung, die die Bedeutung der Schiene für den Erztransport dokumentiert – einst reichten die Gleise bis zu den Hütten von Huelva. Prunkstück ist der „Waggon des Maharadscha", ein Luxuswaggon, der ursprünglich für eine Indienfahrt des englischen Königshauses gebaut, dann aber von der hiesigen Minengesellschaft gekauft wurde, damit deren Direktoren standesgemäß in die Sommerfrische nach Punta Umbría bei Huelva reisen konnten. Angeschlossen sind auch ein Café,

680 Provinz Huelva

ein Souvenirgeschäft und ein Raum, in dem (spanischsprachige) Videofilme über den Bergbau gezeigt werden.

● *Öffnungszeiten, Informationen* Täglich 10.30–15, 16–19 Uhr, zur HS bis 20 Uhr; Eintrittsgebühr 4 €. Es gibt auch Kombi-Tickets mit den übrigen Angeboten, siehe unten. Bei Spezialinteressen und Anfragen bezüg-

lich der anderen Offerten kann man sich an Frau María Teresa López Fernández wenden. Sie spricht ausgezeichnet Deutsch: ☎ 959 590025, 📠 959 591074. www.parquemineroderiotinto.com.

Peña de Hierro: Das Minenmuseum veranstaltet auch Besuche (p.P. 8 €, Kombiticket mit Museo Minero 9 €) bei einer kleinen, etwa zehn Kilometer entfernten Mine, die bereits zu römischer Zeit betrieben wurde; besichtigt wird dabei neben einem Stollen auch ein beim Tagebau entstandener See. Mit dem Informationsgehalt der Tour waren freilich nicht alle Leser zufrieden.

Ferrocarril Turístico-Minero: Für Eisenbahn-Romantiker sicher eine unwiderstehliche Versuchung, aber auch sonst ein Spaß, sind die Fahrten mit den ehemaligen Minenzügen, deren Wagenmaterial aus den Anfängen des 20. Jh. stammt. Die bisher restaurierte Strecke führt auf etwa zwölf Kilometer Länge den Río Tinto entlang, wobei die Fahrt derzeit gut eine Stunde dauert. Eines Tages, so hofft man, wird die ganze alte Linie bis hinunter nach Niebla wieder befahrbar gemacht werden können.

● *Abfahrten* Treffpunkt ist das Museum. Abfahrten von März bis Mitte Juni Mo–Fr 13 Uhr, Sa/So 16.30 Uhr; von Mitte Juni bis Ende September täglich 13.30, ab Mitte Juli bis Ende September zusätzlich 17.30 Uhr,

im restlichen Jahr nur am Wochenende um 16.30 Uhr. Fahrpreis etwa 10 €, mit Museum und Peña de Hierro 17 €. Reservierungen grundsätzlich sehr ratsam: ☎ 959 590025.

Corta Atalaya: Ein Stück außerhalb von Riotinto liegt die größte Übertage-Abbaustätte Europas. Das gigantische, in konzentrischen Terrassen abgestufte Loch der Corta Atalaya misst 1200 Meter Länge, 900 Meter Breite und über 330 Meter Tiefe. Die einzelnen Absätze zeigen unterschiedliche Farben, je nachdem, ob sie rotes Eisenoxid oder grauen Schwefelkies enthalten. Angesichts der riesigen Dimensionen schrumpfen die wuchtigen Lastwagen und Lokomotiven mit ihren übermannshohen Rädern, die man tief unten in der Grube sehen kann, zu zwergenhafter Größe. Früher gehörte die Corta Atalaya zum Ausflugsangebot des Minenmuseums, doch ist eine Besichtigung derzeit leider nicht möglich; immerhin gibt es bei der Anfahrt aus Richtung Westen zum Ort einen Aussichtsparkplatz, von dem aus man zumindest einen Blick aus der Ferne erhaschen kann.

Necrópolis de La Dehesa: Einige Kilometer nördlich von Riotinto liegt diese Totenstadt, aus der viele der römischen Exponate im Minenmuseum stammen. Derzeit nur für Gruppen zugänglich (Info im Museum), wird sie eines Tages vielleicht auch in das Besuchsprogramm aufgenommen werden.

Sierra Morena

Der mächtige Querriegel der Sierra Morena reicht von der portugiesischen Grenze bis weit in die Provinz Jaén hinein. Obwohl dieser Gebirgszug kaum über 1000 Meter Höhe aufragt, bildet er doch die kulturelle Grenze zwischen Andalusien und der Extremadura und Kastilien.

In maurischer Zeit war die Sierra Morena mit ihren wichtigen Pässen lange heftig umkämpftes Land, geriet nach der Reconquista jedoch fast in Vergessenheit. Der

Aracena **681**

zur Provinz Huelva zählende Abschnitt des Gebirgszugs, zusammengesetzt aus einer Reihe kleinerer Sierras, ist teilweise als *Parque Natural Sierra de Aracena y Picos de Aroche* unter Naturschutz gestellt. In dieser schönen Mittelgebirgslandschaft wachsen ausgedehnte Korkeichenbestände, leben Wildschweine, Dachse, Steinadler und Wanderfalken.

Aracena

Auf 700 Meter Höhe im südlichen Bereich des Naturparks und an der N 433 gelegen, schmiegt sich Aracena in die waldreiche Hügellandschaft der gleichnamigen Sierra.

Das kleine Landstädtchen mit seinen gut 7000 Einwohnern wird von einer maurischen Festungsruine samt gotischer Templerkirche überragt, die tagsüber zugänglich ist und eine weite Aussicht bietet. Aracena selbst zeigt sich mit seinen weißen Hausfassaden mit Gitterbalkonen und einem reizvollen, von schmiedeeisernen Bänken flankierten Hauptplatz von ruhigem Charme. Seine Hauptattraktion jedoch zieht mittlerweile immer mehr Reisebusse an. Sie liegt am westlichen Ortsrand und ist unterirdischer Natur: Die *Gruta de las Maravillas*, die „Höhle der Wunder", eine der beeindruckendsten Tropfsteinhöhlen Spaniens.

● *Information* **Oficina Municipal de Turismo**, Calle Pozo de la Nieve s/n, Mobil- ✆ 663 937877. Beim Eingang zur Höhle, freundlich und hilfsbereit. Geöffnet ist täglich 10–14, 16–18 Uhr. www.aracena.es.

● *Verbindungen* **Busse** halten an der Avenida Sevilla. DAMAS fährt 2-mal täglich von und nach Huelva und Sevilla, von und nach Minas de Riotinto und Nerva 1-mal täglich.

● *Übernachten* ***** Hotel Finca Valbono**, schönes ländliches Quartier nördlich etwas außerhalb des Zentrums in Richtung Carboneras, mit Pool und eigenem Reitstall. Unterkunft wahlweise in DZ im Haupthaus (70–85 €) oder in den so genannten „Alquerías", frei stehenden Häuschen, die für zwei Personen etwa denselben Preis kosten, aber auch ganze Familien beherbergen können. Carretera de Carboneras, km 1, ✆ 959 127711, ⊕ 959 127679, www.fincavalbono.com.

** Hotel Los Castaños, an der Hauptstraße unweit der Höhlen, mit Garage. In seiner Klasse ein sehr empfehlenswertes Quartier, angeschlossen ein gutes Restaurant mit hübscher Aussicht. DZ etwa 60 €. Av. de Huelva 5, ✆ 959 126300, ⊕ 959 126287, www.loscastanoshotel.com.

** Hotel Sierra de Aracena, in zentraler Lage unweit vom Hauptplatz. Ebenfalls ein angenehmes Haus mit Garage, jedoch ohne Restaurant. DZ rund 60–65 €. Gran Vía 21, ✆ 959 126175, ⊕ 959 126218, www.hsierraaracena.es.

● *Essen* **Restaurante José Vicente**, beim Stadtpark unweit der Bushaltestelle. Sehr ordentliche Lokalküche, Spezialitäten sind Schweinernes und Pilze. Menü à la carte ab etwa 35 €. Ein Delikatessen-Geschäft mit guter Auswahl an Schinken etc. ist angeschlossen. Avenida Andalucía 53, außer im Sommer nur mittags geöffnet, in der zweiten Junihälfte geschlossen. ✆ 959 128455.

● *Feste* **Feria de Agosto**, Sommerfest am vorletzten Wochenende im August, mit Kultur, Folklore und Sportveranstaltungen.

Romería de Nuestra Señora de los Angeles, Wallfahrt am 8. September.

Gruta de las Maravillas: Die 1,2 Kilometer lange „Höhle der Wunder" wird im Besucherprospekt bescheiden als „größte und schönste Höhle der Welt" gepriesen. Tatsächlich ist sie immerhin die größte Tropfsteinhöhle der Iberischen Halbinsel, bereits seit 1914 für Touristen geöffnet und wird wohl bald zum Naturmonument erklärt. Den Besucher erwarten auf dem etwa einstündigen Gang eine Reihe von bis zu 40 Meter hohen Sälen, Wasserläufe und mehrere Seen, in denen sich die farbig beleuchteten Tropfsteine spiegeln. Ein bunter, bizarrer Ausflug in eine Unterwelt, in der Teile des Films „Die Reise zum Mittelpunkt der Erde" nach dem Buch von

682   Provinz Huelva

Jules Verne gedreht wurden. Die musikalisch untermalten Führungen finden in Gruppen statt, man muss deshalb am Eingang meist eine Weile warten. Die Zeit vertreiben kann man sich dort mit der Betrachtung einer Reihe moderner Skulpturen,; ebenso mit einem Besuch der farben- und formenprächtigen Mineraliensammlung im Eingangsbereich, die ein Mineningenieur in der ganzen Welt zusammengetragen und der Höhlenleitung gestiftet hat.

● *Führungen* Täglich 10.30–13.30 Uhr, 15–18 Uhr, Minimum 25 Personen, Maximum 40 Personen pro Gruppe, zur HS und an Wochenenden kann es deshalb eventuell zu Engpässen kommen. Eintritt etwa 8,50 €.

Fotografieren ist verboten, festes Schuhwerk ratsam, ebenso einigermaßen warme Kleidung: Im Inneren der Höhle liegt die Temperatur ganzjährig bei etwa 16–18 Grad.

Westlich von Aracena

Jabugo: Das kleine Dorf etwa 20 Kilometer westlich von Aracena, inmitten von Kork- und Steineichenwäldern nahe der Kreuzung der Fernstraßen N 433 und N 435 gelegen, ist in ganz Spanien bekannt. Jabugo lebt vom Schwein. Seinen besonders in Gourmetkreisen guten Ruf verdankt der kaum 1500 Einwohner zählende Ort den hier hergestellten Schinken, die vielleicht sogar noch vor denen aus Trevélez die besten Andalusiens, möglicherweise sogar des ganzen Landes sind. Grund für die hohe Qualität der hiesigen Räucherwaren sind neben sorgfältiger Verarbeitung vor allem die idealen Lebensbedingungen der halbwild gehaltenen Schweine, die sich überwiegend von Eicheln ernähren.

Pata Negra: Schwarzhufer-Schinken aus Jabugo

Die Schinken aus Jabugo sind etwas ganz Besonderes. Das Etikett *jamón serrano*, „Bergschinken", dürfen sich viele spanische Räucherwaren anheften. Doch nur wenn der Schinken von einem Schwein der Rasse Cerdo Iberico stammt, einer Mischung aus Wild- und Hausschwein, trägt er den „Schwarzen Huf", die *pata negra*. Neben der Rasse ist auch die exakte Verarbeitung ein wichtiges Qualitätsmerkmal.

Die Keule wird etwa acht bis zwölf Tage in grobkörniges Salz gelegt, nach einer Faustregel genau so viele Tage, wie der Schinken in Kilogramm wiegt. Dann wandert er in Klimakammern, in denen er bei einer konstanten Temperatur von fünf Grad im Verlauf von zwei Monaten rund ein Drittel seines Gewichts verliert. Schließlich muss der Schinken in großen Trockenhallen, den „Secaderos", noch gut ein Jahr lang reifen, bevor er zum Verkauf angeboten wird. Das fertige, etwa zwischen sechs und acht Kilo schwere Produkt hält sich im Ganzen bis zu einem Jahr lang. Wird er jedoch angeschnitten, so sollte der Schinken innerhalb von zwei Wochen verbraucht werden, sonst verliert er an Geschmack und Konsistenz. Auch das Anschneiden ist fast eine Wissenschaft für sich: Mit einem langen, dünnen und scharfen Messer wird von der trockeneren Schmalseite zunächst die Haut entfernt, bevor die bissfertigen Happen, die *lonjas*, abgeschnitten werden. Am besten isst man sie pur, begleitet nur von etwas Weißbrot und einem feinen Fino.

Westlich von Aracena 683

Abgeschält: Korkeichen in der Sierra de Aracena

Almonaster la Real: An einer Nebenstraße etwa 15 Kilometer südwestlich von Jabugo gelegen, präsentiert sich Almonaster als malerisches weißes Bergstädtchen, das von den Ruinen einer uralten maurischen Festung überragt wird. Sie birgt eine Moschee, die, obwohl in späterer Zeit in eine Kirche verwandelt, baulich kaum verändert wurde und deshalb noch ihr Minarett, den Mihrab und die originalen Hufeisenbögen bewahrt hat. Bei näherer Betrachtung wird die noch ältere Herkunft mancher Säulen deutlich, die römischen und westgotischen Ursprungs sind. Gleich nebenan liegt die kleine Stierkampfarena von Almonaster. Kunstliebhaber sollten sich auch die Kirche *San Martín* einmal genauer besehen: Ihr Portal trägt schon Zeichen des kuriosen portugiesisch-manuelinischen Stils, schließlich liegt hier die Grenze zum Nachbarland kaum noch vierzig Kilometer entfernt.

● *Übernachten* **Alojamiento Rural Los Gallos**, etwa drei Kilometer außerhalb, ein Lesertipp von Michael Priesteroth: „Empfehlung für alle Freunde des Landtourismus, Wanderns etc. Die Vermieterin Ana ist sehr freundlich und trotz einiger Sprachbarrieren klappte alles gut. Vermietung geht über Internet (Homepage auf Deutsch!).‟ Unterkunft in Häusern für bis zu sechs Personen auf dem Gelände einer ehemaligen Anis-Fabrik; Pool. Haus für zwei Personen etwa 50–75 €. Estación de Almonaster s/n, ✆ 959 501167, Mobil 687 365754, www.alojamientolosgallos.com.
* **Hotel Casa García de Almonaster**, das größte Quartier im Ort selbst und recht ordentlich ausgestattet. Gutes Restaurant. DZ/Bad etwa 65 €. Avenida San Martín 4, ✆ 959 143109, ✆ 959 143143, www.sierradearacena.com.

● *Feste* **Romería de Santa Eulalia**, am dritten Wochenende im Mai; in der „Dehesa de la Arguijuela", etwa 16 km vom Ort. Traditionelle Fandango-Gesänge; am Samstagnachmittag Stierkampf und nächtliches Feuerwerk, am Sonntag eine große Prozession und eine Reiterparade in Kostümen.
Feria de Agosto, das viel besuchte örtliche Sommerfest, das alljährlich am vorletzten Sonntag im August stattfindet.

Etwas Spanisch

Für Ihren Urlaub müssen Sie nicht unbedingt Spanisch lernen. Deutsch, Englisch und die Gebärdensprache reichen meist völlig aus, um einzukaufen, ein Auto oder Zimmer zu mieten. Wer aber näher mit den Menschen im Lande in Kontakt kommen möchte, wird schnell merken, wie erfreut und geduldig Spanier reagieren, wenn man sich ein bisschen Mühe gibt. Der folgende kleine Spanisch-Sprachführer soll Ihnen helfen, sich in Standardsituationen besser zurechtzufinden. Vor Ort fällt es dann leicht, ein vorhandenes Grundvokabular weiter auszubauen. Scheuen Sie sich nicht, am Anfang auch einmal Sätze zu formulieren, die nicht gerade durch grammatikalischen Feinschliff glänzen – wer einfach drauflosredet, lernt am schnellsten.

Aussprache

c: vor a, o, u und Konsonanten wie
k (caldo = kaldo), vor e und i wie
engl. "th" (cero = thero)

ch: wie tsch (mucho = mutscho)

h: ist stumm (helado = elado)

j: wie ch (rojo = rocho)

ll: wie j (calle = caje),
manchmal auch wie lj

ñ: wie nj (año = anjo)

qu: wie k (queso = keso)

v: wie leichtes b (vaso = baso),
manchmal wie "w" (vino = wino)

y: wie j (yo = jo)

z: wie engl. "th" (zona = thona)

Zahlen

¼	un cuarto	14	catorce	60	sesenta
½	un medio	15	quince	70	setenta
0	cero	16	dieciséis	80	ochenta
1	un/una	17	diecisiete	90	noventa
2	dos	18	dieciocho	100	ciento, cien
3	tres	19	diecinueve	200	doscientos
4	cuatro	20	veinte	300	trescientos
5	cinco	21	veintiuno	500	quinientos
6	seis		(-ún)	1000	mil
7	siete	22	veintidós	2000	dos mil
8	ocho	23	veintitrés	5000	cinco mil
9	nueve	30	treinta	10.000	diez mil
10	diez	31	treinta y uno	100.000	cien mil
11	once	32	treinta y dos	1.000.000	un millón
12	doce	40	cuarenta		
13	trece	50	cincuenta		

Etwas Spanisch **685**

Elementares

Grüße

Guten Morgen	buenos días
Guten Tag (bis zum Abend)	buenas tardes
Guten Abend/ gute Nacht	buenas noches
Hallo	Hola (sehr gebräuchlich)
Auf Wiedersehen	adiós
Tschüss	hasta luego (= bis später)
Gute Reise	buen viaje

Small Talk

Wie geht's?	qué tal? (bei Freunden) sonst: cómo está?
(Sehr) gut	(muy) bien
Wie heißt Du?	cómo te llamas?
Ich heiße ...	mi nombre es ...
Woher kommst du?	de dónde vienes?
Ich komme aus ...	soy de ...
... Deutschland	Alemania
... Österreich	Austria
... Schweiz	Suiza
Sprechen Sie deutsch?	habla usted alemán?
englisch/franzö- sisch/italienisch	inglés/francés/ italiano
Ich spreche nicht spanisch	yo no hablo español
Ich verstehe (nicht)	yo (no) comprendo/ entieno
Verstehst du?	comprendes/ entiendes?

Ist das schön!	qué bonito!
Das gefällt mir	me gusta
Ein bisschen langsamer, bitte	un poco más despacio, por favor
In Ordnung/passt so/ o.k. (auch als Frage sehr ge- bräuchlich)	vale? – vale!

Minimal-Wortschatz

Ja	sí
Nein	no
Bitte	por favor
Vielen Dank	muchas gracias
Entschuldigung	perdón
Verzeihung	disculpe
groß/klein	grande/pequeño
gut/schlecht	bueno/malo
viel/wenig	mucho/poco
heiß/kalt	caliente/frío
oben/unten	arriba/abajo
ich	yo
du	tú
Sie	usted
Können Sie mir sagen, wo ... ?	podría decirme dónde está ... ?
verboten	prohibido
Mädchen	chica
Junge	chico
Frau	señora
junge Frau	señorita
Herr	señor

Fragen & Antworten

Gibt es ... ?	hay?
Was kostet das?	cuánto cuesta esto?
Wie/wie bitte?	cómo?
Wissen Sie?	sabe usted ... ?
Ich weiß nicht ...	yo no sé
Wo?	dónde?
Von wo?	De dónde?
Wo ist ... ?	dónde está ... ?

Haben Sie ... ?	tiene usted ... ?
Ich möchte ...	quisiera ...
Um wieviel Uhr?	a qué hora?
Ist es möglich/ kann ich?	está posible?
Warum?	por qué?
Weil	porque

686 Etwas Spanisch

Orientierung

nach ...	hacia	hier	aquí
Links	izquierda	dort	allí, ahí
Rechts	derecha	Adresse	dirección
Geradeaus	todo derecho	Stadtplan	plano de la ciudad
die nächste Straße	la próxima calle	Ist es weit?	está lejos?

Zeit

vormittag(s)	(por la) mañana
nachmittag(s)	(por la) tarde
abend(s)	(por la) noche
heute	hoy
morgen	mañana
übermorgen	pasado mañana
gestern	ayer
vorgestern	anteayer
Tag	el día
jeden Tag	todos los días
Woche	semana
Monat	mes
Jahr	año
stündlich	cada hora
wann?	cuándo?

Wochentage

Montag	lunes
Dienstag	martes
Mittwoch	miércoles
Donnerstag	jueves
Freitag	viernes
Samstag	sábado
Sonntag	domingo

Jahreszeiten

Frühling	primavera
Sommer	verano
Herbst	otoño
Winter	invierno

Monate

Januar	enero
Februar	febrero
März	marzo
April	abril
Mai	mayo
Juni	junio
Juli	julio
August	agosto
September	septiembre
Oktober	octubre
November	noviembre
Dezember	diciembre

Uhrzeit

Stunde	hora
Um wieviel Uhr?	a qué hora?
Wieviel Uhr ist es?	Qué hora es?

Unterwegs

Wann kommt ... an?	cuándo llega ... ?	Hin und zurück	ida y vuelta
Wieviel Kilometer sind es bis ... ?	cuántos kilómetros hay de aquí a ... ?	Abfahrt	salida
		Ankunft	llegada
Ich möchte bitte aussteigen!	quisiera salir, por favor!	Information	información
		Kilometer	kilómetro
Hafen	puerto	Straße	calle
Haltestelle	parada	Telefon	teléfono
Fahrkarte	bono/billete/tiquete	Reservierung	reservación

Etwas Spanisch   **687**

Weg	camino, fuera	*Schiff*	barco
Autobus	autobús	*Deck*	cubierta
Bahnhof	estación	*Fährschiff*	transbordador/ferry
Flughafen	aeropuerto	*Reisebüro*	agencia de viajes
das (nächste) Flugzeug	el (próximo) avión	*(der nächste) Bus*	(el próximo) autobús
Hafen	puerto		

Auto/Zweirad

Ich möchte ...	quisiera ...	*Bremse*	frenos
wo ist ... ?	dónde está ... ?	*Ersatzteil*	pieza de recambio
... die nächste Tankstelle	... la próxima gasolinera	*Keilriemen*	correa
Bitte prüfen Sie, ob ...	por favor, compruébe usted si ...	*Kühler*	radiador
		Kupplung	embrague
Ich möchte mieten (für 1 Tag)	Quisiera alquilar (por un día)	*Licht*	luces
(die Bremse) ist kaputt	(los frenos) no funcionan	*Motor*	motor
		Öl	aceite
Wieviel kostet es (am Tag)?	cuánto cuesta (un día)	*Reifen*	rueda
		Reparatur	reparación
Benzin	gasolina	*Stoßdämpfer*	amortiguator
bleifrei	sin plomo	*Werkstatt*	taller
Diesel	gasoleo "A"	*Autobahn*	autopista
(1/20) Liter	(un/veinte) litro(s)	*Baustelle*	obras
		Kreuzung	cruce
Auto	coche	*Einbahnstraße*	dirección única
Motorrad	moto	*Straße gesperrt*	carretera cortada
Moped	ciclomotor	*Umleitung*	desvío
Anlasser	starter	*parken*	aparcar
Auspuff	escape	*Kann ich hier parken?*	puedo aparcar aquí?
Batterie	batería		

Bank/Post/Telefon

Wo ist ...	dónde está ...	*eingeschrieben*	por certificado
Ich möchte ...	quisiera ...	*Geld*	dinero
... ein Tel.-Gespräch	... una llamada	*mit Luftpost*	por avión
Wieviel kostet das?	cuánto cuesta?	*Päckchen*	pequeño paquete
Bank	banco	*Paket*	paquete
Postamt	correos	*postlagernd*	lista de correos
Brief	carta	*Telefon*	teléfono
Karte	tarjeta	*Telegramm*	telegrama
Briefkasten	buzón	*Schweizer Franken*	francos suizos
Briefmarke	sello		

688 Etwas Spanisch

Übernachten

Haben Sie ... ?	tiene usted. .. ?	Haus	casa
Gibt es ... ?	hay ... ?	Küche	cocina
Wieviel kostet es (das Zimmer)?	cuánto cuesta (la habitación)	Toilette	servicios
		mit ...	con ...
Ich möchte mieten (...)	quisiera alquilar (...)	ohne ...	sin ...
		... Dusche/Bad	... ducha/baño
für 5 Tage	por cinco días	... Frühstück	... desayuno
Kann ich sehen... ?	puedo ver... ?	Reservierung	reserva
Kann ich haben... ?	puedo tener... ?	Wasser (heiß/kalt)	agua (caliente/fría)
ein (billiges/gutes) Hotel	un hotel (barato/ bueno)	Hoch/Nebensaison	temporada alta/baja
		Campingplatz	el camping
Haben Sie nichts Billigeres?	no tiene algo más barato?	zelten ("wild")	acampar (libre)
Zimmer	habitación	Zelt (klein)	tienda individual
ein Doppelzimmer	habitación doble	Hauszelt	tienda familiar
Einzelzimmer	habitación individual	Schlafsack	saco de dormir
Bett	cama	Wohnmobil	coche cama
Pension (Voll/Halb)	pensión (completa/ media)	Wohnwagen	caravana
		Stellplatz	parcella

Im Restaurant/in der Bar

Speisekarte und Spezialitäten: Siehe im ausführlichen Kapitel "Essen und Trinken" vorne im Buch.

Haben Sie ... ?	tiene usted ... ?	Mineralwasser (sprudelnd/still)	agua con/sin gas
Ich möchte ...	quisiera ...		
Eine Tapa hiervon	una tapa de esto, por favor	Wasser	agua
		Hauswein	vino del país/de la casa
Wieviel kostet ... ?	cuánto cuesta ... ?		
Ich möchte zahlen, bitte	quisiera pagar, por favor	Rotwein	vino tinto
		Weißwein	vino blanco
Die Rechnung (bitte)	la cuenta (por favor)	süß/herb	dulce/seco
	höflicher: la cuenta, quando pueda!	Saft	zumo
		Kaffee	café
Speisekarte	menú	Milchkaffee	café con leche
zum Mitnehmen	para llevar	Zucker	azúcar
Getränke:		Tee	té
Glas/Flasche	vaso/botella	Milch	leche
(Glas) Bier	(caña) cerveza		

Einkaufen

Was kostet ...	cuánto cuesta ... ?	1 Pfund (= 1/2 Kilo)	medio kilo
Haben Sie ... ?	tiene usted ... ?	1 Kilo/Liter	un kilo/litro
geben Sie mir bitte	déme... por favor	100 Gramm	cien gramos
klein/groß	pequeño/grande	geöffnet	abierto

Etwas Spanisch 689

geschlossen	cerrado	Öl	aceite
Geschäft	tienda	Orange	naranja
Supermarkt	supermercado	Pfeffer	pimienta
Einkaufszentrum	hipermercado	Salz	sal
Bäckerei	panadería	Seife	jabón
Konditorei	pastelería	Shampoo	champú
Metzgerei	carnicería	Sonnenöl	bronceador
Friseur	peluquería	Streichhölzer	caja de cerillas
Buchhandlung	librería	Tomaten	tomates
Apfel	manzana	Wurst	embutido
Brot	pan	Zeitung	periódico
Butter	mantequilla	Zeitschrift	revista
Ei(er)	huevo(s)	Zucker	azúcar
Essig	vinagre	Kleidung	vestidos
Gurke	pepino	Bluse	blusa
Honig	míel	Hemd	camisa
Joghurt	yogurt	Hose	pantalones
Käse	queso	Pullover	jersey
Klopapier	papel higiénico	Rock	falda
Knoblauch	ajo	Schuhe	zapatas
Kuchen	pastel	Kann ich probieren?	puedo probar?
Marmelade	mermelada	Es gefällt mir	me gusta
Milch	leche	Ich nehme es	lo tomo

Hilfe & Krankheit

Hilfe!	ayuda!	... Aspirin	aspirina
Helfen Sie mir bitte	ayudeme por favor	... die "Pille"	la píldora
Ich habe Schmer- zen (hier)	me duele (aquí)	... Kondome	preservativos
		... Penicillin	penicilina
Gibt es hier ... ?	hay aquí ... ?	... Salbe	pomada
Ich habe verloren ...	he perdido ...	... Tabletten	pastillas
Haben Sie ... ?	tiene usted ... ?	... Watte	algodón
Wo ist (eine Apotheke)?	dónde hay (una farmácia)	Ich habe ...	yo tengo ...
		Ich möchte ein	quiero una
Wann hat der Arzt Sprechstunde?	cuándo pasa el médico la consulta	Medikament gegen	medicina contra ...
		... Durchfall	diarrea
Ich bin allergisch gegen ...	yo soy alérgico a ...	... Fieber	fiebre
		... Grippe	gripe
Deutsche Botschaft	embajada alemana	... Halsschmerzen	dolor de garganta
Polizei	policía	... Kopf ...	dolor de cabeza
Tourist-Information	oficina de turismo	... Magen ...	dolor de estómago
Arzt	médico	... Zahn ...	dolor de muelas
Krankenhaus	hospital	... Schnupfen	catarro, resfriado
Unfall	accidente	... Sonnenbrand	quemadura del sol
Zahnarzt	dentista	... Verstopfung	estreñimiento
Ich möchte (ein) ...	quisiera (un/una) ...		
... Abführmittel	laxante		

MM-Wandern

Die innovativen Tourenbegleiter aus dem Michael Müller Verlag

GPS Tracks & Waypoints

Register

Abd ar-Rahman I 65
Abd ar-Rahman III 66
Acinipo (D 4) 459
Adra (E 8) 201
Adressen 134
Agua Amarga (D 10) 164
Aguadulce (D 9) 200
Aguilar de la Frontera (C 5) 357
Aids 134
Al-Andalus 65
Al-Andalus Expreso 106
Alcalá de los Gazules (E 4) 578
Alcalá la Real (C 7) 307
Alfons III. 69
Alfons VI. 70
Alfons XII. 77
Algar (E 3) 576
Algeciras (F 4) 479
Algodonales (D 4) 592
Alhama de Almería (D 9) 196
Alhama de Granada (D 6) 262
Alltagskultur 47
Almansor 67
Almería (Stadt, D 9) 181
Almería, Provinz 154
Almerimar (E 8) 200
Almodóvar del Río (B 5) 355
Almohaden 67
Almonaster la Real (B 2) 683
Almonte (C 2) 649
Almoraviden 67
Almuñécar (E 7) 211
Álora (D 5) 414
Alpujarra almeriense 196
Alpujarra granadina 268
Amerikanisch-Spanischer Krieg 77
Andújar (B 6) 301
Angeln 148
Anreise 94

Anreise
mit Auto und Motorrad 95
mit dem Bus 98
mit dem Flugzeug 94
mit der Bahn 98
Antequera (D 5) 408
Apartments 118
Apotheken 135
Arabesken 86
Aracena (B 2) 681
Arbeitslosigkeit 40
Árchez (D 6) 383
Archidona (D 5) 412
Arcos de la Frontera (D 3) 571
Ardales (D 5) 417
Áreas de Acampada Libre 121
Arroyo de la Miel (E 6) 422
Arroyo Frío (B 8) 323
Ärztliche Versorgung 135
Atalbeitar (D 8) 282
Autovermietung 104
Averroes 332
Axarquía (D 6/7) 383
Ayamonte (C 1) 675
Aznar, José María 82
Azulejos 86

Baden 135
Baelo Claudia (F 3) 495
Baena (C 6) 359
Baetica 63
Baeza (B 7) 308
Bailén (B 7) 301
Bandoleros 456
Baños de la Encina (B 7) 301
Barbate (F 3) 498
Barock 89
Bars 124
Bauwirtschaft 42
Baza (C 8) 292
Benalauría (E 4) 463
Benalmádena 422
Benalmádena-Costa (E 6) 422
Benalmádena-Pueblo (E 5) 423
Benamahoma (D 4) 584
Benaocaz 587
Benaoján (E 4) 461

Bérchules (D 8) 285
Bergbau 42
Bevölkerung 44
Blas Infante 445
Blaue Umweltflagge 136
Boabdil 68, 218
Bocadillos 125
Bolívar, Simón 77
Bollullos Par del Condado (C 2) 648
Bolonia (F 3) 494
Bonanza (D 3) 560
Bonaparte, Joseph 76
Bornos 579
Botellón 234
Bourbonen 76
Brandy 132
Brauchtum 47
Brenan, Gerald 271, 286
Briefmarken 147
Bubión (D 7/8) 274
Busquístar (D 8) 282
Busse 108

Cabo de Gata (E 9/10) 178
Cabo de Trafalgar (F 3) 503
Cabra (C 6) 357
Cádiar (D 8) 285
Cádiz (E 3) 530
Cafeterías 125
Cala de Enmedio 165
Calahonda (E 7) 206
Calderón de la Barca 75
Camarón de la Isla 528, 529
Caminito del Rey (D 5) 418
Camping 120
Canjáyar (D 9) 198
Cano, Alonso 89, 90
Caños de Meca (F 3) 501
Capileira (D 7/8) 275
Carataunas (D 7) 273
Carboneras (D 10) 160
Carmona (C 4) 633
Cartujanos 568
Casares (E 4) 445
Castell de Ferro (E 7/8) 205
Castellar de la Frontera (E 4) 477
Castro del Río (C 6) 358
Cava 133
Cazalla de la Sierra (B 4) 632
Cazorla (B 8) 319

692   Register

Cervantes, Miguel de 75
Ceuta (F 4) 483
Chiclana de la Frontera (E 3) 526
Chipiona (D 2) 552
Chiringuitos 125
Churriguera, José de 89
Churrigueresco 89
Colmenar (D 6) 386
Confederación Nacional de Trabajo (CNT) 78
Conil de la Frontera (E 3) 512
Consejos 74
conversos 72
Cordillera Bética 23

Córdoba (B 5) 331
Alcázar de los Reyes Cristianos 348
Baños Califales 348
Barrio San Basilio 348
Calle Judíos 348
Calleja de las Flores 350
Casa Andalusí 350
Corral de Carbón 258
Denkmal des Maimonides 349
Museo Arqueológico 350
Museo Julio Romero de Torres 351
Museo Provincial de Bellas Artes 351
Museo Taurino 348
Museo vivo de Al-Andalus 343
Palacio Museo de los Marqueses de Viana 352
Plaza de la Corredera 351
Plaza de los Capuchinos 352
Plaza del Potro 350
Plaza Santa Marina 352
Posada del Potro 351
Templo Romano 352
Torre La Calahorra 343
Zoco 349

Cortes de la Frontera (E 4) 462
Cortijo del Fraile 171
Costa Ballena (E 2) 551

Costa de Almería (Östlicher Teil) 157
Costa de Almería (Westlicher Teil) 200
Costa de la Luz (Provinz Cádiz) 485
Costa de la Luz (Provinz Huelva) 656
Costa del Sol (östlich von Málaga) 370
Costa del Sol (südwestlich von Málaga) 420
Costa Tropical 205
Coto Ríos (B 8) 326
Cristo de los Faroles 352
Cueva de la Pileta (E 4) 460
Cueva de Romeral (D 6) 412
Cuevas de Nerja (D 7) 380
Cuevas de Sorbas (D 10) 195

Dehesas 36
Desfiladero de Despeñaperros (A 7) 299
Desfiladero de los Gaitanes 415
Diebstahl 102
Dienstleistungsgewerbe 43
Don Pelayo 69
Drogen 138

Écija (C 5) 636
Einkaufszentren 138
Eisenbahn 105
El Bosque (D 4) 582
El Burgo (D 5) 460
El Chorro (D 5) 415
El Cid 71
El Ejido 201
El Greco 75, 91
El Palmar de Troya 640
El Palmar de Vejer (E 3) 507
El Portil (C 1) 669
El Pozo de los Frailes (D 10) 177
El Puerto de Santa María (E 3) 543
El Rocío (D 2) 649
El Rompido (C 1) 669
El Serrallo 245

El Terrón (C 1) 670
El Torcal (D 6) 406
El Triunfo 344
Embalse de Negratín (C 8) 293
Embalse del Tranco de Beas (B 8) 327
Embalses del Conde y del Guadalhorce (D 5) 416
Entfernungstabelle 100
Erosion 27
Erste Republik 77
Essen gehen 123
Estancos 139
Estepona (E 4/5) 441

Fahrradfahren 110
Fahrradtransport im Flugzeug 95
Fahrradtransport in der Bahn 98
Fahrradtransport in Spanien 111
Falange Española 79
Fauna 35
Feiertage 139
Ferdinand von Aragón 68
Ferias 47
Ferienhäuser 118
Ferreirola (D 8) 282
Feste 47
Fiestas 49
Fischerei 42
FKK 136
Flamenco 49
Flora 35
Fondas 117
Fort Bravo (D 9) 194
Franco Bahamonde, Francisco 80
Frieden von Utrecht 76
Frigiliana (D 7) 381
Fuentevaqueros (D 7) 260
Fußball 148

Gádor (D 9) 196
Galera (C 9) 293
Garganta del Chorro (D 5) 414
Garrucha (D 10) 157
Gaucín (E 4) 463
Geld 139
Genalguacil (E 4) 463

Register 693

Generation von 98 77
Geographie 22
Gibraltar (F 4) 464
Gitanos 45
Godoy, Manuel de 76
Golf 148
González, Adolfo Suarez 80
González, Felipe 80
Gotik 88
Goya, Francisco José de 91

Granada (D 7) 217
Albaicín 249
Alcaicería 257
Alcazaba 244
Alhambra 237
Campo Principe 249
Capilla Real 255
Casa de los Tiros 258
Catedral Santa María de la Encarnación 255
El Bañuelo 252
Generalife 248
La Antequeruela 248
Mirador de San Nicolás 252
Monasterio de la Cartuja 258
Monasterio de San Jerónimo 257
Monasterio Santa Isabel la Real 254
Museo Arqueológico 252
Palacio Carlos V. 246
Palacio de la Madraza 257
Palacio Real 244
Parque de las Ciencias 258
Plaza Bib-Rambla 257
Plaza Larga 250
Rio Darro 249
San Juan de Dios 257
Santa Ana 252
Torre de la Vela 244

Grazalema (D 4) 585
Griechen 62
Grúa 102
Grüne Versicherungskarte 148
Guadix (C 8) 288

Guardia Civil 146
Guernica 79
Habitaciónes 119
Habsburger 73
Hacienda La Laguna (B 7) 311
Harem 245
Haustiere 140
Herrera, Francisco de 90
Hórnos (B 9) 327
Hostal 116
Hotels 117
Hotelvereinigungen 118
Huelva (C 2) 664
Huelva (Provinz) 644
Hunde 140

Iberer 61
Ignatius von Loyola 75
Indalo 158
Industrialisierung 27
Industrie 42
Information 140
Internationale Brigaden 79
Internet 141
Iptuci 580
Isabella von Kastilien 68
Isabellinischer Stil 88
Isla Canela (C/D 1) 676
Isla Cristina (C 1) 672
Islamische Kunst 85
Islantilla (C 1) 671
Itálica (C 3) 631
Izquierda Unida 81

Jabugo (B 2) 682
Jaén (B/C 7) 302
Jardín Botánico 348
Jardines de Partal 246
Jerez de la Frontera (E 3) 560
Jimena de la Frontera (E 4) 478
Jimenez, Juan Ramón 663
Johanna die Wahnsinnige 73
Jugendherbergen 119
Juviles (D 8) 284

Karl IV 76
Karl V. (Carlos I.) 73
Karlistenkriege 76
Karthager 62

Kaufhäuser 138
Kinder 142
Kleidung 143
Klima 25
Kolumbus, Christoph 72, 660
Kondome 134
Königreich Kastilien 69
Konsulate 143
Kreditkarten 140
Kriminalität 143
Kuba-Aufstand 77
Küche 122
Kulturpflanzen 37
Kunstgeschichte 84
Kunsthandwerk 58

La Almadraba de Monteleva (E 9) 179
La Antilla (C 1) 670
La Barrosa (E 3) 524
La Calahorra (D 8) 292
La Carolina (A 7) 300
La Comarca Minera de Riotinto 677
La Giralda 622
La Herradura (E 7) 215
La Huerta de San Vicente 259
La Isleta del Moro 172
La Isleta del Moro (D 10) 172
La Janda 508
La Línea de la Concepción (F 4) 475
La Rabita (E 8) 205
Laguna de Fuente Piedra (D 5) 413
Landkarten 144
Ländliche Unterkünfte 118
Landwirtschaft 41
Lanjarón (D 7) 271
Lärm 28
Las Negras (D 10) 166
Laujar de Andarax (D 8) 199
Lepe (C 1) 669
Literatur 144
Loja (D 6) 263
Lorca, Federico García 261
Los Caños de Meca (F 3) 501

694 Register

Los Escullos (D 10) 173
Lotterien 52, 53
Low-Cost-Flüge 94
Lucainena de las Torres (D 9) 180
Lucanus 332
Lucena (C 6) 357
Luque (C 6) 360

Maimonides, *Moses* 349
Málaga (Stadt, E 6) 387
Marbella (C 6) 428
Marcha 53
Marisquerías 126
Märkte 138
Maro (E 6/7) 380
Marokko 481
Matalascañas (D 2) 656
Mauren 64
Mazagón (D 2) 659
Mecina Bombarón (D 8) 286
Mecina Fondales (D 8) 282
Medina Azahara (Madinat al-Zahra) (B 5) 353
Medina Sidonia (E 3) 576
Menú del día 123
Mesa de Roldán (D 10) 165
Mexuar 244
Mietfahrzeuge 104
Mijas (E 5) 427
Minas de Riotinto (C 2) 678
Modernisme 91
Moguer (C 2) 663
Mohammed al-Ahmar 218
Mojácar (D 10) 158
Monasterio de la Rábida (Kloster, C 2) 661
Monasterio de San Jerónimo/Las Ermitas (B 5) 354
Montáñez, Martínez 89
Monte mediterráneo 36
Montilla (C 5) 356
Moriscos 72
Moros y Cristianos 49
Moses Maimonides 332
Motril (E 7) 208
Mountainbiking 149
Movida 51
Mozaraber 67
Mozarabischer Stil 88
Mudéjar-Stil 88
Mulhacén (D 8) 264

Müll 27
Murillo, Bartolomé Esteban 91

Napoleon *I* 76
Nasriden 68, 218
Naturschutzgebiete 28
Navas de Tolosa (A 7) 300
Necrópolis de los Millares (D 9) 196
Necrópolis Romana 635
Nerja (E 7) 370
Niebla (C 2) 645
Níjar (D 9) 180
Notruf 135
Notrufnummer 103
Novo Sancti Petri (E 3) 521
Nuevo Castellar (E 4) 477
Nuevo Portil 669

Oasys (D 9) 194
Öffnungszeiten 146
Ojén 439
Oliven 297
Olvera (D 4) 592
Omaijaden 65
Orce (C 9) 293
Órgiva (D 7) 272
Órjiva 272
Osuna (D 5) 638

Pacheco, *Francisco* 90
Palos de la Frontera (C 3) 662
Pampaneira (D 7/8) 273
Pannenhilfe 103
Paradores 115
Paraje Natural Desfiladero de los Gaitanes 415
Paraje Natural El Torcal (D 4/5) 406
Paraje Natural Marismas del Odiel (D 1/2) 667
Parken 101
Parque Cinegético 327
Parque Metropolitano Marismas de los Toruños y Pinar de Algaida 548
Parque Nacional Coto de Doñana (D 2/3) 28, 652

Parque Nacional de la Sierra Nevada (D 7/8) 29, 264
Parque Natural Bahía de Cádiz (E 3) 34, 528
Parque Natural Cabo de Gata-Níjar (D/E 9/10) 30, 161
Parque Natural de la Breña y Marismas de Barbate (E/F 3) 34, 500
Parque Natural de la Sierra de Grazalema (D/E 4) 33, 581
Parque Natural de la Sierra Norte (B 3 – C 4) 631
Parque Natural de las Sierras Subbéticas 358, 360
Parque Natural de los Alcornocales (D-F 4) 477
Parque Natural del Estrecho 34
Parque Natural Despeñaperros 32
Parque Natural Entorno de Doñana 559
Parque Natural Los Alcornocales 34
Parque Natural Montes de Málaga (D 6) 33, 385
Parque Natural Sierra de Andújar; 32
Parque Natural Sierra de Aracena y Picos de Aroche 34
Parque Natural Sierra de Baza 30
Parque Natural Sierra de Cardena y Montoro 32
Parque Natural Sierra de Castril 32
Parque Natural Sierra de Hornachuelos 34
Parque Natural Sierra de Huétor 32
Parque Natural Sierra de las Nieves 33
Parque Natural Sierra de las Nieves (E 5) 33, 459
Parque Natural Sierra de María-Los Vélez 30
Parque Natural Sierra de Norte 34

ette Unterkünfte bei netten Leuten

ASA FERIA die Ferienhausvermittlung von Michael Müller

n Programm sind ausschließlich persönlich ausgewählte Unterkünfte
bseits der großen Touristenzentren. Ideale Standorte für Wanderungen
trandausflüge und Kulturtrips. Einfach www.casa-feria.de anwählen,
nterkunft auswählen, Unterkunft buchen.

asa Feria wünscht *Schöne Ferien*

www.casa-feria.de

Parque Natural Sierra Mágina 32
Parque Natural Sierras de Cazorla, Segura y Las Villas (A 8/9 – C 8) 32, 295, 317
Parque Natural Sierras Subbéticas 33
Partido Popular (PP) 81
Partido Socialista del Obrero Español (PSOE) 80
Paseo 52
Patios 57
Payos 46
Peñas 51
Pensionen 117
Personalausweis 148
Philipp (Felipe) II. 74
Philipp der Schöne 73
Philipp III 76
Phönizier 62
Picasso, Pablo 91
Picasso, Pablo Ruíz 403
Pitres (D 8) 281
Plasticultura 201
Platereskstil 88
Playa de Cantarriján 215
Playa de los Muertos 165
Policía Local 146
Policía Nacional 146
Polizei 146
Pórtugos (D 8) 282

Post 147
Postsparbuch 140
Postüberweisung 140
Prado del Rey 580
Priego de Córdoba (C 6) 363
Primo de Rivera, General 78
Primo de Rivera, José Antonio 79
Privatzimmer 119
Pueblos Blancos 57
Puente Romano 344
Puerta del Puente 344
Puerto Banús (E 5) 440
Punische Kriege 62
Punta Moral (C 1) 676
Punta Umbría (D 2) 667
Pura Raza Española 568
Purullena (C 8) 288

Rauchverbote 147
Reconquista 69
Reisedokumente 148
Reisepass 148
Reiseschecks 140
Reisezeit 26
Reiten 149
Renaissance 89
Restaurantes 125
Restauration 77
Reyes Católicos, Los 71

Río Bailón 362
Río Borosa 324
Río Chillar 378
Ríofrío (D 6) 263
Roche 521
Rodalquilar (D 10) 170
Romanik 88
Römer 62
Romería 49
Ronda (D/E 4) 445
Roquetas de Mar (D/E 9) 200
Rota (E 2) 549
Rute (C 6) 358

Sabinillas (E 4) 444
Sacromonte 254
Salobreña (E 7) 208
Salto del Cabrero 587
San Fernando (E 3) 528
San José (E/D 10) 174
San Miguel de Cabo de Gata (B 8) 178
San Pedro Alcántara (E 5) 441
Sancti Petri (E 3) 525
Sangría 133
Sanlúcar de Barrameda (D 2/3) 555
Santiponce (C3) 631
Schlacht bei Navas de Tolosa 67

696 Register

Schlacht von Covadonga 69
Seeschlacht von Trafalgar 76
Segeln 149
Semana Santa 48
Semana Trágica 78
Seneca 332
Setenil (D 4) 593
Sevilla (Provinz) 596

Sevilla (Stadt, C 3) 597
Alameda de Hércules 630
Barrio de Santa Cruz 625
Calle Sierpes 625
Casa de la Lonja 623
Casa de Pilatos 625
Catedral Santa María 618
El Barrio de Triana 630
Fábrica de Tabacos 628
Hospital de la Caridad 627
Isla de la Cartuja 629
Isla Mágica 630
La Macarena 630
Museo Arqueológico 628
Museo de Artes y Costumbres Populares 629
Museo de Bellas Artes 626
Palacio Arzobispal 623
Palacio Español 628
Palacio San Telmo 627
Parque de María Luisa 628
Parque Temático de Isla Mágica 630
Plaza Alfalfa 625
Plaza de America 628
Plaza España 628
Plaza San Salvador 625
Reales Alcázares 623
Río Guadalquivir 23, 626
Teatro de la Maestranza 627
Torre del Oro 627

Sierra Blanca 439
Sierra de los Filabres 195
Sierra Morena 23, 680
Sierra Nevada 264
Siesta 148
Siglo de Oro, El 75, 90

Siloé, Diego de 89
Sinagoga (Synagoge) 349
Skifahren 149
Sorbas (D 10) 195
Sotogrande (E 4) 445
Sotogrande (E 4) 474
Souvenirs 138
Spanischer Bürgerkrieg 79
Spanischer Erbfolgekrieg 76
Spanischer Unabhängigkeitskrieg 76
Sperrnummer für Bank- und Kreditkarten 139
Sport 148
Sprachkurse 150
Stadtbusse 109
Stadtverkehr 109
Stierkampf 53

Tabernas (D 9) 195
Tanger (Marokko, F 3) 483
Tanken 100
Tapas 124
Tarifa (F 4) 485
Tartessos 62
Tauchen 149
Taxis 110
Telefonieren 150
Tennis 149
Texas Hollywood (D 9) 194
Theresa von Avila 75
Toiletten 151
Torre de Cerro Gordo 215
Torre de la Higuera 658
Torre del Mar (E 6) 383
Torre del Vinagre (B 8) 324
Torremolinos (E 6) 420
Torrenueva (E 7) 208
Torrox (E 6/7) 383
Torrox-Costa (E 6) 383
Tourismus 28, 43
Traditionen 47
Trevélez (D 8) 283
Turismo activo 148

Ubeda (B 7) 311
Übernachten 114
Übernachtungs-Tipps 116
Ubrique (E 4) 591
Ugíjar (D 8) 287
Umweltschutz 27
Utrera (D 3) 640

Valdés Leal, Juan de 91
Valle del Poqueira (D 7/8) 273, 277
Válor (D 8) 286
Vandelvira, Andrés de 89
Vejer de la Frontera (E 3) 507
Velázquez, Diego 75, 90
Veleta (D 8) 264
Vélez Blanco (C 10) 155
Vélez Rubio 154
Vélez Rubio (C 10) 155
Vélez-Málaga (D 6) 385
Ventas 126
Vera (D 10) 157
Verkehrsbestimmungen 101
Via Verde de la Sierra 592
Viehzucht 42
Villamartín (D 4) 579
Viznar 260
Völkerwanderung 63
Volksaufstand von Madrid 76
Vorwahlen 150
Wandern 112
Wasser 31
Wein 130
Westerndörfer 193
Westgoten 63
Windsurfen 149
Wirtschaft 40
Workaway 119

Yegen (D 8) 286
Yunquera (E 5) 460

Zahara de la Sierra (D 5) 591
Zahara de los Atunes (F 3) 496
Zahora (F 3) 506
Zapatero, José Luis Rodríguez 82
Zeit 151
Zentralruf der Autoversicherer 103
Zoll 151
Zuheros (C 6) 360
Zurbarán, Francisco de 90
Zweite Republik 78